2024
年版

法律法规全书系列

中华人民共和国

知识产权法律法规全书

INTELLECTUAL PROPERTY LAWS AND REGULATIONS

· 含司法解释 ·

法律出版社法规中心 编

法律出版社
LAW PRESS · CHINA
北京

图书在版编目(CIP)数据

中华人民共和国知识产权法律法规全书：含司法解释／法律出版社法规中心编. -- 14 版. -- 北京：法律出版社，2024
(法律法规全书系列)
ISBN 978-7-5197-8712-7

Ⅰ. ①中… Ⅱ. ①法… Ⅲ. ①知识产权法—汇编—中国 Ⅳ. ①D923.409

中国国家版本馆 CIP 数据核字(2024)第 004183 号

中华人民共和国知识产权法律法规全书(含司法解释)
ZHONGHUA RENMIN GONGHEGUO ZHISHICHANQUAN FALÜ FAGUI QUANSHU(HAN SIFA JIESHI)

法律出版社法规中心 编

责任编辑 李 群 陈 熙
装帧设计 臧晓飞

出版发行 法律出版社
编辑统筹 法规出版分社
责任校对 张红蕊
责任印制 耿润瑜
经　　销 新华书店

开本 787 毫米×960 毫米 1/16
印张 45.75 **字数** 1381 千
版本 2024 年 1 月第 14 版
印次 2024 年 1 月第 1 次印刷
印刷 三河市兴达印务有限公司

地址:北京市丰台区莲花池西里 7 号(100073)
网址:www.lawpress.com.cn
投稿邮箱:info@lawpress.com.cn
举报盗版邮箱:jbwq@lawpress.com.cn

销售电话:010-83938349
客服电话:010-83938350
咨询电话:010-63939796

书号:ISBN 978-7-5197-8712-7
定价:98.00 元

编辑出版说明

改革开放以来，我国经济社会持续快速发展，科学技术和文化创作取得长足进步，创新能力不断提升，知识产权在经济社会发展中的作用越来越突出。经过多年发展，我国知识产权法律法规体系逐步健全，执法水平不断提高。为全面梳理我国数量众多的知识产权法律法规，向各界读者展示我国知识产权立法的成果与现状，我们精心编辑出版了这本《中华人民共和国知识产权法律法规全书（含司法解释）》。本书具有以下特点：

一、收录全面，编排合理，查询方便

收录改革开放以来至2023年11月期间公布的现行有效的知识产权法律、行政法规、司法解释，重要的部门规章、相关政策规定。内容包括著作权、专利、商标三大传统知识产权，以及植物新品种权、集成电路布图设计权、技术成果与技术秘密等新型知识产权，全面覆盖知识产权法律的方方面面。结合我国加入WTO的实际，对我国加入的重要知识产权公约也进行了收录。本书具有体例清晰、查询方便的特点。

二、特设条旨、指导案例，实用性强

全书各部分对重点法律附加条旨，可指引读者迅速找到自己需要的条文。另外，本书还对最高人民法院公布的指导案例进行了收录，这些案例具有指引“同案同判”的作用。

三、特色服务，动态增补

为保持本书与新法的同步更新，避免读者在一定周期内重复购书，特结合法律出版社法规中心的资源优势提供动态增补服务。读者可扫描封底二维码，查看、下载免费增补材料。

由于编者水平有限，还望读者在使用过程中不吝赐教，提出您的宝贵意见（邮箱地址：faguizhongxin@163.com），以便本书继续修订完善。谢谢！

法律出版社法规中心

2024年1月

总　目　录

目　　录

一、综　　合

1. 法律及有关法律问题的决定

2. 行政法规及法规性文件

3. 部门规章及规范性文件

① 目录中对有修改的文件,将其第一次公布的时间和最近一次修改的时间一并列出,在正文中收录的是最新修改后的文本。特此说明。

4. 司法解释及司法文件

5. 其他

二、著 作 权

1. 综合

2. 著作权登记

3. 计算机软件著作权

4. 信息网络传播权与互联网著作权

5. 出版

6. 集体管理与付酬

6. 专利侵权认定与专利纠纷处理

【指导案例】

四、商　　标

1. 综合

2. 商标注册与评审

3. 商标许可使用与转让

4. 驰名商标认定和保护

① 因篇幅所限,带 * 号文件收录在二维码中,请读者扫描封底的二维码阅读。

5. 商标行政执法

6. 商标纠纷诉讼

7. 商标与相关标识

（1）商标与产地

（2）商标与特殊标志

（3）商标与企业名称

【指导案例】

五、其他知识产权

1. 植物新品种权

2. 集成电路布图设计权

3. 技术成果、技术秘密与技术合同

4. 域名

5. 商业特许经营

6. 其他

六、反不正当竞争

七、侵犯知识产权的刑事责任

八、重要国际公约

一、综　合

资料补充栏

1. 法律及有关法律问题的决定

中华人民共和国民法典(节录)

1. 2020年5月28日第十三届全国人民代表大会第三次会议通过
2. 2020年5月28日中华人民共和国主席令第45号公布
3. 自2021年1月1日起施行

第一百二十三条 【知识产权】[①]民事主体依法享有知识产权。

知识产权是权利人依法就下列客体享有的专有的权利:

(一)作品;

(二)发明、实用新型、外观设计;

(三)商标;

(四)地理标志;

(五)商业秘密;

(六)集成电路布图设计;

(七)植物新品种;

(八)法律规定的其他客体。

第四百二十五条 【动产质权的定义】为担保债务的履行,债务人或者第三人将其动产出质给债权人占有的,债务人不履行到期债务或者发生当事人约定的实现质权的情形,债权人有权就该动产优先受偿。

前款规定的债务人或者第三人为出质人,债权人为质权人,交付的动产为质押财产。

第四百二十六条 【禁止质押的动产范围】法律、行政法规禁止转让的动产不得出质。

第四百二十七条 【质押合同】设立质权,当事人应当采用书面形式订立质押合同。

质押合同一般包括下列条款:

(一)被担保债权的种类和数额;

(二)债务人履行债务的期限;

(三)质押财产的名称、数量等情况;

(四)担保的范围;

(五)质押财产交付的时间、方式。

第四百二十八条 【流质】质权人在债务履行期限届满前,与出质人约定债务人不履行到期债务时质押财产归债权人所有的,只能依法就质押财产优先受偿。

第四百二十九条 【质权设立】质权自出质人交付质押财产时设立。

第四百三十条 【质权人孳息收取权及孳息首要清偿用途】质权人有权收取质押财产的孳息,但是合同另有约定的除外。

前款规定的孳息应当先充抵收取孳息的费用。

第四百三十一条 【质权人擅自使用、处分质押财产的责任】质权人在质权存续期间,未经出质人同意,擅自使用、处分质押财产,造成出质人损害的,应当承担赔偿责任。

第四百三十二条 【质权人的保管义务和赔偿责任】质权人负有妥善保管质押财产的义务;因保管不善致使质押财产毁损、灭失的,应当承担赔偿责任。

质权人的行为可能使质押财产毁损、灭失的,出质人可以请求质权人将质押财产提存,或者请求提前清偿债务并返还质押财产。

第四百三十三条 【质权的保护】因不可归责于质权人的事由可能使质押财产毁损或者价值明显减少,足以危害质权人权利的,质权人有权请求出质人提供相应的担保;出质人不提供的,质权人可以拍卖、变卖质押财产,并与出质人协议将拍卖、变卖所得的价款提前清偿债务或者提存。

第四百三十四条 【责任转质】质权人在质权存续期间,未经出质人同意转质,造成质押财产毁损、灭失的,应当承担赔偿责任。

第四百三十五条 【质权的放弃】质权人可以放弃质权。债务人以自己的财产出质,质权人放弃该质权的,其他担保人在质权人丧失优先受偿权益的范围内免除担保责任,但是其他担保人承诺仍然提供担保的除外。

第四百三十六条 【质物返还及质权实现】债务人履行债务或者出质人提前清偿所担保的债权的,质权人应当返还质押财产。

债务人不履行到期债务或者发生当事人约定的实现质权的情形,质权人可以与出质人协议以质押财产折价,也可以就拍卖、变卖质押财产所得的价款优先受偿。

质押财产折价或者变卖的,应当参照市场价格。

第四百三十七条 【质权的及时行使】出质人可以请求质权人在债务履行期限届满后及时行使质权;质权人不行使的,出质人可以请求人民法院拍卖、变卖质押财产。

---

① 条文主旨为编者所加,下同。

出质人请求质权人及时行使质权，因质权人怠于行使权利造成出质人损害的，由质权人承担赔偿责任。

第四百三十八条　【质押财产变价后的处理】质押财产折价或者拍卖、变卖后，其价款超过债权数额的部分归出质人所有，不足部分由债务人清偿。

第四百三十九条　【最高额质权】出质人与质权人可以协议设立最高额质权。

最高额质权除适用本节有关规定外，参照适用本编第十七章第二节的有关规定。

第四百四十条　【权利质权的范围】债务人或者第三人有权处分的下列权利可以出质：

（一）汇票、本票、支票；

（二）债券、存款单；

（三）仓单、提单；

（四）可以转让的基金份额、股权；

（五）可以转让的注册商标专用权、专利权、著作权等知识产权中的财产权；

（六）现有的以及将有的应收账款；

（七）法律、行政法规规定可以出质的其他财产权利。

第四百四十四条　【以知识产权中的财产权出质的质权的设立及转让限制】以注册商标专用权、专利权、著作权等知识产权中的财产权出质的，质权自办理出质登记时设立。

知识产权中的财产权出质后，出质人不得转让或者许可他人使用，但是出质人与质权人协商同意的除外。出质人转让或者许可他人使用出质的知识产权中的财产权所得的价款，应当向质权人提前清偿债务或者提存。

第四百四十六条　【权利质权的法律适用】权利质权除适用本节规定外，适用本章第一节的有关规定。

第六百条　【知识产权归属】出卖具有知识产权的标的物的，除法律另有规定或者当事人另有约定外，该标的物的知识产权不属于买受人。

第八百七十六条　【其他知识产权的转让和许可】集成电路布图设计专有权、植物新品种权、计算机软件著作权等其他知识产权的转让和许可，参照适用本节的有关规定。

第一千一百八十五条　【侵害知识产权的惩罚性赔偿】故意侵害他人知识产权，情节严重的，被侵权人有权请求相应的惩罚性赔偿。

中华人民共和国
涉外民事关系法律适用法（节录）

1. 2010年10月28日第十一届全国人民代表大会常务委员会第十七次会议通过
2. 2010年10月28日中华人民共和国主席令第36号公布
3. 自2011年4月1日起施行

第七章　知识产权

第四十八条　【知识产权的归属、内容】知识产权的归属和内容，适用被请求保护地法律。

第四十九条　【知识产权转让和许可使用】当事人可以协议选择知识产权转让和许可使用适用的法律。当事人没有选择的，适用本法对合同的有关规定。

第五十条　【知识产权的侵权责任】知识产权的侵权责任，适用被请求保护地法律，当事人也可以在侵权行为发生后协议选择适用法院地法律。

中华人民共和国资产评估法（节录）

1. 2016年7月2日第十二届全国人民代表大会常务委员会第二十一次会议通过
2. 2016年7月2日中华人民共和国主席令第46号公布
3. 自2016年12月1日起施行

第一章　总　　则

第一条　【立法目的】为了规范资产评估行为，保护资产评估当事人合法权益和公共利益，促进资产评估行业健康发展，维护社会主义市场经济秩序，制定本法。

第二条　【资产评估的定义】本法所称资产评估（以下称评估），是指评估机构及其评估专业人员根据委托对不动产、动产、无形资产、企业价值、资产损失或者其他经济权益进行评定、估算，并出具评估报告的专业服务行为。

第三条　【评估事项】自然人、法人或者其他组织需要确定评估对象价值的，可以自愿委托评估机构评估。

涉及国有资产或者公共利益等事项，法律、行政法规规定需要评估的（以下称法定评估），应当依法委托评估机构评估。

第四条　【评估原则与法律保护】评估机构及其评估专

业人员开展业务应当遵守法律、行政法规和评估准则，遵循独立、客观、公正的原则。

评估机构及其评估专业人员依法开展业务，受法律保护。

第五条 【评估机构】评估专业人员从事评估业务，应当加入评估机构，并且只能在一个评估机构从事业务。

第六条 【评估行业协会】评估行业可以按照专业领域依法设立行业协会，实行自律管理，并接受有关评估行政管理部门的监督和社会监督。

第七条 【监管部门】国务院有关评估行政管理部门按照各自职责分工，对评估行业进行监督管理。

设区的市级以上地方人民政府有关评估行政管理部门按照各自职责分工，对本行政区域内的评估行业进行监督管理。

第四章 评估程序

第二十二条 【评估机构的选择】委托人有权自主选择符合本法规定的评估机构，任何组织或者个人不得非法限制或者干预。

评估事项涉及两个以上当事人的，由全体当事人协商委托评估机构。

委托开展法定评估业务，应当依法选择评估机构。

第二十三条 【订立委托合同】委托人应当与评估机构订立委托合同，约定双方的权利和义务。

委托人应当按照合同约定向评估机构支付费用，不得索要、收受或者变相索要、收受回扣。

委托人应当对其提供的权属证明、财务会计信息和其他资料的真实性、完整性和合法性负责。

第二十四条 【承办人员及其回避】对受理的评估业务，评估机构应当指定至少两名评估专业人员承办。

委托人有权要求与相关当事人及评估对象有利害关系的评估专业人员回避。

第二十五条 【评估依据】评估专业人员应当根据评估业务具体情况，对评估对象进行现场调查，收集权属证明、财务会计信息和其他资料并进行核查验证、分析整理，作为评估的依据。

第二十六条 【评估报告】评估专业人员应当恰当选择评估方法，除依据评估执业准则只能选择一种评估方法的外，应当选择两种以上评估方法，经综合分析，形成评估结论，编制评估报告。

评估机构应当对评估报告进行内部审核。

第二十七条 【保证评估报告真实性】评估报告应当由至少两名承办该项业务的评估专业人员签名并加盖评估机构印章。

评估机构及其评估专业人员对其出具的评估报告依法承担责任。

委托人不得串通、唆使评估机构或者评估专业人员出具虚假评估报告。

第二十八条 【评估业务应由至少两名评估师承办】评估机构开展法定评估业务，应当指定至少两名相应专业类别的评估师承办，评估报告应当由至少两名承办该项业务的评估师签名并加盖评估机构印章。

第二十九条 【评估档案的保存期限】评估档案的保存期限不少于十五年，属于法定评估业务的，保存期限不少于三十年。

第三十条 【委托人异议】委托人对评估报告有异议的，可以要求评估机构解释。

第三十一条 【委托人投诉、举报】委托人认为评估机构或者评估专业人员违法开展业务的，可以向有关评估行政管理部门或者行业协会投诉、举报，有关评估行政管理部门或者行业协会应当及时调查处理，并答复委托人。

第三十二条 【依规使用评估报告】委托人或者评估报告使用人应当按照法律规定和评估报告载明的使用范围使用评估报告。

委托人或者评估报告使用人违反前款规定使用评估报告的，评估机构和评估专业人员不承担责任。

第七章 法律责任

第四十四条 【评估专业人员的禁止行为及违法责任】评估专业人员违反本法规定，有下列情形之一的，由有关评估行政管理部门予以警告，可以责令停止从业六个月以上一年以下；有违法所得的，没收违法所得；情节严重的，责令停止从业一年以上五年以下；构成犯罪的，依法追究刑事责任：

（一）私自接受委托从事业务、收取费用的；

（二）同时在两个以上评估机构从事业务的；

（三）采用欺骗、利诱、胁迫，或者贬损、诋毁其他评估专业人员等不正当手段招揽业务的；

（四）允许他人以本人名义从事业务，或者冒用他人名义从事业务的；

（五）签署本人未承办业务的评估报告或者有重大遗漏的评估报告的；

（六）索要、收受或者变相索要、收受合同约定以外的酬金、财物，或者谋取其他不正当利益的。

第四十五条　【评估专业人员签署虚假评估报告的法律责任】评估专业人员违反本法规定，签署虚假评估报告的，由有关评估行政管理部门责令停止从业两年以上五年以下；有违法所得的，没收违法所得；情节严重的，责令停止从业五年以上十年以下；构成犯罪的，依法追究刑事责任，终身不得从事评估业务。

第四十六条　【未经工商登记从事评估业务的法律责任】违反本法规定，未经工商登记以评估机构名义从事评估业务的，由工商行政管理部门责令停止违法活动；有违法所得的，没收违法所得，并处违法所得一倍以上五倍以下罚款。

第四十七条　【评估机构的禁止行为及违法责任】评估机构违反本法规定，有下列情形之一的，由有关评估行政管理部门予以警告，可以责令停业一个月以上六个月以下；有违法所得的，没收违法所得，并处违法所得一倍以上五倍以下罚款；情节严重的，由工商行政管理部门吊销营业执照；构成犯罪的，依法追究刑事责任：

（一）利用开展业务之便，谋取不正当利益的；

（二）允许其他机构以本机构名义开展业务，或者冒用其他机构名义开展业务的；

（三）以恶性压价、支付回扣、虚假宣传，或者贬损、诋毁其他评估机构等不正当手段招揽业务的；

（四）受理与自身有利害关系的业务的；

（五）分别接受利益冲突双方的委托，对同一评估对象进行评估的；

（六）出具有重大遗漏的评估报告的；

（七）未按本法规定的期限保存评估档案的；

（八）聘用或者指定不符合本法规定的人员从事评估业务的；

（九）对本机构的评估专业人员疏于管理，造成不良后果的。

评估机构未按本法规定备案或者不符合本法第十五条规定的条件的，由有关评估行政管理部门责令改正；拒不改正的，责令停业，可以并处一万元以上五万元以下罚款。

第四十八条　【评估机构出具虚假评估报告的法律责任】评估机构违反本法规定，出具虚假评估报告的，由有关评估行政管理部门责令停业六个月以上一年以下；有违法所得的，没收违法所得，并处违法所得一倍以上五倍以下罚款；情节严重的，由工商行政管理部门吊销营业执照；构成犯罪的，依法追究刑事责任。

第四十九条　【累计三次受到处罚的后果】评估机构、评估专业人员在一年内累计三次因违反本法规定受到责令停业、责令停止从业以外处罚的，有关评估行政管理部门可以责令其停业或者停止从业一年以上五年以下。

第五十条　【损害赔偿】评估专业人员违反本法规定，给委托人或者其他相关当事人造成损失的，由其所在的评估机构依法承担赔偿责任。评估机构履行赔偿责任后，可以向有故意或者重大过失行为的评估专业人员追偿。

第五十一条　【未依法委托的法律责任】违反本法规定，应当委托评估机构进行法定评估而未委托的，由有关部门责令改正；拒不改正的，处十万元以上五十万元以下罚款；情节严重的，对直接负责的主管人员和其他直接责任人员依法给予处分；造成损失的，依法承担赔偿责任；构成犯罪的，依法追究刑事责任。

第五十二条　【委托人的禁止行为及违法责任】违反本法规定，委托人在法定评估中有下列情形之一的，由有关评估行政管理部门会同有关部门责令改正；拒不改正的，处十万元以上五十万元以下罚款；有违法所得的，没收违法所得；情节严重的，对直接负责的主管人员和其他直接责任人员依法给予处分；造成损失的，依法承担赔偿责任；构成犯罪的，依法追究刑事责任：

（一）未依法选择评估机构的；

（二）索要、收受或者变相索要、收受回扣的；

（三）串通、唆使评估机构或者评估师出具虚假评估报告的；

（四）不如实向评估机构提供权属证明、财务会计信息和其他资料的；

（五）未按照法律规定和评估报告载明的使用范围使用评估报告的。

前款规定以外的委托人违反本法规定，给他人造成损失的，依法承担赔偿责任。

第五十三条　【评估行业协会的法律责任】评估行业协会违反本法规定的，由有关评估行政管理部门给予警告，责令改正；拒不改正的，可以通报登记管理机关，由其依法给予处罚。

第五十四条 【有关工作人员违法的法律责任】有关行政管理部门、评估行业协会工作人员违反本法规定，滥用职权、玩忽职守或者徇私舞弊的，依法给予处分；构成犯罪的，依法追究刑事责任。

第八章 附 则

第五十五条 【施行日期】本法自2016年12月1日起施行。

中华人民共和国对外贸易法（节录）

1. 1994年5月12日第八届全国人民代表大会常务委员会第七次会议通过
2. 2004年4月6日第十届全国人民代表大会常务委员会第八次会议修订
3. 根据2016年11月7日第十二届全国人民代表大会常务委员会第二十四次会议《关于修改〈中华人民共和国对外贸易法〉等十二部法律的决定》修正
4. 根据2022年12月30日第十三届全国人民代表大会常务委员会第三十八次会议《关于修改〈中华人民共和国对外贸易法〉的决定》第二次修正

第五章 与对外贸易有关的知识产权保护

第二十八条 【保护知识产权】国家依照有关知识产权的法律、行政法规，保护与对外贸易有关的知识产权。

进口货物侵犯知识产权，并危害对外贸易秩序的，国务院对外贸易主管部门可以采取在一定期限内禁止侵权人生产、销售的有关货物进口等措施。

第二十九条 【对权利人采取必要措施的情形】知识产权权利人有阻止被许可人对许可合同中的知识产权的有效性提出质疑、进行强制性一揽子许可、在许可合同中规定排他性返授条件等行为之一，并危害对外贸易公平竞争秩序的，国务院对外贸易主管部门可以采取必要的措施消除危害。

第三十条 【对等原则】其他国家或者地区在知识产权保护方面未给予中华人民共和国的法人、其他组织或者个人国民待遇，或者不能对来源于中华人民共和国的货物、技术或者服务提供充分有效的知识产权保护的，国务院对外贸易主管部门可以依照本法和其他有关法律、行政法规的规定，并根据中华人民共和国缔结或者参加的国际条约、协定，对与该国家或者该地区的贸易采取必要的措施。

中华人民共和国电影产业促进法（节录）

1. 2016年11月7日第十二届全国人民代表大会常务委员会第二十四次会议通过
2. 2016年11月7日中华人民共和国主席令第54号公布
3. 自2017年3月1日起施行

第七条 【电影知识产权受法律保护】与电影有关的知识产权受法律保护，任何组织和个人不得侵犯。

县级以上人民政府负责知识产权执法的部门应当采取措施，保护与电影有关的知识产权，依法查处侵犯与电影有关的知识产权的行为。

从事电影活动的公民、法人和其他组织应当增强知识产权意识，提高运用、保护和管理知识产权的能力。

国家鼓励公民、法人和其他组织依法开发电影形象产品等衍生产品。

第四十条 【国家鼓励金融机构、保险机构、融资担保机构提供融资、保险、担保】国家鼓励金融机构为从事电影活动以及改善电影基础设施提供融资服务，依法开展与电影有关的知识产权质押融资业务，并通过信贷等方式支持电影产业发展。

国家鼓励保险机构依法开发适应电影产业发展需要的保险产品。

国家鼓励融资担保机构依法向电影产业提供融资担保，通过再担保、联合担保以及担保与保险相结合等方式分散风险。

对国务院电影主管部门依照本法规定公告的电影的摄制，按照国家有关规定合理确定贷款期限和利率。

第五十四条 【电影公映许可证及补贴、知识产权、档案等方面违法的法律责任】有下列情形之一的，依照有关法律、行政法规及国家有关规定予以处罚：

（一）违反国家有关规定，擅自将未取得电影公映许可证的电影制作为音像制品的；

（二）违反国家有关规定，擅自通过互联网、电信网、广播电视网等信息网络传播未取得电影公映许可证的电影的；

（三）以虚报、冒领等手段骗取农村电影公益放映补贴资金的；

（四）侵犯与电影有关的知识产权的；

（五）未依法接收、收集、整理、保管、移交电影档案的。

电影院有前款第四项规定行为，情节严重的，由原发证机关吊销许可证。

中华人民共和国海关法（节录）

1. 1987年1月22日第六届全国人民代表大会常务委员会第十九次会议通过

2. 根据2000年7月8日第九届全国人民代表大会常务委员会第十六次会议《关于修改〈中华人民共和国海关法〉的决定》第一次修正

3. 根据2013年6月29日第十二届全国人民代表大会常务委员会第三次会议《关于修改〈中华人民共和国文物保护法〉等十二部法律的决定》第二次修正

4. 根据2013年12月28日第十二届全国人民代表大会常务委员会第六次会议《关于修改〈中华人民共和国海洋环境保护法〉等七部法律的决定》第三次修正

5. 根据2016年11月7日第十二届全国人民代表大会常务委员会第二十四次会议《关于修改〈中华人民共和国对外贸易法〉等十二部法律的决定》第四次修正

6. 根据2017年11月4日第十二届全国人民代表大会常务委员会第三十次会议《关于修改〈中华人民共和国会计法〉等十一部法律的决定》第五次修正

7. 根据2021年4月29日第十三届全国人民代表大会常务委员会第二十八次会议《关于修改〈中华人民共和国道路交通安全法〉等八部法律的决定》第六次修正

第四十四条 【知识产权保护】海关依照法律、行政法规的规定，对与进出境货物有关的知识产权实施保护。

需要向海关申报知识产权状况的，进出口货物收发货人及其代理人应当按照国家规定向海关如实申报有关知识产权状况，并提交合法使用有关知识产权的证明文件。

第九十一条 【侵犯知识产权的货物】违反本法规定进出口侵犯中华人民共和国法律、行政法规保护的知识产权的货物的，由海关依法没收侵权货物，并处以罚款；构成犯罪的，依法追究刑事责任。

中华人民共和国电子商务法（节录）

1. 2018年8月31日第十三届全国人民代表大会常务委员会第五次会议通过

2. 2018年8月31日中华人民共和国主席令第7号公布

3. 自2019年1月1日起施行

第五条 【电子商务经营者义务和责任】电子商务经营者从事经营活动，应当遵循自愿、平等、公平、诚信的原则，遵守法律和商业道德，公平参与市场竞争，履行消费者权益保护、环境保护、知识产权保护、网络安全与个人信息保护等方面的义务，承担产品和服务质量责任，接受政府和社会的监督。

第四十一条 【知识产权保护规则】电子商务平台经营者应当建立知识产权保护规则，与知识产权权利人加强合作，依法保护知识产权。

第四十二条 【知识产权权利人的通知与平台经营者的删除等措施】知识产权权利人认为其知识产权受到侵害的，有权通知电子商务平台经营者采取删除、屏蔽、断开链接、终止交易和服务等必要措施。通知应当包括构成侵权的初步证据。

电子商务平台经营者接到通知后，应当及时采取必要措施，并将该通知转送平台内经营者；未及时采取必要措施的，对损害的扩大部分与平台内经营者承担连带责任。

因通知错误造成平台内经营者损害的，依法承担民事责任。恶意发出错误通知，造成平台内经营者损失的，加倍承担赔偿责任。

全国人民代表大会常务委员会关于在北京、上海、广州设立知识产权法院的决定

2014年8月31日第十二届全国人民代表大会常务委员会第十次会议通过

为推动实施国家创新驱动发展战略，进一步加强知识产权司法保护，切实依法保护权利人合法权益，维护社会公共利益，根据宪法和人民法院组织法，特作如下决定：

一、在北京、上海、广州设立知识产权法院。

知识产权法院审判庭的设置，由最高人民法院根据知识产权案件的类型和数量确定。

二、知识产权法院管辖有关专利、植物新品种、集成电路布图设计、技术秘密等专业技术性较强的第一审知识产权民事和行政案件。

不服国务院行政部门裁定或者决定而提起的第一审知识产权授权确权行政案件，由北京知识产权法院管辖。

知识产权法院对第一款规定的案件实行跨区域管辖。在知识产权法院设立的三年内，可以先在所在省（直辖市）实行跨区域管辖。

三、知识产权法院所在市的基层人民法院第一审著作权、商标等知识产权民事和行政判决、裁定的上诉案件，由知识产权法院审理。

四、知识产权法院第一审判决、裁定的上诉案件，由知识产权法院所在地的高级人民法院审理。

五、知识产权法院审判工作受最高人民法院和所在地的高级人民法院监督。知识产权法院依法接受人民检察院法律监督。

六、知识产权法院院长由所在地的市人民代表大会常务委员会主任会议提请本级人民代表大会常务委员会任免。

知识产权法院副院长、庭长、审判员和审判委员会委员，由知识产权法院院长提请所在地的市人民代表大会常务委员会任免。

知识产权法院对所在地的市人民代表大会常务委员会负责并报告工作。

七、本决定施行满三年，最高人民法院应当向全国人民代表大会常务委员会报告本决定的实施情况。

八、本决定自公布之日起施行。

全国人民代表大会常务委员会
关于专利等知识产权案件
诉讼程序若干问题的决定

2018年10月26日第十三届全国人民代表大会常务委员会第六次会议通过

为了统一知识产权案件裁判标准，进一步加强知识产权司法保护，优化科技创新法治环境，加快实施创新驱动发展战略，特作如下决定：

一、当事人对发明专利、实用新型专利、植物新品种、集成电路布图设计、技术秘密、计算机软件、垄断等专业技术性较强的知识产权民事案件第一审判决、裁定不服，提起上诉的，由最高人民法院审理。

二、当事人对专利、植物新品种、集成电路布图设计、技术秘密、计算机软件、垄断等专业技术性较强的知识产权行政案件第一审判决、裁定不服，提起上诉的，由最高人民法院审理。

三、对已经发生法律效力的上述案件第一审判决、裁定、调解书，依法申请再审、抗诉等，适用审判监督程序的，由最高人民法院审理。最高人民法院也可以依法指令下级人民法院再审。

四、本决定施行满三年，最高人民法院应当向全国人民代表大会常务委员会报告本决定的实施情况。

五、本决定自2019年1月1日起施行。

2. 行政法规及法规性文件

知识产权对外转让有关工作办法(试行)

1. 2018年3月18日国务院办公厅发布
2. 国办发〔2018〕19号

为贯彻落实总体国家安全观,完善国家安全制度体系,维护国家安全和重大公共利益,规范知识产权对外转让秩序,依据国家安全、对外贸易、知识产权等相关法律法规,制定本办法。

一、审查范围

(一)技术出口、外国投资者并购境内企业等活动中涉及本办法规定的专利权、集成电路布图设计专有权、计算机软件著作权、植物新品种权等知识产权对外转让的,需要按照本办法进行审查。所述知识产权包括其申请权。

(二)本办法所述知识产权对外转让,是指中国单位或者个人将其境内知识产权转让给外国企业、个人或者其他组织,包括权利人的变更、知识产权实际控制人的变更和知识产权的独占实施许可。

二、审查内容

(一)知识产权对外转让对我国国家安全的影响。

(二)知识产权对外转让对我国重要领域核心关键技术创新发展能力的影响。

三、审查机制

(一)技术出口中涉及的知识产权对外转让审查。

1. 在技术出口活动中,出口技术为我国政府明确的禁止出口限制出口技术目录中限制出口的技术时,涉及专利权、集成电路布图设计专有权、计算机软件著作权等知识产权的,应当进行审查。

2. 地方贸易主管部门收到技术出口经营者提交的中国限制出口技术申请书后,涉及专利权、集成电路布图设计专有权等知识产权对外转让的,应将相关材料转至地方知识产权管理部门。地方知识产权管理部门收到相关材料后,应对拟转让的知识产权进行审查并出具书面意见书,反馈至地方贸易主管部门,同时报国务院知识产权主管部门备案。

3. 地方贸易主管部门应当依据地方知识产权管理部门出具的书面意见书,并按照《中华人民共和国技术进出口管理条例》等有关规定作出审查决定。

4. 涉及计算机软件著作权对外转让的,由地方贸易主管部门和科技主管部门按照《中华人民共和国技术进出口管理条例》、《计算机软件保护条例》等有关规定进行审查。对外转让的计算机软件著作权已经在计算机软件登记机构登记的,地方贸易主管部门应当将审查结果及时通知计算机软件登记机构。经审查不得转让的,计算机软件登记机构在接到通知后,不得办理权属变更登记手续。

5. 涉及植物新品种权对外转让的,由农业主管部门和林业主管部门根据《中华人民共和国植物新品种保护条例》等有关规定,按照职责进行审查,重点审查内容为拟转让的植物新品种权对我国农业安全特别是粮食安全和种业安全的影响。

(二)外国投资者并购境内企业安全审查中涉及的知识产权对外转让审查。

1. 外国投资安全审查机构在对外国投资者并购境内企业进行安全审查时,对属于并购安全审查范围并且涉及知识产权对外转让的,应当根据拟转让知识产权的类别,将有关材料转至相关主管部门征求意见。涉及专利权、集成电路布图设计专有权的,由国务院知识产权主管部门负责;涉及计算机软件著作权的,由国家版权主管部门负责;涉及植物新品种权的,由国务院农业主管部门和林业主管部门按职责分别负责。

2. 相关主管部门应及时进行审查并出具书面意见书,反馈至外国投资安全审查机构。外国投资安全审查机构应当参考相关主管部门出具的书面意见书,按照有关规定作出审查决定。

四、其他事项

(一)相关主管部门应当制定审查细则,明确审查材料、审查流程、审查时限、工作责任等。

(二)在知识产权对外转让审查最终决定作出后,涉及知识产权权属变更的,转让双方应当按照相关法律法规办理变更手续。

(三)相关主管部门工作人员应当保守知识产权对外转让双方的商业秘密。

(四)知识产权对外转让涉及国防安全的,按照国家有关规定办理,不适用本办法。

(五)本办法自印发之日起试行。

中华人民共和国
知识产权海关保护条例

1. 2003年12月2日国务院令第395号公布
2. 根据2010年3月24日国务院令第572号《关于修改〈中华人民共和国知识产权海关保护条例〉的决定》第一次修订
3. 根据2018年3月19日国务院令第698号《关于修改和废止部分行政法规的决定》第二次修订

第一章 总 则

第一条 为了实施知识产权海关保护,促进对外经济贸易和科技文化交往,维护公共利益,根据《中华人民共和国海关法》,制定本条例。

第二条 本条例所称知识产权海关保护,是指海关对与进出口货物有关并受中华人民共和国法律、行政法规保护的商标专用权、著作权和与著作权有关的权利、专利权(以下统称知识产权)实施的保护。

第三条 国家禁止侵犯知识产权的货物进出口。

海关依照有关法律和本条例的规定实施知识产权保护,行使《中华人民共和国海关法》规定的有关权力。

第四条 知识产权权利人请求海关实施知识产权保护的,应当向海关提出采取保护措施的申请。

第五条 进口货物的收货人或者其代理人、出口货物的发货人或者其代理人应当按照国家规定,向海关如实申报与进出口货物有关的知识产权状况,并提交有关证明文件。

第六条 海关实施知识产权保护时,应当保守有关当事人的商业秘密。

第二章 知识产权的备案

第七条 知识产权权利人可以依照本条例的规定,将其知识产权向海关总署申请备案;申请备案的,应当提交申请书。申请书应当包括下列内容:

(一)知识产权权利人的名称或者姓名、注册地或者国籍等;

(二)知识产权的名称、内容及其相关信息;

(三)知识产权许可行使状况;

(四)知识产权权利人合法行使知识产权的货物的名称、产地、进出境地海关、进出口商、主要特征、价格等;

(五)已知的侵犯知识产权货物的制造商、进出口商、进出境地海关、主要特征、价格等。

前款规定的申请书内容有证明文件的,知识产权权利人应当附送证明文件。

第八条 海关总署应当自收到全部申请文件之日起30个工作日内作出是否准予备案的决定,并书面通知申请人;不予备案的,应当说明理由。

有下列情形之一的,海关总署不予备案:

(一)申请文件不齐全或者无效的;

(二)申请人不是知识产权权利人的;

(三)知识产权不再受法律、行政法规保护的。

第九条 海关发现知识产权权利人申请知识产权备案未如实提供有关情况或者文件的,海关总署可以撤销其备案。

第十条 知识产权海关保护备案自海关总署准予备案之日起生效,有效期为10年。

知识产权有效的,知识产权权利人可以在知识产权海关保护备案有效期届满前6个月内,向海关总署申请续展备案。每次续展备案的有效期为10年。

知识产权海关保护备案有效期届满而不申请续展或者知识产权不再受法律、行政法规保护的,知识产权海关保护备案随即失效。

第十一条 知识产权备案情况发生改变的,知识产权权利人应当自发生改变之日起30个工作日内,向海关总署办理备案变更或者注销手续。

知识产权权利人未依照前款规定办理变更或者注销手续,给他人合法进出口或者海关依法履行监管职责造成严重影响的,海关总署可以根据有关利害关系人的申请撤销有关备案,也可以主动撤销有关备案。

第三章 扣留侵权嫌疑货物的申请及其处理

第十二条 知识产权权利人发现侵权嫌疑货物即将进出口的,可以向货物进出境地海关提出扣留侵权嫌疑货物的申请。

第十三条 知识产权权利人请求海关扣留侵权嫌疑货物的,应当提交申请书及相关证明文件,并提供足以证明侵权事实明显存在的证据。

申请书应当包括下列主要内容:

(一)知识产权权利人的名称或者姓名、注册地或者国籍等;

(二)知识产权的名称、内容及其相关信息;

（三）侵权嫌疑货物收货人和发货人的名称；

（四）侵权嫌疑货物名称、规格等；

（五）侵权嫌疑货物可能进出境的口岸、时间、运输工具等。

侵权嫌疑货物涉嫌侵犯备案知识产权的，申请书还应当包括海关备案号。

第十四条　知识产权权利人请求海关扣留侵权嫌疑货物的，应当向海关提供不超过货物等值的担保，用于赔偿可能因申请不当给收货人、发货人造成的损失，以及支付货物由海关扣留后的仓储、保管和处置等费用；知识产权权利人直接向仓储商支付仓储、保管费用的，从担保中扣除。具体办法由海关总署制定。

第十五条　知识产权权利人申请扣留侵权嫌疑货物，符合本条例第十三条的规定，并依照本条例第十四条的规定提供担保的，海关应当扣留侵权嫌疑货物，书面通知知识产权权利人，并将海关扣留凭单送达收货人或者发货人。

知识产权权利人申请扣留侵权嫌疑货物，不符合本条例第十三条的规定，或者未依照本条例第十四条的规定提供担保的，海关应当驳回申请，并书面通知知识产权权利人。

第十六条　海关发现进出口货物有侵犯备案知识产权嫌疑的，应当立即书面通知知识产权权利人。知识产权权利人自通知送达之日起3个工作日内依照本条例第十三条的规定提出申请，并依照本条例第十四条的规定提供担保的，海关应当扣留侵权嫌疑货物，书面通知知识产权权利人，并将海关扣留凭单送达收货人或者发货人。知识产权权利人逾期未提出申请或者未提供担保的，海关不得扣留货物。

第十七条　经海关同意，知识产权权利人和收货人或者发货人可以查看有关货物。

第十八条　收货人或者发货人认为其货物未侵犯知识产权权利人的知识产权的，应当向海关提出书面说明并附送相关证据。

第十九条　涉嫌侵犯专利权货物的收货人或者发货人认为其进出口货物未侵犯专利权的，可以在向海关提供货物等值的担保金后，请求海关放行其货物。知识产权权利人未能在合理期限内向人民法院起诉的，海关应当退还担保金。

第二十条　海关发现进出口货物有侵犯备案知识产权嫌疑并通知知识产权权利人后，知识产权权利人请求海关扣留侵权嫌疑货物的，海关应当自扣留之日起30个工作日内对被扣留的侵权嫌疑货物是否侵犯知识产权进行调查、认定；不能认定的，应当立即书面通知知识产权权利人。

第二十一条　海关对被扣留的侵权嫌疑货物进行调查，请求知识产权主管部门提供协助的，有关知识产权主管部门应当予以协助。

知识产权主管部门处理涉及进出口货物的侵权案件请求海关提供协助的，海关应当予以协助。

第二十二条　海关对被扣留的侵权嫌疑货物及有关情况进行调查时，知识产权权利人和收货人或者发货人应当予以配合。

第二十三条　知识产权权利人在向海关提出采取保护措施的申请后，可以依照《中华人民共和国商标法》、《中华人民共和国著作权法》、《中华人民共和国专利法》或者其他有关法律的规定，就被扣留的侵权嫌疑货物向人民法院申请采取责令停止侵权行为或者财产保全的措施。

海关收到人民法院有关责令停止侵权行为或者财产保全的协助执行通知的，应当予以协助。

第二十四条　有下列情形之一的，海关应当放行被扣留的侵权嫌疑货物：

（一）海关依照本条例第十五条的规定扣留侵权嫌疑货物，自扣留之日起20个工作日内未收到人民法院协助执行通知的；

（二）海关依照本条例第十六条的规定扣留侵权嫌疑货物，自扣留之日起50个工作日内未收到人民法院协助执行通知，并且经调查不能认定被扣留的侵权嫌疑货物侵犯知识产权的；

（三）涉嫌侵犯专利权货物的收货人或者发货人在向海关提供与货物等值的担保金后，请求海关放行其货物的；

（四）海关认为收货人或者发货人有充分的证据证明其货物未侵犯知识产权权利人的知识产权的；

（五）在海关认定被扣留的侵权嫌疑货物为侵权货物之前，知识产权权利人撤回扣留侵权嫌疑货物的申请的。

第二十五条　海关依照本条例的规定扣留侵权嫌疑货物，知识产权权利人应当支付有关仓储、保管和处置等费用。知识产权权利人未支付有关费用的，海关可以从其向海关提供的担保金中予以扣除，或者要求担保人履行有关担保责任。

侵权嫌疑货物被认定为侵犯知识产权的，知识产权权利人可以将其支付的有关仓储、保管和处置等费用计入其为制止侵权行为所支付的合理开支。

第二十六条 海关实施知识产权保护发现涉嫌犯罪案件的，应当将案件依法移送公安机关处理。

第四章 法律责任

第二十七条 被扣留的侵权嫌疑货物，经海关调查后认定侵犯知识产权的，由海关予以没收。

海关没收侵犯知识产权货物后，应当将侵犯知识产权货物的有关情况书面通知知识产权权利人。

被没收的侵犯知识产权货物可以用于社会公益事业的，海关应当转交给有关公益机构用于社会公益事业；知识产权权利人有收购意愿的，海关可以有偿转让给知识产权权利人。被没收的侵犯知识产权货物无法用于社会公益事业且知识产权权利人无收购意愿的，海关可以在消除侵权特征后依法拍卖，但对进口假冒商标货物，除特殊情况外，不能仅清除货物上的商标标识即允许其进入商业渠道；侵权特征无法消除的，海关应当予以销毁。

第二十八条 海关接受知识产权保护备案和采取知识产权保护措施的申请后，因知识产权权利人未提供确切情况而未能发现侵权货物、未能及时采取保护措施或者采取保护措施不力的，由知识产权权利人自行承担责任。

知识产权权利人请求海关扣留侵权嫌疑货物后，海关不能认定被扣留的侵权嫌疑货物侵犯知识产权权利人的知识产权，或者人民法院判定不侵犯知识产权权利人的知识产权的，知识产权权利人应当依法承担赔偿责任。

第二十九条 进口或者出口侵犯知识产权货物，构成犯罪的，依法追究刑事责任。

第三十条 海关工作人员在实施知识产权保护时，玩忽职守、滥用职权、徇私舞弊，构成犯罪的，依法追究刑事责任；尚不构成犯罪的，依法给予行政处分。

第五章 附 则

第三十一条 个人携带或者邮寄进出境的物品，超出自用、合理数量，并侵犯本条例第二条规定的知识产权的，按照侵权货物处理。

第三十二条 本条例自2004年3月1日起施行。1995年7月5日国务院发布的《中华人民共和国知识产权海关保护条例》同时废止。

中共中央办公厅、国务院办公厅关于加强知识产权审判领域改革创新若干问题的意见

2018年2月

知识产权保护是激励创新的基本手段，是创新原动力的基本保障，是国际竞争力的核心要素。人民法院知识产权审判工作，事关创新驱动发展战略实施，事关经济社会文化发展繁荣，事关国内国际两个大局，对于建设知识产权强国和世界科技强国具有重要意义。为深入贯彻实施创新驱动发展战略和国家知识产权战略，强化知识产权创造、保护、运用，破解制约知识产权审判发展的体制机制障碍，充分发挥知识产权审判激励和保护创新、促进科技进步和社会发展的职能作用，提出以下意见。

一、总体要求

（一）指导思想

全面贯彻落实党的十九大精神，以习近平新时代中国特色社会主义思想为指导，牢固树立“四个意识”，按照统筹推进“五位一体”总体布局和协调推进“四个全面”战略布局要求，紧紧围绕“努力让人民群众在每一个司法案件中感受到公平正义”目标，坚持司法为民、公正司法，不断深化知识产权审判领域改革，充分发挥知识产权司法保护主导作用，树立保护知识产权就是保护创新的理念，优化科技创新法治环境，推动实施创新驱动发展战略，为实现“两个一百年”奋斗目标和建设知识产权强国、世界科技强国提供有力司法保障。

（二）基本原则

——坚持高点定位。立足国家战略层面，紧紧围绕党和国家发展大局，积极适应国际形势新变化，加强事关知识产权审判长远发展的全局性、体制性、根本性问题的顶层设计，改革完善知识产权司法保护体制机制。

——坚持问题导向。紧扣人民群众司法需求，针对影响和制约知识产权审判发展的关键领域和薄弱环节，研究对策措施，着力破解难题、补齐短板，进一步提

升知识产权司法保护水平。

——坚持改革创新。解放思想，实事求是，遵循审判规律，以创新的方法激励创新，以创新的方式保护创新，以改革的思维解决知识产权审判领域改革中面临的问题和困难，使改革创新成为知识产权审判持续健康发展的动力源泉。

——坚持开放发展。既立足我国国情，又尊重国际规则，借鉴国际上知识产权司法保护的成功经验，积极构建中国特色知识产权司法保护新模式，不断增强我国在知识产权国际治理规则中的引领力。

（三）改革目标

以完善知识产权诉讼制度为基础，以加强知识产权法院体系建设为重点，以加强知识产权审判队伍建设为保障，不断提高知识产权审判质量效率，加大知识产权司法保护力度，有效遏制侵犯知识产权行为，进一步提升知识产权领域司法公信力和国际影响力，加快推进知识产权审判体系和审判能力向现代化迈进。

二、完善知识产权诉讼制度

（一）建立符合知识产权案件特点的诉讼证据规则

根据知识产权无形性、时间性和地域性等特点，完善证据保全制度，发挥专家辅助人作用，适当加大人民法院依职权调查取证力度，建立激励当事人积极、主动提供证据的诉讼机制。通过多种方式充分发挥公证在知识产权案件中固定证据的作用。加强知识产权领域的诉讼诚信体系建设，探索建立证据披露、证据妨碍排除等规则，合理分配举证责任，适当减轻权利人举证负担，着力破解知识产权权利人"举证难"问题。

（二）建立体现知识产权价值的侵权损害赔偿制度

1. 坚持知识产权创造价值、权利人理应享有利益回报的价值导向。充分发挥社会组织、中介机构在知识产权价值评估中的作用，建立以尊重知识产权、鼓励创新运用为导向，以实现知识产权市场价值为指引，以补偿为主、惩罚为辅的侵权损害司法认定机制，着力破解知识产权侵权诉讼"赔偿低"问题。

2. 加大知识产权侵权违法行为惩治力度，降低维权成本。对于具有重复侵权、恶意侵权以及其他严重侵权情节的，依法加大赔偿力度，提高赔偿数额，由败诉方承担维权成本，让侵权者付出沉重代价，有效遏制和威慑侵犯知识产权行为。努力营造不敢侵权、不愿侵权的法律氛围，实现向知识产权严格保护的历史性转变。

（三）推进符合知识产权诉讼规律的裁判方式改革

进一步发挥知识产权司法保护的主导作用，依法加强对知识产权行政行为的司法审查，促进知识产权行政执法标准与司法裁判标准的统一。加强司法大数据的研究应用，完善知识产权案例指导制度，改进裁判方式，推进知识产权案件繁简分流，切实增强知识产权司法救济的便民性和时效性，着力破解知识产权案件审理"周期长"问题。

三、加强知识产权法院体系建设

（一）建立健全知识产权专门化审判体系

1. 按照《国家知识产权战略纲要》要求，从推动建成知识产权强国和世界科技强国的战略高度，认真总结知识产权审判基本规律和经验，加强现状分析和对国际趋势的研判，研究建立国家层面知识产权案件上诉审理机制，实现有关知识产权案件审理专门化、管辖集中化、程序集约化和人员专业化，从根本上解决知识产权裁判尺度不统一、诉讼程序复杂等制约科技创新的体制性难题。

2. 全面总结北京、上海、广州知识产权法院设立、运行、建设、发展的经验，提出可复制、可推广的意见，依照法定程序实施；进一步健全符合知识产权司法保护规律的专门化审判体系，有效满足科技创新对知识产权专门化审判的司法需求。

（二）探索跨地区知识产权案件异地审理机制

充分整合京津冀三地法院审判优势资源，探索北京知识产权法院集中管辖京津冀地区技术类知识产权案件，充分发挥知识产权专门化审判在推动京津冀创新驱动发展方面的独特作用，为京津冀形成协调创新共同体、实现经济转型和科学发展提供有力司法支持。

（三）完善知识产权法院人财物保障制度

1. 建立分类管理、定向培养、跟踪考核、适时调整相结合的知识产权法院法官员额动态调整机制。根据案件的受理数量、增长趋势、难易程度等，动态调整法官员额，化解人案矛盾，提升司法效率。

2. 根据知识产权法院隶属关系和工作实际，完善经费保障机制，明确知识产权法院购买社会服务的依据，促进知识产权法院财务工作规范化。

四、加强知识产权审判队伍建设

(一)加大知识产权审判人才培养选拔力度

1. 在保持知识产权审判队伍稳定的前提下,建立知识产权法院之间、知识产权专门审判机构之间、上下级法院之间形式多样的人员交流机制,有计划地选派综合素质高、专业能力强、有培养潜力的知识产权法官到有关党政机关等任职、挂职,可以从立法工作者、律师、法学专家中公开选拔知识产权法官,进一步激发知识产权审判队伍的积极性、主动性和创造性。

2. 增强培训的针对性和有效性,提高知识产权审判队伍的思想政治素质、职业素养和专业水平,加强对外交流与合作,努力造就一批政治坚定、顾全大局、精通法律、熟悉技术并具有国际视野的知识产权审判人才。

(二)加强技术调查官队伍建设

探索在编制内按照聘任等方式选任、管理技术调查官,细化选任条件、任职类型、职责范围、管理模式和培养机制,规范技术审查意见的采信机制,充分发挥技术调查官对有效查明技术事实、提高知识产权审判质量效率的积极作用,增强技术事实认定的中立性、客观性和科学性。

五、加强组织领导

(一)加强组织实施

有关地区和部门要高度重视人民法院知识产权审判工作,将其作为推进全面深化改革、全面依法治国和深入贯彻实施创新驱动发展战略、国家知识产权战略的重要内容,切实加强组织领导。要抓紧制定实施细则,明确责任部门,确定时间表、路线图,确保各项工作要求及时有效落实。

(二)强化工作保障

有关地区和部门要认真贯彻落实党中央关于充分发挥知识产权司法保护主导作用的要求,统筹调配人民法院现有司法资源和相关审判力量,在经费保障、物资装备等方面做好对人民法院知识产权审判工作的保障和支持,大力推进知识产权审判队伍正规化、专业化、职业化、国际化建设。

(三)完善相关法律规定

积极推进人民法院组织法、专利法、著作权法、有关诉讼法等相关法律的修订工作,研究制定符合知识产权审判规律的特别程序法,加强知识产权案件专门审判组织、诉讼管辖、证据规则、审理程序和裁判方式的法律化、制度化。

国务院办公厅转发科技部、财政部关于国家科研计划项目研究成果知识产权管理若干规定的通知

1. 2002年4月14日
2. 国办发〔2002〕30号

各省、自治区、直辖市人民政府,国务院各部委、各直属机构:

科技部、财政部《关于国家科研计划项目研究成果知识产权管理的若干规定》已经国务院同意,现转发给你们,请认真贯彻执行。

关于国家科研计划项目研究成果知识产权管理的若干规定

(科技部、财政部 2002年3月5日)

为贯彻落实《中共中央、国务院关于加强技术创新,发展高科技,实现产业化的决定》(中发〔1999〕14号)精神,促进我国自主知识产权总量的增加,加强科技成果转化,保障国家、单位和个人的合法权益,对以财政资金资助为主的国家科研计划项目(包括科研专项项目,以下简称科研项目)研究成果的知识产权管理,作出如下规定。

一、科研项目研究成果及其形成的知识产权,除涉及国家安全、国家利益和重大社会公共利益的以外,国家授予科研项目承担单位(以下简称项目承担单位)。项目承担单位可以依法自主决定实施、许可他人实施、转让、作价入股等,并取得相应的收益。同时,在特定情况下,国家根据需要保留无偿使用、开发、使之有效利用和获取收益的权利。

二、单位申请承担科研项目时,须提交该项目的知识产权可行性分析报告。项目执行过程中,项目承担单位须根据相关领域知识产权的发展动态,及时调整研究策略和措施。

三、项目承担单位须建立规范有效的知识产权管理制度,对项目执行过程中产生的研究成果及时采取知识产权保护措施,依法取得相关知识产权,并予以有效管理和充分使用。

四、科研计划归口管理部门要将知识产权管理制度是否健全作为确定项目承担单位的重要条件。在科研项目合同中须明确约定项目承担单位管理、保护研究成果知识产权的义务，并依据合同对履行义务情况组织检查和验收。对不履行义务或履行不当、造成重大损失的，依法追究项目承担单位和主要责任人的责任。

科研计划归口管理部门对涉及国家安全、国家利益和重大社会公共利益的科研项目，须在立项或验收时予以确认，明确项目成果知识产权管理方式，拟定成果转化和应用方案。

五、科研项目研究成果取得相关知识产权的申请费用、维持费用等知识产权事务费用，一般由项目承担单位负担。经财政部门批准，在国家有关科研计划经费中可以开支知识产权事务费，用于补助负担上述费用确有困难的项目承担单位。

六、国务院有关部门和省、自治区、直辖市人民政府可以根据国家需要，报请国务院批准，决定科研项目研究成果在一定的范围内推广应用，允许指定的单位实施，并区别不同情况，决定实施单位或无偿使用，或由实施单位按照国家有关规定向项目承担单位支付知识产权使用费。

七、项目承担单位应当建立科技成果转化机制，采取有效措施，积极促进科研项目研究成果的转化。项目承担单位转让科研项目研究成果知识产权时，成果完成人享有同等条件下优先受让的权利。

八、项目承担单位要按照《中华人民共和国促进科技成果转化法》、《中华人民共和国专利法》和《国务院办公厅转发科技部等部门关于促进科技成果转化若干规定的通知》（国办发〔1999〕29号）等有关规定，对科研项目研究成果完成人和为成果转化做出贡献的人员给予奖励和报酬。

九、科技部、财政部会同有关部门，根据本规定修订和完善各项科研计划管理制度，明确知识产权管理办法，制定科研项目合同知识产权标准条款，并负责组织实施和监督检查。

关于强化知识产权保护的意见

2019年11月24日中共中央办公厅、国务院办公厅发布

加强知识产权保护，是完善产权保护制度最重要的内容，也是提高我国经济竞争力的最大激励。为贯彻落实党中央、国务院关于强化知识产权保护的决策部署，进一步完善制度、优化机制，现提出如下意见。

一、总体要求

以习近平新时代中国特色社会主义思想为指导，全面贯彻党的十九大和十九届二中、三中、四中全会精神，紧紧围绕统筹推进“五位一体”总体布局和协调推进“四个全面”战略布局，牢固树立保护知识产权就是保护创新的理念，坚持严格保护、统筹协调、重点突破、同等保护，不断改革完善知识产权保护体系，综合运用法律、行政、经济、技术、社会治理手段强化保护，促进保护能力和水平整体提升。力争到2022年，侵权易发多发现象得到有效遏制，权利人维权“举证难、周期长、成本高、赔偿低”的局面明显改观。到2025年，知识产权保护社会满意度达到并保持较高水平，保护能力有效提升，保护体系更加完善，尊重知识价值的营商环境更加优化，知识产权制度激励创新的基本保障作用得到更加有效发挥。

二、强化制度约束，确立知识产权严保护政策导向

（一）*加大侵权假冒行为惩戒力度。*研究制定知识产权基础性法律的必要性和可行性，加快专利法、商标法、著作权法等修改完善。完善地理标志保护相关立法。加快在专利、著作权等领域引入侵权惩罚性赔偿制度。大幅提高侵权法定赔偿额上限，加大损害赔偿力度。强化民事司法保护，有效执行惩罚性赔偿制度。研究采取没收违法所得、销毁侵权假冒商品等措施，加大行政处罚力度，开展关键领域、重点环节、重点群体行政执法专项行动。规制商标恶意注册、非正常专利申请以及恶意诉讼等行为。探索加强对商业秘密、保密商务信息及其源代码等的有效保护。加强刑事司法保护，推进刑事法律和司法解释的修订完善。加大刑事打击力度，研究降低侵犯知识产权犯罪入罪标准，提高量刑处罚力度，修改罪状表述，推动解决涉案侵权物品处置等问题。强化打击侵权假冒犯罪制度建设，探索完善数据化打假情报导侦工作机制，开展常态化专项打击行动，持续保持高压严打态势。

（二）*严格规范证据标准。*深入推进知识产权民事、刑事、行政案件“三合一”审判机制改革，完善知识产权案件上诉机制，统一审判标准。制定完善行政执法过程中的商标、专利侵权判断标准。规范司法、行政执法、仲裁、调解等不同渠道的证据标准。推进行政执法和刑事司法立案标准协调衔接，完善案件移送要求和证据标准，制定证据指引，顺畅行政执法和刑事司法衔接。制定知识产权民事诉讼证据规则司法解释，着力解决权利人举证难问题。探索建立侵权行为公证悬赏取证制度，减轻权利人举证责任负担。

（三）强化案件执行措施。建立健全知识产权纠纷调解协议司法确认机制。建立完善市场主体诚信档案“黑名单”制度，实施市场主体信用分类监管，建立重复侵权、故意侵权企业名录社会公布制度，健全失信联合惩戒机制。逐步建立全领域知识产权保护案例指导机制和重大案件公开审理机制。加强对案件异地执行的督促检查，推动形成统一公平的法治环境。

（四）完善新业态新领域保护制度。针对新业态新领域发展现状，研究加强专利、商标、著作权、植物新品种和集成电路布图设计等的保护。探索建立药品专利链接制度、药品专利期限补偿制度。研究加强体育赛事转播知识产权保护。加强公证电子存证技术推广应用。研究建立跨境电商知识产权保护规则，制定电商平台保护管理标准。编制发布企业知识产权保护指南，制定合同范本、维权流程等操作指引，鼓励企业加强风险防范机制建设，持续优化大众创业万众创新保护环境。研究制定传统文化、传统知识等领域保护办法，加强中医药知识产权保护。

三、加强社会监督共治，构建知识产权大保护工作格局

（五）加大执法监督力度。加强人大监督，开展知识产权执法检查。发挥政协民主监督作用，定期开展知识产权保护工作调研。建立健全奖优惩劣制度，提高执法监管效能。加强监督问责，推动落实行政执法信息公开相关规定，更大范围更大力度公开执法办案信息，接受社会和舆论监督。

（六）建立健全社会共治模式。完善知识产权仲裁、调解、公证工作机制，培育和发展仲裁机构、调解组织和公证机构。鼓励行业协会、商会建立知识产权保护自律和信息沟通机制。引导代理行业加强自律自治，全面提升代理机构监管水平。加强诚信体系建设，将知识产权出质登记、行政处罚、抽查检查结果等涉企信息，通过国家企业信用信息公示系统统一归集并依法公示。建立健全志愿者制度，调动社会力量积极参与知识产权保护治理。

（七）加强专业技术支撑。加强科技研发，通过源头追溯、实时监测、在线识别等技术手段强化知识产权保护。建设侵权假冒线索智能检测系统，提升打击侵权假冒行为效率及精准度。在知识产权行政执法案件处理和司法活动中引入技术调查官制度，协助行政执法部门、司法部门准确高效认定技术事实。探索加强知识产权侵权鉴定能力建设，研究建立侵权损害评估制度，进一步加强司法鉴定机构专业化、程序规范化建设。

四、优化协作衔接机制，突破知识产权快保护关键环节

（八）优化授权确权维权衔接程序。加强专利、商标、植物新品种等审查能力建设，进一步压缩审查周期。重点提高实用新型和外观设计专利审查质量，强化源头保护。进一步发挥专利商标行政确权远程审理、异地审理制度在重大侵权行政执法案件处理中的作用。健全行政确权、公证存证、仲裁、调解、行政执法、司法保护之间的衔接机制，加强信息沟通和共享，形成各渠道有机衔接、优势互补的运行机制，切实提高维权效率。

（九）加强跨部门跨区域办案协作。制定跨部门案件处理规程，健全部门间重大案件联合查办和移交机制。健全行政执法部门与公安部门对涉嫌犯罪的知识产权案件查办工作衔接机制。在案件多发地区探索建立仲裁、调解优先推荐机制。建立健全知识产权案件分流制度，推进案件繁简分流机制改革。推动建立省级行政区内知识产权案件跨区域审理机制，充分发挥法院案件指定管辖机制作用，有效打破地方保护。

（十）推动简易案件和纠纷快速处理。建立重点关注市场名录，针对电商平台、展会、专业市场、进出口等关键领域和环节构建行政执法、仲裁、调解等快速处理渠道。推动电商平台建立有效运用专利权评价报告快速处置实用新型和外观设计专利侵权投诉制度。指导各类网站规范管理，删除侵权内容，屏蔽或断开盗版网站链接，停止侵权信息传播，打击利用版权诉讼进行投机性牟利等行为。

（十一）加强知识产权快保护机构建设。在优势产业集聚区布局建设一批知识产权保护中心，建立案件快速受理和科学分流机制，提供快速审查、快速确权、快速维权“一站式”纠纷解决方案。加快重点技术领域专利、商标、植物新品种审查授权、确权和维权程序。推广利用调解方式快速解决纠纷，高效对接行政执法、司法保护、仲裁等保护渠道和环节。

五、健全涉外沟通机制，塑造知识产权同保护优越环境

（十二）更大力度加强国际合作。积极开展海外巡讲活动，举办圆桌会，与相关国家和组织加强知识产权保护合作交流。探索在重要国际展会设立专题展区，开展中国知识产权保护成就海外巡展。充分发挥知识产权制度对促进共建“一带一路”的重要作用，支持共建国家加强能力建设，推动其共享专利、植物新品种审查结果。充分利用各类多双边对话合作机制，加强知识产权保护交流合作与磋商谈判。综合利用各类国际交流合作平台，积极宣传我国知识产权保护发展成就。

（十三）健全与国内外权利人沟通渠道。通过召开驻华使领馆信息沟通会、企业座谈会等方式，加强与国内外行业协会、商会、社会团体等信息交流。组织召开知识产权保护要情通报会，及时向新闻媒体和社会公众通报重大事项和进展，增信释疑，积极回应国内外权利人关切。

（十四）加强海外维权援助服务。完善海外知识产权纠纷预警防范机制，加强重大案件跟踪研究，建立国外知识产权法律修改变化动态跟踪机制，及时发布风险预警报告。加强海外信息服务平台建设，开展海外知识产权纠纷应对指导，构建海外纠纷协调解决机制。支持各类社会组织开展知识产权涉外风险防控体系建设。鼓励保险机构开展知识产权海外侵权责任险、专利执行险、专利被侵权损失险等保险业务。建立海外维权专家顾问机制，有效推动我国权利人合法权益在海外依法得到同等保护。

（十五）健全协调和信息获取机制。完善涉外执法协作机制，加大工作协调力度，进一步加强我国驻外使领馆知识产权对外工作。选设海外知识产权观察企业和社会组织，建立信息沟通机制。健全重大涉外知识产权纠纷信息通报和应急机制。组织开展我国企业海外知识产权保护状况调查，研究建立国别保护状况评估机制，推动改善我国企业海外知识产权保护环境。

六、加强基础条件建设，有力支撑知识产权保护工作

（十六）加强基础平台建设。建立健全全国知识产权大数据中心和保护监测信息网络，加强对注册登记、审批公告、纠纷处理、大案要案等信息的统计监测。建立知识产权执法信息报送统筹协调和信息共享机制，加大信息集成力度，提高综合研判和宏观决策水平。强化维权援助、举报投诉等公共服务平台软硬件建设，丰富平台功能，提升便民利民服务水平。

（十七）加强专业人才队伍建设。鼓励引导地方、部门、教育机构、行业协会、学会加大对知识产权保护专业人才培训力度。加强知识产权行政执法和司法队伍人员配备和职业化专业化建设，建立有效激励行政执法和司法人员积极性的机制，确保队伍稳定和有序交流。推动知识产权刑事案件办理专业化建设，提高侦查、审查逮捕、审查起诉、审判工作效率和办案质量。在有关管理部门和企事业单位，全面推行公职律师、公司律师、法律顾问制度，促进知识产权管理和保护工作法治化。充分发挥律师等法律服务队伍作用，做好知识产权纠纷调解、案件代理、普法宣传等工作。建立健全知识产权仲裁、调解、公证、社会监督等人才的选聘、管理、激励制度。加强知识产权保护专业人才岗位锻炼，充分发挥各类人才在维权实践中的作用。

（十八）加大资源投入和支持力度。各地区各部门要加大对知识产权保护资金投入力度。鼓励条件成熟的地区先行先试，率先建设知识产权保护试点示范区，形成若干保护高地。推动知识产权行政执法和司法装备现代化、智能化建设。鼓励企业加大资金投入，并通过市场化方式设立知识产权保护维权互助基金，提升自我维权能力和水平。

七、加大组织实施力度，确保工作任务落实

（十九）加强组织领导。全面加强党对知识产权保护工作的领导。各有关方面要按照职能分工，研究具体政策措施，协同推动知识产权保护体系建设。国家知识产权局要会同有关部门不断完善工作机制，加强协调指导和督促检查，确保各项工作要求有效落实，重大问题要及时按程序向党中央、国务院请示报告。

（二十）狠抓贯彻落实。地方各级党委和政府要全面贯彻党中央、国务院决策部署，落实知识产权保护属地责任，定期召开党委或政府专题会议，研究知识产权保护工作，加强体制机制建设，制定配套措施，落实人员经费。要将知识产权保护工作纳入地方党委和政府重要议事日程，定期开展评估，确保各项措施落实到位。

（二十一）强化考核评价。建立健全考核评价制度，将知识产权保护绩效纳入地方党委和政府绩效考核和营商环境评价体系。建立年度知识产权保护社会满意度调查制度和保护水平评估制度。完善通报约谈机制，督促各级党委和政府加大知识产权保护工作

力度。

（二十二）加强奖励激励。按照国家有关规定，对在知识产权保护工作中作出突出贡献的集体和个人给予表彰。鼓励各级政府充分利用现有奖励制度，对知识产权保护先进工作者和优秀社会参与者加强表彰。完善侵权假冒举报奖励机制，加大对举报人员奖励力度，激发社会公众参与知识产权保护工作的积极性和主动性。

（二十三）加强宣传引导。各地区各部门要加强舆论引导，定期公开发布有社会影响力的典型案件，让强化知识产权保护的观念深入人心。加强公益宣传，开展知识产权保护进企业、进单位、进社区、进学校、进网络等活动，不断提高全社会特别是创新创业主体知识产权保护意识，推动形成新时代知识产权保护工作新局面。

国家知识产权局、公安部关于加强协作配合强化知识产权保护的意见

1. *2021年5月20日发布*
2. *国知发保字〔2021〕12号*

第一条 为贯彻落实党中央、国务院关于全面加强知识产权保护的决策部署，深化知识产权管理部门与公安机关协作配合，加快构建知识产权行政保护与刑事司法有机衔接、优势互补的运行机制，服务科技创新、科技自立自强，根据刑法、刑事诉讼法、商标法、专利法、商标法实施条例、专利法实施细则等法律法规，制定本意见。

第二条 国家知识产权局和公安部加强知识产权保护工作的协作配合，包括情况交流、专业支撑、基础建设、法律研究、业务培训、宣传教育和国际交流等事项。

第三条 双方在知识产权保护工作中的协作配合，由国家知识产权局知识产权保护司（以下简称保护司）和公安部食品药品犯罪侦查局（以下简称食药侦局）归口负责。

第四条 国家知识产权局和公安部建立知识产权保护协调会商机制，邀请有关行政部门、司法机关分析研判全国侵犯知识产权违法犯罪形势，研究制定工作方案，拟定年度知识产权保护工作目标和工作重点，共同推动知识产权保护工作的深入开展。

省级及以下知识产权管理部门、公安机关根据当地实际情况，建立相应的协调会商机制，指定专人负责，共同研究落实相关工作。

第五条 知识产权管理部门在日常工作中，发现违法行为明显涉嫌犯罪的，应当及时通报同级公安机关。

第六条 知识产权管理部门和公安机关要主动会同相关行政部门、司法机关建立情况信息通报制度，逐步实现各部门数据共享，推动建立信息共享平台。

第七条 知识产权管理部门就刑事案件的立案追诉标准、证据的固定和保全、违法犯罪行为人身份等问题征求公安机关意见的，公安机关应当及时答复。

公安机关在办理案件过程中，需要核实注册商标信息的，可以通过国家知识产权局商标注册证明公示系统核实，必要时，可以向国家知识产权局商标局核实；需要核实涉案专利法律状态的，可以向国家知识产权局在各地设立的专利代办处申请出具《专利登记簿副本》；需要核实地理标志相关信息的，可以向保护司核实。

对于刑事案件中涉及的商标的使用、相同商标、同一种商品、假冒专利行为等认定问题，公安机关可以依据相关司法解释和国家知识产权局制定的商标、专利侵权判断标准等直接进行认定；必要时，可以商请同级知识产权管理部门提供专业意见。同级知识产权管理部门对相关问题无法认定的，该部门应当逐级请示上级知识产权管理部门，或者由公安机关逐级报食药侦局征求保护司意见。

第八条 国家知识产权局和公安部发挥各自优势，联合组建知识产权保护工作专家组，加强对知识产权保护宏观战略的调查研究，分析研判重点行业领域侵权假冒违法犯罪形势，排查可能影响科技创新和科技自立自强的风险隐患，对法律理解适用等问题开展专项调研和课题研究，推动法律政策完善，对疑难、复杂案件提供指导，服务支撑执法实践。

各地知识产权管理部门、公安机关要发挥各自优势，共同组织开展研究、培训等活动，不断提升知识产权保护工作水平。

第九条 知识产权管理部门、公安机关要充分利用广播电视、互联网等多种媒体，采取灵活多样的形式，广泛宣传知识产权保护法律政策，提高消费者的鉴别能力，教育群众，警示社会，提高全社会尊重和保护知识产权的意识。

第十条　知识产权管理部门、公安机关在国际保护合作中要密切配合,共同参与有关国际交流活动,充分展示我国保护知识产权的决心和成效。

第十一条　国家知识产权局和公安部定期对查办侦破重大案件、推进协作机制、开展理论研究和宣传培训等作出突出贡献的知识产权管理部门、公安机关中的集体和个人进行通报表扬;对工作不力的予以通报批评。

第十二条　本意见由国家知识产权局和公安部共同负责解释。

第十三条　本意见自发布之日起施行。此前发布的文件与本意见不一致的,以本意见为准。

国家知识产权局、司法部关于加强新时代专利侵权纠纷行政裁决工作的意见

1. 2023年9月11日公布
2. 国知发保字〔2023〕39号

各省、自治区、直辖市和新疆生产建设兵团知识产权局,司法厅(局):

专利侵权纠纷行政裁决制度是中国特色知识产权制度的重要组成部分,在全面加强知识产权保护、推进创新型国家建设、推动高质量发展、扩大高水平对外开放中发挥着重要作用。党的十八大以来,我国专利侵权纠纷行政裁决工作实现了重大跨越和快速发展,取得了显著成效,但同时存在法治保障相对滞后、制度作用发挥不够充分、体制机制尚不健全等问题。为加强新时代专利侵权纠纷行政裁决工作,现提出如下意见。

一、总体要求

(一)指导思想。坚持以习近平新时代中国特色社会主义思想为指导,全面贯彻党的二十大和二十届二中全会精神,认真落实《法治政府建设实施纲要(2021—2025年)》、《知识产权强国建设纲要(2021—2035年)》、《"十四五"国家知识产权保护和运用规划》和《关于健全行政裁决制度加强行政裁决工作的意见》、《关于强化知识产权保护的意见》,全面加强专利侵权纠纷行政裁决法治保障,充分发挥行政裁决制度作用,完善行政裁决体制机制,更好更快依法保护专利权人和社会公众合法权益,构建法治健全、实施高效、有机衔接、执行有力的专利侵权纠纷行政裁决工作体系,为加快建设知识产权强国、推动高质量发展提供有力支撑。

(二)基本原则。

——坚持服务大局,发挥制度优势。准确把握专利侵权纠纷行政裁决工作在国家经济社会发展大局中的功能定位,走好中国特色知识产权发展之路,全面落实知识产权保护属地责任,充分发挥行政裁决制度保护创新、激发创造作用。

——坚持依法行政,强化法治保障。将加强专利侵权纠纷行政裁决工作作为法治政府建设重要内容,建设有力支持全面创新的行政裁决法治保障体系,严格依法行政,落实执法责任制,全面推进行政裁决规范化建设,提高裁决执行力和公信力。

——坚持系统协同,突出便捷高效。牢固树立系统观念,健全专利侵权纠纷行政裁决与调解、司法审判等的衔接协调机制,强化部门协同、上下联动、区域协作、体系支撑,发挥行政裁决便捷高效优势,最大程度为创新主体和人民群众提供便利。

——坚持改革引领,注重能力提升。围绕破除专利侵权纠纷行政裁决体制机制障碍,着力强化改革思维,注重顶层设计和基层探索相结合,推进行政裁决制度创新、技术创新和路径创新,发挥改革试点示范引领作用,全面提升现代化行政裁决能力水平。

(三)主要目标。

——到2025年,专利侵权纠纷行政裁决法治保障不断完善,行政裁决法定职责得到切实履行,行政裁决体制机制进一步健全,行政裁决与调解、司法审判等的衔接协调更加顺畅,行政裁决工作体系更加完备,行政裁决能力得到显著增强,省级行政裁决规范化建设试点基本完成,市域、县域规范化建设试点应试尽试,专利侵权纠纷行政裁决作用充分彰显。

——到2030年,支持全面创新的专利侵权纠纷行政裁决基础制度基本形成,行政裁决体制机制运行顺畅,行政裁决制度作用充分发挥,行政裁决能力全面提升,市域、县域行政裁决规范化建设试点全部达标,行政裁决工作法治化、便利化水平显著提高,新时代专利侵权纠纷行政裁决工作格局基本形成。

二、强化专利侵权纠纷行政裁决法治保障

(四)健全行政裁决法律规范。推动专利法律、法规制修订工作,推进修改行政裁决部门规章,完善专利侵权纠纷行政裁决相关制度。各地起草、修改知识产权地方性法规、规章时,积极推动统一行政裁决规范表

述，引入行政裁决具体条款，加快构建较为完备的行政裁决法律规范体系。经全国人大常委会授权立法的地方，加大立法先行先试力度，鼓励引入简易程序、独任审理等制度。

（五）细化行政裁决程序规定。各地应及时适应性修改行政裁决规定办法，完善行政裁决办案指南，进一步细化规范行政裁决各环节程序，推动行政裁决与司法审判实体认定标准协调统一，确保行政裁决工作在法治轨道上运行。鼓励有条件的地方出台行政裁决专门规定，明确繁简分流和快速处理机制，细化取证、固证等证据规则和技术调查、检验鉴定等举措。

（六）完善行政裁决执行制度。对重复侵犯专利权、拒不履行生效行政裁决等行为，依法采用行政处罚、列入严重违法失信名单等手段，强化行政裁决执行保障。严格落实相关执行措施，对医药集中采购、电子商务等领域行政裁决认定侵权行为成立的，会同相关部门依法依规采取不予挂网或撤网、删除链接等措施，及时制止侵权行为。督促当事人及时履行生效行政裁决决定；对拒不履行的，依法申请人民法院强制执行。

三、严格履行专利侵权纠纷行政裁决法定职责

（七）明确行政裁决属地责任。各地应将行政裁决事项纳入权力清单，通过清单目录式管理，明确行政裁决事项、机构、办案人员及程序流程。省级知识产权管理部门通过指定管辖等措施，统筹省内重大或跨区域行政裁决案件管辖权。对有需要并有实际处理能力的县（市、区），积极推动赋予行政裁决权。鼓励县（市、区）负有知识产权保护职责部门的派出机构，参与立案、取证、送达等行政裁决案件办理。支持各地委托依法成立并具有管理公共事务职能的组织，开展行政裁决工作。

（八）切实履行行政裁决法定职责。各地知识产权管理部门强化行政裁决主责主业，落实专人专岗，对行政裁决请求做到应受尽受、应办必办、及时办理。依法履行现场调查、勘验等职责，对当事人确因客观原因不能自行收集证据且提出书面申请的，可根据情况决定是否调查收集有关证据。各地司法行政机关深化行政裁决协调和监督工作，推进行政裁决工作严格规范公正文明。

（九）落实行政裁决公开制度。各地应依法通过政府或部门网站、政务新媒体等，向社会公布行政裁决相关法律、法规、规章及规范性文件，公开办理行政裁决案件的条件、程序、管辖、时限以及需提交材料的目录和申请书样式等。对作出行政裁决的专利侵权纠纷案件，依法及时予以公开，公开信息应便于公众查询，推动行政裁决工作公开透明。

四、加大专利侵权纠纷行政裁决办案力度

（十）畅通案件受理渠道。加快构建现场立案、网上立案、跨域立案等立体化受理渠道，为权利人提供灵活多样、便捷高效的立案服务。各地除法定受理渠道外，可依托知识产权保护中心、快速维权中心、专利代办处等，设立行政裁决立案服务窗口。积极宣传行政裁决制度及优势特点，在诉讼、公证、鉴定、调解等领域，引导当事人自愿选择行政裁决途径解决纠纷。

（十一）优化案件审理模式。积极探索差异化办案模式，鼓励各地开展简案快办，推广适用简易程序。对举证充分、事实清楚、权利义务关系明确以及涉案专利经无效宣告维持有效的案件，推行快审快结。对疑难、复杂并有一定社会影响的案件，实行精审细办。加强行政裁决与专利确权程序联动，积极开展专利侵权纠纷、专利权无效宣告联合审理。探索构建跨区域联合审理机制。聚焦创新主体反映强烈、社会舆论关注、侵权多发的重点领域和重点区域，适时组织集中受理、并案审理、公开裁决。

（十二）突出案件办理质效。强化案件办理和案卷管理，规范办案主体、事实与证据认定、办案程序和文书制作，提高案件办理质量。加强对新承担行政裁决职能的地方指导，上级知识产权管理部门可采取联合办案、专案指导等方式，带动整体裁决水平提升。积极回应民营企业、外资企业等创新主体保护需求，依法依规通过重大专利侵权纠纷行政裁决等途径，合力裁决一批在全国有影响力的大案要案。

五、完善专利侵权纠纷行政裁决支撑体系

（十三）健全专业技术支撑体系。完善技术调查官制度，出台技术调查官管理办法。专利保护诉求量大的地区，加快建立公开透明、动态调整的专兼职技术调查官库。有条件的地区可充分利用专利审查协作中心、知识产权保护中心等，建设省级或跨区域技术调查中心。推动将技术调查官工作经费纳入执法办案专项经费预算。发挥知识产权鉴定机构协助解决专业技术事实认定作用，推动知识产权鉴定机构专业化、规范化建设。贯彻实施知识产权鉴定相关标准，建立知识产权鉴定机构名录库并动态调整。

（十四）完善跨部门跨区域协同机制。强化行政裁决与调解、司法审判等的工作衔接，建立健全调解裁决结合、裁决诉讼对接机制。探索重大行政裁决案件引入行政司法联合技术事实查明机制。省级知识产权管理部门会同有关部门深化行政调解协议司法确认机制，明确司法确认范围，规范和简化司法确认流程。推进行政裁决跨部门跨区域协作，深化信息共享、联合取证、结果互认、协助执行等机制，实现协作机制规范化、制度化。

六、推进专利侵权纠纷行政裁决改革试点

（十五）强化行政裁决改革创新。鼓励各地聚焦行政裁决工作重点难点，改革创新、大胆探索，及时对基层创造的行之有效的行政裁决创新做法加以总结、提炼和推广。鼓励以数字化手段优化行政裁决业务，积极推行行政裁决在线提出、在线立案、在线审理和在线送达。推动建立行政裁决行为动态监测机制。加快推进跨部门、跨层级、跨区域数据交换，推动行政裁决与确权程序、司法判决等数据信息共享、业务流程贯通。

（十六）深化行政裁决规范化建设试点。构建国家统筹省级试点、省级统筹市域和县域试点，以点带面、示范引领、辐射带动、全域提升的行政裁决规范化建设试点工作体系，重点开展行政裁决制度试点，不断推动完善行政裁决体制机制。市域、县域国家级专利侵权纠纷行政裁决规范化建设试点工作，由通过行政裁决规范化建设试点验收的省（自治区、直辖市），提出具体实施方案，报经国家知识产权局、司法部同意后组织开展。

七、加强专利侵权纠纷行政裁决能力建设

（十七）强化行政裁决能力提升。加强辖区内行政裁决案件指导和监督。完善书面答复、办案指导等机制，构建分层分级、上下联动、高效运转的行政裁决指导体系。组织开展行政裁决案卷本级自查、同级互查、上级评查。上级知识产权管理部门建立行政裁决专家团队，统一研判办案中疑难问题，重点支持力量薄弱地区稳妥开展行政裁决工作。定期开展案卷评比、优秀案例评选、执法人员评优、技能比武等活动。

（十八）加强行政裁决队伍建设。加快推进行政裁决队伍专业化建设，配强行政裁决专门人员。在案件较为集中、办案量较大的地区，可探索设立知识产权行政裁决委员会，建设知识产权行政裁决庭、知识产权行政裁决所等。优先配备取得国家统一法律职业资格和专利代理师资格、具备法学和理工学科背景人员从事行政裁决工作。积极推动将行政裁决专业人才纳入党委和政府人才计划，制定相应配套人才政策，完善职级晋升相关制度。实施行政裁决办案人员轮训，通过分级分层培训、跨部门跨区域交流等方式，提升行政裁决队伍专业能力和业务水平。

八、组织保障

（十九）加强组织领导。各地要把加强专利侵权纠纷行政裁决工作作为全面加强知识产权保护、优化创新环境和营商环境、推进法治政府建设的重要抓手，切实加大人员配备、队伍建设、经费投入等保障力度，确保各项工作任务顺利推进。要结合本地实际，制定切实可行的实施方案，明确责任部门，建立协调机制，共同推进落实各项任务。工作推进中遇到的重大问题、重要情况，及时向国家知识产权局、司法部报告。

（二十）加强督促检查。国家知识产权局、司法部加强对各地工作落实的督促、指导和检查，对工作成效显著的地区和成绩突出的人员给予通报表扬。司法部引导各地将行政裁决工作纳入法治政府建设考核评价和法治政府示范创建指标体系，并作为正向指标予以加分。国家知识产权局将各地工作落实情况，纳入年度知识产权行政保护绩效考核范围。

（二十一）加强宣传引导。各地司法行政机关将行政裁决工作纳入法治宣传教育计划，保障行政裁决普法工作有序推进。各地知识产权管理部门认真落实“谁执法谁普法”责任制，开展形式多样、内容丰富的普法用法活动。充分利用重要时段、重要时机，定期发布典型案例和经验做法，大力宣传行政裁决成效，为加强新时代专利侵权纠纷行政裁决工作营造良好氛围。

3. 部门规章及规范性文件

高等学校知识产权保护管理规定

1999年4月8日教育部令第3号发布施行

第一章　总　　则

第一条　为有效保护高等学校知识产权，鼓励广大教职员工和学生发明创造和智力创作的积极性，发挥高等学校的智力优势，促进科技成果产业化，依据国家知识产权法律、法规，制定本规定。

第二条　本规定适用于国家举办的高等学校、高等学校所属教学科研机构和企业事业单位（以下简称“所属单位”）。社会力量举办的高等学校及其他教育机构参照适用本规定。

第三条　本规定所称的知识产权包括：

（一）专利权、商标权；

（二）技术秘密和商业秘密；

（三）著作权及其邻接权；

（四）高等学校的校标和各种服务标记；

（五）依照国家法律、法规规定或者依法由合同约定由高等学校享有或持有的其他知识产权。

第二章　任务和职责

第四条　高等学校知识产权保护工作的任务是：

（一）贯彻执行国家知识产权法律、法规，制定高等学校知识产权保护工作的方针、政策和规划；

（二）宣传、普及知识产权法律知识，增强高等学校知识产权保护意识和能力；

（三）进一步完善高等学校知识产权管理制度，切实加强高等学校知识产权保护工作；

（四）积极促进和规范管理高等学校科学技术成果及其他智力成果的开发、使用、转让和科技产业的发展。

第五条　国务院教育行政部门和各省、自治区、直辖市人民政府教育行政部门，在其职责范围内，负责对全国或本行政区域的高等学校知识产权工作进行领导和宏观管理，全面规划、推动、指导和监督高等学校知识产权保护工作的开展。

第六条　各高等学校在知识产权保护工作中应当履行的职责是：

（一）结合本校的实际情况，制定知识产权工作的具体规划和保护规定；

（二）加强对知识产权保护工作的组织和领导，完善本校知识产权保护制度，加强本校知识产权工作机构和队伍建设；

（三）组织知识产权法律、法规的教育和培训，开展知识产权课程教学和研究工作；

（四）组织开展本校知识产权的鉴定、申请、登记、注册、评估和管理工作；

（五）组织签订、审核本校知识产权的开发、使用和转让合同；

（六）协调解决本校内部有关知识产权的争议和纠纷；

（七）对在科技开发、技术转移以及知识产权保护工作中有突出贡献人员予以奖励；

（八）组织开展本校有关知识产权保护工作的国际交流与合作；

（九）其他在知识产权保护工作中应当履行的职责。

第三章　知识产权归属

第七条　高等学校对以下标识依法享有专用权：

（一）以高等学校名义申请注册的商标；

（二）校标；

（三）高等学校的其他服务性标记。

第八条　执行本校及其所属单位任务，或主要利用本校及其所属单位的物质技术条件所完成的发明创造或者其他技术成果，是高等学校职务发明创造或职务技术成果。

职务发明创造申请专利的权利属于高等学校。专利权被依法授予后由高等学校持有。职务技术成果的使用权、转让权由高等学校享有。

第九条　由高等学校主持、代表高等学校意志创作、并由高等学校承担责任的作品为高等学校法人作品，其著作权由高等学校享有。

为完成高等学校的工作任务所创作的作品是职务作品，除第十条规定情况外，著作权由完成者享有。高等学校在其业务范围内对职务作品享有优先使用权。作品完成二年内，未经高等学校同意，作者不得许可第三人以与高等学校相同的方式使用该作品。

第十条　主要利用高等学校的物质技术条件创作，并由高等学校承担责任的工程设计、产品设计图纸、计算机软件、地图等职务作品以及法律、行政法规规定的或者合同约定著作权由高等学校享有的职务作品，作者享有署名权，著作权的其他权利由高等学校享有。

第十一条　在执行高等学校科研等工作任务过程中所形成的信息、资料、程序等技术秘密属于高等学校所有。

第十二条　高等学校派遣出国访问、进修、留学及开展合作项目研究的人员，对其在校已进行的研究，而在国外可能完成的发明创造、获得的知识产权，应当与派遣的高等学校签订协议，确定其发明创造及其他知识产权的归属。

第十三条　在高等学校学习、进修或者开展合作项目研究的学生、研究人员，在校期间参与导师承担的本校研究课题或者承担学校安排的任务所完成的发明创造及其他技术成果，除另有协议外，应当归高等学校享有或持有。进入博士后流动站的人员，在进站前应就知识产权问题与流动站签订专门协议。

第十四条　高等学校的离休、退休、停薪留职、调离以及被辞退的人员，在离开高等学校一年内完成的与其原承担的本职工作或任务有关的发明创造或技术成果，由高等学校享有或持有。

第十五条　职务发明创造或职务技术成果，以及职务作品的完成人依法享有在有关技术文件和作品上署名及获得奖励和报酬的权利。

第四章　知识产权管理机构

第十六条　高等学校应建立知识产权办公会议制度，逐步建立健全知识产权工作机构。有条件的高等学校，可实行知识产权登记管理制度；设立知识产权保护与管理工作机构，归口管理本单位知识产权保护工作。暂未设立知识产权保护与管理机构的高等学校，应指定科研管理机构或其他机构担负相关职责。

第十七条　高等学校科研管理机构负责本校科研项目的立项、成果和档案管理。

应用技术项目的课题组或课题研究人员，在申请立项之前应当进行专利文献及其相关文献的检索。

课题组或课题研究人员在科研工作过程中，应当做好技术资料的记录和保管工作。科研项目完成后，课题负责人应当将全部实验报告、实验记录、图纸、声像、手稿等原始技术资料收集整理后交本校科研管理机构归档。

第十八条　在科研活动中作出的职务发明创造或者形成的职务技术成果，课题负责人应当及时向本校科研管理机构（知识产权管理机构）提出申请专利的建议，并提交相关资料。

高等学校的科研管理机构应当对课题负责人的建议和相关资料进行审查，对需要申请专利的应当及时办理专利申请，对不宜申请专利的技术秘密要采取措施予以保护。

第十九条　高等学校应当规范和加强有关知识产权合同的签订、审核和管理工作。

高等学校及其所属单位与国内外单位或者个人合作进行科学研究和技术开发，对外进行知识产权转让或者许可使用，应当依法签订书面合同，明确知识产权的归属以及相应的权利、义务等内容。

高等学校的知识产权管理机构负责对高等学校及其所属单位签订的知识产权合同进行审核和管理。

第二十条　高等学校所属单位对外进行知识产权转让或者许可使用前，应当经学校知识产权管理机构审查，并报学校批准。

第二十一条　高等学校的教职员工和学生凡申请非职务专利，登记非职务计算机软件的，以及进行非职务专利、非职务技术成果以及非职务作品转让和许可的，应当向本校知识产权管理机构申报，接受审核。对于符合非职务条件的，学校应出具相应证明。

第二十二条　高等学校要加强科技保密管理。高等学校的教职员工和学生，在开展国内外学术交流与合作过程中，对属于本校保密的信息和技术，要按照国家和本校的有关规定严格保密。

高等学校对在国内外科技展览会参展的项目应当加强审核和管理、做好科技保密管理工作。

第二十三条　高等学校应当重视开展知识产权的资产评估工作，加强对知识产权资产评估的组织和管理。

高等学校对外进行知识产权转让、许可使用、作价投资入股或者作为对校办科技产业的投入，应当对知识产权进行资产评估。

第二十四条　高等学校可根据情况逐步实行知识产权保证书制度。与有关教职员工和学生签订保护本校知识产权的保证书，明确保护本校知识产权的义务。

第五章　奖酬与扶持

第二十五条　高等学校应当依法保护职务发明创造、职务技术成果、高等学校法人作品及职务作品的研究、创作人员的合法权益，对在知识产权的产生、发展，科技成果产业化方面作出突出贡献的人员，按照国家的有关规定给予奖励。

第二十六条　高等学校将其知识产权或职务发明创造、职务技术成果转让给他人或许可他人使用的，应当从转让或许可使用所取得的净收入中，提取不低于20%的比例，对完成该项职务发明创造、职务技术成果及其转化作出重要贡献的人员给予奖励。为促进科技成果产业化，对经学校许可，由职务发明创造、职务技术成果完成人进行产业化的，可以从转化收入中提取不低于30%的比例给予奖酬。

第二十七条　高等学校及其所属单位独立研究开发或者与其他单位合作研究开发的科技成果实施转化成功投产后，高等学校应当连续三至五年从实施该项科技成果所取得的收入中提取不低于5%的比例，对完成该项科技成果及其产业化作出重要贡献的人员给予奖酬。

采用股份制形式的高等学校科技企业，或者主要以技术向其他股份制企业投资入股的高等学校，可以将在科技成果的研究开发、产业化中做出重要贡献的有关人员的报酬或者奖励，按照国家有关规定折算为相应的股份份额或者出资比例。该持股人依据其所持股份份额或出资比例分享收益。

第二十八条　高等学校应当根据实际情况，采取有效措施，对知识产权的保护、管理工作提供必要的条件保障。高等学校应拨出专款或从技术实施收益中提取一定比例，设立知识产权专项基金，用于支持补贴专利申请，维持和知识产权保护方面的有关费用。对知识产权保护与管理做出突出贡献的单位和个人，高等学校应给予奖励，并作为工作业绩和职称评聘的重要参考。

第六章　法 律 责 任

第二十九条　剽窃、窃取、篡改、非法占有、假冒或者以其他方式侵害由高等学校及其教职员工和学生依法享有或持有的知识产权的，高等学校有处理权的，应责令其改正，并对直接责任人给予相应的处分；对无处理权的，应提请并协助有关行政部门依法作出处理。构成犯罪的，应当依法追究刑事责任。

第三十条　在高等学校教学、科研、创作以及成果的申报、评审、鉴定、产业化活动中，采取欺骗手段，获得优惠待遇或者奖励的，高等学校应当责令改正，退还非法所得，取消其获得的优惠待遇和奖励。

第三十一条　违反本规定，泄漏本校的技术秘密，或者擅自转让、变相转让以及许可使用高等学校的职务发明创造、职务技术成果、高等学校法人作品或者职务作品的，或造成高等学校资产流失和损失的，由高等学校或其主管教育行政部门对直接责任人员给予行政处分。

第三十二条　侵犯高等学校及其教职员工和学生依法享有或持有的知识产权，造成损失、损害的，应当依法承担民事责任。

第七章　附　　则

第三十三条　本规定自发布之日起施行。

关于国际科技合作项目知识产权管理的暂行规定

1. 2006年11月29日科学技术部发布
2. 国科发外字〔2006〕479号

为贯彻落实《中共中央、国务院关于实施科技规划纲要，增强自主创新能力的决定》（中发〔2006〕4号）和《国家中长期科学和技术发展规划纲要（2006－2020年）》的精神，进一步加强国际科学技术合作中的知识产权管理和保护，保障合作各方的知识产权权益，制定本规定。

一、在国际科技合作协定、协议的磋商谈判以及国际科技合作项目的申请立项、组织实施、评估验收、监督检查等各项工作中全面加强知识产权管理和保护。

负责或者参与国际科技合作协定、协议以及国际科技合作项目谈判、管理和实施的各有关单位和个人，应按照本规定的要求，认真履行知识产权相关工作职责，切实做好国际科技合作项目的知识产权管理和保护工作。

二、本规定适用于下列国际科技合作项目：

1. 由科学技术部代表中国政府与其他外国政府或者国际组织签订并由科学技术部负责组织实施的政府间国际科技合作协定下所列的政府间国际科技合作项目；

2. 由国务院有关部门与外国政府部门签订的部门间科技合作协议以及省级人民政府与外国州级政府签订的省州间国际科技合作协议下所列的国际科技合作项目；

3. 国家科研计划以及其他由政府财政资金资助设立的国际科技合作项目。

三、科学技术部归口管理全国的国际科技合作知识产权管理和保护工作。国务院其他有关部门、各省级人民政府负责由本部门、本地区组织实施的国际科技合作项目的知识产权管理和保护工作。

四、国务院各有关部门、各省级人民政府及其授权或委托负责项目组织实施管理的机构（以下统称“项目管理部门”）应当采取有效措施，指导企业、科研院所、高等院校做好国际科技合作项目中的知识产权保护和管理工作，合理安排与其他合作方的知识产权关系，妥善处理合作过程中出现的知识产权问题，加快形成具有自主知识产权的科研成果。

五、国际科技合作项目的承担单位（以下简称“项目承担单位”）应当建立和完善知识产权管理制度，加大知识产权工作经费投入，设立专门的知识产权工作机构、配备专门人员或者委托知识产权中介服务机构负责项目的知识产权管理和保护工作，提高处理国际科技合作项目所涉知识产权事务的能力和水平，有效维护我方的合法权益。

六、处理国际科技合作中的知识产权问题应遵循平等互利、尊重协议、信守承诺的原则，遵守我国相关知识产权法律法规以及我国参加或与合作国签订的有关知识产权保护的国际公约或双边条约。

七、负责政府间国际科技合作协定或者部门间、省州间国际科技合作协议以及国际科技合作项目谈判的有关单位，应当根据拟开展国际科技合作的领域、项目等具体情况，自行或者委托知识产权中介机构、专家研究提出有关知识产权方面的谈判原则和具体方案，作为谈判和确定国际科技合作中所涉知识产权问题的参考依据之一。

八、在签订政府间国际科技合作协定或者部门间、省州间国际科技合作协议时，应按照本规定的要求，对国际科技合作所涉知识产权问题做出事先安排，通过与外国合作方进行协商，达成知识产权条款或者专门的知识产权协议，明确研究成果的知识产权归属和利用等方面的基本原则，确保我国能够有效掌握、合理分享合作研究成果及其知识产权权益。

九、对于必须掌握自主知识产权或者有明确技术指标要求的国际科技合作项目，国际科技合作项目申请单位要在项目建议书中写明项目计划达到的知识产权具体目标、与外方合作的内容以及知识产权分享与利用的方案，包括通过研究开发所能获取的知识产权的类型、数量及其获得的阶段，并附知识产权检索分析依据。

十、项目管理部门应当将知识产权管理制度建立、知识产权工作机构设置、知识产权工作经费配备等情况作为遴选和确定国际科技合作项目及项目承担单位的重要指标之一，并在与项目承担单位签署的任务书或项目合同书中明确约定该项目的知识产权具体目标、保护方式、中方与外国合作方的权利归属与分享以及项目承担单位的管理职责等事项。

十一、项目承担单位在与外国合作方签订项目合作协议时，应按照本规定在项目合作协议中设立知识产权专门条款或者双方另行签署专门的知识产权协议，对合作中所涉及或产生的知识产权归属及权益分配、违约责任、争议处理等知识产权事项做出具体约定，并按照原项目申请渠道报项目管理部门备案。

项目实施过程中，以付薪金方式聘请来华的外国专家，在华工作期间作出的智力劳动成果，应当约定其知识产权属于聘请单位，成果完成人享有身份权和荣誉权。项目承担单位需要派遣人员赴外国合作方进行研究的，应当与出国人员签订保密协议，确保国家秘密及本单位的技术秘密不向外泄密。

十二、国际科技合作项目实施过程中，项目承担单位要按照本规定以及与项目管理单位签署的任务书或项目合同书中的有关要求，切实履行知识产权管理职责，采取必要的知识产权管理措施，及时履行知识产权申请、注册、登记等保护手续，使项目实施各阶段所产生的各种形式的研究成果能够及时、准确、有效地得到保护。

十三、项目管理部门组织项目验收时，应根据需要吸收知识产权专家或者委托知识产权中介机构，以任务书、项目合同书或合作协议中约定的知识产权目标和管理职责为依据，对项目的知识产权管理和保护情况做出评价。

十四、国际科技合作研究成果，按照合作各方在合作协议的约定确定有关知识产权的归属。其申请专利等知识产权的权利一般属于合作各方单位共有，并可以按照下列原则办理：

1. 各方合作单位在本国领土内代表全体合作方申请专利、以及在获得专利后许可他人实施该项专利，由此获得的经济利益，应按协议约定的比例分配。

2. 申请专利时成果完成人的名次排列，应当按照成果完成者的贡献大小确定。难以分清贡献大小时，在本国领土内申请专利的，可以本方成果完成人为第一完成人，在第三国申请专利权，由双方协商决定，或以负担专利申请费与维持费一方的成果完成人为第一完成人。

3. 合作各方如有一方声明放弃专利申请权，另一方可以单独申请，或者由其他各方共同申请。成果被授予专利权以后，放弃专利申请权的一方可以免费实施该项专利。

4. 合作各方中，一方不同意申请专利的，如理由充分，另一方或者其他各方不应申请专利。

5. 合作各方中任何一方向第三方转让共有的专利申请权或共有的专利权时，应当通知其他合作方，合作的其他各方有优先受让的权利。

6. 合作方中任何一方同第三方订立专利实施许可合同，应事先征得其他各方的同意，并由合作各方共同确定专利使用费标准。由此产生的经济利益，合作各方应当根据协议规定，合理分享。

7. 确定专利使用费分享的比例时，应当考虑各方在合作中所提供的人力、资金、仪器、设备、情报资料等物质条件多少等因素。

十五、国际科技合作项目所产生的研究成果及其形成的知识产权中属于中方的部分，除涉及国家安全、国家利益和重大社会公共利益以及任务书、项目合同书或合作协议中另有约定的以外，依照《关于国家科研计划项目研究成果知识产权管理若干规定》（国办发〔2002〕30号）授予项目承担单位。特定情况下，国家根据需要保留无偿使用、开发、使之有效利用和获取收益的权利。

项目承担单位可以依法自主决定实施、许可他人实施、转让、作价入股等，并取得相应的收益。但是，研究成果及知识产权需要向国外转让的，应当按照原项目申请渠道报请项目管理部门同意。

十六、国际科技合作项目的承担单位可在课题经费预算中申请列支相关知识产权事务费，用于课题研究开发过程中中方需要支付的专利申请及其他知识产权事务等费用。

十七、国际科技合作项目所产生的研究成果取得相关知识产权后，项目承担单位应当在收到专利证书、植物新品种权登记证书、软件登记证、商标注册证等确权证明文件后的一个月内，将所取得知识产权的有关情况书面报告项目管理部门。

十八、对国际科技合作项目执行过程中出现的知识产权纠纷，项目承担单位应当在纠纷处理完毕后的一个月内，将有关处理情况书面报告项目管理部门。

十九、项目管理部门负责对国际科技合作项目承担单位的知识产权管理和保护情况进行监督检查。

项目承担单位违反本规定的，项目管理部门依照法定权限，分别情况责令改正、给予警告、通报批评、终止项目合同、追回已拨经费、一定时限内不接受其承担国际科技合作项目的申请；构成违纪的，建议有关部门给予纪律处分；构成犯罪的，依法移送司法机关追究刑事责任。

二十、国务院各有关部门、各省级人民政府根据本规定要求，依照法定权限制定必要的实施细则或者具体管理措施。

二十一、未列入本规定第二条的其它各类国际科技合作项目以及国家科研计划项目中需要进行国际科技合作与交流的，应当参照本规定加强知识产权的管理和保护。

二十二、本规定自发布之日起施行。

国家科技重大专项知识产权管理暂行规定

1. 2010年7月1日科学技术部、国家发展和改革委员会、财政部、国家知识产权局发布
2. 国科发专〔2010〕264号
3. 自2010年8月1日起施行

第一章　总　　则

第一条　为了在国家科技重大专项（以下简称“重大专项”）中落实知识产权战略，充分运用知识产权制度提高科技创新层次，保护科技创新成果，促进知识产权转移和运用，为培育和发展战略性新兴产业，解决经济社会发展重大问题提供知识产权保障，根据《科学技术进步法》、《促进科技成果转化法》、《专利法》等法律法规和《国家科技重大专项管理暂行规定》的有关规定，制定本规定。

第二条　本规定适用于《国家中长期科学和技术发展规划纲要（2006－2020年）》所确定的重大专项的知识产权管理。

本规定所称知识产权，是指专利权、计算机软件著作权、集成电路布图设计专有权、植物新品种权、技术秘密。

第三条　组织和参与重大专项实施的部门和单位应将知

识产权管理纳入重大专项实施全过程，掌握知识产权动态，保护科技创新成果，明晰知识产权权利和义务，促进知识产权应用和扩散，全面提高知识产权创造、运用、保护和管理能力。

第二章　知识产权管理职责

第四条　科学技术部、国家发展和改革委员会、财政部(以下简称“三部门”)作为重大专项实施的综合管理部门，负责制定重大专项知识产权管理制度和政策，对重大专项实施中的重大知识产权问题进行统筹协调和宏观指导，监督检查各重大专项的知识产权工作落实情况。

国家知识产权局和相关知识产权行政管理部门，有效运用专业人才和信息资源优势，加强对重大专项知识产权工作的业务指导和服务。

第五条　重大专项牵头组织单位在专项领导小组领导下，全面负责本重大专项知识产权工作：

(一)制定符合本重大专项科技创新和产业化特点的知识产权战略；

(二)制定和落实本重大专项知识产权管理措施；

(三)建立知识产权工作体系，落实有关保障条件；

(四)对重大成果的知识产权保护、管理和运用等进行指导和监督；

(五)建立重大专项知识产权专题数据库，推动知识产权信息共享平台建设，建立重大专项知识产权预警机制；

(六)推动和组织实施标准战略，研究提出相关标准中的知识产权政策。

各重大专项实施管理办公室应当设立专门岗位、配备专门人员负责本重大专项知识产权工作。

重大专项领导小组和牵头组织单位可以根据需要，委托知识产权服务机构对本重大专项知识产权战略制定和决策提供咨询和服务。

第六条　重大专项专职技术责任人带领总体组，负责组织开展知识产权战略分析，提出技术方向和集成方案设计中的知识产权策略建议，对成果产业化可能产生的知识产权问题进行预测评估并提出对策建议，对项目(课题)的知识产权工作予以技术指导。

各重大专项总体组应当有知识产权专家或指定专家专门负责知识产权工作。

第七条　项目(课题)责任单位针对项目(课题)任务应履行以下知识产权管理义务：

(一)提出项目(课题)知识产权目标，并纳入项目(课题)合同管理；

(二)制定项目(课题)知识产权管理工作计划与流程，将知识产权工作融入研究开发、产业化的全过程；

(三)指定专人具体负责项目(课题)知识产权工作，根据需要委托知识产权服务机构对项目(课题)知识产权工作提供咨询和服务；

(四)组织项目(课题)参与人员参加知识产权培训，保证相关人员熟练掌握和运用相关的知识产权知识；

(五)履行本规定提出的各项知识产权管理义务，履行信息登记和报告义务，积极推进知识产权的运用。

各项目(课题)知识产权工作实行项目(课题)责任单位法定代表人和项目(课题)组长负责制。因未履行本规定提出的义务，造成知识产权流失或其他损失的，由重大专项领导小组、牵头组织单位根据本规定追究法定代表人和项目(课题)组长的相应责任。

第八条　参与项目(课题)实施的研究和管理人员应当提高知识产权意识，遵守知识产权管理制度，协助做好相关知识产权工作。

因违反相关规定造成损失的，应当承担相应责任。

第九条　重大专项实施过程中，应充分发挥知识产权代理、信息服务、战略咨询、资产评估等中介服务机构的作用，加强重大专项知识产权保护，完善知识产权战略，促进重大专项科技成果及其知识产权的应用和扩散。

知识产权中介服务机构应当恪守职业道德，认真履行职责，最大限度地保护国家利益和委托人利益。

第三章　重大专项实施过程中的知识产权管理

第十条　牵头组织单位在编制五年实施计划时，应当组织开展知识产权战略研究，对本重大专项重点领域的国内外知识产权状况进行分析，分析结果作为制定五年实施计划、年度计划、项目(课题)申报指南等的重要参考。

本条第一款规定的知识产权分析内容包括本重大专项技术领域的知识产权分布和保护态势、主要国家和地区同行业的关键技术及其知识产权保护范围、对我国相关产业研究开发和产业化的影响、本重大专项研究开发和产业化的知识产权对策等。

第十一条　项目(课题)申报单位提交申请材料时,应提交本领域核心技术知识产权状况分析,内容包括分析的目标、检索方式和路径、知识产权现状和主要权利人分布、本单位相关的知识产权状况、项目(课题)的主要知识产权目标和风险应对策略及其对产业的影响等。

项目(课题)申报单位拟在研究开发中使用或购买他人的知识产权时,应当在申请材料中作出说明。

牵头组织单位对项目(课题)申报单位的知识产权状况分析内容进行抽查论证。项目(课题)申报单位的知识产权状况分析弄虚作假的,取消其项目(课题)申报资格。

第十二条　牵头组织单位应把知识产权作为立项评审的独立评价指标,合理确定其在整个评价指标体系中的权重。

牵头组织单位应聘请知识产权专家参加评审,并根据需要委托知识产权服务机构对同一项目(课题)申请者的知识产权目标及其可行性进行汇总和评估,评估结果作为项目评审的重要依据。

第十三条　对批准立项的项目(课题),牵头组织单位和项目(课题)责任单位应当在任务合同书中明确约定知识产权任务和目标。

对多个单位共同承担的项目(课题),各参与单位应当就研究开发任务分工和知识产权归属及利益分配签订协议。

第十四条　项目(课题)责任单位在签订子课题或委托协作开发协议时,应当在协议中明确各自的知识产权权利和义务。

第十五条　项目(课题)实施过程中,责任单位应密切跟踪相关技术领域的知识产权及技术标准发展动态,据此按照有关程序对项目(课题)的研究策略及知识产权措施及时进行相应调整。

在项目实施过程中,如发现因知识产权受他人制约等情况而无法实现项目(课题)目标,需对研究方案和技术路线等进行重大调整的,项目(课题)责任单位应及时报牵头组织单位批准。项目(课题)责任单位未进行知识产权跟踪分析或对分析结果故意隐瞒不报造成预期目标无法实现的,由重大专项领导小组、牵头组织单位根据各自职责予以通报批评、限期改正、缓拨项目经费、终止项目合同、追回已拨经费、取消承担重大专项项目(课题)资格等处理。

牵头组织单位发现本重大专项所涉及的领域发生重大知识产权事件,对重大专项实施带来重大风险的,应当及时进行分析评估,制定对策,调整布局,并按规定报批。

第十六条　各重大专项应当建立本领域知识产权专题数据库,作为重大专项管理信息系统的重要组成部分,向项目(课题)责任单位开放使用。鼓励项目(课题)责任单位和其他机构开发的与本领域密切相关的知识产权信息纳入重大专项管理信息系统,按照市场机制向项目(课题)责任单位开放使用。

第十七条　项目(课题)责任单位在提交阶段报告和验收申请报告中应根据要求报送知识产权信息,内容包括知识产权类别、申请号和授权(登记)号、申请日和授权(登记)日、权利人、权利状态等。

第十八条　牵头组织单位应定期对本重大专项申请和获取的知识产权总体情况进行评估分析,跟踪比较国内外发展态势,研究提出下一阶段知识产权策略。

第十九条　在三部门、重大专项领导小组组织开展的监测评估中,应当对各重大专项知识产权战略制定情况、项目(课题)评审知识产权工作落实情况、知识产权工作体系和制度建设情况、项目(课题)责任单位知识产权管理状况、项目(课题)知识产权目标完成情况、所取得知识产权的维护、转化和运用情况进行调查分析,做出评估判断,提出对策建议。

第二十条　知识产权情况是重大专项验收的重要内容之一。

项目(课题)验收报告应包含知识产权任务和目标完成情况、成果再开发和产业化前景预测。未完成任务合同书约定的知识产权目标的,项目(课题)责任单位应当予以说明。

牵头组织单位进行项目(课题)验收评价时,应当以任务合同书所约定的知识产权目标和考核指标为依据,对项目(课题)知识产权任务和目标完成、保护及运用情况做出明确评价。

三部门组织的验收中,各重大专项应当对本重大专项知识产权任务完成情况、对产业发展的影响等予以说明。

第二十一条　参与重大专项实施的各主体在进行知识产权分析、知识产权评估、项目(课题)知识产权验收等环节,应当充分发挥知识产权行政管理部门业务指导作用。

第四章 知识产权的归属和保护

第二十二条 重大专项产生的知识产权，其权利归属按照下列原则分配：

（一）涉及国家安全、国家利益和重大社会公共利益的，属于国家，项目（课题）责任单位有免费使用的权利。

（二）除第（一）项规定的情况外，授权项目（课题）责任单位依法取得，为了国家安全、国家利益和重大社会公共利益的需要，国家可以无偿实施，也可以许可他人有偿实施或者无偿实施。

项目（课题）任务合同书应当根据上述原则对所产生的知识产权归属做出明确约定。

属于国家所有的知识产权的管理办法另行规定。牵头组织单位或其指定机构对属于国家所有的知识产权负有保护、管理和运用的义务。

第二十三条 子课题或协作开发形成的知识产权的归属按照本规定第二十二条第一款的规定执行。项目（课题）责任单位在签订子课题或协作开发任务合同时，应当告知子课题和协作开发任务的承担单位国家对该项目（课题）知识产权所拥有的权利。上述合同内容与国家保留的权利相冲突的，不影响国家行使相关权利。

第二十四条 论文、学术报告等发表、发布前，项目（课题）责任单位要进行审查和登记，涉及到应当申请专利的技术内容，在提出专利申请前不得发表、公布或向他人泄漏。未经批准发表、发布或向他人泄漏，使研究成果无法获得专利保护的，由重大专项领导小组、牵头组织单位根据各自职责追究直接责任人、项目（课题）组长、法定代表人的责任。

第二十五条 对项目（课题）产生的科技成果，项目（课题）责任单位应当根据科技成果特点，按照相关法律法规的规定适时选择申请专利权、申请植物新品种权、进行著作权登记或集成电路布图设计登记、作为技术秘密等适当方式予以保护。

对于应当申请知识产权并有国际市场前景的科技成果，项目（课题）责任单位应当在优先权期限内申请国外专利权或者其他知识产权。

项目（课题）责任单位不申请知识产权保护或者不采取其他保护措施时，牵头组织单位认为有必要采取保护措施的，应书面督促项目（课题）责任单位采取相应的措施，在其仍不采取保护措施的情况下，牵头组织单位可以自行申请知识产权或者采取其他相应的保护措施。

第二十六条 对作为技术秘密予以保护的科技成果，项目（课题）责任单位应当明确界定、标识予以保护的技术信息及其载体，采取保密措施，与可能接触该技术秘密的科技人员和其他人员签订保密协议。涉密人员因调离、退休等原因离开单位的，仍负有协议规定的保密义务，离开单位前应当将实验记录、材料、样品、产品、装备和图纸、计算机软件等全部技术资料交所在单位。

第二十七条 项目（课题）责任单位应当对重大专项知识产权的发明人、设计人或创作者予以奖励。被授予专利权的项目（课题）责任单位应当依照专利法及其实施细则等法律法规的相关规定对职务发明创造的发明人、设计人或创作者予以奖励。

第二十八条 权利人拟放弃重大专项产生或购买的知识产权的，应当进行评估，并报牵头组织单位备案。未经评估放弃知识产权或因其他原因导致权利失效的，由重大专项领导小组、牵头组织单位根据各自职责对项目（课题）责任单位及其责任人予以通报批评，并责令其改进知识产权管理工作。

第二十九条 项目（课题）责任单位可以在项目（课题）知识产权事务经费中列支知识产权保护、维护、维权、评估等事务费。

项目（课题）验收结题后，项目（课题）责任单位应当根据需要对重大专项产生的知识产权的申请、维持等给予必要的经费支持。

第五章 知识产权的转移和运用

第三十条 重大专项牵头组织单位、知识产权权利人应积极推动重大专项产生的知识产权的转移和运用，加快知识产权的商品化、产业化。

第三十一条 重大专项产生的知识产权信息，在不影响知识产权保护、国家秘密和技术秘密保护的前提下，项目（课题）责任单位应当广泛予以传播。

项目（课题）责任单位、被许可人或受让人就项目（课题）产生的科技成果申请知识产权、进行发表或转让的，应当注明“国家科技重大专项资助”。

第三十二条 鼓励项目（课题）责任单位将获得的自主知识产权纳入国家标准，并积极参与国际标准制定。

第三十三条 重大专项产生的知识产权，应当首先在境内实施。许可他人实施的，一般应当采取非独占许可的方式。

知识产权转让、许可出现下列情形之一的，应当报牵头组织单位审批。牵头组织单位为企业的，应报专项领导小组组长单位审批。

（一）向境内机构或个人转让或许可其独占实施；

（二）向境外组织或个人转让或许可的；

（三）因并购等原因致使权利人发生变更的。

向境外组织或个人转让或许可的，经批准后，还应依照《中华人民共和国技术进出口管理条例》执行。

知识产权转让、许可主体为执行事业单位财务和会计制度的事业单位，或执行《民间非盈利组织会计制度》的社会团体及民办非企业单位的，按照《事业单位国有资产管理暂行办法》（财政部令第 36 号）规定执行。

第三十四条 重大专项产生的知识产权，各项目（课题）责任单位应当首先保证其它项目（课题）责任单位为了重大专项实施目的的使用。

项目（课题）责任单位为了重大专项研究开发目的，需要集成使用其它项目（课题）责任单位实施重大专项产生和购买的知识产权时，相关知识产权权利人应当许可其免费使用；为了重大专项科技成果产业化目的使用时，相关知识产权权利人应当按照平等、合理、无歧视原则许可其实施。

项目（课题）责任单位为了研究开发目的而获得许可使用他人的知识产权时，应当在许可协议中约定许可方有义务按照平等、合理、无歧视原则授予项目（课题）责任单位为了产业化目的的使用。

第三十五条 对重大专项产生和购买的属于项目（课题）责任单位的知识产权，有下列情形之一，牵头组织单位可以依据本规定第二十二条第一款第（二）项的规定，要求项目（课题）责任单位以合理的条件许可他人实施；项目（课题）责任单位无正当理由拒绝许可的，牵头组织单位可以决定在批准的范围内推广使用，允许指定单位一定时期内有偿或者无偿实施：

（一）为了国家重大工程建设需要；

（二）对产业发展具有共性、关键作用需要推广应用；

（三）为了维护公共健康需要推广应用；

（四）对国家利益、重大社会公共利益和国家安全具有重大影响需要推广应用。

获得指定实施的单位不享有独占的实施权。取得有偿实施许可的，应当与知识产权权利人商定合理的使用费。

第三十六条 国家知识产权局可以根据专利法及其实施细则和《集成电路布图设计保护条例》的相关规定，给予实施重大专项产生的发明专利、实用新型专利和集成电路布图设计的强制许可或者非自愿许可。

第三十七条 项目（课题）责任单位许可或转让重大专项产生的知识产权时，应当告知被许可人或受让人国家拥有的权利。许可和转让协议不得影响国家行使相关权利。

第三十八条 鼓励项目（课题）责任单位以科技成果产业化为目标，按照产业链建立产业技术创新战略联盟，通过交叉许可、建立知识产权分享机制等方式，加速科技成果在产业领域应用、转移和扩散，为产业和社会发展提供完整的技术支撑和知识产权保障。

按照产业链不同环节部署项目（课题）的重大专项，牵头组织单位应当推动建立产业技术创新战略联盟。

第三十九条 在项目结束后五年内，项目（课题）责任单位或重大专项知识产权被许可人或受让人应当根据重大专项牵头组织单位的要求，报告知识产权应用、再开发和产业化等情况。

第四十条 项目（课题）责任单位应当依法奖励为完成该项科技成果及转化做出重要贡献的人员。

第六章 附 则

第四十一条 各重大专项可以依据本规定，结合本重大专项特点，制定本重大专项的知识产权管理实施细则。

第四十二条 事业单位转让无形资产取得的收入和取得无形资产所发生的支出，应当按照《事业单位财务规则》和《事业单位国有资产管理暂行办法》（财政部令 36 号）有关规定执行。

第四十三条 国防科技知识产权管理按有关规定执行。

第四十四条 本办法自 2010 年 8 月 1 日起施行。

知识产权相关会计信息披露规定

1. 2018 年 11 月 5 日财政部、国家知识产权局发布

2. 财会〔2018〕30 号

3. 自 2019 年 1 月 1 日起施行

为加强企业知识产权管理，规范企业知识产权相关会计信息披露，根据相关企业会计准则，制定本规定。

一、适用范围

本规定适用于企业按照《企业会计准则第6号——无形资产》规定确认为无形资产的知识产权和企业拥有或控制的、预期会给企业带来经济利益的、但由于不满足《企业会计准则第6号——无形资产》确认条件而未确认为无形资产的知识产权（以下简称"未作为无形资产确认的知识产权"）的相关会计信息披露。

二、披露要求

企业应当根据下列要求，在会计报表附注中对知识产权相关会计信息进行披露：

（一）企业应当按照类别对确认为无形资产的知识产权（以下简称无形资产）相关会计信息进行披露，具体披露格式如下：

项目	专利权	商标权	著作权	其他	合计
一、账面原值					
1. 期初余额					
2. 本期增加金额					
购置					
内部研发					
企业合并增加					
其他增加					
3. 本期减少金额					
处置					
失效且终止确认的部分					
其他					
二、累计摊销					
1. 期初余额					
2. 本期增加金额					
计提					
3. 本期减少金额					
处置					
失效且终止确认的部分					
其他					
4. 期末余额					
三、减值准备					
1. 期初余额					
2. 本期增加金额					
3. 本期减少金额					
4. 期末余额					
四、账面价值					
1. 期末账面价值					
2. 期初账面价值					

为给财务报表使用者提供更相关的信息，企业可以根据自身情况将无形资产的类别进行合并或者拆分。

（二）对于使用寿命有限的无形资产，企业应当披露其使用寿命的估计情况及摊销方法；对于使用寿命不确定的无形资产，企业应当披露其账面价值及使用寿命不确定的判断依据。

（三）企业应当按照《企业会计准则第28号——会计政策、会计估计变更和差错更正》的规定，披露对无形资产的摊销期、摊销方法或残值的变更内容、原因以及对当期和未来期间的影响数。

（四）企业应当单独披露对企业财务报表具有重要影响的单项无形资产的内容、账面价值和剩余摊销期限。

（五）企业应当披露所有权或使用权受到限制的无形资产账面价值、当期摊销额等情况。

（六）企业可以根据实际情况，自愿披露下列知识产权（含未作为无形资产确认的知识产权）相关信息：

1. 知识产权的应用情况，包括知识产权的产品应用、作价出资、转让许可等情况；

2. 重大交易事项中涉及的知识产权对该交易事项的影响及风险分析，重大交易事项包括但不限于企业的经营活动、投融资活动、质押融资、关联方及关联交易、承诺事项、或有事项、债务重组、资产置换、专利交叉许可等；

3. 处于申请状态的知识产权的开始资本化时间、申请状态等信息；

4. 知识产权权利失效的（包括失效后不继续确认的知识产权和继续确认的知识产权），披露其失效事由、账面原值及累计摊销、失效部分的会计处理，以及知识产权失效对企业的影响及风险分析；

5. 企业认为有必要披露的其他知识产权相关信息。

三、实施与衔接

本规定自2019年1月1日起施行。企业应当采用未来适用法应用本规定。

国家知识产权局
知识产权信用管理规定

1. 2022年1月24日国家知识产权局发布

2. 国知发保字〔2022〕8号

第一章　总　　则

第一条　为了深入贯彻落实《知识产权强国建设纲要（2021—2035年）》《关于强化知识产权保护的意见》《国务院办公厅关于进一步完善失信约束制度构建诚信建设长效机制的指导意见》，建立健全知识产权领域信用管理工作机制，加强知识产权保护，促进知识产权工作高质量发展，根据《中华人民共和国专利法》《中华人民共和国商标法》《中华人民共和国专利法实施细则》《中华人民共和国商标法实施条例》《专利代理条例》《企业信息公示暂行条例》等法律、行政法规，制定本规定。

第二条　本规定适用于国家知识产权局在履行法定职责、提供公共服务过程中开展信用承诺、信用评价、守信激励、失信惩戒、信用修复等工作。

第三条　国家知识产权局知识产权信用管理工作坚持依法行政、协同共治、过惩相当、保护权益原则，着力推动信用管理长效机制建设。

第四条　国家知识产权局知识产权保护司负责协调推进国家知识产权局信用管理工作，主要履行以下职责：

（一）协调推进知识产权领域信用体系建设工作，依法依规加强知识产权领域信用监管；

（二）协调推进知识产权领域信用承诺、信用评价、守信激励、失信惩戒、信用修复等工作；

（三）承担社会信用体系建设部际联席会议有关工作，组织编制知识产权领域公共信用信息具体条目；

（四）推进知识产权领域信用信息共享平台建设，归集国家知识产权局各部门、单位报送的信用信息，并依法依规予以共享及公示。

第五条　承担专利、商标、地理标志、集成电路布图设计相关工作及代理监管工作的部门、单位，应履行以下职责：

（一）归集在履行法定职责、提供公共服务过程中产生和获取的信用信息；

（二）依法依规开展失信行为认定，报送失信信息；

（三）依法依规对失信主体实施管理措施；

（四）依职责开展信用承诺、信用评价、守信激励、失信惩戒、信用修复等工作。

第二章　失信行为认定、管理及信用修复

第六条　国家知识产权局依法依规将下列行为列为失信行为：

（一）不以保护创新为目的的非正常专利申请行为；

（二）恶意商标注册申请行为；

（三）违反法律、行政法规从事专利、商标代理并受到国家知识产权局行政处罚的行为；

（四）提交虚假材料或隐瞒重要事实申请行政确认的行为；

（五）适用信用承诺被认定承诺不实或未履行承诺的行为；

（六）对作出的行政处罚、行政裁决等，有履行能力但拒不履行、逃避执行的行为；

（七）其他被列入知识产权领域公共信用信息具体条目且应被认定为失信的行为。

第七条　存在本规定第六条第（一）项所规定的非正常专利申请行为，但能够及时纠正、主动消除后果的，可以不被认定为失信行为。

第八条　承担专利、商标、地理标志、集成电路布图设计相关工作及代理监管工作的部门、单位依据作出的行政处罚、行政裁决和行政确认等具有法律效力的文书认定失信行为：

（一）依据非正常专利申请驳回通知书，认定非正常专利申请失信行为；

（二）依据恶意商标申请的审查审理决定，认定从事恶意商标注册申请失信行为；

（三）依据行政处罚决定，认定从事违法专利、商标代理失信行为；

（四）依据作出的行政确认，认定地理标志产品保护申请、驰名商标认定申请、商标注册申请、专利申请、集成电路布图设计专有权登记申请过程中存在的提交虚假材料或隐瞒重要事实申请行政确认的失信行为；

（五）依据作出的行政确认，认定专利代理审批以及专利和商标质押登记、专利费用减缴等过程中适用信用承诺被认定承诺不实或未履行承诺的失信行为；

（六）依据行政裁决决定、行政处罚决定，认定有履行能力但拒不履行、逃避执行的失信行为。

第九条　国家知识产权局对失信主体实施以下管理措施：

（一）对财政性资金项目申请予以从严审批；

（二）对专利、商标有关费用减缴、优先审查等优惠政策和便利措施予以从严审批；

（三）取消国家知识产权局评优评先参评资格；

（四）取消国家知识产权示范和优势企业申报资格，取消中国专利奖等奖项申报资格；

（五）列为重点监管对象，提高检查频次，依法严格监管；

（六）不适用信用承诺制；

（七）依据法律、行政法规和党中央、国务院政策文件应采取的其他管理措施。

第十条　承担专利、商标、地理标志、集成电路布图设计相关工作及代理监管工作的部门、单位认定失信行为后填写失信信息汇总表，附相关失信行为认定文书，于五个工作日内报送知识产权保护司。

知识产权保护司在收到相关部门、单位报送的失信信息汇总表等相关材料后，于五个工作日内向局机关各部门、专利局各部门、商标局等部门、单位通报，并在国家知识产权局政府网站同步公示，各部门和单位对失信主体实施为期一年的管理措施，自失信行为认定文书作出之日起计算，期满解除相应管理措施，停止公示。

第十一条　国家知识产权局对失信主体实施管理措施未满一年，该失信主体再次被认定存在本规定第六条规定的失信行为的，该失信主体的管理和公示期自前一次失信行为的管理和公示期结束之日起顺延，最长不超过三年。

同日被国家知识产权局多个部门、单位认定存在失信行为的主体，管理和公示期顺延，最长不超过三年。

法律、行政法规和党中央、国务院政策文件对实施管理措施规定了更长期限的，从其规定。

第十二条　相关部门、单位认定失信行为所依据的文书被撤销、确认违法或者无效的，应于五个工作日内将相关信息报送知识产权保护司，知识产权保护司收到相关信息后，应于五个工作日内向局机关各部门、专利局各部门、商标局等部门、单位通报，同时停止公示，各部

门、单位解除相应管理措施。

已被认定存在失信行为的主体可以在认定相关失信行为所依据的文书被撤销、确认违法或者无效后,及时申请更正相关信息。

第十三条 主体被认定存在失信行为满六个月,已纠正失信行为、履行相关义务、主动消除有关后果,且没有再次被认定存在失信行为的,可以向失信行为认定部门提交信用修复申请书及相关证明材料申请信用修复。

失信行为认定部门在收到申请材料之日起十个工作日内开展审查核实,作出是否予以信用修复的决定,决定予以信用修复的应当将相关决定报送知识产权保护司;决定不予信用修复的应当将不予修复的理由告知申请人。

知识产权保护司在收到予以信用修复的决定后,应于五个工作日内向局机关各部门、专利局各部门、商标局等部门、单位通报,同时停止公示,各部门、单位解除相应管理措施。

第十四条 具有下列情形之一的,不予信用修复:

(一)距离上一次信用修复时间不到一年;

(二)申请信用修复过程中存在弄虚作假、故意隐瞒事实等行为;

(三)申请信用修复过程中再次被认定存在失信行为;

(四)法律、行政法规和党中央、国务院政策文件明确规定不可修复的。

第十五条 知识产权保护司可将失信信息发各省、自治区、直辖市知识产权管理部门,供参考使用。

第三章 严重违法失信主体认定及管理

第十六条 国家知识产权局依职责将实施下列失信行为的主体列入严重违法失信名单:

(一)从事严重违法专利、商标代理行为且受到较重行政处罚的;

(二)在作出行政处罚、行政裁决等行政决定后,有履行能力但拒不履行、逃避执行,严重影响国家知识产权局公信力的。

严重违法失信名单的列入、告知、听证、送达、异议处理、信用修复、移出等程序依据《市场监督管理严重违法失信名单管理办法》(国家市场监督管理总局令第44号)办理。

第十七条 国家知识产权局各部门和单位对列入严重违法失信名单的主体实施为期三年的管理措施,对移出严重违法失信名单的主体及时解除管理措施。

第十八条 知识产权保护司收到相关部门报送的严重违法失信主体信息后,应于五个工作日内向局机关各部门、专利局各部门、商标局等部门、单位通报,并在国家知识产权局政府网站、国家企业信用信息公示系统同步公示,公示期与管理期一致。

第十九条 国家知识产权局按照规定将严重违法失信名单信息与其他有关部门共享,并依照法律、行政法规和党中央、国务院政策文件对严重违法失信主体实施联合惩戒。

第四章 守信激励、信用承诺及信用评价

第二十条 国家知识产权局各部门、单位对连续三年守信情况良好的主体,可视情况采取下列激励措施:

(一)在行政审批、项目核准等工作中,提供简化办理、快速办理等便利服务;

(二)在政府专项资金使用等工作中,同等条件下列为优先选择对象;

(三)在专利优先审查等工作中,同等条件下列为优先选择对象;指导知识产权保护中心在专利预审备案中优先审批;

(四)在日常检查、专项检查工作中适当减少检查频次;

(五)在履行法定职责、提供公共服务过程中可以采取的其他激励措施。

第二十一条 国家知识产权局在专利、商标质押登记,专利费用减缴以及专利代理机构执业许可审批等工作中推行信用承诺制办理,制作告知承诺书格式文本,并在国家知识产权局政府网站公开。

第二十二条 国家知识产权局根据工作需要,推动形成相关行业信用评价制度和规范,推动开展信用评价,明确评价指标、评价体系、信息采集规范等,对信用主体实施分级分类管理。

鼓励有关部门和单位、金融机构、行业协会、第三方服务机构等积极利用知识产权领域信用评价结果;鼓励市场主体在生产经营、资质证明、项目申报等活动中积极、主动应用知识产权领域信用评价结果。

第五章 监督与责任

第二十三条 国家知识产权局相关部门及工作人员在信用管理工作中应当依法保护主体合法权益,对工作中

知悉的国家秘密、商业秘密或个人隐私等,依法予以保密。

第二十四条 国家知识产权局相关部门及工作人员在信用管理工作中有玩忽职守、滥用职权、徇私舞弊等行为的,依法追究相关责任。

第六章 附 则

第二十五条 本规定由国家知识产权局负责解释。各省、自治区、直辖市知识产权管理部门可以结合本地区实际情况,制定具体规定。

第二十六条 本规定自公布之日起施行。《专利领域严重失信联合惩戒对象名单管理办法(试行)》(国知发保字〔2019〕52 号)同时废止。

国家市场监督管理总局规章制定程序规定(节录)

1. 2019 年 4 月 23 日国家市场监督管理总局令第 8 号公布

2. 根据 2022 年 3 月 24 日国家市场监督管理总局令第 55 号《关于修改和废止有关规章的决定》修正

第七章 市场监管总局管理的国家局立法程序

第四十七条 国家药品监督管理局(以下简称药监局)、国家知识产权局(以下简称知识产权局)需要制定、修改、废止规章的,应当按照本规定向市场监管总局报送立项申请,列入市场监管总局年度立法工作计划。

药监局、知识产权局应当按照本规定要求和年度立法工作计划,开展规章的起草工作,并在规定时限内,将规章送审稿报送市场监管总局。未按照年度立法工作计划规定的时限完成的立法项目,药监局、知识产权局应当向总局主要负责同志报告情况、说明原因,并将有关情况书面通报总局法制机构。

第四十八条 药监局、知识产权局起草规章送审稿时,作为起草机构应当向社会公开征求意见,并征求市场监管总局意见。

第四十九条 药监局、知识产权局起草的规章送审稿,应当分别经药监局、知识产权局局务会议审议通过后,报送市场监管总局。

第五十条 对药监局、知识产权局报送的涉及市场监管部门职责或者基层执法职能的规章送审稿,由市场监管总局法制机构按照本规定进行审查;对于专业技术性较强,不涉及市场监管部门职责与基层执法职能的规章送审稿,总局法制机构仅对是否符合宪法、法律、行政法规和其他上位法的规定、是否与有关部门规章协调、衔接进行审查。

第五十一条 市场监管总局法制机构对药监局和知识产权局报送的规章送审稿进行审查后,提请市场监管总局局务会议审议。

总局局务会议审议规章草案时,由药监局和知识产权局在会上作说明,总局法制机构作审查报告。

第五十二条 药监局和知识产权局报送的规章草案经市场监管总局局务会议审议通过后,由市场监管总局局长签署总局令予以公布。

第五十三条 药监局和知识产权局起草的部门规章,本章没有规定的,适用本规章其他规定。

第八章 附 则

第五十四条 起草规章应当参照全国人大常委会法制工作委员会制定的《立法技术规范(试行)》。

第五十五条 市场监管总局报送国务院审议的法律、行政法规草案送审稿的起草等有关程序,参照本规定执行。

第五十六条 市场监管总局可以组织对公布的规章或者规章中的有关规定进行立法后评估,并把评估结果作为修改或者废止有关规章的重要参考。

起草机构负责立法后评估工作的具体实施。必要时,总局法制机构可以自行或者会同起草机构共同开展立法后评估工作。

立法后评估可以采用问卷调查、实地调研、座谈会、论证会等方式,广泛听取社会各界意见;也可以委托高等院校、研究咨询机构、社会组织等承担。

第五十七条 规章内容按照世界贸易组织有关规则需要通报的,起草机构应当在规章草案报送总局法制机构审查前,按照有关规定进行通报。

第五十八条 本规定自 2019 年 6 月 1 日起施行。2001 年 12 月 31 日国家知识产权局令第 21 号公布的《国家知识产权局规章制定程序的规定》、2008 年 9 月 1 日原国家工商行政管理总局令第 34 号公布的《工商行政管理规章制定程序规定》、2013 年 10 月 24 日原国家食品药品监督管理总局令第 1 号公布的《国家食品药品监督管理总局立法程序规定》、2017 年 10 月 11 日原国家质量监督检验检疫总局令第 190 号公布的《国家质量监督检验检疫总局规章制定程序规定》同时废止。

交通行业知识产权管理办法(试行)

1. 2003年11月18日交通部发布
2. 交科教发〔2003〕496号

第一章 总 则

第一条 为规范交通行业知识产权工作,加强交通行业对知识产权的管理、保护和利用,鼓励发明创造,促进交通科技进步和创新,依据国家有关法律、法规,制定本办法。

第二条 本办法适用于交通行业的企事业单位和社会团体(以下简称单位)。

第三条 交通部主管全国交通行业知识产权保护与管理工作。省级交通行政部门负责本地区交通行业知识产权保护与管理工作。

第四条 本办法涉及的知识产权,是指依照国家有关法律、法规规定或者合同约定,应该属于单位享有的知识产权,包括单位与他人共享的知识产权。包括:

1. 专利权;
2. 商标权;
3. 著作权;
4. 技术秘密及商业秘密;
5. 单位的名号及各种服务标志;
6. 国家颁布的法律、法规所保护的其它智力成果和活动的权利。

第二章 权 属

第五条 除以保证重大国家利益、国家安全和社会公共利益为目的,并由科技计划项目主管部门与承担单位在合同中明确约定外,执行国家科技计划项目所形成的科技成果的知识产权属于承担单位。

对国家利益或者公共利益具有重大意义的单位拥有知识产权的科技成果,交通部报经国务院有关部门批准,可以决定在批准的范围内推广应用,允许在指定单位实施,由实施单位按照国家有关规定向项目承担单位支付知识产权使用费。

第六条 执行本单位的任务或者主要是利用本单位的物质技术条件所完成的发明创造为职务发明创造。职务发明创造申请专利的权利属于该单位;申请被批准后,该单位为专利权人。发明人或者设计人依法享有在专利文件上署名的权利,获得奖励和报酬的权利。利用本单位的物质技术条件所完成的发明创造,单位与发明人或者设计人订有合同,对申请专利的权利和专利权的归属作出约定的,从其约定。

第七条 以单位名义申请注册的商标和服务标记,其专用权依法归单位所有。

第八条 由单位主持、代表单位意志创作、并由单位承担责任的作品,单位视为作者,著作权属于单位。

为完成单位的工作任务所创作的作品是职务作品,著作权由作者享有,但单位在其业务范围内对其享有优先使用权。作品完成两年内,未经单位同意,作者不得许可第三人以与单位使用的相同方式使用该作品。

主要利用单位的物质技术条件创作、并由单位承担责任的工程设计图、产品设计图、地图、计算机软件等职务作品,作者享有署名权,著作权的其他权利由单位享有,单位可以给予作者奖励。

第九条 在执行单位任务过程中所产生或形成的、不对外公开的信息,包括工艺参数、工艺技术流程、试验数据、图纸、调研资料、技术诀窍、设计方案、新材料试用情况、用户情况、经营渠道等技术信息和商业信息,属单位所有。

第十条 受单位委派出国讲学、进修、培训、留学等人员,除与接收方另有协议外,在国外完成的发明创造或其它智力劳动成果的知识产权归委派单位;需向外国申请专利的,应当首先申请中国专利。

第十一条 经合法途径接收的培训、进修、离退休返聘、借用及兼职人员,在学习或工作期间,利用接收单位物质技术条件完成的发明创造或技术成果,所形成的知识产权归接收单位,完成者享有署名、获得奖励和报酬的权利。

第十二条 合作开发所完成的发明创造或技术成果,除合同另有约定外,所形成的知识产权由合作各方共享。

第十三条 委托开发所完成的发明创造或技术成果,其权属按研究开发方与委托方合同约定划分。

第十四条 单位变更、终止时,其知识产权,依法由承受其权利义务的法人单位享有。若无承受其权利义务的法人单位的,则由国家享有。

第十五条 知识产权权属不清或有争议的,应依法进行界定。

第三章 职 责

第十六条 交通部及省级交通行政部门在交通行业知识

产权保护和管理工作中负有下列主要职责：

1. 贯彻执行国家知识产权法律、法规，研究制定本行业、本部门知识产权工作的方针、政策和规划，指导、监督、检查有关单位的知识产权保护和管理工作；

2. 宣传普及有关知识产权法律知识，培训知识产权管理人员，增强各单位知识产权保护意识和能力；

3. 调解或协助有关部门调处本行业、本部门内发生的知识产权争议和纠纷；

4. 负责交通行业国家和地区各类计划项目的知识产权管理；

5. 依照有关法律、法规，归口管理国家秘密技术。

第十七条　各单位应明确分管领导和归口管理部门，负责知识产权管理工作，其主要职责是：

1. 宣传和组织职工学习知识产权的法律和法规；交通院校应当开设有关知识产权的选修课程，有条件的院校，可开设必修课程；

2. 落实执行交通行业知识产权管理办法，结合本单位实际情况，建立和完善本单位各项有关知识产权的具体规章制度；开展本单位知识产权战略研究，制定知识产权工作规划并组织实施；

3. 负责本单位的专利、商标、著作权管理，组织有关的无形资产评估，技术秘密认定，协助处理知识产权纠纷、诉讼等有关法律事宜；

4. 保护本单位知识产权的法律地位和经济权益；

5. 参与洽谈、审核本单位涉及有关知识产权内容的各类合同、协议，并进行监督。

第四章　管　　理

第十八条　单位应当建立和完善知识产权管理制度，有知识产权归口管理部门或有专人负责知识产权事务。应设有知识产权管理和保护的专项费用（或拨出专款，或从单位技术转让收益中提取），用于知识产权管理、保护、培训，补助专利申请、审查、维持，商标注册、续展，知识产权诉讼及竞业限制等项开支。

第十九条　单位申请承担科研项目时，须进行专利及相关文献检索，拟定自主知识产权目标，并提交知识产权可行性分析报告；项目执行过程中，项目承担单位须根据相关领域知识产权的发展动态，及时调整研究策略和措施，防止知识产权侵权，避免重复研究。

第二十条　单位应当建立本单位的知识产权信息数据库，完善信息获取手段，培训信息检索与分析人员。

第二十一条　单位必须建立和完善相应的制度，做好研究、开发各阶段技术资料的归档、保存及使用管理。研究、开发过程中，要做好技术资料记录、保管工作，确保原始资料的完整。项目完成后，必须将实验数据、记录、工作底稿、图纸、声像等技术资料收齐，按各研究阶段整理送技术档案管理部门登记、归档。

第二十二条　建立职工发明创造申报制度，对在研究、设计、开发和中试、生产、经营过程中形成的科技成果，应及时向单位的知识产权归口管理部门申报，提出拟保护的内容，知识产权归口管理部门应对拟保护的内容进行评估，确定应采取的保护措施。

第二十三条　建立论文发表的前置登记审查制度，对有可能申请专利的职务发明创造，在申请前任何人不得以任何形式公开（《专利法》规定的不丧失新颖性的情况除外）；对不宜申请专利的职务发明创造，应作为单位的技术秘密或商业秘密予以保护。

第二十四条　科研项目的承担单位应对其所有的科技计划项目研究成果采取必要措施，依法申请相关知识产权并加以管理和保护，对侵犯其知识产权的违法行为，有责任寻求法律手段予以制止。

知识产权归口管理部门应对科研项目执行中形成的资料、数据的保管和使用，专利申请、软件登记等成果保护措施的履行进行检查。

科技计划项目的行政主管部门负责对科研项目知识产权管理情况进行监督，有权对项目承担单位的知识产权工作随时进行检查。

对于科研项目的承担单位无正当理由不采取或者不适当采取知识产权保护措施，以及无正当理由在一定期限内确能转化而不转化应用科技计划项目研究成果的，科技计划项目的行政主管部门可以依法另行决定相关研究成果的知识产权归属，并以完成成果的科技人员为优先受让人。

第二十五条　在职、离退休留用、借调、进修、培训人员或在校学生，有与本单位的科研内容或经营内容相关的非职务发明创造，在进行专利申请、转让、使用、许可前，或有涉及本单位技术权益的非职务作品，在进行登记、发表、出售前，应当事先向所在单位的知识产权归口管理部门申报。知识产权归口管理部门在接到申报后30个工作日内，提出书面审核意见，通知申报者本人，并进行备案。过期未通知申报人的，则视为认可。与单位无关的非职务发明创造，或非职务作品，也可以告知单位知识产权归口管理部门进行登记备案，以避免纠纷。

第二十六条 批量产品必须按规定使用注册商标，单位应当注册服务标记。

第二十七条 为了避免侵权或失权，在引进或出口技术时，应对输出国或输入国有关该项技术的知识产权法律状况和技术状况进行检索、核查，结果报知识产权归口管理部门，以制定保护措施。

第二十八条 单位在签订专利技术许可或转让合同、商标许可合同，以及涉及本办法第四条内容的其它合同时，应明确知识产权的权属、保护、收益等条款，经知识产权归口管理部门审查后，由单位法定代表人或其委托代理人签署。

第二十九条 单位在重组联合、建立股份制、股份合作企业、以技术投资入股或合资创办企业，涉及知识产权进行产权交易或许可贸易时，必须根据国家规定委托有资格的评估中介机构进行无形资产价值评估。

第三十条 单位对商业秘密应采取合法有效的保密措施，包括保密制度、保密协议、保密设施。

在职、离退休留用、借调、进修、培训人员或在校学生应自觉维护单位的合法权益，未经单位同意或许可，不得擅自将属于单位的技术成果或信息泄露、发表、使用或转让。

对涉及或可能知悉商业秘密的科技、管理或相关业务人员，单位应与之签订保密协议。对重大科研项目或对单位经济利益具有重大影响的项目，单位可与相关人员另行签订单项保密协议。

第三十一条 建立参观、来访接待制度，除规定参观范围、介绍内容、注意事项外，对涉及技术秘密的研究、实验、生产、制造、保存等重点场所，应当采取专门的防范措施。凡涉及国家科学技术秘密的单位，未经主管部门的批准，不得擅自安排与此相关的参观活动。

第三十二条 凡承担国家或部门重大科技项目的主要科技人员，在任务尚未结束之前，原则上不得调离、出国定居或辞职；被确定为国家技术秘密的涉密人员，须经确定密级的主管部门批准，并由单位对其进行保密审查，并签署保密责任承诺书后，方可调离、出国定居或辞职。

各类人员在办理离退休或调动、辞职、出国定居手续前，须交回属于单位的全部资料、实验数据、仪器设备、样品等，否则不予办理。

第三十三条 单位应当实行知识产权保证书制度，与有关人员签订知识产权保证书，履行保护本单位知识产权的义务。

对单位技术权益和经济利益有重要影响的科技、管理或相关业务人员（包括离、退休人员），单位应在劳动聘用合同或者保密协议中约定竞业限制条款。约定在限制期限内，不得在生产同类产品或经营同类业务且有竞争关系的其它单位任职，或自己生产、经营与原单位有竞争关系的同类产品或业务，限制期不应超过三年。

第三十四条 行政管理人员，对其业务范围内所涉及的技术秘密或不宜公开的信息负有保密责任，不得非法使用或透露给第三方。

参加项目鉴定、评审、评估、验收工作的专家及相关人员，未经项目单位或有关责任人同意，不得擅自披露、使用或向他人提供、转让有关项目的技术资料、文件或商业秘密。

第五章 奖 惩

第三十五条 单位应按照国家有关规定，对职务发明创造者或被认定为职务技术秘密项目的完成者给予表彰、奖励或报酬，并作为考核其能力、业绩的重要指标之一。

第三十六条 对于在知识产权取得、运用、保护以及知识产权管理工作中有突出贡献的，或有效制止侵权、维护单位知识产权合法权益、成绩显著的人员，各单位应给予表彰奖励。

第三十七条 取得专利权的单位，应对专利发明人或设计人作出的专利及其实施效益定期评价，根据专利法及实施细则的要求，兑现应分配利益与奖励。

被授予专利权后，单位应当自专利权公告之日起3个月内发给发明人或者设计人奖金。一项发明专利的奖金最低不少于2000元；一项实用新型专利或者外观设计专利的奖金最低不少于500元。

发给发明人或者设计人的奖金，企业可以计入成本，事业单位可以从事业费中列支。

单位在专利权有效期限内，实施发明创造专利后，每年应当从实施该项发明或者实用新型专利所得利润纳税后提取不低于2%或者从实施该项外观设计专利所得利润纳税后提取不低于0.2%，作为报酬支付发明人或者设计人；或者参照上述比例，发给发明人或者设计人一次性报酬。

单位许可其他单位或者个人实施其专利的，应当从许可实施该项专利收取的使用费纳税后提取不低于10%作为报酬支付发明人或者设计人。

非专利职务发明创造或技术成果实施转化的，按照科技部等部门下发的《关于促进科技成果转化的若干规定》执行。

第三十八条 违反本办法，对科研、开发项目完成后不按时归档，资料不全或拒不归档的，要追究项目负责人和当事人的责任。情节严重的，不予受理成果鉴定及申报奖励，业务考核和提职晋级扣分以及其它处分。

第三十九条 违反本办法，擅自将属于单位的科技成果或信息泄露、发表、使用或转让的，或涉及单位重大利益的保密科技项目有关人员拒不与单位签定保密协议的，单位有权不予聘用、延期晋级、通报批评等，并有权要求经济赔偿。

第四十条 违反本办法，未经批准擅自离职，对单位工作造成影响或造成损害的，单位有权拒绝办理各种手续，拒绝开具各种证明，并有权要求经济赔偿。

第四十一条 违反本办法，借工作、职务之便，未经当事人许可，擅自披露、使用或向他人提供、转让有关技术资料、文件或商业秘密的，所在单位应视情节轻重，给予行政处分。

第六章 附 则

第四十二条 本办法由交通部负责解释。

第四十三条 本办法自公布之日起实施。

展会知识产权保护办法

1. 2006年1月13日商务部、国家工商行政管理总局、国家版权局、国家知识产权局令2006年第1号公布

2. 自2006年3月1日起施行

第一章 总 则

第一条 为加强展会期间知识产权保护，维护会展业秩序，推动会展业的健康发展，根据《中华人民共和国对外贸易法》、《中华人民共和国专利法》、《中华人民共和国商标法》和《中华人民共和国著作权法》及相关行政法规等制定本办法。

第二条 本办法适用于在中华人民共和国境内举办的各类经济技术贸易展览会、展销会、博览会、交易会、展示会等活动中有关专利、商标、版权的保护。

第三条 展会管理部门应加强对展会期间知识产权保护的协调、监督、检查，维护展会的正常交易秩序。

第四条 展会主办方应当依法维护知识产权权利人的合法权益。展会主办方在招商招展时，应加强对参展方有关知识产权的保护和对参展项目（包括展品、展板及相关宣传资料等）的知识产权状况的审查。在展会期间，展会主办方应当积极配合知识产权行政管理部门的知识产权保护工作。

展会主办方可通过与参展方签订参展期间知识产权保护条款或合同的形式，加强展会知识产权保护工作。

第五条 参展方应当合法参展，不得侵犯他人知识产权，并应对知识产权行政管理部门或司法部门的调查予以配合。

第二章 投 诉 处 理

第六条 展会时间在3天以上（含3天），展会管理部门认为有必要的，展会主办方应在展会期间设立知识产权投诉机构。设立投诉机构的展会举办地知识产权行政管理部门应当派员进驻，并依法对侵权案件进行处理。

未设立投诉机构的，展会举办地知识产权行政管理部门应当加强对展会知识产权保护的指导、监督和有关案件的处理，展会主办方应当将展会举办地的相关知识产权行政管理部门的联系人、联系方式等在展会场馆的显著位置予以公示。

第七条 展会知识产权投诉机构应由展会主办方、展会管理部门、专利、商标、版权等知识产权行政管理部门的人员组成，其职责包括：

（一）接受知识产权权利人的投诉，暂停涉嫌侵犯知识产权的展品在展会期间展出；

（二）将有关投诉材料移交相关知识产权行政管理部门；

（三）协调和督促投诉的处理；

（四）对展会知识产权保护信息进行统计和分析；

（五）其他相关事项。

第八条 知识产权权利人可以向展会知识产权投诉机构投诉也可直接向知识产权行政管理部门投诉。权利人向投诉机构投诉的，应当提交以下材料：

（一）合法有效的知识产权权属证明：涉及专利的，应当提交专利证书、专利公告文本、专利权人的身份证明、专利法律状态证明；涉及商标的，应当提交商标注册证明文件，并由投诉人签章确认，商标权利人身份证明；涉及著作权的，应当提交著作权权利证明著作权人身份证明；

（二）涉嫌侵权当事人的基本信息；

（三）涉嫌侵权的理由和证据；

（四）委托代理人投诉的，应提交授权委托书。

第九条 不符合本办法第八条规定的，展会知识产权投诉机构应当及时通知投诉人或者请求人补充有关材料。未予补充的，不予接受。

第十条 投诉人提交虚假投诉材料或其他因投诉不实给被投诉人带来损失的，应当承担相应法律责任。

第十一条 展会知识产权投诉机构在收到符合本办法第八条规定的投诉材料后，应于24小时内将其移交有关知识产权行政管理部门。

第十二条 地方知识产权行政管理部门受理投诉或者处理请求的，应当通知展会主办方，并及时通知被投诉人或者被请求人。

第十三条 在处理侵犯知识产权的投诉或者请求程序中，地方知识产权行政管理部门可以根据展会的展期指定被投诉人或者被请求人的答辩期限。

第十四条 被投诉人或者被请求人提交答辩书后，除非有必要作进一步调查，地方知识产权行政管理部门应当及时作出决定并送交双方当事人。

被投诉人或者被请求人逾期未提交答辩书的，不影响地方知识产权行政管理部门作出决定。

第十五条 展会结束后，相关知识产权行政管理部门应当及时将有关处理结果通告展会主办方。展会主办方应当做好展会知识产权保护的统计分析工作，并将有关情况及时报展会管理部门。

第三章　展会期间专利保护

第十六条 展会投诉机构需要地方知识产权局协助的，地方知识产权局应当积极配合，参与展会知识产权保护工作。地方知识产权局在展会期间的工作可以包括：

（一）接受展会投诉机构移交的关于涉嫌侵犯专利权的投诉，依照专利法律法规的有关规定进行处理；

（二）受理展出项目涉嫌侵犯专利权的专利侵权纠纷处理请求，依照专利法第五十七条的规定进行处理；

（三）受理展出项目涉嫌假冒他人专利和冒充专利的举报，或者依职权查处展出项目中假冒他人专利和冒充专利的行为，依据《专利法》第五十八条和第五十九条的规定进行处罚。

第十七条 有下列情形之一的，地方知识产权局对侵犯专利权的投诉或者处理请求不予受理：

（一）投诉人或者请求人已经向人民法院提起专利侵权诉讼的；

（二）专利权正处于无效宣告请求程序之中的；

（三）专利权存在权属纠纷，正处于人民法院的审理程序或者管理专利工作的部门的调解程序之中的；

（四）专利权已经终止，专利权人正在办理权利恢复的。

第十八条 地方知识产权局在通知被投诉人或者被请求人时，可以即行调查取证，查阅、复制与案件有关的文件，询问当事人，采用拍照、摄像等方式进行现场勘验，也可以抽样取证。

地方知识产权局收集证据应当制作笔录，由承办人员、被调查取证的当事人签名盖章。被调查取证的当事人拒绝签名盖章的，应当在笔录上注明原因；有其他人在现场的，也可同时由其他人签名。

第四章　展会期间商标保护

第十九条 展会投诉机构需要地方工商行政管理部门协助的，地方工商行政管理部门应当积极配合，参与展会知识产权保护工作。地方工商行政管理部门在展会期间的工作可以包括：

（一）接受展会投诉机构移交的关于涉嫌侵犯商标权的投诉，依照商标法律法规的有关规定进行处理；

（二）受理符合《商标法》第五十二条规定的侵犯商标专用权的投诉；

（三）依职权查处商标违法案件。

第二十条 有下列情形之一的，地方工商行政管理部门对侵犯商标专用权的投诉或者处理请求不予受理：

（一）投诉人或者请求人已经向人民法院提起商标侵权诉讼的；

（二）商标权已经无效或者被撤销的。

第二十一条 地方工商行政管理部门决定受理后，可以根据商标法律法规等相关规定进行调查和处理。

第五章　展会期间著作权保护

第二十二条 展会投诉机构需要地方著作权行政管理部门协助的，地方著作权行政管理部门应当积极配合，参与展会知识产权保护工作。地方著作权行政管理部门在展会期间的工作可以包括：

（一）接受展会投诉机构移交的关于涉嫌侵犯著作权的投诉，依照著作权法律法规的有关规定进行处理；

（二）受理符合《著作权法》第四十七条规定的侵犯著作权的投诉，根据著作权法的有关规定进行处罚。

第二十三条　地方著作权行政管理部门在受理投诉或请求后，可以采取以下手段收集证据：

（一）查阅、复制与涉嫌侵权行为有关的文件档案、账簿和其他书面材料；

（二）对涉嫌侵权复制品进行抽样取证；

（三）对涉嫌侵权复制品进行登记保存。

第六章　法 律 责 任

第二十四条　对涉嫌侵犯知识产权的投诉，地方知识产权行政管理部门认定侵权成立的，应会同会展管理部门依法对参展方进行处理。

第二十五条　对涉嫌侵犯发明或者实用新型专利权的处理请求，地方知识产权局认定侵权成立的，应当依据《专利法》第十一条第一款关于禁止许诺销售行为的规定以及《专利法》第五十七条关于责令侵权人立即停止侵权行为的规定作出处理决定，责令被请求人从展会上撤出侵权展品，销毁介绍侵权展品的宣传材料，更换介绍侵权项目的展板。

对涉嫌侵犯外观设计专利权的处理请求，被请求人在展会上销售其展品，地方知识产权局认定侵权成立的，应当依据《专利法》第十一条第二款关于禁止销售行为的规定以及第五十七条关于责令侵权人立即停止侵权行为的规定作出处理决定，责令被请求人从展会上撤出侵权展品。

第二十六条　在展会期间假冒他人专利或以非专利产品冒充专利产品，以非专利方法冒充专利方法的，地方知识产权局应当依据《专利法》第五十八条和第五十九条规定进行处罚。

第二十七条　对有关商标案件的处理请求，地方工商行政管理部门认定侵权成立的，应当根据《商标法》、《商标法实施条例》等相关规定进行处罚。

第二十八条　对侵犯著作权及相关权利的处理请求，地方著作权行政管理部门认定侵权成立的，应当根据《著作权法》第四十七条的规定进行处罚，没收、销毁侵权展品及介绍侵权展品的宣传材料，更换介绍展出项目的展板。

第二十九条　经调查，被投诉或者被请求的展出项目已经由人民法院或者知识产权行政管理部门作出判定侵权成立的判决或者决定并发生法律效力的，地方知识产权行政管理部门可以直接作出第二十六条、第二十七条、第二十八条和第二十九条所述的处理决定。

第三十条　请求人除请求制止被请求人的侵权展出行为之外，还请求制止同一被请求人的其他侵犯知识产权行为的，地方知识产权行政管理部门对发生在其管辖地域之内的涉嫌侵权行为，可以依照相关知识产权法律法规以及规章的规定进行处理。

第三十一条　参展方侵权成立的，展会管理部门可依法对有关参展方予以公告；参展方连续两次以上侵权行为成立的，展会主办方应禁止有关参展方参加下一届展会。

第三十二条　主办方对展会知识产权保护不力的，展会管理部门应对主办方给予警告，并视情节依法对其再次举办相关展会的申请不予批准。

第七章　附　　则

第三十三条　展会结束时案件尚未处理完毕的，案件的有关事实和证据可经展会主办方确认，由展会举办地知识产权行政管理部门在15个工作日内移交有管辖权的知识产权行政管理部门依法处理。

第三十四条　本办法中的知识产权行政管理部门是指专利、商标和版权行政管理部门；本办法中的展会管理部门是指展会的审批或者登记部门。

第三十五条　本办法自2006年3月1日起实施。

中华人民共和国海关关于《中华人民共和国知识产权海关保护条例》的实施办法

1. 2009年3月3日海关总署令第183号公布

2. 根据2018年5月29日海关总署令第240号《关于修改部分规章的决定》修正

第一章　总　　则

第一条　为了有效实施《中华人民共和国知识产权海关保护条例》（以下简称《条例》），根据《中华人民共和国海关法》以及其他法律、行政法规，制定本办法。

第二条　知识产权权利人请求海关采取知识产权保护措施或者向海关总署办理知识产权海关保护备案的，境内知识产权权利人可以直接或者委托境内代理人提出申请,境外知识产权权利人应当由其在境内设立的办事机构或者委托境内代理人提出申请。

知识产权权利人按照前款规定委托境内代理人提出申请的,应当出具规定格式的授权委托书。

第三条 知识产权权利人及其代理人(以下统称知识产权权利人)请求海关扣留即将进出口的侵权嫌疑货物的,应当根据本办法的有关规定向海关提出扣留侵权嫌疑货物的申请。

第四条 进出口货物的收发货人或者其代理人(以下统称收发货人)应当在合理的范围内了解其进出口货物的知识产权状况。海关要求申报进出口货物知识产权状况的,收发货人应当在海关规定的期限内向海关如实申报并提交有关证明文件。

第五条 知识产权权利人或者收发货人向海关提交的有关文件或者证据涉及商业秘密的,知识产权权利人或者收发货人应当向海关书面说明。

海关实施知识产权保护,应当保守有关当事人的商业秘密,但海关应当依法公开的信息除外。

第二章 知识产权备案

第六条 知识产权权利人向海关总署申请知识产权海关保护备案的,应当向海关总署提交申请书。申请书应当包括以下内容:

(一)知识产权权利人的名称或者姓名、注册地或者国籍、通信地址、联系人姓名、电话和传真号码、电子邮箱地址等。

(二)注册商标的名称、核定使用商品的类别和商品名称、商标图形、注册有效期、注册商标的转让、变更、续展情况等;作品的名称、创作完成的时间、作品的类别、作品图片、作品转让、变更情况等;专利权的名称、类型、申请日期、专利权转让、变更情况等。

(三)被许可人的名称、许可使用商品、许可期限等。

(四)知识产权权利人合法行使知识产权的货物的名称、产地、进出境地海关、进出口商、主要特征、价格等。

(五)已知的侵犯知识产权货物的制造商、进出口商、进出境地海关、主要特征、价格等。

知识产权权利人应当就其申请备案的每一项知识产权单独提交一份申请书。知识产权权利人申请国际注册商标备案的,应当就其申请的每一类商品单独提交一份申请书。

第七条 知识产权权利人向海关总署提交备案申请书,应当随附以下文件、证据:

(一)知识产权权利人的身份证明文件。

(二)国务院工商行政管理部门签发的《商标注册证》的复印件。申请人经核准变更商标注册事项、续展商标注册、转让注册商标或者申请国际注册商标备案的,还应当提交国务院工商行政管理部门出具的有关商标注册的证明;著作权登记部门签发的著作权自愿登记证明的复印件和经著作权登记部门认证的作品照片。申请人未进行著作权自愿登记的,提交可以证明申请人为著作权人的作品样品以及其他有关著作权的证据;国务院专利行政部门签发的专利证书的复印件。专利授权自公告之日起超过 1 年的,还应当提交国务院专利行政部门在申请人提出备案申请前 6 个月内出具的专利登记簿副本;申请实用新型专利或者外观设计专利备案的,还应当提交由国务院专利行政部门作出的专利权评价报告。

(三)知识产权权利人许可他人使用注册商标、作品或者实施专利,签订许可合同的,提供许可合同的复印件;未签订许可合同的,提交有关被许可人、许可范围和许可期间等情况的书面说明。

(四)知识产权权利人合法行使知识产权的货物及其包装的照片。

(五)已知的侵权货物进出口的证据。知识产权权利人与他人之间的侵权纠纷已经人民法院或者知识产权主管部门处理的,还应当提交有关法律文书的复印件。

知识产权权利人根据前款规定向海关总署提交的文件和证据应当齐全、真实和有效。有关文件和证据为外文的,应当另附中文译本。海关总署认为必要时,可以要求知识产权权利人提交有关文件或者证据的公证、认证文书。

第八条 知识产权权利人向海关总署申请办理知识产权海关保护备案或者在备案失效后重新向海关总署申请备案的,应当缴纳备案费。知识产权权利人应当将备案费通过银行汇至海关总署指定账号。海关总署收取备案费的,应当出具收据。备案费的收取标准由海关总署会同国家有关部门另行制定并予以公布。

知识产权权利人申请备案续展或者变更的,无需再缴纳备案费。

知识产权权利人在海关总署核准前撤回备案申请

或者其备案申请被驳回的，海关总署应当退还备案费。已经海关总署核准的备案被海关总署注销、撤销或者因其他原因失效的，已缴纳的备案费不予退还。

第九条 知识产权海关保护备案自海关总署核准备案之日起生效，有效期为10年。自备案生效之日起知识产权的有效期不足10年的，备案的有效期以知识产权的有效期为准。

《条例》施行前经海关总署核准的备案或者核准续展的备案的有效期仍按原有效期计算。

第十条 在知识产权海关保护备案有效期届满前6个月内，知识产权权利人可以向海关总署提出续展备案的书面申请并随附有关文件。海关总署应当自收到全部续展申请文件之日起10个工作日内作出是否准予续展的决定，并书面通知知识产权权利人；不予续展的，应当说明理由。

续展备案的有效期自上一届备案有效期满次日起算，有效期为10年。知识产权的有效期自上一届备案有效期满次日起不足10年的，续展备案的有效期以知识产权的有效期为准。

第十一条 知识产权海关保护备案经海关总署核准后，按照本办法第六条向海关提交的申请书内容发生改变的，知识产权权利人应当自发生改变之日起30个工作日内向海关总署提出变更备案的申请并随附有关文件。

第十二条 知识产权在备案有效期届满前不再受法律、行政法规保护或者备案的知识产权发生转让的，原知识产权权利人应当自备案的知识产权不再受法律、行政法规保护或者转让生效之日起30个工作日内向海关总署提出注销知识产权海关保护备案的申请并随附有关文件。知识产权权利人在备案有效期内放弃备案的，可以向海关总署申请注销备案。

未依据本办法第十一条和本条前款规定向海关总署申请变更或者注销备案，给他人合法进出口造成严重影响的，海关总署可以主动或者根据有关利害关系人的申请注销有关知识产权的备案。

海关总署注销备案，应当书面通知有关知识产权权利人，知识产权海关保护备案自海关总署注销之日起失效。

第十三条 海关总署根据《条例》第九条的规定撤销知识产权海关保护备案的，应当书面通知知识产权权利人。

海关总署撤销备案的，知识产权权利人自备案被撤销之日起1年内就被撤销备案的知识产权再次申请备案的，海关总署可以不予受理。

第三章 依申请扣留

第十四条 知识产权权利人发现侵权嫌疑货物即将进出口并要求海关予以扣留的，应当根据《条例》第十三条的规定向货物进出境地海关提交申请书。有关知识产权未在海关总署备案的，知识产权权利人还应当随附本办法第七条第一款第（一）、（二）项规定的文件、证据。

知识产权权利人请求海关扣留侵权嫌疑货物，还应当向海关提交足以证明侵权事实明显存在的证据。知识产权权利人提交的证据，应当能够证明以下事实：

（一）请求海关扣留的货物即将进出口；

（二）在货物上未经许可使用了侵犯其商标专用权的商标标识、作品或者实施了其专利。

第十五条 知识产权权利人请求海关扣留侵权嫌疑货物，应当在海关规定的期限内向海关提供相当于货物价值的担保。

第十六条 知识产权权利人提出的申请不符合本办法第十四条的规定或者未按照本办法第十五条的规定提供担保的，海关应当驳回其申请并书面通知知识产权权利人。

第十七条 海关扣留侵权嫌疑货物的，应当将货物的名称、数量、价值、收发货人名称、申报进出口日期、海关扣留日期等情况书面通知知识产权权利人。

经海关同意，知识产权权利人可以查看海关扣留的货物。

第十八条 海关自扣留侵权嫌疑货物之日起20个工作日内，收到人民法院协助扣押有关货物书面通知的，应当予以协助；未收到人民法院协助扣押通知或者知识产权权利人要求海关放行有关货物的，海关应当放行货物。

第十九条 海关扣留侵权嫌疑货物的，应当将扣留侵权嫌疑货物的扣留凭单送达收发货人。

经海关同意，收发货人可以查看海关扣留的货物。

第二十条 收发货人根据《条例》第十九条的规定请求放行其被海关扣留的涉嫌侵犯专利权货物的，应当向海关提出书面申请并提供与货物等值的担保金。

收发货人请求海关放行涉嫌侵犯专利权货物，符合前款规定的，海关应当放行货物并书面通知知识产权权利人。

知识产权权利人就有关专利侵权纠纷向人民法院起诉的，应当在前款规定的海关书面通知送达之日起30个工作日内向海关提交人民法院受理案件通知书的复印件。

第四章 依职权调查处理

第二十一条 海关对进出口货物实施监管，发现进出口货物涉及在海关总署备案的知识产权且进出口商或者制造商使用有关知识产权的情况未在海关总署备案的，可以要求收发货人在规定期限内申报货物的知识产权状况和提交相关证明文件。

收发货人未按照前款规定申报货物知识产权状况、提交相关证明文件或者海关有理由认为货物涉嫌侵犯在海关总署备案的知识产权的，海关应当中止放行货物并书面通知知识产权权利人。

第二十二条 知识产权权利人应当在本办法第二十一条规定的海关书面通知送达之日起3个工作日内按照下列规定予以回复：

（一）认为有关货物侵犯其在海关总署备案的知识产权并要求海关予以扣留的，向海关提出扣留侵权嫌疑货物的书面申请并按照本办法第二十三条或者第二十四条的规定提供担保；

（二）认为有关货物未侵犯其在海关总署备案的知识产权或者不要求海关扣留侵权嫌疑货物的，向海关书面说明理由。

经海关同意，知识产权权利人可以查看有关货物。

第二十三条 知识产权权利人根据本办法第二十二条第一款第（一）项的规定请求海关扣留侵权嫌疑货物的，应当按照以下规定向海关提供担保：

（一）货物价值不足人民币2万元的，提供相当于货物价值的担保；

（二）货物价值为人民币2万至20万元的，提供相当于货物价值50%的担保，但担保金额不得少于人民币2万元；

（三）货物价值超过人民币20万元的，提供人民币10万元的担保。

知识产权权利人根据本办法第二十二条第一款第（一）项的规定请求海关扣留涉嫌侵犯商标专用权货物的，可以依据本办法第二十四条的规定向海关总署提供总担保。

第二十四条 在海关总署备案的商标专用权的知识产权权利人，经海关总署核准可以向海关总署提交银行或者非银行金融机构出具的保函，为其向海关申请商标专用权海关保护措施提供总担保。

总担保的担保金额应当相当于知识产权权利人上一年度向海关申请扣留侵权嫌疑货物后发生的仓储、保管和处置等费用之和；知识产权权利人上一年度未向海关申请扣留侵权嫌疑货物或者仓储、保管和处置等费用不足人民币20万元的，总担保的担保金额为人民币20万元。

自海关总署核准其使用总担保之日至当年12月31日，知识产权权利人根据《条例》第十六条的规定请求海关扣留涉嫌侵犯其已在海关总署备案的商标专用权的进出口货物的，无需另行提供担保，但知识产权权利人未按照《条例》第二十五条的规定支付有关费用或者未按照《条例》第二十九条的规定承担赔偿责任，海关总署向担保人发出履行担保责任通知的除外。

第二十五条 知识产权权利人根据本办法第二十二条第一款第（一）项的规定提出申请并根据本办法第二十三条、第二十四条的规定提供担保的，海关应当扣留侵权嫌疑货物并书面通知知识产权权利人；知识产权权利人未提出申请或者未提供担保的，海关应当放行货物。

第二十六条 海关扣留侵权嫌疑货物的，应当将扣留侵权嫌疑货物的扣留凭单送达收发货人。

经海关同意，收发货人可以查看海关扣留的货物。

第二十七条 海关扣留侵权嫌疑货物后，应当依法对侵权嫌疑货物以及其他有关情况进行调查。收发货人和知识产权权利人应当对海关调查予以配合，如实提供有关情况和证据。

海关对侵权嫌疑货物进行调查，可以请求有关知识产权主管部门提供咨询意见。

知识产权权利人与收发货人就海关扣留的侵权嫌疑货物达成协议，向海关提出书面申请并随附相关协议，要求海关解除扣留侵权嫌疑货物的，海关除认为涉嫌构成犯罪外，可以终止调查。

第二十八条 海关对扣留的侵权嫌疑货物进行调查，不能认定货物是否侵犯有关知识产权的，应当自扣留侵权嫌疑货物之日起30个工作日内书面通知知识产权权利人和收发货人。

海关不能认定货物是否侵犯有关专利权的，收发货人向海关提供相当于货物价值的担保后，可以请求海关放行货物。海关同意放行货物的，按照本办法第二十条第二款和第三款的规定办理。

第二十九条　对海关不能认定有关货物是否侵犯其知识产权的，知识产权权利人可以根据《条例》第二十三条的规定向人民法院申请采取责令停止侵权行为或者财产保全的措施。

海关自扣留侵权嫌疑货物之日起50个工作日内收到人民法院协助扣押有关货物书面通知的，应当予以协助；未收到人民法院协助扣押通知或者知识产权权利人要求海关放行有关货物的，海关应当放行货物。

第三十条　海关作出没收侵权货物决定的，应当将下列已知的情况书面通知知识产权权利人：

（一）侵权货物的名称和数量；

（二）收发货人名称；

（三）侵权货物申报进出口日期、海关扣留日期和处罚决定生效日期；

（四）侵权货物的启运地和指运地；

（五）海关可以提供的其他与侵权货物有关的情况。

人民法院或者知识产权主管部门处理有关当事人之间的侵权纠纷，需要海关协助调取与进出口货物有关的证据的，海关应当予以协助。

第三十一条　海关发现个人携带或者邮寄进出境的物品，涉嫌侵犯《条例》第二条规定的知识产权并超出自用、合理数量的，应当予以扣留，但旅客或者收寄件人向海关声明放弃并经海关同意的除外。

海关对侵权物品进行调查，知识产权权利人应当予以协助。进出境旅客或者进出境邮件的收寄件人认为海关扣留的物品未侵犯有关知识产权或者属于自用的，可以向海关书面说明有关情况并提供相关证据。

第三十二条　进出口货物或者进出境物品经海关调查认定侵犯知识产权，根据《条例》第二十七条第一款和第二十八条的规定应当由海关予以没收，但当事人无法查清的，自海关制发有关公告之日起满3个月后可由海关予以收缴。

进出口侵权行为有犯罪嫌疑的，海关应当依法移送公安机关。

第五章　货物处置和费用

第三十三条　对没收的侵权货物，海关应当按照下列规定处置：

（一）有关货物可以直接用于社会公益事业或者知识产权权利人有收购意愿的，将货物转交给有关公益机构用于社会公益事业或者有偿转让给知识产权权利人；

（二）有关货物不能按照第（一）项的规定处置且侵权特征能够消除的，在消除侵权特征后依法拍卖。拍卖货物所得款项上交国库；

（三）有关货物不能按照第（一）、（二）项规定处置的，应当予以销毁。

海关拍卖侵权货物，应当事先征求有关知识产权权利人的意见。海关销毁侵权货物，知识产权权利人应当提供必要的协助。有关公益机构将海关没收的侵权货物用于社会公益事业以及知识产权权利人接受海关委托销毁侵权货物的，海关应当进行必要的监督。

第三十四条　海关协助人民法院扣押侵权嫌疑货物或者放行被扣留货物的，知识产权权利人应当支付货物在海关扣留期间的仓储、保管和处置等费用。

海关没收侵权货物的，知识产权权利人应当按照货物在海关扣留后的实际存储时间支付仓储、保管和处置等费用。但海关自没收侵权货物的决定送达收发货人之日起3个月内不能完成货物处置，且非因收发货人申请行政复议、提起行政诉讼或者货物处置方面的其他特殊原因导致的，知识产权权利人不需支付3个月后的有关费用。

海关按照本办法第三十三条第一款第（二）项的规定拍卖侵权货物的，拍卖费用的支出按照有关规定办理。

第三十五条　知识产权权利人未按照本办法第三十四条的规定支付有关费用的，海关可以从知识产权权利人提交的担保金中扣除有关费用或者要求担保人履行担保义务。

海关没收侵权货物的，应当在货物处置完毕并结清有关费用后向知识产权权利人退还担保金或者解除担保人的担保责任。

海关协助人民法院扣押侵权嫌疑货物或者根据《条例》第二十四条第（一）、（二）、（四）项的规定放行被扣留货物的，收发货人可以就知识产权权利人提供的担保向人民法院申请财产保全。海关自协助人民法院扣押侵权嫌疑货物或者放行货物之日起20个工作日内，未收到人民法院就知识产权权利人提供的担保采取财产保全措施的协助执行通知的，海关应当向知识产权权利人退还担保金或者解除担保人的担保责任；收到人民法院协助执行通知的,海关应当协助执行。

第三十六条 海关根据《条例》第十九条的规定放行被扣留的涉嫌侵犯专利权的货物后,知识产权权利人按照本办法第二十条第三款的规定向海关提交人民法院受理案件通知书复印件的,海关应当根据人民法院的判决结果处理收发货人提交的担保金;知识产权权利人未提交人民法院受理案件通知书复印件的,海关应当退还收发货人提交的担保金。对知识产权权利人向海关提供的担保,收发货人可以向人民法院申请财产保全,海关未收到人民法院对知识产权权利人提供的担保采取财产保全措施的协助执行通知的,应当自处理收发货人提交的担保金之日起20个工作日后,向知识产权权利人退还担保金或者解除担保人的担保责任;收到人民法院协助执行通知的,海关应当协助执行。

第六章 附　　则

第三十七条 海关参照本办法对奥林匹克标志和世界博览会标志实施保护。

第三十八条 在本办法中,"担保"指担保金、银行或者非银行金融机构保函。

第三十九条 本办法中货物的价值由海关以该货物的成交价格为基础审查确定。成交价格不能确定的,货物价值由海关依法估定。

第四十条 本办法第十七条、二十一条、二十八条规定的海关书面通知可以采取直接、邮寄、传真或者其他方式送达。

第四十一条 本办法第二十条第三款和第二十二条第一款规定的期限自海关书面通知送达之日的次日起计算。期限的截止按照以下规定确定:

(一)知识产权权利人通过邮局或者银行向海关提交文件或者提供担保的,以期限到期日24时止;

(二)知识产权权利人当面向海关提交文件或者提供担保的,以期限到期日海关正常工作时间结束止。

第四十二条 知识产权权利人和收发货人根据本办法向海关提交有关文件复印件的,应当将复印件与文件原件进行核对。经核对无误后,应当在复印件上加注"与原件核对无误"字样并予以签章确认。

第四十三条 本办法自2009年7月1日起施行。2004年5月25日海关总署令第114号公布的《中华人民共和国海关关于〈中华人民共和国知识产权海关保护条例〉的实施办法》同时废止。

加强网购和进出口领域知识产权执法实施办法

1. 2019年4月8日市场监管总局、公安部、农业农村部、海关总署、国家版权局、国家知识产权局发布

2. 国市监稽〔2019〕82号

为加强网购和进出口领域知识产权执法,严厉查处侵犯知识产权违法犯罪行为,密切部门间协作配合,进一步提高知识产权执法能力,维护权利人合法权益和公平竞争的市场环境,制定本实施办法。

一、依法加强执法监管

第一条 有关行政执法部门和公安机关要认真履行执法职责,强化对网络购物和进出口领域的日常监管,依法严厉查处侵犯商标权、专利权、著作权、植物新品种权、地理标志、商业秘密等违法犯罪行为。

第二条 密切关注互联网经济发展的新业态,及时发现侵犯知识产权违法的新情况、新问题,完善执法监管措施,依法查处侵犯知识产权违法犯罪案件,维护健康发展的网络交易环境。

第三条 充分发挥"双随机、一公开"监管的基础性作用,做好"双随机"检查与其他专项检查的衔接,对于检查中发现的知识产权违法问题,依法加大惩处力度,增强执法监管的威慑力。

二、拓宽线索来源渠道

第四条 充分发挥投诉举报热线作用,畅通社会投诉举报渠道,完善投诉举报受理处置和激励机制,鼓励社会公众积极举报侵犯知识产权违法线索,充分发挥社会监督作用。

第五条 充分发挥有关部门网络监测信息化平台的作用,加强大数据、云计算、移动互联网等新技术在执法监管中的应用,提高对网络交易数据的分析研判和违法线索的筛查发现能力。

第六条 充分发挥知识产权权利人在市场调查和自我维权中的作用,建立执法部门与权利人的沟通联系机制,及时获取权利人发现的知识产权违法线索,做好调查处置工作。

三、强化执法协调联动

第七条 针对侵犯知识产权违法行为线上线下一体化、

链条化的特点，建立健全线索发现、源头追溯、属地查处机制，从违法线索入手，追查销售网络和生产源头，对侵犯知识产权行为开展全链条查处。

第八条　加强跨区域执法协作，执法部门对于发现的管辖区域以外的案件线索，要及时转交有管辖权的部门处理。对于涉及多个区域的侵犯知识产权违法案件，相关执法部门要加强协查联办，必要时线索发现地执法部门可提请上级部门协调指导。

第九条　加强跨部门信息共享，有关行政执法部门要及时通报生产、销售、进出口环节查处的侵权产品、违法主体等相关信息，对侵权违法行为追踪溯源，完善境内市场监管和边境防控措施，铲除侵权商品销售网络和跨境流通链条。

四、大力推进行刑衔接

第十条　行政执法部门在查处侵犯知识产权违法行为过程中，发现违法事实涉嫌犯罪的，应当按照有关规定向公安机关移送。公安机关应当接受案件，并按照有关规定予以处理。

第十一条　公安机关在查办案件中发现的侵犯知识产权违法线索，要及时通报行政执法部门，行政执法部门依法核查处理。

第十二条　行政执法部门与公安机关要加强协作配合，发挥各自在检验鉴定、侵权判断、调查取证等方面优势，提高执法打击效能。

五、完善社会共治机制

第十三条　行政执法部门和公安机关要加强与知识产权权利人的协作，完善沟通联系机制，充分发挥权利人在侵权调查、产品鉴定中的作用，调动权利人配合支持知识产权执法工作。

第十四条　行政执法部门和公安机关要加强与电商平台的协作，充分利用电商平台提供的侵犯知识产权线索，做好涉案信息核查、商品流向追踪和有关证据固定等工作，实现对违法犯罪行为的精准打击。

第十五条　行政执法部门和公安机关要加强与行业协会、商会等行业组织的沟通联系，及时掌握行业动态和侵犯知识产权重点问题，研究拟订执法措施，支持行业组织发挥自律作用，共同防范和打击侵犯知识产权违法犯罪活动。

六、建立工作保障制度

第十六条　建立案情会商制度，对于情节严重、性质恶劣或疑难复杂的侵犯知识产权案件，行政执法部门可与公安机关组成联合工作组，共同研究案情，拟定调查取证措施，确保案件查处工作顺利开展。

第十七条　建立数据统计制度，加强对知识产权执法数据的整合挖掘，深入分析侵犯知识产权行为的特点和规律，全面研判知识产权违法犯罪形势，为制定知识产权执法政策措施提供依据。

第十八条　建立专家咨询制度，根据知识产权执法办案工作实际需要，建立由执法办案能手、法律专家学者和检验鉴定人员组成的专家库，为执法办案工作提供政策指导、法律咨询和技术支持，努力提升执法办案水平。

关于加入《海牙协定》后相关业务处理暂行办法

1. 2023年1月4日国家知识产权局公告第511号公布
2. 自2023年1月11日起施行

第一条　自2022年5月5日起，中国单位或者个人可以依照专利法第十九条第二款的规定，根据《工业品外观设计国际注册海牙协定》（1999年文本）（以下简称《海牙协定》），提出工业品外观设计国际注册申请。

申请人可以直接向世界知识产权组织国际局（以下简称国际局）提交工业品外观设计国际注册申请，也可以通过国家知识产权局转交使用英文提出的工业品外观设计国际注册申请。

通过国家知识产权局转交工业品外观设计国际注册申请的，应当以符合《海牙协定》和国家知识产权局规定的纸件形式或电子形式提交相关材料。

《海牙协定》规定的相关费用，由申请人直接向国际局缴纳。

第二条　按照《海牙协定》已确定国际注册日并指定中国的外观设计国际注册申请（以下简称外观设计国际申请），视为向国家知识产权局提出的外观设计专利申请，该国际注册日视为专利法第二十八条所称的申请日。

第三条　对于外观设计国际申请，国家知识产权局依照专利法、专利法实施细则、专利审查指南及本办法进行处理。

自本办法施行之日起，国家知识产权局对外观设计国际申请给予国家申请号、进行审查，并将审查结果通知国际局。

外观设计国际申请经审查没有发现驳回理由的，国家知识产权局作出给予保护的决定，通知国际局。

外观设计国际申请经审查发现不符合专利法及其实施细则相关规定的，国家知识产权局向国际局发出驳回通知。

第四条 国际局公布的外观设计国际申请中包括含设计要点的说明书的，视为已经依照规定提交了简要说明。

第五条 对于外观设计国际申请，申请人进行答复时应当使用中文提交陈述意见，如对申请文本进行修改应当使用英文。

第六条 对于外观设计国际申请，国家知识产权局不收取优先权要求费。

申请人要求优先权的，如未在提出外观设计国际申请时提交在先申请文件副本，应当自其申请国际公布之日起三个月内向国家知识产权局提交在先申请文件副本。

在先申请文件副本中记载的申请人与在后申请的申请人不一致的，申请人应当自其申请国际公布之日起三个月内向国家知识产权局提交相关的证明文件。

申请人期满未提交在先申请文件副本，或者未提交有关证明文件的，视为未要求优先权。外观设计国际申请被视为未要求优先权的，不适用专利法实施细则第六条的规定。

第七条 外观设计国际申请的申请人答复驳回通知、提出复审请求或者办理其他专利事务时，除专利法实施细则另有规定的情形外，应当符合专利法第十八条第一款的规定。

第八条 外观设计国际申请的申请人可以自其申请国际公布之日起两个月内，向国家知识产权局提出分案申请。

申请人按照审查意见提出分案申请的，最迟应当在原申请的国内公告日起两个月内提出。上述期限届满后，或者原申请已被驳回，或者原申请被视为撤回且未被恢复权利的，一般不得再提出分案申请。

第九条 申请人认为外观设计国际申请涉及的外观设计有专利法第二十四条第（二）项或者第（三）项所列情形的，应当在提出外观设计国际申请时声明，并自其申请国际公布之日起两个月内向国家知识产权局提交有关证明文件，并予以说明。未提出声明或者未提交证明文件的，其申请不适用专利法第二十四条的规定。

第十条 申请人缴纳外观设计国际申请相关费用的，应当按照国际局和国家知识产权局的规定以国家申请号或者国际注册号足额缴纳。外观设计国际申请单独指定费的缴纳标准根据《国家知识产权局关于外观设计专利年费、单独指定费有关事项的公告》执行。

第十一条 外观设计国际申请的申请人或者专利权人请求权利变更的，除向国际局办理相关手续外，还应当向国家知识产权局提交证明文件。证明文件是外文的，应当同时附具中文题录译文。没有提交证明文件或者证明文件不合格的，国家知识产权局通知国际局该权利变更在中国未生效。

第十二条 外观设计国际申请授权公告后，外观设计国际申请的申请人可以请求国家知识产权局出具外观设计国际申请专利登记簿副本，作为在中国给予保护的证明。

第十三条 在外观设计国际申请的无效宣告请求审查程序中，对于在中国内地没有住所的专利权人，可以采用邮寄、传真、电子邮件、公告等方式送达文件。采用公告送达的，自公告之日起满一个月，视为已经送达。

第十四条 申请人对于国家知识产权局依照本办法作出的有关决定不服的，可以依法提出行政复议申请、复审请求或者提起行政诉讼。

第十五条 外观设计国际申请的申请人办理本办法规定以外的其他法律手续和事务，应当依照《海牙协定》、专利法及其实施细则、专利审查指南的规定提出请求。

第十六条 本办法自2023年1月11日起施行。2022年5月5日起施行的《关于加入〈海牙协定〉后相关业务处理暂行办法》（国家知识产权局第四八一号公告）同时废止。

国家知识产权局行政裁决案件线上口头审理办法

2023年2月17日国家知识产权局公告第517号公布施行

第一条 为方便案件当事人参加行政裁决程序，提升行政效率，结合国家知识产权局行政裁决有关规定和工作实际，制定本办法。

第二条 本办法所指线上口头审理是指国家知识产权局在行政裁决中，通过互联网在线的方式完成行政裁决案件口头审理程序。案件线上口头审理与线下口头审理具有同等法律效力。

第三条 案件审理以线下审理为原则，线上审理为例外。国家知识产权局综合考虑案件情况、当事人意愿和技术条件等因素决定是否进行线上口头审理，以下案件可以适用线上口头审理：

（一）重大专利侵权纠纷行政裁决案件；

（二）药品专利纠纷早期解决机制行政裁决案件；

（三）集成电路布图设计专有权纠纷行政裁决案件；

（四）其他适宜采取线上口头审理的行政裁决案件。

第四条 具有下列情形之一的，不适用线上口头审理：

（一）当事人确有正当理由不能参加线上口头审理或者不具备参与线上口头审理的技术条件和能力，并书面提出申请经国家知识产权局同意的；

（二）案件疑难复杂、证据繁多，采用线上方式不利于查明事实和适用法律的；

（三）案件涉及国家安全、国家秘密、商业秘密的；

（四）国家知识产权局认为存在其他不宜适用线上口头审理情形的。

符合前款第（一）项情形的当事人参加线下口头审理，其他当事人可以继续参加线上口头审理。

第五条 国家知识产权局开展线上口头审理，应当在口审至少5个工作日前告知当事人，并告知当事人线上口头审理的具体时间、程序、权利义务、法律后果和操作方法等。

第六条 对于国家知识产权局已通知线上口头审理，当事人无正当理由不参加的，对请求人按撤回请求处理，对被请求人按缺席处理。

第七条 国家知识产权局线上口头审理时，应当验证当事人的身份；确有必要的，应当在线下进一步核实身份。

第八条 国家知识产权局根据案件情况，可以组织当事人开展线上证据交换，通过同步或者非同步方式完成举证、质证等程序。审理时发现需要通过线下核对原件、查验实物的，可以在线上口头审理后在线下安排核对、查验。

第九条 适用线上口头审理的案件，应当依法保障当事人申请回避、举证、质证、陈述、辩论等权利。

已采取线上口头审理的案件，口头审理过程中发现存在不适用线上口头审理情形的，国家知识产权局应当及时转为线下口头审理。已完成的线上口头审理部分具有法律效力。

第十条 国家知识产权局应当安排线上口头审理庭。案件合议组成员及席位名称等应当在视频画面合理区域。

参加线上口头审理的其他人员，应当选择安静、无干扰、光线适宜、网络信号良好、相对封闭的场所，不得在可能影响线上口头审理音频视频效果或者有损审理严肃性的场所参加。必要时，国家知识产权局可以要求参加人员到指定场所参加线上口头审理。

第十一条 参加线上口头审理人员应当遵守口头审理纪律。除确属网络故障、设备损坏、电力中断等不可抗力原因外，当事人未经允许中途退出的，按照本办法第六条处理。

第十二条 证人通过线上方式参加的，不得旁听案件审理。询问证人时，其他证人不应在场，需要证人对质的情况除外。当事人对证人线上参加口头审理提出异议，并提出书面申请，经国家知识产权局同意的，应当要求证人在线下作证。

检验鉴定机构人员等参加线上口头审理的，参照前款规定执行。

第十三条 适用线上口头审理的案件，国家知识产权局应当公告线上口头审理的时间。

对涉及个人隐私等情形的行政裁决案件，当事人申请不公开线上口头审理的，线上口头审理过程可以不予公开。

第十四条 开展线上口头审理的案件，各方当事人可以通过线上或者书面确认、电子签章等方式，确认和签收调解协议、笔录、电子送达凭证及其他案件材料。

在调解、证据交换、口头审理等环节同步形成的电子笔录，经当事人核对确认后，与书面笔录具有同等法律效力。

第十五条 开展线上口头审理的案件，国家知识产权局应当利用技术手段随案同步生成口审笔录电子档案。电子档案的立卷、归档、存储、利用等，按照档案管理相关法律法规的规定执行。

开展线上口头审理的案件存在纸质卷宗材料的，应当按照档案管理相关法律法规立卷、归档和保存。

第十六条 参加线上口头审理的相关主体应当遵守数据安全和个人信息保护的相关法律法规，履行数据安全和个人信息保护义务。未经国家知识产权局同意，任何人不得违法违规录制、截取、传播涉及线上口头审理过程的音频视频、图文资料。除国家知识产权局依法公开的以外,任何人不得违法违规披露、传播和使用线上口头审理的数据信息。

出现上述情形的,国家知识产权局可以根据具体情况,依照法律法规关于数据安全、个人信息保护的规定追究相关单位和人员法律责任,涉嫌犯罪的,依法移交司法机关追究刑事责任。

第十七条　地方管理专利工作的部门处理专利侵权纠纷行政裁决案件中采取线上口头审理的,可以参照适用本办法。

第十八条　本办法自发布之日起施行。

工业企业知识产权管理指南

1. 2013年11月8日工业和信息化部发布

2. 工信部科〔2013〕447号

1　范　　围

本指南规定了工业企业知识产权管理的基本要求、基础管理、运用管理、评价与改进等。

工业企业应结合企业知识产权管理实际,有所侧重,灵活运用。

本指南适用于我国工业和信息化领域内企业知识产权的规范化管理和管理水平评价。

2　引用文件

本指南主要引用以下文件:

GB/T 19000－2008　质量管理体系 基础和术语

GB/T 21374－2008　知识产权文献与信息 基本词汇

GB/T 29490－2013　企业知识产权管理规范

3　概　　念

下列概念适用于本指南。

3.1　知识产权

在科学技术、文学艺术等领域中,发明者、创造者等对自己的创造性劳动成果依法享有的专有权,其中包括专利、商标、著作权及相关权利、集成电路布图设计、地理标志、植物新品种、商业秘密、传统知识、遗传资源以及民间文艺等。

[GB/T 21374－2008,术语和定义 3.1.1]

3.2　知识产权运用

知识产权运用是指各类市场主体依法获得、拥有知识产权,并在生产经营中有效利用知识产权,增强知识产权防卫能力,实现知识产权价值的活动。

4　基本要求

4.1　健全体系

设立知识产权工作机构,明确领导分工及职责,配备知识产权工作人员等;建立、健全知识产权组织管理体系。

4.2　建立制度

建立各类知识产权管理规章与制度,建立、健全企业知识产权内部管理规范和企业知识产权评价制度。

4.3　协同运用

注重知识产权协同运用,积极推动创新成果转化和知识产权产业化;有效管理知识产权的转让、许可、输出和引进,开展知识产权投融资活动;加强商标运用,创建企业品牌,实现和提升企业知识产权价值。

4.4　有效防卫

建立和完善知识产权防卫体系,制定切实有效的防卫措施。尊重、合法使用他人知识产权,充分利用知识产权制度规则,保障企业和权利人合法权益。

5　基础管理

5.1　机构管理

5.1.1　设置机构

企业应建立知识产权管理机构开展知识产权业务,或根据企业实际确定企业研发、技术、生产经营等相关业务主管部门开展知识产权业务,或根据需要委托专业机构代管;企业可配备专、兼职知识产权工作人员。

5.1.2　管理者职责

企业最高管理者是企业知识产权管理的第一责任人,应通过以下活动实现知识产权管理体系的有效性:

(1)制定知识产权方针;

(2)确定知识产权目标;

(3)明确知识产权管理的职责和权限,确保有效沟通;

(4)确保资源的配备;

(5)组织管理评审。

参见[GB/T 29490－2013 GB/T 29490－2013　5.1]

知识产权分管负责人职责如下:

(1)负责制定企业知识产权发展规划;

(2)负责策划建立企业知识产权管理体系,并推进实施;

(3)负责对企业知识产权各项工作的审查、监督和批准实施;

(4)负责企业重大知识产权事务的处理;

(5)负责协调企业内外有关知识产权工作;

(6)及时向最高管理者报告有关工作信息。

管理机构职责:

参见[GB/T 29490-2013 5.4.2]

5.2 制度管理

企业根据需要可制定专门或综合性的知识产权管理制度。

企业各类知识产权管理制度在主要环节和流程上协调有序。企业知识产权管理制度体系完善,包括但不限于下列制度:(1)知识产权议事决策制度;(2)知识产权信息利用制度;(3)知识产权奖惩制度;(4)知识产权教育培训制度;(5)知识产权文件档案管理制度;(6)技术合同管理制度;(7)知识产权交易管理制度;(8)知识产权工作考核评价制度;(9)知识产权评估制度;(10)知识产权权属管理制度;(11)知识产权保密制度;(12)知识产权风险管理制度;(13)专利管理制度;(14)商标管理制度;(15)著作权管理制度;(16)商业秘密管理制度;(17)集成电路布图设计管理制度;(18)其他知识产权相关管理制度。

5.3 人力资源管理

5.3.1 知识产权普及教育

企业定期对员工提供必要的知识产权普及教育。

企业对新入职员工提供知识产权入职教育。

企业知识产权普及教育内容至少包括知识产权基本知识、企业的知识产权管理制度。

5.3.2 知识产权培训

企业应建立知识产权内部培训制度,针对企业内部不同部门及岗位,确定应具备的各种知识产权知识及技能,制定合适的培训方案。

企业应对管理层开展知识产权教育和培训,提高企业管理层知识产权意识和能力。

企业应对相关业务人员开展知识产权业务培训,确保研发、营销等相关人员具备知识产权业务知识,使其了解其工作与实现知识产权管理目标的关系;确保知识产权工作人员的知识、技能和经验达到本指南的要求。

企业应培训知识产权专职人员,使其了解:(1)知识产权相关法律;(2)知识产权申请程序、救济方式、侵害鉴定、诉讼仲裁、授权协议;(3)知识产权风险规避;(4)知识产权评价;(5)知识产权信息安全管理等。

企业应积极组织、参与知识产权论坛或活动,鼓励员工参与知识产权实践,增加处理知识产权纠纷等相关事务的实际经验。

5.4 财务管理

5.4.1 经费保障

企业应根据不同发展阶段和规模水平等实际情况为知识产权工作提供相应的经费预算,一般按企业研发经费的1%~5%预算。预算包括日常工作经费和专项经费预算。

企业应提供知识产权相关工作经费保障,经费用于企业知识产权申请、注册、登记、维持和诉讼等事务,用于企业知识产权工作机构的人力成本、宣传培训、设备添置和日常开支等工作。

企业建立专项经费保障企业知识产权战略实施、知识产权数据库建设、知识产权预警分析、重大知识产权并购、海外知识产权布局等。

5.4.2 经费管理

企业应严格知识产权经费的管理,规范政府财政性知识产权专项资金的使用,必要时提供专项审计报告。

5.5 合同管理

企业应加强合同中的知识产权管理:(1)应建立健全合同审核机制,在合同签订流程上建立知识产权审查环节,并形成记录;(2)对检索与分析、预警、申请、诉讼、侵权调查与鉴定、管理咨询等知识产权对外委托业务应签订书面合同,并约定知识产权权属、保密等内容;(3)在进行委托开发或合作开发时,应签订书面合同,约定知识产权权属、许可及利益分配、后续改进的权属和使用等;(4)承担涉及国家重大专项等政府支持项目时,应了解项目相关的知识产权管理规定,并按照要求进行管理。参见[GB/T 29490-2013 7.5]

企业应与入职员工、有关合作单位签订保密合同,确保企业的商业秘密得到有效保护。保密合同应清楚列明商业秘密范畴、用途与使用条件、保密义务内容、保密期限、保密津贴、违约处理等内容。

企业对新入职员工开展知识产权尽职调查,对于研发、生产、销售等与知识产权关系密切的岗位,要求新入职员工签订知识产权声明文件;对于涉及企业核心知识产权的在职员工签订竞业禁止协议;对离职员工进行相应的知识产权事项提醒。

6 运用管理

6.1 制定运用策略

企业应根据生产经营需要制定知识产权运用策略,

明确专利、商标、著作权和商业秘密等在企业生产经营中的具体运用策略。

企业知识产权运用包括知识产权获得、实施、许可、转让、产业化等。

企业应规范知识产权运用流程,企业知识产权运用活动应遵循企业知识产权运用流程进行。

企业应结合发展需要,统筹开展专利、商标、著作权、商业秘密等类型的知识产权运用管理。

6.2 知识产权信息利用

6.2.1 知识产权信息获取

企业应根据知识产权战略实施的需要,收集相关专利、商标、著作权等知识产权信息,建立和拓展企业知识产权信息获取渠道。

企业知识产权信息包括但不限于:(1)各类知识产权的数据、文献、法规、政策等信息资料;(2)知识产权相关的协议、合同等;(3)知识产权产生、申请、注册、登记的原始文档及过程记录;(4)知识产权审查、评估、分析与预测研究等报告;(5)企业专利数据库;(6)企业认定的有关商业秘密;(7)知识产权诉讼的法律文件;(8)知识产权公文、图书、情报等资料;(9)经营和收购、并购的知识产权信息;(10)考核、奖励、惩处等知识产权工作历史文档。

6.2.2 知识产权数据库

企业可根据实际情况,自行或委托相关服务机构建立与自身技术领域相关的知识产权数据库,并定期整理和维护。

企业应充分利用知识产权数据库进行企业发展所需的知识产权检索、分析。

6.2.3 知识产权信息检索与分析

企业在立项、研发、采购、生产、销售和售后等活动中应对专利、商标、著作权及其他类型的知识产权信息进行检索与分析,评估自身的研发与经营活动,并保存相关的检索、分析或评估报告,避免侵犯他人知识产权或低水平重复研发。

企业创造或获得知识产权时,应对涉及的技术领域进行国内或国际专利检索与分析,确保知识产权的合法性和有效性;企业国内(外)合作、并购、异地(国外)研发和销售、参展等活动中,应注重适时开展知识产权检索与分析,提出检索报告及相应的建议。

企业技术创新活动立项之前,知识产权管理部门会同技术部门对技术创新活动涉及的技术领域进行国内外专利文献检索,提出专利检索报告及相应的研发建议。

企业在开发软件、集成电路布图设计等研发活动前,实行必要的著作权检索;开发软件、集成电路布图设计等工作完成后,进行必要的跟踪检索,对相应的著作权进行鉴定验收时应有著作权检索分析;企业投资建立中外合资、合作企业时,合作方以著作权作投资的,企业应就所涉及的著作权进行检索和分析,合作方应当对该著作权的权利予以确认,并作出合法性承诺。

企业知识产权管理部门应组织研发部门对拟申请专利的技术方案进行新颖性、创造性和实用性检索、分析、论证,及时作出是否申请专利的决策。

企业委托社会组织开发软件、设计集成电路布图等,项目取得阶段性成果或完成后,承担者应向企业提供软件、集成电路布图设计等属于创新性的著作权检索报告。

企业应定期进行相关的知识产权文献更新检索与分析,对企业希望制造或销售产品的国家(地区)及相关竞争对手进行重点检索与分析,防范在当地制造或销售时的侵权风险。

6.2.4 知识产权档案管理

企业应对相关知识产权文件进行分类、编目、登记、统计和必要的加工整理,并指派专人对企业的专利档案、商标档案、著作权档案、商业秘密档案等进行管理,且定期检查。

企业可根据自身信息化水平,指派专人对企业的专利档案、商标档案、著作权档案、商业秘密档案等进行数字化管理,建立相应的知识产权数字管理系统。

企业对档案保管采取防盗、防火等安全措施,进行安全防护,并建立档案管理工作的责任追究制度。

建立了知识产权电子档案的企业应采取有效的技术保护措施,保障企业知识产权电子档案的信息安全。

6.3 合理获得 规范实施

6.3.1 制定流程与计划

企业应当制定知识产权获得流程,知识产权获得应遵循企业知识产权获得流程进行。

企业根据知识产权战略,制定知识产权获得工作计划,确定所需知识产权的种类、获得方式、途径及保护范围。

6.3.2 选择获得方式,规范实施

企业依需要合理选择知识产权的获得方式。

企业原始取得知识产权,应明确归属以及成果完成人,设计研发相关记录文件保存完好。

企业转移取得知识产权,应查明权属状态,转移合同中注明转移知识产权法律状态、转移范围及附加条件。

企业合并或投资获得知识产权，应要求提供知识产权清单，开展知识产权风险及价值评估，尽到尽职调查义务，确保所获得知识产权的合理价值及其权属的真实性、合法性

企业技术合作开发获得知识产权，应在合同中明确约定知识产权归属和后续改进技术权利权属，注明保密义务。

企业根据产业发展和市场竞争需要规范实施自有知识产权。可自主实施、转让，或寻求双边或多边知识产权交叉许可，建立或参加知识产权联盟。

企业实施自有知识产权有以下方式：（1）生产自有知识产权产品；（2）使用自有知识产权保护的方法；（3）在产品上加注自有知识产权标记。

企业知识产权许可与转让应规范有序进行：（1）由知识产权管理机构向企业最高管理者汇报并获批准；（2）订立书面的知识产权许可或转让合同；（3）根据企业经营目标选择合适的收款方式；（4）企业应定期监控知识产权许可与转让权限、范围的状况。

企业应根据整体经营战略制定相应的单一商标、多商标、主副商标或商标并购等战略；企业对不使用的商标，经评估、批准后可转让；企业计划向国外出口产品或开展其他市场活动时，应考虑在相应国家注册商标，防止企业商标在他国被抢注。

许可他人使用本企业软件和集成电路布图的，须经可行性论证，委托评估后，根据许可的不同类型，结合许可使用时间确定许可使用费。

6.4　产业化

6.4.1　转化推广

企业应将拥有的知识产权成果适时有效地转化应用于企业产品生产、服务创新、商业模式创新或技术方案优化，努力使企业知识产权价值最大化。

企业应加强与科研机构、高等学校的合作，根据生产经营需要有效转化利用科研机构、高等学校的知识产权成果。

企业应通过各种媒体和平台传播与推广已拥有知识产权的产品、服务或技术方案。

企业可通过广告、媒体，传播和推广新产品、服务或技术方案的名称或标志，扩大企业的社会影响力。

企业可选择商号、商标等作为域名并进行注册，利用互联网标识，扩大企业影响。

6.4.2　品牌建设

企业应在分析市场基础上，结合自身的商标、产品资源优势，规划品牌的发展方向。

企业定期进行商标使用宣传，做好品牌定位与扩展，制定差异化的品牌培育策略，选择易于识别的商标作为品牌，进行品牌推广与宣传，凸显品牌形象。

企业应投放资源，向目标市场传递品牌标志信息，建立品牌地位；企业应结合品牌资源聚集程度和市场机遇，实施品牌延伸策略。

企业应提高产品质量，优化服务，夯实品牌物质技术基础；企业通过监测，全面、客观地对品牌定位、品牌设计、品牌传播等进行及时、系统的分析，不断修改完善企业品牌管理方案，不断提升品牌管理水平。

企业应综合运用商标、专利、著作权、商业秘密等知识产权资源，培育、管理、运营品牌。

6.4.3　知识产权合作

企业在产学研合作中应加强知识产权协同运用。

企业应选择适当方式与同行业或相关行业的其他企业协同运用知识产权，增强经营实力。

企业开展知识产权合作的主要方式有：（1）在产业/行业组织或企业联盟内将自有知识产权交叉许可；（2）与联盟企业共同制定专利技术标准的处置政策，增加行业话语权；（3）与联盟企业共同应对知识产权壁垒和竞争对手的知识产权滥用行为；（4）与科研机构、高等院校合作研发、合作转化推广知识产权成果。

6.4.4　知识产权与标准

企业在掌握核心技术的基础上，应积极参与地方、行业和国家标准制订，提升企业核心知识产权的市场价值和产业控制力。

企业应加强产学研用合作制定标准的工作，积极参与知识产权中标准的合理、合法和合规处置。

企业可制定高于地方、行业和国家标准的企业标准，运用标准提高企业创新发展能力；企业应积极推动自主知识产权标准成为国际标准，争取国际话语权。

6.4.5　知识产权布局

企业可储备、布局知识产权，以便在市场竞争中为企业经营目标服务：（1）企业可就具有竞争潜力的技术或设计申请知识产权，占领行业制高点；（2）企业可有选择地引进具有一定先进性和发展潜力的核心知识产权，增加技术储备，有效提升技术竞争能力，实现战略跨越；（3）企业可根据不同知识产权性质，规划知识产权储备，

进行知识产权布局。

企业应依据产品主要销售地、主要竞争对手所在国以及申请国的相关法律政策环境，合理选择专利申请地，做好境外及国际专利申请；企业应根据国际化生产经营的需要，及时跟踪竞争对手的国际专利布局，整合企业研发成果，有的放矢开展国际专利布局。

企业应积极利用并购或者专利购买等方式获得专利，开展专利布局。

6.4.6　知识产权运营

企业知识产权成果产业化中可探索组建知识产权业务的运营实体。企业可根据经营需要实现拥有知识产权的产业化、市场化运营，主要方式有：技术出资、入股、产业化运作、质押贷款等。

企业可将专利作价作为技术出资或入股，建立合资公司或者组建知识产权专营持股公司。

企业可以专利权、商标权、著作权等进行投资，评估后，明确投资相关内容。

企业可根据需要利用知识产权质押贷款进行融资。

企业可将拥有知识产权组合打包，增加市场竞争优势。

企业知识产权运营中，应定期监控拥有的知识产权法律状态，防止知识产权失效。

企业应规范知识产权账目，确保知识产权实施许可、作价出资等收益。

6.4.7　知识产权输出

企业知识产权产业化中应拓展知识产权利用空间，延展企业产业链、创新链，寻求和发展知识产权对外许可或者转让等知识产权输出机会，将其知识产权授权输入方按照约定使用或实施。

知识产权输出时，企业应通过输出合同界定双方的权利和义务，具体明确包括但不限于以下内容：(1)明确界定输出方、输入方范围；(2)知识产权归属条款；(3)输出方式；(4)输出地域；(5)输出知识产权涉及的产品、服务或技术；(6)保密条款；(7)违约责任；(8)费用及其计算方式；(9)争议解决条款等。

6.4.8　知识产权引进

企业知识产权产业化中应寻求外部可利用机会，积极引进知识产权，模仿、吸收和再创新，研发新产品或技术，增强企业竞争优势。

在进行知识产权引进时，企业应审查知识产权的有效性与法律状态，并通过合同界定双方的权利和义务，具体明确包括但不限于以下内容：(1)引进知识产权涉及的产品、服务或技术；(2)知识产权归属条款；(3)知识产权引进条款；(4)知识产权侵权责任条款；(5)输出方知识产权无瑕疵担保条款；(6)争议解决条款等。

6.4.9　知识产权运用评估

企业在知识产权产转让、许可、转移、并购等知识产权运用中，应对所涉及的知识产权进行评估。

企业应采取适当的机制及措施，评估其知识产权价值。企业申请或维持专利应评估其价值。企业并购涉及专利资产的，知识产权管理部门应开展专利价值评估。企业许可他人使用本企业软件和集成电路布图设计的，应委托评估其著作权价值。对企业不使用的商标，经批准后可实施商标转让，转让时应委托商标评估机构进行商标价值评估；企业以商标权投资，应委托商标评估机构进行价值评估。商业秘密使用中需要进行第三方价值评估的，委托符合专业服务要求的中介机构完成。

企业对知识产权的价值评估要报企业最高管理者研究审批后执行。

6.5　知识产权保护与防卫

6.5.1　方式选择

企业根据需要选择适当的知识产权保护方式和手段。企业可选择专利、商标、著作权或商业秘密等方式对创新成果进行保护。

6.5.2　知识产权维护

企业申请和维持专利、登记著作权、注册商标和延展商标使用、设置商业秘密保护范围、密级和保护期限可根据市场竞争需求来确定。

企业应当制定知识产权维护流程，知识产权维护行为应按流程进行。

企业应定期对拥有的各类知识产权进行内部评价，决定放弃或维持，以降低管理成本。

企业决定不再维持某项知识产权时，应经企业高层业务主管批准；不再维持关键核心技术知识产权时，应经企业最高管理者批准。

6.5.3　知识产权风险管理

企业应加强研发风险管理，对研发活动实施过程跟踪监控，适时调整研发策略和研发内容，规避知识产权侵权风险；企业应对设计与开发成果进行评估、确认，形成知识产权评估报告，并明确其保护方式，采取相应的保护措施。

企业应加强生产经营风险管理，在采购产品、技术和服务时，应对商品、商品包装、商品说明书等进行检查，以避免侵犯他人知识产权；企业在来料加工、贴牌生产、委托加工时，应避免侵犯第三人知识产权。企业可要求委托方提供相关知识产权信息和知识产权权属证明。企业应在合同中约定相应的知识产权权属、知识产权的许可使用范围、侵犯第三人知识产权时的责任承担以及损害赔偿数额等内容。

企业应加强产品出口或赴境外参展风险管理，企业将产品出口至境外、到境外参加相关展会，应先进行相关知识产权检索，避免海关、境外知识产权行政管理或司法机关扣货、查封等风险。

6.5.4　知识产权预警

企业可自行或委托专门服务机构对其所涉及的各类知识产权、知识产权纠纷、相关贸易和销售产品所在地知识产权法律政策等信息进行统计、分析、判断并及时作出警示预报，根据反馈的结果对信息进行分析，并对相关预警信息进行持续跟踪。

企业应结合市场竞争格局，跟踪竞争对手知识产权发展态势，分析竞争对手知识产权发展趋势，制定知识产权应对措施。

企业知识产权管理部门应从产品质量、标记、商品范围、文字图形组合、责任追究等多个方面对被授权使用、许可使用注册商标进行监测，对于商标使用不当行为，根据侵权情节，及时向决策层提出预警预报和处理建议。

企业可在必要时，就自己需要保护的知识产权向海关申请备案。

6.5.5　知识产权紧急事件响应

企业应建立知识产权应急事件紧急响应机制，制定紧急处理方案，采取正确的步骤和措施对知识产权应急事件进行处置，降低事件损害程度和社会影响。

对于重大知识产权事件，企业应成立紧急处理临时指挥小组或专家工作组，在事件评估与调查、事件信息发布、事件应急响应、事后恢复重建与总结调整等环节积极开展有关工作。

企业应及时将事件经过和有关整改措施向产业主管部门上报。

6.5.6　知识产权阻止

企业应合理利用自有知识产权，阻止竞争对手的知识产权滥用行为，并且防范他人对企业自有知识产权的侵害。

企业实施知识产权阻止的方式主要有：(1)及时有效公开不需要申请知识产权的技术创新成果，阻止他人利用相同成果获取知识产权进行讹诈；(2)合理规划企业原始创新取得、合作研发取得、并购取得、受让取得等知识产权获得行为，消除潜在的知识产权壁垒；(3)有针对性地开展主导技术标准的专利申请与布局、关键核心技术包绕式、组合式专利申请与布局、主要产品销售地专利的国际申请与布局等，增加防御性知识产权。

6.5.7　知识产权维权

企业自有知识产权遭受侵权时，应选择适当方法和手段维护自己合法权益。

企业作为知识产权权利人，可通过协商谈判、请求行政执法部门处理或提起法律诉讼等方式，制止和防范他人侵权行为。

企业应及时向相关管理部门进行著作权备案或登记，并以著作权标识或其他方式向公众明确创新成果受著作权保护，企业应主动监测市场使用状况，采取必要的技术手段防范非法复制、盗版等侵权行为。

企业应充分利用自有知识产权研发、设计等相关文档，必要时对不当申请进行专利异议或无效宣告请求。

7　评价与改进

7.1　工作机制

企业应建立有效的知识产权管理水平评价程序。企业知识产权管理机构应定期对本企业的知识产权工作开展检查与评价；企业可委托专业机构开展知识产权工作评价。

7.2　自我评价

企业应当建立自我监督和自我完善机制，对知识产权管理体系实施的各个环节以及各环节中产生的效果进行监督、分析和改进。

企业应当设立内部监督程序，对知识产权管理体系的各个环节产生的效果进行比较，定期对知识产权管理体系的实施效果进行内部监督，提交实施报告。

企业知识产权管理机构应明确检查频次，依据本指南的要求，按自我评价程序，检查知识产权管理全过程，及时发现知识产权管理体系和运用中存在的问题，将定期检查结果和建议上报企业最高管理者，并及时采取纠正或改进措施。

企业最高管理者应定期对知识产权管理体系的适宜性和有效性进行评价。评价应包括对知识产权战略实施的评价；知识产权管理绩效评价，管理目标、体系、运用是否需要调整和改进等。

7.3 持续改进

产业主管部门指导企业开展检查和评价,督促企业根据检查和评价结果改进工作;必要时可要求企业上报知识产权工作情况。

企业最高管理者应当根据实施情况,适时调整企业知识产权管理目标,修正企业知识产权管理体系。

产业主管部门应当根据本指南的实施情况,从环境优化、制度设计、目标修正、规划执行等方面不断完善本指南制度安排,持续改进指南实施机制。

境外企业知识产权指南(试行)

1. 2014年2月8日商务部发布

2. 商法函[2014]61号

第一条 【宗旨】为指导中国企业及其在境外投资设立的企业进一步规范在投资合作活动所在国家或地区的知识产权相关行为,及时防范知识产权侵权风险,妥善解决知识产权纠纷,引导企业积极维护自身权利并充分尊重合法权利人的权利,树立中国企业良好社会形象,制定本指南。

第二条 【适用范围】本指南适用于中国企业境外投资合作活动中的知识产权相关行为,包括知识产权的创造、运用、保护和管理。

第三条 【意识培养】企业应不断加强能力建设,提高知识产权意识,全面提升企业知识产权创造、运用、保护和管理能力,增强企业国际竞争力。

第四条 【文化建设】企业应建设有知识产权内涵的企业文化,重视知识产权人才的培养和储备,做好企业员工的知识产权培训工作。

第五条 【制度建设】企业应建立符合实际的知识产权相关的内部激励与管理制度,包括但不限于研发鼓励制度、研发档案管理制度、商业秘密管理制度以及流动人员知识产权保护义务管理制度等。

第六条 【人员配置】企业应配备知识产权法务人员,处理知识产权相关事务。

第七条 【资金配备】企业应设立专项资金,用于知识产权的创造、研发、培育、推广、保护以及知识产权纠纷的避免和处理。

第八条 【进入前总体要求】在进入海外市场前,企业应充分了解同类企业在国外的知识产权状况、所在国家或地区法律制度以及该国知识产权诉讼环境。

鼓励企业在进入海外市场时,积极与我驻当地经商机构、当地政府、行业协会、专业服务机构等建立联系并保持交流和沟通。

第九条 【海外知识产权战略】鼓励企业围绕境外投资合作发展战略,根据自身情况、竞争对手状况以及市场所在地状况,合理、经济地建立海外知识产权战略,建立专利、商标、版权等相关知识产权海外策略与布局,在已经和即将进入的海外市场,积极寻求知识产权的保护。

第十条 【专利】鼓励企业根据自身经营战略,重点选择相关海外市场提出专利申请。

第十一条 【专利】鼓励企业在申请专利时,不但要对核心技术申请专利,也要对相应的外围技术及时进行研发和申请,以避免因不掌握外围专利,影响核心专利的使用范围,引发不必要的侵权或纠纷。

第十二条 【专利】鼓励企业根据市场动向及时调整专利策略,并分析以往的专利,找出防御性专利和竞争对手可能用来攻击的专利,以更好应对潜在的专利纠纷。

第十三条 【商标】鼓励企业根据自身经营战略,重点选择相关海外市场提出商标申请。

第十四条 【商标】鼓励企业在产品进入特定海外市场之前先行申请商标注册,以防止被竞争对手抢注,避免不必要的商标侵权或纠纷。

第十五条 【著作权】鼓励境外企业根据所在国家或地区法律申请作品登记,以此获得权利的初步证明,避免或减少因著作权归属问题发生纠纷。

第十六条 【境外销售】鼓励中国企业在从事境外销售时,聘请专业知识产权机构对自身销售产品所涉及到的技术、商标等是否侵犯该国专利、商标等知识产权进行调查。

经调查后如果有侵权情况存在,可对自己的产品进行改进,避免侵权结果的发生。

第十七条 【境外生产、销售】境外企业应严格遵守所在国家或地区知识产权法律制度,不得从事侵权行为,不得生产和制售假冒伪劣产品。

第十八条 【境外收购】鼓励中国企业在从事境外收购时,聘请专业知识产权机构及行业顾问就目标企业的知识产权状况进行尽职调查,确保其不存在侵权或其他法律瑕疵,避免发生不必要的知识产权侵权或纠纷。

第十九条 【纠纷应对原则】鼓励企业积极应对知识产

权纠纷,根据所在国家或地区法律法规及相关国际条约,维护自身的合法权益。

鼓励企业优先通过商业谈判或调解的方式解决知识产权纠纷。

第二十条 【对方侵权】企业在所在国家或地区境内发现他方涉嫌侵犯自身知识产权合法权益时,要及时搜集对方侵权证据,如情况紧急,可依法采取证据保全措施。

第二十一条 【对方侵权】企业确认在所在国家或地区遭受知识产权侵权后,可通过向对方发送律师函或沟通协商的方式解决。若双方未能达成一致意见,可选择申请临时禁令或提起诉讼。

第二十二条 【被控侵权】企业在所在国家或地区境内被控侵犯知识产权时,应及时搜集影响对方知识产权权利稳定性的证据及确认自身权利合法有效的证明材料,以进行侵权评估。

第二十三条 【被控侵权】企业在所在国家或地区境内被控侵犯知识产权,被提起诉讼的,企业应尽快建立应诉团队,确定适当的诉讼策略。

第二十四条 【执行裁决】企业在所在国家或地区境内被最终裁决侵犯知识产权的,应当承担相应的法律责任,认真执行东道国或地区司法机关的生效判决。

国家知识产权局等17部门关于加快推动知识产权服务业高质量发展的意见

1. 2022年12月27日公布
2. 国知发运字〔2022〕47号

各省、自治区、直辖市和新疆生产建设兵团知识产权局、发展改革委、教育厅(委、局)、科技厅(委、局)、工业和信息化厅(经济信息化委)、司法厅(局)、财政厅(局)、人力资源社会保障厅(局)、农业农村(农牧)厅(局、委)、商务厅(局、委)、市场监管局(厅、委)、统计局、版权局、林业和草原主管部门、乡村振兴局,各银保监局,各有关单位:

知识产权服务业贯穿于知识产权制度运行全链条,是推动知识产权高质量创造、高效益运用、高标准保护、高水平管理的重要支撑。为深入贯彻落实《知识产权强国建设纲要(2021—2035年)》和《"十四五"国家知识产权保护和运用规划》,加快推动知识产权服务业高质量发展,现提出以下意见。

一、总体要求

(一)指导思想。

坚持以习近平新时代中国特色社会主义思想为指导,全面贯彻党的二十大精神,立足新发展阶段,完整、准确、全面贯彻新发展理念,构建新发展格局,落实全国统一大市场建设部署要求,加强知识产权法治保障,支持全面创新,以推动实现知识产权"两个转变"为主线,以打通知识产权创造、运用、保护、管理、服务全链条为目标,以满足创新主体和市场主体服务需求为导向,坚持专业化、市场化、国际化发展方向,优化发展环境,培育服务主体,拓宽服务领域,提升服务能力,加快推动知识产权服务业高质量发展,为加快知识产权强国建设和经济高质量发展提供有力支撑。

(二)基本原则。

坚持市场主导,政府引导。充分发挥市场在资源配置中的决定性作用,促进要素资源有序流动、高效配置。更好发挥政府作用,完善制度体系,规范行业秩序,强化分类指导,搭建数据平台,营造行业高质量发展良好环境。

坚持需求引领,供给对接。以满足经济高质量发展市场需求为导向,激发知识产权服务业发展动能,带动供给侧结构性改革,实现知识产权服务供给与全面创新需求精准对接,更好支撑需求侧潜在发展活力释放。

坚持质量为要,人才为基。牢固树立高质量发展导向,打造以专业、质量、标准、品牌为核心的知识产权服务竞争优势。把人才作为行业发展的第一资源,充分调动人才积极性和创造性,增强知识产权服务业高质量发展的内生动力。

坚持深化改革,创新发展。以改革驱动创新,以创新引领发展,深化"放管服"改革,优化行业准入管理,支持行业开放创新,推动知识产权服务业运用新理念、新技术,促进新业态、新模式发展。

(三)发展目标。

到2030年,知识产权服务业专业化、市场化、国际化水平明显提升,基本形成业态丰富、布局合理、行为规范、服务优质、全链条贯通的知识产权服务业高质量发展格局,成为加快知识产权强国建设和经济高质量发展的重要支撑。

——发展环境全面优化。知识产权服务业法律法规体系、政策体系、监管体系健全完善，行业监管更加有力，重点领域违法违规行为显著减少，行业满意度明显提升，规范有序的行业高质量发展环境更趋完善。

——行业贡献持续提升。知识产权服务高质量、多元化供给持续扩大，从事知识产权服务的规模以上机构超过2000家，行业营业收入突破5000亿元，知识产权服务业从业人员达到150万人，执业专利代理师超过5万人，诉讼型人才超过8000人，建设一批融入产业、服务创新、辐射全国的知识产权服务业集聚发展示范区。

——服务体系更加健全。专利、商标、版权、商业秘密、地理标志、植物新品种、集成电路布图设计等不同知识产权类型和代理、法律、运营、信息、咨询等不同业态知识产权服务机构有序发展，形成上下游优势互补、多业态协同发展、区域布局合理的知识产权服务体系。

——支撑作用显著增强。知识产权服务业高端化、国际化、品牌化、标准化建设加快推进，与科技、产业、区域、贸易发展深度融合，对全面创新的支持作用更加凸显。

二、聚焦全面创新需求，激发高质量发展动能

（四）加快知识产权服务业与产业融合发展。引导知识产权服务业聚焦先进制造业等重点领域，面向产业链、创新链开展知识产权专业服务，鼓励知识产权服务资源向先进制造业集群汇聚，促进专利与标准融合创新，推动优质知识产权服务品牌和先进制造业品牌强强联合，助力关键核心技术攻关和知识产权布局突破。推动知识产权服务业面向农业农村，建立供需对接机制，服务保障农业、林草良种技术攻关，促进植物新品种惠农，支撑地理标志保护工程和地理标志农产品保护工程，推进地理标志助力乡村振兴。鼓励知识产权服务业与研发设计、金融服务、检验检测等现代服务业融合发展，创新融入现代服务业和数字经济发展的知识产权服务模式。深化国家级专利导航服务基地建设，促进知识产权服务深度融入产业创新发展。

（五）推动知识产权服务业支撑区域协调发展。引导知识产权服务业科学布局、协调发展，增强服务区域经济发展能力，主动融入区域协调发展战略和区域重大战略。推动东部地区知识产权服务业率先向价值链高端攀升，提升辐射带动能力和国际化水平。鼓励中部、东北地区扩大知识产权服务业规模，提升服务水平。支持西部地区引进和培育优质知识产权服务资源，加快弥补服务短板。支持京津冀、长三角、粤港澳大湾区、成渝地区双城经济圈等区域，打造知识产权国际服务高地。鼓励跨区域知识产权服务合作，促进知识产权服务业梯度转移和有序承接。推进知识产权服务业集聚区优化升级，聚焦区域产业优势，打造知识产权服务集群品牌。

（六）引导知识产权服务业支持企事业单位创新发展。推动知识产权服务优质资源与企业需求精准对接，更新服务理念，创新服务模式，支撑企业创新发展。推动知识产权服务机构加强高水平服务供给，助力大型企业加快国际化布局，深度融入全球产业链和供应链，提升企业国际竞争力，加快建设世界一流企业。鼓励知识产权服务机构深度挖掘专精特新中小企业需求，帮助企业开展高价值专利布局、商标品牌培育、版权成果转化、知识产权风险防范等。推动知识产权服务机构深度参与高校院所创新全过程，主动服务国家战略科技力量，发挥产学研用协同创新效应，着力突破制约产业发展的关键核心技术和共性技术。

（七）推动知识产权服务业助力贸易高质量发展。推动知识产权服务业围绕畅通国内国际双循环，扩大规模，优化结构，增强涉外知识产权服务能力，为企业产品出口、海外投资、技术合作、品牌输出、标准推广等提供专业化服务。加快知识产权服务出口基地建设，培育发展知识产权服务贸易。支持有条件的知识产权服务机构在境外设立分支机构或代表处，鼓励高水平外国机构来华开展知识产权服务。深化外国专利代理机构在华设立常驻代表机构等改革试点。支持在国家自主创新示范区、自贸试验区、国家制造业高质量发展试验区、服务贸易创新发展试点地区、国家服务业扩大开放综合试点示范地区开展知识产权服务业改革开放试点。

三、构建服务新体系，优化高质量服务供给

（八）提升高质量服务供给能力。实施知识产权服务主体培育行动。培育小型知识产权服务机构向精细化、特色化方向发展，为创新主体提供贴身定制服务。培育中型知识产权服务机构向专业化、高端化方向发展，打造具有影响力的专业服务机构。培育大型知识产权服务机构向综合化、国际化方向发展，打造具

有国际竞争能力的服务集团，提供全链条知识产权服务。开展知识产权服务品牌价值提升行动，引导服务机构强化品牌意识，加强品牌宣传推广，提高知名度和美誉度。支持知识产权服务机构开展技术创新、产品创新，实施高质量、全过程、精细化管理，加强新技术在知识产权服务业的开发利用，提升知识产权服务专业化、数字化、智能化水平。

（九）优化知识产权代理服务。推动知识产权代理服务树立质优为先的竞争导向，坚决抵制非正常专利申请和恶意商标申请等违法违规行为。着眼高效益运用和高水平保护，优化专利代理服务供给质量和结构，为企业高价值专利布局、创新成果保护、市场运用收益打牢基础。提升商标代理服务水平，加快推动从服务商标申请注册向品牌策划、培育、管理等多元化服务转变。促进版权、地理标志、植物新品种、集成电路布图设计等知识产权代理服务健康发展。

（十）深化知识产权法律服务。充分发挥律师等法律服务队伍职能作用，以更好维护市场主体合法权益为导向，推进知识产权诉讼代理、维权援助、调解等法律服务向专业化方向深入发展。鼓励拓展企业并购、重组、清算、投融资等商业活动中的知识产权法律服务，加强知识产权尽职调查服务，研究制定创业投资的知识产权尽职调查指引，更好为知识产权创新创业提供支持。以更好服务保障高水平对外开放需求为目标，拓展海外知识产权保护服务，支持服务机构参与知识产权海外预警和涉外知识产权维权援助工作，促进企业更加熟悉和更好运用知识产权国际规则，为企业"走出去"保驾护航。

（十一）拓展知识产权运营服务。以促进知识产权市场价值实现为导向，构建完善知识产权运营服务体系，培育发展知识产权运营机构。加快发展知识产权许可、转让等交易经纪服务，畅通知识产权交易流转。积极稳妥发展知识产权金融，拓展知识产权投融资、保险、证券化、信托、担保等增值服务，促进技术要素与资本要素有效融合。支持知识产权评估服务与信息、咨询等服务融通发展，为各类投融资活动和科技成果评价提供重要支撑。鼓励服务机构积极参与或主导专利池构建，助力创新主体提升核心竞争优势。

（十二）增进知识产权信息服务。以提升知识产权服务专业化、智能化为导向，支持商业化知识产权数据库建设和应用产品开发，增强知识产权信息传播利用能力，鼓励各类信息服务平台发挥优势、凝聚合力、提高综合服务效能和竞争力。鼓励市场化知识产权服务机构加强知识产权信息资源深度开发，推动知识产权信息与产业、经济信息互联互通，提升数据资源集成和加工处理分析能力。依法保护知识产权信息安全，促进知识产权信息服务健康发展。

（十三）拓宽知识产权咨询服务。以推动提升创新主体、市场主体知识产权科学管理水平为导向，加快培育知识产权专业咨询机构，积极拓展知识产权咨询服务领域，大力发展知识产权战略咨询、管理咨询、实务咨询等专业服务。鼓励知识产权咨询服务机构聚焦产业发展需求，深入开展专利导航、标准贯彻、标准必要专利指引等专业服务。鼓励市场化知识产权服务机构开展公益知识产权咨询服务，助力增强全民知识产权意识。

（十四）促进新业态新模式发展。以更好满足市场主体个性化、多样化服务需求为导向，支持知识产权服务机构利用大数据、云计算、区块链、人工智能等现代信息和数字技术，培育服务业态，创新服务产品，拓展服务模式，细化服务分工，发展智慧服务，形成知识产权服务业竞争优势和新的增长点。聚焦战略前沿领域，构建多元化应用场景，发展全链条知识产权服务，集成知识产权服务功能，为创新主体提供集成化知识产权解决方案。

四、深化"放管服"改革，优化高质量发展环境

（十五）优化行业准入。完善没有专利代理师资格证人员担任专利代理机构股东的条件。推动国防专利代理机构优化调整。畅通专利代理合伙制企业转为有限责任公司制企业通道。完善专利代理师执业备案制度，优化完善专利代理师执业条件，探索将企业、高校和科研院所知识产权管理工作经历视为实习经历。研究完善商标代理机构和从业人员执业备案条件。规范版权代理秩序。

（十六）强化政府监管。推进完善知识产权服务业监管法律法规体系。针对社会影响恶劣、严重破坏行业秩序的违法违规行为，深入开展专项整治行动，突出人员监管，引导服务机构健康规范发展。创新丰富监管工具，增强监管效能，深化"双随机、一公开"监管，形成规范经营行为、降低执法成本、强化监管震慑的综合效应。深化信用监管，实施知识产权服务信用评价，完善信用联合惩戒激励机制。推进大数据监管，加强审查、执法、司法等相关数据监测，健全服务质量监测机制，提升监管的精准性和有效性。

（十七）完善行业自律。健全地方知识产权服务行业组织，推动完善全国性知识产权服务综合性行业组织建设。健全行业自律制度，加强行业自律管理，积极配合政府部门对不规范行为实施联动监管，探索开展从业人员能力评价。强化行业组织在政策制定宣贯、行业诉求反映等方面的作用，促进政府部门与服务机构良性互动。制定知识产权服务业相关业务指引，制定推广知识产权服务合同示范文本。设立知识产权志愿服务网点，支持公益代理和维权援助。

（十八）加强社会监督。完善行业举报投诉规则，畅通社会公众举报投诉渠道。加强知识产权服务机构和从业人员经营、质量、信用等相关信息公开，便利市场主体、创新主体查询辨别、评估风险、正确选择。鼓励新闻媒体和社会公众共同开展行业监督评议和第三方服务质量调查，充分发挥社会监督作用，推动服务机构全面履行社会责任。

（十九）推动机构自治。推动知识产权服务机构和从业人员切实履行主体责任，提高依法执业、质量至上的责任意识。完善年度报告制度，引导知识产权服务机构在经营行为上全面自查、主动整改，促进合法规范经营。发挥标准管理手段的引导作用，推进实施服务质量承诺，引导知识产权服务机构提升自治水平。引导知识产权服务机构和从业人员规范举办和参加各类活动，增强服务大局的自觉性。

五、强化发展要素支撑，夯实高质量发展基础

（二十）筑牢行业高质量发展的数据基础。按照“统筹规划、分类推进、试点先行”的原则，指导建设知识产权服务业高质量发展数据底座平台，汇集整合质量、业务、信用等方面数据，加强政府引导和政策联动，强化数据监管和信用评价，引导和优化服务供需对接，支撑知识产权服务业数字化转型和高质量发展。支持在专利导航、标准贯彻等领域先行探索，发挥国家专利导航综合服务平台和全国知识管理标准化技术委员会标准推广应用综合服务平台作用，提升专利导航、标准贯彻数字化服务水平和服务效能。

（二十一）加强知识产权服务业人才队伍建设。推进建立多层次、分类别的知识产权服务业人才进阶式培养体系，推动知识产权学科专业教育与职业发展相衔接，完善知识产权相关学科专业课程设置，打造一支具有理工、法学、经济、管理等学科专业背景的复合型高素质知识产权服务业人才队伍。研究允许取得一定理工科课程学分的知识产权等专业毕业生参加专利代理师资格考试。引导用人单位合理确定知识产权服务业人才的工资待遇，推动出台知识产权服务业人才在积分落户、人才引进等方面的优惠政策。

（二十二）完善行业标准和分级分类评价体系。鼓励政府部门、行业协会、社会团体、服务机构积极参与构建涵盖基础标准、支撑标准、产品标准、质量标准的知识产权服务业标准体系。建立知识产权服务业标准化试点基地，开展知识产权服务机构贯标行动，引导知识产权服务质量提升。建立知识产权服务业分级分类评价标准，指导行业协会等单位和组织对服务机构和从业人员开展分级分类评价工作，强化评价工作质量导向，加强信用联动和评价结果应用，推进实施分级分类管理。

（二十三）加强基础研究和统计调查。推动在行业协会等单位设立知识产权服务业研究基地，加强对知识产权服务业宏观政策、重大问题及新业态发展等研究。完善知识产权服务业统计调查方法和指标体系，分领域开展统计调查，及时发布知识产权服务业发展报告。加强知识产权服务业对国民经济、科技创新、产业发展、国际贸易贡献度的研究。

（二十四）加强行业文化建设。深入开展行风建设活动，引导树立诚信为本、质量至上的执业理念，积极弘扬工匠精神，提高行业从业荣誉感和社会公信力，推动服务机构自觉抵制违法违规、恶意低价竞争、不正当竞争等行为。通过论坛研讨、典型案例、媒体宣传等方式增进行业交流和扩大社会影响力，营造行业有序发展的良好文化氛围。探索构建知识产权服务职业共同体，完善职业沟通交流机制，提升职业荣誉感。

六、组织保障

（二十五）加强组织领导。坚持和加强党对知识产权服务业发展的全面领导，研究推动成立行业党组织，发挥行业发展的政治引领作用，提高行业党建水平。推进知识产权服务机构加强党的建设，充分发挥基层党组织战斗堡垒作用和党员先锋模范作用。依托国务院知识产权战略实施工作部际联席会议和地方知识产权战略实施统筹协调机制，强化对知识产权服务业发展和监管重大问题的协调指导，统筹部署相关任务措施，逐项抓好落实。

（二十六）强化政策支持。支持符合条件的知识产权服务机构申报高新技术企业、技术先进型服务企业、专精特新中小企业等，落实中小企业相关财税支持政策。鼓励地方加大知识产权服务业集聚发展支持力度，研究制定知识产权服务机构在土地、房屋、租金等方面的优惠政策。鼓励金融机构开发适应知识产权服务业特点的融资和保险产品。有序推动政府资金带动和引导社会资本投资知识产权运营等服务业态，鼓励各类知识产权运营基金重点支持知识产权运营服务业态发展。建立健全知识产权服务机构参与服务各级各类科技计划项目工作机制。

（二十七）加强监督评价。国家知识产权局会同相关部门建立部门协同、央地协同、区域协同的监督机制，细化知识产权服务业高质量发展评价指标，加大监督评价工作力度，推动各项工作落细落实。

展会知识产权保护指引

1. 2022年7月20日国家知识产权局发布
2. 国知发保字〔2022〕30号

第一章　总　　则

第一条　为了进一步落实全面加强知识产权保护工作部署，规范展会知识产权保护管理，根据《中华人民共和国民法典》《中华人民共和国专利法》《中华人民共和国商标法》《中华人民共和国电子商务法》《展会知识产权保护办法》等法律法规及相关政策，制定本指引。

第二条　本指引适用于在中华人民共和国境内举办的各类线上线下经济技术贸易展览会、展销会、博览会、交易会、展示会等活动中有关知识产权的保护。

第三条　展会知识产权保护工作遵循职能部门指导监管、展会主办方具体负责、参展方诚信自律、社会公众广泛监督的原则。

第四条　展会举办地知识产权管理部门应当加强对本区域内所举办展会的知识产权保护统筹协调、专业指导和监督检查，维护展会知识产权保护秩序。

第二章　展前保护

第五条　展会举办地知识产权管理部门应加强展会知识产权保护宣传，提供知识产权保护法律和相关技术咨询，帮助参展方提升知识产权保护意识。

第六条　展会举办地知识产权管理部门应对参展合同中知识产权保护相关条款加强指导，推动相关方在约定条款中明确以下内容：

（一）参展商自觉遵守展会知识产权保护规则的承诺；

（二）参展展品、展品包装、展位设计及展位的其他展示部分等参展项目未侵犯他人知识产权的承诺；

（三）参展商主动公开参展项目权利证明、配合查验等义务；

（四）根据展会知识产权保护工作实际需要约定的其他条款。

第七条　展会举办地知识产权管理部门可以应展会主办方的请求，指导展会主办方对参展项目进行知识产权状况核查。

第八条　展会举办地知识产权管理部门可以会同有关部门指导展会主办方根据国家有关规定和实际需要设置工作站，并应展会主办方请求协调相关工作人员、执法人员、专业技术人员和法律专业人员进驻工作站。工作站主要承担以下工作：

（一）受理涉及知识产权的相关投诉；

（二）调解展会期间知识产权侵权纠纷；

（三）提供知识产权有关法律法规及政策咨询；

（四）对涉嫌侵犯知识产权的投诉提供判断意见，协调展会主办方进行处理；

（五）将有关投诉情况及材料移送展会举办地知识产权管理部门，涉嫌违法线索移送相关执法部门；

（六）对展会知识产权保护信息进行汇总和分析；

（七）其他相关事项。

第九条　展会举办地知识产权管理部门可根据需要请求国家知识产权局协调各地知识产权管理部门，指导辖区参展企业开展知识产权涉嫌侵权风险自查，加强对参展商知识产权保护的业务指导。

国家知识产权局可以视情况组织协调参展商注册地的知识产权管理部门依法对特定参展商开展核查。

第三章　展中保护

第十条　展会举办地知识产权管理部门应当指导展会主办方建立知识产权信息公示制度，将展会投诉途径、投诉方式等信息予以公布。

第十一条　展会中对涉嫌侵犯知识产权商品或行为的现场投诉，可以由工作站受理。

第十二条　向工作站提出投诉的，投诉材料一般应包括：

（一）投诉申请书，包括投诉人与被投诉人基本情

况,被投诉参展项目涉嫌侵犯知识产权的事实、理由和相关证据材料;

（二）有效知识产权权属证明,包括专利证书、专利授权公告文本、专利权人身份证明、商标注册证明文件、商标权利人身份证明、地理标志公告、地理标志专用标志合法使用人证明及其他知识产权法律状态的证明材料等;

（三）委托代理人投诉的,还应提交授权委托书及代理人身份证明文件,授权委托书应由委托人签名或盖章,并记载委托事项和权限;

（四）其他必要证明材料。

工作站可以依照工作需要,提供统一制式表格或网络页面的链接。

第十三条　工作站受理投诉后应严格按照法律法规和程序要求处理有关投诉,并及时通知展会主办方和被投诉人。

第十四条　被投诉人接到通知后 24 小时内无正当理由未提交书面陈述意见及证据材料的,或被投诉参展项目侵权事实已经由生效的法律文书确认的,或被投诉人承认侵权的,工作站应当协调展会主办方及时采取措施,包括但不限于撤展、遮盖以及删除、屏蔽、断开网络链接等。

第十五条　以下情形的可由工作站移交有关部门处理:

（一）投诉人已向知识产权管理部门或其他行政部门提出涉嫌侵权的投诉或向人民法院起诉的;

（二）知识产权权属存在争议的。

第十六条　工作站收到投诉材料不符合本指引第十二条规定的,应及时通知投诉人补充材料,投诉人未在规定时限内按要求补充的,投诉不予受理。

第十七条　工作站的工作人员与知识产权侵权纠纷有利害关系的,应当回避。

第十八条　未设立工作站的,展会举办地知识产权管理部门应当加强对展会知识产权保护的指导监督和纠纷处理。

第四章　展后保护及其他管理

第十九条　展会举办地知识产权管理部门可以根据投诉处理情况,将相关材料移送参展商注册地的知识产权管理部门进行处理。

第二十条　展会举办地知识产权管理部门应当指导展会主办方记录参展方知识产权侵权假冒、恶意投诉等行为。

第二十一条　展会举办地知识产权管理部门应当指导展会主办方对展会知识产权信息进行统计,对展会知识产权投诉、纠纷处理情况等进行统计,并于展会结束后 10 个工作日内报送展会举办地知识产权管理部门。

第二十二条　展会举办地知识产权管理部门应当加强与执法部门和其他相关行政管理部门在展会知识产权保护工作方面的协调与衔接。

展会举办地知识产权管理部门应当及时总结成功经验、推广有效做法、宣传优秀案例。

国家知识产权局关于知识产权服务民营企业创新发展若干措施的通知

1. 2018 年 12 月 7 日
2. 国知发管字〔2018〕32 号

各省、自治区、直辖市、新疆生产建设兵团知识产权局,国家知识产权局机关各部门、专利局有关部门、局直属有关单位:

为深入贯彻习近平总书记关于民营经济发展的重要指示和党中央、国务院决策部署,发挥知识产权在创新驱动发展中的基本保障作用,大力支持民营经济提质增效、创新发展,现将知识产权服务民营企业创新发展有关事宜通知如下:

一、依法严格保护民营企业知识产权。采取多种方式加强民营企业知识产权保护,会同有关方面深入开展专项行动,集中查办一批侵害民营企业知识产权的案件,形成知识产权保护高压态势。运用互联网、大数据等手段,通过源头追溯、实时监测、在线识别等,着力提升打击知识产权侵权假冒行为力度和精准度。深入调研民营企业在知识产权执法保护方面遇到的困难和问题。加快建立知识产权领域信用联合惩戒机制。

二、加强民营企业知识产权快速协同保护。各知识产权保护中心要在服务企业名录中,进一步扩大民营企业占比,完善快速授权、确权、维权一站式服务机制,大幅提升重点产业民营企业知识产权创造和保护效率。各知识产权维权援助中心要主动作为、上门服务,实施首问负责制,每月至少开展一次民营企业上门服务活动,提供快速反应、快速处理、快速反馈的知识产权维权援助服务。

三、扩大民营企业知识产权质押融资覆盖面。充分发挥知识产权增信增贷作用，推动风险补偿、补贴贴息等各类知识产权质押融资扶持政策向民营企业倾斜，降低融资成本。完善银行、保险、担保、基金等多方参与的知识产权质押融资风险分担机制，分担融资风险。认真了解民营企业知识产权融资需求，以项目推介会、银企对接会等形式搭建银企对接平台，畅通融资渠道。2018 年底前，各省（区、市）和副省级城市至少举办 1 场知识产权质押融资对接活动。各知识产权运营服务体系建设重点城市 2018 年知识产权质押融资额增幅应超过 20%，其中中小民营企业项目数占比超过 50%。

四、引导知识产权运营基金服务民营企业创新发展。中央财政引导支持的各重点产业知识产权运营基金要加快投资进度，2018 年新增投资超过 2 亿元。将民营企业投资比例纳入基金绩效评价指标，投向民营企业占比应超过 80%。各类知识产权运营基金要发挥专业优势，加强投后管理和服务，推动民营企业知识产权提质增效。

五、深入实施中小企业知识产权战略推进工程。各中小企业知识产权战略推进工程试点城市知识产权局要完善行业性组织、知识产权服务机构、企业共同参与的知识产权托管工作体系，加大政府购买服务力度，面向民营企业推广知识产权托管服务。各地方知识产权局组织专利代理援助服务，鼓励专利代理机构为困难民营小微企业提供免费专利代理服务，2018 年援助企业数增幅 20% 以上。面向民营企业加大知识产权优势示范企业培育力度，提高国家知识产权优势示范企业中民营企业占比。推动知识产权贯标辅导、认证等支持政策向民营企业倾斜，引导更多民营企业贯彻实施 GB/T 29490 – 2013《企业知识产权管理规范》，优化完善知识产权管理体系。积极推进专利导航、商标品牌培育、地理标志精准扶贫等工作，支持民营企业发展壮大。

六、支持知识产权服务业发展。营造良好的公平竞争环境，激发知识产权服务行业的民营经济活力，在市场准入、审批许可、行业监管等方面，对国有、民营知识产权服务机构一视同仁。压减专利代理机构审批时间至 10 天，加强专利代理事中事后监管。各知识产权服务业集聚区要着力推进知识产权服务品牌培育工作，打造一批规模化、国际化、品牌化的知识产权服务机构，促进知识产权服务业高质量发展。

七、推进知识产权便利化服务。各专利代办处受理窗口要面向民营企业组织专利收费减缓及相关申请政策宣讲会。每年至少组织 2 场政策宣讲活动，让专利收费减缓、专利优先审查绿色通道、专利审查高速路等政策更多惠及民营企业。各有关地方知识产权局要协调专利审查协作中心、商标审查协作中心开展“千家民企面对面”活动，组织审查员走访民营企业。各专利审查协作中心分别派出审查员 100 人次以上，各商标审查协作中心分别派出审查员 20 人次以上，围绕专利商标获权维权用权等专业问题，面对面答疑解惑，问计于企，问需于企，助推民营企业提高知识产权质量效益。建设海外知识产权纠纷应对机制，持续完善海外知识产权信息平台，编制发布海外知识产权维权实务指引，支持民营企业“走出去”。

八、加强知识产权信息公共服务。完善专利数据服务试验系统，扩大专利基础数据开放范围，推进商标数据库逐步开放，便利企业获取知识产权信息。发挥知识产权信息服务平台作用，提高民营企业专利信息获取利用能力，开展民营企业帮扶行动。

九、加大民营企业知识产权人才培养力度。积极开展民营企业知识产权培训。支持国家知识产权培训基地大力培养民营企业知识产权人才。各地方知识产权局要加强民营企业知识产权人才培训，面向民营企业领军人才、管理人才、实务人才和创新创业人才开展多层次、精准化知识产权培训。2018 年底前，各省（区、市）面向民营企业培训 100 人次以上，各知识产权强省试点省、示范城市面向民营企业培训 200 人次以上。

十、提高民营企业知识产权意识。积极倡导创新文化，将民营和中小微企业作为重点群体，加大知识产权宣传力度。利用纪念改革开放 40 周年等重大活动契机，面向民营和中小微企业组织开展培训、研讨等宣传活动，宣传知识产权法律法规及方针政策。加强民营企业扶持政策宣讲，以开辟专题、专栏、专版等形式，通过传统媒体和新媒体开展广泛宣传报道，营造良好知识产权舆论氛围。做好典型案例宣传报道，开展“知识产权、竞争未来”等主题采访活动，组织中央媒体对民营和中小微企业运用知识产权提升企业竞争能力的典型案例进行专题报道，讲好民营和中小微企业的知识产权故事。

各地方知识产权局要高度重视，加大政策落实力度,着力解决民营企业知识产权难点、痛点问题。国家知识产权局将加强政策执行考核评价,将其纳入知识产权强省、强市、强县建设等年度重点考核内容。各省(区、市)知识产权局要将采取的工作措施、取得成效、存在问题、下一步工作计划以及有关意见建议等,于年底前报国家知识产权局。

国家知识产权局办公室关于做好第一批知识产权强省建设试点经验与典型案例复制推广工作的通知

1. *2019年3月26日*
2. *国知办发运字〔2019〕9号*

各省、自治区、直辖市及新疆生产建设兵团知识产权局(知识产权管理机构):

开展知识产权强省建设是以点带面加快知识产权强国建设、推动知识产权高质量发展的重大举措。自2015年知识产权强省建设全面启动以来,各地认真贯彻《关于新形势下加快知识产权强国建设的若干意见》(国发〔2015〕71号)部署,按照《加快推进知识产权强省建设工作方案(试行)》要求,不断创新体制机制,强化组织实施,在知识产权创造、保护、运用等重点领域和环节取得了明显成效,形成了一批知识产权强省建设试点经验和典型案例。为发挥知识产权强省建设示范作用,选取部分试点经验和典型案例在全国范围内复制推广。现就有关事项通知如下:

一、复制推广的试点经验和典型案例(共30项)

(一)促进知识产权转化运用方面10项:以事前产权激励为核心的职务科技成果权属改革;贷款、保险、财政风险补偿捆绑的专利权质押融资服务新模式;以降低侵权损失为核心的专利保险机制;探索构建科技型企业知识价值信用融资新模式;专利权“政银保”融资服务新模式;建立对企业质押融资贴息贴保险费发展模式;研究机构占股注册公司快速推进知识产权产业化;“前期专利分级匹配、中期搭建交易平台、后期提供科技金融服务”全链条的高校知识产权运营模式;建设国家知识产权运营公共服务平台高校运营(武汉)试点平台;以协商估值、坏账分担为核心的中小企业商标质押贷款模式。

(二)严格知识产权保护优化营商环境方面8项:专利快速审查、维权、确权一站式服务;深化知识产权快速协同保护机制;建立覆盖全省的知识产权举报投诉快速反应机制;咨询、服务、保护、调解多头并进的展会知识产权保护模式;建立大型展会快速维权工作机制;探索建立涵盖监管、执法、公诉、裁判等行政司法于一体的版权保护工作机制;创新海关工作机制强化进出口贸易知识产权保护;探索少数民族地区手工艺品知识产权保护新模式。

(三)知识产权支撑产业转型升级方面6项:以关键核心技术专利群助推高质量发展;建设高价值专利培育中心,提升产业核心竞争力;构建重点产业知识产权分析评议工作机制;探索建立知识产权密集型产业统计制度;构建覆盖区域重点产业的专利导航服务体系;以地理标志标准化培育区域品牌。

(四)知识产权强国建设支撑体系方面6项:依托知识产权省部会商工作机制推进知识产权强省建设;探索知识产权运用和保护综合改革试验;构建优质专利代办服务工作模式;探索通过引进国际资源培养国际化实务人才;开展知识产权工程师职称评定工作;拍摄知识产权专题宣传片、提升公众知识产权意识。

二、高度重视复制推广工作

各地要以习近平新时代中国特色社会主义思想为指导,全面贯彻党的十九大和十九届二中、三中全会精神,认真落实知识产权强国建设部署,坚持推动知识产权高质量发展,将知识产权强省建设试点经验与典型案例的复制推广工作作为贯彻新发展理念、推动高质量发展的重要举措。要按照新的管理体制和运行机制,推动工作思路创新和模式创新,深化知识产权领域“放管服”改革,进一步优化营商环境、激发全社会创新活力,最大限度地促进创新成果向现实生产力转化,推动经济创新发展。

三、认真抓好组织实施

各地要结合实际,将推广知识产权强省建设试点经验与典型案例列为本地区知识产权工作年度重点任务,切实加强组织领导,落实主体责任,结合实际情况,研究制定推广工作方案。要积极协调、创造条件开展复制推广工作,确保改革举措落地生根、产生实效。要将推广过程中遇到的新问题、取得的新经验及时报告。

特此通知。

附件:(略)

中国银保监会、国家知识产权局、国家版权局关于进一步加强知识产权质押融资工作的通知

1. 2019年8月6日

2. 银保监发〔2019〕34号

各银保监局，各省、自治区、直辖市、新疆建设兵团、计划单列市知识产权局（知识产权管理部门）、版权局，各政策性银行、大型银行、股份制银行，邮储银行，外资银行，金融资产管理公司，各保险集团（控股）公司、保险公司、保险资产管理公司，其他会管经营类机构：

为贯彻落实党中央、国务院关于知识产权工作的一系列重要部署，促进银行保险机构加大对知识产权运用的支持力度，扩大知识产权质押融资，现就有关事项通知如下：

一、优化知识产权质押融资服务体系

（一）银行保险机构、知识产权质权登记机构应当统一思想认识、保持战略定力，高度重视知识产权质押融资工作的重要性。鼓励银行保险机构积极开展知识产权质押融资业务，支持具有发展潜力的创新型（科技型）企业。

（二）支持商业银行建立专门的知识产权质押融资管理制度。大型银行、股份制银行应当研究制定知识产权质押融资业务的支持政策，并指定专门部门负责知识产权质押融资工作。

（三）鼓励商业银行在风险可控的前提下，通过单列信贷计划、专项考核激励等方式支持知识产权质押融资业务发展，力争知识产权质押融资年累放贷款户数、年累放贷款金额逐年合理增长。

（四）支持商业银行建立适合知识产权质押融资特点的风险评估、授信审查、授信尽职和奖惩制度，创新信贷审批制度和利率定价机制。鼓励商业银行通过科技支行重点营销知识产权质押贷款等金融产品。鼓励商业银行积极探索知识产权金融业务发展模式，根据自身业务特色和经营优势，重点支持知识产权密集的创新型（科技型）企业的知识产权质押融资需求。

二、加强知识产权质押融资服务创新

（五）鼓励商业银行对企业的专利权、商标专用权、著作权等相关无形资产进行打包组合融资，提升企业复合型价值，扩大融资额度。研究扩大知识产权质押物范围，积极探索地理标志、集成电路布图设计作为知识产权质押物的可行性，进一步拓宽企业融资渠道。

（六）鼓励商业银行建立对企业科技创新能力的评价体系，通过综合评估企业专利权、商标专用权、著作权等知识产权价值等方式，合理分析企业创新发展能力和品牌价值，通过知识产权质押融资业务把握企业发展方向。商业银行应当积极同相关部门合作，完善对创新型（科技型）企业的认定及评价机制。支持商业银行运用云计算、大数据、移动互联网等新技术研发知识产权质押融资新模式。鼓励商业银行在提供知识产权质押融资服务基础上，为企业提供综合金融服务。

（七）支持商业银行与知识产权密集型产业园区开展战略性合作，给予园区合理的意向性授信额度。鼓励商业银行加大对产业供应链中的创新型（科技型）小微企业的融资支持力度，促成小微企业知识产权质押“首贷”，进一步探索将小微企业纳入知识产权金融服务体系的有效途径。

（八）支持商业银行与投资基金等具备投资能力和条件的机构开展合作，积极支持拥有较高技术水平、良好市场前景的知识产权质押融资借款人。支持保险机构依法合规投资知识产权密集的创新型（科技型）小微企业，有效提升保险机构金融综合服务能力。

三、健全知识产权质押融资风险管理

（九）商业银行开展知识产权质押融资业务应当对出质人及质物进行调查，办理质权登记，加强对押品的动态管理，定期分析借款人经营情况，对可能产生风险的不利情形要及时采取措施。

（十）鼓励商业银行培养知识产权质押融资专门人才，建立知识产权资产评估机构库，加强对知识产权第三方资产评估机构的合作准入与持续管理。逐步建立和完善知识产权内部评估体系，加强内部风险评估、资产评估能力建设，探索开展内部评估。支持商业银行探索以协商估值、坏账分担为核心的中小微企业知识产权质押融资模式。

（十一）商业银行知识产权质押融资不良率高出自身各项贷款不良率3个百分点（含）以内的，可不作为监管部门监管评级和银行内部考核评价的扣分因素。商业银行应当进一步建立健全符合知识产权质押融资特点的内部尽职免责机制和科学的绩效考核机

制。对经办人员在知识产权质押融资业务办理过程中已经尽职履责的，实行免责。

（十二）鼓励保险机构在风险可控前提下，开展与知识产权质押融资相关的保证保险业务。鼓励保险机构开展知识产权被侵权损失保险、侵权责任保险等保险业务，为知识产权驱动创新发展提供保险服务。

四、完善知识产权质押融资保障工作

（十三）银行保险监督管理部门与知识产权管理部门、版权管理部门建立知识产权金融协同工作机制，加强信息数据共享，共同推动知识产权质押融资相关支持政策的制定和实施工作。

（十四）各银保监局、地方知识产权管理部门、地方版权管理部门等应当加强对本地区知识产权金融工作的组织领导，制定和完善本地区知识产权金融工作的具体措施。各银保监局、地方知识产权管理部门、地方版权管理部门要与地方政府有关部门加强合作，推动建立和完善知识产权质押融资的风险分担和损失补偿机制，促进知识产权质押融资业务可持续发展。

（十五）各银保监局、地方知识产权管理部门、地方版权管理部门应当积极为商业银行与创新型（科技型）企业创造对接机会与平台。推动建立知识产权资产评估机构库、专家库和知识产权融资项目数据库，推进知识产权作价评估标准化，为商业银行开展知识产权质押融资创造良好条件。地方知识产权管理部门和地方版权管理部门应当加强对商业银行知识产权押品动态管理的专项服务，联合商业银行探索知识产权质物处置、流转的有效途径，充分发挥国家知识产权运营公共服务平台等各类知识产权交易平台作用，做好质物处置工作。

（十六）知识产权管理部门、版权管理部门推动建立统一的专利权、商标专用权、著作权质押登记公示信息平台，便于商业银行、社会公众等进行查询。对于商业银行行使质权获得的知识产权等，可按程序减免维持费用。知识产权质权登记机构应当不断优化知识产权质押登记流程，缩短登记时间。

（十七）商业银行应当加强知识产权质押融资业务的统计分析，定期向银行保险监督管理部门报送知识产权质押融资统计数据及相关工作情况。各级银行保险监督管理部门、知识产权管理部门、版权管理部门应当积极促进银行保险机构之间、银行保险机构与知识产权运营服务机构之间的交流，适时对辖内银行保险机构、知识产权运营服务机构开展知识产权质押融资业务情况进行评估，对业务开展良好的商业银行可按规定实施监管激励。

（十八）鼓励商业银行以外的银行业金融机构以及经银保监会或银保监局批准设立的其他金融机构参照本通知的规定，积极开展知识产权质押融资业务，支持具有发展潜力的创新型（科技型）企业。

（十九）各级银行保险监督管理部门、知识产权管理部门、版权管理部门要及时总结交流知识产权质押融资典型案例和良好经验；对于政策执行过程中出现的问题和困难，要加强研究，及时报告上级主管部门。

4. 司法解释及司法文件

民事案件案由规定（节录）

1. 2007年10月29日最高人民法院审判委员会第1438次会议通过、2008年2月4日发布、自2008年4月1日起施行（法发〔2008〕11号）

2. 根据2011年2月18日《最高人民法院关于修改〈民事案件案由规定〉的决定》（法〔2011〕41号）第一次修正

3. 根据2020年12月14日最高人民法院审判委员会第1821次会议通过、2020年12月29日发布的《最高人民法院关于修改〈民事案件案由规定〉的决定》（法〔2020〕346号）第二次修正

第五部分 知识产权与竞争纠纷

十三、知识产权合同纠纷

146. 著作权合同纠纷

（1）委托创作合同纠纷

（2）合作创作合同纠纷

（3）著作权转让合同纠纷

（4）著作权许可使用合同纠纷

（5）出版合同纠纷

（6）表演合同纠纷

（7）音像制品制作合同纠纷

（8）广播电视播放合同纠纷

（9）邻接权转让合同纠纷

（10）邻接权许可使用合同纠纷

（11）计算机软件开发合同纠纷

（12）计算机软件著作权转让合同纠纷

（13）计算机软件著作权许可使用合同纠纷

147. 商标合同纠纷

（1）商标权转让合同纠纷

（2）商标使用许可合同纠纷

（3）商标代理合同纠纷

148. 专利合同纠纷

（1）专利申请权转让合同纠纷

（2）专利权转让合同纠纷

（3）发明专利实施许可合同纠纷

（4）实用新型专利实施许可合同纠纷

（5）外观设计专利实施许可合同纠纷

（6）专利代理合同纠纷

149. 植物新品种合同纠纷

（1）植物新品种育种合同纠纷

（2）植物新品种申请权转让合同纠纷

（3）植物新品种权转让合同纠纷

（4）植物新品种实施许可合同纠纷

150. 集成电路布图设计合同纠纷

（1）集成电路布图设计创作合同纠纷

（2）集成电路布图设计专有权转让合同纠纷

（3）集成电路布图设计许可使用合同纠纷

151. 商业秘密合同纠纷

（1）技术秘密让与合同纠纷

（2）技术秘密许可使用合同纠纷

（3）经营秘密让与合同纠纷

（4）经营秘密许可使用合同纠纷

152. 技术合同纠纷

（1）技术委托开发合同纠纷

（2）技术合作开发合同纠纷

（3）技术转化合同纠纷

（4）技术转让合同纠纷

（5）技术许可合同纠纷

（6）技术咨询合同纠纷

（7）技术服务合同纠纷

（8）技术培训合同纠纷

（9）技术中介合同纠纷

（10）技术进口合同纠纷

（11）技术出口合同纠纷

（12）职务技术成果完成人奖励、报酬纠纷

（13）技术成果完成人署名权、荣誉权、奖励权纠纷

153. 特许经营合同纠纷

154. 企业名称（商号）合同纠纷

（1）企业名称（商号）转让合同纠纷

（2）企业名称（商号）使用合同纠纷

155. 特殊标志合同纠纷

156. 网络域名合同纠纷

（1）网络域名注册合同纠纷

（2）网络域名转让合同纠纷

（3）网络域名许可使用合同纠纷

157. 知识产权质押合同纠纷

十四、知识产权权属、侵权纠纷

158. 著作权权属、侵权纠纷

（1）著作权权属纠纷

(2)侵害作品发表权纠纷
(3)侵害作品署名权纠纷
(4)侵害作品修改权纠纷
(5)侵害保护作品完整权纠纷
(6)侵害作品复制权纠纷
(7)侵害作品发行权纠纷
(8)侵害作品出租权纠纷
(9)侵害作品展览权纠纷
(10)侵害作品表演权纠纷
(11)侵害作品放映权纠纷
(12)侵害作品广播权纠纷
(13)侵害作品信息网络传播权纠纷
(14)侵害作品摄制权纠纷
(15)侵害作品改编权纠纷
(16)侵害作品翻译权纠纷
(17)侵害作品汇编权纠纷
(18)侵害其他著作财产权纠纷
(19)出版者权权属纠纷
(20)表演者权权属纠纷
(21)录音录像制作者权权属纠纷
(22)广播组织权权属纠纷
(23)侵害出版者权纠纷
(24)侵害表演者权纠纷
(25)侵害录音录像制作者权纠纷
(26)侵害广播组织权纠纷
(27)计算机软件著作权权属纠纷
(28)侵害计算机软件著作权纠纷
159. 商标权权属、侵权纠纷
(1)商标权权属纠纷
(2)侵害商标权纠纷
160. 专利权权属、侵权纠纷
(1)专利申请权权属纠纷
(2)专利权权属纠纷
(3)侵害发明专利权纠纷
(4)侵害实用新型专利权纠纷
(5)侵害外观设计专利权纠纷
(6)假冒他人专利纠纷
(7)发明专利临时保护期使用费纠纷
(8)职务发明创造发明人、设计人奖励、报酬纠纷
(9)发明创造发明人、设计人署名权纠纷
(10)标准必要专利使用费纠纷

161. 植物新品种权权属、侵权纠纷
(1)植物新品种申请权权属纠纷
(2)植物新品种权权属纠纷
(3)侵害植物新品种权纠纷
(4)植物新品种临时保护期使用费纠纷
162. 集成电路布图设计专有权权属、侵权纠纷
(1)集成电路布图设计专有权权属纠纷
(2)侵害集成电路布图设计专有权纠纷
163. 侵害企业名称(商号)权纠纷
164. 侵害特殊标志专有权纠纷
165. 网络域名权属、侵权纠纷
(1)网络域名权属纠纷
(2)侵害网络域名纠纷
166. 发现权纠纷
167. 发明权纠纷
168. 其他科技成果权纠纷
169. 确认不侵害知识产权纠纷
(1)确认不侵害专利权纠纷
(2)确认不侵害商标权纠纷
(3)确认不侵害著作权纠纷
(4)确认不侵害植物新品种权纠纷
(5)确认不侵害集成电路布图设计专用权纠纷
(6)确认不侵害计算机软件著作权纠纷
170. 因申请知识产权临时措施损害责任纠纷
(1)因申请诉前停止侵害专利权损害责任纠纷
(2)因申请诉前停止侵害注册商标专用权损害责任纠纷
(3)因申请诉前停止侵害著作权损害责任纠纷
(4)因申请诉前停止侵害植物新品种权损害责任纠纷
(5)因申请海关知识产权保护措施损害责任纠纷
(6)因申请诉前停止侵害计算机软件著作权损害责任纠纷
(7)因申请诉前停止侵害集成电路布图设计专用权损害责任纠纷
171. 因恶意提起知识产权诉讼损害责任纠纷
172. 专利权宣告无效后返还费用纠纷

十五、不正当竞争纠纷

173. 仿冒纠纷
(1)擅自使用与他人有一定影响的商品名称、包装、装潢等相同或者近似的标识纠纷

(2)擅自使用他人有一定影响的企业名称、社会组织名称、姓名纠纷

(3)擅自使用他人有一定影响的域名主体部分、网站名称、网页纠纷

174. 商业贿赂不正当竞争纠纷

175. 虚假宣传纠纷

176. 侵害商业秘密纠纷

(1)侵害技术秘密纠纷

(2)侵害经营秘密纠纷

177. 低价倾销不正当竞争纠纷

178. 捆绑销售不正当竞争纠纷

179. 有奖销售纠纷

180. 商业诋毁纠纷

181. 串通投标不正当竞争纠纷

182. 网络不正当竞争纠纷

十六、垄断纠纷

183. 垄断协议纠纷

(1)横向垄断协议纠纷

(2)纵向垄断协议纠纷

184. 滥用市场支配地位纠纷

(1)垄断定价纠纷

(2)掠夺定价纠纷

(3)拒绝交易纠纷

(4)限定交易纠纷

(5)捆绑交易纠纷

(6)差别待遇纠纷

185. 经营者集中纠纷

最高人民法院关于北京、上海、广州知识产权法院案件管辖的规定

1. 2014年10月27日最高人民法院审判委员会第1628次会议通过、2014年10月31日公布、自2014年11月3日起施行(法释〔2014〕12号)

2. 根据2020年12月23日最高人民法院审判委员会第1823次会议通过、2020年12月29日公布、自2021年1月1日起施行的《最高人民法院关于修改〈最高人民法院关于审理侵犯专利权纠纷案件应用法律若干问题的解释(二)〉等十八件知识产权类司法解释的决定》(法释〔2020〕19号)修正

为进一步明确北京、上海、广州知识产权法院的案件管辖,根据《中华人民共和国民事诉讼法》《中华人民共和国行政诉讼法》《全国人民代表大会常务委员会关于在北京、上海、广州设立知识产权法院的决定》等规定,制定本规定。

第一条　知识产权法院管辖所在市辖区内的下列第一审案件:

(一)专利、植物新品种、集成电路布图设计、技术秘密、计算机软件民事和行政案件;

(二)对国务院部门或者县级以上地方人民政府所作的涉及著作权、商标、不正当竞争等行政行为提起诉讼的行政案件;

(三)涉及驰名商标认定的民事案件。

第二条　广州知识产权法院对广东省内本规定第一条第(一)项和第(三)项规定的案件实行跨区域管辖。

第三条　北京市、上海市各中级人民法院和广州市中级人民法院不再受理知识产权民事和行政案件。

广东省其他中级人民法院不再受理本规定第一条第(一)项和第(三)项规定的案件。

北京市、上海市、广东省各基层人民法院不再受理本规定第一条第(一)项和第(三)项规定的案件。

第四条　案件标的既包含本规定第一条第(一)项和第(三)项规定的内容,又包含其他内容的,按本规定第一条和第二条的规定确定管辖。

第五条　下列第一审行政案件由北京知识产权法院管辖:

(一)不服国务院部门作出的有关专利、商标、植物新品种、集成电路布图设计等知识产权的授权确权裁定或者决定的;

(二)不服国务院部门作出的有关专利、植物新品种、集成电路布图设计的强制许可决定以及强制许可使用费或者报酬的裁决的;

(三)不服国务院部门作出的涉及知识产权授权确权的其他行政行为的。

第六条　当事人对知识产权法院所在市的基层人民法院作出的第一审著作权、商标、技术合同、不正当竞争等知识产权民事和行政判决、裁定提起的上诉案件,由知识产权法院审理。

第七条　当事人对知识产权法院作出的第一审判决、裁定提起的上诉案件和依法申请上一级法院复议的案件,由知识产权法院所在地的高级人民法院知识产权审判庭审理,但依法应由最高人民法院审理的除外。

第八条　知识产权法院所在省(直辖市)的基层人民法

院在知识产权法院成立前已经受理但尚未审结的本规定第一条第(一)项和第(三)项规定的案件,由该基层人民法院继续审理。

除广州市中级人民法院以外,广东省其他中级人民法院在广州知识产权法院成立前已经受理但尚未审结的本规定第一条第(一)项和第(三)项规定的案件,由该中级人民法院继续审理。

最高人民法院关于审查知识产权纠纷行为保全案件适用法律若干问题的规定

1. 2018年11月26日最高人民法院审判委员会第1755次会议通过

2. 2018年12月12日公布

3. 法释〔2018〕21号

4. 自2019年1月1日起施行

为正确审查知识产权纠纷行为保全案件,及时有效保护当事人的合法权益,根据《中华人民共和国民事诉讼法》《中华人民共和国专利法》《中华人民共和国商标法》《中华人民共和国著作权法》等有关法律规定,结合审判、执行工作实际,制定本规定。

第一条 本规定中的知识产权纠纷是指《民事案件案由规定》中的知识产权与竞争纠纷。

第二条 知识产权纠纷的当事人在判决、裁定或者仲裁裁决生效前,依据民事诉讼法第一百条、第一百零一条规定申请行为保全的,人民法院应当受理。

知识产权许可合同的被许可人申请诉前责令停止侵害知识产权行为的,独占许可合同的被许可人可以单独向人民法院提出申请;排他许可合同的被许可人在权利人不申请的情况下,可以单独提出申请;普通许可合同的被许可人经权利人明确授权以自己的名义起诉的,可以单独提出申请。

第三条 申请诉前行为保全,应当向被申请人住所地具有相应知识产权纠纷管辖权的人民法院或者对案件具有管辖权的人民法院提出。

当事人约定仲裁的,应当向前款规定的人民法院申请行为保全。

第四条 向人民法院申请行为保全,应当递交申请书和相应证据。申请书应当载明下列事项:

(一)申请人与被申请人的身份、送达地址、联系方式;

(二)申请采取行为保全措施的内容和期限;

(三)申请所依据的事实、理由,包括被申请人的行为将会使申请人的合法权益受到难以弥补的损害或者造成案件裁决难以执行等损害的具体说明;

(四)为行为保全提供担保的财产信息或资信证明,或者不需要提供担保的理由;

(五)其他需要载明的事项。

第五条 人民法院裁定采取行为保全措施前,应当询问申请人和被申请人,但因情况紧急或者询问可能影响保全措施执行等情形除外。

人民法院裁定采取行为保全措施或者裁定驳回申请的,应当向申请人、被申请人送达裁定书。向被申请人送达裁定书可能影响采取保全措施的,人民法院可以在采取保全措施后及时向被申请人送达裁定书,至迟不得超过五日。

当事人在仲裁过程中申请行为保全的,应当通过仲裁机构向人民法院提交申请书、仲裁案件受理通知书等相关材料。人民法院裁定采取行为保全措施或者裁定驳回申请的,应当将裁定书送达当事人,并通知仲裁机构。

第六条 有下列情况之一,不立即采取行为保全措施即足以损害申请人利益的,应当认定属于民事诉讼法第一百条、第一百零一条规定的"情况紧急":

(一)申请人的商业秘密即将被非法披露;

(二)申请人的发表权、隐私权等人身权利即将受到侵害;

(三)诉争的知识产权即将被非法处分;

(四)申请人的知识产权在展销会等时效性较强的场合正在或者即将受到侵害;

(五)时效性较强的热播节目正在或者即将受到侵害;

(六)其他需要立即采取行为保全措施的情况。

第七条 人民法院审查行为保全申请,应当综合考量下列因素:

(一)申请人的请求是否具有事实基础和法律依据,包括请求保护的知识产权效力是否稳定;

(二)不采取行为保全措施是否会使申请人的合法权益受到难以弥补的损害或者造成案件裁决难以执行等损害;

（三）不采取行为保全措施对申请人造成的损害是否超过采取行为保全措施对被申请人造成的损害；

（四）采取行为保全措施是否损害社会公共利益；

（五）其他应当考量的因素。

第八条 人民法院审查判断申请人请求保护的知识产权效力是否稳定，应当综合考量下列因素：

（一）所涉权利的类型或者属性；

（二）所涉权利是否经过实质审查；

（三）所涉权利是否处于宣告无效或者撤销程序中以及被宣告无效或者撤销的可能性；

（四）所涉权利是否存在权属争议；

（五）其他可能导致所涉权利效力不稳定的因素。

第九条 申请人以实用新型或者外观设计专利权为依据申请行为保全的，应当提交由国务院专利行政部门作出的检索报告、专利权评价报告或者专利复审委员会维持该专利权有效的决定。申请人无正当理由拒不提交的，人民法院应当裁定驳回其申请。

第十条 在知识产权与不正当竞争纠纷行为保全案件中，有下列情形之一的，应当认定属于民事诉讼法第一百零一条规定的“难以弥补的损害”：

（一）被申请人的行为将会侵害申请人享有的商誉或者发表权、隐私权等人身性质的权利且造成无法挽回的损害；

（二）被申请人的行为将会导致侵权行为难以控制且显著增加申请人损害；

（三）被申请人的侵害行为将会导致申请人的相关市场份额明显减少；

（四）对申请人造成其他难以弥补的损害。

第十一条 申请人申请行为保全的，应当依法提供担保。

申请人提供的担保数额，应当相当于被申请人可能因执行行为保全措施所遭受的损失，包括责令停止侵权行为所涉产品的销售收益、保管费用等合理损失。

在执行行为保全措施过程中，被申请人可能因此遭受的损失超过申请人担保数额的，人民法院可以责令申请人追加相应的担保。申请人拒不追加的，可以裁定解除或者部分解除保全措施。

第十二条 人民法院采取的行为保全措施，一般不因被申请人提供担保而解除，但是申请人同意的除外。

第十三条 人民法院裁定采取行为保全措施的，应当根据申请人的请求或者案件具体情况等因素合理确定保全措施的期限。

裁定停止侵害知识产权行为的效力，一般应当维持至案件裁判生效时止。

人民法院根据申请人的请求、追加担保等情况，可以裁定继续采取保全措施。申请人请求续行保全措施的，应当在期限届满前七日内提出。

第十四条 当事人不服行为保全裁定申请复议的，人民法院应当在收到复议申请后十日内审查并作出裁定。

第十五条 人民法院采取行为保全的方法和措施，依照执行程序相关规定处理。

第十六条 有下列情形之一的，应当认定属于民事诉讼法第一百零五条规定的“申请有错误”：

（一）申请人在采取行为保全措施后三十日内不依法提起诉讼或者申请仲裁；

（二）行为保全措施因请求保护的知识产权被宣告无效等原因自始不当；

（三）申请责令被申请人停止侵害知识产权或者不正当竞争，但生效裁判认定不构成侵权或者不正当竞争；

（四）其他属于申请有错误的情形。

第十七条 当事人申请解除行为保全措施，人民法院收到申请后经审查符合《最高人民法院关于适用〈中华人民共和国民事诉讼法〉的解释》第一百六十六条规定的情形的，应当在五日内裁定解除。

申请人撤回行为保全申请或者申请解除行为保全措施的，不因此免除民事诉讼法第一百零五条规定的赔偿责任。

第十八条 被申请人依据民事诉讼法第一百零五条规定提起赔偿诉讼，申请人申请诉前行为保全后没有起诉或者当事人约定仲裁的，由采取保全措施的人民法院管辖；申请人已经起诉的，由受理起诉的人民法院管辖。

第十九条 申请人同时申请行为保全、财产保全或者证据保全的，人民法院应当依法分别审查不同类型保全申请是否符合条件，并作出裁定。

为避免被申请人实施转移财产、毁灭证据等行为致使保全目的无法实现，人民法院可以根据案件具体情况决定不同类型保全措施的执行顺序。

第二十条 申请人申请行为保全，应当依照《诉讼费用交纳办法》关于申请采取行为保全措施的规定交纳申请费。

第二十一条 本规定自 2019 年 1 月 1 日起施行。最高人民法院以前发布的相关司法解释与本规定不一致的，以本规定为准。

最高人民法院关于知识产权法庭若干问题的规定

1. *2018年12月3日最高人民法院审判委员会第1756次会议通过*
2. *根据2023年10月21日《最高人民法院关于修改〈最高人民法院关于知识产权法庭若干问题的规定〉的决定》修正*
3. *法释〔2023〕10号*
4. *自2023年11月1日起施行*

为进一步统一知识产权案件裁判标准，依法平等保护各类市场主体合法权益，加大知识产权司法保护力度，优化科技创新法治环境，加快实施创新驱动发展战略，根据《中华人民共和国人民法院组织法》《中华人民共和国民事诉讼法》《中华人民共和国行政诉讼法》《全国人民代表大会常务委员会关于专利等知识产权案件诉讼程序若干问题的决定》等法律规定，结合审判工作实际，就最高人民法院知识产权法庭相关问题规定如下。

第一条 最高人民法院设立知识产权法庭，主要审理专利等专业技术性较强的知识产权上诉案件。

知识产权法庭是最高人民法院派出的常设审判机构，设在北京市。

知识产权法庭作出的判决、裁定、调解书和决定，是最高人民法院的判决、裁定、调解书和决定。

第二条 知识产权法庭审理下列上诉案件：

（一）专利、植物新品种、集成电路布图设计授权确权行政上诉案件；

（二）发明专利、植物新品种、集成电路布图设计权属、侵权民事和行政上诉案件；

（三）重大、复杂的实用新型专利、技术秘密、计算机软件权属、侵权民事和行政上诉案件；

（四）垄断民事和行政上诉案件。

知识产权法庭审理下列其他案件：

（一）前款规定类型的全国范围内重大、复杂的第一审民事和行政案件；

（二）对前款规定的第一审民事和行政案件已经发生法律效力的判决、裁定、调解书依法申请再审、抗诉、再审等适用审判监督程序的案件；

（三）前款规定的第一审民事和行政案件管辖权争议，行为保全裁定申请复议，罚款、拘留决定申请复议，报请延长审限等案件；

（四）最高人民法院认为应当由知识产权法庭审理的其他案件。

第三条 审理本规定第二条所称案件的下级人民法院应当按照规定及时向知识产权法庭移送纸质、电子卷宗。

第四条 知识产权法庭可以要求当事人披露涉案知识产权相关权属、侵权、授权确权等关联案件情况。当事人拒不如实披露的，可以作为认定其是否遵循诚实信用原则和构成滥用权利等的考量因素。

第五条 知识产权法庭可以根据案件情况到实地或者原审人民法院所在地巡回审理案件。

第六条 知识产权法庭采取保全等措施，依照执行程序相关规定办理。

第七条 知识产权法庭审理的案件的立案信息、合议庭组成人员、审判流程、裁判文书等依法公开。

第八条 知识产权法庭法官会议由庭长、副庭长和若干资深法官组成，讨论重大、疑难、复杂案件等。

第九条 知识产权法庭应当加强对有关案件审判工作的调研，及时总结裁判标准和审理规则，指导下级人民法院审判工作。

第十条 对知识产权法院、中级人民法院已经发生法律效力的本规定第二条第一款规定类型的第一审民事和行政案件判决、裁定、调解书，省级人民检察院向高级人民法院提出抗诉的，高级人民法院应当告知其由最高人民检察院依法向最高人民法院提出，并由知识产权法庭审理。

第十一条 本规定自2019年1月1日起施行。最高人民法院此前发布的司法解释与本规定不一致的，以本规定为准。

最高人民法院关于技术调查官参与知识产权案件诉讼活动的若干规定

1. *2019年1月28日最高人民法院审判委员会第1760次会议通过*
2. *2019年3月18日公布*
3. *法释〔2019〕2号*
4. *自2019年5月1日起施行*

为规范技术调查官参与知识产权案件诉讼活动，

根据《中华人民共和国人民法院组织法》《中华人民共和国刑事诉讼法》《中华人民共和国民事诉讼法》《中华人民共和国行政诉讼法》的规定，结合审判实际，制定本规定。

第一条　人民法院审理专利、植物新品种、集成电路布图设计、技术秘密、计算机软件、垄断等专业技术性较强的知识产权案件时，可以指派技术调查官参与诉讼活动。

第二条　技术调查官属于审判辅助人员。

人民法院可以设置技术调查室，负责技术调查官的日常管理，指派技术调查官参与知识产权案件诉讼活动、提供技术咨询。

第三条　参与知识产权案件诉讼活动的技术调查官确定或者变更后，应当在三日内告知当事人，并依法告知当事人有权申请技术调查官回避。

第四条　技术调查官的回避，参照适用刑事诉讼法、民事诉讼法、行政诉讼法等有关其他人员回避的规定。

第五条　在一个审判程序中参与过案件诉讼活动的技术调查官，不得再参与该案其他程序的诉讼活动。

发回重审的案件，在一审法院作出裁判后又进入第二审程序的，原第二审程序中参与诉讼的技术调查官不受前款规定的限制。

第六条　参与知识产权案件诉讼活动的技术调查官就案件所涉技术问题履行下列职责：

（一）对技术事实的争议焦点以及调查范围、顺序、方法等提出建议；

（二）参与调查取证、勘验、保全；

（三）参与询问、听证、庭前会议、开庭审理；

（四）提出技术调查意见；

（五）协助法官组织鉴定人、相关技术领域的专业人员提出意见；

（六）列席合议庭评议等有关会议；

（七）完成其他相关工作。

第七条　技术调查官参与调查取证、勘验、保全的，应当事先查阅相关技术资料，就调查取证、勘验、保全的方法、步骤和注意事项等提出建议。

第八条　技术调查官参与询问、听证、庭前会议、开庭审理活动时，经法官同意，可以就案件所涉技术问题向当事人及其他诉讼参与人发问。

技术调查官在法庭上的座位设在法官助理的左侧，书记员的座位设在法官助理的右侧。

第九条　技术调查官应当在案件评议前就案件所涉技术问题提出技术调查意见。

技术调查意见由技术调查官独立出具并签名，不对外公开。

第十条　技术调查官列席案件评议时，其提出的意见应当记入评议笔录，并由其签名。

技术调查官对案件裁判结果不具有表决权。

第十一条　技术调查官提出的技术调查意见可以作为合议庭认定技术事实的参考。

合议庭对技术事实认定依法承担责任。

第十二条　技术调查官参与知识产权案件诉讼活动的，应当在裁判文书上署名。技术调查官的署名位于法官助理之下、书记员之上。

第十三条　技术调查官违反与审判工作有关的法律及相关规定，贪污受贿、徇私舞弊，故意出具虚假、误导或者重大遗漏的不实技术调查意见的，应当追究法律责任；构成犯罪的，依法追究刑事责任。

第十四条　根据案件审理需要，上级人民法院可以对本辖区内各级人民法院的技术调查官进行调派。

人民法院审理本规定第一条所称案件时，可以申请上级人民法院调派技术调查官参与诉讼活动。

第十五条　本规定自 2019 年 5 月 1 日起施行。本院以前发布的相关规定与本规定不一致的，以本规定为准。

最高人民法院关于知识产权民事诉讼证据的若干规定

1. 2020 年 11 月 9 日最高人民法院审判委员会第 1815 次会议通过
2. 2020 年 11 月 16 日公布
3. 法释〔2020〕12 号
4. 自 2020 年 11 月 18 日起施行

为保障和便利当事人依法行使诉讼权利，保证人民法院公正、及时审理知识产权民事案件，根据《中华人民共和国民事诉讼法》等有关法律规定，结合知识产权民事审判实际，制定本规定。

第一条　知识产权民事诉讼当事人应当遵循诚信原则，依照法律及司法解释的规定，积极、全面、正确、诚实地提供证据。

第二条　当事人对自己提出的主张，应当提供证据加以证明。根据案件审理情况，人民法院可以适用民事诉讼法第六十五条第二款的规定，根据当事人的主张及待证事实、当事人的证据持有情况、举证能力等，要求当事人提供有关证据。

第三条 专利方法制造的产品不属于新产品的，侵害专利权纠纷的原告应当举证证明下列事实：

（一）被告制造的产品与使用专利方法制造的产品属于相同产品；

（二）被告制造的产品经由专利方法制造的可能性较大；

（三）原告为证明被告使用了专利方法尽到合理努力。

原告完成前款举证后，人民法院可以要求被告举证证明其产品制造方法不同于专利方法。

第四条 被告依法主张合法来源抗辩的，应当举证证明合法取得被诉侵权产品、复制品的事实，包括合法的购货渠道、合理的价格和直接的供货方等。

被告提供的被诉侵权产品、复制品来源证据与其合理注意义务程度相当的，可以认定其完成前款所称举证，并推定其不知道被诉侵权产品、复制品侵害知识产权。被告的经营规模、专业程度、市场交易习惯等，可以作为确定其合理注意义务的证据。

第五条 提起确认不侵害知识产权之诉的原告应当举证证明下列事实：

（一）被告向原告发出侵权警告或者对原告进行侵权投诉；

（二）原告向被告发出诉权行使催告及催告时间、送达时间；

（三）被告未在合理期限内提起诉讼。

第六条 对于未在法定期限内提起行政诉讼的行政行为所认定的基本事实，或者行政行为认定的基本事实已为生效裁判所确认的部分，当事人在知识产权民事诉讼中无须再证明，但有相反证据足以推翻的除外。

第七条 权利人为发现或者证明知识产权侵权行为，自行或者委托他人以普通购买者的名义向被诉侵权人购买侵权物品所取得的实物、票据等可以作为起诉被诉侵权人侵权的证据。

被诉侵权人基于他人行为而实施侵害知识产权行为所形成的证据，可以作为权利人起诉其侵权的证据，但被诉侵权人仅基于权利人的取证行为而实施侵害知识产权行为的除外。

第八条 中华人民共和国领域外形成的下列证据，当事人仅以该证据未办理公证、认证等证明手续为由提出异议的，人民法院不予支持：

（一）已为发生法律效力的人民法院裁判所确认的；

（二）已为仲裁机构生效裁决所确认的；

（三）能够从官方或者公开渠道获得的公开出版物、专利文献等；

（四）有其他证据能够证明真实性的。

第九条 中华人民共和国领域外形成的证据，存在下列情形之一的，当事人仅以该证据未办理认证手续为由提出异议的，人民法院不予支持：

（一）提出异议的当事人对证据的真实性明确认可的；

（二）对方当事人提供证人证言对证据的真实性予以确认，且证人明确表示如作伪证愿意接受处罚的。

前款第二项所称证人作伪证，构成民事诉讼法第一百一十一条规定情形的，人民法院依法处理。

第十条 在一审程序中已经根据民事诉讼法第五十九条、第二百六十四条的规定办理授权委托书公证、认证或者其他证明手续的，在后续诉讼程序中，人民法院可以不再要求办理该授权委托书的上述证明手续。

第十一条 人民法院对于当事人或者利害关系人的证据保全申请，应当结合下列因素进行审查：

（一）申请人是否已就其主张提供初步证据；

（二）证据是否可以由申请人自行收集；

（三）证据灭失或者以后难以取得的可能性及其对证明待证事实的影响；

（四）可能采取的保全措施对证据持有人的影响。

第十二条 人民法院进行证据保全，应当以有效固定证据为限，尽量减少对保全标的物价值的损害和对证据持有人正常生产经营的影响。

证据保全涉及技术方案的，可以采取制作现场勘验笔录、绘图、拍照、录音、录像、复制设计和生产图纸等保全措施。

第十三条 当事人无正当理由拒不配合或者妨害证据保全，致使无法保全证据的，人民法院可以确定由其承担不利后果。构成民事诉讼法第一百一十一条规定情形的，人民法院依法处理。

第十四条 对于人民法院已经采取保全措施的证据，当事人擅自拆装证据实物、篡改证据材料或者实施其他破坏证据的行为，致使证据不能使用的，人民法院可以确定由其承担不利后果。构成民事诉讼法第一百一十一条规定情形的，人民法院依法处理。

第十五条 人民法院进行证据保全，可以要求当事人或者诉讼代理人到场，必要时可以根据当事人的申请通知有专门知识的人到场，也可以指派技术调查官参与证据保全。

证据为案外人持有的，人民法院可以对其持有的证据采取保全措施。

第十六条 人民法院进行证据保全，应当制作笔录、保全证据清单，记录保全时间、地点、实施人、在场人、保全经过、保全标的物状态，由实施人、在场人签名或者盖章。有关人员拒绝签名或者盖章的，不影响保全的效力，人民法院可以在笔录上记明并拍照、录像。

第十七条 被申请人对证据保全的范围、措施、必要性等提出异议并提供相关证据，人民法院经审查认为异议理由成立的，可以变更、终止、解除证据保全。

第十八条 申请人放弃使用被保全证据，但被保全证据涉及案件基本事实查明或者其他当事人主张使用的，人民法院可以对该证据进行审查认定。

第十九条 人民法院可以对下列待证事实的专门性问题委托鉴定：

（一）被诉侵权技术方案与专利技术方案、现有技术的对应技术特征在手段、功能、效果等方面的异同；

（二）被诉侵权作品与主张权利的作品的异同；

（三）当事人主张的商业秘密与所属领域已为公众所知悉的信息的异同、被诉侵权的信息与商业秘密的异同；

（四）被诉侵权物与授权品种在特征、特性方面的异同，其不同是否因非遗传变异所致；

（五）被诉侵权集成电路布图设计与请求保护的集成电路布图设计的异同；

（六）合同涉及的技术是否存在缺陷；

（七）电子数据的真实性、完整性；

（八）其他需要委托鉴定的专门性问题。

第二十条 经人民法院准许或者双方当事人同意，鉴定人可以将鉴定所涉部分检测事项委托其他检测机构进行检测，鉴定人对根据检测结果出具的鉴定意见承担法律责任。

第二十一条 鉴定业务领域未实行鉴定人和鉴定机构统一登记管理制度的，人民法院可以依照《最高人民法院关于民事诉讼证据的若干规定》第三十二条规定的鉴定人选任程序，确定具有相应技术水平的专业机构、专业人员鉴定。

第二十二条 人民法院应当听取各方当事人意见，并结合当事人提出的证据确定鉴定范围。鉴定过程中，一方当事人申请变更鉴定范围，对方当事人无异议的，人民法院可以准许。

第二十三条 人民法院应当结合下列因素对鉴定意见进行审查：

（一）鉴定人是否具备相应资格；

（二）鉴定人是否具备解决相关专门性问题应有的知识、经验及技能；

（三）鉴定方法和鉴定程序是否规范，技术手段是否可靠；

（四）送检材料是否经过当事人质证且符合鉴定条件；

（五）鉴定意见的依据是否充分；

（六）鉴定人有无应当回避的法定事由；

（七）鉴定人在鉴定过程中有无徇私舞弊或者其他影响公正鉴定的情形。

第二十四条 承担举证责任的当事人书面申请人民法院责令控制证据的对方当事人提交证据，申请理由成立的，人民法院应当作出裁定，责令其提交。

第二十五条 人民法院依法要求当事人提交有关证据，其无正当理由拒不提交、提交虚假证据、毁灭证据或者实施其他致使证据不能使用行为的，人民法院可以推定对方当事人就该证据所涉证明事项的主张成立。

当事人实施前款所列行为，构成民事诉讼法第一百一十一条规定情形的，人民法院依法处理。

第二十六条 证据涉及商业秘密或者其他需要保密的商业信息的，人民法院应当在相关诉讼参与人接触该证据前，要求其签订保密协议、作出保密承诺，或者以裁定等法律文书责令其不得出于本案诉讼之外的任何目的披露、使用、允许他人使用在诉讼程序中接触到的秘密信息。

当事人申请对接触前款所称证据的人员范围作出限制，人民法院经审查认为确有必要的，应当准许。

第二十七条 证人应当出庭作证，接受审判人员及当事人的询问。

双方当事人同意并经人民法院准许，证人不出庭的，人民法院应当组织当事人对该证人证言进行质证。

第二十八条 当事人可以申请有专门知识的人出庭，就专业问题提出意见。经法庭准许，当事人可以对有专门知识的人进行询问。

第二十九条 人民法院指派技术调查官参与庭前会议、开庭审理的，技术调查官可以就案件所涉技术问题询问当事人、诉讼代理人、有专门知识的人、证人、鉴定人、勘验人等。

第三十条 当事人对公证文书提出异议，并提供相反证据足以推翻的，人民法院对该公证文书不予采纳。

当事人对公证文书提出异议的理由成立的，人民法院可以要求公证机构出具说明或者补正，并结合其他相关证据对该公证文书进行审核认定。

第三十一条 当事人提供的财务账簿、会计凭证、销售合同、进出货单据、上市公司年报、招股说明书、网站或者宣传册等有关记载，设备系统存储的交易数据，第三方平台统计的商品流通数据，评估报告，知识产权许可使用合同以及市场监管、税务、金融部门的记录等，可以作为证据，用以证明当事人主张的侵害知识产权赔偿数额。

第三十二条 当事人主张参照知识产权许可使用费的合理倍数确定赔偿数额的，人民法院可以考量下列因素对许可使用费证据进行审核认定：

（一）许可使用费是否实际支付及支付方式，许可使用合同是否实际履行或者备案；

（二）许可使用的权利内容、方式、范围、期限；

（三）被许可人与许可人是否存在利害关系；

（四）行业许可的通常标准。

第三十三条 本规定自2020年11月18日起施行。本院以前发布的相关司法解释与本规定不一致的，以本规定为准。

最高人民法院关于第一审知识产权民事、行政案件管辖的若干规定

1. 2021年12月27日最高人民法院审判委员会第1858次会议通过

2. 2022年4月20日公布

3. 法释〔2022〕13号

4. 自2022年5月1日起施行

为进一步完善知识产权案件管辖制度，合理定位四级法院审判职能，根据《中华人民共和国民事诉讼法》《中华人民共和国行政诉讼法》等法律规定，结合知识产权审判实践，制定本规定。

第一条 发明专利、实用新型专利、植物新品种、集成电路布图设计、技术秘密、计算机软件的权属、侵权纠纷以及垄断纠纷第一审民事、行政案件由知识产权法院，省、自治区、直辖市人民政府所在地的中级人民法院和最高人民法院确定的中级人民法院管辖。

法律对知识产权法院的管辖有规定的，依照其规定。

第二条 外观设计专利的权属、侵权纠纷以及涉驰名商标认定第一审民事、行政案件由知识产权法院和中级人民法院管辖；经最高人民法院批准，也可以由基层人民法院管辖，但外观设计专利行政案件除外。

本规定第一条及本条第一款规定之外的第一审知识产权案件诉讼标的额在最高人民法院确定的数额以上的，以及涉及国务院部门、县级以上地方人民政府或者海关行政行为的，由中级人民法院管辖。

法律对知识产权法院的管辖有规定的，依照其规定。

第三条 本规定第一条、第二条规定之外的第一审知识产权民事、行政案件，由最高人民法院确定的基层人民法院管辖。

第四条 对新类型、疑难复杂或者具有法律适用指导意义等知识产权民事、行政案件，上级人民法院可以依照诉讼法有关规定，根据下级人民法院报请或者自行决定提级审理。

确有必要将本院管辖的第一审知识产权民事案件交下级人民法院审理的，应当依照民事诉讼法第三十九条第一款的规定，逐案报请其上级人民法院批准。

第五条 依照本规定需要最高人民法院确定管辖或者调整管辖的诉讼标的额标准、区域范围的，应当层报最高人民法院批准。

第六条 本规定自2022年5月1日起施行。

最高人民法院此前发布的司法解释与本规定不一致的，以本规定为准。

最高人民法院知识产权法庭裁判要旨摘要（2022）

2023年3月30日发布

为集中展示最高人民法院知识产权法庭在技术类知识产权和垄断案件中的司法理念、审理思路和裁判方法，法庭从2022年审结的3468件案件中，精选61个典型案例，提炼75条裁判要旨，形成《最高人民法院知识产权法庭裁判要旨摘要（2022）》，现予发布，供社会各界研究和参考。

一、专利行政案件

1. 商业方法的可专利性

【案号】（2021）最高法知行终382号

【裁判要旨】判断一项涉及商业方法的解决方案是否构成专利法意义上的技术方案，应当整体考虑权利要求限定的全部内容，从方案所解决的是否是技术问题、方案是否通过实现特定技术效果来解决问题、方案中手段的集合是依靠自然规律还是人为设定的规则获得足以解决问题的效果等方面综合评估。

2. 专利申请权利要求新增专利申请文件隐含公开内容的修改超范围判断

【案号】（2021）最高法知行终440号

【裁判要旨】专利授权程序中，申请人修改权利要求时，增加的内容在原专利申请文件中虽未予明确记载，但已为原专利申请文件隐含公开，则该修改不违反专利法第三十三条之规定，应当得到允许。

3. 缺少必要技术特征的判断

【案号】（2021）最高法知行终987号

【裁判要旨】判断独立权利要求是否缺少必要技术特征，需要结合说明书中记载的发明目的等内容，基于对权利要求的合理解释得出结论。只有当本领域技术人员通过阅读权利要求书、说明书和附图对独立权利要求进行合理解释后，仍认为其不能解决发明所要解决的技术问题时，才能认定独立权利要求缺少必要技术特征。

4. 最接近现有技术的选取

【案号】（2019）最高法知行终235号

【裁判要旨】选取最接近现有技术的核心考虑因素是，该现有技术与发明创造是否针对相同或者近似的技术问题、拥有相同或者近似的技术目标；优选考虑因素是，该现有技术与发明创造的技术方案是否足够接近。关于技术方案是否接近的判断，一般可以考虑发明构思、技术手段等因素。其中技术手段的近似度可以主要考虑现有技术公开技术特征的数量。本领域技术人员基于特定现有技术方案是否具有获得发明创造的合理成功预期，通常并非确定本专利最接近现有技术的要件因素或者优选因素。

5. “合理的成功预期”在专利创造性判断中的考量

【案号】（2019）最高法知行终235号

【裁判要旨】“合理的成功预期”可以作为判断发明创造是否显而易见时的考虑因素。综合考虑专利申请日的现有技术状况、技术演进特点、创新模式及条件、平均创新成本、整体创新成功率等，本领域技术人员有动机尝试从最接近现有技术出发并合理预期能够获得专利技术方案的，可以认定该专利技术方案不具备创造性。“合理的成功预期”仅要求达到对于本领域技术人员而言有“尝试的必要”的程度，不需要具有“成功的确定性”或者“成功的高度盖然性”。

6. 发明构思差异对改进动机及技术启示的影响

【案号】（2022）最高法知行终316号

【裁判要旨】在采用“三步法”判断发明创造是否具备创造性的过程中，判断本领域技术人员是否会对最接近的现有技术产生改进动机以及是否有将作为现有技术的对比文件相结合的技术启示时，如果发明与最接近的现有技术之间在发明构思上存在明显差异，则通常可以认定本领域技术人员不会有改进最接近的现有技术以得到本发明的动机；如果作为现有技术的对比文件之间在发明构思上存在明显差异，则通常可以认定现有技术不存在将上述对比文件结合以得到本发明的技术启示。

7. 新颖性宽限期的适用

【案号】（2020）最高法知行终588号

【裁判要旨】专利法关于新颖性宽限期中的“他人未经申请人同意而泄露其内容”的规定，核心在于他人违背申请人意愿公开发明创造的内容。具体判断时，可以综合考虑申请人的主观意思和客观行为，即申请人主观上是否愿意公开或者是否放任公开行为的发生，客观上是否采取了一定保密措施使其发明创造不易被公众所知晓。他人违反明示保密义务或者违反根据社会观念、商业习惯所应承担的默示保密义务，擅自公开发明创造内容的，构成违背申请人意愿，属于“他人未经申请人同意而泄露其内容”。

8. 具有一定缺陷的技术方案是否具备实用性

【案号】(2022)最高法知行终68号

【裁判要旨】实用性要求发明或者实用新型专利申请能够产生积极效果，但不要求其毫无缺陷；只要存在的缺陷没有严重到使有关技术方案无法实施或者无法实现其发明目的的程度，就不能仅以此为由否认该技术方案具备实用性。

9. 零部件外观设计一般消费者的判断

【案号】(2021)最高法知行终464号

【裁判要旨】外观设计产品的一般消费者，通常包括在产品交易、使用过程中能够观察到或者会关注产品外观的人。如果产品的功能和用途决定了其只能被作为组装产品的部件使用，该组装产品的最终用户在正常使用组装产品的过程中无法观察到部件的外观设计，则一般消费者主要包括该部件的直接购买者、安装者。

10. 兼具功能性和美观性的设计对整体视觉效果的影响

【案号】(2021)最高法知行终464号

【裁判要旨】当产品某个部位的设计非为功能唯一限定时，该部位设计对于整体视觉效果的影响取决于一般消费者对其关注主要出于功能考虑还是美感考虑。如果一般消费者在产品正常使用时对该部位的关注主要出于相关功能而非视觉美感的考虑，则可以认定该部位的设计对整体视觉效果难以产生显著影响。

11. 专利权期限届满通知的可诉性

【案号】(2022)最高法知行终54号

【裁判要旨】国家知识产权局基于专利权已因权利期限届满而终止的既定法律事实作出的专利权终止通知，并未对专利权人的权利义务产生实际影响，也未实际产生行政法意义上的法律效果，一般属于不可提起行政诉讼的行政行为。

12. 许诺销售行为的认定

【案号】(2021)最高法知行终451号

【裁判要旨】被诉侵权人销售产品的意思表示内容明确、具体时，即可以认定其存在专利法所规定的许诺销售行为；该意思表示缺少有关价格、供货量以及产品批号等可能影响合同成立的内容，并不影响对许诺销售行为的认定。

13. 针对不确定第三人的许诺销售行为不属于药品和医疗器械行政审批例外

【案号】(2021)最高法知行终451号

【裁判要旨】专利法关于药品和医疗器械行政审批的侵权例外仅适用于为了获得仿制药品和医疗器械行政审批所需要的信息而实施专利的行为人以及为前述行为人获得行政审批而实施专利的行为人。后一主体以药品和医疗器械行政审批例外为由提出抗辩时，应当以前一主体的实际存在为前提和条件。后一主体针对不确定的第三人而非实际存在且已与其建立特定交易联系的前一主体许诺销售专利产品的，不具备适用药品和医疗器械行政审批侵权例外的前提和条件。

二、专利民事案件

14. 说明书中技术用语特别界定和具体实施方式的区分

【案号】(2020)最高法知民终580号

【裁判要旨】解释专利权利要求时，需要准确识别说明书记载的相关内容属于对权利要求用语的特别界定还是该权利要求的具体实施方式。说明书对此有明确表述的，以其表述为准；没有明确表述的，应当综合考量发明目的、发明构思、相关用语所属权利要求意图保护的技术方案等因素，从整体上予以考量。

15. 权利要求解释中外部证据使用规则

【案号】(2020)最高法知民终580号

【裁判要旨】说明书对于权利要求中的技术术语没有作出特别界定的，应当首先按照本领域技术人员对于该技术术语的通常理解，而非直接按照日常生活中的通常含义进行解释。本领域技术人员对于技术术语的通常理解，可以结合有关技术词典、技术手册、工具书、教科书、国家或者行业技术标准等公知常识性证据，并可优选与涉案专利技术所属领域相近程度更高的证据予以确定。

16. 主题名称对于权利要求保护范围的限定作用

【案号】(2020)最高法知民终1469号

【裁判要旨】专利主题名称本身构成或隐含了具体技术特征，或者系权利要求所限定的技术方案与现有技术的区别所在的，其对于权利要求的保护范围具有实质限定作用。

17. 背景技术、发明目的在等同侵权判断中的考量

【案号】(2021)最高法知民终860号

【裁判要旨】如果本领域技术人员完整阅读权利要求书、说明书和附图后认为，涉案专利的发明目的之一是克服某项背景技术的技术缺陷，且其系以摒弃该背景技术方案的方式来克服该技术缺陷，则不应再通过认定等同侵权将含有该技术缺陷的技术方案纳入专利权保护范围。

18. 同日申请的发明专利与实用新型专利的衔接保护

【案号】(2020)最高法知民终1738号

【裁判要旨】申请人就同样的发明创造于同日申请实用新型专利和发明专利，在获得实用新型专利授权后，为取得发明专利授权而放弃实用新型专利权。其就他人在实用新型专利授权日至发明专利授权日期间未经许可实施专利技术方案的行为，可以循以下途径请求救济：一是对于实用新型专利授权日至发明专利申请公布日期间未经许可实施专利技术方案的行为，可以侵害实用新型专利权为由请求救济；二是对于发明专利申请公布日至授权日期间未经许可实施专利技术方案的行为，可选择以支付发明专利临时保护期使用费或者侵害实用新型专利权为由请求救济。

19. 被诉侵权产品制造者的认定

【案号】(2021)最高法知民终1784、1840号

【裁判要旨】侵害专利权纠纷中，被诉侵权产品上标识有真实且指向明确的经营主体信息（企业名称、企业地址、销售热线、注册商标等），被诉侵权人不能提交足以推翻的相反证据的，可以认定该标识指向的经营主体构成被诉侵权产品的制造者。

20. 涉及多物理实体的多主体实施方法专利的侵权判定

【案号】(2022)最高法知民终817号

【裁判要旨】专利侵权判定中所谓的"全面覆盖原则"，是指同一被诉侵权技术方案应当覆盖权利要求中的全部技术特征，而不必然要求同一主体的行为覆盖权利要求中的全部技术特征。对于需借助多个物理实体才能完成的通信领域的多主体实施的方法专利而言，不应因为任何一方制造者未完整实施专利技术方案而使其都得以免除侵权责任。关于制造者是否实施了侵权行为的认定，仍然应当判断该制造者是否以生产经营为目的将专利方法的实质内容固化在被诉侵权产品中，且该行为或者行为结果对权利要求的技术特征被全面覆盖起到不可替代的实质性作用。

21. 专利默示许可的认定

【案号】(2022)最高法知民终139号

【裁判要旨】专利权人主动向被诉侵权人提供并意图使其实施专利技术方案，但未披露其专利权，直至被诉侵权人实施完毕方才请求侵权救济，被诉侵权人主张其已获得专利权人默示许可的，人民法院可予支持。

22. 现有技术抗辩基础事实的合法性

【案号】(2020)最高法知民终1568号

【裁判要旨】任何人不得从违法行为中获益。被诉侵权人或者其授意的第三人违反明示或者默示的保密义务公开专利技术方案，被诉侵权人依据该非法公开的事实状态主张现有技术抗辩的，人民法院不予支持。

23. 合法来源抗辩的适用对象

【案号】(2021)最高法知民终434号

【裁判要旨】合法来源抗辩的适用对象限于专利侵权产品的使用者、许诺销售者、销售者，具体包括使用、许诺销售、销售专利侵权产品或者使用、许诺销售、销售依照专利方法直接获得的专利侵权产品的情形，原则上不包括使用专利方法的情形。

24. "三无产品"合法来源抗辩的认定

【案号】(2021)最高法知民终1138号

【裁判要旨】被诉侵权产品无生产厂厂名、厂址、产品质量检验合格证明等标识，可以作为认定销售商未尽合理注意义务的重要考量因素。

25. 使用租赁产品的合法来源抗辩

【案号】(2021)最高法知民终1118号

【裁判要旨】被诉侵权使用者能够证明其使用的侵权产品系付费租赁而来，租赁价格合理且符合商业惯例，专利权利人未进一步提供足以推翻的相反证据的，可以认定被诉侵权使用者的合法来源抗辩成立。

26. 合法来源抗辩的主观要件

【案号】(2022)最高法知民终593号

【裁判要旨】是否守法规范经营和谨慎理性交易可以作为合法来源抗辩主观要件审查的重要考量因素。主张合法来源抗辩的使用者曾向权利人购买使用涉案技术制造的产品并且依约负有相关技术保密义务，后又于专利授权后以明显低于权利人专利产品售价的价格向他人购买相同产品的，其对产品的权利瑕疵负有更高的注意义务。使用者不能证明其已履行上

述注意义务的，对其合法来源抗辩可不予支持。

27. 标准必要专利侵权案件中的禁令救济

【案号】(2022)最高法知民终 817 号

【裁判要旨】在标准必要专利侵权纠纷案件中适用《最高人民法院关于审理侵犯专利权纠纷案件应用法律若干问题的解释(二)》第二十六条之规定判断是否判令停止侵害时，除考虑国家利益、公共利益外，还可以考虑涉案专利的性质、当事人的过错、涉案专利权的权利状态和判令附条件停止侵害的必要性，以及专利权人的利益保障方式等因素。当涉案专利在性质上属于实施强制性标准所无法避开的必要专利时，判令被诉侵权人承担停止侵害的民事责任应当更为审慎，更应重点综合考虑当事人的主观过错程度、当事人之间是否存在利益失衡、损害赔偿是否能够充分弥补专利权人损失、停止侵害是否影响社会公共利益等因素。

在标准必要专利侵权纠纷案件中，可以根据案件具体情况，对停止侵害判决附加条件。如，在判令标准必要专利实施者停止侵害的同时，可以给予其修改技术方案的合理宽限期，或者可以明确其停止侵害的义务至其实际支付充分的损害赔偿或符合 FRAND 原则的许可费时止。

28. 侵害零部件产品专利损害赔偿计算基础的选择

【案号】(2020)最高法知民终 589 号

【裁判要旨】侵害零部件产品专利权的损害赔偿计算基础，可以根据产品零部件与使用该零部件的产品整体的销售模式、零部件对于产品整体利润的贡献程度、零部件与产品整体是否存在协同效应、产品整体是否存在多项专利技术方案以及相关的价格、销量、利润等数据的可获得性等因素，选择确定以零部件或者该零部件所属的产品整体作为损害赔偿计算基础。若有关侵权零部件产品为耗材且通常向终端用户单独销售，在产品整体中的功能和作用相对独立、与产品其他部件的协同作用不显著，销售价格、销售数量、利润率等证据较为充分的，宜选择零部件产品作为损害赔偿计算基础。

29. 侵权人对外宣称的经营业绩可以作为计算损害赔偿的依据

【案号】(2021)最高法知民终 1066 号

【裁判要旨】专利权利人主张以侵权人对外宣传的经营规模作为损害赔偿计算依据，侵权人抗辩该经营规模属于夸大宣传、并非经营实绩，但未提交证据证明其实际侵权经营规模的，人民法院可以依据该对外宣传的经营规模作为损害赔偿计算依据。

30. 侵权和解后再次销售相同侵权产品的惩罚性赔偿责任

【案号】(2022)最高法知民终 871 号

【裁判要旨】侵权人与专利权利人就有关销售侵权产品行为的纠纷达成和解后，再次销售相同侵权产品的，可以认定其构成故意侵权且情节严重；专利权利人请求适用惩罚性赔偿，并主张参照在先和解协议约定的赔偿数额作为计算基础的，人民法院可以依法予以支持。

31. 专利权人在专利无效程序中的支出一般不属于专利侵权案件中的维权合理开支

【案号】(2022)最高法知民终 1165 号

【裁判要旨】侵害专利权纠纷案件中，专利权人请求将涉案专利权无效宣告程序中产生的费用列为维权合理开支的，一般不予支持。

32. 合法来源抗辩成立仍可判令使用者负担维权合理开支

【案号】(2021)最高法知民终 1406 号

【裁判要旨】专利权利人主张合法来源抗辩成立的侵权产品使用者负担维权合理开支的，人民法院可以视情予以支持。该合法来源抗辩成立的侵权使用者与其他侵权行为实施者同为被告时，维权合理开支的分担可以综合考虑其各自侵害行为所造成的损害、与专利权利人维权行为的因果关系或者关联程度、对专利权利人维权行为的顺利开展是否造成阻碍、是否导致维权费用增加等因素来确定。

33. 专利无效后对调解书已履行部分显失公平的认定

【案号】(2021)最高法知民终 1986 号

【裁判要旨】宣告专利权无效前已经支付的专利许可使用费与许可使用费总额之比，明显高于专利权被宣告无效前的许可期间与整个许可期限之比，当事人以不予返还明显违反公平原则为由请求返还的，人民法院可予支持。

34. 专利侵权诉讼中的非法证据认定

【案号】(2022)最高法知民终 222 号

【裁判要旨】侵害专利权纠纷案件中，被诉侵权人主张专利权利人构成《最高人民法院关于适用〈中华人民共和国民事诉讼法》的解释》第一百零六条规定的以违法方式取证的，可以结合专利权利人是否并无其他更为合适的取证途径、证据是否存在可能灭失的紧急情况、证据是否属于专利权救济的关键证据、他人权益因取证行为的受损是否明显小于专利权利人因取证行为的获益等因素综合判断。

35. 专利权稳定性存疑时可引导当事人作出未来利益补偿承诺

【案号】(2022)最高法知民终124号

【裁判要旨】专利侵权案件中涉案专利权稳定性存疑或者有争议时，人民法院可以视情采取继续审理并作出判决、裁定中止诉讼、裁定驳回起诉等不同处理方式，具体处理方式的选择主要取决于人民法院对涉案专利权稳定性程度的初步判断。为有效促进专利侵权纠纷解决，人民法院可以积极引导和鼓励专利侵权案件当事人基于公平与诚信之考虑，自愿作出双方双向或者单方单向的利益补偿承诺或者声明，即：专利权利人可以承诺如专利权被宣告无效则放弃依据专利法第四十七条第二款所享有的不予执行回转利益；被诉侵权人可以承诺如专利权经确权程序被维持有效则赔偿有关侵权损害赔偿的利息。当事人自愿作出上述承诺的，人民法院应当将之作为专利侵权案件后续审理程序处理方式选择的重要考量因素。

36. 假冒专利行为的侵权定性及损害赔偿法律依据

【案号】(2021)最高法知民终2380号

【裁判要旨】假冒他人专利行为与侵害专利权行为虽然均属于与专利相关的侵权行为，但其侵权行为样态、所侵害的法益、责任承担方式均有所不同。单纯假冒他人专利而未实施专利技术方案的行为，不构成专利法第十一条规定的侵害专利权行为，有关损害赔偿责任的认定应当适用民法典关于侵权损害赔偿的一般规定。

37. 确认不侵害专利权纠纷的审理范围

【案号】(2020)最高法知民终696号

【裁判要旨】确认不侵害发明或者实用新型专利权纠纷案件中，人民法院应当要求专利权利人明确其侵权警告所主张的具体权利要求；专利权利人主张多个权利要求的，人民法院原则上应当对原告实施的技术方案是否落入每项权利要求保护范围予以审理。原告以实施现有技术为由请求确认不侵害涉案专利权的，人民法院还应当对争议技术方案是否属于现有技术予以审理。

38. 确认不侵权之诉中“在合理期限内提起诉讼”的认定

【案号】(2021)最高法知民终2460号

【裁判要旨】提起确认不侵害知识产权之诉的原告应当举证证明被告“未在合理期限内提起诉讼”。所谓“合理期限”应当根据知识产权的权利类型及性质、案件具体情况，充分考量侵权行为证据发现的难易程度和诉讼准备所需合理时间等予以确定；所谓“诉讼”包括可以实质解决双方争议、消除被警告人不安状态的各种类型诉讼，如侵权诉讼、确权诉讼等。

39. 权属争议期间登记的PCT申请人的善良管理义务

【案号】(2022)最高法知民终130号

【裁判要旨】PCT申请权权属争议期间，登记的PCT申请人无正当理由未尽善良管理义务，致使PCT申请效力终止的，应当对实际权利人承担赔偿损失的民事责任；实际权利人亦有过错的，可以酌减赔偿数额。

40. 职务发明创造权属纠纷中发明人确认之诉和权属之诉的并案审理

【案号】(2021)最高法知民终2146号

【裁判要旨】职务发明创造专利权或者专利申请权权属纠纷的原告同时提出确认发明人之诉，有关发明人均参与诉讼的，人民法院可以在一案中一并审理，也可以分立两案但作合并审理。

41. 职务发明创造发明人奖励报酬支付主体的确定

【案号】(2021)最高法知民终1172号

【裁判要旨】用人单位应当承担支付职务发明创造发明人报酬的义务。职务发明创造发明人请求支付奖励、报酬的权利，不应当因用人单位对职务发明创造的专利申请权或者专利权的处分而受到损害。专利申请权或者专利权的转让不影响用人单位承担支付职务发明创造发明人报酬的义务。

42. 仿制药申请人4.2类声明与药品专利权利要求的对应性

【案号】(2022)最高法知民终905号

【裁判要旨】仿制药申请人依据《药品专利纠纷早期解决机制实施办法(试行)》第六条的规定作出其申

请的仿制药技术方案不落入被仿制药品专利权保护范围的声明的，原则上应当针对被仿制药品所对应的保护范围最大的权利要求作出声明，以保证声明的真实性和准确性。中国上市药品专利信息登记平台公开了被仿制药品所对应的两个或者两个以上的独立权利要求时，仿制药申请人应当针对该两个或者两个以上独立权利要求作出声明。

43. 药品专利链接诉讼中确定仿制药技术方案的依据

【案号】(2022)最高法知民终905号

【裁判要旨】在药品专利链接诉讼中，判断仿制药的技术方案是否落入专利权保护范围时，原则上应当以仿制药申请人的申报资料为依据进行比对评判；仿制药申请人实际实施的技术方案与申报资料是否相同，一般不属于药品专利链接诉讼的审查范围。

44. 药品专利链接诉讼参照适用“先行裁驳、另行起诉”

【案号】(2022)最高法知民终2177号

【裁判要旨】专利权利人提起确认是否落入专利权保护范围纠纷之诉后，涉案专利权被国家知识产权局宣告无效，但宣告专利权无效的审查决定尚未确定发生法律效力的，人民法院可以先行裁定驳回原告的起诉。

三、植物新品种案件

45. 审批机关未保存标准样品的无性繁殖授权品种保护范围的确定

【案号】(2022)最高法知民终782号

【裁判要旨】对于以无性繁殖方式扩繁的果树作物，授予植物新品种权时审批机关并未保存其标准样品的，品种权授权审查过程中作为授权机关现场考察对象的母树，以及该母树以无性繁殖方式扩繁所得的其他个体，均可以作为确定授权品种保护范围的繁殖材料。

46. 杂交玉米品种与其亲本品种的亲子关系认定

【案号】(2022)最高法知民终13号

【裁判要旨】在玉米育种生产实践中，使用不同的亲本通过杂交选育相同或者极近似品种的几率通常很小。如果品种权人能够证明被诉侵权的杂交种与使用授权品种作为父本或者母本杂交选育的杂交种构成基因型相同或者极近似品种，可以初步推定被诉侵权的杂交种使用授权品种作为亲本的可能性较大。

47. 植物新品种特异性判断中已知品种的确定

【案号】(2021)最高法知行终453号

【裁判要旨】在植物新品种特异性判断中，确定在先的已知品种的目的是固定比对对象，即比较该申请品种与递交申请日以前的已知品种是否存在明显的性状区别。因此，特异性判断中的已知品种，不能是申请授权品种自身。与特异性的判断标准不同，新颖性判断则是以申请植物新品种保护的品种自身作为考察对象，判断其销售推广时间是否已超规定时间。

48. 销售重复使用授权品种繁殖材料生产的另一品种繁殖材料的侵权判定

【案号】(2022)最高法知民终13号

【裁判要旨】未经许可重复使用授权品种繁殖材料作为父本或者母本生产其他品种繁殖材料的侵权生产者销售其生产所得繁殖材料的行为，系其侵权生产行为的自然延伸，势必导致侵权生产行为损害结果的进一步扩大。品种权人请求判令侵权生产者停止销售的，人民法院应予支持。

品种权人能够证明生产者之外的销售者明知所售繁殖材料系由他人未经许可重复使用授权品种繁殖材料作为父本或者母本生产所得，请求判令其停止销售的，人民法院可以认定该销售者构成帮助侵权，判令其停止销售。

49. 种植无性繁殖授权品种行为的侵权判定

【案号】(2022)最高法知民终435号

【裁判要旨】品种权人主张种植无性繁殖授权品种的行为构成生产、繁殖授权品种繁殖材料的，人民法院可以综合考虑被诉侵权人的主体性质、行为目的、规模、是否具有合法来源等因素作出判断。被诉侵权人以育种、育苗为业，种植种苗并实施了许诺销售、销售行为的，可以认定其种植行为系为获取商业利益而非出于私人的非商业目的，该种植行为构成生产、繁殖行为。

50. 品种权人请求以许可使用费代替停止侵害的处理

【案号】(2022)最高法知民终211号

【裁判要旨】多年生果树品种权人请求以给付许可使用费代替停止侵害的，既有利于避免资源浪费，又有利于实现果树种植的经济效益，应予肯定和鼓励。在确定许可使用费时，一般可以考虑同时期的可比许可使用费情况，妥善平衡品种权人合法权益和种植者合理预期利益。

51. 杂交品种亲本植物新品种权对侵权获利的贡献率

【案号】(2022)最高法知民终783、789号

【裁判要旨】未经许可重复使用授权品种作为亲本生产其他品种繁殖材料的侵权获利计算，应当考虑授权品种对于侵权利润的贡献率。亲本均为授权品种的，贡献率一般可以平均分配；部分亲本为授权品种，其他亲本不受品种权保护的，授权品种的贡献率可以视情酌定为100%。

52. 侵权繁殖材料灭活处理后损害赔偿责任的承担

【案号】(2021)最高法知民终2105号

【裁判要旨】责令采取灭活措施与赔偿损失均为侵权责任的具体承担方式，二者并非排斥适用的关系。侵权繁殖材料被灭活处理，在效果上能够减少损失的进一步扩大，但生产侵权繁殖材料的行为本身即已构成对品种权的侵害，势必会挤占品种权人的市场空间，即便侵权繁殖材料因被灭活处理最终没有流入市场，也不意味着品种权人没有因其市场被挤占而遭受损失，侵权人仍然应当承担损害赔偿责任。

四、技术秘密案件

53. 杂交种的亲本构成商业秘密保护的对象

【案号】(2022)最高法知民终147号

【裁判要旨】作物育种过程中形成的育种中间材料、自交系亲本等，不同于自然界发现的植物材料，是育种者付出创造性劳动的智力成果，承载有育种者对自然界的植物材料选择驯化或者对已有品种的性状进行选择而形成的特定遗传基因，该育种材料具有技术信息和载体实物兼而有之的特点，且二者不可分离。通过育种创新活动获得的具有商业价值的育种材料，在具备不为公众所知悉并采取相应保密措施等条件下，可以作为商业秘密依法获得法律保护。

54. 以图纸作为技术秘密载体时技术秘密内容的确定

【案号】(2021)最高法知民终2526号

【裁判要旨】图纸可以作为技术秘密的载体，依据图纸可以确定其主张的技术秘密的内容和范围。权利人既可以主张图纸记载的全部技术信息的集合属于技术秘密，也可以主张图纸记载的某个或某些技术信息属于技术秘密。人民法院不能简单以原告未明确图纸中的哪些具体信息属于技术秘密为由而裁定驳回起诉。

55. 作为技术秘密保护的技术方案的认定

【案号】(2020)最高法知民终1889号

【裁判要旨】当权利人所主张的技术秘密是技术方案时，其既可以是在一份技术文件中记载的完整技术方案，也可以是在图纸、工艺规程、质量标准、操作指南、实验数据等多份不同技术文件中记载的不为公众所知悉的技术信息的基础上加以合理总结、概括与提炼的技术方案。

56. 育种材料保密性的认定

【案号】(2022)最高法知民终147号

【裁判要旨】育种材料生长依赖土壤、水分、空气和阳光，需要田间管理，权利人对于育种作物材料采取的保密措施难以做到万无一失。有关保密措施是否合理，需要考虑育种材料自身的特点，应当以在正常情况下能够达到防止被泄露的防范程度为宜。制订保密制度、签署保密协议、禁止对外扩散、对繁殖材料以代号称之等，在合适情况下均可构成合理的保密措施。

57. 共同实施侵权行为主观过错的三种主要情形

【案号】(2022)最高法知民终541号

【裁判要旨】从主观过错角度，共同实施侵权行为主要包括三种情形：其一，共同故意实施的行为；其二，共同过失实施的行为；其三，故意行为与过失行为结合实施的行为，即数个行为人虽主观过错程度不一，但各自行为相结合而实施的行为，造成他人损害的，也可以构成共同侵权行为。以上三种情形，具备其一，即可认定构成共同实施侵权行为。

58. 技术秘密侵权案中共同故意侵权的认定及责任承担

【案号】(2022)最高法知民终541号

【裁判要旨】构成共同故意实施被诉侵权行为不以各参与者事前共谋、事后协同行动为限，各参与者彼此之间心知肚明、心照不宣，先后参与、相互协作，亦可构成共同故意实施被诉侵权行为。各被诉侵权人具有侵害技术秘密的意思联络，主观上彼此明知，各自先后实施相应的侵权行为形成完整的技术秘密侵权行为链，客观上分工协作的，属共同故意实施侵权行为，应当判令各被诉侵权人对全部侵权损害承担连带责任。

59. 技术秘密侵权案件中制造者的停止销售责任

【案号】(2022)最高法知民终541号

【裁判要旨】当制造者使用的技术秘密为制造特定产品所不可或缺的重要条件且该产品为使用该技术秘密所直接获得的产品时，因其销售该产品的行为显属同一侵权主体实施制造行为的自然延伸和必然结果，权利人主张该制造者停止销售使用该技术秘密所直接获得的产品的，人民法院可予支持。

60. 技术秘密侵权人销毁技术秘密载体的责任及其承担方式

【案号】(2022)最高法知民终541号

【裁判要旨】在权利人证明相应技术秘密载体存在的情况下，对权利人提出的要求侵权人销毁持有的技术秘密载体的诉讼请求，人民法院一般应予支持。人民法院可以综合考虑载体的性质、技术秘密的内容等情况对侵权人销毁其持有的技术秘密载体的具体方式以及履行期予以指明。被诉侵权生产系统既是承载技术秘密的重要载体，也是侵权人可能继续实施侵权行为的重要工具，销毁承载有该技术秘密的被诉侵权生产系统既是停止侵害的应有之义，亦可有效预防侵权人继续使用其上所承载的技术秘密以及在该生产系统上使用该技术秘密中的生产工艺。销毁有关设备的方式包括但不限于拆除。

61. 侵害技术秘密赔偿约定的认定与处理

【案号】(2021)最高法知民终1687号

【裁判要旨】技术秘密权利人与职工经协商在保守商业秘密条款中就侵权责任的方式、侵权损害赔偿数额计算作出的约定，属于双方就未来可能发生的侵权损害赔偿达成的事前约定，人民法院在确定侵害技术秘密赔偿数额时可以将之作为重要参考。

62. 技术秘密侵权损害赔偿确定中的商业机会因素考量

【案号】(2021)最高法知民终1363号

【裁判要旨】对于侵权人存在明显过错且根据在案证据能够认定或者根据具体案情可以推定侵害技术秘密行为直接决定了侵权人商业机会的获得或者权利人商业机会的丧失的，原则上可以将侵权人的全部获利作为侵权获利。

五、垄断案件

63. 因专利侵权纠纷达成的和解协议的反垄断审查

【案号】(2021)最高法知民终1298号

【裁判要旨】因专利侵权纠纷达成的和解协议，如与涉案专利保护范围缺乏实质关联，所涉产品超出涉嫌侵权的产品范围，其核心并不在于保护和行使专利权，而是以行使专利权为掩护，实际上追求分割销售市场、限制商品生产和销售数量、固定价格等效果的，可以认定为横向垄断协议。

64. 反垄断行政处罚决定在后继民事赔偿诉讼中的证明力

【案号】(2020)最高法知民终1137号

【裁判要旨】反垄断执法机构认定构成垄断行为的处罚决定在法定期限内未被提起行政诉讼或者已为人民法院生效裁判所确认，原告在相关垄断民事纠纷案件中据此主张该垄断行为成立的，无需再行举证证明，但有相反证据足以推翻的除外。

65. 存量住房买卖经纪服务相关市场的认定

【案号】(2020)最高法知民终1463号

【裁判要旨】基于在竞争主体、服务对象和内容、佣金收取方式、行业规范要求等方面存在明显不同，无论从需求替代还是从供给替代的角度分析，对于存量住房买卖经纪服务相关市场而言，存量住房租赁经纪服务、存量非住房买卖经纪服务、新建住房买卖经纪服务、存量房买卖自行成交等，一般对其不构成紧密替代。

66. 中介服务市场份额的评价指标

【案号】(2020)最高法知民终1463号

【裁判要旨】经营者在相关市场的市场份额，可以根据被诉垄断行为发生时经营者一定时期内的相关商品或者服务的交易金额、交易数量、生产能力或者其他指标在相关市场中所占的比例确定。就中介服务市场而言，经营者实际撮合交易的数量，及其所掌握的潜在交易者信息，一般是评价其市场力量的恰当指标。经营者本身的机构规模、雇员数量等仅仅能够反映其服务规模，可以作为经营者财力和技术条件等的考量指标，但原则上不宜直接作为市场份额的评价指标。

67. 其他协同行为的认定

【案号】(2022)最高法知行终29号

【裁判要旨】具有竞争关系的经营者之间存在一致性市场行为，且存在排除、限制竞争共谋的，可以推定其实施了反垄断法所禁止的协同行为，但经营者能够对一致性市场行为作出合理解释，证明其系根据市场和竞争状况独立作出有关市场行为的除外。

68. 共同市场支配地位认定中行为一致性的考量

【案号】(2021)最高法知民终 1977 号

【裁判要旨】认定共同市场支配地位时,除考察市场份额外,还应当考察多个经营者是否就相关商品或者服务采取相同行为,体现出行为一致性。

69. 体育赛事商业权利独家授权的反垄断审查

【案号】(2021)最高法知民终 1790 号

【裁判要旨】体育赛事组织者基于其组织赛事、依据法律法规规定取得的独家经营赛事资源的民事权利所呈现的独家性和排他性属于权利自身的内在属性。由该权利内在的排他属性所形成的"垄断状态"本身,并非反垄断法预防和制止的对象。体育赛事组织者行使其独家经营赛事资源的权利时进行公开招标投标,其他经营者据此取得该独家经营的授权,实质上是公平竞争的结果,原则上不宜认定该经营权的独家授予属于滥用市场支配地位的行为。

70. 公用事业经营者隐性限定交易行为的认定

【案号】(2022)最高法知民终 395 号

【裁判要旨】反垄断法上的限定交易行为可以是明示的、直接的,也可以是隐含的、间接的。具有市场支配地位的经营者为供水、供电、供气等公用事业经营者或者其他依法具有独占地位的经营者,对于市场竞争可以施加更大的影响,其在相关交易中只推荐特定交易对象或者只公开特定交易对象的信息,交易相对人基于上述情势难以自由选择其他经营者进行交易的,通常可以初步认定其实质上实施了限定交易行为。

71. 限定转售商品最低价格纵向垄断协议的损害赔偿

【案号】(2020)最高法知民终 1137 号

【裁判要旨】消费者因经营者达成并实施限定向第三人转售商品最低价格的纵向垄断协议提起民事赔偿诉讼,赔偿金额一般可以以经营者之间限定的最低转售价格与竞争价格之间的差额为依据计算。

72. 限定交易行为造成损失的认定

【案号】(2022)最高法知民终 395 号

【裁判要旨】当事人主张因滥用市场支配地位的限定交易行为而遭受的损失的,应当证明限定交易情形下的实际价格高于正常竞争条件下的合理交易价格的差额。当事人未能举证证明上述差额,亦未能提出具体差额计算方法,或者不存在或难以确定可供对比的合理交易价格,导致具体损失数额难以确定的,人民法院可以根据案件具体情况合理酌定赔偿数额。

73. 反垄断法对消费者权益的保护

【案号】(2021)最高法知民终 1020 号

【裁判要旨】反垄断法的立法目的主要在于维护市场竞争机制,有效配置资源,保护和促进竞争。其对消费者的保护着眼于竞争行为是否损害了保障消费者福利的竞争机制,既不以某一行为是否为消费者所满意作为判断标准,也不刻意保护某一具体消费者的利益。消费者认为因经营者销售相关商品违反价格法等相关规定,损害其消费者权益的,原则上应当依据消费者权益保护法等其他法律保护自己的权益。

74. 反垄断法罚款规定中"上一年度销售额"中"上一年度"的确定

【案号】(2022)最高法知行终 29 号

【裁判要旨】反垄断法罚款规定中"上一年度销售额"中的"上一年度",通常指反垄断执法机构启动调查时的上一个会计年度;垄断行为在启动调查时已经停止的,"上一年度"则通常为垄断行为停止时的上一个会计年度;如果垄断行为实施后于当年内停止,则垄断行为实施的会计年度可以作为该"上一年度"。即,原则上"上一年度"应当确定为与作出处罚时在时间上最接近、事实上最关联的违法行为存在年度。

六、诉讼程序

75. 诉讼过程中对专门性问题是否需要进行鉴定的考量

【案号】(2022)最高法知民终 541 号

【裁判要旨】诉讼过程中当事人申请司法鉴定并不必然启动鉴定程序,人民法院仍应当根据对相关事实的认定需要作出是否启动鉴定程序的决定。对此一般应当着重从以下四方面予以审查:一是关联性,即申请鉴定的事项与案件有待查明的事实是否具有关联;二是必要性,即是否必须通过特殊技术手段或者专门方法才能查明相应的专门性问题,是否已经通过其他的举证、质证手段仍然对专门性问题无法查明;三是可行性,即对于待鉴定的专门性问题,是否有较为权威的鉴定方法和相应有资质的鉴定人,是否有明确充分的鉴定材料;四是正当性,即鉴定申请的提出是否遵循了相应的民事诉讼规则,在启动鉴定之前是否已充分听取各方当事人的意见,以确保程序上的正当性。

最高人民法院关于贯彻实施国家知识产权战略若干问题的意见

1. 2009年3月23日
2. 法发〔2009〕16号

党的十七大明确提出“实施知识产权战略”的要求。国务院于2008年6月5日发布了《国家知识产权战略纲要》(以下简称《纲要》),决定实施国家知识产权战略。贯彻落实国家知识产权战略,是摆在全国法院面前的一项长期而紧迫的重要任务。各级人民法院必须以邓小平理论和“三个代表”重要思想为指导,深入学习实践科学发展观,始终坚持“三个至上”指导思想,紧紧围绕“为大局服务、为人民司法”工作主题,全面加强知识产权司法保护体系建设,充分发挥司法保护知识产权的主导作用,为建设创新型国家和全面建设小康社会提供强有力的司法保障。现根据国家知识产权战略要求,结合人民法院知识产权司法保护工作实际,制定如下意见:

一、充分认识实施国家知识产权战略的重大意义,切实增强人民法院知识产权司法保护的责任感和使命感

1. *实施知识产权战略,是提高自主创新能力,建设创新型国家,促进国民经济又好又快发展,实现全面建成小康社会奋斗目标的重大战略抉择。*提高自主创新能力,建设创新型国家,这是国家发展战略的核心,是提高综合国力的关键。实施知识产权战略,这是在改革开放新时期,党中央、国务院根据提高自主创新能力和建设创新型国家的需要作出的一项重大战略部署,是关系国家前途和民族未来的大事。当前正在向实体经济蔓延的国际金融危机,更加突显了加强知识产权保护,提高自主创新能力,建设创新型国家的重要性。各级人民法院要从深入贯彻落实科学发展观的高度,从我国经济社会文化自身发展需求和知识经济发展迅速及经济全球化进程加快的角度,深刻领会知识产权战略是我国主动运用知识产权制度促进经济发展和社会进步的重要国家战略;要从有利于增强我国自主创新能力,有利于完善我国社会主义市场经济体制,有利于增强我国企业市场竞争力和提高国家核心竞争力,有利于扩大对外开放等方面,深刻领会实施知识产权战略是建设创新型国家的迫切需要,是转变经济发展方式的必由之路,是提高国家核心竞争力的关键举措;要从激励创造、有效运用、依法保护、科学管理四个方面,深刻领会实施国家知识产权战略的指导思想和基本精神。

2. *贯彻实施好国家知识产权战略,是人民法院服务大局的重要使命。*为党和国家工作大局服务,是人民法院知识产权司法保护的重要出发点和立足点。各级人民法院要认清形势和明确任务,以高度的政治责任感和历史使命感,切实增强贯彻实施国家知识产权战略的自觉性和坚定性,紧紧依靠党委领导、人大监督、政府支持、政协以及社会各界的关心,抓住机遇、迎难而上,积极主动、开拓进取,加强组织领导、加大投入力度,有计划、分步骤,确保国家知识产权战略有关人民法院工作要求的贯彻落实和各项战略措施的顺利实施,使人民法院在实施国家知识产权战略进程中更加积极主动地发挥作用。

二、充分发挥司法保护知识产权的主导作用,切实保障创新型国家建设

3. *大力加强人民法院知识产权司法保护体系建设,切实发挥司法保护知识产权的主导作用。*根据新形势新任务和我国知识产权保护的实际情况,《纲要》将“加强司法保护体系建设”、“发挥司法保护知识产权的主导作用”纳入国家知识产权战略重点。这是对我国司法在知识产权保护中职能作用的基本定位,也是从全局和国家发展战略的高度对我国知识产权司法保护工作提出的殷切期望和全新要求。人民法院贯彻实施国家知识产权战略,必须增强发挥司法保护知识产权主导作用的自觉性和主动性,以保障和促进创新型国家建设为基本目标,高度重视并全面加强知识产权审判工作,充分发挥各项知识产权审判的职能作用,切实加大知识产权司法保护力度,不断提高人民法院知识产权司法保护的整体效能,努力营造鼓励和引导创新的知识产权司法环境;必须大力解决影响和制约科学发展的突出问题,不断提高司法水平和司法效率,及时出台司法解释和司法政策,建立健全知识产权相关诉讼制度,大力完善知识产权司法保护制度;必须着力构建有利于科学发展、符合知识产权案件特点的审判体制和工作机制,全面优化知识产权审判资源配置,整体提升知识产权审判队伍素质,大幅度提升人民法院知识产权司法保护能力。

4. *充分发挥各项知识产权审判的职能作用,全面*

加强对各种知识产权的司法保护。以执法办案为第一要务，不断提高知识产权审判质量和效率，努力确保每一起案件都能够依法公正及时裁判并得到有效执行，增强知识产权司法保护的公信力和权威性，切实体现法院司法定分止争的终局作用，最大限度地维护人民群众的创新权益，实现知识产权领域的公平正义。充分运用刑事、民事和行政三种审判职能，大力发挥知识产权审判整体效能，对各种知识产权提供全面有效的司法保护。依法严惩各类侵犯知识产权犯罪，综合运用各种刑事制裁措施，充分发挥刑事审判惩治和预防知识产权犯罪的功能；依法调整涉及各种知识产权的民事法律关系，合理界定当事人权利义务，积极采取民事救济措施，充分发挥民事审判解决各种知识产权纠纷的主渠道作用；依法保护行政相对人的合法权益，监督和维护各相关行政主管机关依法履行各自职权范围内的知识产权行政执法和行政管理职责，充分发挥行政审判监督和支持知识产权行政执法保护的职能。

5. 综合运用知识产权司法救济手段，不断增强知识产权司法保护的有效性。依法确定当事人应当承担的各种法律责任，积极采取各种救济手段，对知识产权进行全方位的有效保护。通过判决赔偿经济损失和责令停止侵权、消除影响和赔礼道歉等，对权利人予以物质的与精神的、金钱的与非金钱的综合救济；通过终审判决和诉前或诉中临时措施裁定等，对权利人予以现实的和临时的司法救济；通过判处罚金、没收财产和采取民事制裁措施等，剥夺侵权人再侵权的能力和消除再侵权危险。特别是要突出发挥损害赔偿在制裁侵权和救济权利中的作用，坚持全面赔偿原则，依法加大赔偿力度，加重恶意侵权、重复侵权、规模化侵权等严重侵权行为的赔偿责任，努力确保权利人获得足够的充分的损害赔偿，切实保障当事人合法权益的实现。

6. 及时明晰知识产权法律适用标准，有效发挥司法保护知识产权的导向作用。根据知识产权司法保护中的法律适用需求，认真总结审判实践经验，及时发布司法解释，统一司法尺度，为确保法律正确适用和有效保护知识产权及时提供操作性规范依据。深入调查研究，找准司法保护服务经济社会发展的结合点和着力点，通过各种行之有效的形式，明确司法政策，加强司法指导，积极引导经济社会文化发展。加快构建符合中国国情的知识产权司法案例指导制度，充分发挥指导性案例在规范自由裁量权行使、统一法律适用标准中的作用，减少裁量过程中的随意性。依法受理并妥善裁决各种复杂疑难和新类型知识产权纠纷，及时为企业和社会提供价值判断和行为指引，规范和促进新兴产业发展。强化知识产权裁判的说理性，充分公开裁判文书，实现审判全过程的公开，发挥司法裁判的教育和导向作用，促使当事人息诉止争，引导案外人自行解决类似矛盾纠纷。

7. 努力加强人民法院与其他司法机关和知识产权行政执法机关之间的协作配合，推动形成知识产权保护的整体合力。加强与公安、检察机关在知识产权刑事司法程序中的配合，依法受理和裁判知识产权刑事案件，切实加大刑事保护力度。加强与工商、版权、专利等行政主管部门在知识产权行政执法程序上的衔接，实现司法保护与行政保护的优势互补和良性互动。加强与知识产权、外事、商务、科技、信息产业、新闻、宣传等综合部门在知识产权保护工作中的沟通协调，扩大我国知识产权保护的影响力。

三、依法审理好各类知识产权案件，切实加大知识产权司法保护力度

8. 统筹兼顾各种重大关系，确保《纲要》提出的各项专项任务在人民法院系统的贯彻落实，实现知识产权审判全面协调可持续发展。一是处理好执行法律与服务大局的关系，既要坚持宪法和法律至上，履行法定职责，遵循司法规律、司法途径和司法方式，严格依法办案，做到公正司法，维护法律权威；又要强化大局意识和宏观思维，正确处理局部利益与全局利益的关系，努力实现办案法律效果与社会效果的有机统一，确保正确政治方向。二是处理好保护私权与维护公共利益的关系，既要强化私权保护意识和尊重私权保护规律，依法保护当事人的合法权益，通过保护私权实现激励创新的知识产权制度目标；又要合理界定知识产权的界限，服从法律为保护公共利益所设定的强制性规范，确保私权与公共利益的平衡，维护公共秩序。三是处理好依法保护与适度保护的关系，充分考虑和把握我国经济社会和科技文化发展状况，善于利用司法政策、自由裁量权和法律适用技术，使司法保护既合法，又适度；既能激励科技创新和经济发展，又有利于促进知识传播和运用；既能切实保护创新成果和创新权益，又能促进企业提高自主创新能力。四是处理好保护权利与

防止滥用的关系，既要加大知识产权司法保护力度，严厉打击假冒、盗版等严重侵权行为，大力降低维权成本，大幅提高侵权代价，有效遏制侵权行为，切实保护权利人和消费者的合法权益，维护公平竞争的市场秩序；又要防止知识产权滥用，依法审查和支持在先权、先用权、现有技术、禁止反悔、合理使用等抗辩事由，制止垄断行为，依法受理和审查确认不侵权之诉和滥诉反赔之诉，规制滥用知识产权和诉讼程序打击竞争对手、排除和限制竞争、阻碍创新的行为，维护社会公众的合法权益。

9. *加强专利权司法保护，保障技术创新权益，促进自主创新*。从我国国情出发，以国家战略需求为导向，依法保护专利权，根据我国科技发展阶段和产业知识产权政策，确定合理的权利保护范围和强度，平衡好权利人、使用者和社会公众之间的利益格局，强化科技创新活动中的知识产权司法政策导向作用。加大对经济增长有重大突破性带动作用、具有自主知识产权的关键核心技术的保护力度，促进高技术产业与新兴产业发展，提升我国自主创新能力和增强国家核心竞争力。不断完善专利侵权判定标准，准确确定专利权保护范围，正确认定专利侵权行为，在依法保护专利权的同时，防止不适当地扩张专利权保护范围、压缩创新空间、损害创新能力和公共利益。严格专利权利要求的解释，充分尊重权利要求的公示和划界作用，妥善处理相同侵权与等同侵权的关系，适度从严把握等同侵权的适用条件，合理确定等同侵权的适用范围，防止等同侵权的过度适用。注重发挥人民陪审员、专家证人和专家咨询、技术鉴定的作用，通过多种途径和渠道有效解决专业技术事实认定问题。

10. *加强商标权司法保护，维护商标信誉，推动形成自主品牌*。通过商标案件的审判，支持和引导企业实施商标战略，促使其在经营中积极、规范使用自主商标，促进自主品牌的形成和品牌经济的发展。严厉制裁商标假冒、恶意模仿等侵权行为，严格适用侵权法律责任，切实保障商标权人和消费者的利益，维护公平竞争的市场秩序。正确把握商标权的法律属性，根据商标用于区别商品或服务来源的核心功能，合理界定商标权的范围，根据商标的显著性程度、知名度大小等确定保护强度和范围，准确认定商标侵权判定中的商品类似、商标近似和误导性后果。正确把握驰名商标司法认定和保护的法律定位，坚持事实认定、个案认定、被动认定、因需认定等司法原则，依法慎重认定驰名商标，合理适度确定驰名商标跨类保护范围，强化有关案件的审判监督和业务指导。妥善处理商标权保护与特定产业发展的关系，既注重保护商标权，又有利于促进相关产业的升级和发展。依法受理并及时处理好涉及地理标志和奥林匹克标志、世界博览会标志、特殊标志等案件。

11. *加强著作权司法保护，维护著作权人合法权利，提升国家文化软实力*。严厉制裁盗版、抄袭等侵犯著作权行为，加大侵权赔偿力度，提高全社会的版权保护意识。依法合理界定著作权保护与合理使用、法定许可的关系，平衡处理创作者、传播者和利用者之间的利益关系，确保私人权利与公共利益的平衡，保障人民基本文化权益。加强对新闻出版、广播影视、文学艺术、文化娱乐、广告设计、工艺美术、计算机软件、信息网络等领域的著作权案件审判，推动版权相关产业健康有序发展，推进文化创新，增强文化发展活力，繁荣文化市场。有效应对互联网等新技术发展对著作权保护的挑战，准确把握网络环境下著作权司法保护的尺度，妥善处理保护著作权与保障信息传播的关系，既要有利于网络新技术和新商业模式的开发和运用，促进信息传播，又要充分考虑网络侵权的特点和维权的困难，完善网络环境下的证据规则，有效保障著作权。加大对计算机软件的司法保护力度，帮助企业开拓市场，促进相关服务外包产业成长。

12. *加强商业秘密司法保护，保护企业权益和职工择业自由，保障商业信息安全与人才合理流动*。依法制裁窃取和非法披露、使用他人商业秘密的行为，保护企业商业秘密权益，引导市场主体依法建立健全商业秘密管理制度。妥善处理保护商业秘密与自由择业、涉密者竞业限制与人才合理流动的关系，维护职工合法权益。根据商业秘密案件特点，合理分配当事人的举证责任，合理确定当事人和诉讼参与人的保密义务。注意保护被控侵权人对自己商业秘密的正当权益，防止原告滥用诉权获取他人商业秘密。

13. *加强植物新品种权司法保护，激励农业科技创新，促进农业发展*。强化农业知识产权保护，依法保护植物新品种权和育种技术，加大对具有自主知识产权的重大农业科技成果和植物新品种的保护力度，合理调节资源提供者、育种者、生产者和经营者之间的利益关系，激励农业科技创新，推动现代农业经营方式的转变，促进农业发展，保护农民利益，维护农村稳定，保障社会主义新农村建设。准确掌握植物新品种侵权判定标准，以繁殖材料承载的性状特征确定品种权的保护范围，以生产、销售或者重复使用授权品种的繁殖材料为侵权行为方式。依法判定民事责任，保障权利人利益的实现，注重对农民合法权益的保护，通过育种者免责、农民免责等权利限制，合理平衡权利人与社会公众的利益关系；本着既要及时制止侵权和防止侵权物再扩散，又要避免资源浪费的原则，慎重适用销毁侵权物的民事责任。针对种子生产和销售的季节性特点，注意运用证据保全措施及时固定相关证据。

14. *加强特定领域知识产权司法保护，有效保护特种资源，维护我国特色优势。*根据现有法律规则和立法精神，积极保护遗传资源、传统知识、民间文艺和其他一切非物质文化遗产，根据历史和现实，公平合理地协调和平衡在发掘、整理、传承、保护、开发和利用过程中各方主体的利益关系，保护提供者、持有者知情同意和惠益分享的正当权益，合理利用相关信息。加强对传统医药和传统工艺的保护，促进传统知识和民间文艺的发展，推动传统资源转化为现实生产力和市场竞争力，弘扬民族产业优势和地区特色经济优势。依法保护集成电路布图设计专有权，及时予以司法救济，促进集成电路产业发展。

15. *依法制止不正当竞争，规范市场竞争秩序，推动形成统一开放竞争有序的现代市场体系。*审理好仿冒知名商品特有名称、包装、装潢和虚假宣传、商业诋毁等不正当竞争案件，积极受理涉及企业名称（商号）、商业外观、计算机网络域名等新类型知识产权案件，制止一切非诚信的仿冒搭车行为，避免市场混淆和误导公众，切实维护权利人和消费者的合法权益，确保诚信竞争和有序竞争，促进社会信用体系建设。依法积极受理涉及注册商标、企业名称等与在先权利冲突的民事纠纷，按照遵循诚实信用、维护公平竞争和保护在先权利等原则，妥善予以裁决。准确把握反不正当竞争法的立法精神和适用条件，既要与时俱进，对市场上新出现的竞争行为，适用反不正当竞争法的原则规定予以规范和调整；又要严格依法，对于法律未作特别规定的竞争行为，只有按照公认的商业标准和普遍认识能够认定违反反不正当竞争法的原则规定时，才可以认定为不正当竞争行为，防止因不适当扩大不正当竞争行为方式范围而妨碍自由、公平竞争。对于既不存在商业秘密、又不存在法定和约定竞业限制的竞争领域，不能简单地以利用或损害特定竞争优势为由，适用反不正当竞争法的原则规定认定构成不正当竞争。

16. *积极开展反垄断审判，保护市场公平竞争，维护消费者利益与社会公共利益。*根据民事诉讼法和反垄断法规定的受理条件，依法受理当事人因垄断行为提起的民事诉讼。切实履行审判职责，妥善处理竞争政策与产业政策的关系，审理好涉及滥用知识产权的垄断案件以及其他各类垄断案件，制止垄断行为，鼓励公平竞争，提高引进外资质量，促进经济结构调整，维护国家经济运行健康有序。加强反垄断审判调查研究工作，认真总结审判经验，及时明确司法原则、裁判标准和操作程序。

17. *妥善处理知识产权合同纠纷，维护交易安全，促进智力成果创造运用。*尊重当事人意思自治，维护合同的严肃性和有效性，严格合同解除条件，依法制裁违约行为。依法合理掌握权属纠纷诉讼时效，准确界定职务成果与非职务成果，既要有利于激发研发创作人创新积极性，又要有利于促进成果的转化实施。本着尽可能降低交易风险和减少交易成本的精神，依法界定在知识产权委托或合作创造、转让、许可、质押等环节形成的法律关系和利益分配及责任承担，促进自主创新成果的知识产权化、商品化、产业化、市场化。积极受理特许经营合同纠纷，妥善处理知识产权代理合同纠纷。

18. *认真审查知识产权诉前临时措施申请，及时慎重裁定，有效制止侵权。*发挥诉前临时措施的及时救济功能，确保在法定时限内作出裁定并立即予以执行。对于商标和著作权侵权案件，尤其是假冒和盗版等显性侵权和故意侵权案件，注意积极采取诉前责令停止侵权措施。适度从严掌握认定侵权可能性的标准，原则上应当达到基本确信的程度，在专利案件尤其是发明和实用新型专利案件中，要审慎决定采取诉前责令停止侵权措施。对于当事人起诉时或诉讼中提出的临时措施申请，要迅速审查并及时裁定和执行。对于证据保全申请，重点考虑证据风险和申请人的取证能力，及时作出裁定。

19. *强化对知识产权授权确权行为的司法复审，依法审查授权条件，统一和完善授权审查标准。*在事实认定和法律适用上对专利和商标等知识产权授权确权行政行为进行全面的合法性审查，既要给予行政主管机关对专业技术事实评判的适当尊重，又要对相关的实质性授权条件进行独立审查判断，切实依法全面履行司法复审的基本职责。加强与行政主管机关的工作协调与业务交流，促进审理和审查标准的统一与完善，提高相关案件的执法水平。努力提高审判效率，及时依法确认权利的有效性，保障权利维护和利益实现的时效性。

20. 加强知识产权行政司法保护，依法监督行政行为，支持依法行政。依法审理各类知识产权行政案件，在合法性审查中既要保护知识产权行政相对人的合法权益，又要维护知识产权行政管理秩序，依法支持行政机关制裁侵权行为，促进知识产权行政保护。行政机关申请强制执行行政处理决定，经审查符合执行条件的，应及时裁定并予以强制执行。

21. 加大知识产权刑事司法保护力度，依法严厉制裁侵犯知识产权犯罪行为，充分体现惩罚和震慑犯罪功能。依法受理知识产权刑事案件并及时作出裁判，切实加大对假冒注册商标和侵犯著作权犯罪行为的打击力度，在依法适用主刑的同时，加大罚金刑的适用与执行力度，并注意通过采取追缴违法所得、收缴犯罪工具、销毁侵权产品等措施，从经济上剥夺侵权人的再犯罪能力和条件。配合有关部门，针对反复侵权、群体性侵权以及大规模假冒、盗版等行为，有计划、有重点地开展知识产权保护专项行动，遏制假冒盗版现象。统一和规范侵犯知识产权犯罪案件适用刑罚的条件和标准，准确把握宽严相济的刑事政策。依法审理侵犯知识产权的刑事自诉案件，切实保障被害人的刑事自诉权利。

22. 加强知识产权审判监督，保障当事人申诉权，维护知识产权司法公正。既要充分维护正确生效裁判的既判力，又要让符合法定条件的案件及时进入再审，确保公正司法和维护法制统一。统一裁定再审的标准，以生效裁判确有错误作为上级法院和本院依职权启动再审的标准，以符合法定再审事由作为依当事人申请裁定再审的标准。通过及时、规范的听证程序和耐心细致的审查说服工作，尽可能使当事人服判息诉，尽可能降低多次申诉的比率。努力提高审查的质量和效率，对于经审查申请书、答辩意见等足以确定再审事由是否成立的，可以迳行裁定。

23. 加大知识产权案件执行力度，保障裁判权益及时实现，树立司法保护权威。健全知识产权案件强制执行机制，充分运用执行工作联动威慑机制，完善提级执行、指定执行、委托执行等措施，保证知识产权案件的切实执行，强化对诉前临时措施裁定的及时执行。对被执行人拒不履行停止侵权的生效裁判内容继续其原侵权行为的，除支持权利人依法追究其民事责任以外，积极协调公安、检察机关以拒不执行判决、裁定罪追究其刑事责任。

24. 依法开展涉外知识产权司法保护，保障对外开放，促进国际经贸合作。正确处理本国利益与他国利益的关系、对外关系与具体案件审理的关系、本国当事人与外国当事人的利益关系，始终坚持依法公正审判和平等保护原则，维护和提升我国司法良好的国际形象，优化经济发展外部环境。统筹国内国际两个大局，妥善处理与贸易有关的重大知识产权纠纷，既确保遵循相关国际公约及国际惯例，也始终维护国家利益和经济安全。注意从个案中发现知识产权工作的薄弱环节和管理漏洞，通过司法建议和裁判说明等形式，对行政管理提出改进建议，为行业和产业提供行为预警，提高企业应对知识产权纠纷的能力，延伸知识产权司法保护效果。

四、完善知识产权审判体制和工作机制，优化审判资源配置

25. 积极探索符合知识产权特点的审判组织模式。按照《纲要》要求，研究设置统一受理知识产权民事、行政和刑事案件的专门知识产权审判庭，尽快统一专利和商标等知识产权授权确权案件的审理分工，优化知识产权审判资源配置，实现知识产权司法的统一高效。认真总结近年来一些地方法院开展的由一个审判庭统一受理知识产权民事、行政和刑事案件试点工作，以及采用扩大合议庭组成或知识产权民事法官参与知识产权刑事、行政案件审判的探索工作，深入调查研究，认真解决试点和探索工作中出现的问题，加强统一协调和工作指导，积极稳妥地加以推进。

26. 探索建立知识产权上诉法院。按照《纲要》要求，加强与相关部门的沟通、协调和配合，根据完善知识产权案件上诉机制的要求，深入研究建立知识产权上诉法院的可行性和必要性，积极探索有关改革路径和模式，努力实现知识产权确权程序与侵权诉讼程序的有效衔接，简化司法救济程序，提高裁判效率，保证司法统一。

27. 推动改革专利和商标确权授权程序。积极配

合国家有关部门，以简化救济程序为目标，研究专利无效审理和商标评审机构向准司法机构转变的问题，积极推动相关法律规定的修订。

28. *健全知识产权多元纠纷解决机制。*坚持“调解优先、调判结合”原则和“定分止争、案结事了”要求，加大知识产权案件调解力度，将调解贯穿于案件审理的全过程。高度重视在诉前临时措施案件和刑事自诉案件中的调解以及在知识产权行政案件中的协调，加强审判工作与人民调解、行政调解、仲裁等纠纷解决方式的衔接，积极支持调解和仲裁机构以及知识产权援助中心等发挥处理知识产权纠纷的作用，注意发挥行业协会、专业部门和专业人士等的沟通协商、参与调解的作用，扩大邀请协助调解的案件范围，努力提高诉讼调解率、和解撤诉率。

29. *加强知识产权司法保护宣传。*采取各种形式大力宣传知识产权司法保护，提高全社会知识产权意识，推进知识产权文化建设。结合人民法院新闻发布制度，适时发布知识产权审判中的重要新闻和典型案例，努力做到“4·26”世界知识产权日司法保护宣传常态化。坚持审判公开和透明原则，严格按照有关规定和要求，将生效知识产权裁判文书及时上网公开。定期选择有影响的案例，邀请人大代表、政协委员、专家学者、行业协会和有关部门的代表、外国政府和国际组织驻华机构代表等代表性人士和社会公众等旁听庭审，增进司法公开，接受群众监督，扩大社会影响。

30. *扩大知识产权对外司法交流合作。*建立和完善知识产权司法保护对外信息沟通交流机制，积极参与国际和区域知识产权交流与合作，拓展交流深度，加大宣传力度，加深世界各国对我国知识产权司法保护制度及保护状况的全面、客观了解。既要根据我国国情和发展需求开展知识产权司法保护，又要有针对性地学习借鉴吸收国外有益司法经验。

五、加强知识产权司法解释工作，完善知识产权诉讼制度

31. *及时制定知识产权司法解释。*按照《纲要》要求，增强司法解释的针对性和及时性，针对审判实践存在的比较普遍和突出的法律适用问题，及时制定司法解释，明确司法原则和政策，统一司法标准，规范并细化自由裁量权的行使，完善知识产权诉讼制度。强化司法解释的科学性和实效性，深入开展调查研究，广泛听取和征求各方面的意见，注意发挥学术团体、研究机构以及中介组织的参与作用，共同为完善知识产权司法保护制度提供智力支持。近期发布关于驰名商标司法保护的司法解释，尽快出台关于专利侵权判断标准和反垄断民事诉讼程序的司法解释。

32. *建立健全知识产权相关诉讼制度。*按照《纲要》要求，与有关部门协调配合，针对知识产权案件专业性强等特点，建立和完善司法鉴定、专家证人、技术调查等诉讼制度，鼓励有条件的法院在专利等技术性案件审判中积极探索开展技术调查的有效方式和具体做法。完善知识产权诉前临时措施制度，适时启动相关司法解释的起草工作。配合有关部门明确知识产权代理人的诉讼执业资质问题，推动有关部门研究建立相关律师代理制度。

33. *调整完善知识产权案件管辖制度。*按照既方便法院审理和当事人诉讼，又充分满足科技创新和经济社会发展对知识产权审判新需求的原则，统筹规划知识产权审判管辖体制。继续坚持对专利、植物新品种和集成电路布图设计案件的指定管辖制度，严格控制新增专利案件管辖权的中级人民法院的数量；适度集中垄断案件和涉及驰名商标认定等特殊类型知识产权案件的管辖权；适当增加受理著作权、商标、不正当竞争和知识产权合同等一般知识产权案件的基层法院；经上级人民法院依法指定，具有一般知识产权案件管辖权的基层法院可以跨区域管辖同一上级人民法院辖区内的一般知识产权案件。

六、加强知识产权审判队伍建设，提高知识产权司法保护能力

34. *进一步健全知识产权审判机构。*各级人民法院要根据担负的知识产权审判职责和任务的客观需要，本着立足现实、兼顾长远的原则精神，加强知识产权审判庭的机构设置、人员编制和内设机构配置。在中级以上法院和具有案件管辖权的基层法院普遍建立知识产权审判庭，暂不具备独立设庭的中级人民法院，也应当建立或指定专门负责审理知识产权案件的合议庭。

35. *大力充实知识产权审判队伍。*采取切实有效措施，调整和充实知识产权法官队伍，提高知识产权法官队伍素质，强化审判和执行能力。注意从精通法律、外语基础较好、具有理工专业背景和一定审判经验的人员中选拔、培养知识产权法官，有效缓解案件持续增长与专业审判力量相对不足的矛盾。保持知识产权法官队伍的基本稳定，完善知识产权审判人才的专业结

构，对于专业性和技术性较强的知识产权案件，尽可能由相对固定的合议庭和专业法官负责审理，重点培养一批社会认可度高的专业型、专家型知识产权法官。充分考虑知识产权审判和知识产权法官培养的规律，在工作量、业务考核等方面采用科学合理的业绩评价指标。积极开展与专利复审委员会等知识产权专业部门的人员和业务交流，鼓励东中西部法院之间开展各种形式的业务和人才交流。加大知识产权审判技能和专业知识培训力度，最高人民法院和各高级人民法院要制定长期培训规划，及时更新培训大纲，保证培训时间和质量，重点加大对中、基层法院和中西部地区法院知识产权审判人员的培训力度。

36. *高度重视知识产权法官队伍思想政治建设和廉政建设*。强化知识产权审判人员的政治纪律和工作责任，进一步加强社会主义法治理念教育，使全体审判人员牢固树立“三个至上”指导思想，切实做到为民、务实、清廉。严格执行有关反腐倡廉的制度和要求，认真落实“五个严禁”的规定，每一位审判人员要时刻保持警惕，各级领导要切实负起责任，加强对关键环节的监督检查，规范司法行为，严惩违规行为，确保知识产权司法的公正和廉洁。积极发掘并大力宣传知识产权司法保护工作中的好经验、好做法、好人物、好事迹，树立人民法院和知识产权法官的良好形象。

最高人民法院关于当前经济形势下知识产权审判服务大局若干问题的意见

1. *2009年4月21日*
2. *法发〔2009〕23号*

当前，我国国民经济继续保持平稳较快发展，改革开放深入推进，社会事业加快发展，人民生活进一步改善，但同时也面临着严重的困难和挑战。为深入贯彻全国“两会”精神，落实国家知识产权战略，使知识产权审判更好地服务于有效应对国际金融危机冲击，促进经济平稳较快发展的大局，为“保增长、保民生、保稳定”作出更加积极的贡献，现就当前经济形势下人民法院做好知识产权审判工作的若干问题，提出如下意见：

一、立足实际，突出重点，努力增强知识产权审判服务大局的针对性和有效性

1. *充分认识知识产权保护对于促进经济平稳较快发展的重要性，切实增强服务大局的使命感*。知识产权是国家科技创新能力和水平的集中体现，是国家发展的战略性资源，是提高国际竞争力的核心要素。现代经济竞争归根结底也是知识产权的竞争。加强知识产权保护，提高知识产权的创造、运用和管理水平，对于加快经济结构调整、转变发展方式、推进自主创新、深化改革、提高对外开放水平，从而保持经济平稳较快发展，都具有重要意义。历史经验表明，经济危机常常伴随着科技革命，科技革命又成为推动新一轮经济增长和繁荣的重要引擎。在当前经济形势下加强知识产权保护，对于有效推动科技创新和科技革命，为催生新兴产业、创造新的市场需求、培育新的经济增长点和引领经济发展新方向，具有重大作用。

2. *高度关注国际国内经济形势变化对于知识产权审判的新需求，切实增强服务大局的针对性、有效性和主动性*。当前经济形势对于知识产权审判提出了更新更高的要求和期待。知识产权司法保护只能加强和提升，不能削弱和放松。各级法院务必要增强危机意识、忧患意识、宏观意识和大局意识，更加注重拓展创新空间，促进培育自主知识产权、自主品牌和新的经济增长点，增强企业的市场竞争力，提高国家的核心竞争力；更加注重营造开放自由的贸易和投资环境，规范市场秩序，维护公平竞争，完善社会主义市场经济体制，大力推动诚信社会的建设，在应对挑战、化危为机中充分发挥知识产权审判的独特职能作用。

二、加大专利权保护力度，着力培育科技创新能力和拓展创新空间，积极推进自主创新

3. *以贯彻新修订的专利法为契机，高度重视专利审判工作，全面提高专利审判水平*。以专利为核心的科技创新成果构成了企业和国家的核心竞争力，加强专利权保护对于科技进步和自主创新具有最直接、最重要的促进作用。各有关法院要以提高创新能力和建设创新型国家的责任感和使命感，高度重视专利案件的审理，把提高专利审判水平作为一项重点工作。要深刻领会和正确把握专利法立法宗旨和精神，加强调查研究，及时发现新情况，解决新问题，确保修订后的专利法的正确贯彻实施。

4. *准确把握专利司法政策，切实加强专利权保护*。要从我国国情出发，根据我国科技发展阶段和产业知识产权政策，依法确定合理的专利司法保护范围和强度，既要使企业具有投资创新的动力，使个人具有

创造热情，使社会富有创造活力，又不能使专利权成为阻碍技术进步、不正当打击竞争对手的工具；既能够充分调动、配置全社会的资本和技术资源，又能够加速技术信息的传播和利用。要正确适用专利侵权判定原则和方法，进一步总结审判经验，完善权利要求解释规则和侵权对比判定标准。正确解释发明和实用新型专利的权利要求，准确界定专利权保护范围，既不能简单地将专利权保护范围限于权利要求严格的字面含义，也不能将权利要求作为一种可以随意发挥的技术指导，应当从上述两种极端解释的中间立场出发，使权利要求的解释既能够为专利权人提供公平的保护，又能确保给予公众以合理的法律稳定性。凡写入独立权利要求的技术特征，均应纳入技术特征对比之列。对于权利人在专利授权确权程序中所做的实质性的放弃或者限制，在侵权诉讼中应当禁止反悔，不能将有关技术内容再纳入保护范围。严格等同侵权的适用条件，探索完善等同侵权的适用规则，防止不适当地扩张保护范围。依法认真审查各种不侵权抗辩事由和侵权责任抗辩事由，合理认定先用权，依法支持现有技术抗辩。

三、加强商业标识保护，积极推动品牌经济发展，规范市场秩序和维护公平竞争

5. *充分尊重知名品牌的市场价值，依法加强知名品牌保护。*知名品牌凝聚了企业的竞争优势，是企业参与国内国际市场竞争的利器，代表着核心的经济竞争力，是企业和国家的战略性资产，也是引领市场消费方向的主要因素。人民法院要通过依法加强商标权保护和制止不正当竞争，为知名品牌的创立和发展提供和谐宽松的法律环境，促进品牌经济发展，刺激和创造消费需求，拉动经济增长，增强我国企业的国内和国际竞争力。

6. *完善商标司法政策，加强商标权保护，促进自主品牌的培育。*正确把握商标权的专用权属性，合理界定权利范围，既确保合理利用商标资源，又维护公平竞争；既以核定使用的商品和核准使用的商标为基础，加强商标专用权核心领域的保护，又以市场混淆为指针，合理划定商标权的排斥范围，确保经营者之间在商标的使用上保持清晰的边界，使自主品牌的创立和发展具有足够的法律空间。未经商标注册人许可，在同一种商品上使用与其注册商标相同的商标的，除构成正当合理使用的情形外，认定侵权行为时不需要考虑混淆因素。认定商品类似和商标近似要考虑请求保护的注册商标的显著程度和市场知名度，对于显著性越强和市场知名度越高的注册商标，给予其范围越宽和强度越大的保护，以激励市场竞争的优胜者，净化市场环境，遏制不正当搭车、模仿行为。

7. *妥善处理注册商标实际使用与民事责任承担的关系，使民事责任的承担有利于鼓励商标使用，激活商标资源，防止利用注册商标不正当地投机取巧。*请求保护的注册商标未实际投入商业使用的，确定民事责任时可将责令停止侵权行为作为主要方式，在确定赔偿责任时可以酌情考虑未实际使用的事实，除为维权而支出的合理费用外，如果确无实际损失和其他损害，一般不根据被控侵权人的获利确定赔偿；注册人或者受让人并无实际使用意图，仅将注册商标作为索赔工具的，可以不予赔偿；注册商标已构成商标法规定的连续三年停止使用情形的，可以不支持其损害赔偿请求。

8. *加强驰名商标司法认定的审核监督，完善驰名商标司法保护制度，确保司法保护的权威性和公信力。*严格把握驰名商标的认定范围和认定条件，严禁扩张认定范围和降低认定条件。凡商标是否驰名不是认定被诉侵权行为要件的情形，均不应认定商标是否驰名。凡能够在认定类似商品的范围内给予保护的注册商标，均无需认定驰名商标。对于确实符合法律要求的驰名商标，要加大保护力度，坚决制止贬损或者淡化驰名商标的侵权行为，依法维护驰名商标的品牌价值。认真贯彻《最高人民法院关于涉及驰名商标认定的民事纠纷案件管辖问题的通知》（法〔2009〕1 号），凡通知下发以后不具有管辖权的法院受理的此类案件，均需移送有管辖权的法院审理；通知下发前受理、尚未审结的此类案件，要严格执行判前审核制度。各级法院均应加强已认定驰名商标的案件的评查和审判监督，对于伪造证据骗取驰名商标认定的案件，以及其他违法认定驰名商标的案件，均需通过审判监督程序予以纠正；当事人在涉及驰名商标认定的案件中有妨碍民事诉讼行为的，依法给予制裁。有管辖权的法院均应积极接受各有关方面对于驰名商标司法认定的监督，发现问题务必及时解决。有关驰名商标司法保护的司法解释颁布施行以后，各级法院要认真贯彻落实，使驰名商标司法保护更加规范化。

9. *加强商标授权确权案件的审判工作，正确处理保护商标权与维持市场秩序的关系。*既要有效遏制不正当抢注他人在先商标行为，加强对于具有一定知名度的在先商标的保护，又要准确把握商标权的相对权属性，不能轻率地给予非驰名注册商标跨类保护。正确区分撤销注册商标的公权事由和私权事由，防止不适当地扩张撤销注册商标的范围，避免撤销注册商标的随意性。对于注册使用时间较长、已建立较高市场声誉和形成自身的相关公众群体的商标，不能轻率地予以撤销，在依法保护在先权利的同时，尊重相关公众已在客观上将相关商标区别开来的市场实际。要把握商标法有关保护在先权利与维护市场秩序相协调的立法精神，注重维护已经形成和稳定了的市场秩序，防止当事人假商标争议制度不正当地投机取巧和巧取豪夺，避免因轻率撤销已注册商标给企业正常经营造成重大困难。与他人著作权、企业名称权等在先财产权利相冲突的注册商标，因超过商标法规定的争议期限而不可撤销的，在先权利人仍可在诉讼时效期间内对其提起侵权的民事诉讼，但人民法院不再判决承担停止使用该注册商标的民事责任。

10. *妥善处理注册商标、企业名称与在先权利的冲突，依法制止"傍名牌"等不正当竞争行为。*除注册商标之间的权利冲突民事纠纷外，对于涉及注册商标、企业名称与在先权利冲突的民事纠纷，包括被告实际使用中改变了注册商标或者超出核定使用的商品范围使用注册商标的纠纷，只要属于民事权益争议并符合民事诉讼法规定的受理条件，人民法院应予受理。凡被诉侵权商标在人民法院受理案件时尚未获得注册的，均不妨碍人民法院依法受理和审理；被诉侵权商标虽为注册商标，但被诉侵权行为是复制、摹仿、翻译在先驰名商标的案件，人民法院应当依法受理。

按照诚实信用、维护公平竞争和保护在先权利等原则，依法审理该类权利冲突案件。有工商登记等的合法形式，但实体上构成商标侵权或者不正当竞争的，依法认定构成商标侵权或者不正当竞争，既不需要以行政处理为前置条件，也不应因行政处理而中止诉讼。在中国境外取得的企业名称等商业标识，即便其取得程序符合境外的法律规定，但在中国境内的使用行为违反我国法律和扰乱我国市场经济秩序的，按照知识产权的独立性和地域性原则，依照我国法律认定其使用行为构成商标侵权或者不正当竞争。企业名称因突出使用而侵犯在先注册商标专用权的，依法按照商标侵权行为处理；企业名称未突出使用但其使用足以产生市场混淆、违反公平竞争的，依法按照不正当竞争处理。对于因历史原因造成的注册商标与企业名称的权利冲突，当事人不具有恶意的，应当视案件具体情况，在考虑历史因素和使用现状的基础上，公平合理地解决冲突，不宜简单地认定构成商标侵权或者不正当竞争；对于权属已经清晰的老字号等商业标识纠纷，要尊重历史和维护已形成的法律秩序。对于具有一定市场知名度、为相关公众所熟知、已实际具有商号作用的企业名称中的字号、企业或者企业名称的简称，视为企业名称并给予制止不正当竞争的保护。因使用企业名称而构成侵犯商标权的，可以根据案件具体情况判令停止使用，或者对该企业名称的使用方式、使用范围作出限制。因企业名称不正当使用他人具有较高知名度的注册商标，不论是否突出使用均难以避免产生市场混淆的，应当根据当事人的请求判决停止使用或者变更该企业名称。判决停止使用而当事人拒不执行的，要加大强制执行和相应的损害赔偿救济力度。

11. *加强不正当竞争和反垄断审判，统筹兼顾自由竞争与公平竞争的关系，积极促进市场结构完善和社会主义市场经济体制的健全。*妥善处理专利、商标、著作权等知识产权专门法与反不正当竞争法的关系，反不正当竞争法补充性保护不能抵触专门法的立法政策，凡专门法已作穷尽规定的，原则上不再以反不正当竞争法作扩展保护。凡反不正当竞争法已在特别规定中作穷尽性保护的行为，一般不再按照原则规定扩展其保护范围；对于其未作特别规定的竞争行为，只有按照公认的商业标准和普遍认识能够认定违反原则规定时，才可以认定构成不正当竞争行为，防止因不适当地扩大不正当竞争范围而妨碍自由、公平竞争。妥善处理保护商业秘密与自由择业、涉密者竞业限制和人才合理流动的关系，维护劳动者正当就业、创业的合法权益。高度重视反垄断法的执行，依法审理好各类垄断纠纷案件，遏制垄断行为，维护公平竞争，为企业提供自由宽松的创业和发展环境。

四、完善知识产权诉讼制度，着力改善贸易和投资环境，积极推动对外开放水平的提高

12. *加强诉权保护，畅通诉讼渠道。*依法加强诉权保护，凡符合受理条件的起诉均应及时受理；凡经权利人明确授权代为提起诉讼的律师，均可以权利人的名义提起诉讼，并考虑境外当事人维权的实际，不苛求境外权利人在起诉书上签章。结合知识产权审判实际，完善各种诉讼制度，简化救济程序，积极施行各项

便民利民措施，增强司法救济的有效性。

13. *完善确认不侵权诉讼制度，遏制知识产权滥用行为，为贸易和投资提供安全宽松的司法环境。*继续探索和完善知识产权领域的确认不侵权诉讼制度，充分发挥其维护投资和经营活动安全的作用。除知识产权权利人针对特定主体发出侵权警告且未在合理期限内依法提起诉讼，被警告人可以提起确认不侵权诉讼以外，正在实施或者准备实施投资建厂等经营活动的当事人，受到知识产权权利人以其他方式实施的有关侵犯专利权等的警告或威胁，主动请求该权利人确认其行为不构成侵权，且以合理的方式提供了确认所需的资料和信息，该权利人在合理期限内未作答复或者拒绝确认的，也可以提起确认不侵权诉讼。探索确认不侵犯商业秘密诉讼的审理问题，既保护原告的合法权益和投资安全，又防止原告滥用诉权获取他人商业秘密。

14. *严格把握法律条件，慎用诉前停止侵权措施。*采取诉前停止侵权措施既要积极又要慎重，既要合理又要有效，要妥善处理有效制止侵权与维护企业正常经营的关系。诉前停止侵权主要适用于事实比较清楚、侵权易于判断的案件，适度从严掌握认定侵权可能性的标准，应当达到基本确信的程度。在认定是否会对申请人造成难以弥补的损害时，应当重点考虑有关损害是否可以通过金钱赔偿予以弥补以及是否有可执行的合理预期。担保金额的确定既要合理又要有效，主要考虑禁令实施后对被申请人可能造成的损失，也可以参考申请人的索赔数额。严格审查被申请人的社会公共利益抗辩，一般只有在涉及公众健康、环保以及其他重大社会利益的情况下才予考虑。诉前停止侵权涉及当事人的重大经济利益和市场前景，要注意防止和规制当事人滥用有关权利。应考虑被诉企业的生存状态，防止采取措施不当使被诉企业生产经营陷入困境。特别是在专利侵权案件中，如果被申请人的行为不构成字面侵权，其行为还需要经进一步审理进行比较复杂的技术对比才能作出判定时，不宜裁定责令诉前停止侵犯专利权；在被申请人依法已经另案提出确认不侵权诉讼或者已就涉案专利提出无效宣告请求的情况下，要对被申请人主张的事实和理由进行审查，慎重裁定采取有关措施。根据案件进展情况，注意依法适时解除诉前停止侵权裁定。加强在诉前停止侵权措施申请错误时对受害人的救济，申请人未在法定期限内起诉或者已经实际构成申请错误，受害人提起损害赔偿诉讼的，应给予受害人应有的充分赔偿。对于为阻碍他人新产品上市等重大经营活动而恶意申请诉前停止侵权措施，致使他人的市场利益受到严重损害的情形，要注意给予受害人充分保护。

15. *充分发挥停止侵害的救济作用，妥善适用停止侵害责任，有效遏制侵权行为。*根据当事人的诉讼请求、案件的具体情况和停止侵害的实际需要，可以明确责令当事人销毁制造侵权产品的专用材料、工具等，但采取销毁措施应当以确有必要为前提，与侵权行为的严重程度相当，且不能造成不必要的损失。如果停止有关行为会造成当事人之间的重大利益失衡，或者有悖社会公共利益，或者实际上无法执行，可以根据案件具体情况进行利益衡量，不判决停止行为，而采取更充分的赔偿或者经济补偿等替代性措施了断纠纷。权利人长期放任侵权、怠于维权，在其请求停止侵害时，倘若责令停止有关行为会在当事人之间造成较大的利益不平衡，可以审慎地考虑不再责令停止行为，但不影响依法给予合理的赔偿。

16. *增强损害赔偿的补偿、惩罚和威慑效果，降低维权成本，提高侵权代价。*在确定损害赔偿时要善用证据规则，全面、客观地审核计算赔偿数额的证据，充分运用逻辑推理和日常生活经验，对有关证据的真实性、合法性和证明力进行综合审查判断，采取优势证据标准认定损害赔偿事实。积极引导当事人选用侵权受损或者侵权获利方法计算赔偿，尽可能避免简单适用法定赔偿方法。对于难以证明侵权受损或侵权获利的具体数额，但有证据证明前述数额明显超过法定赔偿最高限额的，应当综合全案的证据情况，在法定最高限额以上合理确定赔偿额。除法律另有规定外，在适用法定赔偿时，合理的维权成本应另行计赔。适用法定赔偿时要尽可能细化和具体说明各种实际考虑的酌定因素，使最终得出的赔偿结果合理可信。根据权利人的主张和被告无正当理由拒不提供所持证据的行为推定侵权获利的数额，要有合理的根据或者理由，所确定的数额要合情合理，具有充分的说服力。注意参照许可费计算赔偿时的可比性，充分考虑正常许可与侵权实施在实施方式、时间和规模等方面的区别，并体现侵权赔偿金适当高于正常许可费的精神。注意发挥审计、会计等专业人员辅助确定损害赔偿的作用，引导当事人借助专业人员帮助计算、说明和质证。积极探索知识产权损害赔偿专业评估问题，在条件成熟时适当引入由专业机构进行专门评估的损害赔偿认定机制。

17. *注意研究经济领域的知识产权新问题，积极促进科技兴贸基地和服务外包基地建设*。加强科技兴贸基地和服务外包基地建设所涉及的知识产权保护问题的调查研究，有针对性地加强相关知识产权的司法保护，为促进科技兴贸基地和服务外包基地建设提供优良的司法环境。加大对信息、软件、医药、新材料、航空航天、精细化工等高新技术领域的知识产权保护力度，积极促进科技兴贸基地建设。引导高技术企业进一步增强自主创新能力，拥有自主知识产权，大力支持具有自主品牌和自主知识产权的高新技术产品出口，进一步提高出口产品国际市场竞争力。深入研究服务外包中的知识产权法律问题，促进服务外包基地建设。通过司法裁判引导服务外包企业树立知识产权保护意识，建立健全企业知识产权保护制度，提高外包服务的竞争力。

18. *完善有关加工贸易的司法政策，促进加工贸易健康发展*。认真研究加工贸易中的知识产权保护问题，抓紧总结涉及加工贸易的知识产权案件的审判经验，解决其中存在的突出问题，完善司法保护政策，促进加工贸易的转型升级。妥善处理当前外贸"贴牌加工"中多发的商标侵权纠纷，对于构成商标侵权的情形，应当结合加工方是否尽到必要的审查注意义务，合理确定侵权责任的承担。

19. *坚持平等保护原则，坚决反对任何形式的保护主义*。严格依法办案，平等保护本地与外地、本国与外国当事人的合法权益，坚决遏制地方保护和部门保护，促进国内市场的统一开放，完善投资环境和增强投资信心，提高国际声誉和树立良好形象，提高对外开放水平。统筹好国内国际两个大局，妥善处理与贸易有关的重大知识产权纠纷，积极服务于国内国际两个市场、两种资源的统筹利用，既确保遵循相关国际公约和国际惯例，促进国际经贸合作，又始终注意维护国家利益和经济安全，激励和促进自主创新，提升我国的知识产权综合能力和国际竞争力。正确处理对外关系与具体案件审理的关系，无论普通涉外案件还是引起国际关注的敏感性案件，都要严格依法办案，不能为盲目迎合片面的外部舆论而牺牲公正司法。

20. *加强同类案件和关联案件的协调指导，规范司法行为，维护法治统一*。加强同类案件的调查研究和业务指导，加大司法解释力度，完善司法政策，积极推行典型案例指导制度，不断明确和完善法律适用标准。强化对法官行使自由裁量权的约束和规范机制，细化正当行使自由裁量权的标准。对于法律问题相同、裁判定性不一的案件，强化审级监督，充分发挥二审和再审的纠错功能。加强关联案件的协调指导力度，完善协调处理机制。对于涉及同一法律事实或者同一法律关系的关联案件，需要移送的，应当依照法律规定移送管辖和合并审理。健全关联案件审理法院之间的相互沟通制度和报请共同上级法院协调指导制度。在后受理的法院，应积极主动加强沟通并及时报请上级法院进行协调，避免作出相互矛盾的判决。

最高人民法院关于在全国法院推进知识产权民事、行政和刑事案件审判"三合一"工作的意见

1. 2016年7月5日
2. 法发〔2016〕17号

为贯彻落实党的十八届四中全会确定的司法体制改革任务以及《国家知识产权战略纲要》《关于深化体制机制改革加快实施创新驱动发展战略的若干意见》《深化科技体制改革实施方案》提出的具体要求，统一法律适用标准，优化审判资源配置，提高审判质量和效率，充分发挥知识产权司法保护的主导作用，推进知识产权审判体制和工作机制改革，加快创新驱动发展战略的实施，建立公正、高效、权威的社会主义知识产权司法制度，根据《中华人民共和国民事诉讼法》《中华人民共和国行政诉讼法》和《中华人民共和国刑事诉讼法》以及有关法律法规的规定，结合审判工作实际，制定本意见。

一、统一思想，深刻认识推进知识产权民事、行政和刑事案件审判"三合一"工作的重大意义

1. 知识产权民事、行政和刑事案件审判"三合一"是指由知识产权审判庭统一审理知识产权民事、行政和刑事案件。

推进"三合一"工作，是人民法院贯彻落实党的十八届四中全会关于司法体制改革任务的重要举措，是落实国家知识产权战略和创新驱动发展战略的重要措施。推进"三合一"工作的目的是要构建符合知识产

权司法特点和规律的工作机制和审判体制，不断提高知识产权司法保护的整体效能。

2. 推进“三合一”工作，有利于增强司法机关和行政机关执法合力，实现知识产权的全方位救济和司法公正；有利于统一司法标准，提高审判质量，完善知识产权司法保护制度；有利于合理调配审判力量，优化审判资源配置，提高知识产权司法保护的效益和效率；有利于知识产权专门审判队伍建设，提高知识产权审判队伍素质。各级人民法院要把思想和行动统一到中央精神和部署上来，以勇于担当的精神全面推进“三合一”工作。

二、积极落实，大力推进知识产权民事、行政和刑事案件审判“三合一”工作

3. 最高人民法院成立推进“三合一”工作协调小组，统一协调指导全国法院的“三合一”工作。高、中级人民法院要成立相应的协调机构，组织协调辖区内的“三合一”工作，具体负责辖区内知识产权案件的管辖布局和指导监督，上传下达，内外协调，及时解决工作中出现的问题。

4. 各级人民法院要根据最高人民法院会同最高人民检察院、公安部联合制定下发的有关办理知识产权刑事案件适用法律相关问题的意见，做好知识产权刑事案件的审理工作。

5. 各级人民法院的知识产权审判部门，不再称为民事审判第×庭，更名为知识产权审判庭。

6. 各级人民法院知识产权审判庭应当根据审判任务需要配备审判力量，并根据情况配备专门从事行政审判和刑事审判的法官，也可以由行政审判庭或刑事审判庭法官与知识产权审判庭法官共同组成合议庭，审理知识产权行政或刑事案件。

7. 知识产权民事案件是指涉及著作权、商标权、专利权、技术合同、商业秘密、植物新品种和集成电路布图设计等知识产权以及不正当竞争、垄断、特许经营合同的民事纠纷案件。

一般知识产权民事纠纷案件是指除专利、植物新品种、集成电路布图设计、技术秘密、计算机软件、驰名商标认定以及垄断纠纷案件之外的知识产权民事纠纷案件。

知识产权行政案件是指当事人对行政机关就著作权、商标权、专利权等知识产权以及不正当竞争等所作出的行政行为不服，向人民法院提起的行政纠纷案件。

知识产权刑事案件是指《中华人民共和国刑法》分则第三章“破坏社会主义市场经济秩序罪”第七节规定的侵犯知识产权犯罪案件等。

知识产权刑事自诉案件，人民法院仍然可以按照刑事诉讼法所确定的地域管辖原则管辖。

8. 知识产权民事案件的受理继续依照人民法院有关地域管辖、级别管辖和指定管辖的规定和批复进行。除此之外：

中级人民法院辖区内没有基层人民法院具有一般知识产权民事纠纷案件管辖权的，可以层报最高人民法院指定基层人民法院统一管辖，也可以由中级人民法院提级管辖本辖区内的知识产权行政、刑事案件。

中级人民法院辖区内有多个具有一般知识产权民事纠纷案件管辖权基层人民法院的，经层报最高人民法院批准后，可以根据辖区内的案件数量、审判力量等情况对每个基层法院的辖区范围进行划分和调整。

具有一般知识产权民事纠纷案件管辖权的基层人民法院审理中级人民法院指定区域内的第一审知识产权刑事、行政案件。不具有一般知识产权民事纠纷案件管辖权的基层人民法院发现所审理案件属于知识产权行政、刑事案件的，应当及时移送中级人民法院指定的有一般知识产权民事纠纷案件管辖权的基层人民法院管辖。

中级人民法院知识产权审判庭审理本辖区内基层人民法院审结的知识产权行政、刑事上诉案件以及同级人民检察院抗诉的知识产权刑事案件。

高级人民法院知识产权审判庭审理本辖区内中级人民法院审结的知识产权行政、刑事上诉案件，知识产权行政、刑事申请再审案件以及同级人民检察院抗诉的知识产权刑事案件。

最高人民法院知识产权审判庭审理各高级人民法院审结的知识产权行政、刑事上诉案件，知识产权行政、刑事申请再审案件、最高人民检察院抗诉的知识产权刑事案件。

9. 知识产权案件案号编制、使用与管理依照最高人民法院《关于人民法院案号的若干规定》执行。案号中的类型代字为知民/知行/知刑。

三、加大力度，保障知识产权民事、行政和刑事案件审判“三合一”工作顺利推进

10. 高、中级人民法院要统筹规划本辖区内的“三合一”工作，在人员编制、经费保障、物质装备等方面

大力支持“三合一”工作。要建立人民法院与公安机关、检察机关以及知识产权行政执法机关的沟通联络机制，协调公安机关、检察机关做好刑事案件的侦查和移送起诉工作。

11. 要加强审判管理，确保案件质量。加快推进和不断完善知识产权案例指导制度，确保裁判标准统一。要做好案件审理各个环节的衔接工作。要大力提高知识产权案件裁判文书质量。要对知识产权案件进行分类统计，充分利用信息化手段，加强对相关数据的分析研判。上级法院要及时开展调查研究，加强对开展“三合一”工作法院的指导和监督。

四、加强培训，加快建设一支复合型、专门化的知识产权审判队伍

12. 各级人民法院要本着立足长远的原则，以培养一支适应知识产权审判发展趋势的专门化法官队伍为目标，严格选拔审判业务骨干，确保参与知识产权审判的法官具有相应的审判业务能力和经验。

13. 最高人民法院和高级人民法院每年要适时组织针对知识产权审判“三合一”工作的专门培训，同时要注重通过网络方式加大培训覆盖面，不断提高知识产权法官的综合素质。

五、其他

14. 地方各级人民法院要及时总结交流“三合一”工作取得的经验，查找存在的问题，对带有普遍性的问题要及时层报最高人民法院。

15. 地方各级人民法院要从实际情况出发，从方便当事人诉讼、有利于知识产权司法保护的角度，综合考量本辖区内经济发展水平、交通便利条件以及各类知识产权案件数量等因素，积极稳妥地推进“三合一”工作。

北京、上海、广州知识产权法院暂不实施“三合一”工作。

16. 此前有关规定与本意见不一致的，以本意见为准。

最高人民法院关于全面加强知识产权司法保护的意见

1. 2020年4月15日

2. 法发〔2020〕11号

加强知识产权保护，是完善产权保护制度最重要的内容，也是提高我国经济竞争力最大的激励。知识产权司法保护是知识产权保护体系的重要力量，发挥着不可替代的关键作用。全面加强知识产权司法保护，不仅是我国遵守国际规则、履行国际承诺的客观需要，更是我国推动经济高质量发展、建设更高水平开放型经济新体制的内在要求。要充分认识全面加强知识产权司法保护的重大意义，准确把握知识产权司法保护服务大局的出发点和目标定位，为创新型国家建设、社会主义现代化强国建设、国家治理体系和治理能力现代化提供有力的司法服务和保障。现就人民法院知识产权司法保护工作，提出如下意见。

一、总体要求

1. 坚持以习近平新时代中国特色社会主义思想为指导，深入贯彻落实中共中央办公厅、国务院办公厅《关于加强知识产权审判领域改革创新若干问题的意见》《关于强化知识产权保护的意见》，紧紧围绕“努力让人民群众在每一个司法案件中感受到公平正义”目标，坚持服务大局、司法为民、公正司法，充分运用司法救济和制裁措施，完善知识产权诉讼程序，健全知识产权审判体制机制，有效遏制知识产权违法犯罪行为，全面提升知识产权司法保护水平，加快推进知识产权审判体系和审判能力现代化，为实施创新驱动发展战略、培育稳定公平透明可预期的营商环境提供有力司法服务和保障。

二、立足各类案件特点，切实维护权利人合法权益

2. 加强科技创新成果保护。制定专利授权确权行政案件司法解释，规范专利审查行为，促进专利授权质量提升；加强专利、植物新品种、集成电路布图设计、计算机软件等知识产权案件审判工作，实现知识产权保护范围、强度与其技术贡献程度相适应，推动科技进步和创新，充分发挥科技在引领经济社会发展过程中的支撑和驱动作用。加强药品专利司法保护研究，激发药品研发创新动力，促进医药产业健康发展。

3. 加强商业标志权益保护。综合考虑商标标志的近似程度、商品的类似程度、请求保护商标的显著性和知名度等因素，依法裁判侵害商标权案件和商标授权确权案件，增强商标标志的识别度和区分度。充分运用法律规则，在法律赋予的裁量空间内作出有效规制恶意申请注册商标行为的解释，促进商标申请注册秩序正常化和规范化。加强驰名商标保护，结合众所周知的驰名事实，依法减轻商标权人对于商标驰名的举证负担。加强地理标志保护,依法妥善处理地理标志与普通商标的权利冲突。

4. 加强著作权和相关权利保护。根据不同作品的特点,妥善把握作品独创性判断标准。妥善处理信息网络技术发展与著作权、相关权利保护的关系,统筹兼顾创作者、传播者、商业经营者和社会公众的利益,协调好激励创作、促进产业发展、保障基本文化权益之间的关系,促进文化创新和业态发展。依法妥善审理体育赛事、电子竞技传播纠纷等新类型案件,促进新兴业态规范发展。加强著作权诉讼维权模式问题研究,依法平衡各方利益,防止不正当牟利行为。

5. 加强商业秘密保护。正确把握侵害商业秘密民事纠纷和刑事犯罪的界限。合理适用民事诉讼举证责任规则,依法减轻权利人的维权负担。完善侵犯商业秘密犯罪行为认定标准,规范重大损失计算范围和方法,为减轻商业损害或者重新保障安全所产生的合理补救成本,可以作为认定刑事案件中"造成重大损失"或者"造成特别严重后果"的依据。加强保密商务信息等商业秘密保护,保障企业公平竞争、人才合理流动,促进科技创新。

6. 完善电商平台侵权认定规则。加强打击和整治网络侵犯知识产权行为,有效回应权利人在电子商务平台上的维权诉求。完善"通知－删除"等在内的电商平台治理规则,畅通权利人网络维权渠道。妥善审理网络侵犯知识产权纠纷和恶意投诉不正当竞争纠纷,既要依法免除错误下架通知善意提交者的责任,督促和引导电子商务平台积极履行法定义务,促进电子商务的健康发展,又要追究滥用权利、恶意投诉等行为人的法律责任,合理平衡各方利益。

7. 积极促进智力成果流转应用。依法妥善审理知识产权智力成果流转、转化、应用过程中的纠纷,秉持尊重当事人意思自治、降低交易成本的精神,合理界定智力成果从创造到应用各环节的法律关系、利益分配和责任承担,依法准确界定职务发明与非职务发明,有效保护职务发明人的产权权利,保障研发人员获得奖金和专利实施报酬的合法权益。

8. 依法惩治知识产权犯罪行为。严厉打击侵害知识产权的犯罪行为,进一步推进以审判为中心的刑事诉讼制度改革,切实落实庭审实质化要求,完善鉴定程序,规范鉴定人出庭作证制度和认罪认罚从宽制度。准确把握知识产权刑事法律关系与民事法律关系的界限,强化罚金刑的适用,对以盗窃、威胁、利诱等非法手段获取商业秘密以及其他社会危害性大的犯罪行为,依法从严从重处罚,有效发挥刑罚惩治和震慑知识产权犯罪的功能。

9. 平等保护中外主体合法权利。依法妥善审理因国际贸易、外商投资等引发的涉外知识产权纠纷,坚持依法平等保护,依法简化公证认证程序,进一步健全公正高效权威的纠纷解决机制,增强知识产权司法的国际影响力和公信力。

三、着力解决突出问题,增强司法保护实际效果

10. 切实降低知识产权维权成本。制定知识产权民事诉讼证据司法解释,完善举证责任分配规则、举证妨碍排除制度和证人出庭作证制度,拓宽电子数据证据的收集途径,准确把握电子数据规则的适用,依法支持当事人的证据保全、调查取证申请,减轻当事人的举证负担。

11. 大力缩短知识产权诉讼周期。积极开展繁简分流试点工作,推进案件繁简分流、轻重分离、快慢分道。深化知识产权裁判方式改革,实现专利商标民事、行政程序的无缝对接,防止循环诉讼。严格依法掌握委托鉴定、中止诉讼、发回重审等审查标准,减少不必要的时间消耗。依法支持知识产权行为保全申请,为裁判的及时执行创造条件。

12. 有效提高侵权赔偿数额。充分运用工商税务部门、第三方商业平台、侵权人网站或上市文件显示的相关数据以及行业平均利润率等,依法确定侵权获利情况。综合考虑知识产权市场价值、侵权人主观过错以及侵权行为的持续时间、影响范围、后果严重程度等因素,合理确定法定赔偿数额。对于情节严重的侵害知识产权行为,依法从高确定赔偿数额,依法没收、销毁假冒或盗版商品以及主要用于侵权的材料和工具,有效阻遏侵害知识产权行为的再次发生。

13. 依法制止不诚信诉讼行为。妥善审理因恶意提起知识产权诉讼损害责任纠纷,依法支持包括律师费等合理支出在内的损害赔偿请求。强化知识产权管辖纠纷的规则指引,规制人为制造管辖连接点、滥用管辖权异议等恶意拖延诉讼的行为。研究将违反法院令状、伪造证据、恶意诉讼等不诚信的诉讼行为人纳入全国征信系统。

14. 有效执行知识产权司法裁判。结合知识产权案件特点,全面优化知识产权案件执行管辖规则。研究完善行为保全和行为执行工作机制。制定知识产权裁判执行实施计划和工作指南,充分运用信息化网络查控、失信联合信用惩戒等手段加大裁判的执行力度,确保知识产权裁判得以有效执行。

四、加强体制机制建设,提高司法保护整体效能

15. 健全知识产权专门化审判体系。根据知识产权审判的现状、规律和趋势,研究完善专门法院设置,优化知识产权案件管辖法院布局,完善知识产权案件上诉机制,统一审判标准,实现知识产权案件审理专门化、管辖集中化、程序集约化和人员专业化。

16. 深入推行"三合一"审判机制。建立和完善与知识产权民事、行政、刑事诉讼"三合一"审判机制相适应的案件管辖制度和协调机制,提高知识产权司法保护整体效能。把握不同诉讼程序证明标准的差异,依法对待在先关联案件裁判的既判力,妥善处理知识产权刑事、行政、民事交叉案件。

17. 不断完善技术事实查明机制。适当扩大技术调查人员的来源,充实全国法院技术调查人才库,建立健全技术调查人才共享机制。构建技术调查官、技术咨询专家、技术鉴定人员、专家辅助人参与诉讼活动的技术事实查明机制,提高技术事实查明的中立性、客观性、科学性。

18. 加强知识产权案例指导工作。建立最高人民法院指导案例、公报案例、典型案例多位一体的知识产权案例指导体系,充分发挥典型案例在司法裁判中的指引作用,促进裁判规则统一。

19. 依托四大平台落实审判公开。充分利用审判流程公开、庭审活动公开、裁判文书公开、执行信息公开四大平台,最大限度地保障当事人和社会公众的知情权、参与权和监督权。丰富"4·26"世界知识产权日宣传内容,扩大对外宣传效果,增进社会各界对知识产权司法保护的了解、认同、尊重和信任。

20. 加强知识产权国际交流合作。积极参与知识产权保护多边体系建设,共同推动相关国际新规则创制。加强与国外司法、研究、实务机构以及知识产权国际组织的交流合作,积极开展具有国际影响力的知识产权研讨交流活动,加大中国知识产权裁判文书的翻译推介工作,扩大中国知识产权司法的国际影响力。

五、加强沟通协调工作,形成知识产权保护整体合力

21. 健全完善多元化纠纷解决机制。支持知识产权纠纷的多渠道化解,开展知识产权纠纷调解协议司法确认试点,充分发挥司法在多元化纠纷解决机制建设中的引领、推动作用,提升解决纠纷的整体效能。

22. 优化知识产权保护协作机制。加强与公安、检察机关在知识产权司法程序中的沟通协调,加强与知识产权、市场监管、版权、海关、农业等行政主管部门在知识产权行政执法程序上的衔接,推动形成知识产权保护的整体合力。

23. 建立信息沟通协调共享机制。建立健全与知识产权行政主管机关的数据交换机制,实现知识产权大数据分析工具运用常态化,提高综合研判和决策水平。

六、加强审判基础建设,有力支撑知识产权司法保护工作

24. 加强知识产权审判队伍建设。完善员额法官借调交流机制,积极推动选派优秀法官助理到下级法院挂职,遴选优秀法官到上级法院任职,实现知识产权人才的交流共享。加强知识产权司法人员业务培训。加强司法辅助人员配备,打造"审、助、书"配置齐全、技术调查官有效补充的专业审判队伍。

25. 加强专门法院法庭基础建设。加强最高人民法院知识产权法庭和各地知识产权法院、法庭建设,加强专业审判机构在机构设置、人员编制、办公场所、活动经费等方面的保障,为知识产权司法保护提供坚实的人力和物质基础。

26. 加强知识产权审判信息化建设。加强知识产权司法装备现代化、智能化建设,积极推进跨区域的知识产权远程诉讼平台建设。大力推进网上立案、网上证据交换、电子送达、在线开庭、智能语音识别、电子归档、移动微法院等信息化技术的普及应用,支持全流程审判业务网上办理,提高司法解决知识产权纠纷的便捷性、高效性和透明度。加强对电子卷宗、裁判文书、审判信息等的深度应用,充分利用司法大数据提供智能服务和精准决策。

最高人民法院关于审理涉电子商务平台知识产权民事案件的指导意见

1. 2020年9月10日

2. 法发〔2020〕32号

为公正审理涉电子商务平台知识产权民事案件,依法保护电子商务领域各方主体的合法权益,促进电子商务平台经营活动规范、有序、健康发展，结合知识产权审判实际，制定本指导意见。

一、人民法院审理涉电子商务平台知识产权纠纷案件，应当坚持严格保护知识产权的原则，依法惩治通过电子商务平台提供假冒、盗版等侵权商品或者服务的行为，积极引导当事人遵循诚实信用原则，依法正当行使权利，并妥善处理好知识产权权利人、电子商务平台经营者、平台内经营者等各方主体之间的关系。

二、人民法院审理涉电子商务平台知识产权纠纷案件，应当依照《中华人民共和国电子商务法》（以下简称电子商务法）第九条的规定，认定有关当事人是否属于电子商务平台经营者或者平台内经营者。

人民法院认定电子商务平台经营者的行为是否属于开展自营业务，可以考量下列因素：商品销售页面上标注的"自营"信息；商品实物上标注的销售主体信息；发票等交易单据上标注的销售主体信息等。

三、电子商务平台经营者知道或者应当知道平台内经营者侵害知识产权的，应当根据权利的性质、侵权的具体情形和技术条件，以及构成侵权的初步证据、服务类型，及时采取必要措施。采取的必要措施应当遵循合理审慎的原则，包括但不限于删除、屏蔽、断开链接等下架措施。平台内经营者多次、故意侵害知识产权的，电子商务平台经营者有权采取终止交易和服务的措施。

四、依据电子商务法第四十一条、第四十二条、第四十三条的规定，电子商务平台经营者可以根据知识产权权利类型、商品或者服务的特点等，制定平台内通知与声明机制的具体执行措施。但是，有关措施不能对当事人依法维护权利的行为设置不合理的条件或者障碍。

五、知识产权权利人依据电子商务法第四十二条的规定，向电子商务平台经营者发出的通知一般包括：知识产权权利证明及权利人的真实身份信息；能够实现准确定位的被诉侵权商品或者服务信息；构成侵权的初步证据；通知真实性的书面保证等。通知应当采取书面形式。

通知涉及专利权的，电子商务平台经营者可以要求知识产权权利人提交技术特征或者设计特征对比的说明、实用新型或者外观设计专利权评价报告等材料。

六、人民法院认定通知人是否具有电子商务法第四十二条第三款所称的"恶意"，可以考量下列因素：提交伪造、变造的权利证明；提交虚假侵权对比的鉴定意见、专家意见；明知权利状态不稳定仍发出通知；明知通知错误仍不及时撤回或者更正；反复提交错误通知等。

电子商务平台经营者、平台内经营者以错误通知、恶意发出错误通知造成其损害为由，向人民法院提起诉讼的，可以与涉电子商务平台知识产权纠纷案件一并审理。

七、平台内经营者依据电子商务法第四十三条的规定，向电子商务平台经营者提交的不存在侵权行为的声明一般包括：平台内经营者的真实身份信息；能够实现准确定位、要求终止必要措施的商品或者服务信息；权属证明、授权证明等不存在侵权行为的初步证据；声明真实性的书面保证等。声明应当采取书面形式。

声明涉及专利权的，电子商务平台经营者可以要求平台内经营者提交技术特征或者设计特征对比的说明等材料。

八、人民法院认定平台内经营者发出声明是否具有恶意，可以考量下列因素：提供伪造或者无效的权利证明、授权证明；声明包含虚假信息或者具有明显误导性；通知已经附有认定侵权的生效裁判或者行政处理决定，仍发出声明；明知声明内容错误，仍不及时撤回或者更正等。

九、因情况紧急，电子商务平台经营者不立即采取商品下架等措施将会使其合法利益受到难以弥补的损害的，知识产权权利人可以依据《中华人民共和国民事诉讼法》第一百条、第一百零一条的规定，向人民法院申请采取保全措施。

因情况紧急，电子商务平台经营者不立即恢复商品链接、通知人不立即撤回通知或者停止发送通知等行为将会使其合法利益受到难以弥补的损害的，平台内经营者可以依据前款所述法律规定，向人民法院申请采取保全措施。

知识产权权利人、平台内经营者的申请符合法律规定的，人民法院应当依法予以支持。

十、人民法院判断电子商务平台经营者是否采取了合理的措施，可以考量下列因素：构成侵权的初步证据；侵权成立的可能性；侵权行为的影响范围；侵权行为的具体情节，包括是否存在恶意侵权、重复侵权情形；防止损害扩大的有效性；对平台内经营者利益可能的影响；电子商务平台的服务类型和技术条件等。

平台内经营者有证据证明通知所涉专利权已经被国家知识产权局宣告无效，电子商务平台经营者据此暂缓采取必要措施，知识产权权利人请求认定电子商务平台经营者未及时采取必要措施的,人民法院不予支持。

十一、电子商务平台经营者存在下列情形之一的,人民法院可以认定其“应当知道”侵权行为的存在:

(一)未履行制定知识产权保护规则、审核平台内经营者经营资质等法定义务;

(二)未审核平台内店铺类型标注为“旗舰店”“品牌店”等字样的经营者的权利证明;

(三)未采取有效技术手段,过滤和拦截包含“高仿”“假货”等字样的侵权商品链接、被投诉成立后再次上架的侵权商品链接;

(四)其他未履行合理审查和注意义务的情形。

最高人民法院关于依法加大知识产权侵权行为惩治力度的意见

1. 2020年9月14日
2. 法发〔2020〕33号

为公正审理案件,依法加大对知识产权侵权行为的惩治力度,有效阻遏侵权行为,营造良好的法治化营商环境,结合知识产权审判实际,制定如下意见。

一、加强适用保全措施

1. 对于侵害或者即将侵害涉及核心技术、知名品牌、热播节目等知识产权以及在展会上侵害或者即将侵害知识产权等将会造成难以弥补的损害的行为,权利人申请行为保全的,人民法院应当依法及时审查并作出裁定。

2. 权利人在知识产权侵权诉讼中既申请停止侵权的先行判决,又申请行为保全的,人民法院应当依法一并及时审查。

3. 权利人有初步证据证明存在侵害知识产权行为且证据可能灭失或者以后难以取得的情形,申请证据保全的,人民法院应当依法及时审查并作出裁定。涉及较强专业技术问题的证据保全,可以由技术调查官参与。

4. 对于已经被采取保全措施的被诉侵权产品或者其他证据,被诉侵权人擅自毁损、转移等,致使侵权事实无法查明的,人民法院可以推定权利人就该证据所涉证明事项的主张成立。属于法律规定的妨害诉讼情形的,依法采取强制措施。

二、依法判决停止侵权

5. 对于侵权事实已经清楚、能够认定侵权成立的,人民法院可以依法先行判决停止侵权。

6. 对于假冒、盗版商品及主要用于生产或者制造假冒、盗版商品的材料和工具,权利人在民事诉讼中举证证明存在上述物品并请求迅速销毁的,除特殊情况外,人民法院应予支持。在特殊情况下,人民法院可以责令在商业渠道之外处置主要用于生产或者制造假冒、盗版商品的材料和工具,尽可能减少进一步侵权的风险;侵权人请求补偿的,人民法院不予支持。

三、依法加大赔偿力度

7. 人民法院应当充分运用举证妨碍、调查取证、证据保全、专业评估、经济分析等制度和方法,引导当事人积极、全面、正确、诚实举证,提高损害赔偿数额计算的科学性和合理性,充分弥补权利人损失。

8. 人民法院应当积极运用当事人提供的来源于工商税务部门、第三方商业平台、侵权人网站、宣传资料或者依法披露文件的相关数据以及行业平均利润率等,依法确定侵权获利情况。

9. 权利人依法请求根据侵权获利确定赔偿数额且已举证的,人民法院可以责令侵权人提供其掌握的侵权获利证据;侵权人无正当理由拒不提供或者未按要求提供的,人民法院可以根据权利人的主张和在案证据判定赔偿数额。

10. 对于故意侵害他人知识产权,情节严重的,依法支持权利人的惩罚性赔偿请求,充分发挥惩罚性赔偿对于故意侵权行为的威慑作用。

11. 人民法院应当依法合理确定法定赔偿数额。侵权行为造成权利人重大损失或者侵权人获利巨大的,为充分弥补权利人损失,有效阻遏侵权行为,人民法院可以根据权利人的请求,以接近或者达到最高限额确定法定赔偿数额。

人民法院在从高确定法定赔偿数额时应当考虑的因素包括:侵权人是否存在侵权故意,是否主要以侵权为业,是否存在重复侵权,侵权行为是否持续时间长,是否涉及区域广,是否可能危害人身安全、破坏环境资源或者损害公共利益等。

12. 权利人在二审程序中请求将新增的为制止侵权行为所支付的合理开支纳入赔偿数额的,人民法院可以一并审查。

13. 人民法院应当综合考虑案情复杂程度、工作专业性和强度、行业惯例、当地政府指导价等因素，根据权利人提供的证据，合理确定权利人请求赔偿的律师费用。

四、加大刑事打击力度

14. 通过网络销售实施侵犯知识产权犯罪的非法经营数额、违法所得数额，应当综合考虑网络销售电子数据、银行账户往来记录、送货单、物流公司电脑系统记录、证人证言、被告人供述等证据认定。

15. 对于主要以侵犯知识产权为业、在特定期间假冒抢险救灾、防疫物资等商品的注册商标以及因侵犯知识产权受到行政处罚后再次侵犯知识产权构成犯罪的情形，依法从重处罚，一般不适用缓刑。

16. 依法严格追缴违法所得，加强罚金刑的适用，剥夺犯罪分子再次侵犯知识产权的能力和条件。

最高人民法院关于审理侵害知识产权民事案件适用惩罚性赔偿的解释

1. 2021年2月7日最高人民法院审判委员会第1831次会议通过
2. 2021年3月2日公布
3. 法释〔2021〕4号
4. 自2021年3月3日起施行

为正确实施知识产权惩罚性赔偿制度，依法惩处严重侵害知识产权行为，全面加强知识产权保护，根据《中华人民共和国民法典》《中华人民共和国著作权法》《中华人民共和国商标法》《中华人民共和国专利法》《中华人民共和国反不正当竞争法》《中华人民共和国种子法》《中华人民共和国民事诉讼法》等有关法律规定，结合审判实践，制定本解释。

第一条　原告主张被告故意侵害其依法享有的知识产权且情节严重，请求判令被告承担惩罚性赔偿责任的，人民法院应当依法审查处理。

本解释所称故意，包括商标法第六十三条第一款和反不正当竞争法第十七条第三款规定的恶意。

第二条　原告请求惩罚性赔偿的，应当在起诉时明确赔偿数额、计算方式以及所依据的事实和理由。

原告在一审法庭辩论终结前增加惩罚性赔偿请求的，人民法院应当准许；在二审中增加惩罚性赔偿请求的，人民法院可以根据当事人自愿的原则进行调解，调解不成的，告知当事人另行起诉。

第三条　对于侵害知识产权的故意的认定，人民法院应当综合考虑被侵害知识产权客体类型、权利状态和相关产品知名度、被告与原告或者利害关系人之间的关系等因素。

对于下列情形，人民法院可以初步认定被告具有侵害知识产权的故意：

（一）被告经原告或者利害关系人通知、警告后，仍继续实施侵权行为的；

（二）被告或其法定代表人、管理人是原告或者利害关系人的法定代表人、管理人、实际控制人的；

（三）被告与原告或者利害关系人之间存在劳动、劳务、合作、许可、经销、代理、代表等关系，且接触过被侵害的知识产权的；

（四）被告与原告或者利害关系人之间有业务往来或者为达成合同等进行过磋商，且接触过被侵害的知识产权的；

（五）被告实施盗版、假冒注册商标行为的；

（六）其他可以认定为故意的情形。

第四条　对于侵害知识产权情节严重的认定，人民法院应当综合考虑侵权手段、次数，侵权行为的持续时间、地域范围、规模、后果，侵权人在诉讼中的行为等因素。

被告有下列情形的，人民法院可以认定为情节严重：

（一）因侵权被行政处罚或者法院裁判承担责任后，再次实施相同或者类似侵权行为；

（二）以侵害知识产权为业；

（三）伪造、毁坏或者隐匿侵权证据；

（四）拒不履行保全裁定；

（五）侵权获利或者权利人受损巨大；

（六）侵权行为可能危害国家安全、公共利益或者人身健康；

（七）其他可以认定为情节严重的情形。

第五条　人民法院确定惩罚性赔偿数额时，应当分别依照相关法律，以原告实际损失数额、被告违法所得数额或者因侵权所获得的利益作为计算基数。该基数不包括原告为制止侵权所支付的合理开支；法律另有规定的，依照其规定。

前款所称实际损失数额、违法所得数额、因侵权所获得的利益均难以计算的，人民法院依法参照该权利许可使用费的倍数合理确定，并以此作为惩罚性赔偿数额的计算基数。

人民法院依法责令被告提供其掌握的与侵权行为相关的账簿、资料，被告无正当理由拒不提供或者提供虚假账簿、资料的，人民法院可以参考原告的主张和证据确定惩罚性赔偿数额的计算基数。构成民事诉讼法第一百一十一条规定情形的，依法追究法律责任。

第六条 人民法院依法确定惩罚性赔偿的倍数时，应当综合考虑被告主观过错程度、侵权行为的情节严重程度等因素。

因同一侵权行为已经被处以行政罚款或者刑事罚金且执行完毕，被告主张减免惩罚性赔偿责任的，人民法院不予支持，但在确定前款所称倍数时可以综合考虑。

第七条 本解释自2021年3月3日起施行。最高人民法院以前发布的相关司法解释与本解释不一致的，以本解释为准。

最高人民法院关于调整地方各级人民法院管辖第一审知识产权民事案件标准的通知

1. 2010年1月28日

2. 法发〔2010〕5号

各省、自治区、直辖市高级人民法院，解放军军事法院，新疆维吾尔自治区高级人民法院生产建设兵团分院：

为进一步加强最高人民法院和高级人民法院的知识产权审判监督和业务指导职能，合理均衡各级人民法院的工作负担，根据人民法院在知识产权民事审判工作中贯彻执行修改后的民事诉讼法的实际情况，现就调整地方各级人民法院管辖第一审知识产权民事案件标准问题，通知如下：

一、高级人民法院管辖诉讼标的额在2亿元以上的第一审知识产权民事案件，以及诉讼标的额在1亿元以上且当事人一方住所地不在其辖区或者涉外、涉港澳台的第一审知识产权民事案件。

二、对于本通知第一项标准以下的第一审知识产权民事案件，除应当由经最高人民法院指定具有一般知识产权民事案件管辖权的基层人民法院管辖的以外，均由中级人民法院管辖。

三、经最高人民法院指定具有一般知识产权民事案件管辖权的基层人民法院，可以管辖诉讼标的额在500万元以下的第一审一般知识产权民事案件，以及诉讼标的额在500万元以上1000万元以下且当事人住所地均在其所属高级或中级人民法院辖区的第一审一般知识产权民事案件，具体标准由有关高级人民法院自行确定并报最高人民法院批准。

四、对重大疑难、新类型和在适用法律上有普遍意义的知识产权民事案件，可以依照民事诉讼法第三十九条的规定，由上级人民法院自行决定由其审理，或者根据下级人民法院报请决定由其审理。

五、对专利、植物新品种、集成电路布图设计纠纷案件和涉及驰名商标认定的纠纷案件以及垄断纠纷案件等特殊类型的第一审知识产权民事案件，确定管辖时还应当符合最高人民法院有关上述案件管辖的特别规定。

六、军事法院管辖军内第一审知识产权民事案件的标准，参照当地同级地方人民法院的标准执行。

七、本通知下发后，需要新增指定具有一般知识产权民事案件管辖权的基层人民法院的，有关高级人民法院应将该基层人民法院管辖第一审一般知识产权民事案件的标准一并报最高人民法院批准。

八、本通知所称“以上”包括本数，“以下”不包括本数。

九、本通知自2010年2月1日起执行。之前已经受理的案件，仍按照各地原标准执行。

本通知执行过程中遇到的问题，请及时报告最高人民法院。

最高人民法院关于印发基层人民法院管辖第一审知识产权民事案件标准的通知

1. 2010年1月28日

2. 法发〔2010〕6号

各省、自治区、直辖市高级人民法院，解放军军事法院，新疆维吾尔自治区高级人民法院生产建设兵团分院：

根据各有关高级人民法院的报请，现将经最高人民法院批准的目前具有一般知识产权民事案件管辖权的基层人民法院管辖第一审知识产权民事案件的标准（见附件）统一予以印发，自2010年2月1日起施行。之前已经受理的案件，仍按照各地原标准执行。

特此通知。

附件：

基层人民法院管辖第一审知识产权民事案件标准

地区	基层人民法院		管辖第一审知识产权民事案件的标准
北京市	东城区人民法院		诉讼标的额在500万元以下的第一审一般知识产权民事案件以及诉讼标的额在500万元以上1000万元以下且当事人住所地均在北京市高级人民法院辖区的第一审一般知识产权民事案件
	西城区人民法院		
	崇文区人民法院		
	宣武区人民法院		
	朝阳区人民法院		
	海淀区人民法院		
	丰台区人民法院		
	石景山区人民法院		
	昌平区人民法院		
天津市	和平区人民法院		诉讼标的额在100万元以下的第一审一般知识产权民事案件
	经济技术开发区人民法院		诉讼标的额在50万元以下的第一审一般知识产权民事案件
辽宁省	大连市	西岗区人民法院	诉讼标的额在500万元以下的第一审一般知识产权民事案件
上海市	浦东新区人民法院		诉讼标的额在200万元以下的第一审一般知识产权民事案件
	卢湾区人民法院		
	杨浦区人民法院		
	黄浦区人民法院		
江苏省	南京市	宣武区人民法院	诉讼标的额在200万元以下的第一审一般知识产权民事案件
		鼓楼区人民法院	
		江宁区人民法院	
	苏州市	虎丘区人民法院	
		昆山市人民法院	
		太仓市人民法院	
		常熟市人民法院	
		工业园区人民法院	
	无锡市	滨湖区人民法院	
		江阴市人民法院	
		宜兴市人民法院	
	常州市	武进区人民法院	诉讼标的额在100万元以下的第一审一般知识产权民事案件
		天宁区人民法院	
		常州高新技术产业开发区人民法院	
	镇江市	镇江经济开发区人民法院	
	南通市	通州区人民法院	

续表

<table>
<tr><th>地区</th><th colspan="2">基层人民法院</th><th>管辖第一审知识产权民事案件的标准</th></tr>
<tr><td rowspan="18">浙江省</td><td rowspan="4">杭州市</td><td>西湖区人民法院</td><td rowspan="18">诉讼标的额在500万元以下的第一审一般知识产权民事案件（义乌市人民法院同时管辖诉讼标的额在500万元以下的第一审实用新型和外观设计专利纠纷案件）</td></tr>
<tr><td>滨江区人民法院</td></tr>
<tr><td>余杭区人民法院</td></tr>
<tr><td>萧山区人民法院</td></tr>
<tr><td rowspan="4">宁波市</td><td>北仑区人民法院</td></tr>
<tr><td>鄞州区人民法院</td></tr>
<tr><td>余姚市人民法院</td></tr>
<tr><td>慈溪市人民法院</td></tr>
<tr><td rowspan="4">温州市</td><td>鹿城区人民法院</td></tr>
<tr><td>瓯海区人民法院</td></tr>
<tr><td>乐清市人民法院</td></tr>
<tr><td>瑞安市人民法院</td></tr>
<tr><td rowspan="2">嘉兴市</td><td>南湖区人民法院</td></tr>
<tr><td>海宁市人民法院</td></tr>
<tr><td>绍兴市</td><td>绍兴县人民法院</td></tr>
<tr><td rowspan="2">金华市</td><td>婺城区人民法院</td></tr>
<tr><td>义乌市人民法院</td></tr>
<tr><td>台州市</td><td>玉环县人民法院</td></tr>
<tr><td>安徽省</td><td>合肥市</td><td>高新技术产业开发区人民法院</td><td>诉讼标的额在5万元以下的第一审一般知识产权民事案件</td></tr>
<tr><td rowspan="3">福建省</td><td>福州市</td><td>鼓楼区人民法院</td><td rowspan="3">诉讼标的额在50万元以下的第一审一般知识产权民事案件</td></tr>
<tr><td>厦门市</td><td>思明区人民法院</td></tr>
<tr><td>泉州市</td><td>晋江市人民法院</td></tr>
<tr><td rowspan="2">江西省</td><td rowspan="2">南昌市</td><td>南昌高新技术产业开发区人民法院</td><td rowspan="2">诉讼标的额在100万元以下的第一审一般知识产权民事案件</td></tr>
<tr><td>南昌经济技术开发区人民法院</td></tr>
<tr><td rowspan="2">山东省</td><td>济南市</td><td>历下区人民法院</td><td rowspan="2">诉讼标的额在50万元以下的第一审一般知识产权民事案件以及诉讼标的额在50万元以上100万元以下且当事人住所地均在其所属中级人民法院辖区的第一审一般知识产权民事案件</td></tr>
<tr><td>青岛市</td><td>市南区人民法院</td></tr>
<tr><td>湖北省</td><td>武汉市</td><td>江岸区人民法院</td><td>诉讼标的额在300万元以下的第一审一般知识产权民事案件以及诉讼标的额在300万元以上800万元以下且当事人住所地均在武汉市中级人民法院辖区的第一审一般知识产权民事案件</td></tr>
<tr><td rowspan="3">湖南省</td><td rowspan="2">长沙市</td><td>天心区人民法院</td><td rowspan="3">诉讼标的额在300万元以下的第一审一般知识产权民事案件</td></tr>
<tr><td>岳麓区人民法院</td></tr>
<tr><td>株洲市</td><td>天元区人民法院</td></tr>
</table>

续表

地区	基层人民法院		管辖第一审知识产权民事案件的标准
广东省	广州市	越秀区人民法院	诉讼标的额在200万元以下的第一审一般知识产权民事案件
		海珠区人民法院	
		天河区人民法院	
		白云区人民法院	
		萝岗区人民法院	
		南沙区人民法院	
	深圳市	罗湖区人民法院	
		福田区人民法院	
		南山区人民法院	
		盐田区人民法院	
		龙岗区人民法院	
		宝安区人民法院	
	佛山市	南海区人民法院	
		禅城区人民法院	
		顺德区人民法院	
	汕头市	龙湖区人民法院	
	江门市	蓬江区人民法院	
		新会区人民法院	
	东莞市	东莞市第一人民法院	
	中山市	中山市人民法院	
广西壮族自治区	南宁市	青秀区人民法院	诉讼标的额在80万元以下的第一审一般知识产权民事案件以及诉讼标的额在80万元以上150万元以下且当事人住所地均在南宁市中级人民法院辖区的第一审一般知识产权民事案件
四川省	成都市	高新区人民法院	诉讼标的额在50万元以下的第一审一般知识产权民事案件
		武侯区人民法院	
		锦江区人民法院	
重庆市	渝中区人民法院		诉讼标的额在300万元以下的第一审一般知识产权民事案件
	沙坪坝区人民法院		
甘肃省	兰州市	城关区人民法院	诉讼标的额在30万元以下的第一审一般知识产权民事案件
	天水市	秦州区人民法院	

续表

地区	基层人民法院		管辖第一审知识产权民事案件的标准
新疆生产建设兵团	农十二师	乌鲁木齐垦区人民法院	诉讼标的额在100万元以下的第一审一般知识产权民事案件以及诉讼标的额在100万元以上300万元以下且当事人住所地均在农十二师中级人民法院辖区的第一审一般知识产权民事案件
	农六师	五家渠市人民法院	诉讼标的额在100万元以下的第一审一般知识产权民事案件以及诉讼标的额在100万元以上200万元以下且当事人住所地均在农六师中级人民法院辖区的第一审一般知识产权民事案件

注:本附件所称“以上”包括本数,“以下”不包括本数。

最高人民法院关于在知识产权审判中贯彻落实《全国人民代表大会常务委员会关于修改〈中华人民共和国民事诉讼法〉的决定》有关问题的通知

1. 2012年12月24日
2. 法〔2012〕317号

各省、自治区、直辖市高级人民法院,解放军军事法院,新疆维吾尔自治区高级人民法院生产建设兵团分院:

第十一届全国人民代表大会常务委员会第二十八次会议审议通过的《关于修改〈中华人民共和国民事诉讼法〉的决定》(以下简称《民事诉讼法修改决定》)将于2013年1月1日起施行。为在知识产权审判工作中正确适用《民事诉讼法修改决定》,现就有关事项通知如下:

一、充分认识贯彻落实《民事诉讼法修改决定》对知识产权审判工作的重要意义

《民事诉讼法修改决定》明确规定了诚实信用原则,修改了关于委托代理人的规定,完善了证据制度,新增了诉前证据保全和诉前行为保全制度等,对于完善知识产权司法保护机制、充分发挥知识产权司法保护主导作用具有重要意义。要高度重视和深入研究《民事诉讼法修改决定》在知识产权审判工作中的贯彻落实,进一步完善知识产权诉讼制度,加大司法保护力度,提高司法保护水平。

二、规范专利代理人以公民身份担任诉讼代理人

《民事诉讼法修改决定》施行后,专利代理人经中华全国专利代理人协会推荐,可以公民身份在专利案件中担任诉讼代理人。

中华全国专利代理人协会在具体案件中向人民法院个别推荐专利代理人担任诉讼代理人的,人民法院应当对推荐手续和专利代理人资格予以审查。

中华全国专利代理人协会以名单方式向最高人民法院推荐专利代理人担任诉讼代理人,经最高人民法院确认后,名单内的专利代理人在具体案件中担任诉讼代理人无需再履行个别推荐手续。各级人民法院根据最高人民法院确认的推荐名单对专利代理人资格予以审查。

三、正确适用诉前保全制度

《民事诉讼法修改决定》施行后,利害关系人因专利、商标和著作权纠纷在起诉前向人民法院申请采取诉前证据保全或者诉前行为保全措施的,适用修改后民事诉讼法。相关司法解释关于诉前证据保全和诉前行为保全的规定与修改后民事诉讼法有关规定不一致的,不再适用;不相冲突的,应继续适用。

《民事诉讼法修改决定》施行后,利害关系人因不正当竞争、植物新品种、垄断等纠纷在起诉前向人民法院申请采取诉前证据保全或者诉前行为保全措施的,人民法院应当依法受理。

本通知执行中如有问题和新情况,请及时层报最高人民法院。

最高人民法院关于知识产权法院案件管辖等有关问题的通知

1. 2014年12月24日
2. 法〔2014〕338号

各省、自治区、直辖市高级人民法院,解放军军事法院,新疆维吾尔自治区高级人民法院生产建设兵团分院:

为进一步明确知识产权法院案件管辖等有关问题,依法及时受理知识产权案件,保障当事人诉讼权利,根据《中华人民共和国民事诉讼法》、《中华人民共和国行政诉讼法》、《全国人民代表大会常务委员会关于在北京、上海、广州设立知识产权法院的决定》、《最高人民法院关于北京、上海、广州知识产权法院案件管辖的规定》等规定，结合审判实际，现就有关问题通知如下：

一、知识产权法院所在市辖区内的第一审知识产权民事案件，除法律和司法解释规定应由知识产权法院管辖外，由基层人民法院管辖，不受诉讼标的额的限制。

不具有知识产权民事案件管辖权的基层人民法院辖区内前款所述案件，由所在地高级人民法院报请最高人民法院指定具有知识产权民事案件管辖权的基层人民法院跨区域管辖。

二、知识产权法院对所在市的基层人民法院管辖的重大涉外或者有重大影响的第一审知识产权案件，可以根据民事诉讼法第三十八条的规定提级审理。

知识产权法院所在市的基层人民法院对其所管辖的第一审知识产权案件，认为需要由知识产权法院审理的，可以报请知识产权法院审理。

三、知识产权法院管辖所在市辖区内的第一审垄断民事纠纷案件。

广州知识产权法院对广东省内的第一审垄断民事纠纷实行跨区域管辖。

四、对知识产权法院所在市的基层人民法院已经发生法律效力的知识产权民事和行政判决、裁定、调解书，当事人依法可以向该基层人民法院或者知识产权法院申请再审。

对知识产权法院已经发生法律效力的民事和行政判决、裁定、调解书，当事人依法可以向该知识产权法院或者其所在地的高级人民法院申请再审；当事人依法向知识产权法院所在地的高级人民法院申请再审的，由该高级人民法院知识产权审判庭审理。

五、利害关系人或者当事人向知识产权法院申请证据保全、行为保全、财产保全的，知识产权法院应当依法及时受理；裁定采取相关措施的，应当立即执行。

六、知识产权法院审理的第一审案件，生效判决、裁定、调解书需要强制执行的，知识产权法院所在地的高级人民法院可指定辖区内其他中级人民法院执行。

七、本通知自2015年1月1日起施行。

施行中如有新情况，请及时层报最高人民法院。

最高人民法院关于印发基层人民法院管辖第一审知识产权民事、行政案件标准的通知

1.　2022年4月20日
2.　法〔2022〕109号

各省、自治区、直辖市高级人民法院，解放军军事法院，新疆维吾尔自治区高级人民法院生产建设兵团分院：

根据《最高人民法院关于第一审知识产权民事、行政案件管辖的若干规定》，最高人民法院确定了具有知识产权民事、行政案件管辖权的基层人民法院及其管辖区域、管辖第一审知识产权民事案件诉讼标的额的标准。现予以印发，自2022年5月1日起施行。本通知施行前已经受理的案件，仍按照原标准执行。

基层人民法院管辖第一审知识产权民事、行政案件标准

地区	民事案件诉讼标的额（不含本数）	基层人民法院	管辖区域
北京市	不受诉讼标的额限制	北京市东城区人民法院	东城区、通州区、顺义区、怀柔区、平谷区、密云区
		北京市西城区人民法院	西城区、大兴区
		北京市朝阳区人民法院	朝阳区
		北京市海淀区人民法院	海淀区
		北京市丰台区人民法院	丰台区、房山区
		北京市石景山区人民法院	石景山区、门头沟区、昌平区、延庆区

续表

地区	民事案件诉讼标的额(不含本数)	基层人民法院	管辖区域
天津市	500万元以下	天津市滨海新区人民法院	滨海新区、东丽区、宁河区
		天津市和平区人民法院	和平区、南开区、红桥区、西青区、武清区、宝坻区、蓟州区
		天津市河西区人民法院	河东区、河西区、河北区、津南区、北辰区、静海区
河北省	100万元以下	石家庄高新技术产业开发区人民法院	石家庄高新技术产业开发区、长安区、裕华区、栾城区、藁城区、新乐市、晋州市、深泽县、灵寿县、行唐县、赵县、辛集市
		石家庄铁路运输法院	新华区、桥西区、鹿泉区、正定县、井陉县、井陉矿区、赞皇县、平山县、高邑县、元氏县、无极县
		唐山高新技术产业开发区人民法院	唐山市
		秦皇岛市山海关区人民法院	秦皇岛市
		邯郸市永年区人民法院	永年区、复兴区、丛台区、涉县、武 安市、广平县、曲周县、鸡泽县、邱县、馆陶县
		邯郸经济技术开发区人民法院	邯郸经济技术开发区、冀南新区、峰峰矿区、邯山区、肥乡区、磁县、成安县、临漳县、魏县、大名县
		邢台经济开发区人民法院	邢台市
		保定高新技术产业开发区人民法院	保定市及定州市
		张家口市桥东区人民法院	张家口市
		承德市双滦区人民法院	承德市
		沧州市新华区人民法院	沧州市
		廊坊市安次区人民法院	廊坊市
		衡水市桃城区人民法院	衡水市
		容城县人民法院	雄安新区
山西省	100万元以下	山西转型综合改革示范区人民法院	山西转型综合改革示范区
		太原市杏花岭区人民法院	太原市
		大同市云冈区人民法院	大同市
		阳泉市郊区人民法院	阳泉市
		长治市潞州区人民法院	长治市
		晋中市太谷区人民法院	晋中市
		晋城市城区人民法院	晋城市
		朔州市朔城区人民法院	朔州市
		忻州市忻府区人民法院	忻州市
		汾阳市人民法院	吕梁市

续表

地区	民事案件诉讼标的额(不含本数)	基层人民法院	管辖区域
		临汾市尧都区人民法院	临汾市
		运城市盐湖区人民法院	运城市
内蒙古自治区	100万元以下	呼和浩特市新城区人民法院	呼和浩特市
		包头市石拐区人民法院	包头市
		乌海市乌达区人民法院	乌海市
		赤峰市红山区人民法院	赤峰市
		通辽市科尔沁区人民法院	通辽市
		鄂尔多斯市康巴什区人民法院	鄂尔多斯市
		呼伦贝尔市海拉尔区人民法院	呼伦贝尔市
		巴彦淖尔市临河区人民法院	巴彦淖尔市
		乌兰察布市集宁区人民法院	乌兰察布市
		乌兰浩特市人民法院	兴安盟
		锡林浩特市人民法院	锡林郭勒盟
		阿拉善左旗人民法院	阿拉善盟
辽宁省	100万元以下	沈阳高新技术产业开发区人民法院	沈阳市
		大连市西岗区人民法院	大连市[中国(辽宁)自由贸易试验区大连片区除外]
		大连经济技术开发区人民法院	中国(辽宁)自由贸易试验区大连片区
		鞍山市千山区人民法院	鞍山市
		抚顺市东洲区人民法院	抚顺市
		本溪市平山区人民法院	本溪市
		丹东市振安区人民法院	丹东市
		锦州市古塔区人民法院	锦州市
		营口市西市区人民法院	营口市
		阜新市海州区人民法院	阜新市
		辽阳市太子河区人民法院	辽阳市
		铁岭市银州区人民法院	铁岭市
		朝阳市龙城区人民法院	朝阳市
		盘山县人民法院	盘锦市
		兴城市人民法院	葫芦岛市

续表

地区	民事案件诉讼标的额(不含本数)	基层人民法院	管辖区域
吉林省	100万元以下	长春新区人民法院	长春市
		吉林市船营区人民法院	吉林市
		四平市铁西区人民法院	四平市
		辽源市龙山区人民法院	辽源市
		梅河口市人民法院	通化市
		白山市浑江区人民法院	白山市
		松原市宁江区人民法院	松原市
		白城市洮北区人民法院	白城市
		珲春市人民法院	延边朝鲜族自治州
		珲春林区基层法院	延边林区中级法院辖区
		临江林区基层法院	长春林区中级法院辖区
黑龙江省	100万元以下	哈尔滨市南岗区人民法院	南岗区、香坊区、阿城区、呼兰区、五常市、巴彦县、木兰县、通河县
		哈尔滨市道里区人民法院	道里区、道外区、双城区、尚志市、宾、县、依兰县、延寿县、方正县
		哈尔滨市松北区人民法院	松北区、平房区
		齐齐哈尔市铁锋区人民法院	齐齐哈尔市
		牡丹江市东安区人民法院	牡丹江市
		佳木斯市向阳区人民法院	佳木斯市
		大庆高新技术产业开发区人民法院	大庆市
		鸡西市鸡冠区人民法院	鸡西市
		鹤岗市南山区人民法院	鹤岗市
		双鸭山市岭东区人民法院	双鸭山市
		伊春市伊美区人民法院	伊春市
		七台河市桃山区人民法院	七台河市
		黑河市爱辉区人民法院	黑河市
		海伦市人民法院	绥化市
		大兴安岭地区加格达奇区人民法院	大兴安岭地区
		绥北人民法院	农垦中级法院辖区

续表

地区	民事案件诉讼标的额(不含本数)	基层人民法院	管辖区域
上海市	不受诉讼标的额限制	上海市浦东新区人民法院	各自辖区
		上海市徐汇区人民法院	
		上海市长宁区人民法院	
		上海市闵行区人民法院	
		上海市金山区人民法院	
		上海市松江区人民法院	
		上海市奉贤区人民法院	
		上海市黄浦区人民法院	
		上海市杨浦区人民法院	
		上海市虹口区人民法院	
		上海市静安区人民法院	
		上海市普陀区人民法院	
		上海市宝山区人民法院	
		上海市嘉定区人民法院	
		上海市青浦区人民法院	
		上海市崇明区人民法院	
江苏省	500万元以下	南京市玄武区人民法院	玄武区、栖霞区
		南京市秦淮区人民法院	秦淮区
		南京市建邺区人民法院	建邺区
		南京市雨花台区人民法院	雨花台区
		南京市江宁区人民法院	江宁区(秣陵街道及禄口街道除外)
		江宁经济技术开发区人民法院	江宁区秣陵街道及禄口街道、溧水区、高淳区
		南京江北新区人民法院	南京江北新区、鼓楼区、浦口区、六合区
		江阴市人民法院	江阴市
		宜兴市人民法院	宜兴市
		无锡市惠山区人民法院	惠山区
		无锡市滨湖区人民法院	滨湖区、梁溪区
		无锡市新吴区人民法院	新吴区、锡山区
		徐州市鼓楼区人民法院	鼓楼区、丰县、沛县
		徐州市铜山区人民法院	铜山区、泉山区

续表

地区	民事案件诉讼标的额（不含本数）	基层人民法院	管辖区域
		睢宁县人民法院	睢宁县、邳州市
		新沂市人民法院	新沂市
		徐州经济技术开发区人民法院	云龙区、贾汪区、徐州经济技术开发区
		常州市天宁区人民法院	天宁区
		常州市钟楼区人民法院	钟楼区
		常州高新技术产业开发区人民法院	新北区
		常州市武进区人民法院	武进区
		常州市金坛区人民法院	金坛区
		溧阳市人民法院	溧阳市
		常州经济开发区人民法院	常州经济开发区
		张家港市人民法院	张家港市
		常熟市人民法院	常熟市
		太仓市人民法院	太仓市
		昆山市人民法院	昆山市
		苏州市吴江区人民法院	吴江区
		苏州市相城区人民法院	相城区
		苏州工业园区人民法院	苏州工业园区、吴中区
		苏州市虎丘区人民法院	虎丘区、姑苏区
		南通通州湾江海联动开发示范区人民法院	崇川区、通州区、海门区、海安市、如东县、启东市、如皋市、南通经济技术开发区、通州湾江海联动开发示范区
		连云港市连云区人民法院	连云区、海州区、赣榆区
		连云港经济技术开发区人民法院	东海县、灌云县、灌南县、连云港经济技术开发区
		淮安市淮安区人民法院	淮安区、洪泽区、盱眙县、金湖县
		淮安市淮阴区人民法院	淮阴区、清江浦区、涟水县、淮安经济技术开发区
		盐城市亭湖区人民法院	亭湖区、建湖县、盐城经济技术开发区
		射阳县人民法院	响水县、滨海县、阜宁县、射阳县
		盐城市大丰区人民法院	盐都区、大丰区、东台市
		扬州市广陵区人民法院	广陵区、江都区、扬州经济技术开发区、扬州市生态科技新城、扬州市蜀冈－瘦西湖风景名胜区
		仪征市人民法院	邗江区、仪征市
		高邮市人民法院	宝应县、高邮市

续表

地区	民事案件诉讼标的额(不含本数)	基层人民法院	管辖区域
		镇江市京口区人民法院	京口区、润州区
		丹阳市人民法院	丹阳市、句容市
		镇江经济开发区人民法院	丹徒区、扬中市、镇江经济技术开发区
		靖江市人民法院	姜堰区、靖江市、泰兴市
		泰州医药高新技术产业开发区人民法院	海陵区、泰州医药高新技术产业开发区(高港区)、兴化市
		沭阳县人民法院	沭阳县、泗阳县
		宿迁市宿城区人民法院	宿城区、宿豫区、泗洪县
浙江省	500万元以下	杭州市拱墅区人民法院	拱墅区
		杭州市西湖区人民法院	西湖区
		杭州市滨江区人民法院	滨江区
		杭州市萧山区人民法院	萧山区
		杭州市余杭区人民法院	余杭区
		杭州市临平区人民法院	临平区
		杭州市钱塘区人民法院	钱塘区
		杭州铁路运输法院	上城区、富阳区、临安区、建德市、桐庐县、淳安县
		宁波市海曙区人民法院	海曙区、江北区
		宁波市北仑区人民法院	北仑区
		宁波市镇海区人民法院	镇海区
		宁波市鄞州区人民法院	鄞州区、象山县、宁波高新技术产业开发区
		宁波市奉化区人民法院	奉化区、宁海县
		余姚市人民法院	余姚市
		慈溪市人民法院	慈溪市
		温州市鹿城区人民法院	鹿城区
		温州市瓯海区人民法院	龙湾区、瓯海区
		瑞安市人民法院	瑞安市、龙港市、平阳县、苍南县、文成县、泰顺县
		乐清市人民法院	洞头区、乐清市、永嘉县
		湖州市吴兴区人民法院	吴兴区、南浔区
		德清县人民法院	德清县
		长兴县人民法院	长兴县
		安吉县人民法院	安吉县

续表

地区	民事案件诉讼标的额(不含本数)	基层人民法院	管辖区域
		嘉兴市南湖区人民法院	南湖区、平湖市、嘉善县、海盐县
		嘉兴市秀洲区人民法院	秀洲区
		海宁市人民法院	海宁市
		桐乡市人民法院	桐乡市
		绍兴市柯桥区人民法院	越城区、柯桥区
		绍兴市上虞区人民法院	上虞区
		诸暨市人民法院	诸暨市
		嵊州市人民法院	嵊州市
		新昌县人民法院	新昌县
		金华市婺城区人民法院	婺城区、武义县
		金华市金东区人民法院	金东区、兰溪市、浦江县
		义乌市人民法院	义乌市
		东阳市人民法院	东阳市、磐安县
		永康市人民法院	永康市
		衢州市衢江区人民法院	柯城区、衢江区、龙游县
		江山市人民法院	江山市、常山县、开化县
		舟山市普陀区人民法院	定海区、普陀区、岱山县、嵊泗县
		台州市椒江区人民法院	椒江区、黄岩区、路桥区
		温岭市人民法院	温岭市
		临海市人民法院	临海市
		玉环市人民法院	玉环市
		天台县人民法院	三门县、天台县、仙居县
		丽水市莲都区人民法院	莲都区、青田县、缙云县
		云和县人民法院	龙泉市、遂昌县、松阳县、云和县、庆元县、景宁畲族自治县
安徽省	100 万元以下	合肥高新技术开发区人民法院	合肥市
		濉溪县人民法院	淮北市
		利辛县人民法院	亳州市
		灵璧县人民法院	宿州市
		蚌埠市禹会区人民法院	蚌埠市
		阜阳市颍东区人民法院	阜阳市

续表

地区	民事案件诉讼标的额(不含本数)	基层人民法院	管辖区域
		淮南市大通区人民法院	淮南市
		滁州市南谯区人民法院	滁州市
		六安市裕安区人民法院	六安市
		马鞍山市花山区人民法院	马鞍山市
		芜湖经济技术开发区人民法院	芜湖市
		宁国市人民法院	宣城市
		铜陵市义安区人民法院	铜陵市
		池州市贵池区人民法院	池州市
		安庆市迎江区人民法院	安庆市
		黄山市徽州区人民法院	黄山市
福建省	100万元以下	福州市鼓楼区人民法院	鼓楼区、台江区、仓山区、晋安区
		福州市马尾区人民法院	马尾区、长乐区、连江县、罗源县
		福清市人民法院	福清市、闽侯县、闽清县、永泰县
		平潭综合实验区人民法院	平潭综合实验区
		厦门市思明区人民法院	思明区
		厦门市湖里区人民法院	湖里区、中国(福建)自由贸易试验区厦门片区
		厦门市集美区人民法院	集美区、同安区、翔安区
		厦门市海沧区人民法院	海沧区[中国(福建)自由贸易试验区厦门片区除外]
		漳州市长泰区人民法院	芗城区、龙文区、龙海区、长泰区、南靖县、华安县
		漳浦县人民法院	漳浦县、云霄县、诏安县、东山县、平和县
		泉州市洛江区人民法院	鲤城区、丰泽区、洛江区、泉州经济技术开发区
		泉州市泉港区人民法院	泉港区、惠安县、泉州台商投资区
		晋江市人民法院	晋江市
		石狮市人民法院	石狮市
		南安市人民法院	南安市
		德化县人民法院	安溪县、永春县、德化县
		三明市沙县区人民法院	三元区、沙县区、建宁县、泰宁县、将乐县、尤溪县
		明溪县人民法院	永安市、明溪县、清流县、宁化县、大田县
		莆田市城厢区人民法院	城厢区、秀屿区
		莆田市涵江区人民法院	荔城区、涵江区

续表

地区	民事案件诉讼标的额(不含本数)	基层人民法院	管辖区域
		仙游县人民法院	仙游县
		南平市延平区人民法院	延平区、建瓯市、顺昌县、政和县
		武夷山市人民法院	建阳区、邵武市、武夷山市、浦城县、光泽县、松溪县
		龙岩市新罗区人民法院	新罗区、永定区、漳平市
		连城县人民法院	上杭县、武平县、长汀县、连城县
		宁德市蕉城区人民法院	蕉城区、东侨经济技术开发区、古田县、屏南县、周宁县、寿宁县
		福鼎市人民法院	福安市、柘荣县、福鼎市、霞浦县
江西省	100万元以下	南昌高新技术产业开发区人民法院	东湖区、青云谱区、青山湖区、红谷滩区、南昌高新技术产业开发区
		南昌经济技术开发区人民法院	南昌县、进贤县、安义县、西湖区、新建区、南昌经济技术开发区
		九江市濂溪区人民法院	九江市
		景德镇市珠山区人民法院	景德镇市
		芦溪县人民法院	萍乡市
		新余市渝水区人民法院	新余市
		鹰潭市月湖区人民法院	鹰潭市
		赣州市章贡区人民法院	赣州市
		万载县人民法院	宜春市
		上饶市广信区人民法院	上饶市
		吉安市吉州区人民法院	吉安市
		宜黄县人民法院	抚州市
山东省	100万元以下	济南市历下区人民法院	历下区、槐荫区
		济南市市中区人民法院	市中区、历城区
		济南市天桥区人民法院	天桥区、济阳区、商河县
		济南市长清区人民法院	长清区、平阴县
		济南市章丘区人民法院	章丘区、济南高新技术产业开发区
		济南市莱芜区人民法院	莱芜区、钢城区
		青岛市市南区人民法院	市南区、市北区
		青岛市黄岛区人民法院	黄岛区
		青岛市崂山区人民法院	崂山区
		青岛市李沧区人民法院	李沧区、城阳区
		青岛市即墨区人民法院	即墨区、莱西市

续表

地区	民事案件诉讼标的额(不含本数)	基层人民法院	管辖区域
		胶州市人民法院	胶州市、平度市
		淄博市周村区人民法院	张店区、周村区、淄博高新技术产业开发区
		沂源县人民法院	淄川区、博山区、临淄区、桓台县、高青县、沂源县
		枣庄市市中区人民法院	市中区、峄城区、台儿庄区
		滕州市人民法院	薛城区、山亭区、滕州市
		东营市垦利区人民法院	东营市
		烟台市芝罘区人民法院	芝罘区
		招远市人民法院	龙口市、莱州市、招远市、栖霞市
		烟台经济技术开发区人民法院	蓬莱区、烟台经济技术开发区
		烟台高新技术产业开发区人民法院	福山区、牟平区、莱山区、莱阳市、海阳市、烟台高新技术产业开发区
		潍坊市潍城区人民法院	潍城区、坊子区、诸城市、安丘市
		潍坊市奎文区人民法院	寒亭区、奎文区、高密市、昌邑市、潍坊高新技术产业开发区、潍坊滨海经济技术开发区
		寿光市人民法院	青州市、寿光市、临朐县、昌乐县
		曲阜市人民法院	曲阜市、邹城市、微山县、泗水县
		嘉祥县人民法院	鱼台县、金乡县、嘉祥县、汶上县、梁山县
		济宁高新技术产业开发区人民法院	任城区、兖州区、济宁高新技术产业开发区
		泰安高新技术产业开发区人民法院	泰安市
		威海市环翠区人民法院	威海市
		日照市东港区人民法院	日照市
		临沂市兰山区人民法院	兰山区
		临沂市罗庄区人民法院	罗庄区、兰陵县、临沂高新技术产业开发区
		临沂市河东区人民法院	河东区、郯城县、沂水县、莒南县、临沭县、临沂经济技术开发区
		费县人民法院	沂南县、费县、平邑县、蒙阴县
		德州市德城区人民法院	德州市
		聊城市茌平区人民法院	东昌府区、茌平区
		临清市人民法院	临清市、阳谷县、莘县、东阿县、冠县、高唐县
		滨州经济技术开发区人民法院	滨州市
		成武县人民法院	定陶区、曹县、单县、成武县
		东明县人民法院	牡丹区、东明县
		菏泽经济开发区人民法院	巨野县、郓城县、鄄城县、菏泽经济开发区

续表

地区	民事案件诉讼标的额(不含本数)	基层人民法院	管辖区域
河南省	500万元以下	郑州市管城回族区人民法院	管城回族区、金水区、中原区、惠济区、上街区、巩义市、荥阳市
		郑州航空港经济综合实验区人民法院	二七区、郑州高新技术产业开发区、郑州经济技术开发区、郑州航空港经济综合实验区、中牟县、新郑市、新密市、登封市
		开封市龙亭区人民法院	开封市
		洛阳市老城区人民法院	洛阳市
		平顶山市湛河区人民法院	平顶山市
		安阳市龙安区人民法院	安阳市
		鹤壁市山城区人民法院	鹤壁市
		新乡市卫滨区人民法院	新乡市
		修武县人民法院	焦作市
		清丰县人民法院	濮阳市
		许昌市魏都区人民法院	许昌市
		漯河市召陵区人民法院	漯河市
		三门峡市湖滨区人民法院	三门峡市
		南阳高新技术产业开发区人民法院	南阳市
		商丘市睢阳区人民法院	商丘市
		罗山县人民法院	信阳市
		扶沟县人民法院	周口市
		遂平县人民法院	驻马店市
		济源市人民法院	济源市
湖北省	500万元以下	武汉市江岸区人民法院	江岸区、黄陂区、新洲区
		武汉市江汉区人民法院	江汉区、硚口区、东西湖区
		武汉市洪山区人民法院	武昌区、青山区、洪山区
		武汉经济技术开发区人民法院	汉阳区、蔡甸区、汉南区、武汉经济技术开发区
		武汉东湖新技术开发区人民法院	江夏区、武汉东湖新技术开发区
		南漳县人民法院	枣阳市、宜城市、南漳县、保康县、谷城县、老河口市
		襄阳高新技术产业开发区人民法院	襄州区、襄城区、樊城区、襄阳高新技术产业开发区
		宜昌市三峡坝区人民法院	宜昌市、神农架林区
		大冶市人民法院	黄石市
		十堰市张湾区人民法院	十堰市
		荆州市荆州区人民法院	荆州区、沙市区、江陵县、监利市、洪湖市

续表

地区	民事案件诉讼标的额(不含本数)	基层人民法院	管辖区域
		石首市人民法院	松滋市、公安县、石首市
		荆门市东宝区人民法院	荆门市
		鄂州市华容区人民法院	鄂州市
		孝感市孝南区人民法院	孝南区、汉川市、孝昌县
		安陆市人民法院	应城市、云梦县、安陆市、大悟县
		黄冈市黄州区人民法院	黄州区、浠水县、蕲春县、武穴市、黄梅县、龙感湖管理区
		麻城市人民法院	团风县、红安县、麻城市、罗田县、英山县
		通城县人民法院	咸宁市
		随县人民法院	随州市
		宣恩县人民法院	恩施土家族苗族自治州
		天门市人民法院	仙桃市、天门市、潜江市
湖南省	100万元以下	长沙市天心区人民法院	天心区、雨花区
		长沙市岳麓区人民法院	岳麓区、望城区
		长沙市开福区人民法院	开福区、芙蓉区
		长沙县人民法院	长沙县
		浏阳市人民法院	浏阳市
		宁乡市人民法院	宁乡市
		株洲市天元区人民法院	株洲市
		湘潭市岳塘区人民法院	湘潭市
		衡阳市雁峰区人民法院	衡阳市
		邵东市人民法院	邵阳市
		岳阳市岳阳楼区人民法院	岳阳市
		津市市人民法院	常德市
		张家界市永定区人民法院	张家界市
		益阳市资阳区人民法院	益阳市
		娄底市娄星区人民法院	娄底市
		郴州市苏仙区人民法院	郴州市
		祁阳市人民法院	永州市
		怀化市鹤城区人民法院	怀化市
		吉首市人民法院	湘西土家族苗族自治州

续表

地区	民事案件诉讼标的额(不含本数)	基层人民法院	管辖区域
广东省	广州市、深圳市、佛山市、东莞市、中山市、珠海市、惠州市、肇庆市、江门市：1000万元以下；其他区域：500万元以下	广州市越秀区人民法院	各自辖区
		广州市海珠区人民法院	
		广州市荔湾区人民法院	
		广州市天河区人民法院	
		广州市白云区人民法院	
		广州市黄埔区人民法院	
		广州市花都区人民法院	
		广州市番禺区人民法院	
		广州市南沙区人民法院	
		广州市从化区人民法院	
		广州市增城区人民法院	
		深圳市福田区人民法院	各自辖区
		深圳市罗湖区人民法院	
		深圳市盐田区人民法院	
		深圳市南山区人民法院	
		深圳市宝安区人民法院	
		深圳市龙岗区人民法院	
		深圳前海合作区人民法院	
		深圳市龙华区人民法院	
		深圳市坪山区人民法院	
		深圳市光明区人民法院	
		深圳深汕特别合作区人民法院	
		佛山市禅城区人民法院	佛山市
		东莞市第一人民法院	各自辖区
		东莞市第二人民法院	
		东莞市第三人民法院	
		中山市第一人民法院	各自辖区
		中山市第二人民法院	
		珠海市香洲区人民法院	珠海市(横琴粤澳深度合作区除外)
		横琴粤澳深度合作区人民法院	横琴粤澳深度合作区

续表

地区	民事案件诉讼标的额(不含本数)	基层人民法院	管辖区域
		惠州市惠城区人民法院	惠州市
		肇庆市端州区人民法院	肇庆市
		江门市江海区人民法院	江门市
		汕头市金平区人民法院	金平区、潮阳区、潮南区
		汕头市龙湖区人民法院	龙湖区、澄海区、濠江区、南澳县
		阳江市江城区人民法院	阳江市
		清远市清城区人民法院	清远市
		揭阳市榕城区人民法院	揭阳市
		湛江市麻章区人民法院	湛江市
		茂名市电白区人民法院	茂名市
		梅州市梅县区人民法院	梅州市
		翁源县人民法院	韶关市
		潮州市潮安区人民法院	潮州市
		汕尾市城区人民法院	汕尾市
		东源县人民法院	河源市
		云浮市云安区人民法院	云浮市
广西壮族自治区	100万元以下	南宁市良庆区人民法院	南宁市
		柳州市柳江区人民法院	柳州市
		桂林市叠彩区人民法院	桂林市
		梧州市万秀区人民法院	梧州市
		北海市海城区人民法院	北海市
		防城港市防城区人民法院	防城港市
		钦州市钦北区人民法院	钦州市
		贵港市覃塘区人民法院	贵港市
		玉林市福绵区人民法院	玉林市
		百色市田阳区人民法院	百色市
		贺州市平桂区人民法院	贺州市
		河池市宜州区人民法院	河池市
		来宾市兴宾区人民法院	来宾市
		崇左市江州区人民法院	崇左市

续表

地区	民事案件诉讼标的额(不含本数)	基层人民法院	管辖区域
海南省	500万元以下	海口市琼山区人民法院	海口市、三沙市
		琼海市人民法院	海南省第一中级人民法院辖区
		儋州市人民法院	海南省第二中级人民法院辖区
		三亚市城郊人民法院	三亚市
重庆市	500万元以下	重庆两江新区人民法院(重庆自由贸易试验区人民法院)	重庆市第一中级人民法院辖区
		重庆市渝中区人民法院	重庆市第二中级人民法院、第三中级人民法院、第四中级人民法院、第五中级人民法院辖区
四川省	100万元以下	四川天府新区成都片区人民法院(四川自由贸易试验区人民法院)	四川天府新区成都直管区、中国(四川)自由贸易试验区成都天府新区片区及成都青白江铁路港片区、龙泉驿区、双流区、简阳市、蒲江县
		成都高新技术产业开发区人民法院	成都高新技术产业开发区、成华区、新津区,邛崃市
		成都市锦江区人民法院	锦江区、青羊区、青白江区、金堂县
		成都市武侯区人民法院	金牛区、武侯区、温江区、崇州市
		成都市郫都区人民法院	新都区、郫都区、都江堰市、彭州市、大邑县
		自贡市自流井区人民法院	自贡市
		攀枝花市东区人民法院	攀枝花市
		泸州市江阳区人民法院	泸州市
		广汉市人民法院	德阳市
		绵阳高新技术产业开发区人民法院	绵阳市
		广元市利州区人民法院	广元市
		遂宁市船山区人民法院	遂宁市
		内江市市中区人民法院	内江市
		乐山市市中区人民法院	乐山市
		南充市顺庆区人民法院	南充市
		宜宾市翠屏区人民法院	宜宾市
		华蓥市人民法院	广安市
		达州市通川区人民法院	达州市
		巴中市巴州区人民法院	巴中市
		雅安市雨城区人民法院	雅安市
		仁寿县人民法院	眉山市
		资阳市雁江区人民法院	资阳市

续表

地区	民事案件诉讼标的额（不含本数）	基层人民法院	管辖区域
		马尔康市人民法院	阿坝藏族羌族自治州
		康定市人民法院	甘孜藏族自治州
		西昌市人民法院	凉山彝族自治州
贵州省	100 万元以下	修文县人民法院	贵阳市
		六盘水市钟山区人民法院	六盘水市
		遵义市播州区人民法院	遵义市
		铜仁市碧江区人民法院	铜仁市
		兴义市人民法院	黔西南布依族苗族自治州
		毕节市七星关区人民法院	毕节市
		安顺市平坝区人民法院	安顺市
		凯里市人民法院	黔东南苗族侗族自治州
		都匀市人民法院	黔南布依族苗族自治州
云南省	100 万元以下	昆明市盘龙区人民法院	盘龙区、东川区、嵩明县、寻甸回族彝族自治县
		昆明市官渡区人民法院	呈贡区、官渡区、宜良县、石林彝族自治县
		安宁市人民法院	五华区、西山区、晋宁区、安宁市、富民县、禄劝彝族苗族自治县
		盐津县人民法院	昭通市
		曲靖市麒麟区人民法院	曲靖市
		玉溪市红塔区人民法院	玉溪市
		腾冲市人民法院	保山市
		禄丰市人民法院	楚雄彝族自治州
		开远市人民法院	红河哈尼族彝族自治州
		砚山县人民法院	文山壮族苗族自治州
		宁洱哈尼族彝族自治县人民法院	普洱市
		勐海县人民法院	西双版纳傣族自治州
		漾濞彝族自治县人民法院	大理白族自治州
		瑞丽市人民法院	德宏傣族景颇族自治州
		玉龙纳西族自治县人民法院	丽江市
		泸水市人民法院	怒江傈僳族自治州
		香格里拉市人民法院	迪庆藏族自治州
		双江拉祜族佤族布朗族傣族自治县人民法院	临沧市

续表

地区	民事案件诉讼标的额(不含本数)	基层人民法院	管辖区域
西藏自治区	100 万元以下	拉萨市城关区人民法院	拉萨市
		日喀则市桑珠孜区人民法院	日喀则市
		山南市乃东区人民法院	山南市
		林芝市巴宜区人民法院	林芝市
		昌都市卡若区人民法院	昌都市
		那曲市色尼区人民法院	那曲市
		噶尔县人民法院	阿里地区
陕西省	100 万元以下	西安市新城区人民法院	新城区
		西安市碑林区人民法院	碑林区
		西安市莲湖区人民法院	莲湖区
		西安市雁塔区人民法院	雁塔区
		西安市未央区人民法院	未央区
		西安市灞桥区人民法院	灞桥区、阎良区、临潼区、高陵区
		西安市长安区人民法院	长安区、鄠邑区、周至县、蓝田县
		宝鸡市陈仓区人民法院	宝鸡市
		兴平市人民法院	咸阳市
		铜川市印台区人民法院	铜川市
		大荔县人民法院	渭南市
		延安市宝塔区人民法院	延安市
		榆林市榆阳区人民法院	榆林市
		汉中市南郑区人民法院	汉中市
		安康市汉滨区人民法院	安康市
		商洛市商州区人民法院	商洛市
甘肃省	100 万元以下	兰州市城关区人民法院	城关区、七里河区、西固区、安宁区、红古区、榆中县
		兰州新区人民法院	兰州新区、永登县、皋兰县
		嘉峪关市城区人民法院	嘉峪关市
		永昌县人民法院	金昌市
		白银市白银区人民法院	白银市
		天水市秦州区人民法院	天水市
		玉门市人民法院	酒泉市

续表

地区	民事案件诉讼标的额（不含本数）	基层人民法院	管辖区域
		张掖市甘州区人民法院	张掖市
		武威市凉州区人民法院	武威市
		定西市安定区人民法院	定西市
		两当县人民法院	陇南市
		平凉市崆峒区人民法院	平凉市
		庆阳市西峰区人民法院	庆阳市
		临夏县人民法院	临夏回族自治州
		夏河县人民法院	甘南藏族自治州
青海省	100 万元以下	西宁市城东区人民法院	西宁市
		互助土族自治县人民法院	海东市
		德令哈市人民法院	海西蒙古族藏族自治州
		共和县人民法院	海南藏族自治州
		门源回族自治县人民法院	海北藏族自治州
		玉树市人民法院	玉树藏族自治州
		玛沁县人民法院	果洛藏族自治州
		尖扎县人民法院	黄南藏族自治州
宁夏回族自治区	100 万元以下	银川市西夏区人民法院	金凤区、西夏区、贺兰县
		灵武市人民法院	兴庆区、永宁县、灵武市
		石嘴山市大武口区人民法院	石嘴山市
		吴忠市利通区人民法院	吴忠市
		固原市原州区人民法院	固原市
		中卫市沙坡头区人民法院	中卫市
新疆维吾尔自治区	100 万元以下	乌鲁木齐市天山区人民法院	天山区、沙依巴克区、达坂城区、乌鲁木齐县
		乌鲁木齐市新市区人民法院	乌鲁木齐高新技术产业开发区（新市区）、水磨沟区、乌鲁木齐经济技术开发区（头屯河区）、米东区
		克拉玛依市克拉玛依区人民法院	克拉玛依市
		吐鲁番市高昌区人民法院	吐鲁番市
		哈密市伊州区人民法院	哈密市
		昌吉市人民法院	昌吉回族自治州
		博乐市人民法院	博尔塔拉蒙古自治州
		库尔勒市人民法院	巴音郭楞蒙古自治州

续表

地区	民事案件诉讼标的额(不含本数)	基层人民法院	管辖区域
		阿克苏市人民法院	阿克苏地区
		阿图什市人民法院	克孜勒苏柯尔克孜自治州
		喀什市人民法院	喀什地区
		和田市人民法院	和田地区
		伊宁市人民法院	伊犁哈萨克自治州直辖奎屯市、伊宁市、霍尔果斯市、伊宁县、霍城县、巩留县、新源县、昭苏县、特克斯县、尼勒克县、察布查尔锡伯自治县
		塔城市人民法院	塔城地区
		阿勒泰市人民法院	阿勒泰地区
新疆生产建设兵团	100万元以下	阿拉尔市人民法院(阿拉尔垦区人民法院)	各自所属中级人民法院辖区
		铁门关市人民法院(库尔勒垦区人民法院)	
		图木舒克市人民法院(图木休克垦区人民法院)	
		可克达拉市人民法院(霍城垦区人民法院)	
		双河市人民法院(塔斯海垦区人民法院)	
		五家渠市人民法院(五家渠垦区人民法院)	
		车排子垦区人民法院	
		石河子市人民法院	
		额敏垦区人民法院	
		北屯市人民法院(北屯垦区人民法院)	
		乌鲁木齐垦区人民法院	
		哈密垦区人民法院	
		和田垦区人民法院	

人民检察院办理知识产权案件工作指引

2023年4月26日最高人民检察院发布施行

第一章　总　　则

第一条　为保障和规范人民检察院依法履行知识产权检察职责，促进创新型国家建设，根据《中华人民共和国刑事诉讼法》《中华人民共和国民事诉讼法》《中华人民共和国行政诉讼法》《中华人民共和国人民检察院组织法》等法律法规，结合人民检察院工作实际，制定本指引。

第二条　人民检察院办理知识产权案件，秉持客观公正立场，维护司法公正和司法权威，维护权利人的合法权益，保障国家法律的统一正确实施，服务国家知识产权强国建设，促进国家治理体系和治理能力现代化。

人民检察院通过办理侵犯知识产权刑事案件，惩罚犯罪，保障无罪的人不受刑事追究。通过办理知识产权民事诉讼和行政诉讼监督案件，监督和支持人民法院依法行使审判权和执行权，促进行政机关依法行使职权。通过办理知识产权公益诉讼案件，督促行政机关依法履行监督管理职责，支持适格主体依法行使公益诉权，维护国家利益和社会公共利益。

第三条　人民检察院办理知识产权案件，应当以事实为根据，以法律为准绳，坚持严格保护、协同保护、平等保护、公正合理保护原则。坚持激励、保护创新，着力提升知识产权综合保护质效，激发全社会创新创造活力。

第四条　本指引所指的知识产权案件，主要包括侵犯知识产权刑事案件、知识产权民事诉讼监督案件、知识产权行政诉讼监督案件、知识产权公益诉讼案件。

第五条　人民检察院应当充分发挥知识产权检察综合履职，通过审查逮捕、审查起诉等方式，履行知识产权刑事检察职能；通过提起抗诉、提出检察建议等方式对知识产权民事诉讼、行政诉讼活动实行法律监督；通过提出检察建议、提起诉讼和支持起诉等方式，履行知识产权公益诉讼检察职能。

第六条　人民检察院办理知识产权案件在事实认定、法律适用、案件处理等方面存在较大争议，或者有重大社会影响，需要当面听取当事人和其他相关人员意见的，经检察长批准，可以召开听证会。根据案件需要，可以邀请有专门知识的人或者检察技术人员参加听证会。

涉及商业秘密的知识产权案件听证会，当事人申请不公开听证的，可以不公开听证。

第七条　人民检察院办理知识产权案件，为解决案件中的专门性问题，可以依法聘请有专门知识的人或者指派具备相应资格的检察技术人员出具意见。

前款人员出具的意见，经审查可以作为办案部门、检察官判断运用证据或者作出相关决定的依据。

第八条　人民检察院办理知识产权案件认为需要鉴定的，可以委托具备法定资格的机构进行鉴定。

在诉讼过程中已经进行过鉴定的，除确有必要外，一般不再委托鉴定。

第九条　人民检察院办理知识产权案件，涉及国家秘密、商业秘密、个人隐私或者其他需要保密的情形，应当依职权或者依当事人、辩护人、诉讼代理人、其他利害关系人书面申请，审查决定采取组织诉讼参与人签署保密承诺书、对秘密信息进行技术处理等必要的保密措施。

第十条　人民检察院在办理知识产权案件时，应当加强与公安机关、人民法院、知识产权相关行政部门等沟通交流，建立健全工作联络机制，推进执法司法办案动态信息互通和共享，确保执法与司法有效衔接。

人民检察院在办理知识产权案件中，发现涉嫌犯罪线索或者其他违法线索的，应当按照规定及时将相关线索及材料移送本院相关检察业务部门或者有管辖权的公安机关、行政机关。

人民检察院在办理知识产权案件中，认为行政执法机关应当依法移送涉嫌犯罪案件而不移送的，经检察长批准，应当向同级行政执法机关提出检察意见，要求行政执法机关及时向公安机关移送案件并将有关材料抄送人民检察院。

第十一条　人民检察院在履行法律监督职责中发现有关单位和部门在履行知识产权管理监督职责方面存在《人民检察院检察建议工作规定》第十一条规定情形的，可以向有关单位和部门提出改进工作、完善治理的检察建议。

第十二条　人民检察院办理知识产权案件，一般应当对最高人民检察院、最高人民法院发布的知识产权指导性案例和典型案例进行类案检索。

人民检察院在办理知识产权案件时，为准确查明案件事实和正确适用法律，应当检索涉及同一当事人、同一知识产权权利的已生效知识产权案件。

第二章 知识产权刑事案件的办理

第十三条 人民检察院办理侵犯知识产权犯罪和生产、销售伪劣商品、非法经营等犯罪存在竞合或者数罪并罚的案件，由负责管辖处罚较重罪名或者主罪的办案部门或者办案组织办理。

第十四条 人民检察院办理知识产权案件，应当进一步健全完善与公安机关的侦查监督与协作配合工作机制。经公安机关商请或者人民检察院认为确有必要时，可以派员通过审查证据材料等方式对重大、疑难、复杂知识产权刑事案件的案件性质、收集证据、适用法律等提出意见建议。

第十五条 人民检察院办理知识产权刑事案件，应当加强全链条惩治，注重审查和发现上下游关联犯罪线索，查明有无遗漏罪行和其他应当追究刑事责任的单位和个人。

第十六条 人民检察院办理知识产权刑事案件，应当坚持宽严相济刑事政策，该严则严，当宽则宽。

犯罪嫌疑人、被告人自愿认罪，通过退赃退赔、赔偿损失、赔礼道歉等方式表示真诚悔罪，且愿意接受处罚的，可以依法提出从宽处罚的量刑建议。有赔偿能力而不赔偿损失的，不能适用认罪认罚从宽制度。

人民检察院办理知识产权刑事案件，应当听取被害人及其诉讼代理人的意见，依法积极促进犯罪嫌疑人、被告人与被害人达成谅解。犯罪嫌疑人、被告人自愿对权利人作出合理赔偿的，可以作为从宽处罚的考量因素。

第十七条 人民检察院办理侵犯知识产权刑事案件，对于符合适用涉案企业合规改革案件范围和条件的，依法依规适用涉案企业合规机制。根据案件具体情况和法定从轻、减轻情节，结合企业合规整改效果，依法提出处理意见。

人民检察院对于拟作不批准逮捕、不起诉、变更强制措施等决定的涉企知识产权犯罪案件，可以根据《人民检察院审查案件听证工作规定》召开听证会，邀请公安机关、知识产权权利人、第三方组织组成人员等到会发表意见。

第十八条 人民检察院在办理知识产权刑事案件中，发现与人民法院正在审理的民事、行政案件或者人民检察院正在办理的民事、行政诉讼监督案件系同一事实或者存在牵连关系，或者案件办理结果以另一案件审理或者办理结果为依据的，应当及时将刑事案件受理情况告知相关的人民法院、人民检察院。

第十九条 人民检察院对知识产权刑事案件作出不起诉决定，对被不起诉人需要给予行政处罚、政务处分或者其他处分的，经检察长批准，应当依法向同级有关主管机关提出检察意见，自不起诉决定作出之日起三日以内连同不起诉决定书一并送达。有关主管机关应当将处理结果及时通知人民检察院。

第二十条 侵害国家、集体享有的知识产权或者侵害行为致使国家财产、集体财产遭受损失的，人民检察院在提起公诉时，可以提起附带民事诉讼；损害社会公共利益的，人民检察院在提起公诉时，可以提起刑事附带民事公益诉讼。

人民检察院一般应当对在案全部被告人和没有被追究刑事责任的共同侵害人，一并提起附带民事诉讼或者刑事附带民事公益诉讼，但共同犯罪案件中同案犯在逃的或者已经赔偿损失的除外。在逃的同案犯到案后，人民检察院可以依法对其提起附带民事诉讼或者刑事附带民事公益诉讼。

第二十一条 人民检察院办理知识产权刑事案件，应当依法向被害人及其法定代理人或者其近亲属告知诉讼权利义务。对于被害人以外其他知识产权权利人需要告知诉讼权利义务的，人民检察院应当自受理审查起诉之日起十日内告知。

第二十二条 本指引第二十一条规定的知识产权权利人包括：

（一）刑法第二百一十七条规定的著作权人或者与著作权有关的权利人；

（二）商标注册证上载明的商标注册人；

（三）专利证书上载明的专利权人；

（四）商业秘密的权利人；

（五）其他依法享有知识产权的权利人。

第三章 知识产权民事、行政诉讼监督案件的办理

第二十三条 当事人对知识产权法院、中级人民法院已经发生法律效力的第一审案件判决、裁定和调解书申请监督，按照相关规定此类案件应以最高人民法院为第二审人民法院的，由作出该第一审生效判决、裁定、调解书的人民法院所在地同级人民检察院受理。经审查符合监督条件的，受理案件的人民检察院可以向同级人民法院提出再审检察建议，或者提请最高人民检

察院向最高人民法院抗诉。

前款规定的案件，当事人认为人民检察院对同级人民法院第一审已经发生法律效力的民事判决、裁定、调解书作出的不支持监督申请决定存在明显错误的，可以在不支持监督申请决定作出之日起一年内向最高人民检察院申请复查一次。

第二十四条　根据本指引第二十三条受理的案件，下级人民检察院在提请最高人民检察院抗诉时，应当将《提请抗诉报告书》和案件卷宗等材料直接报送最高人民检察院，同时将相关法律文书抄送省级人民检察院备案。

第二十五条　人民检察院在履行职责中发现知识产权民事、行政案件分别具有《人民检察院民事诉讼监督规则》第三十七条、《人民检察院行政诉讼监督规则》第三十六条规定之情形，应当依职权启动监督程序。

适用《人民检察院民事诉讼监督规则》第三十七条第一款第（六）项和《人民检察院行政诉讼监督规则》第三十六条第一款第（五）项时，一般考虑如下因素：

（一）涉及地域广、利益群体众多的；

（二）涉及医药、食品、环境等危害国家利益和社会公共利益的；

（三）涉及高新技术、关键核心技术等影响产业发展的；

（四）其他具有重大社会影响的情形。

第二十六条　知识产权民事诉讼监督案件的范围包括：

（一）著作权、商标权、专利权、植物新品种权、集成电路布图设计专有权、企业名称（商号）权、特殊标志专有权、网络域名、确认不侵害知识产权等知识产权权属、侵权纠纷案件；

（二）著作权、商标、专利、植物新品种、集成电路布图设计、商业秘密、网络域名、企业名称（商号）、特殊标志、技术合同、特许经营等涉知识产权合同纠纷案件；

（三）仿冒、商业贿赂、虚假宣传、侵害商业秘密、商业诋毁等不正当竞争纠纷案件；

（四）垄断协议、滥用市场支配地位、经营者集中等垄断纠纷案件；

（五）其他与知识产权有关的民事案件。

第二十七条　人民检察院对知识产权民事诉讼案件进行法律监督，应当围绕申请监督请求、争议焦点，对知识产权权利客体、权利效力、权利归属、侵权行为、抗辩事由、法律责任等裁判、调解结果，审判人员违法行为以及执行活动进行全面审查。申请人或者其他当事人对提出的主张，应当提供证据材料。

第二十八条　知识产权权益受到侵害的当事人，经有关行政机关、社会组织等依法履职后合法权益仍未能得到维护，具有起诉维权意愿，但因诉讼能力较弱提起诉讼确有困难等情形的，人民检察院可以支持起诉。

第二十九条　人民检察院在案件办理中发现当事人单独或者与他人恶意串通，采取伪造证据、虚假陈述等手段，捏造知识产权民事案件基本事实，虚构知识产权民事纠纷，提起民事诉讼，妨害司法秩序或者严重侵害他人合法权益，涉嫌构成虚假诉讼罪或者其他犯罪的，应当及时向公安机关移送犯罪线索。

第三十条　人民检察院办理侵害著作权民事诉讼监督案件，应当围绕申请人的申请监督请求、争议焦点，审查诉讼的案由、主体是否适格、著作权权利基础及范围、被诉侵权行为、是否构成实质性相似、抗辩事由是否成立、被告承担民事责任的形式等。

第三十一条　人民检察院办理侵害商标权民事诉讼监督案件，应当围绕申请人的申请监督请求、争议焦点，审查主体是否为注册商标专用权人或者利害关系人、注册商标保护范围、被诉侵权行为、是否容易导致混淆或者误导公众、抗辩事由是否成立、被告承担民事责任的形式等。

第三十二条　人民检察院办理侵害专利权民事诉讼监督案件，应当围绕申请人的申请监督请求、争议焦点，审查诉讼的专利类型、主体是否为专利权人或者利害关系人、专利权的保护范围、被诉侵权行为、是否落入专利权保护范围、抗辩事由是否成立、被告承担民事责任的形式等。

第三十三条　人民检察院办理反不正当竞争民事诉讼监督案件，应当围绕申请人的申请监督请求、争议焦点，准确理解反不正当竞争法与专利法、商标法、著作权法等法律规定之间的关系，以及反不正当竞争法总则第二条与第二章之间的关系，结合反不正当竞争法的相关规定进行审查。

第三十四条　人民检察院办理涉及知识产权合同纠纷民事诉讼监督案件，应当围绕申请人的申请监督请求、争议焦点，审查合同所涉知识产权的权利归属、合同效力、合同约定、履行行为、合同无效的缔约过错、违约行为、违约责任、合同解除等。

第三十五条 由人民法院作出生效裁判和调解书的行政诉讼案件,具有下列情形之一的,属于知识产权行政诉讼监督案件:

(一)有关各级行政机关所作的涉及著作权、商标、专利、不正当竞争和垄断行政行为的案件;

(二)有关国务院部门所作的涉及专利、商标、植物新品种、集成电路布图设计等知识产权授权确权行政行为的案件;

(三)有关国务院部门所作的涉及专利、植物新品种、集成电路布图设计强制许可决定以及强制许可使用费或者报酬裁决的案件;

(四)其他知识产权行政诉讼案件。

第三十六条 人民检察院对人民法院作出生效裁判和调解书的知识产权行政诉讼案件进行法律监督,应当围绕申请人的申请监督请求、争议焦点、《人民检察院行政诉讼监督规则》第三十六条规定的情形以及发现的其他违法情形,综合考虑被诉行政行为作出时的事实、法律法规等,对行政诉讼活动进行全面审查。

第三十七条 人民检察院在办理知识产权授权确权行政诉讼监督案件中,当事人在人民法院诉讼中未提出主张,但依法履行知识产权授权确权行政机关的认定存在明显不当,人民法院在听取各方当事人陈述意见后,对相关事由进行审查并作出裁判的,人民检察院应一并进行审查。

第三十八条 人民检察院在办理知识产权行政诉讼监督案件时,具有下列情形之一的,不属于《人民检察院行政诉讼监督规则》第七十七条第一款第(二)项"案件事实清楚,法律关系简单的"简易案件:

(一)涉及国家利益或者社会公共利益的;

(二)对各级行政机关作出的涉及专利、不正当竞争和垄断行政行为提起诉讼的;

(三)对国务院部门作出的涉及专利、植物新品种、集成电路布图设计授权确权行政行为提起诉讼的;

(四)对国务院部门作出的涉及专利、植物新品种、集成电路布图设计的强制许可决定以及强制许可使用费或者报酬的裁决提起诉讼的;

(五)具有重大社会影响、涉及地域广或者利益群体众多的情形。

第三十九条 人民检察院在办理知识产权行政诉讼监督案件时,发现存在行政执法标准和司法裁判标准不统一,导致同类案件出现不同处理结果的,应当依法向行政机关或者人民法院提出检察建议。

第四章 知识产权公益诉讼案件的办理

第四十条 人民检察院在履行职责中发现负有知识产权监督管理职责的行政机关违法行使职权或者不作为,致使国家利益或者社会公共利益受到侵害的,应当向行政机关提出检察建议,督促其依法履行职责。行政机关不依法履行职责的,人民检察院可以依法向人民法院提起行政公益诉讼。

第四十一条 人民检察院在履行职责中发现涉及知识产权领域损害社会公共利益的行为,可以依法向人民法院提起民事公益诉讼。

第四十二条 对于适格主体提起的知识产权民事公益诉讼案件,人民检察院可以采取提供法律咨询、向人民法院提交支持起诉意见书、协助调查取证、出席法庭等方式支持起诉。

第四十三条 人民检察院在办理知识产权刑事、民事、行政案件过程中,应当注重发现知识产权公益诉讼案件线索,并及时将有关材料移送负责知识产权公益诉讼检察的部门或者办案组织办理。

第五章 附 则

第四十四条 人民检察院履行知识产权检察职能应当适用《人民检察院刑事诉讼规则》《人民检察院民事诉讼监督规则》《人民检察院行政诉讼监督规则》《人民检察院公益诉讼办案规则》和本指引等相关规定。

第四十五条 本指引由最高人民检察院负责解释,自发布之日起施行。

最高人民法院关于涉网络知识产权侵权纠纷几个法律适用问题的批复

1. *2020年8月24日最高人民法院审判委员会第1810次会议通过*
2. *2020年9月12日公布*
3. *法释〔2020〕9号*
4. *自2020年9月14日起施行*

各省、自治区、直辖市高级人民法院,解放军军事法院,新疆维吾尔自治区高级人民法院生产建设兵团分院:

近来,有关方面就涉网络知识产权侵权纠纷法律适用的一些问题提出建议，部分高级人民法院也向本院提出了请示。经研究，批复如下。

一、知识产权权利人主张其权利受到侵害并提出保全申请，要求网络服务提供者、电子商务平台经营者迅速采取删除、屏蔽、断开链接等下架措施的，人民法院应当依法审查并作出裁定。

二、网络服务提供者、电子商务平台经营者收到知识产权权利人依法发出的通知后，应当及时将权利人的通知转送相关网络用户、平台内经营者，并根据构成侵权的初步证据和服务类型采取必要措施；未依法采取必要措施，权利人主张网络服务提供者、电子商务平台经营者对损害的扩大部分与网络用户、平台内经营者承担连带责任的，人民法院可以依法予以支持。

三、在依法转送的不存在侵权行为的声明到达知识产权权利人后的合理期限内，网络服务提供者、电子商务平台经营者未收到权利人已经投诉或者提起诉讼通知的，应当及时终止所采取的删除、屏蔽、断开链接等下架措施。因办理公证、认证手续等权利人无法控制的特殊情况导致的延迟，不计入上述期限，但该期限最长不超过20个工作日。

四、因恶意提交声明导致电子商务平台经营者终止必要措施并造成知识产权权利人损害，权利人依照有关法律规定请求相应惩罚性赔偿的，人民法院可以依法予以支持。

五、知识产权权利人发出的通知内容与客观事实不符，但其在诉讼中主张该通知系善意提交并请求免责，且能够举证证明的，人民法院依法审查属实后应当予以支持。

六、本批复作出时尚未终审的案件，适用本批复；本批复作出时已经终审，当事人申请再审或者按照审判监督程序决定再审的案件，不适用本批复。

最高人民法院关于知识产权侵权诉讼中被告以原告滥用权利为由请求赔偿合理开支问题的批复

1. 2021年5月31日最高人民法院审判委员会第1840次会议通过
2. 2021年6月3日公布
3. 法释〔2021〕11号
4. 自2021年6月3日起施行

上海市高级人民法院：

你院《关于知识产权侵权诉讼中被告以原告滥用权利为由请求赔偿合理开支问题的请示》（沪高法〔2021〕215号）收悉。经研究，批复如下：

在知识产权侵权诉讼中，被告提交证据证明原告的起诉构成法律规定的滥用权利损害其合法权益，依法请求原告赔偿其因该诉讼所支付的合理的律师费、交通费、食宿费等开支的，人民法院依法予以支持。被告也可以另行起诉请求原告赔偿上述合理开支。

5. 其　他

资产评估执业准则——知识产权

1. 2023年8月21日中国资产评估协会发布
2. 中评协〔2023〕14号
3. 自2023年9月1日起施行

第一章　总　　则

第一条　为规范知识产权资产评估行为，保护资产评估当事人合法权益和公共利益，根据《资产评估基本准则》制定本准则。

第二条　知识产权是权利人依法就作品、专利（发明、实用新型、外观设计）、商标、地理标志、商业秘密、集成电路布图设计、植物新品种以及法律规定的其他客体享有的专有的权利。

本准则所称知识产权资产，是指知识产权权利人拥有或者控制的，能够持续发挥作用并且带来经济利益的知识产权权益，包括专利、商标、著作权、商业秘密、集成电路布图设计、植物新品种等资产权益。

涉及地理标志等知识产权资产的评估另行规范。

第三条　本准则所称知识产权资产评估，是指资产评估机构及其资产评估专业人员遵守法律、行政法规和资产评估准则，根据委托对评估基准日特定目的下的知识产权资产价值进行评定和估算，并出具资产评估报告的专业服务行为。

第四条　执行知识产权资产评估业务，应当遵守本准则及相关准则。

第二章　基本遵循

第五条　资产评估机构及其资产评估专业人员开展知识产权资产评估业务，应当遵守法律、行政法规和资产评估准则，坚持独立、客观、公正的原则，诚实守信，勤勉尽责，谨慎从业，遵守职业道德规范，自觉维护职业形象，不得从事损害职业形象的活动。

第六条　执行知识产权资产评估业务，应当具备知识产权资产评估的专业知识和实践经验，能够胜任所执行的知识产权资产评估业务。

资产评估机构应当关注知识产权资产评估业务的复杂性，根据自身的资产评估专业人员配备、专业知识和经验，审慎考虑是否有能力受理知识产权资产评估业务。

执行某项特定业务缺乏特定的专业知识和经验时，应当采取弥补措施，包括利用专家工作及相关报告等。

第七条　知识产权资产评估的评估目的通常包括转让、许可使用、出资、质押融资、诉讼、仲裁、司法执行财产处置、财务报告等。

第八条　执行知识产权资产评估业务，应当依法对资产评估活动中使用的资料进行核查验证。

第九条　执行知识产权资产评估业务，应当合理使用评估假设和限制条件。

第三章　评估对象

第十条　执行知识产权资产评估业务，应当要求委托人明确评估对象，应当关注评估对象的法律、经济、技术等具体特征。

第十一条　执行知识产权资产评估业务，评估对象是知识产权资产，包括专利资产权益、注册商标权益、著作权中的财产权益以及与著作权有关权利的财产权益、商业秘密权益、集成电路布图设计权益、植物新品种权益等。

第十二条　执行知识产权资产评估业务，评估对象可以是单项知识产权资产，也可以是知识产权资产组合。

第十三条　执行以转让为目的的知识产权资产评估业务，评估对象通常为知识产权资产的所有权。

第十四条　执行以许可使用为目的的知识产权资产评估业务，评估对象通常为知识产权资产的使用权。

第十五条　执行以出资或者质押融资为目的的知识产权资产评估业务，评估对象通常为拟出资或者出质的知识产权资产。对评估对象是否可以出资或者出质进行确认或者发表意见，不属于资产评估专业人员的执业范围。

第十六条　执行以诉讼、仲裁为目的的知识产权资产评估业务，应当与委托人和相关当事人进行充分沟通，了解案件基本情况，并且通过现场调查和资料收集等方式与委托人确认评估对象和评估范围，评估对象通常为涉案知识产权资产或者其他相关经济利益。

其他相关经济利益是指一方当事人的行为给另一方当事人造成的经济损失以及费用增加等，通常包括侵权损失、资产损害,以及由于个人或者法人经营、合同纠纷等行为引起的经济损失以及费用增加等。

第十七条 执行以人民法院委托司法执行财产处置为目的的知识产权资产评估业务,应当根据评估委托书载明的财产名称、规格数量等内容,以及人民法院移交的查明的财产情况和相关材料,与人民法院明确评估对象和评估范围。

第十八条 执行以财务报告为目的的知识产权资产评估业务,应当提醒委托人根据项目的具体情况以及会计准则的要求合理确定评估对象。

第四章 操作要求

第十九条 知识产权资产通常与其他资产共同发挥作用,执行知识产权资产评估业务应当根据评估目的和评估对象的具体情况分析、判断知识产权资产的作用,明确知识产权资产的收益模式,并考虑其价值影响因素,合理确定知识产权资产的价值。

第二十条 执行知识产权资产评估业务,应当关注知识产权资产的基本情况:

(一)知识产权的法律文件、权属有效性文件或者其他证明资料;

(二)知识产权资产特征、资产组合情况、使用状况、历史沿革;

(三)知识产权资产实施的地域范围、领域范围、获利能力和收益模式;

(四)知识产权资产是否能够持续发挥作用并给权利人带来经济利益;

(五)知识产权资产的法定保护期限、收益期限以及保护措施;

(六)知识产权资产实施过程中所受到的法律、行政法规或者其他限制;

(七)知识产权资产以往的资产评估和交易情况;

(八)知识产权资产的可替代性,以及类似知识产权资产的市场价格信息;

(九)知识产权资产的研发成本;

(十)其他相关信息。

第二十一条 执行知识产权资产评估业务,应当考虑评估目的、市场条件、评估对象自身条件等因素,明确价值类型。

第二十二条 执行知识产权资产评估业务,应当关注宏观经济、行业状况、经营条件、生产能力、市场状况、产品生命周期、应用场景等各项因素对知识产权资产效能发挥的影响,以及对知识产权资产价值的影响。

第二十三条 执行知识产权资产评估业务,应当关注评估对象收益期限对其价值的影响,并结合知识产权资产的法定保护期限及其他相关因素,合理确定收益期限。

第二十四条 执行知识产权资产评估业务,应当根据评估目的、评估对象、价值类型、资料收集等情况,分析市场法、收益法和成本法三种资产评估基本方法及其衍生方法的适用性,恰当选择评估方法。

对同一知识产权资产采用多种评估方法时,应当对各种评估方法的测算结果进行分析,形成评估结论。

第二十五条 执行商业秘密资产评估业务,应当获取商业秘密的类型、形成过程、作用、形成日期等信息,关注商业秘密的保密期限、应用范围等,以及商业秘密是否与其他无形资产关联,并且考虑权利人对商业秘密采取的保护措施,如竞业禁止协议等对商业秘密价值的影响。

执行商业秘密资产评估业务,资产评估专业人员应当注意保密。

第二十六条 执行集成电路布图设计资产评估业务,应当关注集成电路布图设计的独创性和商业利用情况,并且考虑其对评估结论的影响。

第二十七条 执行植物新品种资产评估业务,应当关注植物新品种是否已经由相关部门审定,以及审定对植物新品种应用范围的限制。

中国的单位或者个人就其在国内培育的植物新品种向外国人转让申请权或者品种权的,应当经审批机关批准。

第二十八条 执行以许可使用为目的的知识产权资产评估业务,应当:

(一)熟悉《中华人民共和国民法典》《中华人民共和国专利法》《中华人民共和国商标法》等有关知识产权许可使用的规定;

(二)关注许可模式、许可使用期限和其他许可约定等,确定其对评估结论的影响,并在资产评估报告中披露许可模式、许可使用期限和其他许可约定等。

第二十九条 执行以出资为目的的知识产权资产评估业务,应当:

(一)熟悉《中华人民共和国公司法》《公司注册资

本登记管理规定》等有关知识产权出资的规定，并关注知识产权出资是否符合相关法律、行政法规的规定；

（二）涉及重组、改制企业的知识产权资产出资时，搜集企业重组、改制方案以及批复文件和相关法律意见书等资料，关注知识产权资产的权利人与出资人是否一致，出资人的经济行为是否需经有关机构批准并经相关管理部门审查同意，设定他项权利的资产是否与其相对应的负债分离。

第三十条 执行以质押融资为目的的知识产权资产评估业务，应当：

（一）熟悉《中华人民共和国民法典》以及相关知识产权管理部门、金融管理部门关于知识产权质押融资的有关规定；

（二）关注出质知识产权资产是否具备财产出质的基本条件：出质人拥有完整、合法、有效的相关知识产权权利并且产权关系明晰，出质的知识产权资产具有一定的价值并且可以依法转让，符合国家知识产权管理部门的相关规定，符合其他相关法律、行政法规的规定；

（三）涉及共有知识产权时，关注知识产权共有人是否一致同意将该知识产权进行质押；

（四）涉及知识产权质物处置评估时，关注与质押知识产权资产实施不可分割的其他资产是否一并处置；

（五）在存在重大不确定因素情况下作出评估相关判断时，保持必要的谨慎，尽可能充分估计知识产权资产在处置时可能受到的限制、未来可能发生的风险和损失，并在资产评估报告中作出必要的风险提示；

（六）涉及跟踪评估时，对知识产权资产实施市场已经发生的变化予以充分考虑和说明。

第三十一条 执行以诉讼、仲裁为目的的知识产权资产评估业务，应当：

（一）熟悉国家司法部门、仲裁机构和知识产权管理部门有关知识产权诉讼、仲裁的规定；

（二）要求委托人和相关当事人提供相关资料，并要求其对资料的真实性、完整性、合法性进行确认，同时通过市场调查、访谈等方式收集评估资料；

（三）在委托人、相关当事人的配合下进行现场调查，保留必要的文字、语音、照片、影像等资料，以书面形式记录调查的时间、地点、过程、结果等，并与参加现场调查的委托人、相关当事人等共同确认；

（四）在调查时出现委托人或者相关当事人不在现场，或者相关人员不予配合等情况时，详细记录现场情况，收集必要的证据资料，并在资产评估报告中予以披露。

第三十二条 执行以人民法院委托司法执行财产处置为目的的知识产权资产评估业务，应当：

（一）熟悉国家司法部门有关执行财产处置的规定；

（二）根据人民法院提供的材料认为无法进行评估或者影响评估结论时，及时告知人民法院，由人民法院按照《人民法院委托评估工作规范》的相关规定处理，通常必需材料包括知识产权资产的权属证明，相关产品的发展情况，他项权利情况，法院查明的财产权属、质量瑕疵等材料，以及关于财产的特殊情况说明；

（三）及时与人民法院协商现场调查事宜，并根据《最高人民法院关于人民法院确定财产处置参考价若干问题的规定》履行现场调查程序。现场调查由人民法院通知当事人到场；当事人不到场的，不影响现场调查的进行，但资产评估机构应当与人民法院沟通见证人见证事宜。现场调查需要当事人、协助义务人配合的，由人民法院依法责令其配合；不予配合的，由人民法院依法强制执行；

（四）根据《最高人民法院关于人民法院确定财产处置参考价若干问题的规定》中有关评估报告出具期限及延期申请的规定，在人民法院要求的期限内出具资产评估报告。若无法按期出具资产评估报告，应当根据人民法院的要求退回委托评估的材料。

第三十三条 执行以财务报告为目的的知识产权资产评估业务，应当遵循会计准则和相关法律、行政法规有关知识产权资产计量和减值测试的规定。

涉及知识产权资产组合或者与其他有形资产和无形资产组成的资产组的评估，应当遵守以财务报告为目的的相关资产评估准则的规定。

第三十四条 执行企业破产重整、破产清算中涉及的知识产权资产评估业务，应当关注知识产权资产与破产企业其他资产的关系以及企业破产重整、破产清算对知识产权资产价值的影响。

第三十五条 执行企业价值评估中涉及的知识产权资产评估业务，应当了解持续经营前提下知识产权资产作为企业资产组成部分的价值可能有别于作为单项资产的价值，关注知识产权资产评估参数与企业价值评估参数之间的关系,企业其他资产与知识产权资产之间的关系,以及知识产权资产对企业整体价值的贡献。

第五章 披露要求

第三十六条 知识产权资产评估报告应当反映知识产权资产的特点,通常包括下列内容:

(一)知识产权的性质、权利状况和限制条件;

(二)知识产权实施的地域限制、领域限制和法律限制条件;

(三)与知识产权资产相关的宏观经济和行业状况;

(四)知识产权资产实施的历史、现实状况和发展前景;

(五)知识产权资产的收益期限;

(六)知识产权资产实施主体或者拟实施主体的基本情况及实施前景;

(七)其他必要信息。

第三十七条 知识产权资产评估报告应当披露形成评估结论的相关内容,通常包括:

(一)价值类型的选择及其定义;

(二)评估方法的选择及其理由;

(三)各重要参数的来源、测算过程等;

(四)对测算结果进行分析,形成评估结论的过程;

(五)评估结论成立的假设前提和限制条件;

(六)知识产权资产的评估依据;

(七)可能影响评估结论的特别事项。

第三十八条 知识产权资产评估报告应当以文字和数字形式表述评估结论。但是,对于以许可使用为目的的知识产权资产评估报告,可以根据资产评估委托合同的约定,采用以货币计量的绝对数或者以许可费率等计量的相对数表述评估结论。

第三十九条 执行以质押融资为目的的知识产权资产评估业务,编制资产评估报告时应当关注知识产权质押融资业务对资产评估报告信息披露的特殊要求,并对相关事项进行披露。

涉及跟踪评估时,已经发生的变化对评估结论影响较大的,应当在资产评估报告中予以披露。

第四十条 执行以诉讼、仲裁为目的的知识产权资产评估业务,编制资产评估报告时应当重点披露下列内容:

(一)是否存在评估委托书对资产评估业务基本事项约定不明确,或者评估对象和评估范围与评估委托书约定不一致的情形;

(二)涉案知识产权资产以及其他相关经济利益的具体内容以及价值构成;

(三)现场调查和资料收集过程中委托人和相关当事人的配合情况;

(四)其他可能影响正确理解评估结论和资产评估报告使用的事项。

第四十一条 执行以人民法院委托司法执行财产处置为目的的知识产权资产评估业务,编制资产评估报告时应当重点披露下列内容:

(一)资产评估业务基本事项与评估委托书载明事项存在差异的情况以及相关处理方法;

(二)是否进行现场调查,以及现场调查过程中相关当事人的配合情况;

(三)人民法院提供材料的欠缺情况,以及评估资料缺失对评估结论的影响;

(四)其他可能影响正确理解评估结论和资产评估报告使用的事项。

第六章 附 则

第四十二条 本准则自 2023 年 9 月 1 日起施行。中国资产评估协会 2017 年 9 月 8 日发布的《关于印发修订〈知识产权资产评估指南〉的通知》(中评协〔2017〕44 号)同时废止。

知识产权认证管理办法

1. *2018 年 2 月 11 日国家认监委、国家知识产权局公告 2018 年第 5 号发布*
2. *自 2018 年 4 月 1 日起施行*

第一章 总 则

第一条 为了规范知识产权认证活动,提高其有效性,加强监督管理,根据《中华人民共和国专利法》、《中华人民共和国商标法》、《中华人民共和国著作权法》、《中华人民共和国认证认可条例》、《认证机构管理办法》等法律、行政法规以及部门规章的规定,制定本办法。

第二条 本办法所称知识产权认证,是指由认证机构证明法人或者其他组织的知识产权管理体系、知识产权服务符合相关国家标准或者技术规范的合格评定活动。

第三条 知识产权认证包括知识产权管理体系认证和知

识产权服务认证。

知识产权管理体系认证是指由认证机构证明法人或者其他组织的内部知识产权管理体系符合相关国家标准或者技术规范要求的合格评定活动。

知识产权服务认证是指由认证机构证明法人或者其他组织提供的知识产权服务符合相关国家标准或者技术规范要求的合格评定活动。

第四条 国家认证认可监督管理委员会(以下简称国家认监委)、国家知识产权局按照统一管理、分工协作、共同实施的原则,制定、调整和发布认证目录、认证规则,并组织开展认证监督管理工作。

第五条 知识产权认证坚持政府引导、市场驱动,实行目录式管理。

第六条 国家鼓励法人或者其他组织通过开展知识产权认证提高其知识产权管理水平或者知识产权服务能力。

第七条 知识产权认证采用统一的认证标准、技术规范和认证规则,使用统一的认证标志。

第八条 在中华人民共和国境内从事知识产权认证及其监督管理适用本办法。

第二章 认证机构和认证人员

第九条 从事知识产权认证的机构(以下简称认证机构)应当依法设立,符合《中华人民共和国认证认可条例》、《认证机构管理办法》规定的条件,具备从事知识产权认证活动的相关专业能力要求,并经国家认监委批准后,方可从事批准范围内的认证活动。

国家认监委在批准认证机构资质时,涉及知识产权专业领域问题的,可以征求国家知识产权局意见。

第十条 认证机构可以设立分支机构、办事机构,并自设立之日起30日之内向国家认监委和国家知识产权局报送相关信息。

第十一条 认证机构从事认证审核(审查)的人员应当为专职认证人员,满足从事知识产权认证活动所需的相关知识与技能要求,并符合国家认证人员职业资格的相关要求。

第三章 行为规范

第十二条 认证机构应当建立风险防范机制,对其从事认证活动可能引发的风险和责任,采取合理、有效的防范措施。

第十三条 认证机构不得从事与其认证工作相关的咨询、代理、培训、信息分析等服务以及产品开发和营销等活动,不得与认证咨询机构和认证委托人在资产、管理或者人员上存在利益关系。

第十四条 认证机构及其认证人员对其从业活动中所知悉的国家秘密、商业秘密和技术秘密负有保密义务。

第十五条 认证机构应当履行以下职责:

(一)在批准范围内开展认证工作;

(二)对获得认证的委托人出具认证证书,允许其使用认证标志;

(三)对认证证书、认证标志的使用情况进行跟踪检查;

(四)对认证的持续符合性进行监督审核;

(五)受理有关的认证申诉和投诉。

第十六条 认证机构应当建立保证认证活动规范有效的内部管理、制约、监督和责任机制,并保证其持续有效。

第十七条 认证机构应当对分支机构实施有效管理,规范其认证活动,并对其认证活动承担相应责任。

分支机构应当建立与认证机构相同的管理、制约、监督和责任机制。

第十八条 认证机构应当依照《认证机构管理办法》的规定,公布并向国家认监委报送相关信息。

前款规定的信息同时报送国家知识产权局。

第十九条 认证机构应当建立健全人员管理制度以及人员能力准则,对所有实施审核(审查)和认证决定等认证活动的人员进行能力评价,保证其能力持续符合准则要求。

认证人员应当诚实守信,恪尽职守,规范运作。

第二十条 认证机构及其认证人员应当对认证结果负责并承担相应法律责任。

第四章 认证实施

第二十一条 认证机构从事认证活动,应当按照知识产权认证基本规范、认证规则的规定从事认证活动,作出认证结论,确保认证过程完整、客观、真实,不得增加、减少或者遗漏认证基本规范、认证规则规定的程序要求。

第二十二条 知识产权管理体系认证程序主要包括对法人或者其他组织经营过程中涉及知识产权创造、运用、保护和管理等文件和活动的审核,获证后的监督审核,以及再认证审核。

知识产权服务认证程序主要包括对提供知识产权服务的法人或者其他组织的服务质量特性、服务过程和管理实施评审，获证后监督审查，以及再认证评审。

第二十三条 被知识产权行政管理部门或者其他部门责令停业整顿，或者纳入国家信用信息失信主体名录的认证委托人，认证机构不得向其出具认证证书。

第二十四条 认证机构应当对认证全过程做出完整记录，保留相应认证记录、认证资料，并归档留存。认证记录应当真实、准确，以证实认证活动得到有效实施。

第二十五条 认证机构应当在认证证书有效期内，对认证证书持有人是否持续满足认证要求进行监督审核。初次认证后的第一次监督审核应当在认证决定日期起12个月内进行，且两次监督审核间隔不超过12个月。每次监督审核内容无须与初次认证相同，但应当在认证证书有效期内覆盖整个体系的审核内容。

认证机构根据监督审核情况做出认证证书保持、暂停或者撤销的决定。

第二十六条 认证委托人对认证机构的认证决定或者处理有异议的，可以向认证机构提出申诉或者投诉。对认证机构处理结果仍有异议的，可以向国家认监委或者国家知识产权局申诉或者投诉。

第五章 认证证书和认证标志

第二十七条 知识产权认证证书（以下简称认证证书）应当包括以下基本内容：

（一）认证委托人的名称和地址；

（二）认证范围；

（三）认证依据的标准或者技术规范；

（四）认证证书编号；

（五）认证类别；

（六）认证证书出具日期和有效期；

（七）认证机构的名称、地址和机构标志；

（八）认证标志；

（九）其他内容。

第二十八条 认证证书有效期为3年。

有效期届满需再次认证的，认证证书持有人应当在有效期届满3个月前向认证机构申请再认证，再认证的认证程序与初次认证相同。

第二十九条 知识产权认证采用国家推行的统一的知识产权认证标志（以下简称认证标志）。认证标志的样式由基本图案、认证机构识别信息组成。知识产权管理体系认证基本图案见图1所示，知识产权服务认证体系的基本图案见图2所示，其中ABCDE代表机构中文或者英文简称：

图1 知识产权管理体系认证基本图案

图2 知识产权服务认证基本图案

第三十条 认证证书持有人应当正确使用认证标志。

认证机构应当按照认证规则的规定，针对不同情形，及时作出认证证书的变更、暂停或者撤销处理决定，且应当采取有效措施，监督认证证书持有人正确使用认证证书和认证标志。

第三十一条 认证机构应当向公众提供查询认证证书有效性的方式。

第三十二条 任何组织和个人不得伪造、变造、冒用、非法买卖和转让认证证书和认证标志。

第六章 监督管理

第三十三条 国家认监委和国家知识产权局建立知识产权认证监管协同机制，对知识产权认证机构实施监督检查，发现违法违规行为的，依照《认证认可条例》、《认证机构管理办法》等法律法规的规定进行查处。

第三十四条 地方各级质量技术监督部门和各地出入境检验检疫机构（以下统称地方认证监管部门）、地方知识产权行政管理部门依照各自法定职责，建立相应的监管协同机制，对所辖区域内的知识产权认证活动实施监督检查，查处违法违规行为，并及时上报国家认监委和国家知识产权局。

第三十五条 认证机构在资质审批过程中存在弄虚作假、隐瞒真实情况或者不再符合认证机构资质条件的，由国家认监委依法撤销其资质。

第三十六条 认证人员在认证过程中出具虚假认证结论或者认证结果严重失实的，依照国家关于认证人员的相关规定处罚。

第三十七条 认证机构、认证委托人和认证证书持有人应当对认证监管部门实施的监督检查工作予以配合，对有关事项的询问和调查如实提供相关材料和信息。

第三十八条 违反有关认证认可法律法规的违法行为，从其规定予以处罚。

第三十九条 任何组织和个人对知识产权认证违法违规行为，有权向各级认证监管部门、各级知识产权行政管理部门举报。各级认证监管部门、各级知识产权行政管理部门应当及时调查处理，并为举报人保密。

第七章 附 则

第四十条 本办法由国家认监委、国家知识产权局负责解释。

第四十一条 本办法自 2018 年 4 月 1 日起施行。国家认监委和国家知识产权局于 2013 年 11 月 6 日印发的《知识产权管理体系认证实施意见》(国认可联〔2013〕56 号)同时废止。

附件：知识产权认证目录

附件

知识产权认证目录

序号	认证项目	认证类别	认证依据
1	企业知识产权管理体系认证	知识产权管理体系	《企业知识产权管理规范》(GB/T 29490－2013)
2	高等学校知识产权管理体系认证		《高等学校知识产权管理规范》(GB/T 33251－2016)
3	科研组织知识产权管理体系认证		《科研组织知识产权管理规范》(GB/T 33250－2016)

二、著作权

资料补充栏

1. 综 合

中华人民共和国著作权法

1. *1990年9月7日第七届全国人民代表大会常务委员会第十五次会议通过*
2. *根据2001年10月27日第九届全国人民代表大会常务委员会第二十四次会议《关于修改〈中华人民共和国著作权法〉的决定》第一次修正*
3. *根据2010年2月26日第十一届全国人民代表大会常务委员会第十三次会议《关于修改〈中华人民共和国著作权法〉的决定》第二次修正*
4. *根据2020年11月11日第十三届全国人民代表大会常务委员会第二十三次会议《关于修改〈中华人民共和国著作权法〉的决定》第三次修正*

目 录

第一章 总 则

第一条 【立法目的】为保护文学、艺术和科学作品作者的著作权,以及与著作权有关的权益,鼓励有益于社会主义精神文明、物质文明建设的作品的创作和传播,促进社会主义文化和科学事业的发展与繁荣,根据宪法制定本法。

第二条 【适用范围】中国公民、法人或者非法人组织的作品,不论是否发表,依照本法享有著作权。

外国人、无国籍人的作品根据其作者所属国或者经常居住地国同中国签订的协议或者共同参加的国际条约享有的著作权,受本法保护。

外国人、无国籍人的作品首先在中国境内出版的,依照本法享有著作权。

未与中国签订协议或者共同参加国际条约的国家的作者以及无国籍人的作品首次在中国参加的国际条约的成员国出版的,或者在成员国和非成员国同时出版的,受本法保护。

第三条 【著作权客体】本法所称的作品,是指文学、艺术和科学领域内具有独创性并能以一定形式表现的智力成果,包括:

(一)文字作品;

(二)口述作品;

(三)音乐、戏剧、曲艺、舞蹈、杂技艺术作品;

(四)美术、建筑作品;

(五)摄影作品;

(六)视听作品;

(七)工程设计图、产品设计图、地图、示意图等图形作品和模型作品;

(八)计算机软件;

(九)符合作品特征的其他智力成果。

第四条 【监督管理】著作权人和与著作权有关的权利人行使权利,不得违反宪法和法律,不得损害公共利益。国家对作品的出版、传播依法进行监督管理。

第五条 【不适用客体】本法不适用于:

(一)法律、法规,国家机关的决议、决定、命令和其他具有立法、行政、司法性质的文件,及其官方正式译文;

(二)单纯事实消息;

(三)历法、通用数表、通用表格和公式。

第六条 【民间文学艺术作品的保护】民间文学艺术作品的著作权保护办法由国务院另行规定。

第七条 【著作权行政管理部门】国家著作权主管部门负责全国的著作权管理工作;县级以上地方主管著作权的部门负责本行政区域的著作权管理工作。

第八条 【著作权集体管理组织】著作权人和与著作权有关的权利人可以授权著作权集体管理组织行使著作权或者与著作权有关的权利。依法设立的著作权集体管理组织是非营利法人,被授权后可以以自己的名义为著作权人和与著作权有关的权利人主张权利，并可以作为当事人进行涉及著作权或者与著作权有关的权利的诉讼、仲裁、调解活动。

著作权集体管理组织根据授权向使用者收取使用费。使用费的收取标准由著作权集体管理组织和使用者代表协商确定，协商不成的，可以向国家著作权主管部门申请裁决，对裁决不服的，可以向人民法院提起诉讼；当事人也可以直接向人民法院提起诉讼。

著作权集体管理组织应当将使用费的收取和转付、管理费的提取和使用、使用费的未分配部分等总体情况定期向社会公布，并应当建立权利信息查询系统，供权利人和使用者查询。国家著作权主管部门应当依法对著作权集体管理组织进行监督、管理。

著作权集体管理组织的设立方式、权利义务、使用费的收取和分配，以及对其监督和管理等由国务院另行规定。

第二章　著　作　权

第一节　著作权人及其权利

第九条　【著作权人】著作权人包括：

（一）作者；

（二）其他依照本法享有著作权的自然人、法人或者非法人组织。

第十条　【著作权内容】著作权包括下列人身权和财产权：

（一）发表权，即决定作品是否公之于众的权利；

（二）署名权，即表明作者身份，在作品上署名的权利；

（三）修改权，即修改或者授权他人修改作品的权利；

（四）保护作品完整权，即保护作品不受歪曲、篡改的权利；

（五）复制权，即以印刷、复印、拓印、录音、录像、翻录、翻拍、数字化等方式将作品制作一份或者多份的权利；

（六）发行权，即以出售或者赠与方式向公众提供作品的原件或者复制件的权利；

（七）出租权，即有偿许可他人临时使用视听作品、计算机软件的原件或者复制件的权利，计算机软件不是出租的主要标的的除外；

（八）展览权，即公开陈列美术作品、摄影作品的原件或者复制件的权利；

（九）表演权，即公开表演作品，以及用各种手段公开播送作品的表演的权利；

（十）放映权，即通过放映机、幻灯机等技术设备公开再现美术、摄影、视听作品等的权利；

（十一）广播权，即以有线或者无线方式公开传播或者转播作品，以及通过扩音器或者其他传送符号、声音、图像的类似工具向公众传播广播的作品的权利，但不包括本款第十二项规定的权利；

（十二）信息网络传播权，即以有线或者无线方式向公众提供，使公众可以在其选定的时间和地点获得作品的权利；

（十三）摄制权，即以摄制视听作品的方法将作品固定在载体上的权利；

（十四）改编权，即改变作品，创作出具有独创性的新作品的权利；

（十五）翻译权，即将作品从一种语言文字转换成另一种语言文字的权利；

（十六）汇编权，即将作品或者作品的片段通过选择或者编排，汇集成新作品的权利；

（十七）应当由著作权人享有的其他权利。

著作权人可以许可他人行使前款第五项至第十七项规定的权利，并依照约定或者本法有关规定获得报酬。

著作权人可以全部或者部分转让本条第一款第五项至第十七项规定的权利，并依照约定或者本法有关规定获得报酬。

第二节　著作权归属

第十一条　【作者】著作权属于作者，本法另有规定的除外。

创作作品的自然人是作者。

由法人或者非法人组织主持，代表法人或者非法人组织意志创作，并由法人或者非法人组织承担责任的作品，法人或者非法人组织视为作者。

第十二条　【作者等著作权人的权利】在作品上署名的自然人、法人或者非法人组织为作者，且该作品上存在相应权利，但有相反证明的除外。

作者等著作权人可以向国家著作权主管部门认定的登记机构办理作品登记。

与著作权有关的权利参照适用前两款规定。

第十三条　【演绎作品】改编、翻译、注释、整理已有作品而产生的作品，其著作权由改编、翻译、注释、整理人享有,但行使著作权时不得侵犯原作品的著作权。

第十四条 【合作作品】两人以上合作创作的作品,著作权由合作作者共同享有。没有参加创作的人,不能成为合作作者。

合作作品的著作权由合作作者通过协商一致行使;不能协商一致,又无正当理由的,任何一方不得阻止他方行使除转让、许可他人专有使用、出质以外的其他权利,但是所得收益应当合理分配给所有合作作者。

合作作品可以分割使用的,作者对各自创作的部分可以单独享有著作权,但行使著作权时不得侵犯合作作品整体的著作权。

第十五条 【汇编作品】汇编若干作品、作品的片段或者不构成作品的数据或者其他材料,对其内容的选择或者编排体现独创性的作品,为汇编作品,其著作权由汇编人享有,但行使著作权时,不得侵犯原作品的著作权。

第十六条 【演绎作品中原作品著作权人的权利】使用改编、翻译、注释、整理、汇编已有作品而产生的作品进行出版、演出和制作录音录像制品,应当取得该作品的著作权人和原作品的著作权人许可,并支付报酬。

第十七条 【视听作品的著作权】视听作品中的电影作品、电视剧作品的著作权由制作者享有,但编剧、导演、摄影、作词、作曲等作者享有署名权,并有权按照与制作者签订的合同获得报酬。

前款规定以外的视听作品的著作权归属由当事人约定;没有约定或者约定不明确的,由制作者享有,但作者享有署名权和获得报酬的权利。

视听作品中的剧本、音乐等可以单独使用的作品的作者有权单独行使其著作权。

第十八条 【职务作品】自然人为完成法人或者非法人组织工作任务所创作的作品是职务作品,除本条第二款的规定以外,著作权由作者享有,但法人或者非法人组织有权在其业务范围内优先使用。作品完成两年内,未经单位同意,作者不得许可第三人以与单位使用的相同方式使用该作品。

有下列情形之一的职务作品,作者享有署名权,著作权的其他权利由法人或者非法人组织享有,法人或者非法人组织可以给予作者奖励:

(一)主要是利用法人或者非法人组织的物质技术条件创作,并由法人或者非法人组织承担责任的工程设计图、产品设计图、地图、示意图、计算机软件等职务作品;

(二)报社、期刊社、通讯社、广播电台、电视台的工作人员创作的职务作品;

(三)法律、行政法规规定或者合同约定著作权由法人或者非法人组织享有的职务作品。

第十九条 【委托作品】受委托创作的作品,著作权的归属由委托人和受托人通过合同约定。合同未作明确约定或者没有订立合同的,著作权属于受托人。

第二十条 【作品原件的转移】作品原件所有权的转移,不改变作品著作权的归属,但美术、摄影作品原件的展览权由原件所有人享有。

作者将未发表的美术、摄影作品的原件所有权转让给他人,受让人展览该原件不构成对作者发表权的侵犯。

第二十一条 【著作权的转移和承受】著作权属于自然人的,自然人死亡后,其本法第十条第一款第五项至第十七项规定的权利在本法规定的保护期内,依法转移。

著作权属于法人或者非法人组织的,法人或者非法人组织变更、终止后,其本法第十条第一款第五项至第十七项规定的权利在本法规定的保护期内,由承受其权利义务的法人或者非法人组织享有;没有承受其权利义务的法人或者非法人组织的,由国家享有。

第三节 权利的保护期

第二十二条 【署名权、修改权、保护作品完整权】作者的署名权、修改权、保护作品完整权的保护期不受限制。

第二十三条 【发表权的保护期】自然人的作品,其发表权、本法第十条第一款第五项至第十七项规定的权利的保护期为作者终生及其死亡后五十年,截止于作者死亡后第五十年的 12 月 31 日;如果是合作作品,截止于最后死亡的作者死亡后第五十年的 12 月 31 日。

法人或者非法人组织的作品、著作权(署名权除外)由法人或者非法人组织享有的职务作品,其发表权的保护期为五十年,截止于作品创作完成后第五十年的 12 月 31 日;本法第十条第一款第五项至第十七项规定的权利的保护期为五十年,截止于作品首次发表后第五十年的 12 月 31 日,但作品自创作完成后五十年内未发表的,本法不再保护。

视听作品,其发表权的保护期为五十年,截止于作品创作完成后第五十年的 12 月 31 日;本法第十条第一款第五项至第十七项规定的权利的保护期为五十年，截止于作品首次发表后第五十年的12月31日，但作品自创作完成后五十年内未发表的，本法不再保护。

第四节　权利的限制

第二十四条　【合理使用】在下列情况下使用作品，可以不经著作权人许可，不向其支付报酬，但应当指明作者姓名或者名称、作品名称，并且不得影响该作品的正常使用，也不得不合理地损害著作权人的合法权益：

（一）为个人学习、研究或者欣赏，使用他人已经发表的作品；

（二）为介绍、评论某一作品或者说明某一问题，在作品中适当引用他人已经发表的作品；

（三）为报道新闻，在报纸、期刊、广播电台、电视台等媒体中不可避免地再现或者引用已经发表的作品；

（四）报纸、期刊、广播电台、电视台等媒体刊登或者播放其他报纸、期刊、广播电台、电视台等媒体已经发表的关于政治、经济、宗教问题的时事性文章，但著作权人声明不许刊登、播放的除外；

（五）报纸、期刊、广播电台、电视台等媒体刊登或者播放在公众集会上发表的讲话，但作者声明不许刊登、播放的除外；

（六）为学校课堂教学或者科学研究，翻译、改编、汇编、播放或者少量复制已经发表的作品，供教学或者科研人员使用，但不得出版发行；

（七）国家机关为执行公务在合理范围内使用已经发表的作品；

（八）图书馆、档案馆、纪念馆、博物馆、美术馆、文化馆等为陈列或者保存版本的需要，复制本馆收藏的作品；

（九）免费表演已经发表的作品，该表演未向公众收取费用，也未向表演者支付报酬，且不以营利为目的；

（十）对设置或者陈列在公共场所的艺术作品进行临摹、绘画、摄影、录像；

（十一）将中国公民、法人或者非法人组织已经发表的以国家通用语言文字创作的作品翻译成少数民族语言文字作品在国内出版发行；

（十二）以阅读障碍者能够感知的无障碍方式向其提供已经发表的作品；

（十三）法律、行政法规规定的其他情形。

前款规定适用于对与著作权有关的权利的限制。

第二十五条　【法定许可使用】为实施义务教育和国家教育规划而编写出版教科书，可以不经著作权人许可，在教科书中汇编已经发表的作品片段或者短小的文字作品、音乐作品或者单幅的美术作品、摄影作品、图形作品，但应当按照规定向著作权人支付报酬，指明作者姓名或者名称、作品名称，并且不得侵犯著作权人依照本法享有的其他权利。

前款规定适用于对与著作权有关的权利的限制。

第三章　著作权许可使用和转让合同

第二十六条　【许可使用合同】使用他人作品应当同著作权人订立许可使用合同，本法规定可以不经许可的除外。

许可使用合同包括下列主要内容：

（一）许可使用的权利种类；

（二）许可使用的权利是专有使用权或者非专有使用权；

（三）许可使用的地域范围、期间；

（四）付酬标准和办法；

（五）违约责任；

（六）双方认为需要约定的其他内容。

第二十七条　【著作权的转让】转让本法第十条第一款第五项至第十七项规定的权利，应当订立书面合同。

权利转让合同包括下列主要内容：

（一）作品的名称；

（二）转让的权利种类、地域范围；

（三）转让价金；

（四）交付转让价金的日期和方式；

（五）违约责任；

（六）双方认为需要约定的其他内容。

第二十八条　【出质登记】以著作权中的财产权出质的，由出质人和质权人依法办理出质登记。

第二十九条　【未明确许可、转让的权利】许可使用合同和转让合同中著作权人未明确许可、转让的权利，未经著作权人同意，另一方当事人不得行使。

第三十条　【使用作品付酬标准】使用作品的付酬标准可以由当事人约定，也可以按照国家著作权主管部门会同有关部门制定的付酬标准支付报酬。当事人约定不明确的，按照国家著作权主管部门会同有关部门制定的付酬标准支付报酬。

第三十一条　【禁止侵犯作者权利】出版者、表演者、录音录像制作者、广播电台、电视台等依照本法有关规定使用他人作品的，不得侵犯作者的署名权、修改权、保护作品完整权和获得报酬的权利。

第四章 与著作权有关的权利

第一节 图书、报刊的出版

第三十二条 【出版合同】图书出版者出版图书应当和著作权人订立出版合同，并支付报酬。

第三十三条 【专有出版权】图书出版者对著作权人交付出版的作品，按照合同约定享有的专有出版权受法律保护，他人不得出版该作品。

第三十四条 【作品的交付及重印、再版】著作权人应当按照合同约定期限交付作品。图书出版者应当按照合同约定的出版质量、期限出版图书。

图书出版者不按照合同约定期限出版，应当依照本法第六十一条的规定承担民事责任。

图书出版者重印、再版作品的，应当通知著作权人，并支付报酬。图书脱销后，图书出版者拒绝重印、再版的，著作权人有权终止合同。

第三十五条 【投稿、转载】著作权人向报社、期刊社投稿的，自稿件发出之日起十五日内未收到报社通知决定刊登的，或者自稿件发出之日起三十日内未收到期刊社通知决定刊登的，可以将同一作品向其他报社、期刊社投稿。双方另有约定的除外。

作品刊登后，除著作权人声明不得转载、摘编的外，其他报刊可以转载或者作为文摘、资料刊登，但应当按照规定向著作权人支付报酬。

第三十六条 【对作品的修改、删节】图书出版者经作者许可，可以对作品修改、删节。

报社、期刊社可以对作品作文字性修改、删节。对内容的修改，应当经作者许可。

第三十七条 【版式设计专有使用权】出版者有权许可或者禁止他人使用其出版的图书、期刊的版式设计。

前款规定的权利的保护期为十年，截止于使用该版式设计的图书、期刊首次出版后第十年的 12 月 31 日。

第二节 表 演

第三十八条 【表演者义务】使用他人作品演出，表演者应当取得著作权人许可，并支付报酬。演出组织者组织演出，由该组织者取得著作权人许可，并支付报酬。

第三十九条 【表演者权利】表演者对其表演享有下列权利：

（一）表明表演者身份；

（二）保护表演形象不受歪曲；

（三）许可他人从现场直播和公开传送其现场表演，并获得报酬；

（四）许可他人录音录像，并获得报酬；

（五）许可他人复制、发行、出租录有其表演的录音录像制品，并获得报酬；

（六）许可他人通过信息网络向公众传播其表演，并获得报酬。

被许可人以前款第三项至第六项规定的方式使用作品，还应当取得著作权人许可，并支付报酬。

第四十条 【职务表演】演员为完成本演出单位的演出任务进行的表演为职务表演，演员享有表明身份和保护表演形象不受歪曲的权利，其他权利归属由当事人约定。当事人没有约定或者约定不明确的，职务表演的权利由演出单位享有。

职务表演的权利由演员享有的，演出单位可以在其业务范围内免费使用该表演。

第四十一条 【表演者权利保护期】本法第三十九条第一款第一项、第二项规定的权利的保护期不受限制。

本法第三十九条第一款第三项至第六项规定的权利的保护期为五十年，截止于该表演发生后第五十年的 12 月 31 日。

第三节 录 音 录 像

第四十二条 【录音录像制作者使用作品】录音录像制作者使用他人作品制作录音录像制品，应当取得著作权人许可，并支付报酬。

录音制作者使用他人已经合法录制为录音制品的音乐作品制作录音制品，可以不经著作权人许可，但应当按照规定支付报酬；著作权人声明不许使用的不得使用。

第四十三条 【录音录像制品的合同和报酬】录音录像制作者制作录音录像制品，应当同表演者订立合同，并支付报酬。

第四十四条 【录音录像制作者专有权和权利保护期】录音录像制作者对其制作的录音录像制品，享有许可他人复制、发行、出租、通过信息网络向公众传播并获得报酬的权利；权利的保护期为五十年，截止于该制品首次制作完成后第五十年的 12 月 31 日。

被许可人复制、发行、通过信息网络向公众传播录音录像制品，应当同时取得著作权人、表演者许可，并支付报酬;被许可人出租录音录像制品,还应当取得表演者许可,并支付报酬。

第四十五条 【录音录像传播的报酬】将录音制品用于有线或者无线公开传播,或者通过传送声音的技术设备向公众公开播送的,应当向录音制作者支付报酬。

第四节 广播电台、电视台播放

第四十六条 【广播电台、电视台使用作品】广播电台、电视台播放他人未发表的作品,应当取得著作权人许可,并支付报酬。

广播电台、电视台播放他人已发表的作品,可以不经著作权人许可,但应当按照规定支付报酬。

第四十七条 【广播组织专有权和权利保护期】广播电台、电视台有权禁止未经其许可的下列行为:

(一)将其播放的广播、电视以有线或者无线方式转播;

(二)将其播放的广播、电视录制以及复制;

(三)将其播放的广播、电视通过信息网络向公众传播。

广播电台、电视台行使前款规定的权利,不得影响、限制或者侵害他人行使著作权或者与著作权有关的权利。

本条第一款规定的权利的保护期为五十年,截止于该广播、电视首次播放后第五十年的12月31日。

第四十八条 【电视台播放他人作品】电视台播放他人的视听作品、录像制品,应当取得视听作品著作权人或者录像制作者许可,并支付报酬;播放他人的录像制品,还应当取得著作权人许可,并支付报酬。

第五章 著作权和与著作权有关的权利的保护

第四十九条 【技术措施】为保护著作权和与著作权有关的权利,权利人可以采取技术措施。

未经权利人许可,任何组织或者个人不得故意避开或者破坏技术措施,不得以避开或者破坏技术措施为目的制造、进口或者向公众提供有关装置或者部件,不得故意为他人避开或者破坏技术措施提供技术服务。但是,法律、行政法规规定可以避开的情形除外。

本法所称的技术措施,是指用于防止、限制未经权利人许可浏览、欣赏作品、表演、录音录像制品或者通过信息网络向公众提供作品、表演、录音录像制品的有效技术、装置或者部件。

第五十条 【可避开技术措施的情形】下列情形可以避开技术措施,但不得向他人提供避开技术措施的技术、装置或者部件,不得侵犯权利人依法享有的其他权利:

(一)为学校课堂教学或者科学研究,提供少量已经发表的作品,供教学或者科研人员使用,而该作品无法通过正常途径获取;

(二)不以营利为目的,以阅读障碍者能够感知的无障碍方式向其提供已经发表的作品,而该作品无法通过正常途径获取;

(三)国家机关依照行政、监察、司法程序执行公务;

(四)对计算机及其系统或者网络的安全性能进行测试;

(五)进行加密研究或者计算机软件反向工程研究。

前款规定适用于对与著作权有关的权利的限制。

第五十一条 【未经权利人许可的禁止行为】未经权利人许可,不得进行下列行为:

(一)故意删除或者改变作品、版式设计、表演、录音录像制品或者广播、电视上的权利管理信息,但由于技术上的原因无法避免的除外;

(二)知道或者应当知道作品、版式设计、表演、录音录像制品或者广播、电视上的权利管理信息未经许可被删除或者改变,仍然向公众提供。

第五十二条 【侵权行为的民事责任】有下列侵权行为的,应当根据情况,承担停止侵害、消除影响、赔礼道歉、赔偿损失等民事责任:

(一)未经著作权人许可,发表其作品的;

(二)未经合作作者许可,将与他人合作创作的作品当作自己单独创作的作品发表的;

(三)没有参加创作,为谋取个人名利,在他人作品上署名的;

(四)歪曲、篡改他人作品的;

(五)剽窃他人作品的;

(六)未经著作权人许可,以展览、摄制视听作品的方法使用作品,或者以改编、翻译、注释等方式使用作品的,本法另有规定的除外;

(七)使用他人作品,应当支付报酬而未支付的;

(八)未经视听作品、计算机软件、录音录像制品的著作权人、表演者或者录音录像制作者许可,出租其作品或者录音录像制品的原件或者复制件的,本法另有规定的除外；

（九）未经出版者许可，使用其出版的图书、期刊的版式设计的；

（十）未经表演者许可，从现场直播或者公开传送其现场表演，或者录制其表演的；

（十一）其他侵犯著作权以及与著作权有关的权利的行为。

第五十三条　【侵权行为的民事、行政、刑事责任】有下列侵权行为的，应当根据情况，承担本法第五十二条规定的民事责任；侵权行为同时损害公共利益的，由主管著作权的部门责令停止侵权行为，予以警告，没收违法所得，没收、无害化销毁处理侵权复制品以及主要用于制作侵权复制品的材料、工具、设备等，违法经营额五万元以上的，可以并处违法经营额一倍以上五倍以下的罚款；没有违法经营额、违法经营额难以计算或者不足五万元的，可以并处二十五万元以下的罚款；构成犯罪的，依法追究刑事责任：

（一）未经著作权人许可，复制、发行、表演、放映、广播、汇编、通过信息网络向公众传播其作品的，本法另有规定的除外；

（二）出版他人享有专有出版权的图书的；

（三）未经表演者许可，复制、发行录有其表演的录音录像制品，或者通过信息网络向公众传播其表演的，本法另有规定的除外；

（四）未经录音录像制作者许可，复制、发行、通过信息网络向公众传播其制作的录音录像制品的，本法另有规定的除外；

（五）未经许可，播放、复制或者通过信息网络向公众传播广播、电视的，本法另有规定的除外；

（六）未经著作权人或者与著作权有关的权利人许可，故意避开或者破坏技术措施的，故意制造、进口或者向他人提供主要用于避开、破坏技术措施的装置或者部件的，或者故意为他人避开或者破坏技术措施提供技术服务的，法律、行政法规另有规定的除外；

（七）未经著作权人或者与著作权有关的权利人许可，故意删除或者改变作品、版式设计、表演、录音录像制品或者广播、电视上的权利管理信息的，知道或者应当知道作品、版式设计、表演、录音录像制品或者广播、电视上的权利管理信息未经许可被删除或者改变，仍然向公众提供的，法律、行政法规另有规定的除外；

（八）制作、出售假冒他人署名的作品的。

第五十四条　【赔偿标准】侵犯著作权或者与著作权有关的权利的，侵权人应当按照权利人因此受到的实际损失或者侵权人的违法所得给予赔偿；权利人的实际损失或者侵权人的违法所得难以计算的，可以参照该权利使用费给予赔偿。对故意侵犯著作权或者与著作权有关的权利，情节严重的，可以在按照上述方法确定数额的一倍以上五倍以下给予赔偿。

权利人的实际损失、侵权人的违法所得、权利使用费难以计算的，由人民法院根据侵权行为的情节，判决给予五百元以上五百万元以下的赔偿。

赔偿数额还应当包括权利人为制止侵权行为所支付的合理开支。

人民法院为确定赔偿数额，在权利人已经尽了必要举证责任，而与侵权行为相关的账簿、资料等主要由侵权人掌握的，可以责令侵权人提供与侵权行为相关的账簿、资料等；侵权人不提供，或者提供虚假的账簿、资料等的，人民法院可以参考权利人的主张和提供的证据确定赔偿数额。

人民法院审理著作权纠纷案件，应权利人请求，对侵权复制品，除特殊情况外，责令销毁；对主要用于制造侵权复制品的材料、工具、设备等，责令销毁，且不予补偿；或者在特殊情况下，责令禁止前述材料、工具、设备等进入商业渠道，且不予补偿。

第五十五条　【主管部门查处的权利】主管著作权的部门对涉嫌侵犯著作权和与著作权有关的权利的行为进行查处时，可以询问有关当事人，调查与涉嫌违法行为有关的情况；对当事人涉嫌违法行为的场所和物品实施现场检查；查阅、复制与涉嫌违法行为有关的合同、发票、账簿以及其他有关资料；对于涉嫌违法行为的场所和物品，可以查封或者扣押。

主管著作权的部门依法行使前款规定的职权时，当事人应当予以协助、配合，不得拒绝、阻挠。

第五十六条　【诉前财产保全措施和禁止令】著作权人或者与著作权有关的权利人有证据证明他人正在实施或者即将实施侵犯其权利、妨碍其实现权利的行为，如不及时制止将会使其合法权益受到难以弥补的损害的，可以在起诉前依法向人民法院申请采取财产保全、责令作出一定行为或者禁止作出一定行为等措施。

第五十七条　【诉前证据保全】为制止侵权行为，在证据可能灭失或者以后难以取得的情况下，著作权人或者与著作权有关的权利人可以在起诉前依法向人民法院申请保全证据。

第五十八条　【法院对侵权行为的民事制裁】人民法院审理案件，对于侵犯著作权或者与著作权有关的权利的，可以没收违法所得、侵权复制品以及进行违法活动的财物。

第五十九条　【过错推定】复制品的出版者、制作者不能证明其出版、制作有合法授权的，复制品的发行者或者视听作品、计算机软件、录音录像制品的复制品的出租者不能证明其发行、出租的复制品有合法来源的，应当承担法律责任。

在诉讼程序中，被诉侵权人主张其不承担侵权责任的，应当提供证据证明已经取得权利人的许可，或者具有本法规定的不经权利人许可而可以使用的情形。

第六十条　【纠纷解决途径】著作权纠纷可以调解，也可以根据当事人达成的书面仲裁协议或者著作权合同中的仲裁条款，向仲裁机构申请仲裁。

当事人没有书面仲裁协议，也没有在著作权合同中订立仲裁条款的，可以直接向人民法院起诉。

第六十一条　【违约责任】当事人因不履行合同义务或者履行合同义务不符合约定而承担民事责任，以及当事人行使诉讼权利、申请保全等，适用有关法律的规定。

第六章　附　　则

第六十二条　【版权】本法所称的著作权即版权。

第六十三条　【出版】本法第二条所称的出版，指作品的复制、发行。

第六十四条　【计算机软件、信息网络传播权的保护】计算机软件、信息网络传播权的保护办法由国务院另行规定。

第六十五条　【摄影作品保护期届满】摄影作品，其发表权、本法第十条第一款第五项至第十七项规定的权利的保护期在2021年6月1日前已经届满，但依据本法第二十三条第一款的规定仍在保护期内的，不再保护。

第六十六条　【著作权法溯及力】本法规定的著作权人和出版者、表演者、录音录像制作者、广播电台、电视台的权利，在本法施行之日尚未超过本法规定的保护期的，依照本法予以保护。

本法施行前发生的侵权或者违约行为，依照侵权或者违约行为发生时的有关规定处理。

第六十七条　【施行日期】本法自1991年6月1日起施行。

中华人民共和国著作权法实施条例

1. 2002年8月2日国务院令第359号公布

2. 根据2011年1月8日国务院令第588号《关于废止和修改部分行政法规的决定》第一次修订

3. 根据2013年1月30日国务院令第633号《关于修改〈中华人民共和国著作权法实施条例〉的决定》第二次修订

第一条　根据《中华人民共和国著作权法》（以下简称著作权法），制定本条例。

第二条　著作权法所称作品，是指文学、艺术和科学领域内具有独创性并能以某种有形形式复制的智力成果。

第三条　著作权法所称创作，是指直接产生文学、艺术和科学作品的智力活动。

为他人创作进行组织工作，提供咨询意见、物质条件，或者进行其他辅助工作，均不视为创作。

第四条　著作权法和本条例中下列作品的含义：

（一）文字作品，是指小说、诗词、散文、论文等以文字形式表现的作品；

（二）口述作品，是指即兴的演说、授课、法庭辩论等以口头语言形式表现的作品；

（三）音乐作品，是指歌曲、交响乐等能够演唱或者演奏的带词或者不带词的作品；

（四）戏剧作品，是指话剧、歌剧、地方戏等供舞台演出的作品；

（五）曲艺作品，是指相声、快书、大鼓、评书等以说唱为主要形式表演的作品；

（六）舞蹈作品，是指通过连续的动作、姿势、表情等表现思想情感的作品；

（七）杂技艺术作品，是指杂技、魔术、马戏等通过形体动作和技巧表现的作品；

（八）美术作品，是指绘画、书法、雕塑等以线条、色彩或者其他方式构成的有审美意义的平面或者立体的造型艺术作品；

（九）建筑作品，是指以建筑物或者构筑物形式表现的有审美意义的作品；

（十）摄影作品，是指借助器械在感光材料或者其他介质上记录客观物体形象的艺术作品；

（十一）电影作品和以类似摄制电影的方法创作的作品，是指摄制在一定介质上，由一系列有伴音或者无伴音的画面组成，并且借助适当装置放映或者以其他方式传播的作品；

（十二）图形作品，是指为施工、生产绘制的工程设计图、产品设计图，以及反映地理现象、说明事物原理或者结构的地图、示意图等作品；

（十三）模型作品，是指为展示、试验或者观测等用途，根据物体的形状和结构，按照一定比例制成的立体作品。

第五条　著作权法和本条例中下列用语的含义：

（一）时事新闻，是指通过报纸、期刊、广播电台、电视台等媒体报道的单纯事实消息；

（二）录音制品，是指任何对表演的声音和其他声音的录制品；

（三）录像制品，是指电影作品和以类似摄制电影的方法创作的作品以外的任何有伴音或者无伴音的连续相关形象、图像的录制品；

（四）录音制作者，是指录音制品的首次制作人；

（五）录像制作者，是指录像制品的首次制作人；

（六）表演者，是指演员、演出单位或者其他表演文学、艺术作品的人。

第六条　著作权自作品创作完成之日起产生。

第七条　著作权法第二条第三款规定的首先在中国境内出版的外国人、无国籍人的作品，其著作权自首次出版之日起受保护。

第八条　外国人、无国籍人的作品在中国境外首先出版后，30日内在中国境内出版的，视为该作品同时在中国境内出版。

第九条　合作作品不可以分割使用的，其著作权由各合作作者共同享有，通过协商一致行使；不能协商一致，又无正当理由的，任何一方不得阻止他方行使除转让以外的其他权利，但是所得收益应当合理分配给所有合作作者。

第十条　著作权人许可他人将其作品摄制成电影作品和以类似摄制电影的方法创作的作品的，视为已同意对其作品进行必要的改动，但是这种改动不得歪曲篡改原作品。

第十一条　著作权法第十六条第一款关于职务作品的规定中的“工作任务”，是指公民在该法人或者该组织中应当履行的职责。

著作权法第十六条第二款关于职务作品的规定中的“物质技术条件”，是指该法人或者该组织为公民完成创作专门提供的资金、设备或者资料。

第十二条　职务作品完成两年内，经单位同意，作者许可第三人以与单位使用的相同方式使用作品所获报酬，由作者与单位按约定的比例分配。

作品完成两年的期限，自作者向单位交付作品之日起计算。

第十三条　作者身份不明的作品，由作品原件的所有人行使除署名权以外的著作权。作者身份确定后，由作者或者其继承人行使著作权。

第十四条　合作作者之一死亡后，其对合作作品享有的著作权法第十条第一款第五项至第十七项规定的权利无人继承又无人受遗赠的，由其他合作作者享有。

第十五条　作者死亡后，其著作权中的署名权、修改权和保护作品完整权由作者的继承人或者受遗赠人保护。

著作权无人继承又无人受遗赠的，其署名权、修改权和保护作品完整权由著作权行政管理部门保护。

第十六条　国家享有著作权的作品的使用，由国务院著作权行政管理部门管理。

第十七条　作者生前未发表的作品，如果作者未明确表示不发表，作者死亡后50年内，其发表权可由继承人或者受遗赠人行使；没有继承人又无人受遗赠的，由作品原件的所有人行使。

第十八条　作者身份不明的作品，其著作权法第十条第一款第五项至第十七项规定的权利的保护期截止于作品首次发表后第50年的12月31日。作者身份确定后，适用著作权法第二十一条的规定。

第十九条　使用他人作品的，应当指明作者姓名、作品名称；但是，当事人另有约定或者由于作品使用方式的特性无法指明的除外。

第二十条　著作权法所称已经发表的作品，是指著作权人自行或者许可他人公之于众的作品。

第二十一条　依照著作权法有关规定，使用可以不经著作权人许可的已经发表的作品的，不得影响该作品的正常使用，也不得不合理地损害著作权人的合法利益。

第二十二条　依照著作权法第二十三条、第三十三条第二款、第四十条第三款的规定使用作品的付酬标准，由国务院著作权行政管理部门会同国务院价格主管部门制定、公布。

第二十三条　使用他人作品应当同著作权人订立许可使用合同，许可使用的权利是专有使用权的，应当采取书面形式，但是报社、期刊社刊登作品除外。

第二十四条　著作权法第二十四条规定的专有使用权的内容由合同约定，合同没有约定或者约定不明的，视为被许可人有权排除包括著作权人在内的任何人以同样的方式使用作品；除合同另有约定外，被许可人许可第三人行使同一权利，必须取得著作权人的许可。

第二十五条　与著作权人订立专有许可使用合同、转让合同的，可以向著作权行政管理部门备案。

第二十六条　著作权法和本条例所称与著作权有关的权益，是指出版者对其出版的图书和期刊的版式设计享有的权利，表演者对其表演享有的权利，录音录像制作者对其制作的录音录像制品享有的权利，广播电台、电视台对其播放的广播、电视节目享有的权利。

第二十七条　出版者、表演者、录音录像制作者、广播电台、电视台行使权利，不得损害被使用作品和原作品著作权人的权利。

第二十八条　图书出版合同中约定图书出版者享有专有出版权但没有明确其具体内容的，视为图书出版者享有在合同有效期限内和在合同约定的地域范围内以同种文字的原版、修订版出版图书的专有权利。

第二十九条　著作权人寄给图书出版者的两份订单在6个月内未能得到履行，视为著作权法第三十二条所称图书脱销。

第三十条　著作权人依照著作权法第三十三条第二款声明不得转载、摘编其作品的，应当在报纸、期刊刊登该作品时附带声明。

第三十一条　著作权人依照著作权法第四十条第三款声明不得对其作品制作录音制品的，应当在该作品合法录制为录音制品时声明。

第三十二条　依照著作权法第二十三条、第三十三条第二款、第四十条第三款的规定，使用他人作品的，应当自使用该作品之日起2个月内向著作权人支付报酬。

第三十三条　外国人、无国籍人在中国境内的表演，受著作权法保护。

外国人、无国籍人根据中国参加的国际条约对其表演享有的权利，受著作权法保护。

第三十四条　外国人、无国籍人在中国境内制作、发行的录音制品，受著作权法保护。

外国人、无国籍人根据中国参加的国际条约对其制作、发行的录音制品享有的权利，受著作权法保护。

第三十五条　外国的广播电台、电视台根据中国参加的国际条约对其播放的广播、电视节目享有的权利，受著作权法保护。

第三十六条　有著作权法第四十八条所列侵权行为，同时损害社会公共利益，非法经营额5万元以上的，著作权行政管理部门可处非法经营额1倍以上5倍以下的罚款；没有非法经营额或者非法经营额5万元以下的，著作权行政管理部门根据情节轻重，可处25万元以下的罚款。

第三十七条　有著作权法第四十八条所列侵权行为，同时损害社会公共利益的，由地方人民政府著作权行政管理部门负责查处。

国务院著作权行政管理部门可以查处在全国有重大影响的侵权行为。

第三十八条　本条例自2002年9月15日起施行。1991年5月24日国务院批准、1991年5月30日国家版权局发布的《中华人民共和国著作权法实施条例》同时废止。

实施国际著作权条约的规定

1. 1992年9月25日国务院令第105号公布

2. 根据2020年11月29日国务院令第732号《关于修改和废止部分行政法规的决定》修订

第一条　为实施国际著作权条约，保护外国作品著作权人的合法权益，制定本规定。

第二条　对外国作品的保护，适用《中华人民共和国著作权法》（以下称著作权法）、《中华人民共和国著作权法实施条例》、《计算机软件保护条例》和本规定。

第三条　本规定所称国际著作权条约，是指中华人民共和国（以下称中国）参加的《伯尔尼保护文学和艺术作品公约》（以下称伯尔尼公约）和与外国签订的有关著作权的双边协定。

第四条　本规定所称外国作品，包括：

（一）作者或者作者之一，其他著作权人或者著作权人之一是国际著作权条约成员国的国民或者在该条约的成员国有经常居所的居民的作品；

（二）作者不是国际著作权条约成员国的国民或者在该条约的成员国有经常居所的居民，但是在该条约的成员国首次或者同时发表的作品；

（三）外商投资企业按照合同约定是著作权人或者著作权人之一的，其委托他人创作的作品。

第五条　对未发表的外国作品的保护期,适用著作权法第二十条、第二十一条的规定。

第六条　对外国实用艺术作品的保护期,为自该作品完成起二十五年。

美术作品(包括动画形象设计)用于工业制品的,不适用前款规定。

第七条　外国计算机程序作为文学作品保护,可以不履行登记手续,保护期为自该程序首次发表之年年底起五十年。

第八条　外国作品是由不受保护的材料编辑而成,但是在材料的选取或者编排上有独创性的,依照著作权法第十四条的规定予以保护。此种保护不排斥他人利用同样的材料进行编辑。

第九条　外国录像制品根据国际著作权条约构成电影作品的,作为电影作品保护。

第十条　将外国人已经发表的以汉族文字创作的作品,翻译成少数民族文字出版发行的,应当事先取得著作权人的授权。

第十一条　外国作品著作权人,可以授权他人以任何方式、手段公开表演其作品或者公开传播对其作品的表演。

第十二条　外国电影、电视和录像作品的著作权人可以授权他人公开表演其作品。

第十三条　报刊转载外国作品,应当事先取得著作权人的授权;但是,转载有关政治、经济等社会问题的时事文章除外。

第十四条　外国作品的著作权人在授权他人发行其作品的复制品后,可以授权或者禁止出租其作品的复制品。

第十五条　外国作品的著作权人有权禁止进口其作品的下列复制品:

(一)侵权复制品;

(二)来自对其作品不予保护的国家的复制品。

第十六条　表演、录音或者广播外国作品,适用伯尔尼公约的规定;有集体管理组织的,应当事先取得该组织的授权。

第十七条　国际著作权条约在中国生效之日尚未在起源国进入公有领域的外国作品,按照著作权法和本规定规定的保护期受保护,到期满为止。

前款规定不适用于国际著作权条约在中国生效之日前发生的对外国作品的使用。

中国公民或者法人在国际著作权条约在中国生效之日前为特定目的而拥有和使用外国作品的特定复制本的,可以继续使用该作品的复制本而不承担责任;但是,该复制本不得以任何不合理地损害该作品著作权人合法权益的方式复制和使用。

前三款规定依照中国同有关国家签订的有关著作权的双边协定的规定实施。

第十八条　本规定第五条、第十二条、第十四条、第十五条、第十七条适用于录音制品。

第十九条　本规定施行前,有关著作权的行政法规与本规定有不同规定的,适用本规定。本规定与国际著作权条约有不同规定的,适用国际著作权条约。

第二十条　国家版权局负责国际著作权条约在中国的实施。

第二十一条　本规定由国家版权局负责解释。

第二十二条　本规定自1992年9月30日起施行。

著作权资产评估指导意见

1. 2017年9月8日中国资产评估协会发布

2. 中评协〔2017〕50号

3. 自2017年10月1日起施行

第一章　总　　则

第一条　为规范著作权资产评估行为,保护资产评估当事人合法权益和公共利益,根据《资产评估执业准则——无形资产》制定本指导意见。

第二条　本指导意见所称著作权资产,是指著作权权利人拥有或者控制的,能够持续发挥作用并且能带来经济利益的著作权的财产权益和与著作权有关权利的财产权益。

第三条　本指导意见所称著作权资产评估,是指资产评估机构及其资产评估专业人员遵守法律、行政法规和资产评估准则,根据委托对评估基准日特定目的下的著作权资产价值进行评定和估算,并出具资产评估报告的专业服务行为。

第四条　执行著作权资产评估业务,应当遵守本指导意见。

第二章　基本遵循

第五条　资产评估机构及其资产评估专业人员开展著作权资产评估业务,应当遵守法律、行政法规的规定,坚持独立、客观、公正的原则,诚实守信,勤勉尽责,谨慎从业，遵守职业道德规范，自觉维护职业形象，不得从事损害职业形象的活动。

第六条　资产评估机构及其资产评估专业人员开展著作权资产评估业务，应当独立进行分析和估算并形成专业意见，拒绝委托人或者其他相关当事人的干预，不得直接以预先设定的价值作为评估结论。

第七条　执行著作权资产评估业务，应当具备著作权资产评估的专业知识和实践经验，能够胜任所执行的著作权资产评估业务。

执行某项特定业务缺乏特定的专业知识和经验时，应当采取弥补措施，包括利用专家工作及相关报告等。

第八条　执行企业价值评估中的著作权资产评估业务，应当了解在对持续经营前提下的企业价值进行评估时，著作权资产作为企业资产的组成部分的价值可能有别于作为单项资产的价值，其价值取决于它对企业价值的贡献程度。

第九条　执行著作权资产评估业务，应当在考虑评估目的等因素的基础上，恰当选择价值类型。

以质押为目的可以选择市场价值或者市场价值以外的价值类型，以交易为目的通常选择市场价值或者投资价值，以财务报告为目的通常根据会计准则相关要求选择相应的价值类型。

第十条　执行著作权资产评估业务，应当确定评估假设和限制条件。

第三章　资产评估对象

第十一条　著作权资产评估对象是指著作权中的财产权益以及与著作权有关权利的财产权益。

第十二条　著作权资产的财产权利形式包括著作权人享有的权利和转让或者许可他人使用的权利。

许可使用形式包括法定许可和授权许可；授权许可形式包括专有许可、非专有许可和其他形式许可等。

第十三条　执行著作权资产评估业务，应当明确著作权资产的权利形式。当评估对象为著作权许可使用权时，应当明确具体许可形式、内容和期限。

第十四条　著作权财产权利种类包括：复制权、发行权、出租权、展览权、表演权、放映权、广播权、信息网络传播权、摄制权、改编权、翻译权、汇编权以及著作权人享有的其他财产权利。这些权利是和特定作品（产品）相关联的。由于作品自身特性，并不是每一种作品都具有这些财产权利。

与著作权评估有关的权利通常包括：出版者对其出版的图书、期刊的版式设计权利，表演者对其表演享有的权利，录音、录像制作者对其制作的录音、录像制品享有的权利，广播电台、电视台对其制作的广播、电视所享有的权利以及由法律、行政法规规定的其他与著作权有关的权利。

第十五条　执行著作权资产评估业务，应当关注评估对象的基本状况以及在时间、地域和其他方面的限制条件，评估对象涉及的作品在著作权法中所属的作品类别，作品的发表状况、使用状态、登记情况以及著作权的保护期限。

第十六条　执行著作权资产评估业务，应当要求委托人明确著作权资产评估对象的组成形式。著作权资产评估对象通常有下列组成形式：

（一）单个著作权中的单项财产权利；

（二）单个著作权中的多项财产权利的组合；

（三）分属于不同著作权的单项或者多项财产权利的组合；

（四）著作权中财产权和与著作权有关权利的财产权益的组合；

（五）在权利客体不可分割或者不需要分割的情况下，著作权资产与其他无形资产的组合。

第十七条　执行著作权资产评估业务，应当关注著作权的法律状态。著作权的法律状态包括著作权权利人信息、权利人变更情况、著作权质押情况和涉及诉讼情况等。

第十八条　执行质押目的著作权资产评估业务，应当要求委托人提交由著作权登记机关出具的登记证书；执行出资目的著作权资产评估业务，应当关注著作权的登记情况。

第四章　操作要求

第十九条　执行著作权资产评估业务，应当对享有著作权的作品相关情况进行调查，包括必要的现场调查、市场调查，并收集相关信息、资料等。

调查过程收集的相关信息、资料通常包括：

（一）作品作者和著作权权利人的基本情况；

（二）作品基本情况，包括作品创作完成时间、首次发表时间、复制、发行、出租、展览、表演、放映、广播、信息网络传播、摄制、改编、翻译、汇编等使用情况；

（三）作品的类别，包括文字作品，口述作品，音乐、戏剧、曲艺、舞蹈、杂技艺术作品，美术、建筑作品，摄影作品，电影作品和以类似摄制电影的方法创作的作品，工程设计图、产品设计图、地图、示意图等图形作品和模型作品，计算机软件，法律、行政法规规定的其他作品；

（四）作品的创作形式，包括原创或者各种形式的改编、翻译、注释、整理等；

（五）作品的题材类型、体裁特征等情况；

（六）著作权和与著作权有关权利的情况及其登记情况；

（七）各种权利限制情况，包括相关财产权利在时间、地域方面的限制以及质押、诉讼等方面的限制；

（八）与作品相关的其他无形资产权利的情况；

（九）作品的创作成本、费用支出；

（十）著作权资产以往的评估和交易情况，包括转让、许可使用以及其他形式的交易情况；

（十一）著作权权利维护情况；

（十二）宏观经济发展和相关行业政策与作品市场发展状况；

（十三）作品的使用范围、市场需求、同类产品的竞争状况；

（十四）作品使用、收益的可能性和方式；

（十五）同类作品近期的市场交易及成交价格情况。

第二十条 执行著作权资产评估业务，应当了解与著作权资产共同发挥作用的其他因素，并重点关注下列情况：

（一）著作权资产与相关有形资产以及其他无形资产共同发挥作用；

（二）原创作品著作权与演绎作品著作权共同发挥作用；

（三）著作权和与著作权有关权利共同发挥作用。

当存在与评估对象共同发挥作用的其他因素时，应当分析这些因素对著作权资产价值的影响。

第二十一条 执行著作权法律诉讼资产评估业务，应当关注相关案情基本情况，经过质证的资料，以及著作权的历史诉讼情况。

第二十二条 确定著作权资产价值的评估方法包括市场法、收益法和成本法三种基本方法及其衍生方法。

执行著作权资产评估业务，应当根据评估目的、评估对象、价值类型、资料收集等情况，分析上述三种基本方法的适用性，选择评估方法。

第二十三条 采用收益法进行著作权资产评估时，应当根据著作权资产对应作品的运营模式估计评估对象的预期收益，并关注相关经营情况。著作权资产的预期收益通常通过分析计算增量收益、节省许可费和超额收益等途径实现。

第二十四条 执行著作权资产评估业务，应当关注该作品演绎出新作品并产生衍生收益的可能性。当具有充分证据证明该作品在可预见的未来可能会演绎出新作品并产生衍生收益时，应当谨慎、恰当地考虑这种衍生收益对著作权资产价值的影响。

第二十五条 当原创作品的演绎作品尚未形成时，应当了解其衍生收益的产生在评估基准日具有较大的不确定性，可以按或有资产评估衍生收益对应的著作权资产价值。

第二十六条 采用收益法进行著作权资产评估时，应当确定资产的剩余经济寿命。剩余经济寿命可以通过综合考虑法律保护期限、相关合同约定期限、作品类别、创作完成时间、首次发表时间以及作品的权利状况等因素确定。

第二十七条 采用收益法进行著作权资产评估时应当合理确定折现率。折现率可以通过分析评估基准日的利率、投资回报率，以及著作权实施过程中的技术、经营、市场、生命周期等因素确定。著作权资产折现率可以采用无风险报酬率加风险报酬率的方式确定。著作权资产折现率口径应当与预期收益的口径保持一致。

第二十八条 采用市场法进行著作权资产评估时应当：

（一）考虑该著作权资产或者类似著作权资产是否存在活跃的市场，恰当考虑市场法的适用性；

（二）收集类似著作权资产交易案例的市场交易价格、交易时间及交易条件等交易信息；

（三）选择具有比较基础的可比著作权资产交易案例；

（四）收集评估对象近期的交易信息；

（五）对可比交易案例和评估对象近期交易信息进行必要调整。

第二十九条 采用成本法进行著作权资产评估时，应当合理确定作品的重置成本。作品重置成本包括直接成本、间接费用、合理利润及相关税费等。

第三十条 采用成本法进行著作权资产评估时，应当采用适当方法合理确定评估对象的贬值。

第五章　披露要求

第三十一条　编制著作权资产评估报告应当反映著作权资产的特点，通常包括下列内容：

（一）作者和著作权权利人的基本情况；

（二）评估对象的具体组成情况，包括作品基本情况、作品的类别、作品的创作形式、涉及的演绎作品等情况；

（三）评估对象包含的财产权利限制条件；

（四）与著作权有关的权利情况；

（五）著作权和与著作权有关权利事项登记情况；

（六）作品含有其他无形资产的情况；

（七）作品产生收益的方式；

（八）著作权剩余法定保护期限以及剩余经济寿命；

（九）对著作权资产价值影响因素的分析过程；

（十）著作权资产许可、转让、诉讼以及质押等情况；

（十一）其他必要信息。

第六章　附　　则

第三十二条　本指导意见自2017年10月1日起施行。中国资产评估协会于2010年12月18日发布的《关于印发〈著作权资产评估指导意见〉的通知》（中评协〔2010〕215号）同时废止。

最高人民法院关于加强著作权和与著作权有关的权利保护的意见

1. *2020年11月16日*
2. *法发〔2020〕42号*

为切实加强文学、艺术和科学领域的著作权保护，充分发挥著作权审判对文化建设的规范、引导、促进和保障作用，激发全民族文化创新创造活力，推进社会主义精神文明建设，繁荣发展文化事业和文化产业，提升国家文化软实力和国际竞争力，服务经济社会高质量发展，根据《中华人民共和国著作权法》等法律规定，结合审判实际，现就进一步加强著作权和与著作权有关的权利保护，提出如下意见。

1. 依法加强创作者权益保护，统筹兼顾传播者和社会公众利益，坚持创新在我国现代化建设全局中的核心地位。依法处理好鼓励新兴产业发展与保障权利人合法权益的关系，协调好激励创作和保障人民文化权益之间的关系，发挥好权利受让人和被许可人在促进作品传播方面的重要作用，依法保护著作权和与著作权有关的权利，促进智力成果的创作和传播，发展繁荣社会主义文化和科学事业。

2. 大力提高案件审理质效，推进案件繁简分流试点工作，着力缩短涉及著作权和与著作权有关的权利的类型化案件审理周期。完善知识产权诉讼证据规则，允许当事人通过区块链等方式保存、固定和提交证据，有效解决知识产权权利人举证难问题。依法支持当事人的行为保全、证据保全、财产保全请求，综合运用多种民事责任方式，使权利人在民事案件中得到更加全面充分的救济。

3. 在作品、表演、录音制品上以通常方式署名的自然人、法人和非法人组织，应当推定为该作品、表演、录音制品的著作权人或者与著作权有关的权利的权利人，但有相反证据足以推翻的除外。对于署名的争议，应当结合作品、表演、录音制品的性质、类型、表现形式以及行业习惯、公众认知习惯等因素，作出综合判断。权利人完成初步举证的，人民法院应当推定当事人主张的著作权或者与著作权有关的权利成立，但是有相反证据足以推翻的除外。

4. 适用署名推定规则确定著作权或者与著作权有关的权利归属且被告未提交相反证据的，原告可以不再另行提交权利转让协议或其他书面证据。在诉讼程序中，被告主张其不承担侵权责任的，应当提供证据证明已经取得权利人的许可，或者具有著作权法规定的不经权利人许可而可以使用的情形。

5. 高度重视互联网、人工智能、大数据等技术发展新需求，依据著作权法准确界定作品类型，把握好作品的认定标准，依法妥善审理体育赛事直播、网络游戏直播、数据侵权等新类型案件，促进新兴业态规范发展。

6. 当事人请求立即销毁侵权复制品以及主要用于生产或者制造侵权复制品的材料和工具，除特殊情况外，人民法院在民事诉讼中应当予以支持，在刑事诉讼中应当依职权责令销毁。在特殊情况下不宜销毁的，人民法院可以责令侵权人在商业渠道之外以适当方式对上述材料和工具予以处置，以尽可能消除进一步侵权的风险。销毁或者处置费用由侵权人承担，侵权人请求补偿的，人民法院不予支持。

在刑事诉讼中，权利人以为后续可能提起的民事或者行政诉讼保全证据为由,请求对侵权复制品及材料和工具暂不销毁的,人民法院可以予以支持。权利人在后续民事或者行政案件中请求侵权人赔偿其垫付的保管费用的,人民法院可以予以支持。

7. 权利人的实际损失、侵权人的违法所得、权利使用费难以计算的,应当综合考虑请求保护的权利类型、市场价值和侵权人主观过错、侵权行为性质和规模、损害后果严重程度等因素,依据著作权法及司法解释等相关规定合理确定赔偿数额。侵权人故意侵权且情节严重,权利人请求适用惩罚性赔偿的,人民法院应当依法审查确定。权利人能够举证证明的合理维权费用,包括诉讼费用和律师费用等,人民法院应当予以支持并在确定赔偿数额时单独计算。

8. 侵权人曾经被生效的法院裁判、行政决定认定构成侵权或者曾经就相同侵权行为与权利人达成和解协议,仍然继续实施或者变相重复实施被诉侵权行为的,应当认定为具有侵权的故意,人民法院在确定侵权民事责任时应当充分考虑。

9. 要通过诚信诉讼承诺书等形式,明确告知当事人不诚信诉讼可能承担的法律责任,促使当事人正当行使诉讼权利,积极履行诉讼义务,在合理期限内积极、诚实地举证,在诉讼过程中作真实、完整的陈述。

10. 要完善失信惩戒与追责机制,对于提交伪造、变造证据,隐匿、毁灭证据,作虚假陈述、虚假证言、虚假鉴定、虚假署名等不诚信诉讼行为,人民法院可以依法采取训诫、罚款、拘留等强制措施。构成犯罪的,依法追究刑事责任。

最高人民法院关于审理著作权民事纠纷案件适用法律若干问题的解释

1. *2002年10月12日最高人民法院审判委员会第1246次会议通过、2002年10月12日公布、自2002年10月15日起施行(法释〔2002〕31号)*
2. *根据2020年12月23日最高人民法院审判委员会第1823次会议通过、2020年12月29日公布、自2021年1月1日起施行的《最高人民法院关于修改〈最高人民法院关于审理侵犯专利权纠纷案件应用法律若干问题的解释(二)〉等十八件知识产权类司法解释的决定》(法释〔2020〕19号)修正*

为了正确审理著作权民事纠纷案件,根据《中华人民共和国民法典》《中华人民共和国著作权法》《中华人民共和国民事诉讼法》等法律的规定,就适用法律若干问题解释如下:

第一条 人民法院受理以下著作权民事纠纷案件:

(一)著作权及与著作权有关权益权属、侵权、合同纠纷案件;

(二)申请诉前停止侵害著作权、与著作权有关权益行为,申请诉前财产保全、诉前证据保全案件;

(三)其他著作权、与著作权有关权益纠纷案件。

第二条 著作权民事纠纷案件,由中级以上人民法院管辖。

各高级人民法院根据本辖区的实际情况,可以报请最高人民法院批准,由若干基层人民法院管辖第一审著作权民事纠纷案件。

第三条 对著作权行政管理部门查处的侵害著作权行为,当事人向人民法院提起诉讼追究该行为人民事责任的,人民法院应当受理。

人民法院审理已经过著作权行政管理部门处理的侵害著作权行为的民事纠纷案件,应当对案件事实进行全面审查。

第四条 因侵害著作权行为提起的民事诉讼,由著作权法第四十七条、第四十八条所规定侵权行为的实施地、侵权复制品储藏地或者查封扣押地、被告住所地人民法院管辖。

前款规定的侵权复制品储藏地,是指大量或者经常性储存、隐匿侵权复制品所在地;查封扣押地,是指海关、版权等行政机关依法查封、扣押侵权复制品所在地。

第五条 对涉及不同侵权行为实施地的多个被告提起的共同诉讼,原告可以选择向其中一个被告的侵权行为实施地人民法院提起诉讼;仅对其中某一被告提起的诉讼,该被告侵权行为实施地的人民法院有管辖权。

第六条 依法成立的著作权集体管理组织,根据著作权人的书面授权,以自己的名义提起诉讼,人民法院应当受理。

第七条 当事人提供的涉及著作权的底稿、原件、合法出版物、著作权登记证书、认证机构出具的证明、取得权利的合同等,可以作为证据。

在作品或者制品上署名的自然人、法人或者非法人组织视为著作权、与著作权有关权益的权利人,但有相反证明的除外。

第八条　当事人自行或者委托他人以定购、现场交易等方式购买侵权复制品而取得的实物、发票等，可以作为证据。

公证人员在未向涉嫌侵权的一方当事人表明身份的情况下，如实对另一方当事人按照前款规定的方式取得的证据和取证过程出具的公证书，应当作为证据使用，但有相反证据的除外。

第九条　著作权法第十条第（一）项规定的"公之于众"，是指著作权人自行或者经著作权人许可将作品向不特定的人公开，但不以公众知晓为构成条件。

第十条　著作权法第十五条第二款所指的作品，著作权人是自然人的，其保护期适用著作权法第二十一条第一款的规定；著作权人是法人或非法人组织的，其保护期适用著作权法第二十一条第二款的规定。

第十一条　因作品署名顺序发生的纠纷，人民法院按照下列原则处理：有约定的按约定确定署名顺序；没有约定的，可以按照创作作品付出的劳动、作品排列、作者姓氏笔画等确定署名顺序。

第十二条　按照著作权法第十七条规定委托作品著作权属于受托人的情形，委托人在约定的使用范围内享有使用作品的权利；双方没有约定使用作品范围的，委托人可以在委托创作的特定目的范围内免费使用该作品。

第十三条　除著作权法第十一条第三款规定的情形外，由他人执笔，本人审阅定稿并以本人名义发表的报告、讲话等作品，著作权归报告人或者讲话人享有。著作权人可以支付执笔人适当的报酬。

第十四条　当事人合意以特定人物经历为题材完成的自传体作品，当事人对著作权权属有约定的，依其约定；没有约定的，著作权归该特定人物享有，执笔人或整理人对作品完成付出劳动的，著作权人可以向其支付适当的报酬。

第十五条　由不同作者就同一题材创作的作品，作品的表达系独立完成并且有创作性的，应当认定作者各自享有独立著作权。

第十六条　通过大众传播媒介传播的单纯事实消息属于著作权法第五条第（二）项规定的时事新闻。传播报道他人采编的时事新闻，应当注明出处。

第十七条　著作权法第三十三条第二款规定的转载，是指报纸、期刊登载其他报刊已发表作品的行为。转载未注明被转载作品的作者和最初登载的报刊出处的，应当承担消除影响、赔礼道歉等民事责任。

第十八条　著作权法第二十二条第（十）项规定的室外公共场所的艺术作品，是指设置或者陈列在室外社会公众活动处所的雕塑、绘画、书法等艺术作品。

对前款规定艺术作品的临摹、绘画、摄影、录像人，可以对其成果以合理的方式和范围再行使用，不构成侵权。

第十九条　出版者、制作者应当对其出版、制作有合法授权承担举证责任，发行者、出租者应当对其发行或者出租的复制品有合法来源承担举证责任。举证不能的，依据著作权法第四十七条、第四十八条的相应规定承担法律责任。

第二十条　出版物侵害他人著作权的，出版者应当根据其过错、侵权程度及损害后果等承担赔偿损失的责任。

出版者对其出版行为的授权、稿件来源和署名、所编辑出版物的内容等未尽到合理注意义务的，依据著作权法第四十九条的规定，承担赔偿损失的责任。

出版者应对其已尽合理注意义务承担举证责任。

第二十一条　计算机软件用户未经许可或者超过许可范围商业使用计算机软件的，依据著作权法第四十八条第（一）项、《计算机软件保护条例》第二十四条第（一）项的规定承担民事责任。

第二十二条　著作权转让合同未采取书面形式的，人民法院依据民法典第四百九十条的规定审查合同是否成立。

第二十三条　出版者将著作权人交付出版的作品丢失、毁损致使出版合同不能履行的，著作权人有权依据民法典第一百八十六条、第二百三十八条、第一千一百八十四条等规定要求出版者承担相应的民事责任。

第二十四条　权利人的实际损失，可以根据权利人因侵权所造成复制品发行减少量或者侵权复制品销售量与权利人发行该复制品单位利润乘积计算。发行减少量难以确定的，按照侵权复制品市场销售量确定。

第二十五条　权利人的实际损失或者侵权人的违法所得无法确定的，人民法院根据当事人的请求或者依职权适用著作权法第四十九条第二款的规定确定赔偿数额。

人民法院在确定赔偿数额时，应当考虑作品类型、合理使用费、侵权行为性质、后果等情节综合确定。

当事人按照本条第一款的规定就赔偿数额达成协

议的,应当准许。

第二十六条　著作权法第四十九条第一款规定的制止侵权行为所支付的合理开支,包括权利人或者委托代理人对侵权行为进行调查、取证的合理费用。

人民法院根据当事人的诉讼请求和具体案情,可以将符合国家有关部门规定的律师费用计算在赔偿范围内。

第二十七条　侵害著作权的诉讼时效为三年,自著作权人知道或者应当知道权利受到损害以及义务人之日起计算。权利人超过三年起诉的,如果侵权行为在起诉时仍在持续,在该著作权保护期内,人民法院应当判决被告停止侵权行为;侵权损害赔偿数额应当自权利人向人民法院起诉之日起向前推算三年计算。

第二十八条　人民法院采取保全措施的,依据民事诉讼法及《最高人民法院关于审查知识产权纠纷行为保全案件适用法律若干问题的规定》的有关规定办理。

第二十九条　除本解释另行规定外,人民法院受理的著作权民事纠纷案件,涉及著作权法修改前发生的民事行为的,适用修改前著作权法的规定;涉及著作权法修改以后发生的民事行为的,适用修改后著作权法的规定;涉及著作权法修改前发生,持续到著作权法修改后的民事行为的,适用修改后著作权法的规定。

第三十条　以前的有关规定与本解释不一致的,以本解释为准。

2. 著作权登记

作品自愿登记试行办法

1. 1994年12月31日国家版权局发布
2. 国权〔1994〕78号
3. 自1995年1月1日起施行

第一条　为维护作者或其他著作权人和作品使用者的合法权益,有助于解决因著作权归属造成的著作权纠纷,并为解决著作权纠纷提供初步证据,特制定本办法。

第二条　作品实行自愿登记。作品不论是否登记,作者或其他著作权人依法取得的著作权不受影响。

第三条　各省、自治区、直辖市版权局负责本辖区的作者或其他著作权人的作品登记工作。国家版权局负责外国以及台湾、香港和澳门地区的作者或其他著作权人的作品登记工作。

第四条　作品登记申请者应当是作者、其他享有著作权的公民、法人或者非法人单位和专有权所有人及其代理人。

第五条　属于下列情况之一的作品,作品登记机关不予登记:

1. 不受著作权法保护的作品;
2. 超过著作权保护期的作品;
3. 依法禁止出版、传播的作品。

第六条　有下列情况的,作品登记机关应撤销其登记:

1. 登记后发现有本办法第五条所规定的情况的;
2. 登记后发现与事实不相符的;
3. 申请人申请撤销原作品登记的;
4. 登记后发现是重复登记的。

第七条　作者或其他享有著作权的公民的所属辖区,原则上以其身份证上住处所在地的所属辖区为准。合作作者及有多个著作权人情况的,以受托登记者所属辖区为准。法人或者非法人单位所属辖区以其营业场所所在地所属辖区为准。

第八条　作者或其他著作权人申请作品登记应出示身份证明和提供表明作品权利归属的证明(如:封面及版权页的复印件、部分手稿的复印件及照片、样本等),填写作品登记表,并交纳登记费。其他著作权人申请作品登记还应出示表明著作权人身份的证明(如继承人应出示继承人身份证明;委托作品的委托人应出示委托合同)。专有权所有人应出示证明其享有专有权的合同。

第九条　登记作品经作品登记机关核查后,由作品登记机关发给作品登记证。作品登记证按本办法所附样本由登记机关制作。登记机关的核查期限为一个月,该期限自登记机关收到申请人提交的所有申请登记的材料之日起计算。

第十条　作品登记表和作品登记证应载有作品登记号。作品登记号格式为作登字:(地区编号)—(年代)—(作品分类号)—(顺序号)号。国家版权局负责登记的作品登记号不含地区编号。

第十一条　各省、自治区、直辖市版权局应每月将本地区作品登记情况报国家版权局。

第十二条　作品登记应实行计算机数据库管理,并对公众开放。查阅作品应填写查阅登记表,交纳查阅费。

第十三条　有关作品登记和查阅的费用标准另行制定。

第十四条　录音、录像制品的登记参照本办法执行。

第十五条　计算机软件的登记按《计算机软件著作权登记办法》执行。

第十六条　本办法由国家版权局负责解释。

第十七条　本办法自1995年1月1日起生效。

著作权质权登记办法

1. 2010年11月25日国家版权局令第8号公布
2. 自2011年1月1日起施行

第一条　为规范著作权出质行为,保护债权人合法权益,维护著作权交易秩序,根据《中华人民共和国物权法》、《中华人民共和国担保法》和《中华人民共和国著作权法》的有关规定,制定本办法。

第二条　国家版权局负责著作权质权登记工作。

第三条　《中华人民共和国著作权法》规定的著作权以及与著作权有关的权利(以下统称"著作权")中的财产权可以出质。

以共有的著作权出质的,除另有约定外,应当取得全体共有人的同意。

第四条　以著作权出质的,出质人和质权人应当订立书面质权合同,并由双方共同向登记机构办理著作权质权登记。

出质人和质权人可以自行办理,也可以委托代理人办理。

第五条 著作权质权的设立、变更、转让和消灭,自记载于《著作权质权登记簿》时发生效力。

第六条 申请著作权质权登记的,应提交下列文件:

(一)著作权质权登记申请表;

(二)出质人和质权人的身份证明;

(三)主合同和著作权质权合同;

(四)委托代理人办理的,提交委托书和受托人的身份证明;

(五)以共有的著作权出质的,提交共有人同意出质的书面文件;

(六)出质前授权他人使用的,提交授权合同;

(七)出质的著作权经过价值评估的、质权人要求价值评估的或相关法律法规要求价值评估的,提交有效的价值评估报告;

(八)其他需要提供的材料。

提交的文件是外文的,需同时附送中文译本。

第七条 著作权质权合同一般包括以下内容:

(一)出质人和质权人的基本信息;

(二)被担保债权的种类和数额;

(三)债务人履行债务的期限;

(四)出质著作权的内容和保护期;

(五)质权担保的范围和期限;

(六)当事人约定的其他事项。

第八条 申请人提交材料齐全的,登记机构应当予以受理。提交的材料不齐全的,登记机构不予受理。

第九条 经审查符合要求的,登记机构应当自受理之日起10日内予以登记,并向出质人和质权人发放《著作权质权登记证书》。

第十条 经审查不符合要求的,登记机构应当自受理之日起10日内通知申请人补正。补正通知书应载明补正事项和合理的补正期限。无正当理由逾期不补正的,视为撤回申请。

第十一条 《著作权质权登记证书》的内容包括:

(一)出质人和质权人的基本信息;

(二)出质著作权的基本信息;

(三)著作权质权登记号;

(四)登记日期。

《著作权质权登记证书》应当标明:著作权质权自登记之日起设立。

第十二条 有下列情形之一的,登记机构不予登记:

(一)出质人不是著作权人的;

(二)合同违反法律法规强制性规定的;

(三)出质著作权的保护期届满的;

(四)债务人履行债务的期限超过著作权保护期的;

(五)出质著作权存在权属争议的;

(六)其他不符合出质条件的。

第十三条 登记机构办理著作权质权登记前,申请人可以撤回登记申请。

第十四条 著作权出质期间,未经质权人同意,出质人不得转让或者许可他人使用已经出质的权利。

出质人转让或者许可他人使用出质的权利所得的价款,应当向质权人提前清偿债务或者提存。

第十五条 有下列情形之一的,登记机构应当撤销质权登记:

(一)登记后发现有第十二条所列情形的;

(二)根据司法机关、仲裁机关或行政管理机关作出的影响质权效力的生效裁决或行政处罚决定书应当撤销的;

(三)著作权质权合同无效或者被撤销的;

(四)申请人提供虚假文件或者以其他手段骗取著作权质权登记的;

(五)其他应当撤销的。

第十六条 著作权出质期间,申请人的基本信息、著作权的基本信息、担保的债权种类及数额、或者担保的范围等事项发生变更的,申请人持变更协议、原《著作权质权登记证书》和其他相关材料向登记机构申请变更登记。

第十七条 申请变更登记的,登记机构自受理之日起10日内完成审查。经审查符合要求的,对变更事项予以登记。

变更事项涉及证书内容变更的,应交回原登记证书,由登记机构发放新的证书。

第十八条 有下列情形之一的,申请人应当申请注销质权登记:

(一)出质人和质权人协商一致同意注销的;

(二)主合同履行完毕的;

(三)质权实现的;

(四)质权人放弃质权的;

(五)其他导致质权消灭的。

第十九条 申请注销质权登记的,应当提交注销登记申请书、注销登记证明、申请人身份证明等材料,并交回原《著作权质权登记证书》。

登记机构应当自受理之日起10日内办理完毕,并发放注销登记通知书。

第二十条 登记机构应当设立《著作权质权登记簿》,记载著作权质权登记的相关信息,供社会公众查询。

《著作权质权登记证书》的内容应当与《著作权质权登记簿》的内容一致。记载不一致的,除有证据证明《著作权质权登记簿》确有错误外,以《著作权质权登记簿》为准。

第二十一条 《著作权质权登记簿》应当包括以下内容:

(一)出质人和质权人的基本信息;

(二)著作权质权合同的主要内容;

(三)著作权质权登记号;

(四)登记日期;

(五)登记撤销情况;

(六)登记变更情况;

(七)登记注销情况;

(八)其他需要记载的内容。

第二十二条 《著作权质权登记证书》灭失或者毁损的,可以向登记机构申请补发或换发。登记机构应自收到申请之日起5日内予以补发或换发。

第二十三条 登记机构应当通过国家版权局网站公布著作权质权登记的基本信息。

第二十四条 本办法由国家版权局负责解释。

第二十五条 本办法自2011年1月1日起施行。1996年9月23日国家版权局发布的《著作权质押合同登记办法》同时废止。

3. 计算机软件著作权

计算机软件保护条例

1. 2001年12月20日国务院令第339号公布
2. 根据2011年1月8日国务院令第588号《关于废止和修改部分行政法规的决定》第一次修订
3. 根据2013年1月30日国务院令第632号《关于修改〈计算机软件保护条例〉的决定》第二次修订

第一章 总 则

第一条 为了保护计算机软件著作权人的权益，调整计算机软件在开发、传播和使用中发生的利益关系，鼓励计算机软件的开发与应用，促进软件产业和国民经济信息化的发展，根据《中华人民共和国著作权法》，制定本条例。

第二条 本条例所称计算机软件（以下简称软件），是指计算机程序及其有关文档。

第三条 本条例下列用语的含义：

（一）计算机程序，是指为了得到某种结果而可以由计算机等具有信息处理能力的装置执行的代码化指令序列，或者可以被自动转换成代码化指令序列的符号化指令序列或者符号化语句序列。同一计算机程序的源程序和目标程序为同一作品。

（二）文档，是指用来描述程序的内容、组成、设计、功能规格、开发情况、测试结果及使用方法的文字资料和图表等，如程序设计说明书、流程图、用户手册等。

（三）软件开发者，是指实际组织开发、直接进行开发，并对开发完成的软件承担责任的法人或者其他组织；或者依靠自己具有的条件独立完成软件开发，并对软件承担责任的自然人。

（四）软件著作权人，是指依照本条例的规定，对软件享有著作权的自然人、法人或者其他组织。

第四条 受本条例保护的软件必须由开发者独立开发，并已固定在某种有形物体上。

第五条 中国公民、法人或者其他组织对其所开发的软件，不论是否发表，依照本条例享有著作权。

外国人、无国籍人的软件首先在中国境内发行的，依照本条例享有著作权。

外国人、无国籍人的软件，依照其开发者所属国或者经常居住地国同中国签订的协议或者依照中国参加的国际条约享有的著作权，受本条例保护。

第六条 本条例对软件著作权的保护不延及开发软件所用的思想、处理过程、操作方法或者数学概念等。

第七条 软件著作权人可以向国务院著作权行政管理部门认定的软件登记机构办理登记。软件登记机构发放的登记证明文件是登记事项的初步证明。

办理软件登记应当缴纳费用。软件登记的收费标准由国务院著作权行政管理部门会同国务院价格主管部门规定。

第二章 软件著作权

第八条 软件著作权人享有下列各项权利：

（一）发表权，即决定软件是否公之于众的权利；

（二）署名权，即表明开发者身份，在软件上署名的权利；

（三）修改权，即对软件进行增补、删节，或者改变指令、语句顺序的权利；

（四）复制权，即将软件制作一份或者多份的权利；

（五）发行权，即以出售或者赠与方式向公众提供软件的原件或者复制件的权利；

（六）出租权，即有偿许可他人临时使用软件的权利，但是软件不是出租的主要标的的除外；

（七）信息网络传播权，即以有线或者无线方式向公众提供软件，使公众可以在其个人选定的时间和地点获得软件的权利；

（八）翻译权，即将原软件从一种自然语言文字转换成另一种自然语言文字的权利；

（九）应当由软件著作权人享有的其他权利。

软件著作权人可以许可他人行使其软件著作权，并有权获得报酬。

软件著作权人可以全部或者部分转让其软件著作权，并有权获得报酬。

第九条 软件著作权属于软件开发者，本条例另有规定的除外。

如无相反证明，在软件上署名的自然人、法人或者其他组织为开发者。

第十条 由两个以上的自然人、法人或者其他组织合作开发的软件，其著作权的归属由合作开发者签订书面合同约定。无书面合同或者合同未作明确约定，合作开发的软件可以分割使用的，开发者对各自开发的部分可以单独享有著作权；但是，行使著作权时，不得扩展到合作开发的软件整体的著作权。合作开发的软件不能分割使用的，其著作权由各合作开发者共同享有，通过协商一致行使；不能协商一致，又无正当理由的，任何一方不得阻止他方行使除转让权以外的其他权利，但是所得收益应当合理分配给所有合作开发者。

第十一条 接受他人委托开发的软件，其著作权的归属由委托人与受托人签订书面合同约定；无书面合同或者合同未作明确约定的，其著作权由受托人享有。

第十二条 由国家机关下达任务开发的软件，著作权的归属与行使由项目任务书或者合同规定；项目任务书或者合同中未作明确规定的，软件著作权由接受任务的法人或者其他组织享有。

第十三条 自然人在法人或者其他组织中任职期间所开发的软件有下列情形之一的，该软件著作权由该法人或者其他组织享有，该法人或者其他组织可以对开发软件的自然人进行奖励：

（一）针对本职工作中明确指定的开发目标所开发的软件；

（二）开发的软件是从事本职工作活动所预见的结果或者自然的结果；

（三）主要使用了法人或者其他组织的资金、专用设备、未公开的专门信息等物质技术条件所开发并由法人或者其他组织承担责任的软件。

第十四条 软件著作权自软件开发完成之日起产生。

自然人的软件著作权，保护期为自然人终生及其死亡后50年，截止于自然人死亡后第50年的12月31日；软件是合作开发的，截止于最后死亡的自然人死亡后第50年的12月31日。

法人或者其他组织的软件著作权，保护期为50年，截止于软件首次发表后第50年的12月31日，但软件自开发完成之日起50年内未发表的，本条例不再保护。

第十五条 软件著作权属于自然人的，该自然人死亡后，在软件著作权的保护期内，软件著作权的继承人可以依照《中华人民共和国继承法》的有关规定，继承本条例第八条规定的除署名权以外的其他权利。

软件著作权属于法人或者其他组织的，法人或者其他组织变更、终止后，其著作权在本条例规定的保护期内由承受其权利义务的法人或者其他组织享有；没有承受其权利义务的法人或者其他组织的，由国家享有。

第十六条 软件的合法复制品所有人享有下列权利：

（一）根据使用的需要把该软件装入计算机等具有信息处理能力的装置内；

（二）为了防止复制品损坏而制作备份复制品。这些备份复制品不得通过任何方式提供给他人使用，并在所有人丧失该合法复制品的所有权时，负责将备份复制品销毁；

（三）为了把该软件用于实际的计算机应用环境或者改进其功能、性能而进行必要的修改；但是，除合同另有约定外，未经该软件著作权人许可，不得向任何第三方提供修改后的软件。

第十七条 为了学习和研究软件内含的设计思想和原理，通过安装、显示、传输或者存储软件等方式使用软件的，可以不经软件著作权人许可，不向其支付报酬。

第三章 软件著作权的许可使用和转让

第十八条 许可他人行使软件著作权的，应当订立许可使用合同。

许可使用合同中软件著作权人未明确许可的权利，被许可人不得行使。

第十九条 许可他人专有行使软件著作权的，当事人应当订立书面合同。

没有订立书面合同或者合同中未明确约定为专有许可的，被许可行使的权利应当视为非专有权利。

第二十条 转让软件著作权的，当事人应当订立书面合同。

第二十一条 订立许可他人专有行使软件著作权的许可合同，或者订立转让软件著作权合同，可以向国务院著作权行政管理部门认定的软件登记机构登记。

第二十二条 中国公民、法人或者其他组织向外国人许可或者转让软件著作权的，应当遵守《中华人民共和国技术进出口管理条例》的有关规定。

第四章 法律责任

第二十三条 除《中华人民共和国著作权法》或者本条例另有规定外，有下列侵权行为的，应当根据情况，承担停止侵害、消除影响、赔礼道歉、赔偿损失等民事责任：

（一）未经软件著作权人许可，发表或者登记其软件的；

（二）将他人软件作为自己的软件发表或者登记的；

（三）未经合作者许可，将与他人合作开发的软件作为自己单独完成的软件发表或者登记的；

（四）在他人软件上署名或者更改他人软件上的署名的；

（五）未经软件著作权人许可，修改、翻译其软件的；

（六）其他侵犯软件著作权的行为。

第二十四条 除《中华人民共和国著作权法》、本条例或者其他法律、行政法规另有规定外，未经软件著作权人许可，有下列侵权行为的，应当根据情况，承担停止侵害、消除影响、赔礼道歉、赔偿损失等民事责任；同时损害社会公共利益的，由著作权行政管理部门责令停止侵权行为，没收违法所得，没收、销毁侵权复制品，可以并处罚款；情节严重的，著作权行政管理部门并可以没收主要用于制作侵权复制品的材料、工具、设备等；触犯刑律的，依照刑法关于侵犯著作权罪、销售侵权复制品罪的规定，依法追究刑事责任：

（一）复制或者部分复制著作权人的软件的；

（二）向公众发行、出租、通过信息网络传播著作权人的软件的；

（三）故意避开或者破坏著作权人为保护其软件著作权而采取的技术措施的；

（四）故意删除或者改变软件权利管理电子信息的；

（五）转让或者许可他人行使著作权人的软件著作权的。

有前款第一项或者第二项行为的，可以并处每件100元或者货值金额1倍以上5倍以下的罚款；有前款第三项、第四项或者第五项行为的，可以并处20万元以下的罚款。

第二十五条 侵犯软件著作权的赔偿数额，依照《中华人民共和国著作权法》第四十九条的规定确定。

第二十六条 软件著作权人有证据证明他人正在实施或者即将实施侵犯其权利的行为，如不及时制止，将会使其合法权益受到难以弥补的损害的，可以依照《中华人民共和国著作权法》第五十条的规定，在提起诉讼前向人民法院申请采取责令停止有关行为和财产保全的措施。

第二十七条 为了制止侵权行为，在证据可能灭失或者以后难以取得的情况下，软件著作权人可以依照《中华人民共和国著作权法》第五十一条的规定，在提起诉讼前向人民法院申请保全证据。

第二十八条 软件复制品的出版者、制作者不能证明其出版、制作有合法授权的，或者软件复制品的发行者、出租者不能证明其发行、出租的复制品有合法来源的，应当承担法律责任。

第二十九条 软件开发者开发的软件，由于可供选用的表达方式有限而与已经存在的软件相似的，不构成对已经存在的软件的著作权的侵犯。

第三十条 软件的复制品持有人不知道也没有合理理由应当知道该软件是侵权复制品的，不承担赔偿责任；但是，应当停止使用、销毁该侵权复制品。如果停止使用并销毁该侵权复制品将给复制品使用人造成重大损失的，复制品使用人可以在向软件著作权人支付合理费用后继续使用。

第三十一条 软件著作权侵权纠纷可以调解。

软件著作权合同纠纷可以依据合同中的仲裁条款或者事后达成的书面仲裁协议，向仲裁机构申请仲裁。

当事人没有在合同中订立仲裁条款，事后又没有书面仲裁协议的，可以直接向人民法院提起诉讼。

第五章 附 则

第三十二条 本条例施行前发生的侵权行为，依照侵权行为发生时的国家有关规定处理。

第三十三条 本条例自2002年1月1日起施行。1991年6月4日国务院发布的《计算机软件保护条例》同时废止。

计算机软件著作权登记办法

1. *2002年2月20日国家版权局1号令公布*
2. *根据2004年6月18日新闻出版总署、中华人民共和国国家版权局第24号令《关于实施〈中华人民共和国行政许可法〉清理有关规章、规范性文件的决定》修正*

第一章 总 则

第一条 为贯彻《计算机软件保护条例》（以下简称《条例》）制定本办法。

第二条 为促进我国软件产业发展，增强我国信息产业的创新能力和竞争能力，国家著作权行政管理部门鼓励软件登记，并对登记的软件予以重点保护。

第三条 本办法适用于软件著作权登记、软件著作权专有许可合同和转让合同登记。

第四条　软件著作权登记申请人应当是该软件的著作权人以及通过继承、受让或者承受软件著作权的自然人、法人或者其他组织。

软件著作权合同登记的申请人，应当是软件著作权专有许可合同或者转让合同的当事人。

第五条　申请人或者申请人之一为外国人、无国籍人的，适用本办法。

第六条　国家版权局主管全国软件著作权登记管理工作。

国家版权局认定中国版权保护中心为软件登记机构。

中国版权保护中心可以在地方设立软件登记办事机构，并须在设立后一个月内报国家版权局备案。

第二章　登 记 申 请

第七条　申请登记的软件应是独立开发的，或者经原著作权人许可对原有软件修改后形成的在功能或者性能方面有重要改进的软件。

第八条　合作开发的软件进行著作权登记的，可以由全体著作权人协商确定一名著作权人作为代表办理。著作权人协商不一致的，任何著作权人均可在不损害其他著作权人利益的前提下申请登记，但应当注明其他著作权人。

第九条　申请软件著作权登记的，应当向中国版权保护中心提交以下材料：

（一）按要求填写的软件著作权登记申请表；

（二）软件的鉴别材料；

（三）相关的证明文件。

第十条　软件的鉴别材料包括程序和文档的鉴别材料。

程序和文档的鉴别材料应当由源程序和任何一种文档前、后各连续 30 页组成。整个程序和文档不到 60 页的，应当提交整个源程序和文档。除特定情况外，程序每页不少于 50 行，文档每页不少于 30 行。

第十一条　申请软件著作权登记的，应当提交以下主要证明文件：

（一）自然人、法人或者其他组织的身份证明；

（二）有著作权归属书面合同或者项目任务书的，应当提交合同或者项目任务书；

（三）经原软件著作权人许可，在原有软件上开发的软件，应当提交原著作权人的许可证明；

（四）权利继承人、受让人或者承受人，提交权利继承、受让或者承受的证明。

第十二条　申请软件著作权登记的，可以选择以下方式之一对鉴别材料作例外交存：

（一）源程序的前、后各连续的 30 页，其中的机密部分用黑色宽斜线覆盖，但覆盖部分不得超过交存源程序的 50%；

（二）源程序连续的前 10 页，加上源程序的任何部分的连续的 50 页；

（三）目标程序的前、后各连续的 30 页，加上源程序的任何部分的连续的 20 页。

文档作例外交存的，参照前款规定处理。

第十三条　软件著作权登记时，申请人可以申请将源程序、文档或者样品进行封存。除申请人或者司法机关外，任何人不得启封。

第十四条　软件著作权转让合同或者专有许可合同当事人可以向中国版权保护中心申请合同登记。申请合同登记时，应当提交以下材料：

（一）按要求填写的合同登记表；

（二）合同复印件；

（三）申请人身份证明。

第十五条　申请人在登记申请批准之前，可以随时请求撤回申请。

第十六条　软件著作权登记人或者合同登记人可以对已经登记的事项作变更或者补充。申请登记变更或者补充时，申请人应当提交以下材料：

（一）按照要求填写的变更或者补充申请表；

（二）登记证书或者证明的复印件；

（三）有关变更或者补充的材料。

第十七条　登记申请应当使用中国版权保护中心制定的统一表格，并由申请人盖章（签名）。

申请表格应当使用中文填写。提交的各种证件和证明文件是外文的，应当附中文译本。

申请登记的文件应当使用国际标准 A4 型 297mm × 210mm（长 × 宽）纸张。

第十八条　申请文件可以直接递交或者挂号邮寄。申请人提交有关申请文件时，应当注明申请人、软件的名称，有受理号或登记号的，应当注明受理号或登记号。

第三章　审查和批准

第十九条　对于本办法第九条和第十四条所指的申请，以收到符合本办法第二章规定的材料之日为受理日，并书面通知申请人。

第二十条 中国版权保护中心应当自受理日起60日内审查完成所受理的申请，申请符合《条例》和本办法规定的，予以登记，发给相应的登记证书，并予以公告。

第二十一条 有下列情况之一的，不予登记并书面通知申请人：

（一）表格内容填写不完整、不规范，且未在指定期限内补正的；

（二）提交的鉴别材料不是《条例》规定的软件程序和文档的；

（三）申请文件中出现的软件名称、权利人署名不一致，且未提交证明文件的；

（四）申请登记的软件存在权属争议的。

第二十二条 中国版权保护中心要求申请人补正其他登记材料的，申请人应当在30日内补正，逾期未补正的，视为撤回申请。

第二十三条 国家版权局根据下列情况之一，可以撤销登记：

（一）最终的司法判决；

（二）著作权行政管理部门作出的行政处罚决定。

第二十四条 中国版权保护中心可以根据申请人的申请，撤销登记。

第二十五条 登记证书遗失或损坏的，可申请补发或换发。

第四章 软件登记公告

第二十六条 除本办法另有规定外，任何人均可查阅软件登记公告以及可公开的有关登记文件。

第二十七条 软件登记公告的内容如下：

（一）软件著作权的登记；

（二）软件著作权合同登记事项；

（三）软件登记的撤销；

（四）其他事项。

第五章 费 用

第二十八条 申请软件登记或者办理其他事项，应当交纳下列费用：

（一）软件著作权登记费；

（二）软件著作权合同登记费；

（三）变更或补充登记费；

（四）登记证书费；

（五）封存保管费；

（六）例外交存费；

（七）查询费；

（八）撤销登记申请费；

（九）其他需交纳的费用。

具体收费标准由国家版权局会同国务院价格主管部门规定并公布。

第二十九条 申请人自动撤回申请或者登记机关不予登记的，所交费用不予退回。

第三十条 本办法第二十八条规定的各种费用，可以通过邮局或银行汇付，也可以直接向中国版权保护中心交纳。

第六章 附 则

第三十一条 本办法规定的、中国版权保护中心指定的各种期限，第一日不计算在内。期限以年或者月计算的，以最后一个月的相应日为届满日；该月无相应日的，以该月的最后一日为届满日。届满日是法定节假日的，以节假日后的第一个工作日为届满日。

第三十二条 申请人向中国版权保护中心邮寄的各种文件，以寄出的邮戳日为递交日。信封上寄出的邮戳日不清晰的，除申请人提出证明外，以收到日为递交日。中国版权保护中心邮寄的各种文件，送达地是省会、自治区首府及直辖市的，自文件发出之日满十五日，其他地区满二十一日，推定为收件人收到文件之日。

第三十三条 申请人因不可抗力或其他正当理由，延误了本办法规定或者中国版权保护中心指定的期限，在障碍消除后三十日内，可以请求顺延期限。

第三十四条 本办法由国家版权局负责解释和补充修订。

第三十五条 本办法自发布之日起实施。

计算机软件著作权登记档案查询办法

2009年3月10日中国版权保护中心公告第3号发布施行

第一条 为了规范软件登记档案查询管理，保护软件著作权人的权益，更好地为社会公众、著作权人、司法机关提供服务，根据《计算机软件保护条例》、《计算机软件著作权登记办法》、《著作权质押合同登记办法》等有关法规及行政规章，制定本办法。

第二条 中国版权保护中心（以下简称“中心”）软件登记部负责软件登记档案的管理和查询工作。档案管理人员应当做好软件登记档案资料的归档、保管，确保档案的完整、准确和安全。

第三条　软件著作权登记档案（以下简称“软件登记档案”）是软件登记人办理登记时依据相关规定交存的申请表、源程序、文档、证明文件等材料，以及软件登记证书或证明，是软件著作权登记申请登记事项的原始记载。

第四条　自然人、法人或其他组织可以依照本办法查询有关软件登记档案。

第五条　软件登记档案查询范围包括：

（一）软件著作权登记；

（二）软件著作权转让或专有许可合同登记；

（三）软件变更或补充登记；

（四）软件著作权质押合同登记；

（五）撤销软件著作权登记；

（六）其他软件登记档案。

第六条　软件登记档案可公开查询的内容包括：

（一）申请表；

（二）申请人身份证明；

（三）软件登记基本信息记载；

（四）软件登记证书或证明；

（五）其他可公开登记文件。

第七条　软件登记档案不对外公开查询的内容包括：

（一）源程序；

（二）软件文档；

（三）软件合同；

（四）涉及软件登记人技术秘密、商业秘密的材料；

（五）登记机构内部审批文件的部分信息和档案；

（六）软件登记人封存的软件源程序或文档；

（七）其他申请人声明不得公开的登记信息和登记文件。

第八条　软件登记人可以查询和复印本办法第六条和第七条所列范围中属于自身的软件登记档案。

第九条　司法机关可以查阅、复印、打印和借阅本办法第六条和第七条所列范围的软件登记档案。

第十条　软件登记档案查询方式包括：

（一）通过中心网站公告栏查询；

（二）软件登记电子档案查询；

（三）软件登记纸质原始档案查询。

第十一条　查询人应当按照下述规定办理查询手续：

（一）自然人、法人或其他组织办理查询的，应当填写《查询申请表》，并持身份证件、工作证或单位介绍信办理。软件登记人查询和复印自身登记文件的，还应当提交软件登记证书原件。

（二）司法机关因执行公务查询、复印和借阅登记档案的，承办人应当填写《查询申请表》，持单位介绍信或公函及工作证办理，复印和借阅登记档案的，应当经中心软件登记部负责人、中心主管领导签字同意后，方可办理。

（三）中心软件登记部工作人员因工作需要查阅、借阅登记档案的，应当填写《借阅档案申请表》，经过软件登记部负责人签字同意后办理。

第十二条　查询人应当遵守以下规定：

（一）查询人应当在档案管理员陪同下在登记大厅查询窗口区域阅览或摘录登记档案。复印纸质原始登记档案和打印电子登记档案应当由档案管理员完成。

（二）查询纸质原始软件登记档案的人员，禁止在档案材料上修改、涂抹、标记等。

（三）查询人违反上述规定的，档案管理人员应当予以制止和纠正；拒不改正的，可以拒绝提供查询；造成损失的，查询人应当承担赔偿责任。

第十三条　对于符合查询规定的申请，中心应在受理查询之日起十个工作日内给予书面答复。

第十四条　有下列情形之一者，将不予受理查询：

（一）查询申请人未能提交合法证明文件的；

（二）查询内容超出本办法规定查阅范围的；

（三）查询申请人未按照规定缴纳查询费的；

（四）其他依规定不予受理查询的。

第十五条　对于属于本办法第十四条规定的不予受理的查询申请，以及受理后发现所查询内容属于不予受理查询范围的，应当在十个工作日内，将不予受理的原因书面通知申请人。

第十六条　涉及本办法第七条内容的查询人必须遵守保密制度，不得随意向他人提供登记档案材料或扩大登记档案使用范围，并应当对查询的内容保密，不得泄露当事人的隐私或技术和商业秘密。违反规定的，依照有关法律、法规予以处理。

第十七条　档案管理人员应当严格遵守本办法的规定，对软件登记档案严格保密，不得随意向他人提供。违反规定的，视情节轻重，予以批评教育或行政处分。

第十八条　查询人应按照国家财政部和国家发改委批准的“计算机软件著作权登记收费标准”缴纳查询费用。

第十九条 本办法由中国版权保护中心负责解释。

第二十条 本办法自发布之日起施行。

军用计算机软件著作权登记工作暂行办法

1. 2023年3月29日国家版权局、中央军委装备发展部发布施行

2. 国版发〔2023〕1号

第一条 为加强我国国防和军队信息化建设，促进军用计算机软件发展，保护军用计算机软件著作权人的权益，根据《中华人民共和国著作权法》《计算机软件保护条例》《计算机软件著作权登记办法》，结合军用计算机软件的特殊性，制定本办法。

第二条 本办法所称的军用计算机软件是指用于军事目的的计算机程序及其有关文档。

第三条 本办法适用于申请文件涉及国防利益和国家安全需要保密的军用计算机软件著作权登记，军用计算机软件著作权专有许可合同登记和转让合同登记（以下统称军用计算机软件著作权合同登记）。军用计算机软件著作权登记和军用计算机软件著作权合同登记的保密工作，按照国家和军队有关保密规定执行。

军用计算机软件著作权登记和军用计算机软件著作权合同登记的申请文件为绝密级的，不得申请登记。

军用计算机软件著作权登记和军用计算机软件著作权合同登记的申请文件不涉密的，按照《计算机软件著作权登记办法》执行。

第四条 国防知识产权管理机构负责军用计算机软件著作权登记、军用计算机软件著作权合同登记的受理、审查和登记证书发放等工作。

第五条 军用计算机软件著作权登记申请人，应当是该软件的著作权人或者继承、受让和承受该软件著作权的自然人、法人或者非法人组织。

合作开发的军用计算机软件进行著作权登记，应当经全体著作权人同意。申请登记时，可以由全体著作权人协商确定一名著作权人为代表进行办理。

军用计算机软件著作权合同登记申请人，应当是军用计算机软件著作权专有许可合同或者转让合同的当事人。

第六条 申请登记的军用计算机软件应当是独立开发的，或者经原著作权人许可对原有软件修改后形成的在功能或者性能方面有实质性改进的软件。

对原有软件进行勘误性质改进、人机交互优化等修改和一般功能开发、小幅增量开发以及模型、算法、数据等补充开发形成的软件，不得另行登记。

第七条 申请军用计算机软件著作权登记的，应当向国防知识产权管理机构提交以下材料：

（一）军用计算机软件著作权登记申请表；

（二）军用计算机软件的鉴别材料；

（三）由具有定密权限的机关、单位出具的军用计算机软件著作权登记密级证明表；

（四）其他证明文件。

第八条 申请军用计算机软件著作权登记的，提交的鉴别材料应当包括程序的鉴别材料和文档的鉴别材料。

程序的鉴别材料和文档的鉴别材料应当由源程序和任何一种文档前、后各连续30页组成。程序和文档不足60页的，应当提交全部源程序和文档。除特定情况外，程序每页不少于50行，文档每页不少于30行。

第九条 申请军用计算机软件著作权登记的，可以选择下列方式之一对鉴别材料作例外交存：

（一）源程序的前、后各连续的30页，其中涉及军事作战、训练、武器装备战术技术性能等信息部分用黑色宽斜线覆盖，但覆盖部分不得超过交存源程序的50%；

（二）源程序连续的前10页，加上源程序任何部分连续的50页；

（三）目标程序的前、后各连续的30页，加上源程序任何部分连续的20页。

文档作例外交存的，参照前款规定处理。

第十条 申请军用计算机软件著作权登记的，应当提交以下主要证明文件：

（一）自然人、法人或者非法人组织的身份证明；

（二）有著作权归属书面合同或者项目任务书的，应当提交合同或者项目任务书；

（三）经原软件著作权人许可，在原有软件上开发软件的，应当提交原著作权人的许可证明；

（四）继承、受让和承受软件著作权的，应当提交相关证明。

第十一条 军用计算机软件著作权登记时，申请人可以申请将源程序、文档或者样品进行封存。除申请人或者司法机关可以根据相关规定启封外，任何人不得启封。

第十二条　申请军用计算机软件著作权合同登记的，应当向国防知识产权管理机构提交以下材料：

（一）军用计算机软件著作权合同登记申请表；

（二）合同复印件；

（三）申请人身份证明；

（四）军用计算机软件著作权合同登记密级证明表；

（五）其他相关材料。

第十三条　国防知识产权管理机构收到申请文件后，对符合本办法规定的，应当受理并书面通知申请人。

第十四条　国防知识产权管理机构应当自受理之日起60日内完成审查，对符合本办法规定的，应当登记或者办理相关事项。

第十五条　军用计算机软件著作权登记申请人或者合同登记申请人在登记申请批准之前，可以请求撤回申请。

第十六条　国防知识产权管理机构要求补正申请文件的，申请人应当在30日内补正；逾期未补正的，视为撤回申请。

第十七条　有下列情形之一的，不予登记并书面通知申请人：

（一）申请文件不完整、不规范，且未在指定期限内补正的；

（二）提交的鉴别材料中的软件程序和文档不符合《计算机软件保护条例》规定的；

（三）申请文件中出现的软件名称、权利人署名不一致，且未提交证明文件的；

（四）申请登记的软件存在权属争议的；

（五）其他不符合登记条件的。

第十八条　国防知识产权管理机构可以根据军用计算机软件著作权登记人或者合同登记人的申请，撤销登记。

国防知识产权管理机构根据下列情况之一，可以撤销登记：

（一）军用计算机软件著作权登记人或者合同登记人提交的材料与事实不符的；

（二）同一登记人就相同的军用计算机软件重复登记的；

（三）最终的司法判决；

（四）著作权行政管理部门作出的行政处罚决定。

第十九条　军用计算机软件著作权登记人或者合同登记人对已登记的事项进行变更或者补充的，应当提交以下材料：

（一）变更或者补充申请表；

（二）登记证书或者证明的复印件；

（三）有关变更或者补充的材料。

第二十条　已提交的密级证明中涉密事项发生密级、保密期限、解密条件等变化时，军用计算机软件著作权登记人或者合同登记人应当申请变更密级信息，并提交密级证明变更申请表和相关证明文件。

第二十一条　登记证书、证明遗失或者损坏的，军用计算机软件著作权登记人或者合同登记人可以申请补发或者换发。

第二十二条　国防知识产权管理机构定期在相关涉密事项可知悉范围内发布军用计算机软件著作权登记通报。

通报内容包括：

（一）军用计算机软件著作权登记事项；

（二）军用计算机软件著作权合同登记事项；

（三）军用计算机软件著作权登记或者合同登记的撤销情况；

（四）军用计算机软件著作权登记或者合同登记事项的变更、补充情况；

（五）军用计算机软件著作权登记或者合同登记密级变更、解密或者保密期限变更等事项；

（六）其他事项。

第二十三条　军用计算机软件著作权登记、军用计算机软件著作权合同登记通报后，查阅者可以查阅本办法第十一条规定之外的登记文件。

查阅者应当属于前款所述登记文件的涉密事项可知悉范围，并提供具有相应定密权限的机关、单位出具的证明。

第二十四条　国防知识产权管理机构负责解密前登记文件的保管。相关登记解密后，由国防知识产权管理机构将登记文件移交中国版权保护中心。

第二十五条　登记申请应当使用国防知识产权管理机构制定的专用表格，并由申请人盖章（签名）。

申请登记的文件应当使用国际标准A4型297mm×210mm（长×宽）纸张。

第二十六条　本办法规定的各类申请文件应当直接递交或者通过机要通信以及其他符合保密规定的方式递送，否则视为未提交。

提交有关申请文件时，应当另页注明申请人、软件的名称，有受理号或者登记号的，应当注明受理号或者登记号。

第二十七条 申请文件通过机要通信邮寄的,递交日期以邮戳时间为准;邮戳无法辨认的,除申请人提供证明外,递交日期以实际收到之日为准。国防知识产权管理机构通过机要通信邮寄的文件,自交付邮寄之日起,经过30日即视为送达。

第二十八条 申请人因不可抗拒的事由或者其他正当理由延误期限的,在障碍消除后30日内,可以申请顺延期限,是否准许,由国防知识产权管理机构决定。

第二十九条 本办法规定的期间,以年、月、日计算。期间开始的当日不计算在期间内。期间以年或者月计算的,以最后一个月的相应日期为届满日期;该月无相应日期的,以该月的最后一日为届满日期。期间届满最后一日是节假日的,以节假日后的第一个工作日为届满日期。

第三十条 其他涉及国防利益和国家安全需要保密的计算机软件,参照本办法进行登记。

第三十一条 本办法未尽事宜,适用《计算机软件著作权登记办法》。

第三十二条 本办法由国家版权局和中央军委装备发展部负责解释。

第三十三条 本办法自印发之日起施行。

4. 信息网络传播权与互联网著作权

信息网络传播权保护条例

1. 2006年5月18日国务院令第468号公布
2. 根据2013年1月30日国务院令第634号《关于修改〈信息网络传播权保护条例〉的决定》修订

第一条　为保护著作权人、表演者、录音录像制作者(以下统称权利人)的信息网络传播权,鼓励有益于社会主义精神文明、物质文明建设的作品的创作和传播,根据《中华人民共和国著作权法》(以下简称著作权法),制定本条例。

第二条　权利人享有的信息网络传播权受著作权法和本条例保护。除法律、行政法规另有规定的外,任何组织或者个人将他人的作品、表演、录音录像制品通过信息网络向公众提供,应当取得权利人许可,并支付报酬。

第三条　依法禁止提供的作品、表演、录音录像制品,不受本条例保护。

权利人行使信息网络传播权,不得违反宪法和法律、行政法规,不得损害公共利益。

第四条　为了保护信息网络传播权,权利人可以采取技术措施。

任何组织或者个人不得故意避开或者破坏技术措施,不得故意制造、进口或者向公众提供主要用于避开或者破坏技术措施的装置或者部件,不得故意为他人避开或者破坏技术措施提供技术服务。但是,法律、行政法规规定可以避开的除外。

第五条　未经权利人许可,任何组织或者个人不得进行下列行为:

(一)故意删除或者改变通过信息网络向公众提供的作品、表演、录音录像制品的权利管理电子信息,但由于技术上的原因无法避免删除或者改变的除外;

(二)通过信息网络向公众提供明知或者应知未经权利人许可被删除或者改变权利管理电子信息的作品、表演、录音录像制品。

第六条　通过信息网络提供他人作品,属于下列情形的,可以不经著作权人许可,不向其支付报酬:

(一)为介绍、评论某一作品或者说明某一问题,在向公众提供的作品中适当引用已经发表的作品;

(二)为报道时事新闻,在向公众提供的作品中不可避免地再现或者引用已经发表的作品;

(三)为学校课堂教学或者科学研究,向少数教学、科研人员提供少量已经发表的作品;

(四)国家机关为执行公务,在合理范围内向公众提供已经发表的作品;

(五)将中国公民、法人或者其他组织已经发表的、以汉语言文字创作的作品翻译成的少数民族语言文字作品,向中国境内少数民族提供;

(六)不以营利为目的,以盲人能够感知的独特方式向盲人提供已经发表的文字作品;

(七)向公众提供在信息网络上已经发表的关于政治、经济问题的时事性文章;

(八)向公众提供在公众集会上发表的讲话。

第七条　图书馆、档案馆、纪念馆、博物馆、美术馆等可以不经著作权人许可,通过信息网络向本馆馆舍内服务对象提供本馆收藏的合法出版的数字作品和依法为陈列或者保存版本的需要以数字化形式复制的作品,不向其支付报酬,但不得直接或者间接获得经济利益。当事人另有约定的除外。

前款规定的为陈列或者保存版本需要以数字化形式复制的作品,应当是已经损毁或者濒临损毁、丢失或者失窃,或者其存储格式已经过时,并且在市场上无法购买或者只能以明显高于标定的价格购买的作品。

第八条　为通过信息网络实施九年制义务教育或者国家教育规划,可以不经著作权人许可,使用其已经发表作品的片断或者短小的文字作品、音乐作品或者单幅的美术作品、摄影作品制作课件,由制作课件或者依法取得课件的远程教育机构通过信息网络向注册学生提供,但应当向著作权人支付报酬。

第九条　为扶助贫困,通过信息网络向农村地区的公众免费提供中国公民、法人或者其他组织已经发表的种植养殖、防病治病、防灾减灾等与扶助贫困有关的作品和适应基本文化需求的作品,网络服务提供者应当在提供前公告拟提供的作品及其作者、拟支付报酬的标准。自公告之日起30日内,著作权人不同意提供的,网络服务提供者不得提供其作品;自公告之日起满30日,著作权人没有异议的,网络服务提供者可以提供其作品,并按照公告的标准向著作权人支付报酬。网络服务提供者提供著作权人的作品后,著作权人不同意提供的,网络服务提供者应当立即删除著作权人的作品,并按照公告的标准向著作权人支付提供作品期间的报酬。

依照前款规定提供作品的,不得直接或者间接获得经济利益。

第十条 依照本条例规定不经著作权人许可、通过信息网络向公众提供其作品的,还应当遵守下列规定:

(一)除本条例第六条第一项至第六项、第七条规定的情形外,不得提供作者事先声明不许提供的作品;

(二)指明作品的名称和作者的姓名(名称);

(三)依照本条例规定支付报酬;

(四)采取技术措施,防止本条例第七条、第八条、第九条规定的服务对象以外的其他人获得著作权人的作品,并防止本条例第七条规定的服务对象的复制行为对著作权人利益造成实质性损害;

(五)不得侵犯著作权人依法享有的其他权利。

第十一条 通过信息网络提供他人表演、录音录像制品的,应当遵守本条例第六条至第十条的规定。

第十二条 属于下列情形的,可以避开技术措施,但不得向他人提供避开技术措施的技术、装置或者部件,不得侵犯权利人依法享有的其他权利:

(一)为学校课堂教学或者科学研究,通过信息网络向少数教学、科研人员提供已经发表的作品、表演、录音录像制品,而该作品、表演、录音录像制品只能通过信息网络获取;

(二)不以营利为目的,通过信息网络以盲人能够感知的独特方式向盲人提供已经发表的文字作品,而该作品只能通过信息网络获取;

(三)国家机关依照行政、司法程序执行公务;

(四)在信息网络上对计算机及其系统或者网络的安全性能进行测试。

第十三条 著作权行政管理部门为了查处侵犯信息网络传播权的行为,可以要求网络服务提供者提供涉嫌侵权的服务对象的姓名(名称)、联系方式、网络地址等资料。

第十四条 对提供信息存储空间或者提供搜索、链接服务的网络服务提供者,权利人认为其服务所涉及的作品、表演、录音录像制品,侵犯自己的信息网络传播权或者被删除、改变了自己的权利管理电子信息的,可以向该网络服务提供者提交书面通知,要求网络服务提供者删除该作品、表演、录音录像制品,或者断开与该作品、表演、录音录像制品的链接。通知书应当包含下列内容:

(一)权利人的姓名(名称)、联系方式和地址;

(二)要求删除或者断开链接的侵权作品、表演、录音录像制品的名称和网络地址;

(三)构成侵权的初步证明材料。

权利人应当对通知书的真实性负责。

第十五条 网络服务提供者接到权利人的通知书后,应当立即删除涉嫌侵权的作品、表演、录音录像制品,或者断开与涉嫌侵权的作品、表演、录音录像制品的链接,并同时将通知书转送提供作品、表演、录音录像制品的服务对象;服务对象网络地址不明、无法转送的,应当将通知书的内容同时在信息网络上公告。

第十六条 服务对象接到网络服务提供者转送的通知书后,认为其提供的作品、表演、录音录像制品未侵犯他人权利的,可以向网络服务提供者提交书面说明,要求恢复被删除的作品、表演、录音录像制品,或者恢复与被断开的作品、表演、录音录像制品的链接。书面说明应当包含下列内容:

(一)服务对象的姓名(名称)、联系方式和地址;

(二)要求恢复的作品、表演、录音录像制品的名称和网络地址;

(三)不构成侵权的初步证明材料。

服务对象应当对书面说明的真实性负责。

第十七条 网络服务提供者接到服务对象的书面说明后,应当立即恢复被删除的作品、表演、录音录像制品,或者可以恢复与被断开的作品、表演、录音录像制品的链接,同时将服务对象的书面说明转送权利人。权利人不得再通知网络服务提供者删除该作品、表演、录音录像制品,或者断开与该作品、表演、录音录像制品的链接。

第十八条 违反本条例规定,有下列侵权行为之一的,根据情况承担停止侵害、消除影响、赔礼道歉、赔偿损失等民事责任;同时损害公共利益的,可以由著作权行政管理部门责令停止侵权行为,没收违法所得,非法经营额5万元以上的,可处非法经营额1倍以上5倍以下的罚款;没有非法经营额或者非法经营额5万元以下的,根据情节轻重,可处25万元以下的罚款;情节严重的,著作权行政管理部门可以没收主要用于提供网络服务的计算机等设备;构成犯罪的,依法追究刑事责任:

(一)通过信息网络擅自向公众提供他人的作品、

表演、录音录像制品的；

（二）故意避开或者破坏技术措施的；

（三）故意删除或者改变通过信息网络向公众提供的作品、表演、录音录像制品的权利管理电子信息，或者通过信息网络向公众提供明知或者应知未经权利人许可而被删除或者改变权利管理电子信息的作品、表演、录音录像制品的；

（四）为扶助贫困通过信息网络向农村地区提供作品、表演、录音录像制品超过规定范围，或者未按照公告的标准支付报酬，或者在权利人不同意提供其作品、表演、录音录像制品后未立即删除的；

（五）通过信息网络提供他人的作品、表演、录音录像制品，未指明作品、表演、录音录像制品的名称或者作者、表演者、录音录像制作者的姓名（名称），或者未支付报酬，或者未依照本条例规定采取技术措施防止服务对象以外的其他人获得他人的作品、表演、录音录像制品，或者未防止服务对象的复制行为对权利人利益造成实质性损害的。

第十九条　违反本条例规定，有下列行为之一的，由著作权行政管理部门予以警告，没收违法所得，没收主要用于避开、破坏技术措施的装置或者部件；情节严重的，可以没收主要用于提供网络服务的计算机等设备；非法经营额5万元以上的，可处非法经营额1倍以上5倍以下的罚款；没有非法经营额或者非法经营额5万元以下的，根据情节轻重，可处25万元以下的罚款；构成犯罪的，依法追究刑事责任：

（一）故意制造、进口或者向他人提供主要用于避开、破坏技术措施的装置或者部件，或者故意为他人避开或者破坏技术措施提供技术服务的；

（二）通过信息网络提供他人的作品、表演、录音录像制品，获得经济利益的；

（三）为扶助贫困通过信息网络向农村地区提供作品、表演、录音录像制品，未在提供前公告作品、表演、录音录像制品的名称和作者、表演者、录音录像制作者的姓名（名称）以及报酬标准的。

第二十条　网络服务提供者根据服务对象的指令提供网络自动接入服务，或者对服务对象提供的作品、表演、录音录像制品提供自动传输服务，并具备下列条件的，不承担赔偿责任：

（一）未选择并且未改变所传输的作品、表演、录音录像制品；

（二）向指定的服务对象提供该作品、表演、录音录像制品，并防止指定的服务对象以外的其他人获得。

第二十一条　网络服务提供者为提高网络传输效率，自动存储从其他网络服务提供者获得的作品、表演、录音录像制品，根据技术安排自动向服务对象提供，并具备下列条件的，不承担赔偿责任：

（一）未改变自动存储的作品、表演、录音录像制品；

（二）不影响提供作品、表演、录音录像制品的原网络服务提供者掌握服务对象获取该作品、表演、录音录像制品的情况；

（三）在原网络服务提供者修改、删除或者屏蔽该作品、表演、录音录像制品时，根据技术安排自动予以修改、删除或者屏蔽。

第二十二条　网络服务提供者为服务对象提供信息存储空间，供服务对象通过信息网络向公众提供作品、表演、录音录像制品，并具备下列条件的，不承担赔偿责任：

（一）明确标示该信息存储空间是为服务对象所提供，并公开网络服务提供者的名称、联系人、网络地址；

（二）未改变服务对象所提供的作品、表演、录音录像制品；

（三）不知道也没有合理的理由应当知道服务对象提供的作品、表演、录音录像制品侵权；

（四）未从服务对象提供作品、表演、录音录像制品中直接获得经济利益；

（五）在接到权利人的通知书后，根据本条例规定删除权利人认为侵权的作品、表演、录音录像制品。

第二十三条　网络服务提供者为服务对象提供搜索或者链接服务，在接到权利人的通知书后，根据本条例规定断开与侵权的作品、表演、录音录像制品的链接的，不承担赔偿责任；但是，明知或者应知所链接的作品、表演、录音录像制品侵权的，应当承担共同侵权责任。

第二十四条　因权利人的通知导致网络服务提供者错误删除作品、表演、录音录像制品，或者错误断开与作品、表演、录音录像制品的链接，给服务对象造成损失的，权利人应当承担赔偿责任。

第二十五条　网络服务提供者无正当理由拒绝提供或者拖延提供涉嫌侵权的服务对象的姓名（名称）、联系方式、网络地址等资料的，由著作权行政管理部门予以警告;情节严重的,没收主要用于提供网络服务的计算机等设备。

第二十六条 本条例下列用语的含义:

信息网络传播权,是指以有线或者无线方式向公众提供作品、表演或者录音录像制品,使公众可以在其个人选定的时间和地点获得作品、表演或者录音录像制品的权利。

技术措施,是指用于防止、限制未经权利人许可浏览、欣赏作品、表演、录音录像制品的或者通过信息网络向公众提供作品、表演、录音录像制品的有效技术、装置或者部件。

权利管理电子信息,是指说明作品及其作者、表演及其表演者、录音录像制品及其制作者的信息,作品、表演、录音录像制品权利人的信息和使用条件的信息,以及表示上述信息的数字或者代码。

第二十七条 本条例自2006年7月1日起施行。

互联网著作权行政保护办法

1. 2005年4月30日国家版权局、信息产业部令第5号公布
2. 自2005年5月30日起施行

第一条 为了加强互联网信息服务活动中信息网络传播权的行政保护,规范行政执法行为,根据《中华人民共和国著作权法》及有关法律、行政法规,制定本办法。

第二条 本办法适用于互联网信息服务活动中根据互联网内容提供者的指令,通过互联网自动提供作品、录音录像制品等内容的上载、存储、链接或搜索等功能,且对存储或传输的内容不进行任何编辑、修改或选择的行为。

互联网信息服务活动中直接提供互联网内容的行为,适用著作权法。

本办法所称"互联网内容提供者"是指在互联网上发布相关内容的上网用户。

第三条 各级著作权行政管理部门依照法律、行政法规和本办法对互联网信息服务活动中的信息网络传播权实施行政保护。国务院信息产业主管部门和各省、自治区、直辖市电信管理机构依法配合相关工作。

第四条 著作权行政管理部门对侵犯互联网信息服务活动中的信息网络传播权的行为实施行政处罚,适用《著作权行政处罚实施办法》。

侵犯互联网信息服务活动中的信息网络传播权的行为由侵权行为实施地的著作权行政管理部门管辖。侵权行为实施地包括提供本办法第二条所列的互联网信息服务活动的服务器等设备所在地。

第五条 著作权人发现互联网传播的内容侵犯其著作权,向互联网信息服务提供者或者其委托的其他机构(以下统称"互联网信息服务提供者")发出通知后,互联网信息服务提供者应当立即采取措施移除相关内容,并保留著作权人的通知6个月。

第六条 互联网信息服务提供者收到著作权人的通知后,应当记录提供的信息内容及其发布的时间、互联网地址或者域名。互联网接入服务提供者应当记录互联网内容提供者的接入时间、用户账号、互联网地址或者域名、主叫电话号码等信息。

前款所称记录应当保存60日,并在著作权行政管理部门查询时予以提供。

第七条 互联网信息服务提供者根据著作权人的通知移除相关内容的,互联网内容提供者可以向互联网信息服务提供者和著作权人一并发出说明被移除内容不侵犯著作权的反通知。反通知发出后,互联网信息服务提供者即可恢复被移除的内容,且对该恢复行为不承担行政法律责任。

第八条 著作权人的通知应当包含以下内容:

(一)涉嫌侵权内容所侵犯的著作权权属证明;
(二)明确的身份证明、住址、联系方式;
(三)涉嫌侵权内容在信息网络上的位置;
(四)侵犯著作权的相关证据;
(五)通知内容的真实性声明。

第九条 互联网内容提供者的反通知应当包含以下内容:

(一)明确的身份证明、住址、联系方式;
(二)被移除内容的合法性证明;
(三)被移除内容在互联网上的位置;
(四)反通知内容的真实性声明。

第十条 著作权人的通知和互联网内容提供者的反通知应当采取书面形式。

著作权人的通知和互联网内容提供者的反通知不具备本办法第八条、第九条所规定内容的,视为未发出。

第十一条 互联网信息服务提供者明知互联网内容提供者通过互联网实施侵犯他人著作权的行为,或者虽不明知,但接到著作权人通知后未采取措施移除相关内容,同时损害社会公共利益的,著作权行政管理部门可以根据《中华人民共和国著作权法》第四十七条的规定责令停止侵权行为,并给予下列行政处罚:

（一）没收违法所得;

（二）处以非法经营额3倍以下的罚款;非法经营额难以计算的,可以处10万元以下的罚款。

第十二条　没有证据表明互联网信息服务提供者明知侵权事实存在的,或者互联网信息服务提供者接到著作权人通知后,采取措施移除相关内容的,不承担行政法律责任。

第十三条　著作权行政管理部门在查处侵犯互联网信息服务活动中的信息网络传播权案件时,可以按照《著作权行政处罚实施办法》第十二条规定要求著作权人提交必备材料,以及向互联网信息服务提供者发出的通知和该互联网信息服务提供者未采取措施移除相关内容的证明。

第十四条　互联网信息服务提供者有本办法第十一条规定的情形,且经著作权行政管理部门依法认定专门从事盗版活动,或有其他严重情节的,国务院信息产业主管部门或者省、自治区、直辖市电信管理机构依据相关法律、行政法规的规定处理;互联网接入服务提供者应当依据国务院信息产业主管部门或者省、自治区、直辖市电信管理机构的通知,配合实施相应的处理措施。

第十五条　互联网信息服务提供者未履行本办法第六条规定的义务,由国务院信息产业主管部门或者省、自治区、直辖市电信管理机构予以警告,可以并处3万元以下罚款。

第十六条　著作权行政管理部门在查处侵犯互联网信息服务活动中的信息网络传播权案件过程中,发现互联网信息服务提供者的行为涉嫌构成犯罪的,应当依照国务院《行政执法机关移送涉嫌犯罪案件的规定》将案件移送司法部门,依法追究刑事责任。

第十七条　表演者、录音录像制作者等与著作权有关的权利人通过互联网向公众传播其表演或者录音录像制品的权利的行政保护适用本办法。

第十八条　本办法由国家版权局和信息产业部负责解释。

第十九条　本办法自2005年5月30日起施行。

国家版权局办公厅关于规范网络转载版权秩序的通知

1. 2015年4月17日

2. 国版办发〔2015〕3号

为贯彻落实中共中央办公厅、国务院办公厅印发的《关于推动传统媒体和新兴媒体融合发展的指导意见》,鼓励报刊单位和互联网媒体合法、诚信经营,推动建立健全版权合作机制,规范网络转载版权秩序,根据《中华人民共和国著作权法》、《中华人民共和国著作权法实施条例》、《信息网络传播权保护条例》有关规定,现就规范网络转载版权秩序有关事项通知如下:

一、互联网媒体转载他人作品,应当遵守著作权法律法规的相关规定,必须经过著作权人许可并支付报酬,并应当指明作者姓名、作品名称及作品来源。法律、法规另有规定的除外。

互联网媒体依照前款规定转载他人作品,不得侵犯著作权人依法享有的其他权益。

二、报刊单位之间相互转载已经刊登的作品,适用《著作权法》第三十三条第二款的规定,即作品刊登后,除著作权人声明不得转载、摘编的外,其他报刊可以转载或者作为文摘、资料刊登,但应当按照规定向著作权人支付报酬。

报刊单位与互联网媒体、互联网媒体之间相互转载已经发表的作品,不适用前款规定,应当经过著作权人许可并支付报酬。

三、互联网媒体转载他人作品,不得对作品内容进行实质性修改;对标题和内容做文字性修改和删节的,不得歪曲篡改标题和作品的原意。

四、《著作权法》第五条所称时事新闻,是指通过报纸、期刊、广播电台、电视台等媒体报道的单纯事实消息,该单纯事实消息不受著作权法保护。凡包含了著作权人独创性劳动的消息、通讯、特写、报道等作品均不属于单纯事实消息,互联网媒体进行转载时,必须经过著作权人许可并支付报酬。

五、报刊单位可以就通过约稿、投稿等方式获得的作品与著作权人订立许可使用合同,明确约定许可使用的权利种类、许可使用的权利是专有使用权或者非专有使用权、许可使用的地域范围和期间、付酬标准和办法、违约责任以及双方认为需要约定的其他内容。双方约定权利由报刊单位行使的,互联网媒体转载该作品,应当经过报刊单位许可并支付报酬。

六、报刊单位可以与其职工通过合同就职工为完成报刊单位工作任务所创作作品的著作权归属进行约定。合同约定著作权由报刊单位享有的,报刊单位可以通过发布版权声明的方式,明确报刊单位刊登作品的权属关系,互联网媒体转载此类作品,应当经过报刊单位许可并支付报酬。

七、报刊单位和互联网媒体应当建立健全本单位版权管理制度。建立本单位及本单位职工享有著作权的作品信息库,载明作品权属信息,对许可他人使用的作品应载明授权方式、授权期限等相关信息。建立经许可使用的他人作品信息库,载明权利来源、授权方式、授权期限等相关信息。

八、报刊单位与互联网媒体、互联网媒体之间应当通过签订版权许可协议等方式建立网络转载版权合作机制,加强对转载作品的版权审核,共同探索合理的授权价格体系,进一步完善作品的授权交易机制。

九、各级版权行政管理部门要加大对互联网媒体的版权监管力度,支持行业组织在推动版权保护、版权交易、自律维权等方面发挥积极作用,严厉打击未经许可转载、非法传播他人作品的侵权盗版行为。

国家版权局关于规范网盘服务版权秩序的通知

2015年10月14日

为规范网盘服务版权秩序,根据《中华人民共和国著作权法》、《信息网络传播权保护条例》等规定,现就有关事项通知如下:

一、凡为用户提供网络信息存储空间服务的网盘服务商应当遵守著作权法律法规,合法使用、传播作品,履行著作权保护义务。

二、网盘服务商应当建立必要管理机制,运用有效技术措施,主动屏蔽、移除侵权作品,防止用户违法上传、存储并分享他人作品。

三、网盘服务商应当在其网盘首页显著位置提示用户遵守著作权法,尊重著作权人合法权益,不违法上传、存储并分享他人作品。

四、网盘服务商应当在其网盘首页显著位置详细标明权利人通知、投诉的方式,及时受理权利人通知、投诉,并在接到权利人通知、投诉后24小时内移除相关侵权作品,删除、断开相关侵权作品链接;同时应当遵守《信息网络传播权保护条例》关于"通知"的相关规定。

五、网盘服务商应当采取有效措施,制止用户违法上传、存储并分享下列作品:

(一)根据权利人通知已经移除的作品;

(二)权利人向网盘服务商发送了权利公示或者声明的作品;

(三)版权行政管理部门公布的重点监管作品。

六、网盘服务商应当采取有效措施,制止用户违法上传、存储并分享下列未经授权的作品:

(一)正在热播、热卖的作品;

(二)出版、影视、音乐等专业机构出版或者制作的作品;

(三)其他明显感知属于未经授权提供的作品。

七、网盘服务商不得擅自或者组织上传未经授权的他人作品,不得对用户上传、存储的作品进行编辑、推荐、排名等加工,不得以各种方式指引、诱导、鼓励用户违法分享他人作品,不得为用户利用其他网络服务形式违法分享他人作品提供便利。

八、网盘服务商应当加强用户管理,要求用户对其账号异常登录、流量异常变化等可能涉嫌侵权的情况及时作出合理解释,对于拒绝解释或者不能给出合理解释的用户,可以暂停或者终止使用其账号。

九、网盘服务商应当完整保存用户姓名、账号、网络地址、联系方式等注册信息,并按照版权行政管理部门的要求提供用户上传、存储并分享的侵权作品、网络地址或者域名等必要信息。

十、网盘服务商应当建立侵权用户处置机制,根据用户侵权情形,给予列入黑名单、暂停或者终止服务等处置。

十一、网盘服务商应当严格遵守、执行本通知。版权行政管理部门要对网盘服务商加强监管,依法查处网盘服务商违反著作权法的行为。

十二、本通知自印发之日起实施。

国家版权局办公厅关于加强网络文学作品版权管理的通知

2016 年 11 月 4 日

为加强网络文学作品版权管理，进一步规范网络文学作品版权秩序，根据《中华人民共和国著作权法》《信息网络传播权保护条例》等法律、法规，现就有关事项通知如下：

一、任何组织或者个人通过信息网络传播文学作品，以及为用户通过信息网络传播文学作品提供相关网络服务，应当遵守著作权法律、法规，尊重权利人的合法权利，维护网络文学作品版权秩序。

二、通过信息网络提供文学作品以及提供相关网络服务的网络服务商，应当加强版权监督管理，建立健全侵权作品处理机制，依法履行保护网络文学作品版权的义务。

三、通过信息网络提供文学作品的网络服务商，应当依法履行传播文学作品的版权审查和注意义务，除法律、法规另有规定外，未经权利人许可，不得传播其文学作品。

四、通过信息网络提供文学作品的网络服务商，应当建立版权投诉机制，积极受理权利人投诉，及时依法处理权利人的合法诉求。

五、提供搜索引擎、浏览器、论坛、网盘、应用程序商店以及贴吧、微博、微信等服务的网络服务商，未经权利人许可，不得提供或者利用技术手段变相提供文学作品；不得为用户传播未经权利人许可的文学作品提供便利。

六、提供搜索引擎、浏览器、论坛、网盘、应用程序商店以及贴吧、微博、微信等服务的网络服务商，应当在其服务平台的显著位置载明权利人通知、投诉的方式，及时受理权利人通知、投诉，并在接到权利人通知、投诉 24 小时内删除侵权作品、断开相关链接。

七、提供搜索引擎、浏览器等服务的网络服务商，不得通过定向搜索或者链接，以及编辑、聚合等方式传播未经权利人许可的文学作品。

八、提供贴吧、论坛、应用程序商店等服务的网络服务商，应当审核并保存吧主、版主、应用程序开发者等的姓名、账号、网络地址、联系方式等信息。

九、提供对以文学作品或者作者命名的贴吧、论坛等服务的网络服务商，应当责成吧主、版主等确认用户提供的文学作品系权利人本人提供，或者已经取得权利人许可。

十、提供信息存储空间服务的网盘服务商，应当遵守国家版权局《关于规范网盘服务版权秩序的通知》，主动屏蔽、删除侵权文学作品，防止用户上传、存储并分享侵权文学作品。

十一、国家版权局建立网络文学作品版权监管“黑白名单制度”，适时公布文学作品侵权盗版网络服务商“黑名单”、网络文学作品重点监管“白名单”。

十二、各级版权行政机关应当加强网络文学作品版权执法监管力度，依法查处网络文学作品侵权盗版行为，保障网络文学作品版权秩序。

十三、本通知自印发之日起实施。

最高人民法院关于做好涉及网吧著作权纠纷案件审判工作的通知

1. 2010 年 11 月 25 日
2. 法发〔2010〕50 号

各省、自治区、直辖市高级人民法院，新疆维吾尔自治区高级人民法院生产建设兵团分院：

近年来，各级人民法院审理的网吧因提供影视作品被诉侵权的相关案件大幅增加，出现了一些新情况和新问题，引起有关方面的高度关注。为解决当前审理涉及网吧著作权纠纷案件中存在的突出问题，依法妥善审理好此类案件，现就有关事项通知如下：

一、各级人民法院要认真研究分析当前涉及网吧著作权纠纷案件急剧上升的成因和现状，在此类案件的审理中，在积极支持当事人依法维权的同时，也要注意防止滥用权利情形的发生。要注意处理好依法保护与适度保护的关系，既要依法保护当事人的著作权，有效制止侵权行为，又要正确确定网吧经营者和相关影视作品提供者的责任承担，注意把握司法导向和利益平衡，积极促进信息传播和规范传播秩序，推动相关互联网文化产业健康发展。

二、要积极探索有效解决纠纷的途径，认真贯彻“调解优先，调判结合”的工作原则。在加强诉讼调解的同时，积极推动建立诉讼与非诉讼相衔接的矛盾纠纷解决机制，发挥行业主管部门和行业协会的作用，采取各种措施引导网吧经营者规范经营行为，以减少诉讼，维护社会和谐稳定。

三、网吧经营者未经许可，通过网吧自行提供他人享有著作权的影视作品，侵犯他人信息网络传播权等权利的，应当根据原告的诉讼请求判决其停止侵权和赔偿损失。赔偿数额的确定要合理和适度，要符合网吧经营活动的特点和实际，除应考虑涉案影视作品的市场影响、知名度、上映档期、合理的许可使用费外，还应重点考虑网吧的服务价格、规模、主观过错程度以及侵权行为的性质、持续时间、对侵权作品的点击或下载数量、当地经济文化发展状况等因素。

法律、行政法规对网吧经营者承担侵权责任的情形另有规定的，按其规定执行。

四、网吧经营者能证明涉案影视作品是从有经营资质的影视作品提供者合法取得，根据取得时的具体情形不知道也没有合理理由应当知道涉案影视作品侵犯他人信息网络传播权等权利的，不承担赔偿损失的民事责任。但网吧经营者经权利人通知后，未及时采取必要措施的，应对损害的扩大部分承担相应的民事责任。

五、网吧经营者请求追加涉案影视作品提供者为共同被告的，可根据案件的具体情况决定是否追加其参加诉讼。

本通知自下发之日起执行。执行中如有问题和新情况，请及时层报最高人民法院。

最高人民法院关于审理侵害信息网络传播权民事纠纷案件适用法律若干问题的规定

1. 2012年11月26日最高人民法院审判委员会第1561次会议通过、2012年12月17日公布、自2013年1月1日起施行（法释〔2012〕20号）

2. 根据2020年12月23日最高人民法院审判委员会第1823次会议通过、2020年12月29日公布、自2021年1月1日起施行的《最高人民法院关于修改〈最高人民法院关于审理侵犯专利权纠纷案件应用法律若干问题的解释（二）〉等十八件知识产权类司法解释的决定》（法释〔2020〕19号）修正

为正确审理侵害信息网络传播权民事纠纷案件，依法保护信息网络传播权，促进信息网络产业健康发展，维护公共利益，根据《中华人民共和国民法典》《中华人民共和国著作权法》《中华人民共和国民事诉讼法》等有关法律规定，结合审判实际，制定本规定。

第一条　人民法院审理侵害信息网络传播权民事纠纷案件，在依法行使裁量权时，应当兼顾权利人、网络服务提供者和社会公众的利益。

第二条　本规定所称信息网络，包括以计算机、电视机、固定电话机、移动电话机等电子设备为终端的计算机互联网、广播电视网、固定通信网、移动通信网等信息网络，以及向公众开放的局域网络。

第三条　网络用户、网络服务提供者未经许可，通过信息网络提供权利人享有信息网络传播权的作品、表演、录音录像制品，除法律、行政法规另有规定外，人民法院应当认定其构成侵害信息网络传播权行为。

通过上传到网络服务器、设置共享文件或者利用文件分享软件等方式，将作品、表演、录音录像制品置于信息网络中，使公众能够在个人选定的时间和地点以下载、浏览或者其他方式获得的，人民法院应当认定其实施了前款规定的提供行为。

第四条　有证据证明网络服务提供者与他人以分工合作等方式共同提供作品、表演、录音录像制品，构成共同侵权行为的，人民法院应当判令其承担连带责任。网络服务提供者能够证明其仅提供自动接入、自动传输、信息存储空间、搜索、链接、文件分享技术等网络服务，主张其不构成共同侵权行为的，人民法院应予支持。

第五条　网络服务提供者以提供网页快照、缩略图等方式实质替代其他网络服务提供者向公众提供相关作品的，人民法院应当认定其构成提供行为。

前款规定的提供行为不影响相关作品的正常使用，且未不合理损害权利人对该作品的合法权益，网络服务提供者主张其未侵害信息网络传播权的，人民法院应予支持。

第六条　原告有初步证据证明网络服务提供者提供了相关作品、表演、录音录像制品，但网络服务提供者能够证明其仅提供网络服务，且无过错的，人民法院不应认定为构成侵权。

第七条　网络服务提供者在提供网络服务时教唆或者帮助网络用户实施侵害信息网络传播权行为的，人民法院应当判令其承担侵权责任。

网络服务提供者以言语、推介技术支持、奖励积分等方式诱导、鼓励网络用户实施侵害信息网络传播权行为的，人民法院应当认定其构成教唆侵权行为。

网络服务提供者明知或者应知网络用户利用网络服务侵害信息网络传播权，未采取删除、屏蔽、断开链接等必要措施，或者提供技术支持等帮助行为的，人民法院应当认定其构成帮助侵权行为。

第八条 人民法院应当根据网络服务提供者的过错，确定其是否承担教唆、帮助侵权责任。网络服务提供者的过错包括对于网络用户侵害信息网络传播权行为的明知或者应知。

网络服务提供者未对网络用户侵害信息网络传播权的行为主动进行审查的，人民法院不应据此认定其具有过错。

网络服务提供者能够证明已采取合理、有效的技术措施，仍难以发现网络用户侵害信息网络传播权行为的，人民法院应当认定其不具有过错。

第九条 人民法院应当根据网络用户侵害信息网络传播权的具体事实是否明显，综合考虑以下因素，认定网络服务提供者是否构成应知：

（一）基于网络服务提供者提供服务的性质、方式及其引发侵权的可能性大小，应当具备的管理信息的能力；

（二）传播的作品、表演、录音录像制品的类型、知名度及侵权信息的明显程度；

（三）网络服务提供者是否主动对作品、表演、录音录像制品进行了选择、编辑、修改、推荐等；

（四）网络服务提供者是否积极采取了预防侵权的合理措施；

（五）网络服务提供者是否设置便捷程序接收侵权通知并及时对侵权通知作出合理的反应；

（六）网络服务提供者是否针对同一网络用户的重复侵权行为采取了相应的合理措施；

（七）其他相关因素。

第十条 网络服务提供者在提供网络服务时，对热播影视作品等以设置榜单、目录、索引、描述性段落、内容简介等方式进行推荐，且公众可以在其网页上直接以下载、浏览或者其他方式获得的，人民法院可以认定其应知网络用户侵害信息网络传播权。

第十一条 网络服务提供者从网络用户提供的作品、表演、录音录像制品中直接获得经济利益的，人民法院应当认定其对该网络用户侵害信息网络传播权的行为负有较高的注意义务。

网络服务提供者针对特定作品、表演、录音录像制品投放广告获取收益，或者获取与其传播的作品、表演、录音录像制品存在其他特定联系的经济利益，应当认定为前款规定的直接获得经济利益。网络服务提供者因提供网络服务而收取一般性广告费、服务费等，不属于本款规定的情形。

第十二条 有下列情形之一的，人民法院可以根据案件具体情况，认定提供信息存储空间服务的网络服务提供者应知网络用户侵害信息网络传播权：

（一）将热播影视作品等置于首页或者其他主要页面等能够为网络服务提供者明显感知的位置的；

（二）对热播影视作品等的主题、内容主动进行选择、编辑、整理、推荐，或者为其设立专门的排行榜的；

（三）其他可以明显感知相关作品、表演、录音录像制品为未经许可提供，仍未采取合理措施的情形。

第十三条 网络服务提供者接到权利人以书信、传真、电子邮件等方式提交的通知及构成侵权的初步证据，未及时根据初步证据和服务类型采取必要措施的，人民法院应当认定其明知相关侵害信息网络传播权行为。

第十四条 人民法院认定网络服务提供者转送通知、采取必要措施是否及时，应当根据权利人提交通知的形式，通知的准确程度，采取措施的难易程度，网络服务的性质，所涉作品、表演、录音录像制品的类型、知名度、数量等因素综合判断。

第十五条 侵害信息网络传播权民事纠纷案件由侵权行为地或者被告住所地人民法院管辖。侵权行为地包括实施被诉侵权行为的网络服务器、计算机终端等设备所在地。侵权行为地和被告住所地均难以确定或者在境外的，原告发现侵权内容的计算机终端等设备所在地可以视为侵权行为地。

第十六条 本规定施行之日起，《最高人民法院关于审理涉及计算机网络著作权纠纷案件适用法律若干问题的解释》（法释〔2006〕11号）同时废止。

本规定施行之后尚未终审的侵害信息网络传播权民事纠纷案件，适用本规定。本规定施行前已经终审，当事人申请再审或者按照审判监督程序决定再审的，不适用本规定。

5. 出　版

出版管理条例

1. 2001年12月25日国务院令第343号公布
2. 根据2011年3月19日国务院令第594号《关于修改〈出版管理条例〉的决定》第一次修订
3. 根据2013年7月18日国务院令第638号《关于废止和修改部分行政法规的决定》第二次修订
4. 根据2014年7月29日国务院令第653号《关于修改部分行政法规的决定》第三次修订
5. 根据2016年2月6日国务院令第666号《关于修改部分行政法规的决定》第四次修订
6. 根据2020年11月29日国务院令第732号《关于修改和废止部分行政法规的决定》第五次修订

第一章　总　　则

第一条　为了加强对出版活动的管理，发展和繁荣有中国特色社会主义出版产业和出版事业，保障公民依法行使出版自由的权利，促进社会主义精神文明和物质文明建设，根据宪法，制定本条例。

第二条　在中华人民共和国境内从事出版活动，适用本条例。

本条例所称出版活动，包括出版物的出版、印刷或者复制、进口、发行。

本条例所称出版物，是指报纸、期刊、图书、音像制品、电子出版物等。

第三条　出版活动必须坚持为人民服务、为社会主义服务的方向，坚持以马克思列宁主义、毛泽东思想、邓小平理论和“三个代表”重要思想为指导，贯彻落实科学发展观，传播和积累有益于提高民族素质、有益于经济发展和社会进步的科学技术和文化知识，弘扬民族优秀文化，促进国际文化交流，丰富和提高人民的精神生活。

第四条　从事出版活动，应当将社会效益放在首位，实现社会效益与经济效益相结合。

第五条　公民依法行使出版自由的权利，各级人民政府应当予以保障。

公民在行使出版自由的权利的时候，必须遵守宪法和法律，不得反对宪法确定的基本原则，不得损害国家的、社会的、集体的利益和其他公民的合法的自由和权利。

第六条　国务院出版行政主管部门负责全国的出版活动的监督管理工作。国务院其他有关部门按照国务院规定的职责分工，负责有关的出版活动的监督管理工作。

县级以上地方各级人民政府负责出版管理的部门（以下简称出版行政主管部门）负责本行政区域内出版活动的监督管理工作。县级以上地方各级人民政府其他有关部门在各自的职责范围内，负责有关的出版活动的监督管理工作。

第七条　出版行政主管部门根据已经取得的违法嫌疑证据或者举报，对涉嫌违法从事出版物出版、印刷或者复制、进口、发行等活动的行为进行查处时，可以检查与涉嫌违法活动有关的物品和经营场所；对有证据证明是与违法活动有关的物品，可以查封或者扣押。

第八条　出版行业的社会团体按照其章程，在出版行政主管部门的指导下，实行自律管理。

第二章　出版单位的设立与管理

第九条　报纸、期刊、图书、音像制品和电子出版物等应当由出版单位出版。

本条例所称出版单位，包括报社、期刊社、图书出版社、音像出版社和电子出版物出版社等。

法人出版报纸、期刊，不设立报社、期刊社的，其设立的报纸编辑部、期刊编辑部视为出版单位。

第十条　国务院出版行政主管部门制定全国出版单位总量、结构、布局的规划，指导、协调出版产业和出版事业发展。

第十一条　设立出版单位，应当具备下列条件：

（一）有出版单位的名称、章程；

（二）有符合国务院出版行政主管部门认定的主办单位及其主管机关；

（三）有确定的业务范围；

（四）有30万元以上的注册资本和固定的工作场所；

（五）有适应业务范围需要的组织机构和符合国家规定的资格条件的编辑出版专业人员；

（六）法律、行政法规规定的其他条件。

审批设立出版单位，除依照前款所列条件外，还应当符合国家关于出版单位总量、结构、布局的规划。

第十二条　设立出版单位，由其主办单位向所在地省、自治区、直辖市人民政府出版行政主管部门提出申请；

省、自治区、直辖市人民政府出版行政主管部门审核同意后，报国务院出版行政主管部门审批。设立的出版单位为事业单位的，还应当办理机构编制审批手续。

第十三条 设立出版单位的申请书应当载明下列事项：

（一）出版单位的名称、地址；

（二）出版单位的主办单位及其主管机关的名称、地址；

（三）出版单位的法定代表人或者主要负责人的姓名、住址、资格证明文件；

（四）出版单位的资金来源及数额。

设立报社、期刊社或者报纸编辑部、期刊编辑部的，申请书还应当载明报纸或者期刊的名称、刊期、开版或者开本、印刷场所。

申请书应当附具出版单位的章程和设立出版单位的主办单位及其主管机关的有关证明材料。

第十四条 国务院出版行政主管部门应当自受理设立出版单位的申请之日起60日内，作出批准或者不批准的决定，并由省、自治区、直辖市人民政府出版行政主管部门书面通知主办单位；不批准的，应当说明理由。

第十五条 设立出版单位的主办单位应当自收到批准决定之日起60日内，向所在地省、自治区、直辖市人民政府出版行政主管部门登记，领取出版许可证。登记事项由国务院出版行政主管部门规定。

出版单位领取出版许可证后，属于事业单位法人的，持出版许可证向事业单位登记管理机关登记，依法领取事业单位法人证书；属于企业法人的，持出版许可证向工商行政管理部门登记，依法领取营业执照。

第十六条 报社、期刊社、图书出版社、音像出版社和电子出版物出版社等应当具备法人条件，经核准登记后，取得法人资格，以其全部法人财产独立承担民事责任。

依照本条例第九条第三款的规定，视为出版单位的报纸编辑部、期刊编辑部不具有法人资格，其民事责任由其主办单位承担。

第十七条 出版单位变更名称、主办单位或者其主管机关、业务范围、资本结构，合并或者分立，设立分支机构，出版新的报纸、期刊，或者报纸、期刊变更名称的，应当依照本条例第十二条、第十三条的规定办理审批手续。出版单位属于事业单位法人的，还应当持批准文件到事业单位登记管理机关办理相应的登记手续；属于企业法人的，还应当持批准文件到工商行政管理部门办理相应的登记手续。

出版单位除前款所列变更事项外的其他事项的变更，应当经主办单位及其主管机关审查同意，向所在地省、自治区、直辖市人民政府出版行政主管部门申请变更登记，并报国务院出版行政主管部门备案。出版单位属于事业单位法人的，还应当持批准文件到事业单位登记管理机关办理变更登记；属于企业法人的，还应当持批准文件到工商行政管理部门办理变更登记。

第十八条 出版单位中止出版活动的，应当向所在地省、自治区、直辖市人民政府出版行政主管部门备案并说明理由和期限；出版单位中止出版活动不得超过180日。

出版单位终止出版活动的，由主办单位提出申请并经主管机关同意后，由主办单位向所在地省、自治区、直辖市人民政府出版行政主管部门办理注销登记，并报国务院出版行政主管部门备案。出版单位属于事业单位法人的，还应当持批准文件到事业单位登记管理机关办理注销登记；属于企业法人的，还应当持批准文件到工商行政管理部门办理注销登记。

第十九条 图书出版社、音像出版社和电子出版物出版社自登记之日起满180日未从事出版活动的，报社、期刊社自登记之日起满90日未出版报纸、期刊的，由原登记的出版行政主管部门注销登记，并报国务院出版行政主管部门备案。

因不可抗力或者其他正当理由发生前款所列情形的，出版单位可以向原登记的出版行政主管部门申请延期。

第二十条 图书出版社、音像出版社和电子出版物出版社的年度出版计划及涉及国家安全、社会安定等方面的重大选题，应当经所在地省、自治区、直辖市人民政府出版行政主管部门审核后报国务院出版行政主管部门备案；涉及重大选题，未在出版前报备案的出版物，不得出版。具体办法由国务院出版行政主管部门制定。

期刊社的重大选题，应当依照前款规定办理备案手续。

第二十一条 出版单位不得向任何单位或者个人出售或者以其他形式转让本单位的名称、书号、刊号或者版号、版面，并不得出租本单位的名称、刊号。

出版单位及其从业人员不得利用出版活动谋取其他不正当利益。

第二十二条 出版单位应当按照国家有关规定向国家图

书馆、中国版本图书馆和国务院出版行政主管部门免费送交样本。

第三章 出版物的出版

第二十三条 公民可以依照本条例规定，在出版物上自由表达自己对国家事务、经济和文化事业、社会事务的见解和意愿，自由发表自己从事科学研究、文学艺术创作和其他文化活动的成果。

合法出版物受法律保护，任何组织和个人不得非法干扰、阻止、破坏出版物的出版。

第二十四条 出版单位实行编辑责任制度，保障出版物刊载的内容符合本条例的规定。

第二十五条 任何出版物不得含有下列内容：

（一）反对宪法确定的基本原则的；

（二）危害国家统一、主权和领土完整的；

（三）泄露国家秘密、危害国家安全或者损害国家荣誉和利益的；

（四）煽动民族仇恨、民族歧视，破坏民族团结，或者侵害民族风俗、习惯的；

（五）宣扬邪教、迷信的；

（六）扰乱社会秩序，破坏社会稳定的；

（七）宣扬淫秽、赌博、暴力或者教唆犯罪的；

（八）侮辱或者诽谤他人，侵害他人合法权益的；

（九）危害社会公德或者民族优秀文化传统的；

（十）有法律、行政法规和国家规定禁止的其他内容的。

第二十六条 以未成年人为对象的出版物不得含有诱发未成年人模仿违反社会公德的行为和违法犯罪的行为的内容，不得含有恐怖、残酷等妨害未成年人身心健康的内容。

第二十七条 出版物的内容不真实或者不公正，致使公民、法人或者其他组织的合法权益受到侵害的，其出版单位应当公开更正，消除影响，并依法承担其他民事责任。

报纸、期刊发表的作品内容不真实或者不公正，致使公民、法人或者其他组织的合法权益受到侵害的，当事人有权要求有关出版单位更正或者答辩，有关出版单位应当在其近期出版的报纸、期刊上予以发表；拒绝发表的，当事人可以向人民法院提起诉讼。

第二十八条 出版物必须按照国家的有关规定载明作者、出版者、印刷者或者复制者、发行者的名称、地址，书号、刊号或者版号，在版编目数据，出版日期、刊期以及其他有关事项。

出版物的规格、开本、版式、装帧、校对等必须符合国家标准和规范要求，保证出版物的质量。

出版物使用语言文字必须符合国家法律规定和有关标准、规范。

第二十九条 任何单位和个人不得伪造、假冒出版单位名称或者报纸、期刊名称出版出版物。

第三十条 中学小学教科书由国务院教育行政主管部门审定；其出版、发行单位应当具有适应教科书出版、发行业务需要的资金、组织机构和人员等条件，并取得国务院出版行政主管部门批准的教科书出版、发行资质。纳入政府采购范围的中学小学教科书，其发行单位按照《中华人民共和国政府采购法》的有关规定确定。其他任何单位或者个人不得从事中学小学教科书的出版、发行业务。

第四章 出版物的印刷或者复制和发行

第三十一条 从事出版物印刷或者复制业务的单位，应当向所在地省、自治区、直辖市人民政府出版行政主管部门提出申请，经审核许可，并依照国家有关规定到工商行政管理部门办理相关手续后，方可从事出版物的印刷或者复制。

未经许可并办理相关手续的，不得印刷报纸、期刊、图书，不得复制音像制品、电子出版物。

第三十二条 出版单位不得委托未取得出版物印刷或者复制许可的单位印刷或者复制出版物。

出版单位委托印刷或者复制单位印刷或者复制出版物的，必须提供符合国家规定的印刷或者复制出版物的有关证明，并依法与印刷或者复制单位签订合同。

印刷或者复制单位不得接受非出版单位和个人的委托印刷报纸、期刊、图书或者复制音像制品、电子出版物，不得擅自印刷、发行报纸、期刊、图书或者复制、发行音像制品、电子出版物。

第三十三条 印刷或者复制单位经所在地省、自治区、直辖市人民政府出版行政主管部门批准，可以承接境外出版物的印刷或者复制业务；但是，印刷或者复制的境外出版物必须全部运输出境，不得在境内发行。

境外委托印刷或者复制的出版物的内容，应当经省、自治区、直辖市人民政府出版行政主管部门审核。委托人应当持有著作权人授权书，并向著作权行政管理部门登记。

第三十四条 印刷或者复制单位应当自完成出版物的印

刷或者复制之日起2年内，留存一份承接的出版物样本备查。

第三十五条　单位从事出版物批发业务的，须经省、自治区、直辖市人民政府出版行政主管部门审核许可，取得《出版物经营许可证》。

单位和个体工商户从事出版物零售业务的，须经县级人民政府出版行政主管部门审核许可，取得《出版物经营许可证》。

第三十六条　通过互联网等信息网络从事出版物发行业务的单位或者个体工商户，应当依照本条例规定取得《出版物经营许可证》。

提供网络交易平台服务的经营者应当对申请通过网络交易平台从事出版物发行业务的单位或者个体工商户的经营主体身份进行审查，验证其《出版物经营许可证》。

第三十七条　从事出版物发行业务的单位和个体工商户变更《出版物经营许可证》登记事项，或者兼并、合并、分立的，应当依照本条例第三十五条的规定办理审批手续。

从事出版物发行业务的单位和个体工商户终止经营活动的，应当向原批准的出版行政主管部门备案。

第三十八条　出版单位可以发行本出版单位出版的出版物，不得发行其他出版单位出版的出版物。

第三十九条　国家允许设立从事图书、报纸、期刊、电子出版物发行业务的外商投资企业。

第四十条　印刷或者复制单位、发行单位或者个体工商户不得印刷或者复制、发行有下列情形之一的出版物：

（一）含有本条例第二十五条、第二十六条禁止内容的；

（二）非法进口的；

（三）伪造、假冒出版单位名称或者报纸、期刊名称的；

（四）未署出版单位名称的；

（五）中学小学教科书未经依法审定的；

（六）侵犯他人著作权的。

第五章　出版物的进口

第四十一条　出版物进口业务，由依照本条例设立的出版物进口经营单位经营；其他单位和个人不得从事出版物进口业务。

第四十二条　设立出版物进口经营单位，应当具备下列条件：

（一）有出版物进口经营单位的名称、章程；

（二）有符合国务院出版行政主管部门认定的主办单位及其主管机关；

（三）有确定的业务范围；

（四）具有进口出版物内容审查能力；

（五）有与出版物进口业务相适应的资金；

（六）有固定的经营场所；

（七）法律、行政法规和国家规定的其他条件。

第四十三条　设立出版物进口经营单位，应当向国务院出版行政主管部门提出申请，经审查批准，取得国务院出版行政主管部门核发的出版物进口经营许可证后，持证到工商行政管理部门依法领取营业执照。

设立出版物进口经营单位，还应当依照对外贸易法律、行政法规的规定办理相应手续。

第四十四条　出版物进口经营单位变更名称、业务范围、资本结构、主办单位或者其主管机关，合并或者分立，设立分支机构，应当依照本条例第四十二条、第四十三条的规定办理审批手续，并持批准文件到工商行政管理部门办理相应的登记手续。

第四十五条　出版物进口经营单位进口的出版物，不得含有本条例第二十五条、第二十六条禁止的内容。

出版物进口经营单位负责对其进口的出版物进行内容审查。省级以上人民政府出版行政主管部门可以对出版物进口经营单位进口的出版物直接进行内容审查。出版物进口经营单位无法判断其进口的出版物是否含有本条例第二十五条、第二十六条禁止内容的，可以请求省级以上人民政府出版行政主管部门进行内容审查。省级以上人民政府出版行政主管部门应出版物进口经营单位的请求，对其进口的出版物进行内容审查的，可以按照国务院价格主管部门批准的标准收取费用。

国务院出版行政主管部门可以禁止特定出版物的进口。

第四十六条　出版物进口经营单位应当在进口出版物前将拟进口的出版物目录报省级以上人民政府出版行政主管部门备案；省级以上人民政府出版行政主管部门发现有禁止进口的或者暂缓进口的出版物的，应当及时通知出版物进口经营单位并通报海关。对通报禁止进口或者暂缓进口的出版物，出版物进口经营单位不得进口，海关不得放行。

出版物进口备案的具体办法由国务院出版行政主管部门制定。

第四十七条 发行进口出版物的，必须从依法设立的出版物进口经营单位进货。

第四十八条 出版物进口经营单位在境内举办境外出版物展览，必须报经国务院出版行政主管部门批准。未经批准，任何单位和个人不得举办境外出版物展览。

依照前款规定展览的境外出版物需要销售的，应当按照国家有关规定办理相关手续。

第六章 监督与管理

第四十九条 出版行政主管部门应当加强对本行政区域内出版单位出版活动的日常监督管理；出版单位的主办单位及其主管机关对所属出版单位出版活动负有直接管理责任，并应当配合出版行政主管部门督促所属出版单位执行各项管理规定。

出版单位和出版物进口经营单位应当按照国务院出版行政主管部门的规定，将从事出版活动和出版物进口活动的情况向出版行政主管部门提出书面报告。

第五十条 出版行政主管部门履行下列职责：

（一）对出版物的出版、印刷、复制、发行、进口单位进行行业监管，实施准入和退出管理；

（二）对出版活动进行监管，对违反本条例的行为进行查处；

（三）对出版物内容和质量进行监管；

（四）根据国家有关规定对出版从业人员进行管理。

第五十一条 出版行政主管部门根据有关规定和标准，对出版物的内容、编校、印刷或者复制、装帧设计等方面质量实施监督检查。

第五十二条 国务院出版行政主管部门制定出版单位综合评估办法，对出版单位分类实施综合评估。

出版物的出版、印刷或者复制、发行和进口经营单位不再具备行政许可的法定条件的，由出版行政主管部门责令限期改正；逾期仍未改正的，由原发证机关撤销行政许可。

第五十三条 国家对在出版单位从事出版专业技术工作的人员实行职业资格制度；出版专业技术人员通过国家专业技术人员资格考试取得专业技术资格。具体办法由国务院人力资源社会保障主管部门、国务院出版行政主管部门共同制定。

第七章 保障与奖励

第五十四条 国家制定有关政策，保障、促进出版产业和出版事业的发展与繁荣。

第五十五条 国家支持、鼓励下列优秀的、重点的出版物的出版：

（一）对阐述、传播宪法确定的基本原则有重大作用的；

（二）对弘扬社会主义核心价值体系，在人民中进行爱国主义、集体主义、社会主义和民族团结教育以及弘扬社会公德、职业道德、家庭美德有重要意义的；

（三）对弘扬民族优秀文化，促进国际文化交流有重大作用的；

（四）对推进文化创新，及时反映国内外新的科学文化成果有重大贡献的；

（五）对服务农业、农村和农民，促进公共文化服务有重大作用的；

（六）其他具有重要思想价值、科学价值或者文化艺术价值的。

第五十六条 国家对教科书的出版发行，予以保障。

国家扶持少数民族语言文字出版物和盲文出版物的出版发行。

国家对在少数民族地区、边疆地区、经济不发达地区和在农村发行出版物，实行优惠政策。

第五十七条 报纸、期刊交由邮政企业发行的，邮政企业应当保证按照合同约定及时、准确发行。

承运出版物的运输企业，应当对出版物的运输提供方便。

第五十八条 对为发展、繁荣出版产业和出版事业作出重要贡献的单位和个人，按照国家有关规定给予奖励。

第五十九条 对非法干扰、阻止和破坏出版物出版、印刷或者复制、进口、发行的行为，县级以上各级人民政府出版行政主管部门及其他有关部门，应当及时采取措施，予以制止。

第八章 法 律 责 任

第六十条 出版行政主管部门或者其他有关部门的工作人员，利用职务上的便利收受他人财物或者其他好处，批准不符合法定条件的申请人取得许可证、批准文件，或者不履行监督职责，或者发现违法行为不予查处，造成严重后果的，依法给予降级直至开除的处分；构成犯罪的，依照刑法关于受贿罪、滥用职权罪、玩忽职守罪或者其他罪的规定,依法追究刑事责任。

第六十一条 未经批准,擅自设立出版物的出版、印刷或者复制、进口单位,或者擅自从事出版物的出版、印刷或者复制、进口、发行业务,假冒出版单位名称或者伪造、假冒报纸、期刊名称出版出版物的,由出版行政主管部门、工商行政管理部门依照法定职权予以取缔;依照刑法关于非法经营罪的规定,依法追究刑事责任;尚不够刑事处罚的,没收出版物、违法所得和从事违法活动的专用工具、设备,违法经营额1万元以上的,并处违法经营额5倍以上10倍以下的罚款,违法经营额不足1万元的,可以处5万元以下的罚款;侵犯他人合法权益的,依法承担民事责任。

第六十二条 有下列行为之一,触犯刑律的,依照刑法有关规定,依法追究刑事责任;尚不够刑事处罚的,由出版行政主管部门责令限期停业整顿,没收出版物、违法所得,违法经营额1万元以上的,并处违法经营额5倍以上10倍以下的罚款;违法经营额不足1万元的,可以处5万元以下的罚款;情节严重的,由原发证机关吊销许可证:

(一)出版、进口含有本条例第二十五条、第二十六条禁止内容的出版物的;

(二)明知或者应知出版物含有本条例第二十五条、第二十六条禁止内容而印刷或者复制、发行的;

(三)明知或者应知他人出版含有本条例第二十五条、第二十六条禁止内容的出版物而向其出售或者以其他形式转让本出版单位的名称、书号、刊号、版号、版面,或者出租本单位的名称、刊号的。

第六十三条 有下列行为之一的,由出版行政主管部门责令停止违法行为,没收出版物、违法所得,违法经营额1万元以上的,并处违法经营额5倍以上10倍以下的罚款;违法经营额不足1万元的,可以处5万元以下的罚款;情节严重的,责令限期停业整顿或者由原发证机关吊销许可证:

(一)进口、印刷或者复制、发行国务院出版行政主管部门禁止进口的出版物的;

(二)印刷或者复制走私的境外出版物的;

(三)发行进口出版物未从本条例规定的出版物进口经营单位进货的。

第六十四条 走私出版物的,依照刑法关于走私罪的规定,依法追究刑事责任;尚不够刑事处罚的,由海关依照海关法的规定给予行政处罚。

第六十五条 有下列行为之一的,由出版行政主管部门没收出版物、违法所得,违法经营额1万元以上的,并处违法经营额5倍以上10倍以下的罚款;违法经营额不足1万元的,可以处5万元以下的罚款;情节严重的,责令限期停业整顿或者由原发证机关吊销许可证:

(一)出版单位委托未取得出版物印刷或者复制许可的单位印刷或者复制出版物的;

(二)印刷或者复制单位未取得印刷或者复制许可而印刷或者复制出版物的;

(三)印刷或者复制单位接受非出版单位和个人的委托印刷或者复制出版物的;

(四)印刷或者复制单位未履行法定手续印刷或者复制境外出版物的,印刷或者复制的境外出版物没有全部运输出境的;

(五)印刷或者复制单位、发行单位或者个体工商户印刷或者复制、发行未署出版单位名称的出版物的;

(六)印刷或者复制单位、发行单位或者个体工商户印刷或者复制、发行伪造、假冒出版单位名称或者报纸、期刊名称的出版物的;

(七)出版、印刷、发行单位出版、印刷、发行未经依法审定的中学小学教科书,或者非依照本条例规定确定的单位从事中学小学教科书的出版、发行业务的。

第六十六条 出版单位有下列行为之一的,由出版行政主管部门责令停止违法行为,给予警告,没收违法经营的出版物、违法所得,违法经营额1万元以上的,并处违法经营额5倍以上10倍以下的罚款;违法经营额不足1万元的,可以处5万元以下的罚款;情节严重的,责令限期停业整顿或者由原发证机关吊销许可证:

(一)出售或者以其他形式转让本出版单位的名称、书号、刊号、版号、版面,或者出租本单位的名称、刊号的;

(二)利用出版活动谋取其他不正当利益的。

第六十七条 有下列行为之一的,由出版行政主管部门责令改正,给予警告;情节严重的,责令限期停业整顿或者由原发证机关吊销许可证:

(一)出版单位变更名称、主办单位或者其主管机关、业务范围,合并或者分立,出版新的报纸、期刊,或者报纸、期刊改变名称,以及出版单位变更其他事项,未依照本条例的规定到出版行政主管部门办理审批、变更登记手续的；

（二）出版单位未将其年度出版计划和涉及国家安全、社会安定等方面的重大选题备案的；

（三）出版单位未依照本条例的规定送交出版物的样本的；

（四）印刷或者复制单位未依照本条例的规定留存备查的材料的；

（五）出版进口经营单位未将其进口的出版物目录报送备案的；

（六）出版单位擅自中止出版活动超过180日的；

（七）出版物发行单位、出版物进口经营单位未依照本条例的规定办理变更审批手续的；

（八）出版物质量不符合有关规定和标准的。

第六十八条 未经批准，举办境外出版物展览的，由出版行政主管部门责令停止违法行为，没收出版物、违法所得；情节严重的，责令限期停业整顿或者由原发证机关吊销许可证。

第六十九条 印刷或者复制、批发、零售、出租、散发含有本条例第二十五条、第二十六条禁止内容的出版物或者其他非法出版物的，当事人对非法出版物的来源作出说明、指认，经查证属实的，没收出版物、违法所得，可以减轻或者免除其他行政处罚。

第七十条 单位违反本条例被处以吊销许可证行政处罚的，其法定代表人或者主要负责人自许可证被吊销之日起10年内不得担任出版、印刷或者复制、进口、发行单位的法定代表人或者主要负责人。

出版从业人员违反本条例规定，情节严重的，由原发证机关吊销其资格证书。

第七十一条 依照本条例的规定实施罚款的行政处罚，应当依照有关法律、行政法规的规定，实行罚款决定与罚款收缴分离；收缴的罚款必须全部上缴国库。

第九章 附 则

第七十二条 行政法规对音像制品和电子出版物的出版、复制、进口、发行另有规定的，适用其规定。

接受境外机构或者个人赠送出版物的管理办法、订户订购境外出版物的管理办法、网络出版审批和管理办法，由国务院出版行政主管部门根据本条例的原则另行制定。

第七十三条 本条例自2002年2月1日起施行。1997年1月2日国务院发布的《出版管理条例》同时废止。

音像制品管理条例

1. 2001年12月25日国务院令第341号公布

2. 根据2011年3月19日国务院令第595号《关于修改〈音像制品管理条例〉的决定》第一次修订

3. 根据2013年12月7日国务院令第645号《关于修改部分行政法规的决定》第二次修订

4. 根据2016年2月6日国务院令第666号《关于修改部分行政法规的决定》第三次修订

5. 根据2020年11月29日国务院令第732号《关于修改和废止部分行政法规的决定》第四次修订

第一章 总 则

第一条 为了加强音像制品的管理，促进音像业的健康发展和繁荣，丰富人民群众的文化生活，促进社会主义物质文明和精神文明建设，制定本条例。

第二条 本条例适用于录有内容的录音带、录像带、唱片、激光唱盘和激光视盘等音像制品的出版、制作、复制、进口、批发、零售、出租等活动。

音像制品用于广播电视播放的，适用广播电视法律、行政法规。

第三条 出版、制作、复制、进口、批发、零售、出租音像制品，应当遵守宪法和有关法律、法规，坚持为人民服务和为社会主义服务的方向，传播有益于经济发展和社会进步的思想、道德、科学技术和文化知识。

音像制品禁止载有下列内容：

（一）反对宪法确定的基本原则的；

（二）危害国家统一、主权和领土完整的；

（三）泄露国家秘密、危害国家安全或者损害国家荣誉和利益的；

（四）煽动民族仇恨、民族歧视，破坏民族团结，或者侵害民族风俗、习惯的；

（五）宣扬邪教、迷信的；

（六）扰乱社会秩序，破坏社会稳定的；

（七）宣扬淫秽、赌博、暴力或者教唆犯罪的；

（八）侮辱或者诽谤他人，侵害他人合法权益的；

（九）危害社会公德或者民族优秀文化传统的；

（十）有法律、行政法规和国家规定禁止的其他内容的。

第四条 国务院出版行政主管部门负责全国音像制品的

出版、制作、复制、进口、批发、零售和出租的监督管理工作；国务院其他有关行政部门按照国务院规定的职责分工，负责有关的音像制品经营活动的监督管理工作。

县级以上地方人民政府负责出版管理的行政主管部门（以下简称出版行政主管部门）负责本行政区域内音像制品的出版、制作、复制、进口、批发、零售和出租的监督管理工作；县级以上地方人民政府其他有关行政部门在各自的职责范围内负责有关的音像制品经营活动的监督管理工作。

第五条　国家对出版、制作、复制、进口、批发、零售音像制品，实行许可制度；未经许可，任何单位和个人不得从事音像制品的出版、制作、复制、进口、批发、零售等活动。

依照本条例发放的许可证和批准文件，不得出租、出借、出售或者以其他任何形式转让。

第六条　国务院出版行政主管部门负责制定音像业的发展规划，确定全国音像出版单位、音像复制单位的总量、布局和结构。

第七条　音像制品经营活动的监督管理部门及其工作人员不得从事或者变相从事音像制品经营活动，并不得参与或者变相参与音像制品经营单位的经营活动。

第二章　出　　版

第八条　设立音像出版单位，应当具备下列条件：

（一）有音像出版单位的名称、章程；

（二）有符合国务院出版行政主管部门认定的主办单位及其主管机关；

（三）有确定的业务范围；

（四）有适应业务范围需要的组织机构和符合国家规定的资格条件的音像出版专业人员；

（五）有适应业务范围需要的资金、设备和工作场所；

（六）法律、行政法规规定的其他条件。

审批设立音像出版单位，除依照前款所列条件外，还应当符合音像出版单位总量、布局和结构的规划。

第九条　申请设立音像出版单位，由所在地省、自治区、直辖市人民政府出版行政主管部门审核同意后，报国务院出版行政主管部门审批。国务院出版行政主管部门应当自受理申请之日起60日内作出批准或者不批准的决定，并通知申请人。批准的，发给《音像制品出版许可证》，由申请人持《音像制品出版许可证》到工商行政管理部门登记，依法领取营业执照；不批准的，应当说明理由。

申请书应当载明下列内容：

（一）音像出版单位的名称、地址；

（二）音像出版单位的主办单位及其主管机关的名称、地址；

（三）音像出版单位的法定代表人或者主要负责人的姓名、住址、资格证明文件；

（四）音像出版单位的资金来源和数额。

第十条　音像出版单位变更名称、主办单位或者其主管机关、业务范围，或者兼并其他音像出版单位，或者因合并、分立而设立新的音像出版单位的，应当依照本条例第九条的规定办理审批手续，并到原登记的工商行政管理部门办理相应的登记手续。

音像出版单位变更地址、法定代表人或者主要负责人，或者终止出版经营活动的，应当到原登记的工商行政管理部门办理变更登记或者注销登记，并向国务院出版行政主管部门备案。

第十一条　音像出版单位的年度出版计划和涉及国家安全、社会安定等方面的重大选题，应当经所在地省、自治区、直辖市人民政府出版行政主管部门审核后报国务院出版行政主管部门备案；重大选题音像制品未在出版前报备案的，不得出版。

第十二条　音像出版单位应当在其出版的音像制品及其包装的明显位置，标明出版单位的名称、地址和音像制品的版号、出版时间、著作权人等事项；出版进口的音像制品，还应当标明进口批准文号。

音像出版单位应当按照国家有关规定向国家图书馆、中国版本图书馆和国务院出版行政主管部门免费送交样本。

第十三条　音像出版单位不得向任何单位或者个人出租、出借、出售或者以其他任何形式转让本单位的名称，不得向任何单位或者个人出售或者以其他形式转让本单位的版号。

第十四条　任何单位和个人不得以购买、租用、借用、擅自使用音像出版单位的名称或者购买、伪造版号等形式从事音像制品出版活动。

图书出版社、报社、期刊社、电子出版物出版社，不得出版非配合本版出版物的音像制品；但是，可以按照国务院出版行政主管部门的规定，出版配合本版出版物的音像制品，并参照音像出版单位享有权利、承担义务。

第十五条 音像出版单位可以与香港特别行政区、澳门特别行政区、台湾地区或者外国的组织、个人合作制作音像制品。具体办法由国务院出版行政主管部门制定。

第十六条 音像出版单位实行编辑责任制度，保证音像制品的内容符合本条例的规定。

第十七条 音像出版单位以外的单位设立的独立从事音像制品制作业务的单位（以下简称音像制作单位）申请从事音像制品制作业务，由所在地省、自治区、直辖市人民政府出版行政主管部门审批。省、自治区、直辖市人民政府出版行政主管部门应当自受理申请之日起60日内作出批准或者不批准的决定，并通知申请人。批准的，发给《音像制品制作许可证》；不批准的，应当说明理由。广播、电视节目制作经营单位的设立，依照有关法律、行政法规的规定办理。

申请书应当载明下列内容：

（一）音像制作单位的名称、地址；

（二）音像制作单位的法定代表人或者主要负责人的姓名、住址、资格证明文件；

（三）音像制作单位的资金来源和数额。

审批从事音像制品制作业务申请，除依照前款所列条件外，还应当兼顾音像制作单位总量、布局和结构。

第十八条 音像制作单位变更名称、业务范围，或者兼并其他音像制作单位，或者因合并、分立而设立新的音像制作单位的，应当依照本条例第十七条的规定办理审批手续。

音像制作单位变更地址、法定代表人或者主要负责人，或者终止制作经营活动的，应当向所在地省、自治区、直辖市人民政府出版行政主管部门备案。

第十九条 音像出版单位不得委托未取得《音像制品制作许可证》的单位制作音像制品。

音像制作单位接受委托制作音像制品的，应当按照国家有关规定，与委托的出版单位订立制作委托合同；验证委托的出版单位的《音像制品出版许可证》或者本版出版物的证明及由委托的出版单位盖章的音像制品制作委托书。

音像制作单位不得出版、复制、批发、零售音像制品。

第三章 复 制

第二十条 申请从事音像制品复制业务应当具备下列条件：

（一）有音像复制单位的名称、章程；

（二）有确定的业务范围；

（三）有适应业务范围需要的组织机构和人员；

（四）有适应业务范围需要的资金、设备和复制场所；

（五）法律、行政法规规定的其他条件。

审批从事音像制品复制业务申请，除依照前款所列条件外，还应当符合音像复制单位总量、布局和结构的规划。

第二十一条 申请从事音像制品复制业务，由所在地省、自治区、直辖市人民政府出版行政主管部门审批。省、自治区、直辖市人民政府出版行政主管部门应当自受理申请之日起20日内作出批准或者不批准的决定，并通知申请人。批准的，发给《复制经营许可证》；不批准的，应当说明理由。

申请书应当载明下列内容：

（一）音像复制单位的名称、地址；

（二）音像复制单位的法定代表人或者主要负责人的姓名、住址；

（三）音像复制单位的资金来源和数额。

第二十二条 音像复制单位变更业务范围，或者兼并其他音像复制单位，或者因合并、分立而设立新的音像复制单位的，应当依照本条例第二十一条的规定办理审批手续。

音像复制单位变更名称、地址、法定代表人或者主要负责人，或者终止复制经营活动的，应当向所在地省、自治区、直辖市人民政府出版行政主管部门备案。

第二十三条 音像复制单位接受委托复制音像制品的，应当按照国家有关规定，与委托的出版单位订立复制委托合同；验证委托的出版单位的《音像制品出版许可证》、营业执照副本、盖章的音像制品复制委托书以及出版单位取得的授权书；接受委托复制的音像制品属于非卖品的，应当验证委托单位的身份证明和委托单位出具的音像制品非卖品复制委托书。

音像复制单位应当自完成音像制品复制之日起2年内，保存委托合同和所复制的音像制品的样本以及验证的有关证明文件的副本，以备查验。

第二十四条 音像复制单位不得接受非音像出版单位或者个人的委托复制经营性的音像制品；不得自行复制音像制品；不得批发、零售音像制品。

第二十五条 从事光盘复制的音像复制单位复制光盘，

必须使用蚀刻有国务院出版行政主管部门核发的激光数码储存片来源识别码的注塑模具。

第二十六条 音像复制单位接受委托复制境外音像制品的，应当经省、自治区、直辖市人民政府出版行政主管部门批准，并持著作权人的授权书依法到著作权行政管理部门登记；复制的音像制品应当全部运输出境，不得在境内发行。

第四章 进 口

第二十七条 音像制品成品进口业务由国务院出版行政主管部门批准的音像制品成品进口经营单位经营；未经批准，任何单位或者个人不得经营音像制品成品进口业务。

第二十八条 进口用于出版的音像制品，以及进口用于批发、零售、出租等的音像制品成品，应当报国务院出版行政主管部门进行内容审查。

国务院出版行政主管部门应当自收到音像制品内容审查申请书之日起30日内作出批准或者不批准的决定，并通知申请人。批准的，发给批准文件；不批准的，应当说明理由。

进口用于出版的音像制品的单位、音像制品成品进口经营单位应当持国务院出版行政主管部门的批准文件到海关办理进口手续。

第二十九条 进口用于出版的音像制品，其著作权事项应当向国务院著作权行政管理部门登记。

第三十条 进口供研究、教学参考的音像制品，应当委托音像制品成品进口经营单位依照本条例第二十八条的规定办理。

进口用于展览、展示的音像制品，经国务院出版行政主管部门批准后，到海关办理临时进口手续。

依照本条规定进口的音像制品，不得进行经营性复制、批发、零售、出租和放映。

第五章 批发、零售和出租

第三十一条 申请从事音像制品批发、零售业务，应当具备下列条件：

（一）有音像制品批发、零售单位的名称、章程；

（二）有确定的业务范围；

（三）有适应业务范围需要的组织机构和人员；

（四）有适应业务范围需要的资金和场所；

（五）法律、行政法规规定的其他条件。

第三十二条 申请从事音像制品批发业务，应当报所在地省、自治区、直辖市人民政府出版行政主管部门审批。申请从事音像制品零售业务，应当报县级地方人民政府出版行政主管部门审批。出版行政主管部门应当自受理申请书之日起30日内作出批准或者不批准的决定，并通知申请人。批准的，应当发给《出版物经营许可证》；不批准的，应当说明理由。

《出版物经营许可证》应当注明音像制品经营活动的种类。

第三十三条 音像制品批发、零售单位变更名称、业务范围，或者兼并其他音像制品批发、零售单位，或者因合并、分立而设立新的音像制品批发、零售单位的，应当依照本条例第三十二条的规定办理审批手续。

音像制品批发、零售单位变更地址、法定代表人或者主要负责人或者终止经营活动，从事音像制品零售经营活动的个体工商户变更业务范围、地址或者终止经营活动的，应当向原批准的出版行政主管部门备案。

第三十四条 音像出版单位可以按照国家有关规定，批发、零售本单位出版的音像制品。从事非本单位出版的音像制品的批发、零售业务的，应当依照本条例第三十二条的规定办理审批手续。

第三十五条 国家允许设立从事音像制品发行业务的外商投资企业。

第三十六条 音像制品批发单位和从事音像制品零售、出租等业务的单位或者个体工商户，不得经营非音像出版单位出版的音像制品或者非音像复制单位复制的音像制品，不得经营未经国务院出版行政主管部门批准进口的音像制品，不得经营侵犯他人著作权的音像制品。

第六章 罚 则

第三十七条 出版行政主管部门或者其他有关行政部门及其工作人员，利用职务上的便利收受他人财物或者其他好处，批准不符合法定条件的申请人取得许可证、批准文件，或者不履行监督职责，或者发现违法行为不予查处，造成严重后果的，对负有责任的主管人员和其他直接责任人员依法给予降级直至开除的处分；构成犯罪的，依照刑法关于受贿罪、滥用职权罪、玩忽职守罪或者其他罪的规定，依法追究刑事责任。

第三十八条 音像制品经营活动的监督管理部门的工作人员从事或者变相从事音像制品经营活动的，参与或者变相参与音像制品经营单位的经营活动的，依法给予撤职或者开除的处分。

音像制品经营活动的监督管理部门有前款所列行

为的,对负有责任的主管人员和其他直接责任人员依照前款规定处罚。

第三十九条 未经批准,擅自设立音像制品出版、进口单位,擅自从事音像制品出版、制作、复制业务或者进口、批发、零售经营活动的,由出版行政主管部门、工商行政管理部门依照法定职权予以取缔;依照刑法关于非法经营罪的规定,依法追究刑事责任;尚不够刑事处罚的,没收违法经营的音像制品和违法所得以及进行违法活动的专用工具、设备;违法经营额1万元以上的,并处违法经营额5倍以上10倍以下的罚款;违法经营额不足1万元的,可以处5万元以下的罚款。

第四十条 出版含有本条例第三条第二款禁止内容的音像制品,或者制作、复制、批发、零售、出租、放映明知或者应知含有本条例第三条第二款禁止内容的音像制品的,依照刑法有关规定,依法追究刑事责任;尚不够刑事处罚的,由出版行政主管部门、公安部门依据各自职权责令停业整顿,没收违法经营的音像制品和违法所得;违法经营额1万元以上的,并处违法经营额5倍以上10倍以下的罚款;违法经营额不足1万元的,可以处5万元以下的罚款;情节严重的,并由原发证机关吊销许可证。

第四十一条 走私音像制品的,依照刑法关于走私罪的规定,依法追究刑事责任;尚不够刑事处罚的,由海关依法给予行政处罚。

第四十二条 有下列行为之一的,由出版行政主管部门责令停止违法行为,给予警告,没收违法经营的音像制品和违法所得;违法经营额1万元以上的,并处违法经营额5倍以上10倍以下的罚款;违法经营额不足1万元的,可以处5万元以下的罚款;情节严重的,并责令停业整顿或者由原发证机关吊销许可证:

(一)音像出版单位向其他单位、个人出租、出借、出售或者以其他任何形式转让本单位的名称,出售或者以其他形式转让本单位的版号的;

(二)音像出版单位委托未取得《音像制品制作许可证》的单位制作音像制品,或者委托未取得《复制经营许可证》的单位复制音像制品的;

(三)音像出版单位出版未经国务院出版行政主管部门批准擅自进口的音像制品的;

(四)音像制作单位、音像复制单位未依照本条例的规定验证音像出版单位的委托书、有关证明的;

(五)音像复制单位擅自复制他人的音像制品,或者接受非音像出版单位、个人的委托复制经营性的音像制品,或者自行复制音像制品的。

第四十三条 音像出版单位违反国家有关规定与香港特别行政区、澳门特别行政区、台湾地区或者外国的组织、个人合作制作音像制品,音像复制单位违反国家有关规定接受委托复制境外音像制品,未经省、自治区、直辖市人民政府出版行政主管部门审核同意,或者未将复制的境外音像制品全部运输出境的,由省、自治区、直辖市人民政府出版行政主管部门责令改正,没收违法经营的音像制品和违法所得;违法经营额1万元以上的,并处违法经营额5倍以上10倍以下的罚款;违法经营额不足1万元的,可以处5万元以下的罚款;情节严重的,并由原发证机关吊销许可证。

第四十四条 有下列行为之一的,由出版行政主管部门责令改正,给予警告;情节严重的,并责令停业整顿或者由原发证机关吊销许可证:

(一)音像出版单位未将其年度出版计划和涉及国家安全、社会安定等方面的重大选题报国务院出版行政主管部门备案的;

(二)音像制品出版、制作、复制、批发、零售单位变更名称、地址、法定代表人或者主要负责人、业务范围等,未依照本条例规定办理审批、备案手续的;

(三)音像出版单位未在其出版的音像制品及其包装的明显位置标明本条例规定的内容的;

(四)音像出版单位未依照本条例的规定送交样本的;

(五)音像复制单位未依照本条例的规定留存备查的材料的;

(六)从事光盘复制的音像复制单位复制光盘,使用未蚀刻国务院出版行政主管部门核发的激光数码储存片来源识别码的注塑模具的。

第四十五条 有下列行为之一的,由出版行政主管部门责令停止违法行为,给予警告,没收违法经营的音像制品和违法所得;违法经营额1万元以上的,并处违法经营额5倍以上10倍以下的罚款;违法经营额不足1万元的,可以处5万元以下的罚款;情节严重的,并责令停业整顿或者由原发证机关吊销许可证:

(一)批发、零售、出租、放映非音像出版单位出版的音像制品或者非音像复制单位复制的音像制品的;

(二)批发、零售、出租或者放映未经国务院出版行政主管部门批准进口的音像制品的;

（三）批发、零售、出租、放映供研究、教学参考或者用于展览、展示的进口音像制品的。

第四十六条　单位违反本条例的规定，被处以吊销许可证行政处罚的，其法定代表人或者主要负责人自许可证被吊销之日起10年内不得担任音像制品出版、制作、复制、进口、批发、零售单位的法定代表人或者主要负责人。

从事音像制品零售业务的个体工商户违反本条例的规定，被处以吊销许可证行政处罚的，自许可证被吊销之日起10年内不得从事音像制品零售业务。

第四十七条　依照本条例的规定实施罚款的行政处罚，应当依照有关法律、行政法规的规定，实行罚款决定与罚款收缴分离；收缴的罚款必须全部上缴国库。

第七章　附　　则

第四十八条　除本条例第三十五条外，电子出版物的出版、制作、复制、进口、批发、零售等活动适用本条例。

第四十九条　依照本条例发放许可证，除按照法定标准收取成本费外，不得收取其他任何费用。

第五十条　本条例自2002年2月1日起施行。1994年8月25日国务院发布的《音像制品管理条例》同时废止。

报纸出版管理规定

1. 2005年9月30日新闻出版总署令第32号公布

2. 自2005年12月1日起施行

第一章　总　　则

第一条　为促进我国报业的发展与繁荣，规范报纸出版活动，加强报纸出版管理，根据国务院《出版管理条例》及相关法律法规，制定本规定。

第二条　在中华人民共和国境内从事报纸出版活动，适用本规定。

报纸由依法设立的报纸出版单位出版。报纸出版单位出版报纸，必须经新闻出版总署批准，持有国内统一连续出版物号，领取《报纸出版许可证》。

本规定所称报纸，是指有固定名称、刊期、开版，以新闻与时事评论为主要内容，每周至少出版一期的散页连续出版物。

本规定所称报纸出版单位，是指依照国家有关规定设立，经新闻出版总署批准并履行登记注册手续的报社。法人出版报纸不设立报社的，其设立的报纸编辑部视为报纸出版单位。

第三条　报纸出版必须坚持马克思列宁主义、毛泽东思想、邓小平理论和“三个代表”重要思想，坚持正确的舆论导向和出版方向，坚持把社会效益放在首位、社会效益和经济效益相统一和贴近实际、贴近群众、贴近生活的原则，为建设中国特色社会主义营造良好氛围，丰富广大人民群众的精神文化生活。

第四条　新闻出版总署负责全国报纸出版活动的监督管理工作，制定并实施全国报纸出版的总量、结构、布局的规划，建立健全报纸出版质量综合评估制度、报纸年度核验制度以及报纸出版退出机制等监督管理制度。

地方各级新闻出版行政部门负责本行政区域内的报纸出版活动的监督管理工作。

第五条　报纸出版单位负责报纸的编辑、出版等报纸出版活动。

报纸出版单位合法的出版活动受法律保护。任何组织和个人不得非法干扰、阻止、破坏报纸的出版。

第六条　新闻出版总署对为我国报业繁荣和发展做出突出贡献的报纸出版单位及个人实施奖励。

第七条　报纸出版行业的社会团体按照其章程，在新闻出版行政部门的指导下，实行自律管理。

第二章　报纸创办与报纸出版单位设立

第八条　创办报纸、设立报纸出版单位，应当具备下列条件：

（一）有确定的、不与已有报纸重复的名称；

（二）有报纸出版单位的名称、章程；

（三）有符合新闻出版总署认定条件的主管、主办单位；

（四）有确定的报纸出版业务范围；

（五）有30万元以上的注册资本；

（六）有适应业务范围需要的组织机构和符合国家规定资格条件的新闻采编专业人员；

（七）有与主办单位在同一行政区域的固定的工作场所；

（八）有符合规定的法定代表人或者主要负责人，该法定代表人或者主要负责人必须是在境内长久居住的中国公民；

（九）法律、行政法规规定的其他条件。

除前款所列条件外，还须符合国家对报纸及报纸出版单位总量、结构、布局的规划。

第九条　中央在京单位创办报纸并设立报纸出版单位，

经主管单位同意后，由主办单位报新闻出版总署审批。

中国人民解放军和中国人民武装警察部队系统创办报纸并设立报纸出版单位，由中国人民解放军总政治部宣传部新闻出版局审核同意后报新闻出版总署审批。

其他单位创办报纸并设立报纸出版单位，经主管单位同意后，由主办单位向所在地省、自治区、直辖市新闻出版行政部门提出申请，省、自治区、直辖市新闻出版行政部门审核同意后，报新闻出版总署审批。

第十条 两个以上主办单位合办报纸，须确定一个主要主办单位，并由主要主办单位提出申请。

报纸的主要主办单位应为其主管单位的隶属单位。报纸出版单位和主要主办单位须在同一行政区域。

第十一条 创办报纸、设立报纸出版单位，由报纸出版单位的主办单位提出申请，并提交以下材料：

（一）按要求填写的《报纸出版申请表》；

（二）主办单位、主管单位的有关资质证明材料；

（三）拟任报纸出版单位法定代表人或者主要负责人的简历、身份证明文件及国家有关部门颁发的职业资格证书；

（四）新闻采编人员的职业资格证书；

（五）报纸出版单位办报资金来源及数额的相关证明文件；

（六）报纸出版单位的章程；

（七）工作场所使用证明；

（八）报纸出版可行性论证报告。

第十二条 新闻出版总署自收到创办报纸、设立报纸出版单位申请之日起90日内，作出批准或者不批准的决定，并直接或者由省、自治区、直辖市新闻出版行政部门书面通知主办单位；不批准的，应当说明理由。

第十三条 报纸主办单位应当自收到新闻出版总署批准决定之日起60日内办理注册登记手续：

（一）持批准文件到所在地省、自治区、直辖市新闻出版行政部门领取并填写《报纸出版登记表》，经主管单位审核签章后，报所在地省、自治区、直辖市新闻出版行政部门；

（二）《报纸出版登记表》一式五份，由报纸出版单位、主办单位、主管单位及省、自治区、直辖市新闻出版行政部门各存一份，另一份由省、自治区、直辖市新闻出版行政部门在15日内报送新闻出版总署备案；

（三）省、自治区、直辖市新闻出版行政部门对《报纸出版登记表》审核无误后，在10日内向主办单位发放《报纸出版许可证》，并编入国内统一连续出版物号；

（四）报纸出版单位持《报纸出版许可证》到工商行政管理部门办理登记手续，依法领取营业执照。

第十四条 报纸主办单位自收到新闻出版总署的批准文件之日起60日内未办理注册登记手续，批准文件自行失效，登记机关不再受理登记，报纸主办单位须把有关批准文件缴回新闻出版总署。

报纸出版单位自登记之日起满90日未出版报纸的，由新闻出版总署撤销《报纸出版许可证》，并由原登记的新闻出版行政部门注销登记。

因不可抗力或者其他正当理由发生前款所列情形的，报纸出版单位的主办单位可以向原登记的新闻出版行政部门申请延期。

第十五条 报社应当具备法人条件，经核准登记后，取得法人资格，以其全部法人财产独立承担民事责任。

报纸编辑部不具有法人资格，其民事责任由其主办单位承担。

第十六条 报纸出版单位变更名称、合并或者分立，改变资本结构，出版新的报纸，依照本规定第九条至第十三条的规定办理审批、登记手续。

第十七条 报纸变更名称、主办单位、主管单位、刊期、业务范围，依照本规定第九条至第十三条的规定办理审批、登记手续。

报纸变更刊期，新闻出版总署可以委托省、自治区、直辖市新闻出版行政部门审批。

本规定所称业务范围包括办报宗旨、文种。

第十八条 报纸变更开版，经主办单位审核同意后，由报纸出版单位报所在地省、自治区、直辖市新闻出版行政部门批准。

第十九条 报纸出版单位变更单位地址、法定代表人或者主要负责人、报纸承印单位，经其主办单位审核同意后，由报纸出版单位在15日内向所在地省、自治区、直辖市新闻出版行政部门备案。

第二十条 报纸休刊连续超过10日的，报纸出版单位须向所在地省、自治区、直辖市新闻出版行政部门办理休刊备案手续，说明休刊理由和休刊期限。

报纸休刊时间不得超过180日。报纸休刊超过180日仍不能正常出版的，由新闻出版总署撤销《报纸出版许可证》,并由所在地省、自治区、直辖市新闻出版行政部门注销登记。

第二十一条 报纸出版单位终止出版活动的,经主管单位同意后,由主办单位向所在地省、自治区、直辖市新闻出版行政部门办理注销登记,并由省、自治区、直辖市新闻出版行政部门报新闻出版总署备案。

第二十二条 报纸注销登记,以同一名称设立的报纸出版单位须与报纸同时注销,并到原登记的工商行政管理部门办理注销登记。

注销登记的报纸和报纸出版单位不得再以该名称从事出版、经营活动。

第二十三条 中央报纸出版单位组建报业集团,由新闻出版总署批准;地方报纸出版单位组建报业集团,向所在地省、自治区、直辖市新闻出版行政部门提出申请,经审核同意后,报新闻出版总署批准。

第三章 报纸的出版

第二十四条 报纸出版实行编辑责任制度,保障报纸刊载内容符合国家法律、法规的规定。

第二十五条 报纸不得刊载《出版管理条例》和其他有关法律、法规以及国家规定的禁止内容。

第二十六条 报纸开展新闻报道必须坚持真实、全面、客观、公正的原则,不得刊载虚假、失实报道。

报纸刊载虚假、失实报道,致使公民、法人或者其他组织的合法权益受到侵害的,其出版单位应当公开更正,消除影响,并依法承担相应民事责任。

报纸刊载虚假、失实报道,致使公民、法人或者其他组织的合法权益受到侵害的,当事人有权要求更正或者答辩,报纸应当予以发表;拒绝发表的,当事人可以向人民法院提出诉讼。

报纸因刊载虚假、失实报道而发表的更正或者答辩应自虚假、失实报道发现或者当事人要求之日起,在其最近出版的一期报纸的相同版位上发表。

报纸刊载虚假或者失实报道,损害公共利益的,新闻出版总署或者省、自治区、直辖市新闻出版行政部门可以责令该报纸出版单位更正。

第二十七条 报纸发表或者摘转涉及国家重大政策、民族宗教、外交、军事、保密等内容,应严格遵守有关规定。

报纸转载、摘编互联网上的内容,必须按照有关规定对其内容进行核实,并在刊发的明显位置标明下载文件网址、下载日期等。

第二十八条 报纸发表新闻报道,必须刊载作者的真实姓名。

第二十九条 报纸出版质量须符合国家标准和行业标准。报纸使用语言文字须符合国家有关规定。

第三十条 报纸出版须与《报纸出版许可证》的登记项目相符,变更登记项目须按本规定办理审批或者备案手续。

第三十一条 报纸出版时须在每期固定位置标示以下版本记录:

(一)报纸名称;

(二)报纸出版单位、主办单位、主管单位名称;

(三)国内统一连续出版物号;

(四)总编辑(社长)姓名;

(五)出版日期、总期号、版数、版序;

(六)报纸出版单位地址、电话、邮政编码;

(七)报纸定价(号外须注明“免费赠阅”字样);

(八)印刷单位名称、地址;

(九)广告经营许可证号;

(十)国家规定的涉及公共利益或者行业标准的其他标识。

第三十二条 一个国内统一连续出版物号只能对应出版一种报纸,不得用同一国内统一连续出版物号出版不同版本的报纸。

出版报纸地方版、少数民族文字版、外文版等不同版本(文种)的报纸,须按创办新报纸办理审批手续。

第三十三条 同一种报纸不得以不同开版出版。

报纸所有版页须作为一个整体出版发行,各版页不得单独发行。

第三十四条 报纸专版、专刊的内容应与报纸的宗旨、业务范围相一致,专版、专刊的刊头字样不得明显于报纸名称。

第三十五条 报纸在正常刊期之外可出版增期。出版增期应按变更刊期办理审批手续。

增期的内容应与报纸的业务范围相一致;增期的开版、文种、发行范围、印数应与主报一致,并随主报发行。

第三十六条 报纸出版单位因重大事件可出版号外;出版号外须在报头注明“号外”字样,号外连续出版不得超过3天。

报纸出版单位须在号外出版后15日内向所在地省、自治区、直辖市新闻出版行政部门备案,并提交所有号外样报。

第三十七条　报纸出版单位不得出卖、出租、转让本单位名称及所出版报纸的刊号、名称、版面，不得转借、转让、出租和出卖《报纸出版许可证》。

第三十八条　报纸刊登广告须在报纸明显位置注明“广告”字样，不得以新闻形式刊登广告。

报纸出版单位发布广告应依据法律、行政法规查验有关证明文件，核实广告内容，不得刊登有害的、虚假的等违法广告。

报纸的广告经营者限于在合法授权范围内开展广告经营、代理业务，不得参与报纸的采访、编辑等出版活动。

第三十九条　报纸出版单位不得在报纸上刊登任何形式的有偿新闻。

报纸出版单位及其工作人员不得利用新闻报道牟取不正当利益，不得索取、接受采访报道对象及其利害关系人的财物或者其他利益。

第四十条　报纸采编业务和经营业务必须严格分开。

新闻采编业务部门及其工作人员不得从事报纸发行、广告等经营活动；经营部门及其工作人员不得介入新闻采编业务。

第四十一条　报纸出版单位的新闻采编人员从事新闻采访活动，必须持有新闻出版总署统一核发的新闻记者证，并遵守新闻出版总署《新闻记者证管理办法》的有关规定。

第四十二条　报纸出版单位根据新闻采访工作的需要，可以依照新闻出版总署《报社记者站管理办法》设立记者站，开展新闻业务活动。

第四十三条　报纸出版单位不得以不正当竞争行为或者方式开展经营活动，不得利用权力摊派发行报纸。

第四十四条　报纸出版单位须遵守国家统计法规，依法向新闻出版行政部门报送统计资料。

报纸出版单位应配合国家认定的出版物发行数据调查机构进行报纸发行量数据调查，提供真实的报纸发行数据。

第四十五条　报纸出版单位须按照国家有关规定向国家图书馆、中国版本图书馆和新闻出版总署以及所在地省、自治区、直辖市新闻出版行政部门缴送报纸样本。

第四章　监督管理

第四十六条　报纸出版活动的监督管理实行属地原则。

省、自治区、直辖市新闻出版行政部门依法负责本行政区域报纸和报纸出版单位的登记、年度核验、质量评估、行政处罚等工作，对本行政区域的报纸出版活动进行监督管理。

其他地方新闻出版行政部门依法对本行政区域内报纸出版单位及其报纸出版活动进行监督管理。

第四十七条　报纸出版管理实施报纸出版事后审读制度、报纸出版质量评估制度、报纸出版年度核验制度和报纸出版从业人员资格管理制度。

报纸出版单位应当按照新闻出版总署的规定，将从事报纸出版活动的情况向新闻出版行政部门提出书面报告。

第四十八条　新闻出版总署负责全国报纸审读工作。地方各级新闻出版行政部门负责对本行政区域内出版的报纸进行审读。下级新闻出版行政部门要定期向上一级新闻出版行政部门提交审读报告。

主管单位须对其主管的报纸进行审读，定期向所在地新闻出版行政部门报送审读报告。

报纸出版单位应建立报纸阅评制度，定期写出阅评报告。新闻出版行政部门根据管理工作需要，可以随时调阅、检查报纸出版单位的阅评报告。

第四十九条　新闻出版总署制定报纸出版质量综合评估标准体系，对报纸出版质量进行全面评估。

经报纸出版质量综合评估，报纸出版质量未达到规定标准或者不能维持正常出版活动的，由新闻出版总署撤销《报纸出版许可证》，所在地省、自治区、直辖市新闻出版行政部门注销登记。

第五十条　省、自治区、直辖市新闻出版行政部门负责对本行政区域的报纸出版单位实施年度核验。年度核验内容包括报纸出版单位及其所出版报纸登记项目、出版质量、遵纪守法情况、新闻记者证和记者站管理等。

第五十一条　年度核验按照以下程序进行：

（一）报纸出版单位提出年度自检报告，填写由新闻出版总署统一印制的《报纸出版年度核验表》，经报纸主办单位、主管单位审核盖章后，连同核验之日前连续出版的30期样报，在规定时间内报所在地省、自治区、直辖市新闻出版行政部门；

（二）省、自治区、直辖市新闻出版行政部门对报纸出版单位自检报告、《报纸出版年度核验表》等送检材料审核查验；

（三）经核验符合规定标准的，省、自治区、直辖市新闻出版行政部门在其《报纸出版许可证》上加盖年

度核验章;《报纸出版许可证》上加盖年度核验章即为通过年度核验,报纸出版单位可以继续从事报纸出版活动;

(四)省、自治区、直辖市新闻出版行政部门自完成报纸出版年度核验工作后的30日内,向新闻出版总署提交报纸年度核验工作报告。

第五十二条 有下列情形之一的,暂缓年度核验:

(一)正在限期停刊整顿的;

(二)经审核发现有违法情况应予处罚的;

(三)主管单位、主办单位未履行管理责任,导致报纸出版管理混乱的;

(四)存在其他违法嫌疑需要进一步核查的。

暂缓年度核验的期限由省、自治区、直辖市新闻出版行政部门确定,报新闻出版总署备案。缓验期满,按照本规定第五十条、第五十一条重新办理年度核验。

第五十三条 有下列情形之一的,不予通过年度核验:

(一)违法行为被查处后拒不改正或者没有明显整改效果的;

(二)报纸出版质量长期达不到规定标准的;

(三)经营恶化已经资不抵债的;

(四)已经不具备本规定第八条规定条件的。

不予通过年度核验的,由新闻出版总署撤销《报纸出版许可证》,所在地省、自治区、直辖市新闻出版行政部门注销登记。

未通过年度核验的,报纸出版单位自第二年起停止出版该报纸。

第五十四条 《报纸出版许可证》加盖年度核验章后方可继续使用。有关部门在办理报纸出版、印刷、发行等手续时,对未加盖年度核验章的《报纸出版许可证》不予采用。

不按规定参加年度核验的报纸出版单位,经催告仍未参加年度核验的,由新闻出版总署撤销《报纸出版许可证》,所在地省、自治区、直辖市新闻出版行政部门注销登记。

第五十五条 年度核验结果,核验机关可以向社会公布。

第五十六条 报纸出版从业人员,应具备国家规定的新闻出版职业资格条件。

第五十七条 报纸出版单位的社长、总编辑须符合国家规定的任职资格和条件。

报纸出版单位的社长、总编辑须参加新闻出版行政部门组织的岗位培训。

报纸出版单位的新任社长、总编辑须经过岗位培训合格后才能上岗。

第五章 法律责任

第五十八条 报纸出版单位违反本规定的,新闻出版行政部门视其情节轻重,可采取下列行政措施:

(一)下达警示通知书;

(二)通报批评;

(三)责令公开检讨;

(四)责令改正;

(五)责令停止印制、发行报纸;

(六)责令收回报纸;

(七)责成主办单位、主管单位监督报纸出版单位整改。

警示通知书由新闻出版总署制定统一格式,由新闻出版总署或者省、自治区、直辖市新闻出版行政部门下达给违法的报纸出版单位,并抄送违法报纸出版单位的主办单位及其主管单位。

本条所列行政措施可以并用。

第五十九条 未经批准,擅自设立报纸出版单位,或者擅自从事报纸出版业务,假冒报纸出版单位名称或者伪造、假冒报纸名称出版报纸的,依照《出版管理条例》第五十五条处罚。

第六十条 出版含有《出版管理条例》和其他有关法律、法规以及国家规定禁载内容报纸的,依照《出版管理条例》第五十六条处罚。

第六十一条 报纸出版单位违反本规定第三十七条的,依照《出版管理条例》第六十条处罚。

报纸出版单位允许或者默认广告经营者参与报纸的采访、编辑等出版活动,按前款处罚。

第六十二条 报纸出版单位有下列行为之一的,依照《出版管理条例》第六十一条处罚:

(一)报纸出版单位变更名称、合并或者分立,改变资本结构,出版新的报纸,未依照本规定办理审批手续的;

(二)报纸变更名称、主办单位、主管单位、刊期、业务范围、开版,未依照本规定办理审批手续的;

(三)报纸出版单位未依照本规定缴送报纸样本的。

第六十三条 报纸出版单位有下列行为之一的,由新闻出版总署或者省、自治区、直辖市新闻出版行政部门给予警告,并处3万元以下罚款:

（一）报纸出版单位变更单位地址、法定代表人或者主要负责人、承印单位，未按照本规定第十九条报送备案的；

（二）报纸休刊，未按照本规定第二十条报送备案的；

（三）刊载损害公共利益的虚假或者失实报道，拒不执行新闻出版行政部门更正命令的；

（四）在其报纸上发表新闻报道未登载作者真实姓名的；

（五）违反本规定第二十七条发表或者摘转有关文章的；

（六）未按照本规定第三十一条刊登报纸版本记录的；

（七）违反本规定第三十二条，“一号多版”的；

（八）违反本规定第三十三条，出版不同开版的报纸或者部分版页单独发行的；

（九）违反本规定关于出版报纸专版、专刊、增期、号外的规定的；

（十）报纸刊登广告未在明显位置注明“广告”字样，或者以新闻形式刊登广告的；

（十一）刊登有偿新闻或者违反本规定第三十九条其他规定的；

（十二）违反本规定第四十三条，以不正当竞争行为开展经营活动或者利用权力摊派发行的。

第六十四条　报纸出版单位新闻采编人员违反新闻记者证的有关规定，依照新闻出版总署《新闻记者证管理办法》的规定处罚。

第六十五条　报纸出版单位违反报社记者站的有关规定，依照新闻出版总署《报社记者站管理办法》的规定处罚。

第六十六条　对报纸出版单位做出行政处罚，应告知其主办单位和主管单位，可以通过媒体向社会公布。

对报纸出版单位做出行政处罚，新闻出版行政部门可以建议其主办单位或者主管单位对直接责任人和主要负责人予以行政处分或者调离岗位。

第六章　附　　则

第六十七条　以非新闻性内容为主或者出版周期超过一周，持有国内统一连续出版物号的其他散页连续出版物，也适用本规定。

第六十八条　本规定施行后，新闻出版署《报纸管理暂行规定》同时废止，此前新闻出版行政部门对报纸出版活动的其他规定，凡与本规定不一致的，以本规定为准。

第六十九条　本规定自2005年12月1日起施行。

图书出版管理规定

1. 2008年2月21日新闻出版总署令第36号公布

2. 根据2015年8月28日国家新闻出版广电总局令第3号《关于修订部分规章和规范性文件的决定》修订

第一章　总　　则

第一条　为了规范图书出版，加强对图书出版的监督管理，促进图书出版的发展和繁荣，根据国务院《出版管理条例》及相关法律法规，制定本规定。

第二条　在中华人民共和国境内从事图书出版，适用本规定。

本规定所称图书，是指书籍、地图、年画、图片、画册，以及含有文字、图画内容的年历、月历、日历，以及由新闻出版总署认定的其他内容载体形式。

第三条　图书出版必须坚持为人民服务、为社会主义服务的方向，坚持马克思列宁主义、毛泽东思想、邓小平理论和“三个代表”重要思想，坚持科学发展观，坚持正确的舆论导向和出版方向，坚持把社会效益放在首位、社会效益和经济效益相统一的原则，传播和积累有益于提高民族素质、推动经济发展、促进社会和谐与进步的科学技术和文化知识，弘扬民族优秀文化，促进国际文化交流，丰富人民群众的精神文化生活。

第四条　新闻出版总署负责全国图书出版的监督管理工作，建立健全监督管理制度，制定并实施全国图书出版总量、结构、布局的规划。

省、自治区、直辖市新闻出版行政部门负责本行政区域内图书出版的监督管理工作。

第五条　图书出版单位依法从事图书的编辑、出版等活动。

图书出版单位合法的出版活动受法律保护，任何组织和个人不得非法干扰、阻止、破坏。

第六条　新闻出版总署对为发展、繁荣我国图书出版事业作出重要贡献的图书出版单位及个人给予奖励，并评选奖励优秀图书。

第七条　图书出版行业的社会团体按照其章程，在新闻出版行政部门的指导下，实行自律管理。

第二章 图书出版单位的设立

第八条 图书由依法设立的图书出版单位出版。设立图书出版单位须经新闻出版总署批准,取得图书出版许可证。

本规定所称图书出版单位,是指依照国家有关法规设立,经新闻出版总署批准并履行登记注册手续的图书出版法人实体。

第九条 设立图书出版单位,应当具备下列条件:

(一)有图书出版单位的名称、章程;

(二)有符合新闻出版总署认定条件的主办单位、主管单位;

(三)有确定的图书出版业务范围;

(四)有30万元以上的注册资本;

(五)有适应图书出版需要的组织机构和符合国家规定资格条件的编辑出版专业人员;

(六)有确定的法定代表人或者主要负责人,该法定代表人或者主要负责人必须是在境内长久居住的具有完全行为能力的中国公民;

(七)有与主办单位在同一省级行政区域的固定工作场所;

(八)法律、行政法规规定的其他条件。

设立图书出版单位,除前款所列条件外,还应当符合国家关于图书出版单位总量、结构、布局的规划。

第十条 中央在京单位设立图书出版单位,由主办单位提出申请,经主管单位审核同意后,由主办单位报新闻出版总署审批。

中国人民解放军和中国人民武装警察部队系统设立图书出版单位,由主办单位提出申请,经中国人民解放军总政治部宣传部新闻出版局审核同意后,报新闻出版总署审批。

其他单位设立图书出版单位,经主管单位审核同意后,由主办单位向所在地省、自治区、直辖市新闻出版行政部门提出申请,省、自治区、直辖市新闻出版行政部门审核同意后,报新闻出版总署审批。

第十一条 申请设立图书出版单位,须提交以下材料:

(一)按要求填写的设立图书出版单位申请表;

(二)主管单位、主办单位的有关资质证明材料;

(三)拟任图书出版单位法定代表人或者主要负责人简历、身份证明文件;

(四)编辑出版人员的出版专业职业资格证书;

(五)注册资本数额、来源及性质证明;

(六)图书出版单位的章程;

(七)工作场所使用证明;

(八)设立图书出版单位的可行性论证报告。

第十二条 新闻出版总署应当自收到设立图书出版单位申请之日起90日内,作出批准或者不批准的决定,并直接或者由省、自治区、直辖市新闻出版行政部门书面通知主办单位;不批准的,应当说明理由。

第十三条 申请设立图书出版单位的主办单位应当自收到新闻出版总署批准文件之日起60日内办理如下注册登记手续:

(一)持批准文件到所在地省、自治区、直辖市新闻出版行政部门领取图书出版单位登记表,经主管单位审核签章后,报所在地省、自治区、直辖市新闻出版行政部门;

(二)图书出版单位登记表一式五份,图书出版单位、主办单位、主管单位及省、自治区、直辖市新闻出版行政部门各存一份,另一份由省、自治区、直辖市新闻出版行政部门在收到之日起15日内,报送新闻出版总署备案;

(三)新闻出版总署对图书出版单位登记表审核后,在10日内通过中国标准书号中心分配其出版者号并通知省、自治区、直辖市新闻出版行政部门;

(四)省、自治区、直辖市新闻出版行政部门对图书出版单位登记表审核后,在10日内向主办单位发放图书出版许可证;

(五)图书出版单位持图书出版许可证到工商行政管理部门办理登记手续,依法领取营业执照。

第十四条 图书出版单位的主办单位自收到新闻出版总署批准文件之日起60日内未办理注册登记手续,批准文件自行失效,登记机关不再受理登记,图书出版单位的主办单位须将有关批准文件缴回新闻出版总署。

图书出版单位自登记之日起满180日未从事图书出版的,由原登记的新闻出版行政部门注销登记,收回图书出版许可证,并报新闻出版总署备案。

因不可抗力或者其他正当理由发生前款所列情形的,图书出版单位可以向原登记的新闻出版行政部门申请延期。

第十五条 图书出版单位应当具备法人条件,经核准登记后,取得法人资格,以其全部法人财产独立承担民事责任。

第十六条 图书出版单位变更名称、主办单位或者主管单位、业务范围，合并或者分立，改变资本结构，依照本规定第九条至第十三条的规定办理审批、登记手续。

图书出版单位除前款所列变更事项外的其他事项的变更，应当经其主办单位和主管单位审查同意后，向所在地省、自治区、直辖市新闻出版行政部门申请变更登记，由省、自治区、直辖市新闻出版行政部门报新闻出版总署备案。

第十七条　图书出版单位终止图书出版的，由主办单位提出申请并经主管单位同意后，由主办单位向所在地省、自治区、直辖市新闻出版行政部门办理注销登记，并由省、自治区、直辖市新闻出版行政部门报新闻出版总署备案。

第十八条　组建图书出版集团，参照本规定第十条办理。

第三章　图书的出版

第十九条　任何图书不得含有《出版管理条例》和其他有关法律、法规以及国家规定禁止的内容。

第二十条　图书出版实行编辑责任制度，保障图书内容符合国家法律规定。

第二十一条　出版辞书、地图、中小学教科书等类别的图书，实行资格准入制度，出版单位须按照新闻出版总署批准的业务范围出版。具体办法由新闻出版总署另行规定。

第二十二条　图书出版实行重大选题备案制度。涉及国家安全、社会安定等方面的重大选题，涉及重大革命题材和重大历史题材的选题，应当按照新闻出版总署有关选题备案管理的规定办理备案手续。未经备案的重大选题，不得出版。

第二十三条　图书出版实行年度出版计划备案制度。图书出版单位的年度出版计划，须经省、自治区、直辖市新闻出版行政部门审核后报新闻出版总署备案。

第二十四条　图书出版单位实行选题论证制度、图书稿件三审责任制度、责任编辑制度、责任校对制度、图书重版前审读制度、稿件及图书资料归档制度等管理制度，保障图书出版质量。

第二十五条　图书使用语言文字须符合国家语言文字法律规定。

图书出版质量须符合国家标准、行业标准和新闻出版总署关于图书出版质量的管理规定。

第二十六条　图书使用中国标准书号或者全国统一书号、图书条码以及图书在版编目数据须符合有关标准和规定。

第二十七条　图书出版单位不得向任何单位或者个人出售或者以其他形式转让本单位的名称、中国标准书号或者全国统一书号。

第二十八条　图书出版单位不得以一个中国标准书号或者全国统一书号出版多种图书，不得以中国标准书号或者全国统一书号出版期刊。中国标准书号使用管理办法由新闻出版总署另行规定。

第二十九条　图书出版单位租型出版图书、合作出版图书、出版自费图书须按照新闻出版总署的有关规定执行。

第三十条　图书出版单位与境外出版机构在境内开展合作出版，在合作出版的图书上双方共同署名，须经新闻出版总署批准。

第三十一条　图书出版单位须按照国家有关规定在其出版的图书上载明图书版本记录事项。

第三十二条　图书出版单位应当委托依法设立的出版物印刷单位印刷图书，并按照国家规定使用印刷委托书。

第三十三条　图书出版单位须遵守国家统计规定，依法向新闻出版行政部门报送统计资料。

第三十四条　图书出版单位在图书出版30日内，应当按照国家有关规定向国家图书馆、中国版本图书馆、新闻出版总署免费送交样书。

第四章　监 督 管 理

第三十五条　图书出版的监督管理实行属地原则。

省、自治区、直辖市新闻出版行政部门依法对本行政区域内的图书出版进行监督管理，负责本行政区域内图书出版单位的审核登记、年度核验及其出版图书的审读、质量评估等管理工作。

第三十六条　图书出版管理实行审读制度、质量保障管理制度、出版单位分级管理制度、出版单位年度核验制度和出版从业人员职业资格管理制度。

第三十七条　新闻出版总署负责全国图书审读工作。省、自治区、直辖市新闻出版行政部门负责对本行政区域内出版的图书进行审读，并定期向新闻出版总署提交审读报告。

第三十八条　新闻出版行政部门可以根据新闻出版总署《图书质量管理规定》等规定，对图书质量进行检查，并予以奖惩。

第三十九条　新闻出版总署制定图书出版单位等级评估办法，对图书出版单位进行评估，并实行分级管理。

第四十条　图书出版单位实行年度核验制度，年度核验每两年进行一次。

年度核验按照以下程序进行：

（一）图书出版单位提出年度自查报告，填写由新闻出版总署统一印制的图书出版年度核验表，经图书出版单位的主办单位、主管单位审核盖章后，在规定时间内报所在地省、自治区、直辖市新闻出版行政部门；

（二）省、自治区、直辖市新闻出版行政部门在收到图书出版单位自查报告、图书出版年度核验表等年度核验材料30日内予以审核查验、出具审核意见，报送新闻出版总署；

（三）新闻出版总署在收到省、自治区、直辖市新闻出版行政部门报送的图书出版单位年度核验材料和审核意见60日内作出是否予以通过年度核验的批复；

（四）图书出版单位持新闻出版总署予以通过年度核验的批复文件、图书出版许可证副本等相关材料，到所在地省、自治区、直辖市新闻出版行政部门办理登记手续。

第四十一条　图书出版单位有下列情形之一的，暂缓年度核验：

（一）正在限期停业整顿的；

（二）经审核发现有违法情况应予处罚的；

（三）主管单位、主办单位未认真履行管理责任，导致图书出版管理混乱的；

（四）所报年度核验自查报告内容严重失实的；

（五）存在其他违法嫌疑需要进一步核查的。

暂缓年度核验的期限为6个月。在暂缓年度核验期间，图书出版单位除教科书、在印图书可继续出版外，其他图书出版一律停止。缓验期满，按照本规定重新办理年度核验手续。

第四十二条　图书出版单位有下列情形之一的，不予通过年度核验：

（一）出版导向严重违反管理规定并未及时纠正的；

（二）违法行为被查处后拒不改正或者在整改期满后没有明显效果的；

（三）图书出版质量长期达不到规定标准的；

（四）经营恶化已经资不抵债的；

（五）已经不具备本规定第九条规定条件的；

（六）暂缓登记期满，仍未符合年度核验基本条件的；

（七）不按规定参加年度核验，经催告仍未参加的；

（八）存在其他严重违法行为的。

对不予通过年度核验的图书出版单位，由新闻出版总署撤销图书出版许可证，所在地省、自治区、直辖市新闻出版行政部门注销登记。

第四十三条　年度核验结果，新闻出版总署和省、自治区、直辖市新闻出版行政部门可以向社会公布。

第四十四条　图书出版从业人员，应具备国家规定的出版职业资格条件。

第四十五条　图书出版单位的社长、总编辑须符合国家规定的任职资格和条件。

图书出版单位的社长、总编辑须参加新闻出版行政部门组织的岗位培训，取得岗位培训合格证书后才能上岗。

第五章　法律责任

第四十六条　图书出版单位违反本规定的，新闻出版总署或者省、自治区、直辖市新闻出版行政部门可以采取下列行政措施：

（一）下达警示通知书；

（二）通报批评；

（三）责令公开检讨；

（四）责令改正；

（五）核减中国标准书号数量；

（六）责令停止印制、发行图书；

（七）责令收回图书；

（八）责成主办单位、主管单位监督图书出版单位整改。

警示通知书由新闻出版总署制定统一格式，由新闻出版总署或者省、自治区、直辖市新闻出版行政部门下达给违法的图书出版单位，并抄送违法图书出版单位的主办单位及其主管单位。

本条所列行政措施可以并用。

第四十七条　未经批准，擅自设立图书出版单位，或者擅自从事图书出版业务，假冒、伪造图书出版单位名称出版图书的，依照《出版管理条例》第五十五条处罚。

第四十八条　图书出版单位出版含有《出版管理条例》和其他有关法律、法规以及国家规定禁止内容图书的，由新闻出版总署或者省、自治区、直辖市新闻出版行政部门依照《出版管理条例》第五十六条处罚。

第四十九条　图书出版单位违反本规定第二十七条的，由新闻出版总署或者省、自治区、直辖市新闻出版行政部门依照《出版管理条例》第六十条处罚。

第五十条　图书出版单位有下列行为之一的，由新闻出版总署或者省、自治区、直辖市新闻出版行政部门依照《出版管理条例》第六十一条处罚：

（一）变更名称、主办单位或者其主管单位、业务范围 、合并或分立、改变资本结构，未依法办理审批手续的；

（二）未按规定将其年度出版计划备案的；

（三）未按规定履行重大选题备案的；

（四）未按规定送交样书的。

第五十一条　图书出版单位有下列行为之一的，由新闻出版总署或者省、自治区、直辖市新闻出版行政部门给予警告，并处3万元以下罚款：

（一）未按规定使用中国标准书号或者全国统一书号、图书条码、图书在版编目数据的；

（二）图书出版单位违反本规定第二十八条的；

（三）图书出版单位擅自在境内与境外出版机构开展合作出版，在合作出版的图书上双方共同署名的；

（四）未按规定载明图书版本记录事项的；

（五）图书出版单位委托非依法设立的出版物印刷单位印刷图书的，或者未按照国家规定使用印刷委托书的。

第五十二条　图书出版单位租型出版图书、合作出版图书、出版自费图书，违反新闻出版总署有关规定的，由新闻出版总署或者省、自治区、直辖市新闻出版行政部门给予警告，并处3万元以下罚款。

第五十三条　图书出版单位出版质量不合格的图书，依据新闻出版总署《图书质量管理规定》处罚。

第五十四条　图书出版单位未依法向新闻出版行政部门报送统计资料的，依据新闻出版总署、国家统计局联合颁布的《新闻出版统计管理办法》处罚。

第五十五条　对图书出版单位作出行政处罚，新闻出版行政部门应告知其主办单位和主管单位，可以通过媒体向社会公布。

对图书出版单位作出行政处罚，新闻出版行政部门可以建议其主办单位或者主管单位对直接责任人和主要负责人予以行政处分或者调离岗位。

第六章　附　　则

第五十六条　本规定自2008年5月1日起施行。

自本规定施行起，此前新闻出版行政部门对图书出版的其他规定，凡与本规定不一致的，以本规定为准。

电子出版物出版管理规定

1. 2008年2月21日新闻出版总署令第34号公布

2. 根据2015年8月28日国家新闻出版广电总局令第3号《关于修订部分规章和规范性文件的决定》修订

第一章　总　　则

第一条　为了加强对电子出版物出版活动的管理，促进电子出版事业的健康发展与繁荣，根据国务院《出版管理条例》、《国务院对确需保留的行政审批项目设定行政许可的决定》和有关法律、行政法规，制定本规定。

第二条　在中华人民共和国境内从事电子出版物的制作、出版、进口活动，适用本规定。

本规定所称电子出版物，是指以数字代码方式，将有知识性、思想性内容的信息编辑加工后存储在固定物理形态的磁、光、电等介质上，通过电子阅读、显示、播放设备读取使用的大众传播媒体，包括只读光盘（CD－ROM、DVD－ROM等）、一次写入光盘（CD－R、DVD－R等）、可擦写光盘（CD－RW、DVD－RW等）、软磁盘、硬磁盘、集成电路卡等，以及新闻出版总署认定的其他媒体形态。

第三条　电子出版物不得含有《出版管理条例》第二十六条、第二十七条禁止的内容。

第四条　新闻出版总署负责全国电子出版物出版活动的监督管理工作。

县级以上地方新闻出版行政部门负责本行政区域内电子出版物出版活动的监督管理工作。

第五条　国家对电子出版物出版活动实行许可制度；未经许可，任何单位和个人不得从事电子出版物的出版活动。

第二章　出版单位设立

第六条　设立电子出版物出版单位，应当具备下列条件：

（一）有电子出版物出版单位的名称、章程；

（二）有符合新闻出版总署认定条件的主管、主办单位；

（三）有确定的电子出版物出版业务范围；

（四）有适应业务范围需要的设备和工作场所；

（五）有适应业务范围需要的组织机构，有2人以上具有中级以上出版专业职业资格；

（六）法律、行政法规规定的其他条件。

除依照前款所列条件外，还应当符合国家关于电子出版物出版单位总量、结构、布局的规划。

第七条 设立电子出版物出版单位，经其主管单位同意后，由主办单位向所在地省、自治区、直辖市新闻出版行政部门提出申请；经省、自治区、直辖市新闻出版行政部门审核同意后，报新闻出版总署审批。

第八条 申请设立电子出版物出版单位，应当提交下列材料：

（一）按要求填写的申请表，应当载明出版单位的名称、地址、资本结构、资金来源及数额，出版单位的主管、主办单位的名称和地址等内容；

（二）主办单位、主管单位的有关资质证明材料；

（三）出版单位章程；

（四）法定代表人或者主要负责人及本规定第六条要求的有关人员的资格证明和身份证明；

（五）可行性论证报告；

（六）注册资本数额、来源及性质证明；

（七）工作场所使用证明。

第九条 新闻出版总署自受理设立电子出版物出版单位的申请之日起90日内，作出批准或者不批准的决定，直接或者由省、自治区、直辖市新闻出版行政部门书面通知主办单位；不批准的，应当说明理由。

第十条 设立电子出版物出版单位的主办单位应当自收到批准决定之日起60日内，向所在地省、自治区、直辖市新闻出版行政部门登记，领取新闻出版总署颁发的《电子出版物出版许可证》。

电子出版物出版单位持《电子出版物出版许可证》向所在地工商行政管理部门登记，依法领取营业执照。

第十一条 电子出版物出版单位自登记之日起满180日未从事出版活动的，由省、自治区、直辖市新闻出版行政部门注销登记，收回《电子出版物出版许可证》，并报新闻出版总署备案。

因不可抗力或者其他正当理由发生前款所列情形的，电子出版物出版单位可以向省、自治区、直辖市新闻出版行政部门申请延期。

第十二条 电子出版物出版单位变更名称、主办单位或者主管单位、业务范围、资本结构，合并或者分立，须依照本规定第七条、第八条的规定重新办理审批手续，并到原登记的工商行政管理部门办理相应的登记手续。

电子出版物出版单位变更地址、法定代表人或者主要负责人的，应当经其主管、主办单位同意，向所在地省、自治区、直辖市新闻出版行政部门申请变更登记后，到原登记的工商行政管理部门办理变更登记。

省、自治区、直辖市新闻出版行政部门须将有关变更登记事项报新闻出版总署备案。

第十三条 电子出版物出版单位终止出版活动的，应当向所在地省、自治区、直辖市新闻出版行政部门办理注销登记手续，并到原登记的工商行政管理部门办理注销登记。

省、自治区、直辖市新闻出版行政部门应将有关注销登记报新闻出版总署备案。

第十四条 申请出版连续型电子出版物，经主管单位同意后，由主办单位向所在地省、自治区、直辖市新闻出版行政部门提出申请；经省、自治区、直辖市新闻出版行政部门审核同意后，报新闻出版总署审批。

本规定所称连续型电子出版物，是指有固定名称，用卷、期、册或者年、月顺序编号，按照一定周期出版的电子出版物。

第十五条 申请出版连续型电子出版物，应当提交下列材料：

（一）申请书，应当载明连续型电子出版物的名称、刊期、媒体形态、业务范围、读者对象、栏目设置、文种等；

（二）主管单位的审核意见。

申请出版配报纸、期刊的连续型电子出版物，还须报送报纸、期刊样本。

第十六条 经批准出版的连续型电子出版物，新增或者改变连续型电子出版物的名称、刊期与出版范围的，须按照本规定第十四条、第十五条办理审批手续。

第十七条 出版行政部门对从事电子出版物制作的单位实行备案制管理。电子出版物制作单位应当于单位设立登记以及有关变更登记之日起30日内，将单位名称、地址、法定代表人或者主要负责人的姓名及营业执照复印件、法定代表人或主要负责人身份证明报所在地省、自治区、直辖市新闻出版行政部门备案。

本规定所称电子出版物制作，是指通过创作、加工、设计等方式，提供用于出版、复制、发行的电子出版物节目源的经营活动。

第三章 出版管理

第十八条 电子出版物出版单位实行编辑责任制度，保障电子出版物的内容符合有关法规、规章规定。

第十九条 电子出版物出版单位应于每年12月1日前将下一年度的出版计划报所在地省、自治区、直辖市新闻出版行政部门，省、自治区、直辖市新闻出版行政部门审核同意后报新闻出版总署备案。

第二十条 电子出版物出版实行重大选题备案制度。涉及国家安全、社会安定等方面重大选题，涉及重大革命题材和重大历史题材的选题，应当按照新闻出版总署有关选题备案的规定办理备案手续；未经备案的重大选题，不得出版。

第二十一条 出版电子出版物，必须按规定使用中国标准书号。同一内容，不同载体形态、格式的电子出版物，应当分别使用不同的中国标准书号。

出版连续型电子出版物，必须按规定使用国内统一连续出版物号，不得使用中国标准书号出版连续型电子出版物。

第二十二条 电子出版物出版单位不得以任何形式向任何单位或者个人转让、出租、出售本单位的名称、电子出版物中国标准书号、国内统一连续出版物号。

第二十三条 电子出版物应当符合国家的技术、质量标准和规范要求。

出版电子出版物，须在电子出版物载体的印刷标识面或其装帧的显著位置载明电子出版物制作、出版单位的名称，中国标准书号或国内统一连续出版物号及条码，著作权人名称以及出版日期等其他有关事项。

第二十四条 电子出版物出版单位申请出版境外著作权人授权的电子出版物，须向所在地省、自治区、直辖市新闻出版行政部门提出申请；所在地省、自治区、直辖市新闻出版行政部门审核同意后，报新闻出版总署审批。

第二十五条 申请出版境外著作权人授权的电子出版物，应当提交下列材料：

（一）申请书，应当载明电子出版物名称、内容简介、授权方名称、授权方基本情况介绍等；

（二）申请单位的审读报告；

（三）样品及必要的内容资料；

（四）申请单位所在地省、自治区、直辖市著作权行政管理部门的著作权合同登记证明文件。

出版境外著作权人授权的电子游戏出版物还须提交游戏主要人物和主要场景图片资料、代理机构营业执照、发行合同及发行机构批发许可证、游戏文字脚本全文等材料。

第二十六条 新闻出版总署自受理出版境外著作权人授权电子出版物申请之日起，20日内作出批准或者不批准的决定；不批准的，应当说明理由。

审批出版境外著作权人授权电子出版物，应当组织专家评审，并应当符合国家总量、结构、布局规划。

第二十七条 境外著作权人授权的电子出版物，须在电子出版物载体的印刷标识面或其装帧的显著位置载明引进出版批准文号和著作权授权合同登记证号。

第二十八条 已经批准出版的境外著作权人授权的电子出版物，若出版升级版本，须按照本规定第二十五条提交申请材料，报所在地省、自治区、直辖市新闻出版行政部门审批。

第二十九条 出版境外著作权人授权的电子游戏测试盘及境外互联网游戏作品客户端程序光盘，须按照本规定第二十五条提交申请材料，报所在地省、自治区、直辖市新闻出版行政部门审批。

第三十条 电子出版物出版单位与境外机构合作出版电子出版物，须经主管单位同意后，将选题报所在地省、自治区、直辖市新闻出版行政部门审核；省、自治区、直辖市新闻出版行政部门审核同意后，报新闻出版总署审批。

新闻出版总署自受理合作出版电子出版物选题申请之日起20日内，作出批准或者不批准的决定；不批准的，应当说明理由。

第三十一条 电子出版物出版单位申请与境外机构合作出版电子出版物，应当提交下列材料：

（一）申请书，应当载明合作出版的电子出版物的名称、载体形态、内容简介、合作双方名称、基本情况、合作方式等，并附拟合作出版的电子出版物的有关文字内容、图片等材料；

（二）合作意向书；

（三）主管单位的审核意见。

第三十二条 电子出版物出版单位与境外机构合作出版电子出版物，应在该电子出版物出版30日内将样盘报送新闻出版总署备案。

第三十三条 出版单位配合本版出版物出版电子出版物，向所在地省、自治区、直辖市新闻出版行政部门提出申请，省、自治区、直辖市新闻出版行政部门审核同意的，发放电子出版物中国标准书号和复制委托书，并报新闻出版总署备案。

第三十四条 出版单位申请配合本版出版物出版电子出版物，应提交申请书及本版出版物、拟出版电子出版物样品。

申请书应当载明配合本版出版物出版的电子出版物的名称、制作单位、主要内容、出版时间、复制数量和载体形式等内容。

第三十五条 电子出版物发行前，出版单位应当向国家图书馆、中国版本图书馆和新闻出版总署免费送交样品。

第三十六条 电子出版物出版单位的从业人员，应当具备国家规定的出版专业职业资格条件。

电子出版物出版单位的社长、总编辑须符合国家规定的任职资格和条件。

电子出版物出版单位的社长、总编辑须参加新闻出版行政部门组织的岗位培训，取得岗位培训合格证书后才能上岗。

第三十七条 电子出版物出版单位须遵守国家统计规定，依法向新闻出版行政部门报送统计资料。

第四章 进口管理

第三十八条 进口电子出版物成品，须由新闻出版总署批准的电子出版物进口经营单位提出申请；所在地省、自治区、直辖市新闻出版行政部门审核同意后，报新闻出版总署审批。

第三十九条 申请进口电子出版物，应当提交下列材料：

（一）申请书，应当载明进口电子出版物的名称、内容简介、出版者名称、地址、进口数量等；

（二）主管单位审核意见；

（三）申请单位关于进口电子出版物的审读报告；

（四）进口电子出版物的样品及必要的内容资料。

第四十条 新闻出版总署自受理进口电子出版物申请之日起20日内，作出批准或者不批准的决定；不批准的，应当说明理由。

审批进口电子出版物，应当组织专家评审，并应当符合国家总量、结构、布局规划。

第四十一条 进口电子出版物的外包装上应贴有标识，载明批准进口文号及用中文注明的出版者名称、地址、著作权人名称、出版日期等有关事项。

第五章 非卖品管理

第四十二条 委托复制电子出版物非卖品，须向委托方或受托方所在地省、自治区、直辖市新闻出版行政部门提出申请，申请书应写明电子出版物非卖品的使用目的、名称、内容、发送对象、复制数量、载体形式等，并附样品。

电子出版物非卖品内容限于公益宣传、企事业单位业务宣传、交流、商品介绍等，不得定价，不得销售、变相销售或与其他商品搭配销售。

第四十三条 省、自治区、直辖市新闻出版行政部门应当自受理委托复制电子出版物非卖品申请之日起20日内，作出批准或者不批准的决定，批准的，发给电子出版物复制委托书；不批准的，应当说明理由。

第四十四条 电子出版物非卖品载体的印刷标识面及其装帧的显著位置应当注明电子出版物非卖品统一编号，编号分为四段：第一段为方括号内的各省、自治区、直辖市简称，第二段为“电子出版物非卖品”字样，第三段为圆括号内的年度，第四段为顺序编号。

第六章 委托复制管理

第四十五条 电子出版物、电子出版物非卖品应当委托经新闻出版总署批准设立的复制单位复制。

第四十六条 委托复制电子出版物和电子出版物非卖品，必须使用复制委托书，并遵守国家关于复制委托书的管理规定。

复制委托书由新闻出版总署统一印制。

第四十七条 委托复制电子出版物、电子出版物非卖品的单位，应当保证开具的复制委托书内容真实、准确、完整，并须将开具的复制委托书直接交送复制单位。

委托复制电子出版物、电子出版物非卖品的单位不得以任何形式向任何单位或者个人转让、出售本单位的复制委托书。

第四十八条 委托复制电子出版物的单位，自电子出版物完成复制之日起30日内，须向所在地省、自治区、直辖市新闻出版行政部门上交本单位及复制单位签章的复制委托书第二联及样品。

委托复制电子出版物的单位须将电子出版物复制委托书第四联保存2年备查。

第四十九条 委托复制电子出版物、电子出版物非卖品的单位，经批准获得电子出版物复制委托书之日起90日内未使用的，须向发放该委托书的省、自治区、直辖市新闻出版行政部门交回复制委托书。

第七章 年度核验

第五十条 电子出版物出版单位实行年度核验制度，年度核验每两年进行一次。省、自治区、直辖市新闻出版行政部门负责对本行政区域内的电子出版物出版单位实施年度核验。核验内容包括电子出版物出版单位的登记项目、设立条件、出版经营情况、遵纪守法情况、内部管理情况等。

第五十一条 电子出版物出版单位进行年度核验,应提交以下材料:

（一）电子出版物出版单位年度核验登记表;

（二）电子出版物出版单位两年的总结报告,应当包括执行出版法规的情况、出版业绩、资产变化等内容;

（三）两年出版的电子出版物出版目录;

（四）《电子出版物出版许可证》的复印件。

第五十二条 电子出版物出版单位年度核验程序为:

（一）电子出版物出版单位应于核验年度的1月15日前向所在地省、自治区、直辖市新闻出版行政部门提交年度核验材料;

（二）各省、自治区、直辖市新闻出版行政部门对本行政区域内电子出版物出版单位的设立条件、开展业务及执行法规等情况进行全面审核,并于该年度的2月底前完成年度核验工作;对符合年度核验要求的单位予以登记,并换发《电子出版物出版许可证》;

（三）各省、自治区、直辖市新闻出版行政部门应于核验年度的3月20日前将年度核验情况及有关书面材料报新闻出版总署备案。

第五十三条 电子出版物出版单位有下列情形之一的,暂缓年度核验:

（一）不具备本规定第六条规定条件的;

（二）因违反出版管理法规,正在限期停业整顿的;

（三）经审核发现有违法行为应予处罚的;

（四）曾违反出版管理法规受到行政处罚,未认真整改,仍存在违法问题的;

（五）长期不能正常开展电子出版物出版活动的。

暂缓年度核验的期限由省、自治区、直辖市新闻出版行政部门确定,最长不得超过3个月。暂缓期间,省、自治区、直辖市新闻出版行政部门应当督促、指导电子出版物出版单位进行整改。暂缓年度核验期满,对达到年度核验要求的电子出版物出版单位予以登记;仍未达到年度核验要求的电子出版物出版单位,由所在地省、自治区、直辖市新闻出版行政部门提出注销登记意见,新闻出版总署撤销《电子出版物出版许可证》,所在地省、自治区、直辖市新闻出版行政部门办理注销登记。

第五十四条 不按规定参加年度核验的电子出版物出版单位,经书面催告仍未参加年度核验的,由所在地省、自治区、直辖市新闻出版行政部门提出注销登记意见,新闻出版总署撤销《电子出版物出版许可证》,所在地省、自治区、直辖市新闻出版行政部门办理注销登记。

第五十五条 出版连续型电子出版物的单位按照本章规定参加年度核验。

第八章 法律责任

第五十六条 电子出版物出版单位违反本规定的,新闻出版总署或者省、自治区、直辖市新闻出版行政部门可以采取下列行政措施:

（一）下达警示通知书;

（二）通报批评;

（三）责令公开检讨;

（四）责令改正;

（五）责令停止复制、发行电子出版物;

（六）责令收回电子出版物;

（七）责成主办单位、主管单位监督电子出版物出版单位整改。

警示通知书由新闻出版总署制定统一格式,由新闻出版总署或者省、自治区、直辖市新闻出版行政部门下达给违法的电子出版物出版单位,并抄送违法电子出版物出版单位的主办单位及其主管单位。

本条所列行政措施可以并用。

第五十七条 未经批准,擅自设立电子出版物出版单位,擅自从事电子出版物出版业务,伪造、假冒电子出版物出版单位或者连续型电子出版物名称、电子出版物专用中国标准书号出版电子出版物的,按照《出版管理条例》第五十五条处罚。

图书、报纸、期刊、音像等出版单位未经批准,配合本版出版物出版电子出版物的,属于擅自从事电子出版物出版业务,按照前款处罚。

第五十八条 从事电子出版物制作、出版业务,有下列行为之一的,按照《出版管理条例》第五十六条处罚:

（一）制作、出版含有《出版管理条例》第二十六条、第二十七条禁止内容的电子出版物的;

（二）明知或者应知他人出版含有《出版管理条例》第二十六条、第二十七条禁止内容的电子出版物而向其出售、出租或者以其他形式转让本出版单位的名称、电子出版物专用中国标准书号、国内统一连续出版物号、条码及电子出版物复制委托书的。

第五十九条 电子出版物出版单位出租、出借、出售或者以其他任何形式转让本单位的名称、电子出版物专用中国标准书号、国内统一连续出版物号的，按照《出版管理条例》第六十条处罚。

第六十条 有下列行为之一的，按照《出版管理条例》第六十一条处罚：

（一）电子出版物出版单位变更名称、主办单位或者主管单位、业务范围、资本结构，合并或者分立，电子出版物出版单位变更地址、法定代表人或者主要负责人，未依照本规定的要求办理审批、变更登记手续的；

（二）经批准出版的连续型电子出版物，新增或者改变连续型电子出版物的名称、刊期与出版范围，未办理审批手续的；

（三）电子出版物出版单位未按规定履行年度出版计划和重大选题备案的；

（四）出版单位未按照有关规定送交电子出版物样品的；

（五）电子出版物进口经营单位违反本规定第三十八条未经批准进口电子出版物的。

第六十一条 电子出版物出版单位未依法向新闻出版行政部门报送统计资料的，依据新闻出版总署、国家统计局联合颁布的《新闻出版统计管理办法》处罚。

第六十二条 有下列行为之一的，由新闻出版行政部门责令改正，给予警告，可并处三万元以下罚款：

（一）电子出版物制作单位违反本规定第十七条，未办理备案手续的；

（二）电子出版物出版单位违反本规定第二十一条，未按规定使用中国标准书号或者国内统一连续出版物号的；

（三）电子出版物出版单位出版的电子出版物不符合国家的技术、质量标准和规范要求的，或者未按本规定第二十三条载明有关事项的；

（四）电子出版物出版单位出版境外著作权人授权的电子出版物，违反本规定第二十四条、第二十七条、第二十八条、第二十九条有关规定的；

（五）电子出版物出版单位与境外机构合作出版电子出版物，未按本规定第三十条办理选题审批手续的，未按本规定第三十二条将样盘报送备案的；

（六）电子出版物进口经营单位违反本规定第四十一条的；

（七）委托复制电子出版物非卖品违反本规定第四十二条的有关规定，或者未按第四十四条标明电子出版物非卖品统一编号的；

（八）电子出版物出版单位及其他委托复制单位违反本规定第四十五条至第四十九条的规定，委托未经批准设立的复制单位复制，或者未遵守有关复制委托书的管理制度的。

第九章 附 则

第六十三条 本规定自2008年4月15日起施行，新闻出版署1997年12月30日颁布的《电子出版物管理规定》同时废止，此前新闻出版行政部门对电子出版物制作、出版、进口活动的其他规定，凡与本规定不一致的，以本规定为准。

网络出版服务管理规定

1. *2016年2月4日国家新闻出版广电总局、工业和信息化部令第5号公布*
2. *自2016年3月10日起施行*

第一章 总 则

第一条 为了规范网络出版服务秩序，促进网络出版服务业健康有序发展，根据《出版管理条例》、《互联网信息服务管理办法》及相关法律法规，制定本规定。

第二条 在中华人民共和国境内从事网络出版服务，适用本规定。

本规定所称网络出版服务，是指通过信息网络向公众提供网络出版物。

本规定所称网络出版物，是指通过信息网络向公众提供的，具有编辑、制作、加工等出版特征的数字化作品，范围主要包括：

（一）文学、艺术、科学等领域内具有知识性、思想性的文字、图片、地图、游戏、动漫、音视频读物等原创数字化作品；

（二）与已出版的图书、报纸、期刊、音像制品、电子出版物等内容相一致的数字化作品；

（三）将上述作品通过选择、编排、汇集等方式形成的网络文献数据库等数字化作品；

（四）国家新闻出版广电总局认定的其他类型的数字化作品。

网络出版服务的具体业务分类另行制定。

第三条　从事网络出版服务，应当遵守宪法和有关法律、法规，坚持为人民服务、为社会主义服务的方向，坚持社会主义先进文化的前进方向，弘扬社会主义核心价值观，传播和积累一切有益于提高民族素质、推动经济发展、促进社会进步的思想道德、科学技术和文化知识，满足人民群众日益增长的精神文化需要。

第四条　国家新闻出版广电总局作为网络出版服务的行业主管部门，负责全国网络出版服务的前置审批和监督管理工作。工业和信息化部作为互联网行业主管部门，依据职责对全国网络出版服务实施相应的监督管理。

地方人民政府各级出版行政主管部门和各省级电信主管部门依据各自职责对本行政区域内网络出版服务及接入服务实施相应的监督管理工作并做好配合工作。

第五条　出版行政主管部门根据已经取得的违法嫌疑证据或者举报，对涉嫌违法从事网络出版服务的行为进行查处时，可以检查与涉嫌违法行为有关的物品和经营场所；对有证据证明是与违法行为有关的物品，可以查封或者扣押。

第六条　国家鼓励图书、音像、电子、报纸、期刊出版单位从事网络出版服务，加快与新媒体的融合发展。

国家鼓励组建网络出版服务行业协会，按照章程，在出版行政主管部门的指导下制定行业自律规范，倡导网络文明，传播健康有益内容，抵制不良有害内容。

第二章　网络出版服务许可

第七条　从事网络出版服务，必须依法经过出版行政主管部门批准，取得《网络出版服务许可证》。

第八条　图书、音像、电子、报纸、期刊出版单位从事网络出版服务，应当具备以下条件：

（一）有确定的从事网络出版业务的网站域名、智能终端应用程序等出版平台；

（二）有确定的网络出版服务范围；

（三）有从事网络出版服务所需的必要的技术设备，相关服务器和存储设备必须存放在中华人民共和国境内。

第九条　其他单位从事网络出版服务，除第八条所列条件外，还应当具备以下条件：

（一）有确定的、不与其他出版单位相重复的，从事网络出版服务主体的名称及章程；

（二）有符合国家规定的法定代表人和主要负责人，法定代表人必须是在境内长久居住的具有完全行为能力的中国公民，法定代表人和主要负责人至少1人应当具有中级以上出版专业技术人员职业资格；

（三）除法定代表人和主要负责人外，有适应网络出版服务范围需要的8名以上具有国家新闻出版广电总局认可的出版及相关专业技术职业资格的专职编辑出版人员，其中具有中级以上职业资格的人员不得少于3名；

（四）有从事网络出版服务所需的内容审校制度；

（五）有固定的工作场所；

（六）法律、行政法规和国家新闻出版广电总局规定的其他条件。

第十条　中外合资经营、中外合作经营和外资经营的单位不得从事网络出版服务。

网络出版服务单位与境内中外合资经营、中外合作经营、外资经营企业或境外组织及个人进行网络出版服务业务的项目合作，应当事前报国家新闻出版广电总局审批。

第十一条　申请从事网络出版服务，应当向所在地省、自治区、直辖市出版行政主管部门提出申请，经审核同意后，报国家新闻出版广电总局审批。国家新闻出版广电总局应当自受理申请之日起60日内，作出批准或者不予批准的决定。不批准的，应当说明理由。

第十二条　从事网络出版服务的申报材料，应该包括下列内容：

（一）《网络出版服务许可证申请表》；

（二）单位章程及资本来源性质证明；

（三）网络出版服务可行性分析报告，包括资金使用、产品规划、技术条件、设备配备、机构设置、人员配备、市场分析、风险评估、版权保护措施等；

（四）法定代表人和主要负责人的简历、住址、身份证明文件；

（五）编辑出版等相关专业技术人员的国家认可的职业资格证明和主要从业经历及培训证明；

（六）工作场所使用证明；

（七）网站域名注册证明、相关服务器存放在中华人民共和国境内的承诺。

本规定第八条所列单位从事网络出版服务的，仅提交前款（一）、（六）、（七）项规定的材料。

第十三条 设立网络出版服务单位的申请者应自收到批准决定之日起 30 日内办理注册登记手续：

（一）持批准文件到所在地省、自治区、直辖市出版行政主管部门领取并填写《网络出版服务许可登记表》；

（二）省、自治区、直辖市出版行政主管部门对《网络出版服务许可登记表》审核无误后，在 10 日内向申请者发放《网络出版服务许可证》；

（三）《网络出版服务许可登记表》一式三份，由申请者和省、自治区、直辖市出版行政主管部门各存一份，另一份由省、自治区、直辖市出版行政主管部门在 15 日内报送国家新闻出版广电总局备案。

第十四条 《网络出版服务许可证》有效期为 5 年。有效期届满，需继续从事网络出版服务活动的，应于有效期届满 60 日前按本规定第十一条的程序提出申请。出版行政主管部门应当在该许可有效期届满前作出是否准予延续的决定。批准的，换发《网络出版服务许可证》。

第十五条 网络出版服务经批准后，申请者应持批准文件、《网络出版服务许可证》到所在地省、自治区、直辖市电信主管部门办理相关手续。

第十六条 网络出版服务单位变更《网络出版服务许可证》许可登记事项、资本结构，合并或者分立，设立分支机构的，应依据本规定第十一条办理审批手续，并应持批准文件到所在地省、自治区、直辖市电信主管部门办理相关手续。

第十七条 网络出版服务单位中止网络出版服务的，应当向所在地省、自治区、直辖市出版行政主管部门备案，并说明理由和期限；网络出版服务单位中止网络出版服务不得超过 180 日。

网络出版服务单位终止网络出版服务的，应当自终止网络出版服务之日起 30 日内，向所在地省、自治区、直辖市出版行政主管部门办理注销手续后到省、自治区、直辖市电信主管部门办理相关手续。省、自治区、直辖市出版行政主管部门将相关信息报国家新闻出版广电总局备案。

第十八条 网络出版服务单位自登记之日起满 180 日未开展网络出版服务的，由原登记的出版行政主管部门注销登记，并报国家新闻出版广电总局备案。同时，通报相关省、自治区、直辖市电信主管部门。

因不可抗力或者其他正当理由发生上述所列情形的，网络出版服务单位可以向原登记的出版行政主管部门申请延期。

第十九条 网络出版服务单位应当在其网站首页上标明出版行政主管部门核发的《网络出版服务许可证》编号。

互联网相关服务提供者在为网络出版服务单位提供人工干预搜索排名、广告、推广等服务时，应当查验服务对象的《网络出版服务许可证》及业务范围。

第二十条 网络出版服务单位应当按照批准的业务范围从事网络出版服务，不得超出批准的业务范围从事网络出版服务。

第二十一条 网络出版服务单位不得转借、出租、出卖《网络出版服务许可证》或以任何形式转让网络出版服务许可。

网络出版服务单位允许其他网络信息服务提供者以其名义提供网络出版服务，属于前款所称禁止行为。

第二十二条 网络出版服务单位实行特殊管理股制度，具体办法由国家新闻出版广电总局另行制定。

第三章 网络出版服务管理

第二十三条 网络出版服务单位实行编辑责任制度，保障网络出版物内容合法。

网络出版服务单位实行出版物内容审核责任制度、责任编辑制度、责任校对制度等管理制度，保障网络出版物出版质量。

在网络上出版其他出版单位已在境内合法出版的作品且不改变原出版物内容的，须在网络出版物的相应页面显著标明原出版单位名称以及书号、刊号、网络出版物号或者网址信息。

第二十四条 网络出版物不得含有以下内容：

（一）反对宪法确定的基本原则的；

（二）危害国家统一、主权和领土完整的；

（三）泄露国家秘密、危害国家安全或者损害国家荣誉和利益的；

（四）煽动民族仇恨、民族歧视，破坏民族团结，或者侵害民族风俗、习惯的；

（五）宣扬邪教、迷信的；

（六）散布谣言，扰乱社会秩序，破坏社会稳定的；

（七）宣扬淫秽、色情、赌博、暴力或者教唆犯罪的；

（八）侮辱或者诽谤他人，侵害他人合法权益的；

（九）危害社会公德或者民族优秀文化传统的；

（十）有法律、行政法规和国家规定禁止的其他内容的。

第二十五条 为保护未成年人合法权益，网络出版物不得含有诱发未成年人模仿违反社会公德和违法犯罪行为的内容，不得含有恐怖、残酷等妨害未成年人身心健康的内容，不得含有披露未成年人个人隐私的内容。

第二十六条 网络出版服务单位出版涉及国家安全、社会安定等方面重大选题的内容，应当按照国家新闻出版广电总局有关重大选题备案管理的规定办理备案手续。未经备案的重大选题内容，不得出版。

第二十七条 网络游戏上网出版前，必须向所在地省、自治区、直辖市出版行政主管部门提出申请，经审核同意后，报国家新闻出版广电总局审批。

第二十八条 网络出版物的内容不真实或不公正，致使公民、法人或者其他组织合法权益受到侵害的，相关网络出版服务单位应当停止侵权，公开更正，消除影响，并依法承担其他民事责任。

第二十九条 国家对网络出版物实行标识管理，具体办法由国家新闻出版广电总局另行制定。

第三十条 网络出版物必须符合国家的有关规定和标准要求，保证出版物质量。

网络出版物使用语言文字，必须符合国家法律规定和有关标准规范。

第三十一条 网络出版服务单位应当按照国家有关规定或技术标准，配备应用必要的设备和系统，建立健全各项管理制度，保障信息安全、内容合法，并为出版行政主管部门依法履行监督管理职责提供技术支持。

第三十二条 网络出版服务单位在网络上提供境外出版物，应当取得著作权合法授权。其中，出版境外著作权人授权的网络游戏，须按本规定第二十七条办理审批手续。

第三十三条 网络出版服务单位发现其出版的网络出版物含有本规定第二十四条、第二十五条所列内容的，应当立即删除，保存有关记录，并向所在地县级以上出版行政主管部门报告。

第三十四条 网络出版服务单位应记录所出版作品的内容及其时间、网址或者域名，记录应当保存60日，并在国家有关部门依法查询时，予以提供。

第三十五条 网络出版服务单位须遵守国家统计规定，依法向出版行政主管部门报送统计资料。

第四章 监 督 管 理

第三十六条 网络出版服务的监督管理实行属地管理原则。

各地出版行政主管部门应当加强对本行政区域内的网络出版服务单位及其出版活动的日常监督管理，履行下列职责：

（一）对网络出版服务单位进行行业监管，对网络出版服务单位违反本规定的情况进行查处并报告上级出版行政主管部门；

（二）对网络出版服务进行监管，对违反本规定的行为进行查处并报告上级出版行政主管部门；

（三）对网络出版物内容和质量进行监管，定期组织内容审读和质量检查，并将结果向上级出版行政主管部门报告；

（四）对网络出版从业人员进行管理，定期组织岗位、业务培训和考核；

（五）配合上级出版行政主管部门、协调相关部门、指导下级出版行政主管部门开展工作。

第三十七条 出版行政主管部门应当加强监管队伍和机构建设，采取必要的技术手段对网络出版服务进行管理。出版行政主管部门依法履行监督检查等执法职责时，网络出版服务单位应当予以配合，不得拒绝、阻挠。

各省、自治区、直辖市出版行政主管部门应当定期将本行政区域内的网络出版服务监督管理情况向国家新闻出版广电总局提交书面报告。

第三十八条 网络出版服务单位实行年度核验制度，年度核验每年进行一次。省、自治区、直辖市出版行政主管部门负责对本行政区域内的网络出版服务单位实施年度核验并将有关情况报国家新闻出版广电总局备案。年度核验内容包括网络出版服务单位的设立条件、登记项目、出版经营情况、出版质量、遵守法律规范、内部管理情况等。

第三十九条 年度核验按照以下程序进行：

（一）网络出版服务单位提交年度自检报告，内容包括：本年度政策法律执行情况，奖惩情况，网站出版、管理、运营绩效情况，网络出版物目录，对年度核验期内的违法违规行为的整改情况，编辑出版人员培训管理情况等；并填写由国家新闻出版广电总局统一印制的《网络出版服务年度核验登记表》，与年度自检报告一并报所在地省、自治区、直辖市出版行政主管部门；

（二）省、自治区、直辖市出版行政主管部门对本行政区域内的网络出版服务单位的设立条件、登记项目、开展业务及执行法规等情况进行全面审核，并在收到网络出版服务单位的年度自检报告和《网络出版服务年度核验登记表》等年度核验材料的45日内完成全面审核查验工作。对符合年度核验要求的网络出版服务单位予以登记，并在其《网络出版服务许可证》上加盖年度核验章；

（三）省、自治区、直辖市出版行政主管部门应于完成全面审核查验工作的15日内将年度核验情况及有关书面材料报国家新闻出版广电总局备案。

第四十条　有下列情形之一的，暂缓年度核验：

（一）正在停业整顿的；

（二）违反出版法规规章，应予处罚的；

（三）未按要求执行出版行政主管部门相关管理规定的；

（四）内部管理混乱，无正当理由未开展实质性网络出版服务活动的；

（五）存在侵犯著作权等其他违法嫌疑需要进一步核查的。

暂缓年度核验的期限由省、自治区、直辖市出版行政主管部门确定，报国家新闻出版广电总局备案，最长不得超过180日。暂缓年度核验期间，须停止网络出版服务。

暂缓核验期满，按本规定重新办理年度核验手续。

第四十一条　已经不具备本规定第八条、第九条规定条件的，责令限期改正；逾期仍未改正的，不予通过年度核验，由国家新闻出版广电总局撤销《网络出版服务许可证》，所在地省、自治区、直辖市出版行政主管部门注销登记，并通知当地电信主管部门依法处理。

第四十二条　省、自治区、直辖市出版行政主管部门可根据实际情况，对本行政区域内的年度核验事项进行调整，相关情况报国家新闻出版广电总局备案。

第四十三条　省、自治区、直辖市出版行政主管部门可以向社会公布年度核验结果。

第四十四条　从事网络出版服务的编辑出版等相关专业技术人员及其负责人应当符合国家关于编辑出版等相关专业技术人员职业资格管理的有关规定。

网络出版服务单位的法定代表人或主要负责人应按照有关规定参加出版行政主管部门组织的岗位培训，并取得国家新闻出版广电总局统一印制的《岗位培训合格证书》。未按规定参加岗位培训或培训后未取得《岗位培训合格证书》的，不得继续担任法定代表人或主要负责人。

第五章　保障与奖励

第四十五条　国家制定有关政策，保障、促进网络出版服务业的发展与繁荣。鼓励宣传科学真理、传播先进文化、倡导科学精神、塑造美好心灵、弘扬社会正气等有助于形成先进网络文化的网络出版服务，推动健康文化、优秀文化产品的数字化、网络化传播。

网络出版服务单位依法从事网络出版服务，任何组织和个人不得干扰、阻止和破坏。

第四十六条　国家支持、鼓励下列优秀的、重点的网络出版物的出版：

（一）对阐述、传播宪法确定的基本原则有重大作用的；

（二）对弘扬社会主义核心价值观，进行爱国主义、集体主义、社会主义和民族团结教育以及弘扬社会公德、职业道德、家庭美德、个人品德有重要意义的；

（三）对弘扬民族优秀文化，促进国际文化交流有重大作用的；

（四）具有自主知识产权和优秀文化内涵的；

（五）对推进文化创新，及时反映国内外新的科学文化成果有重大贡献的；

（六）对促进公共文化服务有重大作用的；

（七）专门以未成年人为对象、内容健康的或者其他有利于未成年人健康成长的；

（八）其他具有重要思想价值、科学价值或者文化艺术价值的。

第四十七条　对为发展、繁荣网络出版服务业作出重要贡献的单位和个人，按照国家有关规定给予奖励。

第四十八条　国家保护网络出版物著作权人的合法权益。网络出版服务单位应当遵守《中华人民共和国著作权法》、《信息网络传播权保护条例》、《计算机软件保护条例》等著作权法律法规。

第四十九条　对非法干扰、阻止和破坏网络出版物出版的行为，出版行政主管部门及其他有关部门，应当及时采取措施，予以制止。

第六章　法律责任

第五十条　网络出版服务单位违反本规定的，出版行政主管部门可以采取下列行政措施：

（一）下达警示通知书；

（二）通报批评、责令改正；

（三）责令公开检讨；

（四）责令删除违法内容。

警示通知书由国家新闻出版广电总局制定统一格式，由出版行政主管部门下达给相关网络出版服务单位。

本条所列的行政措施可以并用。

第五十一条 未经批准，擅自从事网络出版服务，或者擅自上网出版网络游戏（含境外著作权人授权的网络游戏），根据《出版管理条例》第六十一条、《互联网信息服务管理办法》第十九条的规定，由出版行政主管部门、工商行政管理部门依照法定职权予以取缔，并由所在地省级电信主管部门依据有关部门的通知，按照《互联网信息服务管理办法》第十九条的规定给予责令关闭网站等处罚；已经触犯刑法的，依法追究刑事责任；尚不够刑事处罚的，删除全部相关网络出版物，没收违法所得和从事违法出版活动的主要设备、专用工具，违法经营额1万元以上的，并处违法经营额5倍以上10倍以下的罚款；违法经营额不足1万元的，可以处5万元以下的罚款；侵犯他人合法权益的，依法承担民事责任。

第五十二条 出版、传播含有本规定第二十四条、第二十五条禁止内容的网络出版物的，根据《出版管理条例》第六十二条、《互联网信息服务管理办法》第二十条的规定，由出版行政主管部门责令删除相关内容并限期改正，没收违法所得，违法经营额1万元以上的，并处违法经营额5倍以上10倍以下罚款；违法经营额不足1万元的，可以处5万元以下罚款；情节严重的，责令限期停业整顿或者由国家新闻出版广电总局吊销《网络出版服务许可证》，由电信主管部门依据出版行政主管部门的通知吊销其电信业务经营许可或者责令关闭网站；构成犯罪的，依法追究刑事责任。

为从事本条第一款行为的网络出版服务单位提供人工干预搜索排名、广告、推广等相关服务的，由出版行政主管部门责令其停止提供相关服务。

第五十三条 违反本规定第二十一条的，根据《出版管理条例》第六十六条的规定，由出版行政主管部门责令停止违法行为，给予警告，没收违法所得，违法经营额1万元以上的，并处违法经营额5倍以上10倍以下的罚款；违法经营额不足1万元的，可以处5万元以下的罚款；情节严重的，责令限期停业整顿或者由国家新闻出版广电总局吊销《网络出版服务许可证》。

第五十四条 有下列行为之一的，根据《出版管理条例》第六十七条的规定，由出版行政主管部门责令改正，给予警告；情节严重的，责令限期停业整顿或者由国家新闻出版广电总局吊销《网络出版服务许可证》：

（一）网络出版服务单位变更《网络出版服务许可证》登记事项、资本结构，超出批准的服务范围从事网络出版服务，合并或者分立，设立分支机构，未依据本规定办理审批手续的；

（二）网络出版服务单位未按规定出版涉及重大选题出版物的；

（三）网络出版服务单位擅自中止网络出版服务超过180日的；

（四）网络出版物质量不符合有关规定和标准的。

第五十五条 违反本规定第三十四条的，根据《互联网信息服务管理办法》第二十一条的规定，由省级电信主管部门责令改正；情节严重的，责令停业整顿或者暂时关闭网站。

第五十六条 网络出版服务单位未依法向出版行政主管部门报送统计资料的，依据《新闻出版统计管理办法》处罚。

第五十七条 网络出版服务单位违反本规定第二章规定，以欺骗或者贿赂等不正当手段取得许可的，由国家新闻出版广电总局撤销其相应许可。

第五十八条 有下列行为之一的，由出版行政主管部门责令改正，予以警告，并处3万元以下罚款：

（一）违反本规定第十条，擅自与境内外中外合资经营、中外合作经营和外资经营的企业进行涉及网络出版服务业务的合作的；

（二）违反本规定第十九条，未标明有关许可信息或者未核验有关网站的《网络出版服务许可证》的；

（三）违反本规定第二十三条，未按规定实行编辑责任制度等管理制度的；

（四）违反本规定第三十一条，未按规定或标准配备应用有关系统、设备或未健全有关管理制度的；

（五）未按本规定要求参加年度核验的；

（六）违反本规定第四十四条，网络出版服务单位的法定代表人或主要负责人未取得《岗位培训合格证书》的；

（七）违反出版行政主管部门关于网络出版其他管理规定的。

第五十九条　网络出版服务单位违反本规定被处以吊销许可证行政处罚的，其法定代表人或者主要负责人自许可证被吊销之日起10年内不得担任网络出版服务单位的法定代表人或者主要负责人。

从事网络出版服务的编辑出版等相关专业技术人员及其负责人违反本规定，情节严重的，由原发证机关吊销其资格证书。

第七章　附　　则

第六十条　本规定所称出版物内容审核责任制度、责任编辑制度、责任校对制度等管理制度，参照《图书质量保障体系》的有关规定执行。

第六十一条　本规定自2016年3月10日起施行。原国家新闻出版总署、信息产业部2002年6月27日颁布的《互联网出版管理暂行规定》同时废止。

出版物市场管理规定

1. 2016年5月31日国家新闻出版广电总局、商务部令第10号公布

2. 自2016年6月1日起施行

第一章　总　　则

第一条　为规范出版物发行活动及其监督管理，建立全国统一开放、竞争有序的出版物市场体系，满足人民群众精神文化需求，推进社会主义文化强国建设，根据《出版管理条例》和有关法律、行政法规，制定本规定。

第二条　本规定适用于出版物发行活动及其监督管理。

本规定所称出版物，是指图书、报纸、期刊、音像制品、电子出版物。

本规定所称发行，包括批发、零售以及出租、展销等活动。

批发是指供货商向其他出版物经营者销售出版物。

零售是指经营者直接向消费者销售出版物。

出租是指经营者以收取租金的形式向消费者提供出版物。

展销是指主办者在一定场所、时间内组织出版物经营者集中展览、销售、订购出版物。

第三条　国家对出版物批发、零售依法实行许可制度。从事出版物批发、零售活动的单位和个人凭出版物经营许可证开展出版物批发、零售活动；未经许可，任何单位和个人不得从事出版物批发、零售活动。

任何单位和个人不得委托非出版物批发、零售单位或者个人销售出版物或者代理出版物销售业务。

第四条　国家新闻出版广电总局负责全国出版物发行活动的监督管理，负责制定全国出版物发行业发展规划。

省、自治区、直辖市人民政府出版行政主管部门负责本行政区域内出版物发行活动的监督管理，制定本省、自治区、直辖市出版物发行业发展规划。省级以下各级人民政府出版行政主管部门负责本行政区域内出版物发行活动的监督管理。

制定出版物发行业发展规划须经科学论证，遵循合法公正、符合实际、促进发展的原则。

第五条　国家保障、促进发行业的发展与转型升级，扶持实体书店、农村发行网点、发行物流体系、发行业信息化建设等，推动网络发行等新兴业态发展，推动发行业与其他相关产业融合发展。对为发行业发展作出重要贡献的单位和个人，按照国家有关规定给予奖励。

第六条　发行行业的社会团体按照其章程，在出版行政主管部门的指导下，实行自律管理。

第二章　申请从事出版物发行业务

第七条　单位从事出版物批发业务，应当具备下列条件：

（一）已完成工商注册登记，具有法人资格；

（二）工商登记经营范围含出版物批发业务；

（三）有与出版物批发业务相适应的设备和固定的经营场所，经营场所面积合计不少于50平方米；

（四）具备健全的管理制度并具有符合行业标准的信息管理系统。

本规定所称经营场所，是指企业在工商行政主管部门注册登记的住所。

第八条　单位申请从事出版物批发业务，可向所在地地市级人民政府出版行政主管部门提交申请材料，地市级人民政府出版行政主管部门在接受申请材料之日起10个工作日内完成审核，审核后报省、自治区、直辖市人民政府出版行政主管部门审批；申请单位也可直接报所在地省、自治区、直辖市人民政府出版行政主管部门审批。

省、自治区、直辖市人民政府出版行政主管部门自受理申请之日起20个工作日内作出批准或者不予批准的决定。批准的，由省、自治区、直辖市人民政府出版行政主管部门颁发出版物经营许可证,并报国家新闻出版广电总局备案。不予批准的,应当向申请人书面说明理由。

申请材料包括下列书面材料:

(一)营业执照正副本复印件;

(二)申请书,载明单位基本情况及申请事项;

(三)企业章程;

(四)注册资本数额、来源及性质证明;

(五)经营场所情况及使用权证明;

(六)法定代表人及主要负责人的身份证明;

(七)企业信息管理系统情况的证明材料。

第九条　单位、个人从事出版物零售业务,应当具备下列条件:

(一)已完成工商注册登记;

(二)工商登记经营范围含出版物零售业务;

(三)有固定的经营场所。

第十条　单位、个人申请从事出版物零售业务,须报所在地县级人民政府出版行政主管部门审批。

县级人民政府出版行政主管部门应当自受理申请之日起20个工作日内作出批准或者不予批准的决定。批准的,由县级人民政府出版行政主管部门颁发出版物经营许可证,并报上一级出版行政主管部门备案;其中门店营业面积在5000平方米以上的应同时报省级人民政府出版行政主管部门备案。不予批准的,应当向申请单位、个人书面说明理由。

申请材料包括下列书面材料:

(一)营业执照正副本复印件;

(二)申请书,载明单位或者个人基本情况及申请事项;

(三)经营场所的使用权证明。

第十一条　单位从事中小学教科书发行业务,应取得国家新闻出版广电总局批准的中小学教科书发行资质,并在批准的区域范围内开展中小学教科书发行活动。单位从事中小学教科书发行业务,应当具备下列条件:

(一)以出版物发行为主营业务的公司制法人;

(二)有与中小学教科书发行业务相适应的组织机构和发行人员;

(三)有能够保证中小学教科书储存质量要求的、与其经营品种和规模相适应的储运能力,在拟申请从事中小学教科书发行业务的省、自治区、直辖市、计划单列市的仓储场所面积在5000平方米以上,并有与中小学教科书发行相适应的自有物流配送体系;

(四)有与中小学教科书发行业务相适应的发行网络。在拟申请从事中小学教科书发行业务的省、自治区、直辖市、计划单列市的企业所属出版物发行网点覆盖不少于当地70%的县(市、区),且以出版物零售为主营业务,具备相应的中小学教科书储备、调剂、添货、零售及售后服务能力;

(五)具备符合行业标准的信息管理系统;

(六)具有健全的管理制度及风险防控机制和突发事件处置能力;

(七)从事出版物批发业务五年以上。最近三年内未受到出版行政主管部门行政处罚,无其他严重违法违规记录。

审批中小学教科书发行资质,除依照前款所列条件外,还应当符合国家关于中小学教科书发行单位的结构、布局宏观调控和规划。

第十二条　单位申请从事中小学教科书发行业务,须报国家新闻出版广电总局审批。

国家新闻出版广电总局应当自受理之日起20个工作日内作出批准或者不予批准的决定。批准的,由国家新闻出版广电总局作出书面批复并颁发中小学教科书发行资质证。不予批准的,应当向申请单位书面说明理由。

申请材料包括下列书面材料:

(一)申请书,载明单位基本情况及申请事项;

(二)企业章程;

(三)出版物经营许可证和企业法人营业执照正副本复印件;

(四)法定代表人及主要负责人的身份证明,有关发行人员的资质证明;

(五)最近三年的企业法人年度财务会计报告及证明企业信誉的有关材料;

(六)经营场所、发行网点和储运场所的情况及使用权证明;

(七)企业信息管理系统情况的证明材料;

(八)企业发行中小学教科书过程中能够提供的服务和相关保障措施;

(九)企业法定代表人签署的企业依法经营中小学教科书发行业务的承诺书;

(十)拟申请从事中小学教科书发行业务的省、自治区、直辖市、计划单列市人民政府出版行政主管部门

对企业基本信息、经营状况、储运能力、发行网点等的核实意见;

(十一)其他需要的证明材料。

第十三条 单位、个人从事出版物出租业务,应当于取得营业执照后15日内到当地县级人民政府出版行政主管部门备案。

备案材料包括下列书面材料:

(一)营业执照正副本复印件;

(二)经营场所情况;

(三)法定代表人或者主要负责人情况。

相关出版行政主管部门应在10个工作日内向申请备案单位、个人出具备案回执。

第十四条 国家允许外商投资企业从事出版物发行业务。

设立外商投资出版物发行企业或者外商投资企业从事出版物发行业务,申请人应向地方商务主管部门报送拟设立外商投资出版物发行企业的合同、章程,办理外商投资审批手续。地方商务主管部门在征得出版行政主管部门同意后,按照有关法律、法规的规定,作出批准或者不予批准的决定。予以批准的,颁发外商投资企业批准证书,并在经营范围后加注“凭行业经营许可开展”;不予批准的,书面通知申请人并说明理由。

申请人持外商投资企业批准证书到所在地工商行政主管部门办理营业执照或者在营业执照企业经营范围后加注相关内容,并按照本规定第七条至第十条及第十三条的有关规定到所在地出版行政主管部门履行审批或备案手续。

第十五条 单位、个人通过互联网等信息网络从事出版物发行业务的,应当依照本规定第七条至第十条的规定取得出版物经营许可证。

已经取得出版物经营许可证的单位、个人在批准的经营范围内通过互联网等信息网络从事出版物发行业务的,应自开展网络发行业务后15日内到原批准的出版行政主管部门备案。

备案材料包括下列书面材料:

(一)出版物经营许可证和营业执照正副本复印件;

(二)单位或者个人基本情况;

(三)从事出版物网络发行所依托的信息网络的情况。

相关出版行政主管部门应在10个工作日内向备案单位、个人出具备案回执。

第十六条 书友会、读者俱乐部或者其他类似组织申请从事出版物零售业务,按照本规定第九条、第十条的有关规定到所在地出版行政主管部门履行审批手续。

第十七条 从事出版物发行业务的单位、个人可在原发证机关所辖行政区域一定地点设立临时零售点开展其业务范围内的出版物销售活动。设立临时零售点时间不得超过10日,应提前到设点所在地县级人民政府出版行政主管部门备案并取得备案回执,并应遵守所在地其他有关管理规定。

备案材料包括下列书面材料:

(一)出版物经营许可证和营业执照正副本复印件;

(二)单位、个人基本情况;

(三)设立临时零售点的地点、时间、销售出版物品种;

(四)其他相关部门批准设立临时零售点的材料。

第十八条 出版物批发单位可以从事出版物零售业务。

出版物批发、零售单位设立不具备法人资格的发行分支机构,或者出版单位设立发行本版出版物的不具备法人资格的发行分支机构,不需单独办理出版物经营许可证,但应依法办理分支机构工商登记,并于领取营业执照后15日内到原发证机关和分支机构所在地出版行政主管部门备案。

备案材料包括下列书面材料:

(一)出版物经营许可证或者出版单位的出版许可证及分支机构营业执照正副本复印件;

(二)单位基本情况;

(三)单位设立不具备法人资格的发行分支机构的经营场所、经营范围等情况。

相关出版行政主管部门应在10个工作日内向备案单位、个人出具备案回执。

第十九条 从事出版物发行业务的单位、个人变更出版物经营许可证登记事项,或者兼并、合并、分立的,应当依照本规定到原批准的出版行政主管部门办理审批手续。出版行政主管部门自受理申请之日起20个工作日内作出批准或者不予批准的决定。批准的,由出版行政主管部门换发出版物经营许可证;不予批准的,应当向申请单位、个人书面说明理由。

申请材料包括下列书面材料:

（一）出版物经营许可证和营业执照正副本复印件；

（二）申请书，载明单位或者个人基本情况及申请变更事项；

（三）其他需要的证明材料。

从事出版物发行业务的单位、个人终止经营活动的，应当于15日内持出版物经营许可证和营业执照向原批准的出版行政主管部门备案，由原批准的出版行政主管部门注销出版物经营许可证。

第三章 出版物发行活动管理

第二十条 任何单位和个人不得发行下列出版物：

（一）含有《出版管理条例》禁止内容的违禁出版物；

（二）各种非法出版物，包括：未经批准擅自出版、印刷或者复制的出版物，伪造、假冒出版单位或者报刊名称出版的出版物，非法进口的出版物；

（三）侵犯他人著作权或者专有出版权的出版物；

（四）出版行政主管部门明令禁止出版、印刷或者复制、发行的出版物。

第二十一条 内部发行的出版物不得公开宣传、陈列、展示、征订、销售或面向社会公众发送。

第二十二条 从事出版物发行业务的单位和个人在发行活动中应当遵循公平、守法、诚实、守信的原则，依法订立供销合同，不得损害消费者的合法权益。

从事出版物发行业务的单位、个人，必须遵守下列规定：

（一）从依法取得出版物批发、零售资质的出版发行单位进货；发行进口出版物的，须从依法设立的出版物进口经营单位进货；

（二）不得超出出版行政主管部门核准的经营范围经营；

（三）不得张贴、散发、登载有法律、法规禁止内容的或者有欺诈性文字、与事实不符的征订单、广告和宣传画；

（四）不得擅自更改出版物版权页；

（五）出版物经营许可证应在经营场所明显处张挂；利用信息网络从事出版物发行业务的，应在其网站主页面或者从事经营活动的网页醒目位置公开出版物经营许可证和营业执照登载的有关信息或链接标识；

（六）不得涂改、变造、出租、出借、出售或者以其他任何形式转让出版物经营许可证和批准文件。

第二十三条 从事出版物发行业务的单位、个人，应查验供货单位的出版物经营许可证并留存复印件或电子文件，并将出版物发行进销货清单等有关非财务票据至少保存两年，以备查验。

进销货清单应包括进销出版物的名称、数量、折扣、金额以及发货方和进货方单位公章（签章）。

第二十四条 出版物发行从业人员应接受出版行政主管部门组织的业务培训。出版物发行单位应建立职业培训制度，积极组织本单位从业人员参加依法批准的职业技能鉴定机构实施的发行员职业技能鉴定。

第二十五条 出版单位可以发行本出版单位出版的出版物。发行非本出版单位出版的出版物的，须按照从事出版物发行业务的有关规定办理审批手续。

第二十六条 为出版物发行业务提供服务的网络交易平台应向注册地省、自治区、直辖市人民政府出版行政主管部门备案，接受出版行政主管部门的指导与监督管理。

备案材料包括下列书面材料：

（一）营业执照正副本复印件；

（二）单位基本情况；

（三）网络交易平台的基本情况。

省、自治区、直辖市人民政府出版行政主管部门应于10个工作日内向备案的网络交易平台出具备案回执。

提供出版物发行网络交易平台服务的经营者，应当对申请通过网络交易平台从事出版物发行业务的经营主体身份进行审查，核实经营主体的营业执照、出版物经营许可证，并留存证照复印件或电子文档备查。不得向无证无照、证照不齐的经营者提供网络交易平台服务。

为出版物发行业务提供服务的网络交易平台经营者应建立交易风险防控机制，保留平台内从事出版物发行业务经营主体的交易记录两年以备查验。对在网络交易平台内从事各类违法出版物发行活动的，应当采取有效措施予以制止，并及时向所在地出版行政主管部门报告。

第二十七条 省、自治区、直辖市出版行政主管部门和全国性出版、发行行业协会，可以主办全国性的出版物展销活动和跨省专业性出版物展销活动。主办单位应提前2个月报国家新闻出版广电总局备案。

市、县级出版行政主管部门和省级出版、发行协会可以主办地方性的出版物展销活动。主办单位应提前2个月报上一级出版行政主管部门备案。

备案材料包括下列书面材料：

（一）展销活动主办单位；

（二）展销活动时间、地点；

（三）展销活动的场地、参展单位、展销出版物品种、活动筹备等情况。

第二十八条　从事中小学教科书发行业务，必须遵守下列规定：

（一）从事中小学教科书发行业务的单位必须具备中小学教科书发行资质；

（二）纳入政府采购范围的中小学教科书，其发行单位须按照《中华人民共和国政府采购法》的有关规定确定；

（三）按照教育行政主管部门和学校选定的中小学教科书，在规定时间内完成发行任务，确保"课前到书，人手一册"。因自然灾害等不可抗力导致中小学教科书发行受到影响的，应及时采取补救措施，并报告所在地出版行政和教育行政主管部门；

（四）不得在中小学教科书发行过程中擅自征订、搭售教学用书目录以外的出版物；

（五）不得将中小学教科书发行任务向他人转让和分包；

（六）不得涂改、倒卖、出租、出借中小学教科书发行资质证书；

（七）中小学教科书发行费率按照国家有关规定执行，不得违反规定收取发行费用；

（八）做好中小学教科书的调剂、添货、零售和售后服务等相关工作；

（九）应于发行任务完成后30个工作日内向国家新闻出版广电总局和所在地省级出版行政主管部门书面报告中小学教科书发行情况。

中小学教科书出版单位应在规定时间内向依法确定的中小学教科书发行单位足量供货，不得向不具备中小学教科书发行资质的单位供应中小学教科书。

第二十九条　任何单位、个人不得从事本规定第二十条所列出版物的征订、储存、运输、邮寄、投递、散发、附送等活动。

从事出版物储存、运输、投递等活动，应当接受出版行政主管部门的监督检查。

第三十条　从事出版物发行业务的单位、个人应当按照出版行政主管部门的规定接受年度核验，并按照《中华人民共和国统计法》《新闻出版统计管理办法》及有关规定如实报送统计资料，不得以任何借口拒报、迟报、虚报、瞒报以及伪造和篡改统计资料。

出版物发行单位、个人不再具备行政许可的法定条件的，由出版行政主管部门责令限期改正；逾期仍未改正的，由原发证机关撤销出版物经营许可证。

中小学教科书发行单位不再具备中小学教科书发行资质的法定条件的，由出版行政主管部门责令限期改正；逾期仍未改正的，由原发证机关撤销中小学教科书发行资质证。

第四章　法律责任

第三十一条　未经批准，擅自从事出版物发行业务的，依照《出版管理条例》第六十一条处罚。

第三十二条　发行违禁出版物的，依照《出版管理条例》第六十二条处罚。

发行国家新闻出版广电总局禁止进口的出版物，或者发行未从依法批准的出版物进口经营单位进货的进口出版物，依照《出版管理条例》第六十三条处罚。

发行其他非法出版物和出版行政主管部门明令禁止出版、印刷或者复制、发行的出版物的，依照《出版管理条例》第六十五条处罚。

发行违禁出版物或者非法出版物的，当事人对其来源作出说明、指认，经查证属实的，没收出版物和非法所得，可以减轻或免除其他行政处罚。

第三十三条　违反本规定发行侵犯他人著作权或者专有出版权的出版物的，依照《中华人民共和国著作权法》和《中华人民共和国著作权法实施条例》的规定处罚。

第三十四条　在中小学教科书发行过程中违反本规定，有下列行为之一的，依照《出版管理条例》第六十五条处罚：

（一）发行未经依法审定的中小学教科书的；

（二）不具备中小学教科书发行资质的单位从事中小学教科书发行活动的；

（三）未按照《中华人民共和国政府采购法》有关规定确定的单位从事纳入政府采购范围的中小学教科书发行活动的。

第三十五条　出版物发行单位未依照规定办理变更审批手续的，依照《出版管理条例》第六十七条处罚。

第三十六条　单位、个人违反本规定被吊销出版物经营许可证的，其法定代表人或者主要负责人自许可证被吊销之日起10年内不得担任发行单位的法定代表人或者主要负责人。

第三十七条　违反本规定，有下列行为之一的，由出版行政主管部门责令停止违法行为，予以警告，并处3万元以下罚款：

（一）未能提供近两年的出版物发行进销货清单等有关非财务票据或者清单、票据未按规定载明有关内容的；

（二）超出出版行政主管部门核准的经营范围经营的；

（三）张贴、散发、登载有法律、法规禁止内容的或者有欺诈性文字、与事实不符的征订单、广告和宣传画的；

（四）擅自更改出版物版权页的；

（五）出版物经营许可证未在经营场所明显处张挂或者未在网页醒目位置公开出版物经营许可证和营业执照登载的有关信息或者链接标识的；

（六）出售、出借、出租、转让或者擅自涂改、变造出版物经营许可证的；

（七）公开宣传、陈列、展示、征订、销售或者面向社会公众发送规定应由内部发行的出版物的；

（八）委托无出版物批发、零售资质的单位或者个人销售出版物或者代理出版物销售业务的；

（九）未从依法取得出版物批发、零售资质的出版发行单位进货的；

（十）提供出版物网络交易平台服务的经营者未按本规定履行有关审查及管理责任的；

（十一）应按本规定进行备案而未备案的；

（十二）不按规定接受年度核验的。

第三十八条　在中小学教科书发行过程中违反本规定，有下列行为之一的，由出版行政主管部门责令停止违法行为，予以警告，并处3万元以下罚款：

（一）擅自调换已选定的中小学教科书的；

（二）擅自征订、搭售教学用书目录以外的出版物的；

（三）擅自将中小学教科书发行任务向他人转让和分包的；

（四）涂改、倒卖、出租、出借中小学教科书发行资质证书的；

（五）未在规定时间内完成中小学教科书发行任务的；

（六）违反国家有关规定收取中小学教科书发行费用的；

（七）未按规定做好中小学教科书的调剂、添货、零售和售后服务的；

（八）未按规定报告中小学教科书发行情况的；

（九）出版单位向不具备中小学教科书发行资质的单位供应中小学教科书的；

（十）出版单位未在规定时间内向依法确定的中小学教科书发行企业足量供货的；

（十一）在中小学教科书发行过程中出现重大失误，或者存在其他干扰中小学教科书发行活动行为的。

第三十九条　征订、储存、运输、邮寄、投递、散发、附送本规定第二十条所列出版物的，按照本规定第三十二条进行处罚。

第四十条　未按本规定第三十条报送统计资料的，按照《新闻出版统计管理办法》有关规定处理。

第五章　附　　则

第四十一条　允许香港、澳门永久性居民中的中国公民依照内地有关法律、法规和行政规章，在内地各省、自治区、直辖市设立从事出版物零售业务的个体工商户，无需经过外资审批。

第四十二条　本规定所称中小学教科书，是指经国务院教育行政主管部门审定和经授权审定的义务教育教学用书（含配套教学图册、音像材料等）。

中小学教科书发行包括中小学教科书的征订、储备、配送、分发、调剂、添货、零售、结算及售后服务等。

第四十三条　出版物经营许可证和中小学教科书发行资质证的设计、印刷、制作与发放等，按照《新闻出版许可证管理办法》有关规定执行。

第四十四条　本规定由国家新闻出版广电总局会同商务部负责解释。

第四十五条　本规定自2016年6月1日起施行，原新闻出版总署、商务部2011年3月25日发布的《出版物市场管理规定》同时废止。本规定施行前与本规定不一致的其他规定不再执行。

音像制品出版管理规定

1. 2004年6月17日新闻出版总署令第22号公布
2. 根据2015年8月28日国家新闻出版广电总局令第3号《关于修订部分规章和规范性文件的决定》第一次修正
3. 根据2017年12月11日国家新闻出版广电总局令第13号《关于废止、修改和宣布失效部分规章、规范性文件的决定》第二次修正

第一章　总　　则

第一条　为了加强音像制品出版的管理，促进我国音像出版事业的健康发展与繁荣，根据《出版管理条例》、《音像制品管理条例》，制定本规定。

第二条　在中华人民共和国境内从事音像制品出版活动，适用本规定。

本规定所称音像制品是指录有内容的录音带（AT）、录像带（VT）、激光唱盘（CD）、数码激光视盘（VCD）及高密度光盘（DVD）等。

第三条　任何组织和个人不得出版含有《音像制品管理条例》第三条第二款禁止内容的音像制品。

第四条　新闻出版总署负责全国音像制品出版的监督管理工作。县级以上地方人民政府负责出版管理的行政部门（以下简称出版行政部门）负责本行政区域内音像制品出版的监督管理工作。

音像出版单位的主管机关、主办单位应当按照出版法律、法规和规章，对音像出版单位的出版活动履行管理职责。

第五条　国家对出版音像制品，实行许可制度；未经许可，任何单位和个人不得从事音像制品的出版活动。

音像制品出版的许可证件和批准文件，不得出租、出借、出售或者以其他任何形式转让。

第六条　音像出版行业的社会团体按照其章程，在出版行政部门的指导下，实行自律管理。

第二章　出版单位的设立

第七条　设立音像出版单位，应当具备下列条件：

（一）有音像出版单位的名称、章程；

（二）有符合新闻出版总署认定的主办单位及其主管机关；

（三）有确定的业务范围；

（四）有适应业务范围需要的组织机构和取得国家出版专业技术人员资格的编辑人员，其人数不得少于10人，其中从事音像出版业务2年以上并具有中级以上出版专业技术人员职业资格的不得少于5人；

（五）有30万元以上的注册资本；

（六）有适应业务范围需要的设备和工作场所；

（七）法律、行政法规规定的其他条件。

审批设立音像出版单位，除依照前款所列条件外，还应当符合国家关于音像出版单位总量、布局和结构的规划。

第八条　申请设立音像出版单位，由主办单位向所在地省、自治区、直辖市人民政府出版行政部门提出申请；省、自治区、直辖市人民政府出版行政部门自受理申请之日起20日内提出审核意见，连同申请材料报新闻出版总署审批。

第九条　设立音像出版单位的申请书应当载明下列事项：

（一）音像出版单位的名称、地址；

（二）音像出版单位的主办单位及其主管机关的名称、地址；

（三）音像出版单位的法定代表人或者主要负责人及音像出版专业人员的姓名、住址、资格证明文件；

（四）音像出版单位的注册资本数额、来源及性质证明；

（五）音像出版单位工作场所使用证明文件。

申请书应当附具出版单位的章程和设立出版单位的主办单位及主管机关的有关证明材料。

第十条　新闻出版总署应当自收到申请书之日起60日内作出批准或者不批准的决定，并由省、自治区、直辖市人民政府出版行政部门书面通知主办单位；不批准的，应当说明理由。

第十一条　音像出版单位的主办单位应当自收到批准决定之日起60日内，向所在地省、自治区、直辖市人民政府出版行政部门登记，领取《音像制品出版许可证》（以下简称出版许可证）。音像出版单位经登记后，持出版许可证到工商行政管理部门登记，依法领取营业执照。

音像出版单位自登记之日起满180日未从事出版活动的，由原登记的出版行政部门注销登记，并报新闻出版总署备案。因不可抗力或者其他正当理由发生前款所列情形的，向出版行政部门申请延期。

第十二条　音像出版单位变更名称、主办单位或者主管机关、业务范围，或者兼并其他音像出版单位，或者因合并、分立而设立新的音像出版单位的，应当依照本规定第七条至第十条的规定办理审批手续，并到原登记的工商行政管理部门办理相应的登记手续。

第十三条　音像出版单位变更地址、法定代表人或者主要负责人，或者终止音像出版经营活动的，应当到原登记的工商行政管理部门办理变更登记或者注销登记，并在30日内向新闻出版总署备案。

第十四条　音像出版单位的法定代表人或者主要负责人应当具有中级以上出版专业技术人员职业资格，具有从事音像出版业务3年以上的经历，并应通过新闻出版总署或省、自治区、直辖市人民政府出版行政部门组织的岗位培训，获得《岗位培训合格证书》。

第十五条　音像出版单位中从事编辑、出版、校对等专业技术工作的人员，必须通过国家出版专业技术人员职业资格考试，取得规定级别的出版专业职业资格，持相应的《中华人民共和国出版专业技术人员职业资格证书》上岗。

第三章　出版活动的管理

第十六条　音像出版单位不得超出出版许可证确定的业务范围从事音像制品的出版活动。

第十七条　音像出版单位应当按照国家标准及其他有关规定标识、使用《中国标准音像制品编码》（以下简称版号）。版号由新闻出版总署负责管理和调控，由省、自治区、直辖市人民政府出版行政部门发放。

第十八条　音像出版单位实行编辑责任制度，保障音像制品刊载的内容合法。

第十九条　音像出版单位实行年度出版计划备案制度，出版计划的内容应包括选题名称、制作单位、主创人员、类别、载体、内容提要、节目长度、计划出版时间。出版计划报送的程序为：

（一）本年度上一年的12月20日以前报送本年度出版计划；本年度3月1日－20日、9月1日－20日报送本年度出版调整计划。

（二）出版计划及出版调整计划，须经所在地省、自治区、直辖市人民政府出版行政部门审核。

（三）省、自治区、直辖市人民政府出版行政部门应当自受理出版计划报送申请之日起20日内，向音像出版单位回复审核意见，并报新闻出版总署备案。

第二十条　音像出版单位出版涉及国家安全、社会安定等方面的重大选题，应当依照重大选题备案的有关规定报新闻出版总署备案。未经备案的重大选题，不得出版。

第二十一条　图书出版社、报社、期刊社、电子出版物出版社，出版配合本版出版物的音像制品，须向所在地省、自治区、直辖市人民政府出版行政部门提交申请书和样本。

第二十二条　出版配合本版出版物的音像制品申请书，须写明本版出版物的名称、制作单位；主创人员、主要内容、出版时间、节目长度；复制数量和载体形式等内容。

第二十三条　出版单位所在地省、自治区、直辖市人民政府出版行政部门，应当自受理申请之日起20日内对其申请书和样本进行审核。审核同意的，配发版号，发放复制委托书，并报新闻出版总署备案；审核不同意的，应当说明理由。

第二十四条　经批准出版的配合本版出版物音像制品，其名称须与本版出版物一致，并须与本版出版物统一配套销售，不得单独定价销售。

第二十五条　音像出版单位及经批准出版配合本版出版物音像制品的其他出版单位，应在其出版的音像制品及其包装的明显位置，标明出版单位的名称、地址和音像制品的版号；出版时间、责任编辑、著作权人和条形码。出版进口的音像制品，还应当标明进口批准文号。

第二十六条　音像出版单位不得向任何单位或者个人出租、出借、出售或者以其他任何形式转让本单位的名称，不得向任何单位或者个人出售或者以其他形式出售或转让本单位版号。

第二十七条　任何单位和个人不得以购买、租用、借用、擅自使用音像出版单位的名称或者以购买、伪造版号等形式从事音像制品出版活动。

第二十八条　音像出版单位不得委托未取得《音像制品制作许可证》的单位制作音像制品。

第二十九条　音像出版单位、经批准出版配合本版出版物音像制品的出版单位，应自音像制品出版之日起30日内，分别向国家图书馆、中国版本图书馆和新闻出版总署免费送交样本。

第四章　非卖品的管理

第三十条　用于无偿赠送、发放及业务交流的音像制品属于音像非卖品，不得定价，不得销售或变相销售，不得收取任何费用。

第三十一条　复制单位接受委托复制音像制品非卖品的，应当验证委托单位或者个人的身份证明和其出具的音像制品非卖品复制委托书，并要求委托方提供非卖品使用目的、名称、制作单位、主要内容、发送对象、复制数量、节目长度和载体形式等信息。

第三十二条　委托复制音像制品非卖品的单位或者个人须在音像制品非卖品包装和盘（带）显著位置标注“音像非卖品”字样。

第五章　委托复制的管理

第三十三条　委托复制音像制品，须使用复制委托书。

音像出版单位及其他委托复制单位，必须遵守国家关于复制委托书的管理规定。

复制委托书由新闻出版总署统一印制。

第三十四条　复制委托书由音像出版单位及其他委托复制单位向所在地省、自治区、直辖市人民政府出版行政部门领取。

第三十五条　出版单位及其他委托复制单位应当按照规定开具或填写复制委托书，并将复制委托书直接交送复制单位。

出版单位及其他委托复制单位须保证复制委托书内容真实、准确、完整。

出版单位及其他委托复制单位不得以任何形式向任何单位或者个人出售或者转让复制委托书。

第三十六条　音像出版单位及其他委托复制单位，须确定专人管理复制委托书并建立使用记录。复制委托书使用记录的内容包括开具时间、音像制品及具体节目名称、相对应的版号、管理人员签名。

复制委托书使用记录保存期为两年。

第三十七条　音像出版单位及其他委托复制单位，自音像制品完成复制之日起30日内，向所在地省、自治区、直辖市人民政府出版行政部门上交由本单位及复制单位签章的复制委托书第二联及音像制品样品。

第三十八条　申请出版配合本版出版物音像制品或音像非卖品的单位，自获得批准之日起90日内未能出版的，须向所在地省、自治区、直辖市人民政府出版行政部门交回复制委托书。

第三十九条　音像出版单位出版的音像制品、其他出版单位出版的配合本版出版物音像制品、音像非卖品须委托依法设立的复制单位复制。

第六章　审 核 登 记

第四十条　音像出版单位实行审核登记制度，审核登记每两年进行一次。

第四十一条　申请审核登记的音像出版单位应提交以下材料：

（一）《音像出版单位审核登记表》；

（二）音像制品出版业务情况报告，应当包括：执行出版管理的法律、法规和规章的情况，出版经营情况，人员、场所、设施情况；

（三）两年内出版的音像制品登记表；

（四）出版许可证的复印件。

第四十二条　音像出版单位应于审核登记年度1月15日前向所在地省、自治区、直辖市人民政府出版行政部门申请年度审核登记并提交相应材料。各省、自治区、直辖市人民政府出版行政部门对本行政区域内申请登记的音像出版单位进行审核，并于同年2月底前完成审核登记工作。

第四十三条　对符合下列条件的音像出版单位，省、自治区、直辖市人民政府出版行政部门予以登记：

（一）符合本规定第七条的规定；

（二）两年内无违反出版管理法律、法规和规章的情形；

（三）两年内出版音像制品不少于10种。

第四十四条　对不符合前条所列条件之一的音像出版单位，省、自治区、直辖市人民政府出版行政部门予以暂缓登记。

暂缓登记的期限为3个月。省、自治区、直辖市人民政府出版行政部门应当责令暂缓登记的出版单位在此期限内进行整顿，达到本规定第七条的规定条件。

在暂缓登记的期限届满前，省、自治区、直辖市人民政府出版行政部门应对暂缓登记的出版单位进行审查，对于达到本规定第七条的规定条件的，予以登记。对于未达到本规定第七条的规定条件的，提出注销登记意见报新闻出版总署批准。对注销登记的出版单位，由所在地省、自治区、直辖市人民政府出版行政部门缴回其出版许可证。

第四十五条　各省、自治区、直辖市人民政府出版行政部门应于同年3月20日前将审核登记情况及有关材料复印件汇总后报新闻出版总署备案。

第七章　罚　　则

第四十六条　未经批准，擅自设立音像制品出版单位，擅自从事音像制品出版业务的，依照《音像制品管理条例》第三十九条处罚。

第四十七条　出版含有《音像制品管理条例》第三条第二款禁止内容的音像制品，依照《音像制品管理条例》第四十条处罚。

第四十八条　出版音像制品的单位有下列行为之一的，依照《音像制品管理条例》第四十二条处罚：

（一）向其他单位、个人出租、出借、出售或者以其他任何形式转让本单位的名称、音像制品出版的许可证件或者批准文件，出售或者以其他任何形式转让本单位的版号或者复制委托书的；

（二）委托未取得《音像制品制作许可证》的单位制作音像制品，或者委托非依法设立的复制单位复制音像制品的。

第四十九条　出版音像制品的单位有下列行为之一的，依照《音像制品管理条例》第四十四条处罚：

（一）未按规定将年度出版计划和涉及国家安全、社会安定等方面的重大选题报新闻出版总署备案的；

（二）变更名称、主办单位或者主管机关、地址、法定代表人或者主要负责人、业务范围等，未依照本规定第十二条、第十三条办理审批、备案手续的；

（三）未在其出版的音像制品及其包装的明显位置标明本规定所规定的项目的；

（四）未依照规定期限送交音像制品样本的。

第五十条　有下列行为之一的，由出版行政部门责令停止违法行为，给予警告，并处 3 万元以下的罚款：

（一）其他出版单位配合本版出版物出版音像制品，其名称与本版出版物不一致或者单独定价销售的；

（二）音像出版单位及其他委托复制单位，未按照本规定第三十六条规定的内容、期限留存备查材料的；

（三）委托复制非卖品的单位销售或变相销售非卖品或者以非卖品收取费用的；

（四）委托复制非卖品的单位未在非卖品包装和盘带显著位置注明非卖品编号的。

第八章　附　　则

第五十一条　音像制品的出版许可证由新闻出版总署统一印制。

第五十二条　本规定有关行政许可的期限以工作日计算，不含法定节假日。

第五十三条　本办法自 2004 年 8 月 1 日起施行，新闻出版署 1996 年 2 月 1 日发布的《音像制品出版管理办法》同时废止。

期刊出版管理规定

1. 2005 年 9 月 30 日新闻出版总署令第 31 号公布

2. 根据 2017 年 12 月 11 日国家新闻出版广电总局令第 13 号《关于废止、修改和宣布失效部分规章、规范性文件的决定》修正

第一章　总　　则

第一条　为了促进我国期刊业的繁荣和发展，规范期刊出版活动，加强期刊出版管理，根据国务院《出版管理条例》及相关法律法规，制定本规定。

第二条　在中华人民共和国境内从事期刊出版活动，适用本规定。

期刊由依法设立的期刊出版单位出版。期刊出版单位出版期刊，必须经新闻出版总署批准，持有国内统一连续出版物号，领取《期刊出版许可证》。

本规定所称期刊又称杂志，是指有固定名称，用卷、期或者年、季、月顺序编号，按照一定周期出版的成册连续出版物。

本规定所称期刊出版单位，是指依照国家有关规定设立，经新闻出版总署批准并履行登记注册手续的期刊社。法人出版期刊不设立期刊社的，其设立的期刊编辑部视为期刊出版单位。

第三条　期刊出版必须坚持马克思列宁主义、毛泽东思想、邓小平理论和“三个代表”重要思想，坚持正确的舆论导向和出版方向，坚持把社会效益放在首位、社会效益和经济效益相统一的原则，传播和积累有益于提高民族素质、经济发展和社会进步的科学技术和文化知识，弘扬中华民族优秀文化，促进国际文化交流，丰富人民群众的精神文化生活。

第四条　期刊发行分公开发行和内部发行。

内部发行的期刊只能在境内按指定范围发行，不得在社会上公开发行、陈列。

第五条　新闻出版总署负责全国期刊出版活动的监督管理工作，制定并实施全国期刊出版的总量、结构、布局的规划，建立健全期刊出版质量评估制度、期刊年度核验制度以及期刊出版退出机制等监督管理制度。

地方各级新闻出版行政部门负责本行政区域内的期刊出版活动的监督管理工作。

第六条　期刊出版单位负责期刊的编辑、出版等期刊出版活动。

期刊出版单位合法的出版活动受法律保护。任何组织和个人不得非法干扰、阻止、破坏期刊的出版。

第七条　新闻出版总署对为我国期刊业繁荣和发展做出突出贡献的期刊出版单位及个人实施奖励。

第八条　期刊出版行业的社会团体按照其章程,在新闻出版行政部门的指导下,实行自律管理。

第二章　期刊创办和期刊出版单位设立

第九条　创办期刊、设立期刊出版单位,应当具备下列条件:

(一)有确定的、不与已有期刊重复的名称;

(二)有期刊出版单位的名称、章程;

(三)有符合新闻出版总署认定条件的主管、主办单位;

(四)有确定的期刊出版业务范围;

(五)有30万元以上的注册资本;

(六)有适应期刊出版活动需要的组织机构和符合国家规定资格条件的编辑专业人员;

(七)有与主办单位在同一行政区域的固定的工作场所;

(八)有确定的法定代表人或者主要负责人,该法定代表人或者主要负责人必须是在境内长久居住的中国公民;

(九)法律、行政法规规定的其他条件。

除前款所列条件外,还须符合国家对期刊及期刊出版单位总量、结构、布局的总体规划。

第十条　中央在京单位创办期刊并设立期刊出版单位,经主管单位审核同意后,由主办单位报新闻出版总署审批。

中国人民解放军和中国人民武装警察部队系统创办期刊并设立期刊出版单位,由中国人民解放军总政治部宣传部新闻出版局审核同意后报新闻出版总署审批。

其他单位创办期刊并设立期刊出版单位,经主管单位审核同意后,由主办单位向所在地省、自治区、直辖市新闻出版行政部门提出申请,省、自治区、直辖市新闻出版行政部门审核同意后,报新闻出版总署审批。

第十一条　两个以上主办单位合办期刊,须确定一个主要主办单位,并由主要主办单位提出申请。

期刊的主要主办单位应为其主管单位的隶属单位。期刊出版单位和主要主办单位须在同一行政区域。

第十二条　创办期刊、设立期刊出版单位,由期刊出版单位的主办单位提出申请,并提交以下材料:

(一)按要求填写的《期刊出版申请表》;

(二)主管单位、主办单位的有关资质证明材料;

(三)拟任出版单位法定代表人或主要负责人简历、身份证明文件及国家有关部门颁发的职业资格证书;

(四)编辑出版人员的职业资格证书;

(五)办刊资金来源、数额及相关的证明文件;

(六)期刊出版单位的章程;

(七)工作场所使用证明;

(八)期刊出版可行性论证报告。

第十三条　新闻出版总署应当自收到创办期刊、设立期刊出版单位的申请之日起90日内,作出批准或者不批准的决定,并直接或者由省、自治区、直辖市新闻出版行政部门书面通知主办单位;不批准的,应当说明理由。

第十四条　期刊主办单位应当自收到新闻出版总署批准决定之日起60日内办理注册登记手续:

(一)持批准文件到所在地省、自治区、直辖市新闻出版行政部门领取《期刊出版登记表》,填写一式五份,经期刊主管单位审核签章后,报所在地省、自治区、直辖市新闻出版行政部门,省、自治区、直辖市新闻出版行政部门应在15日内,将《期刊出版登记表》报送新闻出版总署备案;

(二)公开发行的期刊,可以向ISSN中国国家中心申领国际标准连续出版物号,并向新闻出版总署条码中心申领条型码;

(三)省、自治区、直辖市新闻出版行政部门对《期刊出版登记表》审核无误后,在10日内向主办单位发放《期刊出版许可证》;

(四)期刊出版单位持《期刊出版许可证》到工商行政管理部门办理登记手续,依法领取营业执照。

《期刊出版登记表》由期刊出版单位、主办单位、主管单位及所在地省、自治区、直辖市新闻出版行政部门各留存一份。

第十五条　期刊主办单位自收到新闻出版总署的批准文件之日起60日内未办理注册登记手续,批准文件自行失效,登记机关不再受理登记,期刊主办单位须把有关批准文件缴回新闻出版总署。

期刊出版单位自登记之日起满90日未出版期刊的，由新闻出版总署撤销《期刊出版许可证》，并由原登记的新闻出版行政部门注销登记。

因不可抗力或者其他正当理由发生前款所列情形的，期刊出版单位可以向原登记的新闻出版行政部门申请延期。

第十六条　期刊社应当具备法人条件，经核准登记后，取得法人资格，以其全部法人财产独立承担民事责任。

期刊编辑部不具有法人资格，其民事责任由其主办单位承担。

第十七条　期刊出版单位变更名称、合并或者分立、改变资本结构，出版新的期刊，依照本规定第十条至第十四条的规定办理审批、登记手续。

第十八条　期刊变更名称、主办单位或主管单位、业务范围、刊期的，依照本规定第十条至第十四条的规定办理审批、登记手续。

期刊变更登记地，经主管、主办单位同意后，由期刊出版单位到新登记地省、自治区、直辖市新闻出版行政部门办理登记手续。

期刊变更刊期，新闻出版总署可以委托省、自治区、直辖市新闻出版行政部门审批。

本规定所称期刊业务范围包括办刊宗旨、文种。

第十九条　期刊出版单位变更期刊开本、法定代表人或者主要负责人、在同一登记地内变更地址，经其主办单位审核同意后，由期刊出版单位在15日内向所在地省、自治区、直辖市新闻出版行政部门备案。

第二十条　期刊休刊，期刊出版单位须向所在地省、自治区、直辖市新闻出版行政部门备案并说明休刊理由和期限。

期刊休刊时间不得超过一年。休刊超过一年的，由新闻出版总署撤销《期刊出版许可证》，所在地省、自治区、直辖市新闻出版行政部门注销登记。

第二十一条　期刊出版单位终止期刊出版活动的，经主管单位同意后，由其主办单位向所在地省、自治区、直辖市新闻出版行政部门办理注销登记，并由省、自治区、直辖市新闻出版行政部门报新闻出版总署备案。

第二十二条　期刊注销登记，以同一名称设立的期刊出版单位须与期刊同时注销，并到原登记的工商行政管理部门办理注销登记。

注销登记的期刊和期刊出版单位不得再以该名称从事出版、经营活动。

第二十三条　中央期刊出版单位组建期刊集团，由新闻出版总署批准；地方期刊出版单位组建期刊集团，向所在地省、自治区、直辖市新闻出版行政部门提出申请，经审核同意后，报新闻出版总署批准。

第三章　期刊的出版

第二十四条　期刊出版实行编辑责任制度，保障期刊刊载内容符合国家法律、法规的规定。

第二十五条　期刊不得刊载《出版管理条例》和其他有关法律、法规以及国家规定的禁止内容。

第二十六条　期刊刊载的内容不真实、不公正，致使公民、法人或者其他组织的合法权益受到侵害的，期刊出版单位应当公开更正，消除影响，并依法承担其他民事责任。

期刊刊载的内容不真实、不公正，致使公民、法人或者其他组织的合法权益受到侵害的，当事人有权要求期刊出版单位更正或者答辩，期刊出版单位应当在其最近出版的一期期刊上予以发表；拒绝发表的，当事人可以向人民法院提出诉讼。

期刊刊载的内容不真实、不公正，损害公共利益的，新闻出版总署或者省、自治区、直辖市新闻出版行政部门可以责令该期刊出版单位更正。

第二十七条　期刊刊载涉及国家安全、社会安定等重大选题的内容，须按照重大选题备案管理规定办理备案手续。

第二十八条　公开发行的期刊不得转载、摘编内部发行出版物的内容。

期刊转载、摘编互联网上的内容，必须按照有关规定对其内容进行核实，并在刊发的明显位置标明下载文件网址、下载日期等。

第二十九条　期刊出版单位与境外出版机构开展合作出版项目，须经新闻出版总署批准，具体办法另行规定。

第三十条　期刊出版质量须符合国家标准和行业标准。期刊使用语言文字须符合国家有关规定。

第三十一条　期刊须在封底或版权页上刊载以下版本记录：期刊名称、主管单位、主办单位、出版单位、印刷单位、发行单位、出版日期、总编辑（主编）姓名、发行范围、定价、国内统一连续出版物号、广告经营许可证号等。

领取国际标准连续出版物号的期刊须同时刊印国际标准连续出版物号。

第三十二条　期刊须在封面的明显位置刊载期刊名称和年、月、期、卷等顺序编号，不得以总期号代替年、月、期号。

期刊封面其他文字标识不得明显于刊名。

期刊的外文刊名须是中文刊名的直译。外文期刊封面上必须同时刊印中文刊名；少数民族文种期刊封面上必须同时刊印汉语刊名。

第三十三条　一个国内统一连续出版物号只能对应出版一种期刊，不得用同一国内统一连续出版物号出版不同版本的期刊。

出版不同版本的期刊，须按创办新期刊办理审批手续。

第三十四条　期刊可以在正常刊期之外出版增刊。每种期刊每年可以出版两期增刊。

期刊出版单位出版增刊，应当经其主管单位审核同意后，由主办单位报所在地省、自治区、直辖市新闻出版行政部门备案。备案文件应当说明拟出增刊的出版理由、出版时间、文章编目、期数、页码、印数、印刷单位等；所在地省、自治区、直辖市新闻出版行政部门备案后，发给备案证明文件，配发增刊备案号。

增刊内容必须符合正刊的业务范围，开本和发行范围必须与正刊一致；增刊除刊印本规定第三十一条所列版本纪录外，还须刊印增刊备案号，并在封面刊印正刊名称和注明“增刊”。

第三十五条　期刊合订本须按原期刊出版顺序装订，不得对期刊内容另行编排，并在其封面明显位置标明期刊名称及“合订本”字样。

期刊因内容违法被新闻出版行政部门给予行政处罚的，该期期刊的相关篇目不得收入合订本。

被注销登记的期刊，不得制作合订本。

第三十六条　期刊出版单位不得出卖、出租、转让本单位名称及所出版期刊的刊号、名称、版面，不得转借、转让、出租和出卖《期刊出版许可证》。

第三十七条　期刊出版单位利用其期刊开展广告业务，必须遵守广告法律规定，发布广告须依法查验有关证明文件，核实广告内容，不得刊登有害的、虚假的等违法广告。

期刊的广告经营者限于在合法授权范围内开展广告经营、代理业务，不得参与期刊的采访、编辑等出版活动。

第三十八条　期刊采编业务与经营业务必须严格分开。

禁止以采编报道相威胁，以要求被报道对象做广告、提供赞助、加入理事会等损害被报道对象利益的行为牟取不正当利益。

期刊不得刊登任何形式的有偿新闻。

第三十九条　期刊出版单位的新闻采编人员从事新闻采访活动，必须持有新闻出版总署统一核发的新闻记者证，并遵守新闻出版总署《新闻记者证管理办法》的有关规定。

第四十条　具有新闻采编业务的期刊出版单位在登记地以外的地区设立记者站，参照新闻出版总署《报社记者站管理办法》审批、管理。其他期刊出版单位一律不得设立记者站。

期刊出版单位是否具有新闻采编业务由新闻出版总署认定。

第四十一条　期刊出版单位不得以不正当竞争行为或者方式开展经营活动，不得利用权力摊派发行期刊。

第四十二条　期刊出版单位须遵守国家统计法规，依法向新闻出版行政部门报送统计资料。

期刊出版单位应配合国家认定的出版物发行数据调查机构进行期刊发行数据调查，提供真实的期刊发行数据。

第四十三条　期刊出版单位须在每期期刊出版30日内，分别向新闻出版总署、中国版本图书馆、国家图书馆以及所在地省、自治区、直辖市新闻出版行政部门缴送样刊3本。

第四章　监督管理

第四十四条　期刊出版活动的监督管理实行属地原则。

省、自治区、直辖市新闻出版行政部门依法负责对本行政区域期刊和期刊出版单位的登记、年度核验、质量评估、行政处罚等工作，对本行政区域的期刊出版活动进行监督管理。

其他地方新闻出版行政部门依法对本行政区域内期刊出版单位及其期刊出版活动进行监督管理。

第四十五条　期刊出版管理实施期刊出版事后审读制度、期刊出版质量评估制度、期刊年度核验制度和期刊出版从业人员资格管理制度。

期刊出版单位应当按照新闻出版总署的规定，将从事期刊出版活动的情况向新闻出版行政部门提出书面报告。

第四十六条　新闻出版总署负责全国期刊审读工作。地方各级新闻出版行政部门负责对本行政区域内出版的期刊进行审读。下级新闻出版行政部门要定期向上一级新闻出版行政部门提交审读报告。

主管单位须对其主管的期刊进行审读，定期向所在地新闻出版行政部门报送审读报告。

期刊出版单位应建立期刊阅评制度，定期写出阅评报告。新闻出版行政部门根据管理工作的需要，可以随时调阅、检查期刊出版单位的阅评报告。

第四十七条　新闻出版总署制定期刊出版质量综合评估标准体系，对期刊出版质量进行全面评估。

经期刊出版质量综合评估，期刊出版质量未达到规定标准或者不能维持正常出版活动的，由新闻出版总署撤销《期刊出版许可证》，所在地省、自治区、直辖市新闻出版行政部门注销登记。

第四十八条　省、自治区、直辖市新闻出版行政部门负责对本行政区域的期刊实施年度核验。年度核验内容包括期刊出版单位及其所出版期刊登记项目、出版质量、遵纪守法情况等。

第四十九条　年度核验按照以下程序进行：

（一）期刊出版单位提出年度自检报告，填写由新闻出版总署统一印制的《期刊登记项目年度核验表》，经期刊主办单位、主管单位审核盖章后，连同本年度出版的样刊报省、自治区、直辖市新闻出版行政部门；

（二）省、自治区、直辖市新闻出版行政部门对期刊出版单位自检报告、《期刊登记项目年度核验表》及样刊进行审核查验；

（三）经核验符合规定标准的，省、自治区、直辖市新闻出版行政部门在《期刊出版许可证》上加盖年度核验章；《期刊出版许可证》上加盖年度核验章即为通过年度核验，期刊出版单位可以继续从事期刊出版活动；

（四）省、自治区、直辖市新闻出版行政部门在完成期刊年度核验工作30日内向新闻出版总署提交期刊年度核验工作报告。

第五十条　有下列情形之一的，暂缓年度核验：

（一）正在限期停业整顿的；

（二）经审核发现有违法情况应予处罚的；

（三）主管单位、主办单位未履行管理责任，导致期刊出版管理混乱的；

（四）存在其他违法嫌疑需要进一步核查的。

暂缓年度核验的期限由省、自治区、直辖市新闻出版行政部门确定，报新闻出版总署备案。缓验期满，按本规定第四十八条、第四十九条重新办理年度核验。

第五十一条　期刊有下列情形之一的，不予通过年度核验：

（一）违法行为被查处后拒不改正或者没有明显整改效果的；

（二）期刊出版质量长期达不到规定标准的；

（三）经营恶化已经资不抵债的；

（四）已经不具备本规定第九条规定条件的。

不予通过年度核验的，由新闻出版总署撤销《期刊出版许可证》，所在地省、自治区、直辖市新闻出版行政部门注销登记。

未通过年度核验的，期刊出版单位自第二年起停止出版该期刊。

第五十二条　《期刊出版许可证》加盖年度核验章后方可继续使用。有关部门在办理期刊出版、印刷、发行等手续时，对未加盖年度核验章的《期刊出版许可证》不予采用。

不按规定参加年度核验的期刊出版单位，经催告仍未参加年度核验的，由新闻出版总署撤销《期刊出版许可证》，所在地省、自治区、直辖市新闻出版行政部门注销登记。

第五十三条　年度核验结果，核验机关可以向社会公布。

第五十四条　期刊出版从业人员，应具备国家规定的新闻出版职业资格条件。

第五十五条　期刊出版单位的社长、总编辑须符合国家规定的任职资格和条件。

期刊出版单位的社长、总编辑须参加新闻出版行政部门组织的岗位培训。

期刊出版单位的新任社长、总编辑须经过岗位培训合格后才能上岗。

第五章　法 律 责 任

第五十六条　期刊出版单位违反本规定的，新闻出版行政部门视其情节轻重，可以采取下列行政措施：

（一）下达警示通知书；

（二）通报批评；

（三）责令公开检讨；

（四）责令改正；

（五）责令停止印制、发行期刊；

（六）责令收回期刊；

（七）责成主办单位、主管单位监督期刊出版单位整改。

警示通知书由新闻出版总署制定统一格式，由新闻出版总署或者省、自治区、直辖市新闻出版行政部门下达给违法的期刊出版单位，并抄送违法期刊出版单位的主办单位及其主管单位。

本条所列行政措施可以并用。

第五十七条　未经批准，擅自设立期刊出版单位，或者擅自从事期刊出版业务，假冒期刊出版单位名称或者伪造、假冒期刊名称出版期刊的，依照《出版管理条例》第六十一条处罚。

期刊出版单位未履行备案手续擅自出版增刊、擅自与境外出版机构开展合作出版项目的，按前款处罚。

第五十八条　出版含有《出版管理条例》和其他有关法律、法规以及国家规定禁载内容期刊的，依照《出版管理条例》第六十二条处罚。

第五十九条　期刊出版单位违反本规定第三十六条的，依照《出版管理条例》第六十六条处罚。

期刊出版单位允许或者默认广告经营者参与期刊采访、编辑等出版活动的，按前款处罚。

第六十条　期刊出版单位有下列行为之一的，依照《出版管理条例》第六十七条处罚：

（一）期刊变更名称、主办单位或主管单位、业务范围、刊期，未依照本规定办理审批手续的；

（二）期刊出版单位变更名称、合并或分立、改变资本结构、出版新的期刊，未依照本规定办理审批手续的；

（三）期刊出版单位未将涉及国家安全、社会安定等方面的重大选题备案的；

（四）期刊出版单位未依照本规定缴送样刊的。

第六十一条　期刊出版单位违反本规定第四条第二款的，依照新闻出版总署《出版物市场管理规定》第四十八条处罚。

第六十二条　期刊出版单位有下列行为之一的，由新闻出版总署或者省、自治区、直辖市新闻出版行政部门给予警告，并处3万元以下罚款：

（一）期刊出版单位变更期刊开本、法定代表人或者主要负责人、在同一登记地内变更地址，未按本规定第十九条报送备案的；

（二）期刊休刊未按本规定第二十条报送备案的；

（三）刊载损害公共利益的虚假或者失实报道，拒不执行新闻出版行政部门更正命令的；

（四）公开发行的期刊转载、摘编内部发行出版物内容的；

（五）期刊转载、摘编互联网上的内容，违反本规定第二十八条第二款的；

（六）未按照本规定第三十一条刊载期刊版本记录的；

（七）违反本规定第三十二条关于期刊封面标识的规定的；

（八）违反本规定第三十三条，“一号多刊”的；

（九）出版增刊违反本规定第三十四条第三款的；

（十）违反本规定第三十五条制作期刊合订本的；

（十一）刊登有偿新闻或者违反本规定第三十八条其他规定的；

（十二）违反本规定第四十一条，以不正当竞争行为开展经营活动或者利用权力摊派发行的。

第六十三条　期刊出版单位新闻采编人员违反新闻记者证的有关规定，依照新闻出版总署《新闻记者证管理办法》的规定处罚。

第六十四条　期刊出版单位违反记者站的有关规定，依照新闻出版总署《报社记者站管理办法》的规定处罚。

第六十五条　对期刊出版单位做出行政处罚，新闻出版行政部门应告知其主办单位和主管单位，可以通过媒体向社会公布。

对期刊出版单位做出行政处罚，新闻出版行政部门可以建议其主办单位或者主管单位对直接责任人和主要负责人予以行政处分或者调离岗位。

第六章　附　　则

第六十六条　本规定施行后，新闻出版署《期刊管理暂行规定》和《〈期刊管理暂行规定〉行政处罚实施办法》同时废止，此前新闻出版行政部门对期刊出版活动的其他规定，凡与本规定不一致的，以本规定为准。

第六十七条　本规定自2005年12月1日起施行。

教科书法定许可使用作品支付报酬办法

1. 2013年10月22日国家版权局、国家发展和改革委员会令第10号公布
2. 自2013年12月1日起施行

第一条　为保护文学、艺术和科学作品作者的著作权，规范编写出版教科书使用已发表作品的行为，根据

《中华人民共和国著作权法》、《中华人民共和国著作权法实施条例》及《著作权集体管理条例》，制定本办法。

第二条　本办法适用于使用已发表作品编写出版九年制义务教育和国家教育规划教科书的行为。本办法所称教科书不包括教学参考书和教学辅导材料。

本办法所称九年制义务教育教科书和国家教育规划教科书，是指为实施义务教育、高中阶段教育、职业教育、高等教育、民族教育、特殊教育，保证基本的教学标准，或者为达到国家对某一领域、某一方面教育教学的要求，根据国务院教育行政部门或者省级人民政府教育行政部门制定的课程方案、专业教学指导方案而编写出版的教科书。

第三条　在教科书中汇编已经发表的作品片断或者短小的文字作品、音乐作品或者单幅的美术作品、摄影作品，除作者事先声明不许使用的外，可以不经著作权人许可，但应当支付报酬，指明作者姓名、作品名称，并且不得侵犯著作权人依法享有的其他权利。

作品片断或者短小的文字作品，是指九年制义务教育教科书中使用的单篇不超过2000字的文字作品，或者国家教育规划（不含九年制义务教育）教科书中使用的单篇不超过3000字的文字作品。

短小的音乐作品，是指九年制义务教育和国家教育规划教科书中使用的单篇不超过5页面或时长不超过5分钟的单声部音乐作品，或者乘以相应倍数的多声部音乐作品。

第四条　教科书汇编者支付报酬的标准如下：

（一）文字作品：每千字300元，不足千字的按千字计算；

（二）音乐作品：每首300元；

（三）美术作品、摄影作品：每幅200元，用于封面或者封底的，每幅400元；

（四）在与音乐教科书配套的录音制品教科书中使用的已有录音制品：每首50元。

支付报酬的字数按实有正文计算，即以排印的版面每行字数乘以全部实有的行数计算。占行题目或者末尾排印不足一行的，按一行计算。

诗词每十行按一千字计算；不足十行的按十行计算。

非汉字的文字作品，按照相同版面同等字号汉字数付酬标准的80%计酬。

第五条　使用改编作品编写出版教科书，按照本办法第四条的规定确定报酬后，由改编作品的作者和原作品的作者协商分配，协商不成的，应当等额分配。

使用的作品有两个或者两个以上作者的，应当等额分配该作品的报酬，作者另有约定的除外。

第六条　教科书出版发行存续期间，教科书汇编者应当按照本办法每年向著作权人支付一次报酬。

报酬自教科书出版之日起2个月内向著作权人支付。

教科书汇编者未按照前款规定向著作权人支付报酬，应当在每学期开学第一个月内将其应当支付的报酬连同邮资以及使用作品的有关情况交给相关的著作权集体管理组织。教科书汇编者支付的报酬到账后，著作权集体管理组织应当及时按相关规定向著作权人转付，并及时在其网站上公告教科书汇编者使用作品的有关情况。

著作权集体管理组织收转报酬，应当编制报酬收转记录。

使用作品的有关情况包括使用作品的名称、作者（包括原作者和改编者）姓名、作品字数、出版时间等。

第七条　教科书出版后，著作权人要求教科书汇编者提供样书的，教科书汇编者应当向著作权人提供。

教科书汇编者按照本办法通过著作权集体管理组织转付报酬的，可以将样书交给相关的著作权集体管理组织，由其转交给著作权人。

转交样书产生的费用由教科书汇编者承担。

第八条　教科书汇编者按照本办法第六条第三款规定将相应报酬转交给著作权集体管理组织后，对著作权人不再承担支付报酬的义务。

第九条　教科书汇编者未按照本办法规定支付报酬的，应当承担停止侵权、消除影响、赔礼道歉、赔偿损失等民事责任。

第十条　教科书汇编者向录音制作者支付报酬，适用本办法第六条、第八条和第九条规定。

第十一条　本办法自2013年12月1日起施行。本办法施行前发布的其他有关规定与本办法不一致的，以本办法为准。

使用文字作品支付报酬办法

1. *2014年9月23日国家版权局、国家发展和改革委员会令第11号公布*
2. *自2014年11月1日起施行*

第一条　为保护文字作品著作权人的著作权，规范使用文字作品的行为，促进文字作品的创作与传播，根据《中华人民共和国著作权法》及相关行政法规，制定本办法。

第二条　除法律、行政法规另有规定外，使用文字作品支付报酬由当事人约定；当事人没有约定或者约定不明的，适用本办法。

第三条　以纸介质出版方式使用文字作品支付报酬可以选择版税、基本稿酬加印数稿酬或者一次性付酬等方式。

版税，是指使用者以图书定价×实际销售数或者印数×版税率的方式向著作权人支付的报酬。

基本稿酬，是指使用者按作品的字数，以千字为单位向著作权人支付的报酬。

印数稿酬，是指使用者根据图书的印数，以千册为单位按基本稿酬的一定比例向著作权人支付的报酬。

一次性付酬，是指使用者根据作品的质量、篇幅、作者的知名度、影响力以及使用方式、使用范围和授权期限等因素，一次性向著作权人支付的报酬。

第四条　版税率标准和计算方法：

（一）原创作品：3%—10%

（二）演绎作品：1%—7%

采用版税方式支付报酬的，著作权人可以与使用者在合同中约定，在交付作品时或者签订合同时由使用者向著作权人预付首次实际印数或者最低保底发行数的版税。

首次出版发行数不足千册的，按千册支付版税，但在下次结算版税时对已经支付版税部分不再重复支付。

第五条　基本稿酬标准和计算方法：

（一）原创作品：每千字80—300元，注释部分参照该标准执行。

（二）演绎作品：

1. 改编：每千字20—100元；
2. 汇编：每千字10—20元；
3. 翻译：每千字50—200元。

支付基本稿酬以千字为单位，不足千字部分按千字计算。

支付报酬的字数按实有正文计算，即以排印的版面每行字数乘以全部实有的行数计算。占行题目或者末尾排不足一行的，按一行计算。

诗词每十行按一千字计算，作品不足十行的按十行计算。

辞书类作品按双栏排版的版面折合的字数计算。

第六条　印数稿酬标准和计算方法：

每印一千册，按基本稿酬的1%支付。不足一千册的，按一千册计算。

作品重印时只支付印数稿酬，不再支付基本稿酬。

采用基本稿酬加印数稿酬的付酬方式的，著作权人可以与使用者在合同中约定，在交付作品时由使用者支付基本稿酬的30%—50%。除非合同另有约定，作品一经使用，使用者应当在6个月内付清全部报酬。作品重印的，应在重印后6个月内付清印数稿酬。

第七条　一次性付酬的，可以参照本办法第五条规定的基本稿酬标准及其计算方法。

第八条　使用演绎作品，除合同另有约定或者原作品已进入公有领域外，使用者还应当取得原作品著作权人的许可并支付报酬。

第九条　使用者未与著作权人签订书面合同，或者签订了书面合同但未约定付酬方式和标准，与著作权人发生争议的，应当按本办法第四条、第五条规定的付酬标准的上限分别计算报酬，以较高者向著作权人支付，并不得以出版物抵作报酬。

第十条　著作权人许可使用者通过转授权方式在境外出版作品，但对支付报酬没有约定或约定不明的，使用者应当将所得报酬扣除合理成本后的70%支付给著作权人。

第十一条　报刊刊载作品只适用一次性付酬方式。

第十二条　报刊刊载未发表的作品，除合同另有约定外，应当自刊载后1个月内按每千字不低于100元的标准向著作权人支付报酬。

报刊刊载未发表的作品，不足五百字的按千字作半计算；超过五百字不足千字的按千字计算。

第十三条　报刊依照《中华人民共和国著作权法》的相

关规定转载、摘编其他报刊已发表的作品，应当自报刊出版之日起2个月内，按每千字100元的付酬标准向著作权人支付报酬，不足五百字的按千字作半计算，超过五百字不足千字的按千字计算。

报刊出版者未按前款规定向著作权人支付报酬的，应当将报酬连同邮资以及转载、摘编作品的有关情况送交中国文字著作权协会代为收转。中国文字著作权协会收到相关报酬后，应当按相关规定及时向著作权人转付，并编制报酬收转记录。

报刊出版者按前款规定将相关报酬转交给中国文字著作权协会后，对著作权人不再承担支付报酬的义务。

第十四条 以纸介质出版方式之外的其他方式使用文字作品，除合同另有约定外，使用者应当参照本办法规定的付酬标准和付酬方式付酬。

在数字或者网络环境下使用文字作品，除合同另有约定外，使用者可以参照本办法规定的付酬标准和付酬方式付酬。

第十五条 教科书法定许可使用文字作品适用《教科书法定许可使用作品支付报酬办法》。

第十六条 本办法由国家版权局会同国家发展和改革委员会负责解释。

第十七条 本办法自2014年11月1日起施行。国家版权局1999年4月5日发布的《出版文字作品报酬规定》同时废止。

复制管理办法

1. 2009年6月30日新闻出版总署令第42号公布

2. 根据2015年8月28日国家新闻出版广电总局令第3号《关于修订部分规章和规范性文件的决定》修订

第一章 总 则

第一条 为了加强管理，促进我国复制业健康发展，根据《出版管理条例》和《音像制品管理条例》的有关规定，制定本办法。

第二条 本办法适用于光盘、磁带磁盘以及新闻出版总署认定的其他存储介质形态（以下简称其他介质）的复制经营活动。

本办法所称光盘包括只读类光盘和可录类光盘。其中，只读类光盘是指存储有内容的光盘；可录类光盘是指空白光盘。

本办法所称复制经营活动，包括经营性的光盘复制生产和存储有内容的磁带磁盘复制等活动。

本办法所称复制单位是指从事光盘、磁带磁盘和其他介质复制经营活动的单位。

第三条 任何单位和个人禁止复制含有以下内容的复制品：

（一）反对宪法确定的基本原则的；

（二）危害国家统一、主权和领土完整的；

（三）泄露国家秘密、危害国家安全或者损害国家荣誉和利益的；

（四）煽动民族仇恨、民族歧视，破坏民族团结，或者侵害民族风俗、习惯的；

（五）宣扬邪教、迷信的；

（六）扰乱社会秩序，破坏社会稳定的；

（七）宣扬淫秽、赌博、暴力或者教唆犯罪的；

（八）侮辱或者诽谤他人，侵害他人合法权益的；

（九）危害社会公德或者民族优秀文化传统的；

（十）有法律、行政法规和国家规定禁止的其他内容的。

第四条 新闻出版总署主管全国光盘、磁带磁盘以及其他介质复制经营活动的监督管理工作，负责只读类光盘设立的审批。

县级以上地方新闻出版行政部门负责本行政区域内光盘、磁带磁盘以及其他介质复制经营活动的监督管理工作。其中，省级新闻出版行政部门负责可录类光盘生产单位和磁带磁盘复制单位设立的审批。

第五条 新闻出版行政部门根据已经取得的违法嫌疑证据或者举报，对涉嫌违法从事复制经营活动的行为进行查处时，可以检查与违法活动有关的物品；对有证据证明是与违法活动有关的物品，可以查封或者扣押。

第六条 复制单位应当建立质量保障体系，健全各项管理制度。

第七条 复制行业的社会团体按照其章程，在新闻出版行政部门的指导下，实行自律管理。

第二章 复制单位的设立

第八条 国家对复制经营活动实行许可制度；未经许可，任何单位和个人不得从事复制经营活动。

设立复制单位须由新闻出版行政部门审批，核发复制经营许可证，并经工商行政部门登记注册后方可进行生产。设立外商投资复制单位，除由新闻出版行政部门批准外，还须报商务部审批并颁发外商投资企业批准证书。

第九条　设立复制单位应当具备下列条件：

（一）有复制单位的名称、章程；

（二）有确定的业务范围；

（三）有适应业务范围需要的生产经营场所和必要的资金、设备等生产经营条件；

（四）有适应业务范围需要的组织机构和人员；

（五）有关法律、行政法规规定的其他条件。

审批设立复制单位，除依照前款规定外，还应当符合国家有关复制单位总量、结构和布局的规划。

第十条　设立复制单位，应当向所在地省级新闻出版行政部门提出申请，并提交下列申请文件：

（一）按要求填写的申请表；

（二）企业章程；

（三）可行性研究报告；

（四）法定代表人或者主要负责人的身份证明和履历证明；

（五）注册资本数额、来源及性质证明；

（六）经营场所和必备的生产条件证明；

（七）新设立企业的，须提交工商部门核发的企业名称预先核准通知书。

第十一条　申请设立只读类光盘复制单位的，由所在地省级新闻出版行政部门审核同意后，报新闻出版总署审批，并提交省级新闻出版行政部门的初审文件和本办法第十条规定的申请文件。新闻出版总署应自受理之日起 60 日内作出批准或不批准的决定，并由省级新闻出版行政部门通知申请人；不批准的，应当说明理由。

申请设立可录类光盘生产单位和磁带磁盘复制单位的，省级新闻出版行政部门应自受理之日起 20 日内作出批准或不批准的决定，并通知申请人；不批准的，应当说明理由。

第十二条　国家允许设立外商投资可录类光盘生产单位，允许设立中外合资经营、中外合作经营只读类光盘和磁带磁盘复制单位，但中方必须控股或占主导地位。国家禁止设立外商独资只读类光盘和磁带磁盘复制单位。

第十三条　经新闻出版行政部门批准设立的复制单位，其复制生产设备安装调试完毕，经所在地省级新闻出版行政部门验收合格并发给复制经营许可证后，方可投产。

复制单位应当在 60 日内持新闻出版行政部门有关批准文件或复制经营许可证到所在地工商行政部门办理登记手续。

第十四条　复制单位申请兼营或者变更业务范围，或者兼并其他复制单位，或者因合并、分立而设立新的复制单位，应当依照本办法第九条至第十一条的规定办理审批登记手续。

复制单位变更名称、地址、法定代表人或者主要负责人或者终止复制经营活动的，应当到原登记的工商行政部门办理变更登记或者注销登记。由省级新闻出版行政部门批准设立的复制单位，应在工商机关登记后 30 日内直接向省级新闻出版行政部门备案；由新闻出版总署批准设立的复制单位，应在工商机关登记后 20 日内向省级新闻出版行政部门提交备案申请，省级新闻出版行政部门在接到申请之日起 20 日内向新闻出版总署备案；备案机关进行备案后变更或者注销复制经营许可证。

第三章　复制生产设备管理

第十五条　国家对光盘复制生产设备实行审批管理。

本办法所称的光盘复制生产设备是指从事光盘母盘刻录生产和子盘复制生产的设备。包括下列主要部分：用于光盘生产的金属母盘生产设备、精密注塑机、真空金属溅镀机、粘合机、保护胶涂覆机、染料层旋涂机、专用模具、盘面印刷机和光盘质量在线检测仪、离线检测仪等。

增加、进口、购买、变更光盘复制生产设备，须由新闻出版行政部门审批。其中增加、进口、购买、变更只读类光盘复制生产设备，由新闻出版总署审批；增加、进口、购买、变更可录类光盘生产设备，由所在地省级新闻出版行政部门审批，报新闻出版总署备案。

第十六条　光盘复制生产设备进口管理流程依据新闻出版总署、商务部、海关总署有关规定执行。

禁止进口旧（二手）光盘复制生产设备，禁止旧（二手）光盘复制生产设备进入出口加工区、保税区等海关监管特殊区域。

第十七条　被查处关闭光盘复制单位和被查缴的光盘复制生产设备的处理，由所在地省级新闻出版行政部门在本辖区内定向审批。需要跨省处理的，所在地省级新闻出版行政部门可报新闻出版总署在省际之间调剂，由同意接收或收购的光盘复制单位所在地省级新闻出版行政部门审批。接收或收购上述光盘复制生产设备的单位，必须是现有的合法光盘复制单位在许可经营的范围内接收或收购对应的生产设备，超出原许可经营范围的，应按本办法第十四条的规定办理审批手续。

被查处关闭光盘复制单位的光盘复制生产设备的价格，由买卖双方协商解决；被查缴的光盘复制生产设备的价格，由有关部门评估定价。

省级新闻出版行政部门应在审批后20日内向新闻出版总署备案。

申请单位向所在地省级新闻出版行政部门提出申请，经批准后，凭新闻出版行政部门的批准文件按上述程序办理有关设备的交接手续。

第十八条 进口用于国产设备制造或者其他科研用途的光盘复制生产设备的，依照本办法第十五条、第十六条的规定办理相关手续。

第十九条 国家对国产光盘复制生产设备的生产和销售实行备案管理。国产光盘复制生产设备生产和销售后，应分别在30日内向所在地省级新闻出版行政部门备案。备案内容包括生产和销售国产光盘复制生产设备的时间、设备名称、设备编号、设备数量和销售对象等。

第二十条 从事只读类光盘复制，必须使用蚀刻有新闻出版总署核发的光盘来源识别码（SID码）的注塑模具。

光盘复制单位蚀刻SID码，应当向所在地省级新闻出版行政部门提出申请，由所在地省级新闻出版部门报新闻出版总署核发SID码；复制单位应于收到核发文件之日起20日内到指定刻码单位进行蚀刻，并在刻码后按有关规定向光盘生产源鉴定机构报送样盘。

刻码单位应将蚀刻SID码的情况通报新闻出版总署，光盘生产源鉴定机构应将样盘报送情况通报新闻出版总署。

第二十一条 复制生产设备的技术、质量指标应当符合国家或者行业标准。

第四章 复制经营活动管理

第二十二条 复制单位必须严格按所批准的经营范围进行复制经营，不得超范围复制经营。

第二十三条 国家对复制经营活动实行复制委托书制度。

复制单位接受委托复制音像制品或者电子出版物的，应当验证委托的出版单位盖章的复制委托书及其他法定文书。

接受委托复制属于非卖品或计算机软件的，应当验证经省级新闻出版行政部门核发并由委托单位盖章的复制委托书。

第二十四条 复制单位接受委托复制境外产品的，应当事先将该样品及有关证明文件报经所在地省级新闻出版行政部门审核同意；复制的产品除样品外应当全部出境。

加工贸易项下只读类光盘的进出口管理，依照国家有关规定执行。

第二十五条 复制单位不得接受非音像出版单位、电子出版物出版单位或者个人的委托复制经营性的音像制品、电子出版物；不得擅自复制音像制品、电子出版物、计算机软件、音像非卖品、电子出版物非卖品等。

第二十六条 复制单位应该建立和保存完整清晰的复制业务档案，包括委托方按本办法有关规定所提交的复制委托书和其他法定文书以及复制样品、生产单据、发货记录等。保存期为2年，以备查验。

第二十七条 复制单位对委托加工的产品除样品外必须全部交付委托单位，不得擅自加制，不得将委托单位提供的母盘、母带、样品等以任何方式转让或出售、复制给任何单位和个人。

第二十八条 复制单位所复制的产品质量应符合国家或者行业标准。

第二十九条 复制单位必须依照国家有关统计法规和规定按时填报有关统计报表，并由省级新闻出版行政部门审核汇总后上报新闻出版总署。

第三十条 复制单位在复制生产过程中，如发现所复制的产品涉及本办法第三条内容或与委托证明文件所规定的内容不符，或复制的产品被新闻出版行政部门明令查禁、停止复制的，应立即停止复制，及时报告新闻出版行政部门，并按要求上缴或封存，不得拖延或隐匿。

第三十一条 复制单位的法定代表人或者主要负责人应当接受所在地省级新闻出版行政部门组织的岗位培训。

第三十二条 复制单位实行年度核验制度，年度核验每两年逢单数年进行一次。新闻出版总署负责指导年度核验，省级新闻出版行政部门负责对本行政区域内的复制单位实施年度核验。核验内容包括复制单位的登记项目、设立条件、经营状况、资产变化、技术设备、产品质量、人员培训、遵纪守法情况等。

第三十三条 复制单位进行年度核验,应提交以下材料:

(一)复制单位年度核验登记表;

(二)复制单位按照年度核验要求提交的自检报告;

(三)复制经营许可证、营业执照等有关企业证明文件的复印件。

第三十四条 复制单位年度核验程序:

(一)复制单位应于核验年度1月15日前向所在地省级新闻出版行政部门提交年度核验材料;

(二)各省级新闻出版行政部门对本行政区域内复制单位情况进行全面审核,并于该年度2月底前完成年度核验工作。对符合要求的单位予以通过年度核验;对不符合要求的单位暂缓年度核验;

(三)各省级新闻出版行政部门应于该年度3月底前将年度核验情况报送新闻出版总署备案。

第三十五条 复制单位有下列情形之一的,暂缓年度核验:

(一)不具备本办法第九条规定条件的;

(二)因违反规定正在限期停业整顿的;

(三)发现有违法行为应予处罚的;

(四)经营恶化不能正常开展复制经营活动的;

(五)存在其他违法嫌疑活动需要进一步核查的。

暂缓年度核验的期限由省级新闻出版行政部门确定,最长不得超过3个月。期间,省级新闻出版行政部门应当督促、指导暂缓年度核验的复制单位进行整改。暂缓年度核验期满,达到要求的复制单位予以通过年度核验;仍未达到要求的复制单位,所在地省级新闻出版行政部门提出注销登记意见,由原发证机关撤销复制经营许可证。

第三十六条 不按规定参加年度核验的复制单位,经书面催告仍未参加年度核验的,所在地省级新闻出版行政部门提出注销登记意见,由原发证机关撤销复制经营许可证。

第三十七条 对非法干扰、阻止和破坏复制经营活动的,县级以上新闻出版行政部门及其他有关部门,应当及时采取措施,予以制止。

第五章 法律责任

第三十八条 未经批准,擅自设立复制单位或擅自从事复制业务的,由新闻出版行政部门、工商行政部门依照法定职权予以取缔;触犯刑律的,依照刑法有关规定,依法追究刑事责任;尚不够刑事处罚的,没收违法经营的复制产品和违法所得以及进行违法活动的专用工具、设备;违法经营额1万元以上的,并处违法经营额5倍以上10倍以下的罚款;违法经营额不足1万元的,并处5万元以下的罚款。

第三十九条 复制明知或者应知含有本办法第三条所列内容产品或其他非法出版物的,依照刑法有关规定,依法追究刑事责任;尚不够刑事处罚的,由新闻出版行政部门责令限期停业整顿,没收违法所得,违法经营额1万元以上的,并处违法经营额5倍以上10倍以下的罚款;违法经营额不足1万元的,可以并处5万元以下罚款;情节严重的,由批准设立的新闻出版行政部门吊销其复制经营许可证。如果当事人对所复制产品的来源作出说明、指认,经查证属实的,没收出版物、违法所得,可以减轻或者免除其他行政处罚。

第四十条 有下列行为之一的,由新闻出版行政部门责令停止违法行为,给予警告,没收违法经营的产品和违法所得;违法经营额1万元以上的,并处违法经营额5倍以上10倍以下的罚款;违法经营额不足1万元的,并处1万元以上5万元以下罚款;情节严重的,并责令停业整顿或者由新闻出版总署吊销其复制经营许可证:

(一)复制单位未依照本办法的规定验证复制委托书及其他法定文书的;

(二)复制单位擅自复制他人的只读类光盘和磁带磁盘的;

(三)复制单位接受非音像出版单位、电子出版物单位或者个人委托复制经营性的音像制品、电子出版物或者自行复制音像制品、电子出版物的;

(四)复制单位未履行法定手续复制境外产品的,或者复制的境外产品没有全部运输出境的。

第四十一条 有下列行为之一的,由新闻出版行政部门责令改正,给予警告;情节严重的,并责令停业整顿或者由新闻出版总署吊销其复制经营许可证:

(一)复制单位变更名称、地址、法定代表人或者主要负责人、业务范围等,未依照本办法规定办理审批、备案手续的;

(二)复制单位未依照本办法的规定留存备查的材料的;

(三)光盘复制单位使用未蚀刻或者未按本办法规定蚀刻SID码的注塑模具复制只读类光盘的。

第四十二条　有下列行为之一的，由新闻出版行政部门责令停止违法行为，给予警告，并处3万元以下的罚款：

（一）光盘复制单位违反本办法第十五条的规定，未经审批，擅自增加、进口、购买、变更光盘复制生产设备的；

（二）国产光盘复制生产设备的生产商未按本办法第十九条的要求报送备案的；

（三）光盘复制单位未按本办法第二十条规定报送样盘的；

（四）复制生产设备或复制产品不符合国家或行业标准的；

（五）复制单位的有关人员未按本办法第三十一条参加岗位培训的；

（六）违反本办法的其他行为。

第四十三条　复制单位违反本办法被处以吊销许可证行政处罚的，其法定代表人或者主要负责人自许可证被吊销之日起10年内不得担任复制单位法定代表人或者主要负责人。

第六章　附　　则

第四十四条　本办法自2009年8月1日起施行。1996年2月1日新闻出版署发布的《音像制品复制管理办法》同时废止。其他有关复制管理规定，凡与本办法相抵触的，以本办法为准。

国家版权局关于报刊社声明对所发表的作品享有专有出版权的意见

1. 1991年8月9日
2. (91)权字第25号

著作权法施行后，一些报刊社刊登启事，声明对其发表的作品享有专有出版权。

关于报社、杂志社刊登作品，著作权法第三十二条规定，“作品刊登后，除著作权人声明不得转载、摘编的外，其他报刊可以转载或者作为文摘、资料刊登，但应当按照规定向著作权人支付报酬。”据此，报刊发表作品，仅获得非专有出版权，只有著作权人有权声明不得转载、摘编和授权刊登此类声明。因此，未经著作权人授权，报刊刊登对其发表的作品享有专有出版权的启事，不符合著作权法的规定。

6. 集体管理与付酬

著作权集体管理条例

1. 2004年12月28日国务院令第429号公布
2. 根据2011年1月8日国务院令第588号《关于废止和修改部分行政法规的决定》第一次修订
3. 根据2013年12月7日国务院令第645号《关于修改部分行政法规的决定》第二次修订

第一章　总　　则

第一条　为了规范著作权集体管理活动,便于著作权人和与著作权有关的权利人(以下简称权利人)行使权利和使用者使用作品,根据《中华人民共和国著作权法》(以下简称著作权法)制定本条例。

第二条　本条例所称著作权集体管理,是指著作权集体管理组织经权利人授权,集中行使权利人的有关权利并以自己的名义进行的下列活动:

(一)与使用者订立著作权或者与著作权有关的权利许可使用合同(以下简称许可使用合同);

(二)向使用者收取使用费;

(三)向权利人转付使用费;

(四)进行涉及著作权或者与著作权有关的权利的诉讼、仲裁等。

第三条　本条例所称著作权集体管理组织,是指为权利人的利益依法设立,根据权利人授权、对权利人的著作权或者与著作权有关的权利进行集体管理的社会团体。

著作权集体管理组织应当依照有关社会团体登记管理的行政法规和本条例的规定进行登记并开展活动。

第四条　著作权法规定的表演权、放映权、广播权、出租权、信息网络传播权、复制权等权利人自己难以有效行使的权利,可以由著作权集体管理组织进行集体管理。

第五条　国务院著作权管理部门主管全国的著作权集体管理工作。

第六条　除依照本条例规定设立的著作权集体管理组织外,任何组织和个人不得从事著作权集体管理活动。

第二章　著作权集体管理组织的设立

第七条　依法享有著作权或者与著作权有关的权利的中国公民、法人或者其他组织,可以发起设立著作权集体管理组织。

设立著作权集体管理组织,应当具备下列条件:

(一)发起设立著作权集体管理组织的权利人不少于50人;

(二)不与已经依法登记的著作权集体管理组织的业务范围交叉、重合;

(三)能在全国范围代表相关权利人的利益;

(四)有著作权集体管理组织的章程草案、使用费收取标准草案和向权利人转付使用费的办法(以下简称使用费转付办法)草案。

第八条　著作权集体管理组织章程应当载明下列事项:

(一)名称、住所;

(二)设立宗旨;

(三)业务范围;

(四)组织机构及其职权;

(五)会员大会的最低人数;

(六)理事会的职责及理事会负责人的条件和产生、罢免的程序;

(七)管理费提取、使用办法;

(八)会员加入、退出著作权集体管理组织的条件、程序;

(九)章程的修改程序;

(十)著作权集体管理组织终止的条件、程序和终止后资产的处理。

第九条　申请设立著作权集体管理组织,应当向国务院著作权管理部门提交证明符合本条例第七条规定的条件的材料。国务院著作权管理部门应当自收到材料之日起60日内,作出批准或者不予批准的决定。批准的,发给著作权集体管理许可证;不予批准的,应当说明理由。

第十条　申请人应当自国务院著作权管理部门发给著作权集体管理许可证之日起30日内,依照有关社会团体登记管理的行政法规到国务院民政部门办理登记手续。

第十一条　依法登记的著作权集体管理组织,应当自国务院民政部门发给登记证书之日起30日内,将其登记证书副本报国务院著作权管理部门备案;国务院著作权管理部门应当将报备的登记证书副本以及著作权集体管理组织章程、使用费收取标准、使用费转付办法予以公告。

第十二条 著作权集体管理组织设立分支机构，应当经国务院著作权管理部门批准，并依照有关社会团体登记管理的行政法规到国务院民政部门办理登记手续。经依法登记的，应当将分支机构的登记证书副本报国务院著作权管理部门备案，由国务院著作权管理部门予以公告。

第十三条 著作权集体管理组织应当根据下列因素制定使用费收取标准：

（一）使用作品、录音录像制品等的时间、方式和地域范围；

（二）权利的种类；

（三）订立许可使用合同和收取使用费工作的繁简程度。

第十四条 著作权集体管理组织应当根据权利人的作品或者录音录像制品等使用情况制定使用费转付办法。

第十五条 著作权集体管理组织修改章程，应当依法经国务院民政部门核准后，由国务院著作权管理部门予以公告。

第十六条 著作权集体管理组织被依法撤销登记的，自被撤销登记之日起不得再进行著作权集体管理业务活动。

第三章 著作权集体管理组织的机构

第十七条 著作权集体管理组织会员大会（以下简称会员大会）为著作权集体管理组织的权力机构。

会员大会由理事会依照本条例规定负责召集。理事会应当于会员大会召开60日以前将会议的时间、地点和拟审议事项予以公告；出席会员大会的会员，应当于会议召开30日以前报名。报名出席会员大会的会员少于章程规定的最低人数时，理事会应当将会员大会报名情况予以公告，会员可以于会议召开5日以前补充报名，并由全部报名出席会员大会的会员举行会员大会。

会员大会行使下列职权：

（一）制定和修改章程；

（二）制定和修改使用费收取标准；

（三）制定和修改使用费转付办法；

（四）选举和罢免理事；

（五）审议批准理事会的工作报告和财务报告；

（六）制定内部管理制度；

（七）决定使用费转付方案和著作权集体管理组织提取管理费的比例；

（八）决定其他重大事项。

会员大会每年召开一次；经10%以上会员或者理事会提议，可以召开临时会员大会。会员大会作出决定，应当经出席会议的会员过半数表决通过。

第十八条 著作权集体管理组织设立理事会，对会员大会负责，执行会员大会决定。理事会成员不得少于9人。

理事会任期为4年，任期届满应当进行换届选举。因特殊情况可以提前或者延期换届，但是换届延期不得超过1年。

第四章 著作权集体管理活动

第十九条 权利人可以与著作权集体管理组织以书面形式订立著作权集体管理合同，授权该组织对其依法享有的著作权或者与著作权有关的权利进行管理。权利人符合章程规定加入条件的，著作权集体管理组织应当与其订立著作权集体管理合同，不得拒绝。

权利人与著作权集体管理组织订立著作权集体管理合同并按照章程规定履行相应手续后，即成为该著作权集体管理组织的会员。

第二十条 权利人与著作权集体管理组织订立著作权集体管理合同后，不得在合同约定期限内自己行使或者许可他人行使合同约定的由著作权集体管理组织行使的权利。

第二十一条 权利人可以依照章程规定的程序，退出著作权集体管理组织，终止著作权集体管理合同。但是，著作权集体管理组织已经与他人订立许可使用合同的，该合同在期限届满前继续有效；该合同有效期内，权利人有权获得相应的使用费并可以查阅有关业务材料。

第二十二条 外国人、无国籍人可以通过与中国的著作权集体管理组织订立相互代表协议的境外同类组织，授权中国的著作权集体管理组织管理其依法在中国境内享有的著作权或者与著作权有关的权利。

前款所称相互代表协议，是指中国的著作权集体管理组织与境外的同类组织相互授权对方在其所在国家或者地区进行集体管理活动的协议。

著作权集体管理组织与境外同类组织订立的相互代表协议应当报国务院著作权管理部门备案，由国务院著作权管理部门予以公告。

第二十三条 著作权集体管理组织许可他人使用其管理

的作品、录音录像制品等，应当与使用者以书面形式订立许可使用合同。

著作权集体管理组织不得与使用者订立专有许可使用合同。

使用者以合理的条件要求与著作权集体管理组织订立许可使用合同，著作权集体管理组织不得拒绝。

许可使用合同的期限不得超过 2 年；合同期限届满可以续订。

第二十四条　著作权集体管理组织应当建立权利信息查询系统，供权利人和使用者查询。权利信息查询系统应当包括著作权集体管理组织管理的权利种类和作品、录音录像制品等的名称、权利人姓名或者名称、授权管理的期限。

权利人和使用者对著作权集体管理组织管理的权利的信息进行咨询时，该组织应当予以答复。

第二十五条　除著作权法第二十三条、第三十三条第二款、第四十条第三款、第四十三条第二款和第四十四条规定应当支付的使用费外，著作权集体管理组织应当根据国务院著作权管理部门公告的使用费收取标准，与使用者约定收取使用费的具体数额。

第二十六条　两个或者两个以上著作权集体管理组织就同一使用方式向同一使用者收取使用费，可以事先协商确定由其中一个著作权集体管理组织统一收取。统一收取的使用费在有关著作权集体管理组织之间经协商分配。

第二十七条　使用者向著作权集体管理组织支付使用费时，应当提供其使用的作品、录音录像制品等的名称、权利人姓名或者名称和使用的方式、数量、时间等有关使用情况；许可使用合同另有约定的除外。

使用者提供的有关使用情况涉及该使用者商业秘密的，著作权集体管理组织负有保密义务。

第二十八条　著作权集体管理组织可以从收取的使用费中提取一定比例作为管理费，用于维持其正常的业务活动。

著作权集体管理组织提取管理费的比例应当随着使用费收入的增加而逐步降低。

第二十九条　著作权集体管理组织收取的使用费，在提取管理费后，应当全部转付给权利人，不得挪作他用。

著作权集体管理组织转付使用费，应当编制使用费转付记录。使用费转付记录应当载明使用费总额、管理费数额、权利人姓名或者名称、作品或者录音录像制品等的名称、有关使用情况、向各权利人转付使用费的具体数额等事项，并应当保存 10 年以上。

第五章　对著作权集体管理组织的监督

第三十条　著作权集体管理组织应当依法建立财务、会计制度和资产管理制度，并按照国家有关规定设置会计账簿。

第三十一条　著作权集体管理组织的资产使用和财务管理受国务院著作权管理部门和民政部门的监督。

著作权集体管理组织应当在每个会计年度结束时制作财务会计报告，委托会计师事务所依法进行审计，并公布审计结果。

第三十二条　著作权集体管理组织应当对下列事项进行记录，供权利人和使用者查阅：

（一）作品许可使用情况；

（二）使用费收取和转付情况；

（三）管理费提取和使用情况。

权利人有权查阅、复制著作权集体管理组织的财务报告、工作报告和其他业务材料；著作权集体管理组织应当提供便利。

第三十三条　权利人认为著作权集体管理组织有下列情形之一的，可以向国务院著作权管理部门检举：

（一）权利人符合章程规定的加入条件要求加入著作权集体管理组织，或者会员依照章程规定的程序要求退出著作权集体管理组织，著作权集体管理组织拒绝的；

（二）著作权集体管理组织不按照规定收取、转付使用费，或者不按照规定提取、使用管理费的；

（三）权利人要求查阅本条例第三十二条规定的记录、业务材料，著作权集体管理组织拒绝提供的。

第三十四条　使用者认为著作权集体管理组织有下列情形之一的，可以向国务院著作权管理部门检举：

（一）著作权集体管理组织违反本条例第二十三条规定拒绝与使用者订立许可使用合同的；

（二）著作权集体管理组织未根据公告的使用费收取标准约定收取使用费的具体数额的；

（三）使用者要求查阅本条例第三十二条规定的记录，著作权集体管理组织拒绝提供的。

第三十五条　权利人和使用者以外的公民、法人或者其他组织认为著作权集体管理组织有违反本条例规定的行为的，可以向国务院著作权管理部门举报。

第三十六条　国务院著作权管理部门应当自接到检举、举报之日起60日内对检举、举报事项进行调查并依法处理。

第三十七条　国务院著作权管理部门可以采取下列方式对著作权集体管理组织进行监督，并应当对监督活动作出记录：

（一）检查著作权集体管理组织的业务活动是否符合本条例及其章程的规定；

（二）核查著作权集体管理组织的会计账簿、年度预算和决算报告及其他有关业务材料；

（三）派员列席著作权集体管理组织的会员大会、理事会等重要会议。

第三十八条　著作权集体管理组织应当依法接受国务院民政部门和其他有关部门的监督。

第六章　法 律 责 任

第三十九条　著作权集体管理组织有下列情形之一的，由国务院著作权管理部门责令限期改正：

（一）违反本条例第二十二条规定，未将与境外同类组织订立的相互代表协议报国务院著作权管理部门备案的；

（二）违反本条例第二十四条规定，未建立权利信息查询系统的；

（三）未根据公告的使用费收取标准约定收取使用费的具体数额的。

著作权集体管理组织超出业务范围管理权利人的权利的，由国务院著作权管理部门责令限期改正，其与使用者订立的许可使用合同无效；给权利人、使用者造成损害的，依法承担民事责任。

第四十条　著作权集体管理组织有下列情形之一的，由国务院著作权管理部门责令限期改正；逾期不改正的，责令会员大会或者理事会根据本条例规定的权限罢免或者解聘直接负责的主管人员：

（一）违反本条例第十九条规定拒绝与权利人订立著作权集体管理合同的，或者违反本条例第二十一条的规定拒绝会员退出该组织的要求的；

（二）违反本条例第二十三条规定，拒绝与使用者订立许可使用合同的；

（三）违反本条例第二十八条规定提取管理费的；

（四）违反本条例第二十九条规定转付使用费的；

（五）拒绝提供或者提供虚假的会计账簿、年度预算和决算报告或者其他有关业务材料的。

第四十一条　著作权集体管理组织自国务院民政部门发给登记证书之日起超过6个月无正当理由未开展著作权集体管理活动，或者连续中止著作权集体管理活动6个月以上的，由国务院著作权管理部门吊销其著作权集体管理许可证，并由国务院民政部门撤销登记。

第四十二条　著作权集体管理组织从事营利性经营活动的，由工商行政管理部门依法予以取缔，没收违法所得；构成犯罪的，依法追究刑事责任。

第四十三条　违反本条例第二十七条的规定，使用者能够提供有关使用情况而拒绝提供，或者在提供有关使用情况时弄虚作假的，由国务院著作权管理部门责令改正；著作权集体管理组织可以中止许可使用合同。

第四十四条　擅自设立著作权集体管理组织或者分支机构，或者擅自从事著作权集体管理活动的，由国务院著作权管理部门或者民政部门依照职责分工予以取缔，没收违法所得；构成犯罪的，依法追究刑事责任。

第四十五条　依照本条例规定从事著作权集体管理组织审批和监督工作的国家行政机关工作人员玩忽职守、滥用职权、徇私舞弊，构成犯罪的，依法追究刑事责任；尚不构成犯罪的，依法给予行政处分。

第七章　附　　则

第四十六条　本条例施行前已经设立的著作权集体管理组织，应当自本条例生效之日起3个月内，将其章程、使用费收取标准、使用费转付办法及其他有关材料报国务院著作权管理部门审核，并将其与境外同类组织订立的相互代表协议报国务院著作权管理部门备案。

第四十七条　依照著作权法第二十三条、第三十三条第二款、第四十条第三款的规定使用他人作品，未能依照《中华人民共和国著作权法实施条例》第三十二条的规定向权利人支付使用费的，应当将使用费连同邮资以及使用作品的有关情况送交管理相关权利的著作权集体管理组织，由该著作权集体管理组织将使用费转付给权利人。

负责转付使用费的著作权集体管理组织应当建立作品使用情况查询系统，供权利人、使用者查询。

负责转付使用费的著作权集体管理组织可以从其收到的使用费中提取管理费，管理费按照会员大会决定的该集体管理组织管理费的比例减半提取。除管理费外，该著作权集体管理组织不得从其收到的使用费中提取其他任何费用。

第四十八条　本条例自2005年3月1日起施行。

广播电台电视台播放录音制品支付报酬暂行办法

1. 2009年11月10日国务院令第566号公布

2. 根据2011年1月8日国务院令第588号《关于废止和修改部分行政法规的决定》修订

第一条　为了保障著作权人依法行使广播权，方便广播电台、电视台播放录音制品，根据《中华人民共和国著作权法》（以下称著作权法）第四十四条的规定，制定本办法。

第二条　广播电台、电视台可以就播放已经发表的音乐作品向著作权人支付报酬的方式、数额等有关事项与管理相关权利的著作权集体管理组织进行约定。

广播电台、电视台播放已经出版的录音制品，已经与著作权人订立许可使用合同的，按照合同约定的方式和标准支付报酬。

广播电台、电视台依照著作权法第四十四条的规定，未经著作权人的许可播放已经出版的录音制品（以下称播放录音制品）的，依照本办法向著作权人支付报酬。

第三条　本办法所称播放，是指广播电台、电视台以无线或者有线的方式进行的首播、重播和转播。

第四条　广播电台、电视台播放录音制品，可以与管理相关权利的著作权集体管理组织约定每年向著作权人支付固定数额的报酬；没有就固定数额进行约定或者约定不成的，广播电台、电视台与管理相关权利的著作权集体管理组织可以以下列方式之一为基础，协商向著作权人支付报酬：

（一）以本台或者本台各频道（频率）本年度广告收入扣除15%成本费用后的余额，乘以本办法第五条或者第六条规定的付酬标准，计算支付报酬的数额；

（二）以本台本年度播放录音制品的时间总量，乘以本办法第七条规定的单位时间付酬标准，计算支付报酬的数额。

第五条　以本办法第四条第（一）项规定方式确定向著作权人支付报酬的数额的，自本办法施行之日起5年内，按照下列付酬标准协商支付报酬的数额：

（一）播放录音制品的时间占本台或者本频道（频率）播放节目总时间的比例（以下称播放时间比例）不足1%的，付酬标准为0.01%；

（二）播放时间比例为1%以上不足3%的，付酬标准为0.02%；

（三）播放时间比例为3%以上不足6%的，相应的付酬标准为0.09%到0.15%，播放时间比例每增加1%，付酬标准相应增加0.03%；

（四）播放时间比例为6%以上10%以下的，相应的付酬标准为0.24%到0.4%，播放时间比例每增加1%，付酬标准相应增加0.04%；

（五）播放时间比例超过10%不足30%的，付酬标准为0.5%；

（六）播放时间比例为30%以上不足50%的，付酬标准为0.6%；

（七）播放时间比例为50%以上不足80%的，付酬标准为0.7%；

（八）播放时间比例为80%以上的，付酬标准为0.8%。

第六条　以本办法第四条第（一）项规定方式确定向著作权人支付报酬的数额的，自本办法施行届满5年之日起，按照下列付酬标准协商支付报酬的数额：

（一）播放时间比例不足1%的，付酬标准为0.02%；

（二）播放时间比例为1%以上不足3%的，付酬标准为0.03%；

（三）播放时间比例为3%以上不足6%的，相应的付酬标准为0.12%到0.2%，播放时间比例每增加1%，付酬标准相应增加0.04%；

（四）播放时间比例为6%以上10%以下的，相应的付酬标准为0.3%到0.5%，播放时间比例每增加1%，付酬标准相应增加0.05%；

（五）播放时间比例超过10%不足30%的，付酬标准为0.6%；

（六）播放时间比例为30%以上不足50%的，付酬标准为0.7%；

（七）播放时间比例为50%以上不足80%的，付酬标准为0.8%；

（八）播放时间比例为80%以上的，付酬标准为0.9%。

第七条　以本办法第四条第（二）项规定的方式确定向著作权人支付报酬的数额的，按照下列付酬标准协商支付报酬的数额：

（一）广播电台的单位时间付酬标准为每分钟0.30元；

（二）电视台的单位时间付酬标准自本办法施行之日起5年内为每分钟1.50元，自本办法施行届满5年之日起为每分钟2元。

第八条 广播电台、电视台播放录音制品，未能依照本办法第四条的规定与管理相关权利的著作权集体管理组织约定支付报酬的固定数额，也未能协商确定应支付报酬的，应当依照本办法第四条第（一）项规定的方式和第五条、第六条规定的标准，确定向管理相关权利的著作权集体管理组织支付报酬的数额。

第九条 广播电台、电视台转播其他广播电台、电视台播放的录音制品的，其播放录音制品的时间按照实际播放时间的10%计算。

第十条 中部地区的广播电台、电视台依照本办法规定方式向著作权人支付报酬的数额，自本办法施行之日起5年内，按照依据本办法规定计算出的数额的50%计算。

西部地区的广播电台、电视台以及全国专门对少年儿童、少数民族和农村地区等播出的专业频道（频率），依照本办法规定方式向著作权人支付报酬的数额，自本办法施行之日起5年内，按照依据本办法规定计算出的数额的10%计算；自本办法施行届满5年之日起，按照依据本办法规定计算出的数额的50%计算。

第十一条 县级以上人民政府财政部门将本级人民政府设立的广播电台、电视台播放录音制品向著作权人支付报酬的支出作为核定其收支的因素，根据本地区财政情况综合考虑，统筹安排。

第十二条 广播电台、电视台向著作权人支付报酬，以年度为结算期。

广播电台、电视台应当于每年度第一季度将其上年度应当支付的报酬交由著作权集体管理组织转付给著作权人。

广播电台、电视台通过著作权集体管理组织向著作权人支付报酬时，应当提供其播放作品的名称、著作权人姓名或者名称、播放时间等情况，双方已有约定的除外。

第十三条 广播电台、电视台播放录音制品，未向管理相关权利的著作权集体管理组织会员以外的著作权人支付报酬的，应当按照本办法第十二条的规定将应支付的报酬送交管理相关权利的著作权集体管理组织；管理相关权利的著作权集体管理组织应当向著作权人转付。

第十四条 著作权集体管理组织向著作权人转付报酬，除本办法已有规定外，适用《著作权集体管理条例》的有关规定。

第十五条 广播电台、电视台依照本办法规定将应当向著作权人支付的报酬交给著作权集体管理组织后，对著作权集体管理组织与著作权人之间的纠纷不承担责任。

第十六条 广播电台、电视台与著作权人或者著作权集体管理组织因依照本办法规定支付报酬产生纠纷的，可以依法向人民法院提起民事诉讼，或者根据双方达成的书面仲裁协议向仲裁机构申请仲裁。

第十七条 本办法自2010年1月1日起施行。

录音法定许可付酬标准暂行规定

1. 1993年8月1日国家版权局发布
2. 国权〔1993〕41号

第一条 根据《中华人民共和国著作权法》第三十七条的规定以录音的形式使用已发表的作品，依本规定向著作权人付酬，但著作权人声明不得使用的除外。

第二条 录制发行录音制品采用版税的方式付酬，即录音制品批发价×版税率×录音制品发行数。

第三条 录制发行录音制品付酬标准为：

不含文字的纯音乐作品版税率为35%；

歌曲、歌剧作品版税率为35%，其中音乐部分占版税所得60%，文字部分占版税所得40%；

纯文字作品（含外国文字）版税率为3%；

国家机关通过行政措施保障发行的录音制品（如教材）版税率为15%。

第四条 录音制品中涉及两个或两个以上作品的，按照版税的方式以及相对应的版税率计算出录音制品中所有作品的报酬总额，再根据每一作品在整个录音制品中所占时间比例，确定其具体报酬。

第五条 使用改编作品进行录音，依照第三条和第四条的规定确定具体报酬后，向作品的著作权人支付70%，向原作品著作权人支付30%。原作品已超过著作权保护期或不适用著作权法的，只按上述比例向被录制作品的著作权人付酬。

第六条 本规定由国家版权局负责解释。

国家版权局关于《录音法定许可付酬标准暂行规定》的补充通知

1. 1994年10月7日

2. 国权〔1994〕65号

1993年8月1日国家版权局颁布了《录音法定许可付酬标准暂行规定》,规定了以录音的形式使用已发表的作品的付酬标准。根据《中华人民共和国著作权法》第三十九条和第四十二条的规定,录音制作者经许可复制发行其他录音制作者制作的录音制品和广播电台制作的广播节目,均应当按照规定向著作权人和表演者支付报酬。对于上述两种复制发行情况的付酬标准,《录音法定许可证酬标准暂行规定》中没有做出规定,为此,特做如下补充规定:

除合同另有约定的,根据《中华人民共和国著作权法》第三十九条和第四十二条的规定,录音制作者经许可复制发行其他录音制作者制作的录音制品或复制发行广播电台制作的广播节目,向著作权人支付报酬的,适用《录音法定许可付酬标准暂行规定》第二条、第三条、第四条和第五条的规定;向表演者付酬的适用第二条、第四条和第五条的规定并按第二条规定的各类作品标准的50%付酬。

电影作品著作权集体管理使用费转付办法

2010年9月14日国家版权局公告2010年第1号公布施行

根据《中华人民共和国著作权法》、《著作权集体管理条例》和《中国电影著作权协会章程》,制定向权利人转付电影作品著作权使用费办法。

第一章 适用范围和转付类型

第一条 适用范围

(1)本办法适用于中国电影著作权协会(以下简称“协会”)按《电影作品著作权集体管理使用费收取标准》收取的电影作品著作权使用费向电影作品权利人的转付。

(2)本办法还适用于由协会按与境外相关著作权协会订立的“相互代表协议”委托收取的电影作品著作权使用费的转付。

第二条 转付类型

本办法规定的转付类型包括:常规转付(首次转付和最终转付)、境外著作权集体管理组织收取的使用费转付和其他转付。

第二章 转付原则和方式

第三条 转付原则

(1)收取的使用费在扣除第三章规定的费用后,其余必须及时足额向作品权利人转付,不得无故拖延,不得挪作他用。

(2)同一作品向不同使用者因不同使用方式收取的使用费,实行按日历年度汇集后一次转付。

(3)权利人向协会授权、登记并经核实其所提供的信息准确无误后,可以获得转付的使用费。

(4)转付使用费必须编制使用费转付记录,载明使用费总额、管理费总额、权利人名称、作品名称、有关使用情况、向权利人转付使用费数额等事项。转付记录保存期不低于十年。

第四条 转付方式

(1)使用费的收取和转付必须使用协会指定的账户。

(2)根据作品使用的实际情况及能掌握的信息详尽程度,实行下列三种转付方式:

精确转付。在使用者能按许可合同提供详尽的作品使用信息,或通过具有权威性的第三方能获得作品使用的详尽信息的情况下,应严格依据这些信息精确地向作品权利人转付使用费;

抽样转付。在使用面较广而使用者又无法提供作品使用的详尽信息的情况下,可按抽样调查的信息实行抽样转付;

平均转付。在作品使用面广、使用单价低而又难以实行精确转付或抽样转付的情况下,可对相关作品的使用费实行平均分配。

(3)同一作品有多个权利人时,应按向协会登记并核实无误的各方分享比例,将使用费转付给各权利人;如各权利人一致同意其中一个权利人代表各方收取使用费,则使用费转付给该权利人。

第三章 管理费、版权保护基金和准备金

第五条 管理费

(1)会员电影作品的著作权的使用费,协会按实收使用费提取10%作为管理费,这一比例应当随着使用费收入的增加而逐步降低。

(2)非会员电影作品的著作权的使用费,协会按实收使用费提取15%作为管理费。

(3)按与境外相关著作权协会订立的"相互代表协议"委托收取的著作权使用费,协会从实收使用费中提取8%作为管理费,非会员电影作品从实收使用费中提取12%作为管理费。

(4)管理费的使用应严格遵照会员大会表决通过的"管理费使用办法"执行,并每年向会员大会通报,接受会员监督。

第六条 版权保护基金和准备金

(1)从收到使用费至向权利人实行转付期间,使用费产生的利息纳入版权保护基金。

(2)版权保护基金及其使用办法由协会理事会决定。因确有实际需要而版权保护基金又数额不足时,理事会可提议从使用费结余或转付款项中提取适当比例注入版权保护基金,但必须经会员大会表决通过。

(3)如因无现行法律、法规和司法解释的明确依据或对作品权利登记有争议,致使其使用费无法转付时,该应转付款项留作准备金。

第四章 常 规 转 付

第七条 首次转付

(1)已按第六章规定登记的电影作品,每年收取的使用费扣除第三章规定的费用后的金额为使用费首次转付总额。

(2)在日历年度使用费收取工作完成后一个月内开始实行首次转付。

第八条 最终转付

(1)未按第六章规定登记的电影作品,如使用者合法使用并主动交纳使用费,该项使用费列入准备金。权利人两年内作补充登记的,在登记日后一个月内可获得最终转付;逾期两年不作登记的,该项使用费纳入版权保护基金。

(2)按第三章第六条(3)留取的准备金,在确定法律依据或权利登记争议解决后一个月内,实行最终转付。

第五章 境外著作权集体管理组织收取的使用费转付和其他转付

第九条 境外著作权集体管理组织收取的使用费转付

(1)境外著作权集体管理组织收取的使用费是指境外著作权集体管理组织与协会订立相互代表协议并按协议收取的使用费。

(2)境外著作权集体管理组织收取的使用费实行单项结算并在收到使用费一个月内向权利人转付。

(3)境外收取的使用费一律按兑换日牌价向作品权利人转付人民币。

第十条 其他转付

在特殊情况下,可以根据协会理事会的决定,对某些作品实行其他转付。

第六章 附 则

第十一条 作品登记

(1)纳入著作权集体管理的电影作品必须由权利人向协会登记,并与协会订立著作权集体管理合同。

(2)作品登记必须载明作品名称、权利人姓名或名称、著作权转让情况(已转让的应注明年限及受让方姓名或名称)、出品和首映(首播)日期等详细信息。

(3)从作品登记的日历年度开始,权利人可以获得转付的使用费。

第十二条 协会作品库

(1)协会作品库包括协会会员授权协会管理的所有电影作品。

(2)协会作品库还包括权利人自己独立授权的电影作品和境外同类组织与协会签订相互代表协议所授权的电影作品。

第十三条 办法的实行和修改

(1)本办法经会员大会讨论通过并经国务院著作权管理部门公告后实行。

(2)本办法的修改必须经理事会提请会员大会通过并报请国务院著作权管理部门批准。

第十四条 本办法解释权

本办法解释权属协会理事会。

电影作品著作权集体管理使用费收取标准

2010年9月14日国家版权局公告2010年第1号公布施行

根据《中华人民共和国著作权法》、《著作权集体管理条例》等法律法规的有关规定，借鉴国内外著作权集体管理组织的价格尺度，结合目前中国电影版权交易的实际情况，经过广泛深入地调查研究，并充分听取权利人和使用者的意见，就电影作品在大众传媒领域内的使用，制定本电影作品著作权集体管理使用费收取标准。

鉴于电影作品的可看性、受众面以及成本差异较大，为尽量准确计算使用费，以国内票房和影片成本的高低为标准将影片分为六类（其中国内票房所占比重为65%，影片成本所占比重为35%。设定N = 国内票房×65% + 影片成本×35%）：

第一类，N≥2亿元人民币的影片。

第二类，1亿元人民币≤N<2亿元人民币的影片。

第三类，5000万元人民币≤N<1亿元人民币的影片。

第四类，1000万元人民币≤N<5000万元人民币的影片。

第五类，N<1000万元人民币的影片。

第六类，未进院线上映的影片。

收取著作权使用费的电影作品包括：所有取得政府主管部门颁发的《电影片公映许可证》、且在《著作权法》规定的保护期内的影片。其中，美术片长度超过110分钟的，按110%计算，长度等于、少于85分钟的，按85%计算；科教片、（新闻）纪录片大于、等于或少于60分钟的，分别以100%、90%及80%计算。

一、网络

通过有线或无线网络提供用户在线观看或下载影片，使用的是电影作品的信息网络传播权。根据影片类别的不同，其使用费分别按以下两类办法结算：

（一）第一、二、三、四类影片的著作权使用费按用户点击次数×每次点击费用×35%计算，但是使用者应在取得使用许可时支付基本使用费：

第一类影片，距首映两年内的，基本使用费下限为10万元/部年，其后每年递减20%，至12000元/部年不再递减；

第二类影片，距首映两年内的，基本使用费为8－10万元/部年，其后每年递减20%，至10000元/部年不再递减；

第三类影片，距首映两年内的，基本使用费为6－8万元/部年，其后每年递减20%，至8000元/部年不再递减；

第四类影片，距首映两年内的，基本使用费为4－6万元/部年，其后每年递减20%，至6000元/部年不再递减。

用户点击次数×每次点击费用×35% >基本使用费的，超过基本使用费之后的每一次点击，按20%－25%追加支付；

用户点击次数×每次点击费用×35%≤基本使用费的，则不再追加支付，但基本使用费不减。

（二）一次性结算

第五、第六类影片实行打包收费办法结算，根据打包数量以及影片种类、长度，距首映时间的长短等因素计算，确定为2000－40000元/部年。

二、网吧

网吧使用电影作品一般是通过服务器下载建立数据库提供的。网吧播映影片使用的是电影作品的复制权和放映权（或区别于互联网的局域网内使用的信息网络传播权）。其每天的使用费为：电脑总量×网吧每小时收费标准×7.5%。

三、视频点播（VOD）

由VOD运营商向用户（包括宾馆饭店）提供电影作品，使用的是电影作品的复制权和局域网信息网络传播权。

使用第一、二、三、四类影片在按点击次数收费时，应先缴纳基本使用费，再结算使用费：

（一）每年每部影片的基本使用费：由VOD运营商确定的该部影片每次点击的单价×33.3%×终端用户数×10%；

（二）年度使用费的计算方式是按VOD运营商确定的每次点击该影片的单价×30%×年点击次数，即为每部影片每年的使用费。

基本使用费必须预付，次年结算。年度使用费少于基本使用费的，基本使用费不退；多于基本使用费的则须补足。

使用第五、六类影片或第一、二、三、四类影片点播下线后纳入打包收费的，每部影片的使用费根据用户数量、距首映时间的长短及影片本身的可看性确定为5000－50000元/年。

四、交通工具

飞机、火车、轮船、长途汽车等交通工具目前一般都是通过各自公司或中介公司提供并建立的数据库播映影片，使用的是电影作品的复制权和放映权。其使用费标准如下：

（一）飞机和火车：

在影片首映两年内，其覆盖范围超过10000架次（列次）/年的，每年每部影片的使用费为：

第一类影片，2.5－5万元；

第二类影片，1.8－2.5万元；

第三类影片，1.6－1.8万元；

第四类影片，1.4－1.6万元；

第五、六类影片，2500－14000元。

覆盖范围在10000架次（列次）/年以下的，使用费减半。

影片首映两年后，使用费可酌减。

（二）轮船：

影片首映两年内，其覆盖范围超过5000航次/年的，每年每部影片使用费为：

第一类影片，10000－11000元；

第二类影片，9000－10000元；

第三类影片，8000－9000元；

第四类影片，7000－8000元；

其余影片因类别和长度不同，800－6000元。

覆盖范围少于5000航次/年的，使用费减半。

影片首映两年后，使用费可酌减。

（三）长途汽车：

凡播映电影作品的长途汽车，不分使用影片的数量及类别，一律实行统收，每辆车每年收取著作权使用费365－500元。

五、非营利性局域网

社区、机关、企事业单位的非营利性局域网播映电影，使用的是电影作品的信息网络传播权，按每500户终端为一个计算单位，每个计算单位每年每部影片的著作权使用费为100元。一年内使用满50部影片的按九折计算，一年内使用满100部的按八折计算。

六、音像制品出租

经营影片音像制品出租业务，使用的是电影作品的出租权。每年每个出租点统收电影作品出租权使用费200元。

七、其他

在广播、电视、网络、手机等领域通过剪辑、汇编电影作品传播的，使用的是电影作品的汇编权。使用电影作品的汇编权必须事先（或通过著作权集体管理组织）得到权利人的许可。汇编后的作品应得到权利人的认可。其使用费可根据选用量的多少等因素另行商定。

本使用费收取标准为基准价。在实施过程中根据实际情况可作适当浮动，但浮动幅度由协会理事会讨论决定。

使用音乐作品进行表演的著作权许可使用费标准

2011年10月27日国家版权局公告2011年第3号公布

本标准根据音乐作品表演权内容分为现场表演类收费标准和机械表演类收费标准两部分。

现场表演收费标准

音乐会、演唱会等现场表演的收费，按以下公式计算：

音乐著作权使用费＝座位数×平均票价×4%

按此公式计算，分摊至每首音乐作品时，最低使用费为：

座位数在1000（含）以下时，每首音乐作品收费低于100元的，按100元计；

座位数在1001－2000时，每首音乐作品收费低于200元的，按200元计；

座位数在2001－5000时，每首音乐作品收费低于300元的，按300元计；

座位数在5001－10000时，每首音乐作品收费低于500元的，按500元计；

座位数在10001－20000时，每首音乐作品收费低于1000元的，按1000元计；

座位数在20001－30000时，每首音乐作品收费低于1500元的，按1500元计；

座位数在30001－40000时，每首音乐作品收费低于

2000 元的，按 2000 元计；

座位数在 40001 – 50000 时，每首音乐作品收费低于 2500 元的，按 2500 元计；

座位数在 50001（含）以上时，每首音乐作品收费低于 3000 元的，按 3000 元计。

注：

“座位数”，指演出场地可以提供给观众的实际座位数。

“平均票价”应依申请人演出前提供的预计出售门票的价位及其相应票数的清单计算；申请人未提供的，按各档票价之和除以档数计算。

超过 5 分钟的音乐作品，每 5 分钟按一首音乐作品计。其中，超过部分不足 5 分钟的，按 5 分钟计。

不售票的演出，每首音乐作品均应按照上述标准中的最低使用费计算。

机械表演收费标准

收费标准一　本标准适用于夜总会、歌舞厅（不含卡拉 OK 歌厅）、迪斯科舞厅等。

此类场所按营业面积收费，则：

1）营业面积不足 100 平方米的，每平方米每天收费 0.15 元；

2）营业面积超过 100 平方米的，增加的部分每平方米每天收费 0.12 元。

收费标准二　本标准适用于酒吧、咖啡厅、餐厅等。

1. 仅提供机械表演的：

营业面积不足 40 平方米的，每平方米每天收费 0.025 元；

营业面积超过 40 平方米的，增加的部分每平方米每天收费 0.02 元。

2. 提供机械表演和现场表演的：

营业面积不足 40 平方米的，每平方米每天收费 0.05 元；

营业面积超过 40 平方米的，增加的部分每平方米每天收费 0.04 元。

3. 如设有荧光屏播放音乐作品，则每个荧光屏每年加收 350 元。

收费标准三　本标准适用于宾馆。

此类场所按客房数收费，其中：

五星级宾馆，每年每间客房 45 元；

四星级宾馆，每年每间客房 40 元；

三星级宾馆，每年每间客房 35 元；

二星级宾馆，每年每间客房 15 元；

一星级宾馆，每年每间客房 10 元。

此类场所如在客房外设有荧光屏播放音乐作品，则每个荧光屏每年加收 200 元。

所附夜总会、歌舞厅、咖啡厅、餐厅等场所按相关标准另行计算。

收费标准四　本标准适用于各类卖场。

1. 超市

对于同一家门店：

①营业面积在 200 平方米（含）以下的部分，每平方米每年收费 2.65 元；

营业面积在 201 – 500 平方米的部分，每平方米每年收费 2.60 元；

营业面积在 501 – 1000 平方米的部分，每平方米每年收费 2.50 元；

营业面积在 1001 – 3000 平方米的部分，每平方米每年收费 2.38 元；

营业面积在 3001 – 5000 平方米的部分，每平方米每年收费 2.25 元；

营业面积在 5001 – 10000 平方米的部分，每平方米每年收费 2.10 元；

营业面积在 10001 – 20000 平方米的部分，每平方米每年收费 1.90 元；

营业面积在 20001 平方米以上的部分，每平方米每年收费 1.80 元。

依照上述标准计算，年度使用费不足 200 元的按 200 元计。

②设有荧光屏播放音乐作品的，则：

荧光屏之对角线长度不超过 20 英寸的，每个荧光屏每年加收 200 元；

荧光屏之对角线长度在 20 – 50 英寸的，每个荧光屏每年加收 500 元；

荧光屏之对角线长度超过 50 英寸的，每个荧光屏每年加收 1000 元。

2. 商场

对于同一家门店：

①营业面积在 1000 平方米（含）以下的部分，每年每平方米收费 3 元；

营业面积在 1001 – 5000 平方米的部分，每年每平方米收费 2.8 元；

营业面积在 5001 – 10000 平方米的部分，每年每平方米收费 2.55 元；

营业面积在 10001－30000 平方米的部分，每年每平方米收费 2.25 元；

营业面积在 30001－50000 平方米的部分，每年每平方米收费 1.90 元；

营业面积在 50001－100000 平方米的部分，每年每平方米收费 1.5 元；

营业面积在 100000 平方米以上的部分，每年每平方米收费 1 元。

依照上述标准计算，年度使用费不足 500 元的按 500 元计。

②如设有荧光屏播放音乐作品，则：

荧光屏之对角线长度不超过 20 英寸的，每个荧光屏每年加收 200 元；

荧光屏之对角线长度在 20－50 英寸的，每个荧光屏每年加收 500 元；

荧光屏之对角线长度超过 50 英寸的，每个荧光屏每年加收 1000 元。

3. 家居店

对于同一家门店：

①营业面积在 3000 平方米（含）以下的部分，每平方米每年收费 1.80 元；

营业面积在 3001－10000 平方米的部分，每平方米每年收费 1.50 元；

营业面积在 10001－20000 平方米的部分，每平方米每年收费 1.20 元；

营业面积在 20001 平方米以上的部分，每平方米每年收费 1 元。

②如设有荧光屏播放音乐作品，则：

荧光屏之对角线长度不超过 20 英寸的，每个荧光屏每年加收 200 元；

荧光屏之对角线长度在 20－50 英寸的，每个荧光屏每年加收 300 元；

荧光屏之对角线长度超过 50 英寸的，每个荧光屏每年加收 600 元。

4. 汽车四 S 店

①按照营业面积，每平方米每年收费 1.5 元；照此标准计算，年度使用费低于 200 元的按 200 元计。

②如设有荧光屏播放音乐作品，则：

荧光屏之对角线长度不超过 20 英寸的，每个荧光屏每年加收 200 元；

荧光屏之对角线长度在 20－50 英寸的，每个荧光屏每年加收 300 元；

荧光屏之对角线长度超过 50 英寸的，每个荧光屏每年加收 600 元。

5. 音像店

①按照营业面积，每平方米每年收费 5 元。照此标准计算，年度使用费低于 400 元的按 400 元计。

②设有荧光屏播放音乐作品的，每个荧光屏每年加收 200 元。

注：收费标准四所列各经营场所中，所附餐厅等已有相应收费标准的均按相应收费标准另行计算。

收费标准五 本标准适用于健身房。

对于同一家门店：

①按照营业面积，

不超过 200 平方米的部分，每平方米每年收费 4.5 元；

201－500 平方米的部分，每平方米每年收费 4.2 元；

501－1000 平方米的部分，每平方米每年收费 4 元；

1000 平方米以上的部分，每平方米每年收费 3.6 元。

②设有荧光屏播放音乐作品的，则：

荧光屏之对角线长度不超过 20 英寸的，每个每年 200 元；

荧光屏之对角线长度在 20－50 英寸的，每个每年 500 元；

荧光屏之对角线长度超过 50 英寸的，每个每年 1000 元。

收费标准六 本标准适用于溜冰场。

①按照营业面积，每平方米每年收费 7 元。

②设有荧光屏播放音乐作品的，每个荧光屏每年加收 500 元。

收费标准七 本标准适用于保龄球馆、台球厅、洗浴中心、美容院、发廊、影楼。

①按照营业面积，每平方米每年收费 1.8 元；照此标准计算，年度使用费低于 300 元的按 300 元计。

②设有荧光屏播放音乐作品的，每个荧光屏每年加收 350 元。

③所附餐厅等已有相应收费标准的场所均按相应收费标准另行计算。

收费标准八 本标准适用于音乐喷泉。

面积在 50 平方米以下的，每年收费 200 元；

面积在51－300平方米的，每年收费400元；

面积在301平方米以上的，每年收费1000元。

收费标准九　本标准适用于话剧、戏剧。

①以机械表演方式使用音乐作品的，按照每场每分钟100元的标准收取音乐著作权使用费，不足一分钟的按一分钟计算。

②以演员演唱的方式使用音乐作品的，按照每场每半分钟100元的标准收取音乐著作权使用费，不足半分钟的按半分钟计算。

收费标准十　本标准适用于银行、电信等行业的营业厅。

①按照营业面积，每平方米每年5元。照此标准计算，年度使用费低于500元的按500元计。

②设有荧光屏播放音乐作品的，每个荧光屏每年加收400元。

收费标准十一　本标准适用于展厅。

长期使用音乐的展厅，每平方米每天收费0.01元。照此标准计算，年度使用费低于200元的按200元计。

收费标准十二　本标准适用于短期展览（车展、时装展等）。

此类场所按照展台费的1%计算或

1. 仅以机械表演方式使用音乐作品的：每展台每天200元；

2. 以机械表演和现场表演两种方式使用音乐作品的：每展台每天500元。

本标准中所指展台以100平方米为单位，不足100平方米的按100平方米计算。

收费标准十三　本标准适用于办公楼、写字楼。

①每平方米每年收费1元。照此标准计算，年度使用费低于200元的按200元计。

②电梯间如播放音乐，则每部电梯每年加收300元。

③设有荧光屏播放音乐作品的，每个荧光屏每年加收200元。

④所附餐厅等已有相应收费标准的场所均按相应收费标准另行计算。

收费标准十四　本标准适用于公园。

此类场所按照扬声器的数量计算使用费：

1. 非主题公园，每个扬声器每年100元；

2. 主题公园，每个扬声器每年200元；

3. 游乐场，每个扬声器每年300元。

以上场所中，如有现场表演，则音乐著作权使用费加倍计算。

所附餐厅等已有相应收费标准的场所均按相应收费标准另行计算。

收费标准十五　本标准适用于嘉年华。

在嘉年华活动中以播放背景音乐或进行现场表演（演唱会除外）的方式使用音乐作品，按照每天每千平米100元的标准收取音乐著作权使用费，不足一千平米的按一千平米计。

注：本标准中所称“嘉年华活动”特指室外大型文化、娱乐活动。

收费标准十六　本标准适用于各类交通工具及其等候场所。

1. 客运汽车

客车数量在50辆车（含）以内的，每辆车每年收费为400元；客车数量超过50辆的，超过部分每辆车每年收费为300元。

2. 航空

国际运营线：

每运载1000名乘客每公里0.10元；

但每班次最低收费不得低于30元。

国内运营线：

每运载1000名乘客每公里0.05元；

但每班次最低收费不得低于6元。

3. 铁路

高铁线路：每车次运行每公里收费0.02元。

动车线路：每车次运行每公里收费0.015元。

直快线路和旅游线路：每车次运行每公里收费0.01元。

特快线路：每车次运行每公里收费0.008元。

快速线路：每车次运行每公里收费0.007元。

普通线路：每车次运行每公里收费0.005元。

4. 船舶

容客量不超过100人的，每艘船每年收费300元；

容客量在101－500人的，每艘船每年收费500元；

容客量在501－1000人的，每艘船每年收费1000元；

容客量超过1000人的，每艘船每年收费2000元。

5. 候车、候船、候机大厅

按照营业面积，每平方米每年收费1元。照此标准计算，每个场所年度使用费低于200元的按200元计。

收费标准十七　本标准适用于电话等候音乐。

在电话等候音乐中使用音乐作品，按照使用电话线的数量计算使用费:5 条电话线以下(含 5 条)每年 500 元;5 至 10 条电话线(含 10 条)每年 750 元;10 条电话线以上每增加 10 条电话线每年增加 400 元。

注:电话线的数量应与电话总机和分机的总数相一致。

附　　则

该许可标准在我国中部、西部等经济相对落后的地区执行时,可以根据实际情况进行适当调整后适用。

在连锁企业就其所属门店统一解决音乐作品表演权时,可以基于连锁企业经营规模将本标准进行适当调整后适用。

在行业协会就其会员单位统一解决音乐表演权时,可以基于行业覆盖率将本标准进行适当调整后适用。

国家版权局关于复制发行境外录音制品向著作权人付酬有关问题的通知

1. 2000 年 9 月 13 日
2. 国权〔2000〕38 号

各省、自治区、直辖市版权局:

近年来,国内音像出版单位和其他单位引进境外录音制品在境内复制发行时,因授权方和引进方在授权合同中未约定向词曲作品著作权人付酬事项,引起了不必要的纷争。为避免今后再发生此类纠纷,进一步规范引进境外录音制品合同,经研究,就有关事宜通知如下:

一、音像出版单位或其他单位在引进境外录音制品时,应在授权合同中就向音乐作品的著作权人付酬事宜与授权方做出明确约定。

二、凡在合同中约定由引进方(包括音像出版单位或其他单位)向境外录音制品中的词曲著作权人付酬,词曲著作权人是中国音乐著作权协会会员的,或词曲著作权人所属的集体管理协会与中国音乐著作权协会签订相互代理协议的,引进方应将使用报酬支付给中国音乐著作权协会。词曲著作权人不属于中国音乐著作权协会管理范围的,引进方应直接向词曲著作权人付酬或委托著作权集体管理组织代办为转付。

三、引进方支付报酬的标准按国家版权局颁发的《录音法定许可付酬标准暂行规定》和《关于录音法定许可付酬标准暂行规定的补充通知》中规定的标准支付。

请各地版权局将本通知转发当地音像出版单位,并认真检查执行情况。

7. 著作权行政执法

举报、查处侵权盗版行为奖励暂行办法

2007年9月20日国家版权局公告2007年第2号公布施行

第一条　为鼓励举报和查处侵权盗版行为，严厉打击侵权盗版活动，保障版权相关产业有序发展，根据国家有关法律、法规，制定本办法。

第二条　国家版权局设立反盗版举报中心（以下称举报中心），承担奖励举报及查处重大侵权盗版行为有功单位及个人的有关工作。举报中心设立12390免费举报电话及jubao@ncac.gov.cn举报邮箱地址，接受社会公众针对侵权盗版行为的举报。

第三条　重大侵权盗版行为和案件，指各级版权、公安、文化、工商、海关、出版物市场监管等部门依据著作权法律、法规及刑法关于侵犯著作权罪的相关规定查处或协助查处的侵权盗版案件。

第四条　举报重大侵权盗版案件单位和个人（以下称举报人）获奖条件：

（一）以书面、电话、电子邮件或其他方式举报侵权盗版行为；

（二）能够提供违法事实、线索或证据，举报对象明确、具体，对案件查处起到关键性作用；

（三）提供的证据或线索事先未被行政机关、司法机关掌握；

（四）举报事实清楚、查证属实，并依据著作权法律、法规及刑法关于侵犯著作权罪的相关规定做出行政处罚，或者依法移送司法机关立案处理；

（五）应当具备的其他条件。

第五条　根据举报人提供的违法事实、线索或证据等与案件调查结论相符合的程度，分为以下三类进行奖励：

（一）提供被举报人的详细违法事实、侵权盗版线索或相关证据，协助参与现场查处工作，举报情况与事实结论完全相符。

（二）提供被举报人的部分违法事实、侵权盗版线索或相关证据，协助查处工作，举报情况与事实结论相符。

（三）提供被举报人的少量违法事实、侵权盗版线索或相关证据，未直接协助查处工作，举报情况与事实结论基本相符。

第六条　根据举报的侵权盗版案件影响程度或查获的违法财产数额，结合本办法第五条规定的举报类别确定奖励数额。每个案件的奖励金额不超过10万元。案情重大，或者在全国有重大影响，或者案值数额巨大的案件，奖励金额可不受此限。

第七条　两名以上举报人先后举报同一违法行为的，仅奖励在先举报人；两名以上举报人共同举报同一违法行为的，由举报人自行协商分配比例，协商不成的，奖励资金平均分配。

第八条　查处或协助查处重大侵权盗版案件单位和人员的获奖条件：

（一）在查处重大侵权盗版案件中表现突出的；

（二）在查处重大侵权盗版案件过程中，主动提供设备、技术、人员或其他帮助，并对查处案件起到重大作用的；

（三）查处的案件已依据著作权法律、法规、规章做出行政处罚，或者已依法移送司法机关立案处理；

（四）应当具备的其他条件。

第九条　对查处或协助查处重大侵权盗版案件有功单位和个人的奖励，每个案件对有功单位的奖励一般在10万元以下，对有功个人的奖励一般在1万元以下。对在全国有重大影响的案件可不受此限。

第十条　举报中心定期审核确定奖励对象及奖励数额，并通知受奖人领奖。

第十一条　受奖单位和个人应当在接到奖励通知后，凭单位有效证明文件或本人身份证，及时办理领奖手续。

第十二条　举报中心对举报材料和举报人的信息应严格保密。未经举报人许可，不得公开举报人姓名、身份及居住地等有关信息，违者依法承担法律责任。

第十三条　任何单位和个人不得对举报人进行打击报复，违者依法承担法律责任。

第十四条　本办法的实施，不影响其他法律、法规关于奖励举报和查处侵权盗版行为规定的适用。

第十五条　本办法由国家版权局负责解释。

第十六条　本办法自公布之日起施行。

著作权行政处罚实施办法

1. 2009年5月7日国家版权局令第6号公布
2. 自2009年6月15日起施行

第一章 总 则

第一条 为规范著作权行政管理部门的行政处罚行为，保护公民、法人和其他组织的合法权益，根据《中华人民共和国行政处罚法》（以下称行政处罚法）、《中华人民共和国著作权法》（以下称著作权法）和其他有关法律、行政法规，制定本办法。

第二条 国家版权局以及地方人民政府享有著作权行政执法权的有关部门（以下称著作权行政管理部门），在法定职权范围内就本办法列举的违法行为实施行政处罚。法律、法规另有规定的，从其规定。

第三条 本办法所称的违法行为是指：

（一）著作权法第四十七条列举的侵权行为，同时损害公共利益的；

（二）《计算机软件保护条例》第二十四条列举的侵权行为，同时损害公共利益的；

（三）《信息网络传播权保护条例》第十八条列举的侵权行为，同时损害公共利益的；第十九条、第二十五条列举的侵权行为；

（四）《著作权集体管理条例》第四十一条、第四十四条规定的应予行政处罚的行为；

（五）其他有关著作权法律、法规、规章规定的应给予行政处罚的违法行为。

第四条 对本办法列举的违法行为，著作权行政管理部门可以依法责令停止侵权行为，并给予下列行政处罚：

（一）警告；

（二）罚款；

（三）没收违法所得；

（四）没收侵权制品；

（五）没收安装存储侵权制品的设备；

（六）没收主要用于制作侵权制品的材料、工具、设备等；

（七）法律、法规、规章规定的其他行政处罚。

第二章 管辖和适用

第五条 本办法列举的违法行为，由侵权行为实施地、侵权结果发生地、侵权制品储藏地或者依法查封扣押地的著作权行政管理部门负责查处。法律、行政法规另有规定的除外。

侵犯信息网络传播权的违法行为由侵权人住所地、实施侵权行为的网络服务器等设备所在地或侵权网站备案登记地的著作权行政管理部门负责查处。

第六条 国家版权局可以查处在全国有重大影响的违法行为，以及认为应当由其查处的其他违法行为。地方著作权行政管理部门负责查处本辖区发生的违法行为。

第七条 两个以上地方著作权行政管理部门对同一违法行为均有管辖权时，由先立案的著作权行政管理部门负责查处该违法行为。

地方著作权行政管理部门因管辖权发生争议或者管辖不明时，由争议双方协商解决；协商不成的，报请共同的上一级著作权行政管理部门指定管辖；其共同的上一级著作权行政管理部门也可以直接指定管辖。

上级著作权行政管理部门在必要时，可以处理下级著作权行政管理部门管辖的有重大影响的案件，也可以将自己管辖的案件交由下级著作权行政管理部门处理；下级著作权行政管理部门认为其管辖的案件案情重大、复杂，需要由上级著作权行政管理部门处理的，可以报请上一级著作权行政管理部门处理。

第八条 著作权行政管理部门发现查处的违法行为，根据我国刑法规定涉嫌构成犯罪的，应当由该著作权行政管理部门依照国务院《行政执法机关移送涉嫌犯罪案件的规定》将案件移送司法部门处理。

第九条 著作权行政管理部门对违法行为予以行政处罚的时效为两年，从违法行为发生之日起计算。违法行为有连续或者继续状态的，从行为终了之日起计算。侵权制品仍在发行或仍在向公众进行传播的，视为违法行为仍在继续。

违法行为在两年内未被发现的，不再给予行政处罚。法律另有规定的除外。

第三章 处罚程序

第十条 除行政处罚法规定适用简易程序的情况外，著作权行政处罚适用行政处罚法规定的一般程序。

第十一条 著作权行政管理部门适用一般程序查处违法行为，应当立案。

对本办法列举的违法行为，著作权行政管理部门可以自行决定立案查处，或者根据有关部门移送的材料决定立案查处，也可以根据被侵权人、利害关系人或者其他知情人的投诉或者举报决定立案查处。

第十二条　投诉人就本办法列举的违法行为申请立案查处的，应当提交申请书、权利证明、被侵权作品（或者制品）以及其他证据。

申请书应当说明当事人的姓名（或者名称）、地址以及申请查处所根据的主要事实、理由。

投诉人委托代理人代为申请的，应当由代理人出示委托书。

第十三条　著作权行政管理部门应当在收到所有投诉材料之日起十五日内，决定是否受理并通知投诉人。不予受理的，应当书面告知理由。

第十四条　立案时应当填写立案审批表，同时附上相关材料，包括投诉或者举报材料、上级著作权行政管理部门交办或者有关部门移送案件的有关材料、执法人员的检查报告等，由本部门负责人批准，指定两名以上办案人员负责调查处理。

办案人员与案件有利害关系的，应当自行回避；没有回避的，当事人可以申请其回避。办案人员的回避，由本部门负责人批准。负责人的回避，由本级人民政府批准。

第十五条　执法人员在执法过程中，发现违法行为正在实施，情况紧急来不及立案的，可以采取下列措施：

（一）对违法行为予以制止或者纠正；

（二）对涉嫌侵权制品、安装存储涉嫌侵权制品的设备和主要用于违法行为的材料、工具、设备等依法先行登记保存；

（三）收集、调取其他有关证据。

执法人员应当及时将有关情况和材料报所在著作权行政管理部门，并于发现情况之日起七日内办理立案手续。

第十六条　立案后，办案人员应当及时进行调查，并要求法定举证责任人在著作权行政管理部门指定的期限内举证。

办案人员取证时可以采取下列手段收集、调取有关证据：

（一）查阅、复制与涉嫌违法行为有关的文件档案、账簿和其他书面材料；

（二）对涉嫌侵权制品进行抽样取证；

（三）对涉嫌侵权制品、安装存储涉嫌侵权制品的设备、涉嫌侵权的网站网页、涉嫌侵权的网站服务器和主要用于违法行为的材料、工具、设备等依法先行登记保存。

第十七条　办案人员在执法中应当向当事人或者有关人员出示由国家版权局或者地方人民政府制发的行政执法证件。

第十八条　办案时收集的证据包括：

（一）书证；

（二）物证；

（三）证人证言；

（四）视听资料；

（五）当事人陈述；

（六）鉴定结论；

（七）检查、勘验笔录。

第十九条　当事人提供的涉及著作权的底稿、原件、合法出版物、作品登记证书、著作权合同登记证书、认证机构出具的证明、取得权利的合同，以及当事人自行或者委托他人以定购、现场交易等方式购买侵权复制品而取得的实物、发票等，可以作为证据。

第二十条　办案人员抽样取证、先行登记保存有关证据，应当有当事人在场。对有关物品应当当场制作清单一式二份，由办案人员和当事人签名、盖章后，分别交由当事人和办案人员所在著作权行政管理部门保存。当事人不在场或者拒绝签名、盖章的，由现场两名以上办案人员注明情况。

第二十一条　办案人员先行登记保存有关证据，应当经本部门负责人批准，并向当事人交付证据先行登记保存通知书。当事人或者有关人员在证据保存期间不得转移、损毁有关证据。

先行登记保存的证据，应当加封著作权行政管理部门先行登记保存封条，由当事人就地保存。先行登记保存的证据确需移至他处的，可以移至适当的场所保存。情况紧急来不及办理本条规定的手续时，办案人员可以先行采取措施，事后及时补办手续。

第二十二条　对先行登记保存的证据，应当在交付证据先行登记保存通知书后七日内作出下列处理决定：

（一）需要鉴定的，送交鉴定；

（二）违法事实成立，应当予以没收的，依照法定程序予以没收；

（三）应当移送有关部门处理的，将案件连同证据移送有关部门处理；

（四）违法事实不成立，或者依法不应予以没收的，解除登记保存措施；

（五）其他有关法定措施。

第二十三条　著作权行政管理部门在查处案件过程中，委托其他著作权行政管理部门代为调查的，须出具委托书。受委托的著作权行政管理部门应当积极予以协助。

第二十四条　对查处案件中的专业性问题，著作权行政管理部门可以委托专门机构或者聘请专业人员进行鉴定。

第二十五条　调查终结后，办案人员应当提交案件调查报告，说明有关行为是否违法，提出处理意见及有关事实、理由和依据，并附上全部证据材料。

第二十六条　著作权行政管理部门拟作出行政处罚决定的，应当由本部门负责人签发行政处罚事先告知书，告知当事人拟作出行政处罚决定的事实、理由和依据，并告知当事人依法享有的陈述权、申辩权和其他权利。

行政处罚事先告知书应当由著作权行政管理部门直接送达当事人，当事人应当在送达回执上签名、盖章。当事人拒绝签收的，由送达人员注明情况，把送达文书留在受送达人住所，并报告本部门负责人。著作权行政管理部门也可以采取邮寄送达方式告知当事人。无法找到当事人时，可以以公告形式告知。

第二十七条　当事人要求陈述、申辩的，应当在被告知后七日内，或者自发布公告之日起三十日内，向著作权行政管理部门提出陈述、申辩意见以及相应的事实、理由和证据。当事人在此期间未行使陈述权、申辩权的，视为放弃权利。

采取直接送达方式告知的，以当事人签收之日为被告知日期；采取邮寄送达方式告知的，以回执上注明的收件日期为被告知日期。

第二十八条　办案人员应当充分听取当事人的陈述、申辩意见，对当事人提出的事实、理由和证据进行复核，并提交复核报告。

著作权行政管理部门不得因当事人申辩加重处罚。

第二十九条　著作权行政管理部门负责人应当对案件调查报告及复核报告进行审查，并根据审查结果分别作出下列处理决定：

（一）确属应当予以行政处罚的违法行为的，根据侵权人的过错程度、侵权时间长短、侵权范围大小及损害后果等情节，予以行政处罚；

（二）违法行为轻微并及时纠正，没有造成危害后果的，不予行政处罚；

（三）违法事实不成立的，不予行政处罚；

（四）违法行为涉嫌构成犯罪的，移送司法部门处理。

对情节复杂或者重大的违法行为给予较重的行政处罚，由著作权行政管理部门负责人集体讨论决定。

第三十条　著作权行政管理部门作出罚款决定时，罚款数额应当依照《中华人民共和国著作权法实施条例》第三十六条、《计算机软件保护条例》第二十四条的规定和《信息网络传播权保护条例》第十八条、第十九条的规定确定。

第三十一条　违法行为情节严重的，著作权行政管理部门可以没收主要用于制作侵权制品的材料、工具、设备等。

具有下列情形之一的，属于前款所称“情节严重”：

（一）违法所得数额（即获利数额）二千五百元以上的；

（二）非法经营数额在一万五千元以上的；

（三）经营侵权制品在二百五十册（张或份）以上的；

（四）因侵犯著作权曾经被追究法律责任，又侵犯著作权的；

（五）造成其他重大影响或者严重后果的。

第三十二条　对当事人的同一违法行为，其他行政机关已经予以罚款的，著作权行政管理部门不得再予罚款，但仍可以视具体情况予以本办法第四条所规定的其他种类的行政处罚。

第三十三条　著作权行政管理部门作出较大数额罚款决定或者法律、行政法规规定应当听证的其他行政处罚决定前，应当告知当事人有要求举行听证的权利。

前款所称“较大数额罚款”，是指对个人处以两万元以上、对单位处以十万元以上的罚款。地方性法规、规章对听证要求另有规定的，依照地方性法规、规章办理。

第三十四条　当事人要求听证的，著作权行政管理部门应当依照行政处罚法第四十二条规定的程序组织听证。当事人不承担组织听证的费用。

第三十五条 著作权行政管理部门决定予以行政处罚的,应当制作行政处罚决定书。

著作权行政管理部门认为违法行为轻微,决定不予行政处罚的,应当制作不予行政处罚通知书,说明不予行政处罚的事实、理由和依据,并送达当事人;违法事实不成立的,应当制作调查结果通知书,并送达当事人。

著作权行政管理部门决定移送司法部门处理的案件,应当制作涉嫌犯罪案件移送书,并连同有关材料和证据及时移送有管辖权的司法部门。

第三十六条 行政处罚决定书应当由著作权行政管理部门在宣告后当场交付当事人。当事人不在场的,应当在七日内送达当事人。

第三十七条 当事人对国家版权局的行政处罚不服的,可以向国家版权局申请行政复议;当事人对地方著作权行政管理部门的行政处罚不服的,可以向该部门的本级人民政府或者其上一级著作权行政管理部门申请行政复议。

当事人对行政处罚或者行政复议决定不服的,可以依法提起行政诉讼。

第四章 执行程序

第三十八条 当事人收到行政处罚决定书后,应当在行政处罚决定书规定的期限内予以履行。

当事人申请行政复议或者提起行政诉讼的,行政处罚不停止执行。法律另有规定的除外。

第三十九条 没收的侵权制品应当销毁,或者经被侵权人同意后以其他适当方式处理。

销毁侵权制品时,著作权行政管理部门应当指派两名以上执法人员监督销毁过程,核查销毁结果,并制作销毁记录。

对没收的主要用于制作侵权制品的材料、工具、设备等,著作权行政管理部门应当依法公开拍卖或者依照国家有关规定处理。

第四十条 上级著作权行政管理部门作出的行政处罚决定,可以委托下级著作权行政管理部门代为执行。代为执行的下级著作权行政管理部门,应当将执行结果报告该上级著作权行政管理部门。

第五章 附则

第四十一条 本办法所称的侵权制品包括侵权复制品和假冒他人署名的作品。

第四十二条 著作权行政管理部门应当按照国家统计法规建立著作权行政处罚统计制度,每年向上一级著作权行政管理部门提交著作权行政处罚统计报告。

第四十三条 行政处罚决定或者复议决定执行完毕后,著作权行政管理部门应当及时将案件材料立卷归档。

立卷归档的材料主要包括:行政处罚决定书、立案审批表、案件调查报告、复核报告、复议决定书、听证笔录、听证报告、证据材料、财物处理单据以及其他有关材料。

第四十四条 本办法涉及的有关法律文书,应当参照国家版权局确定的有关文书格式制作。

第四十五条 本办法自2009年6月15日起施行。国家版权局2003年9月1日发布的《著作权行政处罚实施办法》同时废止,本办法施行前发布的其他有关规定与本办法相抵触的,依照本办法执行。

国家版权局关于查处著作权侵权案件如何理解适用损害公共利益有关问题的复函

1. 2006年11月2日

2. 国权办〔2006〕43号

浙江省版权局:

你局10月26日《关于在查处著作权侵权案件时如何理解适用"损害公共利益"问题的请示》收悉。

就如何认定损害公共利益这一问题,依据《中华人民共和国著作权法》规定,第四十七条所列侵权行为,均有可能侵犯公共利益。就一般原则而言,向公众传播侵权作品,构成不正当竞争,损害经济秩序就是损害公共利益的具体表现。在"2002年WTO过渡性审议"中,国家版权局也曾明确答复"构成不正当竞争,危害经济秩序的行为即可认定为损害公共利益"。此答复得到了全国人大法工委、国务院法制办、最高人民法院的认可。

如商业性卡拉OK经营者,未经著作权人许可使用作品,特别是在著作权人要求其履行合法义务的情况下,仍然置之不理,主观故意明显,应属情节严重的侵权行为。这种行为不仅侵犯了著作权人的合法权益,并且损害了市场经济秩序和公平竞争环境。我局认为该行为应属一种损害公共利益的侵权行为。

· 指导案例 ·

最高人民法院指导案例80号 ——洪福远、邓春香诉贵州五福坊食品有限公司、贵州今彩民族文化研发有限公司著作权侵权纠纷案

(最高人民法院审判委员会讨论通过 2017年3月6日发布)

【关键词】

民事　著作权侵权　民间文化艺术衍生作品

【裁判要点】

民间文学艺术衍生作品的表达系独立完成且有创作性的部分,符合著作权法保护的作品特征的,应当认定作者对其独创性部分享有著作权。

【相关法条】

《中华人民共和国著作权法》第3条

《中华人民共和国著作权法实施条例》第2条

【基本案情】

原告洪福远、邓春香诉称:原告洪福远创作完成的《和谐共生十二》作品,发表在2009年8月贵州人民出版社出版的《福远蜡染艺术》一书中。洪福远曾将该涉案作品的使用权(蜡染上使用除外)转让给原告邓春香,由邓春香维护著作财产权。被告贵州五福坊食品有限公司(以下简称五福坊公司)以促销为目的,擅自在其销售的商品上裁切性地使用了洪福远的上述画作。原告认为被告侵犯了洪福远的署名权和邓春香的著作财产权,请求法院判令:被告就侵犯著作财产权赔偿邓春香经济损失20万元;被告停止使用涉案图案,销毁涉案包装盒及产品册页;被告就侵犯洪福远著作人身权刊登声明赔礼道歉。

被告五福坊公司辩称:第一,原告起诉其拥有著作权的作品与贵州今彩民族文化研发有限公司(以下简称今彩公司)为五福坊公司设计的产品外包装上的部分图案,均借鉴了贵州黄平革家传统蜡染图案,被告使用今彩公司设计的产品外包装不构成侵权;第二,五福坊公司的产品外包装是委托本案第三人今彩公司设计的,五福坊公司在使用产品外包装时已尽到合理注意义务;第三,本案所涉作品在产品包装中位于右下角,整个作品面积只占产品外包装面积的二十分之一左右,对于产品销售的促进作用影响较小,原告起诉的赔偿数额20万元显然过高。原告的诉请没有事实和法律依据,故请求驳回原告的诉讼请求。

第三人今彩公司述称:其为五福坊公司进行广告设计、策划,2006年12月创作完成"四季如意"的手绘原稿,直到2011年10月五福坊公司开发针对旅游市场的礼品,才重新截取该图案的一部分使用,图中的鸟纹、如意纹、铜鼓纹均源于贵州黄平革家蜡染的"原形",原告作品中的鸟纹图案也源于贵州传统蜡染,原告方主张的作品不具有独创性,本案不存在侵权的事实基础,故原告的诉请不应支持。

法院经审理查明:原告洪福远从事蜡染艺术设计创作多年,先后被文化部授予"中国十大民间艺术家""非物质文化遗产保护工作先进个人"等荣誉称号。2009年8月其创作完成的《和谐共生十二》作品发表在贵州人民出版社出版的《福远蜡染艺术》一书中,该作品借鉴了传统蜡染艺术的自然纹样和几何纹样的特征,色彩以靛蓝为主,描绘了一幅花、鸟共生的和谐图景。但该作品对鸟的外形进行了补充,对鸟的眼睛、嘴巴丰富了线条,使得鸟图形更加传神,对鸟的脖子、羽毛融入了作者个人的独创,使得鸟图形更为生动,对中间的铜鼓纹花也融合了作者自己的构思而有别于传统的蜡染艺术图案。2010年8月1日,原告洪福远与原告邓春香签订《作品使用权转让合同》,合同约定洪福远将涉案作品的使用权(蜡染上使用除外)转让给邓春香,由邓春香维护受让权利范围内的著作财产权。

被告五福坊公司委托第三人今彩公司进行产品的品牌市场形象策划设计服务,包括进行产品包装及配套设计、产品手册以及促销宣传品的设计等。根据第三人今彩公司的设计服务,五福坊公司在其生产销售的产品贵州辣子鸡、贵州小米渣、贵州猪肉干的外包装礼盒的左上角、右下角使用了蜡染花鸟图案和如意图案边框。洪福远认为五福坊公司使用了其创作的《和谐共生十二》作品,一方面侵犯了洪福远的署名权,割裂了作者与作品的联系;另一方面侵犯了邓春香的著作财产权。经比对查明,五福坊公司生产销售的上述三种产品外包装礼盒和产品手册上使用的蜡染花鸟图案与洪福远创作的《和谐共生十二》作品,在鸟与花图形的结构造型、线条的取舍与排列上一致,只是图案的底色和线条的颜色存在差别。

【裁判结果】

贵州省贵阳市中级人民法院于2015年9月18日作出(2015)筑知民初字第17号民事判决:一、被告贵州五福坊食品有限公司于本判决生效之日起10日赔偿原告邓春香经济损失10万元;二、被告贵州五福坊食品有限公司在本判决生效后,立即停止使用涉案《和谐共生十二》作品;三、被告贵州五福坊食品有限公司于本判决生效之日起5日内销毁涉案产品贵州辣子鸡、贵州小米渣、贵州猪肉干的包装盒及产品宣传册页;四、驳回原告洪福远和邓春香的其余诉讼请求。一审宣判后,各方当事人均未上诉,判决已发生法律效力。

【裁判理由】

法院生效裁判认为:本案的争议焦点一是本案所涉《和谐共生十二》作品是否受著作权法保护;二是案涉产品的包装图案是否侵犯原告的著作权;三是如何确定本案的责任主体;四是本案的侵权责任方式如何判定;五是本案的赔偿数额如何确定。

关于第一个争议焦点,本案所涉原告洪福远的《和谐共生十二》画作中两只鸟尾部重合,中间采用铜鼓纹花连接而展示对称的美感,而这些正是传统蜡染艺术的自然纹样和几何纹样的主题特征,根据本案现有证据,可以认定涉案作品显然借鉴了传统蜡染艺术的表达方式,创作灵感直接来源于黄平革家蜡染背扇图案。但涉案作品对鸟的外形进行了补充,对鸟的眼睛、嘴巴丰富了线条,对鸟的脖子、羽毛融入了作者个人的独创,使得鸟图形更为传神生动,对中间的铜鼓纹花也融合了作者的构思而有别于传统的蜡染艺术图案。根据著作权法实施条例第二条"著作权法所称作品,是指文学、艺术和科学领域内具有独创性并能以某种有形形式复制的智力成果"的规定,本案所涉原告洪福远创作的《和谐共生十二》画作属于传统蜡染艺术作品的衍生作品,是对传统蜡染艺术作品的传承与创新,符合著作权法保护的作品特征,在洪福远具有独创性的范围内受著作权法的保护。

关于第二个争议焦点,根据著作权法实施条例第四条第九项"美术作品,是指绘画、书法、雕塑等以线条、色彩或者其他方式构成的有审美意义的平面或者立体的造型艺术作品"的规定,绘画作品主要是以线条、色彩等方式构成的有审美意义的平面造型艺术作品。经过庭审比对,本案所涉产品贵州辣子鸡等包装礼盒和产品手册中使用的花鸟图案与涉案《和谐共生十二》画作,在鸟与花图形的结构造型、线条的取舍与排列上一致,只是图案的底色和线条的颜色存在差别,就比对的效果来看图案的底色和线条的颜色差别已然成为侵权的掩饰手段而已,并非独创性的智力劳动;第三人今彩公司主张其设计、使用在五福坊公司产品包装礼盒和产品手册中的作品创作于2006年,但其没有提交任何证据可以佐证,而洪福远的涉案作品于2009年发表在《福远蜡染艺术》一书中,且书中画作直接注明了作品创作日期为2003年,由此可以认定洪福远的涉案作品创作并发表在先。在五福坊公司生产、销售涉案产品之前,洪福远即发表了涉案《和谐共生十二》作品,五福坊公司有机会接触到原告的作品。据此,可以认定第三人今彩公司有抄袭洪福远涉案作品的故意,五福坊公司在生产、销售涉案产品包装礼盒和产品手册中部分使用原告的作品,侵犯了原告对涉案绘画美术作品的复制权。

关于第三个争议焦点,庭前准备过程中,经法院向洪福远释明是否追加今彩公司为被告参加诉讼,是否需要变更诉讼请求,原告以书面形式表示不同意追加今彩公司为被告,并认为五福坊公司与今彩公司属于另一法律关系,不宜与本案合并审理。事实上,五福坊公司与今彩公司签订了合同书,合同约定被告生产的所有产品的外包装、广告文案、宣传品等皆由今彩公司设计,合同也约定如今彩公司提交的设计内容有侵权行为,造成的后果由今彩公司全部承担。但五福坊公司作为产品包装的委托方,并未举证证明其已尽到了合理的注意义务,且也是侵权作品的最终使用者和实际受益者,根据著作权法第四十八条第二款第一项"有下列侵权行为的,应当根据情况,承担停止侵害、消除影响、赔礼道歉、赔偿损失等民事责任……(一)未经著作权人许可,复制、发行、表演、放映、广播、汇编、通过信息网络向公众传播其作品的,本法另有规定的除外"、最高人民法院《关于审理著作权民事纠纷案件适用法律若干问题的解释》(以下简称《著作权纠纷案件解释》)第十九条、第二十条第二款的规定,五福坊公司依法应承担本案侵权的民事责任。五福坊公司与第三人今彩公司之间属另一法律关系,不属于本案的审理范围,当事人可另行主张解决。

关于第四个争议焦点,根据著作权法第四十七条、第四十八条规定,侵犯著作权或与著作权有关的权利的,应当根据案件的实际情况,承担停止侵害、消除影响、赔礼道歉、赔偿损失等民事责任。本案中,第一,原告方的部分著作人身权和财产权受到侵害,客观上产生相应的经济损失,对于原告方的第一项赔偿损失的请求,依法应当获得相应的支持；第二，无论侵权人有无过错，为防止损失的扩大，责令侵权人立即停止正在实施的侵犯他人著作权的行为，以保护权利人的合法权益，也是法律实施的目的，对于原告方第二项要求被告停止使用涉案图案，销毁涉案包装盒及产品册页的诉请，依法应予支持；第三，五福坊公司事实上并无主观故意，也没有重大过失，只是没有尽到合理的审查义务而基于法律的规定承担侵权责任，洪福远也未举证证明被告侵权行为造成其声誉的损害，故对于洪福远要求五福坊公司在《贵州都市报》综合版面刊登声明赔礼道歉的第三项诉请，不予支持。

关于第五个争议焦点，本案中，原告方并未主张为制止侵权行为所支出的合理费用，也没有举证证明为制止侵权行为所支出的任何费用。庭审中，原告方没有提交任何证据以证明其实际损失的多少，也没有提交任何证据以证明五福坊公司因侵权行为的违法所得。事实上，原告方的实际损失本身难以确定，被告方因侵权行为的违法所得也难以查清。根据《著作权纠纷案件解释》第二十五条第一款、第二款“权利人的实际损失或者侵权人的违法所得无法确定的，人民法院根据当事人的请求或者依职权适用著作权法第四十八条第二款（现为第四十九条第二款）的规定确定赔偿数额。人民法院在确定赔偿数额时，应当考虑作品类型、合理使用费、侵权行为性质、后果等情节综合确定”的规定，结合本案的客观实际，主要考量以下5个方面对侵犯著作权赔偿数额的影响：第一，洪福远的涉案《和谐共生十二》作品属于贵州传统蜡染艺术作品的衍生作品，著作权作品的创作是在传统蜡染艺术作品基础上的传承与创新，涉案作品中鸟图形的轮廓与对称的美感来源于传统艺术作品，作者构思的创新有一定的限度和相对局限的空间；第二，贵州蜡染有一定的区域特征和地理标志意义，以花、鸟、虫、鱼等为创作缘起的蜡染艺术作品在某种意义上属于贵州元素或贵州符号，五福坊公司作为贵州的本土企业，其使用贵州蜡染艺术作品符合民间文学艺术作品作为非物质文化遗产固有的民族性、区域性的基本特征要求；第三，根据洪福远与邓春香签订的《作品使用权转让合同》，洪福远已经将其创作的涉案《和谐共生十二》作品的使用权（蜡染上使用除外）转让给邓春香，即涉案作品的大部分著作财产权转让给了传统民间艺术传承区域外的邓春香，由邓春香维护涉案作品著作财产权，基于本案著作人身权与财产权的权利主体在传统民间艺术传承区域范围内外客观分离的状况，传承区域范围内的企业侵权行为产生的后果与影响并不显著；第四，洪福远几十年来执着于民族蜡染艺术的探索与追求，在创作中将传统的民族蜡染与中国古典文化有机地揉和，从而使蜡染艺术升华到一定高度，对区域文化的发展起到一定的推动作用。尽管涉案作品的大部分著作财产权已经转让给了传统民间艺术传承区域外的邓春香，但洪福远的创作价值以及其在蜡染艺术业内的声誉应得到尊重；第五，五福坊公司涉案产品贵州辣子鸡、贵州小米渣、贵州猪肉干的生产经营规模、销售渠道等应予以参考，根据五福坊公司提交的五福坊公司与广州卓凡彩色印刷有限公司的采购合同，尽管上述证据不一定完全客观反映五福坊公司涉案产品的生产经营状况，但在原告方无任何相反证据的情形下，被告的证明主张在合理范围内应为法律所允许。综合考量上述因素，参照贵州省当前的经济发展水平和人们的生活水平，酌情确定由五福坊公司赔偿邓春香经济损失10万元。

最高人民法院指导案例81号
——张晓燕诉雷献和、赵琪、山东爱书人音像图书有限公司著作权侵权纠纷案

（最高人民法院审判委员会讨论通过
2017年3月6日发布）

【关键词】

民事　著作权侵权　影视作品　历史题材　实质相似

【裁判要点】

1. 根据同一历史题材创作的作品中的题材主线、整体线索脉络，是社会共同财富，属于思想范畴，不能为个别人垄断，任何人都有权对此类题材加以利用并创作作品。

2. 判断作品是否构成侵权，应当从被诉侵权作品作者是否接触过权利人作品、被诉侵权作品与权利人作品之间是否构成实质相似等方面进行。在判断是否构成实质相似时，应比较作者在作品表达中的取舍、选择、安排、设计等是否相同或相似，不应从思想、情感、创意、对象等方面进行比较。

3. 按照著作权法保护作品的规定，人民法院应保护作者具有独创性的表达，即思想或情感的表现形式。对创意、素材、公有领域信息、创作形式、必要场景，以及具

有唯一性或有限性的表达形式，则不予保护。

【相关法条】

《中华人民共和国著作权法》第2条

《中华人民共和国著作权法实施条例》第2条

【基本案情】

原告张晓燕诉称：其于1999年12月开始改编创作《高原骑兵连》剧本，2000年8月根据该剧本筹拍20集电视连续剧《高原骑兵连》(以下将该剧本及其电视剧简称“张剧”)，2000年12月该剧摄制完成，张晓燕系该剧著作权人。被告雷献和作为《高原骑兵连》的名誉制片人参与了该剧的摄制。被告雷献和作为第一编剧和制片人、被告赵琪作为第二编剧拍摄了电视剧《最后的骑兵》(以下将该电视剧及其剧本简称“雷剧”)。2009年7月1日，张晓燕从被告山东爱书人音像图书有限公司购得《最后的骑兵》DVD光盘，发现与“张剧”有很多雷同之处，主要人物关系、故事情节及其他方面相同或近似，“雷剧”对“张剧”剧本及电视剧构成侵权。故请求法院判令：三被告停止侵权，雷献和在《齐鲁晚报》上公开发表致歉声明并赔偿张晓燕剧本稿酬损失、剧本出版发行及改编费损失共计80万元。

被告雷献和辩称：“张剧”剧本根据张冠林的长篇小说《雪域河源》改编而成，“雷剧”最初由雷献和根据师永刚的长篇小说《天苍茫》改编，后由赵琪参照其小说《骑马挎枪走天涯》重写剧本定稿。2000年上半年，张晓燕找到雷献和，提出合拍反映骑兵生活的电视剧。雷献和向张晓燕介绍了改编《天苍茫》的情况，建议合拍，张晓燕未同意。2000年8月，雷献和与张晓燕签订了合作协议，约定拍摄制作由张晓燕负责，雷献和负责军事保障，不参与艺术创作，雷献和没有看到张晓燕的剧本。“雷剧”和“张剧”创作播出的时间不同，“雷剧”不可能影响“张剧”的发行播出。

法院经审理查明：“张剧”“雷剧”、《骑马挎枪走天涯》《天苍茫》，均系以二十世纪八十年代中期精简整编中骑兵部队撤(缩)编为主线展开的军旅、历史题材作品。短篇小说《骑马挎枪走天涯》发表于《解放军文艺》1996年第12期总第512期；长篇小说《天苍茫》于2001年4月由解放军文艺出版社出版发行；“张剧”于2004年5月17日至5月21日由中央电视台第八套节目在上午时段以每天四集的速度播出；“雷剧”于2004年5月19日至29日由中央电视台第一套节目在晚上黄金时段以每天两集的速度播出。

《骑马挎枪走天涯》通过对骑兵连被撤销前后连长、指导员和一匹神骏的战马的描写，叙述了骑兵在历史上的辉煌、骑兵连被撤销、骑兵连官兵特别是骑兵连长对骑兵、战马的痴迷。《骑马挎枪走天涯》存在如下描述：神马(15号军马)出身来历中透着的神秘、连长与军马的水乳交融、指导员孔越华的人物形象、连长作诗、父亲当过骑兵团长、骑兵在未来战争中发挥的重要作用、连长为保留骑兵连所做的努力、骑兵连最后被撤销、结尾处连长与神马的悲壮。“雷剧”中天马的来历也透着神秘，除了连长常问天的父亲曾为骑兵师长外，上述情节内容与《骑马挎枪走天涯》基本相似。

《天苍茫》是讲述中国军队最后一支骑兵连充满传奇与神秘历史的书，书中展示草原与骑兵的生活，如马与人的情感、最后一匹野马的基因价值，以及研究马语的老人，神秘的预言者，最后的野马在香港赛马场胜出的传奇故事。《天苍茫》中连长成天的父亲是原骑兵师的师长，司令员是山南骑兵连的第一任连长、成天父亲的老部下，成天从小暗恋司令员女儿兰静，指导员王青衣与兰静相爱，并促进成天与基因学者刘可可的爱情。最后连长为救被困沼泽的研究人员牺牲。雷剧中高波将前指导员跑得又快又稳性子好的“大喇嘛”牵来交给常问天作为临时坐骑。结尾连长为完成抓捕任务而牺牲。“雷剧”中有关指导员孔越华与连长常问天之间关系的描述与《天苍茫》中指导员王青衣与连长成天关系的情节内容有相似之处。

法院依法委托中国版权保护中心版权鉴定委员会对张剧与雷剧进行鉴定，结论如下：1.主要人物设置及关系部分相似；2.主要线索脉络即骑兵部队缩编(撤销)存在相似之处；3.存在部分相同或者近似的情节，但除一处语言表达基本相同之外，这些情节的具体表达基本不同。语言表达基本相同的情节是指双方作品中男主人公表达“愿做牧马人”的话语的情节。“张剧”电视剧第四集秦冬季说：“草原为家，以马为伴，做个牧马人”；“雷剧”第十八集常问天说：“以草原为家，以马为伴，你看过电影《牧马人》吗？做个自由的牧马人”。

【裁判结果】

山东省济南市中级人民法院于2011年7月13日作出(2010)济民三初字第84号民事判决：驳回张晓燕的全部诉讼请求。张晓燕不服，提起上诉，山东省高级人民法院于2012年6月14日作出(2011)鲁民三终字第194号民事判决：驳回上诉，维持原判。张晓燕不服，向最高人民法院申请再审。最高人民法院经审查，于2014年

11月28日作出(2013)民申字第1049号民事裁定:驳回张晓燕的再审申请。

【裁判理由】

法院生效裁判认为:本案的争议焦点是"雷剧"的剧本及电视剧是否侵害"张剧"的剧本及电视剧的著作权。

判断作品是否构成侵权,应当从被诉侵权作品的作者是否"接触"过要求保护的权利人作品、被诉侵权作品与权利人的作品之间是否构成"实质相似"两个方面进行判断。本案各方当事人对雷献和接触"张剧"剧本及电视剧并无争议,本案的核心问题在于两部作品是否构成实质相似。

我国著作权法所保护的是作品中作者具有独创性的表达,即思想或情感的表现形式,不包括作品中所反映的思想或情感本身。这里指的思想,包括对物质存在、客观事实、人类情感、思维方法的认识,是被描述、被表现的对象,属于主观范畴。思想者借助物质媒介,将构思诉诸形式表现出来,将意象转化为形象、将抽象转化为具体、将主观转化为客观、将无形转化为有形,为他人感知的过程即为创作,创作形成的有独创性的表达属于受著作权法保护的作品。著作权法保护的表达不仅指文字、色彩、线条等符号的最终形式,当作品的内容被用于体现作者的思想、情感时,内容也属于受著作权法保护的表达,但创意、素材或公有领域的信息、创作形式、必要场景或表达唯一或有限则被排除在著作权法的保护范围之外。必要场景,指选择某一类主题进行创作时,不可避免而必须采取某些事件、角色、布局、场景,这种表现特定主题不可或缺的表达方式不受著作权法保护;表达唯一或有限,指一种思想只有唯一一种或有限的表达形式,这些表达视为思想,也不给予著作权保护。在判断"雷剧"与"张剧"是否构成实质相似时,应比较两部作品中对于思想和情感的表达,将两部作品表达中作者的取舍、选择、安排、设计是否相同或相似,而不是离开表达看思想、情感、创意、对象等其他方面。结合张晓燕的主张,从以下几个方面进行分析判断:

关于张晓燕提出"雷剧"与"张剧"题材主线相同的主张,因"雷剧"与《骑马挎枪走天涯》都通过紧扣"英雄末路、骑兵绝唱"这一主题和情境描述了"最后的骑兵"在撤编前后发生的故事,可以认定"雷剧"题材主线及整体线索脉络来自《骑马挎枪走天涯》。"张剧""雷剧"以及《骑马挎枪走天涯》《天苍茫》4部作品均系以二十世纪八十年代中期精简整编中骑兵部队撤(缩)编为主线展开的军旅历史题材作品,是社会的共同财富,不能为个别人所垄断,故4部作品的作者都有权以自己的方式对此类题材加以利用并创作作品。因此,即便"雷剧"与"张剧"题材主线存在一定的相似性,因题材主线不受著作权法保护,且"雷剧"的题材主线系来自最早发表的《骑马挎枪走天涯》,不能认定"雷剧"抄袭自"张剧"。

关于张晓燕提出"雷剧"与"张剧"人物设置与人物关系相同、相似的主张,鉴于前述4部作品均系以特定历史时期骑兵部队撤(缩)编为主线展开的军旅题材作品,除了《骑马挎枪走天涯》受短篇小说篇幅的限制,没有三角恋爱关系或军民关系外,其他3部作品中都包含三角恋爱关系、官兵上下关系、军民关系等人物设置和人物关系,这样的表现方式属于军旅题材作品不可避免地采取的必要场景,因表达方式有限,不受著作权法保护。

关于张晓燕提出"雷剧"与"张剧"语言表达及故事情节相同、相似的主张,从语言表达看,如"雷剧"中"做个自由的'牧马人'"与"张剧"中"做个牧马人"语言表达基本相同,但该语言表达属于特定语境下的惯常用语,非独创性表达。从故事情节看,用于体现作者的思想与情感的故事情节属于表达的范畴,具有独创性的故事情节应受著作权法保护,但是,故事情节中仅部分元素相同、相似并不能当然得出故事情节相同、相似的结论。前述4部作品相同、相似的部分多属于公有领域素材或缺乏独创性的素材,有的仅为故事情节中的部分元素相同,但情节所展开的具体内容和表达的意义并不相同。二审法院认定"雷剧"与"张剧"6处相同、相似的故事情节,其中老部下关系、临时指定马匹等在《天苍茫》中也有相似的情节内容,其他部分虽在情节设计方面存在相同、相似之处,但有的仅为情节表达中部分元素的相同、相似,情节内容相同、相似的部分少且微不足道。

整体而言,"雷剧"与"张剧"具体情节展开不同、描写的侧重点不同、主人公性格不同、结尾不同,二者相同、相似的故事情节在"雷剧"中所占比例极低,且在整个故事情节中处于次要位置,不构成"雷剧"中的主要部分,不会导致读者和观众对两部作品产生相同、相似的欣赏体验,不能得出两部作品实质相似的结论。根据最高人民法院《关于审理著作权民事纠纷案件适用法律若干问题的解释》第十五条"由不同作者就同一题材创作的作品,作品的表达系独立完成并且有创作性的,应当认定作者各自享有独立著作权"的规定,"雷剧"与"张剧"属于由不同作者就同一题材创作的作品,两剧都有独创性,各自享有独立著作权。

最高人民法院指导案例223号——张某龙诉北京某蝶文化传播有限公司、程某、马某侵害作品信息网络传播权纠纷案

（最高人民法院审判委员会讨论通过 2023年12月15日发布）

【关键词】

民事诉讼　侵害作品信息网络传播权　管辖　侵权行为地

【裁判要点】

侵害作品信息网络传播权的侵权结果发生地具有不确定性，不应作为确定管辖的依据。在确定侵害作品信息网络传播权民事纠纷案件的管辖时，应当适用《最高人民法院关于审理侵害信息网络传播权民事纠纷案件适用法律若干问题的规定》第十五条的规定，即由侵权行为地或者被告住所地人民法院管辖。

【基本案情】

原告张某龙以被告北京某蝶文化传播有限公司、程某、马某擅自在相关网站上发布、使用其享有著作权的写真艺术作品，侵害其作品信息网络传播权为由，向其住所地的河北省秦皇岛市中级人民法院提起诉讼。被告马某以本案应当适用《最高人民法院关于审理侵害信息网络传播权民事纠纷案件适用法律若干问题的规定》（以下简称《信息网络传播权规定》）第十五条的规定确定管辖，秦皇岛市为原告住所地，不是侵权行为地或被告住所地为由，对本案管辖权提出异议，请求将本案移送侵权行为地和被告住所地的北京互联网法院审理。

【裁判结果】

河北省秦皇岛市中级人民法院于2021年6月2日作出（2021）冀03知民初27号民事裁定，驳回马某提出的管辖权异议。马某不服一审裁定，提起上诉。河北省高级人民法院于2021年8月24日作出（2021）冀民辖终66号民事裁定，撤销一审裁定，将本案移送北京互联网法院审理。北京互联网法院、北京市高级人民法院经审查认为，河北省高级人民法院将本案移送北京互联网法院审理不当，遂报请最高人民法院指定管辖。最高人民法院于2022年8月22日作出（2022）最高法民辖42号民事裁定，确定本案由北京互联网法院审理。

【裁判理由】

最高人民法院认为，《最高人民法院关于适用〈中华人民共和国民事诉讼法〉的解释》第二十五条规定："信息网络侵权行为实施地包括实施被诉侵权行为的计算机等信息设备所在地，侵权结果发生地包括被侵权人住所地。"该规定中的"信息网络侵权行为"针对的是通过信息网络对一般民事权利实施的侵权行为。但"信息网络传播权"，是《中华人民共和国著作权法》第十条第一款规定的著作权人享有的法定权利，即"以有线或者无线方式向公众提供作品，使公众可以在其个人选定的时间和地点获得作品的权利。"基于信息网络传播权的性质和特点，侵害信息网络传播权的行为一旦发生，随之导致"公众可以在其个人选定的时间和地点获得作品"，其侵权行为涉及的地域范围具有不确定性。故《信息网络传播权规定》第十五条规定："侵害信息网络传播权民事纠纷案件由侵权行为地或者被告住所地人民法院管辖。侵权行为地包括实施被诉侵权行为的网络服务器、计算机终端等设备所在地。侵权行为地和被告住所地均难以确定或者在境外的，原告发现侵权内容的计算机终端等设备所在地可以视为侵权行为地。"因此，《信息网络传播权规定》第十五条是针对信息网络传播权这一特定类型的民事权利，对侵害信息网络传播权纠纷民事案件的管辖作出的特别规定。在确定侵害信息网络传播权民事纠纷案件的管辖时，应当以《信息网络传播权规定》第十五条为依据。

本案中，秦皇岛市为原告住所地，不属于《信息网络传播权规定》第十五条规定的侵权行为地或被告住所地。本案也不存在《信息网络传播权规定》第十五条规定的"侵权行为地和被告住所地均难以确定或者在境外"的例外情形。因此，河北省秦皇岛市中级人民法院对于本案没有管辖权，河北省高级人民法院将本案移送北京互联网法院并无不当。

【相关法条】

《中华人民共和国民事诉讼法》第29条

《最高人民法院关于适用〈中华人民共和国民事诉讼法〉的解释》第24条、第25条

《最高人民法院关于审理侵害信息网络传播权民事纠纷案件适用法律若干问题的规定》第15条

最高人民法院指导案例224号——某美(天津)图像技术有限公司诉河南某庐蜂业有限公司侵害作品信息网络传播权纠纷案

(最高人民法院审判委员会讨论通过
2023年12月15日发布)

【关键词】

民事诉讼　侵害作品信息网络传播权　权属　举证责任

【裁判要点】

在著作权权属有争议的情况下,不能仅凭水印或权利声明认定作品著作权权属,主张著作权的当事人应进一步举证证明,否则应当承担不利的法律后果。

【基本案情】

案外人G＊公司授权某美(天津)图像技术有限公司(以下简称某美图像公司)在中国境内展示、销售和许可他人使用该公司的"getty Images"品牌图片,且某美图像公司有权以自己的名义对侵权行为提起诉讼。某美图像公司发现,河南某庐蜂业有限公司(以下简称某庐蜂业公司)未经许可使用了4张上述品牌图片。某美图像公司遂以侵害著作权为由提起诉讼,请求判令某庐蜂业公司赔偿经济损失及维权合理开支。为支持其诉请,某美图像公司提交了G＊公司出具的授权确认书、网站权利声明等证据,涉案图片上有"getty Images ©"内容的水印。某庐蜂业公司抗辩认为,涉案图片水印右上角为商标注册标记"©",不是表明创作者身份的作者署名,水印下方另有摄影师署名和其他品牌名称,显示图片著作权属于作者而不是某美图像公司或G＊公司。某庐蜂业公司还就涉案图片权属问题通过电子邮件询问G＊公司,得到的答复是,涉案图片由摄影师投稿,该公司以自己的名义对外销售后向摄影师支付版税,但摄影师保留图片的著作权。某庐蜂业公司据此认为,因投稿人保留著作权,G＊公司、某美图像公司均不享有涉案图片的著作权,某美图像公司的诉讼请求应予驳回。

【裁判结果】

天津市第三中级人民法院于2019年9月17日作出(2019)津03知民初73号民事判决,判令某庐蜂业公司赔偿某美图像公司经济损失及合理开支共计8000元;驳回某美图像公司的其他诉讼请求。某庐蜂业公司不服一审判决,提起上诉。天津市高级人民法院于2020年7月16日作出(2020)津民终311号民事判决,驳回上诉,维持原判。某庐蜂业公司不服,向最高人民法院申请再审。最高人民法院裁定提审本案,并于2021年12月20日作出(2021)最高法民再355号民事判决,撤销一审、二审判决,驳回某美图像公司的全部诉讼请求。

【裁判理由】

最高人民法院认为,涉案图片除标注"getty Images ©"水印外,还分别标注有摄影师署名和其他品牌名称,而且"getty Images"之后紧接商标注册标记"©",因此,仅以此水印不能认定涉案图片的著作权属于G＊公司。此外,某美图像公司还提交了G＊公司出具的授权确认书、网站权利声明,但授权确认书只能证明G＊公司向某美图像公司进行授权的事实,并非G＊公司对涉案图片享有著作权的证据。权利声明属于单方陈述,在缺乏其他证据印证的情况下,仅以权利声明不能确定著作权归属。在此情况下,某美图像公司应进一步承担G＊公司享有涉案图片著作权的举证证明责任,但其未能举证证明。相反,根据某庐蜂业公司提交的G＊公司回复邮件等反驳证据,G＊公司确认投稿的摄影师仍然保留涉案图片的著作权。故某美图像公司关于G＊公司拥有涉案图片著作权的主张不能成立,其在本案中提出的相关诉讼请求不应予以支持。

【相关法条】

《中华人民共和国著作权法》(2020年修正)第12条(本案适用的是2010年修正的《中华人民共和国著作权法》第11条)

《最高人民法院关于审理著作权民事纠纷案件适用法律若干问题的解释》(2020年修正)第7条

《最高人民法院关于适用〈中华人民共和国民事诉讼法〉的解释》(2022年修正)第90条(本案适用的是2020年修正的《最高人民法院关于适用〈中华人民共和国民事诉讼法〉的解释》第90条)

三、专 利

资料补充栏

1. 综　合

中华人民共和国专利法

1. 1984年3月12日第六届全国人民代表大会常务委员会第四次会议通过

2. 根据1992年9月4日第七届全国人民代表大会常务委员会第二十七次会议《关于修改〈中华人民共和国专利法〉的决定》第一次修正

3. 根据2000年8月25日第九届全国人民代表大会常务委员会第十七次会议《关于修改〈中华人民共和国专利法〉的决定》第二次修正

4. 根据2008年12月27日第十一届全国人民代表大会常务委员会第六次会议《关于修改〈中华人民共和国专利法〉的决定》第三次修正

5. 根据2020年10月17日第十三届全国人民代表大会常务委员会第二十二次会议《关于修改〈中华人民共和国专利法〉的决定》第四次修正

目　录

第一章　总　　则

第一条　【立法目的】为了保护专利权人的合法权益，鼓励发明创造，推动发明创造的应用，提高创新能力，促进科学技术进步和经济社会发展，制定本法。

第二条　【发明创造范围】本法所称的发明创造是指发明、实用新型和外观设计。

发明，是指对产品、方法或者其改进所提出的新的技术方案。

实用新型，是指对产品的形状、构造或者其结合所提出的适于实用的新的技术方案。

外观设计，是指对产品的整体或者局部的形状、图案或者其结合以及色彩与形状、图案的结合所作出的富有美感并适于工业应用的新设计。

第三条　【管理部门】国务院专利行政部门负责管理全国的专利工作；统一受理和审查专利申请，依法授予专利权。

省、自治区、直辖市人民政府管理专利工作的部门负责本行政区域内的专利管理工作。

第四条　【保密处理】申请专利的发明创造涉及国家安全或者重大利益需要保密的，按照国家有关规定办理。

第五条　【不授予专利权的情形】对违反法律、社会公德或者妨害公共利益的发明创造，不授予专利权。

对违反法律、行政法规的规定获取或者利用遗传资源，并依赖该遗传资源完成的发明创造，不授予专利权。

第六条　【职务发明】执行本单位的任务或者主要是利用本单位的物质技术条件所完成的发明创造为职务发明创造。职务发明创造申请专利的权利属于该单位，申请被批准后，该单位为专利权人。该单位可以依法处置其职务发明创造申请专利的权利和专利权，促进相关发明创造的实施和运用。

非职务发明创造，申请专利的权利属于发明人或者设计人；申请被批准后，该发明人或者设计人为专利权人。

利用本单位的物质技术条件所完成的发明创造，单位与发明人或者设计人订有合同，对申请专利的权利和专利权的归属作出约定的，从其约定。

第七条　【非职务专利申请】对发明人或者设计人的非职务发明创造专利申请，任何单位或者个人不得压制。

第八条　【合作发明专利权归属】两个以上单位或者个人合作完成的发明创造、一个单位或者个人接受其他单位或者个人委托所完成的发明创造，除另有协议的以外，申请专利的权利属于完成或者共同完成的单位或者个人；申请被批准后，申请的单位或者个人为专利权人。

第九条　【同一发明创造只授一项专利】同样的发明创造只能授予一项专利权。但是，同一申请人同日对同样的发明创造既申请实用新型专利又申请发明专利，先获得的实用新型专利权尚未终止，且申请人声明放弃该实用新型专利权的，可以授予发明专利权。

两个以上的申请人分别就同样的发明创造申请专利的，专利权授予最先申请的人。

第十条　【申请权、专利权转让】专利申请权和专利权可以转让。

中国单位或者个人向外国人、外国企业或者外国其他组织转让专利申请权或者专利权的，应当依照有关法律、行政法规的规定办理手续。

转让专利申请权或者专利权的，当事人应当订立书面合同，并向国务院专利行政部门登记，由国务院专利行政部门予以公告。专利申请权或者专利权的转让自登记之日起生效。

第十一条　【排他规定】发明和实用新型专利权被授予后，除本法另有规定的以外，任何单位或者个人未经专利权人许可，都不得实施其专利，即不得为生产经营目的制造、使用、许诺销售、销售、进口其专利产品，或者使用其专利方法以及使用、许诺销售、销售、进口依照该专利方法直接获得的产品。

外观设计专利权被授予后，任何单位或者个人未经专利权人许可，都不得实施其专利，即不得为生产经营目的制造、许诺销售、销售、进口其外观设计专利产品。

第十二条　【许可合同】任何单位或者个人实施他人专利的，应当与专利权人订立实施许可合同，向专利权人支付专利使用费。被许可人无权允许合同规定以外的任何单位或者个人实施该专利。

第十三条　【实施费用支付】发明专利申请公布后，申请人可以要求实施其发明的单位或者个人支付适当的费用。

第十四条　【共有专利权的实施】专利申请权或者专利权的共有人对权利的行使有约定的，从其约定。没有约定的，共有人可以单独实施或者以普通许可方式许可他人实施该专利；许可他人实施该专利的，收取的使用费应当在共有人之间分配。

除前款规定的情形外，行使共有的专利申请权或者专利权应当取得全体共有人的同意。

第十五条　【职务发明奖励】被授予专利权的单位应当对职务发明创造的发明人或者设计人给予奖励；发明创造专利实施后，根据其推广应用的范围和取得的经济效益，对发明人或者设计人给予合理的报酬。

国家鼓励被授予专利权的单位实行产权激励，采取股权、期权、分红等方式，使发明人或者设计人合理分享创新收益。

第十六条　【署名权与标识权】发明人或者设计人有权在专利文件中写明自己是发明人或者设计人。

专利权人有权在其专利产品或者该产品的包装上标明专利标识。

第十七条　【涉外规定】在中国没有经常居所或者营业所的外国人、外国企业或者外国其他组织在中国申请专利的，依照其所属国同中国签订的协议或者共同参加的国际条约，或者依照互惠原则，根据本法办理。

第十八条　【外国人或组织专利事务委托】在中国没有经常居所或者营业所的外国人、外国企业或者外国其他组织在中国申请专利和办理其他专利事务的，应当委托依法设立的专利代理机构办理。

中国单位或者个人在国内申请专利和办理其他专利事务的，可以委托依法设立的专利代理机构办理。

专利代理机构应当遵守法律、行政法规，按照被代理人的委托办理专利申请或者其他专利事务；对被代理人发明创造的内容，除专利申请已经公布或者公告的以外，负有保密责任。专利代理机构的具体管理办法由国务院规定。

第十九条　【中国人涉外专利申请委托】任何单位或者个人将在中国完成的发明或者实用新型向外国申请专利的，应当事先报经国务院专利行政部门进行保密审查。保密审查的程序、期限等按照国务院的规定执行。

中国单位或者个人可以根据中华人民共和国参加的有关国际条约提出专利国际申请。申请人提出专利国际申请的，应当遵守前款规定。

国务院专利行政部门依照中华人民共和国参加的有关国际条约、本法和国务院有关规定处理专利国际申请。

对违反本条第一款规定向外国申请专利的发明或者实用新型，在中国申请专利的，不授予专利权。

第二十条　【滥用专利权的处理】申请专利和行使专利权应当遵循诚实信用原则。不得滥用专利权损害公共利益或者他人合法权益。

滥用专利权，排除或者限制竞争，构成垄断行为的，依照《中华人民共和国反垄断法》处理。

第二十一条　【专利审查要求】国务院专利行政部门应当按照客观、公正、准确、及时的要求，依法处理有关专利的申请和请求。

国务院专利行政部门应当加强专利信息公共服务体系建设，完整、准确、及时发布专利信息，提供专利基础数据，定期出版专利公报，促进专利信息传播与利用。

在专利申请公布或者公告前，国务院专利行政部门的工作人员及有关人员对其内容负有保密责任。

第二章　授予专利权的条件

第二十二条　【授予条件】授予专利权的发明和实用新型，应当具备新颖性、创造性和实用性。

新颖性，是指该发明或者实用新型不属于现有技术；也没有任何单位或者个人就同样的发明或者实用新型在申请日以前向国务院专利行政部门提出过申请，并记载在申请日以后公布的专利申请文件或者公告的专利文件中。

创造性，是指与现有技术相比，该发明具有突出的实质性特点和显著的进步，该实用新型具有实质性特点和进步。

实用性，是指该发明或者实用新型能够制造或者使用，并且能够产生积极效果。

本法所称现有技术，是指申请日以前在国内外为公众所知的技术。

第二十三条　【外观设计专利权授予条件】授予专利权的外观设计，应当不属于现有设计；也没有任何单位或者个人就同样的外观设计在申请日以前向国务院专利行政部门提出过申请，并记载在申请日以后公告的专利文件中。

授予专利权的外观设计与现有设计或者现有设计特征的组合相比，应当具有明显区别。

授予专利权的外观设计不得与他人在申请日以前已经取得的合法权利相冲突。

本法所称现有设计，是指申请日以前在国内外为公众所知的设计。

第二十四条　【新颖性保持特殊规定】申请专利的发明创造在申请日以前六个月内，有下列情形之一的，不丧失新颖性：

（一）在国家出现紧急状态或者非常情况时，为公共利益目的首次公开的；

（二）在中国政府主办或者承认的国际展览会上首次展出的；

（三）在规定的学术会议或者技术会议上首次发表的；

（四）他人未经申请人同意而泄露其内容的。

第二十五条　【不授予专利权的情形】对下列各项，不授予专利权：

（一）科学发现；

（二）智力活动的规则和方法；

（三）疾病的诊断和治疗方法；

（四）动物和植物品种；

（五）原子核变换方法以及用原子核变换方法获得的物质；

（六）对平面印刷品的图案、色彩或者二者的结合作出的主要起标识作用的设计。

对前款第（四）项所列产品的生产方法，可以依照本法规定授予专利权。

第三章　专利的申请

第二十六条　【发明或实用新型专利申请文件】申请发明或者实用新型专利的，应当提交请求书、说明书及其摘要和权利要求书等文件。

请求书应当写明发明或者实用新型的名称，发明人的姓名，申请人姓名或者名称、地址，以及其他事项。

说明书应当对发明或者实用新型作出清楚、完整的说明，以所属技术领域的技术人员能够实现为准；必要的时候，应当有附图。摘要应当简要说明发明或者实用新型的技术要点。

权利要求书应当以说明书为依据，清楚、简要地限定要求专利保护的范围。

依赖遗传资源完成的发明创造，申请人应当在专利申请文件中说明该遗传资源的直接来源和原始来源；申请人无法说明原始来源的，应当陈述理由。

第二十七条　【外观设计专利权申请文件】申请外观设计专利的，应当提交请求书、该外观设计的图片或者照片以及对该外观设计的简要说明等文件。

申请人提交的有关图片或者照片应当清楚地显示要求专利保护的产品的外观设计。

第二十八条　【申请日确定】国务院专利行政部门收到专利申请文件之日为申请日。如果申请文件是邮寄的，以寄出的邮戳日为申请日。

第二十九条　【申请优先权】申请人自发明或者实用新型在外国第一次提出专利申请之日起十二个月内，或者自外观设计在外国第一次提出专利申请之日起六个月内，又在中国就相同主题提出专利申请的，依照该外国同中国签订的协议或者共同参加的国际条约，或者依照相互承认优先权的原则，可以享有优先权。

申请人自发明或者实用新型在中国第一次提出专利申请之日起十二个月内，或者自外观设计在中国第一次提出专利申请之日起六个月内，又向国务院专利行政部门就相同主题提出专利申请的，可以享有优先权。

第三十条 【优先权书面声明】申请人要求发明、实用新型专利优先权的，应当在申请的时候提出书面声明，并且在第一次提出申请之日起十六个月内，提交第一次提出的专利申请文件的副本。

申请人要求外观设计专利优先权的，应当在申请的时候提出书面声明，并且在三个月内提交第一次提出的专利申请文件的副本。

申请人未提出书面声明或者逾期未提交专利申请文件副本的，视为未要求优先权。

第三十一条 【专利数量确定】一件发明或者实用新型专利申请应当限于一项发明或者实用新型。属于一个总的发明构思的两项以上的发明或者实用新型，可以作为一件申请提出。

一件外观设计专利申请应当限于一项外观设计。同一产品两项以上的相似外观设计，或者用于同一类别并且成套出售或者使用的产品的两项以上外观设计，可以作为一件申请提出。

第三十二条 【申请撤回】申请人可以在被授予专利权之前随时撤回其专利申请。

第三十三条 【申请文件修改】申请人可以对其专利申请文件进行修改，但是，对发明和实用新型专利申请文件的修改不得超出原说明书和权利要求书记载的范围，对外观设计专利申请文件的修改不得超出原图片或者照片表示的范围。

第四章 专利申请的审查和批准

第三十四条 【审查结果公布】国务院专利行政部门收到发明专利申请后，经初步审查认为符合本法要求的，自申请日起满十八个月，即行公布。国务院专利行政部门可以根据申请人的请求早日公布其申请。

第三十五条 【实质审查】发明专利申请自申请日起三年内，国务院专利行政部门可以根据申请人随时提出的请求，对其申请进行实质审查；申请人无正当理由逾期不请求实质审查的，该申请即被视为撤回。

国务院专利行政部门认为必要的时候，可以自行对发明专利申请进行实质审查。

第三十六条 【实质审查资料提交】发明专利的申请人请求实质审查的时候，应当提交在申请日前与其发明有关的参考资料。

发明专利已经在外国提出过申请的，国务院专利行政部门可以要求申请人在指定期限内提交该国为审查其申请进行检索的资料或者审查结果的资料；无正当理由逾期不提交的，该申请即被视为撤回。

第三十七条 【申请不符合规定的处理】国务院专利行政部门对发明专利申请进行实质审查后，认为不符合本法规定的，应当通知申请人，要求其在指定的期限内陈述意见，或者对其申请进行修改；无正当理由逾期不答复的，该申请即被视为撤回。

第三十八条 【驳回申请情形】发明专利申请经申请人陈述意见或者进行修改后，国务院专利行政部门仍然认为不符合本法规定的，应当予以驳回。

第三十九条 【发明专利权的授予】发明专利申请经实质审查没有发现驳回理由的，由国务院专利行政部门作出授予发明专利权的决定，发给发明专利证书，同时予以登记和公告。发明专利权自公告之日起生效。

第四十条 【实用新型和外观设计专利权的授予】实用新型和外观设计专利申请经初步审查没有发现驳回理由的，由国务院专利行政部门作出授予实用新型专利权或者外观设计专利权的决定，发给相应的专利证书，同时予以登记和公告。实用新型专利权和外观设计专利权自公告之日起生效。

第四十一条 【专利申请复审】专利申请人对国务院专利行政部门驳回申请的决定不服的，可以自收到通知之日起三个月内向国务院专利行政部门请求复审。国务院专利行政部门复审后，作出决定，并通知专利申请人。

专利申请人对国务院专利行政部门的复审决定不服的，可以自收到通知之日起三个月内向人民法院起诉。

第五章 专利权的期限、终止和无效

第四十二条 【专利权期限】发明专利权的期限为二十年，实用新型专利权的期限为十年，外观设计专利权的期限为十五年，均自申请日起计算。

自发明专利申请日起满四年，且自实质审查请求之日起满三年后授予发明专利权的，国务院专利行政部门应专利权人的请求，就发明专利在授权过程中的不合理延迟给予专利权期限补偿，但由申请人引起的不合理延迟除外。

为补偿新药上市审评审批占用的时间，对在中国获得上市许可的新药相关发明专利，国务院专利行政部门应专利权人的请求给予专利权期限补偿。补偿期限不超过五年,新药批准上市后总有效专利权期限不超过十四年。

第四十三条 【年费】专利权人应当自被授予专利权的当年开始缴纳年费。

第四十四条 【专利权提前终止情形】有下列情形之一的,专利权在期限届满前终止:

(一)没有按照规定缴纳年费的;

(二)专利权人以书面声明放弃其专利权的。

专利权在期限届满前终止的,由国务院专利行政部门登记和公告。

第四十五条 【专利权授予异议】自国务院专利行政部门公告授予专利权之日起,任何单位或者个人认为该专利权的授予不符合本法有关规定的,可以请求国务院专利行政部门宣告该专利权无效。

第四十六条 【异议审查】国务院专利行政部门对宣告专利权无效的请求应当及时审查和作出决定,并通知请求人和专利权人。宣告专利权无效的决定,由国务院专利行政部门登记和公告。

对国务院专利行政部门宣告专利权无效或者维持专利权的决定不服的,可以自收到通知之日起三个月内向人民法院起诉。人民法院应当通知无效宣告请求程序的对方当事人作为第三人参加诉讼。

第四十七条 【专利权宣告无效的效力和处理】宣告无效的专利权视为自始即不存在。

宣告专利权无效的决定,对在宣告专利权无效前人民法院作出并已执行的专利侵权的判决、调解书,已经履行或者强制执行的专利侵权纠纷处理决定,以及已经履行的专利实施许可合同和专利权转让合同,不具有追溯力。但是因专利权人的恶意给他人造成的损失,应当给予赔偿。

依照前款规定不返还专利侵权赔偿金、专利使用费、专利权转让费,明显违反公平原则的,应当全部或者部分返还。

第六章 专利实施的特别许可

第四十八条 【加强专利公共服务】国务院专利行政部门、地方人民政府管理专利工作的部门应当会同同级相关部门采取措施,加强专利公共服务,促进专利实施和运用。

第四十九条 【公益发明】国有企业事业单位的发明专利,对国家利益或者公共利益具有重大意义的,国务院有关主管部门和省、自治区、直辖市人民政府报经国务院批准,可以决定在批准的范围内推广应用,允许指定的单位实施,由实施单位按照国家规定向专利权人支付使用费。

第五十条 【开放许可声明】专利权人自愿以书面方式向国务院专利行政部门声明愿意许可任何单位或者个人实施其专利,并明确许可使用费支付方式、标准的,由国务院专利行政部门予以公告,实行开放许可。就实用新型、外观设计专利提出开放许可声明的,应当提供专利权评价报告。

专利权人撤回开放许可声明的,应当以书面方式提出,并由国务院专利行政部门予以公告。开放许可声明被公告撤回的,不影响在先给予的开放许可的效力。

第五十一条 【开放许可使用费】任何单位或者个人有意愿实施开放许可的专利的,以书面方式通知专利权人,并依照公告的许可使用费支付方式、标准支付许可使用费后,即获得专利实施许可。

开放许可实施期间,对专利权人缴纳专利年费相应给予减免。

实行开放许可的专利权人可以与被许可人就许可使用费进行协商后给予普通许可,但不得就该专利给予独占或者排他许可。

第五十二条 【开放许可纠纷处理】当事人就实施开放许可发生纠纷的,由当事人协商解决;不愿协商或者协商不成的,可以请求国务院专利行政部门进行调解,也可以向人民法院起诉。

第五十三条 【对具备实施条件单位或个人的强制许可】有下列情形之一的,国务院专利行政部门根据具备实施条件的单位或者个人的申请,可以给予实施发明专利或者实用新型专利的强制许可:

(一)专利权人自专利权被授予之日起满三年,且自提出专利申请之日起满四年,无正当理由未实施或者未充分实施其专利的;

(二)专利权人行使专利权的行为被依法认定为垄断行为,为消除或者减少该行为对竞争产生的不利影响的。

第五十四条 【公益性强制许可】在国家出现紧急状态或者非常情况时,或者为了公共利益的目的,国务院专利行政部门可以给予实施发明专利或者实用新型专利的强制许可。

第五十五条　【药品专利强制许可】为了公共健康目的，对取得专利权的药品，国务院专利行政部门可以给予制造并将其出口到符合中华人民共和国参加的有关国际条约规定的国家或者地区的强制许可。

第五十六条　【依赖型专利强制许可】一项取得专利权的发明或者实用新型比前已经取得专利权的发明或者实用新型具有显著经济意义的重大技术进步，其实施又有赖于前一发明或者实用新型的实施的，国务院专利行政部门根据后一专利权人的申请，可以给予实施前一发明或者实用新型的强制许可。

在依照前款规定给予实施强制许可的情形下，国务院专利行政部门根据前一专利权人的申请，也可以给予实施后一发明或者实用新型的强制许可。

第五十七条　【半导体技术强制许可限制】强制许可涉及的发明创造为半导体技术的，其实施限于公共利益的目的和本法第五十三条第（二）项规定的情形。

第五十八条　【强制许可实施的重心】除依照本法第五十三条第（二）项、第五十五条规定给予的强制许可外，强制许可的实施应当主要为了供应国内市场。

第五十九条　【申请强制许可的证据提交】依照本法第五十三条第（一）项、第五十六条规定申请强制许可的单位或者个人应当提供证据，证明其以合理的条件请求专利权人许可其实施专利，但未能在合理的时间内获得许可。

第六十条　【强制许可的通知及公告】国务院专利行政部门作出的给予实施强制许可的决定，应当及时通知专利权人，并予以登记和公告。

给予实施强制许可的决定，应当根据强制许可的理由规定实施的范围和时间。强制许可的理由消除并不再发生时，国务院专利行政部门应当根据专利权人的请求，经审查后作出终止实施强制许可的决定。

第六十一条　【独占实施权的排除】取得实施强制许可的单位或者个人不享有独占的实施权，并且无权允许他人实施。

第六十二条　【费用支付】取得实施强制许可的单位或者个人应当付给专利权人合理的使用费，或者依照中华人民共和国参加的有关国际条约的规定处理使用费问题。付给使用费的，其数额由双方协商；双方不能达成协议的，由国务院专利行政部门裁决。

第六十三条　【起诉情形】专利权人对国务院专利行政部门关于实施强制许可的决定不服的，专利权人和取得实施强制许可的单位或者个人对国务院专利行政部门关于实施强制许可的使用费的裁决不服的，可以自收到通知之日起三个月内向人民法院起诉。

第七章　专利权的保护

第六十四条　【保护范围】发明或者实用新型专利权的保护范围以其权利要求的内容为准，说明书及附图可以用于解释权利要求的内容。

外观设计专利权的保护范围以表示在图片或者照片中的该产品的外观设计为准，简要说明可以用于解释图片或者照片所表示的该产品的外观设计。

第六十五条　【纠纷解决】未经专利权人许可，实施其专利，即侵犯其专利权，引起纠纷的，由当事人协商解决；不愿协商或者协商不成的，专利权人或者利害关系人可以向人民法院起诉，也可以请求管理专利工作的部门处理。管理专利工作的部门处理时，认定侵权行为成立的，可以责令侵权人立即停止侵权行为，当事人不服的，可以自收到处理通知之日起十五日内依照《中华人民共和国行政诉讼法》向人民法院起诉；侵权人期满不起诉又不停止侵权行为的，管理专利工作的部门可以申请人民法院强制执行。进行处理的管理专利工作的部门应当事人的请求，可以就侵犯专利权的赔偿数额进行调解；调解不成的，当事人可以依照《中华人民共和国民事诉讼法》向人民法院起诉。

第六十六条　【专利侵权纠纷的举证要求】专利侵权纠纷涉及新产品制造方法的发明专利的，制造同样产品的单位或者个人应当提供其产品制造方法不同于专利方法的证明。

专利侵权纠纷涉及实用新型专利或者外观设计专利的，人民法院或者管理专利工作的部门可以要求专利权人或者利害关系人出具由国务院专利行政部门对相关实用新型或者外观设计进行检索、分析和评价后作出的专利权评价报告，作为审理、处理专利侵权纠纷的证据；专利权人、利害关系人或者被控侵权人也可以主动出具专利权评价报告。

第六十七条　【不构成侵权情形】在专利侵权纠纷中，被控侵权人有证据证明其实施的技术或者设计属于现有技术或者现有设计的，不构成侵犯专利权。

第六十八条　【假冒专利的法律责任】假冒专利的，除依法承担民事责任外，由负责专利执法的部门责令改正并予公告，没收违法所得，可以处违法所得五倍以下的罚款；没有违法所得或者违法所得在五万元以下的，可以处二十五万元以下的罚款;构成犯罪的,依法追究刑事责任。

第六十九条　【查处涉嫌假冒专利行为】负责专利执法的部门根据已经取得的证据,对涉嫌假冒专利行为进行查处时,有权采取下列措施:

(一)询问有关当事人,调查与涉嫌违法行为有关的情况;

(二)对当事人涉嫌违法行为的场所实施现场检查;

(三)查阅、复制与涉嫌违法行为有关的合同、发票、账簿以及其他有关资料;

(四)检查与涉嫌违法行为有关的产品;

(五)对有证据证明是假冒专利的产品,可以查封或者扣押。

管理专利工作的部门应专利权人或者利害关系人的请求处理专利侵权纠纷时,可以采取前款第(一)项、第(二)项、第(四)项所列措施。

负责专利执法的部门、管理专利工作的部门依法行使前两款规定的职权时,当事人应当予以协助、配合,不得拒绝、阻挠。

第七十条　【专利侵权纠纷处理形式】国务院专利行政部门可以应专利权人或者利害关系人的请求处理在全国有重大影响的专利侵权纠纷。

地方人民政府管理专利工作的部门应专利权人或者利害关系人请求处理专利侵权纠纷,对在本行政区域内侵犯其同一专利权的案件可以合并处理;对跨区域侵犯其同一专利权的案件可以请求上级地方人民政府管理专利工作的部门处理。

第七十一条　【侵权赔偿数额确定】侵犯专利权的赔偿数额按照权利人因被侵权所受到的实际损失或者侵权人因侵权所获得的利益确定;权利人的损失或者侵权人获得的利益难以确定的,参照该专利许可使用费的倍数合理确定。对故意侵犯专利权,情节严重的,可以在按照上述方法确定数额的一倍以上五倍以下确定赔偿数额。

权利人的损失、侵权人获得的利益和专利许可使用费均难以确定的,人民法院可以根据专利权的类型、侵权行为的性质和情节等因素,确定给予三万元以上五百万元以下的赔偿。

赔偿数额还应当包括权利人为制止侵权行为所支付的合理开支。

人民法院为确定赔偿数额,在权利人已经尽力举证,而与侵权行为相关的账簿、资料主要由侵权人掌握的情况下,可以责令侵权人提供与侵权行为相关的账簿、资料;侵权人不提供或者提供虚假的账簿、资料的,人民法院可以参考权利人的主张和提供的证据判定赔偿数额。

第七十二条　【诉前保全】专利权人或者利害关系人有证据证明他人正在实施或者即将实施侵犯专利权、妨碍其实现权利的行为,如不及时制止将会使其合法权益受到难以弥补的损害的,可以在起诉前依法向人民法院申请采取财产保全、责令作出一定行为或者禁止作出一定行为的措施。

第七十三条　【诉前证据保全】为了制止专利侵权行为,在证据可能灭失或者以后难以取得的情况下,专利权人或者利害关系人可以在起诉前依法向人民法院申请保全证据。

第七十四条　【诉讼时效】侵犯专利权的诉讼时效为三年,自专利权人或者利害关系人知道或者应当知道侵权行为以及侵权人之日起计算。

发明专利申请公布后至专利权授予前使用该发明未支付适当使用费的,专利权人要求支付使用费的诉讼时效为三年,自专利权人知道或者应当知道他人使用其发明之日起计算,但是,专利权人于专利权授予之日前即已知道或者应当知道的,自专利权授予之日起计算。

第七十五条　【不视为侵权情形】有下列情形之一的,不视为侵犯专利权:

(一)专利产品或者依照专利方法直接获得的产品,由专利权人或者经其许可的单位、个人售出后,使用、许诺销售、销售、进口该产品的;

(二)在专利申请日前已经制造相同产品、使用相同方法或者已经作好制造、使用的必要准备,并且仅在原有范围内继续制造、使用的;

(三)临时通过中国领陆、领水、领空的外国运输工具,依照其所属国同中国签订的协议或者共同参加的国际条约,或者依照互惠原则,为运输工具自身需要而在其装置和设备中使用有关专利的;

(四)专为科学研究和实验而使用有关专利的;

(五)为提供行政审批所需要的信息,制造、使用、进口专利药品或者专利医疗器械的,以及专门为其制造、进口专利药品或者专利医疗器械的。

第七十六条 **【药品相关专利权纠纷的解决】**药品上市审评审批过程中，药品上市许可申请人与有关专利权人或者利害关系人，因申请注册的药品相关的专利权产生纠纷的，相关当事人可以向人民法院起诉，请求就申请注册的药品相关技术方案是否落入他人药品专利权保护范围作出判决。国务院药品监督管理部门在规定的期限内，可以根据人民法院生效裁判作出是否暂停批准相关药品上市的决定。

药品上市许可申请人与有关专利权人或者利害关系人也可以就申请注册的药品相关的专利权纠纷，向国务院专利行政部门请求行政裁决。

国务院药品监督管理部门会同国务院专利行政部门制定药品上市许可审批与药品上市许可申请阶段专利权纠纷解决的具体衔接办法，报国务院同意后实施。

第七十七条 **【不承担赔偿责任情形】**为生产经营目的使用、许诺销售或者销售不知道是未经专利权人许可而制造并售出的专利侵权产品，能证明该产品合法来源的，不承担赔偿责任。

第七十八条 **【泄露国家秘密的处罚】**违反本法第十九条规定向外国申请专利，泄露国家秘密的，由所在单位或者上级主管机关给予行政处分；构成犯罪的，依法追究刑事责任。

第七十九条 **【主管部门推荐专利产品的禁止及处罚】**管理专利工作的部门不得参与向社会推荐专利产品等经营活动。

管理专利工作的部门违反前款规定的，由其上级机关或者监察机关责令改正，消除影响，有违法收入的予以没收；情节严重的，对直接负责的主管人员和其他直接责任人员依法给予处分。

第八十条 **【渎职处罚】**从事专利管理工作的国家机关工作人员以及其他有关国家机关工作人员玩忽职守、滥用职权、徇私舞弊，构成犯罪的，依法追究刑事责任；尚不构成犯罪的，依法给予处分。

第八章 附 则

第八十一条 **【手续费用缴纳】**向国务院专利行政部门申请专利和办理其他手续，应当按照规定缴纳费用。

第八十二条 **【施行日期】**本法自 1985 年 4 月 1 日起施行。

国防专利条例

1. 2004 年 9 月 17 日国务院、中央军事委员会令第 418 号公布
2. 自 2004 年 11 月 1 日起施行

第一章 总 则

第一条 为了保护有关国防的发明专利权，确保国家秘密，便利发明创造的推广应用，促进国防科学技术的发展，适应国防现代化建设的需要，根据《中华人民共和国专利法》，制定本条例。

第二条 国防专利是指涉及国防利益以及对国防建设具有潜在作用需要保密的发明专利。

第三条 国家国防专利机构（以下简称国防专利机构）负责受理和审查国防专利申请。经国防专利机构审查认为符合本条例规定的，由国务院专利行政部门授予国防专利权。

国务院国防科学技术工业主管部门和中国人民解放军总装备部（以下简称总装备部）分别负责地方系统和军队系统的国防专利管理工作。

第四条 涉及国防利益或者对国防建设具有潜在作用被确定为绝密级国家秘密的发明不得申请国防专利。

国防专利申请以及国防专利的保密工作，在解密前依照《中华人民共和国保守国家秘密法》和国家有关规定进行管理。

第五条 国防专利权的保护期限为 20 年，自申请日起计算。

第六条 国防专利在保护期内，因情况变化需要变更密级、解密或者国防专利权终止后需要延长保密期限的，国防专利机构可以作出变更密级、解密或者延长保密期限的决定；但是对在申请国防专利前已被确定为国家秘密的，应当征得原确定密级和保密期限的机关、单位或者其上级机关的同意。

被授予国防专利权的单位或者个人（以下统称国防专利权人）可以向国防专利机构提出变更密级、解密或者延长保密期限的书面申请；属于国有企业事业单位或者军队单位的，应当附送原确定密级和保密期限的机关、单位或者其上级机关的意见。

国防专利机构应当将变更密级、解密或者延长保密期限的决定，在该机构出版的《国防专利内部通报》上刊登，并通知国防专利权人，同时将解密的国防专利报送国务院专利行政部门转为普通专利。国务院专利行政部门应当及时将解密的国防专利向社会公告。

第七条 国防专利申请权和国防专利权经批准可以向国内的中国单位和个人转让。

转让国防专利申请权或者国防专利权，应当确保国家秘密不被泄露，保证国防和军队建设不受影响，并向国防专利机构提出书面申请，由国防专利机构进行初步审查后依照本条例第三条第二款规定的职责分工，及时报送国务院国防科学技术工业主管部门、总装备部审批。

国务院国防科学技术工业主管部门、总装备部应当自国防专利机构受理申请之日起30日内作出批准或者不批准的决定；作出不批准决定的，应当书面通知申请人并说明理由。

经批准转让国防专利申请权或者国防专利权的，当事人应当订立书面合同，并向国防专利机构登记，由国防专利机构在《国防专利内部通报》上刊登。国防专利申请权或者国防专利权的转让自登记之日起生效。

第八条 禁止向国外的单位和个人以及在国内的外国人和外国机构转让国防专利申请权和国防专利权。

第九条 需要委托专利代理机构申请国防专利和办理其他国防专利事务的，应当委托国防专利机构指定的专利代理机构办理。专利代理机构及其工作人员对在办理国防专利申请和其他国防专利事务过程中知悉的国家秘密，负有保密义务。

第二章 国防专利的申请、审查和授权

第十条 申请国防专利的，应当向国防专利机构提交请求书、说明书及其摘要和权利要求书等文件。

国防专利申请人应当按照国防专利机构规定的要求和统一格式撰写申请文件，并亲自送交或者经过机要通信以及其他保密方式传交国防专利机构，不得按普通函件邮寄。

国防专利机构收到国防专利申请文件之日为申请日；申请文件通过机要通信邮寄的，以寄出的邮戳日为申请日。

第十一条 国防专利机构定期派人到国务院专利行政部门查看普通专利申请，发现其中有涉及国防利益或者对国防建设具有潜在作用需要保密的，经国务院专利行政部门同意后转为国防专利申请，并通知申请人。

普通专利申请转为国防专利申请后，国防专利机构依照本条例的有关规定对该国防专利申请进行审查。

第十二条 授予国防专利权的发明，应当具备新颖性、创造性和实用性。

新颖性，是指在申请日之前没有同样的发明在国外出版物上公开发表过、在国内出版物上发表过、在国内使用过或者以其他方式为公众所知，也没有同样的发明由他人提出过申请并在申请日以后获得国防专利权。

创造性，是指同申请日之前已有的技术相比，该发明有突出的实质性特点和显著的进步。

实用性，是指该发明能够制造或者使用，并且能够产生积极效果。

第十三条 申请国防专利的发明在申请日之前6个月内，有下列情形之一的，不丧失新颖性：

（一）在国务院有关主管部门、中国人民解放军有关主管部门举办的内部展览会上首次展出的；

（二）在国务院有关主管部门、中国人民解放军有关主管部门召开的内部学术会议或者技术会议上首次发表的；

（三）他人未经国防专利申请人同意而泄露其内容的。

有前款所列情形的，国防专利申请人应当在申请时声明，并自申请日起2个月内提供有关证明文件。

第十四条 国防专利机构对国防专利申请进行审查后，认为不符合本条例规定的，应当通知国防专利申请人在指定的期限内陈述意见或者对其国防专利申请进行修改、补正；无正当理由逾期不答复的，该国防专利申请即被视为撤回。

国防专利申请人在自申请日起6个月内或者在对第一次审查意见通知书进行答复时，可以对其国防专利申请主动提出修改。

申请人对其国防专利申请文件进行修改不得超出原说明书和权利要求书记载的范围。

第十五条 国防专利申请人陈述意见或者对国防专利申请进行修改、补正后，国防专利机构认为仍然不符合本条例规定的，应当予以驳回。

第十六条 国防专利机构设立国防专利复审委员会，负责国防专利的复审和无效宣告工作。

国防专利复审委员会由技术专家和法律专家组成，其主任委员由国防专利机构负责人兼任。

第十七条 国防专利申请人对国防专利机构驳回申请的决定不服的，可以自收到通知之日起3个月内，向国防专利复审委员会请求复审。国防专利复审委员会复审

并作出决定后，通知国防专利申请人。

第十八条 国防专利申请经审查认为没有驳回理由或者驳回后经过复审认为不应当驳回的，由国务院专利行政部门作出授予国防专利权的决定，并委托国防专利机构颁发国防专利证书，同时在国务院专利行政部门出版的专利公报上公告该国防专利的申请日、授权日和专利号。国防专利机构应当将该国防专利的有关事项予以登记，并在《国防专利内部通报》上刊登。

第十九条 任何单位或者个人认为国防专利权的授予不符合本条例规定的，可以向国防专利复审委员会提出宣告该国防专利权无效的请求。

第二十条 国防专利复审委员会对宣告国防专利权无效的请求进行审查并作出决定后，通知请求人和国防专利权人。宣告国防专利权无效的决定，国防专利机构应当予以登记并在《国防专利内部通报》上刊登，国务院专利行政部门应当在专利公报上公布。

第三章 国防专利的实施

第二十一条 国防专利机构应当自授予国防专利权之日起 3 个月内，将该国防专利有关文件副本送交国务院有关主管部门或者中国人民解放军有关主管部门。收到文件副本的部门，应当在 4 个月内就该国防专利的实施提出书面意见，并通知国防专利机构。

第二十二条 国务院有关主管部门、中国人民解放军有关主管部门，可以允许其指定的单位实施本系统或者本部门内的国防专利；需要指定实施本系统或者本部门以外的国防专利的，应当向国防专利机构提出书面申请，由国防专利机构依照本条例第三条第二款规定的职责分工报国务院国防科学技术工业主管部门、总装备部批准后实施。

国防专利机构对国防专利的指定实施予以登记，并在《国防专利内部通报》上刊登。

第二十三条 实施他人国防专利的单位应当与国防专利权人订立书面实施合同，依照本条例第二十五条的规定向国防专利权人支付费用，并报国防专利机构备案。实施单位不得允许合同规定以外的单位实施该国防专利。

第二十四条 国防专利权人许可国外的单位或者个人实施其国防专利的，应当确保国家秘密不被泄露，保证国防和军队建设不受影响，并向国防专利机构提出书面申请，由国防专利机构进行初步审查后依照本条例第三条第二款规定的职责分工，及时报送国务院国防科学技术工业主管部门、总装备部审批。

国务院国防科学技术工业主管部门、总装备部应当自国防专利机构受理申请之日起 30 日内作出批准或者不批准的决定；作出不批准决定的，应当书面通知申请人并说明理由。

第二十五条 实施他人国防专利的，应当向国防专利权人支付国防专利使用费。实施使用国家直接投入的国防科研经费或者其他国防经费进行科研活动所产生的国防专利，符合产生该国防专利的经费使用目的的，可以只支付必要的国防专利实施费；但是，科研合同另有约定或者科研任务书另有规定的除外。

前款所称国防专利实施费，是指国防专利实施中发生的为提供技术资料、培训人员以及进一步开发技术等所需的费用。

第二十六条 国防专利指定实施的实施费或者使用费的数额，由国防专利权人与实施单位协商确定；不能达成协议的，由国防专利机构裁决。

第二十七条 国家对国防专利权人给予补偿。国防专利机构在颁发国防专利证书后，向国防专利权人支付国防专利补偿费，具体数额由国防专利机构确定。属于职务发明的，国防专利权人应当将不少于 50% 的补偿费发给发明人。

第四章 国防专利的管理和保护

第二十八条 国防专利机构出版的《国防专利内部通报》属于国家秘密文件，其知悉范围由国防专利机构确定。

《国防专利内部通报》刊登下列内容：

（一）国防专利申请中记载的著录事项；

（二）国防专利的权利要求书；

（三）发明说明书的摘要；

（四）国防专利权的授予；

（五）国防专利权的终止；

（六）国防专利权的无效宣告；

（七）国防专利申请权、国防专利权的转移；

（八）国防专利的指定实施；

（九）国防专利实施许可合同的备案；

（十）国防专利的变更密级、解密；

（十一）国防专利保密期限的延长；

（十二）国防专利权人的姓名或者名称、地址的变更；

（十三）其他有关事项。

第二十九条　国防专利权被授予后，有下列情形之一的，经国防专利机构同意，可以查阅国防专利说明书：

（一）提出宣告国防专利权无效请求的；

（二）需要实施国防专利的；

（三）发生国防专利纠纷的；

（四）因国防科研需要的。

查阅者对其在查阅过程中知悉的国家秘密负有保密义务。

第三十条　国务院有关主管部门、中国人民解放军有关主管部门和各省、自治区、直辖市的国防科学技术工业管理部门应当指定一个机构管理国防专利工作，并通知国防专利机构。该管理国防专利工作的机构在业务上受国防专利机构指导。

承担国防科研、生产任务以及参与军事订货的军队单位、国务院履行出资人职责的企业和国务院直属事业单位，应当指定相应的机构管理本单位的国防专利工作。

第三十一条　国防专利机构应当事人请求，可以对下列国防专利纠纷进行调解：

（一）国防专利申请权和国防专利权归属纠纷；

（二）国防专利发明人资格纠纷；

（三）职务发明的发明人的奖励和报酬纠纷；

（四）国防专利使用费和实施费纠纷。

第三十二条　除《中华人民共和国专利法》和本条例另有规定的以外，未经国防专利权人许可实施其国防专利，即侵犯其国防专利权，引起纠纷的，由当事人协商解决；不愿协商或者协商不成的，国防专利权人或者利害关系人可以向人民法院起诉，也可以请求国防专利机构处理。

第三十三条　违反本条例规定，泄露国家秘密的，依照《中华人民共和国保守国家秘密法》和国家有关规定处理。

第五章　附　　则

第三十四条　向国防专利机构申请国防专利和办理其他手续，应当按照规定缴纳费用。

第三十五条　《中华人民共和国专利法》和《中华人民共和国专利法实施细则》的有关规定适用于国防专利，但本条例有专门规定的依照本条例的规定执行。

第三十六条　本条例自2004年11月1日起施行。1990年7月30日国务院、中央军事委员会批准的《国防专利条例》同时废止。

关于施行修改后专利法的相关审查业务处理暂行办法

1. 2023年1月4日国家知识产权局公告第五一〇号发布

2. 自2023年1月11日起施行

第一条　专利申请人自2021年6月1日（含该日，下同）起，可以通过纸件形式或电子形式，依照专利法第二条第四款提交请求保护产品的局部的外观设计专利申请。

申请局部外观设计专利的，应当提交整体产品的视图，并用虚实线相结合或者其他方式表明所需要保护的内容，要求保护的局部包含立体形状的，提交的视图中应当包括能清楚显示该局部的立体图；未在整体产品的视图中用虚实线相结合方式表明所需要保护的内容的，应当在简要说明中写明请求保护的局部。

第二条　自本办法施行之日起，对于申请日为2021年6月1日后的专利申请，申请人认为存在专利法第二十四条第一项规定情形的，可以通过纸件形式或者电子形式提出请求。国家知识产权局将在新修改的专利法实施细则施行后对上述申请进行审查。

第三条　对于申请日为2021年6月1日后的外观设计专利申请，申请人可以依照专利法第二十九条第二款提交请求外观设计专利本国优先权的书面声明。

外观设计专利申请人要求本国优先权，在先申请是外观设计专利申请的，可以就相同主题提出外观设计专利申请；在先申请是发明或者实用新型专利申请的，可以就附图显示的设计提出相同主题的外观设计专利申请。

外观设计专利申请人要求本国优先权的，其在先申请自后一申请提出之日起即视为撤回，但外观设计专利申请人要求以发明或者实用新型专利申请作为本国优先权基础的除外。

第四条　对于申请日为2021年6月1日后的专利申请，申请人可以依照专利法第三十条提交第一次提出的专利申请文件的副本。

第五条　对自2021年6月1日起公告授权的发明专利，专利权人可以依照专利法第四十二条第二款，自专利权授权公告之日起三个月内，通过纸件形式提出专利权期限补偿请求，后续再按照国家知识产权局发出的缴费通知缴纳相关费用。国家知识产权局将在新修改的专利法实施细则施行后对上述请求进行审查。

第六条 专利权人自2021年6月1日起，可以依照专利法第四十二条第三款，自新药上市许可请求获得批准之日起三个月内，通过纸件形式提出专利权期限补偿请求，后续再按照国家知识产权局发出的缴费通知要求缴纳相关费用。国家知识产权局将在新修改的专利法实施细则施行后对上述请求进行审查。

第七条 自本办法施行之日起，专利权人可以依照专利法第五十条第一款，以纸件形式或电子形式自愿声明对其专利实施开放许可。国家知识产权局将在新修改的专利法实施细则施行后对2021年6月1日后提交的上述声明进行审查。

第八条 自本办法施行之日起，被控侵权人可以依照专利法第六十六条，通过纸件形式或电子形式请求国家知识产权局出具专利权评价报告。

第九条 自2021年6月1日起，国家知识产权局依照专利法第二十条第一款、专利法第二十五条第一款第（五）项对初步审查、实质审查和复审程序中的专利申请进行审查。

第十条 申请人对于国家知识产权局依照本办法作出的有关决定不服的，可以依法提出行政复议申请、复审请求或者提起行政诉讼。

第十一条 申请日为2021年5月31日（含该日）之前的外观设计专利权的保护期限为十年，自申请日起算。

第十二条 本办法自2023年1月11日起施行。2021年6月1日起施行的《关于施行修改后专利法的相关审查业务处理暂行办法》（国家知识产权局第四二三号公告）同时废止。

中华人民共和国专利法实施细则

1. 2001年6月15日中华人民共和国国务院令第306号公布

2. 根据2002年12月28日国务院令第306号《关于修改〈中华人民共和国专利法实施细则〉的决定》第一次修订

3. 根据2010年1月9日国务院令第569号《关于修改〈中华人民共和国专利法实施细则〉的决定》第二次修订

4. 根据2023年12月11日国务院令第769号《关于修改〈中华人民共和国专利法实施细则〉的决定》第三次修订

第一章 总 则

第一条 根据《中华人民共和国专利法》（以下简称专利法），制定本细则。

第二条 专利法和本细则规定的各种手续，应当以书面形式或者国务院专利行政部门规定的其他形式办理。以电子数据交换等方式能够有形地表现所载内容，并可以随时调取查用的数据电文（以下统称电子形式），视为书面形式。

第三条 依照专利法和本细则规定提交的各种文件应当使用中文；国家有统一规定的科技术语的，应当采用规范词；外国人名、地名和科技术语没有统一中文译文的，应当注明原文。

依照专利法和本细则规定提交的各种证件和证明文件是外文的，国务院专利行政部门认为必要时，可以要求当事人在指定期限内附送中文译文；期满未附送的，视为未提交该证件和证明文件。

第四条 向国务院专利行政部门邮寄的各种文件，以寄出的邮戳日为递交日；邮戳日不清晰的，除当事人能够提出证明外，以国务院专利行政部门收到日为递交日。

以电子形式向国务院专利行政部门提交各种文件的，以进入国务院专利行政部门指定的特定电子系统的日期为递交日。

国务院专利行政部门的各种文件，可以通过电子形式、邮寄、直接送交或者其他方式送达当事人。当事人委托专利代理机构的，文件送交专利代理机构；未委托专利代理机构的，文件送交请求书中指明的联系人。

国务院专利行政部门邮寄的各种文件，自文件发出之日起满15日，推定为当事人收到文件之日。当事人提供证据能够证明实际收到文件的日期的，以实际收到日为准。

根据国务院专利行政部门规定应当直接送交的文件，以交付日为送达日。

文件送交地址不清，无法邮寄的，可以通过公告的方式送达当事人。自公告之日起满1个月，该文件视为已经送达。

国务院专利行政部门以电子形式送达的各种文件，以进入当事人认可的电子系统的日期为送达日。

第五条 专利法和本细则规定的各种期限开始的当日不计算在期限内，自下一日开始计算。期限以年或者月计算的，以其最后一月的相应日为期限届满日；该月无相应日的，以该月最后一日为期限届满日；期限届满日是法定休假日的，以休假日后的第一个工作日为期限届满日。

第六条　当事人因不可抗拒的事由而延误专利法或者本细则规定的期限或者国务院专利行政部门指定的期限，导致其权利丧失的，自障碍消除之日起2个月内且自期限届满之日起2年内，可以向国务院专利行政部门请求恢复权利。

除前款规定的情形外，当事人因其他正当理由延误专利法或者本细则规定的期限或者国务院专利行政部门指定的期限，导致其权利丧失的，可以自收到国务院专利行政部门的通知之日起2个月内向国务院专利行政部门请求恢复权利；但是，延误复审请求期限的，可以自复审请求期限届满之日起2个月内向国务院专利行政部门请求恢复权利。

当事人依照本条第一款或者第二款的规定请求恢复权利的，应当提交恢复权利请求书，说明理由，必要时附具有关证明文件，并办理权利丧失前应当办理的相应手续；依照本条第二款的规定请求恢复权利的，还应当缴纳恢复权利请求费。

当事人请求延长国务院专利行政部门指定的期限的，应当在期限届满前，向国务院专利行政部门提交延长期限请求书，说明理由，并办理有关手续。

本条第一款和第二款的规定不适用专利法第二十四条、第二十九条、第四十二条、第七十四条规定的期限。

第七条　专利申请涉及国防利益需要保密的，由国防专利机构受理并进行审查；国务院专利行政部门受理的专利申请涉及国防利益需要保密的，应当及时移交国防专利机构进行审查。经国防专利机构审查没有发现驳回理由的，由国务院专利行政部门作出授予国防专利权的决定。

国务院专利行政部门认为其受理的发明或者实用新型专利申请涉及国防利益以外的国家安全或者重大利益需要保密的，应当及时作出按照保密专利申请处理的决定，并通知申请人。保密专利申请的审查、复审以及保密专利权无效宣告的特殊程序，由国务院专利行政部门规定。

第八条　专利法第十九条所称在中国完成的发明或者实用新型，是指技术方案的实质性内容在中国境内完成的发明或者实用新型。

任何单位或者个人将在中国完成的发明或者实用新型向外国申请专利的，应当按照下列方式之一请求国务院专利行政部门进行保密审查：

（一）直接向外国申请专利或者向有关国外机构提交专利国际申请的，应当事先向国务院专利行政部门提出请求，并详细说明其技术方案；

（二）向国务院专利行政部门申请专利后拟向外国申请专利或者向有关国外机构提交专利国际申请的，应当在向外国申请专利或者向有关国外机构提交专利国际申请前向国务院专利行政部门提出请求。

向国务院专利行政部门提交专利国际申请的，视为同时提出了保密审查请求。

第九条　国务院专利行政部门收到依照本细则第八条规定递交的请求后，经过审查认为该发明或者实用新型可能涉及国家安全或者重大利益需要保密的，应当在请求递交日起2个月内向申请人发出保密审查通知；情况复杂的，可以延长2个月。

国务院专利行政部门依照前款规定通知进行保密审查的，应当在请求递交日起4个月内作出是否需要保密的决定，并通知申请人；情况复杂的，可以延长2个月。

第十条　专利法第五条所称违反法律的发明创造，不包括仅其实施为法律所禁止的发明创造。

第十一条　申请专利应当遵循诚实信用原则。提出各类专利申请应当以真实发明创造活动为基础，不得弄虚作假。

第十二条　除专利法第二十八条和第四十二条规定的情形外，专利法所称申请日，有优先权的，指优先权日。

本细则所称申请日，除另有规定的外，是指专利法第二十八条规定的申请日。

第十三条　专利法第六条所称执行本单位的任务所完成的职务发明创造，是指：

（一）在本职工作中作出的发明创造；

（二）履行本单位交付的本职工作之外的任务所作出的发明创造；

（三）退休、调离原单位后或者劳动、人事关系终止后1年内作出的，与其在原单位承担的本职工作或者原单位分配的任务有关的发明创造。

专利法第六条所称本单位，包括临时工作单位；专利法第六条所称本单位的物质技术条件，是指本单位的资金、设备、零部件、原材料或者不对外公开的技术信息和资料等。

第十四条　专利法所称发明人或者设计人，是指对发明创造的实质性特点作出创造性贡献的人。在完成发明创造过程中，只负责组织工作的人、为物质技术条件的利用提供方便的人或者从事其他辅助工作的人，不是发明人或者设计人。

第十五条 除依照专利法第十条规定转让专利权外，专利权因其他事由发生转移的，当事人应当凭有关证明文件或者法律文书向国务院专利行政部门办理专利权转移手续。

专利权人与他人订立的专利实施许可合同，应当自合同生效之日起3个月内向国务院专利行政部门备案。

以专利权出质的，由出质人和质权人共同向国务院专利行政部门办理出质登记。

第十六条 专利工作应当贯彻党和国家知识产权战略部署，提升我国专利创造、运用、保护、管理和服务水平，支持全面创新，促进创新型国家建设。

国务院专利行政部门应当提升专利信息公共服务能力，完整、准确、及时发布专利信息，提供专利基础数据，促进专利相关数据资源的开放共享、互联互通。

第二章 专利的申请

第十七条 申请专利的，应当向国务院专利行政部门提交申请文件。申请文件应当符合规定的要求。

申请人委托专利代理机构向国务院专利行政部门申请专利和办理其他专利事务的，应当同时提交委托书，写明委托权限。

申请人有2人以上且未委托专利代理机构的，除请求书中另有声明的外，以请求书中指明的第一申请人为代表人。

第十八条 依照专利法第十八条第一款的规定委托专利代理机构在中国申请专利和办理其他专利事务的，涉及下列事务，申请人或者专利权人可以自行办理：

（一）申请要求优先权的，提交第一次提出的专利申请（以下简称在先申请）文件副本；

（二）缴纳费用；

（三）国务院专利行政部门规定的其他事务。

第十九条 发明、实用新型或者外观设计专利申请的请求书应当写明下列事项：

（一）发明、实用新型或者外观设计的名称；

（二）申请人是中国单位或者个人的，其名称或者姓名、地址、邮政编码、统一社会信用代码或者身份证件号码；申请人是外国人、外国企业或者外国其他组织的，其姓名或者名称、国籍或者注册的国家或者地区；

（三）发明人或者设计人的姓名；

（四）申请人委托专利代理机构的，受托机构的名称、机构代码以及该机构指定的专利代理师的姓名、专利代理师资格证号码、联系电话；

（五）要求优先权的，在先申请的申请日、申请号以及原受理机构的名称；

（六）申请人或者专利代理机构的签字或者盖章；

（七）申请文件清单；

（八）附加文件清单；

（九）其他需要写明的有关事项。

第二十条 发明或者实用新型专利申请的说明书应当写明发明或者实用新型的名称，该名称应当与请求书中的名称一致。说明书应当包括下列内容：

（一）技术领域：写明要求保护的技术方案所属的技术领域；

（二）背景技术：写明对发明或者实用新型的理解、检索、审查有用的背景技术；有可能的，并引证反映这些背景技术的文件；

（三）发明内容：写明发明或者实用新型所要解决的技术问题以及解决其技术问题采用的技术方案，并对照现有技术写明发明或者实用新型的有益效果；

（四）附图说明：说明书有附图的，对各幅附图作简略说明；

（五）具体实施方式：详细写明申请人认为实现发明或者实用新型的优选方式；必要时，举例说明；有附图的，对照附图。

发明或者实用新型专利申请人应当按照前款规定的方式和顺序撰写说明书，并在说明书每一部分前面写明标题，除非其发明或者实用新型的性质用其他方式或者顺序撰写能节约说明书的篇幅并使他人能够准确理解其发明或者实用新型。

发明或者实用新型说明书应当用词规范、语句清楚，并不得使用“如权利要求……所述的……”一类的引用语，也不得使用商业性宣传用语。

发明专利申请包含一个或者多个核苷酸或者氨基酸序列的，说明书应当包括符合国务院专利行政部门规定的序列表。

实用新型专利申请说明书应当有表示要求保护的产品的形状、构造或者其结合的附图。

第二十一条 发明或者实用新型的几幅附图应当按照“图1，图2，……”顺序编号排列。

发明或者实用新型说明书文字部分中未提及的附图标记不得在附图中出现，附图中未出现的附图标记不得在说明书文字部分中提及。申请文件中表示同一组成部分的附图标记应当一致。

附图中除必需的词语外，不应当含有其他注释。

第二十二条　权利要求书应当记载发明或者实用新型的技术特征。

权利要求书有几项权利要求的，应当用阿拉伯数字顺序编号。

权利要求书中使用的科技术语应当与说明书中使用的科技术语一致，可以有化学式或者数学式，但是不得有插图。除绝对必要的外，不得使用“如说明书……部分所述”或者“如图……所示”的用语。

权利要求中的技术特征可以引用说明书附图中相应的标记，该标记应当放在相应的技术特征后并置于括号内，便于理解权利要求。附图标记不得解释为对权利要求的限制。

第二十三条　权利要求书应当有独立权利要求，也可以有从属权利要求。

独立权利要求应当从整体上反映发明或者实用新型的技术方案，记载解决技术问题的必要技术特征。

从属权利要求应当用附加的技术特征，对引用的权利要求作进一步限定。

第二十四条　发明或者实用新型的独立权利要求应当包括前序部分和特征部分，按照下列规定撰写：

（一）前序部分：写明要求保护的发明或者实用新型技术方案的主题名称和发明或者实用新型主题与最接近的现有技术共有的必要技术特征；

（二）特征部分：使用“其特征是……”或者类似的用语，写明发明或者实用新型区别于最接近的现有技术的技术特征。这些特征和前序部分写明的特征合在一起，限定发明或者实用新型要求保护的范围。

发明或者实用新型的性质不适于用前款方式表达的，独立权利要求可以用其他方式撰写。

一项发明或者实用新型应当只有一个独立权利要求，并写在同一发明或者实用新型的从属权利要求之前。

第二十五条　发明或者实用新型的从属权利要求应当包括引用部分和限定部分，按照下列规定撰写：

（一）引用部分：写明引用的权利要求的编号及其主题名称；

（二）限定部分：写明发明或者实用新型附加的技术特征。

从属权利要求只能引用在前的权利要求。引用两项以上权利要求的多项从属权利要求，只能以择一方式引用在前的权利要求，并不得作为另一项多项从属权利要求的基础。

第二十六条　说明书摘要应当写明发明或者实用新型专利申请所公开内容的概要，即写明发明或者实用新型的名称和所属技术领域，并清楚地反映所要解决的技术问题、解决该问题的技术方案的要点以及主要用途。

说明书摘要可以包含最能说明发明的化学式；有附图的专利申请，还应当在请求书中指定一幅最能说明该发明或者实用新型技术特征的说明书附图作为摘要附图。摘要中不得使用商业性宣传用语。

第二十七条　申请专利的发明涉及新的生物材料，该生物材料公众不能得到，并且对该生物材料的说明不足以使所属领域的技术人员实施其发明的，除应当符合专利法和本细则的有关规定外，申请人还应当办理下列手续：

（一）在申请日前或者最迟在申请日（有优先权的，指优先权日），将该生物材料的样品提交国务院专利行政部门认可的保藏单位保藏，并在申请时或者最迟自申请日起4个月内提交保藏单位出具的保藏证明和存活证明；期满未提交证明的，该样品视为未提交保藏；

（二）在申请文件中，提供有关该生物材料特征的资料；

（三）涉及生物材料样品保藏的专利申请应当在请求书和说明书中写明该生物材料的分类命名（注明拉丁文名称）、保藏该生物材料样品的单位名称、地址、保藏日期和保藏编号；申请时未写明的，应当自申请日起4个月内补正；期满未补正的，视为未提交保藏。

第二十八条　发明专利申请人依照本细则第二十七条的规定保藏生物材料样品的，在发明专利申请公布后，任何单位或者个人需要将该专利申请所涉及的生物材料作为实验目的使用的，应当向国务院专利行政部门提出请求，并写明下列事项：

（一）请求人的姓名或者名称和地址；

（二）不向其他任何人提供该生物材料的保证；

（三）在授予专利权前，只作为实验目的使用的保证。

第二十九条 专利法所称遗传资源，是指取自人体、动物、植物或者微生物等含有遗传功能单位并具有实际或者潜在价值的材料和利用此类材料产生的遗传信息；专利法所称依赖遗传资源完成的发明创造，是指利用了遗传资源的遗传功能完成的发明创造。

就依赖遗传资源完成的发明创造申请专利的，申请人应当在请求书中予以说明，并填写国务院专利行政部门制定的表格。

第三十条 申请人应当就每件外观设计产品所需要保护的内容提交有关图片或者照片。

申请局部外观设计专利的，应当提交整体产品的视图，并用虚线与实线相结合或者其他方式表明所需要保护部分的内容。

申请人请求保护色彩的，应当提交彩色图片或者照片。

第三十一条 外观设计的简要说明应当写明外观设计产品的名称、用途，外观设计的设计要点，并指定一幅最能表明设计要点的图片或者照片。省略视图或者请求保护色彩的，应当在简要说明中写明。

对同一产品的多项相似外观设计提出一件外观设计专利申请的，应当在简要说明中指定其中一项作为基本设计。

申请局部外观设计专利的，应当在简要说明中写明请求保护的部分，已在整体产品的视图中用虚线与实线相结合方式表明的除外。

简要说明不得使用商业性宣传用语，也不得说明产品的性能。

第三十二条 国务院专利行政部门认为必要时，可以要求外观设计专利申请人提交使用外观设计的产品样品或者模型。样品或者模型的体积不得超过30厘米×30厘米×30厘米，重量不得超过15公斤。易腐、易损或者危险品不得作为样品或者模型提交。

第三十三条 专利法第二十四条第（二）项所称中国政府承认的国际展览会，是指国际展览会公约规定的在国际展览局注册或者由其认可的国际展览会。

专利法第二十四条第（三）项所称学术会议或者技术会议，是指国务院有关主管部门或者全国性学术团体组织召开的学术会议或者技术会议，以及国务院有关主管部门认可的由国际组织召开的学术会议或者技术会议。

申请专利的发明创造有专利法第二十四条第（二）项或者第（三）项所列情形的，申请人应当在提出专利申请时声明，并自申请日起2个月内提交有关发明创造已经展出或者发表，以及展出或者发表日期的证明文件。

申请专利的发明创造有专利法第二十四条第（一）项或者第（四）项所列情形的，国务院专利行政部门认为必要时，可以要求申请人在指定期限内提交证明文件。

申请人未依照本条第三款的规定提出声明和提交证明文件的，或者未依照本条第四款的规定在指定期限内提交证明文件的，其申请不适用专利法第二十四条的规定。

第三十四条 申请人依照专利法第三十条的规定要求外国优先权的，申请人提交的在先申请文件副本应当经原受理机构证明。依照国务院专利行政部门与该受理机构签订的协议，国务院专利行政部门通过电子交换等途径获得在先申请文件副本的，视为申请人提交了经该受理机构证明的在先申请文件副本。要求本国优先权，申请人在请求书中写明在先申请的申请日和申请号的，视为提交了在先申请文件副本。

要求优先权，但请求书中漏写或者错写在先申请的申请日、申请号和原受理机构名称中的一项或者两项内容的，国务院专利行政部门应当通知申请人在指定期限内补正；期满未补正的，视为未要求优先权。

要求优先权的申请人的姓名或者名称与在先申请文件副本中记载的申请人姓名或者名称不一致的，应当提交优先权转让证明材料，未提交该证明材料的，视为未要求优先权。

外观设计专利申请人要求外国优先权，其在先申请未包括对外观设计的简要说明，申请人按照本细则第三十一条规定提交的简要说明未超出在先申请文件的图片或者照片表示的范围的，不影响其享有优先权。

第三十五条 申请人在一件专利申请中，可以要求一项或者多项优先权；要求多项优先权的，该申请的优先权期限从最早的优先权日起计算。

发明或者实用新型专利申请人要求本国优先权，在先申请是发明专利申请的，可以就相同主题提出发明或者实用新型专利申请；在先申请是实用新型专利申请的，可以就相同主题提出实用新型或者发明专利申请。外观设计专利申请人要求本国优先权，在先申请是发明或者实用新型专利申请的，可以就附图显示的设计提出相同主题的外观设计专利申请；在先申请是外观设计专利申请的，可以就相同主题提出外观设计专利申请。但是，提出后一申请时，在先申请的主题有下列情形之一的，不得作为要求本国优先权的基础：

（一）已经要求外国优先权或者本国优先权的；

（二）已经被授予专利权的；

（三）属于按照规定提出的分案申请的。

申请人要求本国优先权的，其在先申请自后一申请提出之日起即视为撤回，但外观设计专利申请人要求以发明或者实用新型专利申请作为本国优先权基础的除外。

第三十六条　申请人超出专利法第二十九条规定的期限，向国务院专利行政部门就相同主题提出发明或者实用新型专利申请，有正当理由的，可以在期限届满之日起2个月内请求恢复优先权。

第三十七条　发明或者实用新型专利申请人要求了优先权的，可以自优先权日起16个月内或者自申请日起4个月内，请求在请求书中增加或者改正优先权要求。

第三十八条　在中国没有经常居所或者营业所的申请人，申请专利或者要求外国优先权的，国务院专利行政部门认为必要时，可以要求其提供下列文件：

（一）申请人是个人的，其国籍证明；

（二）申请人是企业或者其他组织的，其注册的国家或者地区的证明文件；

（三）申请人的所属国，承认中国单位和个人可以按照该国国民的同等条件，在该国享有专利权、优先权和其他与专利有关的权利的证明文件。

第三十九条　依照专利法第三十一条第一款规定，可以作为一件专利申请提出的属于一个总的发明构思的两项以上的发明或者实用新型，应当在技术上相互关联，包含一个或者多个相同或者相应的特定技术特征，其中特定技术特征是指每一项发明或者实用新型作为整体，对现有技术作出贡献的技术特征。

第四十条　依照专利法第三十一条第二款规定，将同一产品的多项相似外观设计作为一件申请提出的，对该产品的其他设计应当与简要说明中指定的基本设计相似。一件外观设计专利申请中的相似外观设计不得超过10项。

专利法第三十一条第二款所称同一类别并且成套出售或者使用的产品的两项以上外观设计，是指各产品属于分类表中同一大类，习惯上同时出售或者同时使用，而且各产品的外观设计具有相同的设计构思。

将两项以上外观设计作为一件申请提出的，应当将各项外观设计的顺序编号标注在每件外观设计产品各幅图片或者照片的名称之前。

第四十一条　申请人撤回专利申请的，应当向国务院专利行政部门提出声明，写明发明创造的名称、申请号和申请日。

撤回专利申请的声明在国务院专利行政部门做好公布专利申请文件的印刷准备工作后提出的，申请文件仍予公布；但是，撤回专利申请的声明应当在以后出版的专利公报上予以公告。

第三章　专利申请的审查和批准

第四十二条　在初步审查、实质审查、复审和无效宣告程序中，实施审查和审理的人员有下列情形之一的，应当自行回避，当事人或者其他利害关系人可以要求其回避：

（一）是当事人或者其代理人的近亲属的；

（二）与专利申请或者专利权有利害关系的；

（三）与当事人或者其代理人有其他关系，可能影响公正审查和审理的；

（四）复审或者无效宣告程序中，曾参与原申请的审查的。

第四十三条　国务院专利行政部门收到发明或者实用新型专利申请的请求书、说明书（实用新型必须包括附图）和权利要求书，或者外观设计专利申请的请求书、外观设计的图片或者照片和简要说明后，应当明确申请日、给予申请号，并通知申请人。

第四十四条　专利申请文件有下列情形之一的，国务院专利行政部门不予受理，并通知申请人：

（一）发明或者实用新型专利申请缺少请求书、说明书（实用新型无附图）或者权利要求书的，或者外观设计专利申请缺少请求书、图片或者照片、简要说明的；

（二）未使用中文的；

（三）申请文件的格式不符合规定的；

（四）请求书中缺少申请人姓名或者名称，或者缺少地址的；

（五）明显不符合专利法第十七条或者第十八条第一款的规定的；

（六）专利申请类别（发明、实用新型或者外观设计）不明确或者难以确定的。

第四十五条 发明或者实用新型专利申请缺少或者错误提交权利要求书、说明书或者权利要求书、说明书的部分内容，但申请人在递交日要求了优先权的，可以自递交日起2个月内或者在国务院专利行政部门指定的期限内以援引在先申请文件的方式补交。补交的文件符合有关规定的，以首次提交文件的递交日为申请日。

第四十六条 说明书中写有对附图的说明但无附图或者缺少部分附图的，申请人应当在国务院专利行政部门指定的期限内补交附图或者声明取消对附图的说明。申请人补交附图的，以向国务院专利行政部门提交或者邮寄附图之日为申请日；取消对附图的说明的，保留原申请日。

第四十七条 两个以上的申请人同日（指申请日；有优先权的，指优先权日）分别就同样的发明创造申请专利的，应当在收到国务院专利行政部门的通知后自行协商确定申请人。

同一申请人在同日（指申请日）对同样的发明创造既申请实用新型专利又申请发明专利的，应当在申请时分别说明对同样的发明创造已申请了另一专利；未作说明的，依照专利法第九条第一款关于同样的发明创造只能授予一项专利权的规定处理。

国务院专利行政部门公告授予实用新型专利权，应当公告申请人已依照本条第二款的规定同时申请了发明专利的说明。

发明专利申请经审查没有发现驳回理由，国务院专利行政部门应当通知申请人在规定期限内声明放弃实用新型专利权。申请人声明放弃的，国务院专利行政部门应当作出授予发明专利权的决定，并在公告授予发明专利权时一并公告申请人放弃实用新型专利权声明。申请人不同意放弃的，国务院专利行政部门应当驳回该发明专利申请；申请人期满未答复的，视为撤回该发明专利申请。

实用新型专利权自公告授予发明专利权之日起终止。

第四十八条 一件专利申请包括两项以上发明、实用新型或者外观设计的，申请人可以在本细则第六十条第一款规定的期限届满前，向国务院专利行政部门提出分案申请；但是，专利申请已经被驳回、撤回或者视为撤回的，不能提出分案申请。

国务院专利行政部门认为一件专利申请不符合专利法第三十一条和本细则第三十九条或者第四十条的规定的，应当通知申请人在指定期限内对其申请进行修改；申请人期满未答复的，该申请视为撤回。

分案的申请不得改变原申请的类别。

第四十九条 依照本细则第四十八条规定提出的分案申请，可以保留原申请日，享有优先权的，可以保留优先权日，但是不得超出原申请记载的范围。

分案申请应当依照专利法及本细则的规定办理有关手续。

分案申请的请求书中应当写明原申请的申请号和申请日。

第五十条 专利法第三十四条和第四十条所称初步审查，是指审查专利申请是否具备专利法第二十六条或者第二十七条规定的文件和其他必要的文件，这些文件是否符合规定的格式，并审查下列各项：

（一）发明专利申请是否明显属于专利法第五条、第二十五条规定的情形，是否不符合专利法第十七条、第十八条第一款、第十九条第一款或者本细则第十一条、第十九条、第二十九条第二款的规定，是否明显不符合专利法第二条第二款、第二十六条第五款、第三十一条第一款、第三十三条或者本细则第二十条至第二十四条的规定；

（二）实用新型专利申请是否明显属于专利法第五条、第二十五条规定的情形，是否不符合专利法第十七条、第十八条第一款、第十九条第一款或者本细则第十一条、第十九条至第二十二条、第二十四条至第二十六条的规定，是否明显不符合专利法第二条第三款、第二十二条、第二十六条第三款、第二十六条第四款、第三十一条第一款、第三十三条或者本细则第二十三条、第四十九条第一款的规定，是否依照专利法第九条规定不能取得专利权；

（三）外观设计专利申请是否明显属于专利法第五条、第二十五条第一款第（六）项规定的情形，是否不符合专利法第十七条、第十八条第一款或者本细则第十一条、第十九条、第三十条、第三十一条的规定，是否明显不符合专利法第二条第四款、第二十三条第一款、第二十三条第二款、第二十七条第二款、第三十一条第二款、第三十三条或者本细则第四十九条第一款的规定，是否依照专利法第九条规定不能取得专利权；

（四）申请文件是否符合本细则第二条、第三条第一款的规定。

国务院专利行政部门应当将审查意见通知申请人，要求其在指定期限内陈述意见或者补正；申请人期满未答复的，其申请视为撤回。申请人陈述意见或者补正后，国务院专利行政部门仍然认为不符合前款所列各项规定的，应当予以驳回。

第五十一条　除专利申请文件外，申请人向国务院专利行政部门提交的与专利申请有关的其他文件有下列情形之一的，视为未提交：

（一）未使用规定的格式或者填写不符合规定的；

（二）未按照规定提交证明材料的。

国务院专利行政部门应当将视为未提交的审查意见通知申请人。

第五十二条　申请人请求早日公布其发明专利申请的，应当向国务院专利行政部门声明。国务院专利行政部门对该申请进行初步审查后，除予以驳回的外，应当立即将申请予以公布。

第五十三条　申请人写明使用外观设计的产品及其所属类别的，应当使用国务院专利行政部门公布的外观设计产品分类表。未写明使用外观设计的产品所属类别或者所写的类别不确切的，国务院专利行政部门可以予以补充或者修改。

第五十四条　自发明专利申请公布之日起至公告授予专利权之日止，任何人均可以对不符合专利法规定的专利申请向国务院专利行政部门提出意见，并说明理由。

第五十五条　发明专利申请人因有正当理由无法提交专利法第三十六条规定的检索资料或者审查结果资料的，应当向国务院专利行政部门声明，并在得到有关资料后补交。

第五十六条　国务院专利行政部门依照专利法第三十五条第二款的规定对专利申请自行进行审查时，应当通知申请人。

申请人可以对专利申请提出延迟审查请求。

第五十七条　发明专利申请人在提出实质审查请求时以及在收到国务院专利行政部门发出的发明专利申请进入实质审查阶段通知书之日起的3个月内，可以对发明专利申请主动提出修改。

实用新型或者外观设计专利申请人自申请日起2个月内，可以对实用新型或者外观设计专利申请主动提出修改。

申请人在收到国务院专利行政部门发出的审查意见通知书后对专利申请文件进行修改的，应当针对通知书指出的缺陷进行修改。

国务院专利行政部门可以自行修改专利申请文件中文字和符号的明显错误。国务院专利行政部门自行修改的，应当通知申请人。

第五十八条　发明或者实用新型专利申请的说明书或者权利要求书的修改部分，除个别文字修改或者增删外，应当按照规定格式提交替换页。外观设计专利申请的图片或者照片的修改，应当按照规定提交替换页。

第五十九条　依照专利法第三十八条的规定，发明专利申请经实质审查应当予以驳回的情形是指：

（一）申请属于专利法第五条、第二十五条规定的情形，或者依照专利法第九条规定不能取得专利权的；

（二）申请不符合专利法第二条第二款、第十九条第一款、第二十二条、第二十六条第三款、第二十六条第四款、第二十六条第五款、第三十一条第一款或者本细则第十一条、第二十三条第二款规定的；

（三）申请的修改不符合专利法第三十三条规定，或者分案的申请不符合本细则第四十九条第一款的规定的。

第六十条　国务院专利行政部门发出授予专利权的通知后，申请人应当自收到通知之日起2个月内办理登记手续。申请人按期办理登记手续的，国务院专利行政部门应当授予专利权，颁发专利证书，并予以公告。

期满未办理登记手续的，视为放弃取得专利权的权利。

第六十一条　保密专利申请经审查没有发现驳回理由的，国务院专利行政部门应当作出授予保密专利权的决定，颁发保密专利证书，登记保密专利权的有关事项。

第六十二条　授予实用新型或者外观设计专利权的决定公告后，专利法第六十六条规定的专利权人、利害关系人、被控侵权人可以请求国务院专利行政部门作出专利权评价报告。申请人可以在办理专利权登记手续时请求国务院专利行政部门作出专利权评价报告。

请求作出专利权评价报告的，应当提交专利权评价报告请求书，写明专利申请号或者专利号。每项请求应当限于一项专利申请或者专利权。

专利权评价报告请求书不符合规定的，国务院专利行政部门应当通知请求人在指定期限内补正；请求人期满未补正的，视为未提出请求。

第六十三条　国务院专利行政部门应当自收到专利权评

价报告请求书后2个月内作出专利权评价报告，但申请人在办理专利权登记手续时请求作出专利权评价报告的，国务院专利行政部门应当自公告授予专利权之日起2个月内作出专利权评价报告。

对同一项实用新型或者外观设计专利权，有多个请求人请求作出专利权评价报告的，国务院专利行政部门仅作出一份专利权评价报告。任何单位或者个人可以查阅或者复制该专利权评价报告。

第六十四条 国务院专利行政部门对专利公告、专利单行本中出现的错误，一经发现，应当及时更正，并对所作更正予以公告。

第四章 专利申请的复审与专利权的无效宣告

第六十五条 依照专利法第四十一条的规定向国务院专利行政部门请求复审的，应当提交复审请求书，说明理由，必要时还应当附具有关证据。

复审请求不符合专利法第十八条第一款或者第四十一条第一款规定的，国务院专利行政部门不予受理，书面通知复审请求人并说明理由。

复审请求书不符合规定格式的，复审请求人应当在国务院专利行政部门指定的期限内补正；期满未补正的，该复审请求视为未提出。

第六十六条 请求人在提出复审请求或者在对国务院专利行政部门的复审通知书作出答复时，可以修改专利申请文件；但是，修改应当仅限于消除驳回决定或者复审通知书指出的缺陷。

第六十七条 国务院专利行政部门进行复审后，认为复审请求不符合专利法和本细则有关规定或者专利申请存在其他明显违反专利法和本细则有关规定情形的，应当通知复审请求人，要求其在指定期限内陈述意见。期满未答复的，该复审请求视为撤回；经陈述意见或者进行修改后，国务院专利行政部门认为仍不符合专利法和本细则有关规定的，应当作出驳回复审请求的复审决定。

国务院专利行政部门进行复审后，认为原驳回决定不符合专利法和本细则有关规定的，或者认为经过修改的专利申请文件消除了原驳回决定和复审通知书指出的缺陷的，应当撤销原驳回决定，继续进行审查程序。

第六十八条 复审请求人在国务院专利行政部门作出决定前，可以撤回其复审请求。

复审请求人在国务院专利行政部门作出决定前撤回其复审请求的，复审程序终止。

第六十九条 依照专利法第四十五条的规定，请求宣告专利权无效或者部分无效的，应当向国务院专利行政部门提交专利权无效宣告请求书和必要的证据一式两份。无效宣告请求书应当结合提交的所有证据，具体说明无效宣告请求的理由，并指明每项理由所依据的证据。

前款所称无效宣告请求的理由，是指被授予专利的发明创造不符合专利法第二条、第十九条第一款、第二十二条、第二十三条、第二十六条第三款、第二十六条第四款、第二十七条第二款、第三十三条或者本细则第十一条、第二十三条第二款、第四十九条第一款的规定，或者属于专利法第五条、第二十五条规定的情形，或者依照专利法第九条规定不能取得专利权。

第七十条 专利权无效宣告请求不符合专利法第十八条第一款或者本细则第六十九条规定的，国务院专利行政部门不予受理。

在国务院专利行政部门就无效宣告请求作出决定之后，又以同样的理由和证据请求无效宣告的，国务院专利行政部门不予受理。

以不符合专利法第二十三条第三款的规定为理由请求宣告外观设计专利权无效，但是未提交证明权利冲突的证据的，国务院专利行政部门不予受理。

专利权无效宣告请求书不符合规定格式的，无效宣告请求人应当在国务院专利行政部门指定的期限内补正；期满未补正的，该无效宣告请求视为未提出。

第七十一条 在国务院专利行政部门受理无效宣告请求后，请求人可以在提出无效宣告请求之日起1个月内增加理由或者补充证据。逾期增加理由或者补充证据的，国务院专利行政部门可以不予考虑。

第七十二条 国务院专利行政部门应当将专利权无效宣告请求书和有关文件的副本送交专利权人，要求其在指定的期限内陈述意见。

专利权人和无效宣告请求人应当在指定期限内答复国务院专利行政部门发出的转送文件通知书或者无效宣告请求审查通知书；期满未答复的，不影响国务院专利行政部门审理。

第七十三条 在无效宣告请求的审查过程中，发明或者实用新型专利的专利权人可以修改其权利要求书，但是不得扩大原专利的保护范围。国务院专利行政部门在修改后的权利要求基础上作出维持专利权有效或者宣告专利权部分无效的决定的,应当公告修改后的权利要求。

发明或者实用新型专利的专利权人不得修改专利说明书和附图,外观设计专利的专利权人不得修改图片、照片和简要说明。

第七十四条　国务院专利行政部门根据当事人的请求或者案情需要,可以决定对无效宣告请求进行口头审理。

国务院专利行政部门决定对无效宣告请求进行口头审理的,应当向当事人发出口头审理通知书,告知举行口头审理的日期和地点。当事人应当在通知书指定的期限内作出答复。

无效宣告请求人对国务院专利行政部门发出的口头审理通知书在指定的期限内未作答复,并且不参加口头审理的,其无效宣告请求视为撤回;专利权人不参加口头审理的,可以缺席审理。

第七十五条　在无效宣告请求审查程序中,国务院专利行政部门指定的期限不得延长。

第七十六条　国务院专利行政部门对无效宣告的请求作出决定前,无效宣告请求人可以撤回其请求。

国务院专利行政部门作出决定之前,无效宣告请求人撤回其请求或者其无效宣告请求被视为撤回的,无效宣告请求审查程序终止。但是,国务院专利行政部门认为根据已进行的审查工作能够作出宣告专利权无效或者部分无效的决定的,不终止审查程序。

第五章　专利权期限补偿

第七十七条　依照专利法第四十二条第二款的规定请求给予专利权期限补偿的,专利权人应当自公告授予专利权之日起 3 个月内向国务院专利行政部门提出。

第七十八条　依照专利法第四十二条第二款的规定给予专利权期限补偿的,补偿期限按照发明专利在授权过程中不合理延迟的实际天数计算。

前款所称发明专利在授权过程中不合理延迟的实际天数,是指自发明专利申请日起满 4 年且自实质审查请求之日起满 3 年之日至公告授予专利权之日的间隔天数,减去合理延迟的天数和由申请人引起的不合理延迟的天数。

下列情形属于合理延迟:

(一)依照本细则第六十六条的规定修改专利申请文件后被授予专利权的,因复审程序引起的延迟;

(二)因本细则第一百零三条、第一百零四条规定情形引起的延迟;

(三)其他合理情形引起的延迟。

同一申请人同日对同样的发明创造既申请实用新型专利又申请发明专利,依照本细则第四十七条第四款的规定取得发明专利权的,该发明专利权的期限不适用专利法第四十二条第二款的规定。

第七十九条　专利法第四十二条第二款规定的由申请人引起的不合理延迟包括以下情形:

(一)未在指定期限内答复国务院专利行政部门发出的通知;

(二)申请延迟审查;

(三)因本细则第四十五条规定情形引起的延迟;

(四)其他由申请人引起的不合理延迟。

第八十条　专利法第四十二条第三款所称新药相关发明专利是指符合规定的新药产品专利、制备方法专利、医药用途专利。

第八十一条　依照专利法第四十二条第三款的规定请求给予新药相关发明专利权期限补偿的,应当符合下列要求,自该新药在中国获得上市许可之日起 3 个月内向国务院专利行政部门提出:

(一)该新药同时存在多项专利的,专利权人只能请求对其中一项专利给予专利权期限补偿;

(二)一项专利同时涉及多个新药的,只能对一个新药就该专利提出专利权期限补偿请求;

(三)该专利在有效期内,且尚未获得过新药相关发明专利权期限补偿。

第八十二条　依照专利法第四十二条第三款的规定给予专利权期限补偿的,补偿期限按照该专利申请日至该新药在中国获得上市许可之日的间隔天数减去 5 年,在符合专利法第四十二条第三款规定的基础上确定。

第八十三条　新药相关发明专利在专利权期限补偿期间,该专利的保护范围限于该新药及其经批准的适应症相关技术方案;在保护范围内,专利权人享有的权利和承担的义务与专利权期限补偿前相同。

第八十四条　国务院专利行政部门对依照专利法第四十二条第二款、第三款的规定提出的专利权期限补偿请求进行审查后,认为符合补偿条件的,作出给予期限补偿的决定,并予以登记和公告;不符合补偿条件的,作出不予期限补偿的决定,并通知提出请求的专利权人。

第六章　专利实施的特别许可

第八十五条　专利权人自愿声明对其专利实行开放许可的,应当在公告授予专利权后提出。

开放许可声明应当写明以下事项：

（一）专利号；

（二）专利权人的姓名或者名称；

（三）专利许可使用费支付方式、标准；

（四）专利许可期限；

（五）其他需要明确的事项。

开放许可声明内容应当准确、清楚，不得出现商业性宣传用语。

第八十六条　专利权有下列情形之一的，专利权人不得对其实行开放许可：

（一）专利权处于独占或者排他许可有效期限内的；

（二）属于本细则第一百零三条、第一百零四条规定的中止情形的；

（三）没有按照规定缴纳年费的；

（四）专利权被质押，未经质权人同意的；

（五）其他妨碍专利权有效实施的情形。

第八十七条　通过开放许可达成专利实施许可的，专利权人或者被许可人应当凭能够证明达成许可的书面文件向国务院专利行政部门备案。

第八十八条　专利权人不得通过提供虚假材料、隐瞒事实等手段，作出开放许可声明或者在开放许可实施期间获得专利年费减免。

第八十九条　专利法第五十三条第（一）项所称未充分实施其专利，是指专利权人及其被许可人实施其专利的方式或者规模不能满足国内对专利产品或者专利方法的需求。

专利法第五十五条所称取得专利权的药品，是指解决公共健康问题所需的医药领域中的任何专利产品或者依照专利方法直接获得的产品，包括取得专利权的制造该产品所需的活性成分以及使用该产品所需的诊断用品。

第九十条　请求给予强制许可的，应当向国务院专利行政部门提交强制许可请求书，说明理由并附具有关证明文件。

国务院专利行政部门应当将强制许可请求书的副本送交专利权人，专利权人应当在国务院专利行政部门指定的期限内陈述意见；期满未答复的，不影响国务院专利行政部门作出决定。

国务院专利行政部门在作出驳回强制许可请求的决定或者给予强制许可的决定前，应当通知请求人和专利权人拟作出的决定及其理由。

国务院专利行政部门依照专利法第五十五条的规定作出给予强制许可的决定，应当同时符合中国缔结或者参加的有关国际条约关于为了解决公共健康问题而给予强制许可的规定，但中国作出保留的除外。

第九十一条　依照专利法第六十二条的规定，请求国务院专利行政部门裁决使用费数额的，当事人应当提出裁决请求书，并附具双方不能达成协议的证明文件。国务院专利行政部门应当自收到请求书之日起3个月内作出裁决，并通知当事人。

第七章　对职务发明创造的发明人或者设计人的奖励和报酬

第九十二条　被授予专利权的单位可以与发明人、设计人约定或者在其依法制定的规章制度中规定专利法第十五条规定的奖励、报酬的方式和数额。鼓励被授予专利权的单位实行产权激励，采取股权、期权、分红等方式，使发明人或者设计人合理分享创新收益。

企业、事业单位给予发明人或者设计人的奖励、报酬，按照国家有关财务、会计制度的规定进行处理。

第九十三条　被授予专利权的单位未与发明人、设计人约定也未在其依法制定的规章制度中规定专利法第十五条规定的奖励的方式和数额的，应当自公告授予专利权之日起3个月内发给发明人或者设计人奖金。一项发明专利的奖金最低不少于4000元；一项实用新型专利或者外观设计专利的奖金最低不少于1500元。

由于发明人或者设计人的建议被其所属单位采纳而完成的发明创造，被授予专利权的单位应当从优发给奖金。

第九十四条　被授予专利权的单位未与发明人、设计人约定也未在其依法制定的规章制度中规定专利法第十五条规定的报酬的方式和数额的，应当依照《中华人民共和国促进科技成果转化法》的规定，给予发明人或者设计人合理的报酬。

第八章　专利权的保护

第九十五条　省、自治区、直辖市人民政府管理专利工作的部门以及专利管理工作量大又有实际处理能力的地级市、自治州、盟、地区和直辖市的区人民政府管理专利工作的部门，可以处理和调解专利纠纷。

第九十六条　有下列情形之一的，属于专利法第七十条所称的在全国有重大影响的专利侵权纠纷：

（一）涉及重大公共利益的；

（二）对行业发展有重大影响的；

（三）跨省、自治区、直辖市区域的重大案件；

（四）国务院专利行政部门认为可能有重大影响的其他情形。

专利权人或者利害关系人请求国务院专利行政部门处理专利侵权纠纷，相关案件不属于在全国有重大影响的专利侵权纠纷的，国务院专利行政部门可以指定有管辖权的地方人民政府管理专利工作的部门处理。

第九十七条 当事人请求处理专利侵权纠纷或者调解专利纠纷的，由被请求人所在地或者侵权行为地的管理专利工作的部门管辖。

两个以上管理专利工作的部门都有管辖权的专利纠纷，当事人可以向其中一个管理专利工作的部门提出请求；当事人向两个以上有管辖权的管理专利工作的部门提出请求的，由最先受理的管理专利工作的部门管辖。

管理专利工作的部门对管辖权发生争议的，由其共同的上级人民政府管理专利工作的部门指定管辖；无共同上级人民政府管理专利工作的部门的，由国务院专利行政部门指定管辖。

第九十八条 在处理专利侵权纠纷过程中，被请求人提出无效宣告请求并被国务院专利行政部门受理的，可以请求管理专利工作的部门中止处理。

管理专利工作的部门认为被请求人提出的中止理由明显不能成立的，可以不中止处理。

第九十九条 专利权人依照专利法第十六条的规定，在其专利产品或者该产品的包装上标明专利标识的，应当按照国务院专利行政部门规定的方式予以标明。

专利标识不符合前款规定的，由县级以上负责专利执法的部门责令改正。

第一百条 申请人或者专利权人违反本细则第十一条、第八十八条规定的，由县级以上负责专利执法的部门予以警告，可以处10万元以下的罚款。

第一百零一条 下列行为属于专利法第六十八条规定的假冒专利的行为：

（一）在未被授予专利权的产品或者其包装上标注专利标识，专利权被宣告无效后或者终止后继续在产品或者其包装上标注专利标识，或者未经许可在产品或者产品包装上标注他人的专利号；

（二）销售第（一）项所述产品；

（三）在产品说明书等材料中将未被授予专利权的技术或者设计称为专利技术或者专利设计，将专利申请称为专利，或者未经许可使用他人的专利号，使公众将所涉及的技术或者设计误认为是专利技术或者专利设计；

（四）伪造或者变造专利证书、专利文件或者专利申请文件；

（五）其他使公众混淆，将未被授予专利权的技术或者设计误认为是专利技术或者专利设计的行为。

专利权终止前依法在专利产品、依照专利方法直接获得的产品或者其包装上标注专利标识，在专利权终止后许诺销售、销售该产品的，不属于假冒专利行为。

销售不知道是假冒专利的产品，并且能够证明该产品合法来源的，由县级以上负责专利执法的部门责令停止销售。

第一百零二条 除专利法第六十五条规定的外，管理专利工作的部门应当事人请求，可以对下列专利纠纷进行调解：

（一）专利申请权和专利权归属纠纷；

（二）发明人、设计人资格纠纷；

（三）职务发明创造的发明人、设计人的奖励和报酬纠纷；

（四）在发明专利申请公布后专利权授予前使用发明而未支付适当费用的纠纷；

（五）其他专利纠纷。

对于前款第（四）项所列的纠纷，当事人请求管理专利工作的部门调解的，应当在专利权被授予之后提出。

第一百零三条 当事人因专利申请权或者专利权的归属发生纠纷，已请求管理专利工作的部门调解或者向人民法院起诉的，可以请求国务院专利行政部门中止有关程序。

依照前款规定请求中止有关程序的，应当向国务院专利行政部门提交请求书，说明理由，并附具管理专利工作的部门或者人民法院的写明申请号或者专利号的有关受理文件副本。国务院专利行政部门认为当事人提出的中止理由明显不能成立的，可以不中止有关程序。

管理专利工作的部门作出的调解书或者人民法院

作出的判决生效后，当事人应当向国务院专利行政部门办理恢复有关程序的手续。自请求中止之日起1年内，有关专利申请权或者专利权归属的纠纷未能结案，需要继续中止有关程序的，请求人应当在该期限内请求延长中止。期满未请求延长的，国务院专利行政部门自行恢复有关程序。

第一百零四条 人民法院在审理民事案件中裁定对专利申请权或者专利权采取保全措施的，国务院专利行政部门应当在收到写明申请号或者专利号的裁定书和协助执行通知书之日中止被保全的专利申请权或者专利权的有关程序。保全期限届满，人民法院没有裁定继续采取保全措施的，国务院专利行政部门自行恢复有关程序。

第一百零五条 国务院专利行政部门根据本细则第一百零三条和第一百零四条规定中止有关程序，是指暂停专利申请的初步审查、实质审查、复审程序，授予专利权程序和专利权无效宣告程序；暂停办理放弃、变更、转移专利权或者专利申请权手续，专利权质押手续以及专利权期限届满前的终止手续等。

第九章 专利登记和专利公报

第一百零六条 国务院专利行政部门设置专利登记簿，登记下列与专利申请和专利权有关的事项：

（一）专利权的授予；

（二）专利申请权、专利权的转移；

（三）专利权的质押、保全及其解除；

（四）专利实施许可合同的备案；

（五）国防专利、保密专利的解密；

（六）专利权的无效宣告；

（七）专利权的终止；

（八）专利权的恢复；

（九）专利权期限的补偿；

（十）专利实施的开放许可；

（十一）专利实施的强制许可；

（十二）专利权人的姓名或者名称、国籍和地址的变更。

第一百零七条 国务院专利行政部门定期出版专利公报，公布或者公告下列内容：

（一）发明专利申请的著录事项和说明书摘要；

（二）发明专利申请的实质审查请求和国务院专利行政部门对发明专利申请自行进行实质审查的决定；

（三）发明专利申请公布后的驳回、撤回、视为撤回、视为放弃、恢复和转移；

（四）专利权的授予以及专利权的著录事项；

（五）实用新型专利的说明书摘要，外观设计专利的一幅图片或者照片；

（六）国防专利、保密专利的解密；

（七）专利权的无效宣告；

（八）专利权的终止、恢复；

（九）专利权期限的补偿；

（十）专利权的转移；

（十一）专利实施许可合同的备案；

（十二）专利权的质押、保全及其解除；

（十三）专利实施的开放许可事项；

（十四）专利实施的强制许可的给予；

（十五）专利权人的姓名或者名称、国籍和地址的变更；

（十六）文件的公告送达；

（十七）国务院专利行政部门作出的更正；

（十八）其他有关事项。

第一百零八条 国务院专利行政部门应当提供专利公报、发明专利申请单行本以及发明专利、实用新型专利、外观设计专利单行本，供公众免费查阅。

第一百零九条 国务院专利行政部门负责按照互惠原则与其他国家、地区的专利机关或者区域性专利组织交换专利文献。

第十章 费 用

第一百一十条 向国务院专利行政部门申请专利和办理其他手续时，应当缴纳下列费用：

（一）申请费、申请附加费、公布印刷费、优先权要求费；

（二）发明专利申请实质审查费、复审费；

（三）年费；

（四）恢复权利请求费、延长期限请求费；

（五）著录事项变更费、专利权评价报告请求费、无效宣告请求费、专利文件副本证明费。

前款所列各种费用的缴纳标准，由国务院发展改革部门、财政部门会同国务院专利行政部门按照职责分工规定。国务院财政部门、发展改革部门可以会同国务院专利行政部门根据实际情况对申请专利和办理其他手续应当缴纳的费用种类和标准进行调整。

第一百一十一条 专利法和本细则规定的各种费用，应当严格按照规定缴纳。

直接向国务院专利行政部门缴纳费用的，以缴纳当日为缴费日；以邮局汇付方式缴纳费用的，以邮局汇出的邮戳日为缴费日；以银行汇付方式缴纳费用的，以银行实际汇出日为缴费日。

多缴、重缴、错缴专利费用的，当事人可以自缴费日起3年内，向国务院专利行政部门提出退款请求，国务院专利行政部门应当予以退还。

第一百一十二条　申请人应当自申请日起2个月内或者在收到受理通知书之日起15日内缴纳申请费、公布印刷费和必要的申请附加费；期满未缴纳或者未缴足的，其申请视为撤回。

申请人要求优先权的，应当在缴纳申请费的同时缴纳优先权要求费；期满未缴纳或者未缴足的，视为未要求优先权。

第一百一十三条　当事人请求实质审查或者复审的，应当在专利法及本细则规定的相关期限内缴纳费用；期满未缴纳或者未缴足的，视为未提出请求。

第一百一十四条　申请人办理登记手续时，应当缴纳授予专利权当年的年费；期满未缴纳或者未缴足的，视为未办理登记手续。

第一百一十五条　授予专利权当年以后的年费应当在上一年度期满前缴纳。专利权人未缴纳或者未缴足的，国务院专利行政部门应当通知专利权人自应当缴纳年费期满之日起6个月内补缴，同时缴纳滞纳金；滞纳金的金额按照每超过规定的缴费时间1个月，加收当年全额年费的5%计算；期满未缴纳的，专利权自应当缴纳年费期满之日起终止。

第一百一十六条　恢复权利请求费应当在本细则规定的相关期限内缴纳；期满未缴纳或者未缴足的，视为未提出请求。

延长期限请求费应当在相应期限届满之日前缴纳；期满未缴纳或者未缴足的，视为未提出请求。

著录事项变更费、专利权评价报告请求费、无效宣告请求费应当自提出请求之日起1个月内缴纳；期满未缴纳或者未缴足的，视为未提出请求。

第一百一十七条　申请人或者专利权人缴纳本细则规定的各种费用有困难的，可以按照规定向国务院专利行政部门提出减缴的请求。减缴的办法由国务院财政部门会同国务院发展改革部门、国务院专利行政部门规定。

第十一章　关于发明、实用新型国际申请的特别规定

第一百一十八条　国务院专利行政部门根据专利法第十九条规定，受理按照专利合作条约提出的专利国际申请。

按照专利合作条约提出并指定中国的专利国际申请（以下简称国际申请）进入国务院专利行政部门处理阶段（以下称进入中国国家阶段）的条件和程序适用本章的规定；本章没有规定的，适用专利法及本细则其他各章的有关规定。

第一百一十九条　按照专利合作条约已确定国际申请日并指定中国的国际申请，视为向国务院专利行政部门提出的专利申请，该国际申请日视为专利法第二十八条所称的申请日。

第一百二十条　国际申请的申请人应当在专利合作条约第二条所称的优先权日（本章简称优先权日）起30个月内，向国务院专利行政部门办理进入中国国家阶段的手续；申请人未在该期限内办理该手续的，在缴纳宽限费后，可以在自优先权日起32个月内办理进入中国国家阶段的手续。

第一百二十一条　申请人依照本细则第一百二十条的规定办理进入中国国家阶段的手续的，应当符合下列要求：

（一）以中文提交进入中国国家阶段的书面声明，写明国际申请号和要求获得的专利权类型；

（二）缴纳本细则第一百一十条第一款规定的申请费、公布印刷费，必要时缴纳本细则第一百二十条规定的宽限费；

（三）国际申请以外文提出的，提交原始国际申请的说明书和权利要求书的中文译文；

（四）在进入中国国家阶段的书面声明中写明发明创造的名称，申请人姓名或者名称、地址和发明人的姓名，上述内容应当与世界知识产权组织国际局（以下简称国际局）的记录一致；国际申请中未写明发明人的，在上述声明中写明发明人的姓名；

（五）国际申请以外文提出的，提交摘要的中文译文，有附图和摘要附图的，提交附图副本并指定摘要附图，附图中有文字的，将其替换为对应的中文文字；

（六）在国际阶段向国际局已办理申请人变更手续的，必要时提供变更后的申请人享有申请权的证明材料；

（七）必要时缴纳本细则第一百一十条第一款规定的申请附加费。

符合本条第一款第（一）项至第（三）项要求的，国务院专利行政部门应当给予申请号，明确国际申请进入中国国家阶段的日期（以下简称进入日），并通知申请人其国际申请已进入中国国家阶段。

国际申请已进入中国国家阶段，但不符合本条第一款第（四）项至第（七）项要求的，国务院专利行政部门应当通知申请人在指定期限内补正；期满未补正的，其申请视为撤回。

第一百二十二条 国际申请有下列情形之一的，其在中国的效力终止：

（一）在国际阶段，国际申请被撤回或者被视为撤回，或者国际申请对中国的指定被撤回的；

（二）申请人未在优先权日起32个月内按照本细则第一百二十条规定办理进入中国国家阶段手续的；

（三）申请人办理进入中国国家阶段的手续，但自优先权日起32个月期限届满仍不符合本细则第一百二十一条第（一）项至第（三）项要求的。

依照前款第（一）项的规定，国际申请在中国的效力终止的，不适用本细则第六条的规定；依照前款第（二）项、第（三）项的规定，国际申请在中国的效力终止的，不适用本细则第六条第二款的规定。

第一百二十三条 国际申请在国际阶段作过修改，申请人要求以经修改的申请文件为基础进行审查的，应当自进入日起2个月内提交修改部分的中文译文。在该期间内未提交中文译文的，对申请人在国际阶段提出的修改，国务院专利行政部门不予考虑。

第一百二十四条 国际申请涉及的发明创造有专利法第二十四条第（二）项或者第（三）项所列情形之一，在提出国际申请时作过声明的，申请人应当在进入中国国家阶段的书面声明中予以说明，并自进入日起2个月内提交本细则第三十三条第三款规定的有关证明文件；未予说明或者期满未提交证明文件的，其申请不适用专利法第二十四条的规定。

第一百二十五条 申请人按照专利合作条约的规定，对生物材料样品的保藏已作出说明的，视为已经满足了本细则第二十七条第（三）项的要求。申请人应当在进入中国国家阶段声明中指明记载生物材料样品保藏事项的文件以及在该文件中的具体记载位置。

申请人在原始提交的国际申请的说明书中已记载生物材料样品保藏事项，但是没有在进入中国国家阶段声明中指明的，应当自进入日起4个月内补正。期满未补正的，该生物材料视为未提交保藏。

申请人自进入日起4个月内向国务院专利行政部门提交生物材料样品保藏证明和存活证明的，视为在本细则第二十七条第（一）项规定的期限内提交。

第一百二十六条 国际申请涉及的发明创造依赖遗传资源完成的，申请人应当在国际申请进入中国国家阶段的书面声明中予以说明，并填写国务院专利行政部门制定的表格。

第一百二十七条 申请人在国际阶段已要求一项或者多项优先权，在进入中国国家阶段时该优先权要求继续有效的，视为已经依照专利法第三十条的规定提出了书面声明。

申请人应当自进入日起2个月内缴纳优先权要求费；期满未缴纳或者未缴足的，视为未要求该优先权。

申请人在国际阶段已依照专利合作条约的规定，提交过在先申请文件副本的，办理进入中国国家阶段手续时不需要向国务院专利行政部门提交在先申请文件副本。申请人在国际阶段未提交在先申请文件副本的，国务院专利行政部门认为必要时，可以通知申请人在指定期限内补交；申请人期满未补交的，其优先权要求视为未提出。

第一百二十八条 国际申请的申请日在优先权期限届满之后2个月内，在国际阶段受理局已经批准恢复优先权的，视为已经依照本细则第三十六条的规定提出了恢复优先权请求；在国际阶段申请人未请求恢复优先权，或者提出了恢复优先权请求但受理局未批准，申请人有正当理由的，可以自进入日起2个月内向国务院专利行政部门请求恢复优先权。

第一百二十九条 在优先权日起30个月期满前要求国务院专利行政部门提前处理和审查国际申请的，申请人除应当办理进入中国国家阶段手续外，还应当依照专利合作条约第二十三条第二款规定提出请求。国际局尚未向国务院专利行政部门传送国际申请的，申请人应当提交经确认的国际申请副本。

第一百三十条 要求获得实用新型专利权的国际申请，申请人可以自进入日起2个月内对专利申请文件主动提出修改。

要求获得发明专利权的国际申请，适用本细则第五十七条第一款的规定。

第一百三十一条　申请人发现提交的说明书、权利要求书或者附图中的文字的中文译文存在错误的，可以在下列规定期限内依照原始国际申请文本提出改正：

（一）在国务院专利行政部门做好公布发明专利申请或者公告实用新型专利权的准备工作之前；

（二）在收到国务院专利行政部门发出的发明专利申请进入实质审查阶段通知书之日起3个月内。

申请人改正译文错误的，应当提出书面请求并缴纳规定的译文改正费。

申请人按照国务院专利行政部门的通知书的要求改正译文的，应当在指定期限内办理本条第二款规定的手续；期满未办理规定手续的，该申请视为撤回。

第一百三十二条　对要求获得发明专利权的国际申请，国务院专利行政部门经初步审查认为符合专利法和本细则有关规定的，应当在专利公报上予以公布；国际申请以中文以外的文字提出的，应当公布申请文件的中文译文。

要求获得发明专利权的国际申请，由国际局以中文进行国际公布的，自国际公布日或者国务院专利行政部门公布之日起适用专利法第十三条的规定；由国际局以中文以外的文字进行国际公布的，自国务院专利行政部门公布之日起适用专利法第十三条的规定。

对国际申请，专利法第二十一条和第二十二条中所称的公布是指本条第一款所规定的公布。

第一百三十三条　国际申请包含两项以上发明或者实用新型的，申请人可以自进入日起，依照本细则第四十八条第一款的规定提出分案申请。

在国际阶段，国际检索单位或者国际初步审查单位认为国际申请不符合专利合作条约规定的单一性要求时，申请人未按照规定缴纳附加费，导致国际申请某些部分未经国际检索或者未经国际初步审查，在进入中国国家阶段时，申请人要求将所述部分作为审查基础，国务院专利行政部门认为国际检索单位或者国际初步审查单位对发明单一性的判断正确的，应当通知申请人在指定期限内缴纳单一性恢复费。期满未缴纳或者未足额缴纳的，国际申请中未经检索或者未经国际初步审查的部分视为撤回。

第一百三十四条　国际申请在国际阶段被有关国际单位拒绝给予国际申请日或者宣布视为撤回的，申请人在收到通知之日起2个月内，可以请求国际局将国际申请档案中任何文件的副本转交国务院专利行政部门，并在该期限内向国务院专利行政部门办理本细则第一百二十条规定的手续，国务院专利行政部门应当在接到国际局传送的文件后，对国际单位作出的决定是否正确进行复查。

第一百三十五条　基于国际申请授予的专利权，由于译文错误，致使依照专利法第六十四条规定确定的保护范围超出国际申请的原文所表达的范围的，以依据原文限制后的保护范围为准；致使保护范围小于国际申请的原文所表达的范围的，以授权时的保护范围为准。

第十二章　关于外观设计国际申请的特别规定

第一百三十六条　国务院专利行政部门根据专利法第十九条第二款、第三款规定，处理按照工业品外观设计国际注册海牙协定（1999年文本）（以下简称海牙协定）提出的外观设计国际注册申请。

国务院专利行政部门处理按照海牙协定提出并指定中国的外观设计国际注册申请（简称外观设计国际申请）的条件和程序适用本章的规定；本章没有规定的，适用专利法及本细则其他各章的有关规定。

第一百三十七条　按照海牙协定已确定国际注册日并指定中国的外观设计国际申请，视为向国务院专利行政部门提出的外观设计专利申请，该国际注册日视为专利法第二十八条所称的申请日。

第一百三十八条　国际局公布外观设计国际申请后，国务院专利行政部门对外观设计国际申请进行审查，并将审查结果通知国际局。

第一百三十九条　国际局公布的外观设计国际申请中包括一项或者多项优先权的，视为已经依照专利法第三十条的规定提出了书面声明。

外观设计国际申请的申请人要求优先权的，应当自外观设计国际申请公布之日起3个月内提交在先申请文件副本。

第一百四十条　外观设计国际申请涉及的外观设计有专利法第二十四条第（二）项或者第（三）项所列情形的，应当在提出外观设计国际申请时声明，并自外观设计国际申请公布之日起2个月内提交本细则第三十三条第三款规定的有关证明文件。

第一百四十一条　一件外观设计国际申请包括两项以上外观设计的，申请人可以自外观设计国际申请公布之日起2个月内，向国务院专利行政部门提出分案申请，并缴纳费用。

第一百四十二条 国际局公布的外观设计国际申请中包括含设计要点的说明书的，视为已经依照本细则第三十一条的规定提交了简要说明。

第一百四十三条 外观设计国际申请经国务院专利行政部门审查后没有发现驳回理由的，由国务院专利行政部门作出给予保护的决定，通知国际局。

国务院专利行政部门作出给予保护的决定后，予以公告，该外观设计专利权自公告之日起生效。

第一百四十四条 已在国际局办理权利变更手续的，申请人应当向国务院专利行政部门提供有关证明材料。

第十三章 附 则

第一百四十五条 经国务院专利行政部门同意，任何人均可以查阅或者复制已经公布或者公告的专利申请的案卷和专利登记簿，并可以请求国务院专利行政部门出具专利登记簿副本。

已视为撤回、驳回和主动撤回的专利申请的案卷，自该专利申请失效之日起满2年后不予保存。

已放弃、宣告全部无效和终止的专利权的案卷，自该专利权失效之日起满3年后不予保存。

第一百四十六条 向国务院专利行政部门提交申请文件或者办理各种手续，应当由申请人、专利权人、其他利害关系人或者其代表人签字或者盖章；委托专利代理机构的，由专利代理机构盖章。

请求变更发明人姓名、专利申请人和专利权人的姓名或者名称、国籍和地址、专利代理机构的名称、地址和专利代理师姓名的，应当向国务院专利行政部门办理著录事项变更手续，必要时应当提交变更理由的证明材料。

第一百四十七条 向国务院专利行政部门邮寄有关申请或者专利权的文件，应当使用挂号信函，不得使用包裹。

除首次提交专利申请文件外，向国务院专利行政部门提交各种文件、办理各种手续的，应当标明申请号或者专利号、发明创造名称和申请人或者专利权人姓名或者名称。

一件信函中应当只包含同一申请的文件。

第一百四十八条 国务院专利行政部门根据专利法和本细则制定专利审查指南。

第一百四十九条 本细则自2001年7月1日起施行。1992年12月12日国务院批准修订、1992年12月21日中国专利局发布的《中华人民共和国专利法实施细则》同时废止。

施行修改后的专利法实施细则的过渡办法

1. 2010年1月21日国家知识产权局令第54号公布
2. 自2010年2月1日起施行

第一条 为了保障2010年1月9日公布的《国务院关于修改〈中华人民共和国专利法实施细则〉的决定》的施行，依照立法法第八十四条的规定，制定本办法。

第二条 修改前的专利法实施细则的规定适用于申请日在2010年2月1日前（不含该日）的专利申请以及根据该专利申请授予的专利权；修改后的专利法实施细则的规定适用于申请日在2010年2月1日以后（含该日，下同）的专利申请以及根据该专利申请授予的专利权；但本办法以下各条对申请日在2010年2月1日前的专利申请以及根据该申请授予的专利权的特殊规定除外。

第三条 2010年2月1日以后以不符合专利法第二十三条第三款的规定为理由提出无效宣告请求的，对该无效宣告请求的审查适用修改后的专利法实施细则第六十六条第三款的规定。

第四条 2010年2月1日以后提出无效宣告请求的，对该无效宣告请求的审查适用修改后的专利法实施细则第七十二条第二款的规定。

第五条 专利国际申请的申请人在2010年2月1日以后办理进入中国国家阶段手续的，该国际申请适用修改后的专利法实施细则第十章的规定。

第六条 在2010年2月1日以后请求国家知识产权局中止有关程序的，适用修改后的专利法实施细则第九十三条和第九十九条的规定，不再缴纳中止程序请求费。

在2010年2月1日以后请求退还多缴、重缴、错缴的专利费用的，适用修改后的专利法实施细则第九十四条第四款的规定。

在2010年2月1日以后缴纳申请费、公布印刷费和申请附加费的，适用修改后的专利法实施细则第九十五条的规定。

在2010年2月1日以后办理授予专利权的登记

手续的，适用修改后的专利法实施细则第九十三条和第九十七条的规定，不再缴纳申请维持费。

第七条 本办法自2010年2月1日起施行。

国家知识产权局专利局关于施行修改后专利法有关事项的通知

2009年9月29日

为施行修改后的专利法，对2009年10月1日以后（含该日）提交专利申请或办理其他专利事务涉及的有关事项，通知如下：

一、同一申请人同日对同样的发明创造既申请实用新型专利又申请发明专利的，应当在申请时分别填写国家知识产权局制定的《同日申请发明专利和实用新型专利的声明》，说明对同样的发明创造已申请了另一专利。

二、任何单位或者个人将在中国完成的发明或者实用新型向外国申请专利的，应当事先请求国家知识产权局进行保密审查，填写国家知识产权局制定的《向外国申请专利保密审查请求书》。

三、申请人就依赖遗传资源完成的发明创造申请专利的，应当填写国家知识产权局制定的《遗传资源来源披露登记表》，说明该遗传资源的直接来源和原始来源，无法说明原始来源的，应当陈述理由。

四、申请外观设计专利的，应当提交对该外观设计的简要说明，不提交外观设计简要说明的不予受理；外观设计简要说明的撰写，参照2009年10月版《外观设计简要说明》的注意事项。

五、国家知识产权局仅对申请日（有优先权的，指优先权日）在2009年10月1日之后（含该日）的实用新型专利或者外观设计专利作出专利权评价报告；对申请日（有优先权的，指优先权日）在2009年10月1日之前的实用新型专利，只作出实用新型专利检索报告。

六、对于涉及上述第一条、第二条、第三条内容的新申请以及申请日之后提交的专利权评价报告请求书、向外国申请专利保密审查请求书和遗传资源来源披露登记表，申请人应当直接向国家知识产权局专利局受理处以纸件形式递交或寄交，各专利代办处和国家知识产权局电子申请系统暂不受理和接收上述专利申请和专利文件。

国家知识产权局专利局关于施行修改后专利法实施细则有关事项的通知

2010年1月29日

为施行修改后的专利法实施细则，对2010年2月1日以后（含该日）提交专利申请或办理其他专利事务涉及的有关事项，通知如下：

一、为配合修改后专利法实施细则的施行，国家知识产权局专利局对请求类表格进行了修订，并在国家知识产权局政府网站 www.sipo.gov.cn 上对外公布，申请人应当下载并使用规定格式的表格。

二、根据修改后专利法实施细则第四十一条第二款的规定，同一申请人同日对同样的发明创造既申请实用新型专利又申请发明专利的，应当在发明专利请求书第21栏和实用新型专利请求书第18栏分别填写声明，不再提交《同日申请发明专利和实用新型专利的声明》表格。

上述申请可以通过国家知识产权局专利局受理处、各代办处或国家知识产权局电子申请系统提交。

三、2009年10月1日开始使用的《向外国申请专利保密审查请求书》、《遗传资源来源披露登记表》和《专利权评价报告请求书》三张表格继续使用。

四、申请人在提交新申请的同时一并提交《遗传资源来源披露登记表》的，可以通过国家知识产权局专利局受理处、各代办处或国家知识产权局电子申请系统提交。

申请人在提交申请后单独提交该表格的，应当直接向国家知识产权局专利局受理处或通过国家知识产权局电子申请系统提交，各代办处不予接收。

五、根据修改后专利法实施细则第八条的规定，任何单位或者个人将在中国完成的发明或者实用新型向外国申请专利请求保密审查的，按照以下情形办理：

1. 申请人仅提交《向外国申请专利保密审查请求书》和《技术方案说明书》而不提交专利申请的，应当直接向国家知识产权局专利局受理处以纸件形式递交或寄交；

2. 申请人在提交新申请的同时一并提交《向外国申请专利保密审查请求书》的，可以通过国家知识产权局专利局受理处、各代办处或国家知识产权局电子申请系统提交；

申请人在提交申请后单独提交《向外国申请专利保密审查请求书》的，应当直接向国家知识产权局专利局受理处或通过国家知识产权局电子申请系统提交，各代办处不予接收；

3. 申请人提交专利国际申请的，视为同时提交了《向外国申请专利保密审查请求书》。

六、专利权人或利害关系人提交《专利权评价报告请求书》的，可以通过国家知识产权局专利局受理处或国家知识产权局电子申请系统提交。

七、2010 年 2 月 1 日后，国家知识产权局不再收取申请维持费、中止程序请求费、强制许可请求费及强制许可使用费的裁决请求费四项费用。

专利标识标注办法

1. 2012 年 3 月 8 日国家知识产权局令第 63 号公布

2. 自 2012 年 5 月 1 日起施行

第一条　为了规范专利标识的标注方式，维护正常的市场经济秩序，根据《中华人民共和国专利法》（以下简称专利法）和《中华人民共和国专利法实施细则》的有关规定，制定本办法。

第二条　标注专利标识的，应当按照本办法予以标注。

第三条　管理专利工作的部门负责在本行政区域内对标注专利标识的行为进行监督管理。

第四条　在授予专利权之后的专利权有效期内，专利权人或者经专利权人同意享有专利标识标注权的被许可人可以在其专利产品、依照专利方法直接获得的产品、该产品的包装或者该产品的说明书等材料上标注专利标识。

第五条　标注专利标识的，应当标明下述内容：

（一）采用中文标明专利权的类别，例如中国发明专利、中国实用新型专利、中国外观设计专利；

（二）国家知识产权局授予专利权的专利号。

除上述内容之外，可以附加其他文字、图形标记，但附加的文字、图形标记及其标注方式不得误导公众。

第六条　在依照专利方法直接获得的产品、该产品的包装或者该产品的说明书等材料上标注专利标识的，应当采用中文标明该产品系依照专利方法所获得的产品。

第七条　专利权被授予前在产品、该产品的包装或者该产品的说明书等材料上进行标注的，应当采用中文标明中国专利申请的类别、专利申请号，并标明“专利申请，尚未授权”字样。

第八条　专利标识的标注不符合本办法第五条、第六条或者第七条规定的，由管理专利工作的部门责令改正。

专利标识标注不当，构成假冒专利行为的，由管理专利工作的部门依照专利法第六十三条的规定进行处罚。

第九条　本办法由国家知识产权局负责解释。

第十条　本办法自 2012 年 5 月 1 日起施行。2003 年 5 月 30 日国家知识产权局令第二十九号发布的《专利标记和专利号标注方式的规定》同时废止。

专利收费减缴办法

1. 2016 年 7 月 27 日财政部、国家发展和改革委员会发布

2. 财税〔2016〕78 号

3. 自 2016 年 9 月 1 日起施行

第一条　为贯彻落实国务院《关于新形势下加快知识产权强国建设的若干意见》（国发〔2015〕71 号）要求，根据《中华人民共和国专利法实施细则》有关规定，制定本办法。

第二条　专利申请人或者专利权人可以请求减缴下列专利收费：

（一）申请费（不包括公布印刷费、申请附加费）；

（二）发明专利申请实质审查费；

（三）年费（自授予专利权当年起六年内的年费）；

（四）复审费。

第三条　专利申请人或者专利权人符合下列条件之一的，可以向国家知识产权局请求减缴上述收费：

（一）上年度月均收入低于 3500 元（年 4.2 万元）的个人；

（二）上年度企业应纳税所得额低于 30 万元的企业；

（三）事业单位、社会团体、非营利性科研机构。

两个或者两个以上的个人或者单位为共同专利申请人或者共有专利权人的，应当分别符合前款规定。

第四条　专利申请人或者专利权人为个人或者单位的，减缴本办法第二条规定收费的 85%。

两个或者两个以上的个人或者单位为共同专利申请人或者共有专利权人的，减缴本办法第二条规定收费的 70%。

第五条　专利申请人或者专利权人只能请求减缴尚未到期的收费。减缴申请费的请求应当与专利申请同时提出，减缴其他收费的请求可以与专利申请同时提出，也可以在相关收费缴纳期限届满日两个半月之前提出。未按规定时限提交减缴请求的，不予减缴。

第六条　专利申请人或者专利权人请求减缴专利收费的，应当提交收费减缴请求书及相关证明材料。专利申请人或者专利权人通过专利事务服务系统提交专利收费减缴请求并经审核批准备案的，在一个自然年度内再次请求减缴专利收费，仅需提交收费减缴请求书，无需再提交相关证明材料。

第七条　个人请求减缴专利收费的，应当在收费减缴请求书中如实填写本人上年度收入情况，同时提交所在单位出具的年度收入证明；无固定工作的，提交户籍所在地或者经常居住地县级民政部门或者乡镇人民政府（街道办事处）出具的关于其经济困难情况证明。

企业请求减缴专利收费的，应当在收费减缴请求书中如实填写经济困难情况，同时提交上年度企业所得税年度纳税申报表复印件。在汇算清缴期内，企业提交上上年度企业所得税年度纳税申报表复印件。

事业单位、社会团体、非营利性科研机构请求减缴专利收费的，应当提交法人证明材料复印件。

第八条　国家知识产权局收到收费减缴请求书后，应当进行审查，作出是否批准减缴请求的决定，并通知专利申请人或者专利权人。

第九条　专利收费减缴请求有下列情形之一的，不予批准：

（一）未使用国家知识产权局制定的收费减缴请求书的；

（二）收费减缴请求书未签字或者盖章的；

（三）收费减缴请求不符合本办法第二条或者第三条规定的；

（四）收费减缴请求的个人或者单位未提供符合本办法第七条规定的证明材料的；

（五）收费减缴请求书中的专利申请人或者专利权人的姓名或者名称，或者发明创造名称，与专利申请书或者专利登记簿中的相应内容不一致的。

第十条　经国家知识产权局批准的收费减缴请求，专利申请人或者专利权人应当在规定期限内，按照批准后的应缴数额缴纳专利费。收费减缴请求批准后，专利申请人或者专利权人发生变更的，对于尚未缴纳的收费，变更后的专利申请人或者专利权人应当重新提交收费减缴请求。

第十一条　专利收费减缴请求审批决定作出后，国家知识产权局发现该决定存在错误的，应予更正，并将更正决定及时通知专利申请人或者专利权人。

专利申请人或者专利权人在专利收费减缴请求时提供虚假情况或者虚假证明材料的，国家知识产权局应当在查实后撤销减缴专利收费决定，通知专利申请人或者专利权人在指定期限内补缴已经减缴的收费，并取消其自本年度起五年内收费减缴资格，期满未补缴或者补缴额不足的，按缴费不足依法作出相应处理。

专利代理机构或者专利代理人帮助、指使、引诱专利申请人或者专利权人实施上述行为的，依照有关规定进行处理。

第十二条　本办法自 2016 年 9 月 1 日起施行。此前有关规定与本办法不一致的，以本办法为准。

专利权质押登记办法

2021 年 11 月 15 日国家知识产权局公告第 461 号发布施行

第一条　为了促进专利权运用和资金融通，保障相关权利人合法权益，规范专利权质押登记，根据《中华人民共和国民法典》《中华人民共和国专利法》及有关规定，制定本办法。

第二条　国家知识产权局负责专利权质押登记工作。

第三条　以专利权出质的，出质人与质权人应当订立书面合同。

质押合同可以是单独订立的合同，也可以是主合同中的担保条款。

出质人和质权人应共同向国家知识产权局办理专利权质押登记，专利权质权自国家知识产权局登记时设立。

第四条　以共有的专利权出质的，除全体共有人另有约定的以外，应当取得其他共有人的同意。

第五条　在中国没有经常居所或者营业所的外国人、外国企业或者外国其他组织办理专利权质押登记手续的，应当委托依法设立的专利代理机构办理。

中国单位或者个人办理专利权质押登记手续的，可以委托依法设立的专利代理机构办理。

第六条　当事人可以通过互联网在线提交电子件、邮寄或窗口提交纸件等方式办理专利权质押登记相关手续。

第七条 申请专利权质押登记的，当事人应当向国家知识产权局提交下列文件：

（一）出质人和质权人共同签字或盖章的专利权质押登记申请表；

（二）专利权质押合同；

（三）双方当事人的身份证明，或当事人签署的相关承诺书；

（四）委托代理的，注明委托权限的委托书；

（五）其他需要提供的材料。

专利权经过资产评估的，当事人还应当提交资产评估报告。

除身份证明外，当事人提交的其他各种文件应当使用中文。身份证明是外文的，当事人应当附送中文译文；未附送的，视为未提交。

当事人通过互联网在线办理专利权质押登记手续的，应当对所提交电子件与纸件原件的一致性作出承诺，并于事后补交纸件原件。

第八条 当事人提交的专利权质押合同应当包括以下与质押登记相关的内容：

（一）当事人的姓名或名称、地址；

（二）被担保债权的种类和数额；

（三）债务人履行债务的期限；

（四）专利权项数以及每项专利权的名称、专利号、申请日、授权公告日；

（五）质押担保的范围。

第九条 除本办法第八条规定的事项外，当事人可以在专利权质押合同中约定下列事项：

（一）质押期间专利权年费的缴纳；

（二）质押期间专利权的转让、实施许可；

（三）质押期间专利权被宣告无效或者专利权归属发生变更时的处理；

（四）实现质权时，相关技术资料的交付；

（五）已办理质押登记的同一申请人的实用新型有同样的发明创造于同日申请发明专利、质押期间该发明申请被授予专利权的情形处理。

第十条 国家知识产权局收到当事人提交的质押登记申请文件，应当予以受理，并自收到之日起 5 个工作日内进行审查，决定是否予以登记。

通过互联网在线方式提交的，国家知识产权局在 2 个工作日内进行审查并决定是否予以登记。

第十一条 专利权质押登记申请经审查合格的，国家知识产权局在专利登记簿上予以登记，并向当事人发送《专利权质押登记通知书》。经审查发现有下列情形之一的，国家知识产权局作出不予登记的决定，并向当事人发送《专利权质押不予登记通知书》：

（一）出质人不是当事人申请质押登记时专利登记簿记载的专利权人的；

（二）专利权已终止或者已被宣告无效的；

（三）专利申请尚未被授予专利权的；

（四）专利权没有按照规定缴纳年费的；

（五）因专利权的归属发生纠纷已请求国家知识产权局中止有关程序，或者人民法院裁定对专利权采取保全措施，专利权的质押手续被暂停办理的；

（六）债务人履行债务的期限超过专利权有效期的；

（七）质押合同不符合本办法第八条规定的；

（八）以共有专利权出质但未取得全体共有人同意且无特别约定的；

（九）专利权已被申请质押登记且处于质押期间的；

（十）请求办理质押登记的同一申请人的实用新型有同样的发明创造已于同日申请发明专利的，但当事人被告知该情况后仍声明同意继续办理专利权质押登记的除外；

（十一）专利权已被启动无效宣告程序的，但当事人被告知该情况后仍声明同意继续办理专利权质押登记的除外；

（十二）其他不符合出质条件的情形。

第十二条 专利权质押期间，国家知识产权局发现质押登记存在本办法第十一条所列情形并且尚未消除的，或者发现其他应当撤销专利权质押登记的情形的，应当撤销专利权质押登记，并向当事人发出《专利权质押登记撤销通知书》。

专利权质押登记被撤销的，质押登记的效力自始无效。

第十三条 专利权质押期间，当事人的姓名或者名称、地址更改的，应当持专利权质押登记变更申请表、变更证明或当事人签署的相关承诺书，向国家知识产权局办理专利权质押登记变更手续。

专利权质押期间，被担保的主债权种类及数额或者质押担保的范围发生变更的，当事人应当自变更之日起30日内持专利权质押登记变更申请表以及变更协议，向国家知识产权局办理专利权质押登记变更手续。

国家知识产权局收到变更登记申请后，经审核，向当事人发出《专利权质押登记变更通知书》，审核期限按照本办法第十条办理登记手续的期限执行。

第十四条　有下列情形之一的，当事人应当持专利权质押登记注销申请表、注销证明或当事人签署的相关承诺书，向国家知识产权局办理质押登记注销手续：

（一）债务人按期履行债务或者出质人提前清偿所担保的债务的；

（二）质权已经实现的；

（三）质权人放弃质权的；

（四）因主合同无效、被撤销致使质押合同无效、被撤销的；

（五）法律规定质权消灭的其他情形。

国家知识产权局收到注销登记申请后，经审核，向当事人发出《专利权质押登记注销通知书》，审核期限按照本办法第十条办理登记手续的期限执行。专利权质押登记的效力自注销之日起终止。

第十五条　专利登记簿记录专利权质押登记的以下事项，并在定期出版的专利公报上予以公告：出质人、质权人、主分类号、专利号、授权公告日、质押登记日、变更项目、注销日等。

第十六条　出质人和质权人以合理理由提出请求的，可以查阅或复制专利权质押登记手续办理相关文件。

专利权人以他人未经本人同意而办理专利权质押登记手续为由提出查询和复制请求的，可以查阅或复制办理专利权质押登记手续过程中提交的申请表、含有出质人签字或盖章的文件。

第十七条　专利权质押期间，出质人未提交质权人同意其放弃该专利权的证明材料的，国家知识产权局不予办理专利权放弃手续。

第十八条　专利权质押期间，出质人未提交质权人同意转让或者许可实施该专利权的证明材料的，国家知识产权局不予办理专利权转让登记手续或者专利实施许可合同备案手续。

出质人转让或者许可他人实施出质的专利权的，出质人所得的转让费、许可费应当向质权人提前清偿债务或者提存。

第十九条　专利权质押期间，出现以下情形的，国家知识产权局应当及时通知质权人：

（一）被宣告无效或者终止的；

（二）专利年费未按照规定时间缴纳的；

（三）因专利权的归属发生纠纷已请求国家知识产权局中止有关程序，或者人民法院裁定对专利权采取保全措施的。

第二十条　当事人选择以承诺方式办理专利权质押登记相关手续的，国家知识产权局必要时对当事人的承诺内容是否属实进行抽查，发现承诺内容与实际情况不符的，应当向当事人发出通知，要求限期整改。逾期拒不整改或者整改后仍不符合条件的，国家知识产权局按照相关规定采取相应的失信惩戒措施。

第二十一条　本办法由国家知识产权局负责解释。

第二十二条　本办法自发布之日起施行。

国家知识产权局行政复议规程

1. 2012年7月18日国家知识产权局令第66号公布
2. 自2012年9月1日起施行

第一章　总　　则

第一条　为了防止和纠正违法或者不当的具体行政行为，保护公民、法人和其他组织的合法权益，保障和监督国家知识产权局依法行使职权，根据《中华人民共和国行政复议法》和《中华人民共和国行政复议法实施条例》，制定本规程。

第二条　公民、法人或者其他组织认为国家知识产权局的具体行政行为侵犯其合法权益的，可以依照本规程向国家知识产权局申请行政复议。

第三条　国家知识产权局负责法制工作的机构（以下称“行政复议机构”）具体办理行政复议事项，履行下列职责：

（一）受理行政复议申请；

（二）向有关部门及人员调查取证，调阅有关文档和资料；

（三）审查具体行政行为是否合法与适当；

（四）办理一并请求的行政赔偿事项；

（五）拟订、制作和发送行政复议法律文书；

（六）办理因不服行政复议决定提起行政诉讼的应诉事项；

（七）督促行政复议决定的履行；

（八）办理行政复议、行政应诉案件统计和重大行政复议决定备案事项；

（九）研究行政复议工作中发现的问题，及时向有关部门提出行政复议意见或者建议。

第二章 行政复议范围和参加人

第四条 除本规程第五条另有规定外，有下列情形之一的，可以依法申请行政复议：

（一）对国家知识产权局作出的有关专利申请、专利权的具体行政行为不服的；

（二）对国家知识产权局作出的有关集成电路布图设计登记申请、布图设计专有权的具体行政行为不服的；

（三）对国家知识产权局专利复审委员会作出的有关专利复审、无效的程序性决定不服的；

（四）对国家知识产权局作出的有关专利代理管理的具体行政行为不服的；

（五）认为国家知识产权局作出的其他具体行政行为侵犯其合法权益的。

第五条 对下列情形之一，不能申请行政复议：

（一）专利申请人对驳回专利申请的决定不服的；

（二）复审请求人对复审请求审查决定不服的；

（三）专利权人或者无效宣告请求人对无效宣告请求审查决定不服的；

（四）专利权人或者专利实施强制许可的被许可人对强制许可使用费的裁决不服的；

（五）国际申请的申请人对国家知识产权局作为国际申请的受理单位、国际检索单位和国际初步审查单位所作决定不服的；

（六）集成电路布图设计登记申请人对驳回登记申请的决定不服的；

（七）集成电路布图设计登记申请人对复审决定不服的；

（八）集成电路布图设计权利人对撤销布图设计登记的决定不服的；

（九）集成电路布图设计权利人、非自愿许可取得人对非自愿许可报酬的裁决不服的；

（十）集成电路布图设计权利人、被控侵权人对集成电路布图设计专有权侵权纠纷处理决定不服的；

（十一）法律、法规规定的其他不能申请行政复议的情形。

第六条 依照本规程申请行政复议的公民、法人或者其他组织是复议申请人。

在具体行政行为作出时其权利或者利益受到损害的其他利害关系人可以申请行政复议，也可以作为第三人参加行政复议。

第七条 复议申请人、第三人可以委托代理人代为参加行政复议。

第三章 申请与受理

第八条 公民、法人或者其他组织认为国家知识产权局的具体行政行为侵犯其合法权益的，可以自知道该具体行政行为之日起60日内提出行政复议申请。

因不可抗力或者其他正当理由耽误前款所述期限的，该期限自障碍消除之日起继续计算。

第九条 有权申请行政复议的公民、法人或者其他组织向人民法院提起行政诉讼，人民法院已经依法受理的，不得向国家知识产权局申请行政复议。

向国家知识产权局申请行政复议，行政复议机构已经依法受理的，在法定行政复议期限内不得向人民法院提起行政诉讼。

国家知识产权局受理行政复议申请后，发现在受理前或者受理后当事人向人民法院提起行政诉讼并且人民法院已经依法受理的，驳回行政复议申请。

第十条 行政复议申请应当符合下列条件：

（一）复议申请人是认为具体行政行为侵犯其合法权益的专利申请人、专利权人、集成电路布图设计登记申请人、集成电路布图设计权利人或者其他利害关系人；

（二）有具体的行政复议请求和理由；

（三）属于行政复议的范围；

（四）在法定申请期限内提出。

第十一条 申请行政复议应当提交行政复议申请书一式两份，并附具必要的证据材料。被申请复议的具体行政行为以书面形式作出的，应当附具该文书或者其复印件。

委托代理人的，应当附具授权委托书。

第十二条 行政复议申请书应当载明下列内容：

（一）复议申请人的姓名或者名称、通信地址、联系电话；

（二）具体的行政复议请求；

（三）申请行政复议的主要事实和理由；

（四）复议申请人的签名或者盖章；

（五）申请行政复议的日期。

第十三条　行政复议申请书可以使用国家知识产权局制作的标准表格。

行政复议申请书可以手写或者打印。

第十四条　行政复议申请书应当以邮寄、传真或者当面递交等方式向行政复议机构提交。

第十五条　行政复议机构自收到行政复议申请书之日起5日内，根据情况分别作出如下处理：

（一）行政复议申请符合本规程规定的，予以受理，并向复议申请人发送受理通知书；

（二）行政复议申请不符合本规程规定的，决定不予受理并书面告知理由；

（三）行政复议申请书不符合本规程第十一条、第十二条规定的，通知复议申请人在指定期限内补正；期满未补正的，视为放弃行政复议申请。

第四章　审理与决定

第十六条　在审理行政复议案件过程中，行政复议机构可以向有关部门和人员调查情况，也可应请求听取复议申请人或者第三人的口头意见。

第十七条　行政复议机构应当自受理行政复议申请之日起7日内将行政复议申请书副本转交有关部门。该部门应当自收到行政复议申请书副本之日起10日内提出维持、撤销或者变更原具体行政行为的书面答复意见，并提交当时作出具体行政行为的证据、依据和其他有关材料。期满未提出答复意见的，不影响行政复议决定的作出。

复议申请人、第三人可以查阅前款所述书面答复意见以及作出具体行政行为所依据的证据、依据和其他有关材料，但涉及保密内容的除外。

第十八条　行政复议决定作出之前，复议申请人可以要求撤回行政复议申请。准予撤回的，行政复议程序终止。

第十九条　行政复议期间，具体行政行为原则上不停止执行。行政复议机构认为需要停止执行的，应当向有关部门发出停止执行通知书，并通知复议申请人及第三人。

第二十条　审理行政复议案件，以法律、行政法规、部门规章为依据。

第二十一条　具体行政行为认定事实清楚，证据确凿，适用依据正确，程序合法，内容适当的，应当决定维持。

第二十二条　被申请人不履行法定职责的，应当决定其在一定期限内履行法定职责。

第二十三条　具体行政行为有下列情形之一的，应当决定撤销、变更该具体行政行为或者确认该具体行政行为违法，并可以决定由被申请人重新作出具体行政行为：

（一）主要事实不清，证据不足的；

（二）适用依据错误的；

（三）违反法定程序的；

（四）超越或者滥用职权的；

（五）具体行政行为明显不当的；

（六）出现新证据，撤销或者变更原具体行政行为更为合理的。

第二十四条　具体行政行为有下列情形之一的，可以决定变更该具体行政行为：

（一）认定事实清楚，证据确凿，程序合法，但是明显不当或者适用依据错误的；

（二）认定事实不清，证据不足，经行政复议程序审理查明事实清楚，证据确凿的。

第二十五条　有下列情形之一的，应当驳回行政复议申请并书面告知理由：

（一）复议申请人认为被申请人不履行法定职责而申请行政复议，行政复议机构受理后发现被申请人没有相应法定职责或者在受理前已经履行法定职责的；

（二）行政复议机构受理行政复议申请后，发现该行政复议申请不符合受理条件的。

第二十六条　复议申请人申请行政复议时可以一并提出行政赔偿请求。行政复议机构依据国家赔偿法的规定对行政赔偿请求进行审理，在行政复议决定中对赔偿请求一并作出决定。

第二十七条　行政复议决定应当自受理行政复议申请之日起60日内作出，但是情况复杂不能在规定期限内作出的，经审批后可以延长期限，并通知复议申请人和第三人。延长的期限最多不得超过30日。

第二十八条　行政复议决定以国家知识产权局的名义作出。行政复议决定书应当加盖国家知识产权局行政复议专用章。

第二十九条　行政复议期间，行政复议机构发现相关行政行为违法或者需要做好善后工作的，可以制作行政复议意见书。有关部门应当自收到行政复议意见书之日起60日内将纠正相关行政违法行为或者做好善后工作的情况通报行政复议机构。

行政复议期间，行政复议机构发现法律、法规、规章实施中带有普遍性的问题，可以制作行政复议建议书，向有关部门提出完善制度和改进行政执法的建议。

第五章 期间与送达

第三十条 期间开始之日不计算在期间内。期间届满的最后一日是节假日的，以节假日后的第一日为期间届满的日期。本规程中有关“5 日”、“7 日”、“10 日”的规定是指工作日，不含节假日。

第三十一条 行政复议决定书直接送达的，复议申请人在送达回证上的签收日期为送达日期。行政复议决定书邮寄送达的，自交付邮寄之日起满 15 日视为送达。

行政复议决定书一经送达，即发生法律效力。

第三十二条 复议申请人或者第三人委托代理人的，行政复议决定书除送交代理人外，还应当按国内的通讯地址送交复议申请人和第三人。

第六章 附 则

第三十三条 外国人、外国企业或者外国其他组织向国家知识产权局申请行政复议，适用本规程。

第三十四条 行政复议不收取费用。

第三十五条 本规程自 2012 年 9 月 1 日起施行。2002 年 7 月 25 日国家知识产权局令第二十四号发布的《国家知识产权局行政复议规程》同时废止。

国家标准涉及专利的管理规定（暂行）

1. 2013 年 12 月 19 日国家标准化管理委员会、国家知识产权局发布

2. 自 2014 年 1 月 1 日起施行

第一章 总 则

第一条 为规范国家标准管理工作，鼓励创新和技术进步，促进国家标准合理采用新技术，保护社会公众和专利权人及相关权利人的合法权益，保障国家标准的有效实施，依据《中华人民共和国标准化法》、《中华人民共和国专利法》和《国家标准管理办法》等相关法律法规和规章制定本规定。

第二条 本规定适用于在制修订和实施国家标准过程中对国家标准涉及专利问题的处置。

第三条 本规定所称专利包括有效的专利和专利申请。

第四条 国家标准中涉及的专利应当是必要专利，即实施该项标准必不可少的专利。

第二章 专利信息的披露

第五条 在国家标准制修订的任何阶段，参与标准制修订的组织或者个人应当尽早向相关全国专业标准化技术委员会或者归口单位披露其拥有和知悉的必要专利，同时提供有关专利信息及相应证明材料，并对所提供证明材料的真实性负责。参与标准制定的组织或者个人未按要求披露其拥有的专利，违反诚实信用原则的，应当承担相应的法律责任。

第六条 鼓励没有参与国家标准制修订的组织或者个人在标准制修订的任何阶段披露其拥有和知悉的必要专利，同时将有关专利信息及相应证明材料提交给相关全国专业标准化技术委员会或者归口单位，并对所提供证明材料的真实性负责。

第七条 全国专业标准化技术委员会或者归口单位应当将其获得的专利信息尽早报送国家标准化管理委员会。

第八条 国家标准化管理委员会应当在涉及专利或者可能涉及专利的国家标准批准发布前，对标准草案全文和已知的专利信息进行公示，公示期为 30 天。任何组织或者个人可以将其知悉的其他专利信息书面通知国家标准化管理委员会。

第三章 专利实施许可

第九条 国家标准在制修订过程中涉及专利的，全国专业标准化技术委员会或者归口单位应当及时要求专利权人或者专利申请人作出专利实施许可声明。该声明应当由专利权人或者专利申请人在以下三项内容中选择一项：

（一）专利权人或者专利申请人同意在公平、合理、无歧视基础上，免费许可任何组织或者个人在实施该国家标准时实施其专利；

（二）专利权人或者专利申请人同意在公平、合理、无歧视基础上，收费许可任何组织或者个人在实施该国家标准时实施其专利；

（三）专利权人或者专利申请人不同意按照以上两种方式进行专利实施许可。

第十条 除强制性国家标准外，未获得专利权人或者专利申请人根据第九条第一项或者第二项规定作出的专利实施许可声明的，国家标准不得包括基于该专利的条款。

第十一条　涉及专利的国家标准草案报批时，全国专业标准化技术委员会或者归口单位应当同时向国家标准化管理委员会提交专利信息、证明材料和专利实施许可声明。除强制性国家标准外，涉及专利但未获得专利权人或者专利申请人根据第九条第一项或者第二项规定作出的专利实施许可声明的，国家标准草案不予批准发布。

第十二条　国家标准发布后，发现标准涉及专利但没有专利实施许可声明的，国家标准化管理委员会应当责成全国专业标准化技术委员会或者归口单位在规定时间内获得专利权人或者专利申请人作出的专利实施许可声明，并提交国家标准化管理委员会。除强制性国家标准外，未能在规定时间内获得专利权人或者专利申请人根据第九条第一项或者第二项规定作出的专利实施许可声明的，国家标准化管理委员会可以视情况暂停实施该国家标准，并责成相应的全国专业标准化技术委员会或者归口单位修订该标准。

第十三条　对于已经向全国专业标准化技术委员会或者归口单位提交实施许可声明的专利，专利权人或者专利申请人转让或者转移该专利时，应当事先告知受让人该专利实施许可声明的内容，并保证受让人同意受该专利实施许可声明的约束。

第四章　强制性国家标准涉及专利的特殊规定

第十四条　强制性国家标准一般不涉及专利。

第十五条　强制性国家标准确有必要涉及专利，且专利权人或者专利申请人拒绝作出第九条第一项或者第二项规定的专利实施许可声明的，应当由国家标准化管理委员会、国家知识产权局及相关部门和专利权人或者专利申请人协商专利处置办法。

第十六条　涉及专利或者可能涉及专利的强制性国家标准批准发布前，国家标准化管理委员会应当对标准草案全文和已知的专利信息进行公示，公示期为30天；依申请，公示期可以延长至60天。任何组织或者个人可以将其知悉的其他专利信息书面通知国家标准化管理委员会。

第五章　附　　则

第十七条　国家标准中所涉及专利的实施许可及许可使用费问题，由标准使用人与专利权人或者专利申请人依据专利权人或者专利申请人作出的专利实施许可声明协商处理。

第十八条　等同采用国际标准化组织（ISO）和国际电工委员会（IEC）的国际标准制修订的国家标准，该国际标准中所涉及专利的实施许可声明同样适用于国家标准。

第十九条　在制修订国家标准过程中引用涉及专利的标准的，应当按照本规定第三章的规定重新要求专利权人或者专利申请人作出专利实施许可声明。

第二十条　制修订国家标准涉及专利的，专利信息披露和专利实施许可声明的具体程序依据《标准制定的特殊程序第1部分：涉及专利的标准》国家标准中有关规定执行。

第二十一条　国家标准文本有关专利信息的编写要求按照《标准化工作导则》国家标准中有关规定执行。

第二十二条　制修订行业标准和地方标准中涉及专利的，可以参照适用本规定。

第二十三条　本规定由国家标准化管理委员会和国家知识产权局负责解释。

第二十四条　本规定自2014年1月1日起施行。

关于严格专利保护的若干意见

1. 2016年11月29日国家知识产权局发布

2. 国知发管字〔2016〕93号

为深入贯彻党中央、国务院关于严格知识产权保护的决策部署，认真落实《中共中央国务院关于完善产权保护制度依法保护产权的意见》（中发〔2016〕28号），推进知识产权强国建设，现就严格专利保护提出如下意见。

一、总体要求

（一）指导思想

严格专利保护，必须全面贯彻党的十八大和十八届三中、四中、五中、六中全会精神，深入贯彻习近平总书记系列重要讲话精神，按照“五位一体”总体布局、“四个全面”战略布局的要求，牢固树立创新、协调、绿色、开放、共享的发展理念，开拓进取，勇于创新，突出中国特色，加快构建严格保护专利权的政策体系、工作机制，全面提升专利保护的效率与水平，严厉打击侵权假冒行为，满足广大创新主体、市场主体与消费者需要,营造创新发展良好环境,切实维护群众根本利益。

(二)基本原则

坚持服务大局。严格专利保护,必须着眼于完善体制、创新机制,助力深化改革;着眼于规范竞争、强化监管,推进依法治国;着眼于弘扬诚信、激励创新,促进经济发展。

强化协同推进。严格专利保护,必须构建授权确权、行政执法、司法裁判、维权援助、社会诚信及调解仲裁相互促进的保护机制;进一步发挥行政保护的优势,加快完善行政和司法两条途径优势互补、有机衔接的保护模式;完善统筹协调机制,推进形成协调、顺畅、高效的大保护格局。

注重突出重点。严格专利保护,必须切实加强关键环节和重点领域的专利保护工作,创新执法监管机制,加大对侵权假冒行为的惩治力度;建立快速协同保护机制,增强授权、确权、维权的协调性,提高专利保护各环节的质量和效率;推进互联网、电子商务、大数据等新业态新领域的专利保护,加强食品药品、环境保护、安全生产等民生领域的专利保护。

(三)工作目标

到2020年,严格专利保护的政策法规体系与工作体制机制基本健全,专利执法办案力度、效率和水平全面提升,专利保护协作机制有效运行,专利授权确权维权联动机制运行良好,快速协同保护机制全面深化,专利保护与发明水平、专利质量之间形成良性互动关系。专利侵权假冒行为得到有效遏制,违法犯罪分子受到严厉打击,专利权人合法权益得到切实维护,权利人与社会公众对专利保护的信任度、满意度大幅提高,专利维权能力显著提升,尊重创造、崇尚创新的氛围更加浓厚,严格专利保护的局面基本形成。

二、充分履行政府监管职责,加大打击专利侵权假冒力度

(四)全面加强专利执法监管

积极履行专利保护领域事中事后监管职责。建立适应新的技术发展与生产交易方式的监管方式,完善专利保护领域事中事后监管政策体系,推进建立健全专利执法监管规则,协调行业监管与社会监管,融合线上监管与线下监管,兼顾重点监管与一般监管,提升监管成效,切实履行政府监管职责。

创新专利执法监管方式。综合运用网络方式与现场抽查方式,通过大数据分析,精准发现专利侵权假冒线索,科学判断各地专利侵权假冒行为发生率与执法维权需求度,为合理配置执法监管资源、确定执法办案力度提供充分依据。加强专利侵权假冒风险监控,针对专利侵权假冒高风险企业与高风险商品,深化信息调查,强化风险研判,及时采取专利侵权假冒风险监控措施。选择相关领域先行突破,加快推进各领域专利执法监管机制创新。

深化线上专利执法监管机制。加强网络交易平台监管,对经营者入网审核、日常经营各环节的专利维权保护提出明确要求,引导网络交易平台建立针对侵权假冒行为的内部投诉处理机制。强化与网络交易平台合作,加强对侵权假冒的预警监测和事前风险防范,及时发现和掌握专利侵权假冒违法线索。深化电子商务领域专利执法协作调度机制,提升线上案件办理效率和线上转线下案件协作水平。针对线上专利侵权假冒线索,积极开展线下调查,依法进行快速处理。严格对跨境电子商务的专利执法监管,促进国内监管与跨境监管的结合。

(五)大力整治侵权假冒行为

强化专项整治行动。加强对专项整治行动的统一调度,增强专项整治行动合力,推动加大执法办案力度,提升对侵权假冒行为的打击效果,防止和打击创新领域的劣币驱逐良币现象,提振创新者与权利人信心。加强技术手段运用,拓展专项行动类型与方式。坚决打击食品药品、环境保护、安全生产等领域侵权假冒行为,切实维护人民群众切身利益。

依法延伸打击范围。依照法律法规,积极打击为侵权假冒提供便利条件的行为。提高打击侵权行为的效率,对认定侵权成立后,再次侵犯同一专利权的案件,依法尽快责令停止侵权。对使用或销售侵权假冒产品的行为,依法深挖生产源头,切实予以严厉打击。

(六)切实提高执法办案效率

简化立案、送达与处理的手续和方式。简化专利侵权纠纷案件立案手续,推行专利侵权纠纷案件立案登记制。建立案件送达信息的网上公告方式,方便案件送达。试行侵权纠纷案件书面审理机制,对立案时请求人已提交专利权评价报告的外观设计、实用新型侵权案件,经当事人陈述和质证后,可以书面审理作出处理决定。对庭前准备充足、证据收集全面的案件,可试行在口头审理结束后当场作出处理决定。对于证据充分的假冒专利案件,试行当场做出停止假冒行为的

决定。在外观设计专利案件中推行格式化处理决定书。

建立办案分级指导机制。跨省份、具有全国影响力的案件可报请国家知识产权局指导或督办，跨地级市的案件可提请省（区、市）知识产权局指导或督办。通过上级机关委托或地方法规授权的方式，推动有条件的县级知识产权局查处假冒专利、调处专利纠纷。各省（区、市）知识产权局可组织辖区内执法办案骨干，集中、快速办理辖区内的重大、疑难案件。市级、县级知识产权局在执法办案中遇到的具体规则适用问题，原则上由省（区、市）知识产权局及时答复，有关方面对答复有不同意见的，可请求国家知识产权局答复。

（七）有效推进调查取证工作

充分运用调查取证手段。对权利人举证确有困难的，应充分、合理使用登记保存、抽样取证等调查取证手段，适当减轻专利权人举证负担；专利侵权纠纷案件立案受理后，应尽量采取直接送达方式，在送达的同时进行调查取证。调查取证时，对拒绝配合的被调查人员和企业，依照相关规定列入征信系统失信名单。对法律、法规赋予地方知识产权局实施查封、扣押、封存、暂扣等措施的，应依法充分行使。探索以公证方式保管案件证据及相关证明材料。

（八）切实提升侵权判定水平

切实提高专利侵权判定水平。建立健全侵权判定咨询机制，推进专利侵权判定咨询中心与专家库建设，充分发挥专业人员的作用，有效开展疑难案件的侵权判定咨询工作。加大专利侵权判定及相关证据规则的推广施行力度，提高侵权判定的规范性与协调性。对创新程度高、研发投入大的原创性发明，加大专利保护力度。严格执行发明和实用新型专利侵权判定的全面覆盖原则，积极适用等同侵权判定原则，合理适用现有技术和现有设计抗辩原则。

（九）全面加强执法能力建设

推进全系统执法能力的整体提升。全面强化专利执法监管能力，有效提升执法监管水平。创新执法培训方式，建立网络培训研讨模式。深化培训内容，调整完善专利行政执法人员培训大纲与培训教材体系。开展分专业技术领域的专利侵权判定培训，加快培养精通特定领域案件的专业性执法人才。严格实行执法人员持证上岗和资格管理制度，有序开展专利行政执法证件年检。加强执法办案骨干的培养和使用，选择执法办案骨干参与全系统的执法督导、政策研究及跨区域疑难案件分析。支持从事执法工作五年以上的执法办案骨干参加各类高层次法律研修。

（十）有效加强执法协作调度

深化专利执法协作调度机制。积极开展跨地区执法案件与办案人员调度工作，确保跨区域协助调查、送达、执行的渠道畅通。深化“一带一路”、京津冀协同发展、长江经济带等区域的联合专利执法和协作执法。

建立专利违法线索通报通告机制。通过执法信息化系统汇总、通告、分发各地专利违法线索，畅通跨区域案件信息交换渠道，协同查处重大案件。各省（区、市）知识产权局汇总全省专利案件线索，及时将有关地市知识产权局查处的假冒专利案件信息以线上方式推送至辖区内其他地市知识产权局，以方便其及时获取案件线索，并为统一组织查处提供可靠信息。

（十一）建立案件质量保障体系

加快建立全面的执法案件质量保障体系。建立覆盖立案、处理、结案全流程的动态监控机制，强化执法办案质量奖惩机制。加快建立指导案例制度。根据专利行政执法案卷评查办法，定期评查并发布执法案件质量评查报告，发挥典型案例在提升办案质量中的示范作用。严格落实档案管理规定，做到专利执法案卷基本要素齐全、格式规范；建立完整的电子执法档案库，加快推进执法档案信息化建设。建立专利执法案件回访机制，对于近年已经结案的侵权假冒案件，组织案件回访，跟踪案件处理效果。公开处理重要案件，探索以互联网方式对专利案件进行公开处理，对于典型专利侵权案件开展示范口头审理活动。

（十二）强化绩效考核与责任制

建立常态化执法责任追究机制。严格确定不同岗位专利行政执法人员的执法责任，加强执法监督，完善行政执法监督网络，坚决排除对执法办案活动的干预，防范地方保护主义，警惕执法工作中的利益驱动。加强行政问责规范化、制度化建设，积极预防和纠正不作为、乱作为现象。认真落实党风廉政建设责任制，坚持有错必纠、有责必问。深化执法督导巡查机制。国家知识产权局定期督导、巡查各省（区、市）知识产权局及承担专项执法任务的市局执法工作情况，各省（区、市）知识产权局对辖区内各地执法工作进行全面督导。强化案件督办机制，提高案件督办效率，对不当拖延、推诿扯皮等行为要坚决问责。通过巡查督导，确保执法责任制和纠错问责制的全面落实。

建立随机抽查与公开制度。深入落实“双随机一公开”工作制度，在执法检查中按规定确立随机抽查的比重。制定随机抽查事项清单，推广运用电子化手段，对抽查做到全程留痕，实现痕迹可查、行为可溯、责任可追。

强化执法绩效考核机制。完善执法维权绩效考核指标体系，确立办案力度、水平及效率等重要指标的合理分值，引导各地切实加强执法办案工作。加强执法绩效管理，根据执法办案实际与绩效考核情况，强化对地方知识产权局的办案支持，加大对执法办案人员的激励。

三、加强授权确权维权协调，提升专利保护的效率和质量

（十三）加快建立快速协同保护体系

加快建立快速协同保护体系。充分发挥知识产权保护中心的作用，畅通从授权、确权到维权的全链条快速保护通道，扩大知识产权快速授权、确权、维权覆盖面，推进快速保护由单一专业领域向多领域扩展。在快速维权需求程度高的技术领域先行突破，运用专利申请优先审查等机制，加快推动将快速保护的专利类别由外观设计向实用新型与发明扩展，从审批授权环节向无效确权环节延伸。积极对接大型电子商务平台，加强集聚产业线上快速维权工作。拓展工作范围，建立快速出具实用新型和外观设计专利权评价报告机制。

（十四）促进授权确权维权信息共享

建立专利审查信息与专利执法办案信息的共享机制。充分发挥执法办案信息在专利审查管理与专利质量提升工作中的参考作用。将维权成功率高、专利稳定性强的权利人信息定期反馈给专利审查、专利复审部门，作为快速审查、确权的重要参考信息之一。适时将专利授权、确权的相关信息提供给专利行政执法办案主体，以提高侵权判定的效率。将专利授权、确权中发现的诚信度高的专利权人纳入诚信激励名单，将诚信缺失的专利申请人纳入诚信惩戒名单。

加强专利授权、确权、维权信息交流。推进专利申请、审查授权、公布公告、登记备案、产品标注、执法办案等各环节实行统一的专利标识，实现专利标识电子化管理，构建专利执法与专利审查良性互动的技术条件。建立授权、确权、维权信息定期交流与专题交流机制，协同提升专利授权与专利执法的质量与效率。

（十五）建立授权确权维权联动机制

建立授权、确权、维权联动机制。建立专利审查员作为技术专家参与专利侵权案件处理的机制。加强审查、复审人员与执法人员之间的业务交流，提高对授权、确权、维权中常见法律与技术问题认定的协调性。建立专利确权与专利侵权办案的联动机制，加快侵权案件涉案专利无效宣告的处理速度，缩短侵权案件办理期限。

建立快速联动反应机制。根据产业发展需要与社会反响，针对相关专利执法案件，建立从无效到行政调处的快速联动反应机制，组织执法、审查等方面的专业人员，就权利稳定性、侵权判定、案件处理等快速开展分析判断，有效提高案件办理质量和效率。

有效发挥服务机构在授权、确权、维权联动机制中的作用。建立专利侵权案件调处与专利代理服务、法律服务的信息反馈机制，及时将执法办案中发现的专利申请文件撰写质量问题反馈至相关服务机构。在执法办案过程中及时听取相关服务机构意见。推进提升专利中介服务质量，通过专利服务质量的提高，促进授权、确权、维权质量的提升。

四、推进行政、司法有机衔接，进一步加强跨部门执法协作

（十六）推进行政执法与民事保护优势互补

发挥行政执法在快捷调处纠纷、及时制止侵权方面的优势，推进民事保护在专利侵权赔偿救济中发挥重要作用，更好实现行政执法与民事保护的相融互补。

推进诉调对接和司法确认工作。支持对专利纠纷进行诉前、诉中调解，促成当事人和解或达成调解协议，引导当事人依法申请司法确认。针对专利侵权案件执行难问题，积极开展强制执行申请工作，推进强制执行“责令停止侵权”行政决定工作。

（十七）促进行政执法与刑事执法有机衔接

加强行政执法和刑事执法的有机衔接，查处专利违法行为时，依法做好案件的相互移送，严禁以罚代刑。

深化与公安机关的协作配合机制。推动在地方知识产权局设立公安联络室，推进调查取证协作工作和协调涉嫌犯罪案件的移送工作。联合通报表扬知识产权执法先进集体和个人。

推进行政执法与刑事执法联动机制建设。积极利用行政执法与刑事执法信息共享平台，推动实现涉嫌

假冒专利犯罪案件网上移送、网上监督，完善线索通报、证据移交、案件协查等协作机制。

认真配合检察监督工作。积极配合检察机关对行政执法机关移送涉嫌假冒专利犯罪的监督工作。认真配合对涉及专利侵权的民事、行政案件的审判和执行活动的监督工作。对于检察机关履职中发现的行政机关违法行使职权或者不积极履行职责的行为，及时依法予以纠正。

（十八）强化专利案件的行政诉讼应诉

提高对行政诉讼应诉工作重视程度。地方知识产权局负责人应听取涉及行政诉讼的案件情况汇报，审核答辩法律文书。对于重大疑难案件或可能涉及行政诉讼的案件，提前做好法律风险的分析研判。落实负责人出庭应诉制度，逐步提高负责人出庭应诉案件比例。

加强专利行政应诉典型案例研讨。加强专利行政应诉案件分析研判，充分发挥法律顾问在行政应诉中的作用，持续提升依法行政的自觉性。

（十九）积极推进跨部门知识产权执法协作

积极推进跨部门执法办案协作。充分发挥各级跨部门知识产权协作机制的作用，积极推进知识产权执法协作。推进在新技术领域形成跨部门保护合力。加大植物新品种育种方法专利保护协作力度。推进完善进出口环节专利保护协作，配合建立进出口环节专利侵权判定机制，协同推进强化专利权边境保护工作，带动对生产源头、销售环节专利侵权行为的治理。建立健全展会专利保护协作机制，推进建立对注有专利标识的参展产品的报备机制，在重点展会建立知识产权举报投诉维权援助工作站。

推动拓展跨部门执法合作范围。加强与各有关部门的合作，充分发挥专利保护对高新技术快速发展、民生相关产业健康发展、国防建设与经济建设融合发展的促进保障作用，加快建立相关的信息沟通、风险研判、办案协作等机制，将专利保护与人民群众的重大关切更密切地结合起来，进一步提高治理各类侵权假冒行为的协同性。

五、加强维权援助平台建设，拓宽专利保护公益服务渠道

（二十）深化维权援助举报投诉机制

畅通知识产权举报投诉渠道。加强网络与通信终端举报投诉平台建设，完善工作流程，规范举报投诉的受理、答复、移交、反馈与跟踪，建立举报投诉快速反应机制。严格实行举报投诉工作责任制，确保举报投诉件件有落实。健全知识产权举报投诉奖励制度，鼓励权利人和社会各界对知识产权侵权假冒行为进行举报投诉。

强化维权援助中心公益服务功能。拓展维权援助中心服务渠道，使其成为各界群众与权利人寻求支持和监督建言的重要平台。推动加大对维权援助条件建设的支持力度。提升维权服务质量，通过制定针对性强的维权方案，帮助权利人降低维权成本、缩短维权周期、提升维权效果。

（二十一）加强创新创业维权援助服务

建立创新创业知识产权维权援助服务机制。拓展创新创业人才知识产权维权援助服务的深度和广度，通过完善网络、专题指导、信息监测、侵权判定、快速维权等措施，从知识产权的申请、运用和维权等方面为创新创业人才提供专业服务，助力大众创业、万众创新，促进人才引进、人才发展。建立创新创业人才知识产权维权援助绿色通道，快速受理和解决创新创业人才反映的维权问题。

构建创新创业知识产权维权服务网络。在创新创业人才集聚区设立知识产权维权援助工作站，实现工作站对创新创业人才的点对点服务。面向创新创业人才开展专题宣传，提高创新创业人才的知识产权维权意识，引导创新创业人才通过 12330 平台及时获得维权援助服务。深化维权中心对接创新创业人才活动，制定专门维权援助方案，提供专项维权援助服务。

（二十二）拓展维权援助服务工作范围

深化重大活动知识产权维权援助服务机制。对冬奥会、园博会等影响较大的活动，制定知识产权维权援助工作方案，明确工作责任，加强风险评估，方便举报投诉，维护良好活动秩序，保障活动顺利开展。

拓宽维权调查渠道。发挥维权援助中心在开展专利保护社会调查中的作用，广泛听取权利人、创新主体、法律服务机构等社会各界的意见建议，对各地侵权假冒行为的发生情况、维权需求及执法效果进行深入调查、综合研判，并向国家知识产权局反馈，以增强对地方知识产权部门执法维权工作评价的公正性和客观性。

引导企业及时维权。维权援助中心应引导行业协会、产业知识产权联盟，定期提供创新程度高、市场反响好的专利产品名单；及时组织知识产权保护志愿者，

围绕专利产品名单，通过互联网检索与市场暗访等方式，发现侵权假冒线索，并引导企业及时维权。

完善境外展会维权机制。以大型境外展会为突破口，推进加强海外知识产权维权。建立境外展会快速维权与境内维权援助工作的联动机制，发挥现有维权援助体系对境外展会维权的支撑作用。选择对我国重点产业发展影响较大、专利密集度较高的境外知名展会开展现场维权服务。

六、引导社会力量参与治理，共建专利保护社会治理机制

（二十三）加强信息公开与社会信用体系建设工作

加大案件信息公开力度。强化假冒专利案件行政处罚信息和专利侵权案件处理决定信息的公示工作，拓展公开范围与内容，严格落实公示标准。对专利违法行为加大曝光力度，有效震慑侵权假冒行为。

完善失信惩戒机制。将有关专利违法违规行为信息纳入企业和个人信用记录，明确有关信用信息的采集规则，积极推进信用信息的有效使用。充分利用统一社会信用代码数据库，有效使用全国统一的信用信息共享交换平台，加强专利违法失信行为信息在线披露和共享。加快推进专利领域联合惩戒机制建设，充分利用相关监管惩戒手段，加大对不良信用记录较多者实施严格限制和联合惩戒的力度，推进强化针对侵权假冒的惩戒手段。

（二十四）健全纠纷多元解决机制与社会监督机制

健全纠纷多元化解决机制。健全知识产权调解、仲裁规则，调动各类社会团体与机构的积极性，发挥社会调解与仲裁等替代性纠纷解决机制的作用。持续开展知识产权保护社会满意度调查工作。加大权利人、专业人员和社会公众对知识产权保护的社会监督力度，广泛动员社会力量参与知识产权保护工作，探索建立知识产权保护监督机制，提高公众知识产权保护意识和社会参与度。

引导建立专利维权行业自律机制。有效发挥行业协会作用，指导行业协会做好会员的专利维权服务，发挥行业协会在构建专利保护社会治理机制中的作用。引导服务机构提供全方位、高品质的维权服务。

（二十五）充分发挥专利保护重点联系机制的作用

深化专利保护重点联系机制。发挥专利保护重点联系单位在侵权判定咨询、调查侵权假冒行为中的专业优势。进一步吸纳研发机构、高校、服务机构、创新人才集聚区、产业园区等进入重点联系机制；鼓励企业加入专利保护重点联系机制，在公开、自愿的前提下，引导创新型企业加入专利保护重点联系机制，听取企业诉求，畅通企业专利保护通道。增强市场主体、创新主体参与专利保护社会治理的主动性，提升执法主体加强专利保护事中事后监管的针对性。

七、积极营造良好国际环境，深化执法保护领域国际合作

（二十六）积极拓展执法交流合作

积极拓展多双边知识产权执法交流合作。推进与周边国家、主要贸易伙伴国、金砖国家及“一带一路”沿线国家知识产权机构的执法信息交流、人员交流与执法协作，加强执法人才培养合作，积极推进执法监管合作，加大相互借鉴、相互支持力度，协同解决各方重点关切问题。在符合国际规则与国内法律的基础上，在知识产权确权、维权中为国内外企业提供同样的便利，吸引尽可能多的国外先进技术向我国转移。

（二十七）有效运用争端解决机制

主动运用多双边知识产权争端解决机制。积极应对外方发起的知识产权争端，依规则维护中方合法权益。必要时，支持在多边贸易机制中启动知识产权争端解决机制，依照国际规则积极维护我国权益。指导、支持我国知识产权权利人维护海外合法权益。

（二十八）推进完善执法国际规则

推进完善国际知识产权执法保护规则。积极参与国际组织的知识产权执法交流活动，推进加强与国际组织在执法能力提升中的各项合作，支持专业性国际组织在知识产权争端解决中发挥作用，增强参与调整知识产权执法保护国际规则的主动性与针对性，及时提出措施建议。

八、加强保障

（二十九）强化制度保障

协同加强严格专利保护的制度建设。积极配合立法部门推进相关法律法规的制定、修改工作，及时修改完善部门规章，推进条件成熟的地区及时制定、修改地方性法规或政府规章，积极探索建立严格专利保护的法律制度。通过推进完善制度，加大专利侵权损害赔偿，针对故意扰乱市场秩序的侵权行为，规定必要的行政调查取证手段，明确行政调解协议效力，为各级政府履行专利保护监管职责提供必要的法律依据，推进合理划分行政与司法的职责，为形成严格保护专利权的

合力提供充分的法制保障。推进加快互联网、电子商务、大数据等领域的知识产权保护规则研究制定。

(三十)加强队伍建设

全面加强专利执法力量建设。加大各级专利执法队伍建设力度,确保执法队伍的基本稳定,依法推进专利执法队伍的专业化、职业化建设。充分利用系统内外专业人才资源,建立健全执法指导与执法咨询机制,建立执法咨询专家库。

(三十一)改善条件保障

提升执法工作信息化水平。发挥好大数据、云计算、物联网等信息技术手段在发现、防范与打击侵权假冒行为中的重要作用,构建全方位的执法维权工作信息化网络。

加强执法条件建设。积极推进依法依规加大执法投入,配备必要的执法装备,保障打击侵权假冒的基本需求,确保有效履行职责。地方知识产权局应加强专利执法办案标准化建设,确保案件口头审理室基本条件,积极为执法工作人员配备便携式专利法律状态查询设备和执法现场视音频记录仪。执法人员应严肃执法着装,增强执法办案的规范性、严肃性与权威性。

(三十二)营造舆论环境

创新舆论营造方式。针对创新资源集中的区域与单位,广泛宣传知识产权维权的各类途径,引导有关各方选择合适的纠纷解决方式。及时发布知识产权保护理论最新研究成果,争取各方对加强专利执法监管的支持。创新对外宣传的方式方法,积极推进多语种对外宣传,加大海外宣传力度。积极通过政府网站、12330举报投诉平台等渠道,充分运用新媒体方式,提升舆论营造效果。

深化实例报道。加强对维权成功案例的报道,曝光知识产权侵权假冒典型案件,开展全国知识产权系统行政执法典型案例评选,专题报道执法维权先进集体和个人的经验与事迹,进一步增强创新者、权利人和社会公众对专利制度的信心,营造严格专利保护的舆论氛围。

(三十三)明确工作路径明确工作路径

推动全面展开。各地方知识产权局与国家知识产权局各部门、各单位应根据本意见的要求,依照工作职责,细化措施,积极行动,努力开展各项工作,尽快取得工作成效。

鼓励先行先试。指导有条件、有基础的地方与单位,选择严格专利保护的某一方面,发挥优势,先行突破。

强化支持引导。采取综合措施,对严格专利保护工作突出的地方与单位加大支持力度,及时向全国推广经验,科学引导严格专利保护工作的深入开展,加快在全国形成严格专利保护局面的进程。

最高人民法院关于学习贯彻修改后的专利法的通知

1. *2009年9月27日*
2. *法发〔2009〕49号*

各省、自治区、直辖市高级人民法院,解放军军事法院,新疆维吾尔自治区高级人民法院生产建设兵团分院:

《全国人民代表大会常务委员会关于修改〈中华人民共和国专利法〉的决定》于2008年12月27日经第十一届全国人民代表大会常务委员会第六次会议审议通过,自2009年10月1日起施行。为了保证修改后的专利法的贯彻实施,现就有关问题通知如下:

一、认真做好修改后的专利法的学习、贯彻工作。修改后的专利法,适度调整了专利授权条件,赋予外观设计专利权人许诺销售权,强化专利侵权损害赔偿责任,明确规定诉前证据保全措施、现有技术和现有设计抗辩事由等,对激励自主创新、促进科学技术进步和经济社会发展具有十分重要的意义,是我国专利制度发展历程中又一里程碑。各级人民法院要充分认识专利法修改的重要意义,高度重视修改后的专利法的学习、贯彻工作,结合人民法院的实际情况,制定学习、贯彻的具体计划和措施,学习好、领会好新的立法精神,为贯彻实施修改后的专利法打下良好的基础。

二、人民法院审理侵犯专利权纠纷案件,对于2009年10月1日以前的被诉侵犯专利权行为,适用修改前的专利法;对于2009年10月1日以后的被诉侵犯专利权行为,适用修改后的专利法;对于发生在2009年10月1日以前且持续到2009年10月1日以后的被诉侵犯专利权行为,依据修改前和修改后的专利法侵权人均应承担赔偿责任的,适用修改后的专利法确定赔偿数额。

三、被诉侵犯专利权行为发生在2009年10月1日以前,当事人在2009年10月1日以后向人民法院申请采取责令停止有关行为的措施、申请保全证据的，适用修改后的专利法。

四、人民法院适用修改后的专利法审理专利纠纷案件时，《最高人民法院关于对诉前停止侵犯专利权行为适用法律问题的若干规定》、《最高人民法院关于审理专利纠纷案件适用法律问题的若干规定》与修改后的专利法相抵触的内容，不再适用。

五、各级人民法院在适用修改后的专利法的过程中，要不断总结经验。对遇到的问题，要认真研究并提出意见，及时向最高人民法院请示报告，以保证修改后的专利法正确贯彻实施。

特此通知。

2. 专利代理

专利代理条例

1. 1991年3月4日国务院令第76号发布
2. 2018年11月6日国务院令第706号修订
3. 自2019年3月1日起施行

第一章 总 则

第一条 为了规范专利代理行为,保障委托人、专利代理机构和专利代理师的合法权益,维护专利代理活动的正常秩序,促进专利代理行业健康发展,根据《中华人民共和国专利法》,制定本条例。

第二条 本条例所称专利代理,是指专利代理机构接受委托,以委托人的名义在代理权限范围内办理专利申请、宣告专利权无效等专利事务的行为。

第三条 任何单位和个人可以自行在国内申请专利和办理其他专利事务,也可以委托依法设立的专利代理机构办理,法律另有规定的除外。

专利代理机构应当按照委托人的委托办理专利事务。

第四条 专利代理机构和专利代理师执业应当遵守法律、行政法规,恪守职业道德、执业纪律,维护委托人的合法权益。

专利代理机构和专利代理师依法执业受法律保护。

第五条 国务院专利行政部门负责全国的专利代理管理工作。

省、自治区、直辖市人民政府管理专利工作的部门负责本行政区域内的专利代理管理工作。

第六条 专利代理机构和专利代理师可以依法成立和参加专利代理行业组织。

专利代理行业组织应当制定专利代理行业自律规范。专利代理行业自律规范不得与法律、行政法规相抵触。

国务院专利行政部门依法对专利代理行业组织进行监督、指导。

第二章 专利代理机构和专利代理师

第七条 专利代理机构的组织形式应当为合伙企业、有限责任公司等。

第八条 合伙企业、有限责任公司形式的专利代理机构从事专利代理业务应当具备下列条件:

(一)有符合法律、行政法规规定的专利代理机构名称;

(二)有书面合伙协议或者公司章程;

(三)有独立的经营场所;

(四)合伙人、股东符合国家有关规定。

第九条 从事专利代理业务,应当向国务院专利行政部门提出申请,提交有关材料,取得专利代理机构执业许可证。国务院专利行政部门应当自受理申请之日起20日内作出是否颁发专利代理机构执业许可证的决定。

专利代理机构合伙人、股东或者法定代表人等事项发生变化的,应当办理变更手续。

第十条 具有高等院校理工科专业专科以上学历的中国公民可以参加全国专利代理师资格考试;考试合格的,由国务院专利行政部门颁发专利代理师资格证。专利代理师资格考试办法由国务院专利行政部门制定。

第十一条 专利代理师执业应当取得专利代理师资格证,在专利代理机构实习满1年,并在一家专利代理机构从业。

第十二条 专利代理师首次执业,应当自执业之日起30日内向专利代理机构所在地省、自治区、直辖市人民政府管理专利工作的部门备案。

省、自治区、直辖市人民政府管理专利工作的部门应当为专利代理师通过互联网备案提供方便。

第三章 专利代理执业

第十三条 专利代理机构可以接受委托,代理专利申请、宣告专利权无效、转让专利申请权或者专利权以及订立专利实施许可合同等专利事务,也可以应当事人要求提供专利事务方面的咨询。

第十四条 专利代理机构接受委托,应当与委托人订立书面委托合同。专利代理机构接受委托后,不得就同一专利申请或者专利权的事务接受有利益冲突的其他当事人的委托。

专利代理机构应当指派在本机构执业的专利代理师承办专利代理业务,指派的专利代理师本人及其近亲属不得与其承办的专利代理业务有利益冲突。

第十五条 专利代理机构解散或者被撤销、吊销执业许可证的,应当妥善处理各种尚未办结的专利代理业务。

第十六条　专利代理师应当根据专利代理机构的指派承办专利代理业务，不得自行接受委托。

专利代理师不得同时在两个以上专利代理机构从事专利代理业务。

专利代理师对其签名办理的专利代理业务负责。

第十七条　专利代理机构和专利代理师对其在执业过程中了解的发明创造的内容，除专利申请已经公布或者公告的以外，负有保守秘密的义务。

第十八条　专利代理机构和专利代理师不得以自己的名义申请专利或者请求宣告专利权无效。

第十九条　国务院专利行政部门和地方人民政府管理专利工作的部门的工作人员离职后，在法律、行政法规规定的期限内不得从事专利代理工作。

曾在国务院专利行政部门或者地方人民政府管理专利工作的部门任职的专利代理师，不得对其审查、审理或者处理过的专利申请或专利案件进行代理。

第二十条　专利代理机构收费应当遵循自愿、公平和诚实信用原则，兼顾经济效益和社会效益。

国家鼓励专利代理机构和专利代理师为小微企业以及无收入或者低收入的发明人、设计人提供专利代理援助服务。

第二十一条　专利代理行业组织应当加强对会员的自律管理，组织开展专利代理师业务培训和职业道德、执业纪律教育，对违反行业自律规范的会员实行惩戒。

第二十二条　国务院专利行政部门和省、自治区、直辖市人民政府管理专利工作的部门应当采取随机抽查等方式，对专利代理机构和专利代理师的执业活动进行检查、监督，发现违反本条例规定的，及时依法予以处理，并向社会公布检查、处理结果。检查不得收取任何费用。

第二十三条　国务院专利行政部门和省、自治区、直辖市人民政府管理专利工作的部门应当加强专利代理公共信息发布，为公众了解专利代理机构经营情况、专利代理师执业情况提供查询服务。

第四章　法 律 责 任

第二十四条　以隐瞒真实情况、弄虚作假手段取得专利代理机构执业许可证、专利代理师资格证的，由国务院专利行政部门撤销专利代理机构执业许可证、专利代理师资格证。

专利代理机构取得执业许可证后，因情况变化不再符合本条例规定的条件的，由国务院专利行政部门责令限期整改；逾期未改正或者整改不合格的，撤销执业许可证。

第二十五条　专利代理机构有下列行为之一的，由省、自治区、直辖市人民政府管理专利工作的部门责令限期改正，予以警告，可以处10万元以下的罚款；情节严重或者逾期未改正的，由国务院专利行政部门责令停止承接新的专利代理业务6个月至12个月，直至吊销专利代理机构执业许可证：

（一）合伙人、股东或者法定代表人等事项发生变化未办理变更手续；

（二）就同一专利申请或者专利权的事务接受有利益冲突的其他当事人的委托；

（三）指派专利代理师承办与其本人或者其近亲属有利益冲突的专利代理业务；

（四）泄露委托人的发明创造内容，或者以自己的名义申请专利或请求宣告专利权无效；

（五）疏于管理，造成严重后果。

专业代理机构在执业过程中泄露委托人的发明创造内容，涉及泄露国家秘密、侵犯商业秘密的，或者向有关行政、司法机关的工作人员行贿，提供虚假证据的，依照有关法律、行政法规的规定承担法律责任；由国务院专利行政部门吊销专利代理机构执业许可证。

第二十六条　专利代理师有下列行为之一的，由省、自治区、直辖市人民政府管理专利工作的部门责令限期改正，予以警告，可以处5万元以下的罚款；情节严重或者逾期未改正的，由国务院专利行政部门责令停止承办新的专利代理业务6个月至12个月，直至吊销专利代理师资格证：

（一）未依照本条例规定进行备案；

（二）自行接受委托办理专利代理业务；

（三）同时在两个以上专利代理机构从事专利代理业务；

（四）违反本条例规定对其审查、审理或者处理过的专利申请或专利案件进行代理；

（五）泄露委托人的发明创造内容，或者以自己的名义申请专利或请求宣告专利权无效。

专利代理师在执业过程中泄露委托人的发明创造内容，涉及泄露国家秘密、侵犯商业秘密的，或者向有关行政、司法机关的工作人员行贿，提供虚假证据的，依照有关法律、行政法规的规定承担法律责任；由国务院专利行政部门吊销专利代理师资格证。

第二十七条 违反本条例规定擅自开展专利代理业务的,由省、自治区、直辖市人民政府管理专利工作的部门责令停止违法行为,没收违法所得,并处违法所得1倍以上5倍以下的罚款。

第二十八条 国务院专利行政部门或者省、自治区、直辖市人民政府管理专利工作的部门的工作人员违反本条例规定,滥用职权、玩忽职守、徇私舞弊的,依法给予处分;构成犯罪的,依法追究刑事责任。

第五章 附 则

第二十九条 外国专利代理机构在中华人民共和国境内设立常驻代表机构,须经国务院专利行政部门批准。

第三十条 律师事务所可以依据《中华人民共和国律师法》、《中华人民共和国民事诉讼法》等法律、行政法规开展与专利有关的业务,但从事代理专利申请、宣告专利权无效业务应当遵守本条例规定,具体办法由国务院专利行政部门商国务院司法行政部门另行制定。

第三十一条 代理国防专利事务的专利代理机构和专利代理师的管理办法,由国务院专利行政部门商国家国防专利机构主管机关另行制定。

第三十二条 本条例自2019年3月1日起施行。

本条例施行前依法设立的专利代理机构以及依法执业的专利代理人,在本条例施行后可以继续以专利代理机构、专利代理师的名义开展专利代理业务。

专利代理管理办法

1. 2019年4月4日国家市场监督管理总局令第6号公布
2. 自2019年5月1日起施行

第一章 总 则

第一条 为了规范专利代理行为,保障委托人、专利代理机构以及专利代理师的合法权益,维护专利代理行业的正常秩序,促进专利代理行业健康发展,根据《中华人民共和国专利法》《专利代理条例》以及其他有关法律、行政法规的规定,制定本办法。

第二条 国家知识产权局和省、自治区、直辖市人民政府管理专利工作的部门依法对专利代理机构和专利代理师进行管理和监督。

第三条 国家知识产权局和省、自治区、直辖市人民政府管理专利工作的部门应当按照公平公正公开、依法有序、透明高效的原则对专利代理执业活动进行检查和监督。

第四条 专利代理机构和专利代理师可以依法成立和参加全国性或者地方性专利代理行业组织。专利代理行业组织是社会团体,是专利代理师的自律性组织。

专利代理行业组织应当制定专利代理行业自律规范,行业自律规范不得与法律、行政法规、部门规章相抵触。专利代理机构、专利代理师应当遵守行业自律规范。

第五条 专利代理机构和专利代理师执业应当遵守法律、行政法规和本办法,恪守职业道德、执业纪律,诚实守信,规范执业,提升专利代理质量,维护委托人的合法权益和专利代理行业正常秩序。

第六条 国家知识产权局和省、自治区、直辖市人民政府管理专利工作的部门可以根据实际情况,通过制定政策、建立机制等措施,支持引导专利代理机构为小微企业以及无收入或者低收入的发明人、设计人提供专利代理援助服务。

鼓励专利代理行业组织和专利代理机构利用自身资源开展专利代理援助工作。

第七条 国家知识产权局和省、自治区、直辖市人民政府管理专利工作的部门应当加强电子政务建设和专利代理公共信息发布,优化专利代理管理系统,方便专利代理机构、专利代理师和公众办理事务、查询信息。

第八条 任何单位、个人未经许可,不得代理专利申请和宣告专利权无效等业务。

第二章 专利代理机构

第九条 专利代理机构的组织形式应当为合伙企业、有限责任公司等。合伙人、股东应当为中国公民。

第十条 合伙企业形式的专利代理机构申请办理执业许可证的,应当具备下列条件:

(一)有符合法律、行政法规和本办法第十四条规定的专利代理机构名称;

(二)有书面合伙协议;

(三)有独立的经营场所;

(四)有两名以上合伙人;

(五)合伙人具有专利代理师资格证,并有两年以上专利代理师执业经历。

第十一条 有限责任公司形式的专利代理机构申请办理执业许可证的,应当具备下列条件:

(一)有符合法律、行政法规和本办法第十四条规定的专利代理机构名称;

（二）有书面公司章程；

（三）有独立的经营场所；

（四）有五名以上股东；

（五）五分之四以上股东以及公司法定代表人具有专利代理师资格证，并有两年以上专利代理师执业经历。

第十二条　律师事务所申请办理执业许可证的，应当具备下列条件：

（一）有独立的经营场所；

（二）有两名以上合伙人或者专职律师具有专利代理师资格证。

第十三条　有下列情形之一的，不得作为专利代理机构的合伙人、股东：

（一）不具有完全民事行为能力；

（二）因故意犯罪受过刑事处罚；

（三）不能专职在专利代理机构工作；

（四）所在专利代理机构解散或者被撤销、吊销执业许可证，未妥善处理各种尚未办结的专利代理业务。

专利代理机构以欺骗、贿赂等不正当手段取得执业许可证，被依法撤销、吊销的，其合伙人、股东、法定代表人自处罚决定作出之日起三年内不得在专利代理机构新任合伙人或者股东、法定代表人。

第十四条　专利代理机构只能使用一个名称。除律师事务所外，专利代理机构的名称中应当含有“专利代理”或者“知识产权代理”等字样。专利代理机构分支机构的名称由专利代理机构全名称、分支机构所在城市名称或者所在地区名称和“分公司”或者“分所”等组成。

专利代理机构的名称不得在全国范围内与正在使用或者已经使用过的专利代理机构的名称相同或者近似。

律师事务所申请办理执业许可证的，可以使用该律师事务所的名称。

第十五条　申请专利代理机构执业许可证的，应当通过专利代理管理系统向国家知识产权局提交申请书和下列申请材料：

（一）合伙企业形式的专利代理机构应当提交营业执照、合伙协议和合伙人身份证件扫描件；

（二）有限责任公司形式的专利代理机构应当提交营业执照、公司章程和股东身份证件扫描件；

（三）律师事务所应当提交律师事务所执业许可证和具有专利代理师资格证的合伙人、专职律师身份证件扫描件。

申请人应当对其申请材料实质内容的真实性负责。必要时，国家知识产权局可以要求申请人提供原件进行核实。法律、行政法规和国务院决定另有规定的除外。

第十六条　申请材料不符合本办法第十五条规定的，国家知识产权局应当自收到申请材料之日起五日内一次告知申请人需要补正的全部内容，逾期未告知的，自收到申请材料之日起视为受理；申请材料齐全、符合法定形式，或者申请人按照要求提交全部补正申请材料的，应当受理该申请。受理或者不予受理申请的，应当书面通知申请人并说明理由。

国家知识产权局应当自受理之日起十日内予以审核，对符合规定条件的，予以批准，向申请人颁发专利代理机构执业许可证；对不符合规定条件的，不予批准，书面通知申请人并说明理由。

第十七条　专利代理机构名称、经营场所、合伙协议或者公司章程、合伙人或者执行事务合伙人、股东或者法定代表人发生变化的，应当自办理企业变更登记之日起三十日内向国家知识产权局申请办理变更手续；律师事务所具有专利代理师资格证的合伙人或者专职律师等事项发生变化的，应当自司法行政部门批准之日起三十日内向国家知识产权局申请办理变更手续。

国家知识产权局应当自申请受理之日起十日内作出相应决定，对符合本办法规定的事项予以变更。

第十八条　专利代理机构在国家知识产权局登记的信息应当与其在市场监督管理部门或者司法行政部门的登记信息一致。

第十九条　专利代理机构解散或者不再办理专利代理业务的，应当在妥善处理各种尚未办结的业务后，向国家知识产权局办理注销专利代理机构执业许可证手续。

专利代理机构注销营业执照，或者营业执照、执业许可证被撤销、吊销的，应当在营业执照注销三十日前或者接到撤销、吊销通知书之日起三十日内通知委托人解除委托合同，妥善处理尚未办结的业务，并向国家知识产权局办理注销专利代理机构执业许可证的手续。未妥善处理全部专利代理业务的，专利代理机构的合伙人、股东不得办理专利代理师执业备案变更。

第二十条　专利代理机构设立分支机构办理专利代理业务的，应当具备下列条件：

（一）办理专利代理业务时间满两年；

（二）有十名以上专利代理师执业，拟设分支机构应当有一名以上专利代理师执业，并且分支机构负责人应当具有专利代理师资格证；

（三）专利代理师不得同时在两个以上的分支机构担任负责人；

（四）设立分支机构前三年内未受过专利代理行政处罚；

（五）设立分支机构时未被列入经营异常名录或者严重违法失信名单。

第二十一条 专利代理机构的分支机构不得以自己的名义办理专利代理业务。专利代理机构应当对其分支机构的执业活动承担法律责任。

第二十二条 专利代理机构设立、变更或者注销分支机构的，应当自完成分支机构相关企业或者司法登记手续之日起三十日内，通过专利代理管理系统向分支机构所在地的省、自治区、直辖市人民政府管理专利工作的部门进行备案。

备案应当填写备案表并上传下列材料：

（一）设立分支机构的，上传分支机构营业执照或者律师事务所分所执业许可证扫描件；

（二）变更分支机构注册事项的，上传变更以后的分支机构营业执照或者律师事务所分所执业许可证扫描件；

（三）注销分支机构的，上传妥善处理完各种事项的说明。

第二十三条 专利代理机构应当建立健全质量管理、利益冲突审查、投诉处理、年度考核等执业管理制度以及人员管理、财务管理、档案管理等运营制度，对专利代理师在执业活动中遵守职业道德、执业纪律的情况进行监督。

专利代理机构的股东应当遵守国家有关规定，恪守专利代理职业道德、执业纪律，维护专利代理行业正常秩序。

第二十四条 专利代理机构通过互联网平台宣传、承接专利代理业务的，应当遵守《中华人民共和国电子商务法》等相关规定。

前款所述专利代理机构应当在首页显著位置持续公示并及时更新专利代理机构执业许可证等信息。

第三章 专利代理师

第二十五条 专利代理机构应当依法按照自愿和协商一致的原则与其聘用的专利代理师订立劳动合同。专利代理师应当受专利代理机构指派承办专利代理业务，不得自行接受委托。

第二十六条 专利代理师执业应当符合下列条件：

（一）具有完全民事行为能力；

（二）取得专利代理师资格证；

（三）在专利代理机构实习满一年，但具有律师执业经历或者三年以上专利审查经历的人员除外；

（四）在专利代理机构担任合伙人、股东，或者与专利代理机构签订劳动合同；

（五）能专职从事专利代理业务。

符合前款所列全部条件之日为执业之日。

第二十七条 专利代理实习人员进行专利代理业务实习，应当接受专利代理机构的指导。

第二十八条 专利代理师首次执业的，应当自执业之日起三十日内通过专利代理管理系统向专利代理机构所在地的省、自治区、直辖市人民政府管理专利工作的部门进行执业备案。

备案应当填写备案表并上传下列材料：

（一）本人身份证件扫描件；

（二）与专利代理机构签订的劳动合同；

（三）实习评价材料。

专利代理师应当对其备案材料实质内容的真实性负责。必要时，省、自治区、直辖市人民政府管理专利工作的部门可以要求提供原件进行核实。

第二十九条 专利代理师从专利代理机构离职的，应当妥善办理业务移交手续，并自离职之日起三十日内通过专利代理管理系统向专利代理机构所在地的省、自治区、直辖市人民政府管理专利工作的部门提交解聘证明等，进行执业备案变更。

专利代理师转换执业专利代理机构的，应当自转换执业之日起三十日内进行执业备案变更，上传与专利代理机构签订的劳动合同或者担任股东、合伙人的证明。

未在规定时间内变更执业备案的，视为逾期未主动履行备案变更手续，省、自治区、直辖市人民政府管理专利工作的部门核实后可以直接予以变更。

第四章 专利代理行业组织

第三十条 专利代理行业组织应当严格行业自律，组织引导专利代理机构和专利代理师依法规范执业，不断提高行业服务水平。

第三十一条 国家知识产权局和省、自治区、直辖市人民政府管理专利工作的部门根据国家有关规定对专利代理行业组织进行监督和管理。

第三十二条 专利代理行业组织应当依法履行下列职责：

（一）维护专利代理机构和专利代理师的合法权益；

（二）制定行业自律规范，加强行业自律，对会员实施考核、奖励和惩戒，及时向社会公布其吸纳的会员信息和对会员的惩戒情况；

（三）组织专利代理机构、专利代理师开展专利代理援助服务；

（四）组织专利代理师实习培训和执业培训，以及职业道德、执业纪律教育；

（五）按照国家有关规定推荐专利代理师担任诉讼代理人；

（六）指导专利代理机构完善管理制度，提升专利代理服务质量；

（七）指导专利代理机构开展实习工作；

（八）开展专利代理行业国际交流；

（九）其他依法应当履行的职责。

第三十三条 专利代理行业组织应当建立健全非执业会员制度，鼓励取得专利代理师资格证的非执业人员参加专利代理行业组织、参与专利代理行业组织事务，加强非执业会员的培训和交流。

第五章 专利代理监管

第三十四条 国家知识产权局组织指导全国的专利代理机构年度报告、经营异常名录和严重违法失信名单的公示工作。

第三十五条 专利代理机构应当按照国家有关规定提交年度报告。年度报告应当包括以下内容：

（一）专利代理机构通信地址、邮政编码、联系电话、电子邮箱等信息；

（二）执行事务合伙人或者法定代表人、合伙人或者股东、专利代理师的姓名，从业人数信息；

（三）合伙人、股东的出资额、出资时间、出资方式等信息；

（四）设立分支机构的信息；

（五）专利代理机构通过互联网等信息网络提供专利代理服务的信息网络平台名称、网址等信息；

（六）专利代理机构办理专利申请、宣告专利权无效、转让、许可、纠纷的行政处理和诉讼、质押融资等业务信息；

（七）专利代理机构资产总额、负债总额、营业总收入、主营业务收入、利润总额、净利润、纳税总额等信息；

（八）专利代理机构设立境外分支机构、其从业人员获得境外专利代理从业资质的信息；

（九）其他应当予以报告的信息。

律师事务所可仅提交其从事专利事务相关的内容。

第三十六条 国家知识产权局以及省、自治区、直辖市人民政府管理专利工作的部门的工作人员应当对专利代理机构年度报告中不予公示的内容保密。

第三十七条 专利代理机构有下列情形之一的，按照国家有关规定列入经营异常名录：

（一）未在规定的期限提交年度报告；

（二）取得专利代理机构执业许可证或者提交年度报告时提供虚假信息；

（三）擅自变更名称、办公场所、执行事务合伙人或者法定代表人、合伙人或者股东；

（四）分支机构设立、变更、注销未按照规定办理备案手续；

（五）不再符合执业许可条件，省、自治区、直辖市人民政府管理专利工作的部门责令其整改，期限届满仍不符合条件；

（六）专利代理机构公示信息与其在市场监督管理部门或者司法行政部门的登记信息不一致；

（七）通过登记的经营场所无法联系。

第三十八条 专利代理机构有下列情形之一的，按照国家有关规定列入严重违法失信名单：

（一）被列入经营异常名录满三年仍未履行相关义务；

（二）受到责令停止承接新的专利代理业务、吊销专利代理机构执业许可证的专利代理行政处罚。

第三十九条 国家知识产权局指导省、自治区、直辖市人民政府管理专利工作的部门对专利代理机构和专利代理师的执业活动情况进行检查、监督。

专利代理机构跨省设立分支机构的，其分支机构应当由分支机构所在地的省、自治区、直辖市人民政府管理专利工作的部门进行检查、监督。该专利代理机构所在地的省、自治区、直辖市人民政府管理专利工作的部门应当予以协助。

第四十条 国家知识产权局和省、自治区、直辖市人民政府管理专利工作的部门应当采取书面检查、实地检查、网络监测等方式对专利代理机构和专利代理师进行检查、监督。

在检查过程中应当随机抽取检查对象,随机选派执法检查人员。发现违法违规情况的,应当及时依法处理,并向社会公布检查、处理结果。对已被列入经营异常名录或者严重违法失信名单的专利代理机构,省、自治区、直辖市人民政府管理专利工作的部门应当进行实地检查。

第四十一条 省、自治区、直辖市人民政府管理专利工作的部门应当重点对下列事项进行检查、监督:

(一)专利代理机构是否符合执业许可条件;

(二)专利代理机构合伙人、股东以及法定代表人是否符合规定;

(三)专利代理机构年度报告的信息是否真实、完整、有效,与其在市场监督管理部门或者司法行政部门公示的信息是否一致;

(四)专利代理机构是否存在本办法第三十七条规定的情形;

(五)专利代理机构是否建立健全执业管理制度和运营制度等情况;

(六)专利代理师是否符合执业条件并履行备案手续;

(七)未取得专利代理执业许可的单位或者个人是否存在擅自开展专利代理业务的违法行为。

第四十二条 省、自治区、直辖市人民政府管理专利工作的部门依法进行检查监督时,应当将检查监督的情况和处理结果予以记录,由检查监督人员签字后归档。

当事人应当配合省、自治区、直辖市人民政府管理专利工作的部门的检查监督,接受询问,如实提供有关情况和材料。

第四十三条 国家知识产权局和省、自治区、直辖市人民政府管理专利工作的部门对存在违法违规行为的机构或者人员,可以进行警示谈话、提出意见,督促及时整改。

第四十四条 国家知识产权局和省、自治区、直辖市人民政府管理专利工作的部门应当督促专利代理机构贯彻实施专利代理相关服务规范,引导专利代理机构提升服务质量。

第四十五条 国家知识产权局应当及时向社会公布专利代理机构执业许可证取得、变更、注销、撤销、吊销等相关信息,以及专利代理师的执业备案、撤销、吊销等相关信息。

国家知识产权局和省、自治区、直辖市人民政府管理专利工作的部门应当及时向社会公示专利代理机构年度报告信息,列入或者移出经营异常名录、严重违法失信名单信息,行政处罚信息,以及对专利代理执业活动的检查情况。行政处罚、检查监督结果纳入国家企业信用信息公示系统向社会公布。

律师事务所、律师受到专利代理行政处罚的,应当由国家知识产权局和省、自治区、直辖市人民政府管理专利工作的部门将信息通报相关司法行政部门。

第六章 专利代理违法行为的处理

第四十六条 任何单位或者个人认为专利代理机构、专利代理师的执业活动违反专利代理管理有关法律、行政法规、部门规章规定,或者认为存在擅自开展专利代理业务情形的,可以向省、自治区、直辖市人民政府管理专利工作的部门投诉和举报。

省、自治区、直辖市人民政府管理专利工作的部门收到投诉和举报后,应当依据市场监督管理投诉举报处理办法、行政处罚程序等有关规定进行调查处理。本办法另有规定的除外。

第四十七条 对具有重大影响的专利代理违法违规行为,国家知识产权局可以协调或者指定有关省、自治区、直辖市人民政府管理专利工作的部门进行处理。对于专利代理违法行为的处理涉及两个以上省、自治区、直辖市人民政府管理专利工作的部门的,可以报请国家知识产权局组织协调处理。

对省、自治区、直辖市人民政府管理专利工作的部门专利代理违法行为处理工作,国家知识产权局依法进行监督。

第四十八条 省、自治区、直辖市人民政府管理专利工作的部门可以依据本地实际,要求下一级人民政府管理专利工作的部门协助处理专利代理违法违规行为;也可以依法委托有实际处理能力的管理公共事务的事业组织处理专利代理违法违规行为。

委托方应当对受托方的行为进行监督和指导,并承担法律责任。

第四十九条 省、自治区、直辖市人民政府管理专利工作的部门应当及时、全面、客观、公正地调查收集与案件有关的证据。可以通过下列方式对案件事实进行调查核实：

（一）要求当事人提交书面意见陈述；

（二）询问当事人；

（三）到当事人所在地进行现场调查，可以调阅有关业务案卷和档案材料；

（四）其他必要、合理的方式。

第五十条　案件调查终结后，省、自治区、直辖市人民政府管理专利工作的部门认为应当对专利代理机构作出责令停止承接新的专利代理业务、吊销执业许可证，或者对专利代理师作出责令停止承办新的专利代理业务、吊销专利代理师资格证行政处罚的，应当及时报送调查结果和处罚建议，提请国家知识产权局处理。

第五十一条　专利代理机构有下列情形之一的，属于《专利代理条例》第二十五条规定的“疏于管理，造成严重后果”的违法行为：

（一）因故意或者重大过失给委托人、第三人利益造成损失，或者损害社会公共利益；

（二）从事非正常专利申请行为，严重扰乱专利工作秩序；

（三）诋毁其他专利代理师、专利代理机构，以不正当手段招揽业务，存在弄虚作假行为，严重扰乱行业秩序，受到有关行政机关处罚；

（四）严重干扰专利审查工作或者专利行政执法工作正常进行；

（五）专利代理师从专利代理机构离职未妥善办理业务移交手续，造成严重后果；

（六）专利代理机构执业许可证信息与市场监督管理部门、司法行政部门的登记信息或者实际情况不一致，未按照要求整改，给社会公众造成重大误解；

（七）分支机构设立、变更、注销不符合规定的条件或者没有按照规定备案，严重损害当事人利益；

（八）默许、指派专利代理师在未经其本人撰写或者审核的专利申请等法律文件上签名，严重损害当事人利益；

（九）涂改、倒卖、出租、出借专利代理机构执业许可证，严重扰乱行业秩序。

第五十二条　有下列情形之一的，属于《专利代理条例》第二十七条规定的“擅自开展专利代理业务”的违法行为：

（一）通过租用、借用等方式利用他人资质开展专利代理业务；

（二）未取得专利代理机构执业许可证或者不符合专利代理师执业条件，擅自代理专利申请、宣告专利权无效等相关业务，或者以专利代理机构、专利代理师的名义招揽业务；

（三）专利代理机构执业许可证或者专利代理师资格证被撤销或者吊销后，擅自代理专利申请、宣告专利权无效等相关业务，或者以专利代理机构、专利代理师的名义招揽业务。

第五十三条　专利代理师对其签名办理的专利代理业务负责。对于非经本人办理的专利事务，专利代理师有权拒绝在相关法律文件上签名。

专利代理师因专利代理质量等原因给委托人、第三人利益造成损失或者损害社会公共利益的，省、自治区、直辖市人民政府管理专利工作的部门可以对签名的专利代理师予以警告。

第五十四条　国家知识产权局按照有关规定，对专利代理领域严重失信主体开展联合惩戒。

第五十五条　法律、行政法规对专利代理机构经营活动违法行为的处理另有规定的，从其规定。

第七章　附　　则

第五十六条　本办法由国家市场监督管理总局负责解释。

第五十七条　本办法中二十日以内期限的规定是指工作日，不含法定节假日。

第五十八条　本办法自2019年5月1日起施行。2015年4月30日国家知识产权局令第70号发布的《专利代理管理办法》、2002年12月12日国家知识产权局令第25号发布的《专利代理惩戒规则（试行）》同时废止。

专利代理师资格考试办法

1. 2019年4月23日国家市场监督管理总局令第7号公布
2. 自2019年6月1日起施行

第一章　总　　则

第一条　为了规范专利代理师资格考试工作，根据《中华人民共和国专利法》和《专利代理条例》，制定本办法。

第二条　专利代理师资格考试（以下简称考试）是全国

统一的专利代理师执业准入资格考试。

第三条　国家知识产权局负责考试组织工作，制定考试政策和考务管理制度，指导省、自治区、直辖市人民政府管理专利工作的部门的考务工作，负责考试命题、专利代理师资格证书颁发、组织巡考、考试安全保密、全国范围内重大突发事件的应急处理、应试人员和考试工作人员的违规违纪行为处理等工作。

国家知识产权局成立专利代理师考试委员会。考试委员会审定考试大纲和确定考试合格分数线，其成员由国家知识产权局、国务院有关部门、专利代理行业组织的有关人员和专利代理师代表组成，主任由国家知识产权局局长担任。考试委员会办公室负责考试各项具体工作。

第四条　省、自治区、直辖市人民政府管理专利工作的部门负责本行政区域内的考务工作，执行国家知识产权局制定的考试政策和考务管理制度。省、自治区、直辖市人民政府管理专利工作的部门成立考试工作领导小组，负责本行政区域内考务组织、考试安全保密、突发事件应急处理和上报、应试人员和考试工作人员违规违纪行为处理等工作。

第五条　考试每年举行一次，实行全国统一命题，命题范围以考试大纲为准。考试包括以下科目：

（一）专利法律知识；

（二）相关法律知识；

（三）专利代理实务。

第六条　考试为闭卷考试，采用计算机化考试方式。

第七条　考试实行全国统一评卷。阅卷的组织协调工作由考试委员会办公室承担。

第八条　应试人员在三年内全部科目考试合格的，经审核后由国家知识产权局颁发专利代理师资格证。

第九条　国家知识产权局和省、自治区、直辖市人民政府管理专利工作的部门应当做好考试的保密工作。保密工作应当坚持统一领导、分级管理、逐级负责、积极防范、突出重点的原则。

第十条　国家知识产权局和省、自治区、直辖市人民政府管理专利工作的部门应当及时预防和有效应对考试过程中的突发事件。突发事件应急处理工作应当遵循统一指挥、分级负责、有效控制、依法处理的原则，做到预防为主、常备不懈。

第十一条　国家知识产权局和省、自治区、直辖市人民政府管理专利工作的部门依据本办法对应试人员和考试工作人员的违规违纪行为进行处理时，应当事实清楚、证据确凿，程序规范，适用规定准确。

第十二条　国家知识产权局可以根据专利代理行业发展的需要，在符合条件的地区实施考试优惠政策。符合考试优惠政策的考生，由国家知识产权局颁发允许在本省、自治区、直辖市内执业的专利代理师资格证。

第二章　考试组织

第十三条　国家知识产权局每年在举行考试四个月前向社会发布考试有关事项公告，公布考点城市、报名程序、考试时间和资格授予等相关安排。

第十四条　省、自治区、直辖市人民政府管理专利工作的部门符合规定条件的，可以向国家知识产权局申请在本行政区域内设置考点。

第十五条　国家知识产权局可以委托计算机化考试服务方（以下简称考试服务方）执行部分考务工作。

考试服务方应当接受国家知识产权局和在本行政区域内设有考点的省、自治区、直辖市人民政府管理专利工作的部门（以下简称考点局）的监督和指导。

第十六条　国家知识产权局向考点局指派巡考人员。巡考人员监督、协调考点局和考试服务方的考务工作，发现问题及时向国家知识产权局上报。

全部科目考试结束后，巡考人员应当将考点局回收的考场情况记录表复印件、违规情况报告单和相关资料带回，交至考试委员会办公室。

第十七条　考点局监督和指导考试服务方落实本地区考站和考场，组织对本地区考站和考场情况进行检查，监督和指导考试服务方承办考务工作，并应当在考试前召开监考职责说明会。

考点局应当指派考站负责人。

第十八条　考点局应当监督和指导考试服务方按照集中、便利的原则选择考场。考场应当符合下列要求：

（一）消防设施齐全、疏散通道畅通、安静、通风良好、光线充足；

（二）硬件、软件和网络配置符合规定；

（三）具备暂时存放考生随身携带物品的区域或者设施。

第十九条　考点局应当在每个考站设置考务办公室，作为处理考试相关事务的场所，并根据需要安排、配备保卫和医务人员，协助维护考试秩序，提供医疗救助服务。

第二十条　考试工作人员应当具有较高政治素质，遵守考试纪律，熟悉考试业务，工作认真负责。有配偶或者直系亲属参加当年考试的，应当主动回避。

第三章　考试报名

第二十一条　符合以下条件的中国公民，可以报名参加考试：

（一）具有完全民事行为能力；

（二）取得国家承认的理工科大专以上学历，并获得毕业证书或者学位证书。

香港特别行政区、澳门特别行政区永久性居民中的中国公民和台湾地区居民可以报名参加考试。

第二十二条　从事专利审查等工作满七年的中国公民，可以申请免予专利代理实务科目考试。

第二十三条　有下列情形之一的，不得报名参加考试：

（一）因故意犯罪受过刑事处罚，自刑罚执行完毕之日起未满三年；

（二）受吊销专利代理师资格证的处罚，自处罚决定之日起未满三年。

第二十四条　报名参加考试的人员，应当选择适合的考点城市之一，在规定的时间内报名。报名人员应当填写、上传下列材料，并缴纳相关费用：

（一）报名表、专利代理师资格预申请表及照片；

（二）有效身份证件扫描件；

（三）学历或者学位证书扫描件。持香港特别行政区、澳门特别行政区、台湾地区或者国外高等学校学历学位证书报名的，须上传教育部留学服务中心的学历学位认证书扫描件；

（四）专利代理师资格申请承诺书扫描件。

申请免予专利代理实务科目考试的人员报名时还应当填写、上传免试申请书，证明从事专利审查等工作情况的材料。

第二十五条　国家知识产权局考试委员会办公室统一制作准考证，并发放给符合报名条件的考试报名人员。

第四章　考场规则

第二十六条　应试人员应当持本人准考证和与报名信息一致的有效身份证件原件，在每科考试开始前的指定时间进入考场，接受身份查验后在指定位置参加考试。

第二十七条　应试人员不得携带下列物品进入考场：

（一）任何书籍、期刊、笔记以及带有文字的纸张；

（二）任何具有通讯、存储、录放等功能的电子产品。

应试人员携带前款所述物品或者其他与考试无关的物品的，应当在各科考试开始前交由监考人员代为保管。

第二十八条　应试人员在考试期间应当严格遵守考场纪律，保持考场肃静，不得相互交谈、随意站立或者走动，不得查看或者窥视他人答题，不得传递任何信息，不得在考场内喧哗、吸烟、饮食或者有其他影响考场秩序的行为。

第二十九条　考试开始30分钟后，应试人员不得进入考场。考试开始60分钟后，应试人员方可交卷离场。

第三十条　应试人员入座后，不得擅自离开座位和考场。考试结束前，应试人员有特殊情况需要暂时离开考场的，应当由监考人员陪同，返回考场时应当重新接受身份查验。

应试人员因突发疾病不能继续考试的，应当立即停止考试，离开考场。

第三十一条　考试期间出现考试机故障、网络故障或者供电故障等异常情况，导致应试人员无法正常考试的，应试人员应当听从监考人员的安排。

因前款所述客观原因导致应试人员答题时间出现损失的，应试人员可以当场向监考人员提出补时要求，由监考人员依据本办法第三十九条的规定予以处理。

第三十二条　考试结束时，应试人员应当听从监考人员指令，立即停止考试，将草稿纸整理好放在桌面上，等候监考人员清点回收。监考人员宣布退场后，应试人员方可退出考场。应试人员离开考场后不得在考场附近逗留、喧哗。

第三十三条　应试人员不得抄录、复制、传播和扩散试题内容，不得将草稿纸带出考场。

第五章　监考规则

第三十四条　监考人员由国家知识产权局委托的考试服务方选派，并报国家知识产权局和考点局备案。

第三十五条　监考人员进入考场应当佩戴统一制发的监考标志。

第三十六条　考试开始前，监考人员应当完成下列工作：

（一）考试开始前90分钟，进入考场，检查考场管理机、考试服务器和考试机是否正常运行；

（二）考试开始前60分钟，到考务办公室领取考务相关表格和草稿纸；

（三）考试开始前40分钟，组织应试人员进入考场，核对准考证和身份证件，查验应试人员身份，要求应试人员本人在考场情况记录表中签名并拍照。对没有同时携带准考证和身份证件的应试人员，不得允许其进入考场；

（四）考试开始前10分钟，向应试人员宣读或者播放应试人员考场守则；

（五）考试开始前5分钟，提醒应试人员登录考试界面、核对考试相关信息，并向应试人员发放草稿纸，做好考试准备；

（六）考试开始时，准时点击考场管理机上的“开始考试”按钮。

第三十七条 考试期间，监考人员应当逐一核对应试人员准考证和身份证件上的照片是否与本人一致。

发现应试人员本人与证件上照片不一致的，监考人员应当在考场管理机上与报名数据库中信息进行核对。经核对确认不一致的，监考人员应当报告考站负责人，由其决定该应试人员是否能够继续参加考试，并及时做好相应处理。

第三十八条 考试期间出现考试机故障、网络故障或者供电故障等异常情况，导致应试人员无法正常考试的，监考人员应当维持考场秩序，安抚应试人员，立即请技术支持人员排除故障。重要情况应当及时向考站负责人报告。考站负责人应当做好相应处理，必要时应当逐级上报国家知识产权局，并根据国家知识产权局指令进行相应处理。

第三十九条 因考试机故障等客观原因导致个别应试人员答题时间出现损失，应当向应试人员补时，补时应当等于应试人员实际损失时间。补时不超过10分钟的，经监考人员批准给予补时；补时10分钟以上30分钟以下的，报经考站负责人批准，给予补时；补时超过30分钟的，应当逐级上报国家知识产权局，并根据国家知识产权局指令进行相应处理。

第四十条 监考人员应当恪尽职守，不得在考场内吸烟、阅读书报、闲谈、接打电话或者有其他与监考要求无关的行为。监考人员不得对试题内容作任何解释或者暗示。应试人员对试题的正确性提出质疑的，监考人员应当及时上报，并根据国家知识产权局指令进行相应处理。

第四十一条 发现应试人员违规违纪行为的，监考人员应当及时报告考站负责人并做好以下工作：

（一）要求该应试人员立即停止答题；

（二）收缴违规物品，填写违规物品暂扣和退还表；

（三）对应试人员违规违纪行为进行认定，并在违规情况报告单中记录其违规情况和交卷时间，由两名监考人员签字确认；

（四）将记录的内容告知应试人员，并要求其签字确认。应试人员拒不签字的，监考人员应当在违规情况报告单中注明；

（五）在考场情况记录表中记录该应试人员姓名、准考证号、违规违纪情形等内容；

（六）及时向考站负责人报告应试人员违规违纪情况，并将考务相关表格及违规物品等证据材料一并上交考站负责人。确认应试人员有抄袭作弊行为的，监考人员应当提交相关证明材料。

第四十二条 考试结束后，监考人员应当清点、回收草稿纸，检查所有考试机是否交卷成功，确认成功后按照要求上传本考场考试数据。

第四十三条 考试期间监考人员应当如实填写考务相关表格。应试人员退出考场后，监考人员应当将考场情况记录表、违规情况报告单、违规物品暂扣和退还表、工作程序记录表和草稿纸交考站负责人验收。

第四十四条 每科考试结束后，监考人员应当清理考场并对考场进行封闭，考场钥匙由考站指定的专人管理。

第六章 成绩公布与资格授予

第四十五条 考试成绩及考试合格分数线由考试委员会办公室公布。考试成绩公布前，任何人不得擅自泄露分数情况。

第四十六条 应试人员认为其考试成绩有明显异常的，可以自考试成绩公布之日起十五日内向考试委员会办公室提出书面复查申请，逾期提出的复查申请不予受理。考试成绩复查仅限于重新核对各题得分之和相加是否有误。应试人员不得自行查阅本人试卷。

第四十七条 考试委员会办公室应当指定两名以上工作人员共同完成复查工作。复查结果由考试委员会办公室书面通知提出复查请求的应试人员。

复查发现分数确有错误需要予以更正的，经考试委员会办公室负责人审核同意，报考试委员会主任批准后，方可更正分数。

第四十八条 国家知识产权局在考试合格分数线公布后一个月内向通过考试并经过审核的应试人员颁发专利代理师资格证。

第七章　保密与应急处理

第四十九条　未启用的考试试题为机密级国家秘密，考试试题题库为秘密级国家秘密，按照《中华人民共和国保守国家秘密法》的规定管理。

第五十条　命审题人员信息、试题命制工作方案、参考答案、评分标准、考试合格标准、应试人员的考试成绩和其他有关数据，属于工作秘密，未经国家知识产权局批准不得公开。

第五十一条　国家知识产权局组织成立考试保密工作领导小组，负责制定考试保密管理有关工作方案，指导、检查和监督考点局的考试安全保密工作，对命审题、巡考、阅卷等相关涉密人员进行保密教育和业务培训，在发生失泄密事件时会同国家知识产权局保密委员会采取有效措施进行处置。

国家知识产权局组织成立考试突发事件应急处理领导小组，指导考点局的突发事件应急处理工作，组织处理全国范围内的重大突发事件。

第五十二条　考点局应当会同同级保密工作部门成立地方考试保密工作领导小组，负责制定本行政区域内考试保密制度的具体实施方案，监督、检查保密制度的执行情况，对参与考试工作的涉密人员进行审核并向国家知识产权局备案，对相关涉密考试工作人员进行保密教育和业务培训。

考点局应当成立考试突发事件应急处理领导小组，负责制定本行政区域内的考试突发事件应急处理预案，负责突发事件的处理和上报工作。

第五十三条　考试服务方接受国家知识产权局委托，执行相应部分考务工作时应当接受国家知识产权局的监督和检查，严格遵守保密法律法规、本办法及委托合同中的具体要求，并对涉及考试的相关人员进行严格管理。

第五十四条　考试保密工作管理具体办法和考试应急处理具体预案由国家知识产权局制定。

第八章　违规违纪行为的处理

第五十五条　应试人员有下列情形之一的，由监考人员给予其口头警告，并责令其改正；经警告仍不改正的，监考人员应当报告考站负责人，由其决定责令违规违纪人员离开考场：

（一）随身携带本办法第二十七条禁止携带的物品进入考场；

（二）有本办法第二十八条禁止的行为；

（三）故意损坏考试设备；

（四）有其他违规违纪行为。

第五十六条　应试人员有下列情形之一的，监考人员应当报告考站负责人，由其决定责令违规违纪人员离开考场，并报国家知识产权局决定给予其本场考试成绩无效的处理：

（一）夹带或者查看与考试有关资料；

（二）违规使用具有通讯、存储、录放等功能的电子产品；

（三）抄袭他人答案或者同意、默许、帮助他人抄袭；

（四）以口头、书面或者肢体语言等方式传递答题信息；

（五）协助他人作弊；

（六）将考试内容带出考场；

（七）有其他较为严重的违规违纪行为。

第五十七条　应试人员有下列情形之一的，监考人员应当报告考站负责人，由其决定责令违规违纪人员离开考场，并报国家知识产权局决定给予其当年考试成绩无效的处理：

（一）与其他考场应试人员或者考场外人员串通作弊；

（二）以打架斗殴等方式严重扰乱考场秩序；

（三）以威胁、侮辱、殴打等方式妨碍考试工作人员履行职责；

（四）有其他严重的违规违纪行为。

应试人员以及其他人员有前款规定情形，构成违反治安管理行为的，移交公安机关处理；构成犯罪的，移交司法机关处理。

第五十八条　应试人员有下列情形之一的，监考人员应当报告考站负责人，由其决定责令违规违纪人员离开考场，并报国家知识产权局决定给予其当年考试成绩无效、三年不得报名参加专利代理师资格考试的处理：

（一）由他人冒名代替或者代替他人参加考试；

（二）参与有组织作弊情节严重；

（三）有其他特别严重的违规违纪行为。

应试人员以及其他人员有前款规定情形，构成违反治安管理行为的，移交公安机关处理；构成犯罪的，移交司法机关处理。

第五十九条　通过提供虚假证明材料或者以其他违法手

段获得准考证并参加考试的，由国家知识产权局决定给予其当年考试成绩无效的处理。已经取得专利代理师资格证的，由国家知识产权局决定给予撤销专利代理师资格证的处理。

第六十条　考试工作人员有下列行为之一的，由国家知识产权局或者考点局决定停止其参加当年考务工作，并视情节轻重给予或者建议其所在单位给予相应处理：

（一）有应当回避考试工作的情形而未回避；

（二）发现报名人员有提供虚假证明或者证件等行为而隐瞒不报；

（三）因资料审核、考场巡检或者发放准考证等环节工作失误，致使应试人员未能如期参加考试或者使考试工作受到重大影响；

（四）擅自变更考试时间、地点或者其他考试安排；

（五）因未认真履行职责，造成所负责的考场秩序混乱；

（六）擅自将试题等与考试有关内容带出考场或者传递给他人；

（七）命题人员在保密期内从事与专利代理师考试有关的授课、答疑、辅导等活动；

（八）阅卷人员在评卷中擅自更改评分标准，或者不按评分标准进行评卷；

（九）偷换或者涂改应试人员答卷、考试成绩或者考场原始记录材料。

第六十一条　考试工作人员有下列情形之一的，由国家知识产权局或者考点局决定停止其参加当年考务工作，并视情节轻重给予或者建议其所在单位给予相应处分；构成犯罪的，移交司法机关处理：

（一）组织或者参与组织考试作弊；

（二）纵容、包庇或者帮助应试人员作弊；

（三）丢失、泄露、窃取未启用的考试试题、参考答案和评分标准；

（四）未按规定履行职责或者有其他违规违纪行为。

第六十二条　国家知识产权局依据本办法对应试人员给予本场考试成绩无效、当年考试成绩无效、三年不得报名参加专利代理师考试、撤销专利代理师资格证的处理的，应当以书面方式作出处理决定并通知本人，按照有关规定实施失信联合惩戒。

对考试工作人员违规违纪行为进行处理的，应当以书面方式作出处理决定并通知本人，并将有关证据材料存档备查。

第六十三条　对于应试人员或者考试工作人员因违规违纪行为受到处理的有关情况，国家知识产权局或者考点局认为必要时可以通报其所在单位。

第六十四条　应试人员对处理决定不服的，可以依法申请行政复议或者提起行政诉讼。

第九章　附　　则

第六十五条　本办法中的考站是指实施考试的学校或者机构，考场是指举行考试的机房，考试机是指应试人员考试用计算机，考试工作人员是指参与考试命审题、试卷制作、监考、巡考、阅卷和考试保密管理等相关工作的人员。

第六十六条　本办法施行之前国家知识产权局颁发的专利代理人资格证书继续有效。

第六十七条　本办法自2019年6月1日起施行。2008年8月25日国家知识产权局令第47号发布的《专利代理人资格考试实施办法》、第48号发布的《专利代理人资格考试考务规则》和2008年9月26日国家知识产权局令第49号发布的《专利代理人资格考试违纪行为处理办法》同时废止。

专利、商标代理行业违法违规行为协同治理办法

1. 2021年7月30日国家知识产权局办公室发布

2. 国知办发运字〔2021〕31号

第一条　为了贯彻落实全面从严治党要求，加强党风廉政建设，防范廉政风险，打击专利、商标代理行业违法违规行为，营造风清气正的代理行业发展环境，依据《公务员法》《商标法》《专利代理条例》等有关规定，结合工作实际，制定本办法。

第二条　本办法所称专利、商标代理行业违法违规行为协同治理，是指将具有本办法第四条情形的专利、商标代理机构和代理人员列入专利、商标代理行业违法违规行为黑名单（以下简称黑名单），在一定期限内向社会公布，接受社会监督，并实施协同约束措施的统称。

第三条　国家知识产权局知识产权运用促进司作为黑名单管理部门，负责黑名单的日常动态管理，依法向社会

公布有关信息。

第四条　具有下列情形之一的专利、商标代理机构和代理人员列入黑名单：

（一）依据国家知识产权局关于规范辞去公职、退休人员到专利或者商标代理机构任职的规定，构成违规聘用国家知识产权局辞去公职、退休人员，并存在拖延、拒绝纠正其违法违规行为等情形的专利、商标代理机构；

（二）存在审代勾连行为，以行贿等严重影响专利、商标审查工作公平公正的方式，获取不当利益的专利、商标代理机构和代理人员；

（三）采取违规转递涉案材料、干预影响审查结论、不正当获取审查信息等方式，造成严重后果或者有其他严重不良影响的专利、商标代理机构和代理人员；

（四）应当列入黑名单的其他情形。

第五条　知识产权运用促进司对有关部门（单位）提出的列入黑名单建议，应当及时处理，并反馈处理结果。

各级纪检机构在监督执纪问责过程中，专利、商标审查部门（单位）在专利、商标审查等过程中，确认专利、商标代理机构或者代理人员存在本办法第四条规定的审代勾连等行为的，应当及时向知识产权运用促进司提出将其列入黑名单的建议。

第六条　知识产权运用促进司通过局政府网站等向社会公布黑名单信息，并定期向国家知识产权局相关部门（单位）和专利、商标代理行业协会提供黑名单信息。

第七条　对于列入黑名单的专利、商标代理机构和代理人员，国家知识产权局局机关、专利局、商标局等相关部门（单位）在各自职责范围内，实施下列协同约束措施：

（一）列为重点监管对象，限制其适用告知承诺等便利措施；

（二）限制其参与国家知识产权局组织的各类项目、专家人才推荐、评优评先等；

（三）对于同时存在行贿等严重情节的，按照《商标法》第六十八条、《专利代理条例》第二十五条、第二十六条、《商标法实施条例》第九十条的规定，依法给予吊销专利代理机构执业许可证、专利代理师资格证或者永久停止受理其办理商标代理业务等行政处罚。对涉嫌犯罪的，依法移送有关部门追究刑事责任。

专利、商标代理机构或者代理人员在2年内三次以上被列入黑名单的，从严从重处理。

第八条　专利、商标代理行业协会应当对列入黑名单的会员进行警告、通报批评或者公开谴责，同时采取限制其参与行业协会组织的评优评先、诉讼代理人推荐、服务机构推介，限制其参与行业协会内部管理工作等自律性协同约束措施。

第九条　专利、商标代理机构或者代理人员因违反本办法规定被列入黑名单的，列入时间一般为12个月。列入时间超过6个月，并采取切实措施纠正其违法违规行为、保证守法经营的，知识产权运用促进司可将其移出黑名单。

对于按照本办法规定从黑名单中移出的专利、商标代理机构和代理人员，相关部门（单位）应及时停止实施协同约束措施。

第十条　国家知识产权局应当健全完善涉及专利、商标审查领域的规章制度，切断以审谋私、审代勾连的利益链条，加强内部监督和约束，强化全审查流程廉洁风险防控。

第十一条　本办法自发布之日起施行。

专利代理信用评价管理办法（试行）

1. 2023年3月31日国家知识产权局公布

2. 国知发运字〔2023〕10号

第一章　总　　则

第一条　为了深入贯彻落实中共中央、国务院印发的《知识产权强国建设纲要（2021—2035年）》和国务院印发的《“十四五”知识产权保护和运用规划》的决策部署，加强专利代理分级分类信用监管，促进专利代理机构、专利代理师依法诚信执业，维护专利代理行业秩序，依据《中华人民共和国专利法》《专利代理条例》等法律法规，以及《国务院办公厅关于进一步完善失信约束制度构建诚信建设长效机制的指导意见》《国务院办公厅关于加快推进社会信用体系建设构建以信用为基础的新型监管机制的指导意见》等文件，制定本办法。

第二条　专利代理信用评价，是指知识产权管理部门对专利代理机构、专利代理师从事专利代理服务的执业信用状况进行计分和等级评价。

第三条　国家知识产权局主管全国专利代理信用评价管理工作。省、自治区、直辖市人民政府管理专利工作的部门负责本行政区域内专利代理信用评价工作的组织和实施。

国家知识产权局和省、自治区、直辖市人民政府管理专利工作的部门联合开展专利代理信用评价管理工作，实现信息共享。

第四条　国家知识产权局和省、自治区、直辖市人民政府管理专利工作的部门根据社会信用体系建设需要，建立与相关行业主管部门和专利代理行业协会等行业组织的工作联系制度和信息交换制度，完善专利代理信用评价机制，推送相关信用信息，推进部门信息共享、部门联合守信激励和失信惩戒。

第二章　信用等级评价

第五条　专利代理机构和专利代理师信用等级按照从高到低顺序分为“A”、“B”、“C”、“D”级，按计分情况评价。计分满分为100分，根据负面信息予以扣减。负面信息包括不规范经营或执业行为、机构经营异常情况、受行政或刑事处罚、行业惩戒等情况。等级标准如下：

（一）A级为信用积分90分以上（含）100分以下（含）的；

（二）B级为信用积分80分以上（含）不满90分的；

（三）C级为信用积分60分以上（含）不满80分的；

（四）D级为信用积分不满60分的。

根据荣誉奖励、社会贡献等，适当设置附加加分项，并增设“A+”等级，等级标准为超过100分的。

第六条　国家知识产权局和省、自治区、直辖市人民政府管理专利工作的部门按照《专利代理机构信用评价指标体系及评价规则》和《专利代理师信用评价指标体系及评价规则》，依据书面证明材料，对专利代理机构、专利代理师进行信用计分，形成专利代理机构和专利代理师的信用等级。全国性专利代理行业组织产生的信用信息汇集至国家知识产权局统一进行信用计分，地方性专利代理行业组织产生的信用信息汇集至行业组织所在地的省、自治区、直辖市人民政府管理专利工作的部门统一进行信用计分。

专利代理评价的信用信息采集、信用计分、等级确定、结果公示通过专利代理管理系统进行。

第七条　专利代理信用信息依托专利代理管理系统，从以下渠道采集：

（一）国家知识产权局和地方知识产权管理部门在行政管理过程中产生的信息，以及专利代理监管工作过程中产生的信息；

（二）各专利代理行业组织在日常工作中产生的信息；

（三）专利代理机构和专利代理师报送的信息；

（四）其他行业主管部门和行业协会公开的信息，以及能够反映专利代理机构和专利代理师信用状况的其他信息。

专利代理机构跨区域开展业务的信息，以及分支机构的相关信用信息，由业务开展或分支机构所在地采集，归集到机构所在地的省、自治区、直辖市人民政府管理专利工作的部门。

第八条　专利代理机构、专利代理师信用计分和等级实施动态管理，国家知识产权局和省、自治区、直辖市人民政府管理专利工作的部门自收到信用变更信息7个工作日内更新信用计分及信用等级。除另有规定外，信用计分因相关情形被扣减或增加满12个月后，扣减或增加的分数清零，引起信用等级变化的，随之更新。

第三章　信用信息的公示、查询、异议和信用修复

第九条　国家知识产权局和省、自治区、直辖市人民政府管理专利工作的部门可以在政府网站、专利业务网上办理平台、专利代办处、知识产权业务受理窗口等场所公示专利代理机构信用等级。

国家知识产权局通过专利代理管理系统提供专利代理信用信息查询服务。社会公众可以查询专利代理机构和专利代理师的信用等级；专利代理机构可以查询本机构的信用计分明细和本机构执业的专利代理师的信用等级；专利代理师可以查询本人的信用计分明细。

第十条　专利代理机构和专利代理师对信用等级和计分有异议的，可以通过专利代理管理系统向所在地的省、自治区、直辖市人民政府管理专利工作的部门申请核查，并提供相关资料或者证明材料。省、自治区、直辖市人民政府管理专利工作的部门于收到申请之日起15个工作日内对异议申请完成核查，并将核查结果、理由告知提出异议的申请人。异议请求获得支持的，予以恢复信用计分和等级，异议期的信用计分和等级

不影响信用评价结果运用。

第十一条　专利代理机构和专利代理师被扣减信用计分满6个月后，履行相关义务纠正相关行为且已完成纠正的，可以通过专利代理管理系统向所在地的省、自治区、直辖市人民政府管理专利工作的部门提供相关资料或者证明材料，申请信用修复。省、自治区、直辖市人民政府管理专利工作的部门于收到申请之日起15个工作日内对修复申请进行审核，并将审核结果、理由告知修复申请的申请人。修复申请通过的，所扣分数不再计算。

具有下列情形之一的，不予信用修复：

（一）距离上一次信用修复时间不足12个月；

（二）申请信用修复过程中存在弄虚作假、故意隐瞒事实等行为；

（三）法律、行政法规和党中央、国务院政策文件明确规定不可修复的。

对于存在前款第（二）种情形的，自发现之日起2年内不得再次申请信用修复，并重新计算信用计分扣分期限。

第十二条　专利代理机构和专利代理师对国家知识产权局作出的信用计分结果提出异议或申请信用修复的，由所在地的省、自治区、直辖市人民政府管理专利工作的部门统一受理，并通过专利代理管理系统向国家知识产权局报请审核。相关审核结果、理由由所在地的省、自治区、直辖市人民政府管理专利工作的部门负责告知申请人。

第四章　结果运用

第十三条　国家知识产权局和省、自治区、直辖市人民政府管理专利工作的部门建立专利代理信用管理联动机制，根据专利代理机构和专利代理师信用状况，实施分类服务和监管。

第十四条　对于达到“A+”、“A”级的专利代理机构和专利代理师，国家知识产权局和省、自治区、直辖市人民政府管理专利工作的部门可以减少日常检查频次，在有关行政审批等工作中为其提供便利化服务，在财政性资金项目申请、有关审查便利化措施备案中优先受理和审核。

第十五条　对于“B”级的专利代理机构和专利代理师，国家知识产权局和省、自治区、直辖市人民政府管理专利工作的部门，实施常规监管，适时进行业务指导，并视信用等级变化，实施相应的激励和分类监管措施。

第十六条　对于“C”级的专利代理机构和专利代理师，国家知识产权局和省、自治区、直辖市人民政府管理专利工作的部门列为重点检查对象，提高检查频次，进行业务指导和政策宣讲。在财政性资金项目申请、有关审查便利化措施备案中从严受理和审核。

第十七条　对于“D”级的专利代理机构和专利代理师，国家知识产权局和地方知识产权管理部门，以及各类专利代理协会、知识产权服务业协会实行分类管理，列为重点监管对象，提高检查频次，依法严格监管，限制其适用告知承诺制等便利措施，在各类优惠政策、财政性资金项目申请、有关审查便利化措施备案、评优评先评奖、各类活动参加单位筛查、诉讼代理人推荐、有关专家和人才推荐中予以协同限制。

第五章　附　　则

第十八条　省、自治区、直辖市人民政府管理专利工作的部门可以依据本办法制定具体实施办法。

第十九条　本办法由国家知识产权局负责解释。

第二十条　本办法自2023年5月1日起试行。

附件：1. 专利代理机构信用评价指标体系及评价规则（略）

2. 专利代理师信用评价指标体系及评价规则（略）

关于促进专利代理行业发展的若干意见

1. 2014年2月28日国家知识产权局发布

2. 国知发法字〔2014〕12号

专利代理行业是专利制度有效运转的重要支撑，经过近30年的发展，专利代理行业规模持续扩大，服务能力稳步提升，业务领域不断扩展，有力地推动了我国专利事业的发展。但总体上，专利代理行业仍存在人才资源不足、服务质量不高、区域发展不平衡等问题。为全面贯彻落实党的十八届三中全会精神，深入实施国家知识产权战略，扩大专利代理人队伍，提高专利代理服务质量，充分发挥专利代理服务创新主体的作用，支撑创新驱动发展，现提出以下意见：

一、扩大行业规模，激发市场活力

（一）吸引优秀人才进入行业。允许具有理工科背景的在读满一年以上的研究生报名参加全国专利代理人资格考试。做好面向高校在校生的专利代理行业宣传工作，组织有针对性的考前培训。探索建立与高校联合培养知识产权实务人才的长效机制，引进实务师资，完善课程设置和教学方式，培养国际化、复合型、实用性人才。

（二）多渠道集聚人才优势。营造有利于人才顺畅流动的环境，广泛集聚有资质的优秀人才进入专利代理行业执业发展。对于同时具有专利代理人资格证和法律职业资格证的人员，其律师执业经历视为专利代理执业经历；对于企业、高等院校、科研院所中具有专利代理人资格证的人员，其从事本单位专利申请工作的经历视为专利代理执业经历。

（三）促进资源配置的区域平衡。引导、鼓励大中型专利代理机构到专利代理服务需求旺盛地区、专利代理人才紧缺地区开设分支机构，在符合相关条件的前提下，允许在分支机构中专职执业的专利代理人数量由2名降为1名。加强对分支机构的管理和监督，充分发挥分支机构的积极作用。

（四）健全专利代理行业退出机制。简化专利代理机构组织形式变更以及注销程序，增强审批流程的可操作性和便利性。协调相关部门建立信息交换和资源共享机制，指导和监督专利代理机构认真履行组织形式变更、注销的法定程序和法律责任。

二、创新服务模式，加大支持力度

（五）加强行业发展规划，完善行业标准体系。研究制定专利代理行业发展中长期规划，进一步明确行业发展的方向、目标、主要任务及政策措施。构建以专利代理服务标准、专利代理质量评价指标和专利代理机构管理规范为支撑的行业标准体系。

（六）推动形成规范化、多元化的专利代理服务市场。加强专利代理行业监管，积极协调、联合相关部门整顿和规范专利代理市场秩序。搭建多种形式的对接平台，引导、鼓励专利代理机构和专利代理人更新服务理念、拓展服务范围，在不断提高专利申请基础业务服务质量的同时，为创新主体提供专利维权、知识产权托管、知识产权分析评议、专利分析和预警、专利技术转让和许可等多种服务。

（七）激发行业协会活力。支持行业协会加强自身能力建设，鼓励扶持行业协会发挥自律作用，全面提升行业诚信水平。支持行业协会健全、完善专利代理人培训制度，扩大培训人员范围，满足从业人员对培训的多样性需求。

本意见自发布之日起实施。现有相关规定与本意见不一致的，以本意见为准。

国家知识产权局关于调整专利收费减缴条件和商标注册收费标准的公告

2019年6月28日国家知识产权局公告第316号公布

为贯彻落实党中央、国务院减税降费决策部署，切实减轻社会负担，促进实体经济发展，按照《财政部、国家发展改革委关于减免部分行政事业性收费有关政策的通知》《国家发展改革委、财政部关于降低部分行政事业性收费标准的通知》（财税〔2019〕45号、发改价格〔2019〕914号）要求，国家知识产权局将于2019年7月1日起调整专利收费减缴条件和商标注册收费标准，现公告如下：

一、将《财政部、国家发展改革委关于印发〈专利收费减缴办法〉的通知》（财税〔2016〕78号）第三条规定可以申请减缴专利收费的专利申请人和专利权人条件，由上年度月均收入低于3500元（年4.2万元）的个人，调整为上年度月均收入低于5000元（年6万元）的个人；由上年度企业应纳税所得额低于30万元的企业，调整为上年度企业应纳税所得额低于100万元的企业。

二、将受理商标续展注册费收费标准由1000元降为500元，变更费收费标准由250元降为150元。对提交网上申请并接受电子发文的商标业务，免收变更费，其他收费项目，包括受理商标注册费、补发商标注册证费、受理转让注册商标费、受理商标续展注册费、受理续展注册迟延费、受理商标评审费、出具商标证明费、受理集体商标注册费、受理证明商标注册费、商标异议费、撤销商标费、商标使用许可合同备案费，按现行标准的90%收费。

特此公告。

3. 专利申请

规范申请专利行为的规定

1. 2023年12月21日国家知识产权局令第77号公布
2. 自2024年1月20日起施行

第一条　为了规范申请专利行为，维护专利工作的正常秩序，根据《中华人民共和国专利法》《中华人民共和国专利法实施细则》《专利代理条例》等有关法律法规制定本规定。

第二条　提出或者代理提出专利申请的，应当遵守法律、行政法规和部门规章的有关规定，遵循专利法立法宗旨，恪守诚实信用原则，以真实发明创造活动为基础，不得弄虚作假，不得违反《中华人民共和国专利法实施细则》第十一条的规定实施非正常申请专利行为。

第三条　本规定所称非正常申请专利行为包括：

（一）所提出的多件专利申请的发明创造内容明显相同，或者实质上由不同发明创造特征、要素简单组合形成的；

（二）所提出专利申请存在编造、伪造、变造发明创造内容、实验数据或者技术效果，或者抄袭、简单替换、拼凑现有技术或者现有设计等类似情况的；

（三）所提出专利申请的发明创造内容主要为利用计算机技术等随机生成的；

（四）所提出专利申请的发明创造为明显不符合技术改进、设计常理，或者变劣、堆砌、非必要缩限保护范围的；

（五）申请人无实际研发活动提交多件专利申请，且不能作出合理解释的；

（六）将实质上与特定单位、个人或者地址关联的多件专利申请恶意分散、先后或者异地提出的；

（七）出于不正当目的转让、受让专利申请权，或者虚假变更发明人、设计人的；

（八）违反诚实信用原则、扰乱专利工作正常秩序的其他非正常申请专利行为。

第四条　任何单位或者个人不得代理、诱导、教唆、帮助他人实施各类非正常申请专利行为。

第五条　国务院专利行政部门根据《中华人民共和国专利法》《中华人民共和国专利法实施细则》相关规定，在专利申请的受理、初步审查、实质审查、复审程序或者国际申请的国际阶段程序中发现或者根据举报线索得知，并初步认定存在非正常申请专利行为的，可以组成专门审查工作组或者授权审查员启动专门审查程序，通知申请人在指定的期限内陈述意见并提交证明材料，或者主动撤回相关专利申请、法律手续办理请求。

第六条　申请人无正当理由逾期未答复的，相关专利申请视为撤回，相关法律手续办理请求视为未提出。

第七条　经申请人陈述意见后，国务院专利行政部门仍然认为属于非正常申请专利行为的，应当依法驳回相关专利申请，或者不予批准相关法律手续办理请求。

申请人对驳回专利申请决定不服的，可以依法提出专利复审请求；对不予批准相关法律手续办理请求不服的，可以依法提出行政复议申请或者提起行政诉讼。

第八条　对实施非正常申请专利行为的单位或者个人，依据《中华人民共和国专利法》《中华人民共和国专利法实施细则》实施行政处罚。

对实施本规定第四条规定的非正常申请专利行为的专利代理机构，以及擅自开展专利代理业务的机构或者个人，依据《专利代理条例》及相关规定实施行政处罚。

对于违反本规定涉嫌犯罪的，依法移送司法机关追究刑事责任。

第九条　可以对非正常申请专利行为采取下列处理措施：

（一）对该非正常专利申请不予减缴专利费用；对于五年内多次实施非正常申请专利行为等情节严重的申请人，其在该段时间内提出的专利申请均不予减缴专利费用；已经减缴的，要求其补缴相关减缴费用；

（二）在国务院专利行政部门政府网站和有关媒体上予以公告，并将相关信息纳入全国信用信息共享平台；

（三）实施非正常申请专利行为损害社会公共利益，并受到市场监督管理等部门较重行政处罚的，依照国家有关规定列入市场监督管理严重违法失信名单；

（四）在国务院专利行政部门的专利申请数量统计中扣除非正常申请专利行为相关的专利申请数量；

（五）对申请人和相关代理机构不予资助或者奖励；已经资助或者奖励的，全部或者部分追还。

第十条 采取本规定第九条所列处理措施前，必要时允许当事人陈述意见。

第十一条 管理专利工作的部门应当引导公众和专利代理机构依法提出专利申请，加强对非正常申请专利行为的管理。

地方管理专利工作的部门和专利代办处发现或者根据举报得知非正常申请专利行为线索的，应当及时向国务院专利行政部门报告。国务院专利行政部门对非正常申请专利行为依法进行处理时，地方管理专利工作的部门应当予以配合。

第十二条 向国外提出或者代理提出专利申请的，应当遵守中国和相关国家、地区法律法规的规定。不得违反诚实信用原则，不以真实发明创造活动为基础，以弄虚作假的方式提出专利申请，牟取不正当利益。

第十三条 本规定自2024年1月20日起施行。2007年8月27日国家知识产权局令第四十五号公布的《关于规范专利申请行为的若干规定》，2017年2月28日国家知识产权局令第七十五号公布的《国家知识产权局关于修改〈关于规范专利申请行为的若干规定〉的决定》和2021年3月11日国家知识产权局公告第四一一号公布的《关于规范申请专利行为的办法》同时废止。

关于专利电子申请的规定

1. 2010年8月26日国家知识产权局令第57号公布
2. 自2010年10月1日起施行

第一条 为了规范与通过互联网传输并以电子文件形式提出的专利申请（以下简称专利电子申请）有关的程序和要求，方便申请人提交专利申请，提高专利审批效率，推进电子政务建设，依照《中华人民共和国专利法实施细则》（以下简称专利法实施细则）第二条和第十五条第二款，制定本规定。

第二条 提出专利电子申请的，应当事先与国家知识产权局签订《专利电子申请系统用户注册协议》（以下简称用户协议）。

开办专利电子申请代理业务的专利代理机构，应当以该专利代理机构名义与国家知识产权局签订用户协议。

申请人委托已与国家知识产权局签订用户协议的专利代理机构办理专利电子申请业务的，无须另行与国家知识产权局签订用户协议。

第三条 申请人有两人以上且未委托专利代理机构的，以提交电子申请的申请人为代表人。

第四条 发明、实用新型和外观设计专利申请均可以采用电子文件形式提出。

依照专利法实施细则第一百零一条第二款的规定进入中国国家阶段的专利申请，可以采用电子文件形式提交。

依照专利法实施细则第一百零一条第一款的规定向国家知识产权局提出专利国际申请的，不适用本规定。

第五条 申请专利的发明创造涉及国家安全或者重大利益需要保密的，应当以纸件形式提出专利申请。

申请人以电子文件形式提出专利申请后，国家知识产权局认为该专利申请需要保密的，应当将该专利申请转为纸件形式继续审查并通知申请人。申请人在后续程序中应当以纸件形式递交各种文件。

依照专利法实施细则第八条第二款第（一）项直接向外国申请专利或者向有关国外机构提交专利国际申请的，申请人向国家知识产权局提出的保密审查请求和技术方案应当以纸件形式提出。

第六条 提交专利电子申请和相关文件的，应当遵守规定的文件格式、数据标准、操作规范和传输方式。专利电子申请和相关文件未能被国家知识产权局专利电子申请系统正常接收的，视为未提交。

第七条 申请人办理专利电子申请各种手续的，应当以电子文件形式提交相关文件。除另有规定外，国家知识产权局不接受申请人以纸件形式提交的相关文件。不符合本款规定的，相关文件视为未提交。

以纸件形式提出专利申请并被受理后，除涉及国家安全或者重大利益需要保密的专利申请外，申请人可以请求将纸件申请转为专利电子申请。

特殊情形下需要将专利电子申请转为纸件申请的，申请人应当提出请求，经国家知识产权局审批并办理相关手续后可以转为纸件申请。

第八条 申请人办理专利电子申请的各种手续的，对专利法及其实施细则或者专利审查指南中规定的应当以原件形式提交的相关文件，申请人可以提交原件的电子扫描文件。国家知识产权局认为必要时，可以要求申请人在指定期限内提交原件。

申请人在提出专利电子申请时请求减缴或者缓缴专利法实施细则规定的各种费用需要提交有关证明文件的,应当在提出专利申请时提交证明文件原件的电子扫描文件。未提交电子扫描文件的,视为未提交有关证明文件。

第九条 采用电子文件形式向国家知识产权局提交的各种文件,以国家知识产权局专利电子申请系统收到电子文件之日为递交日。

对于专利电子申请,国家知识产权局以电子文件形式向申请人发出的各种通知书、决定或者其他文件,自文件发出之日起满 15 日,推定为申请人收到文件之日。

第十条 专利法及其实施细则和专利审查指南中关于专利申请和相关文件的所有规定,除专门针对以纸件形式提交的专利申请和相关文件的规定之外,均适用于专利电子申请。

第十一条 本规定由国家知识产权局负责解释。

第十二条 本规定自 2010 年 10 月 1 日起施行。2004 年 2 月 12 日国家知识产权局令第三十五号发布的《关于电子专利申请的规定》同时废止。

关于台湾同胞专利申请的若干规定

1. 2010 年 11 月 15 日国家知识产权局令第 58 号公布
2. 自 2010 年 11 月 22 日起施行

第一条 为了方便台湾同胞向国家知识产权局申请专利,制定本规定。

第二条 台湾地区申请人(以下简称申请人)在台湾地区专利主管机构第一次提出发明或者实用新型专利申请之日起十二个月内,或者第一次提出外观设计专利申请之日起六个月内,又在国家知识产权局就相同主题提出专利申请的,可以要求享有其台湾地区在先申请的优先权(以下简称台湾地区优先权)。

申请人根据前款规定要求台湾地区优先权的,其在先申请的申请日应当在 2010 年 9 月 12 日(含当日)以后。

第三条 申请人可以在一件申请中要求一项或者多项台湾地区优先权;要求多项台湾地区优先权的,该申请的台湾地区优先权期限从最早的在先申请的申请日起计算。

第四条 申请人要求台湾地区优先权的,应当在向国家知识产权局提出专利申请的同时在请求书中声明,并且在三个月内提交由台湾地区专利主管机构出具的在先申请文件的副本;未在请求书中声明或者期满未提交在先申请文件副本的,视为未要求台湾地区优先权。

申请人在请求书中声明要求台湾地区优先权的,应当写明在先申请的申请日和申请号,并写明原受理机构为“台湾地区”。

第五条 申请人要求一项或者多项台湾地区优先权而在请求书的声明中未写明或者错写其中某件在先申请的申请日、申请号和原受理机构名称中的一项或者两项内容,但申请人已在规定的期限内提交了在先申请文件副本的,国家知识产权局应当通知申请人补正;申请人期满未答复或者补正后仍不符合规定的,视为未要求该项台湾地区优先权。

第六条 申请人要求多项台湾地区优先权的,应当提交全部在先申请文件副本。

在先申请文件副本至少应当表明原受理机构、申请人、申请日、申请号。在先申请文件副本不符合规定的,国家知识产权局应当通知申请人补正;申请人期满未答复或者补正后仍不符合规定的,视为未提交该在先申请文件副本。

国家知识产权局依据有关协议,通过电子交换途径获得在先申请文件副本的,视为申请人提交了符合规定的在先申请文件副本。

申请人已向国家知识产权局提交过在先申请文件副本,需要再次提交的,可以仅提交该副本的题录,但应当注明在先申请文件副本的原件所在申请案卷的申请号。

第七条 要求台湾地区优先权的申请人与在先申请文件副本中记载的申请人不一致的,应当在向国家知识产权局提出专利申请之日起三个月内提交台湾地区优先权转让证明或者有关说明;期满未提交或者提交的文件不符合规定的,视为未要求台湾地区优先权。

第八条 申请人要求台湾地区优先权后,可以撤回其全部或者其中某一项或者几项台湾地区优先权要求。

申请人撤回其台湾地区优先权要求的,应当提交全体申请人签字或者盖章的撤回台湾地区优先权声明;撤回台湾地区优先权声明不符合规定的,视为未提出撤回台湾地区优先权声明。

申请人撤回其台湾地区优先权要求导致该申请的最早台湾地区优先权日变更，且自该台湾地区优先权日起算的各种期限尚未届满的，其台湾地区优先权期限应当自变更后的最早台湾地区优先权日或者申请日起算；撤回台湾地区优先权的声明是在变更前的最早台湾地区优先权日起十五个月之后到达国家知识产权局的，则在后专利申请的公布期限仍按照变更前的最早台湾地区优先权日起算。

第九条 要求台湾地区优先权的，应当在缴纳申请费的同时，根据专利法实施细则第九十三条的规定缴纳台湾地区优先权要求费；期满未缴纳或者未缴足的，视为未要求台湾地区优先权。

第十条 被视为未要求台湾地区优先权并属于下列情形之一的，申请人可以根据专利法实施细则第六条的规定请求恢复要求台湾地区优先权的权利：

（一）由于未在指定期限内办理补正手续导致视为未要求台湾地区优先权的；

（二）要求台湾地区优先权声明中至少一项内容填写正确，但未在规定的期限内提交在先申请文件副本或者台湾地区优先权转让证明文件或者有关说明的；

（三）要求台湾地区优先权声明中至少一项内容填写正确，但未在规定的期限内缴纳或者缴足台湾地区优先权要求费的；

（四）分案申请的原申请要求了台湾地区优先权的。

除上述情形外，其他原因造成被视为未要求台湾地区优先权的，不予恢复。

第十一条 申请人提出的专利申请文件中，含有与现行法律、法规、规章相抵触的词句的，国家知识产权局应当通知申请人在两个月内删除或者修改，期满不答复的，其申请被视为撤回；申请人拒绝删除、修改或者修改后仍不符合规定的，应当驳回该专利申请。明显不涉及技术内容的词句，国家知识产权局可以依职权删除并通知申请人；申请人不同意删除的，应当驳回该专利申请。

第十二条 国家知识产权局依申请人请求出具申请文件副本的，应当先根据本规定第十一条对申请文件用语进行审查；申请文件中含有与现行法律、法规、规章相抵触的词句的，在初审合格之前不予办理。

第十三条 申请人不愿公布其地址的，可在“申请人地址”栏中注明“中国台湾”。

第十四条 本规定自2010年11月22日起施行。原中国专利局1993年3月29日颁布的《关于受理台胞专利申请的规定》（国专发法字〔1993〕第63号）和1993年4月23日颁布的《关于台胞申请专利手续中若干问题的处理办法》（国专发审字〔1993〕第69号）同时废止。

用于专利程序的生物材料保藏办法

1. 2015年1月16日国家知识产权局令第69号公布
2. 自2015年3月1日起施行

第一章 总 则

第一条 为了规范用于专利程序的生物材料的保藏和提供样品的程序，根据《中华人民共和国专利法》和《中华人民共和国专利法实施细则》（以下简称专利法实施细则），制定本办法。

第二条 生物材料保藏单位负责保藏用于专利程序的生物材料以及向有权获得样品的单位或者个人提供所保藏的生物材料样品。

第三条 在中国没有经常居所或者营业所的外国人、外国企业或者外国其他组织根据本办法办理相关事务的，应当委托依法设立的专利代理机构办理。

第二章 保藏生物材料

第四条 专利申请人依照专利法实施细则第二十四条提交生物材料保藏时，应当向保藏单位提交该生物材料，并附具保藏请求书写明下列事项：

（一）请求保藏的生物材料是用于专利程序的目的，并保证在本办法第九条规定的保藏期间内不撤回该保藏；

（二）专利申请人的姓名或者名称和地址；

（三）详细叙述该生物材料的培养、保藏和进行存活性检验所需的条件；保藏两种以上生物材料的混合培养物时，应当说明其组分以及至少一种能检查各个组分存在的方法；

（四）专利申请人给予该生物材料的识别符号，以及对该生物材料的分类命名或者科学描述；

（五）写明生物材料具有或者可能具有危及健康或者环境的特性，或者写明专利申请人不知道该生物材料具有此种特性。

第五条 保藏单位对请求保藏的生物材料的生物特性不承担复核的义务。专利申请人要求对该生物材料的生物特性和分类命名进行复核检验的，应当在提交保藏生物材料时与保藏单位另行签订合同。

第六条　保藏单位收到生物材料和保藏请求书后，应当向专利申请人出具经保藏单位盖章和负责人签字的书面保藏证明。保藏证明应当包括下列各项：

（一）保藏单位的名称和地址；

（二）专利申请人的姓名或者名称和地址；

（三）收到生物材料的日期；

（四）专利申请人给予该生物材料的识别符号，以及对该生物材料的分类命名或者科学描述；

（五）保藏单位给予的保藏编号。

第七条　有下列情形之一的，保藏单位对生物材料不予保藏，并应当通知专利申请人：

（一）该生物材料不属于保藏单位接受保藏的生物材料种类；

（二）该生物材料的性质特殊，保藏单位的技术条件无法进行保藏；

（三）保藏单位在收到保藏请求时，有其他理由无法接受该生物材料。

第八条　保藏单位收到生物材料以及保藏请求后应当及时进行存活性检验，并向专利申请人出具经保藏单位盖章和负责人签字的书面存活证明。存活证明应当记载该生物材料是否存活，并应当包括下列各项：

（一）保藏单位的名称和地址；

（二）专利申请人的姓名或者名称和地址；

（三）收到生物材料的日期；

（四）保藏单位给予的保藏编号；

（五）存活性检验的日期。

在保藏期间内，应专利申请人或者专利权人随时提出的请求，保藏单位应当对该生物材料进行存活性检验并向其出具经保藏单位盖章和负责人签字的书面存活证明。

第九条　用于专利程序的生物材料的保藏期限至少30年，自保藏单位收到生物材料之日起计算。保藏单位在保藏期限届满前收到提供生物材料样品请求的，自请求日起至少应当再保藏5年。在保藏期间内，保藏单位应当采取一切必要的措施保持其保藏的生物材料存活和不受污染。

第十条　涉及保藏的生物材料的专利申请公布前，保藏单位对其保藏的生物材料以及相关信息负有保密责任，不得向任何第三方提供该生物材料的样品和信息。

第十一条　生物材料在保藏期间内发生死亡或者污染等情况的，保藏单位应当及时通知专利申请人或者专利权人。专利申请人或者专利权人在收到上述通知之日起4个月内重新提交与原保藏的生物材料相同的生物材料的，保藏单位予以继续保藏。

第三章　提供生物材料样品

第十二条　在保藏期间内，应保藏生物材料的专利申请人或者专利权人或者经其允许的任何单位或者个人的请求，保藏单位应当向其提供该生物材料的样品。

专利申请权或者专利权发生转让的，请求提供生物材料样品的权利以及允许他人获得生物材料样品的权利一并转让。

专利申请权或者专利权发生转让的，受让人应当及时通知保藏单位该专利申请权或者专利权的转让情况。

第十三条　《国际承认用于专利程序的微生物保藏布达佩斯条约》缔约方专利局正在审查的专利申请或者已经授予的专利权涉及保藏单位所保藏的生物材料，该专利局为其专利程序的目的要求保藏单位提供该生物材料样品的，保藏单位应当向其提供。

第十四条　国家知识产权局收到请求人依照专利法实施细则第二十五条提出的请求后，应当核实下列事项：

（一）涉及该保藏生物材料的专利申请已经向国家知识产权局提交，并且该申请的主题包括该生物材料或者其利用；

（二）所述专利申请已经公布或者授权；

（三）请求人已经按照专利法实施细则第二十五条的规定作出保证。

国家知识产权局应当将该请求和有关文件的副本转送专利申请人或者专利权人，要求其在指定期限内就是否同意向请求人提供样品提出意见。专利申请人或者专利权人不同意向请求人提供样品的，应当说明理由并提交必要的证据；逾期不提出意见的，视为同意向请求人提供样品。

国家知识产权局应当综合考虑核实的情况以及专利申请人或者专利权人提出的意见，确定是否向请求人出具其有权获得生物材料样品的证明。

第十五条　除本办法第十二条和第十三条规定的情形外，请求提供生物材料样品的单位或者个人向保藏单位提交提供样品请求书以及国家知识产权局根据本办法第十四条所出具的证明的，保藏单位应当向其提供生物材料样品。

第十六条　保藏单位依照本办法提供生物材料样品，获得生物材料样品的人使用生物材料样品的，还应当遵守国家有关生物安全、出入境管理等法律法规的规定。

第十七条　保藏单位依照本办法向专利申请人或者专利权人之外的其他单位或者个人提供生物材料样品的，应当及时通知专利申请人或者专利权人。

第十八条　自本办法第九条规定的保藏期限届满之日起1年内，专利申请人或者专利权人可以取回所保藏的生物材料或者与保藏单位协商处置该生物材料。专利申请人或者专利权人在该期限内不取回也不进行处置的，保藏单位有权处置该生物材料。

第四章　附　　则

第十九条　保藏单位确定的接受保藏的生物材料种类以及收费标准应当予以公布，并报国家知识产权局备案。

第二十条　本办法自2015年3月1日起施行。1985年3月12日中华人民共和国专利局公告第八号发布的《中国微生物菌种保藏管理委员会普通微生物中心用于专利程序的微生物保藏办法》和《中国典型培养物中心用于专利程序的微生物保藏办法》同时废止。

专利优先审查管理办法

1. 2017年6月27日国家知识产权局令第76号公布
2. 自2017年8月1日起施行

第一条　为了促进产业结构优化升级，推进国家知识产权战略实施和知识产权强国建设，服务创新驱动发展，完善专利审查程序，根据《中华人民共和国专利法》和《中华人民共和国专利法实施细则》（以下简称专利法实施细则）的有关规定，制定本办法。

第二条　下列专利申请或者案件的优先审查适用本办法：

（一）实质审查阶段的发明专利申请；

（二）实用新型和外观设计专利申请；

（三）发明、实用新型和外观设计专利申请的复审；

（四）发明、实用新型和外观设计专利的无效宣告。

依据国家知识产权局与其他国家或者地区专利审查机构签订的双边或者多边协议开展优先审查的，按照有关规定处理，不适用本办法。

第三条　有下列情形之一的专利申请或者专利复审案件，可以请求优先审查：

（一）涉及节能环保、新一代信息技术、生物、高端装备制造、新能源、新材料、新能源汽车、智能制造等国家重点发展产业；

（二）涉及各省级和设区的市级人民政府重点鼓励的产业；

（三）涉及互联网、大数据、云计算等领域且技术或者产品更新速度快；

（四）专利申请人或者复审请求人已经做好实施准备或者已经开始实施，或者有证据证明他人正在实施其发明创造；

（五）就相同主题首次在中国提出专利申请又向其他国家或者地区提出申请的该中国首次申请；

（六）其他对国家利益或者公共利益具有重大意义需要优先审查。

第四条　有下列情形之一的无效宣告案件，可以请求优先审查：

（一）针对无效宣告案件涉及的专利发生侵权纠纷，当事人已请求地方知识产权局处理、向人民法院起诉或者请求仲裁调解组织仲裁调解；

（二）无效宣告案件涉及的专利对国家利益或者公共利益具有重大意义。

第五条　对专利申请、专利复审案件提出优先审查请求，应当经全体申请人或者全体复审请求人同意；对无效宣告案件提出优先审查请求，应当经无效宣告请求人或者全体专利权人同意。

处理、审理涉案专利侵权纠纷的地方知识产权局、人民法院或者仲裁调解组织可以对无效宣告案件提出优先审查请求。

第六条　对专利申请、专利复审案件、无效宣告案件进行优先审查的数量，由国家知识产权局根据不同专业技术领域的审查能力、上一年度专利授权量以及本年度待审案件数量等情况确定。

第七条　请求优先审查的专利申请或者专利复审案件应当采用电子申请方式。

第八条　申请人提出发明、实用新型、外观设计专利申请优先审查请求的，应当提交优先审查请求书、现有技术或者现有设计信息材料和相关证明文件；除本办法第三条第五项的情形外，优先审查请求书应当由国务院相关部门或者省级知识产权局签署推荐意见。

当事人提出专利复审、无效宣告案件优先审查请求的，应当提交优先审查请求书和相关证明文件；除在实质审查或者初步审查程序中已经进行优先审查的专利复审案件外，优先审查请求书应当由国务院相关部门或者省级知识产权局签署推荐意见。

地方知识产权局、人民法院、仲裁调解组织提出无效宣告案件优先审查请求的，应当提交优先审查请求书并说明理由。

第九条　国家知识产权局受理和审核优先审查请求后，应当及时将审核意见通知优先审查请求人。

第十条　国家知识产权局同意进行优先审查的，应当自同意之日起，在以下期限内结案：

（一）发明专利申请在四十五日内发出第一次审查意见通知书，并在一年内结案；

（二）实用新型和外观设计专利申请在两个月内结案；

（三）专利复审案件在七个月内结案；

（四）发明和实用新型专利无效宣告案件在五个月内结案，外观设计专利无效宣告案件在四个月内结案。

第十一条　对于优先审查的专利申请，申请人应当尽快作出答复或者补正。申请人答复发明专利审查意见通知书的期限为通知书发文日起两个月，申请人答复实用新型和外观设计专利审查意见通知书的期限为通知书发文日起十五日。

第十二条　对于优先审查的专利申请，有下列情形之一的，国家知识产权局可以停止优先审查程序，按普通程序处理，并及时通知优先审查请求人：

（一）优先审查请求获得同意后，申请人根据专利法实施细则第五十一条第一、二款对申请文件提出修改；

（二）申请人答复期限超过本办法第十一条规定的期限；

（三）申请人提交虚假材料；

（四）在审查过程中发现为非正常专利申请。

第十三条　对于优先审查的专利复审或者无效宣告案件，有下列情形之一的，专利复审委员会可以停止优先审查程序，按普通程序处理，并及时通知优先审查请求人：

（一）复审请求人延期答复；

（二）优先审查请求获得同意后，无效宣告请求人补充证据和理由；

（三）优先审查请求获得同意后，专利权人以删除以外的方式修改权利要求书；

（四）专利复审或者无效宣告程序被中止；

（五）案件审理依赖于其他案件的审查结论；

（六）疑难案件，并经专利复审委员会主任批准。

第十四条　本办法由国家知识产权局负责解释。

第十五条　本办法自 2017 年 8 月 1 日起施行。2012 年 8 月 1 日起施行的《发明专利申请优先审查管理办法》同时废止。

关于规范申请专利行为的办法

2021 年 3 月 11 日国家知识产权局公告第 411 号发布施行

第一条　为坚决打击违背专利法立法宗旨、违反诚实信用原则的各类非正常申请专利行为，依据专利法及其实施细则、专利代理条例等有关法律法规，制定本办法。对于非正常申请专利行为及非正常专利申请，按照本办法严格审查和处理。

第二条　本办法所称非正常申请专利行为是指任何单位或者个人，不以保护创新为目的，不以真实发明创造活动为基础，为牟取不正当利益或者虚构创新业绩、服务绩效，单独或者勾联提交各类专利申请、代理专利申请、转让专利申请权或者专利权等行为。

下列各类行为属于本办法所称非正常申请专利行为：

（一）同时或者先后提交发明创造内容明显相同、或者实质上由不同发明创造特征或要素简单组合变化而形成的多件专利申请的；

（二）所提交专利申请存在编造、伪造或变造发明创造内容、实验数据或技术效果，或者抄袭、简单替换、拼凑现有技术或现有设计等类似情况的；

（三）所提交专利申请的发明创造与申请人、发明人实际研发能力及资源条件明显不符的；

（四）所提交多件专利申请的发明创造内容系主要利用计算机程序或者其他技术随机生成的；

（五）所提交专利申请的发明创造系为规避可专利性审查目的而故意形成的明显不符合技术改进或设计常理，或者无实际保护价值的变劣、堆砌、非必要缩限保护范围的发明创造，或者无任何检索和审查意义的内容；

（六）为逃避打击非正常申请专利行为监管措施而将实质上与特定单位、个人或地址关联的多件专利申请分散、先后或异地提交的；

（七）不以实施专利技术、设计或其他正当目的倒买倒卖专利申请权或专利权，或者虚假变更发明人、设计人的；

（八）专利代理机构、专利代理师，或者其他机构或个人，代理、诱导、教唆、帮助他人或者与之合谋实施各类非正常申请专利行为的；

（九）违反诚实信用原则、扰乱正常专利工作秩序的其他非正常申请专利行为及相关行为。

第三条 国家知识产权局在专利申请受理、初审、实审、复审程序或者国际申请的国际阶段程序中发现或者根据举报得知，并初步认定存在本办法所称非正常申请专利行为的，可以组成专门审查工作组或者授权审查员依据本办法启动专门审查程序，批量集中处理，通知申请人，要求其立即停止有关行为，并在指定的期限内主动撤回相关专利申请或法律手续办理请求，或者陈述意见。

申请人对于非正常申请专利行为初步认定不服的，应当在指定期限内陈述意见，并提交充分证明材料。无正当理由逾期不答复的，相关专利申请被视为撤回，相关法律手续办理请求被视为未提出。

经申请人陈述意见后，国家知识产权局仍然认为属于本办法所称非正常申请专利行为的，可以依法驳回相关专利申请，或者不予批准相关法律手续办理请求。

申请人对于国家知识产权局上述决定不服的，可以依法提出行政复议申请、复审请求或者提起行政诉讼。

第四条 对于被认定的非正常专利申请，国家知识产权局可以视情节不予减缴专利费用；已经减缴的，要求补缴已经减缴的费用。

对于屡犯等情节严重的申请人，自认定非正常申请专利行为之日起五年内对其专利申请不予减缴专利费用。

第五条 对于存在本办法第二条第二款第（八）项所述非正常申请专利行为的专利代理机构或者专利代理师，由中华全国专利代理师协会采取自律措施，对于屡犯等情节严重的，由国家知识产权局或者管理专利工作的部门依法依规进行处罚。

对于存在上述行为的其他机构或个人，由管理专利工作的部门依据查处无资质专利代理行为的有关规定进行处罚，违反其他法律法规的，依法移送有关部门进行处理。

第六条 管理专利工作的部门和专利代办处发现或者根据举报得知非正常申请专利行为线索的，应当及时向国家知识产权局报告。

管理专利工作的部门对于被认定存在非正常申请专利行为的单位或者个人应当按照有关政策文件要求执行有关措施。

第七条 对于存在第二条所述行为的单位或者个人，依据《中华人民共和国刑法》涉嫌构成犯罪的，依法移送有关机关追究刑事责任。

第八条 本办法自发布之日起施行。

农业部办公厅关于兽药产品专利有关问题的函

1. 2012年3月20日
2. 农办医函〔2012〕12号

中国兽医药品监察所：

你所《关于江西中成中药原料有限公司申报兽药产品批准文号有关问题的请示》（中监所（质监）〔2012〕11号）收悉。经研究，现答复如下。

一、在国内拥有专利且需兽医管理部门履行保护的兽药，专利权属人应当向你所提供其已获专利权的证明性文件及相关说明，并在中国兽药信息网发布专利声明。

二、其他兽药生产企业申请生产监测期届满但有知识产权保护的兽药产品时，应当提交与专利权属人签订的转让合同或对他人的专利不构成侵权的声明。

三、兽药产品发生专利权纠纷的，由当事人按照有关专利法律法规解决。专利管理部门或人民法院最终依法认定侵权行为成立的，兽医管理部门依法注销已核发的产品批准文号。

最高人民法院关于审理申请注册的药品相关的专利权纠纷民事案件适用法律若干问题的规定

1. 2021年5月24日最高人民法院审判委员会第1839次会议通过
2. 2021年7月4日公布
3. 法释〔2021〕13号
4. 自2021年7月5日起施行

为正确审理申请注册的药品相关的专利权纠纷民

事案件，根据《中华人民共和国专利法》《中华人民共和国民事诉讼法》等有关法律规定，结合知识产权审判实际，制定本规定。

第一条　当事人依据专利法第七十六条规定提起的确认是否落入专利权保护范围纠纷的第一审案件，由北京知识产权法院管辖。

第二条　专利法第七十六条所称相关的专利，是指适用国务院有关行政部门关于药品上市许可审批与药品上市许可申请阶段专利权纠纷解决的具体衔接办法（以下简称衔接办法）的专利。

专利法第七十六条所称利害关系人，是指前款所称专利的被许可人、相关药品上市许可持有人。

第三条　专利权人或者利害关系人依据专利法第七十六条起诉的，应当按照民事诉讼法第一百一十九条第三项的规定提交下列材料：

（一）国务院有关行政部门依据衔接办法所设平台中登记的相关专利信息，包括专利名称、专利号、相关的权利要求等；

（二）国务院有关行政部门依据衔接办法所设平台中公示的申请注册药品的相关信息，包括药品名称、药品类型、注册类别以及申请注册药品与所涉及的上市药品之间的对应关系等；

（三）药品上市许可申请人依据衔接办法作出的四类声明及声明依据。

药品上市许可申请人应当在一审答辩期内，向人民法院提交其向国家药品审评机构申报的、与认定是否落入相关专利权保护范围对应的必要技术资料副本。

第四条　专利权人或者利害关系人在衔接办法规定的期限内未向人民法院提起诉讼的，药品上市许可申请人可以向人民法院起诉，请求确认申请注册药品未落入相关专利权保护范围。

第五条　当事人以国务院专利行政部门已经受理专利法第七十六条所称行政裁决请求为由，主张不应当受理专利法第七十六条所称诉讼或者申请中止诉讼的，人民法院不予支持。

第六条　当事人依据专利法第七十六条起诉后，以国务院专利行政部门已经受理宣告相关专利权无效的请求为由，申请中止诉讼的，人民法院一般不予支持。

第七条　药品上市许可申请人主张具有专利法第六十七条、第七十五条第二项等规定情形的，人民法院经审查属实，可以判决确认申请注册的药品相关技术方案未落入相关专利权保护范围。

第八条　当事人对其在诉讼中获取的商业秘密或者其他需要保密的商业信息负有保密义务，擅自披露或者在该诉讼活动之外使用、允许他人使用的，应当依法承担民事责任。构成民事诉讼法第一百一十一条规定情形的，人民法院应当依法处理。

第九条　药品上市许可申请人向人民法院提交的申请注册的药品相关技术方案，与其向国家药品审评机构申报的技术资料明显不符，妨碍人民法院审理案件的，人民法院依照民事诉讼法第一百一十一条的规定处理。

第十条　专利权人或者利害关系人在专利法第七十六条所称诉讼中申请行为保全，请求禁止药品上市许可申请人在相关专利权有效期内实施专利法第十一条规定的行为的，人民法院依照专利法、民事诉讼法有关规定处理；请求禁止药品上市申请行为或者审评审批行为的，人民法院不予支持。

第十一条　在针对同一专利权和申请注册药品的侵害专利权或者确认不侵害专利权诉讼中，当事人主张依据专利法第七十六条所称诉讼的生效判决认定涉案药品技术方案是否落入相关专利权保护范围的，人民法院一般予以支持。但是，有证据证明被诉侵权药品技术方案与申请注册的药品相关技术方案不一致或者新主张的事由成立的除外。

第十二条　专利权人或者利害关系人知道或者应当知道其主张的专利权应当被宣告无效或者申请注册药品的相关技术方案未落入专利权保护范围，仍提起专利法第七十六条所称诉讼或者请求行政裁决的，药品上市许可申请人可以向北京知识产权法院提起损害赔偿之诉。

第十三条　人民法院依法向当事人在国务院有关行政部门依据衔接办法所设平台登载的联系人、通讯地址、电子邮件等进行的送达，视为有效送达。当事人向人民法院提交送达地址确认书后，人民法院也可以向该确认书载明的送达地址送达。

第十四条　本规定自2021年7月5日起施行。本院以前发布的相关司法解释与本规定不一致的，以本规定为准。

4. 专利许可

专利实施许可合同备案办法

1. 2011年6月27日国家知识产权局令第62号公布
2. 自2011年8月1日起施行

第一条　为了切实保护专利权,规范专利实施许可行为,促进专利权的运用,根据《中华人民共和国专利法》、《中华人民共和国合同法》和相关法律法规,制定本办法。

第二条　国家知识产权局负责全国专利实施许可合同的备案工作。

第三条　专利实施许可的许可人应当是合法的专利权人或者其他权利人。

以共有的专利权订立专利实施许可合同的,除全体共有人另有约定或者《中华人民共和国专利法》另有规定的外,应当取得其他共有人的同意。

第四条　申请备案的专利实施许可合同应当以书面形式订立。

订立专利实施许可合同可以使用国家知识产权局统一制订的合同范本;采用其他合同文本的,应当符合《中华人民共和国合同法》的规定。

第五条　当事人应当自专利实施许可合同生效之日起3个月内办理备案手续。

第六条　在中国没有经常居所或者营业所的外国人、外国企业或者外国其他组织办理备案相关手续的,应当委托依法设立的专利代理机构办理。

中国单位或者个人办理备案相关手续的,可以委托依法设立的专利代理机构办理。

第七条　当事人可以通过邮寄、直接送交或者国家知识产权局规定的其他方式办理专利实施许可合同备案相关手续。

第八条　申请专利实施许可合同备案的,应当提交下列文件:

(一)许可人或者其委托的专利代理机构签字或者盖章的专利实施许可合同备案申请表;

(二)专利实施许可合同;

(三)双方当事人的身份证明;

(四)委托专利代理机构的,注明委托权限的委托书;

(五)其他需要提供的材料。

第九条　当事人提交的专利实施许可合同应当包括以下内容:

(一)当事人的姓名或者名称、地址;

(二)专利权项数以及每项专利权的名称、专利号、申请日、授权公告日;

(三)实施许可的种类和期限。

第十条　除身份证明外,当事人提交的其他各种文件应当使用中文。身份证明是外文的,当事人应当附送中文译文;未附送的,视为未提交。

第十一条　国家知识产权局自收到备案申请之日起7个工作日内进行审查并决定是否予以备案。

第十二条　备案申请经审查合格的,国家知识产权局应当向当事人出具《专利实施许可合同备案证明》。

备案申请有下列情形之一的,不予备案,并向当事人发送《专利实施许可合同不予备案通知书》:

(一)专利权已经终止或者被宣告无效的;

(二)许可人不是专利登记簿记载的专利权人或者有权授予许可的其他权利人的;

(三)专利实施许可合同不符合本办法第九条规定的;

(四)实施许可的期限超过专利权有效期的;

(五)共有专利权人违反法律规定或者约定订立专利实施许可合同的;

(六)专利权处于年费缴纳滞纳期的;

(七)因专利权的归属发生纠纷或者人民法院裁定对专利权采取保全措施,专利权的有关程序被中止的;

(八)同一专利实施许可合同重复申请备案的;

(九)专利权被质押的,但经质权人同意的除外;

(十)与已经备案的专利实施许可合同冲突的;

(十一)其他不应当予以备案的情形。

第十三条　专利实施许可合同备案后,国家知识产权局发现备案申请存在本办法第十二条第二款所列情形并且尚未消除的,应当撤销专利实施许可合同备案,并向当事人发出《撤销专利实施许可合同备案通知书》。

第十四条　专利实施许可合同备案的有关内容由国家知识产权局在专利登记簿上登记,并在专利公报上公告以下内容:许可人、被许可人、主分类号、专利号、申请日、授权公告日、实施许可的种类和期限、备案日期。

专利实施许可合同备案后变更、注销以及撤销的，国家知识产权局予以相应登记和公告。

第十五条　国家知识产权局建立专利实施许可合同备案数据库。公众可以查询专利实施许可合同备案的法律状态。

第十六条　当事人延长实施许可的期限的，应当在原实施许可的期限届满前2个月内，持变更协议、备案证明和其他有关文件向国家知识产权局办理备案变更手续。

变更专利实施许可合同其他内容的，参照前款规定办理。

第十七条　实施许可的期限届满或者提前解除专利实施许可合同的，当事人应当在期限届满或者订立解除协议后30日内持备案证明、解除协议和其他有关文件向国家知识产权局办理备案注销手续。

第十八条　经备案的专利实施许可合同涉及的专利权被宣告无效或者在期限届满前终止的，当事人应当及时办理备案注销手续。

第十九条　经备案的专利实施许可合同的种类、期限、许可使用费计算方法或者数额等，可以作为管理专利工作的部门对侵权赔偿数额进行调解的参照。

第二十条　当事人以专利申请实施许可合同申请备案的，参照本办法执行。

申请备案时，专利申请被驳回、撤回或者视为撤回的，不予备案。

第二十一条　当事人以专利申请实施许可合同申请备案的，专利申请被批准授予专利权后，当事人应当及时将专利申请实施许可合同名称及有关条款作相应变更；专利申请被驳回、撤回或者视为撤回的，当事人应当及时办理备案注销手续。

第二十二条　本办法自2011年8月1日起施行。2001年12月17日国家知识产权局令第十八号发布的《专利实施许可合同备案管理办法》同时废止。

专利实施强制许可办法

1. 2012年3月15日国家知识产权局令第64号公布
2. 自2012年5月1日起施行

第一章　总　　则

第一条　为了规范实施发明专利或者实用新型专利的强制许可（以下简称强制许可）的给予、费用裁决和终止程序，根据《中华人民共和国专利法》（以下简称专利法）、《中华人民共和国专利法实施细则》及有关法律法规，制定本办法。

第二条　国家知识产权局负责受理和审查强制许可请求、强制许可使用费裁决请求和终止强制许可请求并作出决定。

第三条　请求给予强制许可、请求裁决强制许可使用费和请求终止强制许可，应当使用中文以书面形式办理。

依照本办法提交的各种证件、证明文件是外文的，国家知识产权局认为必要时，可以要求当事人在指定期限内附送中文译文；期满未附送的，视为未提交该证件、证明文件。

第四条　在中国没有经常居所或者营业所的外国人、外国企业或者外国其他组织办理强制许可事务的，应当委托依法设立的专利代理机构办理。

当事人委托专利代理机构办理强制许可事务的，应当提交委托书，写明委托权限。一方当事人有两个以上且未委托专利代理机构的，除另有声明外，以提交的书面文件中指明的第一当事人为该方代表人。

第二章　强制许可请求的提出与受理

第五条　专利权人自专利权被授予之日起满3年，且自提出专利申请之日起满4年，无正当理由未实施或者未充分实施其专利的，具备实施条件的单位或者个人可以根据专利法第四十八条第一项的规定，请求给予强制许可。

专利权人行使专利权的行为被依法认定为垄断行为的，为消除或者减少该行为对竞争产生的不利影响，具备实施条件的单位或者个人可以根据专利法第四十八条第二项的规定，请求给予强制许可。

第六条　在国家出现紧急状态或者非常情况时，或者为了公共利益的目的，国务院有关主管部门可以根据专利法第四十九条的规定，建议国家知识产权局给予其指定的具备实施条件的单位强制许可。

第七条　为了公共健康目的，具备实施条件的单位可以根据专利法第五十条的规定，请求给予制造取得专利权的药品并将其出口到下列国家或者地区的强制许可：

（一）最不发达国家或者地区；

（二）依照有关国际条约通知世界贸易组织表明

希望作为进口方的该组织的发达成员或者发展中成员。

第八条 一项取得专利权的发明或者实用新型比前已经取得专利权的发明或者实用新型具有显著经济意义的重大技术进步,其实施又有赖于前一发明或者实用新型的实施的,该专利权人可以根据专利法第五十一条的规定请求给予实施前一专利的强制许可。国家知识产权局给予实施前一专利的强制许可的,前一专利权人也可以请求给予实施后一专利的强制许可。

第九条 请求给予强制许可的,应当提交强制许可请求书,写明下列各项:

(一)请求人的姓名或者名称、地址、邮政编码、联系人及电话;

(二)请求人的国籍或者注册的国家或者地区;

(三)请求给予强制许可的发明专利或者实用新型专利的名称、专利号、申请日、授权公告日,以及专利权人的姓名或者名称;

(四)请求给予强制许可的理由和事实、期限;

(五)请求人委托专利代理机构的,受托机构的名称、机构代码以及该机构指定的代理人的姓名、执业证号码、联系电话;

(六)请求人的签字或者盖章;委托专利代理机构的,还应当有该机构的盖章;

(七)附加文件清单;

(八)其他需要注明的事项。

请求书及其附加文件应当一式两份。

第十条 强制许可请求涉及两个或者两个以上的专利权人的,请求人应当按专利权人的数量提交请求书及其附加文件副本。

第十一条 根据专利法第四十八条第一项或者第五十一条的规定请求给予强制许可的,请求人应当提供证据,证明其以合理的条件请求专利权人许可其实施专利,但未能在合理的时间内获得许可。

根据专利法第四十八条第二项的规定请求给予强制许可的,请求人应当提交已经生效的司法机关或者反垄断执法机构依法将专利权人行使专利权的行为认定为垄断行为的判决或者决定。

第十二条 国务院有关主管部门根据专利法第四十九条建议给予强制许可的,应当指明下列各项:

(一)国家出现紧急状态或者非常情况,或者为了公共利益目的需要给予强制许可;

(二)建议给予强制许可的发明专利或者实用新型专利的名称、专利号、申请日、授权公告日,以及专利权人的姓名或者名称;

(三)建议给予强制许可的期限;

(四)指定的具备实施条件的单位名称、地址、邮政编码、联系人及电话;

(五)其他需要注明的事项。

第十三条 根据专利法第五十条的规定请求给予强制许可的,请求人应当提供进口方及其所需药品和给予强制许可的有关信息。

第十四条 强制许可请求有下列情形之一的,不予受理并通知请求人:

(一)请求给予强制许可的发明专利或者实用新型专利的专利号不明确或者难以确定;

(二)请求文件未使用中文;

(三)明显不具备请求强制许可的理由;

(四)请求给予强制许可的专利权已经终止或者被宣告无效。

第十五条 请求文件不符合本办法第四条、第九条、第十条规定的,请求人应当自收到通知之日起 15 日内进行补正。期满未补正的,该请求视为未提出。

第十六条 国家知识产权局受理强制许可请求的,应当及时将请求书副本送交专利权人。除另有指定的外,专利权人应当自收到通知之日起 15 日内陈述意见;期满未答复的,不影响国家知识产权局作出决定。

第三章 强制许可请求的审查和决定

第十七条 国家知识产权局应当对请求人陈述的理由、提供的信息和提交的有关证明文件以及专利权人陈述的意见进行审查;需要实地核查的,应当指派两名以上工作人员实地核查。

第十八条 请求人或者专利权人要求听证的,由国家知识产权局组织听证。

国家知识产权局应当在举行听证 7 日前通知请求人、专利权人和其他利害关系人。

除涉及国家秘密、商业秘密或者个人隐私外,听证公开进行。

举行听证时,请求人、专利权人和其他利害关系人可以进行申辩和质证。

举行听证时应当制作听证笔录,交听证参加人员确认无误后签字或者盖章。

根据专利法第四十九条或者第五十条的规定建议或者请求给予强制许可的，不适用听证程序。

第十九条 请求人在国家知识产权局作出决定前撤回其请求的，强制许可请求的审查程序终止。

在国家知识产权局作出决定前，请求人与专利权人订立了专利实施许可合同的，应当及时通知国家知识产权局，并撤回其强制许可请求。

第二十条 经审查认为强制许可请求有下列情形之一的，国家知识产权局应当作出驳回强制许可请求的决定：

（一）请求人不符合本办法第四条、第五条、第七条或者第八条的规定；

（二）请求给予强制许可的理由不符合专利法第四十八条、第五十条或者第五十一条的规定；

（三）强制许可请求涉及的发明创造是半导体技术的，其理由不符合专利法第五十二条的规定；

（四）强制许可请求不符合本办法第十一条或者第十三条的规定；

（五）请求人陈述的理由、提供的信息或者提交的有关证明文件不充分或者不真实。

国家知识产权局在作出驳回强制许可请求的决定前，应当通知请求人拟作出的决定及其理由。除另有指定的外，请求人可以自收到通知之日起15日内陈述意见。

第二十一条 经审查认为请求给予强制许可的理由成立的，国家知识产权局应当作出给予强制许可的决定。在作出给予强制许可的决定前，应当通知请求人和专利权人拟作出的决定及其理由。除另有指定的外，双方当事人可以自收到通知之日起15日内陈述意见。

国家知识产权局根据专利法第四十九条作出给予强制许可的决定前，应当通知专利权人拟作出的决定及其理由。

第二十二条 给予强制许可的决定应当写明下列各项：

（一）取得强制许可的单位或者个人的名称或者姓名、地址；

（二）被给予强制许可的发明专利或者实用新型专利的名称、专利号、申请日及授权公告日；

（三）给予强制许可的范围和期限；

（四）决定的理由、事实和法律依据；

（五）国家知识产权局的印章及负责人签字；

（六）决定的日期；

（七）其他有关事项。

给予强制许可的决定应当自作出之日起5日内通知请求人和专利权人。

第二十三条 国家知识产权局根据专利法第五十条作出给予强制许可的决定的，还应当在该决定中明确下列要求：

（一）依据强制许可制造的药品数量不得超过进口方所需的数量，并且必须全部出口到该进口方；

（二）依据强制许可制造的药品应当采用特定的标签或者标记明确注明该药品是依据强制许可而制造的；在可行并且不会对药品价格产生显著影响的情况下，应当对药品本身采用特殊的颜色或者形状，或者对药品采用特殊的包装；

（三）药品装运前，取得强制许可的单位应当在其网站或者世界贸易组织的有关网站上发布运往进口方的药品数量以及本条第二项所述的药品识别特征等信息。

第二十四条 国家知识产权局根据专利法第五十条作出给予强制许可的决定的，由国务院有关主管部门将下列信息通报世界贸易组织：

（一）取得强制许可的单位的名称和地址；

（二）出口药品的名称和数量；

（三）进口方；

（四）强制许可的期限；

（五）本办法第二十三条第三项所述网址。

第四章 强制许可使用费裁决请求的审查和裁决

第二十五条 请求裁决强制许可使用费的，应当提交强制许可使用费裁决请求书，写明下列各项：

（一）请求人的姓名或者名称、地址；

（二）请求人的国籍或者注册的国家或者地区；

（三）给予强制许可的决定的文号；

（四）被请求人的姓名或者名称、地址；

（五）请求裁决强制许可使用费的理由；

（六）请求人委托专利代理机构的，受托机构的名称、机构代码以及该机构指定的代理人的姓名、执业证号码、联系电话；

（七）请求人的签字或者盖章；委托专利代理机构的，还应当有该机构的盖章；

（八）附加文件清单；

（九）其他需要注明的事项。

请求书及其附加文件应当一式两份。

第二十六条 强制许可使用费裁决请求有下列情形之一的，不予受理并通知请求人：

（一）给予强制许可的决定尚未作出；

（二）请求人不是专利权人或者取得强制许可的单位或者个人；

（三）双方尚未进行协商或者经协商已经达成协议。

第二十七条 国家知识产权局受理强制许可使用费裁决请求的，应当及时将请求书副本送交对方当事人。除另有指定的外，对方当事人应当自收到通知之日起15日内陈述意见；期满未答复的，不影响国家知识产权局作出决定。

强制许可使用费裁决过程中，双方当事人可以提交书面意见。国家知识产权局可以根据案情需要听取双方当事人的口头意见。

第二十八条 请求人在国家知识产权局作出决定前撤回其裁决请求的，裁决程序终止。

第二十九条 国家知识产权局应当自收到请求书之日起3个月内作出强制许可使用费的裁决决定。

第三十条 强制许可使用费裁决决定应当写明下列各项：

（一）取得强制许可的单位或者个人的名称或者姓名、地址；

（二）被给予强制许可的发明专利或者实用新型专利的名称、专利号、申请日及授权公告日；

（三）裁决的内容及其理由；

（四）国家知识产权局的印章及负责人签字；

（五）决定的日期；

（六）其他有关事项。

强制许可使用费裁决决定应当自作出之日起5日内通知双方当事人。

第五章 终止强制许可请求的审查和决定

第三十一条 有下列情形之一的，强制许可自动终止：

（一）给予强制许可的决定规定的强制许可期限届满；

（二）被给予强制许可的发明专利或者实用新型专利终止或者被宣告无效。

第三十二条 给予强制许可的决定中规定的强制许可期限届满前，强制许可的理由消除并不再发生的，专利权人可以请求国家知识产权局作出终止强制许可的决定。

请求终止强制许可的，应当提交终止强制许可请求书，写明下列各项：

（一）专利权人的姓名或者名称、地址；

（二）专利权人的国籍或者注册的国家或者地区；

（三）请求终止的给予强制许可决定的文号；

（四）请求终止强制许可的理由和事实；

（五）专利权人委托专利代理机构的，受托机构的名称、机构代码以及该机构指定的代理人的姓名、执业证号码、联系电话；

（六）专利权人的签字或者盖章；委托专利代理机构的，还应当有该机构的盖章；

（七）附加文件清单；

（八）其他需要注明的事项。

请求书及其附加文件应当一式两份。

第三十三条 终止强制许可的请求有下列情形之一的，不予受理并通知请求人：

（一）请求人不是被给予强制许可的发明专利或者实用新型专利的专利权人；

（二）未写明请求终止的给予强制许可决定的文号；

（三）请求文件未使用中文；

（四）明显不具备终止强制许可的理由。

第三十四条 请求文件不符合本办法第三十二条规定的，请求人应当自收到通知之日起15日内进行补正。期满未补正的，该请求视为未提出。

第三十五条 国家知识产权局受理终止强制许可请求的，应当及时将请求书副本送交取得强制许可的单位或者个人。除另有指定的外，取得强制许可的单位或者个人应当自收到通知之日起15日内陈述意见；期满未答复的，不影响国家知识产权局作出决定。

第三十六条 国家知识产权局应当对专利权人陈述的理由和提交的有关证明文件以及取得强制许可的单位或者个人陈述的意见进行审查；需要实地核查的，应当指派两名以上工作人员实地核查。

第三十七条 专利权人在国家知识产权局作出决定前撤回其请求的，相关程序终止。

第三十八条 经审查认为请求终止强制许可的理由不成立的，国家知识产权局应当作出驳回终止强制许可请求的决定。在作出驳回终止强制许可请求的决定前，应当通知专利权人拟作出的决定及其理由。除另有指定的外，专利权人可以自收到通知之日起15日内陈述意见。

第三十九条　经审查认为请求终止强制许可的理由成立的，国家知识产权局应当作出终止强制许可的决定。在作出终止强制许可的决定前，应当通知取得强制许可的单位或者个人拟作出的决定及其理由。除另有指定的外，取得强制许可的单位或者个人可以自收到通知之日起15日内陈述意见。

终止强制许可的决定应当写明下列各项：

（一）专利权人的姓名或者名称、地址；

（二）取得强制许可的单位或者个人的名称或者姓名、地址；

（三）被给予强制许可的发明专利或者实用新型专利的名称、专利号、申请日及授权公告日；

（四）给予强制许可的决定的文号；

（五）决定的事实和法律依据；

（六）国家知识产权局的印章及负责人签字；

（七）决定的日期；

（八）其他有关事项。

终止强制许可的决定应当自作出之日起5日内通知专利权人和取得强制许可的单位或者个人。

附　　则

第四十条　已经生效的给予强制许可的决定和终止强制许可的决定，以及强制许可自动终止的，应当在专利登记簿上登记并在专利公报上公告。

第四十一条　当事人对国家知识产权局关于强制许可的决定不服的，可以依法申请行政复议或者提起行政诉讼。

第四十二条　本办法由国家知识产权局负责解释。

第四十三条　本办法自2012年5月1日起施行。2003年6月13日国家知识产权局令第三十一号发布的《专利实施强制许可办法》和2005年11月29日国家知识产权局令第三十七号发布的《涉及公共健康问题的专利实施强制许可办法》同时废止。

5. 专利行政执法

国家知识产权局关于加强专利行政执法工作的决定

1. 2011年6月27日
2. 国知发管字〔2011〕74号

各省、自治区、直辖市及计划单列市、副省级城市、新疆生产建设兵团知识产权局；国家知识产权局机关各部门，专利局各部门，局直属各单位、各社会团体：

为深入贯彻党中央、国务院关于加强知识产权执法的工作部署，加快推进专利行政执法制度建设，切实建立健全专利行政执法工作长效机制，进一步提升全国知识产权系统执法能力，促进经济社会发展，国家知识产权局作出如下决定。

一、大力推进专利行政执法制度建设

（一）推进制定和完善专利保护法规规章

加快推进制定和完善专利保护法规，大力加强专利侵权救济制度建设，切实解决专利执法手段不强、专利侵权救济措施不力等问题，依法加大对侵权假冒行为的打击力度。

加强知识产权举报投诉维权援助制度建设，鼓励和支持开展知识产权举报投诉工作。

（二）强化专利行政执法工作责任制度

各地方知识产权局必须将执法办案工作列入重要议事日程，主要领导和有关人员必须依职责履行执法工作责任，坚决消除执法办案中的推诿现象，积极参与行政诉讼，确保公正、廉洁、高效执法，全面提高依法行政水平。

对国家知识产权局安排的专项执法任务，地方知识产权局必须按要求高质量完成。省、自治区、直辖市知识产权局应根据实际需要，对行政区域内知识产权局安排执法办案工作任务，提出并督促落实责任要求。

（三）建立专利行政执法工作督查制度

国家知识产权局对省（区、市）知识产权局执法工作组织年度督查和专项督查。省（区、市）知识产权局对行政区域内知识产权局执法工作开展年度督查和专项督查。

督查中应核验执法档案、执法数据、办案条件、维权中心设置及12330接收举报投诉和转交办理等情况。接受督查的地方知识产权局应就督查中提出的突出问题进行整改。

（四）建立专利行政执法案件督办制度

国家知识产权局对具有重大影响的专利侵权案件和假冒专利案件进行督办。省（区、市）知识产权局对行政区域内具有较大影响的专利侵权案件和假冒专利案件进行督办。根据实际情况，对有关案件进行公开挂牌督办。加大对大型展会上发生的侵权假冒案件的督办工作力度。

负责督办的知识产权局应跟踪案件办理进程，接受督办的地方知识产权局对督办案件应尽快办理并及时提交办理结果。

（五）建立专利行政执法工作考核评价制度

国家知识产权局对各省（区、市）知识产权局、进入5·26专利执法推进工程的知识产权局和维权中心进行考核评价。省（区、市）知识产权局对行政区域内知识产权局执法维权工作进行考核评价。

制定专利行政执法及举报投诉维权工作评价标准，以执法办案数量和质量及举报投诉维权工作接转数量和质量作为重要内容，客观全面评价执法维权工作。

（六）完善专利行政执法信息报送公开制度

各地方知识产权局按要求的周期向上级知识产权局报送执法统计数据、执法办案材料。重大案件及时报送。执法统计数据应全面客观地反映依据专利法及其实施细则、地方专利保护条例、专利行政执法办法、展会知识产权保护办法等法律法规，调解、处理和查处案件的情况。

国家知识产权局和省（区、市）知识产权局在政府网站上公开执法统计数据。

（七）建立知识产权举报投诉奖励制度

鼓励权利人和社会各界对知识产权侵权假冒行为的举报投诉，加快建立知识产权举报投诉奖励制度。

国家知识产权局鼓励地方知识产权局和知识产权维权援助中心加快制定和实施知识产权举报投诉奖励办法，对通过12330平台举报投诉的人员按照规定给予奖励。地方知识产权局和知识产权维权援助中心对提供重要线索和多次提供线索的举报投诉人员给予奖励。知识产权举报投诉奖励应以事实为依据，以证据为基础，鼓励实名举报投诉。要建立健全举报投诉保密机制，切实保护举报投诉人合法权益。

二、切实完善专利行政执法工作机制

（八）创新专利纠纷行政调解工作机制

要大力开展各类专利纠纷的行政调解工作，创新工作机制，根据专利类型和纠纷的实际情况，简化调解程序，采取快速有效的调解方式。

优化专利侵权救济与确权无效程序的衔接机制，充分发挥行政执法简便、快捷的优势。

（九）完善专利行政执法协作机制

完善跨地区专利行政执法协作机制，规范跨地区专利行政执法协作。省（区、市）知识产权局负责在本行政区域内组织开展跨省的执法协作办案工作，安排、指导有关知识产权局及时完成跨省执法协作办案任务。

加强与公安、工商、版权、海关、文化、广电、质检、农业、林业等部门的执法协作。强化与司法机关的沟通协调，推进行政调解与司法调解的衔接，协同提高解决专利侵权纠纷的效率。加强与公安机关的协作，推进行政执法与刑事执法的衔接，对涉嫌刑事犯罪的假冒专利行为和涉及专利的诈骗行为，要及时移送公安机关，予以坚决整治。

（十）健全专利行政执法工作激励机制

国家知识产权局将执法维权工作考评结果作为执法专项支持的重要依据，对表现突出的地方知识产权局和维权中心给予表彰，并加大支持力度；对考评结果不合格的，视情况提出限期整改要求，或作出退出5·26工程、维权中心序列的决定。考评结果将作为全国专利工作先进集体评选和城市试点示范工作评价的重要内容之一，对考评结果不合格的市知识产权局，所在城市不再列入国家知识产权局城市试点示范序列。

省（区、市）知识产权局要根据各市专利行政执法考评结果，加强对执法工作突出的市局的支持力度。地方知识产权局对执法办案工作突出的执法处（科）室和人员给予表彰奖励。

（十一）建立知识产权保护社会信用评价监督机制

建立知识产权保护社会信用评价标准，对地方知识产权局执法工作开展社会满意度调查与评价，对企业侵权假冒行为进行监测与评价，建立知识产权诚信档案。

要充分发挥协会、中介机构、研究机构和各类群众组织的作用，构建多层次的知识产权保护社会信用评价监督机制。

（十二）建立高层次人才和重大项目知识产权维权援助服务机制

加快建立高层次人才和重大项目知识产权维权援助服务机制。选择有条件的地区先行先试，通过全面监测、主动跟踪、专题指导、提前介入、快速维权等措施，充分发挥知识产权维权对高层次人才和重大项目高水平创新的激励作用，为我国引进高层次人才、发挥高层次人才作用，支持原创性、基础性重大发明创造，加快战略性新兴产业发展营造良好环境。

对涉及高层次人才和重大项目且影响广泛的专利纠纷，相应区域的维权中心和知识产权局应及时组织开展专利预警与应对部署。

（十三）深化专利保护重点联系机制

加强与各类专利保护重点联系基地的沟通协调，积极取得司法机构、研究机构、法律服务机构和市场主体的支持与协助。

各地方知识产权局应根据需要，选择各类符合条件的机构进入当地专利保护重点联系机制，或推荐进入全国专利保护重点联系机制，借助各方资源，促进专利行政执法工作水平的提高，营造良好的执法环境。

三、全面加强专利行政执法能力建设

（十四）加强专利行政执法队伍建设

依法积极推进专利行政执法队伍建设，确保专利行政执法专职人员数量，稳定与发展执法队伍。省（区、市）知识产权局、副省级城市及进入5·26工程的地级市知识产权局应依据专利法和有关编制工作的政策法规，明确专门承担执法职责的处室；其他城市知识产权局应明确主要承担执法职责的科室。在争得当地编制部门同意的情况下，省（区、市）知识产权局加挂专利行政执法总队牌子，副省级城市、地级市知识产权局加挂专利行政执法支队牌子。县级知识产权局根据需要依法加强专利行政执法队伍建设，为积极依法开展专利行政执法工作提供队伍保障。

建立健全各级专利行政执法指导机构、知识产权举报投诉维权指挥调度机构。国家知识产权局根据需要向地方派驻执法督导员。省（区、市）知识产权局根据需要向行政区域内知识产权局派驻执法督导员。各地方知识产权局根据需要，在各类园区、商业场所、产业集聚区、大型会展及其他大型活动场所选派执法监督人员和志愿人员。

（十五）提高专利行政执法人员业务素质

专利行政执法人员取得专利行政执法证后方可从事执法办案工作。省（区、市）知识产权局负责组织行政区域内人员参加全国专利行政执法人员上岗培训。组织由国家知识产权局颁证的专利行政执法人员上岗培训，应提前报国家知识产权局同意。国家知识产权局对具备资格、参加专利行政执法上岗培训且考试合格的人员颁发专利行政执法证。要完善专利行政执法上岗培训和各类专利行政执法业务培训的管理与协调工作。

要结合工作实践中的突出问题，组织专利执法专题研讨交流活动。支持执法工作人员参加国内外业务研修及在职攻读学位，加快培养执法业务骨干。

（十六）改善专利行政执法工作条件

省（区、市）知识产权局、副省级城市及进入5·26工程的地级市知识产权局要设立专门的专利纠纷调处场所。其他城市知识产权局要设立可供专利纠纷调处的场所。要为执法人员提供基本的办案设备。承担专利执法工作职责的地方知识产权局应配置必要的执法装备。执法办案时应严肃着装。执法着装、执法用车、执法标志必须遵守国家有关规定。执法着装和执法车的标志应使用国家知识产权局核准的执法标志，以增强执法办案的规范性、严肃性与协调性，确保执法人员现场办案时的人身安全。

对国家知识产权局给予的执法专项支持，地方知识产权局应争取地方政府财政匹配，协同推进改善执法条件。

（十七）加大专利行政执法信息化建设力度

要加快全国专利行政执法工作信息网络建设，健全专利行政执法电子档案库，配置专利执法电子查询设备，建立即时查询系统。

各地方知识产权局必须建立完整一致的纸质和电子专利执法档案，配置专用的执法档案保存设备。

（十八）加强知识产权举报投诉维权援助工作平台建设

要大力加强12330知识产权举报投诉维权援助工作平台建设，加快全国知识产权举报投诉维权援助网络建设，建立健全知识产权举报投诉维权援助案件电子档案库。

国家知识产权局根据各维权中心运行情况，在全国建设若干重点中心。

专利行政执法办法

1. 2010年12月29日国家知识产权局令第60号发布
2. 根据2015年5月29日国家知识产权局令第71号《关于修改〈专利行政执法办法〉的决定》修正

第一章 总 则

第一条 为深入推进依法行政，规范专利行政执法行为，保护专利权人和社会公众的合法权益，维护社会主义市场经济秩序，根据《中华人民共和国专利法》、《中华人民共和国专利法实施细则》以及其他有关法律法规，制定本办法。

第二条 管理专利工作的部门开展专利行政执法，即处理专利侵权纠纷、调解专利纠纷以及查处假冒专利行为，适用本办法。

第三条 管理专利工作的部门处理专利侵权纠纷应当以事实为依据、以法律为准绳，遵循公正、及时的原则。

管理专利工作的部门调解专利纠纷，应当遵循自愿、合法的原则，在查明事实、分清是非的基础上，促使当事人相互谅解，达成调解协议。

管理专利工作的部门查处假冒专利行为，应当以事实为依据、以法律为准绳，遵循公正、公开的原则，给予的行政处罚应当与违法行为的事实、性质、情节以及社会危害程度相当。

第四条 管理专利工作的部门应当加强专利行政执法力量建设，严格行政执法人员资格管理，落实行政执法责任制，规范开展专利行政执法。

专利行政执法人员（以下简称“执法人员”）应当持有国家知识产权局或者省、自治区、直辖市人民政府颁发的行政执法证件。执法人员执行公务时应当严肃着装。

第五条 对有重大影响的专利侵权纠纷案件、假冒专利案件，国家知识产权局在必要时可以组织有关管理专利工作的部门处理、查处。

对于行为发生地涉及两个以上省、自治区、直辖市的重大案件，有关省、自治区、直辖市管理专利工作的部门可以报请国家知识产权局协调处理或者查处。

管理专利工作的部门开展专利行政执法遇到疑难问题的，国家知识产权局应当给予必要的指导和支持。

第六条 管理专利工作的部门可以依据本地实际，委托有实际处理能力的市、县级人民政府设立的专利管理部门查处假冒专利行为、调解专利纠纷。

委托方应当对受托方查处假冒专利和调解专利纠纷的行为进行监督和指导，并承担法律责任。

第七条 管理专利工作的部门指派的执法人员与当事人有直接利害关系的，应当回避，当事人有权申请其回避。当事人申请回避的，应当说明理由。

执法人员的回避，由管理专利工作部门的负责人决定。是否回避的决定作出前，被申请回避的人员应当暂停参与本案的工作。

第八条 管理专利工作的部门应当加强展会和电子商务领域的行政执法，快速调解、处理展会期间和电子商务平台上的专利侵权纠纷，及时查处假冒专利行为。

第九条 管理专利工作的部门应当加强行政执法信息化建设和信息共享。

第二章　专利侵权纠纷的处理

第十条 请求管理专利工作的部门处理专利侵权纠纷的，应当符合下列条件：

（一）请求人是专利权人或者利害关系人；

（二）有明确的被请求人；

（三）有明确的请求事项和具体事实、理由；

（四）属于受案管理专利工作的部门的受案和管辖范围；

（五）当事人没有就该专利侵权纠纷向人民法院起诉。

第一项所称利害关系人包括专利实施许可合同的被许可人、专利权人的合法继承人。专利实施许可合同的被许可人中，独占实施许可合同的被许可人可以单独提出请求；排他实施许可合同的被许可人在专利权人不请求的情况下，可以单独提出请求；除合同另有约定外，普通实施许可合同的被许可人不能单独提出请求。

第十一条 请求管理专利工作的部门处理专利侵权纠纷的，应当提交请求书及下列证明材料：

（一）主体资格证明，即个人应当提交居民身份证或者其他有效身份证件，单位应当提交有效的营业执照或者其他主体资格证明文件副本及法定代表人或者主要负责人的身份证明；

（二）专利权有效的证明，即专利登记簿副本，或者专利证书和当年缴纳专利年费的收据。

专利侵权纠纷涉及实用新型或者外观设计专利的，管理专利工作的部门可以要求请求人出具由国家知识产权局作出的专利权评价报告（实用新型专利检索报告）。

请求人应当按照被请求人的数量提供请求书副本及有关证据。

第十二条 请求书应当记载以下内容：

（一）请求人的姓名或者名称、地址，法定代表人或者主要负责人的姓名、职务，委托代理人的，代理人的姓名和代理机构的名称、地址；

（二）被请求人的姓名或者名称、地址；

（三）请求处理的事项以及事实和理由。

有关证据和证明材料可以以请求书附件的形式提交。

请求书应当由请求人签名或者盖章。

第十三条 请求符合本办法第十条规定条件的，管理专利工作的部门应当在收到请求书之日起5个工作日内立案并通知请求人，同时指定3名或者3名以上单数执法人员处理该专利侵权纠纷；请求不符合本办法第十条规定条件的，管理专利工作的部门应当在收到请求书之日起5个工作日内通知请求人不予受理，并说明理由。

第十四条 管理专利工作的部门应当在立案之日起5个工作日内将请求书及其附件的副本送达被请求人，要求其在收到之日起15日内提交答辩书并按照请求人的数量提供答辩书副本。被请求人逾期不提交答辩书的，不影响管理专利工作的部门进行处理。

被请求人提交答辩书的，管理专利工作的部门应当在收到之日起5个工作日内将答辩书副本送达请求人。

第十五条 管理专利工作的部门处理专利侵权纠纷案件时，可以根据当事人的意愿进行调解。双方当事人达成一致的，由管理专利工作的部门制作调解协议书，加盖其公章，并由双方当事人签名或者盖章。调解不成的，应当及时作出处理决定。

第十六条 管理专利工作的部门处理专利侵权纠纷，可以根据案情需要决定是否进行口头审理。管理专利工作的部门决定进行口头审理的，应当至少在口头审理3个工作日前将口头审理的时间、地点通知当事人。

当事人无正当理由拒不参加的,或者未经允许中途退出的,对请求人按撤回请求处理,对被请求人按缺席处理。

第十七条 管理专利工作的部门举行口头审理的,应当将口头审理的参加人和审理要点记入笔录,经核对无误后,由执法人员和参加人签名或者盖章。

第十八条 专利法第五十九条第一款所称的"发明或者实用新型专利权的保护范围以其权利要求的内容为准",是指专利权的保护范围应当以其权利要求记载的技术特征所确定的范围为准,也包括与记载的技术特征相等同的特征所确定的范围。等同特征是指与记载的技术特征以基本相同的手段,实现基本相同的功能,达到基本相同的效果,并且所属领域的普通技术人员无需经过创造性劳动就能够联想到的特征。

第十九条 除达成调解协议或者请求人撤回请求之外,管理专利工作的部门处理专利侵权纠纷应当制作处理决定书,写明以下内容:

(一)当事人的姓名或者名称、地址;

(二)当事人陈述的事实和理由;

(三)认定侵权行为是否成立的理由和依据;

(四)处理决定认定侵权行为成立并需要责令侵权人立即停止侵权行为的,应当明确写明责令被请求人立即停止的侵权行为的类型、对象和范围;认定侵权行为不成立的,应当驳回请求人的请求;

(五)不服处理决定提起行政诉讼的途径和期限。

处理决定书应当加盖管理专利工作的部门的公章。

第二十条 管理专利工作的部门或者人民法院作出认定侵权成立并责令侵权人立即停止侵权行为的处理决定或者判决之后,被请求人就同一专利权再次作出相同类型的侵权行为,专利权人或者利害关系人请求处理的,管理专利工作的部门可以直接作出责令立即停止侵权行为的处理决定。

第二十一条 管理专利工作的部门处理专利侵权纠纷,应当自立案之日起3个月内结案。案件特别复杂需要延长期限的,应当由管理专利工作的部门负责人批准。经批准延长的期限,最多不超过1个月。

案件处理过程中的公告、鉴定、中止等时间不计入前款所述案件办理期限。

第三章 专利纠纷的调解

第二十二条 请求管理专利工作的部门调解专利纠纷的,应当提交请求书。

请求书应当记载以下内容:

(一)请求人的姓名或者名称、地址,法定代表人或者主要负责人的姓名、职务,委托代理人的,代理人的姓名和代理机构的名称、地址;

(二)被请求人的姓名或者名称、地址;

(三)请求调解的具体事项和理由。

单独请求调解侵犯专利权赔偿数额的,应当提交有关管理专利工作的部门作出的认定侵权行为成立的处理决定书副本。

第二十三条 管理专利工作的部门收到调解请求书后,应当及时将请求书副本通过寄交、直接送交或者其他方式送达被请求人,要求其在收到之日起15日内提交意见陈述书。

第二十四条 被请求人提交意见陈述书并同意进行调解的,管理专利工作的部门应当在收到意见陈述书之日起5个工作日内立案,并通知请求人和被请求人进行调解的时间和地点。

被请求人逾期未提交意见陈述书,或者在意见陈述书中表示不接受调解的,管理专利工作的部门不予立案,并通知请求人。

第二十五条 管理专利工作的部门调解专利纠纷可以邀请有关单位或者个人协助,被邀请的单位或者个人应当协助进行调解。

第二十六条 当事人经调解达成协议的,由管理专利工作的部门制作调解协议书,加盖其公章,并由双方当事人签名或者盖章;未能达成协议的,管理专利工作的部门以撤销案件的方式结案,并通知双方当事人。

第二十七条 因专利申请权或者专利权的归属纠纷请求调解的,当事人可以持管理专利工作的部门的受理通知书请求国家知识产权局中止该专利申请或者专利权的有关程序。

经调解达成协议的,当事人应当持调解协议书向国家知识产权局办理恢复手续;达不成协议的,当事人应当持管理专利工作的部门出具的撤销案件通知书向国家知识产权局办理恢复手续。自请求中止之日起满1年未请求延长中止的,国家知识产权局自行恢复有关程序。

第四章 假冒专利行为的查处

第二十八条 管理专利工作的部门发现或者接受举报、投诉发现涉嫌假冒专利行为的,应当自发现之日起5

个工作日内或者收到举报、投诉之日起10个工作日内立案,并指定两名或者两名以上执法人员进行调查。

第二十九条　查处假冒专利行为由行为发生地的管理专利工作的部门管辖。

管理专利工作的部门对管辖权发生争议的,由其共同的上级人民政府管理专利工作的部门指定管辖;无共同上级人民政府管理专利工作的部门的,由国家知识产权局指定管辖。

第三十条　管理专利工作的部门查封、扣押涉嫌假冒专利产品的,应当经其负责人批准。查封、扣押时,应当向当事人出具有关通知书。

管理专利工作的部门查封、扣押涉嫌假冒专利产品,应当当场清点,制作笔录和清单,由当事人和执法人员签名或者盖章。当事人拒绝签名或者盖章的,由执法人员在笔录上注明。清单应当交当事人一份。

第三十一条　案件调查终结,经管理专利工作的部门负责人批准,根据案件情况分别作如下处理:

(一)假冒专利行为成立应当予以处罚的,依法给予行政处罚;

(二)假冒专利行为轻微并已及时改正的,免予处罚;

(三)假冒专利行为不成立的,依法撤销案件;

(四)涉嫌犯罪的,依法移送公安机关。

第三十二条　管理专利工作的部门作出行政处罚决定前,应当告知当事人作出处罚决定的事实、理由和依据,并告知当事人依法享有的权利。

管理专利工作的部门作出较大数额罚款的决定之前,应当告知当事人有要求举行听证的权利。当事人提出听证要求的,应当依法组织听证。

第三十三条　当事人有权进行陈述和申辩,管理专利工作的部门不得因当事人申辩而加重行政处罚。

管理专利工作的部门对当事人提出的事实、理由和证据应当进行核实。当事人提出的事实属实、理由成立的,管理专利工作的部门应当予以采纳。

第三十四条　对情节复杂或者重大违法行为给予较重的行政处罚的,应当由管理专利工作的部门负责人集体讨论决定。

第三十五条　经调查,假冒专利行为成立应当予以处罚的,管理专利工作的部门应当制作处罚决定书,写明以下内容:

(一)当事人的姓名或者名称、地址;

(二)认定假冒专利行为成立的证据、理由和依据;

(三)处罚的内容以及履行方式;

(四)不服处罚决定申请行政复议和提起行政诉讼的途径和期限。

处罚决定书应当加盖管理专利工作的部门的公章。

第三十六条　管理专利工作的部门查处假冒专利案件,应当自立案之日起1个月内结案。案件特别复杂需要延长期限的,应当由管理专利工作的部门负责人批准。经批准延长的期限,最多不超过15日。

案件处理过程中听证、公告等时间不计入前款所述案件办理期限。

第五章　调查取证

第三十七条　在专利侵权纠纷处理过程中,当事人因客观原因不能自行收集部分证据的,可以书面请求管理专利工作的部门调查取证。管理专利工作的部门根据情况决定是否调查收集有关证据。

在处理专利侵权纠纷、查处假冒专利行为过程中,管理专利工作的部门可以根据需要依职权调查收集有关证据。

执法人员调查收集有关证据时,应当向当事人或者有关人员出示其行政执法证件。当事人和有关人员应当协助、配合,如实反映情况,不得拒绝、阻挠。

第三十八条　管理专利工作的部门调查收集证据可以查阅、复制与案件有关的合同、账册等有关文件;询问当事人和证人;采用测量、拍照、摄像等方式进行现场勘验。涉嫌侵犯制造方法专利权的,管理专利工作的部门可以要求被调查人进行现场演示。

管理专利工作的部门调查收集证据应当制作笔录。笔录应当由执法人员、被调查的单位或者个人签名或者盖章。被调查的单位或者个人拒绝签名或者盖章的,由执法人员在笔录上注明。

第三十九条　管理专利工作的部门调查收集证据可以采取抽样取证的方式。

涉及产品专利的,可以从涉嫌侵权的产品中抽取一部分作为样品;涉及方法专利的,可以从涉嫌依照该方法直接获得的产品中抽取一部分作为样品。被抽取样品的数量应当以能够证明事实为限。

管理专利工作的部门进行抽样取证应当制作笔录和清单,写明被抽取样品的名称、特征、数量以及保存地点,由执法人员、被调查的单位或者个人签字或者盖章。被调查的单位或者个人拒绝签名或者盖章的,由执法人员在笔录上注明。清单应当交被调查人一份。

第四十条 在证据可能灭失或者以后难以取得,又无法进行抽样取证的情况下,管理专利工作的部门可以进行登记保存,并在7日内作出决定。

经登记保存的证据,被调查的单位或者个人不得销毁或者转移。

管理专利工作的部门进行登记保存应当制作笔录和清单,写明被登记保存证据的名称、特征、数量以及保存地点,由执法人员、被调查的单位或者个人签名或者盖章。被调查的单位或者个人拒绝签名或者盖章的,由执法人员在笔录上注明。清单应当交被调查人一份。

第四十一条 管理专利工作的部门需要委托其他管理专利工作的部门协助调查收集证据的,应当提出明确的要求。接受委托的部门应当及时、认真地协助调查收集证据,并尽快回复。

第四十二条 海关对被扣留的侵权嫌疑货物进行调查,请求管理专利工作的部门提供协助的,管理专利工作的部门应当依法予以协助。

管理专利工作的部门处理涉及进出口货物的专利案件的,可以请求海关提供协助。

第六章 法 律 责 任

第四十三条 管理专利工作的部门认定专利侵权行为成立,作出处理决定,责令侵权人立即停止侵权行为的,应当采取下列制止侵权行为的措施:

(一)侵权人制造专利侵权产品的,责令其立即停止制造行为,销毁制造侵权产品的专用设备、模具,并且不得销售、使用尚未售出的侵权产品或者以任何其他形式将其投放市场;侵权产品难以保存的,责令侵权人销毁该产品;

(二)侵权人未经专利权人许可使用专利方法的,责令侵权人立即停止使用行为,销毁实施专利方法的专用设备、模具,并且不得销售、使用尚未售出的依照专利方法所直接获得的侵权产品或者以任何其他形式将其投放市场;侵权产品难以保存的,责令侵权人销毁该产品;

(三)侵权人销售专利侵权产品或者依照专利方法直接获得的侵权产品的,责令其立即停止销售行为,并且不得使用尚未售出的侵权产品或者以任何其他形式将其投放市场;尚未售出的侵权产品难以保存的,责令侵权人销毁该产品;

(四)侵权人许诺销售专利侵权产品或者依照专利方法直接获得的侵权产品的,责令其立即停止许诺销售行为,消除影响,并且不得进行任何实际销售行为;

(五)侵权人进口专利侵权产品或者依照专利方法直接获得的侵权产品的,责令侵权人立即停止进口行为;侵权产品已经入境的,不得销售、使用该侵权产品或者以任何其他形式将其投放市场;侵权产品难以保存的,责令侵权人销毁该产品;侵权产品尚未入境的,可以将处理决定通知有关海关;

(六)责令侵权的参展方采取从展会上撤出侵权展品、销毁或者封存相应的宣传材料、更换或者遮盖相应的展板等撤展措施;

(七)停止侵权行为的其他必要措施。

管理专利工作的部门认定电子商务平台上的专利侵权行为成立,作出处理决定的,应当通知电子商务平台提供者及时对专利侵权产品或者依照专利方法直接获得的侵权产品相关网页采取删除、屏蔽或者断开链接等措施。

第四十四条 管理专利工作的部门作出认定专利侵权行为成立并责令侵权人立即停止侵权行为的处理决定后,被请求人向人民法院提起行政诉讼的,在诉讼期间不停止决定的执行。

侵权人对管理专利工作的部门作出的认定侵权行为成立的处理决定期满不起诉又不停止侵权行为的,管理专利工作的部门可以申请人民法院强制执行。

第四十五条 管理专利工作的部门认定假冒专利行为成立的,应当责令行为人采取下列改正措施:

(一)在未被授予专利权的产品或者其包装上标注专利标识、专利权被宣告无效后或者终止后继续在产品或者其包装上标注专利标识或者未经许可在产品或者产品包装上标注他人的专利号的,立即停止标注行为,消除尚未售出的产品或者其包装上的专利标识;产品上的专利标识难以消除的,销毁该产品或者包装;

(二)销售第(一)项所述产品的,立即停止销售行为;

(三)在产品说明书等材料中将未被授予专利权的技术或者设计称为专利技术或者专利设计,将专利申请称为专利，或者未经许可使用他人的专利号，使公众将所涉及的技术或者设计误认为是他人的专利技术或者专利设计的，立即停止发放该材料，销毁尚未发出的材料，并消除影响；

（四）伪造或者变造专利证书、专利文件或者专利申请文件的，立即停止伪造或者变造行为，销毁伪造或者变造的专利证书、专利文件或者专利申请文件，并消除影响；

（五）责令假冒专利的参展方采取从展会上撤出假冒专利展品、销毁或者封存相应的宣传材料、更换或者遮盖相应的展板等撤展措施；

（六）其他必要的改正措施。

管理专利工作的部门认定电子商务平台上的假冒专利行为成立的，应当通知电子商务平台提供者及时对假冒专利产品相关网页采取删除、屏蔽或者断开链接等措施。

第四十六条　管理专利工作的部门作出认定专利侵权行为成立并责令侵权人立即停止侵权行为的决定，或者认定假冒专利行为成立并作出处罚决定的，应当自作出决定之日起 20 个工作日内予以公开，通过政府网站等途径及时发布执法信息。

第四十七条　管理专利工作的部门认定假冒专利行为成立的，可以按照下列方式确定行为人的违法所得：

（一）销售假冒专利的产品的，以产品销售价格乘以所销售产品的数量作为其违法所得；

（二）订立假冒专利的合同的，以收取的费用作为其违法所得。

第四十八条　管理专利工作的部门作出处罚决定后，当事人申请行政复议或者向人民法院提起行政诉讼的，在行政复议或者诉讼期间不停止决定的执行。

第四十九条　假冒专利行为的行为人应当自收到处罚决定书之日起 15 日内，到指定的银行缴纳处罚决定书写明的罚款；到期不缴纳的，每日按罚款数额的百分之三加处罚款。

第五十条　拒绝、阻碍管理专利工作的部门依法执行公务的，由公安机关根据《中华人民共和国治安管理处罚法》的规定给予处罚；情节严重构成犯罪的，由司法机关依法追究刑事责任。

第七章　附　　则

第五十一条　管理专利工作的部门可以通过寄交、直接送交、留置送达、公告送达或者其他方式送达有关法律文书和材料。

第五十二条　本办法由国家知识产权局负责解释。

第五十三条　本办法自 2011 年 2 月 1 日起施行。2001 年 12 月 17 日国家知识产权局令第十九号发布的《专利行政执法办法》同时废止。

专利行政执法证据规则（试行）*

1. 2016年5月5日国家知识产权局发布
2. 国知发管字〔2016〕31号

第 1 章　专利行政执法中证据规则概述

第 1 节　专利行政执法中常见的证据类型

根据证据提交主体的不同，专利行政执法中常见的证据可以分为三种类型：请求人提供的证据、被请求人提供的证据、管理专利工作的部门依职权调查收集的证据。

1.1.1　请求人提供的证据种类

根据拟证明的对象或者内容，请求人提供的证据可分为三类。

1.1.1.1　涉及请求人主体资格和权利的证据

专利权人或其利害关系人请求管理专利工作的部门处理专利侵权纠纷，必须首先证明其具有提起请求的主体资格且其主张的专利权合法有效。为此，请求人可以提供以下证明文件：

（1）请求人主体资格证明。请求人为自然人的，应当提供身份证；请求人为企事业单位的，应当提供营业执照或事业单位登记证。请求人为外国主体的，应当提供相关证明文件。

（2）专利证书。用于证明专利授权时的权属状况。

（3）专利登记簿副本。用于证明专利权的变更以及现实归属。当权利人没有提供专利登记簿副本时，管理专利工作的部门应当要求其提供。

（4）专利授权公告文本。发明或实用新型专利的授权公告文本为权利要求书、说明书及附图、说明书摘要及摘要附图；外观设计专利的授权公告文本为公告授权的图片或照片及简要说明。

（5）专利年费收据。用于证明专利权持续有效。在权利人提供了专利登记簿副本的情况下，该证据可以不

* 限于篇幅，本书中对本文件中所列案例未作收录，请读者谅解。——编者注

提供。

（6）实用新型、外观设计专利检索报告（评价报告）。请求处理侵犯实用新型或外观设计专利侵权纠纷的请求人，可以主动或者应管理专利工作的部门要求出具由国务院专利行政部门作出的检索报告或专利权评价报告（申请日在2009年10月1日之前的实用新型专利，出具的应为检索报告；申请日在2009年10月1日之后的实用新型或外观设计专利，出具的应为专利权评价报告）。

（7）被许可人还应当提供有关专利实施许可合同及其在国务院专利行政部门备案的证明材料，未经备案的应当提交专利权人的证明，或者证明其享有权利的其他证据。

（8）排他实施许可合同的被许可人单独提出申请的，应当提交专利权人放弃申请的证明材料。

（9）专利财产权利的继承人应当提交已经继承或者正在继承的证据材料。

1.1.1.2　涉及侵权行为的证据

专利权人或其利害关系人请求管理专利工作的部门处理专利侵权纠纷，应当提交被请求人存在侵权行为的相关证据，比如：

（1）被控侵权人已经实施或即将实施侵犯专利权行为的证据。如对购买涉嫌侵权产品的过程及购得的涉嫌侵权产品进行公证保全的证据，或对涉嫌侵权现场（如许诺销售）、涉嫌侵权产品的安装地进行勘查后取得的证据，以及产品宣传册、销售侵权产品人员的名片、购货发票或收据、销售发票、购销合同等。

（2）与被控侵权产品/方法相关的证据。如从市场上或其他渠道获得的涉嫌侵权产品的实物、照片、产品目录、工艺、配方以及生产步骤等。购得的涉嫌侵权产品由公证人员封存并拍照的，提交前，请求人应确保封条完好无损。

（3）其他证据。如其他部门查处各类违法行为的过程中取得的与专利侵权有关的证据。

（4）请求人主张被请求人侵犯其新产品制造方法的发明专利的，为证明被请求人生产的产品与自己依照专利方法直接获得的产品属于同样的产品，可以提交被请求人的产品和/或其产品说明书、第三方出具的鉴定报告等证据。

1.1.1.3　涉及权利人利益损失的证据

专利权人或其利害关系人在请求管理专利工作的部门就专利侵权纠纷进行调处时，应当提供证据证明其损失，比如：

（1）专利实施许可合同。专利权人与他人签订的专利实施许可合同中约定的许可使用费可以作为请求赔偿的依据。当专利权人或其利害关系人提交的专利实施许可合同是与其业务单位签订的名义上的专利实施许可合同时，合同约定的许可使用费能否作为赔偿的参照依据需要管理专利工作的部门根据具体案情加以识别与判定。

（2）请求人因侵权所受的损失。请求人主张以自己所受到的损失作为赔偿数额的依据时，需要提供自己单位产品销售数量减少情况以及销售利润的财务账册资料或财务数据，请求人因被请求人侵权造成销售量减少的总数与每件被控侵权产品销售的合理利润相乘之积为请求人的损失数额的依据。

（3）被控侵权人因侵权行为所获的收益。请求人主张以被请求人的获利作为赔偿数额的依据时，需要提供被请求人的相应账册，或申请管理专利工作的部门对被请求人的财务会计账册进行调查勘验，以被请求人因侵权导致的销售量增加的总数或者被请求人制造的被控侵权产品的总数，与每件被控侵权产品销售的合理利润相乘之积为被请求人所获收益的依据。

（4）法定赔偿的依据。当权利人的损失、侵权人获得的利益和专利许可使用费均难以确定时，管理专利工作的部门可以要求请求人提供证明侵权人侵权行为的情节及专利产品市场价值的辅助证据，作为确定具体赔偿数额时的参照因素。

1.1.2　被请求人提供的证据

根据拟证明的对象或者内容，被请求人提交的证据可以分为以下几类。

1.1.2.1　涉及权利瑕疵抗辩的证据

被请求人可以针对请求人的主体资格、专利权的归属等提出权利瑕疵抗辩，并提供相应的证据，例如请求人不具备启动侵权纠纷处理程序的主体资格的证据、专利权终止的证据等。

1.1.2.2　涉及不落入专利权保护范围抗辩的证据

为证明涉嫌侵权产品未落入专利权保护范围，被请求人可以提供证据加以证明。

被请求人提供的证据一般包括技术词典、教科书等证据，用以证明权利要求中某术语或技术特征的确切含义。

被请求人以禁止反悔原则主张不侵权的，应当提供专利审查档案，包括初步审查、实质审查、复审请求审查、无效宣告请求审查中的档案及当事人在上述程序中的书面及口头陈述意见作为证据，管理专利工作的部门也可以要求被请求人提供所有的专利审查文档。

1.1.2.3 涉及现有技术（设计）抗辩的证据

被请求人主张本人实施的技术为现有技术或现有设计的，可以提供现有技术出版物，或者有确切来源、销售或使用时间的产品实物以及有关的辅助凭证，如产品说明书、产品图册、销售发票以及证人证言等。

1.1.2.4 涉及先用权抗辩的证据

被请求人主张先用权抗辩的，可以提供以下证据：

（1）在涉案专利的申请日前其已经制造、使用涉嫌侵权产品或方法的证据；

（2）在涉案专利的申请日前其尚未制造、使用，但已经作好制造、使用涉嫌侵权产品或方法准备的证据，如：（A）在涉案专利的申请日之前其已完成的设计图纸和工艺文件；（B）在涉案专利的申请日之前其已购置的设备、原材料及产能的资料。

1.1.2.5 涉及合法来源抗辩提出的证据

被请求人主张合法来源抗辩的，可以提供证明合法来源的证据，如买卖合同、租赁合同、发票、运输单据等，以及其他证明交易合法成立的证据；必要时，也可以提供封存的样品、产品的图片等相关证据。

1.1.3 管理专利工作的部门收集的证据

管理专利工作的部门收集的证据主要分为两种类型。

1.1.3.1 就专门技术问题委托鉴定的证据

管理专利工作的部门将案件争议的技术问题委托具有一定权威性的机构组织专家进行鉴定，鉴定人将鉴定意见以证据的形式提交给管理专利工作的部门，经当事人质证后作为定案依据。鉴定可以采用委托专门机构进行技术鉴定、召开专家咨询或专家论证会、专家证人参与等方式。鉴定意见通常为书证。

1.1.3.2 依申请或依职权调取的证据

管理专利工作的部门依据当事人的申请或依职权调取的证据通常包括：

（1）查阅、复制的与案件有关的合同、账册、生产记录等书证；

（2）采用拍照、摄像等方式对被控侵权产品、被控侵权方法的生产操作过程、假冒专利产品的外形、场所布置情况等进行保全形成的视听资料证据；

（3）采用复制计算机数据、电子文档等方式形成的电子证据；

（4）对易于调取的书证、产品实物等采用暂扣、抽样等方式提取的证据；

（5）对不易搬动的大件物品或被控侵权产品等采用测量等方式进行现场勘验或检查形成的勘验或检查笔录；

（6）在勘验现场时对相关人员进行询问或讯问等形成的录音资料或询问或讯问笔录。

第2节 专利行政执法中证据的分类与表现形式

1.2.1 证据的分类

1.2.1.1 原始证据与传来证据

按照证据的不同来源，可以将证据划分为原始证据与传来证据。

凡是直接来源于案件事实本身的证据材料即为原始证据，例如专利证书的原件、假冒专利产品原物。凡是经过中间传抄、转述环节获取的证据材料即为传来证据，也称为派生证据，例如营业执照的复印件、物品的照片等。

1.2.1.2 直接证据与间接证据

根据证据与待证事实的关系，可以将证据划分为直接证据与间接证据。

凡是能够单独证明案件主要事实的证据为直接证据，例如直接见证销售侵权产品的公证书。凡是只能证明案件事实的某一个侧面或者某一个环节，需要与其他证据结合使用才能证明案件事实的证据为间接证据。例如，销售某款产品的销售发票，虽然能证明发票开具日以前已经销售了某款产品，但是，该产品的形状、内部结构需要结合其他证据才能确定。

1.2.1.3 言词证据与实物证据

根据证据的表现形式，可以将其划分为言词证据与实物证据。

凡是能够证明案件情况的事实是通过自然人的陈述形式表现出来的证据，称为言词证据，例如销售人员出具的在某时某地销售某产品的证言。凡是能够证明案件情况的事实是通过物品的外部形态特征或者记载的内容思想表现出来的证据，称为实物证据，例如涉嫌侵权的产品或者产品使用说明书。

1.2.1.4 本证与反证

根据当事人对所主张事实是否负有证明责任，可以将证据分为本证与反证。

凡是由负有证明责任的一方当事人提出的用来证明该方主张事实的证据，即为本证。例如，某市知识产权局主张某公司存在制造销售假冒专利产品的行为，举出当事人陈述两份、现场勘验笔录一份，这些证据即为本证。凡是为了推翻对方所主张的事实而提出与对方相反的即相抵消的事实根据的，称为反证。例如，以上案件中，某公司提出，某市知识产权局举证的当事人陈述中所指的产品制造时间正值公司设备检修的停业期间，所谓的制造销售假冒专利产品一事纯属造谣，并举出相应的书证与证人证言，这些证据即为反证。

1.2.2 证据的表现形式

根据证据的不同表现形式，证据一般分为八种法定形式。

1.2.2.1 书证

书证是指用文字、符号或图形所表达的思想内容来证明案件事实的证据，是以其内容来证明待证事实的有关情况的文字材料。凡是以文字来记载人的思想和行为以及采用各种符号、图案来表达人的思想，其内容对待证事实具有证明作用的物品都是书证。书证形式上取决于它所采用的书面形式，内容上取决于它所记载或表达的思想内涵与案情具有关联性。

专利纠纷中常见的书证包括各个国家、地区的专利说明书、公证书、期刊、报纸、杂志、发票、单据、合同等。

1.2.2.2 物证

物证，即以物品、痕迹等客观物质实体的外形、性状、质地、规格等证明案件事实的证据，如被控侵权产品等。

1.2.2.3 视听资料

视听资料是指以音响、图像等方式记录有信息的载体。视听资料一般可分为三种类型：

（1）视觉资料，也称无声录像资料，包括图片、摄影胶卷、幻灯片、投影片、无声录像带、无声影片、无声机读件等。

（2）听觉资料，也称录音资料，包括唱片、录音带等。

（3）声像资料，也称音像资料或音形资料，包括电影片、电视片、录音录像片、声像光盘等。

1.2.2.4 证人证言

证人证言，是证人就其所感知的案件情况所作的陈述。以本人所知道的情况对案件事实作证的人，称为证人。

专利纠纷中，证人证言通常包括两种类型：自然人证言和单位证明。其中，单位证明形式上是一种书证，但实质上还是一种证人证言。对于单位行政职权范围内的证明内容，通常不需出庭质证即可认定其真实性（内容），但对于非行政职权范围内的证明内容，需要派员出庭质证并可能需要与其他证据结合使用才能认定其真实性。

证言有口头形式与书面形式、录音形式、视听资料形式等，无论以何种形式表现的证言，都应按照内容划为证言，而不应按照载体来划分为书证、视听资料等。

1.2.2.5 当事人陈述

当事人陈述是当事人就案件事实向合议组所作的陈述。广义上，当事人陈述还包括当事人关于请求的陈述、关于与案件有关的其他事实的陈述以及关于案件性质和法律问题的陈述。

作为证据形式的当事人陈述是以询问当事人本人为手段所获得的关于案件事实的证据。

代理人的承认视为当事人的承认。但是，未经特别授权的代理人对事实的承认直接导致承认对方请求的除外；当事人在场但对其代理人的承认不作否认表示的，视为当事人的承认。

1.2.2.6 鉴定意见

鉴定意见，是具有某方面知识的专家凭自己的专业知识、技能、工艺以及各种科学仪器、设备等，对特定事实及专门性问题进行分析鉴别后所作的专门性意见。该证据的产生依赖科学技术方法而不是对有关情况的回忆。

1.2.2.7 勘验笔录

勘验笔录，是管理专利工作的部门指派的勘验人员对案件涉及的标的物和有关证据，经过现场勘验、调查所作的记录。

勘验笔录可以用文字记载，也可以附以拍照、摄像、绘图或制作模型等。勘验人应当将勘验情况和结果制作笔录，由勘验人、当事人和被邀请参加人签名或者盖章。

管理专利工作的部门可以依当事人的申请勘验现场，也可以依职权主动对现场进行勘验。

1.2.2.8 电子证据

“电子证据”是指基于电子技术生成、以数字化形式存在于磁盘、光盘、存储卡、手机等各种电子设备载体，其内容可与载体分离，并可多次复制到其他载体的文件。

“电子证据”可以分为以下几种类型：

（1）文字处理文件：通过文字处理系统形成的文件，由文字、标点、表格、各种符号或其他编码文本组成。

（2）图形处理文件：由专门的计算机软件系统辅助设计或辅助制造的图形数据，通过图形人们可以直观地了解非连续性数据间的关系，使得复杂的信息变得生动明晰。

(3)数据库文件：由若干原始数据记录所组成的文件。数据库系统的功能是输入和存储数据、查询记录以及按照指令输出结果，它具有很高的信息价值，但只有经过整理汇总之后，才具有实际的用途和价值。

(4)程序文件：计算机进行人机交流的工具，软件就是由若干个程序文件组成的。

(5)影、音、像文件：即通常所说的“多媒体”文件，通常经过扫描识别、视频捕捉、音频录入等综合编辑而成。

第2章 举证与收集证据

专利行政执法中证据的出现主要有两种方式，一是当事人举证，二是管理专利工作的部门依职权调查取证。

第1节 当事人举证

2.1.1 举证责任的分配

请求人和被请求人应对自己主张的利己事实承担举证责任。

2.1.1.1 “谁主张谁举证”

“谁主张谁举证”就是当事人对自己提出的主张提供证据并加以证明。在专利行政执法中，“谁主张谁举证”是指请求人应提供证据来证明被请求人存在侵权事实，被请求人或假冒专利行为人应提供证据证明不构成侵权或不存在假冒专利行为的事实。

若被请求人承认存在侵权事实，则构成自认，此时无须请求人证明，即可将自认事实作为决定的依据；若被请求人否认侵权事实的存在，则请求人对该事实承担举证责任。

无论是请求人对存在侵权事实的举证，还是被请求人对不构成侵权的举证，举证若达不到相应的证明标准，负有举证责任的当事人即需承担举证不能或不利的后果。

2.1.1.2 举证责任倒置

专利行政执法中，涉及举证责任倒置的法定情形仅有一种，即对于新产品制造方法发明专利，不是由请求人举证被控方法侵权，而是由被请求人对其产品制造方法不同于专利方法承担举证责任。

被请求人承担证明其产品制造方法不同于专利方法的举证责任需要满足一定的前提条件，即请求人必须举证证明两项内容：(1)依照所述制造方法权利要求获得的产品为“新产品”；(2)被控侵权产品与依照专利方法直接获得的产品相同。如果请求人未完成以上两项内容的证明责任，则举证责任不能转移，被请求人无须举证证明“其产品制造方法不同于专利方法”。

被请求人应当就其制造方法不同于专利方法举证，而不是提供证据证明使用不同于专利方法的另外一种方法也可以制造出相同产品。

2.1.1.2.1 “新产品”的举证责任分配

所谓“新产品”，是指产品或者制备产品的技术方案在专利申请日前不为国内外公众所知。不能将“新产品”认定为专利申请日前在国内未曾出现过的产品，更不能将其认定为专利申请日前没有在国内上市的产品。

请求人对于“新产品”的举证应当是初步举证。请求人完成该初步举证责任的形式可以是提供该产品在某一国家被授权的证明、提供相关部门出具的检索报告等。

如果请求人能够初步举证，则举证证明该产品是已知产品的责任就转移给被请求人。如果被请求人不能提供相应的证据证明该产品是已知产品或者制备该产品的技术方案在专利申请日前已为公众所知，则认为请求人已经完成了证明其专利方法获得的产品为新产品的举证责任。

2.1.1.2.2 “被控侵权产品与依照专利方法直接获得的产品相同”的举证责任

所谓“依照专利方法直接获得的产品”，是指完成专利方法的最后一个步骤后所获得的最初产品。当主题名称中的目标产品与完成最后一个方法步骤后获得的最初产品一致时，主题名称中的目标产品就是制备方法直接获得的产品；当主题名称中的目标产品与完成最后一个方法步骤后获得的最初产品不一致时，需要根据说明书的内容，考察二者的关系。如果说明书中已经明确最后一个方法步骤获得的最初产品能通过常规的方法转化为主题名称中的目标产品，则该权利要求直接获得的产品是所述主题名称中的目标产品；如果说明书中没有明确最后一个方法步骤获得的最初产品如何转化为主题名称中的目标产品，并且转化方法非所属领域的公知技术，则该权利要求直接获得的产品是最后一个方法步骤获得的最初产品。

请求人举证证明“被控侵权产品与依照专利方法直接获得的产品相同”可能采用多种形式，例如提供司法鉴定中心出具的鉴定报告、被控侵权产品的产品说明书等。

2.1.1.2.3 举证责任倒置的注意事项

举证责任倒置与被请求人举证是两个完全不同的概念。前者是指对于请求人提出的事实主张，本该由提出该主张的请求人加以举证证明，但是法律却将相应的举证责任交由被请求人承担。相对地，被请求人举证除了举证责任倒置的情形外，还存在另外一种情形，即被请求人提出某一事实主张，其需承担证明该主张成立的举证责任。例如，被请求人根据《专利法》第六十二条的规定，主张“其实施的技术或者设计属于现有技术或者现有设计”，该主张属于有利于被请求人的抗辩事实，被请求人对此作出证明，属于举证责任的一般性分配原则，即“谁主张谁举证”的范畴。

2.1.1.3 举证责任的免除

以下情形，当事人可免于举证：

(1)一方当事人陈述的案件事实，另一方当事人明确承认的；

(2)众所周知的事实；

(3)自然规律及定理；

(4)根据法律规定或者已知事实和日常生活经验法则，能推定出的另一事实；

(5)已为人民法院发生法律效力的裁判所确认的事实；

(6)已为仲裁机构的生效裁决所确认的事实；

(7)已为有效公证文书所证明的事实。

其中，第(2)、(4)、(5)、(6)、(7)项，当事人有相反证据足以推翻的除外。

2.1.2 证据的提交

2.1.2.1 物证和书证

请求人提交被控侵权产品的样品、照片、相应的购买发票、购物收据或者购买被控侵权产品的公证文书、宣传画册等物证或者书证作为证据的，原则上应当提交原物或者原件，或者在质证时应对方当事人的要求出示原物或原件。确有困难无法提交或出示原物或原件的，应当提交经受理该案的管理专利工作的部门核对无异的复制品或者复制件。

仅提交复制品或者复制件未提交原物或原件，导致无法核实复制品或复制件与原物或原件是否一致，从而无法认可其真实性，同时对方当事人也不认可其真实性的，将由承担举证责任的一方当事人承担举证不利的后果。

2.1.2.2 外文证据

请求人提交外文证据的，应当提交相应的中文译本；未提交中文译本的，该外文证据视为未提交。请求人仅提交外文证据部分中文译本的，该外文证据中没有提交中文译本的部分，不能作为证据使用。

2.1.2.3 域外证据及其证明手续

“域外证据”，是指在中华人民共和国法律管辖外的地域形成的证据，既包括在中华人民共和国领域外形成的证据，也包括在中国香港、澳门、台湾地区形成的证据。

2.1.2.3.1 域外证据的一般证明手续

在中华人民共和国领域外形成的证据，应当经所在国公证机关予以证明，并经中华人民共和国驻该国使领馆予以认证，或者履行中华人民共和国与该所在国订立的有关条约中规定的证明手续。

对于在香港地区形成的证据，主要应当通过委托公证人制度进行办理；对于在澳门地区形成的证据，需要由中国法律服务(澳门)有限公司或者澳门司法事务室下属的民事登记局出具公证证明；对于在台湾地区形成的证据，首先应当经过台湾地区的公证机关予以公证，并由台湾海基会根据《海峡两岸公证书使用查证协议》提供相关证明材料。

2.1.2.3.2 关于域外证据的难点问题

当双方当事人就是否属于域外证据或者是否应当办理公证、认证等证明手续存在争议时，管理专利工作的部门可以根据以下原则适当进行变通。

(1)证明当事人主体资格的证据，例如法人或组织资格证明、形成于域外的授权委托书等，应当办理相应的证明手续。

(2)以下几种情况，当事人可以不履行公证认证等证明手续：①有证据证明对方当事人已经认可；②已被法院生效判决或仲裁机构生效裁决确认的；③能够从官方或公共渠道获得的公开出版物、专利文献等。

管理专利工作的部门在对证据关联性、真实性、合法性进行审查时，不应直接以“未履行相应的公证认证手续”为由直接否定证据，须结合相关案情全面考虑。

第2节 依职权调查收集证据

在处理专利侵权纠纷、查处假冒专利行为过程中，管理专利工作的部门可以依当事人的书面请求或者根据需要依职权调查收集有关证据。调查收集证据的途径可以是现场勘验、现场检查、委托鉴定、证据保全等。管理专利工作的部门在调查收集证据时，应当遵守《行政强制法》的有关规定。

2.2.1 调查收集证据的条件

2.2.1.1 当事人请求调查收集证据的条件

以下情形，当事人及其代理人可以请求管理专利工作的部门调查收集证据：

(1)请求调查收集的证据属于国家有关部门保存并须管理专利工作的部门依职权调取的档案材料；

(2)当事人及其代理人确因客观原因不能自行收集的其他材料；

(3)证据可能灭失或者以后难以取得。

当事人及其代理人请求管理专利工作的部门调查收集证据，应当提交书面申请。管理专利工作的部门认为符合依申请调查取证条件的，应当启动调查取证程序；认为不符合调查取证条件的，可以不进行调查取证。

2.2.1.2　依职权调查收集证据的条件

专利侵权纠纷调处中，管理专利工作的部门可以根据案情需要或者在证据可能灭失或以后难以取得的情况下，对侵权可能性大的案件依职权调查收集证据。在假冒专利行为查处中，管理专利工作的部门如发现或接受举报发现涉嫌假冒专利行为，可以根据需要依职权调查收集证据。依职权调查收集证据尤其要针对那些对解决争议可能有决定作用的事实证据。

2.2.2　调查收集证据的途径

2.2.2.1　现场勘验

现场勘验系指执法人员对涉嫌专利侵权的场所进行勘验检查，采取法定方式固定、采集证据的工作。

2.2.2.1.1　现场勘验方式

现场勘验中，除了对现场客观情况与环境进行取证外，执法人员也可以对相关人员进行询问。进行现场勘验的方式包括但不限于：

(1)对被请求人的生产场地、储存仓库、陈列展示柜台等有关场所进行勘验检查；

(2)对相关的产品、模具、模板、专用工具以及包装物等物品进行测绘、拍照；

(3)对现场勘验检查过程进行录音、摄像；

(4)对涉嫌侵权产品予以清点，抽取样品；

(5)对于无法进行抽样取证的证据，应当拍照、摄像或者进行证据登记保存；

(6)涉及方法专利的，要求被调查人进行现场演示，对生产方法和工艺过程进行拍照和摄像；

(7)查阅、复制与案件有关的档案、图纸、资料、账册等证据，复制件应当要求被调查人签名并加盖公章，并将有关情况记录在勘验检查笔录中；

(8)对相关人员进行询问。

2.2.2.1.2　现场勘验笔录

现场勘验笔录需要记载的重要事项参见《专利行政执法操作指南(试行)》相关规定。现场勘验检查笔录应当交由被调查人员核对、确认、签名或者盖章并加盖公章；当事人及有关人员拒绝签名或者盖章的，执法人员应当注明原因，并可以要求其他在场人员签名或者盖章予以证明。当事人及有关人员和其他在场人员拒绝签字或盖章的，由执法人员注明情况。

2.2.2.2　现场检查

现场检查，系指管理专利工作的部门对涉嫌假冒专利的行为人的生产经营场所进行实地勘察，采取法定方式固定、采集证据的工作。

2.2.2.2.1　现场检查重点事项

在现场检查中，执法人员应当先对当事人的生产场地、储存仓库、陈列展示等有关场所进行现场检查，围绕案情，运用各种手段全面、客观、公正地收集相关证据。具体应当对以下事项进行重点检查：

(1)根据举报人举报、其他部门移交、该局检查发现的线索进行检查；

(2)对标注有专利号的产品进行检查；

(3)对标注有“专利产品仿冒必究”等字样的产品进行检查；

(4)对标注有“已申请专利”等字样的产品进行检查；

(5)对宣称运用专利技术的产品或方法进行检查；

(6)对标注有专利号的说明书等材料进行检查；

(7)其他涉嫌假冒专利的产品或行为。

2.2.2.2.2　现场检查证据形式

现场检查证据应当注意：

(1)调查收集的书证，可以是原件或经核对无误的副本或者复制件。当提取书证副本或者复制件时，执法人员应当要求当事人在该书证副本或者复制件上签名或盖章，并在调查笔录中载明来源和取证情况。

(2)调查收集的物证应当是原物；提供原物确有困难的，应当要求其提供复制品或者照片；提供复制品或者照片的，执法人员应当在调查笔录中说明取证情况。

(3)执法人员应当对涉嫌违法的物品提取样品，可以从涉嫌假冒专利的产品中抽取一部分作为样品。被抽取样品的数量以能够证明事实为限。

(4)采取抽样取证的方式调查收集证据时，应当向当事人制发抽样取证决定，并制作抽样取证笔录。载明案由、被取证人姓名或名称、被取证人联系方式、被抽样取证物品名称、专利标识、生产厂家、数量、单价等事项，笔录由执法人员和当事人及其他有关人员签名或盖章。

(5)执法人员应当制作现场检查笔录。笔录制作须有2名以上执法人员在场,将重要的事项记入笔录,同时可以使用录音、摄像设备进行记录。

2.2.2.3 委托鉴定

管理专利工作的部门可以就专业性问题委托专门机构进行鉴定或提供咨询。

2.2.2.3.1 技术鉴定的提出

是否需要委托鉴定机构或专家对技术问题出具鉴定或咨询意见,合议组既可以根据案情需要自行决定,也可以根据当事人的申请决定。

2.2.2.3.2 鉴定机构的确定

鉴定或咨询机构由双方当事人协商确定,协商不成的可以由合议组指定。

原则上,鉴定机构或者鉴定人应当具有鉴定资格。如果没有符合资格的鉴定机构或鉴定人,由具有相应技术水平的专业机构或专业人员进行鉴定。所述专业机构或专业人员一般是相关技术领域的权威机构或专家,应当具有相关技术领域的专门性知识和技术,并且具备必要的鉴定设备和条件。

2.2.2.3.3 鉴定范围的确定

委托鉴定前,鉴定材料应当交由双方当事人认可,并在听取双方当事人意见的基础上确定鉴定范围。

当事人对鉴定范围有异议的,应当提出相应的证据予以证明,管理专利工作的部门可以结合异议人提出的证据综合确定鉴定范围和内容。

双方当事人均申请鉴定但鉴定范围不尽相同的,管理专利工作的部门应当组织双方就鉴定的范围和理由进行说明,综合确定鉴定范围。

2.2.2.3.4 重新委托鉴定

当事人对鉴定意见不服,申请重新委托鉴定的,由当事人协商一致决定是否重新委托新的鉴定机构;当事人不能协商达成一致意见的,由管理专利工作的部门决定是否重新委托鉴定。对于当事人提出的重新委托鉴定的理由,管理专利工作的部门应当予以严格审核。

2.2.2.3.5 鉴定意见的作出

经管理专利工作的部门允许,鉴定人可以向当事人收集其认为必要的技术资料、对当事人的技术人员进行询问、查看技术实施现场、进行必要的测试检验等工作。

鉴定意见应当包括下列内容:

(1)委托人姓名或者名称、委托鉴定的内容;

(2)委托鉴定的材料;

(3)鉴定的依据及使用的科学技术手段;

(4)对鉴定过程的说明;

(5)明确的鉴定结论;

(6)鉴定人的鉴定资格;

(7)鉴定人员及鉴定机构签名或盖章。

2.2.2.4 登记保存

2.2.2.4.1 登记保存的条件

当事人申请管理专利工作的部门对证据进行登记保存或者管理专利工作的部门根据实际需要依职权对某些证据进行登记保存应当满足以下条件:

(1)证据可能灭失或者以后难以取得;

(2)请求或者需要保全的证据对待证事实有证明作用;

(3)请求或者需要保全的证据的线索清晰。

2.2.2.4.2 登记保存的方式

登记保存时,应当根据证据的不同特点采取不同的方法,以客观地反映案件的真实情况。

(1)对于证人证言,可以采取制作笔录或录音、摄像的方法;

(2)对于物证,如涉嫌侵权或者构成假冒专利的机器、设备及其他物品,可以采取扣押、拍照、摄像的方法,同时清点涉嫌侵权或假冒专利物品的数量并制作笔录;

(3)对于书证,如财务账册等,可以采取扣押或就地封存的方式并辅之以复制、拍照等方法;

(4)对于计算机软件等证据材料,可以采取下载、拆下硬盘、由双方当事人指派的专家当场对内存上的软件进行比对并制作笔录等方法。

2.2.3 调查收集证据的注意事项

管理专利工作的部门依职权调查收集证据需要注意以下事项。

(1)区分专利侵权纠纷调处与假冒专利行为查处案件

在专利侵权纠纷调处中,管理专利工作的部门应当更严格地审查是否确实存在依职权调查取证的需求、当事人是否确实无法自行收集或由公证机关公证收集证据、需要依职权调取的证据是否确实对案件事实有决定作用等,避免成为请求人的"代言人"。

(2)注重调查取证的方式

管理专利工作的部门调查收集证据应注重调查取证的方式方法,避免对被请求人正常生产、经营造成不必要的影响。例如，对于需要保全的产品采用抽样取证，对设计、生产图纸可采用复印并由当事人签字、盖章方式确认来代替直接取走原件，以笔录、照相、摄像等方式详尽记载勘验或检查的产品等。

第3章 证据交换与质证

证据调查程序一般包括提供证据、交换证据、当事人质证和证据审核认定几个环节。提供、交换证据通常发生在案件审理前的准备阶段，案件审理时原则上先由双方当事人对证据进行质证，发表质证意见，之后，由合议组结合全部证据的调查结果和案件事实的辩论结果最终认定案件事实的真伪。

第1节 证据交换

专利行政执法中，证据交换多用于专利侵权纠纷调处案件。对于假冒专利纠纷查处案件，无须进行证据交换。

3.1.1 证据交换的时机

管理专利工作的部门应当在立案之日起5个工作日内将请求书及其附件的副本送达被请求人，要求其在收到之日起15日内提交答辩书并按照请求人的数量提供答辩书副本。被请求人提交答辩书的，管理专利工作的部门应当在收到之日起5个工作日内将答辩书副本送达请求人。

通过上述方式未送达的证据材料，双方当事人可在口头审理前提交并相互交换。

3.1.2 依职权调查收集证据的出示

管理专利工作的部门依职权调查收集的证据未经质证，不能作为定案的依据。

在专利侵权纠纷处理中，依职权调查收集的证据一般是在口头审理中出示给双方当事人，由双方当事人对其进行确认和质证。在假冒专利行为查处案件中，依职权调查收集的证据在听证会上出示、宣读和辨认，涉及国家秘密、商业秘密和个人隐私的证据由听证会验证。

第2节 质证

质证，是指在口头审理过程中，由案件的当事人就口头审理过程中出示的证据采取辨认、质疑、说明、辩论等形式进行对质核实，以确认其证据能力和证明力的活动。质证是口头审理的重点环节。证据只有经过必要的质证程序后，才能作为定案的根据。

3.2.1 质证的基本原则

质证中，当事人应当围绕证据的真实性、关联性、合法性，针对证据证明力有无以及证明力大小，进行质疑、说明与辩驳。

经合议组组长准许，当事人及其代理人可以就证据问题相互发问，也可以向证人、鉴定人或者勘验人发问。当事人及其代理人相互发问，或者向证人、鉴定人、勘验人发问时，发问的内容应当与案件事实有关联，不得采用引诱、威胁、侮辱等语言或者方式。

在质证过程中，对与案件没有关联的证据材料，应予排除并说明理由。当事人双方均已认可的证据，无须进行质证。涉及国家秘密、商业秘密、个人隐私或者法律规定的其他应当保密的证据，不得在开庭时公开质证。

3.2.2 质证顺序

质证一般按下列顺序进行：

（1）请求人出示证据，被请求人发表质证意见；

（2）被请求人出示证据，请求人发表质证意见。

管理专利工作的部门依照当事人申请调查收集的证据，作为提出申请的一方当事人提供的证据。

管理专利工作的部门依照职权调查收集的证据在口头审理中出示时，听取双方当事人的意见，并就调查收集该证据的情况予以说明。

质证中，双方当事人可以围绕相关证据进行辩论。

3.2.3 不同类型证据的质证

3.2.3.1 书证和物证

对书证、物证进行质证时，当事人有权要求出示证据的原件或者原物，但有下列情况之一的除外：

（1）出示原件或者原物确有困难并经管理专利工作的部门准许出示复制件或者复制品的；

（2）原件或者原物已不存在，但有证据证明复制件、复制品与原件或原物一致的。

3.2.3.2 证人证言

证人应当出庭作证，接受当事人的质询。

证人确有困难不能出庭的，可以提交书面证言或者视听资料，或者通过双向视听传输技术手段作证。“确有困难不能出庭”是指有下列情形：

（1）年迈体弱或者行动不便无法出庭的；

（2）特殊岗位确实无法离开的；

（3）路途特别遥远，交通不便难以出庭的；

（4）因自然灾害等不可抗力的原因无法出庭的；

（5）其他无法出庭的特殊情况。

出庭作证的证人应当客观陈述其亲身感知的事实，不得使用猜测、推断或者评论性的语言。证人为聋哑人的,可以其他表达方式作证。

执法人员和当事人可以对证人进行询问。证人不得旁听口头审理;询问证人时,其他证人不得在场。合议组认为有必要的,可以让证人进行对质。

出具鉴定意见的鉴定人、进行现场勘验的勘验人虽然非典型意义上的证人,但其应当出庭接受双方当事人的质询(确因特殊原因无法出庭的除外)。

证人出庭作证的形式包括通过视频通讯软件远距离传输图像、声音等形式。

第4章 证据的审核认定

证据的审核是指案件处理人员对证据进行的考查、检查、分析、研究等活动。证据的认定是指案件处理人员对证据的证据资格和证据力进行判断、评断、认可、确认等活动。

第1节 与证据审核认定有关的基本概念

4.1.1 证据资格

证据资格,又称证据能力、证据的可采性。它是指证据作为定案的根据时应当具有的性质,是证据材料作为证据的能力。证据资格通常主要指证据的三性:真实性(客观性)、合法性、关联性。

4.1.1.1 证据的真实性

证据的真实性,也叫作证据的客观性,是指证据所反映的内容应当是真实的、客观存在的。

案件审理中,应当根据案件的具体情况,从以下方面审查证据的真实性:

(1)证据形成的原因和方式;

(2)发现证据时的客观环境;

(3)证据是否为原件、原物,复制件、复制品与原件、原物是否相符;

(4)提供证据的人或者证人与当事人是否具有利害关系;

(5)影响证据真实性的其他因素。

需要注意,证据资格中所指的真实性是指形式上的真实性,即用于证明案件事实的证据必须在形式上或表面上是真实的,若完全虚假或者伪造则不得被采纳。证据在实质上的真实程度,是指证据内容的可靠性大小,属于判断其证明力的范畴。

4.1.1.2 证据的合法性

证据的合法性,是指提供证据的主体、证据的形式和证据的收集程序或提取方法必须符合法律的有关规定。不按照法定程序提供、调查收集的证据一般无法作为认定案件事实的根据。

证据的合法性主要从以下方面审查:

(1)证据是否符合法定形式;

(2)证据的取得是否符合法律、法规、司法解释和规章的要求;

(3)是否有影响证据效力的其他违法情形。

需要注意,对违反法定程序收集的证据,需具体情形具体分析。对严重违反法定程序收集的证据,应当坚决否定其证据能力;对那些虽违反程序,但仅属于程序瑕疵,既不影响对人权的保障,也不破坏程序公正性的情形,应承认其证据的证据能力,以利于查清事实,提高效率。

4.1.1.3 证据的关联性

证据的关联性,是指证据必须与案件所要查明的事实存在逻辑上的联系,能以其自身的存在单独或与其他事实一起证明案件事实。如果作为证据的事实与要证明的事实之间没有联系,即使它是真实的,也不能作为证明争议事实的证据。

4.1.2 证明力

证明力是指具有证据能力的证据对案件的证明程度的大小。证明力越大,证据对案件事实的证明作用越大。证据的证明力取决于证据同案件事实的客观、内在联系及其联系的紧密程度。一般而言,同案件事实存在直接的内在联系的证据,其证明力较大;反之其证明力较小。

证明力的判断可以考虑以下几方面:

(1)原始证据的证明力大于传来证据;

(2)直接证据的证明力大于间接证据;

(3)物证、历史档案、鉴定结论、勘验笔录或者经过公证、登记的书证的证明力一般高于其他书证、视听资料和证人证言;

(4)证人提供的对与其有亲属或者其他密切关系的当事人有利的证言,其证明力一般小于其他证人证言。

4.1.3 现有技术或者现有设计的公开性

在专利侵权纠纷案件中,被请求人有权主张被控侵权技术方案或者设计是现有技术或现有设计,即申请日(有优先权的,指优先权日)以前在国内外为公众所知的技术或者设计。申请日(有优先权的,指优先权日)前在国内外出版物上公开发表、在国内外公开使用或者以其他方式为公众所知构成现有技术或者设计的公开性。

现有技术或者现有设计的公开性包括两层含义,一是公开，二是必须在申请日（有优先权的，指优先权日）之前公开。所谓公开，是指处于公众能够得知的状态。处于保密状态的技术或者设计内容不属于现有技术或者现有设计。所谓保密状态，不仅包括受保密规定或协议约束的情形，还包括社会观念或者商业习惯上被认为应当承担保密义务的情形（默契保密）。负有保密义务的人违反规定、协议或者默契泄露秘密，导致技术内容或者设计公开，使公众能够得知这些技术或者设计的，不构成现有技术或者设计的公开。

4.1.3.1 公开出版物构成现有技术或者现有设计的证据

专利法意义上的公开出版物，是指记载有技术或者设计内容的独立的有形传播载体，其上记载有或者有证据表明其发表者或出版者以及其公开发表和出版时间。

专利法意义上的公开出版物不仅包括由出版社、报社或杂志社出版的专利文献、书籍、期刊、杂志、文集、报纸等，也包括正式公布的会议记录或报告、产品样本、产品目录、小册子等。作为公开出版物的载体本身可以是印刷或打字的纸件，也可以是光盘等以电子信息方式存储的载体。需要注意，对于产品样本、手册、宣传册、产品目录、会议资料等，只有通过证明其被"正式公布"，处于公众可以获得的状态，才具有公开性。

通常情况下，国家标准、行业标准和地方标准属于专利法意义上的公开出版物。一般情况下，企业标准是内部标准，在没有证据证明其属于公众想得知就能得知的情况下，不属于公开出版物。

对于公开出版物，要注意核查其公开时间是否在专利申请日（有优先权的，指优先权日）前。一般情况下，出版物的印刷日视为公开日，有其他证据证明其公开日的除外。印刷日只写明年月或者年份的，以所写月份的最后一日或者所写年份的 12 月 31 日为公开日。

管理专利工作的部门认为出版物的公开日期存在疑义的，可以要求该出版物证据的提交人提出证明。

4.1.3.2 使用公开构成现有技术或者现有设计的相关证据

使用公开是指由于使用而导致技术方案或者设计公开或者处于公众可以得知的状态。对于当事人主张使用公开构成现有技术或者现有设计的，管理专利工作的部门需核实相关证据链的完整性，以及技术内容或者设计是否在申请日前被公开。

4.1.3.3 以其他方式公开的现有技术或者现有设计证据

为公众所知的其他方式主要是指口头公开，例如口头交谈、报告、讨论会发言、广播、电视、电影等能够使公众得知技术内容的方式。口头交谈、报告、讨论会发言以其发生之日为公开日；公众可接收的广播、电视或电影的报道，以其播放日为公开日。

第 2 节 证据审核认定的一般规则

4.2.1 证据认定的考虑因素

管理专利工作的部门应当依照法定程序，全面、客观地对当事人提供和自行收集的证据进行审查，从各证据与案件事实的关联程度、各证据之间的联系等方面进行综合判断。

4.2.1.1 单一证据的证明力判断

对单一证据有无证明力以及证明力大小，可以从下列方面进行审核认定：

（1）证据是否是原件、原物，复印件、复制品与原件、原物是否相符；

（2）证据与本案事实是否相关；

（3）证据的形式、来源是否符合法律规定；

（4）证据的内容是否真实；

（5）证人或者提供证据的人与当事人有无利害关系。

4.2.1.2 多项证据的证明力判断

就数个证据对同一事实的证明力，可以依照下列原则认定：

（1）国家机关以及其他职能部门依职权制作的公文文书优于其他书证；

（2）鉴定结论、档案材料以及经过公证或者登记的书证优于其他书证、视听资料和证人证言；

（3）直接证据优于间接证据；

（4）法定鉴定部门的鉴定结论优于其他鉴定部门的鉴定结论；

（5）原始证据优于传来证据；

（6）其他证人证言优于与当事人有亲属关系或者其他密切关系的证人提供的对该当事人有利的证言；

（7）参加口头审理作证的证人证言优于未参加口头审理作证的证人证言；

（8）数个种类不同、内容一致的证据优于一个孤立的证据。

4.2.1.3 证明责任

证明责任是证据审核认定的一项重要内容。

（1）当事人对自己提出的请求所依据的事实或者反驳对方请求所依据的事实有义务提供证据加以证明。没有证据或者证据不足以证明当事人的事实主张的，由负有举证责任的当事人承担不利后果。

（2）因新产品制造方法发明专利引起的专利侵权纠纷，请求人就涉案产品为新产品以及涉案产品与所述新产品相同承担举证责任，制造同样产品的单位或者个人对其产品制造方法不同于涉案的专利方法承担举证责任。

（3）对当事人无争议的事实，无须举证、质证。

（4）对一方当事人陈述的事实，另一方当事人既未表示承认也未否认，经执法人员充分说明并询问后，其仍不明确表示肯定或者否定的，视为对该项事实的承认。

（5）当事人委托代理人参加纠纷处理的，代理人的承认视为当事人的承认，但未经特别授权的代理人对事实的承认直接导致承认对方请求的除外。当事人在场但对其代理人的承认不作否认表示的，视为当事人的承认。

4.2.1.4　可以采信的证据

一方当事人提出的下列证据，对方当事人提出异议但没有足以反驳的相反证据的，应当确认其证明力：

（1）书证原件或者与书证原件核对无误的复印件、照片、副本、节录本。

（2）物证原物或者与物证原物核对无误的复制件、照片、录像资料等。

（3）有其他证据佐证并以合法手段取得的、无疑点的视听资料或者与视听资料核对无误的复制件。

（4）一方当事人委托鉴定机构作出的鉴定结论。

（5）一方当事人提出的证据，另一方当事人认可或者提出的相反证据不足以反驳的，可以确认其证明力。一方当事人提出的证据，另一方当事人有异议并提出反驳证据，对方当事人对反驳证据认可的，可以确认反驳证据的证明力。

（6）双方当事人对同一事实分别举出相反的证据，但都没有足够的依据否定对方证据的，应当结合案件情况，判断一方提供证据的证明力是否明显大于另一方提供证据的证明力，并对证明力较大的证据予以确认。因证据的证明力无法判断，导致争议事实难以认定的，应当依据举证责任分配原则作出判断。

（7）处理过程中，当事人在请求书、答辩书、陈述及其委托代理人的代理词中承认的对己方不利的事实和认可的证据，应当予以确认，但当事人反悔并有相反证据足以推翻的除外。

4.2.1.5　不能单独采信的证据

下列证据不能单独作为认定案件事实的依据：

（1）未成年人所作的与其年龄和智力状况不相适应的证言；

（2）与一方当事人有亲属关系、隶属关系或者其他密切关系的证人所作的对该当事人有利的证言，或者与一方当事人有不利关系的证人所作的对该当事人不利的证言；

（3）应当参加口头审理作证而无正当理由不参加口头审理作证的证人证言；

（4）难以识别是否经过修改的视听资料；

（5）无法与原件、原物核对的复制件或者复制品；

（6）经一方当事人或者他人改动，对方当事人不予认可的证据材料；

（7）只有当事人本人陈述而不能提出其他相关证据的主张，不予支持，但对方当事人认可的除外；

（8）其他依法不能单独作为认定案件事实依据的证据材料。

4.2.1.6　不得采信的证据

凡有下列情形之一的证据不得采信：

（1）未经双方质证或一方有异议而无法确认的；

（2）不能说明证据合法来源的；

（3）非法取得的；

（4）证人证言前后不一致，且又不能获得印证的；

（5）当事人自行委托鉴定又未得到合议组审核查实的；

（6）没有原件印证的复印件，且另一方有异议的；

（7）不能正确表达意志的人的证言或书证。

4.2.2　公证书

公证，是指公证机关根据当事人的申请，依法对法律行为、法律事实和法律文书确认其真实性、合法性的证明活动。

经过公证的文书，若没有相反证据足以推翻公证证明的事实，则应当直接将公证书作为确定案件事实的基础；有相反证据足以推翻公证证明的，可否定公证书的证据效力。

公证书必须经过质证才能采信。管理专利工作的部门在审核认定公证书时，不仅要审查其形式要件，还应对其是否符合证据的真实性、合法性、关联性进行实质审查。

如果公证文书在形式上存在严重缺陷。例如缺少公证人员签章,则该公证文书不能作为认定案件事实的依据。

如果公证文书的结论明显缺乏依据或者公证文书的内容存在自相矛盾之处,则相应部分的内容不能作为认定案件事实的依据。例如,公证文书仅根据证人的陈述而得出证人陈述内容具有真实性的结论,则该公证文书的结论不能作为认定案件事实的依据。

4.2.3　域外证据

"域外证据",是指在中华人民共国法法律管辖外的地域形成的证据,既包括在中华人民共和国领域外形成的证据,也包括在中国香港、澳门、台湾地区形成的证据。当事人提交域外证据的,一般应当履行相关的证明手续。

专利行政执法案件中。证明主体资格的域外证据应当严格要求当事人办理公证、认证等相关证明手续,对于其他域外证据,是否需要办理,视每个案件的具体情况而定。

以下三种情况,当事人可以不办理相关的证明手续:

(1)该证据是能够从除香港、澳门、台湾地区外的国内公共渠道获得的,如从专利局获得的国外专利文件,或者从公共图书馆获得的国外文献资料;

(2)有其他证据足以证明该证据真实性的;

(3)对方当事人认可该证据的真实性的。

4.2.4　自认

自认,是指一方当事人就对方当事人所主张的不利于己方的事实作出明确承认,或者不明确予以否认。

专利行政执法中,对于当事人的自认,可遵循以下规则:

(1)一方当事人明确认可的另外一方当事人提交的证据,管理专利工作的部门应当予以确认。但其与事实明显不符,或者有损国家利益、社会公共利益,或者当事人反悔并有相反证据足以推翻的除外。

(2)对一方当事人陈述的案件事实,另外一方当事人明确表示承认的,管理专利工作的部门应当予以确认。但其与事实明显不符,或者有损国家利益、社会公共利益,或者当事人反悔并有相反证据足以推翻的除外。另一方当事人既未承认也未否认,经合议组充分说明并询问后,其仍不明确表示肯定或者否定的,视为对该项事实的承认。

(3)当事人委托代理人参加案件的处理的,代理人的承认视为当事人的承认。但未经特别授权的代理人对事实的承认直接导致承认对方的请求的除外;当事人在场但对其代理人的承认不作否认表示的,视为当事人的承认。

为维护公共利益,某些情况下自认的效力应受到限制,使其不发生拘束当事人和行政机关的效力:

(a)应依职权调查的事项,不适用自认的规定。例如当事人资格事项、管辖事项等,不受当事人自认的约束。

(b)和解、调解中的让步不能视为自认。

(c)当事人在案件审理程序以外(包括在其他案件的审理程序中)对当事人主张作出的自认,不属于本案件审理中的自认,只能作为一种证据资料,供合议组参考。

(d)如果一方当事人的自认是因他人的欺诈、胁迫等违法犯罪行为而作出,或者是由于误解而承认了不真实的事实,允许当事人说明原因后撤回该自认,管理专利工作的部门应不予确认该承认的法律效力。

(e)自认应针对具体事实。对于法律问题和法律后果的承认,管理专利工作的部门不应仅依据其自认来进行审查,而应在认定事实的基础上根据相应法律法规进行法律问题的判断。

需要注意,虽然当事人自认的事实可直接作为定案依据,但不宜仅依据当事人的自认定案。管理专利工作的部门应结合相关证据,对具体技术问题和事实进行分析认定,如果存在相反证据或自认明显与事实不符,可以否定自认。对于自认后又反悔的,应要求当事人提出反证或反证线索,不能提供反证或反证线索查证不属实的应采信自认。当事人委托的代理人调查取证时的承认视为当事人的承认,但应当提交经当事人特别授权的授权委托书;当事人在场但对其代理人的承认不作否认表示的,视为当事人的承认,但应当在询问调查笔录中进行记载。当事人在行政处罚决定送达前反悔的,除非其有充分证据证明其承认是在受胁迫或者重大误解情况下作出的与事实不符的承认,否则其承认应作为认定案件事实的根据。

4.2.5　认知

认知是指在案件审理过程中,对某些特定的事项无需证明而直接确认其真实的一种证明制度。认知的内容一般为常识性、公认性及部分专业性的事实,包括:众所周知的事实;自然规律及定理;法律、法规;其他明显的当事人不能提出合理争议的事实。对于认知的内容也应履行听证程序,给予当事人陈述意见和提出反证的机会。

4.2.6 推定

推定是指根据已知的事实可以认定推定事实存在,除非有相反证据推翻这种推论。

专利行政执法中,有证据证明一方当事人持有证据无正当理由拒不提供,如果对方当事人主张该证据的内容不利于证据持有人,可以推定该主张成立。

第3节 几种典型类型证据的审核认定

4.3.1 书证

书证是指用文字、符号或图形所表达的思想内容来证明案件事实的证据,是以其内容来证明待证事实的有关情况的书面材料。

4.3.1.1 书证的种类

(1)文字书证、符号书证或者图形书证。文字书证是以文字记载的内容证明案件事实,如各类公文文书、合同、账册、票据等;符号书证是以符号表达的内容证明案件事实的书证;图形书证是以图形表现的内容证明案件事实的书证,如图纸。

(2)公文书证和非公文书证。公文书证,是指国家职权机关在法定职权范围内制作的文书,包括国家权力机关、行政机关、审判机关以及法律、法规授权的组织制作的公文文书,如裁判文书、行政处罚决定书、公证文书等。非公文书证,是指公文书证以外的其他文书。

(3)处分性书证与报道性书证。处分性书证是以发生特定法律后果为目的而制作的书证,如行政处罚决定书、裁判文书、合同书等;报道性书证是记载了某种与案件事实有关的内容而不以发生特定法律后果为目的的书证,它是以书证中所记载或表述的内容,反映制作人对客观事实的认识或体会等,如会议记录、诊断书等。

(4)一般书证与特别书证。在条件、格式和程序方面有特别要求的为特别书证,否则为一般书证。行政处罚决定书、裁判文书均为特别书证。

(5)原本、正本、副本、节录本、影印本和译本。原本是最初制作的书证文本,是书证的初始状态,能够最客观地反映文书所记载的内容。正本是按照原本的内容制作(抄录或印制)的对外正式使用的文本,效力等同于原本。原本一般保留在制作者手中或存档待查,正本则发送给收件人。副本是照原本全文抄录、印制而效力不同于原本的文件,一般是发送给主收件人以外的其他须知晓原本内容的有关单位或者个人。节录本是指从原本或者正本中摘抄其部分内容形成的文本。影印本是指运用影印技术将原本、正本或副本进行摄影、复印形成的文本。译本是以另一种文字将原本或者正本翻译而成的文本。

4.3.1.2 书证的提供要求

(1)提供书证的原件,原本、正本和副本均属于书证的原件。提供原件有困难的,可以提供与原件核对无误的复印件、照片、节录本;外文书证应当附有中文译文。

(2)提供由有关部门保管的书证原件的复制件、影印件或抄录件的,应当注明出处,经该部门核对无异后加盖其印章。

(3)提供报表、图纸、会计账册、专业技术资料、科技文献等书证的,应当附有说明材料。

4.3.1.3 书证的审核认定

书证的证据能力审查,主要涉及对书证在制作上的真实性和合法性进行审查,主要包括审查书证制作人的资格,审查制作书证的手续,审查制作书证的程序,审查书证有无伪造、变造的痕迹,审查书证获取的过程、是否提交原件。

书证的证明力认定,是指对书证所记载、表述的事实的真实性、可靠性等实质证据力进行审查,主要涉及书证的内容与待证事实的关联性。管理专利工作的部门应从以下几方面对书证的证明力加以审查认定:审查认定书证所记载、表达的内容的确切含义,审查认定书证内容是否为有关人员的真实意思表示,审查认定书证内容与待证事实是否具有内在的、必然的联系,审查认定书证内容是否与法律、法规抵触。

4.3.1.4 常见书证的审核认定

专利案件中常见书证形式有:专利文献、科技杂志、科技书籍、学术论文、专业文献、教科书、技术手册、正式公布的会议记录或者技术报告、报纸、小册子、样本、产品目录、发票、合同等。

4.3.1.4.1 专利文献

专利文献是各国专利局及国际性专利组织在审批专利过程中产生的官方文件及其出版物的总称。作为公开出版物的专利文献主要有:各种类型的发明专利说明书、实用新型说明书和工业品外观设计简要说明,各种类型的发明专利、实用新型和工业品外观设计公报、文摘和索引,发明和实用新型、外观设计的分类表。

各类专利说明书作为证据提交,一般应提交全文,仅使用部分内容的,在证明其真实性的基础上,可部分提交。发明专利的公开说明书和授权说明书由于内容和公开日期的不同，应视为不同的证据，根据情况分别审核。

中国专利文献的真实性可以在国家知识产权局网站核实，外国或国际组织的专利文献可以在该国专利局或该组织网站核实。缺少核实途径的，应当要求当事人提交其获取途径的证明（如图书馆馆藏证明或检索机构证明）。域外形成的应办理公证认证手续。外文专利文献应提交有资质的翻译机构或翻译人员出具的译文，其中外观设计专利应至少翻译文献的国别、类型、公开日期、专利名称、简要说明、附图说明等，以满足审查需求为准。

专利文献一般构成专利法意义上的出版物，其公开日期以其记载的公开日或授权公告日为准，有证据证明其未对公众公开或未在上述日期公开的除外。

4.3.1.4.2　图书类出版物

图书类出版物指的是带有国际标准书号（ISBN）、国际标准刊号（ISSN）、国内统一刊号且通过正规渠道出版发行的书籍、期刊和杂志等。

在当事人提供原件或有证据证明复印件与原件一致时，图书类出版物的真实性一般应当予以认可。

图书类出版物的印刷日视为公开日。同版次多印次或者多版次多印次的图书类出版物，一般应当将该印次的印刷日视为公开日。有证据证明实际公开日的，应当以实际公开日为准。

4.3.1.4.3　产品样本、产品说明书类证据

产品样本、产品说明书类证据包括产品目录、产品样本、产品说明书、产品宣传册、产品宣传页等。

带有国际标准书号、国际标准刊号、国内统一刊号的产品样本、产品说明书类证据的真实性和公开日审核认定参照图书类出版物的规定。其他产品样本、产品说明书类证据，需有其他证据佐证其真实性和公开性。

当事人提交了产品样本、产品说明书类证据的原件，综合其他证据印证或者由证据本身载明的信息可以证明该产品样本、产品说明书类证据是专门机构（如行业协会、展会主办机构）定期出版发行的，可以认定该产品样本、产品说明书类证据的真实性和公开性。

4.3.1.4.4　带有版权标识的出版物

根据《世界版权公约》的要求，版权标记一般包括三项内容：(1)享有著作权的声明或将声明的英文缩写字母C外面加上一个正圆，对音像制品则是字母P外面加上一个正圆；(2)著作权人的姓名或名称；(3)作品出版发行的日期。在出版物上印有版权标记，表明作者愿意或者授权他人公开发表其作品。对于该类出版物的真实性，可以参照图书类出版物的认定方式。

在其真实性可以确认的情况下，印制有版权标识的印刷品一般可以视为专利法意义上的公开出版物，但因要求保密或者限定发行范围导致其不具备公开性的除外。该类出版物版权页上版权标识后所记载的首次出版年份，一般应当以该记载确定其公开日，但有相反证据的除外。

在当事人提供原件或有证据证明复印件与原件一致时，印制有国际标准音像制品编码的音像制品类出版物的真实性一般应当予以认可。

国际标准音像制品编码（ISCR）的音像制品类出版物的录制年码可用于确定其公开日。

4.3.1.4.5　标准

为规范产品和产品生产而制定的标准包括国家标准、行业标准、地方标准和企业标准。

国家标准由国务院标准化行政主管部门制定。对没有国家标准而又需要在全国某个行业范围内统一的技术要求，通常通过制定行业标准来约束。行业标准由国务院有关行政主管部门制定，并报国务院标准化行政主管部门备案。对没有国家标准和行业标准而又需要在省、自治区、直辖市范围内统一的工业产品的安全、卫生要求，根据规定应当制定地方标准。企业生产的产品没有国家标准和行业标准的，根据规定应当制定企业标准，作为组织生产的依据。

通常情况下，国家标准、行业标准、地方标准都属于专利法意义上的公开出版物。企业标准是内部标准，不能视为专利法意义上的公开出版物。

药品领域中的《中国药典》、部颁药品标准汇编本、地方药品标准汇编，其他领域的国家标准、行业标准、地方标准一般应认定为专利法意义上的公开出版物。药品领域中进口药品标准一般不应认定为专利法意义上的公开出版物。药品领域中未汇编成册的部颁标准、地方药品标准、企业药品标准和其他领域的企业标准是否属于专利法意义上的公开出版物应当结合相关法规、规章及其他证据认定。

4.3.1.4.6　合同票据单据类

合同是平等民事主体之间设立、变更、终止民事权利义务关系的协议。通常与其他证据结合，证明某种产品销售行为的发生。票据是依法签发和流通的、反映债权债务关系、以无条件支付一定金额为目的的有价证券，包括汇票、本票和支票。单据通常是指办理货物的交付和

货款的支付的一种依据，以及提取货物的货权凭证，其种类包括发票、保险单、订货单、销售单、出库单、运货单、提货单、装箱单、商检报告等。

商业发票由税务机关统一监制，由指定的印刷单位统一印刷，并由税务机关统一登记、发放和管理，与其他普通单据相比，具有较强的防伪性，其真实性容易得到确认。发票一般还记载货物名称、数量、单价、货款、买卖双方名称等，对于销售行为的发生具有较强的证明力。发票一般不会记载产品的技术内容，通常无法单独证明销售产品构成侵权，需要有其他证据佐证。

送货单、收据等的印制和发放不受税务机关的监督和管理，其真实性较难确认。对于送货单、收据等单据的真实性和证明力，应结合全案证据综合加以考虑，不能一概不予认定，也不能不加分析当作证据链中证明销售行为的主要证据概然接受。

4.3.2 物证

物证是能够证明案件事实的物品或者痕迹。物证一般不能直接用来证明案件事实，需要与其他证据结合发挥证明作用。

4.3.2.1 物证的种类

物证有原物和派生物之分。原物是指直接来源于案件事实本身，并以自身存在的外形、重量、规格、损坏程度等特征来证明案件事实的一部分或者全部的物品或者痕迹。派生物是指并非直接来源于案件本身，但记载了能证明案件事实的物品或者痕迹的外形、重量、规格、损坏程度等特征的载体，比如物证的照片、复制品等。

4.3.2.2 物证的提交要求

提供物证应当符合下列要求：

（1）提供原物。提供原物确有困难的，例如对于不便移动、保存或者提取的物品以及无法提取的大型物品，可以提供与原物核对无误的复制件或者证明该物证的照片、录像等其他证据。

（2）物为数量较多的种类物的，提供其中的一部分。

4.3.2.3 物证的审核认定

物证的审核认定一般包括：

（1）审查判断物证是否伪造和有无发生变形、变色或变质的情况；

（2）审查判断物证与案件事实有无客观联系；

（3）审查判断物证的来源，查明物证是原物还是同类物或复制品。

原物的证明力优于复制品。无法与原物核对的复制品不能单独作为定案依据。当事人无正当理由拒不提供原物，又无其他证据印证，且对方当事人不予认可的证据的复制品不能作为定案依据。

对于物证，可以先对关联性、合法性、真实性进行认定，然后决定是否对其证明力进行认定。若经初步判断，能够确定所提交的物证材料不具有合法性或与案件不具有关联性的，可以不进一步认定其真实性；证据提交方无法证明其提交的物证材料的真实性，在对方当事人对该证据的真实性不予认可的情形下，可以不进一步判断其证明力；若经初步质证，可以认定物证材料真实性的，应当当庭展示，审核其证明力。对于无法从外部直接得知其技术结构的物证材料，应当当庭拆卸。对于公证保全的证据，在出示前，应当请双方当事人共同确认封条是否完整，详细记录当事人的意见和证据的封存情况，当庭打开封存，演示证据，并详细记录演示情况，演示结束后如果有必要，可以制作封条，恢复封存，并请双方当事人在封条上签字确认。对于不作为证据的产品实物的一般性演示，其演示目的主要目的在于帮助合议组了解技术方案，仅供合议组参考，不能作为定案的依据，可不严格进行质证程序。

物证演示过程中，应注意以下内容的调查：

（1）设备铭牌所反映的信息，包括型号、生产厂家、出厂日期等。这些信息是物证与其他证据的关联性所在，决定物证是否可以与其他证据（如发票、合同等）构成证据链。

（2）派生物能否反映原物的结构，如复制件是否与原物相一致，照片、录像等是否是对原物结构的真实记录。

（3）实物所反映的具体结构。对于某些仅能演示产品功能的实物，对于其功能是如何实现的，应特别注意调查。

（4）对涉案专利的特征比对。

4.3.3 视听资料

视听资料是指采用先进的科学技术，利用图像、音响及电脑等储存反映的数据资料等来证明案件情况的一种证据形式。

4.3.3.1 表现形式

视听资料表现为录像带、录音带、传真资料、微型胶卷、电话录音、电脑储存数据和资料等具体形式。

4.3.3.2 视听资料的提交要求

（1）当事人应当提供有关资料的原始载体。提供原始载体确有困难的，可以提供复制件。提供复制件的，应当说明其来源和制作经过。

（2）注明制作方法、制作时间、制作人和证明对象等。

（3）声音资料应当附有该声音内容的文字记录。

4.3.3.3　视听资料的审核认定

4.3.3.3.1　证据资格审核认定

视听资料证据资格主要审核证据的合法性，即证据是否为非法取得。所谓非法取得，主要指是否以窃听等违反法律禁止性规定的手段取得，或是否以侵害他人合法权益的方式取得。

4.3.3.3.2　证明力审核认定

（1）视听资料载体、制作过程是否可靠

审查视听资料所依赖的设备、软件是否达到一定的质量标准，是否具备一定的灵敏度，使用期限如何等；视听资料制作、存储、传递的方法是否科学，程序是否合理。

（2）视听资料的真实性

审查视听资料有无被加工、改造的可能，必要时，可以运用鉴定方法。被当事人或者他人进行技术处理而无法辨认真伪的证据材料不能作为定案依据。难以识别是否经过修改的视听资料不能单独作为定案依据。

（3）视听资料形成时的条件

审查视听资料的制作主体、方式、形成时间、地点、条件及周边环境，确认由何人录制、摄制、输入，制作具体地点、时间和具体环境情况。例如，对于录音、录像资料，应当查明当事人的有关言辞陈述是否出于自愿或真实意思表示，还是在受到威胁的情况下被迫作出的。

（4）视听资料的证明力判断标准

视听资料载体及其制作过程可靠性强，证明力也强。存有疑点的视听资料不能单独作为认定案件事实的依据。

4.3.4　证人证言

证人证言是人们对客观发生事件在头脑所形成印象的一种表达。

4.3.4.1　证人资格

不能正确表达意志的人，不能作为证人，其证言不能作为定案依据。待证事实与其年龄、智力状况或者精神健康状况相适应的无民事行为能力人和限制民事行为能力人，可以作为证人。

4.3.4.2　证人证言的审核认定

4.3.4.2.1　证人作证的基本要求

证人应当陈述其亲历的具体事实。证人根据其经历所作的判断、推测或者评论，不能作为定案的依据。证人证言的质证应当结合提交的书面证言，围绕证人的感知、记忆能力、证言内容的真实性、证人身份及证人与案件的利害关系等进行。出庭作证的证人应当客观陈述其亲身感知的事实。证人为聋哑人的，可以其他表达方式作证。证人作证时，不得使用猜测、推断或者评论性的语言。

当事人提供证人证言的，应当符合下列要求：

（1）写明证人的姓名、年龄、性别、职业、住址等基本情况；

（2）有证人的签名，不能签名的，应当以盖章等方式证明；

（3）注明出具日期；

（4）附有居民身份证复印件等证明证人身份的文件。

4.3.4.2.2　询问证人的程序和注意事项

询问证人应当包括如下步骤：

（1）核实证人身份（核对身份证件、并要求其提供复印件）；

（2）询问证人的姓名、年龄、性别、职业、住址等基本情况；

（3）告知证人有如实作证的义务及作伪证的责任；

（4）双方当事人对证人证言质证：

①提供证言一方询问和反方询问；

②正方再询问和反方再询问；

③如有多个证人，可以让证人对质；

（5）合议组成员对未予明确的问题询问。

合议组对证人的询问不得使用诱导性语言；合议组可以根据案件的具体情况，选择不同的询问方法，以查明证人的感知、记忆和表述能力，证人是否亲历其作证事实，证人与当事人或代理人有无利害关系，证言前后有无矛盾之处，证言与其他客观证据有无矛盾之处等。

当事人对证人询问不得使用诱导性的语言，不得威胁、侮辱证人，询问的事项应当与案件事实相关。询问和质证内容应当形成文字材料，可以在口头审理过程中记录并由证人签名，也可以由本人书写，并注明日期。出席口头审理作证的证人不得旁听案件的审理。合议组询问证人时，其他证人不得在场，但组织证人对质的除外。

4.3.4.2.3　证人证言证明力的判断

对于证人证言的证明力，应通过对证人的智力状况、品德、知识、经验、法律意识和专业技能等的综合分析作出判断。针对同一事实，有多个证人证言的，应当综合分析、判断、相互印证。

其他证人证言优于与当事人有亲属关系或者其他密切关系的证人提供的对该当事人有利的证言；出庭作证的证人证言优于未出庭作证的证人证言。未成年人所作的与其年龄和智力状况不相适应的证言，与一方当事人有亲属关系或者其他密切关系的证人所作的对该当事人有利的证言，或者与一方当事人有不利关系的证人所作的对该当事人不利的证言，均不能单独作为定案依据。

4.3.4.2.4 证人不能出庭的情形

以下证人确有困难不能出庭的情形，经管理专利工作的部门许可，证人可以提交书面证言或者视听资料或者通过双向视听传输技术手段作证：

(1)年迈体弱或者行动不便无法出庭的；

(2)特殊岗位确实无法离开的；

(3)路途特别遥远，交通不便难以出庭的；

(4)因自然灾害等不可抗力的原因无法出庭的；

(5)其他无法出庭的特殊情况。

如果证人无正当理由不出庭作证，其证言不能单独作为认定事实的依据。

4.3.4.2.5 证人证言是否公证对证明力的影响

经过公证的证言仍然属于证人证言的范畴，只能证明证人作出了如书面证言所述的陈述，不能证明其所述情况属实。

4.3.4.3 单位证明

单位证明是指以法人单位或者其他非法人组织的名义作出的，以其文字内容来证明案件事实情况的证明材料，如工商行政管理局出具的企业法人变更登记情况表、国家图书馆出具的馆藏证明、档案馆出具的馆藏证明、企业单位出具的对产品销售情况的陈述、行业协会出具的意见等。

4.3.4.3.1 单位证明的分类

根据所记载的内容或表达的思想，单位证明可分为以下几类：

(1)书证性质的单位证明，具体可分为公书证类证明和私书证类证明。公书证类证明是指国家机关(如工商行政管理机关、海关部门等)或者公共职能部门(如图书馆、标准馆、档案馆等)在职权范围内制作的证明；私书证类证明是指企事业单位提供的案件发生前和案件发生过程中形成的文件或档案等证明材料，或将单位持有的文件或档案进行摘录、总结归纳或将其作为附件而形成的证明材料。

(2)证人证言性质的单位证明。是指为证明某一案件事实，应一方或多方当事人的请求，以单位的名义出具的、对单位参与的业务活动的记忆性陈述，或者以单位的名义出具的，单位工作人员对案件事实的陈述。如：单位在某年某月某日同另一单位签订了购买某产品的合同，合同标的为专利产品；或者单位的工作人员根据完成的工作进行陈述，如在具体的某个日期开始使用某种型号的产品、产品的结构如何等。

(3)行业意见类单位证明。例如建筑材料行业协会出具关于某专利在本行业取得良好应用效果的说明，电器行业协会出具关于某种型号的电器已经公开使用的证明，以及其他行业协会或者专业技术部门出具的某种技术方案与涉案专利构成等同的意见等。这类单位证明类似于专家意见，是对某一案件事实的解释、说明。

4.3.4.3.2 单位证明的审核认定

(1)单位证明的法定形式要求

由有关单位向案件审理机关提出的证明文书，应由单位负责人签名或者盖章，并加盖单位印章。对于单位证明，若其缺少单位的签章或单位负责人签名或者盖章，在对方当事人不予认可的情况下，应当不予采纳。单位在自然人(单位职员)的书面证明上盖章确认的，该份证明材料只能作为自然人的书面证言，不应该被当作单位证明，单位的盖章只能视为单位对证人身份资格的证明。

(2)证明力认定

关于书证性质的单位证明。国家机关、公共职能部门在职权范围内制作的公书证类证明文书，在确认复印件与原件一致，且无其他反证的情况下，可以确认其证明力。在认定能够作为公书证的单位证明时，应当注意辨别单位主体的性质、证明内容的性质、单位证明的形成时间以及该证明所涉及实体内容的形成时间。注意出具该材料的主体和材料内容是否符合要求，如果该单位不是依照法律、法规或法令等授权而享有相应职能、职责的国家机关或公共职能机构，或者材料的内容不在上述单位的法定职权范围内，该单位证明不能被当作公书证，只能作为私书证类证明或证人证言对待。对于私书证类证明，当事人一般应当提供出具该单位证明文书所依据的证明材料。在当事人取证确有困难的情况下，可以依当事人的申请调取证据；若当事人提交经公证的单位证明，且该公证书附有相关证据材料的复印件，而单位证明的内容又与所附材料相一致时，可以确认单位证明的证明力；若当事人提交经公证的单位证明而公证书未附所依据的证据材料的复印件，在对方当事人提出合理异议，且没有其他证据佐证的情况下,不宜确认其证明力。

对于证人证言性质的单位证明,质证规则可以适用证人证言的质证规则,当事人对单位证明存有异议的情况下,签字的单位负责人或者相关事项的具体经办人应当出庭接受质证。未经质证的单位证明,通常不能单独作为定案的依据。经过质证的单位证明的证明力通常要大于未出庭质证的单位证明的证明力。单位证明的证明力要大于自然人证言的证明力。

行业意见类单位证明的作用仅仅是帮助审案人员了解案情,解释、说明案件的情况,可以作为审查案件时的参考,一般不宜将其作为证据使用。

4.3.5 当事人陈述

当事人陈述是当事人就有关案件的事实情况向管理专利工作的部门所作出的陈述,包括当事人自己说明的案件事实以及对案件事实的承认。当事人陈述通常缺乏可靠性,难以单独作为定案依据。相比当事人作出的利己陈述,其作出的不利于己、只有利于对方当事人的事实陈述,可信度相对较高。

对于当事人陈述,主要审查当事人陈述与其他证据有无矛盾、是否能够相互印证。不仅要审查一方当事人陈述与其所提供的其他证据是否存在相互抵触,还要审查该当事人陈述与对方当事人及所提供的其他证据是否存在矛盾。

4.3.6 鉴定意见

鉴定意见是鉴定人接受委托或聘请,运用自己的专门知识和技能,对案件中所涉及的某些专门性问题进行分析、判断后所作出的结论性意见。

4.3.6.1 鉴定人与鉴定文书

具有鉴定资格的专业人员通常称作鉴定人,鉴定人有自然人和机构之分。鉴定意见以鉴定文书为载体。鉴定文书是鉴定委托、鉴定过程和鉴定结果的书面表达方式,是鉴定人将鉴定所依据的资料、鉴定的步骤与方法、鉴定的依据与标准、分析得出的数据图像等用文字和图片的形式表述出来的一种法律文书,包括鉴定书、检验报告书和鉴定意见书等形式。作出肯定或否定鉴定结论的为鉴定书,叙述检验过程和检验结果的为检验报告书,提供倾向性、可能性分析意见的为鉴定意见书。

4.3.6.2 鉴定意见的审核认定

4.3.6.2.1 证据资格审查

(1)鉴定书是否符合形式要求

鉴定书应当载明委托人姓名或名称、委托鉴定的事项、委托鉴定的材料、鉴定的依据和使用的科学技术手段、鉴定过程的说明、明确的鉴定结论、对鉴定人鉴定资格的说明,并应有鉴定人的签名和鉴定部门的盖章。

(2)鉴定机构与鉴定人是否合格

鉴定机构应当是依照法律、法规、规章的规定成立的具有鉴定资格的机构,鉴定人应当是具有某方面的专业知识并依法取得鉴定人资格的人员。审查鉴定意见时应首先审查鉴定机构与鉴定人的资质条件。

(3)鉴定程序是否合法

程序法定是保证鉴定质量的重要措施,鉴定对象的提取、保管、送鉴定、鉴定均需依照法定程序进行。鉴定人数与鉴定书不符合鉴定要求、鉴定人与当事人有利害关系应当回避而没有回避,都属于违反法定程序的情况。

(4)鉴定人有无受到不正常干扰和影响

应当对鉴定人是否受到不正常干扰和影响进行审查。如果鉴定人受到他人干涉,鉴定意见的正确性就可能受到影响。

4.3.6.2.2 证明力审查

(1)鉴定意见依据的材料是否充分和可靠

鉴定所依据的材料应当真实、充分。应当审查鉴定人是否存在出于某种目的,故意更换、增减鉴定材料的情况。

(2)鉴定的方法是否科学,使用的设备和其他条件是否完善

应当审查鉴定人在鉴定过程中,检验、实验的程序规范或者检验方法是否符合法定标准或行业标准,所使用的技术设备是否先进可靠,技术手段是否有效可靠。

(3)鉴定意见是否符合逻辑

应当审查鉴定意见的论据是否充分、推论是否合理、论据与结论之间是否存在矛盾、鉴定结论与其他证据是否存在矛盾、鉴定意见是否明确、内容是否完整。

(4)鉴定意见是否超越职权

鉴定意见只能解决事实问题,不能解决法律问题。鉴定意见中针对法律问题的结论虽不会导致鉴定意见必然无效,但该意见仅能供执法人员参考,不能被不加分析地直接接受。

(5)鉴定委托人的影响

鉴定委托人为案件一方当事人,其鉴定意见的证明力低于鉴定委托人为管理专利工作的部门、人民法院或其他中立机构的鉴定意见。

(6)鉴定人是否出庭接受质询

鉴定人无正当理由不出庭,对方当事人对其鉴定意

见提出相反证据或合理怀疑足以推翻其结论的，该鉴定意见不能作为定案依据。

(7)鉴定意见的证明力大小

在证明同一个事实的数个证据中，鉴定意见优于其他书证、视听资料和证人证言。

4.3.6.2.3 关于有专门知识的人出庭说明有关问题

当事人可以申请有专门知识的人出庭说明有关问题，包括对鉴定人作出的鉴定意见提出意见和对专业问题提出意见。

"有专门知识的人"，又称专家，是指在科学、技术以及其他专业知识方面具有特殊的专门知识或者经验的人，根据当事人的申请，出庭就鉴定人作出的鉴定意见或者案件事实所涉及的专门问题进行说明或者发表专业意见的人。所谓"专门知识"，是指不为一般人所掌握而只有一定范围的专家熟知的那些知识，不包括现行法律、法规的规定等法律知识。

需要有专门知识的人出庭的，应当由当事人向审理机关提出申请，说明理由。审理机关接受申请后，应当进行审查，如果符合法律规定，理由充分，应当通知有专门知识的人出庭；如果不符合法律规定或者理由不成立，就应当驳回当事人的申请。

4.3.7 勘验笔录

勘验笔录，是执法人员对于与案件有关的现场或者物品进行勘验所作的实况记录，是对物品、现场等进行查看、检验后所作的能够证明案件情况的记录。现场笔录是专指行政机关及其工作人员在执行职务的过程中，在实施具体行政行为时，对某些事项当场所作的能够证明案件事实的记录。

4.3.7.1 笔录的制作流程

勘验现场时，勘验人必须出示执法证件，并邀请当地基层组织或者当事人所在单位参加。当事人或其成年亲属应到场，拒不到场的，不影响勘验的进行，但应当在勘验笔录中说明情况。勘验人员应当制作勘验笔录，记载勘验的时间、地点、勘验人、在场人、勘验的经过和结果，由勘验人、当事人、在场人签名。勘验现场时绘制的现场图，应当注明绘制的时间、方位、绘制人姓名和身份等。现场勘验笔录的内容，一般包括现场笔录、现场照相、现场摄像和现场绘图。

现场笔录，由行政执法机关及其人员现场制作，应当载明时间、地点和事件等内容，并由执法人员和当事人签名。当事人拒绝签名或者不能签名的，应当注明原因。有其他人在现场的，可由其他人签名。

4.3.7.2 笔录的审核认定

4.3.7.2.1 程序是否合法

勘验必须严格依法进行，对笔录的审查应注意审查勘验的程序是否合法，例如参加人员是否达到法定数额、是否依照法定步骤进行、应当签名的人员是否签名等。

4.3.7.2.2 笔录是否反映了现场、物品等的真实情况

对于笔录，应当审查笔录上所记载的物证、场地环境情况等与从现场收集到实物证据是否吻合；采用文字记录以及绘图、现场摄像、拍照方式反映案件事实的各个部分是否互相照应，有无互相抵触的情形；现场所记录的重要情况有无遗漏之处，所使用的文字表述是否确切，记录的数字是否准确无误；笔录所表述的内容有无推测之处。

4.3.7.2.3 笔录的证明力大小

现场笔录、勘验笔录证明力优于其他书证、视听资料和证人证言。

行政机关主持所制作的勘验笔录证明力优于其他部门主持勘验所制作的勘验笔录。

4.3.8 电子证据

电子证据是以电子形式表现出来的、能够证明案件事实的一切材料。所谓电子就是在技术上具有电的、数字的、磁性的、无线电的、光学的、电磁的或类似的性能。电子证据的形式除了包括网站、电子公告、博客、电子邮件、交互式交流工具(QQ、BBS、微信等)、新闻组及 Ftp 上下载文件等外，还包括表现为电子数据交换(EDI)、电子资金划拨(EFT)和电子签章(E - signature)等样式的各种证据。

4.3.8.1 电子证据的审核认定

4.3.8.1.1 合法性认定

域外形成的电子证据原则上应经过公证认证，否则不予采纳。对于国外网站信息等可以在我国域内通过正当途径获得的电子证据，无须进行公证认证，可以直接作为证据予以接纳。取证手段的合法性主要需考虑证据的取得是否侵害他人合法权益(如故意违反社会公共利益和社会公德、侵害他人隐私等)或者采用违反法律禁止性规定的方法(如窃听)，除此之外，不能随意认定为非法证据。未经对方当事人同意私自录制其谈话所取得的录音资料，如未违反上述原则，不宜简单以不具有合法性

予以排除。

4.3.8.1.2 真实性认定

当事人均认可的电子证据,一般予以采纳;对方当事人有充分理由反驳的,应当要求提交电子证据的当事人提供其他证据予以佐证。经查证属实,电子证据可以作为单独认定案件事实的依据。

审核电子证据的真实性时,还需要考虑以下因素:

(1)电子证据的形成过程,包括电子证据是否是在正常的活动中按常规程序自动生成的、生成系统是否受到他人的控制、系统是否处于正常状态等。

(2)电子证据的存储方式,包括存储方式是否科学、存储介质是否可靠、存储人员是否独立、是否具有遭受未授权的接触的可能性。

(3)电子证据的收集过程,包括电子证据的收集人身份,收集人与案件当事人有无利害关系,收集方法(备份、打印输出等)是否科学、可靠等。

(4)电子证据的完整性。一般情况下,应依法指派或聘请具有专门技术知识的人对其进行鉴定,就有关电子证据的技术问题进行说明,不能仅凭生活常识来判定电子证据有无删改。

4.3.8.1.3 证明力认定

(1)经公证的电子证据的证明力大于未经公证的电子证据。经公证的电子证据仍然是电子证据,同样需要适用判断电子证据真实性的规则。

(2)在正常业务活动中制作的电子证据证明力,大于为诉讼目的而制作的电子证据。

(3)由不利方保存的电子证据的证明力最大,由中立的第三方保存的电子证据证明力次之,由有利方保存的电子证据证明力最小。

4.3.8.2 网络证据的审核认定

网络证据是电子证据的一种,又称互联网证据,是指以数字形式存在的,以通信网络作为传播媒介,公众能够从不特定的网络终端获取,需要借助一定的计算机系统予以展现,并且用于证明案件事实的证据材料。

对于网络证据,既不能因其修改不易留痕迹的特点而一律不予接受,也不能不加分析地对网络证据一概接受,而应根据个案情况对网络证据综合加以认定。

网络证据认定的关键在于其真实性。网络证据真实性具有三个层面的含义:一是网络证据是否客观存在,即是否具有形式上的真实性;二是网络证据的内容是否反映了形成时的状态,即其内容是否具有真实性;三是网络证据是否反映事实的客观情况,表述的内容是否可靠。

形式真实性认定主要在于判断网络证据的表现形式是否能证明其来源。内容真实性认定主要在于判断网络证据是否经过篡改,是否经过篡改可以从网站的资质和网站与当事人之间的利害关系考虑。网络证据是否可靠主要从网站的资质进行判断。

在审核认定网络证据时,应先判断其是否具备形式真实性,然后综合考查网站的资质和与当事人的利害关系,判断其内容真实性,最后再综合判断其内容的可靠性。

4.3.8.2.1 网络证据的表现形式

网络证据的表现形式主要包括两种:网页内容的打印件、记载网页内容打印件以及访问过程的公证书。

(1)网页内容的打印件

网页内容的打印件性质上属于复印件,如果通过审理案件现场演示的方式能够证明打印件与网页内容实质相同,则可以初步确认该网络证据的证据来源。

现场演示中,需要注意:①通常应采用案件审理者或中立方的计算机及网络进行演示。如受条件所限,确需采用一方当事人的计算机及网络进行演示的,应首先检验网络是否正常,并对计算机进行清洁性操作;②应注意核对网页网址、网页主要内容是否一致,网页容易发生改动部分(如广告)以及因为显示方式变化出现的细微差别不影响认定;③对于演示过程中表现出来的关键性内容及双方当事人的质证意见,应进行详细记录,防止当事人事后反悔;④现场演示无法访问该网页,或该网页与打印件内容实质不同时,可认定该证据来源不可靠;⑤现场演示可以证明证据来源的,一方当事人于事后主张该网页无法访问或内容发生较大变化的,不影响对该证据的认定,该证据的内容以现场演示时为准;⑥通过网页快照可以确认打印件内容与网页快照内容一致性的,该网络证据的来源应得到认可,有相反证据予以推翻的除外。

(2)记载网页内容打印件以及访问过程的公证书

网络证据的公证,是指公证机构根据当事人的申请,依照法定程序对网络证据的形成过程进行证明的活动。当事人提供记载了网页内容打印件及访问过程的公证书的,该公证书既能够证明该网络证据的证据来源,也能够证明该打印件与该打印件形成时间时的网页相一致,能够初步认定其形式上的真实性。需要注意,网络证据的公证仅能证明公证时相关网页的内容,不能证明网页内容的历史情况以及网页内容的真实性。

4.3.8.2.2 网站的资质

网站的资质是指网站的内在属性。其主要取决于以下因素:网站系统的可靠性与稳定性、网站的权限管理机制。

网站系统的可靠性与稳定性是指构成网站系统的硬件、软件与固件的稳定情况以及正常运行的情况。如果网站的硬件系统没有出现过故障或者具有完备的日志系统与备份系统,网站的软件系统运行比较可靠,则网络证据被黑客入侵非法篡改的可能性较小。

网络的权限管理机制是指网站中各个不同角色的权限情况,其标志着网站信息的可修改性以及修改的难易程度。如果网站的管理比较严格,具有完善的管理制度和权限分配机制,则该网站的网络证据被非法篡改的可能性较小。如果网站的管理比较宽松,没有完善的管理制度和权限分配机制,则该网站的网络证据被非法篡改的可能性较大。

4.3.8.2.3 网站与当事人之间的利害关系

网站与当事人之间的利害关系主要指网站与本案件的当事人之间是否存在特殊关系,例如投资关系、合同关系、管理关系等。

如果网站属于独立运营的网站,与双方当事人没有任何利害关系,该网站管理者缺少篡改网络证据的动机,则该证据被篡改的可能性较小;如果一方当事人与网站有利害关系,例如系网站的赞助商或者广告商、该网站管理者具有篡改网络证据的动机,则应对证据是否经过篡改予以认真审核。

4.3.8.2.4 常见网站的分类及审核认定

常见网站的性质包括以下几种。

(1)政府网站、国际组织网站及公共组织网站类

政府网站主要包括全国人大、国务院及其组成部门与直属机构、最高人民法院、最高人民检察院以及地方各级人大、政府、人民法院、人民检察院等的网站。国际组织网站例如联合国、欧洲专利局、国际标准化组织等网站。

(2)公立学校网站、科研机构网站、非营利性事业单位网站、公益性财团法人网站类

公立学校网站是指政府财政拨款设立的大学、中学等学校的网站,例如清华大学网站、北京大学网站等。科研机构网站是指政府财政拨款设立的专门从事科学研究工作的科研单位的网站,例如中国科学院软件研究所网站、中国科学院计算技术研究所网站等。非营利性事业单位网站例如中国计算机学会、中国通信学会等的网站。公益性财团法人网站是指为了公益事业建立的非营利性的财团法人的网站,例如中国红十字会网站等。

(3)知名的专业在线期刊网站、知名的在线数据库类网站类

知名的专业在线期刊网站是指业界公认的专业期刊的在线网站,例如软件学报网站、计算机工程与应用网站、计算机应用网站等。知名的在线数据库类网站,例如中国知识基础设施工程(CNKI)网站、超星数字图书馆网站、万方数据网站、中国药物专利数据库检索系统网站等。

(4)具有一定知名度的门户网站类

该类网站例如新浪、搜狐、腾讯、网易等综合性门户网站。

(5)具有一定知名度的在线交易网站类

在线交易网站是指网络使用者能够输入意图出售的产品信息以及意图购买的产品信息,能够在计算机网络上完成买卖交易行为的网站。

上述五类网站的网络证据被篡改的可能性较小。对于门户网站和在线交易类网站,应在认定网络证据内容真实性的基础上,进一步判断其内容的可靠性。例如,某门户网站上发布了一则新闻,内容为某公司发布了某款产品,该网页新闻的真实性是指能够认定该网站曾发布相关内容的新闻,且并未被非法篡改,对于该新闻的可靠性,也即某公司是否发布了某款产品,应结合网站权威性、新闻来源等其他客观情况予以综合认定,不能简单地认为网页证据本身具有真实性即代表该证据能够起到证明作用。

(6)公司、企业等私营网站类

公司、企业的网站是指由营利性公司运营的网站。该类网站因管理机制、可靠性与稳定性安全机制千差万别而需根据个案谨慎认定其真实性。在判断该类网站上的网络证据的真实性时,需要考虑网站和当事人之间的利害关系。

(7)BBS、个人讨论区、个人博客、个人网站类

对于BBS、个人讨论区、个人博客和个人网站等由网络使用者发布消息、相互交流的网站,因管理机制、可靠性与稳定性安全机制千差万别而需根据个案谨慎认定其真实性,对于该类网络证据内容的可信度也需要慎重

审查。

4.3.8.2.5 网络证据的公开

4.3.8.2.5.1 网络证据公开性认定

下述类型的网站发布的信息一般被认为构成专利法意义上的公开：

（1）在搜索引擎上加以注册并能进行搜索的网站；

（2）其存在和位置为公众所知的网站（例如与知名网站链接的网站）；

（3）对于需要输入口令的网站，如果公众中的任何人通过非歧视性的正常途径就能够获得所需口令访问网站，则该网站发布的信息可被认为是公众可以得到的；

（4）对于需要付费的网站，如果公众中的任何人仅仅需要缴纳一定的费用就可以访问，则该信息可被认为是公众可以得到的。

下述类型网站发布的信息一般不能被认为构成专利法意义上的公开：

（1）其网络资源定位地址没有公开的网站；

（2）只有特定机构或者特定的成员才能访问，并且其中的信息被作为秘密对待的网站；

（3）网站信息采用了特殊的编码方式，一般公众无法阅读的网站。

4.3.8.2.5.2 网络证据公开时间的认定

网络证据可能涉及的时间点包括网页的撰稿时间、网页的上传时间、网页的发布时间、网页上记载的时间以及网页中嵌入的Word、PDF等特定文件信息中包含的时间。

网页的撰稿时间是指网页内容的撰稿人完成文件的撰写，并且将文件录入网站的内容管理系统的时间，通常表现为网站的内容管理系统记载的进入系统时间以及网页文件的生成时间。网页的上传时间是指撰稿生成的网页被上传到网站并且进入网站的数据库的时间。网页的发布时间是指网页被业务层应用于网站的事务管理中，网站访问者可以看到该网页内容的起始时间，同时也是搜索引擎能够抓取网页的起始时间。网页中嵌入的Word、PDF等特定文件信息中包含的时间，一般仅能表明该文件所涉及的信息被创作或修改的时间。

在网络证据具备真实性的前提下，第一，网页上记载的时间通常可以代表网页的发布时间，构成专利法意义上的公开的起始时间，除非当事人能够提供证据证明网页经过修改；第二，网页的撰稿时间、网页的上传时间不能构成专利法意义上的公开的起始时间；第三，网页中嵌入的Word、PDF文件信息中包含的时间一般不能构成专利法意义上的公开的起始时间；第四，网络证据所标记或被证明的当地时间作为其公开时间，确定公开日时通常无须考虑时区的影响，但不考虑时区影响对当事人实体权益造成损害的除外。

第4节 证据链的审核认定

证据链是指在证据与被证事实之间建立连接关系，相互间依次传递相关的联系的若干证据的组合。

在案件审理中出现当事人提交多个证据试图构成证据链证明某一事实时，管理专利工作的部门应当从各证据与案件事实的关联程度、各证据之间的联系等方面综合审查判断。

在证据链的审查中，一般应先逐个审查每个证据的真实性、合法性、关联性及证明力，再审查证据之间是否具有紧密联系。需要注意的是，如果某一证据不是形成证据链的必要证据，那么即便其不具备证据能力或证明力，也不影响整个证据链的形成。

否定证据链的成立并不需要否定每个证据的证据能力或证明力。形成证据链的必要证据中只要有一个不具有证据能力或证明力，抑或至少两个证据之间完全不具备任何联系，则可以认定这些证据不能构成能够证明案件事实的证据链。

专利侵权纠纷案件中，对于一组证据进行调查时，一般应首先调查被控侵权的销售、制造等行为是否属实，之后再调查销售、制造的产品所涉及的技术方案，最后将该技术方案与涉案专利权利要求进行比对，判断是否落入其保护范围。以销售为例，可以先审查发票等证据是否足以证明被控侵权人销售了某产品，之后再审查该销售的产品的技术方案是否可以得到证明，比如发票上记载的产品型号是否可以与公证保全的实物上的型号相对应、公证保全的实物反映出的技术方案是什么，最后将实物的技术方案与涉案专利的技术方案进行比对，作出是否构成侵权的认定。

专利行政执法证件与执法标识管理办法（试行）

1. 2016年9月12日国家知识产权局发布

2. 国知发管字〔2016〕70号

第一章 总 则

第一条 为落实行政执法人员资格管理制度，加强专利行政执法证件与执法标识管理，提升专利行政执法的规范性与严肃性，依据有关法律、法规和规章，制定本办法。

第二条 本办法所称专利行政执法证件，即《专利行政执法证》，是取得专利行政执法资格的合法凭证，是由国家知识产权局统一制作颁发，专利行政执法人员依法履行行政执法职责、从事专利行政执法活动的身份证明。

本办法所称专利行政执法标识，是指由国家知识产权局统一监督制作、监督颁发，专利行政执法人员在执行公务时着装上佩带的专用标志。

第三条 专利行政执法证件的主要内容包括：持证人的姓名、性别、照片、工作单位、职务、执法地域、发证机关、证号、发证时间、核验记录等。专利行政执法证件实行全国统一编号。

专利行政执法标识包括胸牌、徽章等，具体样式和规格由国家知识产权局统一规定。

第四条 专利行政执法证件和执法标识实行全国统一规范、分级管理制度。

国家知识产权局负责全国专利行政执法人员证件的申领、核发、核检、监督等工作：各省、自治区、直辖市管理专利工作的部门负责本行政区域内专利行政执法证件的日常管理工作。

第二章 专利行政执法证件与执法标识的申领、核发

第五条 申领专利行政执法证件和执法标识的人员应符合以下条件：

（一）遵纪守法，公正廉洁，有良好的职业道德；

（二）具备专利行政执法工作职能的部门及符合《专利行政执法操作指南》（第7.2.2.1.2条款）申领条件的单位的工作人员；

（三）掌握专利法律法规、规章及相关行政法律、法规；

（四）参加国家知识产权局组织或者经国家知识产权局同意后由管理专利工作的部门组织的专利行政执法人员上岗培训班，并通过专利行政执法资格考试。

第六条 各级管理专利工作的部门的工作人员申请领取专利行政执法证件和执法标识的，须填写《专利行政执法证件与执法标识申领表》，一并提交所在单位，经所属省、自治区、直辖市管理专利工作的部门审核后，统一报送国家知识产权局批准。

第七条 申领人有下列情形之一的，不予核发专利行政执法证件和执法标识：

（一）年度考核结果有不称职等次的；

（二）近两年在行政执法工作中有违法违纪行为的；

（三）有其他不应当核发的情形的。

第八条 专利行政执法证件丢失或损毁的，持证人应及时报告所在管理专利工作的部门，经查证属实后，逐级报国家知识产权局。

需要补办专利行政执法证件的，持证人须重新填写《专利行政执法证件和执法标识申领表》，还应当提交原证件作废说明，说明内容包括姓名、性别、工作单位、职务、证号、丢失/毁损事由等，加盖所在单位公章，经所属省、自治区、直辖市管理专利工作的部门审核后，统一报送国家知识产权局批准。

第九条 持有专利行政执法证件的人员有下列情形之一的，须重新填写《专利行政执法证件和执法标识申领表》，连同原证件报送所在管理专利工作的部门，并提交执法证件换证申请：

（一）工作调动或职务变更的；

（二）部门单位机构合并、新设及名称变更的；

（三）证件有效期届满的。

证件有效期届满的持证人员须提前六个月申报。由国家知识产权局作旧证销毁，予以更换新证。

第三章 专利行政执法证件和执法标识的使用、管理

第十条 专利行政执法人员在履行专利行政执法职责时，应当随身携带并主动出示专利行政执法证件并佩戴执法标识。

专利行政执法人员不得将专利行政执法证件和执法标识用于非公务活动。

第十一条 专利行政执法人员应在专利行政执法证件载明的执法区域内从事执法活动。

第十二条 专利行政执法人员应在有效期限内使用专利行政执法证件，超出有效期限不得使用。

第十三条 专利行政执法证件实行一人一证一号制度。持证人应当妥善保管专利行政执法证件，不得涂改、复制、转借、抵押、赠送、买卖、变造或者故意损毁。

第十四条 持有专利行政执法证件的人员有下列情形之一的，所在管理专利工作的部门应当收回其执法证件，并交国家知识产权局注销：

（一）未通过核检或到期未核检的；

（二）调离管理专利工作的部门的；

（三）辞职、辞退、长期休假、退休或死亡的；

（四）发证机关认为应当收回的。

除上述条款第（二）项规定的情形外，被注销执法证件的人员，两年之内不得再申请领取专利行政执法证件。

第十五条 持有专利行政执法证件的人员有下列情形之一的，所在管理专利工作的部门应当暂扣其专利行政执法证件：

（一）依有关规定履行法定职责、执行公务时，没有或拒绝出示执法证件，尚未造成严重后果的；

（二）因涉嫌违法违纪被立案审查，尚未做出结论的；

（三）受到开除以外行政处分的；

（四）依法被停止履行执法职责的；

（五）故意复制、转借、抵押、赠送、出卖给他人，故意损毁专利行政执法证件，尚未造成严重后果的；

（六）因其他原因应当暂扣的。

被暂扣行政执法证件者须向所在的部门做出书面说明或书面检查，扣证期间不得从事行政执法工作。

第十六条 持有专利行政执法证件的人员有下列情形之一的，所在管理专利工作的部门应当收回其执法证件，并报请国家知识产权局吊销：

（一）超越法定权限执法或者违反法定程序执法，造成严重后果的；

（二）在非履行职责和执行公务时使用执法证件，造成不良影响的；

（三）将专利行政执法证件复制、转借、抵押、赠送、出卖给他人、故意损毁，造成严重后果的；

（四）变造专利行政执法证件的；

（五）利用专利行政执法证件进行违法违纪活动的；

（六）有徇私舞弊、玩忽职守等渎职行为的；

（七）受到开除公职行政处分的；

（八）受到行政拘留处罚或者判处刑罚的；

（九）有其他违纪违法行为，不宜从事专利行政执法工作的。

被吊销专利行政执法证件的人员，不得再从事专利行政执法工作。

第十七条 专利行政执法证件被暂扣、注销、吊销的，应将专利行政执法标识及时上交所在管理专利工作的部门。

专利行政执法证件失效或者超过有效期限的，不得再使用专利行政执法标识。

第四章 专利行政执法证件的核检

第十八条 专利行政执法证件实行核检制度，每两年进行一次核检。

第十九条 对持证人的核检应考虑以下情形：

（一）执法工作考核情况；

（二）参加执法培训的情况；

（三）执法违纪或重大执法过失的情况；

（四）受奖励或处分的情况；

（五）其他情况。

第二十条 对于执法证件核检申请，核检机关根据下列情形分别处理：

（一）对符合核检要求的，由核检机关在证件的核检记录栏上贴示当年的核检专用标识，允许持证人继续从事专利行政执法工作；

（二）对没有达到核检要求的，不予通过核检。

第二十一条 持有专利行政执法证件的人员年度考核成绩不合格的或未按规定参加执法业务培训的，核检不予通过。

第二十二条 未经核检的专利行政执法证件自行失效。对失效的专利行政执法证件国家知识产权局予以收回、销毁。

第五章 附　　则

第二十三条 有关单位或个人违反本办法擅自制作、发放、使用专利行政执法证件和执法标识的，应当依照有关规定予以纪律处分或追究法律责任。

第二十四条 严禁任何单位和个人生产、销售和佩戴与专利行政执法标识式样、颜色、图案相同或相近似并足以造成混淆的标志。

第二十五条 专利行政执法证件有效期限为六年。有效期满，国家知识产权局予以收回销毁，符合条件的予以更换。

第二十六条 国家知识产权局以及专利局、专利复审委员会等下属单位工作人员持有的专利执法证件和执法标识，适用本办法管理。

经济技术开发区、高新技术产业开发区等各类非行政区划管理专利工作的部门的工作人员，在申领执法证件和执法标识时，应当同时提交执法区域的情况说明材料。

第二十七条 各知识产权维权援助中心和快速维权中心，以及各类非行政区划管理专利工作的部门的工作人员持专利执法证件参与知识产权局办案工作的，应通过办理挂职或借调等手续，符合相关人事规定。

第二十八条 本办法由国家知识产权局专利管理司负责解释。

第二十九条 本办法自发布之日起施行。国家知识产权局此前有关规定与本办法不一致的，依照本办法执行。

专利行政执法证件和执法标识申领表（略）

药品专利纠纷早期解决机制行政裁决办法

2021年7月5日国家知识产权局公告第435号发布施行

第一条 为依法办理涉药品上市审评审批过程中的专利纠纷行政裁决（以下简称药品专利纠纷行政裁决）案件，根据《中华人民共和国专利法》（以下简称专利法）和有关法律、法规、规章，制定本办法。

第二条 国家知识产权局负责专利法第七十六条所称的行政裁决办理工作。

国家知识产权局设立药品专利纠纷早期解决机制行政裁决委员会，组织和开展药品专利纠纷早期解决机制行政裁决相关工作。

第三条 案件办理人员有下列情形之一的，应当自行回避：

（一）是当事人或者其代理人的近亲属的；

（二）与专利申请或者专利权有利害关系的；

（三）与当事人或者其代理人有其他关系，可能影响公正办案的。

当事人也有权申请案件办理人员回避。当事人申请回避的，应当说明理由。

案件办理人员的回避，由案件办理部门决定。

第四条 当事人请求国家知识产权局对药品专利纠纷进行行政裁决的，应当符合下列条件：

（一）请求人是专利法第七十六条所称的药品上市许可申请人与有关专利权人或者利害关系人，其中的利害关系人是指相关专利的被许可人或者登记的药品上市许可持有人；

（二）有明确的被请求人；

（三）有明确的请求事项和具体的事实、理由；

（四）相关专利信息已登记在中国上市药品专利信息登记平台上，且符合《药品专利纠纷早期解决机制实施办法》的相关规定；

（五）人民法院此前未就该药品专利纠纷立案；

（六）药品上市许可申请人提起行政裁决请求的，自国家药品审评机构公开药品上市许可申请之日起四十五日内，专利权人或者利害关系人未就该药品专利纠纷向人民法院起诉或者提起行政裁决请求；

（七）一项行政裁决请求应当仅限于确认一个申请上市许可的药品技术方案是否落入某一项专利权的保护范围。

第五条 专利权人或者利害关系人请求确认申请上市许可的药品相关技术方案落入相关专利权的保护范围的，应当以药品上市许可申请人作为被请求人。

专利权属于多个专利权人共有的，应当由全体专利权人提出请求，部分共有专利权人明确表示放弃有关实体权利的除外。

药品上市许可持有人或者独占实施许可合同的被许可人可以自己的名义提出请求；排他实施许可合同的被许可人在专利权人不提出请求的情况下，可以自己的名义提出请求。

第六条 药品上市许可申请人请求确认申请上市许可的药品相关技术方案不落入相关专利权的保护范围的，应当以专利权人作为被请求人。

第七条 请求国家知识产权局对药品专利纠纷进行行政裁决的，应当提交请求书及下列材料：

（一）主体资格证明；

（二）中国上市药品专利信息登记平台对相关专利的登记信息、国家药品审评机构信息平台公示的药品上市许可申请及其未落入相关专利权保护范围的声明和声明依据；

（三）请求人是药品上市许可申请人的，还应当提交申请注册的药品相关技术方案，该技术方案涉及保密信息的，需要单独提交并声明。

第八条 请求书应当载明以下内容：

（一）请求人的姓名或者名称、地址，法定代表人或者主要负责人的姓名、联系电话，委托代理人的，代理人的姓名和代理机构的名称、地址、联系电话；

（二）被请求人的姓名或名称、地址、法定代表人的姓名、联系电话及其他事项；

（三）中国上市药品专利信息登记平台登记的相关专利信息，包括专利号、专利类型、专利状态、专利权人、专利保护期届满日，以及请求认定是否落入保护范围的具体权利要求项；

（四）国家药品审评机构信息平台公示的申请注册药品的相关信息及声明类型；

（五）关于申请注册的药品技术方案是否落入相关专利权保护范围的理由；

（六）证据材料清单；

（七）请求人或者获得授权的代理人的签名（自然人）或者盖章（法人和其他组织）。有关证据和证明材料可以以请求书附件的形式提交。

第九条 国家知识产权局收到请求书及相关材料后，应当进行登记并对请求书等材料进行审查。请求书及相关材料不齐全、请求书未使用规定的格式或者填写不符合规定的，应当通知请求人在五个工作日内补正。期满未补正或者补正后仍存在同样缺陷的，该行政裁决请求不予受理。

第十条 药品专利纠纷行政裁决请求有下列情形之一的，国家知识产权局不予受理并通知请求人：

（一）请求书中缺少请求人姓名或名称，联系地址等基本信息，或者缺少专利权信息的；

（二）被请求人不明确的；

（三）请求人和被请求人的主体资格不符合本办法第四、五、六条相关规定的；

（四）涉案专利不属于中国上市药品专利信息登记平台登记的专利主题类型，或者与第四类声明中专利不一致的；

（五）涉案专利所涉及的权利要求被国家知识产权局宣告无效的；

（六）请求书中未明确所涉及的专利权利要求以及请求行政裁决具体事项的；

（七）请求人未具体说明行政裁决理由，或者未结合提交的证据具体说明行政裁决理由的；

（八）一项行政裁决请求涉及一个以上申请上市许可的药品技术方案或者一项以上专利权的；

（九）同一药品专利纠纷已被人民法院立案的。

第十一条 当事人的请求符合本办法第四条规定的，国家知识产权局应当在五个工作日内立案并通知请求人和被请求人。

第十二条 国家知识产权局根据当事人的申请，或者根据案件办理需要可以向药品监督管理部门核实有关证据。

第十三条 国家知识产权局应当组成合议组审理案件。根据当事人的请求和案件情况，合议组可以进行口头审理或者书面审理。

相同当事人针对同一药品相关的多项专利权提出多项行政裁决请求的，国家知识产权局可以合并审理。

国家知识产权局决定进行口头审理的，应当至少在口头审理五个工作日前将口头审理的时间、地点通知当事人。请求人无正当理由拒不参加或者未经许可中途退出的，其请求视为撤回；被请求人无正当理由拒不参加或者未经许可中途退出的，缺席审理。

第十四条 药品专利纠纷行政裁决案件办理中，涉案专利所涉及的部分权利要求被国家知识产权局宣告无效的，根据维持有效的权利要求为基础作出行政裁决；涉案专利所涉及的权利要求被国家知识产权局全部宣告无效的，驳回行政裁决请求。

第十五条 国家知识产权局办理药品专利纠纷行政裁决案件时，可以根据当事人的意愿进行调解。经调解，当事人达成一致意见的，国家知识产权局可以应当事人的请求制作调解书。调解不成的，国家知识产权局应当及时作出行政裁决。

第十六条 有以下情形之一的，当事人可以申请中止案件办理，国家知识产权局也可以依职权决定中止案件办理：

（一）一方当事人死亡，需要等待继承人表明是否参加办理的；

（二）一方当事人丧失请求行政裁决的行为能力，尚未确定法定代理人的；

（三）作为一方当事人的法人或者其他组织终止，尚未确定权利义务承受人的；

（四）一方当事人因不可抗拒的事由，不能参加审理的；

（五）其他需要中止办理的情形。

当事人对涉案专利提出无效宣告请求的，国家知识产权局可以不中止案件办理。

第十七条 国家知识产权局作出行政裁决之前，请求人可以撤回其请求。请求人撤回其请求或者其请求视为撤回的，药品专利纠纷行政裁决程序终止。

请求人在行政裁决的结论作出后撤回其请求的，不影响行政裁决的效力。

第十八条 国家知识产权局作出行政裁决的，应当就申请上市药品技术方案是否落入相关专利权保护范围作出认定，并说明理由和依据。

行政裁决作出后，应当送达当事人并抄送国家药品监督管理部门，同时按照《政府信息公开条例》及有关规定向社会公开。行政裁决公开时，应当删除涉及商业秘密的信息。

第十九条 当事人对国家知识产权局作出的药品专利纠纷行政裁决不服的，可以依法向人民法院起诉。

第二十条 当事人对其提供的证据或者证明材料的真实性负责。

当事人对其在行政裁决程序中知悉的商业秘密负有保密义务，擅自披露、使用或者允许他人使用该商业秘密的，应当承担相应法律责任。

第二十一条 药品专利纠纷行政裁决案件办理人员以及其他工作人员滥用职权、玩忽职守、徇私舞弊或者泄露办理过程中知悉的商业秘密，尚不构成犯罪的，依法给予政务处分；涉嫌犯罪的，移送司法机关处理。

第二十二条 本办法未作规定的，依照《专利行政执法办法》以及国家知识产权局关于专利侵权纠纷行政裁决有关规定执行。

第二十三条 本办法由国家知识产权局负责解释。

第二十四条 本办法自发布之日起施行。

最高人民法院关于审理专利授权确权行政案件适用法律若干问题的规定（一）

1. *2020年8月24日最高人民法院审判委员会第1810次会议通过*
2. *2020年9月10日公布*
3. *法释〔2020〕8号*
4. *自2020年9月12日起施行*

为正确审理专利授权确权行政案件，根据《中华人民共和国专利法》《中华人民共和国行政诉讼法》等法律规定，结合审判实际，制定本规定。

第一条 本规定所称专利授权行政案件，是指专利申请人因不服国务院专利行政部门作出的专利复审请求审查决定，向人民法院提起诉讼的案件。

本规定所称专利确权行政案件，是指专利权人或者无效宣告请求人因不服国务院专利行政部门作出的专利无效宣告请求审查决定，向人民法院提起诉讼的案件。

本规定所称被诉决定，是指国务院专利行政部门作出的专利复审请求审查决定、专利无效宣告请求审查决定。

第二条 人民法院应当以所属技术领域的技术人员在阅读权利要求书、说明书及附图后所理解的通常含义，界定权利要求的用语。权利要求的用语在说明书及附图中有明确定义或者说明的，按照其界定。

依照前款规定不能界定的，可以结合所属技术领域的技术人员通常采用的技术词典、技术手册、工具书、教科书、国家或者行业技术标准等界定。

第三条 人民法院在专利确权行政案件中界定权利要求的用语时，可以参考已被专利侵权民事案件生效裁判采纳的专利权人的相关陈述。

第四条 权利要求书、说明书及附图中的语法、文字、数字、标点、图形、符号等有明显错误或者歧义，但所属技术领域的技术人员通过阅读权利要求书、说明书及附图可以得出唯一理解的，人民法院应当根据该唯一理解作出认定。

第五条 当事人有证据证明专利申请人、专利权人违反诚实信用原则，虚构、编造说明书及附图中的具体实施方式、技术效果以及数据、图表等有关技术内容，并据此主张相关权利要求不符合专利法有关规定的，人民法院应予支持。

第六条 说明书未充分公开特定技术内容，导致在专利申请日有下列情形之一的，人民法院应当认定说明书及与该特定技术内容相关的权利要求不符合专利法第二十六条第三款的规定：

（一）权利要求限定的技术方案不能实施的；

（二）实施权利要求限定的技术方案不能解决发明或者实用新型所要解决的技术问题的；

（三）确认权利要求限定的技术方案能够解决发明或者实用新型所要解决的技术问题，需要付出过度劳动的。

当事人仅依据前款规定的未充分公开的特定技术内容，主张与该特定技术内容相关的权利要求符合专利法第二十六条第四款关于“权利要求书应当以说明书为依据”的规定的，人民法院不予支持。

第七条　所属技术领域的技术人员根据说明书及附图，认为权利要求有下列情形之一的，人民法院应当认定该权利要求不符合专利法第二十六条第四款关于清楚地限定要求专利保护的范围的规定：

（一）限定的发明主题类型不明确的；

（二）不能合理确定权利要求中技术特征的含义的；

（三）技术特征之间存在明显矛盾且无法合理解释的。

第八条　所属技术领域的技术人员阅读说明书及附图后，在申请日不能得到或者合理概括得出权利要求限定的技术方案的，人民法院应当认定该权利要求不符合专利法第二十六条第四款关于"权利要求书应当以说明书为依据"的规定。

第九条　以功能或者效果限定的技术特征，是指对于结构、组分、步骤、条件等技术特征或者技术特征之间的相互关系等，仅通过其在发明创造中所起的功能或者效果进行限定的技术特征，但所属技术领域的技术人员通过阅读权利要求即可直接、明确地确定实现该功能或者效果的具体实施方式的除外。

对于前款规定的以功能或者效果限定的技术特征，权利要求书、说明书及附图未公开能够实现该功能或者效果的任何具体实施方式的，人民法院应当认定说明书和具有该技术特征的权利要求不符合专利法第二十六条第三款的规定。

第十条　药品专利申请人在申请日以后提交补充实验数据，主张依赖该数据证明专利申请符合专利法第二十二条第三款、第二十六条第三款等规定的，人民法院应予审查。

第十一条　当事人对实验数据的真实性产生争议的，提交实验数据的一方当事人应当举证证明实验数据的来源和形成过程。人民法院可以通知实验负责人到庭，就实验原料、步骤、条件、环境或者参数以及完成实验的人员、机构等作出说明。

第十二条　人民法院确定权利要求限定的技术方案的技术领域，应当综合考虑主题名称等权利要求的全部内容、说明书关于技术领域和背景技术的记载，以及该技术方案所实现的功能和用途等。

第十三条　说明书及附图未明确记载区别技术特征在权利要求限定的技术方案中所能达到的技术效果的，人民法院可以结合所属技术领域的公知常识，根据区别技术特征与权利要求中其他技术特征的关系，区别技术特征在权利要求限定的技术方案中的作用等，认定所属技术领域的技术人员所能确定的该权利要求实际解决的技术问题。

被诉决定对权利要求实际解决的技术问题未认定或者认定错误的，不影响人民法院对权利要求的创造性依法作出认定。

第十四条　人民法院认定外观设计专利产品的一般消费者所具有的知识水平和认知能力，应当考虑申请日时外观设计专利产品的设计空间。设计空间较大的，人民法院可以认定一般消费者通常不容易注意到不同设计之间的较小区别；设计空间较小的，人民法院可以认定一般消费者通常更容易注意到不同设计之间的较小区别。

对于前款所称设计空间的认定，人民法院可以综合考虑下列因素：

（一）产品的功能、用途；

（二）现有设计的整体状况；

（三）惯常设计；

（四）法律、行政法规的强制性规定；

（五）国家、行业技术标准；

（六）需要考虑的其他因素。

第十五条　外观设计的图片、照片存在矛盾、缺失或者模糊不清等情形，导致一般消费者无法根据图片、照片及简要说明确定所要保护的外观设计的，人民法院应当认定其不符合专利法第二十七条第二款关于"清楚地显示要求专利保护的产品的外观设计"的规定。

第十六条　人民法院认定外观设计是否符合专利法第二十三条的规定，应当综合判断外观设计的整体视觉效果。

为实现特定技术功能必须具备或者仅有有限选择的设计特征，对于外观设计专利视觉效果的整体观察和综合判断不具有显著影响。

第十七条　外观设计与相同或者相近种类产品的一项现有设计相比，整体视觉效果相同或者属于仅具有局部细微区别等实质相同的情形的，人民法院应当认定其构成专利法第二十三条第一款规定的"属于现有设计"。

除前款规定的情形外，外观设计与相同或者相近种类产品的一项现有设计相比，二者的区别对整体视觉效果不具有显著影响的，人民法院应当认定其不具有专利法第二十三条第二款规定的"明显区别"。

人民法院应当根据外观设计产品的用途，认定产品种类是否相同或者相近。确定产品的用途，可以参考外观设计的简要说明、外观设计产品分类表、产品的功能以及产品销售、实际使用的情况等因素。

第十八条 外观设计专利与相同种类产品上同日申请的另一项外观设计专利相比，整体视觉效果相同或者属于仅具有局部细微区别等实质相同的情形的，人民法院应当认定其不符合专利法第九条关于"同样的发明创造只能授予一项专利权"的规定。

第十九条 外观设计与申请日以前提出申请、申请日以后公告，且属于相同或者相近种类产品的另一项外观设计相比，整体视觉效果相同或者属于仅具有局部细微区别等实质相同的情形的，人民法院应当认定其构成专利法第二十三条第一款规定的"同样的外观设计"。

第二十条 根据现有设计整体上给出的设计启示，以一般消费者容易想到的设计特征转用、拼合或者替换等方式，获得与外观设计专利的整体视觉效果相同或者仅具有局部细微区别等实质相同的外观设计，且不具有独特视觉效果的，人民法院应当认定该外观设计专利与现有设计特征的组合相比不具有专利法第二十三条第二款规定的"明显区别"。

具有下列情形之一的，人民法院可以认定存在前款所称的设计启示：

（一）将相同种类产品上不同部分的设计特征进行拼合或者替换的；

（二）现有设计公开了将特定种类产品的设计特征转用于外观设计专利产品的；

（三）现有设计公开了将不同的特定种类产品的外观设计特征进行拼合的；

（四）将现有设计中的图案直接或者仅做细微改变后用于外观设计专利产品的；

（五）将单一自然物的特征转用于外观设计专利产品的；

（六）单纯采用基本几何形状或者仅做细微改变后得到外观设计的；

（七）使用一般消费者公知的建筑物、作品、标识等的全部或者部分设计的。

第二十一条 人民法院在认定本规定第二十条所称的独特视觉效果时，可以综合考虑下列因素：

（一）外观设计专利产品的设计空间；

（二）产品种类的关联度；

（三）转用、拼合、替换的设计特征的数量和难易程度；

（四）需要考虑的其他因素。

第二十二条 专利法第二十三条第三款所称的"合法权利"，包括就作品、商标、地理标志、姓名、企业名称、肖像，以及有一定影响的商品名称、包装、装潢等享有的合法权利或者权益。

第二十三条 当事人主张专利复审、无效宣告请求审查程序中的下列情形属于行政诉讼法第七十条第三项规定的"违反法定程序的"，人民法院应予支持：

（一）遗漏当事人提出的理由和证据，且对当事人权利产生实质性影响的；

（二）未依法通知应当参加审查程序的专利申请人、专利权人及无效宣告请求人等，对其权利产生实质性影响的；

（三）未向当事人告知合议组组成人员，且合议组组成人员存在法定回避事由而未回避的；

（四）未给予被诉决定对其不利的一方当事人针对被诉决定所依据的理由、证据和认定的事实陈述意见的机会的；

（五）主动引入当事人未主张的公知常识或者惯常设计，未听取当事人意见且对当事人权利产生实质性影响的；

（六）其他违反法定程序，可能对当事人权利产生实质性影响的。

第二十四条 被诉决定有下列情形之一的，人民法院可以依照行政诉讼法第七十条的规定，判决部分撤销：

（一）被诉决定对于权利要求书中的部分权利要求的认定错误，其余正确的；

（二）被诉决定对于专利法第三十一条第二款规定的"一件外观设计专利申请"中的部分外观设计认定错误，其余正确的；

（三）其他可以判决部分撤销的情形。

第二十五条 被诉决定对当事人主张的全部无效理由和证据均已评述并宣告权利要求无效，人民法院认为被诉决定认定该权利要求无效的理由均不能成立的，应当判决撤销或者部分撤销该决定，并可视情判决被告就该权利要求重新作出审查决定。

第二十六条 审查决定系直接依据生效裁判重新作出且

未引入新的事实和理由，当事人对该决定提起诉讼的，人民法院依法裁定不予受理；已经受理的，依法裁定驳回起诉。

第二十七条 被诉决定查明事实或者适用法律确有不当，但对专利授权确权的认定结论正确的，人民法院可以在纠正相关事实查明和法律适用的基础上判决驳回原告的诉讼请求。

第二十八条 当事人主张有关技术内容属于公知常识或者有关设计特征属于惯常设计的，人民法院可以要求其提供证据证明或者作出说明。

第二十九条 专利申请人、专利权人在专利授权确权行政案件中提供新的证据，用于证明专利申请不应当被驳回或者专利权应当维持有效的，人民法院一般应予审查。

第三十条 无效宣告请求人在专利确权行政案件中提供新的证据，人民法院一般不予审查，但下列证据除外：

（一）证明在专利无效宣告请求审查程序中已主张的公知常识或者惯常设计的；

（二）证明所属技术领域的技术人员或者一般消费者的知识水平和认知能力的；

（三）证明外观设计专利产品的设计空间或者现有设计的整体状况的；

（四）补强在专利无效宣告请求审查程序中已被采信证据的证明力的；

（五）反驳其他当事人在诉讼中提供的证据的。

第三十一条 人民法院可以要求当事人提供本规定第二十九条、第三十条规定的新的证据。

当事人向人民法院提供的证据系其在专利复审、无效宣告请求审查程序中被依法要求提供但无正当理由未提供的，人民法院一般不予采纳。

第三十二条 本规定自2020年9月12日起施行。

本规定施行后，人民法院正在审理的一审、二审案件适用本规定；施行前已经作出生效裁判的案件，不适用本规定再审。

6. 专利侵权认定与专利纠纷处理

重大专利侵权纠纷行政裁决办法

1. 2021年5月26日国家知识产权局公告第426号发布
2. 自2021年6月1日起施行

第一条 为贯彻落实党中央、国务院关于全面加强知识产权保护的决策部署,切实维护公平竞争的市场秩序,保障专利权人和社会公众的合法权益,根据《中华人民共和国专利法》(以下简称《专利法》)和有关法律、法规、规章,制定本办法。

第二条 本办法适用于国家知识产权局处理专利法第七十条第一款所称的在全国有重大影响的专利侵权纠纷(以下简称重大专利侵权纠纷)。

第三条 有以下情形之一的,属于重大专利侵权纠纷:

(一)涉及重大公共利益的;

(二)严重影响行业发展的;

(三)跨省级行政区域的重大案件;

(四)其他可能造成重大影响的专利侵权纠纷。

第四条 请求对重大专利侵权纠纷进行行政裁决的,应当符合第三条所述的情形,并具备下列条件:

(一)请求人是专利权人或者利害关系人;

(二)有明确的被请求人;

(三)有明确的请求事项和具体事实、理由;

(四)人民法院未就该专利侵权纠纷立案。

第五条 请求对重大专利侵权纠纷进行行政裁决的,应当依据《专利行政执法办法》的有关规定提交请求书及有关证据材料,同时还应当提交被请求人所在地或者侵权行为地省、自治区、直辖市管理专利工作的部门出具的符合本办法第三条所述情形的证明材料。

第六条 请求符合本办法第四条规定的,国家知识产权局应当自收到请求书之日起5个工作日内立案并通知请求人,同时指定3名或者3名以上单数办案人员组成合议组办理案件。案情特别复杂或者有其他特殊情况的,经批准,立案期限可以延长5个工作日。

请求不符合本办法第四条规定的,国家知识产权局应当在收到请求书之日起5个工作日内通知请求人不予立案,并说明理由。

对于不属于重大专利侵权纠纷的请求,国家知识产权局不予立案,并告知请求人可以向有管辖权的地方管理专利工作的部门请求处理。

第七条 省、自治区、直辖市管理专利工作的部门对于辖区内专利侵权纠纷处理请求,认为案情属于重大专利侵权纠纷的,可以报请国家知识产权局进行行政裁决。

第八条 办案人员应当持有国家知识产权局配发的办案证件。

第九条 办案人员有下列情形之一的应当自行回避:

(一)是当事人或者其代理人的近亲属的;

(二)与专利申请或者专利权有利害关系的;

(三)与当事人或者其代理人有其他关系,可能影响公正办案的。

当事人也有权申请办案人员回避。当事人申请回避的,应当说明理由。

办案人员的回避,由负责办案的部门决定。

第十条 国家知识产权局应当在立案之日起5个工作日内向被请求人发出请求书及其附件的副本,要求其在收到之日起15日内提交答辩书,并按照请求人的数量提供答辩书副本。被请求人逾期不提交答辩书的,不影响案件处理。

被请求人提交答辩书的,国家知识产权局应当在收到之日起5个工作日内将答辩书副本转送请求人。

国家知识产权局可以对侵犯其同一专利权的案件合并处理。

第十一条 案件办理过程中,请求人提出申请追加被请求人的,如果符合共同被请求人条件,国家知识产权局应当裁定追加并通知其他当事人,不符合共同被请求人条件但符合请求条件的,应当驳回追加申请,告知请求人另案提出请求。对于被请求人提出追加其他当事人为被请求人的,应当告知请求人。请求人同意追加的,裁定准许追加。请求人不同意的,可以追加其他当事人为第三人。追加被请求人或第三人的请求应当在口头审理前提出,否则不予支持。

第十二条 当事人对自己提出的主张,有责任提供证据。当事人因客观原因不能收集的证据,可以提交初步证据和理由,书面申请国家知识产权局调查或者检查。根据查明案件事实的需要,国家知识产权局也可以依法调查或者检查。

办案人员在调查或者检查时不得少于两人,并应当向当事人或者有关人员出示办案证件。

第十三条 办案人员在调查或者检查时,可以行使下列职权：

（一）询问有关当事人及其他有关单位和个人，调查与涉嫌专利侵权行为有关的情况；

（二）对当事人涉嫌专利侵权行为的场所实施现场检查；

（三）检查与涉嫌专利侵权行为有关的产品。

在调查或者检查时，当事人或者有关人员应当予以协助、配合，不得拒绝、阻挠。

根据工作需要和实际情况，国家知识产权局可以将相关案件调查工作委托地方管理专利工作的部门进行。

第十四条 专利侵权纠纷涉及复杂技术问题，需要进行检验鉴定的，国家知识产权局可以应当事人请求委托有关单位进行检验鉴定。当事人请求检验鉴定的，检验鉴定单位可以由双方当事人协商确定；协商不成的，由国家知识产权局指定。检验鉴定意见未经质证，不得作为定案依据。

当事人对鉴定费用有约定的，从其约定。没有约定的，鉴定费用由申请鉴定方先行支付，结案时由责任方承担。

第十五条 国家知识产权局可以指派技术调查官参与案件处理，提出技术调查意见。相关技术调查意见可以作为合议组认定技术事实的参考。技术调查官管理办法另行规定。

第十六条 国家知识产权局根据案情需要决定是否进行口头审理。进行口头审理的，应当至少在口头审理5个工作日前将口头审理的时间、地点通知当事人。当事人无正当理由拒不参加的，或者未经许可中途退出的，对请求人按撤回请求处理，对被请求人按缺席处理。

第十七条 有以下情形之一的，当事人可以申请中止案件办理，国家知识产权局也可以依职权决定中止案件办理：

（一）被请求人申请宣告涉案专利权无效并被国家知识产权局受理的；

（二）一方当事人死亡，需要等待继承人表明是否参加处理的；

（三）一方当事人丧失民事行为能力，尚未确定法定代理人的；

（四）作为一方当事人的法人或者其他组织终止，尚未确定权利义务承受人的；

（五）一方当事人因不可抗拒的事由，不能参加审理的；

（六）该案必须以另一案的审理结果为依据，而另一案尚未审结的；

（七）其他需要中止处理的情形。

第十八条 有下列情形之一的，国家知识产权局可以不中止案件处理：

（一）请求人出具的检索报告或专利权评价报告未发现实用新型或者外观设计专利权存在不符合授予专利权条件的缺陷；

（二）无效宣告程序已对该实用新型或者外观设计专利作出维持有效决定的；

（三）当事人提出的中止理由明显不成立的。

第十九条 有下列情形之一时，国家知识产权局可以撤销案件：

（一）立案后发现不符合受理条件的；

（二）请求人撤回处理请求的；

（三）请求人死亡或注销，没有继承人，或者继承人放弃处理请求的；

（四）被请求人死亡或注销，或者没有应当承担义务的人的；

（五）其他需要撤销案件的情形。

第二十条 在行政裁决期间，有关专利权被国家知识产权局宣告无效的，可以终止案件办理。有证据证明宣告上述权利无效的决定被生效的行政判决撤销的，权利人可以另行提起请求。

第二十一条 国家知识产权局可以组织当事人进行调解。双方当事人达成一致的，由国家知识产权局制作调解书，加盖公章，并由双方当事人签名或者盖章。调解不成的，应当及时作出行政裁决。

第二十二条 国家知识产权局处理专利侵权纠纷，应当自立案之日起三个月内结案。因案件复杂或者其他原因，不能在规定期限内结案的，经批准，可以延长一个月。案情特别复杂或者有其他特殊情况，经延期仍不能结案的，经批准继续延期的，应当同时确定延长的合理期限。

案件处理过程中，中止、公告、检验鉴定等时间不计入前款所指的案件办理期限。变更请求、追加共同被请求人、第三人的，办案期限从变更请求、确定共同被请求人、第三人之日起重新计算。

第二十三条 国家知识产权局作出行政裁决，应当制作行政裁决书，并加盖公章。行政裁决认定专利侵权行为成立的，应当责令立即停止侵权行为，并根据需要通知有关主管部门、地方人民政府有关部门协助配合及时制止侵权行为。当事人不服的，可以自收到行政裁决书之日起15日内，依照《中华人民共和国行政诉讼法》向人民法院起诉。除法律规定的情形外，诉讼期间不停止行政裁决的执行。被请求人期满不起诉又不停止侵权行为的，国家知识产权局可以向人民法院申请强制执行。

行政裁决作出后，应当按照《政府信息公开条例》及有关规定向社会公开。行政裁决公开时，应当删除涉及商业秘密的信息。

第二十四条 办案人员以及其他工作人员滥用职权、玩忽职守、徇私舞弊或者泄露办案过程中知悉的商业秘密，尚不构成犯罪的，依法给予政务处分；涉嫌犯罪的，移送司法机关处理。

第二十五条 本办法未作规定的，依照《专利行政执法办法》以及国家知识产权局关于专利侵权纠纷行政裁决有关规定执行。

第二十六条 本办法由国家知识产权局负责解释。

第二十七条 本办法自2021年6月1日起施行。

专利侵权行为认定指南（试行）*

1. 2016年5月5日国家知识产权局发布
2. 国知发管字〔2016〕31号

判断被控侵权产品或方法是否侵犯了某一项专利权，不仅需要判断所述产品或方法是否落入该专利权的保护范围，还应当认定被控侵权行为是否属于专利法意义上的侵权行为。缺少其中任何一方面，都无法直接得出被控侵权行为构成侵权的结论。实践中，前者重点是将被控侵权产品或方法与涉案专利进行技术对比，后者重点是考察被控侵权人实施的行为本身，二者的判断过程和标准相对独立，不存在固定的先后顺序。

判断被控侵权人是否具有侵犯专利权的行为，可以遵循以下步骤：（1）被控侵权人是否存在实施他人专利的行为；（2）被控侵权人实施他人专利的行为是否在专利授权之后且在专利权保护期内；（3）被控侵权人是否经专利权人许可、是否不以生产经营为目的以及是否被《专利法》明确规定为不侵犯专利权。

第1章　实施专利的行为

根据《专利法》第十一条的规定，实施专利，对发明和实用新型专利权而言，是指制造、使用、许诺销售、销售、进口专利产品，使用专利方法以及使用、许诺销售、销售、进口依照该专利方法直接获得的产品；对于外观设计专利权而言，是指制造、许诺销售、销售、进口外观设计专利产品。

《专利法》第十一条列举的五种行为是对侵犯专利权行为的穷举，未列入其中的行为，不构成实施专利的行为，不能采用类比的方式将其纳入侵犯专利权行为的范畴。例如，设计专利产品的行为，如果未将该设计转化为专利产品，则设计行为本身不构成实施专利的行为；仓储和运输专利产品的行为，如果该专利产品不是由行为人制造，行为人也未销售或许诺销售该专利产品，则仓储和运输行为不构成实施专利的行为，但构成共同侵权的除外。

第1节　制　造

制造，对于发明和实用新型专利权而言，是指做出或者形成具有与权利要求记载的全部技术特征相同或者等同的技术特征的产品；对于外观设计专利权而言，是指做出或者形成采用外观设计专利的图片或者照片中所表示的设计的产品。

制造行为的对象应当是专利产品，包括将原材料经化学反应、将零部件经物理组装形成权利要求所保护的专利产品等行为。

1.1.1　产品的数量、质量和制造方法对制造行为的影响

在制造行为的认定中，通常需要关注制造的结果，即制造的产品是否为专利产品。产品的数量、质量或性能以及制造方法通常不影响对制造行为的认定，除非制造产品的数量极少从而影响到对生产经营目的的认定或者产品的质量或性能使得产品未落入权利要求参数限定的范围内，或者权利要求中同时限定了特定的制造方法。

1.1.2　委托加工或贴牌生产行为

委托加工或加工承揽，是指定作人或委托人提供样品或图纸，承揽人或加工人按定作人或委托人的要求完成产品，承揽人或加工人交付成品，定作人或委托人支付报酬的行为。企业接受委托加工或贴牌生产都属于加工承揽。

* 限于篇幅，本书中对本文件中所列案例未作收录，请读者谅解。——编者注

如果委托加工或者贴牌生产的产品侵犯专利权，承揽人或加工人的加工行为构成实施专利的行为，定作人或委托人的委托行为也构成制造专利产品的行为。

1.1.3 在已有产品上添加图案和/或色彩获得专利产品的行为

外观设计是指对产品的形状、图案或者其结合以及色彩与形状、图案的结合所作出的富有美感并适用于工业应用的新设计。组成外观设计的要素是形状、图案和色彩。外观设计专利保护的对象有：单纯形状的设计、单纯图案的设计、形状和图案的结合的设计、形状与色彩结合的设计、图案与色彩结合的设计以及形状、图案和色彩结合的设计。被控侵权人从他人处获得已有产品，并在产品上添加图案和/或色彩，如果最终的产品落入外观设计专利保护的范围，则该添加图案和/或色彩的行为属于制造专利产品的行为。

1.1.4 制造产品仅供出口的行为

未经专利权人许可擅自制造侵权产品并全部出口到国外的行为，虽然因产品全部销往国外，并不会损害专利权人在本国市场销售其专利产品，但其仍然构成制造专利产品的行为，属于侵权行为。

第2节 使 用

使用，对于发明或者实用新型产品专利而言，是指权利要求所记载的产品技术方案的技术功能得到了应用，该应用不局限于专利说明书中指明的产品用途，除非权利要求中已明确记载该用途；对于方法发明专利而言，是指权利要求记载的专利方法技术方案的每一个步骤均被实现，使用该方法的结果不影响对是否构成侵犯专利权行为的认定。

单纯使用侵犯外观设计专利权的产品的行为不属于侵犯专利权的行为。

1.2.1 将专利产品组装成另一产品

将侵犯发明或者实用新型专利权的产品作为零部件或中间产品制造另一产品的，一般应当认定属于对侵权产品的使用。

1.2.2 拥有、储存或保存侵权产品

拥有、储存或保存侵犯专利权产品的行为，通常不构成使用侵权产品的行为。

判断拥有、储存或保存侵权产品是否构成使用行为，需要考虑产品的性质以及储存或保存的目的等因素。例如，如果行为人购买了侵权产品，但仅存放于库房中，尚未进行下一步的销售行为，其本身也不具备使用该产品的条件，则储存行为不应被认定为使用侵权产品的行为。但是，对于某些属于备用性质的产品，例如急救装置、救火设备等，只要将其按照使用要求在建筑物内予以配置，就构成使用行为，不能认为只有在救火或急救中的使用才构成专利法意义上的使用。同样，如果储存或保存某种产品的目的是随时投入使用，则只要备用状态存在，也构成使用侵犯专利权产品的行为。

1.2.3 使用专利方法

专利技术方案可以分为产品技术方案和方法技术方案，方法技术方案又可以分为产品制造方法和操作使用方法。产品制造方法是制造某种产品的方法，一般是通过设定一定条件、使用特定的装置设备并按照特定的工艺步骤使某种物品如原材料、中间产品在结构、形状或物理化学特性上发生变化并形成新的产品的方法。操作使用方法是对特定装置设备、特定产品的操作使用，如测量、计算、制冷、通信方法等。

使用专利方法，是指权利要求记载的专利方法技术方案的每一个步骤均被实现。使用专利方法的结果不影响对是否构成侵犯专利权的认定. 对于产品制造方法专利，使用专利方法就是按照专利方法生产出相应产品的行为，通常表现为制造相关产品的过程，在结果上表现为制造出相应的产品；对于操作使用方法专利，使用专利方法就是生产经营过程中按照专利方法的步骤、条件逐一再现专利方法的全过程。

使用专利方法是专利方法的完整再现，如果专利方法有特定步骤顺序，则使用专利方法还应遵循该顺序。一般而言，省略专利方法的步骤或者未按专利方法的顺序完整地再现专利方法，均不构成使用专利方法的侵权行为。

第3节 销 售

销售侵权产品，是指将落入产品权利要求保护范围的侵权产品的所有权、依照专利方法直接获得的侵权产品的所有权或者含有外观设计专利的侵权产品的所有权从卖方有偿转移到买方。搭售或以其他方式转让上述产品所有权，变相获取商业利益的，也属于销售该产品。

销售行为的完成，应以合同依法成立为判断标准，不要求合同实际履行完毕。如果合同成立后出卖人未交付产品，不影响销售行为已成立的定性.

1.3.1 将侵权产品作为零部件制造另一产品并销售

将侵犯发明或者实用新型专利权的产品作为零部件，制造另一产品并销售的，应当认定属于销售侵权产品的行为。

将侵犯外观设计专利权的产品作为零部件，制造另一产品并销售的，应当认定属于销售侵犯外观设计专利权的产品的行为，但侵犯外观设计专利权的产品在另一产品中仅具有技术功能的除外。仅具有技术功能，是指该零部件在最终产品的正常使用中不产生视觉效果，只具有技术功能。不产生视觉效果，既有可能是零部件位于最终产品的内部等不可视部位，也有可能是零部件部分被遮挡，无法从整体上体现出侵权产品与现有设计的区别。

1.3.2 搭售、搭送

搭售，是指销售商要求消费者在购买其商品或服务的同时购买另一种商品或服务。搭售行为构成侵犯专利权既包括搭售品构成侵权的情形，也包括被搭售品构成侵权的情形。无论搭售行为在形式上是否具有独立性，只要搭售品或者被搭售品构成侵犯专利权，则搭售行为应被认定为侵权行为。

搭送，是指销售者在销售某种商品或提供服务时，基于广告宣传等目的免费赠送某种商品或服务。与搭售行为不同，搭送行为从形式上对消费者是免费的。但这并不意味着即便搭送的是侵权产品，销售商也不承担侵权责任。如果销售商搭送的产品或服务侵犯了他人专利权，即使销售的产品未侵权，搭送行为和主销售行为合并成为一种特殊的销售行为，也构成侵犯专利权的行为。

第4节 许诺销售

在销售侵犯他人专利权的产品行为实际发生前，被控侵权人作出销售侵犯他人专利权产品的意思表示的，构成许诺销售。

以做广告、在商店橱窗中陈列、在网络或者在展销会上展出、寄送供试用的侵权产品等方式作出销售侵犯他人专利权产品的意思表示的，可以认定为许诺销售。许诺销售的方式还可以是口头、电话、传真等。

许诺销售既包括合同法上的要约，也包括合同法上的要约邀请。许诺销售成立的关键，不在于订立合同的意向最先由谁提出，只要被控侵权人一方作出将会提供侵权产品的意思表示即可构成许诺销售。

许诺销售行为本身即构成独立的直接侵犯专利权的行为，并非实际销售行为之前的准备性工作，不能以其后确实发生实际销售行为来认定许诺销售行为成立。许诺销售侵权产品的，其后实际销售的产品未落入专利权保护范围的，即便以销售方式侵犯专利权的行为不能成立，也不影响对以许诺销售方式侵犯专利权的行为成立的认定。

第5节 进口

进口侵权产品，是指将落入产品专利权利要求保护范围的侵权产品、依照专利方法直接获得的侵权产品或者含有外观设计专利的侵权产品在空间上从境外运进境内的行为。

无论被控侵权产品自哪一国家进口，这种产品在其制造国或者出口国是否享有专利保护，该产品是专利产品还是依照专利方法直接得到的产品，进口者的主观状态如何，只要该产品越过边界进入海关，都属于进口侵权产品的行为。

进口行为的成立，不以产品交付给进口商为判断基准，只要产品进入海关即可判定进口行为成立。

专利权人或者其被许可人在我国境外售出其专利产品或者依照专利方法直接获得的产品后，购买者将该产品进口到我国境内以及随后在我国境内使用、许诺销售、销售该产品的，不构成侵犯专利权的行为。

第6节 产品制造方法专利的延伸保护

所谓“产品制造方法专利的延伸保护”，是指一项产品制造方法发明专利权被授予后，任何单位或者个人未经专利权人许可，除了不得为生产经营目的使用该专利方法外，也不得为生产经营目的使用、许诺销售、销售或者进口依照该专利方法直接获得的产品。

1.6.1 延伸保护仅涉及产品制造方法

方法专利包括制造方法、加工方法、作业方法、物质的用途等专利。只有产生专利法意义上的产品的方法才涉及延伸保护，不产生专利法意义上的产品的方法不涉及延伸保护。

专利法意义上的产品，是指符合专利法定义的，具有一定结构、组成、性状、功能的产品，不仅包括常规的物品，还包括物质、机器、装置、系统等。

产生专利法意义上的产品的方法主要是制造方法和加工方法。产生专利法意义上的产品既可以是通过将原材料经一系列加工步骤处理后获得一种全新的产品，也可以是对原有物品的性能、结构进行改进后获得一种不同于原有物品的产品。

1.6.2 “直接获得”的含义

产品制造方法专利权只能延伸到依照该专利方法直接获得的产品。

所谓“直接获得”，是指完成专利方法的最后一个步骤后所获得的最初产品。当权利要求的主题名称中的目标产品与完成最后一个方法步骤后获得的最初产品一致时，主题名称中的目标产品就是制备方法直接获得的产品；当主题名称中的目标产品与完成最后一个方法步骤后获得的最初产品不一致时，需要根据说明书的内容，考察二者的关系。如果说明书中已经明确最后一个方法步骤获得的最初产品能通过常规的方法转化为主题名称中的目标产品，则该权利要求直接获得的产品是所述主题名称中的目标产品；如果说明书中没有明确最后一个方法步骤获得的最初产品如何转化为主题名称中的目标产品，并且转化方法非所属领域的公知技术，则该权利要求直接获得的产品是最后一个方法步骤获得的最初产品。

1.6.3 延伸保护与是否获得新产品无关

对于依照专利方法直接获得的产品，无论该产品是新产品还是已知产品均可获得延伸保护。只要制造方法本身被授予专利权，即使该方法直接获得的是已知产品，任何单位或个人未经专利权人许可许诺销售、销售、使用、进口该已知产品的行为也构成侵犯专利权的行为。

第 2 章 不侵犯专利权的行为

根据《专利法》第十一条的规定，如果被控侵权人实施专利经过专利权人许可，或者不以生产经营为目的，或者被《专利法》第六十九条明确规定为不侵犯专利权，则该行为不构成侵犯专利权的行为。

第 1 节 经专利权人许可

专利权人许可分为明示许可和默示许可。专利权人明示许可是指专利权人以书面或口头形式确定其不会对被许可方实施专利的行为追究侵权责任。专利权人默示许可是指虽然不存在明确表示，但专利权人存在语言或行为暗示，使得他人认为其可以实施专利而不会被控侵权。

2.1.1 专利权人明示许可

专利实施许可合同是专利权人作出明示许可的主要方式。专利实施许可合同是指专利权人、专利申请人或者其他权利人作为许可人，授权被许可人在约定的范围内实施专利，被许可人支付约定使用费所订立的合同。

根据许可人是否保留实施权以及是否有权再许可他人实施，专利实施许可包括普通实施许可、排他实施许可和独占实施许可。

普通实施许可，是指专利权人将专利技术许可被许可人在一定范围内实施，同时保留在该范围内对该专利技术的使用权与转让权。普通专利实施许可的特征是，技术的使用权许可给被许可人的同时，专利权人仍保有使用这一专利技术的权利，同时不排斥其继续以同样条件在同一区域许可他人实施。

排他实施许可，是指专利权人在约定许可实施专利的范围内将该专利仅许可一个被许可人实施，但专利权人依约定可以自行实施该专利。排他实施许可的特征是，被许可人在规定的范围内享有对合同规定的专利技术的使用权，专利权人仍保留在该范围内的使用权，但排除任何第三方在该范围内对同一专利技术的使用权。

独占实施许可，是指专利权人在约定许可实施专利的范围内，将该专利仅许可一个被许可人实施，专利权人依约定不得实施该专利。独占实施许可的特征是，被许可人在规定的范围内享有对合同规定的专利技术的使用权，专利权人或任何第三方均不享有在该范围内对该项专利技术的使用权。

双方当事人对专利实施许可方式没有约定或者约定不明确的，认定为普通实施许可。专利实施许可合同约定被许可人可以再许可他人实施专利的，除当事人另有约定外，该再许可应当认定为普通实施许可。

2.1.2 专利权人默示许可

专利权人默示许可是默示合同的一种形式。专利权人默示许可包括基于产品销售产生的专利默示许可和基于先前使用产生的专利默示许可等。

2.1.2.1 基于产品销售产生的专利默示许可

对于产品专利，如果专利权人或其被许可人并非销售专利产品本身，而是销售专利产品的相关零部件，这些零部件只能用于制造该专利产品，不能用于其他任何用途，同时专利权人或其被许可人在销售这些零部件时没有明确提出限制性条件，此时应当认为购买者获得了利用这些零部件制造、组装专利产品的默示许可，其制造、组装行为不构成专利侵权行为。对于方法专利，如果专利权人或其被许可人销售的设备或产品只能专用于实施其专利方法，同时专利权人或其被许可人在销售这些专利设备或产品时没有明确提出限制性条件，此时应当认为购买者获得了实施专利方法的默示许可。

基于零部件或专用设备、产品的销售认定存在专利默示许可时应当满足两个条件：第一，专利权人或其被许可人销售的零部件、专用设备或产品除了用于实施专利技术外,没有其他任何用途;第二,专利权人或其被许可人在销售零部件、专用设备或产品时没有明确提出限制性条件。

2.1.2.2 基于先前使用而产生的专利默示许可

如果专利权人先前存在允许他人使用的行为,则他人有可能基于该先前使用获得实施专利的默示许可。

第2节 指定许可或强制许可

根据《专利法》第十四条的规定,对于国有企业事业单位的发明专利,其对国家利益或者公共利益具有重大意义,且经国务院有关主管部门和省、自治区、直辖市人民政府报经国务院批准,决定在批准的范围内推广应用而指定被控侵权人实施的,构成指定许可,不属于侵犯专利权的行为。

根据《专利法》第四十八条至第五十一条的规定,国务院专利行政部门对于发明或者实用新型专利给予被控侵权人专利实施强制许可的,不构成侵犯专利权。

第3节 不以生产经营为目的

以生产经营为目的是指为工农业生产或者商业经营等目的,不包括以非商业为目的的私人消费行为。

2.3.1 以私人方式实施专利的行为

判断私人方式实施专利的行为是否属于"以生产经营为目的"的行为,重点在于判断其是否为商业目的。为满足个人使用或者消费目的实施专利的行为通常不构成"以生产经营为目的"的行为,私人方式的许诺销售和销售则应认定为"以生产经营为目的"。例如,未经权利人许可,以私人方式将专利产品销售给朋友、邻居的行为,构成侵犯专利权的行为;未经权利人许可,雇佣他人实施专利供私人使用,被雇佣人实施专利的行为,也构成侵犯专利权的行为。

2.3.2 在公共服务、公益事业、慈善事业中实施专利的行为

判断从事公共服务、公益事业、慈善事业等是否属于"不以生产经营为目的",应该结合具体案情具体分析,单位的性质并不能决定其行为的非生产经营性,重点考察行为本身是否为以生产经营为目的。如果政府机关、非营利性单位、社会团体的制造、使用、进口等行为不单纯是为了公共服务、公益事业或慈善事业,也可能构成生产经营行为。市场化运行的公共服务主体,在公共服务行为中,未经许可实施专利,不能主张"非生产经营目的"抗辩。

以生产经营为目的并不要求以营利为目的,但以营利为目的的行为应当属于"以生产经营为目的"的行为。制造、使用、进口专利产品和使用专利方法的行为,可能为生产经营目的而实施,也可能为非生产经营目的而实施,但销售和许诺销售一般只能为生产经营目的而实施。单位为自己企业员工福利和需求,未经许可实施专利,虽然并没有营利,也不能主张"不以生产经营为目的"的抗辩。

专利纠纷行政调解指引(试行)*

1. 2016年5月5日国家知识产权局发布

2. 国知发管字〔2016〕31号

第1章 专利行政调解程序

发生专利纠纷时,当事人可以请求管理专利工作的部门对该专利纠纷予以调解。

专利行政调解,是管理专利工作的部门在日常专利管理和专利行政执法过程中,对专利申请权和专利权的权属纠纷、发明人或设计人资格纠纷、职务发明创造的发明人或设计人的奖励和报酬纠纷、发明专利临时保护期使用费纠纷以及侵犯专利权的赔偿数额纠纷等,以《专利法》及相关法律法规为依据,以当事人自愿为原则,通过对当事人的说服和疏导,促使当事人平等协商、互谅互让,达成调解协议,以快速解决纠纷的行为。

第1节 基本原则

除遵循专利行政执法的基本原则外,行政调解还应当遵循以下原则:

(1)自愿原则。调解应当充分尊重当事人意愿,不得强迫当事人接受调解方式或者调解协议。

(2)合法原则。调解应当符合法律、法规及规章,不得损害国家利益、公共利益和他人合法权益。

(3)保密原则。除双方当事人均明确表示可以公开进行外,调解应当在保密状态下进行,调解内容和文件材料不得对外公开。

(4)无偿原则。管理专利工作的部门调解专利纠纷,不得收取任何费用。

---

* 限于篇幅,本书中对本文件中所列案例未作收录,请读者谅解。——编者注

第2节 调解请求的提出、受理和立案

1.2.1 调解请求的提出

行政调解可以由一方当事人或者双方当事人提出请求。

请求管理专利工作的部门调解专利纠纷的，应当提交书面请求书(1份正本以及与被请求人人数相当的副本)。

请求书应当记载以下内容：

(1)请求人的姓名或者名称、地址，法定代表人或者主要负责人的姓名、职务；委托有代理人的，写明委托代理人的姓名、职务、通信联系方式和代理机构的名称、地址；

(2)被请求人的姓名或者名称、地址，法定代表人或者主要负责人的姓名、职务；

(3)请求调解的具体事项、依据的事实和理由。

请求书应当由请求人签名或盖章。

1.2.2 调解请求的管辖

发生专利纠纷的，当事人可以请求被请求人所在地的管理专利工作的部门予以调解。

管理专利工作的部门认为调解案件不属于本部门管辖的，应当告知当事人向有管辖权的部门请求调解。

管理专利工作的部门对管辖权发生争议的，由其共同的上级人民政府管理专利工作的部门指定管辖；无共同上级人民政府管理专利工作的部门的，由国家知识产权局指定管辖。

1.2.3 受理范围

除专利侵权纠纷和专利侵权赔偿额纠纷之外，管理专利工作的部门还可以对下列专利纠纷进行调解：

(1)专利申请权和专利权的权属纠纷(以下简称"专利权属纠纷")；

(2)发明人或设计人资格纠纷；

(3)职务发明创造的发明人或设计人的奖励和报酬纠纷(以下简称"奖酬纠纷")；

(4)在发明专利申请公布后专利权授予前使用发明而未支付适当费用的纠纷(以下简称"发明专利临时保护期使用费纠纷")。

1.2.4 受理条件

请求调解专利纠纷的，应当符合下列条件：

(1)请求人是专利纠纷的当事人或其权利继受人；

(2)有明确的被请求人；

(3)有明确的请求事项和具体事实、理由；

(4)属于该管理专利工作的部门的受案范围和管辖范围；

(5)当事人没有就该专利纠纷向人民法院起诉，也未申请仲裁。

专利权属纠纷的当事人包括专利权人或专利申请人、其他主张对专利或专利申请享有权利的人。

发明人或设计人资格纠纷的当事人包括发明人或设计人、主张自己为发明人或设计人的人以及专利申请人或专利权人。专利文件上列有多个发明人或设计人，部分发明人主张其中某一个或某一些发明人或设计人未对发明创造的实质性特点作出创造性贡献的，主张者和被主张者均为当事人。

奖酬纠纷的当事人包括专利权人、发明人或设计人或其权利继受人，主张自己为发明人或设计人的人。

发明专利临时保护期使用费纠纷的当事人包括发明专利技术使用者和专利权人或其权利继受人，但不包括专利实施许可合同的被许可人。

1.2.5 受理及立案

管理专利工作的部门收到上述纠纷的调解请求后，符合受理条件的，应当在5个工作日内将请求书副本送达被请求人，要求其在收到请求书副本之日起15日内提交意见陈述书，表明是否同意调解；被请求人同意调解的，可以就请求人提出的调解事项说明理由。

被请求人同意进行调解并提交意见陈述书就请求人提出的调解事项说明理由的，管理专利工作的部门应当及时立案，并发出立案通知书，通知请求人和被请求人调解的时间和地点。

专利纠纷涉及第三人的，应当通知第三人参加，一并进行调解。

被请求人逾期未提交意见陈述书，或者在意见陈述书中表示不接受调解的，管理专利工作的部门应当在期限届满或者收到意见陈述书之日起5个工作日内制作不予立案通知书，并送达请求人。

1.2.6 不予受理

下列行政调解请求，管理专利工作的部门不予受理：

(1)已向仲裁机构申请仲裁的；

(2)已向人民法院起诉的；

(3)不属于该管理专利工作的部门的受案和管辖范围；

(4)管理专利工作的部门认为不应受理的其他情形。

第3节 调解工作

1.3.1 调解员

管理专利工作的部门受理行政调解请求后，应当在收到被请求人同意调解的意见陈述书之日起5个工作日内安排双方当事人从调解员名录中协商选定调解员；不能共同选定调解员的，由管理专利工作的部门负责人从调解员名录中指定调解员。

事实清楚、情形简单的纠纷，可以由1名调解员现场组织调解；其他情形的纠纷，应当由3名以上调解员组成调解组进行调解。

调解员有下列情形之一的，应当回避：

(1)是本案当事人或者与当事人、代理人有近亲属关系的；

(2)与本案有利害关系的；

(3)与本案当事人、代理人有其他关系，可能影响案件公正调解的。

当事人认为调解员有前款应当回避情形之一的，可以向管理专利工作的部门口头或者书面申请其回避；调解员有前款情形之一的，应当主动回避。

管理专利工作的部门负责人决定调解员的回避。

1.3.2 调解

调解时，调解员应当宣布调解纪律，核对当事人身份，宣布当事人的权利和义务，宣布调解员、记录人的身份，询问当事人是否申请回避。

调解过程中，调解员应当充分听取双方当事人的意见陈述，查明争议的基本事实，依据法律、法规、规章及政策对双方当事人进行说服、劝导，引导当事人达成调解协议。

当事人可以自行提出调解方案，调解员也可以提出调解方案供双方当事人协商时参考。

管理专利工作的部门调解专利纠纷，应当制作调解笔录，记载调解时间、地点、参加人员、当事人基本情况、协商事项、当事人意见和调解结果，由当事人和主持调解的调解员核对无误后签名或者盖章。

调解时，调解员应当对调解过程以及调解过程中获悉的国家秘密、商业秘密、个人隐私和其他依法不应公开的信息保守秘密，但为维护国家利益、社会公共利益、他人合法权益的除外。

调解结果涉及第三人合法权益的，应当征得第三人同意。第三人不同意的，终止行政调解。

1.3.3 调解协议书

当事人通过调解达成协议的，可以签订调解协议书。当事人认为不需要签订调解协议书的，由调解员将协议内容记入笔录，并交双方当事人签字或盖章。

调解协议书应当载明下列事项：

(1)当事人及其委托代理人的相关情况，包括姓名或名称、性别、年龄、职业、工作单位、住所、法定代表人姓名和职务；

(2)纠纷的主要事实、争议事项；

(3)当事人达成调解协议的内容、履行的方式和期限；

(4)当事人违反调解协议的责任；

(5)调解协议书的生效条件和生效时间；

(6)其他相关事项。

调解协议书应当由当事人及调解员签名或盖章，并加盖管理专利工作的部门的公章。

调解协议书未明确具体的生效时间的，自双方当事人签字或盖章之日起生效。

当事人应当自觉履行调解协议，不得擅自变更或者解除调解协议。

有下列情形之一的，行政调解协议无效：

(1)违反法律、法规的强制性规定；

(2)损害国家利益、社会公共利益及他人合法权益。

1.3.4 调解时限

管理专利工作的部门调解专利纠纷，应当在立案之日起60日内结案。有特殊情况需要延长的，经部门领导批准，可以延长30日。

1.3.5 中止调解

有下列情形影响案件处理的，当事人可以提出中止处理请求，是否中止，由管理专利工作的部门决定：

(1)一方当事人死亡，需要等待继承人表明是否参加案件处理的；

(2)一方当事人丧失民事行为能力，尚未确定法定代理人的；

(3)作为一方当事人的法人或者其他组织终止，尚未确定权利义务承受人的；

(4)一方当事人因不可抗拒的事由，不能参加案件处理的；

(5)本案必须以另一案的处理结果为依据，而另一案尚未处结的；

(6)其他应当中止处理的情形。

中止的原因消除后，依当事人的申请可恢复调解。

1.3.6　举证责任

调解专利纠纷，由当事人对其主张负举证责任。但下列事实，当事人无须举证证明：

(1)众所周知的事实；

(2)自然规律及定理；

(3)根据法律规定或者已知事实和日常生活经验法则，能推定出的另一事实；

(4)已为人民法院发生法律效力的裁判所确认的事实；

(5)已为仲裁机构的生效裁决所确认的事实；

(6)已为有效公证文书所证明的事实。

上述(1)、(3)、(4)、(5)、(6)项，当事人有相反证据足以推翻的除外。此外，一方当事人对另一方当事人陈述的案件事实明确表示承认的，另一方当事人无须举证。

管理专利工作的部门在处理专利侵权纠纷时，可根据需要依职权调查收集有关证据。

1.3.7　调解终止

有下列情形之一的，调解终止：

(1)达成调解协议的；

(2)调解过程中至少一方不同意继续进行调解的；

(3)调解过程中至少一方无正当理由在规定的时间不参加调解活动的；

(4)经调解未能在合理期限内达成调解协议的。

经调解未能达成调解协议的，管理专利工作的部门应当终止调解，并告知当事人其他的法律解决途径。

1.3.8　司法确认

调解协议达成后，双方当事人可以向有管辖权的人民法院申请司法确认。经司法确认有效的调解协议，一方当事人拒绝履行或者未全部履行的，另一方当事人可以向作出确认决定的人民法院申请强制执行。

第4节　其 他 事 项

1.4.1　案卷管理

管理专利工作的部门受理专利纠纷调解案件的，应当按照一案一号、一案一卷的原则建立案卷。调解员应将调解专利纠纷案件过程中形成的文书、档案及时归档，统一管理。

调解员应当在案件结案后3个月内将调解案卷移交本部门档案管理机构归档。

1.4.2　调解员名录

管理专利工作的部门应当建立本部门的调解员名录，供当事人遴选。

调解员通常应当具有涉案专利所属技术领域的技术知识和专利法律知识。

管理专利工作的部门调解时，经双方当事人同意，可以邀请有关单位和个人予以协助。

1.4.3　调解员管理

调解员无正当理由或者在规定的时间内不履行调解职责，造成严重后果的，应当按规定追究相关人员的责任。

管理专利工作的部门应当定期对调解员进行培训，并可以对在行政调解工作中作出突出贡献的调解员和其他工作人员给予表彰。

第2章　专利权属纠纷的行政调解

根据《专利法实施细则》第八十五条第一项的规定，管理专利工作的部门应当事人请求，可以对专利申请权和专利权归属纠纷进行调解。

第1节　基 本 概 念

2.1.1　发明创造

《专利法》所称的发明创造是指发明、实用新型和外观设计。

发明，是指对产品、方法或者其改进所提出的新的技术方案。

实用新型，是指对产品的形状、构造或者其结合提出的适于实用的新的技术方案。

外观设计，是指对产品的形状、图案或者其结合以及色彩与形状、图案的结合所作出的富有美感并适于工业应用的新设计。

2.1.2　专利申请权

专利申请权是指从发明创造被提交专利申请之后到被授予专利权之前，申请人享有的处置该专利申请的权利，包括修改申请文件、决定是否继续进行申请程序等权利，其指向的是已经提出申请但尚未被授权的发明创造。

2.1.3　专利权

专利权是指发明创造被公告授予专利权之后，专利权人享有的对该发明创造进行处置的权利，包括放弃其专利、转让其专利、许可他人实施其专利、制止他人未经专利权人许可，以生产经营为目的实施专利的权利等，其指向的是已经被授予专利权的发明创造。

2.1.4　专利权属纠纷

专利权属纠纷，是指双方或多方当事人之间，对专利申请权和专利权的归属问题产生争议进而引起的纠纷。

2.1.5 发明人或设计人

发明人或设计人,是指对发明创造的实质性特点作出创造性贡献的人。在完成发明创造过程中,只负责组织工作的人、为物质技术条件的利用提供方便的人或者从事其他辅助工作的人,不是发明人或设计人。

2.1.6 本单位

本单位,是指发明人或设计人所在的、能够以自己的名义从事民事活动、独立享有民事权利、独立承担民事责任和义务的组织,既包括法人单位,也包括能够独立从事民事活动的非法人单位,如个人独资企业、个人合伙企业等。本单位包括借调、兼职、实习等建立临时劳动关系的临时工作单位,以及在作出发明创造之前1年内发明人或设计人办理退休、调离手续或者劳动、人事关系终止的单位。

2.1.7 本单位的物质技术条件

本单位的物质技术条件,是指本单位的资金、设备、零部件、原材料或者不对外公开的技术资料等。

第2节 职务发明创造引起的专利权属纠纷的行政调解

执行本单位的任务或者主要是利用本单位的物质技术条件所完成的发明创造为职务发明创造。职务发明创造申请专利的权利属于该单位;申请被批准后,该单位为专利权人。

利用本单位的物质技术条件所完成的发明创造,单位与发明人或者设计人订有合同,对申请专利的权利和专利权的归属作出约定的,从其约定。

2.2.1 职务发明专利权属纠纷调解案件的类型

因职务发明创造引发的权属纠纷调解请求通常由发明人或设计人或者其所在单位提起。包括:

(1)发明人或设计人认为归属于其所在单位的发明创造属于非职务发明;

(2)发明人或设计人将研发成果以个人名义申请专利,其所在单位认为该发明创造属于职务发明创造;

(3)发明人或设计人从原单位退休、调离原单位后或者与原单位终止劳动、人事关系后1年内,其作为发明人或设计人的发明创造由其本人、其他单位或个人提交专利申请,原单位认为该发明创造与发明人或设计人在原单位承担的本职工作或者原单位分配的任务有关联,属于发明人或设计人在原单位的职务发明创造;

(4)主张自己为发明人或设计人的自然人在提起发明人或设计人资格纠纷调解请求的同时,主张所述发明创造为非职务发明创造而提起专利权属纠纷调解请求。

2.2.2 职务发明创造的判断

下列发明创造属于职务发明创造:

(1)在本职工作中作出的发明创造;

(2)履行本单位在本职工作之外分配的任务所作出的发明创造;

(3)退休、调离原单位后或者劳动、人事关系终止后1年内作出的,与其在原单位承担的本职工作或者原单位分配的任务有关的发明创造;

(4)主要是利用本单位的资金、设备、零部件、原材料或者不对外公开的技术资料等物质技术条件所完成的发明创造。

判断是否属于职务发明创造,不取决于发明创造是在单位内还是在单位外作出,也不取决于是在工作时间之内还是在工作时间之外的业余时间作出,只要属于执行本单位的任务或者主要是利用了本单位的物质技术条件,均属于职务发明创造。

2.2.2.1 本职工作中的发明创造

“本职工作”是指根据劳动合同、聘用合同等确定的工作人员的工作职责。本职工作即发明人或设计人的职务范围,属日常工作职责,既不是指单位的业务范围,也不是指个人所学专业的范围。

本职工作的性质是判断发明创造的作出是否为执行本单位的任务的首要因素。原则上,一个单位研发部门工作人员的本职工作即为从事研究、开发、设计等,他们在执行相应的研究、开发、设计任务中完成的发明创造属于在本职工作中作出的发明创造。如果发明人或设计人的本职工作并非研发,而是其他不涉及技术创造的工作,例如行政管理、秘书、人力资源管理等,其没有从事发明创造的义务,如果其在完成相应职责工作之余作出了与本单位相关的发明创造,则不属于在本职工作中完成的发明创造。

2.2.2.2 履行本单位交付的其他任务作出的发明创造

履行本单位交付的其他任务过程中完成的发明创造,属于职务发明创造。

认定一项任务是否为单位分配给工作人员的在其本职工作之外的其他任务,应当有明确、具体的依据,包括单位与工作人员之间签订的协议、单位有关部门发出的书面通知、办理的有关手续等。

2.2.2.3 一定期限内与原单位有关联的发明创造

发明人或设计人退休、调离原单位后或者劳动、人事关系终止后1年内作出的，与其在原单位承担的本职工作或者原单位分配的任务有关的发明创造，属于职务发明创造。

“退休、调离原单位后或者劳动、人事关系终止后1年内”，应当从发明人或设计人办理退休、离职手续，正式与原单位解除劳动关系之日起算。

“作出”发明创造的日期应当是发明创造的实际完成日，而非发明创造提交专利申请的申请日。如果在1年内申请专利的，可以推定该专利申请日为作出发明创造的最迟日期；如果在1年后申请专利的，不能直接推定该发明创造是在1年后作出的，需要原单位（主张该发明创造为职务发明创造的当事人）提供其他证据证明该发明创造的实际作出日期。原单位不能证明该发明创造的实际作出日期的，推定专利申请日为实际作出日期。

“与其在原单位承担的本职工作或者原单位分配的任务有关”，应理解为该发明创造在发明人或设计人在原单位具体承担的本职工作之内，或者在原单位分配的其他任务范围之内。如果发明创造只是在原单位的业务范围内，但与发明人或设计人在原单位的本职工作或被分配的其他任务无关，则不属于“一定期限内与原单位有关联的职务发明创造”。

2.2.2.4 主要利用本单位的物质技术条件完成的发明创造

“主要利用本单位的物质技术条件完成的发明创造”，是指发明人或设计人在本职工作或本单位交付的其他任务以外，按照自己的意志主动完成的发明创造，在该发明创造的完成过程中，全部或者大部分利用了单位的资金、设备、器材或者原材料等物质条件，或者发明创造的实质性内容基于该单位尚未公开的技术成果、阶段性技术成果或者关键技术。对利用本单位提供的物质技术条件，约定返还资金或者交纳使用费的除外。

判断发明创造的作出是否主要利用了本单位的物质技术条件，要考虑本单位的物质技术条件是否属于完成发明创造不可或缺或不可替代的前提条件，或者所利用的本单位的物质技术条件是否对发明创造的完成具有实质性贡献或起到决定性作用。在研究开发过程中利用本单位已公开或者已为本领域普通技术人员公知的技术信息，或者仅在发明创造完成后利用本单位的物质技术条件对技术方案进行验证、测试的，不属于主要利用本单位的物质技术条件。

如果对本单位的物质技术条件的利用只是少量的、可有可无的，或者所述物质技术条件对发明创造的完成没有起到实质性帮助，则不被认为达到“主要利用本单位的物质技术条件”的程度。

2.2.2.5 单位与发明人或设计人就权利归属作出合同约定

单位与发明人或设计人之间可以对发明创造的权利归属作出约定，这种约定应当采用书面合同的形式。在对专利权属纠纷进行行政调解时，应首先考察双方当事人是否就专利申请权或专利权归属存在合同约定。有合同约定的，应首先确定合同的有效性。在合同有效的情况下，遵从合同约定确定权利归属。在合同无效的情况下，视为无合同约定，按照《专利法》第六条第一款的规定确定权利归属，具体操作参见本节相关内容。

第3节 委托开发与合作开发引起的专利权属纠纷的行政调解

技术开发合同是指当事人之间就新技术、新产品、新工艺或者新材料及其系统的研究开发所订立的合同。技术开发合同包括委托开发合同和合作开发合同。根据《专利法》第八条的规定，委托或合作开发过程中完成的发明创造，专利申请权和专利权的归属取决于双方是否就该发明创造的归属另有协议约定。双方约定专利申请权和专利权归属的，从其约定。

2.3.1 委托开发完成的发明创造

委托开发完成的发明创造，是指一个单位或个人提出研究开发任务并提供经费和报酬，由其他单位或者个人进行研究开发所完成的发明创造。委托开发合同的标的是一项新的发明创造，通常表现为一项新的技术方案，既可以是技术方案本身，也可以是体现技术方案的产品、工艺、材料或者其组合。

一个单位或者个人接受其他单位或者个人委托所完成的发明创造，双方就该发明创造的归属另有协议约定的，专利申请权属于协议约定的一方；双方没有协议约定归属的，专利申请权属于完成的单位或者个人；申请被批准后，申请的单位或者个人为专利权人。

2.3.2 合作开发完成的发明创造

合作开发完成的发明创造，是指两个以上单位或者个人共同进行投资、共同参与研究开发工作所完成的发明创造。

两个以上单位或者个人合作完成的发明创造，合作各方就发明创造的归属订有协议的，按照协议确定权利归属。没有订立协议的，专利申请权和专利权属于完成或者共同完成的单位或者个人。

所述完成或者共同完成的单位或者个人，是指对发明创造的实质性特点作出了创造性贡献的合作方。如果发明创造的完成是基于对某一合作方提供的特有的技术、设施或试验数据等的运用，则该合作方亦应视为对发明创造的实质性特点作出了创造性贡献。

“完成或者共同完成的单位”，是指完成发明创造的发明人或设计人所在的单位。在没有协议的情况下，如果各方派出的人员对发明创造的完成都作出创造性贡献，各方就是共同完成发明创造的单位或者个人，应当共同享有权利；如果只有一方的发明人对发明创造的完成作出了创造性贡献，其他合作方虽然参加了研究开发，但是没有作出创造性贡献，就只有发明人或设计人所代表的一方享有权利。

关于实质性特点和创造性贡献的判断，参见本指引相关规定。

2.3.3 委托开发与合作开发的判断

委托开发合同与合作开发合同都是当事人之间就新技术、新产品、新工艺和新材料及其组合的研究开发所订立的合同。有合同约定权利归属的，没有必要区分合同的性质究竟是委托开发和合作开发，应按照约定确定权利归属；双方没有约定权利归属的，需要判断双方是合作关系还是委托关系，以及发明创造究竟是双方共同完成的还是某一方独自完成的。

判断究竟是合作开发合同还是委托开发合同，除了考察合同的名称之外，还可以根据两者的不同特点来决定。包括：

(1)当事人之间的权利义务关系。合作开发合同，双方当事人享有和承担着类似的权利和义务；委托开发合同，除保密义务等双方均承担的义务以外，双方当事人之间的权利义务一般是相对的，委托方的义务是受托方(开发方)的权利，而受托方的义务则是委托方的权利。

(2)当事人参与研究开发工作的方式。合作开发合同的当事人共同参加研究开发工作，双方既可以共同进行全部的研究开发工作，也可以约定不同的分工，分别承担不同阶段或不同部分的研究开发工作；委托开发合同则不同，当事人一方主要负责物质投资和/或经费投入，一般不参与实体研究，即使参与研究，也仅起辅助或检查的作用，而另一方则主要从事研究开发工作。

(3)合同主体的能力。合作开发合同的当事人双方一般都具有研究开发能力，而委托开发合同的当事人，一般受托方具有科研能力。

判断合同双方究竟属于委托开发还是合作开发，主要依据两点：一是双方是否都进行了投资，二是双方是否都派出了人员参与研究开发。如果仅有一方投资，另一方进行研究开发，则一般属于委托开发；如果双方都进行了投资，则一般属于合作关系。但专利申请权或者专利权究竟属于哪一方，需要看哪一方派出的人员对发明创造的完成作出了创造性贡献。假定双方派出的人员均对发明创造的完成作出了创造性贡献，则双方共同享有权利；假定只有一方派出的人员对发明创造的完成作出了创造性贡献，则完成的发明创造只能由完成方享有权利。

2.3.4 发明创造的内容与合同标的的关系

判断基于合同的发明创造的归属，还应当考虑所涉及的专利或专利申请的技术方案与双方合同标的之间的关系。在双方存在委托或合作合同的情况下，如果涉案专利申请的技术方案与合同标的不具有关联性，则不能认为涉案专利申请是基于合同完成的发明创造。

第4节 技术转让引起的专利权属纠纷的行政调解

技术转让是指转让方将自己所拥有的技术转让给受让方的行为。广义上的技术转让包括专利权转让、专利申请权转让、技术秘密转让、专利实施许可、技术秘密使用许可等形式。

技术转让中的技术是制造产品和提供服务的系统知识，主要以专利技术和技术秘密(非专利技术)形式存在。技术转让实质上是知识产权的转让，转让的是具有权属性质的技术。本领域普通技术人员已经掌握的技术、专利期满的技术等社会公众可以自由使用的技术，通常不能成为技术转让的标的。

技术转让的当事人应当签订书面合同。技术转让合同一般针对的是现有的特定的专利、专利申请、技术秘密等，通常不包括转让尚待研究开发的技术成果或者传授不涉及专利或者技术秘密成果权属的知识、技术、经验和信息订立的合同。

通常情况下，专利实施许可转让的仅仅是专利技术的实施权，不涉及权属转移，很少引起专利权属纠纷。由技术转让引起的专利权属纠纷一般包括专利申请权转让和专利权转让(以下统称“权利转让”)引起的专利权属纠纷、技术秘密转让引起的专利权属纠纷，以及技术秘密使用许可引起的专利权属纠纷。

2.4.1 权利转让

转让专利申请权或者专利权的，当事人应当订立书面合同，并向国务院专利行政部门登记，由国务院专利行政部门予以公告。专利申请权或者专利权的转让自登记之日起生效。中国单位或者个人向外国人、外国企业或者外国其他组织转让专利申请权或者专利权的，应当依照有关法律、行政法规的规定办理手续。

在调解由于权利转让引起的专利权属纠纷时，管理专利工作的部门应确定转让合同是否有效以及转让是否已经生效。签订转让合同并向国务院专利行政部门申请登记的，专利申请权或者专利权归属转让后的当事人；签订转让合同但未向国务院专利行政部门申请登记的，专利申请权或者专利权未发生转移。将相关的专利申请权和专利权调解归转让前的当事人还是转让后的当事人，要视转让合同的具体情况具体分析。

2.4.2 技术秘密转让

技术秘密是一种未申请专利的技术成果，不受专利法保护。

技术秘密可以完全让与他人。技术秘密转让后，受让人有完全处置该技术秘密的权利，包括将其申请专利。除非合同中有约定，技术秘密转让后，将该技术申请专利的权利属于受让人。

由于技术秘密转让引起的专利权属纠纷，在进行行政调解时应确定技术秘密转让合同是否有效。

2.4.3 技术秘密使用许可

技术秘密使用许可可以分为独占许可、排他许可和普通许可。独占许可是指被许可方在合同规定的区域内享有使用技术秘密的独占权，即使是许可方(技术秘密的权利人)也无权使用该技术。排他许可是指在合同规定的区域内，许可方仅能给予被许可方使用技术秘密的权利，不得再许可第三方使用，但是许可方自己可以保留使用该技术秘密的权利。普通许可是指在合同规定的区域内，许可方既能给予被许可方使用技术秘密的权利，也能保留自己使用该技术秘密的权利，还可以将该技术秘密以同样的方式许可给第三方使用。

无论是许可方还是被许可方，都负有对技术秘密的保密义务，不应当将其申请专利。但是，当一方当事人违背保密协议和合同约定，将技术秘密申请专利的，无论哪一种许可方式，专利申请权和专利权均应当归许可方(即技术秘密的权利人)所有。如果许可方申请了专利，其应当承担违约和赔偿责任，且被许可方有权继续按照技术秘密使用许可协议的约定使用该专利；如果是被许可方申请了专利，其不仅要承担违约和赔偿责任，还要归还专利申请权和专利权。

第3章 发明人或设计人署名权纠纷的行政调解

一项发明创造的发明人或设计人有权在专利申请文件中写明自己是发明人或设计人。当事人对于发明人或设计人资格或专利申请文件上的署名权发生纠纷的，可以请求管理专利工作的部门进行调解。

第1节 发明人或设计人资格的构成要件

发明人或设计人，是指对发明创造的实质性特点作出创造性贡献的人。对发明与实用新型专利或专利申请的实质性特点作出创造性贡献的人，称为发明人；对于外观设计专利或专利申请的实质性特点作出创造性贡献的人，称为设计人。在完成发明创造过程中，只负责组织工作的人、为物质技术条件的利用提供方便的人或者从事其他辅助工作的人，不是发明人或设计人。

发明人或设计人有权在一项发明、实用新型或外观设计专利申请文件中署名，其通常应具备以下几个要件：

(1)存在专利法意义上的发明创造，包括发明、实用新型或外观设计专利或专利申请；

(2)发明人或设计人应当是所述发明创造的实际参与人；

(3)发明人或设计人对发明创造的实质性特点作出了创造性贡献。

3.1.1 存在专利法意义上的发明创造

存在一项专利法意义上的发明创造是判断是否具备发明人或设计人资格的前提条件。专利法意义上的发明创造包括发明、实用新型和外观设计，既可以是经授权公告的专利，也可以是尚未授权的专利申请。

发明或实用新型专利或专利申请所涉及的发明创造应当是指专利文件或专利申请文件中记载的技术方案，其中不仅包括权利要求书记载的技术方案，也包括仅记载在说明书中而未记载在权利要求书中的技术方案，但记载在说明书摘要而未记载在说明书或权利要求书中的技术方案不能作为专利法意义上的发明创造。

3.1.2 是发明创造的实际参与人

有资格作为发明人或设计人的人应当实际参与到发明创造的形成过程中，未实际参与发明创造的人不能作为发明人或设计人。根据发明创造性质的不同，实际参与的表现形式可能会有差异。

3.1.3 对发明创造的实质性特点作出创造性贡献

3.1.3.1 实质性特点

理论上，发明创造的实质性特点，对于发明和实用新型而言，是指与作出发明创造时已有的技术相比，发明创造在技术方案的构成上所具有的本质区别，它不是在已有的技术基础上通过逻辑分析、推理或者简单试验就能够自然而然得出的结果，而是必须经过创造性思维活动才能获得的结果；对于外观设计而言，是指外观设计与现有设计或者现有设计特征的组合相比，应当具有明显的区别。

现实中，发明创造的实质性特点应理解为专利申请文件或者专利文件中当事人声称的技术改进，对这一技术改进作出创造性贡献的人都应当认定为发明人或设计人。在根据专利文件或专利申请文件无法确定所述技术改进之处时，以整体技术方案为准，对在技术方案的任何一部分作出创造性贡献的人，均为发明人或设计人。

3.1.3.2 创造性贡献

对发明创造的实质性特点作出"创造性贡献"，是指发明创造的参与人对于该发明创造相比已有技术的改进的作出起主要作用，例如提出技术构思、提出验证构思可行性的方案、提出修改构思的方案等。所述"创造性贡献"不同于《专利法》第二十二条第三款规定的"创造性"。

在对创造性贡献作出认定时，应当分解所涉及专利技术方案的实质性技术构成，提出实质性技术构成并由此实现技术方案的人，是对发明创造的实质性特点作出创造性贡献的人。

判断当事人是否对发明创造作出创造性贡献，应当基于技术本身，仅仅负责项目组织、人员调配、资金划拨、实验操作、设备购买、资料收集、文献检索等，不能认为对实质性特点作出了创造性贡献。

第 2 节 判断发明人或设计人资格的考虑因素

在判断谁有资格作为发明人或设计人时，需要综合考虑多方面的因素，比如：当事人提交的证据、当事人对技术方案的细节及其形成过程的了解程度，以及当事人在发明创造的形成中所承担的角色。

3.2.1 当事人提交的证据

一般来说，无论职务发明还是非职务发明，一项发明创造从构思、试验、改进到形成最终的技术方案乃至专利申请文件的过程中，都会留有相关资料。这些资料是确定发明人或设计人资格的关键证据。

当事人之间就发明人或设计人资格产生争议时，发明创造应当已经完成，而确定谁是否实际参与发明创造的作出，属于对之前发生事件的事后判断，一定程度上依赖于当事人提供的证据。尤其是当专利申请文件或专利文件中记载了某人为发明人或设计人，请求人欲推翻这一法律拟制，认为某人不是真正的发明人或设计人时，负有相比证明其为发明人或设计人更重的举证责任。

3.2.2 当事人对技术方案的细节及其形成过程的了解程度

一般情况下，发明创造的主要完成者对技术构思的缘起、项目研发时的技术状况、研发过程中遇到的主要困难、发明创造的解决方式以及效果等各个方面应当会有详细的了解。调解署名权纠纷时，除了客观证据外，争议双方对发明创造完成过程各阶段的了解程度也可以辅助确定真正的发明人或设计人。

3.2.3 当事人在发明创造过程中承担的角色

未从技术角度对发明创造的作出起到主要作用的人不能作为发明人或设计人。这类人员通常包括研究项目的组织人、为物质技术条件的利用提供方便的人、从事其他辅助性工作的人。

3.2.3.1 组织人

组织人通常包括研究课题或研发项目的牵头人、负责人，合作项目的联系人等，其在课题或项目研发过程中仅仅起到确定项目、筹措经费、调配人员、提供各种后勤保障的作用。既组织领导整个课题或项目的全部进程，又实际参与课题或项目的具体研究工作的人，不应当被排除到发明人或设计人之外。

3.2.3.2 提供物质条件便利的人

一项发明创造从形成技术构思到具体技术方案的完成需要诸多物质条件的保障，例如购买设备、提供原材料、保养维修仪器与设备等。为发明创造的完成提供物质条件便利的人不能作为发明人或设计人。

3.2.3.3 辅助人

辅助人是指研究项目组中不参与大量实质性、创造性的工作，仅根据主要参与人员的指示提供辅助性外围劳动的人。辅助人通常包括实验操作人员、文献检索人员、数据分析人员、产品检测人员、资料管理人员等。

第 3 节 判断发明人或设计人资格的注意事项

3.3.1 发明人或设计人署名权的性质

发明人或设计人署名权属于一种依附于发明人或设

计人之自然人身份的精神权利，是法律规定对于发明人或设计人就发明创造的作出给予的精神层面的肯定和奖励。其具有以下特征：

（1）专有性，也称排他性。署名权只能由发明人或设计人本人享有，未对发明创造的实质性特点作出创造性贡献的其他任何人都不能享有。

（2）不可让与性。署名权与发明人或设计人本身不可分离，与专利权或专利申请权归属的变化无关，既不依协议的规定而发生变化，也不能被继承。

3.3.2　发明人或设计人署名权纠纷中的举证

未将真正的发明人或设计人写入专利文件或专利申请文件中，或者将不是发明人或设计人的人写入专利文件或专利申请文件中，都是对发明人或设计人署名权的侵犯。

主张自己是发明人或设计人的，被请求人可以是专利申请人或专利权人，也可以是专利申请文件或专利文件中载明的发明人或设计人；主张专利文件或专利申请文件中载明的发明人或设计人非真正的发明人或设计人的，被请求人应当是被控不具备发明人或设计人资格的人。

请求人主张自己为发明人或设计人，或者主张记载在专利申请文件或专利文件中的发明人或设计人不具备发明人或设计人资格的，应当提供相应的证据。主张自己为发明人、设计人的，应当举证证明自己对发明创造的实质性特点作出了创造性贡献；主张专利申请文件或专利文件中载明的发明人或设计人非真正的发明人或设计人的，应当举证证明该自然人未参与发明创造的完成或者未对发明创造的实质性特点作出创造性贡献。请求人举证不能的，应当承担对自己不利的后果。

第4章　奖酬纠纷的行政调解

被授予专利权的单位应当对职务发明创造的发明人或设计人给予奖励；发明创造专利实施后，根据其推广应用的范围和取得的经济效益，被授予专利权的单位应当对发明人或设计人给予合理的报酬。

发明人或设计人就职务发明创造的奖励或报酬与所在单位发生纠纷的，可以请求管理专利工作的部门进行调解。

第1节　基本概念和基本原则

4.1.1　奖励和报酬

奖励是指给予发明人或设计人金钱或物品奖励，以对其进行勉励。奖励可以表现为货币形式的奖金或物品形式的奖品，也可以是期权或股权等方式，但通常表现为奖金。

报酬是作为报偿付给发明人或设计人的金钱或实物等。报酬通常表现为货币形式的金钱，即一定比例的营业利润提成，也可以是期权或股权等方式。

4.1.2　被授予专利权的单位

向职务发明人或设计人支付奖励和报酬的主体是被授予专利权的单位。

被授予专利权的单位是指中国大陆境内的单位，包括法人单位和非法人单位，具体可以是国有企事业单位、民营企业、外商投资企业。所述单位不限于发明人或设计人正式工作的单位，还包括临时工作的单位。

将在国外完成的发明创造向中国申请专利并在中国获得专利授权的单位，不负有《专利法》第十六条规定的支付奖励和报酬的义务。

单位将员工完成或参与完成的职务发明创造按照技术转让合同、委托开发合同或合作开发合同的约定移转给受让方，并由受让方获得专利权的，单位视为被授予专利权的单位。

4.1.3　职务发明人或设计人

有权获得奖励和报酬的人是职务发明创造的发明人或设计人。适格的发明人或设计人应当同时符合以下条件：（1）是所在单位的工作人员或临时工作人员，例如从其他单位借调、聘请来的人员和劳务派遣人员；（2）对职务发明创造的实质性特点作出创造性贡献。在完成发明创造过程中，只负责组织工作的人、为物质技术条件的利用提供方便的人或者从事其他辅助工作的人，不是发明人或设计人。关于职务发明创造的构成以及实质性特点与创造性贡献的判断，参见本指引相关规定。

尽管作为单位员工就职于某一单位，但其完成的发明创造不属于职务发明创造的，发明人或设计人不应当被认为是职务发明人或设计人。利用本单位的物质技术条件所完成的发明创造，单位与发明人或设计人订有合同，约定申请专利的权利和专利权属于发明人或设计人，由发明人或设计人返还研发资金或者支付使用费的，该发明创造不属于职务发明创造，发明人或设计人不属于职务发明人或设计人。

除有相反证据外，在专利文件中写明的发明人或设计人通常应视为职务发明创造的发明人或设计人，推定其对发明创造的实质性特点作出了创造性贡献，有权获得奖励和报酬。发明人或设计人经过合法变更的，应当以变更后的发明人或设计人作为有权获得奖励或报酬的主体。

职务发明人或设计人与原单位解除或者终止劳动关系或者人事关系后,除与原单位另有约定外,其从原单位获得奖励和报酬的权利不受影响;职务发明人死亡的,其获得奖金和报酬的权利由其继承人继承。

4.1.4 约定优先原则

职务发明人或设计人与所在单位事先约定奖励和报酬的数额、支付方式以及支付时间的,单位应当按照约定支付奖励和报酬。单位与发明人或设计人之间没有约定或约定不明时,按照《专利法》及其实施细则、《合同法》以及其他相关法律法规的规定支付奖励和报酬。

单位与发明人或设计人之间的这种约定可以采用单独订立合同的形式,也可以作为劳动合同的一部分。这种约定可以在项目研发之前作出,也可以在发明创造完成后作出。

单位在规章制度中规定有关奖励和报酬事项的,其性质相当于有关奖励、报酬的格式合同。单位在与员工签订劳动合同时,对于该部分内容,应当明确告知员工。未明确告知且规定的奖励和报酬低于法定标准的,该部分内容对该员工不具有约束力。

单位与职务发明人或设计人之间的奖励、报酬约定应当合法、有效。单位与员工的约定或者其规章制度的规定不合理地限制或剥夺发明人或设计人根据《专利法》及其实施细则享有的获得奖励、报酬的权利的,不得作为确定奖励和报酬的依据。

按照约定优先原则,奖励、报酬的形式可以多种多样。除了采取货币形式之外,还可以采取股票、期权等其他物质形式,只要能达到《专利法》及其实施细则规定的合理的原则要求即可。

约定的奖励和报酬采用货币形式予以支付的,约定的数额可以比法定标准高,也可以比法定标准低。单位可以自主地根据自身的行业特性、生产研发状况、知识产权战略发展需求等制定相应的具体标准。

第2节 奖励纠纷的行政调解

发明人或设计人就职务发明创造奖励纠纷向管理专利工作的部门提出调解请求的,管理专利工作的部门应当审查发明人或设计人是否满足应当给予奖励的条件。满足奖励条件的,管理专利工作的部门应当审查发明人或设计人与被请求人是否就职务发明奖励存在约定。如果双方有约定,根据约定确定支付奖励的数额与方式;如果没有约定,根据法定标准确定支付奖励的数额与方式。

单位对于请求人的发明人或设计人资格有争议的,应当先按照本指引第三章的规定确定职务发明创造的发明人或设计人。经审查,如果请求人不具有职务发明人或设计人资格,管理专利工作的部门应当对调解请求不予受理;如果请求人具有职务发明人或设计人资格,则按照本章的规定确定奖励的数额和方式。

4.2.1 支付奖励的条件

发明人或设计人获得奖励应当符合以下条件:

(1)其完成或参与完成的发明创造属于职务发明创造,申请专利的权利归单位所有;

(2)单位就该发明创造获得了中国专利权;

(3)被授予的专利权未被宣告无效。

利用本单位的物质技术条件所完成的发明创造,单位与发明人或设计人订有合同,约定申请专利的权利和专利权属于发明人或设计人,由发明人或设计人返还研发资金或者支付使用费的,发明人或设计人不属于职务发明人或设计人,无权获得奖励。

单位明确表示放弃有关职务发明创造的权益,由发明人或设计人申请并获得专利权的,发明人或设计人无权获得奖励。

单位将员工完成或参与完成的职务发明创造按照技术转让合同、委托开发合同或合作开发合同的约定移转给受让方,并由受让方获得专利权的,单位视为被授予专利权的单位,有义务向职务发明人或设计人支付奖励。

被授予的专利权在单位支付奖励前被依法宣告无效的,单位不再负有支付奖励的义务。支付奖励后专利被依法宣告无效的,职务发明人或设计人可以不予返还奖励。

4.2.2 奖励的方式和数额

4.2.2.1 约定标准

发明人或设计人获得奖励的具体方式和数额可以由发明人或设计人与所在单位通过合同或其他适当的形式约定,比如在单位制定的规章制度中规定。有约定的,奖励的具体方式和数额根据约定来确定。约定的数额应当合理。

如果发明创造的完成归功于发明人或设计人提出的建议,所在单位采纳该建议后才得以完成该发明的,所在单位应当从优给予奖励。这种建议应当是指,对发明、实用新型专利技术方案的实质性内容带来了创造性贡献,或者给外观设计带来了明显区别于现有设计的美感,尤其是带来了独特的视觉效果，对完成发明创造具有积极意义或作用。从优发给奖金是指比约定标准要高，具体程度可以由单位根据所述发明创造对单位生产经营的影响、单位的经济情况等因素决定。

4.2.2.2 法定标准

被授予专利权的单位未与发明人或设计人约定奖励的具体数额和方式的，应当按照法定方式和标准对发明人或设计人进行奖励。根据《专利法实施细则》第七十七条的规定，法定方式为奖金，一项发明专利的奖金最低不少于3000元，一项实用新型专利或者外观设计专利的奖金最低不少于1000元。

在适用法定标准时，如果发明创造的完成主要源于发明人或设计人提出的建议，而该建议的采纳又被认为对发明创造的实质性内容作出了创造性贡献，则对该发明人或设计人的奖金应适当高于上述法定标准。

第3节 报酬纠纷的行政调解

单位、发明人或设计人就职务发明创造报酬纠纷向管理专利工作的部门提出调解请求的，管理专利工作的部门应当审查发明人或设计人是否满足应当给予报酬的条件。满足条件的，管理专利工作的部门应当审查发明人或设计人与单位是否就职务发明创造报酬存在约定。如果双方有约定，根据约定确定支付报酬的数额与方式：如果没有约定，根据法定标准确定支付报酬的数额与方式。

4.3.1 支付报酬的条件

同时满足以下条件的，单位应当向职务发明人或设计人支付报酬：

(1)发明创造被授予专利权且在纠纷发生时专利权处于有效状态；

(2)专利已被转让、实施或被许可实施；

(3)单位因专利转让、实施或许可实施获得了转让费、许可使用费等经济效益。

"实施"是指《专利法》第十一条规定的实施，即为生产经营目的制造、使用、许诺销售、销售、进口发明或实用新型专利产品，或者使用专利方法以及使用、许诺销售、销售、进口依照该专利方法直接获得的产品，或者为生产经营目的制造、许诺销售、销售、进口外观设计专利产品。判断专利权人(即单位)是否实施了发明或实用新型专利，应以其制造、使用的产品或使用的方法是否落入了专利权利要求的保护范围为准；判断专利权人是否实施了外观设计专利，应以其制造的产品是否与专利相同或实质相同为准。具体的判断标准应当与专利侵权标准一致。在专利技术方案的基础上进行一些改进，如果改进后的技术方案仍然落入专利保护范围内，仍应认定为实施该专利。

专利权人许可他人实施或者将专利权转让给他人的，应当视为专利权人(单位)实施了该专利，无论被许可人或者受让人是否实际实施。发明人或设计人有权从专利权人获得的许可费或转让费中提取一定比例的数额作为报酬。职务发明人或设计人只能向所在单位主张报酬，不能直接向专利被许可人或受让人主张报酬。

他人为生产经营目的非法实施专利，同样属于专利实施行为。专利权人起诉他人侵权获得的侵权赔偿减去合理的诉讼成本后，应当按照约定或法律规定向发明人或设计人支付报酬。

利用本单位的物质技术条件所完成的发明创造，单位与发明人订有合同，约定申请专利的权利和专利权属于发明人或设计人，由发明人或设计人返还研发资金或者支付使用费的，不属于职务发明，单位不负有向发明人或设计人支付报酬的义务。

单位明确表示放弃有关职务发明创造的权益，由发明人或设计人申请并获得专利权的，不负有向发明人或设计人支付报酬的义务。

4.3.2 支付报酬的数额

4.3.2.1 约定标准

发明人或设计人获得报酬的具体数额和方式可以由发明人或设计人与所在单位通过合同或其他适当的形式约定，比如在单位制定的规章制度中规定。有约定的，应当根据约定来确定报酬的数额和支付方式。约定的报酬数额应当合理。

单位与员工没有就职务发明报酬签订协议或者单位未在其规章制度中规定该事项的，可以在事后补充签订协议。补充签订的协议同样应当优先适用。

约定报酬的数额是否合理，应当考虑单位通过职务发明创造获得的经济效益和职务发明人或设计人对职务发明创造完成的贡献程度等因素。

4.3.2.2 法定标准

如果被授予专利权的单位未与发明人或设计人约定支付报酬的方式和数额的，报酬的数额应当适用法定标准，即对于发明或者实用新型专利，每年应当从实施该项专利的营业利润中提取不低于2%、从实施该项外观设计专利的营业利润中提取不低于0.2%作为报酬给予发明人或设计人,或者参照上述比例,给予发明人或设计人一次性报酬。

发明人或设计人获得报酬的数额应当与专利对营业利润的贡献正相关。

所述营业利润是指所在单位在一定时间内实施专利后获得的营业收入相对于未实施专利时的营业收入增加的利润,减去相应比例的营业费用、管理费用以及财务费用后所剩余的数额。这里的营业利润相当于会计学上的税后利润。如果其他条件不变,实施专利后获得的营业利润减少,则不应当向发明人或设计人支付报酬。

在未与职务发明人或设计人约定也未在单位规章制度中规定报酬的情形下,国有企事业单位和军队单位自行实施其发明专利权的,给予全体职务发明人的报酬总额不低于实施该发明专利的营业利润的3%;转让、许可他人实施发明专利权或者以发明专利权出资入股的,给予全体职务发明人的报酬总额不低于转让费、许可费或者出资比例的20%。

实施获得的利润或许可费无法确定的,应当考虑职务发明对整个产品或者工艺经济效益的贡献,以及职务发明人对职务发明的贡献等因素,合理确定报酬数额。

在报酬纠纷的行政调解中,报酬的提成比例可以根据专利对营业利润的贡献来确定,但一般不应低于法定标准。

4.3.2.3　许可与转让专利权

单位许可其他单位或者个人实施其专利或者转让其专利,获得收益的,可以与职务发明人或设计人约定支付报酬的数额、比例与方式。单位应当按照约定支付报酬。没有约定的,应当从收取的使用费或转让费中提取不低于10%,作为报酬给予发明人或设计人。

单位以专利权出资的,应当按照转让专利权处理。

因单位经营策略或者发展模式的需要而低价、无偿转让或者许可他人实施职务发明创造专利的,应当参照相关技术的市场价格,合理确定对职务发明人或设计人的报酬数额。

被授予的专利权在单位支付报酬前被依法宣告无效的,单位不再负有支付报酬的义务。支付报酬后专利被依法宣告无效的,职务发明人或设计人可以不予返还报酬。

第4节　多个发明人之间的奖酬纠纷的调解

职务发明人或设计人有两个或以上的,奖励和报酬应当按照各发明人或设计人的贡献大小在发明人或设计人之间分配。奖励或报酬视为发明人或设计人之间按份共有。对发明创造贡献大的,所占份额大;贡献小的,所占份额也小。

主张自己贡献大应当多分的发明人或设计人负有举证证明其贡献较其他发明人或设计人大的责任。如果主张多分的请求缺乏证据支持,则发明人或设计人的贡献应当视为同等大小,由全体发明人或设计人平均分配奖励、报酬。

对职务发明创造作出创造性贡献的大小与发明人或设计人在专利申请文件上的排名、在单位中的职位高低等没有必然联系。

发明人或设计人之间存在分配比例协议的,应当按照分配协议进行分配。

部分发明人或设计人放弃获得奖励、报酬的权利,其他发明人或设计人有权获得全部奖励或报酬。

第5章　发明专利申请临时保护期使用费纠纷的行政调解

发明专利申请从提交到授权经历三个效力完全不同的阶段:(1)申请日到公布日;(2)公布日到专利授权公告日;(3)专利授权公告后。第二个阶段又被称为发明专利申请临时保护期。

发明专利申请授权后,专利权人有权要求在临时保护期内实施其发明的单位或者个人支付适当的费用。双方当事人就临时保护期使用费产生纠纷的,可以请求管理专利工作的部门予以调解。

第1节　临时保护的构成条件

请求人(通常是专利权人或其利害关系人)向被请求人(涉嫌实施发明的单位或个人)主张临时保护期使用费,应当符合如下构成要件:

(1)涉案专利应仅限于发明专利;

(2)涉案专利被授予专利权,且请求人在专利授权后提出调解请求;

(3)被请求人实施专利的行为发生在临时保护期内;

(4)被请求人的实施行为落入专利保护范围。

5.1.1　涉案专利仅限于发明专利

被请求支付临时保护期使用费的专利应当仅限于发明专利。请求人以实用新型专利或外观设计专利主张临时保护期使用费的,管理专利工作的部门不予支持。

5.1.2 涉案专利被授予专利权，且请求人在专利授权后提出调解请求

发明专利申请被授予专利权，且请求人提出的调解请求在专利授权公告之后是构成临时保护的必要条件。提出请求时专利申请尚未被授予专利权的，管理专利工作的部门对请求人请求他人支付临时保护期使用费的主张不予支持。

5.1.3 他人的实施行为发生在临时保护期

请求支付临时保护期使用费是在专利授权之后，专利权人或其利害关系人请求管理专利工作的部门对他人在发明专利申请临时保护期内实施发明的行为予以追溯的权利。他人实施发明的行为发生在临时保护期内是构成临时保护不可或缺的另一要件。

在发明专利临时保护期内实施发明包括：未经专利申请人许可，以生产经营为目的，制造、使用、许诺销售、销售、进口专利产品，或者使用专利方法以及使用、许诺销售、销售、进口依照该专利方法直接获得的产品。

如果他人实施发明的行为发生在发明专利申请日至公布日之间，请求人依此行为主张临时保护期使用费的请求，管理专利工作的部门将不予支持；如果他人实施发明的行为发生在发明专利授权后，请求人应当提出侵权纠纷调解请求而非临时保护期使用费纠纷调解请求。当请求人未明确其究竟主张临时保护期使用费，还是侵权损害赔偿时，管理专利工作的部门应当释明二者的含义，由请求人根据侵权行为发生的时间确定行政调解请求的性质；在请求人不能正确选择的情况下，由管理专利工作的部门根据当事人提出的理由和提供的证据综合予以确定。当被请求人的实施行为从临时保护期内一直持续到专利授权之后，管理专利工作的部门应当分别予以认定。

5.1.4 他人的实施行为落入专利保护范围

构成临时保护的第四个必要条件是，他人的实施行为落入专利保护范围。所述“专利保护范围”，应当以请求人指定的权利要求的保护范围为准。

5.1.4.1 专利文本的确定

在提出调解请求时，请求人应当提交发明专利申请公布文本和提出调解请求时有效的专利文本。如果专利授权公告后未经历无效宣告程序，所述有效的专利文本为专利授权公告文本；如果专利授权公告后经历过无效宣告程序，所述有效的专利文本应当是生效的专利复审委员会无效宣告请求审查决定最终维持有效的专利文本。

请求人应当明确提出请求所依据文本的权利要求。无论针对公布文本还是最终有效的专利文本，如果请求人未明确具体的权利要求，管理专利工作的部门应当向请求人释明，要求其指定具体的权利要求；经释明，请求人仍然未明确的，以相应的独立权利要求为准。对于权利要求书中包括多项独立权利要求的，管理专利工作的部门应当向请求人释明，要求其指定具体的权利要求；经释明，请求人仍然未明确具体的权利要求的，管理专利工作的部门根据请求人在请求书中的具体理由选定最相关的独立权利要求作为比对基础。

5.1.4.2 专利保护范围的确定

根据发明专利申请公布时权利要求保护范围（范围A）和提起调解请求时有效的权利要求保护范围（范围B）的关系，存在如下不同的情形：(1)范围A = 范围B；(2)范围A > 范围B；(3)范围A < 范围B；(4)范围A与范围B完全不同。

如果被请求人的实施行为同时落入上述两个保护范围，应当认定被请求人在临时保护期内实施了该发明，应当支付临时保护期使用费；如果被请求人的实施行为未落入任何一个保护范围或者仅落入其中一个保护范围，应当认定被请求人在临时保护期内未实施该发明。

5.1.4.3 被请求人的行为是否落入专利保护范围的确定

判断被请求人的实施行为是否落入范围A或范围B的方法与专利侵权判定方法完全相同，即首先判定被请求人的实施行为是否字面落入范围A或范围B，在未构成字面落入的情况下，判断二者的区别是否构成等同。

根据案件的具体情况，管理专利工作的部门既可以先对比范围A与范围B的大小，判断案件属于如上哪种情形，然后再判断被请求人的实施行为是否落入专利保护范围；也可以先判断被请求人的实施行为是否落入范围B，之后再根据需要判断其是否落入范围A。

5.1.4.4 注意事项

在处理调解请求时，管理专利工作的部门应当注意针对涉案专利是否存在未审结的无效宣告请求。如果相关无效宣告请求案尚未结案，同时双方当事人就被请求人的行为是否落入专利保护范围存在争议的，管理专利工作的部门可以中止临时保护期使用费纠纷调解请求的审理。

第2节 临时保护期使用费的确定

临时保护期使用费是在专利授权后对专利权人利益

的一种事后补偿。在确定临时保护期使用费时，综合考虑实施行为的性质、情节、后果实施行为人的技术来源、主观是否具有故意、生产能力及规模、产品价格等因素。

5.2.1　确定补偿费用的原则

发明专利申请的“临时保护”和专利授权公告后的“正式保护”是两种不同性质的保护。被请求人在专利授权后未经许可实施发明的，应当支付侵权损害赔偿，但其在临时保护期内实施发明的，仅需支付适当的补偿即可。补偿数额应“适当”，不应超过相应期间的专利许可使用费，一般也不宜直接依照专利侵权赔偿数额的计算方法，而是应较相同情节的侵权赔偿数额低。

5.2.2　确定补偿费用的考虑因素

在确定临时保护期使用费时，应当综合考虑各种因素。包括：

（1）专利权人已经许可他人实施的，可参照专利许可使用费确定。

（2）专利权人尚未许可他人实施的，可根据实施发明专利的收益和发明专利的贡献大小确定合适的数额。专利权人实施发明专利所获得的收益越大，发明本身的贡献在所述收益中所占的比重越大，临时保护期使用费应越高。

（3）他人实施行为的技术来源。他人实施的专利可能源于自我研发，也可能源于专利申请的公布。对于自我研发的技术而言，虽然实施人并未利用专利申请人的智力劳动成果，但为鼓励发明创造的公开以推动整体社会进步，也可以要求实施人支付临时保护费，但一般应当少于利用专利申请公布而需要支付的临时保护费。

（4）要考虑实施人主观故意程度。如果专利申请人在临时保护期间内对相关实施人提出过相关警告，而相关实施人并不理睬或扩大实施范围等，则可参照侵犯专利权的赔偿来确定临时保护期使用费。

第6章　专利侵权损害赔偿额的计算

管理专利工作的部门在处理专利侵权纠纷时，应当事人的请求，可以就侵犯专利权的赔偿数额进行调解。

权利人与被控侵权人就专利侵权赔偿数额或者计算方式有约定的，管理专利工作的部门应当按照约定确定赔偿数额；权利人与被控侵权人就专利侵权赔偿数额或者计算方式没有约定的，管理专利工作的部门应当在根据《专利法》第六十五条的规定确定的赔偿数额的基础上，本着公平、合理的原则组织双方就赔偿数额达成调解协议。

按照《专利法》第六十五条的规定，侵犯专利权的赔偿数额按照权利人因被侵权所受到的实际损失确定；实际损失难以确定的，可以按照侵权人因侵权所获得的利益确定。权利人的损失或者侵权人获得的利益难以确定的，参照该专利许可使用费的倍数合理确定。赔偿数额还应当包括权利人为制止侵权行为所支付的合理开支。权利人的损失、侵权人获得的利益利专利许可使用费均难以确定的，可以根据专利权的类型、侵权行为的性质和情节等因素，确定给予1万元以上100万元以下的赔偿。

第1节　权利人的实际损失

权利人的实际损失是指权利人因侵权人的侵权行为而减少的利润。权利人未实施专利技术或专利设计的，不得按照权利人的实际损失确定赔偿数额。

6.1.1　权利人实际损失的计算

权利人的实际损失可以按照专利权人的专利产品因侵权所造成销售量减少的总数乘以每件专利产品的合理利润所得之积计算。

专利权人的专利产品因侵权所造成销售量减少的总数不能确定的，可以按照侵权产品在市场上销售的总数予以确定。

每件专利产品的合理利润可以按照专利权人销售全部专利产品的平均利润计算，即销售收入减去生产、销售成本后除以销售数量，也可以直接参照专项审计报告所载明的项目利润计算表确定。

权利人应当对其主张的实际损失和侵权与损失之间具有直接因果关系承担举证责任，也应当对每件专利产品的合理利润承担举证责任。对于权利人主张的合理利润，经明示，被控侵权人没有异议的，权利人可以免于举证。

6.1.2　确定权利人实际损失时的考虑因素

在确定权利人的实际损失时，要考虑专利对于整个产品利润的贡献、与专利产品相关的配件及零部件的销售损失以及其他因素。

6.1.2.1　专利对于整个产品利润的贡献

侵犯发明、实用新型专利权的产品系另一产品的零部件时，如果专利产品有单独的销售价格和利润，应当按基于该产品的全部利润确定合理利润，计算损害赔偿金额；如果专利产品没有单独的销售价格和利润，则应当根据成品的利润乘以该零部件在实现成品利润中的作用比重确定合理利润。

侵犯外观设计专利权的产品为包装物时，应当按照包装物本身的价值及其在实现被包装产品利润中的作用等因素确定专利产品的合理利润。

权利人应当举证证明专利产品在实现成品利润中的作用比重;作用比重无法确定的,由管理专利工作的部门酌定。

6.1.2.2　与专利产品相关的配件及零部件的销售损失

权利人的实际损失不仅包括因侵权失去的专利产品的销售额,也包括对专利产品相关配件和零部件失去的销售额。如果权利人能够证明其专利产品之前是与非专利零配件一同销售的,那么专利侵权损害赔偿额的计算也应当包括和专利产品相关的配件以及零部件所失去的销售额。

6.1.2.3　其他因素

确定权利人的实际损失时,还应当考虑其他因素,例如市场对专利产品的需求、权利人是否具有开发这种需求的生产和市场销售能力、权利人是否有获得这种利润的可能性、侵权行为和侵权结果之间是否存在因果关系(不包括其他原因导致权利人销售额的下降或增长的停滞)等因素。

权利人对这些因素的存在负有举证责任。管理专利工作的部门可以应用“四步检验法”判断权利人是否充分举证,即考察权利人是否举证证明:(1)市场对专利产品的需求;(2)不存在可接受的非侵权替代产品;(3)权利人具有开发这种需求的生产和市场营销能力;以及(4)如果没有侵权产品的话,权利人本可能获得的利润额。如果以上所有四个要件都得到证明,则权利人的利润损失可以得到赔偿;如果其中任何一个要件没有得到证明,则应当按照其他法定方式确定赔偿数额。

可以通过其他合理方式确定权利人合理损失的,管理专利工作的部门应当在综合考量全部证据后予以确定。

第2节　侵权人获得的利益

侵权人获得的利益是指侵权人因侵犯专利权人的专利权而直接获得的利益。该利益应当限于侵权人因侵犯专利权行为所获得的利益,因其他原因所产生的利益,应当合理扣除。

6.2.1　侵权人获得的利益的计算

侵权人获得的利益可以按照侵权产品在市场上销售的数量乘以每件侵权产品的合理利润所得之积计算;或者可以按照侵权产品的销售总额乘以该时间段的营业利润率计算。

每件侵权产品的合理利润是指被控侵权人销售全部侵权产品的平均利润,即销售收入减去生产、销售成本后除以销售数量。每件侵权产品的合理利润可以按照侵权人的平均营业利润计算。对于完全以侵权为业的侵权人,可以按照平均销售利润计算。平均营业利润是指营业收入减去营业成本的差额除以销售量,营业成本一般包括管理费、广告费、租金等。平均销售利润是指销售收入减去销售成本的差额除以销售量。

营业利润率是指营业利润除以营业收入。营业利润率难以确定的,可以按照该行业或领域通常的利润率计算。

上述利润、成本、费用、销售数量等可根据审计报告、咨询报告或者发票等予以确定,也可参照侵权人订货合同中载明的进货成本以及销售合同中载明的销售价格或者通过进货单、报价单等证据予以确定。

6.2.2　确定侵权人获得的利益时的考虑因素

在确定侵权人获得的利益时,也要考虑专利对于整个产品利润的贡献,排除侵权人因侵权行为之外的其他原因,如广告宣传或市场地位等获得的利益,并从侵权人的侵权产品总销售金额中扣除管理费、广告费、租金等费用。

6.2.2.1　专利对于整个产品利润的贡献

侵犯发明、实用新型专利权的产品系另一产品的零部件时,如果该产品有单独的销售价格和利润,应当按基于该产品的全部利润确定合理利润,并据此计算损害赔偿金额;如果该产品没有单独的销售价格和利润,则应当根据成品的利润乘以该零部件在实现成品利润中的作用比重确定合理利润。

侵犯外观设计专利权的产品为包装物时,应当按照包装物本身的价值及其在实现被包装产品利润中的作用等因素确定专利产品的合理利润。

权利人应当举证证明专利产品在实现成品利润中的作用比重;作用比重无法确定的,由管理专利工作的部门酌定。

6.2.2.2　需要扣除的费用

侵权人获得的利益应当从侵权人的侵权产品总销售金额中扣除管理费、广告费、租金等费用。

6.2.3　侵权人获得的利益的举证责任分配

原则上,权利人应当对其主张的侵权人获得的利益以及侵权与所获利益之间具有直接因果关系承担举证责任。

为确定侵权人获得的利益，在权利人已经尽力举证，但与专利侵权行为相关的账簿、资料主要由侵权人掌握的情况下，管理专利工作的部门可以责令侵权人提供与专利侵权行为相关的账簿、资料；侵权人无正当理由拒不提供或者提供虚假的账簿、资料的，可以根据权利人的主张和提供的证据认定赔偿数额。

第 3 节　专利许可使用费的合理倍数

许可使用费是指侵权行为发生时或相近时期权利人许可他人实施其专利获得的报酬。在参照专利许可使用费的倍数为依据确定侵权赔偿数额时，侵权赔偿数额通常为专利许可使用费的 1～3 倍。

6.3.1　许可使用费的确定

权利人提供的向国家知识产权局备案的专利实施许可合同约定的许可使用费，通常可以直接认定为专利许可使用费。同一时期存在多项许可使用费的，按照许可使用费的平均值计算赔偿数额。

6.3.2　以许可使用费为依据确定赔偿数额时的注意事项

6.3.2.1　专利实施许可合同的当事人与权利人的关联关系

如果专利实施许可合同的一方当事人为权利人的关联方，不宜将其中约定的许可使用费直接作为专利许可使用费用于计算侵权赔偿数额。

6.3.2.2　专利实施许可合同是否实际履行

《专利实施许可合同》未实际履行的，不宜将其中约定的许可使用费直接作为专利许可使用费用于计算侵权赔偿数额。

6.3.2.3　专利实施许可合同中约定的许可使用费是否合理

专利实施许可合同中约定的许可使用费明显低于或高于正常的许可使用费的，不宜将其中约定的许可使用费直接作为专利许可使用费用于计算侵权赔偿数额。

6.3.2.4　确定合理倍数时需要考虑多个因素

确定具体的合理倍数时，应当结合考虑专利权的类别，侵权人侵权的性质、规模、持续时间、地域范围，专利许可的性质、范围、时间、使用费数额等因素。

对于恶意侵权、重复侵权或者侵权情节严重的，可酌情加重适用专利许可使用费的倍数。对于专利实施许可合同中一次性地或者包含多年专利使用费的，需要考察专利许可使用费的使用年限。

第 4 节　法 定 赔 偿

权利人直接主张适用《专利法》第六十五条第二款确定赔偿数额，或者权利人的损失、侵权人获得的利益和专利许可使用费均难以确定的，可以根据专利权的类型、侵权行为的性质和情节、专利技术或设计的市场价值等因素，确定给予 1 万元以上 100 万元以下的赔偿，一般不得低于 1 万元，也不得高于 100 万元。

6.4.1　确定法定赔偿数额的方法

6.4.1.1　市场法

市场法，是指利用市场上相同或类似专利技术或设计的近期交易价格为参照，结合其他相关影响因素对专利技术或设计的市场价值进行评估。

采用该方法对侵权损害赔偿进行评估时，可以按照以下程序进行：

(1)选择参照物；

(2)在评估对象与参照物之间选择比较因素；

(3)指标对比、量化差异；

(4)在各参照物成交价格的基础上调整已经量化的对比指标差异；

(5)综合分析确定评估结果；

(6)运用市场法估计单项专利权应考虑的可比因素；

(7)将通过市场法评估出来的相关专利权价值与该专利可能的损害赔偿数额进行比较，确定两者是等同还是有差异，最终确定法定赔偿额。

运用市场法确定法定赔偿时，通常可以根据经济发展程度相类似地区对类似性质的被请求人企业就类似专利产品价值的侵权损害赔偿判决，或者参考类似请求人在本地区对类似性质被请求人的相类似产品的损害赔偿数额的判决先例，确定最终的损害赔偿额。

6.4.1.2　收益法

专利技术或设计已经用于商业经营的，可以通过估算专利技术或设计在相同期限的经营中的收益比例，确定赔偿数额。

采用该方法进行评估时，可以按照以下程序进行：

(1)搜集验证与评估对象未来预期收益有关的数据资料，包括经营前景、财务状况、市场形势以及经营风险等；

(2)分析测算评估对象未来预期收益；

(3)确定折现率或资本化率；

(4)以所确定折现率将被评估专利预测收益折算成

现值;

(5)分析确定评估结果:

(6)将通过收益法评估出来的相关专利权价值与该专利可能的损害赔偿数额进行比较,确定两者是等同还是有差异,最终确定法定赔偿额。

6.4.1.3　成本法

专利技术或设计的研发成本可以确定的,可以根据该成本的合理比例确定赔偿数额。

6.4.2　需要考虑的其他因素

除上述市场法、收益法、成本法外,对专利技术进行评估需综合考虑以下因素:

(1)权利人可能的实际损失,或者侵权人可能的侵权所得。即对权利人的实际损失或侵权人的侵权所得的数额有一个合理的估计,其是确定法定赔偿额的基础,可有效防止自由裁量的随意性。

(2)专利权的类型和创新程度。即需考虑专利属于发明、实用新型还是外观设计专利。一般来说,专利的创新程度和技术含量越高,对生产效率和质量的影响越大;发明专利的侵权赔偿额应为最高,实用新型专利次之,外观设计专利再次。

(3)专利权的价值。即需考虑专利技术的创造性、显著性、技术研发成本、技术实施情况、市场上同类产品的平均利润等因素。

(4)侵权行为的性质。即考虑是直接侵权还是间接侵权、是生产过程中的侵权还是销售过程中的侵权、是初次侵权还是重复侵权等因素。

(5)侵权行为的情节。即考虑侵权行为的次数、侵权行为持续的时间和空间程度、权利人发出侵权警告后侵权人的行为表现、侵权行为的组织化程度等因素。

(6)侵权行为的损害后果。即应根据侵权行为对权利人的商业利润、商业声誉、社会评价的影响等进行衡量。

(7)侵权人的主观过错程度。主观因素决定过错程度,并影响责任的大小和归属;过错越大,对权利人造成的损失可能越严重。

(8)作为部件的专利产品在整个产品中所起的作用。通常专利产品在整个产品中的作用越大,价值越高。

(9)同类专利的合理转让费、许可使用费。

(10)其他可能影响确定赔偿数额的因素。例如,专利是否经过无效程序,并且已被专利复审委员会维持有效;专利属于基础专利还是从属专利,从属专利的价值往往低于基础专利;市场上是否有可替代产品或更新产品。

第5节　合　理　开　支

合理开支是指权利人为制止侵权行为所必要而遭受的直接损失,一般包括公证费、调查取证费、交通食宿费、误工费、材料印制费等,不应包括上述费用在支付后获得赔偿前期间的利息等间接损失。

权利人应当举证证明其合理开支的数额,必要时应当说明开支合理的理由并提交相关证据。不合理的开支或者合理但缺乏证据支持的开支,不应由侵权人赔偿。

权利人直接主张法定赔偿的,管理专利工作的部门确定的赔偿数额不得包括权利人为制止侵权行为所支付的合理开支。

最高人民法院关于审理侵犯专利权纠纷案件应用法律若干问题的解释

1. 2009年12月21日最高人民法院审判委员会第1480次会议通过

2. 2009年12月28日公布

3. 法释〔2009〕21号

4. 自2010年1月1日起施行

为正确审理侵犯专利权纠纷案件,根据《中华人民共和国专利法》、《中华人民共和国民事诉讼法》等有关法律规定,结合审判实际,制定本解释。

第一条　人民法院应当根据权利人主张的权利要求,依据专利法第五十九条第一款的规定确定专利权的保护范围。权利人在一审法庭辩论终结前变更其主张的权利要求的,人民法院应当准许。

权利人主张以从属权利要求确定专利权保护范围的,人民法院应当以该从属权利要求记载的附加技术特征及其引用的权利要求记载的技术特征,确定专利权的保护范围。

第二条　人民法院应当根据权利要求的记载,结合本领域普通技术人员阅读说明书及附图后对权利要求的理解,确定专利法第五十九条第一款规定的权利要求的内容。

第三条　人民法院对于权利要求,可以运用说明书及附图、权利要求书中的相关权利要求、专利审查档案进行解释。说明书对权利要求用语有特别界定的，从其特别界定。

以上述方法仍不能明确权利要求含义的，可以结合工具书、教科书等公知文献以及本领域普通技术人员的通常理解进行解释。

第四条 对于权利要求中以功能或者效果表述的技术特征，人民法院应当结合说明书和附图描述的该功能或者效果的具体实施方式及其等同的实施方式，确定该技术特征的内容。

第五条 对于仅在说明书或者附图中描述而在权利要求中未记载的技术方案，权利人在侵犯专利权纠纷案件中将其纳入专利权保护范围的，人民法院不予支持。

第六条 专利申请人、专利权人在专利授权或者无效宣告程序中，通过对权利要求、说明书的修改或者意见陈述而放弃的技术方案，权利人在侵犯专利权纠纷案件中又将其纳入专利权保护范围的，人民法院不予支持。

第七条 人民法院判定被诉侵权技术方案是否落入专利权的保护范围，应当审查权利人主张的权利要求所记载的全部技术特征。

被诉侵权技术方案包含与权利要求记载的全部技术特征相同或者等同的技术特征的，人民法院应当认定其落入专利权的保护范围；被诉侵权技术方案的技术特征与权利要求记载的全部技术特征相比，缺少权利要求记载的一个以上的技术特征，或者有一个以上技术特征不相同也不等同的，人民法院应当认定其没有落入专利权的保护范围。

第八条 在与外观设计专利产品相同或者相近种类产品上，采用与授权外观设计相同或者近似的外观设计的，人民法院应当认定被诉侵权设计落入专利法第五十九条第二款规定的外观设计专利权的保护范围。

第九条 人民法院应当根据外观设计产品的用途，认定产品种类是否相同或者相近。确定产品的用途，可以参考外观设计的简要说明、国际外观设计分类表、产品的功能以及产品销售、实际使用的情况等因素。

第十条 人民法院应当以外观设计专利产品的一般消费者的知识水平和认知能力，判断外观设计是否相同或者近似。

第十一条 人民法院认定外观设计是否相同或者近似时，应当根据授权外观设计、被诉侵权设计的设计特征，以外观设计的整体视觉效果进行综合判断；对于主要由技术功能决定的设计特征以及对整体视觉效果不产生影响的产品的材料、内部结构等特征，应当不予考虑。

下列情形，通常对外观设计的整体视觉效果更具有影响：

（一）产品正常使用时容易被直接观察到的部位相对于其他部位；

（二）授权外观设计区别于现有设计的设计特征相对于授权外观设计的其他设计特征。

被诉侵权设计与授权外观设计在整体视觉效果上无差异的，人民法院应当认定两者相同；在整体视觉效果上无实质性差异的，应当认定两者近似。

第十二条 将侵犯发明或者实用新型专利权的产品作为零部件，制造另一产品的，人民法院应当认定属于专利法第十一条规定的使用行为；销售该另一产品的，人民法院应当认定属于专利法第十一条规定的销售行为。

将侵犯外观设计专利权的产品作为零部件，制造另一产品并销售的，人民法院应当认定属于专利法第十一条规定的销售行为，但侵犯外观设计专利权的产品在该另一产品中仅具有技术功能的除外。

对于前两款规定的情形，被诉侵权人之间存在分工合作的，人民法院应当认定为共同侵权。

第十三条 对于使用专利方法获得的原始产品，人民法院应当认定为专利法第十一条规定的依照专利方法直接获得的产品。

对于将上述原始产品进一步加工、处理而获得后续产品的行为，人民法院应当认定属于专利法第十一条规定的使用依照该专利方法直接获得的产品。

第十四条 被诉落入专利权保护范围的全部技术特征，与一项现有技术方案中的相应技术特征相同或者无实质性差异的，人民法院应当认定被诉侵权人实施的技术属于专利法第六十二条规定的现有技术。

被诉侵权设计与一个现有设计相同或者无实质性差异的，人民法院应当认定被诉侵权人实施的设计属于专利法第六十二条规定的现有设计。

第十五条 被诉侵权人以非法获得的技术或者设计主张先用权抗辩的，人民法院不予支持。

有下列情形之一的，人民法院应当认定属于专利

法第六十九条第(二)项规定的已经作好制造、使用的必要准备:

(一)已经完成实施发明创造所必需的主要技术图纸或者工艺文件;

(二)已经制造或者购买实施发明创造所必需的主要设备或者原材料。

专利法第六十九条第(二)项规定的原有范围,包括专利申请日前已有的生产规模以及利用已有的生产设备或者根据已有的生产准备可以达到的生产规模。

先用权人在专利申请日后将其已经实施或作好实施必要准备的技术或设计转让或者许可他人实施,被诉侵权人主张该实施行为属于在原有范围内继续实施的,人民法院不予支持,但该技术或设计与原有企业一并转让或者承继的除外。

第十六条　人民法院依据专利法第六十五条第一款的规定确定侵权人因侵权所获得的利益,应当限于侵权人因侵犯专利权行为所获得的利益;因其他权利所产生的利益,应当合理扣除。

侵犯发明、实用新型专利权的产品系另一产品的零部件的,人民法院应当根据该零部件本身的价值及其在实现成品利润中的作用等因素合理确定赔偿数额。

侵犯外观设计专利权的产品为包装物的,人民法院应当按照包装物本身的价值及其在实现被包装产品利润中的作用等因素合理确定赔偿数额。

第十七条　产品或者制造产品的技术方案在专利申请日以前为国内外公众所知的,人民法院应当认定该产品不属于专利法第六十一条第一款规定的新产品。

第十八条　权利人向他人发出侵犯专利权的警告,被警告人或者利害关系人经书面催告权利人行使诉权,自权利人收到该书面催告之日起一个月内或者自书面催告发出之日起二个月内,权利人不撤回警告也不提起诉讼,被警告人或者利害关系人向人民法院提起请求确认其行为不侵犯专利权的诉讼的,人民法院应当受理。

第十九条　被诉侵犯专利权行为发生在2009年10月1日以前的,人民法院适用修改前的专利法;发生在2009年10月1日以后的,人民法院适用修改后的专利法。

被诉侵犯专利权行为发生在2009年10月1日以前且持续到2009年10月1日以后,依据修改前和修改后的专利法的规定侵权人均应承担赔偿责任的,人民法院适用修改后的专利法确定赔偿数额。

第二十条　本院以前发布的有关司法解释与本解释不一致的,以本解释为准。

最高人民法院关于审理侵犯专利权纠纷案件应用法律若干问题的解释(二)

1. *2016年1月25日最高人民法院审判委员会第1676次会议通过、2016年3月21日公布、自2016年4月1日起施行(法释〔2016〕1号)*
2. *根据2020年12月23日最高人民法院审判委员会第1823次会议通过、2020年12月29日公布、自2021年1月1日起施行的《最高人民法院关于修改〈最高人民法院关于审理侵犯专利权纠纷案件应用法律若干问题的解释(二)〉等十八件知识产权类司法解释的决定》(法释〔2020〕19号)修正*

为正确审理侵犯专利权纠纷案件,根据《中华人民共和国民法典》《中华人民共和国专利法》《中华人民共和国民事诉讼法》等有关法律规定,结合审判实践,制定本解释。

第一条　权利要求书有两项以上权利要求的,权利人应当在起诉状中载明据以起诉被诉侵权人侵犯其专利权的权利要求。起诉状对此未记载或者记载不明的,人民法院应当要求权利人明确。经释明,权利人仍不予明确的,人民法院可以裁定驳回起诉。

第二条　权利人在专利侵权诉讼中主张的权利要求被国务院专利行政部门宣告无效的,审理侵犯专利权纠纷案件的人民法院可以裁定驳回权利人基于该无效权利要求的起诉。

有证据证明宣告上述权利要求无效的决定被生效的行政判决撤销的,权利人可以另行起诉。

专利权人另行起诉的,诉讼时效期间从本条第二款所称行政判决书送达之日起计算。

第三条　因明显违反专利法第二十六条第三款、第四款导致说明书无法用于解释权利要求,且不属于本解释第四条规定的情形,专利权因此被请求宣告无效的,审理侵犯专利权纠纷案件的人民法院一般应当裁定中止诉讼;在合理期限内专利权未被请求宣告无效的,人民法院可以根据权利要求的记载确定专利权的保护范围。

第四条 权利要求书、说明书及附图中的语法、文字、标点、图形、符号等存有歧义，但本领域普通技术人员通过阅读权利要求书、说明书及附图可以得出唯一理解的，人民法院应当根据该唯一理解予以认定。

第五条 在人民法院确定专利权的保护范围时，独立权利要求的前序部分、特征部分以及从属权利要求的引用部分、限定部分记载的技术特征均有限定作用。

第六条 人民法院可以运用与涉案专利存在分案申请关系的其他专利及其专利审查档案、生效的专利授权确权裁判文书解释涉案专利的权利要求。

专利审查档案，包括专利审查、复审、无效程序中专利申请人或者专利权人提交的书面材料，国务院专利行政部门制作的审查意见通知书、会晤记录、口头审理记录、生效的专利复审请求审查决定书和专利权无效宣告请求审查决定书等。

第七条 被诉侵权技术方案在包含封闭式组合物权利要求全部技术特征的基础上增加其他技术特征的，人民法院应当认定被诉侵权技术方案未落入专利权的保护范围，但该增加的技术特征属于不可避免的常规数量杂质的除外。

前款所称封闭式组合物权利要求，一般不包括中药组合物权利要求。

第八条 功能性特征，是指对于结构、组分、步骤、条件或其之间的关系等，通过其在发明创造中所起的功能或者效果进行限定的技术特征，但本领域普通技术人员仅通过阅读权利要求即可直接、明确地确定实现上述功能或者效果的具体实施方式的除外。

与说明书及附图记载的实现前款所称功能或者效果不可缺少的技术特征相比，被诉侵权技术方案的相应技术特征是以基本相同的手段，实现相同的功能，达到相同的效果，且本领域普通技术人员在被诉侵权行为发生时无需经过创造性劳动就能够联想到的，人民法院应当认定该相应技术特征与功能性特征相同或者等同。

第九条 被诉侵权技术方案不能适用于权利要求中使用环境特征所限定的使用环境的，人民法院应当认定被诉侵权技术方案未落入专利权的保护范围。

第十条 对于权利要求中以制备方法界定产品的技术特征，被诉侵权产品的制备方法与其不相同也不等同的，人民法院应当认定被诉侵权技术方案未落入专利权的保护范围。

第十一条 方法权利要求未明确记载技术步骤的先后顺序，但本领域普通技术人员阅读权利要求书、说明书及附图后直接、明确地认为该技术步骤应当按照特定顺序实施的，人民法院应当认定该步骤顺序对于专利权的保护范围具有限定作用。

第十二条 权利要求采用“至少”“不超过”等用语对数值特征进行界定，且本领域普通技术人员阅读权利要求书、说明书及附图后认为专利技术方案特别强调该用语对技术特征的限定作用，权利人主张与其不相同的数值特征属于等同特征的，人民法院不予支持。

第十三条 权利人证明专利申请人、专利权人在专利授权确权程序中对权利要求书、说明书及附图的限缩性修改或者陈述被明确否定的，人民法院应当认定该修改或者陈述未导致技术方案的放弃。

第十四条 人民法院在认定一般消费者对于外观设计所具有的知识水平和认知能力时，一般应当考虑被诉侵权行为发生时授权外观设计所属相同或者相近种类产品的设计空间。设计空间较大的，人民法院可以认定一般消费者通常不容易注意到不同设计之间的较小区别；设计空间较小的，人民法院可以认定一般消费者通常更容易注意到不同设计之间的较小区别。

第十五条 对于成套产品的外观设计专利，被诉侵权设计与其一项外观设计相同或者近似的，人民法院应当认定被诉侵权设计落入专利权的保护范围。

第十六条 对于组装关系唯一的组件产品的外观设计专利，被诉侵权设计与其组合状态下的外观设计相同或者近似的，人民法院应当认定被诉侵权设计落入专利权的保护范围。

对于各构件之间无组装关系或者组装关系不唯一的组件产品的外观设计专利，被诉侵权设计与其全部单个构件的外观设计均相同或者近似的，人民法院应当认定被诉侵权设计落入专利权的保护范围；被诉侵权设计缺少其单个构件的外观设计或者与之不相同也不近似的，人民法院应当认定被诉侵权设计未落入专利权的保护范围。

第十七条 对于变化状态产品的外观设计专利，被诉侵权设计与变化状态图所示各种使用状态下的外观设计均相同或者近似的，人民法院应当认定被诉侵权设计落入专利权的保护范围；被诉侵权设计缺少其一种使用状态下的外观设计或者与之不相同也不近似的，人民法院应当认定被诉侵权设计未落入专利权的保护范围。

第十八条 权利人依据专利法第十三条诉请在发明专利申请公布日至授权公告日期间实施该发明的单位或者个人支付适当费用的，人民法院可以参照有关专利许可使用费合理确定。

发明专利申请公布时申请人请求保护的范围与发明专利公告授权时的专利权保护范围不一致，被诉技术方案均落入上述两种范围的，人民法院应当认定被告在前款所称期间内实施了该发明；被诉技术方案仅落入其中一种范围的，人民法院应当认定被告在前款所称期间内未实施该发明。

发明专利公告授权后，未经专利权人许可，为生产经营目的使用、许诺销售、销售在本条第一款所称期间内已由他人制造、销售、进口的产品，且该他人已支付或者书面承诺支付专利法第十三条规定的适当费用的，对于权利人关于上述使用、许诺销售、销售行为侵犯专利权的主张，人民法院不予支持。

第十九条 产品买卖合同依法成立的，人民法院应当认定属于专利法第十一条规定的销售。

第二十条 对于将依照专利方法直接获得的产品进一步加工、处理而获得的后续产品，进行再加工、处理的，人民法院应当认定不属于专利法第十一条规定的“使用依照该专利方法直接获得的产品”。

第二十一条 明知有关产品系专门用于实施专利的材料、设备、零部件、中间物等，未经专利权人许可，为生产经营目的将该产品提供给他人实施了侵犯专利权的行为，权利人主张该提供者的行为属于民法典第一千一百六十九条规定的帮助他人实施侵权行为的，人民法院应予支持。

明知有关产品、方法被授予专利权，未经专利权人许可，为生产经营目的积极诱导他人实施了侵犯专利权的行为，权利人主张该诱导者的行为属于民法典第一千一百六十九条规定的教唆他人实施侵权行为的，人民法院应予支持。

第二十二条 对于被诉侵权人主张的现有技术抗辩或者现有设计抗辩，人民法院应当依照专利申请日时施行的专利法界定现有技术或者现有设计。

第二十三条 被诉侵权技术方案或者外观设计落入在先的涉案专利权的保护范围，被诉侵权人以其技术方案或者外观设计被授予专利权为由抗辩不侵犯涉案专利权的，人民法院不予支持。

第二十四条 推荐性国家、行业或者地方标准明示所涉必要专利的信息，被诉侵权人以实施该标准无需专利权人许可为由抗辩不侵犯该专利权的，人民法院一般不予支持。

推荐性国家、行业或者地方标准明示所涉必要专利的信息，专利权人、被诉侵权人协商该专利的实施许可条件时，专利权人故意违反其在标准制定中承诺的公平、合理、无歧视的许可义务，导致无法达成专利实施许可合同，且被诉侵权人在协商中无明显过错的，对于权利人请求停止标准实施行为的主张，人民法院一般不予支持。

本条第二款所称实施许可条件，应当由专利权人、被诉侵权人协商确定。经充分协商，仍无法达成一致的，可以请求人民法院确定。人民法院在确定上述实施许可条件时，应当根据公平、合理、无歧视的原则，综合考虑专利的创新程度及其在标准中的作用、标准所属的技术领域、标准的性质、标准实施的范围和相关的许可条件等因素。

法律、行政法规对实施标准中的专利另有规定的，从其规定。

第二十五条 为生产经营目的使用、许诺销售或者销售不知道是未经专利权人许可而制造并售出的专利侵权产品，且举证证明该产品合法来源的，对于权利人请求停止上述使用、许诺销售、销售行为的主张，人民法院应予支持，但被诉侵权产品的使用者举证证明其已支付该产品的合理对价的除外。

本条第一款所称不知道，是指实际不知道且不应当知道。

本条第一款所称合法来源，是指通过合法的销售渠道、通常的买卖合同等正常商业方式取得产品。对于合法来源，使用者、许诺销售者或者销售者应当提供符合交易习惯的相关证据。

第二十六条 被告构成对专利权的侵犯，权利人请求判令其停止侵权行为的，人民法院应予支持，但基于国家利益、公共利益的考量，人民法院可以不判令被告停止被诉行为，而判令其支付相应的合理费用。

第二十七条 权利人因被侵权所受到的实际损失难以确定的，人民法院应当依照专利法第六十五条第一款的规定，要求权利人对侵权人因侵权所获得的利益进行举证；在权利人已经提供侵权人所获利益的初步证据，而与专利侵权行为相关的账簿、资料主要由侵权人掌握的情况下，人民法院可以责令侵权人提供该账簿、资料；侵权人无正当理由拒不提供或者提供虚假的账簿、资料的，人民法院可以根据权利人的主张和提供的证据认定侵权人因侵权所获得的利益。

第二十八条 权利人、侵权人依法约定专利侵权的赔偿数额或者赔偿计算方法，并在专利侵权诉讼中主张依据该约定确定赔偿数额的，人民法院应予支持。

第二十九条 宣告专利权无效的决定作出后，当事人根据该决定依法申请再审，请求撤销专利权无效宣告前人民法院作出但未执行的专利侵权的判决、调解书的，人民法院可以裁定中止再审审查，并中止原判决、调解书的执行。

专利权人向人民法院提供充分、有效的担保，请求继续执行前款所称判决、调解书的，人民法院应当继续执行；侵权人向人民法院提供充分、有效的反担保，请求中止执行的，人民法院应当准许。人民法院生效裁判未撤销宣告专利权无效的决定的，专利权人应当赔偿因继续执行给对方造成的损失；宣告专利权无效的决定被人民法院生效裁判撤销，专利权仍有效的，人民法院可以依据前款所称判决、调解书直接执行上述反担保财产。

第三十条 在法定期限内对宣告专利权无效的决定不向人民法院起诉或者起诉后生效裁判未撤销该决定，当事人根据该决定依法申请再审，请求撤销宣告专利权无效前人民法院作出但未执行的专利侵权的判决、调解书的，人民法院应当再审。当事人根据该决定，依法申请终结执行宣告专利权无效前人民法院作出但未执行的专利侵权的判决、调解书的，人民法院应当裁定终结执行。

第三十一条 本解释自 2016 年 4 月 1 日起施行。最高人民法院以前发布的相关司法解释与本解释不一致的，以本解释为准。

最高人民法院关于审理专利纠纷案件适用法律问题的若干规定

1. 2001 年 6 月 19 日最高人民法院审判委员会第 1180 次会议通过、2001 年 6 月 22 日公布、自 2001 年 7 月 1 日起施行（法释〔2001〕21 号）

2. 根据 2013 年 2 月 25 日最高人民法院审判委员会第 1570 次会议通过、2013 年 4 月 1 日公布、自 2013 年 4 月 15 日起施行的《最高人民法院关于修改〈最高人民法院关于审理专利纠纷案件适用法律问题的若干规定〉的决定》（法释〔2013〕9 号）第一次修正

3. 根据 2015 年 1 月 19 日最高人民法院审判委员会第 1641 次会议通过、2015 年 1 月 29 日公布、自 2015 年 2 月 1 日起施行的《最高人民法院关于修改〈最高人民法院关于审理专利纠纷案件适用法律问题的若干规定〉的决定》（法释〔2015〕4 号）第二次修正

4. 根据 2020 年 12 月 23 日最高人民法院审判委员会第 1823 次会议通过、2020 年 12 月 29 日公布、自 2021 年 1 月 1 日起施行的《最高人民法院关于修改〈最高人民法院关于审理侵犯专利权纠纷案件应用法律若干问题的解释（二）〉等十八件知识产权类司法解释的决定》（法释〔2020〕19 号）第三次修正

为了正确审理专利纠纷案件，根据《中华人民共和国民法典》《中华人民共和国专利法》《中华人民共和国民事诉讼法》和《中华人民共和国行政诉讼法》等法律的规定，作如下规定：

第一条 人民法院受理下列专利纠纷案件：

1. 专利申请权权属纠纷案件；
2. 专利权权属纠纷案件；
3. 专利合同纠纷案件；
4. 侵害专利权纠纷案件；
5. 假冒他人专利纠纷案件；
6. 发明专利临时保护期使用费纠纷案件；
7. 职务发明创造发明人、设计人奖励、报酬纠纷案件；
8. 诉前申请行为保全纠纷案件；
9. 诉前申请财产保全纠纷案件；
10. 因申请行为保全损害责任纠纷案件；
11. 因申请财产保全损害责任纠纷案件；
12. 发明创造发明人、设计人署名权纠纷案件；
13. 确认不侵害专利权纠纷案件；

14. 专利权宣告无效后返还费用纠纷案件；

15. 因恶意提起专利权诉讼损害责任纠纷案件；

16. 标准必要专利使用费纠纷案件；

17. 不服国务院专利行政部门维持驳回申请复审决定案件；

18. 不服国务院专利行政部门专利权无效宣告请求决定案件；

19. 不服国务院专利行政部门实施强制许可决定案件；

20. 不服国务院专利行政部门实施强制许可使用费裁决案件；

21. 不服国务院专利行政部门行政复议决定案件；

22. 不服国务院专利行政部门作出的其他行政决定案件；

23. 不服管理专利工作的部门行政决定案件；

24. 确认是否落入专利权保护范围纠纷案件；

25. 其他专利纠纷案件。

第二条　因侵犯专利权行为提起的诉讼，由侵权行为地或者被告住所地人民法院管辖。

侵权行为地包括：被诉侵犯发明、实用新型专利权的产品的制造、使用、许诺销售、销售、进口等行为的实施地；专利方法使用行为的实施地，依照该专利方法直接获得的产品的使用、许诺销售、销售、进口等行为的实施地；外观设计专利产品的制造、许诺销售、销售、进口等行为的实施地；假冒他人专利的行为实施地。上述侵权行为的侵权结果发生地。

第三条　原告仅对侵权产品制造者提起诉讼，未起诉销售者，侵权产品制造地与销售地不一致的，制造地人民法院有管辖权；以制造者与销售者为共同被告起诉的，销售地人民法院有管辖权。

销售者是制造者分支机构，原告在销售地起诉侵权产品制造者制造、销售行为的，销售地人民法院有管辖权。

第四条　对申请日在2009年10月1日前（不含该日）的实用新型专利提起侵犯专利权诉讼，原告可以出具由国务院专利行政部门作出的检索报告；对申请日在2009年10月1日以后的实用新型或者外观设计专利提起侵犯专利权诉讼，原告可以出具由国务院专利行政部门作出的专利权评价报告。根据案件审理需要，人民法院可以要求原告提交检索报告或者专利权评价报告。原告无正当理由不提交的，人民法院可以裁定中止诉讼或者判令原告承担可能的不利后果。

侵犯实用新型、外观设计专利权纠纷案件的被告请求中止诉讼的，应当在答辩期内对原告的专利权提出宣告无效的请求。

第五条　人民法院受理的侵犯实用新型、外观设计专利权纠纷案件，被告在答辩期间内请求宣告该项专利权无效的，人民法院应当中止诉讼，但具备下列情形之一的，可以不中止诉讼：

（一）原告出具的检索报告或者专利权评价报告未发现导致实用新型或者外观设计专利权无效的事由的；

（二）被告提供的证据足以证明其使用的技术已经公知的；

（三）被告请求宣告该项专利权无效所提供的证据或者依据的理由明显不充分的；

（四）人民法院认为不应当中止诉讼的其他情形。

第六条　人民法院受理的侵犯实用新型、外观设计专利权纠纷案件，被告在答辩期间届满后请求宣告该项专利权无效的，人民法院不应当中止诉讼，但经审查认为有必要中止诉讼的除外。

第七条　人民法院受理的侵犯发明专利权纠纷案件或者经国务院专利行政部门审查维持专利权的侵犯实用新型、外观设计专利权纠纷案件，被告在答辩期间内请求宣告该项专利权无效的，人民法院可以不中止诉讼。

第八条　人民法院决定中止诉讼，专利权人或者利害关系人请求责令被告停止有关行为或者采取其他制止侵权损害继续扩大的措施，并提供了担保，人民法院经审查符合有关法律规定的，可以在裁定中止诉讼的同时一并作出有关裁定。

第九条　人民法院对专利权进行财产保全，应当向国务院专利行政部门发出协助执行通知书，载明要求协助执行的事项，以及对专利权保全的期限，并附人民法院作出的裁定书。

对专利权保全的期限一次不得超过六个月，自国务院专利行政部门收到协助执行通知书之日起计算。如果仍然需要对该专利权继续采取保全措施的，人民法院应当在保全期限届满前向国务院专利行政部门另行送达继续保全的协助执行通知书。保全期限届满前未送达的，视为自动解除对该专利权的财产保全。

人民法院对出质的专利权可以采取财产保全措施，质权人的优先受偿权不受保全措施的影响；专利权人与被许可人已经签订的独占实施许可合同，不影响人民法院对该专利权进行财产保全。

人民法院对已经进行保全的专利权，不得重复进行保全。

第十条　2001年7月1日以前利用本单位的物质技术条件所完成的发明创造，单位与发明人或者设计人订有合同，对申请专利的权利和专利权的归属作出约定的，从其约定。

第十一条　人民法院受理的侵犯专利权纠纷案件，涉及权利冲突的，应当保护在先依法享有权利的当事人的合法权益。

第十二条　专利法第二十三条第三款所称的合法权利，包括就作品、商标、地理标志、姓名、企业名称、肖像，以及有一定影响的商品名称、包装、装潢等享有的合法权利或者权益。

第十三条　专利法第五十九条第一款所称的“发明或者实用新型专利权的保护范围以其权利要求的内容为准，说明书及附图可以用于解释权利要求的内容”，是指专利权的保护范围应当以权利要求记载的全部技术特征所确定的范围为准，也包括与该技术特征相等同的特征所确定的范围。

等同特征，是指与所记载的技术特征以基本相同的手段，实现基本相同的功能，达到基本相同的效果，并且本领域普通技术人员在被诉侵权行为发生时无需经过创造性劳动就能够联想到的特征。

第十四条　专利法第六十五条规定的权利人因被侵权所受到的实际损失可以根据专利权人的专利产品因侵权所造成销售量减少的总数乘以每件专利产品的合理利润所得之积计算。权利人销售量减少的总数难以确定的，侵权产品在市场上销售的总数乘以每件专利产品的合理利润所得之积可以视为权利人因被侵权所受到的实际损失。

专利法第六十五条规定的侵权人因侵权所获得的利益可以根据该侵权产品在市场上销售的总数乘以每件侵权产品的合理利润所得之积计算。侵权人因侵权所获得的利益一般按照侵权人的营业利润计算，对于完全以侵权为业的侵权人，可以按照销售利润计算。

第十五条　权利人的损失或者侵权人获得的利益难以确定，有专利许可使用费可以参照的，人民法院可以根据专利权的类型、侵权行为的性质和情节、专利许可的性质、范围、时间等因素，参照该专利许可使用费的倍数合理确定赔偿数额；没有专利许可使用费可以参照或者专利许可使用费明显不合理的，人民法院可以根据专利权的类型、侵权行为的性质和情节等因素，依照专利法第六十五条第二款的规定确定赔偿数额。

第十六条　权利人主张其为制止侵权行为所支付合理开支的，人民法院可以在专利法第六十五条确定的赔偿数额之外另行计算。

第十七条　侵犯专利权的诉讼时效为三年，自专利权人或者利害关系人知道或者应当知道权利受到损害以及义务人之日起计算。权利人超过三年起诉的，如果侵权行为在起诉时仍在继续，在该项专利权有效期内，人民法院应当判决被告停止侵权行为，侵权损害赔偿数额应当自权利人向人民法院起诉之日起向前推算三年计算。

第十八条　专利法第十一条、第六十九条所称的许诺销售，是指以做广告、在商店橱窗中陈列或者在展销会上展出等方式作出销售商品的意思表示。

第十九条　人民法院受理的侵犯专利权纠纷案件，已经过管理专利工作的部门作出侵权或者不侵权认定的，人民法院仍应当就当事人的诉讼请求进行全面审查。

第二十条　以前的有关司法解释与本规定不一致的，以本规定为准。

最高人民法院对国家知识产权局《关于如何协助执行法院财产保全裁定的函》的答复意见

1. 2000年1月28日
2. 〔2000〕法知字第3号函

国家知识产权局：

贵局《关于如何协助执行法院财产保全裁定的函》收悉。经研究，对有关问题的意见如下：

一、专利权作为无形财产，可以作为人民法院财产保全的对象。人民法院对专利权进行财产保全，应当向国家知识产权局送达协助执行通知书，写明要求协助执行的事项，以及对专利权财产保全的期限，并附人民法院作出的裁定书。根据《中华人民共和国民事诉讼法》第九十三条、第一百零三条的规定，贵局有义务协助执行人民法院对专利权财产保全的裁定。

二、贵局来函中提出的具体意见第二条中拟要求人民法院提交“中止程序请求书”似有不妥。依据人民法院依法作出的财产保全民事裁定书和协助执行通知书，贵局即承担了协助执行的义务，在财产保全期间应当确保专利申请权或者专利权的法律状态不发生变更。在此前提下，贵局可以依据《专利法》和《专利审查指南》规定的程序，并根据法院要求协助执行的具体事项，自行决定中止有关专利程序。

三、根据最高人民法院《关于适用〈民事诉讼法〉若干问题意见》第102条规定，对出质的专利权也可以采取财产保全措施，但质权人有优先受偿权。至于专利权人与被许可人已经签订的独占实施许可合同，则不影响专利权人的权利状态，也可以采取财产保全。

四、贵局协助人民法院对专利权进行财产保全的期限为6个月，到期可以续延。如到期末续延，该财产保全即自动解除。

以上意见供参考。

最高人民法院对国家知识产权局《关于征求对协助执行专利申请权财产保全裁定的意见的函》的答复意见

1. 2001年10月25日

2. 〔2001〕民三函字第1号

国家知识产权局：

贵局《关于征求对协助执行专利申请权财产保全裁定的意见的函》收悉。经研究，对有关问题答复如下：

一、专利申请权属于专利申请人的一项财产权利，可以作为人民法院财产保全的对象。人民法院根据《民事诉讼法》有关规定采取财产保全措施时，需要对专利申请权进行保全的，应当向国家知识产权局发出协助执行通知书，载明要求保全的专利申请的名称、申请人、申请号、保全期限以及协助执行保全的内容，包括禁止变更著录事项、中止审批程序等，并附人民法院作出的财产保全民事裁定书。

二、对专利申请权的保全期限一次不得超过6个月，自国家知识产权局收到协助执行通知书之日起计算。如果期限届满仍然需要对该专利申请权继续采取保全措施的，人民法院应当在保全期限届满前向国家知识产权局重新发出协助执行通知书，要求继续保全。否则，视为自动解除对该专利申请权的财产保全。

三、贵局收到人民法院发出的对专利申请权采取财产保全措施的协助执行通知书后，应当确保在财产保全期间专利申请权的法律状态不发生改变。因此，应当中止被保全的专利申请的有关程序。同意贵局提出的比照《专利法实施细则》第八十七条的规定处理的意见。

以上意见供参考。

最高人民法院关于对出具检索报告是否为提起实用新型专利侵权诉讼的条件的请示的答复

1. 2001年11月13日

2. 〔2001〕民三函字第2号

北京市高级人民法院：

你院京高法〔2001〕279号《关于出具检索报告是否提起实用新型专利侵权诉讼条件的请示》收悉，经研究，答复如下：

最高人民法院《关于审理专利纠纷案件适用法律问题的若干规定》第八条第一款规定：“提起侵犯实用新型专利权诉讼的原告，应当在起诉时出具由国务院专利行政部门作出的检索报告。”该司法解释是根据《专利法》第五十七条第二款的规定作出的，主要针对在专利侵权诉讼中因被告提出宣告专利权无效导致中止诉讼问题而采取的措施。因此，检索报告，只是作为实用新型专利权有效性的初步证据，并非出具检索报告是原告提起实用新型专利侵权诉讼的条件。该司法解释所称“应当”，意在强调从严执行这项制度，以防过于宽松而使之失去意义。凡符合民事诉讼法第一百零八条规定的起诉条件的案件，人民法院均应当立案受理。但对于原告坚持不出具检索报告，且被告在答辩期间内提出宣告该项实用新型专利权无效的请求，如无其他可以不中止诉讼的情形，人民法院应当中止诉讼。

同意你院请示中的第二种意见。

最高人民法院关于对江苏省高级人民法院《关于当宣告专利权无效或者维持专利权的决定已被提起行政诉讼时相关的专利侵权案件是否应当中止审理问题的请示》的批复

1. 2003年4月15日
2. 〔2002〕民三他字第8号

江苏省高级人民法院：

你院《关于当宣告专利权无效或者维持专利权的决定已被提起行政诉讼时相关的专利侵权案件是否应当中止审理问题的请示》收悉。经研究，答复如下：

人民法院在审理侵犯专利权民事案件过程中，当事人不服专利复审委员会有关宣告专利权无效或者维持专利权的决定，在法定期间内依法向人民法院提起行政诉讼的，该侵犯专利权民事案件可以不中止诉讼。但是，根据现有证据材料，受理该侵犯专利权民事案件的人民法院认为继续审理与相关专利行政案件的判决结果可能发生冲突的，经当事人书面申请，也可以中止诉讼。

你院请示中所涉及的陈建民诉南京三能电力仪表有限公司和苏州工业园区大余电子有限公司专利侵权上诉一案是否中止诉讼，由你院根据上述处理原则并结合本案的具体情况决定。

此复

最高人民法院对“处理专利侵权纠纷可否认定部分侵权”问题的答复

1. 2004年7月26日
2. 〔2004〕行他字第8号

辽宁省高级人民法院：

你院〔2004〕辽行终字第3号《关于处理专利侵权纠纷可否认定部分侵权的请示报告》收悉。经研究，答复如下：

判断专利侵权通常适用“全面覆盖”原则，即被控侵权产品要具有专利独立权利要求记载的全部必要技术特征，方能认定侵权成立，不存在部分侵权的问题。就本案来说，权利要求1记载的是粉镀锌的方法，权利要求2记载的是粉镀锌装置，两者均为独立权利要求，当被控侵权的方法具有权利要求1记载的全部必要技术特征时，即构成对该方法专利权的侵犯；当被控侵权的方法和装置同时具有权利要求1和权利要求2记载的全部必要技术特征时，既构成对该专利的方法专利权的侵犯，也构成对该专利的产品专利权的侵犯。

此复

最高人民法院关于在专利侵权诉讼中能否直接裁判涉案专利属于从属专利或者重复授权专利问题的函

1. 2004年12月6日
2. 〔2004〕民三他字第9号

云南省高级人民法院：

你院云高法报〔2004〕91号《关于人民法院能否直接裁判无独立请求权的第三人的专利为从属专利等问题的请示》收悉。经研究，根据所涉及案件的具体情况，答复如下：

人民法院审理专利侵权纠纷案件时，无须在判决中直接认定当事人拥有或者实施的专利是否属于某项专利的从属专利，也不宜认定是否属于重复授权专利。但是，根据专利法规定的先申请原则，应当依法保护申请在先的专利。不论被控侵权物是否具有专利，只要原告的专利是在先申请的，则应根据被控侵权物的技术特征是否完全覆盖原告的专利权保护范围，判定被告是否构成专利侵权。在进行技术对比判定时，应当以申请在先的原告专利的权利要求记载的全部必要技术特征与被控侵权物的相应技术特征进行对比。被控侵权物包含了权利要求记载的全部技术特征的，或者被控侵权物的个别或某些技术特征虽然与权利要求记载的相应技术特征不相同，但依据等同原则属于与权利要求记载的技术特征相等同的技术特征的，人民法院应当认定被控侵权物落入专利权保护范围，被告构成专利侵权。

此复

最高人民法院关于昆明制药集团股份有限公司与昆明龙津药业有限公司专利侵权纠纷一案的答复

1. 2005年9月20日
2. 〔2005〕民三他字第10号

云南省高级人民法院：

你院云高法报〔2005〕68号《关于昆明制药集团股份有限公司与昆明龙津药业有限公司专利侵权纠纷上诉案》有关问题的请示收悉。经研究，答复如下：

一、根据《中华人民共和国专利法实施细则》第二十一条第一款规定，权利要求书应当有独立权利要求，也可以有从属权利要求。因此，一件申请的权利要求当中，应当至少有一项独立权利要求。在符合《中华人民共和国专利法》第三十一条第一款及《中华人民共和国专利法实施细则》第三十五条有关发明或者实用新型专利申请的单一性规定的情况下，即属于一个总的发明构思的两项以上发明或者实用新型作为一件专利申请时，权利要求书中可以有两项或者两项以上独立权利要求。其中，写在最前面的独立权利要求为第一独立权利要求，其他独立权利要求为并列独立权利要求。《审查指南》第二部分2.2.1(2)对属于一个总的发明构思的两项以上发明规定了六种权利要求的撰写方式，其中，“产品和专用于制造该产品的方法的独立权利要求”的组合即为撰写方式之一。因此，属于一个总的发明构思的两项以上发明或者实用新型专利，其权利要求书中可以有两项或者两项以上独立权利要求。

又根据《中华人民共和国专利法实施细则》第二十一条第二款和第三款规定，独立权利要求应当从整体上反映发明或者实用新型的技术方案，记载解决技术问题的必要技术特征。从属权利要求应当用附加的技术特征，对引用的权利要求进一步限定。因此，只有从属权利要求对所引用的权利要求有限定作用，而独立权利要求之间不具有相互限定的作用，应当按照各自的内容确定专利权的保护范围。

就本案来说，昆明制药集团股份有限公司拥有的“灯盏花素粉针剂及制备方法”发明专利，实质上是“灯盏花素粉针剂”产品和制造该产品的方法两个发明，二者属于一个总的发明构思，可以作为一件专利申请，其权利要求1记载的是“灯盏花素粉针剂”产品的技术方案，权利要求2记载的是制造该产品的方法的技术方案，二者均为独立权利要求，属于前述《审查指南》规定的“产品和专用于制造该产品的方法的独立权利要求组合”的撰写方式。由于权利要求1和权利要求2都是独立权利要求，应当按照各自的权利要求的内容确定专利权的保护范围，权利要求2对权力要求1不具有限定作用。故此，同意你院审判委员会的第二种处理意见。

二、有关本案产品涉及的检测问题，如果国家没有制定相关的检测标准，可以参照《中华人民共和国合同法》第六十二条第一款第(一)项的规定，按照本领域的惯常作法来进行检测。只要所采用的方法具有充分的科学依据，其检测结果一般可以作为定案的依据。至于本案中云南省分析测试中心所作的检测结果能否作为定案的依据，请你院根据上述原则，并结合案件的具体情况予以确定。

最高人民法院关于广东省高级人民法院请示阳江虹阳食品工业有限公司与叶冠东专利侵权纠纷案的答复

1. 2007年6月20日
2. 〔2006〕民三他字第19号

广东省高级人民法院：

你院粤高法〔2006〕380号《关于阳江虹阳食品工业有限公司与叶冠东专利侵权纠纷一案如何适用法律的请示》收悉。经研究，答复如下：

根据《中华人民共和国专利法》第五十六条第一款的规定，发明或者实用新型专利权的保护范围以其权利要求的内容为准，说明书及附图可以用于解释权利要求。对于权利要求记载的技术特征，应当首先以说明书及附图为依据进行解释。权利要求书等有关表述歧义，不能直接得出具体、确定、惟一的解释的，应当依据所属领域的技术人员通过阅读权利要求书和说明书及附图，对实现要求保护的技术方案得出具体、确定、惟一的解释，以达到确定该专利保护范围的目的。本案所涉及技术方案中的滤网的位置，所属领域技术人员通过阅读权利要求书和说明书及附图后综合判断，应当可以得出滤网只能在桶体底部胶质出口之上的理解。至于本案被控侵权产品是否落入专利保护范围，请你院经依法审判自行认定。

此复。

最高人民法院关于对当事人能否选择从属权利要求确定专利权保护范围的请示的答复

1. 2007年11月13日

2. 〔2007〕民三他字第10号

江苏省高级人民法院：

你院《关于连云港鹰游纺机有限责任公司与江阴周庄纺织设备厂专利侵权纠纷一案的请示》收悉。经研究，答复如下：

一、当事人放弃独立权利要求，自愿选择从属权利要求确定专利权保护范围的，人民法院应当允许。专利法第五十六条第一款规定，发明或者实用新型专利权的保护范围以其权利要求的内容为准。专利法实施细则第二十一条第一款规定，权利要求书应当有独立权利要求，也可以有从属权利要求。由于专利法第五十六条第一款所说的“权利要求”没有仅限定为专利法实施细则第二十一条第一款规定的“独立权利要求”，因此也应当包括实施细则规定的“从属权利要求”。“从属权利要求”是附加的技术特征，对其所引用的权利要求包括独立权利要求作进一步的限定，因此从属权利要求所限定的专利权的保护范围要小于独立权利要求或者其所引用的权利要求所限定的专利权的保护范围。因此，在当事人放弃独立权利要求，自愿选择从属权利要求作为其专利权保护范围的依据的情况下，由于这种选择既不违反法律，也没有损害社会公众利益，人民法院应当允许。

二、当事人选择从属权利要求确定专利权保护范围与该专利权是否经过无效程序似没有直接关系，但与案件是否中止诉讼有关系。正如前述，既然当事人选择从属权利要求确定专利权保护范围并不违反法律，也不损害社会公众利益，那么一项专利权无论经过宣告专利权无效程序还是没有经过宣告专利权无效程序，都应当允许当事人选择从属权利要求确定专利权保护范围。但是，当一方当事人所选择的从属权利要求不具备法律稳定性并且符合民事诉讼法及本院有关司法解释规定的中止诉讼的情形时，人民法院应当中止诉讼。例如，当专利权是实用新型专利时，由于未经过实质审查，也未经过宣告专利权无效程序对其有效性进行审查，甚至也未提供检索报告证明该实用新型专利权具备法律稳定性的初步证据，或者提供的检索报告初步证明该实用新型专利权的所有权利要求缺乏新颖性、创造性，那么无论是该实用新型专利权的独立权利要求还是从属权利要求均不具备法律稳定性。在此情况下，一方当事人仍然可以放弃独立权利要求而选择从属权利要求作为确定其专利权保护范围的依据。但是，由于所选择的从属权利要求也不具备法律稳定性，如果对方当事人在答辩期内提出宣告该专利权无效请求并申请中止诉讼的，人民法院应当中止诉讼，待专利无效结果作出后再恢复诉讼。如果对方当事人明确表示拒绝提出宣告该实用新型专利权无效请求并且不申请中止诉讼，而仅以不侵权或者公知技术进行抗辩的，当事人选择从属权利要求作为确定其专利权保护范围依据的，人民法院也可以不中止诉讼，在推定该实用新型专利权有效的基础上，直接进行侵权对比或者确认公知技术抗辩是否成立。

三、当当事人放弃独立权利要求，选择从属权利要求确定专利权保护范围时，应当以其所选择的从属权利要求记载的技术特征与该从属权利要求所引用的权利要求记载的技术特征共同限定该专利权的保护范围。这就是说，不能仅以该从属权利要求本身记载的技术特征作为确定专利权保护范围的依据，也不能将没有引用关系的其他权利要求记载的技术特征加在一起作为确定专利权保护范围的依据。因为每一个从属权利要求与其所引用的权利要求记载的都系各自不同的完整的技术方案，应当分别受到保护。例如，本案中，权利要求1为独立权利要求，权利要求2、3、4、5均为从属权利要求。其中，权利要求2与其所引用的权利要求1；权利要求3与其所引用的权利要求1；权利要求3与其所引用的权利要求2和权利要求2引用的权利要求1；权利要求4与其所引用的权利要求1；权利要求4与其所引用的权利要求2和权利要求2引用的权利要求1；权利要求5与其所引用的权利要求1，均为独立的技术方案，专利权人可以选择其中的一个或者全部予以保护，法院可以引导专利权人作出适当的选择。

四、在当事人没有放弃独立权利要求，自愿选择从属权利要求确定专利权保护范围的情况下，人民法院不得自行采用从属权利要求确定专利权的保护范围。因为独立权利要求的保护范围最大，在当事人没有主动放弃保护请求的情况下，人民法院应当尊重当事人的选择。当当事人没有明确放弃以独立权利要求确定专利权保护范围时，如果另一方当事人对该独立权利要求提出公知技术抗辩并且成立的，人民法院应当依照公知技术抗辩原则处理，认定被控侵权产品或者方法属于公知技术，不构成侵权。

此复

最高人民法院关于朝阳兴诺公司按照建设部颁发的行业标准《复合载体夯扩桩设计规程》设计、施工而实施标准中专利的行为是否构成侵犯专利权问题的函

1. 2008年7月8日

2.〔2008〕民三他字第4号

辽宁省高级人民法院：

你院《关于季强、刘辉与朝阳市兴诺建筑工程有限公司专利侵权纠纷一案的请示》（〔2007〕辽民四知终字第126号）收悉。经研究，答复如下：

鉴于目前我国标准制定机关尚未建立有关标准中专利信息的公开披露及使用制度的实际情况，专利权人参与了标准的制定或者经其同意，将专利纳入国家、行业或者地方标准的，视为专利权人许可他人在实施标准的同时实施该专利，他人的有关实施行为不属于专利法第十一条所规定的侵犯专利权的行为。专利权人可以要求实施人支付一定的使用费，但支付的数额应明显低于正常的许可使用费；专利权人承诺放弃专利使用费的，依其承诺处理。

对于你院所请示的案件，请你院在查明有关案件事实，特别是涉案专利是否已被纳入争议标准的基础上，按照上述原则依法作出处理。

此复。

· 指导案例 ·

最高人民法院指导案例83号——威海嘉易烤生活家电有限公司诉永康市金仕德工贸有限公司、浙江天猫网络有限公司侵害发明专利权纠纷案

（最高人民法院审判委员会讨论通过
2017年3月6日发布）

【关键词】

民事　侵害发明专利权　有效通知　必要措施　网络服务提供者　连带责任

【裁判要点】

1. 网络用户利用网络服务实施侵权行为，被侵权人依据侵权责任法向网络服务提供者所发出的要求其采取必要措施的通知，包含被侵权人身份情况、权属凭证、侵权人网络地址、侵权事实初步证据等内容的，即属有效通知。网络服务提供者自行设定的投诉规则，不得影响权利人依法维护其自身合法权利。

2. 侵权责任法第三十六条第二款所规定的网络服务提供者接到通知后所应采取的必要措施包括但并不限于删除、屏蔽、断开链接。“必要措施”应遵循审慎、合理的原则，根据所侵害权利的性质、侵权的具体情形和技术条件等来加以综合确定。

【相关法条】

《中华人民共和国侵权责任法》第36条

【基本案情】

原告威海嘉易烤生活家电有限公司（以下简称嘉易烤公司）诉称：永康市金仕德工贸有限公司（以下简称金仕德公司）未经其许可，在天猫商城等网络平台上宣传并销售侵害其ZL200980000002.8号专利权的产品，构成专利侵权；浙江天猫网络有限公司（以下简称天猫公司）在嘉易烤公司投诉金仕德公司侵权行为的情况下，未采取有效措施，应与金仕德公司共同承担侵权责任。请求判令：1. 金仕德公司立即停止销售被诉侵权产品；2. 金仕德公司立即销毁库存的被诉侵权产品；3. 天猫公司撤销金仕德公司在天猫平台上所有的侵权产品链接；4. 金仕德公司、天猫公司连带赔偿嘉易烤公司50万元；5. 本案

诉讼费用由金仕德公司、天猫公司承担。

金仕德公司答辩称:其只是卖家,并不是生产厂家,嘉易烤公司索赔数额过高。

天猫公司答辩称:1. 其作为交易平台,并不是生产销售侵权产品的主要经营方或者销售方;2. 涉案产品是否侵权不能确定;3. 涉案产品是否使用在先也不能确定;4. 在不能证明其为侵权方的情况下,由其连带赔偿 50 万元缺乏事实和法律依据,且其公司业已删除了涉案产品的链接,嘉易烤公司关于撤销金仕德公司在天猫平台上所有侵权产品链接的诉讼请求亦不能成立。

法院经审理查明:2009 年 1 月 16 日,嘉易烤公司及其法定代表人李琎熙共同向国家知识产权局申请了名称为"红外线加热烹调装置"的发明专利,并于 2014 年 11 月 5 日获得授权,专利号为 ZL200980000002. 8。该发明专利的权利要求书记载:"1. 一种红外线加热烹调装置,其特征在于,该红外线加热烹调装置包括:托架,在其上部中央设有轴孔,且在其一侧设有控制电源的开关;受红外线照射就会被加热的旋转盘,作为在其上面可以盛食物的圆盘形容器,在其下部中央设有可拆装的插入到上述轴孔中的突起;支架,在上述托架的一侧纵向设置;红外线照射部,其设在上述支架的上端,被施加电源就会朝上述旋转盘照射红外线;上述托架上还设有能够从内侧拉出的接油盘;在上述旋转盘的突起上设有轴向的排油孔。"2015 年 1 月 26 日,涉案发明专利的专利权人变更为嘉易烤公司。涉案专利年费缴纳至 2016 年 1 月 15 日。

2015 年 1 月 29 日,嘉易烤公司的委托代理机构北京商专律师事务所向北京市海诚公证处申请证据保全公证,其委托代理人王永先、时寅在公证处监督下,操作计算机登入天猫网(网址为 http://www. tmall. com),在一家名为"益心康旗舰店"的网上店铺购买了售价为 388 元的 3D 烧烤炉,并拷贝了该网店经营者的营业执照信息。同年 2 月 4 日,时寅在公证处监督下接收了寄件人名称为"益心康旗舰店"的快递包裹一个,内有韩文包装的 3D 烧烤炉及赠品、手写收据联和中文使用说明书、保修卡。公证员对整个证据保全过程进行了公证并制作了(2015)京海诚内民证字第 01494 号公证书。同年 2 月 10 日,嘉易烤公司委托案外人张一军向淘宝网知识产权保护平台上传了包含专利侵权分析报告和技术特征比对表在内的投诉材料,但淘宝网最终没有审核通过。同年 5 月 5 日,天猫公司向浙江省杭州市钱塘公证处申请证据保全公证,由其代理人刁曼丽在公证处的监督下操作电脑,在天猫网益心康旗舰店搜索"益心康 3D 烧烤炉韩式家用不粘电烤炉无烟烤肉机电烤盘铁板烧烤肉锅",显示没有搜索到符合条件的商品。公证员对整个证据保全过程进行了公证并制作了(2015)浙杭钱证内字第 10879 号公证书。

一审庭审中,嘉易烤公司主张将涉案专利权利要求 1 作为本案要求保护的范围。经比对,嘉易烤公司认为除了开关位置的不同,被控侵权产品的技术特征完全落入了涉案专利权利要求 1 记载的保护范围,而开关位置的变化是业内普通技术人员不需要创造性劳动就可解决的,属于等同特征。两原审被告对比对结果不持异议。

另查明,嘉易烤公司为本案支出公证费 4000 元,代理服务费 81000 元。

【裁判结果】

浙江省金华市中级人民法院于 2015 年 8 月 12 日作出(2015)浙金知民初字第 148 号民事判决:一、金仕德公司立即停止销售侵犯专利号为 ZL200980000002. 8 的发明专利权的产品的行为;二、金仕德公司于判决生效之日起十日内赔偿嘉易烤公司经济损失 150000 元(含嘉易烤公司为制止侵权而支出的合理费用);三、天猫公司对上述第二项中金仕德公司赔偿金额的 50000 元承担连带赔偿责任;四、驳回嘉易烤公司的其他诉讼请求。一审宣判后,天猫公司不服,提起上诉。浙江省高级人民法院于 2015 年 11 月 17 日作出(2015)浙知终字第 186 号民事判决:驳回上诉,维持原判。

【裁判理由】

法院生效裁判认为:各方当事人对于金仕德公司销售的被诉侵权产品落入嘉易烤公司涉案专利权利要求 1 的保护范围,均不持异议,原审判决认定金仕德公司涉案行为构成专利侵权正确。关于天猫公司在本案中是否构成共同侵权,侵权责任法第三十六条第二款规定,网络用户利用网络服务实施侵权行为的,被侵权人有权通知网络服务提供者采取删除、屏蔽、断开链接等必要措施。网络服务提供者接到通知后未及时采取必要措施的,对损害的扩大部分与该网络用户承担连带责任。上述规定系针对权利人发现网络用户利用网络服务提供者的服务实施侵权行为后"通知"网络服务提供者采取必要措施,以防止侵权后果不当扩大的情形,同时还明确界定了此种情形下网络服务提供者所应承担的义务范围及责任构成。本案中,天猫公司涉案被诉侵权行为是否构成侵权应结合对天猫公司的主体性质、嘉易烤公司"通知"的有效性以及天猫公司在接到嘉易烤公司的"通知"后是否应当采取措施及所采取的措施的必要性和及时性等加以综合考量。

首先,天猫公司依法持有增值电信业务经营许可证,系信息发布平台的服务提供商,其在本案中为金仕德公司经营的"益心康旗舰店"销售涉案被诉侵权产品提供网络技术服务,符合侵权责任法第三十六条第二款所规定网络服务提供者的主体条件。

其次,天猫公司在二审庭审中确认嘉易烤公司已于2015年2月10日委托案外人张一军向淘宝网知识产权保护平台上传了包含被投诉商品链接及专利侵权分析报告、技术特征比对表在内的投诉材料,且根据上述投诉材料可以确定被投诉主体及被投诉商品。

侵权责任法第三十六条第二款所涉及的"通知"是认定网络服务提供者是否存在过错及应否就危害结果的不当扩大承担连带责任的条件。"通知"是指被侵权人就他人利用网络服务商的服务实施侵权行为的事实向网络服务提供者所发出的要求其采取必要技术措施,以防止侵权行为进一步扩大的行为。"通知"既可以是口头的,也可以是书面的。通常,"通知"内容应当包括权利人身份情况、权属凭证、证明侵权事实的初步证据以及指向明确的被诉侵权人网络地址等材料。符合上述条件的,即应视为有效通知。嘉易烤公司涉案投诉通知符合侵权责任法规定的"通知"的基本要件,属有效通知。

第三,经查,天猫公司对嘉易烤公司投诉材料作出审核不通过的处理,其在回复中表明审核不通过原因是:烦请在实用新型、发明的侵权分析对比表表二中详细填写被投诉商品落入贵方提供的专利权利要求的技术点,建议采用图文结合的方式一一指出。(需注意,对比的对象为卖家发布的商品信息上的图片、文字),并提供购买订单编号或双方会员名。

二审法院认为,发明或实用新型专利侵权的判断往往并非仅依赖表面或书面材料就可以作出,因此专利权人的投诉材料通常只需包括权利人身份、专利名称及专利号、被投诉商品及被投诉主体内容,以便投诉接受方转达被投诉主体。在本案中,嘉易烤公司的投诉材料已完全包含上述要素。至于侵权分析比对,天猫公司一方面认为其对卖家所售商品是否侵犯发明专利判断能力有限,另一方面却又要求投诉方"详细填写被投诉商品落入贵方提供的专利权利要求的技术点,建议采用图文结合的方式一一指出",该院认为,考虑到互联网领域投诉数量巨大、投诉情况复杂的因素,天猫公司的上述要求基于其自身利益考量虽也具有一定的合理性,而且也有利于天猫公司对于被投诉行为的性质作出初步判断并采取相应的措施。但就权利人而言,天猫公司的前述要求并非权利人投诉通知有效的必要条件。况且,嘉易烤公司在本案的投诉材料中提供了多达5页的以图文并茂的方式表现的技术特征对比表,天猫公司仍以教条的、格式化的回复将技术特征对比作为审核不通过的原因之一,处置失当。至于天猫公司审核不通过并提出提供购买订单编号或双方会员名的要求,该院认为,本案中投诉方是否提供购买订单编号或双方会员名并不影响投诉行为的合法有效。而且,天猫公司所确定的投诉规制并不对权利人维权产生法律约束力,权利人只需在法律规定的框架内行使维权行为即可,投诉方完全可以根据自己的利益考量决定是否接受天猫公司所确定的投诉规制。更何况投诉方可能无需购买商品而通过其他证据加以证明,也可以根据他人的购买行为发现可能的侵权行为,甚至投诉方即使存在直接购买行为,但也可以基于某种经济利益或商业秘密的考量而拒绝提供。

最后,侵权责任法第三十六条第二款所规定的网络服务提供者接到通知后所应采取必要措施包括但并不限于删除、屏蔽、断开链接。"必要措施"应根据所侵害权利的性质、侵权的具体情形和技术条件等来加以综合确定。

本案中,在确定嘉易烤公司的投诉行为合法有效之后,需要判断天猫公司在接受投诉材料之后的处理是否审慎、合理。该院认为,本案系侵害发明专利权纠纷。天猫公司作为电子商务网络服务平台的提供者,基于其公司对于发明专利侵权判断的主观能力、侵权投诉胜诉概率以及利益平衡等因素的考量,并不必然要求天猫公司在接受投诉后对被投诉商品立即采取删除和屏蔽措施,对被诉商品采取的必要措施应当秉承审慎、合理原则,以免损害被投诉人的合法权益。但是将有效的投诉通知材料转达被投诉人并通知被投诉人申辩当属天猫公司应当采取的必要措施之一。否则权利人投诉行为将失去任何意义,权利人的维权行为也将难以实现。网络服务平台提供者应该保证有效投诉信息传递的顺畅,而不应成为投诉信息的黑洞。被投诉人对于其或生产、或销售的商品是否侵权,以及是否应主动自行停止被投诉行为,自会作出相应的判断及应对。而天猫公司未履行上述基本义务的结果导致被投诉人未收到任何警示从而造成损害后果的扩大。至于天猫公司在嘉易烤公司起诉后即对被诉商品采取删除和屏蔽措施，当属审慎、合理。综上，天猫公司在接到嘉易烤公司的通知后未及时采取必要措施，对损害的扩大部分应与金仕德公司承担连带责任。天猫公司就此提出的上诉理由不能成立。关于天猫公司所应承担责任的份额，一审法院综合考虑侵权持续的时间及天猫公司应当知道侵权事实的时间，确定天猫公司对金仕德公司赔偿数额的50000元承担连带赔偿责任，并无不当。

最高人民法院指导案例84号
——礼来公司诉常州华生制药有限公司侵害发明专利权纠纷案

（最高人民法院审判委员会讨论通过
2017年3月6日发布）

【关键词】

民事　侵害发明专利权　药品制备方法发明专利保护范围　技术调查官　被诉侵权药品制备工艺查明

【裁判要点】

1. 药品制备方法专利侵权纠纷中，在无其他相反证据情形下，应当推定被诉侵权药品在药监部门的备案工艺为其实际制备工艺；有证据证明被诉侵权药品备案工艺不真实的，应当充分审查被诉侵权药品的技术来源、生产规程、批生产记录、备案文件等证据，依法确定被诉侵权药品的实际制备工艺。

2. 对于被诉侵权药品制备工艺等复杂的技术事实，可以综合运用技术调查官、专家辅助人、司法鉴定以及科技专家咨询等多种途径进行查明。

【相关法条】

1.《中华人民共和国专利法》（2008年修正）第59条第1款、第61条、第68条第1款（本案适用的是2000年修正的《中华人民共和国专利法》第56条第1款、第57条第2款、第62条第1款）

2.《中华人民共和国民事诉讼法》第78条、79条

【基本案情】

2013年7月25日，礼来公司（又称伊莱利利公司）向江苏省高级人民法院（以下简称江苏高院）诉称，礼来公司拥有涉案91103346.7号方法发明专利权，涉案专利方法制备的药物奥氮平为新产品。常州华生制药有限公司（以下简称华生公司）使用落入涉案专利权保护范围的制备方法生产药物奥氮平并面向市场销售，侵害了礼来公司的涉案方法发明专利权。为此，礼来公司提起本案诉讼，请求法院判令：1. 华生公司赔偿礼来公司经济损失人民币151 060 000元、礼来公司为制止侵权所支付的调查取证费和其他合理开支人民币28 800元；2. 华生公司在其网站及《医药经济报》刊登声明，消除因其侵权行为给礼来公司造成的不良影响；3. 华生公司承担礼来公司因本案发生的律师费人民币1 500 000元；4. 华生公司承担本案的全部诉讼费用。

江苏高院一审查明：

涉案专利为英国利利工业公司1991年4月24日申请的名称为“制备一种噻吩并苯二氮杂化合物的方法”的第91103346.7号中国发明专利申请，授权公告日为1995年2月19日。2011年4月24日涉案专利权期满终止。1998年3月17日，涉案专利的专利权人变更为英国伊莱利利有限公司；2002年2月28日专利权人变更为伊莱利利公司。

涉案专利授权公告的权利要求为：

1. 一种制备2－甲基－10－(4－甲基－1－哌嗪基)－4H－噻吩并[2,3,－b][1,5]苯并二氮杂，或其酸加成盐的方法，

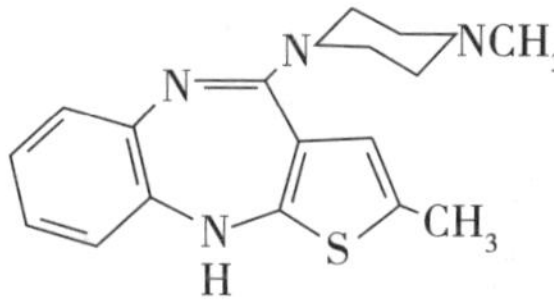

所述方法包括：

(a)使N－甲基哌嗪与下式化合物反应，

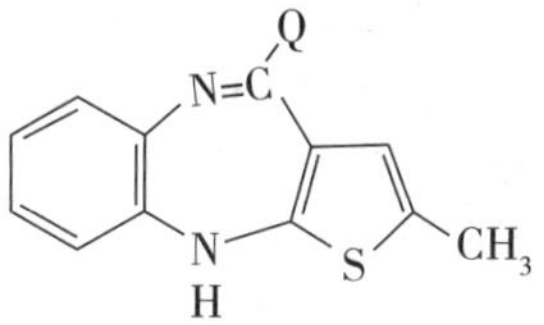

式中Q是一个可以脱落的基团，或

(b)使下式的化合物进行闭环反应

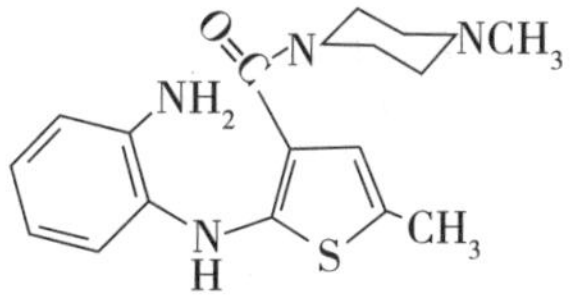

2001年7月，中国医学科学院药物研究所（简称医科院药物所）和华生公司向国家药品监督管理局（简称国家药监局）申请奥氮平及其片剂的新药证书。2003年5月9日，医科院药物所和华生公司获得国家药监局颁

发的奥氮平原料药和奥氮平片《新药证书》，华生公司获得奥氮平和奥氮平片《药品注册批件》。新药申请资料中《原料药生产工艺的研究资料及文献资料》记载了制备工艺，即加入4－氨基－2－甲基－10－苄基－噻吩并苯并二氮杂，盐酸盐，甲基哌嗪及二甲基甲酰胺搅拌，得粗品，收率94.5%；加入2－甲基－10－苄基－(4－甲基－1－哌嗪基)－4H－噻吩并苯并二氮杂、冰醋酸、盐酸搅拌，然后用氢氧化钠中和后得粗品，收率73.2%；再经过两次精制，总收率为39.1%。从反应式分析，该过程就是以式四化合物与甲基哌嗪反应生成式五化合物，再对式五化合物脱苄基，得式一化合物。2003年8月，华生公司向青岛市第七人民医院推销其生产的“华生－奥氮平”5mg－新型抗精神病药，其产品宣传资料记载，奥氮平片主要成分为奥氮平，其化学名称为2－甲基－10－(4－甲基－1－哌嗪)－4H－噻吩并苯并二氮杂。

在另案审理中，根据江苏高院的委托，2011年8月25日，上海市科技咨询服务中心出具(2010)鉴字第19号《技术鉴定报告书》。该鉴定报告称，按华生公司备案的“原料药生产工艺的研究资料及文献资料”中记载的工艺进行实验操作，不能获得原料药奥氮平。鉴定结论为：华生公司备案资料中记载的生产原料药奥氮平的关键反应步骤缺乏真实性，该备案的生产工艺不可行。

经质证，伊莱利利公司认可该鉴定报告，华生公司对该鉴定报告亦不持异议，但是其坚持认为采取两步法是可以生产出奥氮平的，只是因为有些内容涉及商业秘密没有写入备案资料中，故专家依据备案资料生产不出来。

华生公司认为其未侵害涉案专利权，理由是：2003年至今，华生公司一直使用2008年补充报批的奥氮平备案生产工艺，该备案文件已于2010年9月8日获国家药监局批准，具备可行性。在礼来公司未提供任何证据证明华生公司的生产工艺的情况下，应以华生公司2008年奥氮平备案工艺作为认定侵权与否的比对工艺。

华生公司提交的2010年9月8日国家药监局《药品补充申请批件》中“申请内容”栏为：“(1)改变影响药品质量的生产工艺；(2)修改药品注册标准。”“审批结论”栏为：“经审查，同意本品变更生产工艺并修订质量标准。变更后的生产工艺在不改变原合成路线的基础上，仅对其制备工艺中所用溶剂和试剂进行调整。质量标准所附执行，有效期24个月。”

上述2010年《药品补充申请批件》所附《奥氮平药品补充申请注册资料》中5.1原料药生产工艺的研究资料及文献资料章节中5.1.1说明内容为：“根据我公司奥氮平原料药的实际生产情况，在不改变原来申报生产工艺路线的基础上，对奥氮平的制备工艺过程做了部分调整变更，对工艺进行优化，使奥氮平各中间体的质量得到进一步的提高和保证，其制备过程中的相关杂质得到有效控制。……由于工艺路线没有变更，并且最后一步的结晶溶剂亦没有变更，故化合物的结构及晶型不会改变。”

最高人民法院二审审理过程中，为准确查明本案所涉技术事实，根据民事诉讼法第七十九条、最高人民法院《关于适用〈中华人民共和国民事诉讼法〉的解释》(以下简称《民事诉讼法解释》)第一百二十二条之规定，对礼来公司的专家辅助人出庭申请予以准许；根据《民事诉讼法解释》第一百一十七条之规定，对华生公司的证人出庭申请予以准许；根据民事诉讼法第七十八条、《民事诉讼法解释》第二百二十七条之规定，通知出具(2014)司鉴定第02号《技术鉴定报告》的江苏省科技咨询中心工作人员出庭；根据最高人民法院《关于知识产权法院技术调查官参与诉讼活动若干问题的暂行规定》第二条、第十条之规定，首次指派技术调查官出庭，就相关技术问题与各方当事人分别询问了专家辅助人、证人及鉴定人。

最高人民法院二审另查明：

1999年10月28日，华生公司与医科院药物所签订《技术合同书》，约定医科院药物所将其研制开发的抗精神分裂药奥氮平及其制剂转让给华生公司，医科院药物所负责完成临床前报批资料并在北京申报临床；验收标准和方法按照新药审批标准，采用领取临床批件和新药证书方式验收；在其他条款中双方对新药证书和生产的报批作出了约定。

医科院药物所1999年10月填报的(京99)药申临字第82号《新药临床研究申请表》中，“制备工艺”栏绘制的反应路线如下：

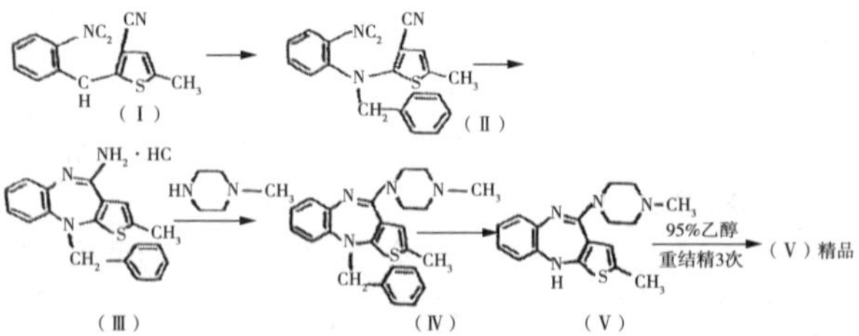

1999年11月9日，北京市卫生局针对医科院药物所的新药临床研究申请作出《新药研制现场考核报告表》，“现场考核结论”栏记载：“该所具备研制此原料的条件，原始记录、实验资料基本完整，内容真实。”

2001 年 6 月，医科院药物所和华生公司共同向国家药监局提交《新药证书、生产申请表》((2001)京申产字第 019 号)。针对该申请，江苏省药监局 2001 年 10 月 22 日作出《新药研制现场考核报告表》,"现场考核结论"栏记载:"经现场考核，样品制备及检验原始记录基本完整，检验仪器条件基本具备，研制单位暂无原料药生产车间，现申请本品的新药证书。"

根据华生公司申请，江苏药监局 2009 年 5 月 21 日发函委托江苏省常州市食品药品监督管理局药品安全监管处对华生公司奥氮平生产现场进行检查和产品抽样，江苏药监局针对该检查和抽样出具了《药品注册生产现场检查报告》(受理号 CXHB0800159)，其中"检查结果"栏记载:"按照药品注册现场检查的有关要求，2009 年 7 月 7 日对该品种的生产现场进行了第一次检查，该公司的机构和人员、生产和检验设施能满足该品种的生产要求，原辅材料等可溯源，主要原料均按规定量投料，生产过程按申报的工艺进行。2009 年 8 月 25 日，按药品注册现场核查的有关要求，检查了 70309001、70309002、70309003 三批产品的批生产记录、检验记录、原料领用使用、库存情况记录等，已按抽样要求进行了抽样。""综合评定结论"栏记载:"根据综合评定，现场检查结论为：通过"。

国家药监局 2010 年 9 月 8 日颁发给华生公司的《药品补充申请批件》所附《奥氮平药品补充申请注册资料》中，5.1"原料药生产工艺的研究资料及文献资料"之 5.1.2"工艺路线"中绘制的反应路线如下：

5.1.2 工艺路线

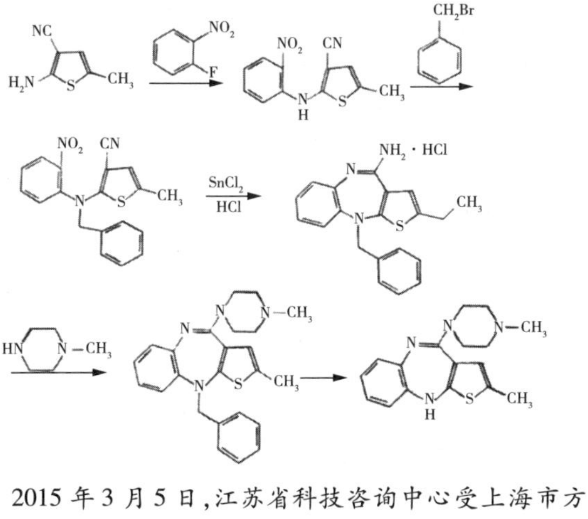

2015 年 3 月 5 日，江苏省科技咨询中心受上海市方达(北京)律师事务所委托出具(2014)司鉴字第 02 号《技术鉴定报告》，其"鉴定结论"部分记载:"1. 华生公司 2008 年向国家药监局备案的奥氮平制备工艺是可行的。2. 对比华生公司 2008 年向国家药监局备案的奥氮平制备工艺与礼来公司第 91103346.7 号方法专利，两者起始原料均为仲胺化物，但制备工艺路径不同，具体表现在：(1)反应中产生的关键中间体不同；(2)反应步骤不同：华生公司的是四步法，礼来公司是二步法；(3)反应条件不同：取代反应中，华生公司采用二甲基甲酰胺为溶媒，礼来公司采用二甲基亚砜和甲苯的混合溶剂为溶媒。"

二审庭审中，礼来公司明确其在本案中要求保护涉案专利权利要求 1 中的方法(a)。

【裁判结果】

江苏省高级人民法院于 2014 年 10 月 14 日作出(2013)苏民初字第 0002 号民事判决：1. 常州华生制药有限公司赔偿礼来公司经济损失及为制止侵权支出的合理费用人民币计 350 万元；2. 驳回礼来公司的其他诉讼请求。案件受理费人民币 809 744 元，由礼来公司负担 161 950 元，常州华生制药有限公司负担 647 794 元。礼来公司、常州华生制药有限公司均不服，提起上诉。最高人民法院 2016 年 5 月 31 日作出(2015)民三终字第 1 号民事判决：1. 撤销江苏省高级人民法院(2013)苏民初字第 0002 号民事判决；2. 驳回礼来公司的诉讼请求。一、二审案件受理费各人民币 809 744 元，由礼来公司负担 323 897 元，常州华生制药有限公司负担 1 295 591 元。

【裁判理由】

法院生效裁判认为，最高人民法院《关于审理侵犯专利权纠纷案件应用法律若干问题的解释》第七条规定:"人民法院判定被诉侵权技术方案是否落入专利权的保护范围，应当审查权利人主张的权利要求所记载的全部技术特征。被诉侵权技术方案包含与权利要求记载的全部技术特征相同或者等同的技术特征的，人民法院应当认定其落入专利权的保护范围；被诉侵权技术方案的技术特征与权利要求记载的全部技术特征相比，缺少权利要求记载的一个以上的技术特征，或者有一个以上技术特征不相同也不等同的，人民法院应当认定其没有落入专利权的保护范围。"本案中，华生公司被诉生产销售的药品与涉案专利方法制备的产品相同，均为奥氮平，判定华生公司奥氮平制备工艺是否落入涉案专利权保护范围，涉及以下三个问题：

(一)关于涉案专利权的保护范围

专利法第五十六条第一款规定:"发明或者实用新

型专利权的保护范围以其权利要求的内容为准，说明书及附图可以用于解释权利要求。”本案中，礼来公司要求保护涉案专利权利要求1中的方法(a)，该权利要求采取开放式的撰写方式，其中仅限定了参加取代反应的三环还原物及N－甲基哌嗪以及发生取代的基团，其保护范围涵盖了所有采用所述三环还原物与N－甲基哌嗪在Q基团处发生取代反应而生成奥氮平的制备方法，无论采用何种反应起始物、溶剂、反应条件，均在其保护范围之内。基于此，判定华生公司奥氮平制备工艺是否落入涉案专利权保护范围，关键在于两个技术方案反应路线的比对，而具体的反应起始物、溶剂、反应条件等均不纳入侵权比对范围，否则会不当限缩涉案专利权的保护范围，损害礼来公司的合法权益。

（二）关于华生公司实际使用的奥氮平制备工艺

专利法第五十七条第二款规定：“专利侵权纠纷涉及新产品制造方法的发明专利的，制造同样产品的单位或者个人应当提供其产品制造方法不同于专利方法的证明。”本案中，双方当事人对奥氮平为专利法中所称的新产品不持异议，华生公司应就其奥氮平制备工艺不同于涉案专利方法承担举证责任。具体而言，华生公司应当提供证据证明其实际使用的奥氮平制备工艺反应路线未落入涉案专利权保护范围，否则，将因其举证不能而承担推定礼来公司侵权指控成立的法律后果。

本案中，华生公司主张其自2003年至今一直使用2008年向国家药监局补充备案工艺生产奥氮平，并提交了其2003年和2008年奥氮平批生产记录(一审补充证据6)、2003年、2007年和2013年生产规程(一审补充证据7)、《药品补充申请批件》(一审补充证据12)等证据证明其实际使用的奥氮平制备工艺。如前所述，本案的侵权判定关键在于两个技术方案反应路线的比对，华生公司2008年补充备案工艺的反应路线可见于其向国家药监局提交的《奥氮平药品补充申请注册资料》，其中5.1“原料药生产工艺的研究资料及文献资料”之5.1.2“工艺路线”图显示该反应路线为：先将“仲胺化物”中的仲氨基用苄基保护起来，制得“苄基化物”(苄基化)，再进行闭环反应，生成“苄基取代的噻吩并苯并二氮杂”三环化合物(还原化物)。“还原化物”中的氨基被N－甲基哌嗪取代，生成“缩合物”，然后脱去苄基，制得奥氮平。本院认为，现有在案证据能够形成完整证据链，证明华生公司2003年至涉案专利权到期日期间一直使用其2008年补充备案工艺的反应路线生产奥氮平，主要理由如下：

首先，华生公司2008年向国家药监局提出奥氮平药品补充申请注册，在其提交的《奥氮平药品补充申请注册资料》中，明确记载了其奥氮平制备工艺的反应路线。针对该补充申请，江苏省药监部门于2009年7月7日和8月25日对华生公司进行了生产现场检查和产品抽样，并出具了《药品注册生产现场检查报告》(受理号CXHB0800159)，该报告显示华生公司的“生产过程按申报的工艺进行”，三批样品“已按抽样要求进行了抽样”，现场检查结论为“通过”。也就是说，华生公司2008年补充备案工艺经过药监部门的现场检查，具备可行性。基于此，2010年9月8日，国家药监局向华生公司颁发了《药品补充申请批件》，同意华生公司奥氮平“变更生产工艺并修订质量标准”。对于华生公司2008年补充备案工艺的可行性，礼来公司专家辅助人在二审庭审中予以认可，江苏省科技咨询中心出具的(2014)司鉴字第02号《技术鉴定报告》在其鉴定结论部分也认为“华生公司2008年向国家药监局备案的奥氮平制备工艺是可行的”。因此，在无其他相反证据的情形下，应当推定华生公司2008年补充备案工艺即为其取得《药品补充申请批件》后实际使用的奥氮平制备工艺。

其次，一般而言，适用于大规模工业化生产的药品制备工艺步骤繁琐，操作复杂，其形成不可能是一蹴而就的。从研发阶段到实际生产阶段，其长期的技术积累过程通常是在保持基本反应路线稳定的情况下，针对实际生产中发现的缺陷不断优化调整反应条件和操作细节。华生公司的奥氮平制备工艺受让于医科院药物所，双方于1999年10月28日签订了《技术转让合同》。按照合同约定，医科院药物所负责完成临床前报批资料并在北京申报临床。在医科院药物所1999年10月填报的(京99)药申临字第82号《新药临床研究申请表》中，“制备工艺”栏绘制的反应路线显示，其采用了与华生公司2008年补充备案工艺相同的反应路线。针对该新药临床研究申请，北京市卫生局1999年11月9日作出《新药研制现场考核报告表》，确认“原始记录、实验资料基本完整，内容真实。”在此基础上，医科院药物所和华生公司按照《技术转让合同》的约定，共同向国家药监局提交新药证书、生产申请表((2001)京申产字第019号)。针对该申请，江苏省药监局2001年10月22日作出《新药研制现场考核报告表》，确认“样品制备及检验原始记录基本完整”。通过包括前述考核在内的一系列审查后，

2003年5月9日，医科院药物所和华生公司获得国家药监局颁发的奥氮平原料药和奥氮平片《新药证书》。由此可见，华生公司自1999年即拥有了与其2008年补充备案工艺反应路线相同的奥氮平制备工艺，并以此申报新药注册，取得新药证书。因此，华生公司在2008补充备案工艺之前使用反应路线完全不同的其他制备工艺生产奥氮平的可能性不大。

最后，国家药监局2010年9月8日向华生公司颁发的《药品补充申请批件》“审批结论”栏记载：“变更后的生产工艺在不改变原合成路线的基础上，仅对其制备工艺中所用溶剂和试剂进行调整”，即国家药监局确认华生公司2008年补充备案工艺与其之前的制备工艺反应路线相同。华生公司在一审中提交了其2003、2007和2013年的生产规程，2003、2008年的奥氮平批生产记录，华生公司主张上述证据涉及其商业秘密，一审法院组织双方当事人进行了不公开质证，确认其真实性和关联性。本院经审查，华生公司2003、2008年的奥氮平批生产记录是分别依据2003、2007年的生产规程进行实际生产所作的记录，上述生产规程和批生产记录均表明华生公司奥氮平制备工艺的基本反应路线与其2008年补充备案工艺的反应路线相同，只是在保持该基本反应路线不变的基础上对反应条件、溶剂等生产细节进行调整，不断优化，这样的技术积累过程是符合实际生产规律的。

综上，本院认为，华生公司2008年补充备案工艺真实可行，2003年至涉案专利权到期日期间华生公司一直使用2008年补充备案工艺的反应路线生产奥氮平。

（三）关于礼来公司的侵权指控是否成立

对比华生公司奥氮平制备工艺的反应路线和涉案方法专利，二者的区别在于反应步骤不同，关键中间体不同。具体而言，华生公司奥氮平制备工艺使用的三环还原物的胺基是被苄基保护的，由此在取代反应之前必然存在苄基化反应步骤以生成苄基化的三环还原物，相应的在取代反应后也必然存在脱苄基反应步骤以获得奥氮平。而涉案专利的反应路线中并未对三环还原物中的胺基进行苄基保护，从而不存在相应的苄基化反应步骤和脱除苄基的反应步骤。

最高人民法院《关于审理专利纠纷案件适用法律问题的若干规定》第十七条第二款规定：“等同特征，是指与所记载的技术特征以基本相同的手段，实现基本相同的功能，达到基本相同的效果，并且本领域普通技术人员在被诉侵权行为发生时无需经过创造性劳动就能够联想到的特征。”本案中，就华生公司奥氮平制备工艺的反应路线和涉案方法专利的区别而言，首先，苄基保护的三环还原物中间体与未加苄基保护的三环还原物中间体为不同的化合物，两者在化学反应特性上存在差异，即在未加苄基保护的三环还原物中间体上，可脱落的Q基团和胺基均可与N－甲基哌嗪发生反应，而苄基保护的三环还原物中间体由于其中的胺基被苄基保护，无法与N－甲基哌嗪发生不期望的取代反应，取代反应只能发生在Q基团处；相应地，涉案专利的方法中不存在取代反应前后的加苄基和脱苄基反应步骤。因此，两个技术方案在反应中间物和反应步骤上的差异较大。其次，由于增加了加苄基和脱苄基步骤，华生公司的奥氮平制备工艺在终产物收率方面会有所减损，而涉案专利由于不存在加苄基保护步骤和脱苄基步骤，收率不会因此而下降。故两个技术方案的技术效果如收率高低等方面存在较大差异。最后，尽管对所述三环还原物中的胺基进行苄基保护以减少副反应是化学合成领域的公知常识，但是这种改变是实质性的，加苄基保护的三环还原物中间体的反应特性发生了改变，增加反应步骤也使收率下降。而且加苄基保护为公知常识仅说明华生公司的奥氮平制备工艺相对于涉案专利方法改进有限，但并不意味着两者所采用的技术手段是基本相同的。

综上，华生公司的奥氮平制备工艺在三环还原物中间体是否为苄基化中间体以及由此增加的苄基化反应步骤和脱苄基步骤方面，与涉案专利方法是不同的，相应的技术特征也不属于基本相同的技术手段，达到的技术效果存在较大差异，未构成等同特征。因此，华生公司奥氮平制备工艺未落入涉案专利权保护范围。

综上所述，华生公司奥氮平制备工艺未落入礼来公司所有的涉案专利权的保护范围，一审判决认定事实和适用法律存在错误，依法予以纠正。

最高人民法院指导案例85号
——高仪股份公司诉浙江健龙卫浴有限公司侵害外观设计专利权纠纷案

（最高人民法院审判委员会讨论通过
2017年3月6日发布）

【关键词】

民事　侵害外观设计专利　设计特征　功能性特征

整体视觉效果

【裁判要点】

1. 授权外观设计的设计特征体现了其不同于现有设计的创新内容,也体现了设计人对现有设计的创造性贡献。如果被诉侵权设计未包含授权外观设计区别于现有设计的全部设计特征,一般可以推定被诉侵权设计与授权外观设计不近似。

2. 对设计特征的认定,应当由专利权人对其所主张的设计特征进行举证。人民法院在听取各方当事人质证意见基础上,对证据进行充分审查,依法确定授权外观设计的设计特征。

3. 对功能性设计特征的认定,取决于外观设计产品的一般消费者看来该设计是否仅仅由特定功能所决定,而不需要考虑该设计是否具有美感。功能性设计特征对于外观设计的整体视觉效果不具有显著影响。功能性与装饰性兼具的设计特征对整体视觉效果的影响需要考虑其装饰性的强弱,装饰性越强,对整体视觉效果的影响越大,反之则越小。

【相关法条】

《中华人民共和国专利法》第59条第2款

【基本案情】

高仪股份公司(以下简称高仪公司)为"手持淋浴喷头(No. A4284410X2)"外观设计专利的权利人,该外观设计专利现合法有效。2012年11月,高仪公司以浙江健龙卫浴有限公司(以下简称健龙公司)生产、销售和许诺销售的丽雅系列等卫浴产品侵害其"手持淋浴喷头"外观设计专利权为由提起诉讼,请求法院判令健龙公司立即停止被诉侵权行为,销毁库存的侵权产品及专用于生产侵权产品的模具,并赔偿高仪公司经济损失20万元。经一审庭审比对,健龙公司被诉侵权产品与高仪公司涉案外观设计专利的相同之处为:二者属于同类产品,从整体上看,二者均是由喷头头部和手柄两个部分组成,被诉侵权产品头部出水面的形状与涉案专利相同,均表现为出水孔呈放射状分布在两端圆、中间长方形的区域内,边缘呈圆弧状。两者的不同之处为:1. 被诉侵权产品的喷头头部四周为斜面,从背面向出水口倾斜,而涉案专利主视图及左视图中显示其喷头头部四周为圆弧面;2. 被诉侵权产品头部的出水面与面板间仅由一根线条分隔,涉案专利头部的出水面与面板间由两条线条构成的带状分隔;3. 被诉侵权产品头部出水面的出水孔分布方式与涉案专利略有不同;4. 涉案专利的手柄上有长椭圆形的开关设计,被诉侵权产品没有;5. 涉案专利中头部与手柄的连接虽然有一定的斜角,但角度很小,几乎为直线形连接,被诉侵权产品头部与手柄的连接产生的斜角角度较大;6. 从涉案专利的仰视图看,手柄底部为圆形,被诉侵权产品仰视的底部为曲面扇形,涉案专利手柄下端为圆柱体,向与头部连接处方向逐步收缩压扁呈扁椭圆体,被诉侵权产品的手柄下端为扇面柱体,且向与喷头连接处过渡均为扇面柱体,过渡中的手柄中段有弧度的突起;7. 被诉侵权产品的手柄底端有一条弧形的装饰线,将手柄底端与产品的背面连成一体,涉案专利的手柄底端没有这样的设计;8. 涉案专利头部和手柄的长度比例与被诉侵权产品有所差别,两者的头部与手柄的连接处弧面亦有差别。

【裁判结果】

浙江省台州市中级人民法院于2013年3月5日作出(2012)浙台知民初字第573号民事判决,驳回高仪股份公司诉讼请求。高仪股份公司不服,提起上诉。浙江省高级人民法院于2013年9月27日作出(2013)浙知终字第255号民事判决:1. 撤销浙江省台州市中级人民法院(2012)浙台知民初字第573号民事判决;2. 浙江健龙卫浴有限公司立即停止制造、许诺销售、销售侵害高仪股份公司"手持淋浴喷头"外观设计专利权的产品的行为,销毁库存的侵权产品;3. 浙江健龙卫浴有限公司赔偿高仪股份公司经济损失(含高仪股份公司为制止侵权行为所支出的合理费用)人民币10万元;4. 驳回高仪股份公司的其他诉讼请求。浙江健龙卫浴有限公司不服,提起再审申请。最高人民法院于2015年8月11日作出(2015)民提字第23号民事判决:1. 撤销二审判决;2. 维持一审判决。

【裁判理由】

法院生效裁判认为,本案的争议焦点在于被诉侵权产品外观设计是否落入涉案外观设计专利权的保护范围。

专利法第五十九条第二款规定:"外观设计专利权的保护范围以表示在图片或者照片中的该产品的外观设计为准,简要说明可以用于解释图片或者照片所表示的该产品的外观设计。"最高人民法院《关于审理侵犯专利权纠纷案件应用法律若干问题的解释》(以下简称《侵犯专利权纠纷案件解释》)第八条规定:"在与外观设计专利产品相同或者相近种类产品上,采用与授权外观设计相同或者近似的外观设计的,人民法院应当认定被诉侵权设计落入专利法第五十九条第二款规定的外观设计专利权的保护范围”；第十条规定：“人民法院应当以外观设计专利产品的一般消费者的知识水平和认知能力，判断外观设计是否相同或者近似。”本案中，被诉侵权产品与涉案外观设计专利产品相同，均为淋浴喷头类产品，因此，本案的关键问题是对于一般消费者而言，被诉侵权产品外观设计与涉案授权外观设计是否相同或者近似，具体涉及以下四个问题：

一、关于涉案授权外观设计的设计特征

外观设计专利制度的立法目的在于保护具有美感的创新性工业设计方案，一项外观设计应当具有区别于现有设计的可识别性创新设计才能获得专利授权，该创新设计即是授权外观设计的设计特征。通常情况下，外观设计的设计人都是以现有设计为基础进行创新。对于已有产品，获得专利权的外观设计一般会具有现有设计的部分内容，同时具有与现有设计不相同也不近似的设计内容，正是这部分设计内容使得该授权外观设计具有创新性，从而满足专利法第二十三条所规定的实质性授权条件：不属于现有设计也不存在抵触申请，并且与现有设计或者现有设计特征的组合相比具有明显区别。对于该部分设计内容的描述即构成授权外观设计的设计特征，其体现了授权外观设计不同于现有设计的创新内容，也体现了设计人对现有设计的创造性贡献。由于设计特征的存在，一般消费者容易将授权外观设计区别于现有设计，因此，其对外观设计产品的整体视觉效果具有显著影响，如果被诉侵权设计未包含授权外观设计区别于现有设计的全部设计特征，一般可以推定被诉侵权设计与授权外观设计不近似。

对于设计特征的认定，一般来说，专利权人可能将设计特征记载在简要说明中，也可能会在专利授权确权或者侵权程序中对设计特征作出相应陈述。根据“谁主张谁举证”的证据规则，专利权人应当对其所主张的设计特征进行举证。另外，授权确权程序的目的在于对外观设计是否具有专利性进行审查，因此，该过程中有关审查文档的相关记载对确定设计特征有着重要的参考意义。理想状态下，对外观设计专利的授权确权，应当是在对整个现有设计检索后的基础上确定对比设计来评判其专利性，但是，由于检索数据库的限制、无效宣告请求人检索能力的局限等原因，授权确权程序中有关审查文档所确定的设计特征可能不是在穷尽整个现有设计的检索基础上得出的，因此，无论是专利权人举证证明的设计特征，还是通过授权确权有关审查文档记载确定的设计特征，如果第三人提出异议，都应当允许其提供反证予以推翻。人民法院在听取各方当事人质证意见的基础上，对证据进行充分审查，依法确定授权外观设计的设计特征。

本案中，专利权人高仪公司主张跑道状的出水面为涉案授权外观设计的设计特征，健龙公司对此不予认可。对此，法院生效裁判认为，首先，涉案授权外观设计没有简要说明记载其设计特征，高仪公司在二审诉讼中提交了 12 份淋浴喷头产品的外观设计专利文件，其中 7 份记载的公告日早于涉案专利的申请日，其所附图片表示的外观设计均未采用跑道状的出水面。在针对涉案授权外观设计的无效宣告请求审查程序中，专利复审委员会作出第 17086 号决定，认定涉案授权外观设计与最接近的对比设计证据 1 相比：“从整体形状上看，与在先公开的设计相比，本专利喷头及其各面过渡的形状、喷头正面出水区域的设计以及喷头宽度与手柄直径的比例具有较大差别，上述差别均是一般消费者容易关注的设计内容”，即该决定认定喷头出水面形状的设计为涉案授权外观设计的设计特征之一。其次，健龙公司虽然不认可跑道状的出水面为涉案授权外观设计的设计特征，但是在本案一、二审诉讼中其均未提交相应证据证明跑道状的出水面为现有设计。本案再审审查阶段，健龙公司提交 200630113512.5 号淋浴喷头外观设计专利视图拟证明跑道状的出水面已被现有设计所公开，经审查，该外观设计专利公告日早于涉案授权外观设计申请日，可以作为涉案授权外观设计的现有设计，但是其主视图和使用状态参考图所显示的出水面两端呈矩形而非呈圆弧形，其出水面并非跑道状。因此，对于健龙公司关于跑道状出水面不是涉案授权外观设计的设计特征的再审申请理由，本院不予支持。

二、关于涉案授权外观设计产品正常使用时容易被直接观察到的部位

认定授权外观设计产品正常使用时容易被直接观察到的部位，应当以一般消费者的视角，根据产品用途，综合考虑产品的各种使用状态得出。本案中，首先，涉案授权外观设计是淋浴喷头产品外观设计，淋浴喷头产品由喷头、手柄构成，二者在整个产品结构中所占空间比例相差不大。淋浴喷头产品可以手持，也可以挂于墙上使用，在其正常使用状态下，对于一般消费者而言，喷头、手柄及其连接处均是容易被直接观察到的部位。其次，第 17086 号决定认定在先申请的设计证据 2 与涉案授权外观设计采用了同样的跑道状出水面，但是基于涉案授权

外观设计的“喷头与手柄成一体，喷头及其与手柄连接的各面均为弧面且喷头前倾，此与在先申请的设计相比具有较大的差别，上述差别均是一般消费者容易关注的设计内容”，认定二者属于不相同且不相近似的外观设计。可见，淋浴喷头产品容易被直接观察到的部位并不仅限于其喷头头部出水面，在对淋浴喷头产品外观设计的整体视觉效果进行综合判断时，其喷头、手柄及其连接处均应作为容易被直接观察到的部位予以考虑。

三、关于涉案授权外观设计手柄上的推钮是否为功能性设计特征

外观设计的功能性设计特征是指那些在外观设计产品的一般消费者看来，由产品所要实现的特定功能唯一决定而不考虑美学因素的特征。通常情况下，设计人在进行产品外观设计时，会同时考虑功能因素和美学因素。在实现产品功能的前提下，遵循人文规律和法则对产品外观进行改进，即产品必须首先实现其功能，其次还要在视觉上具有美感。具体到一项外观设计的某一特征，大多数情况下均兼具功能性和装饰性，设计者会在能够实现特定功能的多种设计中选择一种其认为最具美感的设计，而仅由特定功能唯一决定的设计只有在少数特殊情况下存在。因此，外观设计的功能性设计特征包括两种：一是实现特定功能的唯一设计；二是实现特定功能的多种设计之一，但是该设计仅由所要实现的特定功能决定而与美学因素的考虑无关。对功能性设计特征的认定，不在于该设计是否因功能或技术条件的限制而不具有可选择性，而在于外观设计产品的一般消费者看来该设计是否仅仅由特定功能所决定，而不需要考虑该设计是否具有美感。一般而言，功能性设计特征对于外观设计的整体视觉效果不具有显著影响；而功能性与装饰性兼具的设计特征对整体视觉效果的影响需要考虑其装饰性的强弱，装饰性越强，对整体视觉效果的影响相对较大，反之则相对较小。

本案中，涉案授权外观设计与被诉侵权产品外观设计的区别之一在于后者缺乏前者在手柄位置上具有的一类跑道状推钮设计。推钮的功能是控制水流开关，是否设置推钮这一部件是由是否需要在淋浴喷头产品上实现控制水流开关的功能所决定的，但是，只要在淋浴喷头手柄位置设置推钮，该推钮的形状就可以有多种设计。当一般消费者看到淋浴喷头手柄上的推钮时，自然会关注其装饰性，考虑该推钮设计是否美观，而不是仅仅考虑该推钮是否能实现控制水流开关的功能。涉案授权外观设计的设计者选择将手柄位置的推钮设计为类跑道状，其目的也在于与其跑道状的出水面相协调，增加产品整体上的美感。因此，二审判决认定涉案授权外观设计中的推钮为功能性设计特征，适用法律错误，本院予以纠正。

四、关于被诉侵权产品外观设计与涉案授权外观设计是否构成相同或者近似

《侵犯专利权纠纷案件解释》第十一条规定，认定外观设计是否相同或者近似时，应当根据授权外观设计、被诉侵权设计的设计特征，以外观设计的整体视觉效果进行综合判断；对于主要由技术功能决定的设计特征，应当不予考虑。产品正常使用时容易被直接观察到的部位相对于其他部位、授权外观设计区别于现有设计的设计特征相对于授权外观设计的其他设计特征，通常对外观设计的整体视觉效果更具有影响。

本案中，被诉侵权产品外观设计与涉案授权外观设计相比，其出水孔分布在喷头正面跑道状的区域内，虽然出水孔的数量及其在出水面两端的分布与涉案授权外观设计存在些许差别，但是总体上，被诉侵权产品采用了与涉案授权外观设计高度近似的跑道状出水面设计。关于两者的区别设计特征，一审法院归纳了八个方面，对此双方当事人均无异议。对于这些区别设计特征，首先，如前所述，第17086号决定认定涉案外观设计专利的设计特征有三点：一是喷头及其各面过渡的形状，二是喷头出水面形状，三是喷头宽度与手柄直径的比例。除喷头出水面形状这一设计特征之外，喷头及其各面过渡的形状、喷头宽度与手柄直径的比例等设计特征也对产品整体视觉效果产生显著影响。虽然被诉侵权产品外观设计采用了与涉案授权外观设计高度近似的跑道状出水面，但是，在喷头及其各面过渡的形状这一设计特征上，涉案授权外观设计的喷头、手柄及其连接各面均呈圆弧过渡，而被诉侵权产品外观设计的喷头、手柄及其连接各面均为斜面过渡，从而使得二者在整体设计风格上呈现明显差异。另外，对于非设计特征之外的被诉侵权产品外观设计与涉案授权外观设计相比的区别设计特征，只要其足以使两者在整体视觉效果上产生明显差异，也应予以考虑。其次，淋浴喷头产品的喷头、手柄及其连接处均为其正常使用时容易被直接观察到的部位，在对整体视觉效果进行综合判断时，在上述部位上的设计均应予以重点考查。具体而言，涉案授权外观设计的手柄上设置有一类跑道状推钮，而被诉侵权产品无此设计，因该推钮并非功能性设计特征，推钮的有无这一区别设计特征会对产品的整

体视觉效果产生影响；涉案授权外观设计的喷头与手柄连接产生的斜角角度较小，而被诉侵权产品的喷头与手柄连接产生的斜角角度较大，从而使得两者在左视图上呈现明显差异。正是由于被诉侵权产品外观设计未包含涉案授权外观设计的全部设计特征，以及被诉侵权产品外观设计与涉案授权外观设计在手柄、喷头与手柄连接处的设计等区别设计特征，使得两者在整体视觉效果上呈现明显差异，两者既不相同也不近似，被诉侵权产品外观设计未落入涉案外观设计专利权的保护范围。二审判决仅重点考虑了涉案授权外观设计跑道状出水面的设计特征，而对于涉案授权外观设计的其他设计特征，以及淋浴喷头产品正常使用时其他容易被直接观察到的部位上被诉侵权产品外观设计与涉案授权外观设计专利的区别设计特征未予考虑，认定两者构成近似，适用法律错误，本院予以纠正。

综上，健龙公司生产、许诺销售、销售的被诉侵权产品外观设计与高仪公司所有的涉案授权外观设计既不相同也不近似，未落入涉案外观设计专利权保护范围，健龙公司生产、许诺销售、销售被诉侵权产品的行为不构成对高仪公司涉案专利权的侵害。二审判决适用法律错误，本院依法应予纠正。

最高人民法院指导案例 217 号
——慈溪市博某塑料制品有限公司诉永康市联某工贸有限公司、浙江天某网络有限公司等侵害实用新型专利权纠纷案

（最高人民法院审判委员会讨论通过
2023 年 12 月 15 日发布）

【关键词】

民事诉讼　侵害实用新型专利权　反向行为保全　担保数额　固定担保金　动态担保金

【裁判要点】

1. 涉电子商务平台的知识产权侵权纠纷案件中，被诉侵权人向人民法院申请行为保全，请求责令电子商务平台经营者恢复链接或者服务的，人民法院应当予以审查。

2. 被诉侵权人因涉嫌侵害专利权被采取断开链接或者暂停服务等措施后，涉案专利权被宣告无效但相关专利确权行政诉讼尚未终结期间，被诉侵权人申请采取行为保全措施以恢复链接或者服务，其初步证明或者合理说明，不予恢复将导致其遭受市场竞争优势、商业机会严重丧失等无法弥补的损害，采取恢复链接或者服务的行为保全措施对权利人可能造成的损害不会超过不采取行为保全措施对被诉侵权人造成的损害，且不损害社会公共利益的，人民法院可以裁定准许。

3. 人民法院采取前述行为保全措施，可以责令被诉侵权人在本案判决生效前不得提取其通过电子商务平台销售被诉侵权产品的收款账户中一定数额款项作为担保。提供担保的数额应当综合考虑权利人的赔偿请求额、采取保全措施错误可能给权利人造成的损失、采取保全措施后被诉侵权人的可得利益等情况合理确定。担保金可以采取固定担保金加动态担保金的方式。

【基本案情】

慈溪市博某塑料制品有限公司（以下简称博某公司）系“具有新型桶体结构的平板拖把清洁工具”实用新型专利（以下简称涉案专利）及“一种用于平板拖把挤水和清洗的拖把桶”实用新型专利（以下简称 180.2 号专利）的专利权人。博某公司认为永康市联某工贸有限公司（以下简称联某公司）在浙江天某网络有限公司（以下简称天某公司）经营的“天某网”上销售的拖把神器构成对上述两专利权的侵犯，故向浙江省宁波市中级人民法院（以下简称宁波中院）提起本案及另案案号为（2019）浙 02 知民初 368 号（以下简称 368 号案）两起诉讼。宁波中院依博某公司的财产保全申请两案各冻结联某公司支付宝账户余额 316 万元。因博某公司向天某公司发起投诉，联某公司向天某公司申诉，并出具《知识产权保证金承诺函》，同意缴存 100 万元保证金于其支付宝账户内，并同意支付宝公司及天某公司冻结其网店自 2019 年 11 月 10 日 22 点起的全店所有销售收入。

宁波中院一审认定本案侵权成立，判令联某公司等停止侵权、连带赔偿损失，天某公司立即删除、断开被诉侵权产品的销售链接。同日，博某公司再次就被诉侵权产品向天某公司发起投诉。随后，天某公司删除了被诉侵权产品在“天某网”上的销售链接。

联某公司等向最高人民法院提起上诉。二审中，涉案专利权被国家知识产权局宣告全部无效，博某公司表示将就此提起行政诉讼。2020 年 11 月 5 日，联某公司向最高人民法院提出反向行为保全申请，请求法院责令天某公司立即恢复申请人在“天某网”上的产品销售链接。并称被诉侵权产品系其“爆款产品”，“双十一”即将来临，不恢复链接将使其遭受难以弥补的损失。截至行为

保全申请提出之日，368号案尚在一审审理中，其所涉180.2号专利仍处于有效状态；联某公司支付宝账户余额共被冻结1560万元，其中828万元为联某公司同意冻结的其网店自2019年11月10日22点起的全店所有销售收入。

【裁判结果】

最高人民法院于2020年11月6日作出（2020）最高法知民终993号民事裁定：一、天某公司立即恢复联某公司在“天某网”购物平台上的被诉侵权产品销售链接；二、冻结联某公司名下的支付宝账户余额632万元，期限至本案判决生效之日；三、自恢复被诉侵权产品销售链接之日起至本案判决生效之日，如联某公司恢复链接后被诉侵权产品的销售总额的50%超过632万元，则应将超出部分的销售额的50%留存在其支付宝账户内，不得提取。

【裁判理由】

最高人民法院认为：

一、关于联某公司作为被诉侵权人是否具有提起行为保全申请的主体资格

电子商务平台经营者在收到知识产权权利人含有侵权初步证据的通知时，具有采取删除、屏蔽、断开链接、终止交易和服务等必要措施的法定义务。而对于电子商务平台经营者在何种情况下可以应平台内经营者的申请采取恢复链接等措施，我国法律没有相关规定。民事诉讼法第一百条所规定的行为保全措施的申请人并不限于原告。在涉电子商务平台知识产权侵权纠纷中，允许被诉侵权的平台内经营者在符合民事诉讼法第一百条规定的条件下申请行为保全，要求电子商务平台经营者采取恢复链接等行为保全措施，对于合理平衡知识产权权利人、电子商务平台经营者和平台内经营者的合法利益，促进电子商务市场健康发展具有重要意义。

由于专利权等通过行政授权取得权利的知识产权在民事侵权诉讼过程中，可能因被宣告无效、提起行政诉讼等程序而使权利处于不确定状态，且平台内经营者的经营状况等在诉讼过程中也可能发生重大变化。此时，平台内经营者因情况紧急，不恢复链接将会使其合法利益受到难以弥补的损害，向人民法院申请行为保全，要求电子商务平台经营者采取恢复链接等行为保全措施的，人民法院应当予以受理，并依据民事诉讼法第一百条及相关司法解释的规定进行审查。本案中，涉案专利在二审中被国家知识产权局宣告无效，其有效性因权利人即将提起行政诉讼而处于不确定状态。作为被删除产品链接的联某公司具有提起恢复链接行为保全申请的主体资格。

二、关于本案应否采取恢复链接行为保全措施

在确定是否依被诉侵权人的申请采取恢复链接行为保全措施时应主要考虑以下因素：申请人的请求是否具有事实基础和法律依据；不恢复链接是否会对申请人造成难以弥补的损害；恢复链接对专利权人可能造成的损害是否会超过不恢复链接对被诉侵权人造成的损害；恢复链接是否会损害社会公共利益；是否存在不宜恢复链接的其他情形。具体到本案：

（一）联某公司的请求是否具有事实基础和法律依据。本案为侵害实用新型专利权纠纷。我国实用新型专利的授权并不经过实质审查，其权利稳定性较弱。为了平衡专利权人的利益及同业竞争者、社会公众的利益，维护正常、有序的网络运营环境，专利权人要求电子商务平台经营者删除涉嫌侵害实用新型专利权的产品销售链接时，应当提交由专利行政部门作出的专利权评价报告。专利权人无正当理由不提交的，电子商务平台经营者可以拒绝删除链接，但法院经审理后认定侵权的除外。本案中，天某公司在原审法院认定侵权成立后及时删除了被诉侵权产品的销售链接，但二审中涉案专利权已被国家知识产权局因缺乏新颖性而被宣告全部无效，博某公司即将提起行政诉讼，专利有效性处于不确定状态。联某公司因本案诉讼及368号案，截至2020年11月5日支付宝账户余额共被冻结1560万元，正常生产经营受到严重影响。在此情况下，联某公司要求天某公司恢复产品链接具有事实与法律依据。

（二）不恢复链接是否会对申请人造成难以弥补的损害。在涉电子商务平台知识产权侵权纠纷中，删除、屏蔽、断开商品销售链接不仅将使该商品无法在电子商务平台上销售，而且还将影响该商品之前累积的访问量、搜索权重及账户评级，进而降低平台内经营者的市场竞争优势。因此，确定“难以弥补的损害”应考量是否存在以下情形之一：1. 不采取行为保全措施是否会使申请人的商誉等人身性质的权利受到无法挽回的损害；2. 不采取行为保全措施是否会导致申请人市场竞争优势或商业机会严重丧失，导致即使因错误删除链接等情况可以请求金钱赔偿，但损失非常大或者非常复杂以至于无法准确计算其数额。

本案中，被诉侵权产品主要通过联某公司在“天某网”上的涉案网店进行销售，且根据原审查明的事实，2019年11月13日被诉侵权产品累计销量为283693件；

2019 年 12 月 4 日，原审法院组织各方当事人进行证据交换时的累计销量为 352996 件；2020 年 1 月 13 日，原审庭审时的累计销量为 594347 件。这一方面说明被诉侵权产品的销量大，另一方面也说明其累计的访问量及搜索权重较大，断开销售链接对其网络销售利益影响较大。特别是在“双十一”等特定销售时机，是否恢复链接将对被诉侵权人的商业利益产生巨大影响。在涉案专利权效力处于不确定状态的情况下，通过恢复链接行为保全措施使平台内经营者能够在“双十一”等特定销售时机正常上线经营，能够避免其利益受到不可弥补的损害。

（三）恢复链接对专利权人可能造成的损害是否会超过不恢复链接对被诉侵权人造成的损害。被诉侵权产品与涉案专利产品虽为同类产品，但市场上类似产品众多，并不会导致博某公司的专利产品因恢复链接而被完全替代。而且，法院已经考虑到因恢复链接可能给博某公司带来的损失，并将冻结联某公司支付宝账户相应金额及恢复链接后继续销售的部分可得利益，联某公司也明确表示同意。在此情况下，相较于不恢复链接对联某公司正常经营的影响，恢复链接对博某公司可能造成的损害较小。

（四）恢复链接是否会损害社会公共利益。在专利侵权纠纷中，社会公共利益一般考量的是公众健康、环保以及其他重大社会利益。本案被诉侵权产品系用于家庭日常生活的拖把桶，恢复链接时考量的重要因素是否会对公众健康、环保造成影响，特别是需要考虑是否会对消费者的人身财产造成不应有的损害，而本案无证据表明被诉侵权产品存在上述可能损害公共利益的情形。

（五）是否存在不宜恢复链接的其他情形。本案被诉侵权产品除涉嫌侵害涉案专利权外，还在 368 号案中涉嫌侵害博某公司 180.2 号专利，且 180.2 号专利目前仍处于有效状态。但首先，368 号案尚在一审审理中，被诉侵权产品是否侵权、现有技术抗辩是否成立尚不确定。其次，368 号案中博某公司赔偿损失的诉讼请求已经通过冻结联某公司支付宝账户余额 316 万元的财产保全措施予以保障。再次，在确定本案行为保全担保金额时，已考虑 368 号案的情况酌情提高了联某公司的担保金额并将冻结联某公司恢复链接后继续销售的部分可得利益。因本行为保全措施系针对本案诉讼，担保金额冻结至本案判决生效之日，届时，如果 368 号案仍在审理中，博某公司可以在该案中通过申请行为保全等措施维护自身合法权益，由法院根据该案情况决定是否采取行为保全措施。因此，不存在博某公司就 180.2 号专利所享有的权利难以得到保障的情况。被诉侵权产品还因涉嫌侵害 180.2 号专利权而涉诉的事实不影响本案行为保全措施的采取。

三、关于担保金额的确定

行为保全担保金额的确定既要合理又要有效。既要考虑行为保全措施实施后对被申请人可能造成的损害，也要防止过高的担保金额对申请人的生产经营造成不合理影响。在涉电子商务平台专利侵权纠纷中，恢复链接行为保全措施担保金额的确定，一方面应考虑恢复链接后可能给权利人造成的损害，确保权利人就该损害另行主张赔偿的权利得到充分保障；另一方面也应合理确定申请人恢复链接后的可得利益，避免因冻结过多的销售收入不合理影响其资金回笼和后续经营。本案中，博某公司在本案及 368 号案中均要求被诉侵权人赔偿经济损失 316 万元，原审法院均已采取财产保全措施。但考虑到被诉侵权产品在删除链接前销售数额较大、恢复链接将可能导致博某公司的损失扩大等因素，为最大限度保护专利权人的利益，将综合博某公司在两案中的赔偿主张、恢复链接后联某公司的可得利益等因素酌定担保金额。鉴于联某公司的可得利益将随产品销售而不断增加，除固定担保金外，本案将增加动态担保金。由于联某公司的销售收入中还含有成本、管理费用等，为防止过高的担保金额对联某公司的生产经营造成不合理影响，在考虑本案及 368 号案所涉专利贡献率的情况下，酌情将动态担保金确定为联某公司销售额的 50%。

【相关法条】

《中华人民共和国民事诉讼法》（2023 年修正）第 103 条（本案适用的是 2017 年修正的《中华人民共和国民事诉讼法》第 100 条）

最高人民法院指导案例 222 号
——广州德某水产设备科技有限公司诉广州宇某水产科技有限公司、南某水产研究所财产损害赔偿纠纷案

（最高人民法院审判委员会讨论通过
2023 年 12 月 15 日发布）

【关键词】

民事诉讼　财产损害赔偿　未缴纳专利年费　专利

权终止　赔偿损失

【裁判要点】

登记的专利权人在专利权权属争议期间负有善意维护专利权效力的义务，因其过错致使专利权终止、无效或者丧失，损害真正权利人合法权益的，构成对真正权利人财产权的侵害，应当承担赔偿损失的民事责任。

【基本案情】

专利号为ZL200910192778.6、名称为“一种多功能循环水处理设备”发明专利（以下简称涉案专利）的专利权人为南某水产研究所、广州宇某水产科技有限公司（以下简称宇某公司），发明人为姜某平、李某厚、颉某勇。涉案专利申请日为2009年9月28日，授权日为2012年5月30日，因未及时缴费，涉案专利的专利权于2012年9月28日被终止。

广州德某水产设备科技有限公司（以下简称德某公司）认为，姜某平曾是德某公司员工，其离职后成为了宇某公司的股东，李某厚、颉某勇是南某水产研究所的员工。涉案专利是姜某平的职务发明，专利的申请权应该属于德某公司。德某公司曾分别于2010年、2011年就涉案专利申请权纠纷起诉南某水产研究所、宇某公司等，请求判令涉案专利申请权归德某公司所有。涉案专利权因未缴费而终止失效时，相关权属纠纷正在审理中。故德某公司以宇某公司和南某水产研究所故意未缴纳该专利年费，致使该专利权终止失效，给德某公司造成了无法挽回的损失为由诉至法院，请求判令各被告赔偿经济损失及维权合理开支共计150万元。

【裁判结果】

广州知识产权法院于2019年7月12日作出（2016）粤73民初803号民事判决：一、宇某公司、南某水产研究所应于本判决发生法律效力之日起十日内赔偿德某公司经济损失及合理维权费用共50万元；二、驳回德某公司的其他诉讼请求。宣判后，宇某公司、南某水产研究所向最高人民法院提起上诉。最高人民法院于2020年4月1日作出（2019）最高法知民终424号民事判决，在变更本案案由的基础上，驳回上诉，维持原判。

【裁判理由】

最高人民法院认为：

一、关于本案案由的确定

专利法第十一条第一款规定，发明和实用新型专利权被授予后，除本法另有规定的以外，任何单位或者个人未经专利权人许可，都不得实施其专利，即不得为生产经营目的的制造、使用、许诺销售、销售、进口其专利产品，或者使用其专利方法以及使用、许诺销售、销售、进口依照该专利方法直接获得的产品。根据该规定，侵害发明专利权的行为仅限于以生产经营为目的的制造、使用、许诺销售、销售、进口专利产品的行为和使用专利方法以及使用、许诺销售、销售、进口依照该专利方法直接获得的产品的行为。也即，专利法实行专利侵权行为法定原则，除法律明确规定为侵害专利权的行为外，其他行为即使与专利权有关，也不属于侵害专利权的行为。在登记的专利权人不是专利技术所有人的情况下，如登记的专利权人故意不缴纳专利年费导致专利权终止失效而给专利技术所有人造成经济损失，那么该损失实际上是与该专利技术有关的财产损失。故意不缴纳专利年费导致专利权终止失效的行为应当属于一般侵权行为，该种案件案由可以确定为财产损害赔偿纠纷。本案中，根据德某公司的主张，其认为南某水产研究所、宇某公司将归其所有的职务发明申请专利，之后却故意不缴纳专利年费导致专利权终止失效，致使该技术进入公有领域，失去了专利权的保护，损害了其本应该基于涉案专利获得的市场独占利益，因此德某公司主张的侵权行为不是侵害专利权的行为，其主张的经济损失实际上是与该专利技术有关的财产损失，故本案应当属于财产损害赔偿纠纷，而非侵害发明专利权纠纷。原审判决将本案案由确定为侵害发明专利权纠纷，显属不当，应予纠正。

二、南某水产研究所、宇某公司是否应当对涉案专利权终止失效承担赔偿责任，应否赔偿德某公司50万元的经济损失与合理费用

诚实信用原则是民法的基本原则，它要求民事主体在民事活动中恪守诺言，诚实不欺，在不损害他人利益和社会利益的前提下追求自己的利益，从而在当事人之间的利益关系和当事人与社会之间的利益关系中实现平衡，并维持市场道德秩序。专利权是经国家行政审查后授予的有期限的知识产权，其在权利保护期内有效存续需要专利权人持续缴纳专利年费、不主动放弃等。当事人无论基于何种原因对专利申请权、专利权权属发生争议时，基于诚实信用原则，登记的专利权人通常应当负有使已经获得授权的专利权维持有效的善良管理责任，包括持续缴纳专利年费等，因为专利权一旦终止失效，专利技术通常情况下即会进入公有领域，从而使专利技术所有人丧失市场独占利益，损害到专利技术所有人的合法权益。登记的专利权人未尽到该善良管理责任，给专利

技术所有人造成损失的，应当负有赔偿责任。本案中，在2010年、2011年德某公司已经两次以专利申请权权属纠纷为由起诉南某水产研究所、宇某公司，尤其是德某公司主张涉案发明是职务发明的第二次诉讼正在进行的情况下，作为登记的专利权人，南某水产研究所、宇某公司应当负有在涉案专利授权以后维持其持续有效的善良管理责任，包括持续缴纳专利年费，以避免可能给德某公司造成损害。但南某水产研究所、宇某公司却未缴纳专利年费，导致涉案专利权于2012年9月28日被终止失效，侵害了德某公司的合法权益，其显然未尽到善良管理责任，违背了诚实信用原则，应当赔偿因此给德某公司造成的损失。对于赔偿损失的具体数额，本案应当根据涉案专利权终止失效时的市场价格确定具体赔偿数额。鉴于双方均未提供证据证明涉案专利权在终止失效时的市场价格，综合考虑到涉案专利为发明专利、涉案专利权在授权公告当年即被终止失效、南某水产研究所和宇某公司过错严重、德某公司历时较长的维权情况等，即便考虑德某公司也存在一定过失，原审判决确定的经济损失及合理费用共计50万元的赔偿也并无不妥。

【相关法条】

《中华人民共和国民法典》第1165条、第1173条（本案适用的是2010年7月1日施行的《中华人民共和国侵权责任法》第6条、第26条）

四、商　标

资料补充栏

1. 综　合

中华人民共和国商标法

1. 1982年8月23日第五届全国人民代表大会常务委员会第二十四次会议通过

2. 根据1993年2月22日第七届全国人民代表大会常务委员会第三十次会议《关于修改〈中华人民共和国商标法〉的决定》第一次修正

3. 根据2001年10月27日第九届全国人民代表大会常务委员会第二十四次会议《关于修改〈中华人民共和国商标法〉的决定》第二次修正

4. 根据2013年8月30日第十二届全国人民代表大会常务委员会第四次会议《关于修改〈中华人民共和国商标法〉的决定》第三次修正

5. 根据2019年4月23日第十三届全国人民代表大会常务委员会第十次会议《关于修改〈中华人民共和国建筑法〉等八部法律的决定》第四次修正

目　　录

第一章　总　　则

第一条　【立法宗旨】为了加强商标管理，保护商标专用权，促使生产、经营者保证商品和服务质量，维护商标信誉，以保障消费者和生产、经营者的利益，促进社会主义市场经济的发展，特制定本法。

第二条　【商标主管部门】国务院工商行政管理部门商标局主管全国商标注册和管理的工作。

国务院工商行政管理部门设立商标评审委员会，负责处理商标争议事宜。

第三条　【注册商标及其分类、保护】经商标局核准注册的商标为注册商标，包括商品商标、服务商标和集体商标、证明商标；商标注册人享有商标专用权，受法律保护。

本法所称集体商标，是指以团体、协会或者其他组织名义注册，供该组织成员在商事活动中使用，以表明使用者在该组织中的成员资格的标志。

本法所称证明商标，是指由对某种商品或者服务具有监督能力的组织所控制，而由该组织以外的单位或者个人使用于其商品或者服务，用以证明该商品或者服务的原产地、原料、制造方法、质量或者其他特定品质的标志。

集体商标、证明商标注册和管理的特殊事项，由国务院工商行政管理部门规定。

第四条　【商标注册】自然人、法人或者其他组织在生产经营活动中，对其商品或者服务需要取得商标专用权的，应当向商标局申请商标注册。不以使用为目的的恶意商标注册申请，应当予以驳回。

本法有关商品商标的规定，适用于服务商标。

第五条　【注册商标共有】两个以上的自然人、法人或者其他组织可以共同向商标局申请注册同一商标，共同享有和行使该商标专用权。

第六条　【商标强制注册】法律、行政法规规定必须使用注册商标的商品，必须申请商标注册，未经核准注册的，不得在市场销售。

第七条　【诚实信用原则和商品质量】申请注册和使用商标，应当遵循诚实信用原则。

商标使用人应当对其使用商标的商品质量负责。各级工商行政管理部门应当通过商标管理，制止欺骗消费者的行为。

第八条　【商标的本质特征和构成要素】任何能够将自然人、法人或者其他组织的商品与他人的商品区别开的标志，包括文字、图形、字母、数字、三维标志、颜色组合和声音等，以及上述要素的组合，均可以作为商标申请注册。

第九条　【申请注册和使用商标的原则】申请注册的商标，应当有显著特征，便于识别，并不得与他人在先取得的合法权利相冲突。

商标注册人有权标明“注册商标”或者注册标记。

第十条　【不得作为商标使用的标志】下列标志不得作为商标使用：

（一）同中华人民共和国的国家名称、国旗、国徽、国歌、军旗、军徽、军歌、勋章等相同或者近似的，以及同中央国家机关的名称、标志、所在地特定地点的名称或者标志性建筑物的名称、图形相同的；

（二）同外国的国家名称、国旗、国徽、军旗等相同或者近似的，但经该国政府同意的除外；

（三）同政府间国际组织的名称、旗帜、徽记等相同或者近似的，但经该组织同意或者不易误导公众的除外；

（四）与表明实施控制、予以保证的官方标志、检验印记相同或者近似的，但经授权的除外；

（五）同“红十字”、“红新月”的名称、标志相同或者近似的；

（六）带有民族歧视性的；

（七）带有欺骗性，容易使公众对商品的质量等特点或者产地产生误认的；

（八）有害于社会主义道德风尚或者有其他不良影响的。

县级以上行政区划的地名或者公众知晓的外国地名，不得作为商标。但是，地名具有其他含义或者作为集体商标、证明商标组成部分的除外；已经注册的使用地名的商标继续有效。

第十一条 【不得作为商标注册的标志及显著特征的取得】下列标志不得作为商标注册：

（一）仅有本商品的通用名称、图形、型号的；

（二）仅直接表示商品的质量、主要原料、功能、用途、重量、数量及其他特点的；

（三）其他缺乏显著特征的。

前款所列标志经过使用取得显著特征，并便于识别的，可以作为商标注册。

第十二条 【三维标志商标的限制】以三维标志申请注册商标的，仅由商品自身的性质产生的形状、为获得技术效果而需有的商品形状或者使商品具有实质性价值的形状，不得注册。

第十三条 【驰名商标的特别保护】为相关公众所熟知的商标，持有人认为其权利受到侵害时，可以依照本法规定请求驰名商标保护。

就相同或者类似商品申请注册的商标是复制、摹仿或者翻译他人未在中国注册的驰名商标，容易导致混淆的，不予注册并禁止使用。

就不相同或者不相类似商品申请注册的商标是复制、摹仿或者翻译他人已经在中国注册的驰名商标，误导公众，致使该驰名商标注册人的利益可能受到损害的，不予注册并禁止使用。

第十四条 【驰名商标认定】驰名商标应当根据当事人的请求，作为处理涉及商标案件需要认定的事实进行认定。认定驰名商标应当考虑下列因素：

（一）相关公众对该商标的知晓程度；

（二）该商标使用的持续时间；

（三）该商标的任何宣传工作的持续时间、程度和地理范围；

（四）该商标作为驰名商标受保护的记录；

（五）该商标驰名的其他因素。

在商标注册审查、工商行政管理部门查处商标违法案件过程中，当事人依照本法第十三条规定主张权利的，商标局根据审查、处理案件的需要，可以对商标驰名情况作出认定。

在商标争议处理过程中，当事人依照本法第十三条规定主张权利的，商标评审委员会根据处理案件的需要，可以对商标驰名情况作出认定。

在商标民事、行政案件审理过程中，当事人依照本法第十三条规定主张权利的，最高人民法院指定的人民法院根据审理案件的需要，可以对商标驰名情况作出认定。

生产、经营者不得将“驰名商标”字样用于商品、商品包装或者容器上，或者用于广告宣传、展览以及其他商业活动中。

第十五条 【禁止恶意抢注】未经授权，代理人或者代表人以自己的名义将被代理人或者被代表人的商标进行注册，被代理人或者被代表人提出异议的，不予注册并禁止使用。

就同一种商品或者类似商品申请注册的商标与他人在先使用的未注册商标相同或者近似，申请人与该他人具有前款规定以外的合同、业务往来关系或者其他关系而明知该他人商标存在，该他人提出异议的，不予注册。

第十六条 【地理标志】商标中有商品的地理标志，而该商品并非来源于该标志所标示的地区，误导公众的，不予注册并禁止使用；但是，已经善意取得注册的继续有效。

前款所称地理标志，是指标示某商品来源于某地区，该商品的特定质量、信誉或者其他特征，主要由该地区的自然因素或者人文因素所决定的标志。

**第十七条 【外国人或者外国企业在我国申请商标注

册】外国人或者外国企业在中国申请商标注册的，应当按其所属国和中华人民共和国签订的协议或者共同参加的国际条约办理，或者按对等原则办理。

第十八条 【商标代理】申请商标注册或者办理其他商标事宜，可以自行办理，也可以委托依法设立的商标代理机构办理。

外国人或者外国企业在中国申请商标注册和办理其他商标事宜的，应当委托依法设立的商标代理机构办理。

第十九条 【商标代理机构的行为规范】商标代理机构应当遵循诚实信用原则，遵守法律、行政法规，按照被代理人的委托办理商标注册申请或者其他商标事宜；对在代理过程中知悉的被代理人的商业秘密，负有保密义务。

委托人申请注册的商标可能存在本法规定不得注册情形的，商标代理机构应当明确告知委托人。

商标代理机构知道或者应当知道委托人申请注册的商标属于本法第四条、第十五条和第三十二条规定情形的，不得接受其委托。

商标代理机构除对其代理服务申请商标注册外，不得申请注册其他商标。

第二十条 【商标代理行业组织】商标代理行业组织应当按照章程规定，严格执行吸纳会员的条件，对违反行业自律规范的会员实行惩戒。商标代理行业组织对其吸纳的会员和对会员的惩戒情况，应当及时向社会公布。

第二十一条 【商标国际注册】商标国际注册遵循中华人民共和国缔结或者参加的有关国际条约确立的制度，具体办法由国务院规定。

第二章 商标注册的申请

第二十二条 【商标注册申请的提出】商标注册申请人应当按规定的商品分类表填报使用商标的商品类别和商品名称，提出注册申请。

商标注册申请人可以通过一份申请就多个类别的商品申请注册同一商标。

商标注册申请等有关文件，可以以书面方式或者数据电文方式提出。

第二十三条 【核定使用范围之外需另行申请】注册商标需要在核定使用范围之外的商品上取得商标专用权的，应当另行提出注册申请。

第二十四条 【改变标志需重新注册】注册商标需要改变其标志的，应当重新提出注册申请。

第二十五条 【优先权】商标注册申请人自其商标在外国第一次提出商标注册申请之日起六个月内，又在中国就相同商品以同一商标提出商标注册申请的，依照该外国同中国签订的协议或者共同参加的国际条约，或者按照相互承认优先权的原则，可以享有优先权。

依照前款要求优先权的，应当在提出商标注册申请的时候提出书面声明，并且在三个月内提交第一次提出的商标注册申请文件的副本；未提出书面声明或者逾期未提交商标注册申请文件副本的，视为未要求优先权。

第二十六条 【国际展览会中的临时保护】商标在中国政府主办的或者承认的国际展览会展出的商品上首次使用的，自该商品展出之日起六个月内，该商标的注册申请人可以享有优先权。

依照前款要求优先权的，应当在提出商标注册申请的时候提出书面声明，并且在三个月内提交展出其商品的展览会名称、在展出商品上使用该商标的证据、展出日期等证明文件；未提出书面声明或者逾期未提交证明文件的，视为未要求优先权。

第二十七条 【申请商标注册的行为规则】为申请商标注册所申报的事项和所提供的材料应当真实、准确、完整。

第三章 商标注册的审查和核准

第二十八条 【初步审查】对申请注册的商标，商标局应当自收到商标注册申请文件之日起九个月内审查完毕，符合本法有关规定的，予以初步审定公告。

第二十九条 【说明或者修正】在审查过程中，商标局认为商标注册申请内容需要说明或者修正的，可以要求申请人做出说明或者修正。申请人未做出说明或者修正的，不影响商标局做出审查决定。

第三十条 【驳回申请】申请注册的商标，凡不符合本法有关规定或者同他人在同一种商品或者类似商品上已经注册的或者初步审定的商标相同或者近似的，由商标局驳回申请，不予公告。

第三十一条 【申请在先原则】两个或者两个以上的商标注册申请人，在同一种商品或者类似商品上，以相同或者近似的商标申请注册的，初步审定并公告申请在先的商标；同一天申请的，初步审定并公告使用在先的商标，驳回其他人的申请，不予公告。

第三十二条 【保护在先权利和禁止恶意抢注】申请商

标注册不得损害他人现有的在先权利，也不得以不正当手段抢先注册他人已经使用并有一定影响的商标。

第三十三条　【商标异议程序和核准注册】对初步审定公告的商标，自公告之日起三个月内，在先权利人、利害关系人认为违反本法第十三条第二款和第三款、第十五条、第十六条第一款、第三十条、第三十一条、第三十二条规定的，或者任何人认为违反本法第四条、第十条、第十一条、第十二条、第十九条第四款规定的，可以向商标局提出异议。公告期满无异议的，予以核准注册，发给商标注册证，并予公告。

第三十四条　【驳回申请的救济程序】对驳回申请、不予公告的商标，商标局应当书面通知商标注册申请人。商标注册申请人不服的，可以自收到通知之日起十五日内向商标评审委员会申请复审。商标评审委员会应当自收到申请之日起九个月内做出决定，并书面通知申请人。有特殊情况需要延长的，经国务院工商行政管理部门批准，可以延长三个月。当事人对商标评审委员会的决定不服的，可以自收到通知之日起三十日内向人民法院起诉。

第三十五条　【商标异议的处理程序】对初步审定公告的商标提出异议的，商标局应当听取异议人和被异议人陈述事实和理由，经调查核实后，自公告期满之日起十二个月内做出是否准予注册的决定，并书面通知异议人和被异议人。有特殊情况需要延长的，经国务院工商行政管理部门批准，可以延长六个月。

商标局做出准予注册决定的，发给商标注册证，并予公告。异议人不服的，可以依照本法第四十四条、第四十五条的规定向商标评审委员会请求宣告该注册商标无效。

商标局做出不予注册决定，被异议人不服的，可以自收到通知之日起十五日内向商标评审委员会申请复审。商标评审委员会应当自收到申请之日起十二个月内做出复审决定，并书面通知异议人和被异议人。有特殊情况需要延长的，经国务院工商行政管理部门批准，可以延长六个月。被异议人对商标评审委员会的决定不服的，可以自收到通知之日起三十日内向人民法院起诉。人民法院应当通知异议人作为第三人参加诉讼。

商标评审委员会在依照前款规定进行复审的过程中，所涉及的在先权利的确定必须以人民法院正在审理或者行政机关正在处理的另一案件的结果为依据的，可以中止审查。中止原因消除后，应当恢复审查程序。

第三十六条　【决定的生效时间、权利取得时间及其效力】法定期限届满，当事人对商标局做出的驳回申请决定、不予注册决定不申请复审或者对商标评审委员会做出的复审决定不向人民法院起诉的，驳回申请决定、不予注册决定或者复审决定生效。

经审查异议不成立而准予注册的商标，商标注册申请人取得商标专用权的时间自初步审定公告三个月期满之日起计算。自该商标公告期满之日起至准予注册决定做出前，对他人在同一种或者类似商品上使用与该商标相同或者近似的标志的行为不具有追溯力；但是，因该使用人的恶意给商标注册人造成的损失，应当给予赔偿。

第三十七条　【及时审查】对商标注册申请和商标复审申请应当及时进行审查。

第三十八条　【更正】商标注册申请人或者注册人发现商标申请文件或者注册文件有明显错误的，可以申请更正。商标局依法在其职权范围内作出更正，并通知当事人。

前款所称更正错误不涉及商标申请文件或者注册文件的实质性内容。

第四章　注册商标的续展、变更、转让和使用许可

第三十九条　【有效期】注册商标的有效期为十年，自核准注册之日起计算。

第四十条　【续展手续】注册商标有效期满，需要继续使用的，商标注册人应当在期满前十二个月内按照规定办理续展手续；在此期间未能办理的，可以给予六个月的宽展期。每次续展注册的有效期为十年，自该商标上一届有效期满次日起计算。期满未办理续展手续的，注销其注册商标。

商标局应当对续展注册的商标予以公告。

第四十一条　【变更】注册商标需要变更注册人的名义、地址或者其他注册事项的，应当提出变更申请。

第四十二条　【转让】转让注册商标的，转让人和受让人应当签订转让协议，并共同向商标局提出申请。受让人应当保证使用该注册商标的商品质量。

转让注册商标的，商标注册人对其在同一种商品上注册的近似的商标，或者在类似商品上注册的相同或者近似的商标，应当一并转让。

对容易导致混淆或者有其他不良影响的转让，商标局不予核准，书面通知申请人并说明理由。

转让注册商标经核准后，予以公告。受让人自公告之日起享有商标专用权。

第四十三条 【使用许可】商标注册人可以通过签订商标使用许可合同，许可他人使用其注册商标。许可人应当监督被许可人使用其注册商标的商品质量。被许可人应当保证使用该注册商标的商品质量。

经许可使用他人注册商标的，必须在使用该注册商标的商品上标明被许可人的名称和商品产地。

许可他人使用其注册商标的，许可人应当将其商标使用许可报商标局备案，由商标局公告。商标使用许可未经备案不得对抗善意第三人。

第五章 注册商标的无效宣告

第四十四条 【违反绝对拒绝注册理由的无效程序】已经注册的商标，违反本法第四条、第十条、第十一条、第十二条、第十九条第四款规定的，或者是以欺骗手段或者其他不正当手段取得注册的，由商标局宣告该注册商标无效；其他单位或者个人可以请求商标评审委员会宣告该注册商标无效。

商标局做出宣告注册商标无效的决定，应当书面通知当事人。当事人对商标局的决定不服的，可以自收到通知之日起十五日内向商标评审委员会申请复审。商标评审委员会应当自收到申请之日起九个月内做出决定，并书面通知当事人。有特殊情况需要延长的，经国务院工商行政管理部门批准，可以延长三个月。当事人对商标评审委员会的决定不服的，可以自收到通知之日起三十日内向人民法院起诉。

其他单位或者个人请求商标评审委员会宣告注册商标无效的，商标评审委员会收到申请后，应当书面通知有关当事人，并限期提出答辩。商标评审委员会应当自收到申请之日起九个月内做出维持注册商标或者宣告注册商标无效的裁定，并书面通知当事人。有特殊情况需要延长的，经国务院工商行政管理部门批准，可以延长三个月。当事人对商标评审委员会的裁定不服的，可以自收到通知之日起三十日内向人民法院起诉。人民法院应当通知商标裁定程序的对方当事人作为第三人参加诉讼。

第四十五条 【违反相对拒绝注册理由的无效程序】已经注册的商标，违反本法第十三条第二款和第三款、第十五条、第十六条第一款、第三十条、第三十一条、第三十二条规定的，自商标注册之日起五年内，在先权利人或者利害关系人可以请求商标评审委员会宣告该注册商标无效。对恶意注册的，驰名商标所有人不受五年的时间限制。

商标评审委员会收到宣告注册商标无效的申请后，应当书面通知有关当事人，并限期提出答辩。商标评审委员会应当自收到申请之日起十二个月内做出维持注册商标或者宣告注册商标无效的裁定，并书面通知当事人。有特殊情况需要延长的，经国务院工商行政管理部门批准，可以延长六个月。当事人对商标评审委员会的裁定不服的，可以自收到通知之日起三十日内向人民法院起诉。人民法院应当通知商标裁定程序的对方当事人作为第三人参加诉讼。

商标评审委员会在依照前款规定对无效宣告请求进行审查的过程中，所涉及的在先权利的确定必须以人民法院正在审理或者行政机关正在处理的另一案件的结果为依据的，可以中止审查。中止原因消除后，应当恢复审查程序。

第四十六条 【无效审查决定、裁定的生效】法定期限届满，当事人对商标局宣告注册商标无效的决定不申请复审或者对商标评审委员会的复审决定、维持注册商标或者宣告注册商标无效的裁定不向人民法院起诉的，商标局的决定或者商标评审委员会的复审决定、裁定生效。

第四十七条 【商标无效的法律效力】依照本法第四十四条、第四十五条的规定宣告无效的注册商标，由商标局予以公告，该注册商标专用权视为自始即不存在。

宣告注册商标无效的决定或者裁定，对宣告无效前人民法院做出并已执行的商标侵权案件的判决、裁定、调解书和工商行政管理部门做出并已执行的商标侵权案件的处理决定以及已经履行的商标转让或者使用许可合同不具有追溯力。但是，因商标注册人的恶意给他人造成的损失，应当给予赔偿。

依照前款规定不返还商标侵权赔偿金、商标转让费、商标使用费，明显违反公平原则的，应当全部或者部分返还。

第六章 商标使用的管理

第四十八条 【商标使用】本法所称商标的使用，是指将商标用于商品、商品包装或者容器以及商品交易文书上，或者将商标用于广告宣传、展览以及其他商业活动中，用于识别商品来源的行为。

第四十九条 【注册商标的撤销】商标注册人在使用注册商标的过程中，自行改变注册商标、注册人名义、地址或者其他注册事项的，由地方工商行政管理部门责令限期改正；期满不改正的，由商标局撤销其注册商标。

注册商标成为其核定使用的商品的通用名称或者没有正当理由连续三年不使用的，任何单位或者个人可以向商标局申请撤销该注册商标。商标局应当自收到申请之日起九个月内做出决定。有特殊情况需要延长的，经国务院工商行政管理部门批准，可以延长三个月。

第五十条 【一年内不予核准】注册商标被撤销、被宣告无效或者期满不再续展的，自撤销、宣告无效或者注销之日起一年内，商标局对与该商标相同或者近似的商标注册申请，不予核准。

第五十一条 【违反强制注册规定的法律责任】违反本法第六条规定的，由地方工商行政管理部门责令限期申请注册，违法经营额五万元以上的，可以处违法经营额百分之二十以下的罚款，没有违法经营额或者违法经营额不足五万元的，可以处一万元以下的罚款。

第五十二条 【不当使用未注册商标的法律责任】将未注册商标冒充注册商标使用的，或者使用未注册商标违反本法第十条规定的，由地方工商行政管理部门予以制止，限期改正，并可以予以通报，违法经营额五万元以上的，可以处违法经营额百分之二十以下的罚款，没有违法经营额或者违法经营额不足五万元的，可以处一万元以下的罚款。

第五十三条 【违法使用“驰名商标”字样的法律责任】违反本法第十四条第五款规定的，由地方工商行政管理部门责令改正，处十万元罚款。

第五十四条 【撤销决定的救济程序】对商标局撤销或者不予撤销注册商标的决定，当事人不服的，可以自收到通知之日起十五日内向商标评审委员会申请复审。商标评审委员会应当自收到申请之日起九个月内做出决定，并书面通知当事人。有特殊情况需要延长的，经国务院工商行政管理部门批准，可以延长三个月。当事人对商标评审委员会的决定不服的，可以自收到通知之日起三十日内向人民法院起诉。

第五十五条 【撤销决定的生效及其效力】法定期限届满，当事人对商标局做出的撤销注册商标的决定不申请复审或者对商标评审委员会做出的复审决定不向人民法院起诉的，撤销注册商标的决定、复审决定生效。

被撤销的注册商标，由商标局予以公告，该注册商标专用权自公告之日起终止。

第七章 注册商标专用权的保护

第五十六条 【保护范围】注册商标的专用权，以核准注册的商标和核定使用的商品为限。

第五十七条 【商标侵权的情形】有下列行为之一的，均属侵犯注册商标专用权：

（一）未经商标注册人的许可，在同一种商品上使用与其注册商标相同的商标的；

（二）未经商标注册人的许可，在同一种商品上使用与其注册商标近似的商标，或者在类似商品上使用与其注册商标相同或者近似的商标，容易导致混淆的；

（三）销售侵犯注册商标专用权的商品的；

（四）伪造、擅自制造他人注册商标标识或者销售伪造、擅自制造的注册商标标识的；

（五）未经商标注册人同意，更换其注册商标并将该更换商标的商品又投入市场的；

（六）故意为侵犯他人商标专用权行为提供便利条件，帮助他人实施侵犯商标专用权行为的；

（七）给他人的注册商标专用权造成其他损害的。

第五十八条 【将商标用作企业字号】将他人注册商标、未注册的驰名商标作为企业名称中的字号使用，误导公众，构成不正当竞争行为的，依照《中华人民共和国反不正当竞争法》处理。

第五十九条 【注册商标专用权的限制】注册商标中含有的本商品的通用名称、图形、型号，或者直接表示商品的质量、主要原料、功能、用途、重量、数量及其他特点，或者含有的地名，注册商标专用权人无权禁止他人正当使用。

三维标志注册商标中含有的商品自身的性质产生的形状、为获得技术效果而需有的商品形状或者使商品具有实质性价值的形状，注册商标专用权人无权禁止他人正当使用。

商标注册人申请商标注册前，他人已经在同一种商品或者类似商品上先于商标注册人使用与注册商标相同或者近似并有一定影响的商标的，注册商标专用权人无权禁止该使用人在原使用范围内继续使用该商标，但可以要求其附加适当区别标识。

第六十条 【商标侵权的处理】有本法第五十七条所列侵犯注册商标专用权行为之一，引起纠纷的，由当事人协商解决；不愿协商或者协商不成的，商标注册人或者利害关系人可以向人民法院起诉，也可以请求工商行政管理部门处理。

工商行政管理部门处理时，认定侵权行为成立的，责令立即停止侵权行为，没收、销毁侵权商品和主要用于制造侵权商品、伪造注册商标标识的工具，违法经营额五万元以上的，可以处违法经营额五倍以下的罚款，没有违法经营额或者违法经营额不足五万元的，可以处二十五万元以下的罚款。对五年内实施两次以上商标侵权行为或者有其他严重情节的，应当从重处罚。销售不知道是侵犯注册商标专用权的商品，能证明该商品是自己合法取得并说明提供者的，由工商行政管理部门责令停止销售。

对侵犯商标专用权的赔偿数额的争议，当事人可以请求进行处理的工商行政管理部门调解，也可以依照《中华人民共和国民事诉讼法》向人民法院起诉。经工商行政管理部门调解，当事人未达成协议或者调解书生效后不履行的，当事人可以依照《中华人民共和国民事诉讼法》向人民法院起诉。

第六十一条　【商标侵权的查处和司法移送】对侵犯注册商标专用权的行为，工商行政管理部门有权依法查处；涉嫌犯罪的，应当及时移送司法机关依法处理。

第六十二条　【工商部门的职权及中止查处】县级以上工商行政管理部门根据已经取得的违法嫌疑证据或者举报，对涉嫌侵犯他人注册商标专用权的行为进行查处时，可以行使下列职权：

（一）询问有关当事人，调查与侵犯他人注册商标专用权有关的情况；

（二）查阅、复制当事人与侵权活动有关的合同、发票、账簿以及其他有关资料；

（三）对当事人涉嫌从事侵犯他人注册商标专用权活动的场所实施现场检查；

（四）检查与侵权活动有关的物品；对有证据证明是侵犯他人注册商标专用权的物品，可以查封或者扣押。

工商行政管理部门依法行使前款规定的职权时，当事人应当予以协助、配合，不得拒绝、阻挠。

在查处商标侵权案件过程中，对商标权属存在争议或者权利人同时向人民法院提起商标侵权诉讼的，工商行政管理部门可以中止案件的查处。中止原因消除后，应当恢复或者终结案件查处程序。

第六十三条　【商标侵权的赔偿数额】侵犯商标专用权的赔偿数额，按照权利人因被侵权所受到的实际损失确定；实际损失难以确定的，可以按照侵权人因侵权所获得的利益确定；权利人的损失或者侵权人获得的利益难以确定的，参照该商标许可使用费的倍数合理确定。对恶意侵犯商标专用权，情节严重的，可以在按照上述方法确定数额的一倍以上五倍以下确定赔偿数额。赔偿数额应当包括权利人为制止侵权行为所支付的合理开支。

人民法院为确定赔偿数额，在权利人已经尽力举证，而与侵权行为相关的账簿、资料主要由侵权人掌握的情况下，可以责令侵权人提供与侵权行为相关的账簿、资料；侵权人不提供或者提供虚假的账簿、资料的，人民法院可以参考权利人的主张和提供的证据判定赔偿数额。

权利人因被侵权所受到的实际损失、侵权人因侵权所获得的利益、注册商标许可使用费难以确定的，由人民法院根据侵权行为的情节判决给予五百万元以下的赔偿。

人民法院审理商标纠纷案件，应权利人请求，对属于假冒注册商标的商品，除特殊情况外，责令销毁；对主要用于制造假冒注册商标的商品的材料、工具，责令销毁，且不予补偿；或者在特殊情况下，责令禁止前述材料、工具进入商业渠道，且不予补偿。

假冒注册商标的商品不得在仅去除假冒注册商标后进入商业渠道。

第六十四条　【不承担赔偿责任的情形】注册商标专用权人请求赔偿，被控侵权人以注册商标专用权人未使用注册商标提出抗辩的，人民法院可以要求注册商标专用权人提供此前三年内实际使用该注册商标的证据。注册商标专用权人不能证明此前三年内实际使用过该注册商标，也不能证明因侵权行为受到其他损失的，被控侵权人不承担赔偿责任。

销售不知道是侵犯注册商标专用权的商品，能证明该商品是自己合法取得并说明提供者的，不承担赔偿责任。

第六十五条　【诉前临时措施】商标注册人或者利害关系人有证据证明他人正在实施或者即将实施侵犯其注册商标专用权的行为，如不及时制止将会使其合法权益受到难以弥补的损害的，可以依法在起诉前向人民法院申请采取责令停止有关行为和财产保全的措施。

第六十六条 【诉前证据保全】为制止侵权行为，在证据可能灭失或者以后难以取得的情况下，商标注册人或者利害关系人可以依法在起诉前向人民法院申请保全证据。

第六十七条 【刑事责任】未经商标注册人许可，在同一种商品上使用与其注册商标相同的商标，构成犯罪的，除赔偿被侵权人的损失外，依法追究刑事责任。

伪造、擅自制造他人注册商标标识或者销售伪造、擅自制造的注册商标标识，构成犯罪的，除赔偿被侵权人的损失外，依法追究刑事责任。

销售明知是假冒注册商标的商品，构成犯罪的，除赔偿被侵权人的损失外，依法追究刑事责任。

第六十八条 【商标代理机构的法律责任】商标代理机构有下列行为之一的，由工商行政管理部门责令限期改正，给予警告，处一万元以上十万元以下的罚款；对直接负责的主管人员和其他直接责任人员给予警告，处五千元以上五万元以下的罚款；构成犯罪的，依法追究刑事责任：

（一）办理商标事宜过程中，伪造、变造或者使用伪造、变造的法律文件、印章、签名的；

（二）以诋毁其他商标代理机构等手段招徕商标代理业务或者以其他不正当手段扰乱商标代理市场秩序的；

（三）违反本法第四条、第十九条第三款和第四款规定的。

商标代理机构有前款规定行为的，由工商行政管理部门记入信用档案；情节严重的，商标局、商标评审委员会并可以决定停止受理其办理商标代理业务，予以公告。

商标代理机构违反诚实信用原则，侵害委托人合法利益的，应当依法承担民事责任，并由商标代理行业组织按照章程规定予以惩戒。

对恶意申请商标注册的，根据情节给予警告、罚款等行政处罚；对恶意提起商标诉讼的，由人民法院依法给予处罚。

第六十九条 【国家机关工作人员的行为规范】从事商标注册、管理和复审工作的国家机关工作人员必须秉公执法，廉洁自律，忠于职守，文明服务。

商标局、商标评审委员会以及从事商标注册、管理和复审工作的国家机关工作人员不得从事商标代理业务和商品生产经营活动。

第七十条 【工商部门的内部监督】工商行政管理部门应当建立健全内部监督制度，对负责商标注册、管理和复审工作的国家机关工作人员执行法律、行政法规和遵守纪律的情况，进行监督检查。

第七十一条 【国家机关工作人员的法律责任】从事商标注册、管理和复审工作的国家机关工作人员玩忽职守、滥用职权、徇私舞弊，违法办理商标注册、管理和复审事项，收受当事人财物，牟取不正当利益，构成犯罪的，依法追究刑事责任；尚不构成犯罪的，依法给予处分。

第八章 附 则

第七十二条 【费用】申请商标注册和办理其他商标事宜的，应当缴纳费用，具体收费标准另定。

第七十三条 【施行日期及效力】本法自 1983 年 3 月 1 日起施行。1963 年 4 月 10 日国务院公布的《商标管理条例》同时废止；其他有关商标管理的规定，凡与本法抵触的，同时失效。

本法施行前已经注册的商标继续有效。

中华人民共和国商标法实施条例

1. *2002 年 8 月 3 日国务院令第 358 号公布*
2. *2014 年 4 月 29 日国务院令第 651 号修订*
3. *自 2014 年 5 月 1 日起施行*

第一章 总 则

第一条 根据《中华人民共和国商标法》（以下简称商标法），制定本条例。

第二条 本条例有关商品商标的规定，适用于服务商标。

第三条 商标持有人依照商标法第十三条规定请求驰名商标保护的，应当提交其商标构成驰名商标的证据材料。商标局、商标评审委员会应当依照商标法第十四条的规定，根据审查、处理案件的需要以及当事人提交的证据材料，对其商标驰名情况作出认定。

第四条 商标法第十六条规定的地理标志，可以依照商标法和本条例的规定，作为证明商标或者集体商标申请注册。

以地理标志作为证明商标注册的，其商品符合使用该地理标志条件的自然人、法人或者其他组织可以要求使用该证明商标，控制该证明商标的组织应当允许。以地理标志作为集体商标注册的，其商品符合使用该地理标志条件的自然人、法人或者其他组织，可以要求参加以该地理标志作为集体商标注册的团体、协会或者其他组织，该团体、协会或者其他组织应当依据其章程接纳为会员；不要求参加以该地理标志作为集体商标注册的团体、协会或者其他组织的，也可以正当使用该地理标志，该团体、协会或者其他组织无权禁止。

第五条　当事人委托商标代理机构申请商标注册或者办理其他商标事宜，应当提交代理委托书。代理委托书应当载明代理内容及权限；外国人或者外国企业的代理委托书还应当载明委托人的国籍。

外国人或者外国企业的代理委托书及与其有关的证明文件的公证、认证手续，按照对等原则办理。

申请商标注册或者转让商标，商标注册申请人或者商标转让受让人为外国人或者外国企业的，应当在申请书中指定中国境内接收人负责接收商标局、商标评审委员会后继商标业务的法律文件。商标局、商标评审委员会后继商标业务的法律文件向中国境内接收人送达。

商标法第十八条所称外国人或者外国企业，是指在中国没有经常居所或者营业所的外国人或者外国企业。

第六条　申请商标注册或者办理其他商标事宜，应当使用中文。

依照商标法和本条例规定提交的各种证件、证明文件和证据材料是外文的，应当附送中文译文；未附送的，视为未提交该证件、证明文件或者证据材料。

第七条　商标局、商标评审委员会工作人员有下列情形之一的，应当回避，当事人或者利害关系人可以要求其回避：

（一）是当事人或者当事人、代理人的近亲属的；

（二）与当事人、代理人有其他关系，可能影响公正的；

（三）与申请商标注册或者办理其他商标事宜有利害关系的。

第八条　以商标法第二十二条规定的数据电文方式提交商标注册申请等有关文件，应当按照商标局或者商标评审委员会的规定通过互联网提交。

第九条　除本条例第十八条规定的情形外，当事人向商标局或者商标评审委员会提交文件或者材料的日期，直接递交的，以递交日为准；邮寄的，以寄出的邮戳日为准；邮戳日不清晰或者没有邮戳的，以商标局或者商标评审委员会实际收到日为准，但是当事人能够提出实际邮戳日证据的除外。通过邮政企业以外的快递企业递交的，以快递企业收寄日为准；收寄日不明确的，以商标局或者商标评审委员会实际收到日为准，但是当事人能够提出实际收寄日证据的除外。以数据电文方式提交的，以进入商标局或者商标评审委员会电子系统的日期为准。

当事人向商标局或者商标评审委员会邮寄文件，应当使用给据邮件。

当事人向商标局或者商标评审委员会提交文件，以书面方式提交的，以商标局或者商标评审委员会所存档案记录为准；以数据电文方式提交的，以商标局或者商标评审委员会数据库记录为准，但是当事人确有证据证明商标局或者商标评审委员会档案、数据库记录有错误的除外。

第十条　商标局或者商标评审委员会的各种文件，可以通过邮寄、直接递交、数据电文或者其他方式送达当事人；以数据电文方式送达当事人的，应当经当事人同意。当事人委托商标代理机构的，文件送达商标代理机构视为送达当事人。

商标局或者商标评审委员会向当事人送达各种文件的日期，邮寄的，以当事人收到的邮戳日为准；邮戳日不清晰或者没有邮戳的，自文件发出之日起满 15 日视为送达当事人，但是当事人能够证明实际收到日的除外；直接递交的，以递交日为准；以数据电文方式送达的，自文件发出之日起满 15 日视为送达当事人，但是当事人能够证明文件进入其电子系统日期的除外。文件通过上述方式无法送达的，可以通过公告方式送达，自公告发布之日起满 30 日，该文件视为送达当事人。

第十一条　下列期间不计入商标审查、审理期限：

（一）商标局、商标评审委员会文件公告送达的期间；

（二）当事人需要补充证据或者补正文件的期间以及因当事人更换需要重新答辩的期间；

（三）同日申请提交使用证据及协商、抽签需要的期间；

（四）需要等待优先权确定的期间；

（五）审查、审理过程中，依案件申请人的请求等待在先权利案件审理结果的期间。

第十二条　除本条第二款规定的情形外，商标法和本条例规定的各种期限开始的当日不计算在期限内。期限以年或者月计算的，以期限最后一月的相应日为期限届满日；该月无相应日的，以该月最后一日为期限届满日；期限届满日是节假日的，以节假日后的第一个工作日为期限届满日。

商标法第三十九条、第四十条规定的注册商标有效期从法定日开始起算，期限最后一月相应日的前一日为期限届满日，该月无相应日的，以该月最后一日为期限届满日。

第二章 商标注册的申请

第十三条 申请商标注册，应当按照公布的商品和服务分类表填报。每一件商标注册申请应当向商标局提交《商标注册申请书》1份、商标图样1份；以颜色组合或者着色图样申请商标注册的，应当提交着色图样，并提交黑白稿1份；不指定颜色的，应当提交黑白图样。

商标图样应当清晰，便于粘贴，用光洁耐用的纸张印制或者用照片代替，长和宽应当不大于10厘米，不小于5厘米。

以三维标志申请商标注册的，应当在申请书中予以声明，说明商标的使用方式，并提交能够确定三维形状的图样，提交的商标图样应当至少包含三面视图。

以颜色组合申请商标注册的，应当在申请书中予以声明，说明商标的使用方式。

以声音标志申请商标注册的，应当在申请书中予以声明，提交符合要求的声音样本，对申请注册的声音商标进行描述，说明商标的使用方式。对声音商标进行描述，应当以五线谱或者简谱对申请用作商标的声音加以描述并附加文字说明；无法以五线谱或者简谱描述的，应当以文字加以描述；商标描述与声音样本应当一致。

申请注册集体商标、证明商标的，应当在申请书中予以声明，并提交主体资格证明文件和使用管理规则。

商标为外文或者包含外文的，应当说明含义。

第十四条 申请商标注册的，申请人应当提交其身份证明文件。商标注册申请人的名义与所提交的证明文件应当一致。

前款关于申请人提交其身份证明文件的规定适用于向商标局提出的办理变更、转让、续展、异议、撤销等其他商标事宜。

第十五条 商品或者服务项目名称应当按照商品和服务分类表中的类别号、名称填写；商品或者服务项目名称未列入商品和服务分类表的，应当附送对该商品或者服务的说明。

商标注册申请等有关文件以纸质方式提出的，应当打字或者印刷。

本条第二款规定适用于办理其他商标事宜。

第十六条 共同申请注册同一商标或者办理其他共有商标事宜的，应当在申请书中指定一个代表人；没有指定代表人的，以申请书中顺序排列的第一人为代表人。

商标局和商标评审委员会的文件应当送达代表人。

第十七条 申请人变更其名义、地址、代理人、文件接收人或者删减指定的商品的，应当向商标局办理变更手续。

申请人转让其商标注册申请的，应当向商标局办理转让手续。

第十八条 商标注册的申请日期以商标局收到申请文件的日期为准。

商标注册申请手续齐备、按照规定填写申请文件并缴纳费用的，商标局予以受理并书面通知申请人；申请手续不齐备、未按照规定填写申请文件或者未缴纳费用的，商标局不予受理，书面通知申请人并说明理由。申请手续基本齐备或者申请文件基本符合规定，但是需要补正的，商标局通知申请人予以补正，限其自收到通知之日起30日内，按照指定内容补正并交回商标局。在规定期限内补正并交回商标局的，保留申请日期；期满未补正的或者不按照要求进行补正的，商标局不予受理并书面通知申请人。

本条第二款关于受理条件的规定适用于办理其他商标事宜。

第十九条 两个或者两个以上的申请人，在同一种商品或者类似商品上，分别以相同或者近似的商标在同一天申请注册的，各申请人应当自收到商标局通知之日起30日内提交其申请注册前在先使用该商标的证据。同日使用或者均未使用的，各申请人可以自收到商标局通知之日起30日内自行协商，并将书面协议报送商标局；不愿协商或者协商不成的，商标局通知各申请人以抽签的方式确定一个申请人，驳回其他人的注册申请。商标局已经通知但申请人未参加抽签的，视为放弃申请，商标局应当书面通知未参加抽签的申请人。

第二十条 依照商标法第二十五条规定要求优先权的，申请人提交的第一次提出商标注册申请文件的副本应当经受理该申请的商标主管机关证明，并注明申请日期和申请号。

第三章　商标注册申请的审查

第二十一条　商标局对受理的商标注册申请，依照商标法及本条例的有关规定进行审查，对符合规定或者在部分指定商品上使用商标的注册申请符合规定的，予以初步审定，并予以公告；对不符合规定或者在部分指定商品上使用商标的注册申请不符合规定的，予以驳回或者驳回在部分指定商品上使用商标的注册申请，书面通知申请人并说明理由。

第二十二条　商标局对一件商标注册申请在部分指定商品上予以驳回的，申请人可以将该申请中初步审定的部分申请分割成另一件申请，分割后的申请保留原申请的申请日期。

需要分割的，申请人应当自收到商标局《商标注册申请部分驳回通知书》之日起15日内，向商标局提出分割申请。

商标局收到分割申请后，应当将原申请分割为两件，对分割出来的初步审定申请生成新的申请号，并予以公告。

第二十三条　依照商标法第二十九条规定，商标局认为对商标注册申请内容需要说明或者修正的，申请人应当自收到商标局通知之日起15日内作出说明或者修正。

第二十四条　对商标局初步审定予以公告的商标提出异议的，异议人应当向商标局提交下列商标异议材料一式两份并标明正、副本：

（一）商标异议申请书；

（二）异议人的身份证明；

（三）以违反商标法第十三条第二款和第三款、第十五条、第十六条第一款、第三十条、第三十一条、第三十二条规定为由提出异议的，异议人作为在先权利人或者利害关系人的证明。

商标异议申请书应当有明确的请求和事实依据，并附送有关证据材料。

第二十五条　商标局收到商标异议申请书后，经审查，符合受理条件的，予以受理，向申请人发出受理通知书。

第二十六条　商标异议申请有下列情形的，商标局不予受理，书面通知申请人并说明理由：

（一）未在法定期限内提出的；

（二）申请人主体资格、异议理由不符合商标法第三十三条规定的；

（三）无明确的异议理由、事实和法律依据的；

（四）同一异议人以相同的理由、事实和法律依据针对同一商标再次提出异议申请的。

第二十七条　商标局应当将商标异议材料副本及时送交被异议人，限其自收到商标异议材料副本之日起30日内答辩。被异议人不答辩的，不影响商标局作出决定。

当事人需要在提出异议申请或者答辩后补充有关证据材料的，应当在商标异议申请书或者答辩书中声明，并自提交商标异议申请书或者答辩书之日起3个月内提交；期满未提交的，视为当事人放弃补充有关证据材料。但是，在期满后生成或者当事人有其他正当理由未能在期满前提交的证据，在期满后提交的，商标局将证据交对方当事人并质证后可以采信。

第二十八条　商标法第三十五条第三款和第三十六条第一款所称不予注册决定，包括在部分指定商品上不予注册决定。

被异议商标在商标局作出准予注册决定或者不予注册决定前已经刊发注册公告的，撤销该注册公告。经审查异议不成立而准予注册的，在准予注册决定生效后重新公告。

第二十九条　商标注册申请人或者商标注册人依照商标法第三十八条规定提出更正申请的，应当向商标局提交更正申请书。符合更正条件的，商标局核准后更正相关内容；不符合更正条件的，商标局不予核准，书面通知申请人并说明理由。

已经刊发初步审定公告或者注册公告的商标经更正的，刊发更正公告。

第四章　注册商标的变更、转让、续展

第三十条　变更商标注册人名义、地址或者其他注册事项的，应当向商标局提交变更申请书。变更商标注册人名义的，还应当提交有关登记机关出具的变更证明文件。商标局核准的，发给商标注册人相应证明，并予以公告；不予核准的，应当书面通知申请人并说明理由。

变更商标注册人名义或者地址的，商标注册人应当将其全部注册商标一并变更；未一并变更的，由商标局通知其限期改正；期满未改正的，视为放弃变更申请，商标局应当书面通知申请人。

第三十一条　转让注册商标的，转让人和受让人应当向

商标局提交转让注册商标申请书。转让注册商标申请手续应当由转让人和受让人共同办理。商标局核准转让注册商标申请的，发给受让人相应证明，并予以公告。

转让注册商标，商标注册人对其在同一种或者类似商品上注册的相同或者近似的商标未一并转让的，由商标局通知其限期改正；期满未改正的，视为放弃转让该注册商标的申请，商标局应当书面通知申请人。

第三十二条　注册商标专用权因转让以外的继承等其他事由发生移转的，接受该注册商标专用权的当事人应当凭有关证明文件或者法律文书到商标局办理注册商标专用权移转手续。

注册商标专用权移转的，注册商标专用权人在同一种或者类似商品上注册的相同或者近似的商标，应当一并移转；未一并移转的，由商标局通知其限期改正；期满未改正的，视为放弃该移转注册商标的申请，商标局应当书面通知申请人。

商标移转申请经核准的，予以公告。接受该注册商标专用权移转的当事人自公告之日起享有商标专用权。

第三十三条　注册商标需要续展注册的，应当向商标局提交商标续展注册申请书。商标局核准商标注册续展申请的，发给相应证明并予以公告。

第五章　商标国际注册

第三十四条　商标法第二十一条规定的商标国际注册，是指根据《商标国际注册马德里协定》（以下简称马德里协定）、《商标国际注册马德里协定有关议定书》（以下简称马德里议定书）及《商标国际注册马德里协定及该协定有关议定书的共同实施细则》的规定办理的马德里商标国际注册。

马德里商标国际注册申请包括以中国为原属国的商标国际注册申请、指定中国的领土延伸申请及其他有关的申请。

第三十五条　以中国为原属国申请商标国际注册的，应当在中国设有真实有效的营业所，或者在中国有住所，或者拥有中国国籍。

第三十六条　符合本条例第三十五条规定的申请人，其商标已在商标局获得注册的，可以根据马德里协定申请办理该商标的国际注册。

符合本条例第三十五条规定的申请人，其商标已在商标局获得注册，或者已向商标局提出商标注册申请并被受理的，可以根据马德里议定书申请办理该商标的国际注册。

第三十七条　以中国为原属国申请商标国际注册的，应当通过商标局向世界知识产权组织国际局（以下简称国际局）申请办理。

以中国为原属国的，与马德里协定有关的商标国际注册的后期指定、放弃、注销，应当通过商标局向国际局申请办理；与马德里协定有关的商标国际注册的转让、删减、变更、续展，可以通过商标局向国际局申请办理，也可以直接向国际局申请办理。

以中国为原属国的，与马德里议定书有关的商标国际注册的后期指定、转让、删减、放弃、注销、变更、续展，可以通过商标局向国际局申请办理，也可以直接向国际局申请办理。

第三十八条　通过商标局向国际局申请商标国际注册及办理其他有关申请的，应当提交符合国际局和商标局要求的申请书和相关材料。

第三十九条　商标国际注册申请指定的商品或者服务不得超出国内基础申请或者基础注册的商品或者服务的范围。

第四十条　商标国际注册申请手续不齐备或者未按照规定填写申请书的，商标局不予受理，申请日不予保留。

申请手续基本齐备或者申请书基本符合规定，但需要补正的，申请人应当自收到补正通知书之日起30日内予以补正，逾期未补正的，商标局不予受理，书面通知申请人。

第四十一条　通过商标局向国际局申请商标国际注册及办理其他有关申请的，应当按照规定缴纳费用。

申请人应当自收到商标局缴费通知单之日起15日内，向商标局缴纳费用。期满未缴纳的，商标局不受理其申请，书面通知申请人。

第四十二条　商标局在马德里协定或者马德里议定书规定的驳回期限（以下简称驳回期限）内，依照商标法和本条例的有关规定对指定中国的领土延伸申请进行审查，作出决定，并通知国际局。商标局在驳回期限内未发出驳回或者部分驳回通知的，该领土延伸申请视为核准。

第四十三条　指定中国的领土延伸申请人，要求将三维标志、颜色组合、声音标志作为商标保护或者要求保护集体商标、证明商标的，自该商标在国际局国际注册簿登记之日起3个月内，应当通过依法设立的商标代理机构，向商标局提交本条例第十三条规定的相关材料。未在上述期限内提交相关材料的，商标局驳回该领土延伸申请。

第四十四条　世界知识产权组织对商标国际注册有关事项进行公告，商标局不再另行公告。

第四十五条　对指定中国的领土延伸申请，自世界知识产权组织《国际商标公告》出版的次月1日起3个月内，符合商标法第三十三条规定条件的异议人可以向商标局提出异议申请。

商标局在驳回期限内将异议申请的有关情况以驳回决定的形式通知国际局。

被异议人可以自收到国际局转发的驳回通知书之日起30日内进行答辩，答辩书及相关证据材料应当通过依法设立的商标代理机构向商标局提交。

第四十六条　在中国获得保护的国际注册商标，有效期自国际注册日或者后期指定日起算。在有效期届满前，注册人可以向国际局申请续展，在有效期内未申请续展的，可以给予6个月的宽展期。商标局收到国际局的续展通知后，依法进行审查。国际局通知未续展的，注销该国际注册商标。

第四十七条　指定中国的领土延伸申请办理转让的，受让人应当在缔约方境内有真实有效的营业所，或者在缔约方境内有住所，或者是缔约方国民。

转让人未将其在相同或者类似商品或者服务上的相同或者近似商标一并转让的，商标局通知注册人自发出通知之日起3个月内改正；期满未改正或者转让容易引起混淆或者有其他不良影响的，商标局作出该转让在中国无效的决定，并向国际局作出声明。

第四十八条　指定中国的领土延伸申请办理删减，删减后的商品或者服务不符合中国有关商品或者服务分类要求或者超出原指定商品或者服务范围的，商标局作出该删减在中国无效的决定，并向国际局作出声明。

第四十九条　依照商标法第四十九条第二款规定申请撤销国际注册商标，应当自该商标国际注册申请的驳回期限届满之日起满3年后向商标局提出申请；驳回期限届满时仍处在驳回复审或者异议相关程序的，应当自商标局或者商标评审委员会作出的准予注册决定生效之日起满3年后向商标局提出申请。

依照商标法第四十四条第一款规定申请宣告国际注册商标无效的，应当自该商标国际注册申请的驳回期限届满后向商标评审委员会提出申请；驳回期限届满时仍处在驳回复审或者异议相关程序的，应当自商标局或者商标评审委员会作出的准予注册决定生效后向商标评审委员会提出申请。

依照商标法第四十五条第一款规定申请宣告国际注册商标无效的，应当自该商标国际注册申请的驳回期限届满之日起5年内向商标评审委员会提出申请；驳回期限届满时仍处在驳回复审或者异议相关程序的，应当自商标局或者商标评审委员会作出的准予注册决定生效之日起5年内向商标评审委员会提出申请。对恶意注册的，驰名商标所有人不受5年的时间限制。

第五十条　商标法和本条例下列条款的规定不适用于办理商标国际注册相关事宜：

（一）商标法第二十八条、第三十五条第一款关于审查和审理期限的规定；

（二）本条例第二十二条、第三十条第二款；

（三）商标法第四十二条及本条例第三十一条关于商标转让由转让人和受让人共同申请并办理手续的规定。

第六章　商标评审

第五十一条　商标评审是指商标评审委员会依照商标法第三十四条、第三十五条、第四十四条、第四十五条、第五十四条的规定审理有关商标争议事宜。当事人向商标评审委员会提出商标评审申请，应当有明确的请求、事实、理由和法律依据，并提供相应证据。

商标评审委员会根据事实，依法进行评审。

第五十二条　商标评审委员会审理不服商标局驳回商标注册申请决定的复审案件，应当针对商标局的驳回决定和申请人申请复审的事实、理由、请求及评审时的事实状态进行审理。

商标评审委员会审理不服商标局驳回商标注册申请决定的复审案件，发现申请注册的商标有违反商标法第十条、第十一条、第十二条和第十六条第一款规定情形，商标局并未依据上述条款作出驳回决定的，可以依据上述条款作出驳回申请的复审决定。商标评审委员会作出复审决定前应当听取申请人的意见。

第五十三条　商标评审委员会审理不服商标局不予注册决定的复审案件，应当针对商标局的不予注册决定和申请人申请复审的事实、理由、请求及原异议人提出的意见进行审理。

商标评审委员会审理不服商标局不予注册决定的

复审案件，应当通知原异议人参加并提出意见。原异议人的意见对案件审理结果有实质影响的，可以作为评审的依据；原异议人不参加或者不提出意见的，不影响案件的审理。

第五十四条 商标评审委员会审理依照商标法第四十四条、第四十五条规定请求宣告注册商标无效的案件，应当针对当事人申请和答辩的事实、理由及请求进行审理。

第五十五条 商标评审委员会审理不服商标局依照商标法第四十四条第一款规定作出宣告注册商标无效决定的复审案件，应当针对商标局的决定和申请人申请复审的事实、理由及请求进行审理。

第五十六条 商标评审委员会审理不服商标局依照商标法第四十九条规定作出撤销或者维持注册商标决定的复审案件，应当针对商标局作出撤销或者维持注册商标决定和当事人申请复审时所依据的事实、理由及请求进行审理。

第五十七条 申请商标评审，应当向商标评审委员会提交申请书，并按照对方当事人的数量提交相应份数的副本；基于商标局的决定书申请复审的，还应当同时附送商标局的决定书副本。

商标评审委员会收到申请书后，经审查，符合受理条件的，予以受理；不符合受理条件的，不予受理，书面通知申请人并说明理由；需要补正的，通知申请人自收到通知之日起30日内补正。经补正仍不符合规定的，商标评审委员会不予受理，书面通知申请人并说明理由；期满未补正的，视为撤回申请，商标评审委员会应当书面通知申请人。

商标评审委员会受理商标评审申请后，发现不符合受理条件的，予以驳回，书面通知申请人并说明理由。

第五十八条 商标评审委员会受理商标评审申请后应当及时将申请书副本送交对方当事人，限其自收到申请书副本之日起30日内答辩；期满未答辩的，不影响商标评审委员会的评审。

第五十九条 当事人需要在提出评审申请或者答辩后补充有关证据材料的，应当在申请书或者答辩书中声明，并自提交申请书或者答辩书之日起3个月内提交；期满未提交的，视为放弃补充有关证据材料。但是，在期满后生成或者当事人有其他正当理由未能在期满前提交的证据，在期满后提交的，商标评审委员会将证据交对方当事人并质证后可以采信。

第六十条 商标评审委员会根据当事人的请求或者实际需要，可以决定对评审申请进行口头审理。

商标评审委员会决定对评审申请进行口头审理的，应当在口头审理15日前书面通知当事人，告知口头审理的日期、地点和评审人员。当事人应当在通知书指定的期限内作出答复。

申请人不答复也不参加口头审理的，其评审申请视为撤回，商标评审委员会应当书面通知申请人；被申请人不答复也不参加口头审理的，商标评审委员会可以缺席评审。

第六十一条 申请人在商标评审委员会作出决定、裁定前，可以书面向商标评审委员会要求撤回申请并说明理由，商标评审委员会认为可以撤回的，评审程序终止。

第六十二条 申请人撤回商标评审申请的，不得以相同的事实和理由再次提出评审申请。商标评审委员会对商标评审申请已经作出裁定或者决定的，任何人不得以相同的事实和理由再次提出评审申请。但是，经不予注册复审程序予以核准注册后向商标评审委员会提起宣告注册商标无效的除外。

第七章 商标使用的管理

第六十三条 使用注册商标，可以在商品、商品包装、说明书或者其他附着物上标明“注册商标”或者注册标记。

注册标记包括㊟和®。使用注册标记，应当标注在商标的右上角或者右下角。

第六十四条 《商标注册证》遗失或者破损的，应当向商标局提交补发《商标注册证》申请书。《商标注册证》遗失的，应当在《商标公告》上刊登遗失声明。破损的《商标注册证》，应当在提交补发申请时交回商标局。

商标注册人需要商标局补发商标变更、转让、续展证明，出具商标注册证明，或者商标申请人需要商标局出具优先权证明文件的，应当向商标局提交相应申请书。符合要求的，商标局发给相应证明；不符合要求的，商标局不予办理，通知申请人并告知理由。

伪造或者变造《商标注册证》或者其他商标证明文件的，依照刑法关于伪造、变造国家机关证件罪或者其他罪的规定，依法追究刑事责任。

第六十五条 有商标法第四十九条规定的注册商标成为其核定使用的商品通用名称情形的，任何单位或者个人可以向商标局申请撤销该注册商标，提交申请时应当附送证据材料。商标局受理后应当通知商标注册人，限其自收到通知之日起2个月内答辩；期满未答辩的，不影响商标局作出决定。

第六十六条　有商标法第四十九条规定的注册商标无正当理由连续3年不使用情形的，任何单位或者个人可以向商标局申请撤销该注册商标，提交申请时应当说明有关情况。商标局受理后应当通知商标注册人，限其自收到通知之日起2个月内提交该商标在撤销申请提出前使用的证据材料或者说明不使用的正当理由；期满未提供使用的证据材料或者证据材料无效并没有正当理由的，由商标局撤销其注册商标。

前款所称使用的证据材料，包括商标注册人使用注册商标的证据材料和商标注册人许可他人使用注册商标的证据材料。

以无正当理由连续3年不使用为由申请撤销注册商标的，应当自该注册商标注册公告之日起满3年后提出申请。

第六十七条　下列情形属于商标法第四十九条规定的正当理由：

（一）不可抗力；

（二）政府政策性限制；

（三）破产清算；

（四）其他不可归责于商标注册人的正当事由。

第六十八条　商标局、商标评审委员会撤销注册商标或者宣告注册商标无效，撤销或者宣告无效的理由仅及于部分指定商品的，对在该部分指定商品上使用的商标注册予以撤销或者宣告无效。

第六十九条　许可他人使用其注册商标的，许可人应当在许可合同有效期内向商标局备案并报送备案材料。备案材料应当说明注册商标使用许可人、被许可人、许可期限、许可使用的商品或者服务范围等事项。

第七十条　以注册商标专用权出质的，出质人与质权人应当签订书面质权合同，并共同向商标局提出质权登记申请，由商标局公告。

第七十一条　违反商标法第四十三条第二款规定的，由工商行政管理部门责令限期改正；逾期不改正的，责令停止销售，拒不停止销售的，处10万元以下的罚款。

第七十二条　商标持有人依照商标法第十三条规定请求驰名商标保护的，可以向工商行政管理部门提出请求。经商标局依照商标法第十四条规定认定为驰名商标的，由工商行政管理部门责令停止违反商标法第十三条规定使用商标的行为，收缴、销毁违法使用的商标标识；商标标识与商品难以分离的，一并收缴、销毁。

第七十三条　商标注册人申请注销其注册商标或者注销其商标在部分指定商品上的注册的，应当向商标局提交商标注销申请书，并交回原《商标注册证》。

商标注册人申请注销其注册商标或者注销其商标在部分指定商品上的注册，经商标局核准注销的，该注册商标专用权或者该注册商标专用权在该部分指定商品上的效力自商标局收到其注销申请之日起终止。

第七十四条　注册商标被撤销或者依照本条例第七十三条的规定被注销的，原《商标注册证》作废，并予以公告；撤销该商标在部分指定商品上的注册的，或者商标注册人申请注销其商标在部分指定商品上的注册的，重新核发《商标注册证》，并予以公告。

第八章　注册商标专用权的保护

第七十五条　为侵犯他人商标专用权提供仓储、运输、邮寄、印制、隐匿、经营场所、网络商品交易平台等，属于商标法第五十七条第六项规定的提供便利条件。

第七十六条　在同一种商品或者类似商品上将与他人注册商标相同或者近似的标志作为商品名称或者商品装潢使用，误导公众的，属于商标法第五十七条第二项规定的侵犯注册商标专用权的行为。

第七十七条　对侵犯注册商标专用权的行为，任何人可以向工商行政管理部门投诉或者举报。

第七十八条　计算商标法第六十条规定的违法经营额，可以考虑下列因素：

（一）侵权商品的销售价格；

（二）未销售侵权商品的标价；

（三）已查清侵权商品实际销售的平均价格；

（四）被侵权商品的市场中间价格；

（五）侵权人因侵权所产生的营业收入；

（六）其他能够合理计算侵权商品价值的因素。

第七十九条　下列情形属于商标法第六十条规定的能证明该商品是自己合法取得的情形：

（一）有供货单位合法签章的供货清单和货款收据且经查证属实或者供货单位认可的；

（二）有供销双方签订的进货合同且经查证已真实履行的；

（三）有合法进货发票且发票记载事项与涉案商

品对应的；

（四）其他能够证明合法取得涉案商品的情形。

第八十条　销售不知道是侵犯注册商标专用权的商品，能证明该商品是自己合法取得并说明提供者的，由工商行政管理部门责令停止销售，并将案件情况通报侵权商品提供者所在地工商行政管理部门。

第八十一条　涉案注册商标权属正在商标局、商标评审委员会审理或者人民法院诉讼中，案件结果可能影响案件定性的，属于商标法第六十二条第三款规定的商标权属存在争议。

第八十二条　在查处商标侵权案件过程中，工商行政管理部门可以要求权利人对涉案商品是否为权利人生产或者其许可生产的产品进行辨认。

第九章　商标代理

第八十三条　商标法所称商标代理，是指接受委托人的委托，以委托人的名义办理商标注册申请、商标评审或者其他商标事宜。

第八十四条　商标法所称商标代理机构，包括经工商行政管理部门登记从事商标代理业务的服务机构和从事商标代理业务的律师事务所。

商标代理机构从事商标局、商标评审委员会主管的商标事宜代理业务的，应当按照下列规定向商标局备案：

（一）交验工商行政管理部门的登记证明文件或者司法行政部门批准设立律师事务所的证明文件并留存复印件；

（二）报送商标代理机构的名称、住所、负责人、联系方式等基本信息；

（三）报送商标代理从业人员名单及联系方式。

工商行政管理部门应当建立商标代理机构信用档案。商标代理机构违反商标法或者本条例规定的，由商标局或者商标评审委员会予以公开通报，并记入其信用档案。

第八十五条　商标法所称商标代理从业人员，是指在商标代理机构中从事商标代理业务的工作人员。

商标代理从业人员不得以个人名义自行接受委托。

第八十六条　商标代理机构向商标局、商标评审委员会提交的有关申请文件，应当加盖该代理机构公章并由相关商标代理从业人员签字。

第八十七条　商标代理机构申请注册或者受让其代理服务以外的其他商标，商标局不予受理。

第八十八条　下列行为属于商标法第六十八条第一款第二项规定的以其他不正当手段扰乱商标代理市场秩序的行为：

（一）以欺诈、虚假宣传、引人误解或者商业贿赂等方式招徕业务的；

（二）隐瞒事实，提供虚假证据，或者威胁、诱导他人隐瞒事实，提供虚假证据的；

（三）在同一商标案件中接受有利益冲突的双方当事人委托的。

第八十九条　商标代理机构有商标法第六十八条规定行为的，由行为人所在地或者违法行为发生地县级以上工商行政管理部门进行查处并将查处情况通报商标局。

第九十条　商标局、商标评审委员会依照商标法第六十八条规定停止受理商标代理机构办理商标代理业务的，可以作出停止受理该商标代理机构商标代理业务6个月以上直至永久停止受理的决定。停止受理商标代理业务的期间届满，商标局、商标评审委员会应当恢复受理。

商标局、商标评审委员会作出停止受理或者恢复受理商标代理的决定应当在其网站予以公告。

第九十一条　工商行政管理部门应当加强对商标代理行业组织的监督和指导。

第十章　附　　则

第九十二条　连续使用至1993年7月1日的服务商标，与他人在相同或者类似的服务上已注册的服务商标相同或者近似的，可以继续使用；但是，1993年7月1日后中断使用3年以上的，不得继续使用。

已连续使用至商标局首次受理新放开商品或者服务项目之日的商标，与他人在新放开商品或者服务项目相同或者类似的商品或者服务上已注册的商标相同或者近似的，可以继续使用；但是，首次受理之日后中断使用3年以上的，不得继续使用。

第九十三条　商标注册用商品和服务分类表，由商标局制定并公布。

申请商标注册或者办理其他商标事宜的文件格式，由商标局、商标评审委员会制定并公布。

商标评审委员会的评审规则由国务院工商行政管理部门制定并公布。

第九十四条　商标局设置《商标注册簿》，记载注册商标及有关注册事项。

第九十五条　《商标注册证》及相关证明是权利人享有注册商标专用权的凭证。《商标注册证》记载的注册事项，应当与《商标注册簿》一致；记载不一致的，除有证据证明《商标注册簿》确有错误外，以《商标注册簿》为准。

第九十六条　商标局发布《商标公告》，刊发商标注册及其他有关事项。

《商标公告》采用纸质或者电子形式发布。

除送达公告外，公告内容自发布之日起视为社会公众已经知道或者应当知道。

第九十七条　申请商标注册或者办理其他商标事宜，应当缴纳费用。缴纳费用的项目和标准，由国务院财政部门、国务院价格主管部门分别制定。

第九十八条　本条例自2014年5月1日起施行。

中华人民共和国烟草专卖法(节录)

1. 1991年6月29日第七届全国人民代表大会常务委员会第二十次会议通过
2. 根据2009年8月27日第十一届全国人民代表大会常务委员会第十次会议《关于修改部分法律的决定》第一次修正
3. 根据2013年12月28日第十二届全国人民代表大会常务委员会第六次会议《关于修改〈中华人民共和国海洋环境保护法〉等七部法律的决定》第二次修正
4. 根据2015年4月24日第十二届全国人民代表大会常务委员会第十四次会议《关于修改〈中华人民共和国计量法〉等五部法律的决定》第三次修正

第二十条　【商标注册】卷烟、雪茄烟和有包装的烟丝必须申请商标注册，未经核准注册的，不得生产、销售。

禁止生产、销售假冒他人注册商标的烟草制品。

第二十一条　【标识印制】烟草制品商标标识必须由省级工商行政管理部门指定的企业印制；非指定的企业不得印制烟草制品商标标识。

第三十六条　【违反商标规定】生产、销售没有注册商标的卷烟、雪茄烟、有包装的烟丝的，由工商行政管理部门责令停止生产、销售，并处罚款。

生产、销售假冒他人注册商标的烟草制品的，由工商行政管理部门责令停止侵权行为，赔偿被侵权人的损失，可以并处罚款；构成犯罪的，依法追究刑事责任。

第三十七条　【非法印制商标】违反本法第二十一条的规定，非法印制烟草制品商标标识的，由工商行政管理部门销毁印制的商标标识，没收违法所得，并处罚款。

中华人民共和国
烟草专卖法实施条例(节录)

1. 1997年7月3日国务院令第223号发布
2. 根据2013年7月18日《国务院关于废止和修改部分行政法规的决定》第一次修订
3. 根据2016年2月6日《国务院关于修改部分行政法规的决定》第二次修订
4. 根据2021年11月10日《国务院关于修改〈中华人民共和国烟草专卖法实施条例〉的决定》第三次修订
5. 根据2023年7月20日《国务院关于修改和废止部分行政法规的决定》第四次修订

第二十二条　卷烟、雪茄烟和有包装的烟丝，应当使用注册商标。

第三十条　有关部门依法查获的假冒商标烟草制品，应当交由烟草专卖行政主管部门按照国家有关规定公开销毁，禁止以任何方式销售。

第三十一条　假冒商标烟草制品的鉴别检测工作，由国务院产品质量监督管理部门和省、自治区、直辖市人民政府产品质量监督管理部门指定的烟草质量检测站进行。

烟草制品商标使用管理规定

1996年8月23日国家烟草专卖局发布

第一章　总　　则

第一条　为加强卷烟、雪茄烟及有包装的烟丝(以下简称烟草制品)商标的管理，保护烟草制品生产者、消费者的合法权益，提高烟草行业的整体效益，依据《中华人民共和国商标法》(以下简称《商标法》)、《中华人民共和国烟草专卖法》(以下简称《专卖法》)的有关规定，制定本规定。

第二条　凡从事烟草制品生产、销售活动的，必须遵守本规定。

第三条　国家烟草专卖局商标主管部门负责全国烟草制品商标的使用管理和监督；省级烟草专卖局商标主管部

门负责所辖地区的烟草制品商标的使用管理和监督。

第四条 经国家烟草专卖局批准的烟草制品生产企业，方可申请和拥有烟草制品注册商标。

第二章 商标文字和图形

第五条 烟草制品商标文字、图形必须符合《商标法》的有关规定。商标的名称和图形应高雅、美观。

第六条 按照《专卖法》的规定，卷烟、雪茄烟必须在包装上标明卷烟国家标准中规定的内容和“吸烟有害健康”字样。

第七条 卷烟、雪茄烟应按卷烟国家标准规定的类型标注相应的类型。出口的卷烟、雪茄烟应在包装上标明“专供出口”的中文字样。

第八条 除国家烟草专卖局另有规定的产品外，在国内销售的烟草制品，必须以中文标明其商标名称和生产企业名称。

第九条 商标上标注的生产企业名称，应与企业营业执照登记名称一致。

第十条 除国家烟草专卖局另有规定外，禁止标注其它任何认证标志、名优标志以及对产品质量引人误解的表述。

第十一条 中外技术合作和国内企业间技术合作开发的产品，必须提交有关合作协议、技术文件和成果鉴定报告等文件，经国家烟草专卖局商标主管部门审查同意后，方可在商标上加注有关合作字样及合作方的名称。

第十二条 禁止在商标上标注各种地方专卖、专营字样。禁止自行在注册商标上加注各种旅游、纪念性的文字和图形。

第十三条 禁止自行改变注册商标上的文字、图形或者其组合。

第三章 商标的管理

第十四条 烟草制品投产前，其商标所有者必须将注册证、实用标识及有关文件，报国家烟草专卖局商标主管部门审查。

第十五条 使用他人注册商标者，必须与商标注册人签订商标使用许可合同。商标使用许可合同必须在国家烟草专卖局商标主管部门备案。

第十六条 各省级烟草专卖局应有相应的部门负责所属企业商标使用的管理工作，并建立完整的商标档案。

第十七条 企业申请商标注册，必须同时向所属省级烟草专卖局和国家烟草专卖局商标主管部门备案。

第十八条 企业应建立严格、完整的商标申请、印制、使用管理制度。

第十九条 对于违反本《规定》第四至十二条的，商标所有者应于1996年12月31日前自行更改，并将新的实用标识报所在地省级烟草专卖局和国家烟草专卖局商标主管部门。对拖延不改的，国家烟草专卖局将核减其卷烟生产计划指标，并禁止该产品在中国卷烟批发交易市场销售。

第二十条 对于违反《规定》第十三条的，国家烟草专卖局将依据有关规定处罚或移交有关部门处罚。

第二十一条 对于违反《规定》第十四、十五、十七条的，国家烟草专卖局不予核发准产证。

第四章 附　　则

第二十二条 各省级烟草专卖局可依据本《规定》制定具体管理办法。

第二十三条 本《规定》自发布之日起施行。1988年4月8日公布的《中国烟草总公司关于卷烟、雪茄烟商标管理的若干规定》同时废止；其他有关烟草制品商标使用管理的规定，凡与本《规定》相抵触的，应以本《规定》为准。

第二十四条 本《规定》由国家烟草专卖局负责解释。

关于商标电子申请的规定

1. 2019年8月27日国家知识产权局第323号公告发布
2. 自2019年9月1日起施行

第一条 为规范商标电子申请行为，根据《中华人民共和国商标法》及《中华人民共和国商标法实施条例》，制定本规定。

第二条 本规定适用于在国家知识产权局商标网上服务系统开通的各类商标电子申请业务。

第三条 本规定所称商标电子申请是指当事人将商标申请文件以符合规定的电子文件形式通过商标网上服务系统向国家知识产权局提出的商标申请。

商标文件电子送达是指国家知识产权局通过商标网上服务系统以电子文件形式向当事人送达商标文件。

第四条 当事人提交商标电子申请或者接受商标文件电子送达的，应当依照本规定与国家知识产权局签订《商标网上服务系统用户使用协议》（以下简称用户协议)，通过商标网上服务系统进行用户注册，按要求填写的用户信息应当真实有效。

第五条　当事人可以自行办理商标电子申请事宜，也可以委托依法设立的商标代理机构办理。

委托商标代理机构办理的，代理机构应当与国家知识产权局签订用户协议。

未委托商标代理机构办理共同申请注册同一商标或者办理其他共有商标事宜的，由商标法实施条例第十六条所述的代表人提交商标电子申请。

第六条　提交商标电子申请文件或者材料的，应当遵守规定的文件格式、数据标准、操作规范和传输方式。

第七条　提交商标电子申请文件或者材料的日期以国家知识产权局商标网上服务系统收到商标电子申请文件或材料的时间为准，商标网上服务系统未能正常接收的，视为未提交。

第八条　提交商标电子申请文件或者材料的内容以国家知识产权局档案、数据库记录为准，但是当事人确有证据证明记录有错误的除外。

第九条　当事人提交商标电子申请后，国家知识产权局不再接受以纸件形式提交的与本次申请相关的后续材料，但是必要时，可以要求当事人在指定期限内提交对应的纸件材料、实物证据等。

第十条　国家知识产权局电子送达商标文件的日期，以文件发出之日起满15日视为送达当事人。

第十一条　对于国家知识产权局电子送达的商标文件，当事人应当及时登录国家知识产权局商标网上服务系统查看；未登录或者未查看的，不属于商标法实施条例第十条规定的无法送达的情形，不再通过公告方式送达。

第十二条　商标法及其实施条例中关于商标申请和商标文件的所有规定，除专门针对以纸件形式提交的商标申请和商标文件的规定之外，均适用于商标电子申请。

第十三条　本规定自2019年9月1日起施行。

注册商标专用权质押登记程序规定

1. 2020年4月22日国家知识产权局公告第358号发布
2. 自2020年5月1日起施行

第一条　为充分发挥注册商标专用权无形资产的价值，促进经济发展，根据《物权法》、《担保法》、《商标法》和《商标法实施条例》的有关规定，制定本规定。

国家知识产权局负责办理注册商标专用权质权登记。

第二条　自然人、法人或者其他组织以其注册商标专用权出质的，出质人与质权人应当订立书面合同，并向国家知识产权局办理质权登记。

质权登记申请应由质权人和出质人共同提出。质权人和出质人可以直接向国家知识产权局申请，也可以委托商标代理机构代理办理。在中国没有经常居所或者营业所的外国人或者外国企业应当委托代理机构办理。

第三条　办理注册商标专用权质权登记，出质人应当将在相同或者类似商品/服务上注册的相同或者近似商标一并办理质权登记。质权合同和质权登记申请书中应当载明出质的商标注册号。

共有商标办理质权登记的，除全体共有人另有约定的以外，应当取得其他共有人的同意。

第四条　申请注册商标专用权质权登记的，应提交下列文件：

(一)申请人签字或者盖章的《商标专用权质权登记申请书》；

(二)主合同和注册商标专用权质权合同；

(三)申请人签署的承诺书；

(四)委托商标代理机构办理的，还应当提交商标代理委托书。

上述文件为外文的，应当同时提交其中文译文。中文译文应当由翻译单位和翻译人员签字盖章确认。

第五条　注册商标专用权质权合同一般包括以下内容：

(一)出质人、质权人的姓名(名称)及住址；

(二)被担保的债权种类、数额；

(三)债务人履行债务的期限；

(四)出质注册商标的清单(列明注册商标的注册号、类别及专用期)；

(五)担保的范围；

(六)当事人约定的其他事项。

第六条　申请登记书件齐备、符合规定的，国家知识产权局予以受理并登记。质权自登记之日起设立。国家知识产权局自登记之日起2个工作日内向双方当事人发放《商标专用权质权登记证》。

《商标专用权质权登记证》应当载明下列内容：出质人和质权人的名称(姓名)、出质商标注册号、被担保的债权数额、质权登记期限、质权登记日期。

第七条 质权登记申请不符合本办法第二条、第三条、第四条、第五条规定的，国家知识产权局应当通知申请人，并允许其在30日内补正。申请人逾期不补正或者补正不符合要求的，视为其放弃该质权登记申请，国家知识产权局应当通知申请人。

第八条 有下列情形之一的，国家知识产权局不予登记：

（一）出质人名称与国家知识产权局档案所记载的名称不一致，且不能提供相关证明证实其为注册商标权利人的；

（二）合同的签订违反法律法规强制性规定的；

（三）注册商标专用权已经被撤销、被注销或者有效期满未续展的；

（四）注册商标专用权已被人民法院查封、冻结的；

（五）其他不符合出质条件的。

不予登记的，国家知识产权局应当通知当事人，并说明理由。

第九条 质权登记后，有下列情形之一的，国家知识产权局应当撤销登记：

（一）发现有属于本办法第八条所列情形之一的；

（二）质权合同无效或者被撤销；

（三）出质的注册商标因法定程序丧失专用权的；

（四）提交虚假证明文件或者以其他欺骗手段取得注册商标专用权质权登记的。

撤销登记的，国家知识产权局应当通知当事人。

第十条 质权人或出质人的名称（姓名）更改，以及质权合同担保的主债权数额变更的，当事人可以凭下列文件申请办理变更登记：

（一）申请人签字或者盖章的《商标专用权质权登记事项变更申请书》；

（二）主债权数额变更的，双方签订的有关的补充或变更协议；

（三）申请人签署的相关承诺书；

（四）委托商标代理机构办理的，还应当提交商标代理委托书。

出质人名称（姓名）发生变更的，还应按照《商标法》及《商标法实施条例》的相关规定在国家知识产权局办理变更注册人名义申请。

第十一条 因被担保的主合同履行期限延长、主债权未能按期实现等原因需要延长质权登记期限的，质权人和出质人双方应当在质权登记期限到期前，持以下文件申请办理延期登记：

（一）申请人签字或者盖章的《商标专用权质权登记期限延期申请书》；

（二）当事人双方签署的延期协议；

（三）申请人签署的相关承诺书；

（四）委托商标代理机构办理的，还应当提交商标代理委托书。

主债权未能按期实现，双方又未能达成有关延期协议的，质权人可以出具相关书面保证函，说明债权未能实现的相关情况，申请延期。国家知识产权局予以延期登记的，应当通知出质人。

第十二条 办理质权登记事项变更申请或者质权登记期限延期申请后，由国家知识产权局在2个工作日内重新核发《商标专用权质权登记证》。

第十三条 注册商标专用权质权登记需要注销的，质权人和出质人双方可以持下列文件办理注销申请：

（一）申请人签字或者盖章的《商标专用权质权登记注销申请书》；

（二）申请人签署的相关承诺书；

（三）委托商标代理机构办理的，还应当提交商标代理委托书。

注销登记的，国家知识产权局应当在2个工作日内通知当事人。

质权登记期限届满后，该质权登记自动失效。

第十四条 《商标专用权质权登记证》遗失的，可以向国家知识产权局申请补发。

第十五条 国家知识产权局对注册商标质权登记的相关信息进行公告。

第十六条 反担保及最高额质权适用本规定。

第十七条 本规定自2020年5月1日起施行，原《注册商标专用权质权登记程序规定》（工商标字〔2009〕182号）同日起不再执行。

附件：1. 商标专用权质权登记申请书（略）

2. 办理商标专用权质权登记承诺书（略）

3. 商标专用权质权登记事项变更申请书（略）

4. 办理商标专用权质权登记事项变更承诺书（略）

5. 商标专用权质权登记期限延期申请书（略）

6. 办理商标专用权质权登记期限延期承诺书（略）

7. 商标专用权质权登记注销申请书(略)
8. 办理商标专用权质权登记注销承诺书(略)
9. 商标专用权质权登记证补发申请书(略)

商标代理监督管理规定

1. 2022年10月27日国家市场监督管理总局令第63号公布
2. 自2022年12月1日起施行

第一章 总 则

第一条 为了规范商标代理行为,提升商标代理服务质量,维护商标代理市场的正常秩序,促进商标代理行业健康发展,根据《中华人民共和国商标法》(以下简称商标法)、《中华人民共和国商标法实施条例》(以下简称商标法实施条例)以及其他有关法律法规,制定本规定。

第二条 商标代理机构接受委托人的委托,可以以委托人的名义在代理权限范围内依法办理以下事宜:

(一)商标注册申请;

(二)商标变更、续展、转让、注销;

(三)商标异议;

(四)商标撤销、无效宣告;

(五)商标复审、商标纠纷的处理;

(六)其他商标事宜。

本规定所称商标代理机构,包括经市场主体登记机关依法登记从事商标代理业务的服务机构和从事商标代理业务的律师事务所。

第三条 商标代理机构和商标代理从业人员应当遵守法律法规和国家有关规定,遵循诚实信用原则,恪守职业道德,规范从业行为,提升商标代理服务质量,维护委托人的合法权益和商标代理市场正常秩序。

本规定所称商标代理从业人员包括商标代理机构的负责人,以及受商标代理机构指派承办商标代理业务的本机构工作人员。

商标代理从业人员应当遵纪守法,有良好的信用状况,品行良好,熟悉商标法律法规,具备依法从事商标代理业务的能力。

第四条 商标代理行业组织是商标代理行业的自律性组织。

商标代理行业组织应当严格行业自律,依照章程规定,制定行业自律规范和惩戒规则,加强业务培训和职业道德、职业纪律教育,组织引导商标代理机构和商标代理从业人员依法规范从事代理业务,不断提高行业服务水平。

知识产权管理部门依法加强对商标代理行业组织的监督和指导,支持商标代理行业组织加强行业自律和规范。

鼓励商标代理机构、商标代理从业人员依法参加商标代理行业组织。

第二章 商标代理机构备案

第五条 商标代理机构从事国家知识产权局主管的商标事宜代理业务的,应当依法及时向国家知识产权局备案。

商标代理机构备案的有效期为三年。有效期届满需要继续从事代理业务的,商标代理机构可以在有效期届满前六个月内办理延续备案。每次延续备案的有效期为三年,自原备案有效期满次日起计算。

第六条 商标代理机构的备案信息包括:

(一)营业执照或者律师事务所执业许可证;

(二)商标代理机构的名称、住所、联系方式、统一社会信用代码,负责人、非上市公司的股东、合伙人姓名;

(三)商标代理从业人员姓名、身份证件号码、联系方式;

(四)法律法规以及国家知识产权局规定应当提供的其他信息。

国家知识产权局能够通过政务信息共享平台获取的相关信息,不得要求商标代理机构重复提供。

第七条 商标代理机构备案信息发生变化的,应当自实际发生变化或者有关主管部门登记、批准之日起三十日内向国家知识产权局办理变更备案,并提交相应材料。

第八条 商标代理机构申请市场主体注销登记,备案有效期届满未办理延续或者自行决定不再从事商标代理业务,被撤销或者被吊销营业执照、律师事务所执业许可证,或者国家知识产权局决定永久停止受理其办理商标代理业务的,应当在妥善处理未办结的商标代理业务后,向国家知识产权局办理注销备案。

商标代理机构存在前款规定情形的,国家知识产权局应当在商标网上服务系统、商标代理系统中进行标注,并不再受理其提交的商标代理业务申请,但处理未办结商标代理业务的除外。

商标代理机构应当在申请市场主体注销登记或者自行决定不再从事商标代理业务前，或者自接到撤销、吊销决定书、永久停止受理其办理商标代理业务决定之日起三十日内，按照法律法规规定和合同约定妥善处理未办结的商标代理业务，通知委托人办理商标代理变更，或者经委托人同意与其他已经备案的商标代理机构签订业务移转协议。

第九条 商标代理机构提交的备案、变更备案、延续备案或者注销备案材料符合规定的，国家知识产权局应当及时予以办理，通知商标代理机构并依法向社会公示。

第三章 商标代理行为规范

第十条 商标代理机构从事商标代理业务不得采取欺诈、诱骗等不正当手段，不得损害国家利益、社会公共利益和他人合法权益。

商标代理机构不得以其法定代表人、股东、合伙人、实际控制人、高级管理人员、员工等的名义变相申请注册或者受让其代理服务以外的其他商标，也不得通过另行设立市场主体或者通过与其存在关联关系的市场主体等其他方式变相从事上述行为。

第十一条 商标代理机构应当积极履行管理职责，规范本机构商标代理从业人员职业行为，建立健全质量管理、利益冲突审查、恶意申请筛查、投诉处理、保密管理、人员管理、财务管理、档案管理等管理制度，对本机构商标代理从业人员遵守法律法规、行业规范等情况进行监督，发现问题及时予以纠正。

商标代理机构应当加强对本机构商标代理从业人员的职业道德和职业纪律教育，组织开展业务学习，为其参加业务培训和继续教育提供条件。

第十二条 商标代理机构应当在其住所或者经营场所醒目位置悬挂营业执照或者律师事务所执业许可证。

商标代理机构通过网络从事商标代理业务的，应当在其网站首页或者从事经营活动的主页面显著位置持续公示机构名称、经营场所、经营范围等营业执照或者律师事务所执业许可证记载的信息，以及其他商标代理业务备案信息等。

第十三条 商标代理机构从事商标代理业务，应当与委托人以书面形式签订商标代理委托合同，依法约定双方的权利义务以及其他事项。商标代理委托合同不得违反法律法规以及国家有关规定。

第十四条 商标代理机构接受委托办理商标代理业务，应当进行利益冲突审查，不得在同一案件中接受有利益冲突的双方当事人委托。

第十五条 商标代理机构应当按照委托人的要求依法办理商标注册申请或者其他商标事宜；在代理过程中应当遵守关于商业秘密和个人信息保护的有关规定。

委托人申请注册的商标可能存在商标法规定不得注册情形的，商标代理机构应当以书面通知等方式明确告知委托人。

商标代理机构知道或者应当知道委托人申请注册的商标属于商标法第四条、第十五条和第三十二条规定情形的，不得接受其委托。

商标代理机构应当严格履行代理职责，依据商标法第二十七条，对委托人所申报的事项和提供的商标注册申请或者办理其他商标事宜的材料进行核对，及时向委托人通报委托事项办理进展情况、送交法律文书和材料，无正当理由不得拖延。

第十六条 商标代理从业人员应当根据商标代理机构的指派承办商标代理业务，不得以个人名义自行接受委托。

商标代理从业人员不得同时在两个以上商标代理机构从事商标代理业务。

第十七条 商标代理机构向国家知识产权局提交的有关文件，应当加盖本代理机构公章并由相关商标代理从业人员签字。

商标代理机构和商标代理从业人员对其盖章和签字办理的商标代理业务负责。

第十八条 商标代理机构应当对所承办业务的案卷和有关材料及时立卷归档，妥善保管。

商标代理机构的记录应当真实、准确、完整。

第十九条 商标代理机构收费应当遵守相关法律法规，遵循自愿、公平、合理和诚实信用原则，兼顾经济效益和社会效益。

第四章 商标代理监管

第二十条 知识产权管理部门建立商标代理机构和商标代理从业人员信用档案。

国家知识产权局对信用档案信息进行归集整理，开展商标代理行业分级分类评价。地方知识产权管理部门、市场监督管理部门、商标代理行业组织应当协助做好信用档案信息的归集整理工作。

第二十一条 以下信息应当记入商标代理机构和商标代理从业人员信用档案：

（一）商标代理机构和商标代理从业人员受到行

政处罚的信息；

（二）商标代理机构接受监督检查的信息；

（三）商标代理机构和商标代理从业人员加入商标代理行业组织信息，受到商标代理行业组织惩戒的信息；

（四）商标代理机构被列入经营异常名录或者严重违法失信名单的信息；

（五）其他可以反映商标代理机构信用状况的信息。

第二十二条 商标代理机构应当按照国家有关规定报送年度报告。

第二十三条 商标代理机构故意侵犯知识产权，提交恶意商标注册申请，损害社会公共利益，从事严重违法商标代理行为，性质恶劣、情节严重、社会危害较大，受到较重行政处罚的，按照《市场监督管理严重违法失信名单管理办法》等有关规定列入严重违法失信名单。

第二十四条 知识产权管理部门依法对商标代理机构和商标代理从业人员代理行为进行监督检查，可以依法查阅、复制有关材料，询问当事人或者其他与案件有关的单位和个人，要求当事人或者有关人员在一定期限内如实提供有关材料，以及采取其他合法必要合理的措施。商标代理机构和商标代理从业人员应当予以协助配合。

第二十五条 知识产权管理部门应当引导商标代理机构合法从事商标代理业务，提升服务质量。

对存在商标代理违法违规行为的商标代理机构或者商标代理从业人员，知识产权管理部门可以依职责对其进行约谈、提出意见，督促其及时整改。

第二十六条 知识产权管理部门负责商标代理等信息的发布和公示工作，健全与市场监督管理部门之间的信息共享、查处情况通报、业务指导等协同配合机制。

第五章 商标代理违法行为的处理

第二十七条 有下列情形之一的，属于商标法第六十八条第一款第一项规定的办理商标事宜过程中，伪造、变造或者使用伪造、变造的法律文件、印章、签名的行为：

（一）伪造、变造国家机关公文、印章的；

（二）伪造、变造国家机关之外其他单位的法律文件、印章的；

（三）伪造、变造签名的；

（四）知道或者应当知道属于伪造、变造的公文、法律文件、印章、签名，仍然使用的；

（五）其他伪造、变造或者使用伪造、变造的法律文件、印章、签名的情形。

第二十八条 有下列情形之一的，属于以诋毁其他商标代理机构等手段招徕商标代理业务的行为：

（一）编造、传播虚假信息或者误导性信息，损害其他商标代理机构商业声誉的；

（二）教唆、帮助他人编造、传播虚假信息或者误导性信息，损害其他商标代理机构商业声誉的；

（三）其他以诋毁其他商标代理机构等手段招徕商标代理业务的情形。

第二十九条 有下列情形之一的，属于商标法第六十八条第一款第二项规定的以其他不正当手段扰乱商标代理市场秩序的行为：

（一）知道或者应当知道委托人以欺骗手段或者其他不正当手段申请注册，或者利用突发事件、公众人物、舆论热点等信息，恶意申请注册有害于社会主义道德风尚或者有其他不良影响的商标，仍接受委托的；

（二）向从事商标注册和管理工作的人员进行贿赂或者利益输送，或者违反规定获取尚未公开的商标注册相关信息、请托转递涉案材料等，牟取不正当利益的；

（三）违反法律法规和国家有关从业限制的规定，聘用曾从事商标注册和管理工作的人员，经知识产权管理部门告知后，拖延或者拒绝纠正其聘用行为的；

（四）代理不同的委托人申请注册相同或者类似商品或者服务上的相同商标的，申请时在先商标已经无效的除外；

（五）知道或者应当知道转让商标属于恶意申请的注册商标，仍帮助恶意注册人办理转让的；

（六）假冒国家机关官方网站、邮箱、电话等或者以国家机关工作人员的名义提供虚假信息误导公众，或者向委托人提供商标业务相关材料或者收取费用牟取不正当利益的；

（七）知道或者应当知道委托人滥用商标权仍接受委托，或者指使商标权利人滥用商标权牟取不正当利益的；

（八）知道或者应当知道委托人使用的是伪造、变造、编造的虚假商标材料，仍帮助委托人提交，或者与委托人恶意串通制作、提交虚假商标申请等材料的；

（九）虚构事实向主管部门举报其他商标代理机构的；

（十）为排挤竞争对手，以低于成本的价格提供服务的；

（十一）其他以不正当手段扰乱商标代理市场秩序的情形。

第三十条　有下列情形之一的，属于商标法第十九条第三款、第四款规定的行为：

（一）曾经代理委托人申请注册商标或者办理异议、无效宣告以及复审事宜，委托人商标因违反商标法第四条、第十五条或者第三十二条规定，被国家知识产权局生效的决定或者裁定驳回申请、不予核准注册或者宣告无效，仍代理其在同一种或者类似商品上再次提交相同或者近似商标注册申请的；

（二）曾经代理委托人办理其他商标业务，知悉委托人商标存在违反商标法第四条、第十五条或者第三十二条规定的情形，仍接受委托的；

（三）违反本规定第十条第二款规定的；

（四）其他属于商标法第十九条第三款、第四款规定的情形。

第三十一条　有下列情形之一的，属于以欺诈、虚假宣传、引人误解或者商业贿赂等方式招徕业务的行为：

（一）与他人恶意串通或者虚构事实，诱骗委托人委托其办理商标事宜的；

（二）以承诺结果、夸大自身代理业务成功率等形式误导委托人的；

（三）伪造或者变造荣誉、资质资格，欺骗、误导公众的；

（四）以盗窃、贿赂、欺诈、胁迫或者其他不正当手段获取商标信息，或者披露、使用、允许他人使用以前述手段获取的商标信息，以谋取交易机会的；

（五）明示或者暗示可以通过非正常方式加速办理商标事宜，或者提高办理商标事宜成功率，误导委托人的；

（六）以给予财物或者其他手段贿赂单位或者个人，以谋取交易机会的；

（七）其他以不正当手段招徕商标代理业务的情形。

第三十二条　有下列情形之一的，属于商标法实施条例第八十八条第三项规定的在同一商标案件中接受有利益冲突的双方当事人委托的行为：

（一）在商标异议、撤销、宣告无效案件或者复审、诉讼程序中接受双方当事人委托的；

（二）曾代理委托人申请商标注册，又代理其他人对同一商标提出商标异议、撤销、宣告无效申请的；

（三）其他在同一案件中接受有利益冲突的双方当事人委托的情形。

第三十三条　商标代理机构通过网络从事商标代理业务，有下列行为之一的，《中华人民共和国反垄断法》《中华人民共和国反不正当竞争法》《中华人民共和国价格法》《中华人民共和国广告法》等法律法规有规定的，从其规定；没有规定的，由市场监督管理部门给予警告，可以处五万元以下罚款；情节严重的，处五万元以上十万元以下罚款：

（一）利用其客户资源、平台数据以及其他经营者对其在商标代理服务上的依赖程度等因素，恶意排挤竞争对手的；

（二）通过编造用户评价、伪造业务量等方式进行虚假或者引人误解的商业宣传，欺骗、误导委托人的；

（三）通过电子侵入、擅自外挂插件等方式，影响商标网上服务系统、商标代理系统等正常运行的；

（四）通过网络展示具有重大不良影响商标的；

（五）其他通过网络实施的违法商标代理行为。

第三十四条　市场监督管理部门依据商标法第六十八条规定对商标代理机构的违法行为进行查处后，依照有关规定将查处情况通报国家知识产权局。国家知识产权局收到通报，或者发现商标代理机构存在商标法第六十八条第一款行为，情节严重的，可以依法作出停止受理其办理商标代理业务六个月以上直至永久停止受理的决定，并予公告。

因商标代理违法行为，两年内受到三次以上行政处罚的，属于前款规定情节严重的情形。

商标代理机构被停止受理商标代理业务的，在停止受理业务期间，或者未按照本规定第八条第三款规定妥善处理未办结商标代理业务的，该商标代理机构负责人、直接责任人员以及负有管理责任的股东、合伙人不得在商标代理机构新任负责人、股东、合伙人。

第三十五条　国家知识产权局作出的停止受理商标代理机构办理商标代理业务决定有期限的，期限届满并且已改正违法行为的，恢复受理该商标代理机构业务，并予公告。

第三十六条　从事商标代理业务的商标代理机构，未依法办理备案、变更备案、延续备案或者注销备案，未妥善处理未办结的商标代理业务，或者违反本规定第十五条第四款规定,损害委托人利益或者扰乱商标代理市场秩序的,由国家知识产权局予以通报,并记入商标代理机构信用档案。

商标代理机构有前款所述情形的,由市场监督管理部门责令限期改正;期满不改正的,给予警告,情节严重的,处十万元以下罚款。

第三十七条　知识产权管理部门应当健全内部监督制度,对从事商标注册和管理工作的人员执行法律法规和遵守纪律的情况加强监督检查。

从事商标注册和管理工作的人员必须秉公执法,廉洁自律,忠于职守,文明服务,不得从事商标代理业务或者违反规定从事、参与营利性活动。从事商标注册和管理工作的人员离职后的从业限制,依照或者参照《中华人民共和国公务员法》等法律法规和国家有关规定执行。

第三十八条　从事商标注册和管理工作的人员玩忽职守、滥用职权、徇私舞弊,违法办理商标注册事项和其他商标事宜,收受商标代理机构或者商标代理从业人员财物,牟取不正当利益的,应当依法进行处理;构成犯罪的,依法追究刑事责任。

第三十九条　知识产权管理部门对违法违纪行为涉及的商标,应当依据商标法以及相关法律法规严格审查和监督管理,并及时处理。

第四十条　法律法规对商标代理机构经营活动违法行为的处理另有规定的,从其规定。

第四十一条　律师事务所和律师从事商标代理业务除遵守法律法规和本规定外,还应当遵守国家其他有关规定。

第四十二条　除本规定第二条规定的商标代理机构外,其他机构或者个人违反本规定从事商标代理业务或者与商标代理业务有关的其他活动,参照本规定处理。

第四十三条　本规定自2022年12月1日起施行。

集体商标、证明商标注册和管理办法

1. 2003年4月17日国家工商行政管理总局令第6号发布
2. 自2003年6月1日起施行

第一条　根据《中华人民共和国商标法》(以下简称商标法)第三条的规定,制定本办法。

第二条　集体商标、证明商标的注册和管理,依照商标法、《中华人民共和国商标法实施条例》(以下简称实施条例)和本办法的有关规定进行。

第三条　本办法有关商品的规定,适用于服务。

第四条　申请集体商标注册的,应当附送主体资格证明文件并应当详细说明该集体组织成员的名称和地址;以地理标志作为集体商标申请注册的,应当附送主体资格证明文件并应当详细说明其所具有的或者其委托的机构具有的专业技术人员、专业检测设备等情况,以表明其具有监督使用该地理标志商品的特定品质的能力。

申请以地理标志作为集体商标注册的团体、协会或者其他组织,应当由来自该地理标志标示的地区范围内的成员组成。

第五条　申请证明商标注册的,应当附送主体资格证明文件并应当详细说明其所具有的或者其委托的机构具有的专业技术人员、专业检测设备等情况,以表明其具有监督该证明商标所证明的特定商品品质的能力。

第六条　申请以地理标志作为集体商标、证明商标注册的,还应当附送管辖该地理标志所标示地区的人民政府或者行业主管部门的批准文件。

外国人或者外国企业申请以地理标志作为集体商标、证明商标注册的,申请人应当提供该地理标志以其名义在其原属国受法律保护的证明。

第七条　以地理标志作为集体商标、证明商标注册的,应当在申请书件中说明下列内容:

(一)该地理标志所标示的商品的特定质量、信誉或者其他特征;

(二)该商品的特定质量、信誉或者其他特征与该地理标志所标示的地区的自然因素和人文因素的关系;

(三)该地理标志所标示的地区的范围。

第八条　作为集体商标、证明商标申请注册的地理标志,可以是该地理标志标示地区的名称,也可以是能够标示某商品来源于该地区的其他可视性标志。

前款所称地区无需与该地区的现行行政区划名称、范围完全一致。

第九条　多个葡萄酒地理标志构成同音字或者同形字的,在这些地理标志能够彼此区分且不误导公众的情况下,每个地理标志都可以作为集体商标或者证明商标申请注册。

第十条　集体商标的使用管理规则应当包括:

（一）使用集体商标的宗旨；

（二）使用该集体商标的商品的品质；

（三）使用该集体商标的手续；

（四）使用该集体商标的权利、义务；

（五）成员违反其使用管理规则应当承担的责任；

（六）注册人对使用该集体商标商品的检验监督制度。

第十一条　证明商标的使用管理规则应当包括：

（一）使用证明商标的宗旨；

（二）该证明商标证明的商品的特定品质；

（三）使用该证明商标的条件；

（四）使用该证明商标的手续；

（五）使用该证明商标的权利、义务；

（六）使用人违反该使用管理规则应当承担的责任；

（七）注册人对使用该证明商标商品的检验监督制度。

第十二条　使用他人作为集体商标、证明商标注册的葡萄酒、烈性酒地理标志标示并非来源于该地理标志所标示地区的葡萄酒、烈性酒，即使同时标出了商品的真正来源地，或者使用的是翻译文字，或者伴有诸如某某“种”、某某“型”、某某“式”、某某“类”等表述的，适用商标法第十六条的规定。

第十三条　集体商标、证明商标的初步审定公告的内容，应当包括该商标的使用管理规则的全文或者摘要。

集体商标、证明商标注册人对使用管理规则的任何修改，应报经商标局审查核准，并自公告之日起生效。

第十四条　集体商标注册人的成员发生变化的，注册人应当向商标局申请变更注册事项，由商标局公告。

第十五条　证明商标注册人准许他人使用其商标的，注册人应当在一年内报商标局备案，由商标局公告。

第十六条　申请转让集体商标、证明商标的，受让人应当具备相应的主体资格，并符合商标法、实施条例和本办法的规定。

集体商标、证明商标发生移转的，权利继受人应当具备相应的主体资格，并符合商标法、实施条例和本办法的规定。

第十七条　集体商标注册人的集体成员，在履行该集体商标使用管理规则规定的手续后，可以使用该集体商标。

集体商标不得许可非集体成员使用。

第十八条　凡符合证明商标使用管理规则规定条件的，在履行该证明商标使用管理规则规定的手续后，可以使用该证明商标，注册人不得拒绝办理手续。

实施条例第六条第二款中的正当使用该地理标志是指正当使用该地理标志中的地名。

第十九条　使用集体商标的，注册人应发给使用人《集体商标使用证》；使用证明商标的，注册人应发给使用人《证明商标使用证》。

第二十条　证明商标的注册人不得在自己提供的商品上使用该证明商标。

第二十一条　集体商标、证明商标注册人没有对该商标的使用进行有效管理或者控制，致使该商标使用的商品达不到其使用管理规则的要求，对消费者造成损害的，由工商行政管理部门责令限期改正；拒不改正的，处以违法所得三倍以下的罚款，但最高不超过三万元；没有违法所得的，处以一万元以下的罚款。

第二十二条　违反实施条例第六条、本办法第十四条、第十五条、第十七条、第十八条、第二十条规定的，由工商行政管理部门责令限期改正；拒不改正的，处以违法所得三倍以下的罚款，但最高不超过三万元；没有违法所得的，处以一万元以下的罚款。

第二十三条　本办法自2003年6月1日起施行。国家工商行政管理局1994年12月30日发布的《集体商标、证明商标注册和管理办法》同时废止。

律师事务所从事商标代理业务管理办法

1. 2012年11月6日国家工商行政管理总局、司法部发布
2. 工商标字〔2012〕192号

第一章　总　　则

第一条　为了规范律师事务所及其律师从事商标代理的执业行为，维护商标代理法律服务秩序，保障委托人的合法权益，根据《中华人民共和国商标法》、《中华人民共和国律师法》等法律、法规、规章的规定，制定本办法。

第二条　律师事务所及其律师从事商标代理业务，适用本办法。

本办法所称律师事务所，是指律师的执业机构。

本办法所称律师，是指依法取得律师执业证书，受律师事务所指派为当事人提供法律服务的执业人员。

第三条　律师事务所及其律师从事商标代理业务，应当依法、诚信、尽责执业，恪守律师职业道德和执业纪律，接受当事人和社会的监督。

第四条　工商行政管理机关和司法行政机关依法对律师事务所及其律师从事商标代理业务活动进行监督管理。

第二章　业务范围及备案

第五条　律师事务所可以接受当事人委托，指派律师办理下列商标代理业务：

（一）代理商标注册申请、变更、续展、转让、补证、质权登记、许可合同备案、异议、注销、撤销以及马德里国际注册等国家工商行政管理总局商标局（以下简称商标局）主管的有关商标事宜；

（二）代理商标注册驳回复审、异议复审、撤销复审及注册商标争议案件等国家工商行政管理总局商标评审委员会（以下简称商评委）主管的有关商标事宜；

（三）代理其他商标国际注册有关事宜；

（四）代理商标侵权证据调查、商标侵权投诉；

（五）代理商标行政复议、诉讼案件；

（六）代理参加商标纠纷调解、仲裁等活动；

（七）担任商标法律顾问，提供商标法律咨询，代写商标法律事务文书；

（八）代理其他商标法律事务。

律师事务所从事前款第一项、第二项商标代理业务，应当向商标局办理备案。

第六条　律师事务所办理备案，应当向商标局提交下列材料：

（一）备案申请书，其中应当载明律师事务所名称、住所、组织形式、负责人、电话、传真、电子邮箱、邮政编码等信息；

（二）加盖本所印章的律师事务所执业许可证复印件。

申请材料齐备的，商标局应当自收到申请之日起15日内完成备案并予以公告；申请材料不齐备的，应当通知申请人补正后予以备案。

第七条　律师事务所名称、住所、负责人、联系方式等备案事项变更的，应当在变更后30日内向商标局办理变更备案。办理变更备案，应当提交下列材料：

（一）变更备案事项申请书；

（二）律师事务所所在地司法行政机关出具的该所变更事项证明文件；

（三）加盖本所印章的律师事务所执业许可证复印件。

变更除名称、住所、负责人以外备案事项的，可以不提交前款第二项规定的材料。

第八条　办理商标代理业务备案的律师事务所终止的，应当向商标局申请结算和注销备案。申请结算，应当提交下列材料（一式两份）：

（一）结算申请书，载明申请事项、开户银行、账号、收款人、经办人及联系方式等；

（二）该所已上报商标局和商评委的商标代理业务清单；

（三）该所出具的授权经办人办理结算手续的证明文件。

商标局应当自收到申请之日起三个月内办结律师事务所结算手续，出具结算证明，注销其从事商标代理业务的备案并予以公告。

第三章　业务规则

第九条　律师承办商标代理业务，应当由律师事务所统一接受委托，与委托人签订书面委托合同，按照国家规定统一收取费用并如实入账。

律师事务所受理商标代理业务，应该依照有关规定进行利益冲突审查，不得违反规定受理与本所承办的法律事务及其委托人有利益冲突的商标代理业务。

第十条　律师承办商标代理业务，应当按照委托合同约定，严格履行代理职责，及时向委托人通报委托事项办理进展情况，无正当理由不得拖延、拒绝代理。

委托事项违法，委托人利用律师提供的服务从事违法活动，委托人故意隐瞒重要事实、隐匿证据或者提供虚假、伪造证据的，律师有权拒绝代理。

第十一条　律师就商标代理出具的法律意见、提供的相关文件，应当符合有关法律、法规、规章的规定，符合商标局、商评委和地方工商行政管理机关的要求，应当真实、准确、完整，并经律师事务所审查无误后盖章出具。

第十二条　向商标局办理备案的律师事务所，应当按规定将商标规费预付款汇至商标局账户。

商标规费预付款余额不足的，由商标局或者商评委按照《商标法实施条例》第十八条第一款的规定，对律师事务所代理的商标申请不予受理。

第十三条　律师事务所及其律师承办商标代理业务，不得委托其他单位或者个人代为办理，不得与非法律服务机构、非商标代理组织合作办理。

第十四条　律师只能在一个律师事务所执业，不得同时在其他商标代理组织从事商标代理业务。

第十五条　律师事务所及其律师承办商标代理业务，应当遵守律师执业保密规定。未经委托人同意，不得将代理事项及相关信息泄露给其他单位或者个人。

第十六条　律师事务所及其律师不得以诋毁其他律师事务所和律师、商标代理组织和商标代理人或者支付介绍费等不正当手段承揽商标代理业务。

第十七条　律师事务所及其律师承办商标代理业务，不得利用提供法律服务的便利牟取当事人争议的权益，不得接受对方当事人的财物或者其他利益，不得与对方当事人或者第三人恶意串通，侵害委托人权益。

第十八条　律师事务所在终止事由发生后，有未办结的商标代理业务的，应当及时与委托人协商终止委托代理关系，或者告知委托人办理变更委托代理手续；委托人为外国人或者外国企业的，应当协助其办理变更委托代理手续。

律师变更执业机构、终止执业或者受到停止执业处罚的，应当在律师事务所安排下，及时办妥其承办但尚未办结的商标代理业务的交接手续。

第十九条　律师事务所应当加强对律师从事商标代理业务的监督，及时纠正律师在商标代理执业活动中的违法违规行为，调处律师在执业中与委托人之间的纠纷。

律师事务所应当组织律师参加商标业务培训，开展经验交流和业务研讨，提高律师商标代理业务水平。

第四章　监 督 管 理

第二十条　律师事务所及其律师从事商标代理业务有违反法律、法规和规章行为，需要给予警告、罚款处罚的，由受理投诉、发现问题的工商行政管理机关、司法行政机关分别依据有关法律、法规和规章的规定实施处罚；需要对律师事务所给予停业整顿或者吊销执业许可证书处罚、对律师给予停止执业或者吊销律师执业证书处罚的，由司法行政机关依法实施处罚；有违反律师行业规范行为的，由律师协会给予相应的行业惩戒。

律师和律师事务所从事商标代理业务的违法行为涉嫌犯罪的，应当移送司法机关处理。

第二十一条　律师事务所及其律师违反本办法第七条、第八条、第十八条的规定，导致商标局或者商评委发出的文件无法按规定时限送达的，其法律后果由律师事务所及其律师承担。

律师事务所及其律师违反本办法第七条、第八条、第十八条的规定，导致送达文件被退回或者被委托人投诉的，经查实，商标局可以按照规定予以公开通报。

第二十二条　律师事务所依法受到停业整顿处罚的，在其停业整顿期间，商标局或者商评委可以暂停受理该律师事务所新的商标代理业务。

向商标局办理备案的律师事务所受到停业整顿处罚的，应当及时将受到处罚的情况及处罚期限报告商标局和商评委。

第二十三条　工商行政管理机关和司法行政机关在查处律师事务所和律师从事商标代理业务违法行为的工作中，应当相互配合，互通情况，建立协调协商机制。对于依法应当由对方实施处罚的，及时移送对方处理；一方实施处罚后，应当将处罚结果书面告知另一方。

第五章　附　　则

第二十四条　本办法由国家工商行政管理总局和司法部负责解释。

第二十五条　本办法自2013年1月1日起施行。

商标注册档案管理办法

2020年8月20日国家知识产权局公告第370号发布施行

第一条　为加强商标注册档案管理，根据《中华人民共和国档案法》《中华人民共和国商标法》和国家有关规定，制定本办法。

第二条　本办法所称商标注册档案，是指在商标注册申请、异议、撤销、复审、无效等过程中形成的具有保存和利用价值的各种形式和载体的历史记录。

第三条　国家知识产权局监督和指导商标注册档案工作，接受国家档案主管部门对商标注册档案工作的监督、指导和检查。商标注册档案的立档、归档和管理工作由商标局具体承办。

第四条　商标注册档案实行集中统一管理，维护商标注册档案完整与安全，便于社会各方面的利用。

第五条　商标注册文件材料归档范围主要包括：

（一）商标注册申请及后续业务类；

（二）商标异议业务类；

（三）商标撤销业务类；

（四）商标复审业务类；

（五）商标无效业务类；

（六）其他类。

出具商标注册证明材料、补发商标注册证材料、补发商标变更、转让、续展证明材料等可不归档。

第六条　对属于归档范围的商标注册文件材料，商标业务经办部门在案件审结后应当按照归档要求及时整理并归档。

商标注册档案管理部门应当严格审查归档质量。对符合归档要求的，履行交接手续；对不符合归档要求的，退回业务经办部门重新整理。

归档的商标注册文件材料一般应当为原件，确实无法获得原件的，可以是与原件核对无异的复印件，但是应当注明原因。商标业务经办部门应当保证商标注册档案的系统性、完整性、准确性。

第七条　商标电子注册文件归档工作，应当按照国家有关电子文件管理标准执行。

商标电子注册文件应当采用适合长期保存的文件存储格式与元数据一并归档并建立持久有效的关联。

第八条　商标注册档案的管理以卷为保管单位，根据商标业务类型以申请号或者注册号等分别立卷保管。

商标注册档案的建立按照分类、组卷、排列、编号、装订、编目等顺序进行，做到分类清楚、排列有序、目录准确、装订整齐。

第九条　商标注册档案库房应当符合国家有关标准，具备防火、防盗、防高温、防潮、防尘、防光、防磁、防有害生物、防有害气体等保管条件，确保档案的安全。

第十条　商标注册档案的保管期限分为永久和定期两种，具体按照本办法附件《商标注册文件材料归档范围和商标注册档案保管期限表》执行。

对保管期限为永久的商标注册档案，按照国家有关规定向国家档案馆移交。

第十一条　商标电子注册档案可以采用在线或者离线方式保存，并定期备份。在线存储应当使用档案专用存储服务器，离线存储应当确保载体的耐久性。

商标电子注册档案的保管应当符合国家有关标准，通过数据备份、异地容灾等手段保证数据安全。

第十二条　商标局对保管期限届满的商标注册档案应当及时进行鉴定并形成鉴定报告，对仍有保存价值的档案，应当根据实际延长保管期限继续保存；对不再具有保存价值、确定销毁的档案，应当清点核对并编制档案销毁清册，经报国家知识产权局分管商标工作的领导审批后，按照有关规定销毁，销毁清册永久保存。

第十三条　除涉及国家秘密、商业秘密和个人隐私等内容外，任何人可以依照相关规定查阅、复制商标注册档案。

第十四条　开展商标注册档案的整理、数字化服务以及保管等外包工作应当符合国家有关规定。

第十五条　涉及国家秘密、商业秘密和个人隐私等内容的商标注册档案的保管、利用，应当依照国家有关规定办理。

第十六条　违反国家档案管理规定，造成商标注册档案失真、损毁、泄密、丢失的，依法追究相关人员责任；涉嫌犯罪的，移交司法机关依法追究刑事责任。

第十七条　商标局可以依据本办法，结合商标注册档案管理的工作实际制定档案管理工作规程。

第十八条　本办法自公布之日起施行。

附件：商标注册文件材料归档范围和商标注册档案保管期限表（略）

商标印制管理办法

1. 1996年9月5日国家工商行政管理局令第57号公布

2. 1998年12月3日国家工商行政管理局令第86号第一次修订

3. 2004年8月19日国家工商行政管理总局令第15号第二次修订

4. 2020年10月23日国家市场监督管理总局令第31号第三次修订

第一条　为了加强商标印制管理，保护注册商标专用权，维护社会主义市场经济秩序，根据《中华人民共和国商标法》、《中华人民共和国商标法实施条例》（以下分别简称《商标法》、《商标法实施条例》）的有关规定，制定本办法。

第二条　以印刷、印染、制版、刻字、织字、晒蚀、印铁、铸模、冲压、烫印、贴花等方式制作商标标识的，应当遵守本办法。

第三条　商标印制委托人委托商标印制单位印制商标的，应当出示营业执照副本或者合法的营业证明或者身份证明。

第四条　商标印制委托人委托印制注册商标的，应当出示《商标注册证》，并另行提供一份复印件。

签订商标使用许可合同使用他人注册商标，被许可人需印制商标的，还应当出示商标使用许可合同文本并提供一份复印件；商标注册人单独授权被许可人印制商标的，还应当出示授权书并提供一份复印件。

第五条　委托印制注册商标的，商标印制委托人提供的有关证明文件及商标图样应当符合下列要求：

（一）所印制的商标样稿应当与《商标注册证》上的商标图样相同；

（二）被许可人印制商标标识的，应有明确的授权书，或其所提供的《商标使用许可合同》含有许可人允许其印制商标标识的内容；

（三）被许可人的商标标识样稿应当标明被许可人的企业名称和地址；其注册标记的使用符合《商标法实施条例》的有关规定。

第六条　委托印制未注册商标的，商标印制委托人提供的商标图样应当符合下列要求：

（一）所印制的商标不得违反《商标法》第十条的规定；

（二）所印制的商标不得标注"注册商标"字样或者使用注册标记。

第七条　商标印制单位应当对商标印制委托人提供的证明文件和商标图样进行核查。

商标印制委托人未提供本办法第三条、第四条所规定的证明文件，或者其要求印制的商标标识不符合本办法第五条、第六条规定的，商标印制单位不得承接印制。

第八条　商标印制单位承印符合本办法规定的商标印制业务的，商标印制业务管理人员应当按照要求填写《商标印制业务登记表》，载明商标印制委托人所提供的证明文件的主要内容，《商标印制业务登记表》中的图样应当由商标印制单位业务主管人员加盖骑缝章。

商标标识印制完毕，商标印制单位应当在15天内提取标识样品，连同《商标印制业务登记表》、《商标注册证》复印件、商标使用许可合同复印件、商标印制授权书复印件等一并造册存档。

第九条　商标印制单位应当建立商标标识出入库制度，商标标识出入库应当登记台帐。废次标识应当集中进行销毁，不得流入社会。

第十条　商标印制档案及商标标识出入库台帐应当存档备查，存查期为两年。

第十一条　商标印制单位违反本办法第七条至第十条规定的，由所在地市场监督管理部门责令其限期改正，并视其情节予以警告，处以非法所得额三倍以下的罚款，但最高不超过三万元，没有违法所得的，可以处以一万元以下的罚款。

第十二条　擅自设立商标印刷企业或者擅自从事商标印刷经营活动的，由所在地或者行为地市场监督管理部门依照《印刷业管理条例》的有关规定予以处理。

第十三条　商标印制单位违反第七条规定承接印制业务，且印制的商标与他人注册商标相同或者近似的，属于《商标法实施条例》第七十五条所述的商标侵权行为，由所在地或者行为地市场监督管理部门依《商标法》的有关规定予以处理。

第十四条　商标印制单位的违法行为构成犯罪的，所在地或者行为地市场监督管理部门应及时将案件移送司法机关追究刑事责任。

第十五条　本办法所称"商标印制"是指印刷、制作商标标识的行为。

本办法所称"商标标识"是指与商品配套一同进入流通领域的带有商标的有形载体，包括注册商标标识和未注册商标标识。

本办法所称"商标印制委托人"是指要求印制商标标识的商标注册人、未注册商标使用人、注册商标被许可使用人以及符合《商标法》规定的其他商标使用人。

本办法所称"商标印制单位"是指依法登记从事商标印制业务的企业和个体工商户。

本办法所称《商标注册证》包括国家知识产权局所发的有关变更、续展、转让等证明文件。

第十六条　本办法自2004年9月1日起施行。国家工商行政管理局1996年9月5日发布的《商标印制管理办法》同时废止。

商标侵权判断标准

2020年6月15日国家知识产权局国知发保字〔2020〕23号公布施行

第一条　为加强商标执法指导工作，统一执法标准，提升执法水平，强化商标专用权保护，根据《中华人民共和国商标法》（以下简称商标法）、《中华人民共和国商标法实施条例》(以下简称商标法实施条例)以及相关法律法规、部门规章,制定本标准。

第二条 商标执法相关部门在处理、查处商标侵权案件时适用本标准。

第三条 判断是否构成商标侵权,一般需要判断涉嫌侵权行为是否构成商标法意义上的商标的使用。

商标的使用,是指将商标用于商品、商品包装、容器、服务场所以及交易文书上,或者将商标用于广告宣传、展览以及其他商业活动中,用以识别商品或者服务来源的行为。

第四条 商标用于商品、商品包装、容器以及商品交易文书上的具体表现形式包括但不限于:

(一)采取直接贴附、刻印、烙印或者编织等方式将商标附着在商品、商品包装、容器、标签等上,或者使用在商品附加标牌、产品说明书、介绍手册、价目表等上;

(二)商标使用在与商品销售有联系的交易文书上,包括商品销售合同、发票、票据、收据、商品进出口检验检疫证明、报关单据等。

第五条 商标用于服务场所以及服务交易文书上的具体表现形式包括但不限于:

(一)商标直接使用于服务场所,包括介绍手册、工作人员服饰、招贴、菜单、价目表、名片、奖券、办公文具、信笺以及其他提供服务所使用的相关物品上;

(二)商标使用于和服务有联系的文件资料上,如发票、票据、收据、汇款单据、服务协议、维修维护证明等。

第六条 商标用于广告宣传、展览以及其他商业活动中的具体表现形式包括但不限于:

(一)商标使用在广播、电视、电影、互联网等媒体中,或者使用在公开发行的出版物上,或者使用在广告牌、邮寄广告或者其他广告载体上;

(二)商标在展览会、博览会上使用,包括在展览会、博览会上提供的使用商标的印刷品、展台照片、参展证明及其他资料;

(三)商标使用在网站、即时通讯工具、社交网络平台、应用程序等载体上;

(四)商标使用在二维码等信息载体上;

(五)商标使用在店铺招牌、店堂装饰装潢上。

第七条 判断是否为商标的使用应当综合考虑使用人的主观意图、使用方式、宣传方式、行业惯例、消费者认知等因素。

第八条 未经商标注册人许可的情形包括未获得许可或者超出许可的商品或者服务的类别、期限、数量等。

第九条 同一种商品是指涉嫌侵权人实际生产销售的商品名称与他人注册商标核定使用的商品名称相同的商品,或者二者商品名称不同但在功能、用途、主要原料、生产部门、消费对象、销售渠道等方面相同或者基本相同,相关公众一般认为是同种商品。

同一种服务是指涉嫌侵权人实际提供的服务名称与他人注册商标核定使用的服务名称相同的服务,或者二者服务名称不同但在服务的目的、内容、方式、提供者、对象、场所等方面相同或者基本相同,相关公众一般认为是同种服务。

核定使用的商品或者服务名称是指国家知识产权局在商标注册工作中对商品或者服务使用的名称,包括《类似商品和服务区分表》(以下简称区分表)中列出的商品或者服务名称和未在区分表中列出但在商标注册中接受的商品或者服务名称。

第十条 类似商品是指在功能、用途、主要原料、生产部门、消费对象、销售渠道等方面具有一定共同性的商品。

类似服务是指在服务的目的、内容、方式、提供者、对象、场所等方面具有一定共同性的服务。

第十一条 判断是否属于同一种商品或者同一种服务、类似商品或者类似服务,应当在权利人注册商标核定使用的商品或者服务与涉嫌侵权的商品或者服务之间进行比对。

第十二条 判断涉嫌侵权的商品或者服务与他人注册商标核定使用的商品或者服务是否构成同一种商品或者同一种服务、类似商品或者类似服务,参照现行区分表进行认定。

对于区分表未涵盖的商品,应当基于相关公众的一般认识,综合考虑商品的功能、用途、主要原料、生产部门、消费对象、销售渠道等因素认定是否构成同一种或者类似商品;

对于区分表未涵盖的服务,应当基于相关公众的一般认识,综合考虑服务的目的、内容、方式、提供者、对象、场所等因素认定是否构成同一种或者类似服务。

第十三条 与注册商标相同的商标是指涉嫌侵权的商标与他人注册商标完全相同,以及虽有不同但视觉效果或者声音商标的听觉感知基本无差别、相关公众难以分辨的商标。

第十四条　涉嫌侵权的商标与他人注册商标相比较，可以认定与注册商标相同的情形包括：

（一）文字商标有下列情形之一的：

1. 文字构成、排列顺序均相同的；

2. 改变注册商标的字体、字母大小写、文字横竖排列，与注册商标之间基本无差别的；

3. 改变注册商标的文字、字母、数字等之间的间距，与注册商标之间基本无差别的；

4. 改变注册商标颜色，不影响体现注册商标显著特征的；

5. 在注册商标上仅增加商品通用名称、图形、型号等缺乏显著特征内容，不影响体现注册商标显著特征的；

（二）图形商标在构图要素、表现形式等视觉上基本无差别的；

（三）文字图形组合商标的文字构成、图形外观及其排列组合方式相同，商标在整体视觉上基本无差别的；

（四）立体商标中的显著三维标志和显著平面要素相同，或者基本无差别的；

（五）颜色组合商标中组合的颜色和排列的方式相同，或者基本无差别的；

（六）声音商标的听觉感知和整体音乐形象相同，或者基本无差别的；

（七）其他与注册商标在视觉效果或者听觉感知上基本无差别的。

第十五条　与注册商标近似的商标是指涉嫌侵权的商标与他人注册商标相比较，文字商标的字形、读音、含义近似，或者图形商标的构图、着色、外形近似，或者文字图形组合商标的整体排列组合方式和外形近似，或者立体商标的三维标志的形状和外形近似，或者颜色组合商标的颜色或者组合近似，或者声音商标的听觉感知或者整体音乐形象近似等。

第十六条　涉嫌侵权的商标与他人注册商标是否构成近似，参照现行《商标审查及审理标准》关于商标近似的规定进行判断。

第十七条　判断商标是否相同或者近似，应当在权利人的注册商标与涉嫌侵权商标之间进行比对。

第十八条　判断与注册商标相同或者近似的商标时，应当以相关公众的一般注意力和认知力为标准，采用隔离观察、整体比对和主要部分比对的方法进行认定。

第十九条　在商标侵权判断中，在同一种商品或者同一种服务上使用近似商标，或者在类似商品或者类似服务上使用相同、近似商标的情形下，还应当对是否容易导致混淆进行判断。

第二十条　商标法规定的容易导致混淆包括以下情形：

（一）足以使相关公众认为涉案商品或者服务是由注册商标权利人生产或者提供；

（二）足以使相关公众认为涉案商品或者服务的提供者与注册商标权利人存在投资、许可、加盟或者合作等关系。

第二十一条　商标执法相关部门判断是否容易导致混淆，应当综合考量以下因素以及各因素之间的相互影响：

（一）商标的近似情况；

（二）商品或者服务的类似情况；

（三）注册商标的显著性和知名度；

（四）商品或者服务的特点及商标使用的方式；

（五）相关公众的注意和认知程度；

（六）其他相关因素。

第二十二条　自行改变注册商标或者将多件注册商标组合使用，与他人在同一种商品或者服务上的注册商标相同的，属于商标法第五十七条第一项规定的商标侵权行为。

自行改变注册商标或者将多件注册商标组合使用，与他人在同一种或者类似商品或者服务上的注册商标近似、容易导致混淆的，属于商标法第五十七条第二项规定的商标侵权行为。

第二十三条　在同一种商品或者服务上，将企业名称中的字号突出使用，与他人注册商标相同的，属于商标法第五十七条第一项规定的商标侵权行为。

在同一种或者类似商品或者服务上，将企业名称中的字号突出使用，与他人注册商标近似、容易导致混淆的，属于商标法第五十七条第二项规定的商标侵权行为。

第二十四条　不指定颜色的注册商标，可以自由附着颜色，但以攀附为目的附着颜色，与他人在同一种或者类似商品或者服务上的注册商标近似、容易导致混淆的，属于商标法第五十七条第二项规定的商标侵权行为。

注册商标知名度较高，涉嫌侵权人与注册商标权利人处于同一行业或者具有较大关联性的行业，且无正当理由使用与注册商标相同或者近似标志的，应当认定涉嫌侵权人具有攀附意图。

第二十五条 在包工包料的加工承揽经营活动中，承揽人使用侵犯注册商标专用权商品的，属于商标法第五十七条第三项规定的商标侵权行为。

第二十六条 经营者在销售商品时，附赠侵犯注册商标专用权商品的，属于商标法第五十七条第三项规定的商标侵权行为。

第二十七条 有下列情形之一的，不属于商标法第六十条第二款规定的“销售不知道是侵犯注册商标专用权的商品”：

（一）进货渠道不符合商业惯例，且价格明显低于市场价格的；

（二）拒不提供账目、销售记录等会计凭证，或者会计凭证弄虚作假的；

（三）案发后转移、销毁物证，或者提供虚假证明、虚假情况的；

（四）类似违法情形受到处理后再犯的；

（五）其他可以认定当事人明知或者应知的。

第二十八条 商标法第六十条第二款规定的“说明提供者”是指涉嫌侵权人主动提供供货商的名称、经营地址、联系方式等准确信息或者线索。

对于因涉嫌侵权人提供虚假或者无法核实的信息导致不能找到提供者的，不视为“说明提供者”。

第二十九条 涉嫌侵权人属于商标法第六十条第二款规定的销售不知道是侵犯注册商标专用权的商品的，对其侵权商品责令停止销售，对供货商立案查处或者将案件线索移送具有管辖权的商标执法相关部门查处。

对责令停止销售的侵权商品，侵权人再次销售的，应当依法查处。

第三十条 市场主办方、展会主办方、柜台出租人、电子商务平台等经营者怠于履行管理职责，明知或者应知市场内经营者、参展方、柜台承租人、平台内电子商务经营者实施商标侵权行为而不予制止的；或者虽然不知情，但经商标执法相关部门通知或者商标权利人持生效的行政、司法文书告知后，仍未采取必要措施制止商标侵权行为的，属于商标法第五十七条第六项规定的商标侵权行为。

第三十一条 将与他人注册商标相同或者相近似的文字注册为域名，并且通过该域名进行相关商品或者服务交易的电子商务，容易使相关公众产生误认的，属于商标法第五十七条第七项规定的商标侵权行为。

第三十二条 在查处商标侵权案件时，应当保护合法在先权利。

以外观设计专利权、作品著作权抗辩他人注册商标专用权的，若注册商标的申请日先于外观设计专利申请日或者有证据证明的该著作权作品创作完成日，商标执法相关部门可以对商标侵权案件进行查处。

第三十三条 商标法第五十九条第三款规定的“有一定影响的商标”是指在国内在先使用并为一定范围内相关公众所知晓的未注册商标。

有一定影响的商标的认定，应当考虑该商标的持续使用时间、销售量、经营额、广告宣传等因素进行综合判断。

使用人有下列情形的，不视为在原使用范围内继续使用：

（一）增加该商标使用的具体商品或者服务；

（二）改变该商标的图形、文字、色彩、结构、书写方式等内容，但以与他人注册商标相区别为目的而进行的改变除外；

（三）超出原使用范围的其他情形。

第三十四条 商标法第六十条第二款规定的“五年内实施两次以上商标侵权行为”指同一当事人被商标执法相关部门、人民法院认定侵犯他人注册商标专用权的行政处罚或者判决生效之日起，五年内又实施商标侵权行为的。

第三十五条 正在国家知识产权局审理或者人民法院诉讼中的下列案件，可以适用商标法第六十二条第三款关于“中止”的规定：

（一）注册商标处于无效宣告中的；

（二）注册商标处于续展宽展期的；

（三）注册商标权属存在其他争议情形的。

第三十六条 在查处商标侵权案件过程中，商标执法相关部门可以要求权利人对涉案商品是否为权利人生产或者其许可生产的商品出具书面辨认意见。权利人应当对其辨认意见承担相应法律责任。

商标执法相关部门应当审查辨认人出具辨认意见的主体资格及辨认意见的真实性。涉嫌侵权人无相反证据推翻该辨认意见的，商标执法相关部门将该辨认意见作为证据予以采纳。

第三十七条 本标准由国家知识产权局负责解释。

第三十八条 本标准自公布之日起施行。

商标一般违法判断标准

1. 2021年12月13日国家知识产权局发布
2. 国知发保字〔2021〕34号

第一条 为了加强商标管理,强化商标执法业务指导,统一执法标准,根据《中华人民共和国商标法》(以下简称《商标法》)、《中华人民共和国商标法实施条例》(以下简称《商标法实施条例》)以及相关法律法规、部门规章,制定本标准。

第二条 负责商标执法的部门查处商标一般违法行为适用本标准。

第三条 本标准所称的商标一般违法行为是指违反商标管理秩序的行为。

有下列行为之一的,均属商标一般违法:

(一)违反《商标法》第六条规定,必须使用注册商标而未使用的;

(二)违反《商标法》第十条规定,使用不得作为商标使用的标志的;

(三)违反《商标法》第十四条第五款规定,在商业活动中使用"驰名商标"字样的;

(四)违反《商标法》第四十三条第二款规定,商标被许可人未标明其名称和商品产地的;

(五)违反《商标法》第四十九条第一款规定,商标注册人在使用注册商标的过程中,自行改变注册商标、注册人名义、地址或者其他注册事项的;

(六)违反《商标法》第五十二条规定,将未注册商标冒充注册商标使用的;

(七)违反《商标法实施条例》第四条第二款和《集体商标、证明商标注册和管理办法》第十四条、第十五条、第十七条、第十八条、第二十条、第二十一条规定,未履行集体商标、证明商标管理义务的;

(八)违反《商标印制管理办法》第七条至第十条规定,未履行商标印制管理义务的;

(九)违反《规范商标申请注册行为若干规定》第三条规定,恶意申请商标注册的;

(十)其他违反商标管理秩序的。

第四条 根据《商标法》第六条、《中华人民共和国烟草专卖法》第十九条、《中华人民共和国烟草专卖法实施条例》第二十二条和第六十五条规定,卷烟、雪茄烟、有包装的烟丝以及电子烟等新型烟草制品必须使用注册商标,未在中国核准注册的,不得在中国生产、销售。

在中国销售的进口卷烟、雪茄烟、有包装的烟丝以及电子烟等新型烟草制品,必须使用在中国核准注册的商标。

第五条 使用的未注册商标是否违反《商标法》第十条规定,一般以中国境内公众的通常认识作为判断标准。

但有合理充分的理由证明中国境内特定公众认为使用的未注册商标违反了该条第一款第六项至八项规定的除外。

第六条 使用的未注册商标是否构成《商标法》第十条第一款规定的相同或者近似,参照《商标审查审理指南》进行判断。

第七条 《商标法》第十条第一款第六项规定的带有民族歧视性,是指使用未注册商标的文字、图形或者其他构成要素带有对特定民族进行丑化、贬低或者其他不平等看待该民族的内容。

第八条 《商标法》第十条第一款第七项规定的带有欺骗性,是指商标对其使用商品或者服务的质量等特点或者产地作了超过其固有程度或者与事实不符的表示,易使公众对商品或者服务的质量等特点或者产地产生错误的认识。

但公众基于日常生活经验等不会对商品或者服务的质量等特点或者产地产生误认的除外。

第九条 使用的未注册商标有下列情形之一的,均属《商标法》第十条第一款第七项规定的带有欺骗性:

(一)易使公众对商品或者服务的质量、主要原料、功能、用途、重量、数量以及其他特点产生误认的;

(二)易使公众对商品或者服务的产地产生误认的;

(三)其他对使用商品或者服务的质量等特点或者产地作了超过其固有程度或者与事实不符的表示、易使公众产生误认的。

第十条 《商标法》第十条第一款第八项规定的有害于社会主义道德风尚,是指损害中国公众共同生活及其行为的准则、规范以及在一定时期内社会上流行的良好风气和习惯。

第十一条 《商标法》第十条第一款第八项规定的其他不良影响,是指标志的文字、图形或者其他构成要素具有贬损含义,或者该标志本身虽无贬损含义但作为商标使用,易对中国政治、经济、文化、宗教、民族等社会公共利益和公共秩序产生消极、负面的影响。

第十二条　使用的未注册商标有下列情形之一的，均属《商标法》第十条第一款第八项规定的其他不良影响：

（一）对国家安全、国家统一有危害的；

（二）对国家主权、尊严、形象有损害的；

（三）有害于民族、种族尊严或者感情的；

（四）有害于宗教信仰、宗教感情或者民间信仰的；

（五）与恐怖主义组织、邪教组织名称相同或者近似的；

（六）与突发公共事件特有名称相同或者近似的；

（七）商标或者其构成要素与政治、经济、文化、宗教、民族等公众人物的姓名、肖像等相同或者近似，对社会公共利益和公共秩序产生消极、负面影响的；

（八）其他对公共利益和公共秩序产生消极、负面影响的。

第十三条　判断使用的未注册商标是否有害于社会主义道德风尚或者有其他不良影响，应当综合考量以下因素以及各因素之间的相互影响：

（一）该商标使用时的政治背景、社会背景、历史背景、文化传统、民族风俗、宗教政策等；

（二）该商标的构成要素以及其使用的商品或者服务；

（三）使用人的主观意图、使用方式以及使用行为所产生的社会影响等。

公众日常生活经验，或者辞典、工具书等记载，或者相关公众的通常认识，可以作为有害于社会主义道德风尚或者有其他不良影响的判断依据。

第十四条　使用的未注册商标具有多种含义，其中某一含义易使公众认为其属于《商标法》第十条第一款第六项至八项规定情形的，可以认定违反该款规定。

第十五条　国家知识产权局认定商标注册申请违反《商标法》第十条规定且相关决定、裁定生效后，商标申请人或者他人继续使用该商标的，负责商标执法的部门依法查处。

第十六条　负责商标执法的部门发现已经注册的商标涉嫌违反《商标法》第十条规定的，应当逐级报告国家知识产权局，由国家知识产权局按照规定程序依法处理。国家知识产权局作出宣告注册商标无效的决定生效后，商标注册人或者他人继续使用该商标的，负责商标执法的部门应当依法查处。

第十七条　违反《商标法》第十四条第五款规定的，应综合考虑违法行为的情节、危害后果、主观过错等因素，依照《商标法》第五十三条和《中华人民共和国行政处罚法》第三十三条规定处理。

第十八条　《商标法》第四十九条第一款所称自行改变注册商标，是指商标注册人擅自对注册商标的文字、图形、字母、数字、三维标志、颜色组合、声音等构成要素作局部改动或者变换相对位置，影响对该注册商标的认知或者识别，仍标明“注册商标”或者注册标记的。

第十九条　将卷烟整体包装作为商标注册的，其按照国家有关规定加注警语、修改警语内容和警语区面积造成卷烟商标改变并使用的行为，不视为违反《商标法》第四十九条第一款的规定。

第二十条　有下列情形之一的，均属《商标法》第四十九条第一款规定的自行改变商标注册事项：

（一）商标注册人名义（姓名或者名称）发生变化后，未依法向国家知识产权局提出变更申请的；

（二）商标注册人地址发生变化后，未依法向国家知识产权局提出变更申请，或者商标注册人实际地址与《商标注册簿》上记载的地址不一致的；

（三）除商标注册人名义、地址之外的其他注册事项发生变化后，商标注册人未依法向国家知识产权局提出变更申请的。

第二十一条　商标注册人自行改变注册商标、注册人名义、地址或者其他注册事项，由负责商标执法的部门责令限期改正；期满不改正的，负责商标执法的部门逐级报告国家知识产权局，由国家知识产权局按照规定程序依法处理。

第二十二条　《商标法》第五十二条所称的冒充注册商标，是指在使用未注册商标的商品、商品包装、容器、服务场所以及交易文书上或者在广告宣传、展览以及其他商业活动中，标明“注册商标”，或者在未注册商标上标注注册标记，或者在未注册商标上标注与注册标记近似的符号，误导相关公众的。

第二十三条　商标注册人或者使用人有下列行为之一的，均属《商标法》第五十二条规定的冒充注册商标：

（一）使用未向国家知识产权局提出注册申请的商标且标明“注册商标”或者标注注册标记的；

（二）使用向国家知识产权局提出注册申请但被驳回或者尚未核准注册的商标且标明“注册商标”或者标注注册标记的；

（三）注册商标被撤销、被宣告无效、因期满未续展被注销或者申请注销被核准后，继续标明“注册商标”或者标注注册标记的，但在注册商标失效前已进入流通领域的商品除外；

（四）超出注册商标核定使用的商品或者服务而使用该商标且标明“注册商标”或者标注注册标记的；

（五）改变注册商标的显著特征后仍标明“注册商标”或者标注注册标记的；

（六）组合使用两件以上注册商标且标注注册标记，但未按照注册商标逐一标注注册标记的；

（七）标明“注册商标”或者标注注册标记的进口商品，该商标未在中国注册且未声明的。

商标注册人或者使用人的上述行为，同时构成《商标法》第五十七条规定的侵犯他人注册商标专用权的，负责商标执法的部门应当依照《商标法》第六十条第二款规定查处；涉嫌犯罪的，应当及时移送司法机关依法处理。

第二十四条 商标注册人应当监督被许可人合法使用其注册商标。商标注册人明知或者应知被许可人存在自行改变注册商标、注册人名义、地址或者其他注册事项而不及时制止的，商标注册人承担自行改变注册商标的法律责任。

第二十五条 集体商标、证明商标注册人违反《商标法实施条例》第四条第二款和《集体商标、证明商标注册和管理办法》第十四条、第十五条、第十七条、第十八条、第二十条规定的，由负责商标执法的部门按照《集体商标、证明商标注册和管理办法》第二十二条规定处理。

第二十六条 非集体成员生产的商品符合地理标志条件的，其可以正当使用该地理标志中的地名，但无权使用该作为地理标志注册的集体商标标识。

第二十七条 集体商标注册人有下列情形之一的，均属《集体商标、证明商标注册和管理办法》第二十一条规定的没有对该商标的使用进行有效管理或者控制：

（一）违反该集体商标使用管理规则的成员未承担责任的；

（二）使用该集体商标商品的检验监督制度未有效运行的；

（三）其他没有对该商标的使用进行有效管理或者控制的。

第二十八条 证明商标注册人有下列情形之一的，均属《集体商标、证明商标注册和管理办法》第二十一条规定的没有对该商标的使用进行有效管理或者控制：

（一）违反该证明商标使用管理规则的使用人未承担责任的；

（二）使用该证明商标商品的检验监督制度未有效运行的；

（三）其他没有对该商标的使用进行有效管理或者控制的。

第二十九条 《印刷业管理条例》、《商标印制管理办法》所称的商标标识，是指与商品配套一同进入流通领域的带有商标的有形载体，包括注册商标标识和未注册商标标识。

商标标识一般独立于被标志的商品，不具有该商品的功能。

第三十条 商标印制，是指印刷、制作商标标识的行为。

以印染、冲压等方式直接在商品、商品零部件、商品的主要原材料（不含商品的包装物）上标注商标图文的，属于商品生产加工行为，一般不属于前款所称的商标印制。

第三十一条 商标印制单位承印标注“注册商标”字样或者注册标记的商标标识，应当按照《商标印制管理办法》第三条、第四条、第五条、第七条的规定，核查《商标注册证》等证明文件和承印商标是否与《商标注册证》核准注册的商标一致，以及该注册商标是否有效。未履行上述审核义务的，负责商标执法的部门应当依法查处。

第三十二条 商标印制单位承印未标注“注册商标”字样和注册标记的商标标识，未履行以下审核义务的，负责商标执法的部门应当依法查处：

（一）按照《商标印制管理办法》第三条、第六条、第七条的规定，核查证明文件以及商标图样；

（二）通过国家知识产权局官网查询在同一种商品或者服务上，他人是否已注册与承印商标标识相同的商标。

他人已在同一种商品或者服务上注册与承印商标标识相同的商标，商标印制单位仍然承接印制的，按照《商标印制管理办法》第十三条规定处理。

第三十三条 负责商标执法的部门查处恶意申请商标注册行为，可以参照国家知识产权局认定商标注册申请或者商标注册违反《商标法》第四条、第十条第一款第八项、第十三条、第十五条、第三十二条规定或者属于

第四十四条第一款"以欺骗或者其他不正当手段取得注册的"情形的生效决定或者裁定,并结合具体案情,作出处理。

第三十四条　本标准由国家知识产权局负责解释。涉及商标授权确权的,适用《商标审查审理指南》。

第三十五条　本标准自2022年1月1日起施行。

国家工商行政管理总局关于执行修改后的《中华人民共和国商标法》有关问题的通知

1. *2014年4月15日*
2. *工商标字〔2014〕81号*

各省、自治区、直辖市及计划单列市、副省级市工商行政管理局、市场监督管理局:

第十二届全国人民代表大会常务委员会第四次会议通过的《关于修改〈中华人民共和国商标法〉的决定》于2014年5月1日起施行。为了贯彻执行修改后的《中华人民共和国商标法》(以下简称商标法),现就新旧商标法衔接的有关问题通知如下:

一、关于商标注册事宜

(一)对于2014年5月1日以前向商标局提出的商标注册、异议、变更、转让、续展、撤销、注销、许可备案等申请,商标局于2014年5月1日以后(含5月1日,下同)作出的行政决定适用修改后的商标法。但是,对异议申请中异议人主体资格和异议理由的审查适用修改前的商标法。

(二)对于2014年5月1日以前向商标局提出的商标注册、异议、撤销申请,应自2014年5月1日起开始计算审查期限。但是,被异议商标初审公告至2014年5月1日不满三个月的,应自公告期满之日起计算审查期限。

二、关于商标评审

(一)对于当事人不服商标局作出的驳回商标注册申请决定在2014年5月1日以前向商标评审委员会提出复审申请,商标评审委员会于2014年5月1日以后审理的案件,适用修改后的商标法。

(二)对于当事人不服商标局作出的异议裁定在2014年5月1日以前向商标评审委员会提出复审申请,商标评审委员会于2014年5月1日以后审理的案件,当事人提出异议和复审的主体资格适用修改前的商标法,其他程序问题和实体问题适用修改后的商标法。

(三)对于已经注册的商标,当事人在2014年5月1日以前向商标评审委员会提出争议和撤销复审申请,商标评审委员会于2014年5月1日以后审理的案件,相关程序问题适用修改后的商标法,实体问题适用修改前的商标法。

(四)对于当事人在2014年5月1日以前向商标评审委员会提出申请的商标评审案件,应自2014年5月1日起开始计算审理期限。

三、关于商标监督管理

(一)商标违法行为发生在2014年5月1日以前的,适用修改前的商标法处理;商标违法行为发生在2014年5月1日以前且持续到2014年5月1日以后的,适用修改后的商标法处理。

(二)对于将"驰名商标"字样用于商品、商品包装或者容器上,或者用于广告宣传、展览以及其他商业活动中的行为,适用修改后的商标法处理。但是,对于将"驰名商标"字样用于商品、商品包装或者容器上并于2014年5月1日以前已经进入流通领域的除外。

对于将"驰名商标"字样用于商品、商品包装或者容器上,驰名商标持有人应承担违法责任,由其住所地工商行政管理部门查处。住所地以外的工商行政管理部门发现上述违法行为的,移送其住所地工商行政管理部门查处。住所地不在中国境内或者因管辖权发生争议的,由国家工商行政管理总局指定的工商行政管理部门查处。

国家工商行政管理总局关于如何处理商标专用权与外观设计专利权冲突问题的批复

1. *2009年11月9日*
2. *工商标函字〔2009〕291号*

广东省工商行政管理局:

你局《关于如何处理商标专用权与外观设计专利权冲突问题的请示》(粤工商标字〔2009〕353号)收悉。经研究,现就函中请示的问题批复如下:

一、商标专用权和外观设计专利权是重要的知识产权,分别受《商标法》和《专利法》的保护。这些权利的取得与行使,应当遵循诚实信用原则,不得以不正当手段侵害他人的在先权利。

二、外观设计专利对他人在先商标专用权构成侵害的,工商行政管理机关可以依照《商标法》及其实施条例的有关规定,及时作出处理。

2. 商标注册与评审

商标评审规则

1. 1995年11月2日国家工商行政管理局令第37号公布
2. 根据2002年9月17日国家工商行政管理总局令第3号第一次修订
3. 根据2005年9月26日国家工商行政管理总局令第20号第二次修订
4. 根据2014年5月28日国家工商行政管理总局令第65号第三次修订
5. 自2014年6月1日起施行

第一章　总　　则

第一条　为规范商标评审程序，根据《中华人民共和国商标法》（以下简称商标法）和《中华人民共和国商标法实施条例》（以下简称实施条例），制定本规则。

第二条　根据商标法及实施条例的规定，国家工商行政管理总局商标评审委员会（以下简称商标评审委员会）负责处理下列商标评审案件：

（一）不服国家工商行政管理总局商标局（以下简称商标局）驳回商标注册申请决定，依照商标法第三十四条规定申请复审的案件；

（二）不服商标局不予注册决定，依照商标法第三十五条第三款规定申请复审的案件；

（三）对已经注册的商标，依照商标法第四十四条第一款、第四十五条第一款规定请求无效宣告的案件；

（四）不服商标局宣告注册商标无效决定，依照商标法第四十四条第二款规定申请复审的案件；

（五）不服商标局撤销或者不予撤销注册商标决定，依照商标法第五十四条规定申请复审的案件。

在商标评审程序中，前款第（一）项所指请求复审的商标统称为申请商标，第（二）项所指请求复审的商标统称为被异议商标，第（三）项所指请求无效宣告的商标统称为争议商标，第（四）、（五）项所指请求复审的商标统称为复审商标。本规则中，前述商标统称为评审商标。

第三条　当事人参加商标评审活动，可以以书面方式或者数据电文方式办理。

数据电文方式办理的具体办法由商标评审委员会另行制定。

第四条　商标评审委员会审理商标评审案件实行书面审理，但依照实施条例第六十条规定决定进行口头审理的除外。

口头审理的具体办法由商标评审委员会另行制定。

第五条　商标评审委员会根据商标法、实施条例和本规则做出的决定和裁定，应当以书面方式或者数据电文方式送达有关当事人，并说明理由。

第六条　除本规则另有规定外，商标评审委员会审理商标评审案件实行合议制度，由三名以上的单数商标评审人员组成合议组进行审理。

合议组审理案件，实行少数服从多数的原则。

第七条　当事人或者利害关系人依照实施条例第七条的规定申请商标评审人员回避的，应当以书面方式办理，并说明理由。

第八条　在商标评审期间，当事人有权依法处分自己的商标权和与商标评审有关的权利。在不损害社会公共利益、第三方权利的前提下，当事人之间可以自行或者经调解以书面方式达成和解。

对于当事人达成和解的案件，商标评审委员会可以结案，也可以做出决定或者裁定。

第九条　商标评审案件的共同申请人和共有商标的当事人办理商标评审事宜，应当依照实施条例第十六条第一款的规定确定一个代表人。

代表人参与评审的行为对其所代表的当事人发生效力，但代表人变更、放弃评审请求或者承认对方当事人评审请求的，应当有被代表的当事人书面授权。

商标评审委员会的文件应当送达代表人。

第十条　外国人或者外国企业办理商标评审事宜，在中国有经常居所或者营业所的，可以委托依法设立的商标代理机构办理，也可以直接办理；在中国没有经常居所或者营业所的，应当委托依法设立的商标代理机构办理。

第十一条　代理权限发生变更、代理关系解除或者变更代理人的，当事人应当及时书面告知商标评审委员会。

第十二条　当事人及其代理人可以申请查阅本案有关材料。

第二章　申请与受理

第十三条　申请商标评审，应当符合下列条件：

（一）申请人须有合法的主体资格；

（二）在法定期限内提出；

（三）属于商标评审委员会的评审范围；

（四）依法提交符合规定的申请书及有关材料；

（五）有明确的评审请求、事实、理由和法律依据；

（六）依法缴纳评审费用。

第十四条 申请商标评审，应当向商标评审委员会提交申请书；有被申请人的，应当按照被申请人的数量提交相应份数的副本；评审商标发生转让、移转、变更，已向商标局提出申请但是尚未核准公告的，当事人应当提供相应的证明文件；基于商标局的决定书申请复审的，还应当同时附送商标局的决定书。

第十五条 申请书应当载明下列事项：

（一）申请人的名称、通信地址、联系人和联系电话。评审申请有被申请人的，应当载明被申请人的名称和地址。委托商标代理机构办理商标评审事宜的，还应当载明商标代理机构的名称、地址、联系人和联系电话；

（二）评审商标及其申请号或者初步审定号、注册号和刊登该商标的《商标公告》的期号；

（三）明确的评审请求和所依据的事实、理由及法律依据。

第十六条 商标评审申请不符合本规则第十三条第（一）、（二）、（三）、（六）项规定条件之一的，商标评审委员会不予受理，书面通知申请人，并说明理由。

第十七条 商标评审申请不符合本规则第十三条第（四）、（五）项规定条件之一的，或者未按照实施条例和本规则规定提交有关证明文件的，或者有其他需要补正情形的，商标评审委员会应当向申请人发出补正通知，申请人应当自收到补正通知之日起三十日内补正。

经补正仍不符合规定的，商标评审委员会不予受理，书面通知申请人，并说明理由。未在规定期限内补正的，依照实施条例第五十七条规定，视为申请人撤回评审申请，商标评审委员会应当书面通知申请人。

第十八条 商标评审申请经审查符合受理条件的，商标评审委员会应当在三十日内向申请人发出《受理通知书》。

第十九条 商标评审委员会已经受理的商标评审申请，有下列情形之一的，属于不符合受理条件，应当依照实施条例第五十七条规定予以驳回：

（一）违反实施条例第六十二条规定，申请人撤回商标评审申请后，又以相同的事实和理由再次提出评审申请的；

（二）违反实施条例第六十二条规定，对商标评审委员会已经做出的裁定或者决定，以相同的事实和理由再次提出评审申请的；

（三）其他不符合受理条件的情形。

对经不予注册复审程序予以核准注册的商标提起宣告注册商标无效的，不受前款第（二）项规定限制。

商标评审委员会驳回商标评审申请，应当书面通知申请人，并说明理由。

第二十条 当事人参加评审活动，应当按照对方当事人的数量，提交相应份数的申请书、答辩书、意见书、质证意见及证据材料副本，副本内容应当与正本内容相同。不符合前述要求且经补正仍不符合要求的，依照本规则第十七条第二款的规定，不予受理评审申请，或者视为未提交相关材料。

第二十一条 评审申请有被申请人的，商标评审委员会受理后，应当及时将申请书副本及有关证据材料送达被申请人。被申请人应当自收到申请材料之日起三十日内向商标评审委员会提交答辩书及其副本；未在规定期限内答辩的，不影响商标评审委员会的评审。

商标评审委员会审理不服商标局不予注册决定的复审案件，应当通知原异议人参加并提出意见。原异议人应当在收到申请材料之日起三十日内向商标评审委员会提交意见书及其副本；未在规定期限内提出意见的，不影响案件审理。

第二十二条 被申请人参加答辩和原异议人参加不予注册复审程序应当有合法的主体资格。

商标评审答辩书、意见书及有关证据材料应当按照规定的格式和要求填写、提供。

不符合第二款规定或者有其他需要补正情形的，商标评审委员会向被申请人或者原异议人发出补正通知，被申请人或者原异议人应当自收到补正通知之日起三十日内补正。经补正仍不符合规定或者未在法定期限内补正的，视为未答辩或者未提出意见，不影响商标评审委员会的评审。

第二十三条 当事人需要在提出评审申请或者答辩后补充有关证据材料的，应当在申请书或者答辩书中声明，并自提交申请书或者答辩书之日起三个月内一次性提交；未在申请书或者答辩书中声明或者期满未提交的，视为放弃补充证据材料。但是，在期满后生成或者当事人有其他正当理由未能在期满前提交的证据，在期满后提交的，商标评审委员会将证据交对方当事人并质证后可以采信。

对当事人在法定期限内提供的证据材料，有对方当事人的，商标评审委员会应当将该证据材料副本送达给对方当事人。当事人应当在收到证据材料副本之日起三十日内进行质证。

第二十四条 当事人应当对其提交的证据材料逐一分类编号和制作目录清单，对证据材料的来源、待证的具体事实作简要说明，并签名盖章。

商标评审委员会收到当事人提交的证据材料后，应当按目录清单核对证据材料，并由经办人员在回执上签收，注明提交日期。

第二十五条 当事人名称或者通信地址等事项发生变更的，应当及时通知商标评审委员会，并依需要提供相应的证明文件。

第二十六条 在商标评审程序中，当事人的商标发生转让、移转的，受让人或者承继人应当及时以书面方式声明承受相关主体地位，参加后续评审程序并承担相应的评审后果。

未书面声明且不影响评审案件审理的，商标评审委员会可以将受让人或者承继人列为当事人做出决定或者裁定。

第三章 审　　理

第二十七条 商标评审委员会审理商标评审案件实行合议制度。但有下列情形之一的案件，可以由商标评审人员一人独任评审：

（一）仅涉及商标法第三十条和第三十一条所指在先商标权利冲突的案件中，评审时权利冲突已消除的；

（二）被请求撤销或者无效宣告的商标已经丧失专用权的；

（三）依照本规则第三十二条规定应当予以结案的；

（四）其他可以独任评审的案件。

第二十八条 当事人或者利害关系人依照实施条例第七条和本规则第七条的规定对商标评审人员提出回避申请的，被申请回避的商标评审人员在商标评审委员会做出是否回避的决定前，应当暂停参与本案的审理工作。

商标评审委员会在做出决定、裁定后收到当事人或者利害关系人提出的回避申请的，不影响评审决定、裁定的有效性。但评审人员确实存在需要回避的情形的，商标评审委员会应当依法做出处理。

第二十九条 商标评审委员会审理商标评审案件，应当依照实施条例第五十二条、第五十三条、第五十四条、第五十五条、第五十六条的规定予以审理。

第三十条 经不予注册复审程序予以核准注册的商标，原异议人向商标评审委员会请求无效宣告的，商标评审委员会应当另行组成合议组进行审理。

第三十一条 依照商标法第三十五条第四款、第四十五条第三款和实施条例第十一条第（五）项的规定，需要等待在先权利案件审理结果的，商标评审委员会可以决定暂缓审理该商标评审案件。

第三十二条 有下列情形之一的，终止评审，予以结案：

（一）申请人死亡或者终止后没有继承人或者继承人放弃评审权利的；

（二）申请人撤回评审申请的；

（三）当事人自行或者经调解达成和解协议，可以结案的；

（四）其他应当终止评审的情形。

商标评审委员会予以结案，应当书面通知有关当事人，并说明理由。

第三十三条 合议组审理案件应当制作合议笔录，并由合议组成员签名。合议组成员有不同意见的，应当如实记入合议笔录。

经审理终结的案件，商标评审委员会依法做出决定、裁定。

第三十四条 商标评审委员会做出的决定、裁定应当载明下列内容：

（一）当事人的评审请求、争议的事实、理由和证据；

（二）决定或者裁定认定的事实、理由和适用的法律依据；

（三）决定或者裁定结论；

（四）可以供当事人选用的后续程序和时限；

（五）决定或者裁定做出的日期。

决定、裁定由合议组成员署名，加盖商标评审委员会印章。

第三十五条 对商标评审委员会做出的决定、裁定，当事人不服向人民法院起诉的，应当在向人民法院递交起诉状的同时或者至迟十五日内将该起诉状副本抄送或者另行将起诉信息书面告知商标评审委员会。

除商标评审委员会做出的准予初步审定或者予以核准注册的决定外，商标评审委员会自发出决定、裁定之日起四个月内未收到来自人民法院应诉通知或者当事人提交的起诉状副本、书面起诉通知的，该决定、裁定移送商标局执行。

商标评审委员会自收到当事人提交的起诉状副本或者书面起诉通知之日起四个月内未收到来自人民法院应诉通知的，相关决定、裁定移送商标局执行。

第三十六条　在一审行政诉讼程序中，若因商标评审决定、裁定所引证的商标已经丧失在先权利导致决定、裁定事实认定、法律适用发生变化的，在原告撤诉的情况下，商标评审委员会可以撤回原决定或者裁定，并依据新的事实，重新做出商标评审决定或者裁定。

商标评审决定、裁定送达当事人后，商标评审委员会发现存在文字错误等非实质性错误的，可以向评审当事人发送更正通知书对错误内容进行更正。

第三十七条　商标评审决定、裁定经人民法院生效判决撤销的，商标评审委员会应当重新组成合议组，及时审理，并做出重审决定、裁定。

重审程序中，商标评审委员会对当事人新提出的评审请求和法律依据不列入重审范围；对当事人补充提交的足以影响案件审理结果的证据可以予以采信，有对方当事人的，应当送达对方当事人予以质证。

第四章　证 据 规 则

第三十八条　当事人对自己提出的评审请求所依据的事实或者反驳对方评审请求所依据的事实有责任提供证据加以证明。

证据包括书证、物证、视听资料、电子数据、证人证言、鉴定意见、当事人的陈述等。

没有证据或者证据不足以证明当事人的事实主张的，由负有举证责任的当事人承担不利后果。

一方当事人对另一方当事人陈述的案件事实明确表示承认的，另一方当事人无需举证，但商标评审委员会认为确有必要举证的除外。

当事人委托代理人参加评审的，代理人的承认视为当事人的承认。但未经特别授权的代理人对事实的承认直接导致承认对方评审请求的除外；当事人在场但对其代理人的承认不作否认表示的，视为当事人的承认。

第三十九条　下列事实，当事人无需举证证明：

（一）众所周知的事实；

（二）自然规律及定理；

（三）根据法律规定或者已知事实和日常生活经验法则，能推定出的另一事实；

（四）已为人民法院发生法律效力的裁判所确认的事实；

（五）已为仲裁机构的生效裁决所确认的事实；

（六）已为有效公证文书所证明的事实。

前款（一）、（三）、（四）、（五）、（六）项，有相反证据足以推翻的除外。

第四十条　当事人向商标评审委员会提供书证的，应当提供原件，包括原本、正本和副本。提供原件有困难的，可以提供相应的复印件、照片、节录本；提供由有关部门保管的书证原件的复制件、影印件或者抄录件的，应当注明出处，经该部门核对无异后加盖其印章。

当事人向商标评审委员会提供物证的，应当提供原物。提供原物有困难的，可以提供相应的复制件或者证明该物证的照片、录像等其他证据；原物为数量较多的种类物的，可以提供其中的一部分。

一方当事人对另一方当事人所提书证、物证的复制件、照片、录像等存在怀疑并有相应证据支持的，或者商标评审委员会认为有必要的，被质疑的当事人应当提供或者出示有关证据的原件或者经公证的复印件。

第四十一条　当事人向商标评审委员会提供的证据系在中华人民共和国领域外形成，或者在香港、澳门、台湾地区形成，对方当事人对该证据的真实性存在怀疑并有相应证据支持的，或者商标评审委员会认为必要的，应当依照有关规定办理相应的公证认证手续。

第四十二条　当事人向商标评审委员会提供外文书证或者外文说明资料，应当附有中文译文。未提交中文译文的，该外文证据视为未提交。

对方当事人对译文具体内容有异议的，应当对有异议的部分提交中文译文。必要时，可以委托双方当事人认可的单位对全文，或者所使用或者有异议的部分进行翻译。

双方当事人对委托翻译达不成协议的，商标评审委员会可以指定专业翻译单位对全文，或者所使用的或者有异议的部分进行翻译。委托翻译所需费用由双方当事人各承担50%；拒绝支付翻译费用的，视为其承认对方提交的译文。

第四十三条 对单一证据有无证明力和证明力大小可以从下列方面进行审核认定：

（一）证据是否原件、原物，复印件、复制品与原件、原物是否相符；

（二）证据与本案事实是否相关；

（三）证据的形式、来源是否符合法律规定；

（四）证据的内容是否真实；

（五）证人或者提供证据的人，与当事人有无利害关系。

第四十四条 评审人员对案件的全部证据，应当从各证据与案件事实的关联程度、各证据之间的联系等方面进行综合审查判断。

有对方当事人的，未经交换质证的证据不应当予以采信。

第四十五条 下列证据不能单独作为认定案件事实的依据：

（一）未成年人所作的与其年龄和智力状况不相适应的证言；

（二）与一方当事人有亲属关系、隶属关系或者其他密切关系的证人所作的对该当事人有利的证言，或者与一方当事人有不利关系的证人所作的对该当事人不利的证言；

（三）应当参加口头审理作证而无正当理由不参加的证人证言；

（四）难以识别是否经过修改的视听资料；

（五）无法与原件、原物核对的复制件或者复制品；

（六）经一方当事人或者他人改动，对方当事人不予认可的证据材料；

（七）其他不能单独作为认定案件事实依据的证据材料。

第四十六条 一方当事人提出的下列证据，对方当事人提出异议但没有足以反驳的相反证据的，商标评审委员会应当确认其证明力：

（一）书证原件或者与书证原件核对无误的复印件、照片、副本、节录本；

（二）物证原物或者与物证原物核对无误的复制件、照片、录像资料等；

（三）有其他证据佐证并以合法手段取得的、无疑点的视听资料或者与视听资料核对无误的复制件。

第四十七条 一方当事人委托鉴定部门做出的鉴定结论，另一方当事人没有足以反驳的相反证据和理由的，可以确认其证明力。

第四十八条 一方当事人提出的证据，另一方当事人认可或者提出的相反证据不足以反驳的，商标评审委员会可以确认其证明力。

一方当事人提出的证据，另一方当事人有异议并提出反驳证据，对方当事人对反驳证据认可的，可以确认反驳证据的证明力。

第四十九条 双方当事人对同一事实分别举出相反的证据，但都没有足够的依据否定对方证据的，商标评审委员会应当结合案件情况，判断一方提供证据的证明力是否明显大于另一方提供证据的证明力，并对证明力较大的证据予以确认。

因证据的证明力无法判断导致争议事实难以认定的，商标评审委员会应当依据举证责任分配原则做出判断。

第五十条 评审程序中，当事人在申请书、答辩书、陈述及其委托代理人的代理词中承认的对己方不利的事实和认可的证据，商标评审委员会应当予以确认，但当事人反悔并有相反证据足以推翻的除外。

第五十一条 商标评审委员会就数个证据对同一事实的证明力，可以依照下列原则认定：

（一）国家机关以及其他职能部门依职权制作的公文文书优于其他书证；

（二）鉴定结论、档案材料以及经过公证或者登记的书证优于其他书证、视听资料和证人证言；

（三）原件、原物优于复制件、复制品；

（四）法定鉴定部门的鉴定结论优于其他鉴定部门的鉴定结论；

（五）原始证据优于传来证据；

（六）其他证人证言优于与当事人有亲属关系或者其他密切关系的证人提供的对该当事人有利的证言；

（七）参加口头审理作证的证人证言优于未参加口头审理作证的证人证言；

（八）数个种类不同、内容一致的证据优于一个孤立的证据。

第五章 期间、送达

第五十二条 期间包括法定期间和商标评审委员会指定的期间。期间应当依照实施条例第十二条的规定计算。

第五十三条 当事人向商标评审委员会提交的文件或者材料的日期,直接递交的,以递交日为准;邮寄的,以寄出的邮戳日为准;邮戳日不清晰或者没有邮戳的,以商标评审委员会实际收到日为准,但是当事人能够提出实际邮戳日证据的除外。通过邮政企业以外的快递企业递交的,以快递企业收寄日为准;收寄日不明确的,以商标评审委员会实际收到日为准,但是当事人能够提出实际收寄日证据的除外。以数据电文方式提交的,以进入商标评审委员会电子系统的日期为准。

当事人向商标评审委员会邮寄文件,应当使用给据邮件。

当事人向商标评审委员会提交文件,应当在文件中标明商标申请号或者注册号、申请人名称。提交的文件内容,以书面方式提交的,以商标评审委员会所存档案记录为准;以数据电文方式提交的,以商标评审委员会数据库记录为准,但是当事人确有证据证明商标评审委员会档案、数据库记录有错误的除外。

第五十四条 商标评审委员会的各种文件,可以通过邮寄、直接递交、数据电文或者其他方式送达当事人;以数据电文方式送达当事人的,应当经当事人同意。当事人委托商标代理机构的,文件送达商标代理机构视为送达当事人。

商标评审委员会向当事人送达各种文件的日期,邮寄的,以当事人收到的邮戳日为准;邮戳日不清晰或者没有邮戳的,自文件发出之日起满十五日,视为送达当事人,但当事人能够证明实际收到日的除外;直接递交的,以递交日为准。以数据电文方式送达的,自文件发出之日满十五日,视为送达当事人;文件通过上述方式无法送达的,可以通过公告方式送达当事人,自公告发布之日起满三十日,该文件视为已经送达。

商标评审委员会向当事人邮寄送达文件被退回后通过公告送达的,后续文件均采取公告送达方式,但当事人在公告送达后明确告知通信地址的除外。

第五十五条 依照实施条例第五条第三款的规定,商标评审案件的被申请人或者原异议人是在中国没有经常居所或者营业所的外国人或者外国企业的,由该评审商标注册申请书中载明的国内接收人负责接收商标评审程序的有关法律文件;商标评审委员会将有关法律文件送达该国内接收人,视为送达当事人。

依照前款规定无法确定国内接收人的,由商标局原审程序中的或者最后一个申请办理该商标相关事宜的商标代理机构承担商标评审程序中有关法律文件的签收及转达义务;商标评审委员会将有关法律文件送达该商标代理机构。商标代理机构在有关法律文件送达之前已经与国外当事人解除商标代理关系的,应当以书面形式向商标评审委员会说明有关情况,并自收到文件之日起十日内将有关法律文件交回商标评审委员会,由商标评审委员会另行送达。

马德里国际注册商标涉及国际局转发相关书件的,应当提交相应的送达证据。未提交的,应当书面说明原因,自国际局发文之日起满十五日视为送达。

上述方式无法送达的,公告送达。

第六章 附 则

第五十六条 从事商标评审工作的国家机关工作人员玩忽职守、滥用职权、徇私舞弊,违法办理商标评审事项,收受当事人财物,牟取不正当利益的,依法给予处分。

第五十七条 对于当事人不服商标局做出的驳回商标注册申请决定在 2014 年 5 月 1 日以前向商标评审委员会提出复审申请,商标评审委员会于 2014 年 5 月 1 日以后(含 5 月 1 日,下同)审理的案件,适用修改后的商标法。

对于当事人不服商标局做出的异议裁定在 2014 年 5 月 1 日以前向商标评审委员会提出复审申请,商标评审委员会于 2014 年 5 月 1 日以后审理的案件,当事人提出异议和复审的主体资格适用修改前的商标法,其他程序问题和实体问题适用修改后的商标法。

对于已经注册的商标,当事人在 2014 年 5 月 1 日以前向商标评审委员会提出争议和撤销复审申请,商标评审委员会于 2014 年 5 月 1 日以后审理的案件,相关程序问题适用修改后的商标法,实体问题适用修改前的商标法。

对于当事人在 2014 年 5 月 1 日以前向商标评审委员会提出申请的商标评审案件,应当自 2014 年 5 月 1 日起开始计算审理期限。

第五十八条 办理商标评审事宜的文书格式,由商标评审委员会制定并公布。

第五十九条 本规则由国家工商行政管理总局负责解释。

第六十条 本规则自 2014 年 6 月 1 日起施行。

规范商标申请注册行为若干规定

1. 2019年10月11日国家市场监督管理总局令第17号公布
2. 自2019年12月1日起施行

第一条 为了规范商标申请注册行为，规制恶意商标申请，维护商标注册管理秩序，保护社会公共利益，根据《中华人民共和国商标法》（以下简称商标法）和《中华人民共和国商标法实施条例》（以下简称商标法实施条例），制定本规定。

第二条 申请商标注册，应当遵守法律、行政法规和部门规章的规定，具有取得商标专用权的实际需要。

第三条 申请商标注册应当遵循诚实信用原则。不得有下列行为：

（一）属于商标法第四条规定的不以使用为目的恶意申请商标注册的；

（二）属于商标法第十三条规定，复制、摹仿或者翻译他人驰名商标的；

（三）属于商标法第十五条规定，代理人、代表人未经授权申请注册被代理人或者被代表人商标的；基于合同、业务往来关系或者其他关系明知他人在先使用的商标存在而申请注册该商标的；

（四）属于商标法第三十二条规定，损害他人现有的在先权利或者以不正当手段抢先注册他人已经使用并有一定影响的商标的；

（五）以欺骗或者其他不正当手段申请商标注册的；

（六）其他违反诚实信用原则，违背公序良俗，或者有其他不良影响的。

第四条 商标代理机构应当遵循诚实信用原则。知道或者应当知道委托人申请商标注册属于下列情形之一的，不得接受其委托：

（一）属于商标法第四条规定的不以使用为目的恶意申请商标注册的；

（二）属于商标法第十五条规定的；

（三）属于商标法第三十二条规定的。

商标代理机构除对其代理服务申请商标注册外，不得申请注册其他商标，不得以不正当手段扰乱商标代理市场秩序。

第五条 对申请注册的商标，商标注册部门发现属于违反商标法第四条规定的不以使用为目的的恶意商标注册申请，应当依法驳回，不予公告。

具体审查规程由商标注册部门根据商标法和商标法实施条例另行制定。

第六条 对初步审定公告的商标，在公告期内，因违反本规定的理由被提出异议的，商标注册部门经审查认为异议理由成立，应当依法作出不予注册决定。

对申请驳回复审和不予注册复审的商标，商标注册部门经审理认为属于违反本规定情形的，应当依法作出驳回或者不予注册的决定。

第七条 对已注册的商标，因违反本规定的理由，在法定期限内被提出宣告注册商标无效申请的，商标注册部门经审理认为宣告无效理由成立，应当依法作出宣告注册商标无效的裁定。

对已注册的商标，商标注册部门发现属于违反本规定情形的，应当依据商标法第四十四条规定，宣告该注册商标无效。

第八条 商标注册部门在判断商标注册申请是否属于违反商标法第四条规定时，可以综合考虑以下因素：

（一）申请人或者与其存在关联关系的自然人、法人、其他组织申请注册商标数量、指定使用的类别、商标交易情况等；

（二）申请人所在行业、经营状况等；

（三）申请人被已生效的行政决定或者裁定、司法判决认定曾从事商标恶意注册行为、侵犯他人注册商标专用权行为的情况；

（四）申请注册的商标与他人有一定知名度的商标相同或者近似的情况；

（五）申请注册的商标与知名人物姓名、企业字号、企业名称简称或者其他商业标识等相同或者近似的情况；

（六）商标注册部门认为应当考虑的其他因素。

第九条 商标转让情况不影响商标注册部门对违反本规定第三条情形的认定。

第十条 注册商标没有正当理由连续三年不使用的，任何单位或者个人可以向商标注册部门申请撤销该注册商标。商标注册部门受理后应当通知商标注册人，限其自收到通知之日起两个月内提交该商标在撤销申请提出前使用的证据材料或者说明不使用的正当理由；期满未提供使用的证据材料或者证据材料无效并没有正当理由的，由商标注册部门撤销其注册商标。

第十一条 商标注册部门作出本规定第五条、第六条、第七条所述决定或者裁定后，予以公布。

第十二条 对违反本规定第三条恶意申请商标注册的申请人，依据商标法第六十八条第四款的规定，由申请人所在地或者违法行为发生地县级以上市场监督管理部门根据情节给予警告、罚款等行政处罚。有违法所得的，可以处违法所得三倍最高不超过三万元的罚款；没有违法所得的，可以处一万元以下的罚款。

第十三条 对违反本规定第四条的商标代理机构，依据商标法第六十八条的规定，由行为人所在地或者违法行为发生地县级以上市场监督管理部门责令限期改正，给予警告，处一万元以上十万元以下的罚款；对直接负责的主管人员和其他直接责任人员给予警告，处五千元以上五万元以下的罚款；构成犯罪的，依法追究刑事责任。情节严重的，知识产权管理部门可以决定停止受理该商标代理机构办理商标代理业务，予以公告。

第十四条 作出行政处罚决定的政府部门应当依法将处罚信息通过国家企业信用信息公示系统向社会公示。

第十五条 对违反本规定第四条的商标代理机构，由知识产权管理部门对其负责人进行整改约谈。

第十六条 知识产权管理部门、市场监督管理部门应当积极引导申请人依法申请商标注册、商标代理机构依法从事商标代理业务，规范生产经营活动中使用注册商标的行为。

知识产权管理部门应当进一步畅通商标申请渠道、优化商标注册流程，提升商标公共服务水平，为申请人直接申请注册商标提供便利化服务。

第十七条 知识产权管理部门应当健全内部监督制度，对从事商标注册工作的国家机关工作人员执行法律、行政法规和遵守纪律的情况加强监督检查。

从事商标注册工作的国家机关工作人员玩忽职守、滥用职权、徇私舞弊，违法办理商标注册事项，收受当事人财物，牟取不正当利益的，应当依法给予处分；构成犯罪的，依法追究刑事责任。

第十八条 商标代理行业组织应当完善行业自律规范，加强行业自律，对违反行业自律规范的会员实行惩戒，并及时向社会公布。

第十九条 本规定自 2019 年 12 月 1 日起施行。

自然人办理商标注册申请注意事项

1. 2007 年 2 月 6 日国家工商行政管理总局商标局发布
2. 自 2007 年 2 月 12 日起施行

依照《中华人民共和国商标法》第四条的规定，从事生产、制造、加工、拣选、经销商品或者提供服务的自然人，需要取得商标专用权的，应当向商标局申请商标注册。以自然人名义办理商标注册、转让等申请事宜；除按照有关规定提交《商标注册申请书》、商标图样等材料外，还应注意以下事项：

一、个体工商户可以以其《个体工商户营业执照》登记的字号作为申请人名义提出商标注册申请，也可以以执照上登记的负责人名义提出商标注册申请。以负责人名义提出申请时应提交以下材料的复印件：

（一）负责人的身份证；

（二）营业执照。

二、个人合伙可以以其《营业执照》登记的字号或有关主管机关登记文件登记的字号作为申请人名义提出商标注册申请，也可以以全体合伙人的名义共同提出商标注册申请。以全体合伙人的名义共同提出申请时应提交以下材料的复印件：

（一）合伙人的身份证；

（二）营业执照；

（三）合伙协议。

三、农村承包经营户可以以其承包合同签约人的名义提出商标注册申请，申请时应提交以下材料的复印件：

（一）签约人身份证；

（二）承包合同。

四、其他依法获准从事经营活动的自然人，可以以其在有关行政主管机关颁发的登记文件中登载的经营者名义提出商标注册申请，申请时应提交以下材料的复印件：

（一）经营者的身份证；

（二）有关行政主管机关颁发的登记文件。

五、自然人提出商标注册申请的商品和服务范围，应以其在营业执照或有关登记文件核准的经营范围为限，或者以其自营的农副产品为限。

六、对于不符合《商标法》第四条规定的商标注册申请，商标局不予受理并书面通知申请人。

申请人提供虚假材料取得商标注册的，由商标局撤销该注册商标。

七、办理转让商标申请，受让人为自然人的，应参照上述事项办理。

商标注册申请快速审查办法(试行)

2022年1月14日国家知识产权局公告第467号发布施行

第一条 为了服务国家高质量发展，落实知识产权领域“放管服”改革决策部署，依法快速审查涉及国家利益、社会公共利益或者重大区域发展战略的商标注册申请，根据《中华人民共和国商标法》和《中华人民共和国商标法实施条例》的有关规定，结合商标工作实际，制定本办法。

第二条 有下列情形之一的商标注册申请，可以请求快速审查：

(一)涉及国家或省级重大工程、重大项目、重大科技基础设施、重大赛事、重大展会等名称，且商标保护具有紧迫性的；

(二)在特别重大自然灾害、特别重大事故灾难、特别重大公共卫生事件、特别重大社会安全事件等突发公共事件期间，与应对该突发公共事件直接相关的；

(三)为服务经济社会高质量发展，推动知识产权强国建设纲要实施确有必要的；

(四)其他对维护国家利益、社会公共利益或者重大区域发展战略具有重大现实意义的。

第三条 请求快速审查的商标注册申请，应当同时符合以下条件：

(一)经全体申请人同意；

(二)采用电子申请方式；

(三)所申请注册的商标仅由文字构成；

(四)非集体商标、证明商标的注册申请；

(五)指定商品或服务项目与第二条所列情形密切相关，且为《类似商品和服务区分表》列出的标准名称；

(六)未提出优先权请求。

第四条 请求快速审查商标注册的申请，应当以纸件形式向国家知识产权局提交以下材料：

(一)商标注册申请快速审查请求书；

(二)符合本办法第二条规定的相关材料；

(三)中央和国家机关相关部门、省级人民政府或其办公厅出具的对快速审查请求的推荐意见；或者省级知识产权管理部门出具的对快速审查请求理由及相关材料真实性的审核意见。

第五条 国家知识产权局受理快速审查请求后，对符合本办法规定的，准予快速审查并依法作出审查决定。对不符合本办法规定的，不予快速审查，按照法律规定的一般程序审查。

第六条 国家知识产权局准予快速审查的，应当自同意之日起20个工作日内审查完毕。

第七条 在快速审查过程中，发现商标注册申请有下列情形之一的，可以终止快速审查程序，按法律规定的一般程序审查：

(一)商标注册申请依法应进行补正、说明或者修正，以及进行同日申请审查程序的；

(二)商标注册申请人提出快速审查请求后，又提出暂缓审查请求的；

(三)存在其他无法予以快速审查情形的。

第八条 快速审查的商标注册申请在依法作出审查决定后，依照法律有关规定，相关主体可以对初步审定公告的商标注册申请提出异议，对驳回或部分驳回的商标注册申请提出驳回复审。

第九条 国家知识产权局处理商标注册申请快速审查应当严格依法履职、秉公用权，接受纪检监察部门监督，确保快速审查工作在监督下规范透明运行。

第十条 易产生重大不良影响的商标注册申请的快速处置办法另行规定。

第十一条 本办法由国家知识产权局负责解释。国家知识产权局商标局承担商标注册申请快速审查的具体工作。

第十二条 本办法自发布之日起施行。其他有关商标注册申请快速审查的规定，凡与本办法相抵触的以本办法为准。

商标网上申请试用办法

1. 2009年1月7日国家工商行政管理总局商标局发布
2. 商标综字〔2009〕第30号
3. 自2009年1月20日起施行

第一章 总 则

第一条 为了规范通过互联网以电子文件形式提出商标

申请(以下简称商标网上申请)的有关程序和要求,根据《商标法》及其实施条例的有关规定,制定本办法。

第二条　提交商标网上申请的,应当遵守本办法和国家工商行政管理总局商标局(以下简称“商标局”)制定的商标网上申请流程及其他相关规定。

第三条　提交商标网上申请的,应当通过中国商标网(http://www.ctmo.gov.cn)以商标局规定的文件格式、数据标准、操作规范和传输方式提交申请文件。

第四条　提交商标网上申请的,应当真实、完整、准确地填写申请信息。

第五条　提交商标网上申请的,申请信息以商标局的数据库记录为准。

第六条　商标申请人可以直接提交商标网上申请,也可以委托商标代理组织办理。通过商标代理组织提交商标网上申请的,视为商标申请人与商标代理组织存在委托代理关系。

第七条　直接提交商标网上申请的申请人,应当符合《商标法》第四条的规定,不违反《商标法》第十八条的规定,并具备在线支付商标申请费的技术条件。

代理商标网上申请的商标代理组织,应经企业登记机关依法登记并在商标局备案。

第二章　商标网上申请

第八条　由于技术原因,商标申请人或商标代理组织不得提交下列情形的网上申请:

(一)商标局公布的《自然人办理商标注册申请注意事项》所规范的商标注册申请;

(二)有优先权诉求的商标注册申请;

(三)人物肖像的商标注册申请;

(四)集体商标、证明商标的商标注册申请;

(五)指定使用的商品或服务项目没有列入《类似商品和服务区分表》的商标注册申请;

(六)外国人或外国企业作为商标申请人或共同申请人,未委托商标代理组织提交的商标注册申请。我国香港、澳门特别行政区和台湾地区的商标申请人参照本项规定办理;

(七)其它暂不宜采用网上申请的商标注册申请。

第九条　商标申请人直接提交商标网上申请的,应当在提交商标网上申请时,使用本人或其委托的付款人的银行卡立即在线足额支付商标规费;商标代理组织代理商标网上申请的,应当足额预付商标规费。

商标局对付款方式另有规定的,从其规定。

第十条　商标申请人直接提交商标网上申请的,商标局收到符合要求的电子申请书数据和足额缴纳商标申请费的信息视为该申请提交成功;商标代理组织代理商标网上申请的,商标局收到符合要求的电子申请书数据视为该申请提交成功。

不符合前款规定的,视为申请人或受其委托的商标代理组织未提交商标网上申请。商标申请人或商标代理组织可以登录中国商标网对其提交的商标申请进行查询。

第十一条　提交商标网上申请的,商标申请日期以商标局收到提交成功的电子申请书数据的日期为准。

第十二条　提交商标网上申请后,除商标网上申请是在试用过渡期内提交的或商标局规定应当递交相关书面申请材料的外,商标申请人或受其委托的商标代理组织无需再就同一件商标申请向商标局递交书面申请书和其他书面申请材料,否则,视为另一件商标申请。

提交商标网上申请后,商标网上申请是在试用过渡期内提交的或商标局规定应当递交相关书面申请材料的,商标申请人或受其委托的商标代理组织应当按商标网上申请流程的要求办理。《商标法》及其实施条例对递交期限有规定的,从其规定;《商标法》及其实施条例对递交期限没有规定的,商标申请人或受其委托的商标代理组织应当按商标网上申请流程的要求办理。

第十三条　代理商标网上申请的商标代理组织,应当妥善保存委托人的营业执照、身份证等主体资格证明文件的复印件和委托书原件,有关书件应当经委托人签章。商标注册与管理工作需要时,商标代理组织应当自接到商标局通知之日起15日内递交。

第十四条　商标网上申请的接收时间为法定工作日的8:00至16:30。但因故临时调整的,将在中国商标网予以公告,并以公告中标明的时间为准。

商标网上申请的接收时间以外提交的申请,不予受理。

第三章　法 律 责 任

第十五条　提交商标网上申请的,因所提交的申请信息不真实、不完整或不准确所造成的后果由其自行承担。

第十六条　严禁向商标局的商标网上申请系统发送计算机病毒或以任何手段进行网络攻击。因发送计算机病毒、网络攻击造成后果的,由其承担相应的法律责任,并赔偿商标局因此所遭受的损失。

第十七条　具有下列情形的，商标局将暂停其使用商标网上申请系统：

（一）违反本办法第四、六、七、九、十三、十四条规定的；

（二）违反本办法第十二条第二款的规定，未按期向商标局递交相关纸质申请材料或者递交的纸质申请材料与商标局的要求不一致的；

（三）提交的商标网上申请属于本办法第八条所列情形的；

（四）自本办法实施之日起，因拖欠商标申请费用导致商标申请被不予受理的；

（五）具有不诚信行为或其他违法行为的；

（六）违反本办法其它规定且情节严重的。

上述暂停使用商标网上申请系统的情形妥善解决后，当事人可以申请恢复使用。但是，暂停期不少于五个工作日。

第十八条　具有下列情形的，商标局将停止其使用商标网上申请系统：

（一）连续2年内被暂停使用商标网上申请系统三次（含）以上的；

（二）具有本办法第十六条规定情形的。

第四章　附　　则

第十九条　商标网上申请系统受理的业务类型和商标申请人直接提交网上申请的具体事宜由商标局另行公告。

第二十条　在商标网上申请试用期间，商标局采用对试用单位日申请量适度限制的做法，并根据实际运行情况逐步放开限制。具体事宜另行公告。

第二十一条　本办法由商标局负责解释。

第二十二条　本办法自2009年1月20日起施行。

含“中国”及首字为“国”字商标的审查审理标准

2010年7月28日国家工商行政管理总局商标局发布

为进一步规范商标审查标准，做好商标审理工作，服务企业，促进加快经济发展方式转变，根据商标法及有关法规的规定，经研究，现对含有与我国国家名称相同或者近似文字的商标的审查标准明确如下：

第一部分　法律依据

对含有与我国国家名称相同或者近似文字的商标申请应当依照《商标法》相关规定进行审查，具体为：

一、《商标法》第十条　下列标志不得作为商标使用：

（一）同中华人民共和国的国家名称、国旗、国徽、军旗、勋章相同或者近似的，以及同中央国家机关所在地特定地点的名称或者标志性建筑物的名称、图形相同的；

（二）同外国的国家名称、国旗、国徽、军旗相同或者近似的，但该国政府同意的除外；

（三）同政府间国际组织的名称、旗帜、徽记相同或者近似的，但经该组织同意或者不易误导公众的除外；

（七）夸大宣传并带有欺骗性的；

（八）有害于社会主义道德风尚或者有其他不良影响的。

二、《商标法》第十一条　下列标志不得作为商标注册：

（一）仅有本商品的通用名称、图形、型号的；

（三）缺乏显著特征的。

第二部分　含“中国”字样商标的审查审理标准

对含有与我国国家名称相同或者近似文字的商标申请，申请人及申请商标同时具备以下四个条件的，可予以初步审定：

一、申请人主体资格应当是经国务院或其授权的机关批准设立的。申请人名称应经名称登记管理机关依法登记。

二、申请商标与申请人企业名称或者该名称简称一致，简称是经国务院或其授权的机关批准。

三、申请商标与申请人主体之间具有紧密对应关系。

四、申请商标指定使用的商品或服务范围应与核定的经营范围相一致。

第三部分　首字为“国”字商标的审查审理标准

首字为“国”字商标的，应当严格按照以下标准审查：

一、对“国＋商标指定商品名称”作为商标申请，或者商标中含有“国＋商标指定商品名称”的，以其“构成夸大宣传并带有欺骗性”、“缺乏显著特征”和“具有不良影响”为由，予以驳回。

二、对带“国”字头但不是“国+商标指定商品名称”组合的申请商标，应当区别对待。对使用在指定商品上直接表示了商品质量特点或者具有欺骗性，甚至有损公平竞争的市场秩序，或者容易产生政治上不良影响的，应予驳回。

对于上述含“中国”及首字为“国”字商标的审查，应当从严审查，慎之又慎，通过相关审查处处务会、商标局审查业务工作会议、商标局局务会议或者商标评审委员会委务会议研究决定。

在商标注册申请程序过程中，商标申请人可以提交相关证明材料。

台湾地区商标注册申请人要求优先权有关事项的规定

1. 2010年11月18日国家工商行政管理总局商标局发布
2. 工商标字〔2010〕220号
3. 自2010年11月22日起施行

为落实《海峡两岸知识产权保护合作协议》，保障台湾地区商标注册申请人的优先权权益，现就台湾地区申请人在国家工商行政管理总局商标局申请商标注册要求台湾地区优先权有关事项作如下规定：

一、自2010年11月22日起，台湾地区申请人自其商标在台湾地区第一次提出商标注册申请之日起六个月内，又在国家工商行政管理总局商标局就同一商标在相同商品上提出商标注册申请的，可以要求优先权。其第一次申请的日期可以追溯到2010年9月12日。

二、依照前述规定要求优先权的，应当参照《商标法》第二十四条第二款、《商标法实施条例》第二十条第一款的规定办理。

三、依照前述规定要求优先权的，其商标注册申请书应当使用国家工商行政管理总局发布的商标注册申请书式。

四、台湾地区申请人要求台湾地区优先权的声明，经认可后，其在台湾地区的第一次申请商标注册的日期，即视为在国家工商行政管理总局商标局的申请日期。

委托地方工商和市场监管部门受理商标注册申请暂行规定

1. 2016年8月31日国家工商行政管理总局发布
2. 工商标字〔2016〕168号
3. 自2016年9月1日起施行

第一条 为方便申请人办理商标注册申请，推进商标注册便利化，加强对委托地方工商和市场监管部门（以下简称受托单位）受理商标注册申请工作的管理，特制定本规定。

第二条 县级以上（以省会城市、地级市为主）工商、市场监管部门受工商总局商标局（以下简称商标局）委托，在地方政务大厅或注册大厅设立商标注册申请受理窗口，代为办理商标注册申请受理等业务。

第三条 县级以上（以省会城市、地级市为主）工商、市场监管部门拟开展商标注册申请受理业务的，须填写《地方工商和市场监管部门开展商标注册申请受理业务审批表》（附表），由省（自治区、直辖市）工商、市场监管部门提出意见后报送商标局。按照便利化原则，兼顾区域分布、商标申请量等因素，经审核确有设立必要且具备运行条件的，经商标局批准并公告后开展受理业务。

第四条 商标局工作职责：

（一）确定受托单位受理业务范围和受理区域范围；

（二）制定工作规程、业务质量标准和业务质量管理办法；

（三）根据业务工作需要，对受托单位工作人员进行业务培训；

（四）对受托单位商标注册申请受理和规费收缴等工作进行指导和检查。

第五条 受托单位工作职责：

（一）负责商标受理业务机构设置、人员安排、网络联通建设、办公场所和相关设备配置；

（二）根据商标局有关规定，制定和落实业务质量管理办法；

（三）加强与商标局业务联系，定期向商标局汇报工作；

（四）办理商标局委托的其他工作。

第六条 受理窗口工作职责:

(一)在政务大厅或注册大厅设置"商标受理业务"的明显标识;

(二)负责指定区域内商标注册申请受理、规费收缴、代发商标注册证等工作。接收、审核商标注册申请文件,对符合受理条件的商标注册申请确定申请日;

(三)做好商标注册申请文件管理工作;

(四)开展商标注册申请相关业务的查询、咨询等服务性工作。

第七条 受托单位及其受理窗口工作人员应当依法行政,廉洁自律,忠于职守,文明服务。

(一)严格遵守有关法律、法规及商标局有关规定,结合自身实际情况,制定相关规章制度。建立优良工作秩序,提供优质高效服务;

(二)严格遵守财务管理制度。加强账务管理,不得超范围、超标准收取费用;收取规费应按期如数上缴,不得擅自挪用、滞留,保证国家规费的安全;

(三)依法行政,公正廉洁。不得泄漏或越权使用未公开的商标注册申请信息,牟取不当利益。

第八条 对违反本规定的受托单位,商标局将对其通报批评,情节严重者,将责令其停止工作进行整顿,直至取消委托业务。

对违反本规定,产生恶劣影响并造成损失的,视具体情况追究受托单位负责人和相关人员行政或法律责任。

第九条 本规定由商标局负责解释。

第十条 本规定自2016年9月1日起施行。

地方工商和市场监管部门开展商标注册申请受理业务审批表(略)

国家工商行政管理总局商标局关于提交商标异议申请有关事项的通知

2008年12月1日

各商标异议申请人、商标代理机构:

为进一步提高商标注册工作效率,规范商标异议申请受理工作,根据《商标法》及《商标法实施条例》的有关规定,现将提交商标异议申请的有关注意事项通知如下:

一、根据《商标法》及《商标法实施条例》的有关规定,异议人提交异议申请时,应有明确的请求和事实依据的文字表述。如以被异议商标违反《商标法》第二十八条、二十九条(即被异议商标侵犯在先申请商标或在先注册商标)为由的,则应指出在先商标的申请号或注册号以及商标名称,并提供相应证据;如以违反《商标法》其它规定为由的,则应清楚表述其理由及事实依据,并提供相应证据。请求和事实依据的文字表述应便于对方当事人答辩。异议人提交异议申请时,如没有明确的请求和事实依据,我局依法不予受理。

二、依据《商标法》、《商标法实施条例》及《中华人民共和国邮政法》等法律法规之规定,当事人通过邮政部门(含邮政部门所属快递公司)向商标局提交异议申请的,异议申请日以寄出的邮戳日为准。当事人通过非邮政部门所属的其他快递公司向商标局提交异议申请的,异议申请日以商标局收到日为准。

通过邮政部门邮寄异议申请或其他相关材料的,一件申请最好使用一个信封,以便于异议申请日期的确定及有关文件的归档与查阅。

国家工商行政管理总局商标局关于在第16类"报纸、期刊、杂志(期刊)、新闻刊物"四种商品上申请注册商标注意事项的通知

1. 2009年2月17日

2. 商标综字[2009]第39号

商标申请人、各商标代理机构:

《中华人民共和国商标法》第十条对不得作为商标使用的标志作出了明确的规定。但在第16类"报纸、期刊、杂志(期刊)、新闻刊物"四种商品上申请注册的商标,其整体是国家出版行政部门批准的报纸、期刊、杂志名称的,可以初步审定。因此,商标申请人在第16类"报纸、期刊、杂志(期刊)、新闻刊物"四种商品上申请注册商标的,除按照商标注册申请的有关规定提交材料外,还应注意以下事项:

一、申请注册的商标属于以下情形之一的,商标申请人应当向商标局提交国家出版行政部门核发的报纸、期刊出版许可证(复印件):

(一)同我国的国家名称相同或者近似的,以及同中央国家机关所在地特定地点的名称或者标志性建筑

物的名称相同的；

（二）由县级以上行政区划的地名构成，或者含有县级以上行政区划的地名的；

（三）属于《中华人民共和国商标法》第十条规定的其他情形，商标局需核对国家出版行政部门核发的报纸、期刊出版许可证的。

二、商标申请人提交的报纸、期刊出版许可证（复印件）应当符合以下要求：

（一）商标申请人名义应与所提交的报纸、期刊出版许可证上显示的持有人名义一致。

（二）商标申请人申请注册的商标名称应与所提交的报纸、期刊出版许可证上显示的国家出版行政部门批准使用的报纸、期刊名称相同。

三、商标申请人可以通过以下两种途径提交报纸、期刊出版许可证（复印件）：

（一）在提出商标注册申请时提交。商标申请人可在提出商标注册申请时将报纸、期刊出版许可证（复印件）与商标注册申请材料一并提交到商标局。

（二）在商标注册补正程序中提交。我局在商标审查过程中，将依法向未在提出商标注册申请的同时提交有效的报纸、期刊出版许可证（复印件）的相关商标申请人发出《商标补正通知书》。商标申请人在收到此类《商标补正通知书》后，应在规定时限内通过补正回文程序提交报纸、期刊出版许可证（复印件）。

特此通知。

国家工商行政管理总局商标局关于依法妥善处理违规商标注册网上申请有关问题的通知

1. 2009年5月7日
2. 商标综字〔2009〕第126号

各商标代理组织：

《商标网上申请试用办法》及《商标注册网上申请流程》（商标综字〔2009〕第30号）等涉及商标网上申请的有关规定已经由国家工商行政管理总局商标局公布，并自2009年1月20日起施行。

根据《商标网上申请试用办法》第八条、第十二条第二款和《商标注册网上申请流程》的规定，在目前商标网上申请试用期内，不得提交第八条所列情形的商标注册网上申请，例如以自然人名义作为商标申请人的商标注册申请、肖像商标注册申请等。同时，成功提交商标注册网上申请后，应当按照《商标注册网上申请流程》的要求，在规定时间内提交与网上申请内容完全一致的纸质申请书件。

但是，近来，我局发现部分商标代理组织未严格遵守上述有关规定，违规提交了商标注册网上申请件，或没有在规定期限内提交纸质申请书件，或未提交符合要求的纸质申请书件，严重地损害了相关商标申请人的权益，影响了商标局审查工作效率。对此，我局将按照《商标网上申请试用办法》等有关规定进行如下处理：

一、违规提交了《商标网上申请试用办法》第八条所列情形的商标注册申请的，根据《商标网上申请试用办法》第十七条、第十八条的规定，自本通知发出之日起，我局将暂停其代理商标网上申请业务。相关申请人应当在5月31日前提交符合《商标网上申请试用办法》相关规定的证明文件。未能按期提交符合要求的证明文件的，视为放弃该商标注册申请，并视具体情况停止其代理商标网上申请业务。今后，对此类情况，我局将不再给予补正和进行通知。

二、未在规定期限内提交纸质申请书件的，或提交的纸质申请书件不符合《商标注册网上申请流程》规定的，或网上申请书件存在其他违规情形的，相关申请人应当在5月31日前提交符合要求的纸质申请书件。递交前述纸质申请书件时，应当单独制作清单并在清单上注明“补寄”字样。

三、自6月1日起，逾期未提交纸质申请书的，或提交的纸质申请书不符合要求的，根据《商标网上申请试用办法》第十七条、第十八条的规定，我局将暂停或停止其代理商标网上申请业务。对此类情况，我局将不再进行通知。

国家工商行政管理总局商标局关于不得擅自更改商标申请书式的通知

1. 2010年8月27日
2. 商标综字〔2010〕第241号

各商标代理组织、商标申请人：

近期，接连发生了几起因商标申请人擅自更改商标申请书式，导致申请不予受理、申请日无法保留的问题。为避免此类问题出现，更好地保障申请人权益，现就商标申请书式有关事宜通知如下：

《商标法实施条例》第五十六条第二款规定："申请商标注册或者办理其他商标事宜的文件格式，由国务院工商行政管理部门制定并公布。"据此，申请人在提交商标申请时必须按规定使用商标局制定并公布的商标申请书式，且不得随意更改或者自行设计申请书式，包括也不得删减或增加栏目内容。擅自更改的，商标局将不予受理。

请各商标代理组织在日常商标代理业务中，加强对代理人员的业务培训，切实了解各种商标申请书式的使用和填写要求，严格执行有关规定，以保障商标申请人的合法权益。

国家工商行政管理总局商标局关于简化部分商标申请材料和手续的通知

2016 年 12 月 29 日

为进一步落实《工商总局关于大力推进商标注册便利化改革的意见》，减轻商标申请人负担，为商标申请人提供更加优质的服务，特简化以下部分商标申请材料和手续。

一、申请人在商标注册大厅、地方受理窗口直接办理除转让、移转以外的申请事宜时，不再要求提交经办人身份证复印件。

二、在办理变更商标申请人/注册人名义时，申请人可提交登记机关变更核准文件复印件或登记机关官方网站下载打印的相关档案作为变更证明文件。

同一申请人同时提交多份相同内容的变更商标申请人/注册人名义申请的，只需在一份变更申请中提交变更证明文件，其他变更申请须在申请书显著位置载明变更证明文件所在变更申请的商标申请号/注册号。

三、同一申请人同时提交多份相同内容的更正申请的，只需在一份更正申请中提交更正证明文件，其他更正申请须在申请书显著位置载明更正证明文件所在更正申请的商标申请号/注册号。

四、在办理注册商标续展时，不再要求提交商标注册证复印件。

五、办理商标申请事宜，提交的各种证件、证明文件和证据材料是外文的，应当附送中文译文，该中文译文不再要求经翻译机构或代理机构签章确认。

以上措施自公布之日起实施。

国家知识产权局关于《商标法》第五十九条第三款法律适用问题的批复

1. 2021 年 5 月 21 日

2. 国知发保函字〔2021〕77 号

上海市知识产权局：

《上海市知识产权局关于〈商标法〉第五十九条第三款相关法律适用问题的请示》（沪知局〔2020〕7 号）收悉。经研究，现批复如下：

《商标法》第五十九条第三款规定"商标注册人申请商标注册前，他人已经在同一种商品或者类似商品上先于商标注册人使用与注册商标相同或者近似并有一定影响的商标的，注册商标专用权人无权禁止该使用人在原使用范围内继续使用该商标，但可以要求其附加适当区别标识。"

该款规定的目的在于平衡商标注册人和商标在先使用人之间的利益，在不损害商标权注册取得制度的基础上，维护在市场上已经具有一定影响但未注册商标的在先使用人的权益。我局认为适用该款规定，在先使用人须同时满足以下五个要件：一是在商标注册人申请商标注册前已经使用；二是先于商标注册人使用；三是在商标注册人申请商标注册前的使用达到"有一定影响"的程度；四是不得超出原经营商品或服务、原经营区域等原使用范围；五是商标注册人要求其附加适当区别标识的，在先使用人应当附加区别标识。

3. 商标许可使用与转让

商标使用许可合同备案办法

1. 1997年8月1日国家工商行政管理总局商标局发布
2. 商标〔1997〕39号

第一条　为了加强对商标使用许可合同的管理，规范商标使用许可行为，根据《中华人民共和国商标法》及《中华人民共和国商标法实施细则》的有关规定，制订本办法。

第二条　商标注册人许可他人使用其注册商标，必须签订商标使用许可合同。

第三条　订立商标使用许可合同，应当遵循自愿和诚实信用的原则。

任何单位和个人不得利用许可合同从事违法活动，损害社会公共利益和消费者权益。

第四条　商标使用许可合同自签订之日起三个月内，许可人应当将许可合同副本报送商标局备案。

第五条　向商标局办理商标使用许可合同备案事宜的，可以委托国家工商行政管理局认可的商标代理组织代理，也可以直接到商标局办理。

许可人是外国人或者外国企业的，应当委托国家工商行政管理局指定的商标代理组织代理。

第六条　商标使用许可合同至少应当包括下列内容：

（一）许可使用的商标及其注册证号；

（二）许可使用的商品范围；

（三）许可使用期限；

（四）许可使用商标的标识提供方式；

（五）许可人对被许可人使用其注册商标的商品质量进行监督的条款；

（六）在使用许可人注册商标的商品上标明被许可人的名称和商品产地的条款。

第七条　申请商标使用许可合同备案，应当提交下列书件：

（一）商标使用许可合同备案表；

（二）商标使用许可合同副本；

（三）许可使用商标的注册证复印件。

人用药品商标使用许可合同备案，应当同时附送被许可人取得的卫生行政管理部门的有效证明文件。

卷烟、雪茄烟和有包装烟丝的商标使用许可合同备案，应当同时附送被许可人取得的国家烟草主管部门批准生产的有效证明文件。

外文书件应当同时附送中文译本。

第八条　商标注册人通过被许可人许可第三方使用其注册商标的，其商标使用许可合同中应当含有允许被许可人许可第三方使用的内容或者出具相应的授权书。

第九条　申请商标使用许可合同备案，应当按照许可使用的商标数量填报商标使用许可合同备案表，并附送相应的使用许可合同副本及《商标注册证》复印件。

通过一份合同许可一个被许可人使用多个商标的，许可人应当按照商标数量报送商标使用许可合同备案表及《商标注册证》复印件，但可以只报送一份使用许可合同副本。

第十条　申请商标使用许可合同备案，许可人应当按照许可使用的商标数量缴纳备案费。

缴纳备案费可以采取直接向商标局缴纳的方式，也可以采取委托商标代理组织缴纳的方式。具体收费标准依照有关商标业务收费的规定执行。

第十一条　有下列情形之一的，商标局不予备案：

（一）许可人不是被许可商标的注册人的；

（二）许可使用的商标与注册商标不一致的；

（三）许可使用商标的注册证号与所提供商标注册证号不符的；

（四）许可使用的期限超过该注册商标的有效期限的；

（五）许可使用的商品超出了该注册商标核定使用的商品范围的；

（六）商标使用许可合同缺少本办法第六条所列内容的；

（七）备案申请缺少本办法第七条所列书件的；

（八）未缴纳商标使用许可合同备案费的；

（九）备案申请中的外文书件未附中文译本的；

（十）其他不予备案的情形。

第十二条　商标使用许可合同备案书件齐备，符合《商标法》及《商标法实施细则》有关规定的，商标局予以备案。

已备案的商标使用许可合同，由商标局向备案申请人发出备案通知书，并集中刊登在每月第2期《商标公告》上。

第十三条　不符合备案要求的，商标局予以退回并说明理由。

许可人应当自收到退回备案材料之日起一个月内,按照商标局指定的内容补正再报送备案。

第十四条 有下列情形之一的,应当重新申请商标使用许可合同备案:

(一)许可使用的商品范围变更的;

(二)许可使用的期限变更的;

(三)许可使用的商标所有权发生转移的;

(四)其他应当重新申请备案的情形。

第十五条 有下列情形之一的,许可人和被许可人应当书面通知商标局及其各自所在地县级工商行政管理机关:

(一)许可人名义变更的;

(二)被许可人名义变更的;

(三)商标使用许可合同提前终止的;

(四)其他需要通知的情形。

第十六条 对以欺骗手段或者其他不正当手段取得备案的,由商标局注销其商标使用许可合同备案并予以公告。

第十七条 对已备案的商标使用许可合同,任何单位和个人均可以提出书面查询申请,并按照有关规定交纳查询费。

第十八条 按照《商标法实施细则》第三十五条的规定,许可人和被许可人应当在许可合同签订之日起三个月内,将许可合同副本交送其所在地工商行政管理机关存查,具体存查办法可以参照本办法执行。

第十九条 县级以上工商行政管理机关依据《商标法》及其他法律、法规和规章的规定,负责对商标使用许可行为的指导、监督和管理。

第二十条 利用商标使用许可合同从事违法活动的,由县级以上工商行政管理机关依据《商标法》及其他法律、法规和规章的规定处理;构成犯罪的,依法追究刑事责任。

第二十一条 本办法所称商标许可人是指商标使用许可合同中许可他人使用其注册商标的人,商标被许可人是指符合《商标法》及《商标法实施细则》有关规定并经商标注册人授权使用其商标的人。

本办法有关商品商标的规定,适用于业务商标。

第二十二条 商标使用许可合同示范文本由商标局制定并公布。

第二十三条 本办法自发布之日起施行。商标局1985年2月25日颁发的《商标使用许可合同备案注意事项》同时废止。

附件1:

商标使用许可合同
(示范文本)

合同编号:

签订地点:

商标使用许可人(甲方)__________________

商标使用被许可人(乙方)________________

根据《中华人民共和国商标法》第二十六条和《商标法实施细则》第三十五条规定,甲、乙双方遵循自愿和诚实信用的原则,经协商一致,签订本商标使用许可合同。

一、甲方将已注册的使用在____类____商品上的第____号____商标,许可乙方使用在____类____商品上。

商标标识:

二、许可使用的期限自________年____月____日起至________年____月____日止。合同期满,如需延长使用时间,由甲、乙双方另行续订商标使用许可合同。

三、甲方有权监督乙方使用注册商标的商品质量,乙方应当保证使用该注册商标的商品质量。具体措施为:____。

四、乙方必须在使用该注册商标的商品上标明自己的企业名称和商品产地。

五、乙方不得任意改变甲方注册商标的文字、图形或者其组合,并不得超越许可的商品范围使用甲方的注册商标。

六、未经甲方授权,乙方不得以任何形式和理由将甲方注册商标许可第三方使用。

七、注册商标标识的提供方式:

八、许可使用费及支付方式:

九、本合同提前终止时,甲、乙双方应当分别自终止之日起一个月内书面通知商标局及其各自所在地县级工商行政管理机关。

十、违约责任:

十一、纠纷解决方式:

十二、其他事宜:

本合同一式____份,自签订之日起三个月内,由甲、乙双方分别将合同副本交送所在地县级工商行政管理机关存查,并由甲方报送商标局备案。

商标使用许可人(甲方)　商标使用被许可人(乙方)

(签章)　　　　(签章)

法定代表人　　　　　法定代表人
地址　　　　　　　　地址
邮编　　　　　　　　邮编

年　月　日

附件2：

国家工商行政管理局商标局
商标使用许可合同备案通知书

标合同备字〔　　〕号

________：

根据《中华人民共和国商标法》及《中华人民共和国商标法实施细则》有关规定，你(　　　)于________年____月____日报送我局的许可________使用的第____号____商标使用许可合同副本，经审查，我局予以备案。

商标使用许可合同备案号为__________。

特此通知。

（商标局章）

年　月　日

国家工商行政管理总局商标局关于申请转让商标有关问题的规定

1. 2009年8月6日
2. 自2009年8月10日起施行

为了规范商标转让行为，减少商标转让争议，避免虚假转让行为，根据《中华人民共和国商标法》、《中华人民共和国商标法实施条例》，制定本规定。

一、在办理转让商标申请手续时，除应当按照有关规定提交《转让申请/注册商标申请书》等材料外，还应当提供能够证明转、受让双方主体资格的加盖公章的有效证件复印件。

商标局对上述证件的真实性、有效性产生怀疑的，可以要求提供有关证明文件或经过公证的复印件，对于在国外形成的文件可以要求提供经公证、认证的复印件，对于在港、澳、台地区形成的文件可以要求履行相关证明手续。

二、申请人提供的转让申请材料中有外文文件的，应当同时提交其中文译文。中文译文应当由申请人或代理组织签字盖章确认。

三、商标局对转让商标申请进行形式审查后，对于符合有关规定的，向受让人发送《转让申请受理通知书》，同时向国内(港、澳、台除外)转让人发送《转让申请受理通知书》。

四、商标权利人发现其商标未经同意被他人申请转让并向商标局提出书面反映的，或者商标局对转让的真实性产生怀疑的，商标局可以向受让人发出补正通知书，要求其书面说明有关情况，必要时可以要求提供经公证的转让协议或经公证的转让人同意转让的声明，或者其他证明文件。

五、商标权利人或利害关系人对商标转让存在异议，要求商标局中止审查的，应当提出书面申请，并提供有关司法机关的立案证明或其他证明文件。商标局依据该申请可以中止对转让商标申请的审查程序。

六、商标权利人发现其商标未经同意已经被他人转让的，可以向人民法院提起民事诉讼。商标局依据人民法院的裁判对该商标转让作出决定。

七、转让注册商标的，受让人自公告之日起享有商标专用权。受让人在取得商标专用权之后才能提出再次转让申请。转让商标申请权的，受让人在取得核准转让通知书之后才能提出再次转让申请。

八、本规定自2009年8月10日起施行。

最高人民法院关于商标侵权纠纷中注册商标排他使用许可合同的被许可人是否有权单独提起诉讼问题的函

1. 2002年9月10日
2. 〔2002〕民三他字第3号

上海市高级人民法院：

你院《关于商标侵权纠纷中注册商标排他使用人应如何依法行使诉权的请示》收悉。经研究，答复如下：

注册商标排他使用许可合同的被许可人与商标注册人可以提起共同诉讼，在商标注册人不起诉的情况下，可以自行向人民法院提起诉讼。商标注册人不起诉包括商标注册人明示放弃起诉的情形，也包括注册商标排他使用许可合同的被许可人有证据证明其已告知商标注册人或者商标注册人已知道有侵犯商标专用权行为发生而仍不起诉的情形。

此复

4. 驰名商标认定和保护

驰名商标认定和保护规定

2014年7月3日国家工商行政管理总局令第66号公布

第一条　为规范驰名商标认定工作，保护驰名商标持有人的合法权益，根据《中华人民共和国商标法》（以下简称商标法）、《中华人民共和国商标法实施条例》（以下简称实施条例），制定本规定。

第二条　驰名商标是在中国为相关公众所熟知的商标。

相关公众包括与使用商标所标示的某类商品或者服务有关的消费者，生产前述商品或者提供服务的其他经营者以及经销渠道中所涉及的销售者和相关人员等。

第三条　商标局、商标评审委员会根据当事人请求和审查、处理案件的需要，负责在商标注册审查、商标争议处理和工商行政管理部门查处商标违法案件过程中认定和保护驰名商标。

第四条　驰名商标认定遵循个案认定、被动保护的原则。

第五条　当事人依照商标法第三十三条规定向商标局提出异议，并依照商标法第十三条规定请求驰名商标保护的，可以向商标局提出驰名商标保护的书面请求并提交其商标构成驰名商标的证据材料。

第六条　当事人在商标不予注册复审案件和请求无效宣告案件中，依照商标法第十三条规定请求驰名商标保护的，可以向商标评审委员会提出驰名商标保护的书面请求并提交其商标构成驰名商标的证据材料。

第七条　涉及驰名商标保护的商标违法案件由市（地、州）级以上工商行政管理部门管辖。当事人请求工商行政管理部门查处商标违法行为，并依照商标法第十三条规定请求驰名商标保护的，可以向违法行为发生地的市（地、州）级以上工商行政管理部门进行投诉，并提出驰名商标保护的书面请求，提交证明其商标构成驰名商标的证据材料。

第八条　当事人请求驰名商标保护应当遵循诚实信用原则，并对事实及所提交的证据材料的真实性负责。

第九条　以下材料可以作为证明符合商标法第十四条第一款规定的证据材料：

（一）证明相关公众对该商标知晓程度的材料。

（二）证明该商标使用持续时间的材料，如该商标使用、注册的历史和范围的材料。该商标为未注册商标的，应当提供证明其使用持续时间不少于五年的材料。该商标为注册商标的，应当提供证明其注册时间不少于三年或者持续使用时间不少于五年的材料。

（三）证明该商标的任何宣传工作的持续时间、程度和地理范围的材料，如近三年广告宣传和促销活动的方式、地域范围、宣传媒体的种类以及广告投放量等材料。

（四）证明该商标曾在中国或者其他国家和地区作为驰名商标受保护的材料。

（五）证明该商标驰名的其他证据材料，如使用该商标的主要商品在近三年的销售收入、市场占有率、净利润、纳税额、销售区域等材料。

前款所称“三年”、“五年”，是指被提出异议的商标注册申请日期、被提出无效宣告请求的商标注册申请日期之前的三年、五年，以及在查处商标违法案件中提出驰名商标保护请求日期之前的三年、五年。

第十条　当事人依照本规定第五条、第六条规定提出驰名商标保护请求的，商标局、商标评审委员会应当在商标法第三十五条、第三十七条、第四十五条规定的期限内及时作出处理。

第十一条　当事人依照本规定第七条规定请求工商行政管理部门查处商标违法行为的，工商行政管理部门应当对投诉材料予以核查，依照《工商行政管理机关行政处罚程序规定》的有关规定决定是否立案。决定立案的，工商行政管理部门应当对当事人提交的驰名商标保护请求及相关证据材料是否符合商标法第十三条、第十四条、实施条例第三条和本规定第九条规定进行初步核实和审查。经初步核查符合规定的，应当自立案之日起三十日内将驰名商标认定请示、案件材料副本一并报送上级工商行政管理部门。经审查不符合规定的，应当依照《工商行政管理机关行政处罚程序规定》的规定及时作出处理。

第十二条　省（自治区、直辖市）工商行政管理部门应当对本辖区内市（地、州）级工商行政管理部门报送的驰名商标认定相关材料是否符合商标法第十三条、第十四条、实施条例第三条和本规定第九条规定进行核实和审查。经核查符合规定的，应当自收到驰名商标认定相关材料之日起三十日内，将驰名商标认定请示、案件材料副本一并报送商标局。经审查不符合规定的，应当将有关材料退回原立案机关，由其依照《工商行政管理机关行政处罚程序规定》的规定及时作出处理。

第十三条 商标局、商标评审委员会在认定驰名商标时，应当综合考虑商标法第十四条第一款和本规定第九条所列各项因素，但不以满足全部因素为前提。

商标局、商标评审委员会在认定驰名商标时，需要地方工商行政管理部门核实有关情况的，相关地方工商行政管理部门应当予以协助。

第十四条 商标局经对省（自治区、直辖市）工商行政管理部门报送的驰名商标认定相关材料进行审查，认定构成驰名商标的，应当向报送请示的省（自治区、直辖市）工商行政管理部门作出批复。

立案的工商行政管理部门应当自商标局作出认定批复后六十日内依法予以处理，并将行政处罚决定书抄报所在省（自治区、直辖市）工商行政管理部门。省（自治区、直辖市）工商行政管理部门应当自收到抄报的行政处罚决定书之日起三十日内将案件处理情况及行政处罚决定书副本报送商标局。

第十五条 各级工商行政管理部门在商标注册和管理工作中应当加强对驰名商标的保护，维护权利人和消费者合法权益。商标违法行为涉嫌犯罪的，应当将案件及时移送司法机关。

第十六条 商标注册审查、商标争议处理和工商行政管理部门查处商标违法案件过程中，当事人依照商标法第十三条规定请求驰名商标保护时，可以提供该商标曾在我国作为驰名商标受保护的记录。

当事人请求驰名商标保护的范围与已被作为驰名商标予以保护的范围基本相同，且对方当事人对该商标驰名无异议，或者虽有异议，但异议理由和提供的证据明显不足以支持该异议的，商标局、商标评审委员会、商标违法案件立案部门可以根据该保护记录，结合相关证据，给予该商标驰名商标保护。

第十七条 在商标违法案件中，当事人通过弄虚作假或者提供虚假证据材料等不正当手段骗取驰名商标保护的，由商标局撤销对涉案商标已作出的认定，并通知报送驰名商标认定请示的省（自治区、直辖市）工商行政管理部门。

第十八条 地方工商行政管理部门违反本规定第十一条、第十二条规定未履行对驰名商标认定相关材料进行核实和审查职责，或者违反本规定第十三条第二款规定未予以协助或者未履行核实职责，或者违反本规定第十四条第二款规定逾期未对商标违法案件作出处理或者逾期未报送处理情况的，由上一级工商行政管理部门予以通报，并责令其整改。

第十九条 各级工商行政管理部门应当建立健全驰名商标认定工作监督检查制度。

第二十条 参与驰名商标认定与保护相关工作的人员，玩忽职守、滥用职权、徇私舞弊，违法办理驰名商标认定有关事项，收受当事人财物，牟取不正当利益的，依照有关规定予以处理。

第二十一条 本规定自公布之日起 30 日后施行。2003 年 4 月 17 日国家工商行政管理总局公布的《驰名商标认定和保护规定》同时废止。

国家工商行政管理局商标局关于申请认定驰名商标若干问题的通知

1. 2000 年 4 月 28 日
2. 商标〔2000〕19 号

各省、自治区、直辖市及计划单列市工商行政管理局：

自《驰名商标认定和管理暂行规定》颁布并实施以来，我国驰名商标的认定和保护工作走上了法制化、规范化的轨道，驰名商标作为保护企业合法权益的有力法律武器在市场竞争中发挥了重要作用。但是，我局在受理企业申请认定驰名商标的过程中，也发现了一些问题，一些企业对申请认定驰名商标的法律诉求和申报程序不甚了解，有些商标代理机构以及不具有商标代理资格的机构或者个人利用企业急于认定驰名商标的心理，向企业收取高额费用，不仅使企业蒙受损失，而且损害了驰名商标认定工作的严肃性。为进一步规范驰名商标申报程序，避免上述问题继续发生，保证驰名商标认定工作正常有序地进行，现就申请认定驰名商标的有关问题通知如下：

一、企业需要申请认定驰名商标的，必须通过所在地省、自治区、直辖市工商行政管理局（以下简称省级工商局）报送有关材料。

对企业申请认定驰名商标的有关材料，各省级工商局应进行初审，并签署意见。各省级工商局应将经过其初审并签署意见的有关申请材料以邮寄方式及时报我局。

二、企业商标权受到以下损害时，可以申请认定驰名商标：

（一）他人将与申请人申请认定商标相同或者近似的标识在非类似商品或者服务上注册或者使用，可能损害申请人权益的；

（二）他人将与申请人申请商标相同或者近似的文字作为企业名称的一部分登记或者使用，可能引起公众误认的；

（三）申请人申请认定的商标在境外被他人恶意注册，可能对申请人在境外的业务发展造成损害的；

（四）申请人申请认定商标的权益受到其他损害而难以解决的。

三、企业在申请认定驰名商标时，应提交驰名商标认定申请报告，在报告中须提供其商标权益受到损害的证据。同时应如实填写《驰名商标认定申请表》，并提供相应的证明材料。

四、企业根据《驰名商标认定申请表》的要求应提供的证明材料主要包括：

1. 驰名商标认定申请人的营业执照副本复印件；

2. 驰名商标认定申请人委托商标代理机构代理的，应提供申请人签章的委托书，或者申请人与商标代理机构签订的委托协议（合同）；

3. 使用该商标的主要商品或服务近3年来主要经济指标（应提供加盖申请人财务专用章以及当地财政与税务部门专用章的各年度财务报表或其他报表复印件，行业证明材料应由国家级行业协会或者国家级行业行政主管部门出具）；

4. 使用该商标的主要商品或服务在国内外的销售或经营情况及区域（应提供相关的主要的销售发票或销售合同复印件）；

5. 该商标在国内外的注册情况（应将该商标在所有商品或服务类别以及在所有国家或地区的注册情况列明，并提供相应的商标注册证复印件）；

6. 该商标近年来的广告发布情况（应提供相关的主要的广告合同与广告图片复印件）；

7. 该商标最早使用及连续使用时间（应提供使用该商标的商品或服务的最早销售发票或合同或该商标最早的广告或商标注册证复印件）；

8. 有关该商标驰名的其他证明文件（如省著名商标复印件等）。

五、企业申请认定驰名商标，可以自行准备申请材料，也可以委托国家工商行政管理局批准的商标代理机构代理。凡委托不具备商标代理资格的机构或个人提交的驰名商标认定申请材料，各省级工商局不予受理。

六、接受企业委托办理申请认定驰名商标有关事宜的商标代理机构，除收取适当的代理费用外，不得向委托人收取其他任何费用。

七、各省级工商局应严格按照《驰名商标认定和管理暂行规定》及本通知精神，加强对本辖区内企业申请认定驰名商标工作的指导和管理，加大对驰名商标认定目的及作用的宣传力度。对企业申请认定驰名商标中的违法违纪行为，如提供虚假证明材料或者以其他不正当手段欺骗行政管理机关等行为，应依据有关法律、法规严肃查处。

最高人民法院关于建立驰名商标司法认定备案制度的通知

1. 2006年11月12日

2. 法（民三）明传〔2006〕8号

各省、自治区、直辖市高级人民法院，解放军军事法院，新疆维吾尔自治区高级人民法院生产建设兵团分院：

近年来，各地人民法院在审理商标侵权等民事纠纷案件中，根据《中华人民共和国商标法》和相关司法解释的有关规定，认定了一定数量的驰名商标。根据审判工作需要，及时掌握和研究驰名商标司法认定的情况和问题，最高人民法院决定对驰名商标的司法认定设立备案制度。现就有关问题通知如下：

一、本通知下发前，已经生效的涉及驰名商标认定的案件，在本通知下发之日起两个月内，由各高级人民法院将一、二审法律文书连同认定驰名商标案件的统计表报送最高人民法院民三庭备案；

二、自本通知下发之日，各高级人民法院对于辖区内法律文书已生效的涉及认定驰名商标的案件，在文书生效之日起二十日内将一、二审法律文书及统计表报最高人民法院民三庭备案。

附：统计表式样（略）

最高人民法院关于涉及驰名商标认定的民事纠纷案件管辖问题的通知

1. 2009年1月5日
2. 法〔2009〕1号

各省、自治区、直辖市高级人民法院，解放军军事法院，新疆维吾尔自治区高级人民法院生产建设兵团分院：

为进一步加强人民法院对驰名商标的司法保护，完善司法保护制度，规范司法保护行为，增强司法保护的权威性和公信力，维护公平竞争的市场经济秩序，为国家经济发展大局服务，从本通知下发之日起，涉及驰名商标认定的民事纠纷案件，由省、自治区人民政府所在地的市、计划单列市中级人民法院，以及直辖市辖区内的中级人民法院管辖。其他中级人民法院管辖此类民事纠纷案件，需报经最高人民法院批准；未经批准的中级人民法院不再受理此类案件。

以上通知，请遵照执行。

最高人民法院关于审理涉及驰名商标保护的民事纠纷案件应用法律若干问题的解释

1. 2009年4月22日最高人民法院审判委员会第1467次会议通过、2009年4月23日公布、自2009年5月1日起施行（法释〔2009〕3号）
2. 根据2020年12月23日最高人民法院审判委员会第1823次会议通过、2020年12月29日公布、自2021年1月1日起施行的《最高人民法院关于修改〈最高人民法院关于审理侵犯专利权纠纷案件应用法律若干问题的解释（二）〉等十八件知识产权类司法解释的决定》（法释〔2020〕19号）修正

为在审理侵犯商标权等民事纠纷案件中依法保护驰名商标，根据《中华人民共和国商标法》《中华人民共和国反不正当竞争法》《中华人民共和国民事诉讼法》等有关法律规定，结合审判实际，制定本解释。

第一条　本解释所称驰名商标，是指在中国境内为相关公众所熟知的商标。

第二条　在下列民事纠纷案件中，当事人以商标驰名作为事实根据，人民法院根据案件具体情况，认为确有必要的，对所涉商标是否驰名作出认定：

（一）以违反商标法第十三条的规定为由，提起的侵犯商标权诉讼；

（二）以企业名称与其驰名商标相同或者近似为由，提起的侵犯商标权或者不正当竞争诉讼；

（三）符合本解释第六条规定的抗辩或者反诉的诉讼。

第三条　在下列民事纠纷案件中，人民法院对于所涉商标是否驰名不予审查：

（一）被诉侵犯商标权或者不正当竞争行为的成立不以商标驰名为事实根据的；

（二）被诉侵犯商标权或者不正当竞争行为因不具备法律规定的其他要件而不成立的。

原告以被告注册、使用的域名与其注册商标相同或者近似，并通过该域名进行相关商品交易的电子商务，足以造成相关公众误认为由，提起的侵权诉讼，按照前款第（一）项的规定处理。

第四条　人民法院认定商标是否驰名，应当以证明其驰名的事实为依据，综合考虑商标法第十四条第一款规定的各项因素，但是根据案件具体情况无需考虑该条规定的全部因素即足以认定商标驰名的情形除外。

第五条　当事人主张商标驰名的，应当根据案件具体情况，提供下列证据，证明被诉侵犯商标权或者不正当竞争行为发生时，其商标已属驰名：

（一）使用该商标的商品的市场份额、销售区域、利税等；

（二）该商标的持续使用时间；

（三）该商标的宣传或者促销活动的方式、持续时间、程度、资金投入和地域范围；

（四）该商标曾被作为驰名商标受保护的记录；

（五）该商标享有的市场声誉；

（六）证明该商标已属驰名的其他事实。

前款所涉及的商标使用的时间、范围、方式等，包括其核准注册前持续使用的情形。

对于商标使用时间长短、行业排名、市场调查报告、市场价值评估报告、是否曾被认定为著名商标等证据，人民法院应当结合认定商标驰名的其他证据，客观、全面地进行审查。

第六条　原告以被诉商标的使用侵犯其注册商标专用权为由提起民事诉讼，被告以原告的注册商标复制、摹仿或者翻译其在先未注册驰名商标为由提出抗辩或者提起反诉的，应当对其在先未注册商标驰名的事实负举证责任。

第七条 被诉侵犯商标权或者不正当竞争行为发生前，曾被人民法院或者行政管理部门认定驰名的商标，被告对该商标驰名的事实不持异议的，人民法院应当予以认定。被告提出异议的，原告仍应当对该商标驰名的事实负举证责任。

除本解释另有规定外，人民法院对于商标驰名的事实，不适用民事诉讼证据的自认规则。

第八条 对于在中国境内为社会公众所熟知的商标，原告已提供其商标驰名的基本证据，或者被告不持异议的，人民法院对该商标驰名的事实予以认定。

第九条 足以使相关公众对使用驰名商标和被诉商标的商品来源产生误认，或者足以使相关公众认为使用驰名商标和被诉商标的经营者之间具有许可使用、关联企业关系等特定联系的，属于商标法第十三条第二款规定的“容易导致混淆”。

足以使相关公众认为被诉商标与驰名商标具有相当程度的联系，而减弱驰名商标的显著性、贬损驰名商标的市场声誉，或者不正当利用驰名商标的市场声誉的，属于商标法第十三条第三款规定的“误导公众，致使该驰名商标注册人的利益可能受到损害”。

第十条 原告请求禁止被告在不相类似商品上使用与原告驰名的注册商标相同或者近似的商标或者企业名称的，人民法院应当根据案件具体情况，综合考虑以下因素后作出裁判：

（一）该驰名商标的显著程度；

（二）该驰名商标在使用被诉商标或者企业名称的商品的相关公众中的知晓程度；

（三）使用驰名商标的商品与使用被诉商标或者企业名称的商品之间的关联程度；

（四）其他相关因素。

第十一条 被告使用的注册商标违反商标法第十三条的规定，复制、摹仿或者翻译原告驰名商标，构成侵犯商标权的，人民法院应当根据原告的请求，依法判决禁止被告使用该商标，但被告的注册商标有下列情形之一的，人民法院对原告的请求不予支持：

（一）已经超过商标法第四十五条第一款规定的请求宣告无效期限的；

（二）被告提出注册申请时，原告的商标并不驰名的。

第十二条 当事人请求保护的未注册驰名商标，属于商标法第十条、第十一条、第十二条规定不得作为商标使用或者注册情形的，人民法院不予支持。

第十三条 在涉及驰名商标保护的民事纠纷案件中，人民法院对于商标驰名的认定，仅作为案件事实和判决理由，不写入判决主文；以调解方式审结的，在调解书中对商标驰名的事实不予认定。

第十四条 本院以前有关司法解释与本解释不一致的，以本解释为准。

5. 商标行政执法

工商行政管理机关查处商标违法案件监控规定

1997年8月1日国家工商行政管理总局公布施行

第一条　为及时掌握和协调商标办案工作情况，加强对商标办案工作的指导和监督，提高商标办案工作质量，根据《工商行政管理机关行政处罚程序暂行规定》第三条第（六）项制定本规定。

第二条　工商行政管理机关立案查处的商标违法案件，均适用本规定。

第三条　商标违法案件监控，应当坚持依法、公正、效率的原则。

第四条　下列案件应当自立案之日起，案件调查终结之前，由承办案件的工商行政管理机关（以下简称办案机关）直接向国家工商行政管理局商标局（以下简称商标局）报告：

（一）非法经营额在100万元以上的商标违法案件；

（二）非法经营额在50万元以上的涉外商标违法案件；

（三）非法经营额在50万元以上的涉及驰名商标的案件；

（四）跨省区重大复杂的商标违法案件；

（五）商标局交办、批复或者认为需要报告的商标违法案件。

办案机关向商标局报告案件，应当同时抄报其所属的上级工商行政管理机关。

第五条　办案机关在报告案件时，应当填写商标违法案件报告表，经局长审签后，连同有关材料一并上报。

第六条　办案机关报告案件，应当同时报送下列材料：

（一）案件情况的简要说明；

（二）立案报告表（复印件）；

（三）案件涉及的主要证据（实物或者影印）；

（四）其他有关材料。

第七条　办案机关就所报告的案件中的疑难问题，需要向商标局咨询或者请求商标局协调的，可以在上报材料中一并提出。

第八条　已报告的案件，办案机关在案件调查过程中发现有其他需要报告的情形的，应当及时将有关材料补送商标局；商标局认为需要补送有关材料的，可以要求办案机关补送。

第九条　商标局自收到办案机关齐备的报告材料之日起一个月内，填写商标违法案件报告收存通知书告知办案机关。

第十条　商标局发现报告的案件有违反法律、法规和规章规定或者其他情形的，可以在商标违法案件报告收存通知书中提出意见。

商标局对办案机关就报告的案件所提出的疑难问题，按照有关规定另行办理。

第十一条　报告期间，不停止查处商标违法案件程序的进行，但办案机关认为有必要的除外。

第十二条　办案机关在查处商标违法案件时，应当依照《中华人民共和国商标法》、《中华人民共和国商标法实施细则》和《工商行政管理机关行政处罚程序暂行规定》等法律、法规和规章执行，同时应当考虑商标局的意见。

商标局的意见作为对案件实施事中监督的指导意见，不对案件发生直接法律效力。

第十三条　已报告的商标违法案件，办案机关应当自作出行政处罚决定之日起5日内，将处罚决定书报送商标局。

第十四条　凡符合《工商行政管理机关查处违法案件审批规定》中审批要求的案件，办案机关应当按有关程序另行报国家工商行政管理局审批。

第十五条　凡符合《工商行政管理机关行政处罚程序暂行规定》中备案要求的案件，办案机关应当按有关程序另行报国家工商行政管理局备案。

第十六条　本规定自公布之日起执行。

国家工商行政管理总局关于侵权商品有关问题的批复

1. 2003年8月8日

2. 工商标字〔2003〕第99号

福建省工商行政管理局：

你局《关于制造侵权商品的原辅材料和商标标识如

何处理的请示》(闽工商标〔2003〕156 号)收悉。经研究,现批复如下:

在查处商标侵权案件过程中,侵犯他人商标专用权的商标标识和现场查封的仅用于制造侵权商品的原辅材料属于《商标法》第五十三条中所述的侵权商品。

国家工商行政管理总局关于适用《商标法》第五十三条有关问题的批复

1. 2006 年 9 月 15 日

2. 工商标字〔2006〕174 号

云南省工商行政管理局:

你局 2006 年 6 月 19 日《关于〈商标法〉有关条款适用的请示》(云工商法发〔2006〕15 号)收悉。经研究,现批复如下:

《商标法》第五十三条中有关行政处罚及侵权物品处理的规定,既适用于当事人请求工商行政管理部门处理的案件,也适用于工商行政管理部门依职权主动查处的案件。

国家工商行政管理总局商标局关于当事人协商解决后如何追究侵权人行政法律责任的批复

1. 2004 年 4 月 15 日

2. 商标案字〔2004〕第 111 号

吉林省工商行政管理局:

你局 2004 年 2 月 13 日《关于已经立案但尚未作出行政处理决定的商标侵权案件,投诉人申请撤诉的,工商行政管理机关可否根据实际情况依法追究侵权人行政法律责任的请示》(吉工商标字〔2004〕21 号)收悉。经研究,现批复如下:

根据《商标法》和《行政处罚法》的有关规定,对工商行政管理机关已经立案但尚未作出行政处理决定的商标侵权案件,当事人协商解决后商标注册人或者利害关系人申请撤诉的,工商行政管理机关可以根据侵权行为是否侵害社会公众利益和消费者权益以及情节轻重等具体情况依法追究侵权人的行政法律责任。侵权人主动减轻或者消除违法行为危害后果的,应当从轻处罚或者不予行政处罚。

6. 商标纠纷诉讼

最高人民法院关于人民法院对注册商标权进行财产保全的解释

1. 2000年11月22日最高人民法院审判委员会第1144次会议通过、2001年1月2日公布、自2001年1月21日起施行（法释〔2001〕1号）

2. 根据2020年12月23日最高人民法院审判委员会第1823次会议通过、2020年12月29日公布、自2021年1月1日起施行的《最高人民法院关于修改〈最高人民法院关于审理侵犯专利权纠纷案件应用法律若干问题的解释（二）〉等十八件知识产权类司法解释的决定》（法释〔2020〕19号）修正

为了正确实施对注册商标权的财产保全措施，避免重复保全，现就人民法院对注册商标权进行财产保全有关问题解释如下：

第一条　人民法院根据民事诉讼法有关规定采取财产保全措施时，需要对注册商标权进行保全的，应当向国家知识产权局商标局（以下简称商标局）发出协助执行通知书，载明要求商标局协助保全的注册商标的名称、注册人、注册证号码、保全期限以及协助执行保全的内容，包括禁止转让、注销注册商标、变更注册事项和办理商标权质押登记等事项。

第二条　对注册商标权保全的期限一次不得超过一年，自商标局收到协助执行通知书之日起计算。如果仍然需要对该注册商标权继续采取保全措施的，人民法院应当在保全期限届满前向商标局重新发出协助执行通知书，要求继续保全。否则，视为自动解除对该注册商标权的财产保全。

第三条　人民法院对已经进行保全的注册商标权，不得重复进行保全。

最高人民法院关于审理商标案件有关管辖和法律适用范围问题的解释

1. 2001年12月25日最高人民法院审判委员会第1203次会议通过、2002年1月9日公布、自2002年1月21日起施行（法释〔2002〕1号）

2. 根据2020年12月23日最高人民法院审判委员会第1823次会议通过、2020年12月29日公布、自2021年1月1日起施行的《最高人民法院关于修改〈最高人民法院关于审理侵犯专利权纠纷案件应用法律若干问题的解释（二）〉等十八件知识产权类司法解释的决定》（法释〔2020〕19号）修正

《全国人民代表大会常务委员会关于修改〈中华人民共和国商标法〉的决定》（以下简称商标法修改决定）已由第九届全国人民代表大会常务委员会第二十四次会议通过，自2001年12月1日起施行。为了正确审理商标案件，根据《中华人民共和国商标法》（以下简称商标法）、《中华人民共和国民事诉讼法》和《中华人民共和国行政诉讼法》（以下简称行政诉讼法）的规定，现就人民法院审理商标案件有关管辖和法律适用范围等问题，作如下解释：

第一条　人民法院受理以下商标案件：

1. 不服国家知识产权局作出的复审决定或者裁定的行政案件；

2. 不服国家知识产权局作出的有关商标的其他行政行为的案件；

3. 商标权权属纠纷案件；

4. 侵害商标权纠纷案件；

5. 确认不侵害商标权纠纷案件；

6. 商标权转让合同纠纷案件；

7. 商标使用许可合同纠纷案件；

8. 商标代理合同纠纷案件；

9. 申请诉前停止侵害注册商标专用权案件；

10. 申请停止侵害注册商标专用权损害责任案件；

11. 申请诉前财产保全案件；

12. 申请诉前证据保全案件；

13. 其他商标案件。

第二条　本解释第一条所列第1项第一审案件，由北京市高级人民法院根据最高人民法院的授权确定其辖区内有关中级人民法院管辖。

本解释第一条所列第2项第一审案件，根据行政诉讼法的有关规定确定管辖。

商标民事纠纷第一审案件，由中级以上人民法院管辖。

各高级人民法院根据本辖区的实际情况，经最高人民法院批准，可以在较大城市确定1－2个基层人民法院受理第一审商标民事纠纷案件。

第三条 商标注册人或者利害关系人向国家知识产权局就侵犯商标权行为请求处理，又向人民法院提起侵害商标权诉讼请求损害赔偿的，人民法院应当受理。

第四条 国家知识产权局在商标法修改决定施行前受理的案件，于该决定施行后作出复审决定或裁定，当事人对复审决定或裁定不服向人民法院起诉的，人民法院应当受理。

第五条 除本解释另行规定外，对商标法修改决定施行前发生，属于修改后商标法第四条、第五条、第八条、第九条第一款、第十条第一款第（二）、（三）、（四）项、第十条第二款、第十一条、第十二条、第十三条、第十五条、第十六条、第二十四条、第二十五条、第三十一条所列举的情形，国家知识产权局于商标法修改决定施行后作出复审决定或者裁定，当事人不服向人民法院起诉的行政案件，适用修改后商标法的相应规定进行审查；属于其他情形的，适用修改前商标法的相应规定进行审查。

第六条 当事人就商标法修改决定施行时已满一年的注册商标发生争议，不服国家知识产权局作出的裁定向人民法院起诉的，适用修改前商标法第二十七条第二款规定的提出申请的期限处理；商标法修改决定施行时商标注册不满一年的，适用修改后商标法第四十一条第二款、第三款规定的提出申请的期限处理。

第七条 对商标法修改决定施行前发生的侵犯商标专用权行为，商标注册人或者利害关系人于该决定施行后在起诉前向人民法院提出申请采取责令停止侵权行为或者保全证据措施的，适用修改后商标法第五十七条、第五十八条的规定。

第八条 对商标法修改决定施行前发生的侵犯商标专用权行为起诉的案件，人民法院于该决定施行时尚未作出生效判决的，参照修改后商标法第五十六条的规定处理。

第九条 除本解释另行规定外，商标法修改决定施行后人民法院受理的商标民事纠纷案件，涉及该决定施行前发生的民事行为的，适用修改前商标法的规定；涉及该决定施行后发生的民事行为的，适用修改后商标法的规定；涉及该决定施行前发生，持续到该决定施行后的民事行为的，分别适用修改前、后商标法的规定。

第十条 人民法院受理的侵犯商标权纠纷案件，已经过行政管理部门处理的，人民法院仍应当就当事人民事争议的事实进行审查。

最高人民法院关于审理商标民事纠纷案件适用法律若干问题的解释

1. 2002年10月12日最高人民法院审判委员会第1246次会议通过、2002年10月12日公布、自2002年10月16日起施行（法释〔2002〕32号）

2. 根据2020年12月23日最高人民法院审判委员会第1823次会议通过、2020年12月29日公布、自2021年1月1日起施行的《最高人民法院关于修改〈最高人民法院关于审理侵犯专利权纠纷案件应用法律若干问题的解释（二）〉等十八件知识产权类司法解释的决定》（法释〔2020〕19号）修正

为了正确审理商标纠纷案件，根据《中华人民共和国民法典》《中华人民共和国商标法》《中华人民共和国民事诉讼法》等法律的规定，就适用法律若干问题解释如下：

第一条 下列行为属于商标法第五十七条第（七）项规定的给他人注册商标专用权造成其他损害的行为：

（一）将与他人注册商标相同或者相近似的文字作为企业的字号在相同或者类似商品上突出使用，容易使相关公众产生误认的；

（二）复制、摹仿、翻译他人注册的驰名商标或其主要部分在不相同或者不相类似商品上作为商标使用，误导公众，致使该驰名商标注册人的利益可能受到损害的；

（三）将与他人注册商标相同或者相近似的文字注册为域名，并且通过该域名进行相关商品交易的电子商务，容易使相关公众产生误认的。

第二条 依据商标法第十三条第二款的规定，复制、摹仿、翻译他人未在中国注册的驰名商标或其主要部分，在相同或者类似商品上作为商标使用，容易导致混淆的，应当承担停止侵害的民事法律责任。

第三条 商标法第四十三条规定的商标使用许可包括以

下三类：

（一）独占使用许可，是指商标注册人在约定的期间、地域和以约定的方式，将该注册商标仅许可一个被许可人使用，商标注册人依约定不得使用该注册商标；

（二）排他使用许可，是指商标注册人在约定的期间、地域和以约定的方式，将该注册商标仅许可一个被许可人使用，商标注册人依约定可以使用该注册商标但不得另行许可他人使用该注册商标；

（三）普通使用许可，是指商标注册人在约定的期间、地域和以约定的方式，许可他人使用其注册商标，并可自行使用该注册商标和许可他人使用其注册商标。

第四条　商标法第六十条第一款规定的利害关系人，包括注册商标使用许可合同的被许可人、注册商标财产权利的合法继承人等。

在发生注册商标专用权被侵害时，独占使用许可合同的被许可人可以向人民法院提起诉讼；排他使用许可合同的被许可人可以和商标注册人共同起诉，也可以在商标注册人不起诉的情况下，自行提起诉讼；普通使用许可合同的被许可人经商标注册人明确授权，可以提起诉讼。

第五条　商标注册人或者利害关系人在注册商标续展宽展期内提出续展申请，未获核准前，以他人侵犯其注册商标专用权提起诉讼的，人民法院应当受理。

第六条　因侵犯注册商标专用权行为提起的民事诉讼，由商标法第十三条、第五十七条所规定侵权行为的实施地、侵权商品的储藏地或者查封扣押地、被告住所地人民法院管辖。

前款规定的侵权商品的储藏地，是指大量或者经常性储存、隐匿侵权商品所在地；查封扣押地，是指海关等行政机关依法查封、扣押侵权商品所在地。

第七条　对涉及不同侵权行为实施地的多个被告提起的共同诉讼，原告可以选择其中一个被告的侵权行为实施地人民法院管辖；仅对其中某一被告提起的诉讼，该被告侵权行为实施地的人民法院有管辖权。

第八条　商标法所称相关公众，是指与商标所标识的某类商品或者服务有关的消费者和与前述商品或者服务的营销有密切关系的其他经营者。

第九条　商标法第五十七条第（一）（二）项规定的商标相同，是指被控侵权的商标与原告的注册商标相比较，二者在视觉上基本无差别。

商标法第五十七条第（二）项规定的商标近似，是指被控侵权的商标与原告的注册商标相比较，其文字的字形、读音、含义或者图形的构图及颜色，或者其各要素组合后的整体结构相似，或者其立体形状、颜色组合近似，易使相关公众对商品的来源产生误认或者认为其来源与原告注册商标的商品有特定的联系。

第十条　人民法院依据商标法第五十七条第（一）（二）项的规定，认定商标相同或者近似按照以下原则进行：

（一）以相关公众的一般注意力为标准；

（二）既要进行对商标的整体比对，又要进行对商标主要部分的比对，比对应当在比对对象隔离的状态下分别进行；

（三）判断商标是否近似，应当考虑请求保护注册商标的显著性和知名度。

第十一条　商标法第五十七条第（二）项规定的类似商品，是指在功能、用途、生产部门、销售渠道、消费对象等方面相同，或者相关公众一般认为其存在特定联系、容易造成混淆的商品。

类似服务，是指在服务的目的、内容、方式、对象等方面相同，或者相关公众一般认为存在特定联系、容易造成混淆的服务。

商品与服务类似，是指商品和服务之间存在特定联系，容易使相关公众混淆。

第十二条　人民法院依据商标法第五十七条第（二）项的规定，认定商品或者服务是否类似，应当以相关公众对商品或者服务的一般认识综合判断；《商标注册用商品和服务国际分类表》《类似商品和服务区分表》可以作为判断类似商品或者服务的参考。

第十三条　人民法院依据商标法第六十三条第一款的规定确定侵权人的赔偿责任时，可以根据权利人选择的计算方法计算赔偿数额。

第十四条　商标法第六十三条第一款规定的侵权所获得的利益，可以根据侵权商品销售量与该商品单位利润乘积计算；该商品单位利润无法查明的，按照注册商标商品的单位利润计算。

第十五条　商标法第六十三条第一款规定的因被侵权所受到的损失，可以根据权利人因侵权所造成商品销售减少量或者侵权商品销售量与该注册商标商品的单位利润乘积计算。

第十六条　权利人因被侵权所受到的实际损失、侵权人因侵权所获得的利益、注册商标使用许可费均难以确定的，人民法院可以根据当事人的请求或者依职权适用商标法第六十三条第三款的规定确定赔偿数额。

人民法院在适用商标法第六十三条第三款规定确定赔偿数额时，应当考虑侵权行为的性质、期间、后果，侵权人的主观过错程度，商标的声誉及制止侵权行为的合理开支等因素综合确定。

当事人按照本条第一款的规定就赔偿数额达成协议的，应当准许。

第十七条 商标法第六十三条第一款规定的制止侵权行为所支付的合理开支，包括权利人或者委托代理人对侵权行为进行调查、取证的合理费用。

人民法院根据当事人的诉讼请求和案件具体情况，可以将符合国家有关部门规定的律师费用计算在赔偿范围内。

第十八条 侵犯注册商标专用权的诉讼时效为三年，自商标注册人或者利害权利人知道或者应当知道权利受到损害以及义务人之日起计算。商标注册人或者利害关系人超过三年起诉的，如果侵权行为在起诉时仍在持续，在该注册商标专用权有效期限内，人民法院应当判决被告停止侵权行为，侵权损害赔偿数额应当自权利人向人民法院起诉之日起向前推算三年计算。

第十九条 商标使用许可合同未经备案的，不影响该许可合同的效力，但当事人另有约定的除外。

第二十条 注册商标的转让不影响转让前已经生效的商标使用许可合同的效力，但商标使用许可合同另有约定的除外。

第二十一条 人民法院在审理侵犯注册商标专用权纠纷案件中，依据民法典第一百七十九条、商标法第六十条的规定和案件具体情况，可以判决侵权人承担停止侵害、排除妨碍、消除危险、赔偿损失、消除影响等民事责任，还可以作出罚款，收缴侵权商品、伪造的商标标识和主要用于生产侵权商品的材料、工具、设备等财物的民事制裁决定。罚款数额可以参照商标法第六十条第二款的有关规定确定。

行政管理部门对同一侵犯注册商标专用权行为已经给予行政处罚的，人民法院不再予以民事制裁。

第二十二条 人民法院在审理商标纠纷案件中，根据当事人的请求和案件的具体情况，可以对涉及的注册商标是否驰名依法作出认定。

认定驰名商标，应当依照商标法第十四条的规定进行。

当事人对曾经被行政主管机关或者人民法院认定的驰名商标请求保护的，对方当事人对涉及的商标驰名不持异议，人民法院不再审查。提出异议的，人民法院依照商标法第十四条的规定审查。

第二十三条 本解释有关商品商标的规定，适用于服务商标。

第二十四条 以前的有关规定与本解释不一致的，以本解释为准。

最高人民法院关于商标法修改决定施行后商标案件管辖和法律适用问题的解释

1. 2014年2月10日最高人民法院审判委员会第1606次会议通过、2014年3月25日公布、自2014年5月1日起施行(法释〔2014〕4号)

2. 根据2020年12月23日最高人民法院审判委员会第1823次会议通过、2020年12月29日公布、自2021年1月1日起施行的《最高人民法院关于修改〈最高人民法院关于审理侵犯专利权纠纷案件应用法律若干问题的解释(二)〉等十八件知识产权类司法解释的决定》(法释〔2020〕19号)修正

为正确审理商标案件，根据2013年8月30日第十二届全国人民代表大会常务委员会第四次会议《关于修改〈中华人民共和国商标法〉的决定》和重新公布的《中华人民共和国商标法》《中华人民共和国民事诉讼法》和《中华人民共和国行政诉讼法》等法律的规定，就人民法院审理商标案件有关管辖和法律适用等问题，制定本解释。

第一条 人民法院受理以下商标案件：

1. 不服国家知识产权局作出的复审决定或者裁定的行政案件；

2. 不服国家知识产权局作出的有关商标的其他行政行为的案件；

3. 商标权权属纠纷案件；

4. 侵害商标权纠纷案件；

5. 确认不侵害商标权纠纷案件；

6. 商标权转让合同纠纷案件；

7. 商标使用许可合同纠纷案件；

8. 商标代理合同纠纷案件；

9. 申请诉前停止侵害注册商标专用权案件；

10. 申请停止侵害注册商标专用权损害责任案件；
11. 申请诉前财产保全案件；
12. 申请诉前证据保全案件；
13. 其他商标案件。

第二条 不服国家知识产权局作出的复审决定或者裁定的行政案件及国家知识产权局作出的有关商标的行政行为案件，由北京市有关中级人民法院管辖。

第三条 第一审商标民事案件，由中级以上人民法院及最高人民法院指定的基层人民法院管辖。

涉及对驰名商标保护的民事、行政案件，由省、自治区人民政府所在地市、计划单列市、直辖市辖区中级人民法院及最高人民法院指定的其他中级人民法院管辖。

第四条 在行政管理部门查处侵害商标权行为过程中，当事人就相关商标提起商标权权属或者侵害商标权民事诉讼的，人民法院应当受理。

第五条 对于在商标法修改决定施行前提出的商标注册及续展申请，国家知识产权局于决定施行后作出对该商标申请不予受理或者不予续展的决定，当事人提起行政诉讼的，人民法院审查时适用修改后的商标法。

对于在商标法修改决定施行前提出的商标异议申请，国家知识产权局于决定施行后作出对该异议不予受理的决定，当事人提起行政诉讼的，人民法院审查时适用修改前的商标法。

第六条 对于在商标法修改决定施行前当事人就尚未核准注册的商标申请复审，国家知识产权局于决定施行后作出复审决定或者裁定，当事人提起行政诉讼的，人民法院审查时适用修改后的商标法。

对于在商标法修改决定施行前受理的商标复审申请，国家知识产权局于决定施行后作出核准注册决定，当事人提起行政诉讼的，人民法院不予受理；国家知识产权局于决定施行后作出不予核准注册决定，当事人提起行政诉讼的，人民法院审查相关诉权和主体资格问题时，适用修改前的商标法。

第七条 对于在商标法修改决定施行前已经核准注册的商标，国家知识产权局于决定施行前受理、在决定施行后作出复审决定或者裁定，当事人提起行政诉讼的，人民法院审查相关程序问题适用修改后的商标法，审查实体问题适用修改前的商标法。

第八条 对于在商标法修改决定施行前受理的相关商标案件，国家知识产权局于决定施行后作出决定或者裁定，当事人提起行政诉讼的，人民法院认定该决定或者裁定是否符合商标法有关审查时限规定时，应当从修改决定施行之日起计算该审查时限。

第九条 除本解释另行规定外，商标法修改决定施行后人民法院受理的商标民事案件，涉及该决定施行前发生的行为的，适用修改前商标法的规定；涉及该决定施行前发生，持续到该决定施行后的行为的，适用修改后商标法的规定。

最高人民法院关于专利、商标等授权确权类知识产权行政案件审理分工的规定

1. *2009年6月26日*
2. *法发〔2009〕39号*
3. *自2009年7月1日起施行*

为贯彻落实《国家知识产权战略纲要》，完善知识产权审判体制，确保司法标准的统一，现就专利、商标等授权确权类知识产权行政案件的审理分工作如下规定：

第一条 下列一、二审案件由北京市有关中级人民法院、北京市高级人民法院和最高人民法院知识产权审判庭审理：

（一）不服国务院专利行政部门专利复审委员会作出的专利复审决定和无效决定的案件；

（二）不服国务院专利行政部门作出的实施专利强制许可决定和实施专利强制许可的使用费裁决的案件；

（三）不服国务院工商行政管理部门商标评审委员会作出的商标复审决定和裁定的案件；

（四）不服国务院知识产权行政部门作出的集成电路布图设计复审决定和撤销决定的案件；

（五）不服国务院知识产权行政部门作出的使用集成电路布图设计非自愿许可决定的案件和使用集成电路布图设计非自愿许可的报酬裁决的案件；

（六）不服国务院农业、林业行政部门植物新品种复审委员会作出的植物新品种复审决定、无效决定和更名决定的案件；

（七）不服国务院农业、林业行政部门作出的实施植物新品种强制许可决定和实施植物新品种强制许可的使用费裁决的案件。

第二条 当事人对于人民法院就第一条所列案件作出的

生效判决或者裁定不服，向上级人民法院申请再审的案件，由上级人民法院知识产权审判庭负责再审审查和审理。

第三条 由最高人民法院、北京市高级人民法院和北京市有关中级人民法院知识产权审判庭审理的上述案件，立案时统一使用"知行"字编号。

第四条 本规定自2009年7月1日起施行，最高人民法院于2002年5月21日作出的《关于专利法、商标法修改后专利、商标相关案件分工问题的批复》（法〔2002〕117号）同时废止。

最高人民法院关于审理商标授权确权行政案件若干问题的规定

1. 2016年12月12日最高人民法院审判委员会第1703次会议通过、2017年1月10日公布、自2017年3月1日起施行（法释〔2017〕2号）

2. 根据2020年12月23日最高人民法院审判委员会第1823次会议通过、2020年12月29日公布、自2021年1月1日起施行的《最高人民法院关于修改〈最高人民法院关于审理侵犯专利权纠纷案件应用法律若干问题的解释（二）〉等十八件知识产权类司法解释的决定》（法释〔2020〕19号）修正

为正确审理商标授权确权行政案件，根据《中华人民共和国商标法》《中华人民共和国行政诉讼法》等法律规定，结合审判实践，制定本规定。

第一条 本规定所称商标授权确权行政案件，是指相对人或者利害关系人因不服国家知识产权局作出的商标驳回复审、商标不予注册复审、商标撤销复审、商标无效宣告及无效宣告复审等行政行为，向人民法院提起诉讼的案件。

第二条 人民法院对商标授权确权行政行为进行审查的范围，一般应根据原告的诉讼请求及理由确定。原告在诉讼中未提出主张，但国家知识产权局相关认定存在明显不当的，人民法院在各方当事人陈述意见后，可以对相关事由进行审查并作出裁判。

第三条 商标法第十条第一款第（一）项规定的同中华人民共和国的国家名称等"相同或者近似"，是指商标标志整体上与国家名称等相同或者近似。

对于含有中华人民共和国的国家名称等，但整体上并不相同或者不相近似的标志，如果该标志作为商标注册可能导致损害国家尊严的，人民法院可以认定属于商标法第十条第一款第（八）项规定的情形。

第四条 商标标志或者其构成要素带有欺骗性，容易使公众对商品的质量等特点或者产地产生误认，国家知识产权局认定其属于2001年修正的商标法第十条第一款第（七）项规定情形的，人民法院予以支持。

第五条 商标标志或者其构成要素可能对我国社会公共利益和公共秩序产生消极、负面影响的，人民法院可以认定其属于商标法第十条第一款第（八）项规定的"其他不良影响"。

将政治、经济、文化、宗教、民族等领域公众人物姓名等申请注册为商标，属于前款所指的"其他不良影响"。

第六条 商标标志由县级以上行政区划的地名或者公众知晓的外国地名和其他要素组成，如果整体上具有区别于地名的含义，人民法院应当认定其不属于商标法第十条第二款所指情形。

第七条 人民法院审查诉争商标是否具有显著特征，应当根据商标所指定使用商品的相关公众的通常认识，判断该商标整体上是否具有显著特征。商标标志中含有描述性要素，但不影响其整体具有显著特征的；或者描述性标志以独特方式加以表现，相关公众能够以其识别商品来源的，应当认定其具有显著特征。

第八条 诉争商标为外文标志时，人民法院应当根据中国境内相关公众的通常认识，对该外文商标是否具有显著特征进行审查判断。标志中外文的固有含义可能影响其在指定使用商品上的显著特征，但相关公众对该固有含义的认知程度较低，能够以该标志识别商品来源的，可以认定其具有显著特征。

第九条 仅以商品自身形状或者自身形状的一部分作为三维标志申请注册商标，相关公众一般情况下不易将其识别为指示商品来源标志的，该三维标志不具有作为商标的显著特征。

该形状系申请人所独创或者最早使用并不能当然导致其具有作为商标的显著特征。

第一款所称标志经过长期或者广泛使用，相关公众能够通过该标志识别商品来源的，可以认定该标志具有显著特征。

第十条 诉争商标属于法定的商品名称或者约定俗成的商品名称的，人民法院应当认定其属于商标法第十一条第一款第（一）项所指的通用名称。依据法律规定或者国家标准、行业标准属于商品通用名称的，应当认定为通用名称。相关公众普遍认为某一名称能够指代一类商品的，应当认定为约定俗成的通用名称。被专业工具书、辞典等列为商品名称的，可以作为认定约定俗成的通用名称的参考。

约定俗成的通用名称一般以全国范围内相关公众的通常认识为判断标准。对于由于历史传统、风土人情、地理环境等原因形成的相关市场固定的商品，在该相关市场内通用的称谓，人民法院可以认定为通用名称。

诉争商标申请人明知或者应知其申请注册的商标为部分区域内约定俗成的商品名称的，人民法院可以视其申请注册的商标为通用名称。

人民法院审查判断诉争商标是否属于通用名称，一般以商标申请日时的事实状态为准。核准注册时事实状态发生变化的，以核准注册时的事实状态判断其是否属于通用名称。

第十一条　商标标志只是或者主要是描述、说明所使用商品的质量、主要原料、功能、用途、重量、数量、产地等的，人民法院应当认定其属于商标法第十一条第一款第（二）项规定的情形。商标标志或者其构成要素暗示商品的特点，但不影响其识别商品来源功能的，不属于该项所规定的情形。

第十二条　当事人依据商标法第十三条第二款主张诉争商标构成对其未注册的驰名商标的复制、摹仿或者翻译而不应予以注册或者应予无效的，人民法院应当综合考量如下因素以及因素之间的相互影响，认定是否容易导致混淆：

（一）商标标志的近似程度；

（二）商品的类似程度；

（三）请求保护商标的显著性和知名程度；

（四）相关公众的注意程度；

（五）其他相关因素。

商标申请人的主观意图以及实际混淆的证据可以作为判断混淆可能性的参考因素。

第十三条　当事人依据商标法第十三条第三款主张诉争商标构成对其已注册的驰名商标的复制、摹仿或者翻译而不应予以注册或者应予无效的，人民法院应当综合考虑如下因素，以认定诉争商标的使用是否足以使相关公众认为其与驰名商标具有相当程度的联系，从而误导公众，致使驰名商标注册人的利益可能受到损害：

（一）引证商标的显著性和知名程度；

（二）商标标志是否足够近似；

（三）指定使用的商品情况；

（四）相关公众的重合程度及注意程度；

（五）与引证商标近似的标志被其他市场主体合法使用的情况或者其他相关因素。

第十四条　当事人主张诉争商标构成对其已注册的驰名商标的复制、摹仿或者翻译而不应予以注册或者应予无效，国家知识产权局依据商标法第三十条规定裁决支持其主张的，如果诉争商标注册未满五年，人民法院在当事人陈述意见之后，可以按照商标法第三十条规定进行审理；如果诉争商标注册已满五年，应当适用商标法第十三条第三款进行审理。

第十五条　商标代理人、代表人或者经销、代理等销售代理关系意义上的代理人、代表人未经授权，以自己的名义将与被代理人或者被代表人的商标相同或者近似的商标在相同或者类似商品上申请注册的，人民法院适用商标法第十五条第一款的规定进行审理。

在为建立代理或者代表关系的磋商阶段，前款规定的代理人或者代表人将被代理人或者被代表人的商标申请注册的，人民法院适用商标法第十五条第一款的规定进行审理。

商标申请人与代理人或者代表人之间存在亲属关系等特定身份关系的，可以推定其商标注册行为系与该代理人或者代表人恶意串通，人民法院适用商标法第十五条第一款的规定进行审理。

第十六条　以下情形可以认定为商标法第十五条第二款中规定的"其他关系"：

（一）商标申请人与在先使用人之间具有亲属关系；

（二）商标申请人与在先使用人之间具有劳动关系；

（三）商标申请人与在先使用人营业地址邻近；

（四）商标申请人与在先使用人曾就达成代理、代表关系进行过磋商，但未形成代理、代表关系；

（五）商标申请人与在先使用人曾就达成合同、业务往来关系进行过磋商，但未达成合同、业务往来关系。

第十七条　地理标志利害关系人依据商标法第十六条主张他人商标不应予以注册或者应予无效，如果诉争商标指定使用的商品与地理标志产品并非相同商品，而地理标志利害关系人能够证明诉争商标使用在该产品上仍然容易导致相关公众误认为该产品来源于该地区并因此具有特定的质量、信誉或者其他特征的，人民法院予以支持。

如果该地理标志已经注册为集体商标或者证明商标，集体商标或者证明商标的权利人或者利害关系人可选择依据该条或者另行依据商标法第十三条、第三十条等主张权利。

第十八条　商标法第三十二条规定的在先权利，包括当事人在诉争商标申请日之前享有的民事权利或者其他应予保护的合法权益。诉争商标核准注册时在先权利已不存在的，不影响诉争商标的注册。

第十九条　当事人主张诉争商标损害其在先著作权的，人民法院应当依照著作权法等相关规定，对所主张的客体是否构成作品、当事人是否为著作权人或者其他有权主张著作权的利害关系人以及诉争商标是否构成对著作权的侵害等进行审查。

商标标志构成受著作权法保护的作品的，当事人提供的涉及商标标志的设计底稿、原件、取得权利的合同、诉争商标申请日之前的著作权登记证书等，均可以作为证明著作权归属的初步证据。

商标公告、商标注册证等可以作为确定商标申请人为有权主张商标标志著作权的利害关系人的初步证据。

第二十条　当事人主张诉争商标损害其姓名权，如果相关公众认为该商标标志指代了该自然人，容易认为标记有该商标的商品系经过该自然人许可或者与该自然人存在特定联系的，人民法院应当认定该商标损害了该自然人的姓名权。

当事人以其笔名、艺名、译名等特定名称主张姓名权，该特定名称具有一定的知名度，与该自然人建立了稳定的对应关系，相关公众以其指代该自然人的，人民法院予以支持。

第二十一条　当事人主张的字号具有一定的市场知名度，他人未经许可申请注册与该字号相同或者近似的商标，容易导致相关公众对商品来源产生混淆，当事人以此主张构成在先权益的，人民法院予以支持。

当事人以具有一定市场知名度并已与企业建立稳定对应关系的企业名称的简称为依据提出主张的，适用前款规定。

第二十二条　当事人主张诉争商标损害角色形象著作权的，人民法院按照本规定第十九条进行审查。

对于著作权保护期限内的作品，如果作品名称、作品中的角色名称等具有较高知名度，将其作为商标使用在相关商品上容易导致相关公众误认为其经过权利人的许可或者与权利人存在特定联系，当事人以此主张构成在先权益的，人民法院予以支持。

第二十三条　在先使用人主张商标申请人以不正当手段抢先注册其在先使用并有一定影响的商标的，如果在先使用商标已经有一定影响，而商标申请人明知或者应知该商标，即可推定其构成“以不正当手段抢先注册”。但商标申请人举证证明其没有利用在先使用商标商誉的恶意的除外。

在先使用人举证证明其在先商标有一定的持续使用时间、区域、销售量或者广告宣传的，人民法院可以认定为有一定影响。

在先使用人主张商标申请人在与其不相类似的商品上申请注册其在先使用并有一定影响的商标，违反商标法第三十二条规定的，人民法院不予支持。

第二十四条　以欺骗手段以外的其他方式扰乱商标注册秩序、损害公共利益、不正当占用公共资源或者谋取不正当利益的，人民法院可以认定其属于商标法第四十四条第一款规定的“其他不正当手段”。

第二十五条　人民法院判断诉争商标申请人是否“恶意注册”他人驰名商标，应综合考虑引证商标的知名度、诉争商标申请人申请诉争商标的理由以及使用诉争商标的具体情形来判断其主观意图。引证商标知名度高、诉争商标申请人没有正当理由的，人民法院可以推定其注册构成商标法第四十五条第一款所指的“恶意注册”。

第二十六条　商标权人自行使用、他人经许可使用以及其他不违背商标权人意志的使用，均可认定为商标法第四十九条第二款所称的使用。

实际使用的商标标志与核准注册的商标标志有细微差别，但未改变其显著特征的，可以视为注册商标的使用。

没有实际使用注册商标，仅有转让或者许可行为；或者仅是公布商标注册信息、声明享有注册商标专用权的，不认定为商标使用。

商标权人有真实使用商标的意图，并且有实际使用的必要准备，但因其他客观原因尚未实际使用注册商标的,人民法院可以认定其有正当理由。

第二十七条　当事人主张国家知识产权局下列情形属于行政诉讼法第七十条第(三)项规定的"违反法定程序"的,人民法院予以支持:

(一)遗漏当事人提出的评审理由,对当事人权利产生实际影响的;

(二)评审程序中未告知合议组成员,经审查确有应当回避事由而未回避的;

(三)未通知适格当事人参加评审,该方当事人明确提出异议的;

(四)其他违反法定程序的情形。

第二十八条　人民法院审理商标授权确权行政案件的过程中,国家知识产权局对诉争商标予以驳回、不予核准注册或者予以无效宣告的事由不复存在的,人民法院可以依据新的事实撤销国家知识产权局相关裁决,并判令其根据变更后的事实重新作出裁决。

第二十九条　当事人依据在原行政行为之后新发现的证据,或者在原行政程序中因客观原因无法取得或在规定的期限内不能提供的证据,或者新的法律依据提出的评审申请,不属于以"相同的事实和理由"再次提出评审申请。

在商标驳回复审程序中,国家知识产权局以申请商标与引证商标不构成使用在同一种或者类似商品上的相同或者近似商标为由准予申请商标初步审定公告后,以下情形不视为"以相同的事实和理由"再次提出评审申请:

(一)引证商标所有人或者利害关系人依据该引证商标提出异议,国家知识产权局予以支持,被异议商标申请人申请复审的;

(二)引证商标所有人或者利害关系人在申请商标获准注册后依据该引证商标申请宣告其无效的。

第三十条　人民法院生效裁判对于相关事实和法律适用已作出明确认定,相对人或者利害关系人对于国家知识产权局依据该生效裁判重新作出的裁决提起诉讼的,人民法院依法裁定不予受理;已经受理的,裁定驳回起诉。

第三十一条　本规定自2017年3月1日起施行。人民法院依据2001年修正的商标法审理的商标授权确权行政案件可参照适用本规定。

最高人民法院关于对注册商标专用权进行财产保全和执行等问题的复函

1. 2002年1月9日

2. 〔2001〕民三函字第3号

国家工商行政管理总局商标局:

你局商标变〔2001〕66号来函收悉。经研究,对该函中所提出的问题答复如下:

一、关于不同法院在同一天对同一注册商标进行保全的协助执行问题

根据民事诉讼法和我院有关司法解释的规定,你局在同一天内接到两份以上对同一注册商标进行保全的协助执行通知书时,应当按照收到文书的先后顺序,协助执行在先收到的协助执行通知书;同时收到文书无法确认先后顺序时,可以告知有关法院按照《最高人民法院关于人民法院执行工作若干问题的规定(试行)》第125条关于"两个或两个以上人民法院在执行相关案件中发生争议的,应当协商解决。协商不成的,逐级报请上级法院,直至报请共同的上级法院协调处理"的规定进行协商以及报请协调处理。在有关法院协商以及报请协调处理期间,你局可以暂不办理协助执行事宜。

二、关于你局在依据法院的生效判决办理权利人变更手续过程中,另一法院要求协助保全注册商标的协助执行问题

《最高人民法院关于人民法院执行工作若干问题的规定(试行)》第88条第1款规定,各债权人对执行标的物均无担保物权的,按照执行法院采取执行措施的先后顺序受偿。根据这一规定,对于某一法院依据已经发生法律效力的裁判文书要求你局协助办理注册商标专用权权利人变更等手续后,另一法院对同一注册商标以保全原商标专用权人财产的名义再行保全,又无权利质押情形的,同意你局来函中提出的处理意见,即协助执行在先采取执行措施法院的裁判文书,并将协助执行的情况告知在后采取保全措施的法院。

三、关于法院已经保全注册商标后,另一法院宣告其注册人进入破产程序并要求你局再行协助保全该注册商标的问题

根据《中华人民共和国企业破产法(试行)》第11

条的规定，人民法院受理破产案件后，对债务人财产的其他民事执行程序必须中止。人民法院应当按照这一规定办理相关案件。在具体处理问题上，你局可以告知审理破产案件的法院有关注册商标已被保全的情况，由该法院通知在先采取保全措施的法院自行解除保全措施。你局收到有关解除财产保全措施的通知后，应立即协助执行审理破产案件法院的裁定。你局也可以告知在先采取保全措施的法院有关商标注册人进入破产程序的情况，由其自行决定解除保全措施。

四、关于法院裁决将注册商标作为标的执行时应否适用商标法实施细则第二十一条规定的问题

根据商标法实施细则第二十一条的规定，转让注册商标专用权的，商标注册人对其在同一种类或者类似商品上注册的相同或者近似的商标，必须一并办理。法院在执行注册商标专用权的过程中，应当根据上述规定的原则，对注册商标及相同或者类似商品上相同和近似的商标一并进行评估、拍卖、变卖等，并在采取执行措施时，裁定将相同或近似注册商标一并予以执行。商标局在接到法院有关转让注册商标的裁定时，如发现无上述内容，可以告知执行法院，由执行法院补充裁定后再协助执行。

来函中所涉及的具体案件，可按照上述意见处理。

此复

最高人民法院关于审理商标授权确权行政案件若干问题的意见

1. 2010年4月20日

2. 法发〔2010〕12号

自2001年12月1日《全国人民代表大会常务委员会关于修改〈中华人民共和国商标法〉的决定》施行以来，人民法院开始依法受理和审理利害关系人诉国家工商行政管理总局商标评审委员会作出的商标驳回复审、商标异议复审、商标争议、商标撤销复审等具体行政行为的商标授权确权行政案件，对相关法律适用问题进行了积极探索，积累了较为丰富的审判经验。为了更好地审理商标授权确权行政案件，进一步总结审判经验，明确和统一审理标准，最高人民法院先后召开多次专题会议和进行专题调研，广泛听取相关法院、相关部门和专家学者的意见，对于审理商标授权确权行政案件中的法律适用问题进行了研究和总结。在此基础上，根据《中华人民共和国商标法》、《中华人民共和国行政诉讼法》等法律规定，结合审判实际，对审理此类案件提出如下意见：

1. 人民法院在审理商标授权确权行政案件时，对于尚未大量投入使用的诉争商标，在审查判断商标近似和商品类似等授权确权条件及处理与在先商业标志冲突上，可依法适当从严掌握商标授权确权的标准，充分考虑消费者和同业经营者的利益，有效遏制不正当抢注行为，注重对于他人具有较高知名度和较强显著性的在先商标、企业名称等商业标志权益的保护，尽可能消除商业标志混淆的可能性；对于使用时间较长、已建立较高市场声誉和形成相关公众群体的诉争商标，应当准确把握商标法有关保护在先商业标志权益与维护市场秩序相协调的立法精神，充分尊重相关公众已在客观上将相关商业标志区别开来的市场实际，注重维护已经形成和稳定的市场秩序。

2. 实践中，有些标志或者其构成要素虽有夸大成分，但根据日常生活经验或者相关公众的通常认识等并不足以引人误解。对于这种情形，人民法院不宜将其认定为夸大宣传并带有欺骗性的标志。

3. 人民法院在审查判断有关标志是否构成具有其他不良影响的情形时，应当考虑该标志或者其构成要素是否可能对我国政治、经济、文化、宗教、民族等社会公共利益和公共秩序产生消极、负面影响。如果有关标志的注册仅损害特定民事权益，由于商标法已经另行规定了救济方式和相应程序，不宜认定其属于具有其他不良影响的情形。

4. 根据商标法的规定，县级以上行政区划的地名或者公众知晓的外国地名一般不得作为商标注册和使用。实践中，有些商标由地名和其他要素组成，在这种情形下，如果商标因有其他要素的加入，在整体上具有显著特征，而不再具有地名含义或者不以地名为主要含义的，就不宜因其含有县级以上行政区划的地名或者公众知晓的外国地名，而认定其属于不得注册的商标。

5. 人民法院在审理商标授权确权行政案件时，应当根据诉争商标指定使用商品的相关公众的通常认识，从整体上对商标是否具有显著特征进行审查判断。标志中含有的描述性要素不影响商标整体上具有显著特征的，或者描述性标志是以独特方式进行表现，相关公众能够以其识别商品来源的，应当认定其具有显著特征。

6. 人民法院在审理商标授权确权行政案件时，应当根据中国境内相关公众的通常认识，审查判断诉争外文商标是否具有显著特征。诉争标志中的外文虽有固有含义，但相关公众能够以该标志识别商品来源的，不影响对其显著特征的认定。

7. 人民法院在判断诉争商标是否为通用名称时，应当审查其是否属于法定的或者约定俗成的商品名称。依据法律规定或者国家标准、行业标准属于商品通用名称的，应当认定为通用名称。相关公众普遍认为某一名称能够指代一类商品的，应当认定该名称为约定俗成的通用名称。被专业工具书、辞典列为商品名称的，可以作为认定约定俗成的通用名称的参考。

约定俗成的通用名称一般以全国范围内相关公众的通常认识为判断标准。对于由于历史传统、风土人情、地理环境等原因形成的相关市场较为固定的商品，在该相关市场内通用的称谓，可以认定为通用名称。

申请人明知或者应知其申请注册的商标为部分区域内约定俗成的商品名称的，应视其申请注册的商标为通用名称。

8. 人民法院审查判断诉争商标是否属于通用名称，一般以提出商标注册申请时的事实状态为准。如果申请时不属于通用名称，但在核准注册时诉争商标已经成为通用名称的，仍应认定其属于本商品的通用名称；虽在申请时属于本商品的通用名称，但在核准注册时已经不是通用名称的，则不妨碍其取得注册。

9. 如果某标志只是或者主要是描述、说明所使用商品的质量、主要原料、功能、用途、重量、数量、产地等特点，应当认定其不具有显著特征。标志或者其构成要素暗示商品的特点，但不影响其识别商品来源功能的，不属于上述情形。

10. 人民法院审理涉及驰名商标保护的商标授权确权行政案件，可以参照《最高人民法院关于审理涉及驰名商标保护的民事纠纷案件应用法律若干问题的解释》第五条、第九条、第十条等相关规定。

11. 对于已经在中国注册的驰名商标，在不相类似商品上确定其保护范围时，要注意与其驰名程度相适应。对于社会公众广为知晓的已经在中国注册的驰名商标，在不相类似商品上确定其保护范围时，要给予与其驰名程度相适应的较宽范围的保护。

12. 商标代理人、代表人或者经销、代理等销售代理关系意义上的代理人、代表人未经授权，以自己的名义将被代理人或者被代表人商标进行注册的，人民法院应当认定属于代理人、代表人抢注被代理人、被代表人商标的行为。审判实践中，有些抢注行为发生在代理、代表关系尚在磋商的阶段，即抢注在先，代理、代表关系形成在后，此时应将其视为代理人、代表人的抢注行为。与上述代理人或者代表人有串通合谋抢注行为的商标注册申请人，可以视其为代理人或者代表人。对于串通合谋抢注行为，可以视情况根据商标注册申请人与上述代理人或者代表人之间的特定身份关系等进行推定。

13. 代理人或者代表人不得申请注册的商标标志，不仅包括与被代理人或者被代表人商标相同的标志，也包括相近似的标志；不得申请注册的商品既包括与被代理人或者被代表人商标所使用的商品相同的商品，也包括类似的商品。

14. 人民法院在审理商标授权确权行政案件中判断商品类似和商标近似，可以参照《最高人民法院关于审理商标民事纠纷案件适用法律若干问题的解释》的相关规定。

15. 人民法院审查判断相关商品或者服务是否类似，应当考虑商品的功能、用途、生产部门、销售渠道、消费群体等是否相同或者具有较大的关联性；服务的目的、内容、方式、对象等是否相同或者具有较大的关联性；商品和服务之间是否具有较大的关联性，是否容易使相关公众认为商品或者服务是同一主体提供的，或者其提供者之间存在特定联系。《商标注册用商品和服务国际分类表》、《类似商品和服务区分表》可以作为判断类似商品或者服务的参考。

16. 人民法院认定商标是否近似，既要考虑商标标志构成要素及其整体的近似程度，也要考虑相关商标的显著性和知名度、所使用商品的关联程度等因素，以是否容易导致混淆作为判断标准。

17. 要正确理解和适用商标法第三十一条关于“申请商标注册不得损害他人现有的在先权利”的概括性规定。人民法院审查判断诉争商标是否损害他人现有的在先权利时，对于商标法已有特别规定的在先权利，按照商标法的特别规定予以保护；商标法虽无特别规定，但根据民法通则和其他法律的规定属于应予保护的合法权益的，应当根据该概括性规定给予保护。

人民法院审查判断诉争商标是否损害他人现有的在先权利，一般以诉争商标申请日为准。如果在先权利在诉争商标核准注册时已不存在的，则不影响诉争商标的注册。

18. 根据商标法的规定，申请人不得以不正当手段抢先注册他人已经使用并有一定影响的商标。如果申请人明知或者应知他人已经使用并有一定影响的商标而予以抢注，即可认定其采用了不正当手段。

在中国境内实际使用并为一定范围的相关公众所知晓的商标，即应认定属于已经使用并有一定影响的商标。有证据证明在先商标有一定的持续使用时间、区域、销售量或者广告宣传等的，可以认定其有一定影响。

对于已经使用并有一定影响的商标，不宜在不相类似商品上给予保护。

19. 人民法院在审理涉及撤销注册商标的行政案件时，审查判断诉争商标是否属于以其他不正当手段取得注册，要考虑其是否属于欺骗手段以外的扰乱商标注册秩序、损害公共利益、不正当占用公共资源或者以其他方式谋取不正当利益的手段。对于只是损害特定民事权益的情形，则要适用商标法第四十一条第二款、第三款及商标法的其他相应规定进行审查判断。

20. 人民法院审理涉及撤销连续三年停止使用的注册商标的行政案件时，应当根据商标法有关规定的立法精神，正确判断所涉行为是否构成实际使用。

商标权人自行使用、许可他人使用以及其他不违背商标权人意志的使用，均可认定属于实际使用的行为。实际使用的商标与核准注册的商标虽有细微差别，但未改变其显著特征的，可以视为注册商标的使用。没有实际使用注册商标，仅有转让或许可行为，或者仅有商标注册信息的公布或者对其注册商标享有专有权的声明等的，不宜认定为商标使用。

如果商标权人因不可抗力、政策性限制、破产清算等客观事由，未能实际使用注册商标或者停止使用，或者商标权人有真实使用商标的意图，并且有实际使用的必要准备，但因其他客观事由尚未实际使用注册商标的，均可认定有正当理由。

最高人民法院知识产权庭关于烟台市京蓬农药厂诉潍坊市益农化工厂商标侵权纠纷案的答复

1. 2000年4月17日

2. 〔1999〕知他字第5号函

山东省高级人民法院：

你院鲁高法函〔1999〕118号《关于烟台市京蓬农药厂诉潍坊市益农化工厂商标侵权纠纷一案的请示》收悉。经研究，答复如下：

烟台市京蓬农药厂（以下简称京蓬厂）的“桃小灵”注册商标与潍坊市益农化工厂（以下简称益农厂）的“桃小一次净”商品名称都具有区别商品品质和来源的标识作用。“桃小”在其中均是起主要识别作用的部分，“灵”与“一次净”都均有功效显著之意，因此，两者的字形和含义存在一定的近似之处。本案的关键问题就是判定这种“近似”是否足以造成消费者的误认，即是否符合《商标法实施细则》第四十一条第（2）项的规定，属于《商标法》第三十八条第（4）项所指的对他人的商标权造成其他损害的行为。参照国家工商行政管理《关于执行〈商标法〉及其〈实施细则〉若干问题的通知》第七条的解释，“足以造成误认”是指会造成对商品来源的误认。或者会产生双方当事人之间存在某种特殊联系的错误认识。从本案现有材料看，证明已经在客观上造成误认的证据似有不足，以普通消费者的一般注意力为标准判定足以造成误认的证据也不扎实，原审判决作出使消费者产生两者存在一种特殊联系感觉的认定，在事实依据方面尚有所欠缺。但你院倾向性意见所述理由似尚不足以推翻原审判决的认定。理由是：一、字形结构、词语组合、包装装潢上的明显差异不能作为否定两者近似并足以造成误认的充足理由，因为认定近似并不需要在字形、读音、含义三方面均构成近似，而且包装装潢的异同不能作为商标侵权的判断依据。二、虽然“桃小”是昆虫的通用名称，商标权人不能以其注册了“桃小灵”商标而限制他人使用该词汇，且农药行业有将药物防治对象与防治效果组合命名的惯例，但这并不等于说他人在任何情况下使用“桃小”均是正当合理的。判断正当与否，要结合案件的实际情况。根据是否造成了对他人商标权的损害来认定。如果本案“桃小灵”与“桃小一次净”之间构成近似并足以造成消费者的误认，则益农厂使用“桃小”就是不正当的，要承担侵权的法律责任。此外，从京蓬厂提供的证据看，似已发生了农药经销商产生“桃小一次净”是“桃小灵”替代产品错误认识的客观事实，经销商虽然不是最终消费者。但在一定程度上反映了普通消费者的主观判断。你院复查本案时应当考虑这一情况。

综上，虽然原审判决存在一定缺陷，但鉴于本案二审判决已经发生法律效力，且本案影响较大，故建议你院进一步查明有关事实，取得足够的事实依据后，依法对本案作出慎重处理。

以上意见供参考。

最高人民法院关于对 TCL 集团公司在产品促销活动中使用与汉都公司注册商标相近的"千禧龙"文字是否构成商标侵权请示的批复

1. 2003 年 7 月 31 日

2. 〔2003〕民三他字第 4 号

江苏省高级人民法院：

你院〔2003〕苏民三终字第 025 号《关于对 TCL 集团公司在产品促销活动中使用与汉都公司"千禧龙 QIANXILONG"文字商标相近的"千禧龙"文字是否构成侵犯汉都公司商标权问题的请示》收悉。经研究，答复如下：

判断在产品促销活动中使用与他人注册商标相同或者相近似的文字是否侵犯商标专用权，应当以这种使用行为是否容易造成相关公众对商品和服务的来源产生混淆，是否借用他人注册商标的信誉为自己谋取不正当利益，或者是否对注册商标专用权造成其他损害为标准进行。

由于在产品促销活动中使用与他人注册商标相同或者相近似的文字，不同于在商品和服务中直接使用他人注册商标，因此，在认定是否造成"混淆"、"借用"、"损害"等事实时，应当特别注意：一、要考虑注册商标的知名度与显著性。商标的显著性，即能够起到区别作用的特性的强弱，是商标侵权判断中确定商标专用权权利范围以及确认是否构成侵权的重要因素之一。知名度高显著性强的商标，被"混淆"、"借用"的可能性就大，而知名度低显著性弱的商标，被"混淆"、"借用"的可能性就小。二、要对产品促销活动中使用他人商标的具体情形进行分析，如行为人是否将他人商标作为自己的商标或者自己的商品名称使用，是否在使用他人商标的方式、时间等方面容易使相关公众混淆商品或者服务的来源，或者误认商品、服务的提供者存在特殊的关系等。

你院请示中涉及的侵权认定问题，应当在查明事实的基础上，根据法律和司法解释的规定并结合上述意见进行处理。

此复

7. 商标与相关标识

(1)商标与产地

中华人民共和国农业法(节录)

1. 1993年7月2日第八届全国人民代表大会常务委员会第二次会议通过
2. 2002年12月28日第九届全国人民代表大会常务委员会第三十一次会议修订
3. 根据2009年8月27日第十一届全国人民代表大会常务委员会第十次会议《关于修改部分法律的决定》第一次修正
4. 根据2012年12月28日第十一届全国人民代表大会常务委员会第三十次会议《关于修改〈中华人民共和国农业法〉的决定》第二次修正

第二十二条 【质量标准、检测监督体系】国家采取措施提高农产品的质量,建立健全农产品质量标准体系和质量检验检测监督体系,按照有关技术规范、操作规程和质量卫生安全标准,组织农产品的生产经营,保障农产品质量安全。

第二十三条 【认证和标志制度】国家支持依法建立健全优质农产品认证和标志制度。

国家鼓励和扶持发展优质农产品生产。县级以上地方人民政府应当结合本地情况,按照国家有关规定采取措施,发展优质农产品生产。

符合国家规定标准的优质农产品可以依照法律或者行政法规的规定申请使用有关的标志。符合规定产地及生产规范要求的农产品可以依照有关法律或者行政法规的规定申请使用农产品地理标志。

第四十九条 【发展农业科技】国家保护植物新品种、农产品地理标志等知识产权,鼓励和引导农业科研、教育单位加强农业科学技术的基础研究和应用研究,传播和普及农业科学技术知识,加速科技成果转化与产业化,促进农业科学技术进步。

国务院有关部门应当组织农业重大关键技术的科技攻关。国家采取措施促进国际农业科技、教育合作与交流,鼓励引进国外先进技术。

中华人民共和国进出口货物原产地条例

1. 2004年9月3日国务院令第416号公布
2. 根据2019年3月2日国务院令第709号《关于修改部分行政法规的决定》修订

第一条 为了正确确定进出口货物的原产地,有效实施各项贸易措施,促进对外贸易发展,制定本条例。

第二条 本条例适用于实施最惠国待遇、反倾销和反补贴、保障措施、原产地标记管理、国别数量限制、关税配额等非优惠性贸易措施以及进行政府采购、贸易统计等活动对进出口货物原产地的确定。

实施优惠性贸易措施对进出口货物原产地的确定,不适用本条例。具体办法依照中华人民共和国缔结或者参加的国际条约、协定的有关规定另行制定。

第三条 完全在一个国家(地区)获得的货物,以该国(地区)为原产地;两个以上国家(地区)参与生产的货物,以最后完成实质性改变的国家(地区)为原产地。

第四条 本条例第三条所称完全在一个国家(地区)获得的货物,是指:

(一)在该国(地区)出生并饲养的活的动物;

(二)在该国(地区)野外捕捉、捕捞、搜集的动物;

(三)从该国(地区)的活的动物获得的未经加工的物品;

(四)在该国(地区)收获的植物和植物产品;

(五)在该国(地区)采掘的矿物;

(六)在该国(地区)获得的除本条第(一)项至第(五)项范围之外的其他天然生成的物品;

(七)在该国(地区)生产过程中产生的只能弃置或者回收用作材料的废碎料;

(八)在该国(地区)收集的不能修复或者修理的物品,或者从该物品中回收的零件或者材料;

(九)由合法悬挂该国旗帜的船舶从其领海以外海域获得的海洋捕捞物和其他物品;

(十)在合法悬挂该国旗帜的加工船上加工本条第(九)项所列物品获得的产品;

(十一)从该国领海以外享有专有开采权的海床或者海床底土获得的物品;

(十二)在该国(地区)完全从本条第(一)项至第(十一)项所列物品中生产的产品。

第五条 在确定货物是否在一个国家(地区)完全获得时,不考虑下列微小加工或者处理:

(一)为运输、贮存期间保存货物而作的加工或者处理;

(二)为货物便于装卸而作的加工或者处理;

(三)为货物销售而作的包装等加工或者处理。

第六条 本条例第三条规定的实质性改变的确定标准,以税则归类改变为基本标准;税则归类改变不能反映实质性改变的,以从价百分比、制造或者加工工序等为补充标准。具体标准由海关总署会同商务部制定。

本条第一款所称税则归类改变,是指在某一国家(地区)对非该国(地区)原产材料进行制造、加工后,所得货物在《中华人民共和国进出口税则》中某一级的税目归类发生了变化。

本条第一款所称从价百分比,是指在某一国家(地区)对非该国(地区)原产材料进行制造、加工后的增值部分,超过所得货物价值一定的百分比。

本条第一款所称制造或者加工工序,是指在某一国家(地区)进行的赋予制造、加工后所得货物基本特征的主要工序。

世界贸易组织《协调非优惠原产地规则》实施前,确定进出口货物原产地实质性改变的具体标准,由海关总署会同商务部根据实际情况另行制定。

第七条 货物生产过程中使用的能源、厂房、设备、机器和工具的原产地,以及未构成货物物质成分或者组成部件的材料的原产地,不影响该货物原产地的确定。

第八条 随所装货物进出口的包装、包装材料和容器,在《中华人民共和国进出口税则》中与该货物一并归类的,该包装、包装材料和容器的原产地不影响所装货物原产地的确定;对该包装、包装材料和容器的原产地不再单独确定,所装货物的原产地即为该包装、包装材料和容器的原产地。

随所装货物进出口的包装、包装材料和容器,在《中华人民共和国进出口税则》中与该货物不一并归类的,依照本条例的规定确定该包装、包装材料和容器的原产地。

第九条 按正常配备的种类和数量随货物进出口的附件、备件、工具和介绍说明性资料,在《中华人民共和国进出口税则》中与该货物一并归类的,该附件、备件、工具和介绍说明性资料的原产地不影响该货物原产地的确定;对该附件、备件、工具和介绍说明性资料的原产地不再单独确定,该货物的原产地即为该附件、备件、工具和介绍说明性资料的原产地。

随货物进出口的附件、备件、工具和介绍说明性资料在《中华人民共和国进出口税则》中虽与该货物一并归类,但超出正常配备的种类和数量的,以及在《中华人民共和国进出口税则》中与该货物不一并归类的,依照本条例的规定确定该附件、备件、工具和介绍说明性资料的原产地。

第十条 对货物所进行的任何加工或者处理,是为了规避中华人民共和国关于反倾销、反补贴和保障措施等有关规定的,海关在确定该货物的原产地时可以不考虑这类加工和处理。

第十一条 进口货物的收货人按照《中华人民共和国海关法》及有关规定办理进口货物的海关申报手续时,应当依照本条例规定的原产地确定标准如实申报进口货物的原产地;同一批货物的原产地不同的,应当分别申报原产地。

第十二条 进口货物进口前,进口货物的收货人或者与进口货物直接相关的其他当事人,在有正当理由的情况下,可以书面申请海关对将要进口的货物的原产地作出预确定决定;申请人应当按照规定向海关提供作出原产地预确定决定所需的资料。

海关应当在收到原产地预确定书面申请及全部必要资料之日起150天内,依照本条例的规定对该进口货物作出原产地预确定决定,并对外公布。

第十三条 海关接受申报后,应当按照本条例的规定审核确定进口货物的原产地。

已作出原产地预确定决定的货物,自预确定决定作出之日起3年内实际进口时,经海关审核其实际进口的货物与预确定决定所述货物相符,且本条例规定的原产地确定标准未发生变化的,海关不再重新确定该进口货物的原产地;经海关审核其实际进口的货物与预确定决定所述货物不相符的,海关应当按照本条例的规定重新审核确定该进口货物的原产地。

第十四条 海关在审核确定进口货物原产地时,可以要求进口货物的收货人提交该进口货物的原产地证书,并予以审验;必要时,可以请求该货物出口国(地区)的有关机构对该货物的原产地进行核查。

第十五条 根据对外贸易经营者提出的书面申请,海关可以依照《中华人民共和国海关法》第四十三条的规定,对将要进口的货物的原产地预先作出确定原产地的行政裁定,并对外公布。

进口相同的货物,应当适用相同的行政裁定。

第十六条 国家对原产地标记实施管理。货物或者其包装上标有原产地标记的,其原产地标记所标明的原产地应当与依照本条例所确定的原产地相一致。

第十七条 出口货物发货人可以向海关、中国国际贸易促进委员会及其地方分会(以下简称签证机构),申请领取出口货物原产地证书。

第十八条 出口货物发货人申请领取出口货物原产地证书,应当在签证机构办理注册登记手续,按照规定如实申报出口货物的原产地,并向签证机构提供签发出口货物原产地证书所需的资料。

第十九条 签证机构接受出口货物发货人的申请后,应当按照规定审查确定出口货物的原产地,签发出口货物原产地证书;对不属于原产于中华人民共和国境内的出口货物,应当拒绝签发出口货物原产地证书。

出口货物原产地证书签发管理的具体办法,由海关总署会同国务院其他有关部门、机构另行制定。

第二十条 应出口货物进口国(地区)有关机构的请求,海关、签证机构可以对出口货物的原产地情况进行核查,并及时将核查情况反馈进口国(地区)有关机构。

第二十一条 用于确定货物原产地的资料和信息,除按有关规定可以提供或者经提供该资料和信息的单位、个人的允许,海关、签证机构应当对该资料和信息予以保密。

第二十二条 违反本条例规定申报进口货物原产地的,依照《中华人民共和国对外贸易法》、《中华人民共和国海关法》和《中华人民共和国海关行政处罚实施条例》的有关规定进行处罚。

第二十三条 提供虚假材料骗取出口货物原产地证书或者伪造、变造、买卖或者盗窃出口货物原产地证书的,由海关处5000元以上10万元以下的罚款;骗取、伪造、变造、买卖或者盗窃作为海关放行凭证的出口货物原产地证书的,处货值金额等值以下的罚款,但货值金额低于5000元的,处5000元罚款。有违法所得的,由海关没收违法所得。构成犯罪的,依法追究刑事责任。

第二十四条 进出口货物的原产地标记与依照本条例所确定的原产地不一致的,由海关责令改正。

第二十五条 确定进出口货物原产地的工作人员违反本条例规定的程序确定原产地的,或者泄露所知悉的商业秘密的,或者滥用职权、玩忽职守、徇私舞弊的,依法给予行政处分;有违法所得的,没收违法所得;构成犯罪的,依法追究刑事责任。

第二十六条 本条例下列用语的含义:

获得,是指捕捉、捕捞、搜集、收获、采掘、加工或者生产等。

货物原产地,是指依照本条例确定的获得某一货物的国家(地区)。

原产地证书,是指出口国(地区)根据原产地规则和有关要求签发的,明确指出该证中所列货物原产于某一特定国家(地区)的书面文件。

原产地标记,是指在货物或者包装上用来表明该货物原产地的文字和图形。

第二十七条 本条例自2005年1月1日起施行。1992年3月8日国务院发布的《中华人民共和国出口货物原产地规则》、1986年12月6日海关总署发布的《中华人民共和国海关关于进口货物原产地的暂行规定》同时废止。

原产地标记管理规定

1. 2001年3月5日国家出入境检验检疫局发布
2. 国检法〔2001〕51号
3. 自2001年4月1日起施行

第一章　总　　则

第一条 为加强原产地标记管理工作,规范原产地标记的使用,保护生产者、经营者和消费者的合法权益,根据《中华人民共和国进出口商品检验法》及其实施条例、《中华人民共和国出口货物原产地规则》等有关法律法规和世界贸易组织《原产地规则协议》等国际条约、协议的规定,制定本规定。

第二条 本规定适用于对原产地标记的申请、评审、注册等原产地标记的认证和管理工作。

第三条 国家出入境检验检疫局(以下简称国家检验检疫局)统一管理全国原产地标记工作,负责原产地标记管理办法的制定、组织协调和监督管理。国家检验检疫局设在各地的出入境检验检疫局(以下简称检验检疫机构)负责其辖区内的原产地标记申请的受理、评审、报送注册和监督管理。

第四条 本规定所称原产地标记包括原产国标记和地理

标志。原产地标记是原产地工作不可分割的组成部分。原产国标记是指用于指示一项产品或服务来源于某个国家或地区的标识、标签、标示、文字、图案以及与产地有关的各种证书等。地理标志是指一个国家、地区或特定地方的地理名称，用于指示一项产品来源于该地，且该产品的质量特征完全或主要取决于该地的地理环境、自然条件、人文背景等因素。

第五条 原产地标记的使用范围包括：

（一）标有“中国制造/生产”等字样的产品；

（二）名、优、特产品和传统的手工艺品；

（三）申请原产地认证标记的产品；

（四）涉及安全、卫生、环境保护及反欺诈行为的货物；

（五）涉及原产地标记的服务贸易和政府采购的商品；

（六）根据国家规定须标明来源地的产品。

第六条 检验检疫机构对原产地标记实施注册认证制度。

第七条 原产地标记的注册坚持自愿申请原则，原产地标记经注册后方可获得保护。涉及安全、卫生、环境保护及反欺诈行为的入境产品，以及我国法律、法规、双边协议等规定须使用原产地标记的进出境产品或者服务，按有关规定办理。

第八条 经国家检验检疫局批准注册的原产地标记为原产地认证标记，国家检验检疫局定期公布《受保护的原产地标记产品目录》，对已列入保护的产品，在检验检疫、放行等方面给予方便。已经检验检疫机构施加的各种标志、标签，凡已标明原产地的可视作原产地标记，未标明原产地的，按本规定有关条款办理。

第九条 取得原产地标记认证注册的产品或服务可以使用原产地认证标记，原产地认证标记包括图案、证书或者经国家检验检疫局认可的其他形式。

第十条 原产地标记的评审认定工作应坚持公平、公正、公开的原则。

第二章 原产地标记的申请、评审、注册和使用

第十一条 原产地标记的申请人包括国内外的组织、团体、生产经营企业或者自然人。

第十二条 申请出境货物原产地标记注册，申请人应向所在地检验检疫机构提出申请，并提交相关的资料。申请入境货物原产地标记注册的，申请人应向国家检验检疫局提出申请，并提交相关的资料。

第十三条 检验检疫机构受理原产地标记注册申请后，按相关程序组织评审。经评审符合条件的，由国家检验检疫局批准注册并定期发布《受保护的原产地标记产品目录》。

第十四条 使用“中国制造”或“中国生产”原产地标记的出口货物须符合下列标准：

（一）在中国获得的完全原产品；

（二）含有进口成分的，须符合《中华人民共和国出口货物原产地规则》要求，并取得中国原产地资格。

第三章 原产地标记的保护与监督

第十五条 国家检验检疫局可根据有关地方人民政府和社会团体对原产地标记产品保护的建议，组织行业主管部门、行业协会、生产者代表以及有关专家进行评审，符合要求的，列入《受保护的原产地标记产品目录》。

第十六条 取得原产地认证标记的产品、服务及其生产经营企业，应接受检验检疫机构的监督检查。

第十七条 对违反本规定使用原产地标记的行为，依法追究其法律责任。

第十八条 从事原产地标记工作的人员滥用职权、徇私舞弊、泄露商业秘密的，给予行政处分；构成犯罪的，依法追究刑事责任。

第十九条 对原产地标记的申请受理、评审认证、注册、使用认定和管理工作有异议的，可以向所在地检验检疫机构或国家检验检疫局提出复审。

第四章 附 则

第二十条 检验检疫机构办理原产地标记，按有关规定收取费用。

第二十一条 国家检验检疫局根据本规定制定实施办法。

第二十二条 本办法由国家检验检疫局负责解释。

第二十三条 本规定自2001年4月1日起施行。

原产地标记管理规定实施办法

1. 2001年3月5日国家出入境检验检疫局发布

2. 国检法〔2001〕51号

3. 自2001年4月1日起施行

第一章 总 则

第一条 根据《原产地标记管理规定》，制定本办法。

第二条　国家出入境检验检疫局(以下简称国家检验检疫局)设立原产地标记工作小组及其办公室,主要职责是:

(一)原产地标记的有关管理办法的制、修订;

(二)受理入境原产地标记申请,办理原产地标记的注册审批;

(三)统一发布原产地标记认证的种类和形式;

(四)原产地标记管理工作的协调和监督管理。

第三条　各地出入境检验检疫局(以下简称检验检疫机构)按照相应的模式,负责其辖区内的原产地标记的申请受理、评审、报送注册和监督管理。

第四条　对已取得国家检验检疫局批准注册的原产地标记,由国家检验检疫局每半年一次公开发布《受保护的原产地标记产品目录》。

第二章　原产地标记的使用范围

第五条　使用原产国标记的产品包括:

(一)在生产国获得的完全原产品;

(二)含有进口成分,并获得原产资格的产品;

(三)标有原产国标记的涉及安全、卫生及环境保护的进口产品;

(四)国外生产商申请原产地标记保护的商品;

(五)涉及反倾销、反补贴的产品;

(六)服务贸易和政府采购中的原产地标记的产品。

第六条　使用地理标志的产品包括:

(一)用特定地区命名的产品,其原材料全部、部分或主要来自该地区,或来自其它特定地区,其产品的特殊品质、特色和声誉取决于当地的自然环境和人文因素,并在该地采用传统工艺生产;

(二)以非特定地区命名的产品,其主要原材料来自该地区或其它特定地区,但该产品的品质、风味、特征取决于该地的自然环境和人文因素以及采用传统工艺生产、加工、制造或形成的产品,也视为地理标志产品。

第三章　原产地标记的申请、评审和注册

第七条　申请地理标志注册的,申请人须填写《原产地标记注册申请书》,并提供以下资料:

(一)所适用的产地范围;

(二)生产或形成时所用的原材料、生产工艺、流程、主要质量特征;

(三)生产产品的质量情况与地理环境(自然因素、人文因素或二者结合)的相关资料;

(四)检验检疫机构要求的其它相关资料。

第八条　检验检疫机构受理地理标志申请后,依据如下原则进行评审:

(一)产品名称应由其原产地地理名称和反映其真实属性的通用产品名称构成;

(二)产品的品质、品位、特征、特色和声誉能体现原产地的自然环境和人文因素,并具有稳定的质量、历史悠久、享有盛名;

(三)在生产中采用传统的工艺生产或特殊的传统的生产设备生产;

(四)其原产地是公认的,协商一致的并经确认的。

第九条　检验检疫机构评审的依据如下:

(一)历史渊源、当地的自然条件和人文因素;

(二)标记产品原有的标准(包括工艺);

(三)申请人提供的经确认的感官特性,理化、卫生指标和实验方法;

(四)涉及安全、卫生、环保的产品要求应符合国家标准的规定;

(五)申请人提供的其它与审核有关的文件。

第十条　国家检验检疫局对所受理的入境货物原产地认证标记的申请,组织专家进行评审,评审合格的,预计注册。

第十一条　检验检疫机构受理出境货物地理标记认证申请后,由直属检验检疫局依据《原产地标记注册程序》进行评审,评审合格的,报国家检验检疫局审批。经审批合格的,国家检验检疫局批准注册并颁发证书。

出境货物原产国标记注册的申请,检验检疫机构按照《中华人民共和国出口货物原产地规则》签发原产地证书的要求进行审核。经审核符合要求的,生产制造厂商可在其产品上施加原产地标记"中国制造/生产"字样;不符合要求的,不得施加。

第十二条　服务贸易中的原产地标记,申请人应提供该项服务的权力证明和服务特殊性的依据,由检验检疫机构组织验证,对符合标准的,签发《原产地标记证明书》。

第四章　原产地认证标记的使用

第十三条　经国家检验检疫局注册的原产地标记为原产地认证标记。表示使用人应按照原产地标记注册证书

核准的产品及表示方法的范围使用相应的原产地标记。

第十四条 原产地认证标记的形势和种类：

（一）标记图案：CIQ－Origin

标记图案的图形为椭圆形，底色为瓷兰色，字体为白色。标记的材质为纸制，有耐热要求时为铝箔。

标记的规格分为5号，各种规格的外围尺寸见下表：

标志规格	1号	2号	3号	4号	5号
直径（mm）	60	45	30	20	10

标记图案的长、段半径比例为1.5∶1。

（二）证书

1. 原产地标记注册证书

2. 原产地标记的书面证明

（三）经国家检验检疫局认可的其它形式

第十五条 原产地认证标记的标示方法有：

（一）直接加贴或吊挂在产品或包装物上；

（二）图案压模，适用于金属、塑料等产品或包装物上；

（三）原产地标记证书；

（四）直接印刷在标签或包装物上；

（五）应申请人的要求或根据实际情况，采用相应的标示方法。

第十六条 对土特产品、传统手工艺品、名牌优质产品，申请人提出申请原产地标记后，检验检疫机构应组织评审，经注册后方可使用原产地认证标记。

第五章 监督管理

第十七条 下列标记不受保护：

（一）不符合规定的原产国标记和地理标志；

（二）违反道德或公共秩序的标记，特别是在商品的品质、来源、制造方法、质量特征或用途等方面容易引起误导的标记；

（三）已成为普通名称或公知公用的原产地标记；

（四）未经注册，自行施加或自我声明“中国制造”的标记。

第十八条 原产地标记的使用不得有下列情形：

（一）使用虚假的、欺骗性的或引起误解的原产地标记，使用虚假、欺骗性说明或者仿造原产地名称的；

（二）在原产地标记上加注了诸如“类”、“型”、“式”等类似用语以混淆原产地的；

（三）使用原产地标记与实际货物不符合的；

（四）未经许可使用、变更或伪造原产地标记的。

第十九条 检验检疫机构对已注册原产地标记的企业实行监督管理，发现不符合要求的，给予暂停使用或停止使用的处罚。对暂停使用的注册单位，改进后经审核合格的，可恢复使用；对停止使用的注册单位，以公告形式予以公布。

第二十条 对违反本规定的行为，情节轻微的，由检验检疫机构依法予以行政处罚；情节严重构成犯罪的，依法追究其刑事责任。

第六章 附 则

第二十一条 检验检疫机构办理原产地标记注册、加贴认证标志，以及实施有关检验、鉴定、测试等应按规定收取费用。

第二十二条 政府采购中的原产地标记，国家检验检疫局将根据我国政府采购的法律和法规，对政府采购中的原产地标记进行认定。

第二十三条 国家规定的“西部地区”的产品，可标有特定的“西部地区”标记，该标记视为原产地标记。

本条所称的“西部地区”是指国家公开发布的省、市、自治区。

第二十四条 本办法由国家检验检疫局负责解释。

第二十五条 本办法自2001年4月1日起实施。

附件：（略）

地理标志产品保护规定

1. 2005年6月7日国家质量监督检验检疫总局令第78号公布

2. 自2005年7月15日起施行

第一章 总 则

第一条 为了有效保护我国的地理标志产品，规范地理标志产品名称和专用标志的使用，保证地理标志产品的质量和特色，根据《中华人民共和国产品质量法》、《中华人民共和国标准化法》、《中华人民共和国进出口商品检验法》等有关规定，制定本规定。

第二条 本规定所称地理标志产品，是指产自特定地域，所具有的质量、声誉或其他特性本质上取决于该产地的自然因素和人文因素，经审核批准以地理名称进行命名的产品。地理标志产品包括：

（一）来自本地区的种植、养殖产品。

（二）原材料全部来自本地区或部分来自其他地区，并在本地区按照特定工艺生产和加工的产品。

第三条 本规定适用于对地理标志产品的申请受理、审核批准、地理标志专用标志注册登记和监督管理工作。

第四条 国家质量监督检验检疫总局（以下简称“国家质检总局”）统一管理全国的地理标志产品保护工作。各地出入境检验检疫局和质量技术监督局（以下简称各地质检机构）依照职能开展地理标志产品保护工作。

第五条 申请地理标志产品保护，应依照本规定经审核批准。使用地理标志产品专用标志，必须依照本规定经注册登记，并接受监督管理。

第六条 地理标志产品保护遵循申请自愿，受理及批准公开的原则。

第七条 申请地理标志保护的产品应当符合安全、卫生、环保的要求，对环境、生态、资源可能产生危害的产品，不予受理和保护。

第二章 申请及受理

第八条 地理标志产品保护申请，由当地县级以上人民政府指定的地理标志产品保护申请机构或人民政府认定的协会和企业（以下简称申请人）提出，并征求相关部门意见。

第九条 申请保护的产品在县域范围内的，由县级人民政府提出产地范围的建议；跨县域范围的，由地市级人民政府提出产地范围的建议；跨地市范围的，由省级人民政府提出产地范围的建议。

第十条 申请人应提交以下资料：

（一）有关地方政府关于划定地理标志产品产地范围的建议。

（二）有关地方政府成立申请机构或认定协会、企业作为申请人的文件。

（三）地理标志产品的证明材料，包括：

1. 地理标志产品保护申请书；

2. 产品名称、类别、产地范围及地理特征的说明；

3. 产品的理化、感官等质量特色及其与产地的自然因素和人文因素之间关系的说明；

4. 产品生产技术规范（包括产品加工工艺、安全卫生要求、加工设备的技术要求等）；

5. 产品的知名度，产品生产、销售情况及历史渊源的说明。

（四）拟申请的地理标志产品的技术标准。

第十一条 出口企业的地理标志产品的保护申请向本辖区内出入境检验检疫部门提出；按地域提出的地理标志产品的保护申请和其他地理标志产品的保护申请向当地（县级或县级以上）质量技术监督部门提出。

第十二条 省级质量技术监督局和直属出入境检验检疫局，按照分工，分别负责对拟申报的地理标志产品的保护申请提出初审意见，并将相关文件、资料上报国家质检总局。

第三章 审核及批准

第十三条 国家质检总局对收到的申请进行形式审查。审查合格的，由国家质检总局在国家质检总局公报、政府网站等媒体上向社会发布受理公告；审查不合格的，应书面告知申请人。

第十四条 有关单位和个人对申请有异议的，可在公告后的 2 个月内向国家质检总局提出。

第十五条 国家质检总局按照地理标志产品的特点设立相应的专家审查委员会，负责地理标志产品保护申请的技术审查工作。

第十六条 国家质检总局组织专家审查委员会对没有异议或者有异议但被驳回的申请进行技术审查，审查合格的，由国家质检总局发布批准该产品获得地理标志产品保护的公告。

第四章 标准制定及专用标志使用

第十七条 拟保护的地理标志产品，应根据产品的类别、范围、知名度、产品的生产销售等方面的因素，分别制定相应的国家标准、地方标准或管理规范。

第十八条 国家标准化行政主管部门组织草拟并发布地理标志保护产品的国家标准；省级地方人民政府标准化行政主管部门组织草拟并发布地理标志保护产品的地方标准。

第十九条 地理标志保护产品的质量检验由省级质量技术监督部门、直属出入境检验检疫部门指定的检验机构承担。必要时，国家质检总局将组织予以复检。

第二十条 地理标志产品产地范围内的生产者使用地理标志产品专用标志，应向当地质量技术监督局或出入境检验检疫局提出申请，并提交以下资料：

（一）地理标志产品专用标志使用申请书。

（二）由当地政府主管部门出具的产品产自特定地域的证明。

（三）有关产品质量检验机构出具的检验报告。

上述申请经省级质量技术监督局或直属出入境检验检疫局审核，并经国家质检总局审查合格注册登记后，发布公告，生产者即可在其产品上使用地理标志产品专用标志，获得地理标志产品保护。

第五章　保护和监督

第二十一条　各地质检机构依法对地理标志保护产品实施保护。对于擅自使用或伪造地理标志名称及专用标志的；不符合地理标志产品标准和管理规范要求而使用该地理标志产品的名称的；或者使用与专用标志相近、易产生误解的名称或标识及可能误导消费者的文字或图案标志，使消费者将该产品误认为地理标志保护产品的行为，质量技术监督部门和出入境检验检疫部门将依法进行查处。社会团体、企业和个人可监督、举报。

第二十二条　各地质检机构对地理标志产品的产地范围，产品名称，原材料，生产技术工艺，质量特色，质量等级、数量、包装、标识，产品专用标志的印刷、发放、数量、使用情况，产品生产环境、生产设备，产品的标准符合性等方面进行日常监督管理。

第二十三条　获准使用地理标志产品专用标志资格的生产者，未按相应标准和管理规范组织生产的，或者在2年内未在受保护的地理标志产品上使用专用标志的，国家质检总局将注销其地理标志产品专用标志使用注册登记，停止其使用地理标志产品专用标志并对外公告。

第二十四条　违反本规定的，由质量技术监督行政部门和出入境检验检疫部门依据《中华人民共和国产品质量法》、《中华人民共和国标准化法》、《中华人民共和国进出口商品检验法》等有关法律予以行政处罚。

第二十五条　从事地理标志产品保护工作的人员应忠于职守，秉公办事，不得滥用职权、以权谋私，不得泄露技术秘密。违反以上规定的，予以行政纪律处分；构成犯罪的依法追究刑事责任。

第六章　附　　则

第二十六条　国家质检总局接受国外地理标志产品在中华人民共和国的注册并实施保护。具体办法另外规定。

第二十七条　本规定由国家质检总局负责解释。

第二十八条　本规定自2005年7月15日起施行。原国家质量技术监督局公布的《原产地域产品保护规定》同时废止。原国家出入境检验检疫局公布的《原产地标记管理规定》、《原产地标记管理规定实施办法》中关于地理标志的内容与本规定不一致的，以本规定为准。

地理标志专用标志使用管理办法（试行）

2020年4月3日国家知识产权局公告第354号发布施行

第一条　为加强我国地理标志保护，统一和规范地理标志专用标志使用，依据《中华人民共和国民法总则》《中华人民共和国商标法》《中华人民共和国产品质量法》《中华人民共和国标准化法》《中华人民共和国商标法实施条例》《地理标志产品保护规定》《集体商标、证明商标注册和管理办法》《国外地理标志产品保护办法》，制定本办法。

第二条　本办法所称的地理标志专用标志，是指适用在按照相关标准、管理规范或者使用管理规则组织生产的地理标志产品上的官方标志。

第三条　国家知识产权局负责统一制定发布地理标志专用标志使用管理要求，组织实施地理标志专用标志使用监督管理。地方知识产权管理部门负责地理标志专用标志使用的日常监管。

第四条　地理标志专用标志合法使用人应当遵循诚实信用原则，履行如下义务：

（一）按照相关标准、管理规范和使用管理规则组织生产地理标志产品；

（二）按照地理标志专用标志的使用要求，规范标示地理标志专用标志；

（三）及时向社会公开并定期向所在地知识产权管理部门报送地理标志专用标志使用情况。

第五条　地理标志专用标志的合法使用人包括下列主体：

（一）经公告核准使用地理标志产品专用标志的生产者；

（二）经公告地理标志已作为集体商标注册的注册人的集体成员；

（三）经公告备案的已作为证明商标注册的地理标志的被许可人；

（四）经国家知识产权局登记备案的其他使用人。

第六条 地理标志专用标志的使用要求如下：

（一）地理标志保护产品和作为集体商标、证明商标注册的地理标志使用地理标志专用标志的，应在地理标志专用标志的指定位置标注统一社会信用代码。国外地理标志保护产品使用地理标志专用标志的，应在地理标志专用标志的指定位置标注经销商统一社会信用代码。图样如下：

（二）地理标志保护产品使用地理标志专用标志的，应同时使用地理标志专用标志和地理标志名称，并在产品标签或包装物上标注所执行的地理标志标准代号或批准公告号。

（三）作为集体商标、证明商标注册的地理标志使用地理标志专用标志的，应同时使用地理标志专用标志和该集体商标或证明商标，并加注商标注册号。

第七条 地理标志专用标志合法使用人可在国家知识产权局官方网站下载基本图案矢量图。地理标志专用标志矢量图可按比例缩放，标注应清晰可识，不得更改专用标志的图案形状、构成、文字字体、图文比例、色值等。

第八条 地理标志专用标志合法使用人可采用的地理标志专用标志标示方法有：

（一）采取直接贴附、刻印、烙印或者编织等方式将地理标志专用标志附着在产品本身、产品包装、容器、标签等上；

（二）使用在产品附加标牌、产品说明书、介绍手册等上；

（三）使用在广播、电视、公开发行的出版物等媒体上，包括以广告牌、邮寄广告或者其他广告方式为地理标志进行的广告宣传；

（四）使用在展览会、博览会上，包括在展览会、博览会上提供的使用地理标志专用标志的印刷品及其他资料；

（五）将地理标志专用标志使用于电子商务网站、微信、微信公众号、微博、二维码、手机应用程序等互联网载体上；

（六）其他合乎法律法规规定的标示方法。

第九条 地理标志专用标志合法使用人未按相应标准、管理规范或相关使用管理规则组织生产的，或者在2年内未在地理标志保护产品上使用专用标志的，知识产权管理部门停止其地理标志专用标志使用资格。

第十条 对于未经公告擅自使用或伪造地理标志专用标志的；或者使用与地理标志专用标志相近、易产生误解的名称或标识及可能误导消费者的文字或图案标志，使消费者将该产品误认为地理标志的行为，知识产权管理部门及相关执法部门依照法律法规和相关规定进行调查处理。

第十一条 省级知识产权管理部门应加强本辖区地理标志专用标志使用日常监管，定期向国家知识产权局报送上一年使用和监管信息。鼓励地理标志专用标志使用和日常监管信息通过地理标志保护信息平台向社会公开。

第十二条 原相关地理标志专用标志使用过渡期至2020年12月31日。在2020年12月31日前生产的使用原标志的产品可以继续在市场流通。

第十三条 本办法由国家知识产权局负责解释。

第十四条 本办法自发布之日起实施。

最高人民法院关于对南京金兰湾房地产开发公司与南京利源物业发展有限公司侵犯商标专用权纠纷一案请示的答复

1. 2004年2月2日
2. 〔2003〕民三他字第10号

江苏省高级人民法院：

你院〔2003〕苏民三审监字第008号《关于南京利源物业发展有限公司与南京金兰湾房地产开发公司商标侵权纠纷一案的请示报告》收悉。经研究，答复如下：

根据《中华人民共和国商标法》第五十二条第（一）项、《中华人民共和国商标法实施条例》第三条、第四十九条的规定，以地名作为文字商标进行注册的，商标专用权人有权禁止他人将与该地名相同的文字作为商标或者商品名称等商业标识在相同或者类似商品上使用来表示商品的来源；但无权禁止他人在相同或者类似商品上正当使用该地名来表示商品与产地、地理位置等之间的联系(地理标志作为商标注册的另论)。能否准确把握上述界限,是正确认定涉及地名的文字商标专用权的权利范围,依法保护商标专用权并合理维护正当的公众利益的关键。

我们认为应当注意以下问题:一、使用人使用地名的目的和方式。使用地名的方式往往表现出使用目的。使用人使用地名的方式是公众惯常理解的表示商品产地、地理位置等方式的,应当认为属于正当使用地名。二、商标和地名的知名度。所使用的文字,如果其作为商标知名度高,则一般情况下,相关公众混淆、误认的可能性较大;如果其作为地名知名度高,则相关公众对其出处的混淆、误认的可能性会较小。三、相关商品或服务的分类情况。商品或服务的分类情况,往往决定了是否需要指示其地理位置。房地产销售中指示房地产的地理位置,一般应当认为是基于说明该商品的自然属性的需要。四、相关公众在选择此类商品或服务时的注意程度。根据相关公众选择此类商品或服务时的一般注意程度,审查确认是否会因这种使用而对该商品或服务的来源混淆、误认。五、地名使用的具体环境、情形。在房地产广告上为突出地理位置的优越而突出使用地名与在一般商品上、一般商品的广告上为突出商品的产地而突出使用地名往往给予公众的注意程度不同,产生的效果也有所差别。

你院请示中涉及的是否构成侵权的问题,请你院在查明事实的基础上,根据有关法律和司法解释的规定并结合上述意见自行决定。

此复

最高人民法院对《辽宁省高级人民法院关于大连金州酒业有限公司与大连市金州区白酒厂商标侵权纠纷一案的请示》的答复

1. *2005年8月10日*
2. *〔2005〕民三他字第6号*

辽宁省高级人民法院:

你院〔2004〕辽民四知终字第176号《关于大连金州酒业有限公司与大连市金州区白酒厂商标侵权纠纷一案的请示》收悉。经研究,答复如下:

注册商标含有地名的,商标专用权人不得禁止地名所在区域的其他经营者为表明地理来源等正当用途而在商品名称中使用该地名。但是,除各自使用的地名文字相同外,如果商品名称与使用特殊的字体、形状等外观的注册商标构成相同或者近似,或者注册商标使用的地名除具有地域含义外,还具有使相关公众与注册商标的商品来源必然联系起来的其他含义(即第二含义),则不在此限。

请你院依据有关商标的法律、行政法规和司法解释的规定,并结合上述意见,根据案件事实,认真请示案件中的被诉行为是否构成侵权。

(2)商标与特殊标志

特殊标志管理条例

1996年7月13日国务院令第202号发布施行

第一章 总 则

第一条 为了加强对特殊标志的管理,推动文化、体育、科学研究及其他社会公益活动的发展,保护特殊标志所有人、使用人和消费者的合法权益,制定本条例。

第二条 本条例所称特殊标志,是指经国务院批准举办的全国性和国际性的文化、体育、科学研究及其他社会公益活动所使用的,由文字、图形组成的名称及缩写、会徽、吉祥物等标志。

第三条 经国务院工商行政管理部门核准登记的特殊标志,受本条例保护。

第四条 含有下列内容的文字、图形组成的特殊标志,不予登记:

(一)有损于国家或者国际组织的尊严或者形象的;

(二)有害于社会善良习俗和公共秩序的;

(三)带有民族歧视性,不利于民族团结的;

(四)缺乏显著性,不便于识别的;

(五)法律、行政法规禁止的其他内容。

第五条 特殊标志所有人使用或者许可他人使用特殊标志所募集的资金,必须用于特殊标志所服务的社会公益事业,并接受国务院财政部门、审计部门的监督。

第二章 特殊标志的登记

第六条 举办社会公益活动的组织者或者筹备者对其使用的名称、会徽、吉祥物等特殊标志,需要保护的,应当向国务院工商行政管理部门提出登记申请。

登记申请可以直接办理,也可以委托他人代理。

第七条 申请特殊标志登记,应当填写特殊标志登记申请书并提交下列文件:

(一)国务院批准举办该社会公益活动的文件;

(二)准许他人使用特殊标志的条件及管理办法;

(三)特殊标志图样5份,黑白墨稿1份。图样应当清晰,便于粘贴,用光洁耐用的纸张印制或者用照片代替,长和宽不大于10厘米、不小于5厘米;

(四)委托他人代理的,应当附代理人委托书,注明委托事项和权限;

(五)国务院工商行政管理部门认为应当提交的其他文件。

第八条 国务院工商行政管理部门收到申请后,按照以下规定处理:

(一)符合本条例有关规定,申请文件齐备无误的,自收到申请之日起15日内,发给特殊标志登记申请受理通知书,并在发出通知之日起2个月内,将特殊标志有关事项、图样和核准使用的商品和服务项目,在特殊标志登记簿上登记,发给特殊标志登记证书。

特殊标志经核准登记后,由国务院工商行政管理部门公告。

(二)申请文件不齐备或者有误的,自收到申请之日起10日内发给特殊标志登记申请补正通知书,并限其自收到通知之日起15日内予以补正;期满不补正或者补正仍不符合规定的,发给特殊标志登记申请不予受理通知书。

(三)违反本条例第四条规定的,自收到申请之日起15日内发给特殊标志登记申请驳回通知书。申请人对驳回通知不服的,可以自收到驳回通知之日起15日内,向国务院工商行政管理部门申请复议。

前款所列各类通知书,由国务院工商行政管理部门送达申请人或者其代理人。因故不能直接送交的,以国务院工商行政管理部门公告或者邮寄之日起的20日为送达日期。

第九条 特殊标志有效期为4年,自核准登记之日起计算。

特殊标志所有人可以在有效期满前3个月内提出延期申请,延长的期限由国务院工商行政管理部门根据实际情况和需要决定。

特殊标志所有人变更地址,应当自变更之日起1个月内报国务院工商行政管理部门备案。

第十条 已获准登记的特殊标志有下列情形之一的,任何单位和个人可以在特殊标志公告刊登之日至其有效期满的期间,向国务院工商行政管理部门申明理由并提供相应证据,请求宣告特殊标志登记无效:

(一)同已在先申请的特殊标志相同或者近似的;

(二)同已在先申请注册的商标或者已获得注册的商标相同或者近似的;

(三)同已在先申请外观设计专利或者已依法取

得专利权的外观设计专利相同或者近似的；

（四）侵犯他人著作权的。

第十一条　国务院工商行政管理部门自收到特殊标志登记无效申请之日起10日内，通知被申请人并限其自收到通知之日起15日内作出答辩。

被申请人拒绝答辩或者无正当理由超过答辩期限的，视为放弃答辩的权利。

第十二条　国务院工商行政管理部门自收到特殊标志登记无效申请之日起3个月内作出裁定，并通知当事人；当事人对裁定不服的，可以自收到通知之日起15日内，向国务院工商行政管理部门申请复议。

第三章　特殊标志的使用与保护

第十三条　特殊标志所有人可以在与其公益活动相关的广告、纪念品及其他物品上使用该标志，并许可他人在国务院工商行政管理部门核准使用该标志的商品或者服务项目上使用。

第十四条　特殊标志的使用人应当是依法成立的企业、事业单位、社会团体、个体工商户。

特殊标志使用人应当同所有人签订书面使用合同。

特殊标志使用人应当自合同签订之日起1个月内，将合同副本报国务院工商行政管理部门备案，并报使用人所在地县级以上人民政府工商行政管理部门存查。

第十五条　特殊标志所有人或者使用人有下列行为之一的，由其所在地或者行为发生地县级以上人民政府工商行政管理部门责令改正，可以处5万元以下的罚款；情节严重的，由县级以上人民政府工商行政管理部门责令使用人停止使用该特殊标志，由国务院工商行政管理部门撤销所有人的特殊标志登记：

（一）擅自改变特殊标志文字、图形的；

（二）许可他人使用特殊标志，未签订使用合同，或者使用人在规定期限内未报国务院工商行政管理部门备案或者未报所在地县级以上人民政府工商行政管理机关存查的；

（三）超出核准登记的商品或者服务范围使用的。

第十六条　有下列行为之一的，由县级以上人民政府工商行政管理部门责令侵权人立即停止侵权行为，没收侵权商品，没收违法所得，并处违法所得5倍以下的罚款，没有违法所得的，处1万元以下的罚款：

（一）擅自使用与所有人的特殊标志相同或者近似的文字、图形或者其组合的；

（二）未经特殊标志所有人许可，擅自制造、销售其特殊标志或者将其特殊标志用于商业活动的；

（三）有给特殊标志所有人造成经济损失的其他行为的。

第十七条　特殊标志所有人或者使用人发现特殊标志所有权或者使用权被侵害时，可以向侵权人所在地或者侵权行为发生地县级以上人民政府工商行政管理部门投诉；也可以直接向人民法院起诉。

工商行政管理部门受理特殊标志侵权案件投诉的，应当依特殊标志所有人的请求，就侵权的民事赔偿主持调解；调解不成的，特殊标志所有人可以向人民法院起诉。

第十八条　工商行政管理部门受理特殊标志侵权案件，在调查取证时，可以行使下列职权，有关当事人应当予以协助，不得拒绝：

（一）询问有关当事人；

（二）检查与侵权活动有关的物品；

（三）调查与侵权活动有关的行为；

（四）查阅、复制与侵权活动有关的合同、账册等业务资料。

第四章　附　　则

第十九条　特殊标志申请费、公告费、登记费的收费标准，由国务院财政部门、物价部门会同国务院工商行政管理部门制定。

第二十条　申请特殊标志登记有关文书格式由国务院工商行政管理部门制定。

第二十一条　经国务院批准代表中国参加国际性文化、体育、科学研究等活动的组织所使用的名称、徽记、吉祥物等标志的保护，参照本条例的规定施行。

第二十二条　本条例自发布之日起施行。

世界博览会标志保护条例

1. 2004年10月20日国务院令第422号公布
2. 自2004年12月1日起施行

第一条　为了加强对世界博览会标志的保护，维护世界博览会标志权利人的合法权益，制定本条例。

第二条　本条例所称世界博览会标志，是指：

（一）中国2010年上海世界博览会申办机构的名

称(包括全称、简称、译名和缩写,下同)、徽记或者其他标志;

(二)中国2010年上海世界博览会组织机构的名称、徽记或者其他标志;

(三)中国2010年上海世界博览会的名称、会徽、会旗、吉祥物、会歌、主题词、口号;

(四)国际展览局的局旗。

第三条 本条例所称世界博览会标志权利人,是指中国2010年上海世界博览会组织机构和国际展览局。

中国2010年上海世界博览会组织机构为本条例第二条第(一)、(二)、(三)项规定的世界博览会标志的权利人。中国2010年上海世界博览会组织机构和国际展览局之间关于本条例第二条第(四)项规定的世界博览会标志的权利划分,依照中国2010年上海世界博览会《申办报告》、《注册报告》和国际展览局《关于使用国际展览局局旗的规定》确定。

第四条 世界博览会标志权利人依照本条例享有世界博览会标志专有权。

未经世界博览会标志权利人许可,任何人不得为商业目的(含潜在商业目的,下同)使用世界博览会标志。

第五条 本条例所称为商业目的使用,是指以营利为目的,以下列方式使用世界博览会标志:

(一)将世界博览会标志用于商品、商品包装或者容器以及商品交易文书上;

(二)将世界博览会标志用于服务业中;

(三)将世界博览会标志用于广告宣传、商业展览、营业性演出以及其他商业活动中;

(四)销售、进口、出口含有世界博览会标志的商品;

(五)制造或者销售世界博览会标志;

(六)将世界博览会标志作为字号申请企业名称登记,可能造成市场误认、混淆的;

(七)可能使他人认为行为人与世界博览会标志权利人之间存在许可使用关系而使用世界博览会标志的其他行为。

第六条 国务院工商行政管理部门依照本条例的规定,负责全国的世界博览会标志保护工作。

县级以上地方工商行政管理部门依照本条例的规定,负责本行政区域内的世界博览会标志保护工作。

第七条 世界博览会标志权利人应当将世界博览会标志报国务院工商行政管理部门备案,由国务院工商行政管理部门公告。

第八条 在本条例施行前已经依法使用世界博览会标志的,可以在原有范围内继续使用。

第九条 未经世界博览会标志权利人许可,为商业目的擅自使用世界博览会标志即侵犯世界博览会标志专有权,引起纠纷的,由当事人协商解决;不愿协商或者协商不成的,世界博览会标志权利人或者利害关系人可以依法向人民法院提起诉讼,也可以请求工商行政管理部门处理。

应当事人的请求,工商行政管理部门可以就侵犯世界博览会标志专有权的赔偿数额进行调解;调解不成的,当事人可以依法向人民法院提起诉讼。

第十条 工商行政管理部门根据已经取得的违法嫌疑证据或者举报查处涉嫌侵犯世界博览会标志专有权的行为时,可以行使下列职权:

(一)询问有关当事人,调查与侵犯世界博览会标志专有权有关的情况;

(二)查阅、复制与侵权活动有关的合同、发票、账簿以及其他有关资料;

(三)对当事人涉嫌侵犯世界博览会标志专有权活动的场所实施现场检查;

(四)检查与侵权活动有关的物品;对有证据证明侵犯世界博览会标志专有权的物品,予以查封或者扣押。

工商行政管理部门依法行使前款规定的职权时,当事人应当予以协助、配合,不得拒绝、阻挠。

第十一条 工商行政管理部门处理侵犯世界博览会标志专有权行为时,认定侵权行为成立的,责令立即停止侵权行为,没收、销毁侵权商品和专门用于制造侵权商品或者为商业目的擅自制造世界博览会标志的工具,有违法所得的,没收违法所得,可以并处违法所得5倍以下的罚款;没有违法所得的,可以并处5万元以下的罚款。

利用世界博览会标志进行诈骗等活动,构成犯罪的,依法追究刑事责任。

第十二条 侵犯世界博览会标志专有权的货物禁止进出口。世界博览会标志专有权海关保护的程序适用《中华人民共和国知识产权海关保护条例》的规定。

第十三条 侵犯世界博览会标志专有权的赔偿数额,按照权利人因被侵权所受到的损失或者侵权人因侵权所获得的利益确定,包括为制止侵权行为所支付的合理开支;被侵权人的损失或者侵权人获得的利益难以确定的,参照该世界博览会标志许可使用费合理确定。

销售不知道是侵犯世界博览会标志专有权的商品,能证明该商品是自己合法取得并说明提供者的,不承担赔偿责任。

第十四条 任何单位或者个人可以向工商行政管理部门或有关行政管理部门举报违反本条例使用世界博览会标志的行为。

第十五条 世界博览会标志除依照本条例受到保护外,还可以依照《中华人民共和国著作权法》、《中华人民共和国商标法》、《中华人民共和国专利法》、《中华人民共和国反不正当竞争法》、《特殊标志管理条例》等法律、行政法规的规定获得保护。

第十六条 本条例自2004年12月1日起施行。

奥林匹克标志保护条例

1. 2002年2月4日国务院令第345号公布
2. 2018年6月28日国务院令第699号修订
3. 自2018年7月31日起施行

第一条 为了加强对奥林匹克标志的保护,保障奥林匹克标志权利人的合法权益,促进奥林匹克运动发展,制定本条例。

第二条 本条例所称奥林匹克标志,是指:

(一)国际奥林匹克委员会的奥林匹克五环图案标志、奥林匹克旗、奥林匹克格言、奥林匹克徽记、奥林匹克会歌;

(二)奥林匹克、奥林匹亚、奥林匹克运动会及其简称等专有名称;

(三)中国奥林匹克委员会的名称、徽记、标志;

(四)中国境内申请承办奥林匹克运动会的机构的名称、徽记、标志;

(五)在中国境内举办的奥林匹克运动会的名称及其简称、吉祥物、会歌、火炬造型、口号、“主办城市名称+举办年份”等标志,以及其组织机构的名称、徽记;

(六)《奥林匹克宪章》和相关奥林匹克运动会主办城市合同中规定的其他与在中国境内举办的奥林匹克运动会有关的标志。

第三条 本条例所称奥林匹克标志权利人,是指国际奥林匹克委员会、中国奥林匹克委员会和中国境内申请承办奥林匹克运动会的机构、在中国境内举办的奥林匹克运动会的组织机构。

国际奥林匹克委员会、中国奥林匹克委员会和中国境内申请承办奥林匹克运动会的机构、在中国境内举办的奥林匹克运动会的组织机构之间的权利划分,依照《奥林匹克宪章》和相关奥林匹克运动会主办城市合同确定。

第四条 奥林匹克标志权利人依照本条例对奥林匹克标志享有专有权。

未经奥林匹克标志权利人许可,任何人不得为商业目的使用奥林匹克标志。

第五条 本条例所称为商业目的的使用,是指以营利为目的,以下列方式利用奥林匹克标志:

(一)将奥林匹克标志用于商品、商品包装或者容器以及商品交易文书上;

(二)将奥林匹克标志用于服务项目中;

(三)将奥林匹克标志用于广告宣传、商业展览、营业性演出以及其他商业活动中;

(四)销售、进口、出口含有奥林匹克标志的商品;

(五)制造或者销售奥林匹克标志;

(六)其他以营利为目的的利用奥林匹克标志的行为。

第六条 除本条例第五条规定外,利用与奥林匹克运动有关的元素开展活动,足以引人误认为与奥林匹克标志权利人之间有赞助或者其他支持关系,构成不正当竞争行为的,依照《中华人民共和国反不正当竞争法》处理。

第七条 国务院市场监督管理部门、知识产权主管部门依据本条例的规定,负责全国的奥林匹克标志保护工作。

县级以上地方市场监督管理部门依据本条例的规定,负责本行政区域内的奥林匹克标志保护工作。

第八条 奥林匹克标志权利人应当将奥林匹克标志提交国务院知识产权主管部门,由国务院知识产权主管部门公告。

第九条 奥林匹克标志有效期为10年,自公告之日起计算。

奥林匹克标志权利人可以在有效期满前12个月内办理续展手续,每次续展的有效期为10年,自该奥林匹克标志上一届有效期满次日起计算。国务院知识产权主管部门应当对续展的奥林匹克标志予以公告。

第十条 取得奥林匹克标志权利人许可,为商业目的使用奥林匹克标志的,应当同奥林匹克标志权利人订立使用许可合同。奥林匹克标志权利人应当将其许可使用奥林匹克标志的种类、被许可人、许可使用的商品或者服务项目、时限、地域范围等信息及时披露。

被许可人应当在使用许可合同约定的奥林匹克标志种类、许可使用的商品或者服务项目、时限、地域范围内使用奥林匹克标志。

第十一条 本条例施行前已经依法使用奥林匹克标志的,可以在原有范围内继续使用。

第十二条 未经奥林匹克标志权利人许可,为商业目的擅自使用奥林匹克标志,或者使用足以引人误认的近似标志,即侵犯奥林匹克标志专有权,引起纠纷的,由当事人协商解决;不愿协商或者协商不成的,奥林匹克标志权利人或者利害关系人可以向人民法院提起诉讼,也可以请求市场监督管理部门处理。市场监督管理部门处理时,认定侵权行为成立的,责令立即停止侵权行为,没收、销毁侵权商品和主要用于制造侵权商品或者为商业目的擅自制造奥林匹克标志的工具。违法经营额5万元以上的,可以并处违法经营额5倍以下的罚款,没有违法经营额或者违法经营额不足5万元的,可以并处25万元以下的罚款。当事人对处理决定不服的,可以依照《中华人民共和国行政复议法》申请行政复议,也可以直接依照《中华人民共和国行政诉讼法》向人民法院提起诉讼。进行处理的市场监督管理部门应当事人的请求,可以就侵犯奥林匹克标志专有权的赔偿数额进行调解;调解不成的,当事人可以依照《中华人民共和国民事诉讼法》向人民法院提起诉讼。

利用奥林匹克标志进行诈骗等活动,构成犯罪的,依法追究刑事责任。

第十三条 对侵犯奥林匹克标志专有权的行为,市场监督管理部门有权依法查处。

市场监督管理部门根据已经取得的违法嫌疑证据或者举报,对涉嫌侵犯奥林匹克标志专有权的行为进行查处时,可以行使下列职权:

(一)询问有关当事人,调查与侵犯奥林匹克标志专有权有关的情况;

(二)查阅、复制与侵权活动有关的合同、发票、账簿以及其他有关资料;

(三)对当事人涉嫌侵犯奥林匹克标志专有权活动的场所实施现场检查;

(四)检查与侵权活动有关的物品;对有证据证明是侵犯奥林匹克标志专有权的物品,予以查封或者扣押。

市场监督管理部门依法行使前款规定的职权时,当事人应当予以协助、配合,不得拒绝、阻挠。

第十四条 进出口货物涉嫌侵犯奥林匹克标志专有权的,由海关参照《中华人民共和国海关法》和《中华人民共和国知识产权海关保护条例》规定的权限和程序查处。

第十五条 侵犯奥林匹克标志专有权的赔偿数额,按照权利人因被侵权所受到的损失或者侵权人因侵权所获得的利益确定,包括为制止侵权行为所支付的合理开支;被侵权人的损失或者侵权人获得的利益难以确定的,参照该奥林匹克标志许可使用费合理确定。

销售不知道是侵犯奥林匹克标志专有权的商品,能证明该商品是自己合法取得并说明提供者的,不承担赔偿责任。

第十六条 奥林匹克标志除依照本条例受到保护外,还可以依照《中华人民共和国著作权法》、《中华人民共和国商标法》、《中华人民共和国专利法》、《特殊标志管理条例》等法律、行政法规的规定获得保护。

第十七条 对残奥会有关标志的保护,参照本条例执行。

第十八条 本条例自2018年7月31日起施行。

（3）商标与企业名称

企业名称登记管理规定

1. 1991年5月6日国家工商行政管理局令第7号发布
2. 根据2012年11月9日《国务院关于修改和废止部分行政法规的决定》第一次修订
3. 2020年12月14日国务院第118次常务会议修订通过
4. 2020年12月28日国务院令第734号公布
5. 自2021年3月1日起施行

第一条　为了规范企业名称登记管理，保护企业的合法权益，维护社会经济秩序，优化营商环境，制定本规定。

第二条　县级以上人民政府市场监督管理部门（以下统称企业登记机关）负责中国境内设立企业的企业名称登记管理。

国务院市场监督管理部门主管全国企业名称登记管理工作，负责制定企业名称登记管理的具体规范。

省、自治区、直辖市人民政府市场监督管理部门负责建立本行政区域统一的企业名称申报系统和企业名称数据库，并向社会开放。

第三条　企业登记机关应当不断提升企业名称登记管理规范化、便利化水平，为企业和群众提供高效、便捷的服务。

第四条　企业只能登记一个企业名称，企业名称受法律保护。

第五条　企业名称应当使用规范汉字。民族自治地方的企业名称可以同时使用本民族自治地方通用的民族文字。

第六条　企业名称由行政区划名称、字号、行业或者经营特点、组织形式组成。跨省、自治区、直辖市经营的企业，其名称可以不含行政区划名称；跨行业综合经营的企业，其名称可以不含行业或者经营特点。

第七条　企业名称中的行政区划名称应当是企业所在地的县级以上地方行政区划名称。市辖区名称在企业名称中使用时应当同时冠以其所属的设区的市的行政区划名称。开发区、垦区等区域名称在企业名称中使用时应当与行政区划名称连用，不得单独使用。

第八条　企业名称中的字号应当由两个以上汉字组成。

县级以上地方行政区划名称、行业或者经营特点不得作为字号，另有含义的除外。

第九条　企业名称中的行业或者经营特点应当根据企业的主营业务和国民经济行业分类标准标明。国民经济行业分类标准中没有规定的，可以参照行业习惯或者专业文献等表述。

第十条　企业应当根据其组织结构或者责任形式，依法在企业名称中标明组织形式。

第十一条　企业名称不得有下列情形：

（一）损害国家尊严或者利益；

（二）损害社会公共利益或者妨碍社会公共秩序；

（三）使用或者变相使用政党、党政军机关、群团组织名称及其简称、特定称谓和部队番号；

（四）使用外国国家（地区）、国际组织名称及其通用简称、特定称谓；

（五）含有淫秽、色情、赌博、迷信、恐怖、暴力的内容；

（六）含有民族、种族、宗教、性别歧视的内容；

（七）违背公序良俗或者可能有其他不良影响；

（八）可能使公众受骗或者产生误解；

（九）法律、行政法规以及国家规定禁止的其他情形。

第十二条　企业名称冠以“中国”、“中华”、“中央”、“全国”、“国家”等字词，应当按照有关规定从严审核，并报国务院批准。国务院市场监督管理部门负责制定具体管理办法。

企业名称中间含有“中国”、“中华”、“全国”、“国家”等字词的，该字词应当是行业限定语。

使用外国投资者字号的外商独资或者控股的外商投资企业，企业名称中可以含有“（中国）”字样。

第十三条　企业分支机构名称应当冠以其所从属企业的名称，并缀以“分公司”、“分厂”、“分店”等字词。境外企业分支机构还应当在名称中标明该企业的国籍及责任形式。

第十四条　企业集团名称应当与控股企业名称的行政区划名称、字号、行业或者经营特点一致。控股企业可以在其名称的组织形式之前使用“集团”或者“（集团）”字样。

第十五条　有投资关系或者经过授权的企业，其名称中可以含有另一个企业的名称或者其他法人、非法人组织的名称。

第十六条　企业名称由申请人自主申报。

申请人可以通过企业名称申报系统或者在企业登记机关服务窗口提交有关信息和材料，对拟定的企业名称进行查询、比对和筛选，选取符合本规定要求的企业名称。

申请人提交的信息和材料应当真实、准确、完整，并承诺因其企业名称与他人企业名称近似侵犯他人合法权益的，依法承担法律责任。

第十七条　在同一企业登记机关，申请人拟定的企业名称中的字号不得与下列同行业或者不使用行业、经营特点表述的企业名称中的字号相同：

（一）已经登记或者在保留期内的企业名称，有投资关系的除外；

（二）已经注销或者变更登记未满1年的原企业名称，有投资关系或者受让企业名称的除外；

（三）被撤销设立登记或者被撤销变更登记未满1年的原企业名称，有投资关系的除外。

第十八条　企业登记机关对通过企业名称申报系统提交完成的企业名称予以保留，保留期为2个月。设立企业依法应当报经批准或者企业经营范围中有在登记前须经批准的项目的，保留期为1年。

申请人应当在保留期届满前办理企业登记。

第十九条　企业名称转让或者授权他人使用的，相关企业应当依法通过国家企业信用信息公示系统向社会公示。

第二十条　企业登记机关在办理企业登记时，发现企业名称不符合本规定的，不予登记并书面说明理由。

企业登记机关发现已经登记的企业名称不符合本规定的，应当及时纠正。其他单位或者个人认为已经登记的企业名称不符合本规定的，可以请求企业登记机关予以纠正。

第二十一条　企业认为其他企业名称侵犯本企业名称合法权益的，可以向人民法院起诉或者请求为涉嫌侵权企业办理登记的企业登记机关处理。

企业登记机关受理申请后，可以进行调解；调解不成的，企业登记机关应当自受理之日起3个月内作出行政裁决。

第二十二条　利用企业名称实施不正当竞争等行为的，依照有关法律、行政法规的规定处理。

第二十三条　使用企业名称应当遵守法律法规，诚实守信，不得损害他人合法权益。

人民法院或者企业登记机关依法认定企业名称应当停止使用的，企业应当自收到人民法院生效的法律文书或者企业登记机关的处理决定之日起30日内办理企业名称变更登记。名称变更前，由企业登记机关以统一社会信用代码代替其名称。企业逾期未办理变更登记的，企业登记机关将其列入经营异常名录；完成变更登记后，企业登记机关将其移出经营异常名录。

第二十四条　申请人登记或者使用企业名称违反本规定的，依照企业登记相关法律、行政法规的规定予以处罚。

企业登记机关对不符合本规定的企业名称予以登记，或者对符合本规定的企业名称不予登记的，对直接负责的主管人员和其他直接责任人员，依法给予行政处分。

第二十五条　农民专业合作社和个体工商户的名称登记管理，参照本规定执行。

第二十六条　本规定自2021年3月1日起施行。

企业名称登记管理实施办法

1. 1999年12月8日国家工商行政管理局令第93号公布

2. 2004年6月14日国家工商行政管理总局令第10号修订

3. 自2004年7月1日起施行

第一章　总　　则

第一条　为了加强和完善企业名称的登记管理，保护企业名称所有人的合法权益，维护公平竞争秩序，根据《企业名称登记管理规定》和有关法律、行政法规，制定本办法。

第二条　本办法适用于工商行政管理机关登记注册的企业法人和不具有法人资格的企业的名称。

第三条　企业应当依法选择自己的名称，并申请登记注册。企业自成立之日起享有名称权。

第四条　各级工商行政管理机关应当依法核准登记企业名称。

超越权限核准的企业名称应当予以纠正。

第五条　工商行政管理机关对企业名称实行分级登记管理。国家工商行政管理总局主管全国企业名称登记管理工作，并负责核准下列企业名称：

（一）冠以“中国”、“中华”、“全国”、“国家”、“国际”等字样的；

（二）在名称中间使用“中国”、“中华”、“全国”、

"国家"等字样的；

（三）不含行政区划的。

地方工商行政管理局负责核准前款规定以外的下列企业名称：

（一）冠以同级行政区划的；

（二）符合本办法第十二条的含有同级行政区划的。

国家工商行政管理总局授予外商投资企业核准登记权的工商行政管理局按本办法核准外商投资企业名称。

第二章　企业名称

第六条　企业法人名称中不得含有其他法人的名称，国家工商行政管理总局另有规定的除外。

第七条　企业名称中不得含有另一个企业名称。

企业分支机构名称应当冠以其所从属企业的名称。

第八条　企业名称应当使用符合国家规范的汉字，不得使用汉语拼音字母、阿拉伯数字。

企业名称需译成外文使用的，由企业依据文字翻译原则自行翻译使用，不需报工商行政管理机关核准登记。

第九条　企业名称应当由行政区划、字号、行业、组织形式依次组成，法律、行政法规和本办法另有规定的除外。

第十条　除国务院决定设立的企业外，企业名称不得冠以"中国"、"中华"、"全国"、"国家"、"国际"等字样。

在企业名称中间使用"中国"、"中华"、"全国"、"国家"、"国际"等字样的，该字样应是行业的限定语。

使用外国（地区）出资企业字号的外商独资企业、外方控股的外商投资企业，可以在名称中间使用"（中国）"字样。

第十一条　企业名称中的行政区划是本企业所在地县级以上行政区划的名称或地名。

市辖区的名称不能单独用作企业名称中的行政区划。市辖区名称与市行政区划连用的企业名称，由市工商行政管理局核准。

省、市、县行政区划连用的企业名称，由最高级别行政区的工商行政管理局核准。

第十二条　具备下列条件的企业法人，可以将名称中的行政区划放在字号之后，组织形式之前：

（一）使用控股企业名称中的字号；

（二）该控股企业的名称不含行政区划。

第十三条　经国家工商行政管理总局核准，符合下列条件之一的企业法人，可以使用不含行政区划的企业名称：

（一）国务院批准的；

（二）国家工商行政管理总局登记注册的；

（三）注册资本（或注册资金）不少于5000万元人民币的；

（四）国家工商行政管理总局另有规定的。

第十四条　企业名称中的字号应当由2个以上的字组成。

行政区划不得用作字号，但县以上行政区划的地名具有其他含义的除外。

第十五条　企业名称可以使用自然人投资人的姓名作字号。

第十六条　企业名称中的行业表述应当是反映企业经济活动性质所属国民经济行业或者企业经营特点的用语。

企业名称中行业用语表述的内容应当与企业经营范围一致。

第十七条　企业经济活动性质分别属于国民经济行业不同大类的，应当选择主要经济活动性质所属国民经济行业类别用语表述企业名称中的行业。

第十八条　企业名称中不使用国民经济行业类别用语表述企业所从事行业的，应当符合以下条件：

（一）企业经济活动性质分别属于国民经济行业5个以上大类；

（二）企业注册资本（或注册资金）1亿元以上或者是企业集团的母公司；

（三）与同一工商行政管理机关核准或者登记注册的企业名称中字号不相同。

第十九条　企业为反映其经营特点，可以在名称中的字号之后使用国家（地区）名称或者县级以上行政区划的地名。

上述地名不视为企业名称中的行政区划。

第二十条　企业名称不应当明示或者暗示有超越其经营范围的业务。

第三章　企业名称的登记注册

第二十一条　企业营业执照上只准标明一个企业名称。

第二十二条　设立公司应当申请名称预先核准。

法律、行政法规规定设立企业必须报经审批或者企业经营范围中有法律、行政法规规定必须报经审批项目的，应当在报送审批前办理企业名称预先核准，并以工商行政管理机关核准的企业名称报送审批。

设立其他企业可以申请名称预先核准。

第二十三条 申请企业名称预先核准，应当由全体出资人、合伙人、合作者（以下统称投资人）指定的代表或者委托的代理人，向有名称核准管辖权的工商行政管理机关提交企业名称预先核准申请书。

企业名称预先核准申请书应当载明企业的名称（可以载明备选名称）、住所、注册资本、经营范围、投资人名称或者姓名、投资额和投资比例、授权委托意见（指定的代表或者委托的代理人姓名、权限和期限），并由全体投资人签名盖章。

企业名称预先核准申请书上应当粘贴指定的代表或者委托的代理人身份证复印件。

第二十四条 直接到工商行政管理机关办理企业名称预先核准的，工商行政管理机关应当场对申请预先核准的企业名称作出核准或者驳回的决定。予以核准的，发给《企业名称预先核准通知书》；予以驳回的，发给《企业名称驳回通知书》。

通过邮寄、传真、电子数据交换等方式申请企业名称预先核准的，按照《企业登记程序规定》执行。

第二十五条 申请企业设立登记，已办理企业名称预先核准的，应当提交《企业名称预先核准通知书》。

设立企业名称涉及法律、行政法规规定必须报经审批，未能提交审批文件的，登记机关不得以预先核准的企业名称登记注册。

企业名称预先核准与企业登记注册不在同一工商行政管理机关办理的，登记机关应当自企业登记注册之日起30日内，将有关登记情况送核准企业名称的工商行政管理机关备案。

第二十六条 企业变更名称，应当向其登记机关申请变更登记。

企业申请变更的名称，属登记机关管辖的，由登记机关直接办理变更登记。

企业申请变更的名称，不属登记机关管辖的，按本办法第二十七条的规定办理。

企业名称变更登记核准之日起30日内，企业应当申请办理其分支机构名称的变更登记。

第二十七条 申请企业名称变更登记，企业登记和企业名称核准不在同一工商行政管理机关的，企业登记机关应当对企业拟变更的名称进行初审，并向有名称管辖权的工商行政管理机关报送企业名称变更核准意见书。

企业名称变更核准意见书上应当载明原企业名称、拟变更的企业名称（备选名称）、住所、注册资本、经营范围、投资人名称或者姓名、企业登记机关的审查意见，并加盖公章。有名称管辖权的工商行政管理机关收到企业名称变更核准意见书后，应在5日内作出核准或驳回的决定，核准的，发给《企业名称变更核准通知书》；驳回的，发给《企业名称驳回通知书》。

登记机关应当在核准企业名称变更登记之日起30日内，将有关登记情况送核准企业名称的工商行政管理机关备案。

第二十八条 公司名称预先核准和公司名称变更核准的有效期为6个月，有效期满，核准的名称自动失效。

第二十九条 企业被撤销有关业务经营权，而其名称又表明了该项业务时，企业应当在被撤销该项业务经营权之日起1个月内，向登记机关申请变更企业名称等登记事项。

第三十条 企业办理注销登记或者被吊销营业执照，如其名称是经其他工商行政管理机关核准的，登记机关应当将核准注销登记情况或者行政处罚决定书送核准该企业名称的工商行政管理机关备案。

第三十一条 企业名称有下列情形之一的，不予核准：

（一）与同一工商行政管理机关核准或者登记注册的同行业企业名称字号相同，有投资关系的除外；

（二）与同一工商行政管理机关核准或者登记注册符合本办法第十八条的企业名称字号相同，有投资关系的除外；

（三）与其他企业变更名称未满1年的原名称相同；

（四）与注销登记或者被吊销营业执照未满3年的企业名称相同；

（五）其他违反法律、行政法规的。

第三十二条 工商行政管理机关应当建立企业名称核准登记档案。

第三十三条 《企业名称预先核准通知书》、《企业名称变更核准通知书》、《企业名称驳回通知书》及企业名称核准登记表格式样由国家工商行政管理总局统一制定。

第三十四条 外国（地区）企业名称，依据我国参加的国际公约、协定、条约等有关规定予以保护。

第四章 企业名称的使用

第三十五条 预先核准的企业名称在有效期内,不得用于经营活动,不得转让。

企业变更名称,在其登记机关核准变更登记前,不得使用《企业名称变更核准通知书》上核准变更的企业名称从事经营活动,也不得转让。

第三十六条 企业应当在住所处标明企业名称。

第三十七条 企业的印章、银行账户、信笺所使用的企业名称,应当与其营业执照上的企业名称相同。

第三十八条 法律文书使用企业名称,应当与该企业营业执照上的企业名称相同。

第三十九条 企业使用名称,应当遵循诚实信用的原则。

第五章 监督管理与争议处理

第四十条 各级工商行政管理机关对在本机关管辖地域内从事活动的企业使用企业名称的行为,依法进行监督管理。

第四十一条 已经登记注册的企业名称,在使用中对公众造成欺骗或者误解的,或者损害他人合法权益的,应当认定为不适宜的企业名称予以纠正。

第四十二条 企业因名称与他人发生争议,可以向工商行政管理机关申请处理,也可以向人民法院起诉。

第四十三条 企业请求工商行政管理机关处理名称争议时,应当向核准他人名称的工商行政管理机关提交以下材料:

(一)申请书;

(二)申请人的资格证明;

(三)举证材料;

(四)其他有关材料。

申请书应当由申请人签署并载明申请人和被申请人的情况、名称争议事实及理由、请求事项等内容。

委托代理的,还应当提交委托书和被委托人资格证明。

第四十四条 工商行政管理机关受理企业名称争议后,应当按以下程序在6个月内作出处理:

(一)查证申请人和被申请人企业名称登记注册的情况;

(二)调查核实申请人提交的材料和有关争议的情况;

(三)将有关名称争议情况书面告知被申请人,要求被申请人在1个月内对争议问题提交书面意见;

(四)依据保护工业产权的原则和企业名称登记管理的有关规定作出处理。

第六章 附 则

第四十五条 以下需在工商行政管理机关办理登记的名称,参照《企业名称登记管理规定》和本办法办理:

(一)企业集团的名称,其构成为:行政区划+字号+行业+"集团"字样;

(二)其他按规定需在工商行政管理机关办理登记的组织的名称。

第四十六条 企业名称预先核准申请书和企业名称变更核准意见书由国家工商行政管理总局统一制发标准格式文本,各地工商行政管理机关按照标准格式文本印制。

第四十七条 本办法自2004年7月1日起施行。

国家工商行政管理局《关于贯彻〈企业名称登记管理规定〉有关问题的通知》(工商企字〔1991〕第309号)、《关于执行〈企业名称登记管理规定〉有关问题的补充通知》(工商企字〔1992〕第283号)、《关于外商投资企业名称登记管理有关问题的通知》(工商企字〔1993〕第152号)同时废止。

国家工商行政管理总局其他文件中有关企业名称的规定,与《企业名称登记管理规定》和本办法抵触的,同时失效。

国家工商行政管理总局关于对企业名称许可使用有关问题的答复

1. 2002年2月7日

2. 工商企字〔2002〕第33号

湖北省、内蒙古自治区工商行政管理局:

湖北省工商行政管理局《关于企业名称许可使用有关问题的请示》(鄂工商文字〔2001〕36号)、内蒙古自治区工商行政管理局《关于对内蒙古大华食品有限公司以特许加盟名义授权包头市塞尚商贸有限责任公司使用其企业名称如何定性处罚的请示》(内工商外企字〔2001〕248号)收悉。现一并答复如下:

一、关于企业名称许可使用问题,鉴于《中华人民共和国民法通则》将企业名称权列在人身权范畴,我局认为,企业不得许可他人使用自己的企业名称,更不得许可他人使用第三方的企业名称或未经核准登记的企业名称。

二、企业许可他人使用自己的企业名称从事经营活动的行为属于“出租自己的企业名称”。登记机关应依照《企业名称登记管理规定》第二十六条第(三)项规定对许可人予以处罚。

企业许可他人使用未经核准登记的企业名称从事经营活动的行为属于《企业名称登记管理规定》第二十六条第(一)项规定禁止的行为,登记机关应依照上述规定对许可人和被许可人一并予以处罚。

三、《企业名称登记管理规定》第二十六条第(三)项规定“擅自转让或者出租自己的企业名称的,没收非法所得,并处以一千元以上、一万元以下罚款”中所指的企业名称应是登记机关核发的营业执照上的企业名称。

四、企业和个体工商户应当按照登记机关核发的营业执照上的企业名称使用,未按自己营业执照上的名称使用的,登记机关应分别按照《企业名称登记管理规定》以及相应登记法规关于擅自改变登记事项有关规定予以处罚。

五、使用“中国移动通信营业厅”名称,应按照企业名称登记管理有关规定,经登记机关核准登记后方可使用,未经核准登记注册不得使用。

最高人民法院关于审理注册商标、企业名称与在先权利冲突的民事纠纷案件若干问题的规定

1. 2008年2月18日最高人民法院审判委员会第1444次会议通过、2008年2月18日公布、自2008年3月1日起施行(法释〔2008〕3号)

2. 根据2020年12月23日最高人民法院审判委员会第1823次会议通过、2020年12月29日公布、自2021年1月1日起施行的《最高人民法院关于修改〈最高人民法院关于审理侵犯专利权纠纷案件应用法律若干问题的解释(二)〉等十八件知识产权类司法解释的决定》(法释〔2020〕19号)修正

为正确审理注册商标、企业名称与在先权利冲突的民事纠纷案件,根据《中华人民共和国民法典》《中华人民共和国商标法》《中华人民共和国反不正当竞争法》和《中华人民共和国民事诉讼法》等法律的规定,结合审判实践,制定本规定。

第一条　原告以他人注册商标使用的文字、图形等侵犯其著作权、外观设计专利权、企业名称权等在先权利为由提起诉讼,符合民事诉讼法第一百一十九条规定的,人民法院应当受理。

原告以他人使用在核定商品上的注册商标与其在先的注册商标相同或者近似为由提起诉讼的,人民法院应当根据民事诉讼法第一百二十四条第(三)项的规定,告知原告向有关行政主管机关申请解决。但原告以他人超出核定商品的范围或者以改变显著特征、拆分、组合等方式使用的注册商标,与其注册商标相同或者近似为由提起诉讼的,人民法院应当受理。

第二条　原告以他人企业名称与其在先的企业名称相同或者近似,足以使相关公众对其商品的来源产生混淆,违反反不正当竞争法第六条第(二)项的规定为由提起诉讼,符合民事诉讼法第一百一十九条规定的,人民法院应当受理。

第三条　人民法院应当根据原告的诉讼请求和争议民事法律关系的性质,按照民事案件案由规定,确定注册商标或者企业名称与在先权利冲突的民事纠纷案件的案由,并适用相应的法律。

第四条　被诉企业名称侵犯注册商标专用权或者构成不正当竞争的,人民法院可以根据原告的诉讼请求和案件具体情况,确定被告承担停止使用、规范使用等民事责任。

最高人民法院关于对杭州张小泉剪刀厂与上海张小泉刀剪总店、上海张小泉刀剪制造有限公司商标侵权及不正当竞争纠纷一案有关适用法律问题的函

1. 2003年11月4日

2. 〔2003〕民三他字第1号

上海市高级人民法院:

你院《关于杭州张小泉剪刀厂与上海张小泉刀剪总店、上海张小泉刀剪制造有限公司商标侵权及不正当竞争纠纷一案的请示报告》收悉。经研究,对请示中涉及的法律适用问题答复如下:

一、同意你院关于应当依法受理本案的意见。

二、同意你院关于在先取得企业名称权的权利人有权正当使用自己的企业名称,不构成侵犯在后注册商标专用权行为的意见。企业名称权和商标专用权各自有其权利范围,均受法律保护。企业名称经核准登记以后,权利人享有在不侵犯他人合法权益的基础上使用企业

名称进行民事活动、在相同行政区划范围内阻止他人登记同一名称、禁止他人假冒企业名称等民事权利。考虑到本案纠纷发生的历史情况和行政法规、规章允许企业使用简化名称以及字号的情况，上海张小泉刀剪总店过去在产品上使用"张小泉"或者"上海张小泉"字样的行为不宜认定侵犯杭州张小泉剪刀厂的合法权益。今后上海张小泉刀剪总店应当在商品、服务上规范使用其经核准登记的企业名称。

三、使用与他人在先注册并驰名的商标文字相同的文字作为企业名称或者名称中部分文字，该企业所属行业（或者经营特点）又与注册商标核定使用的商品或者服务相同或者有紧密联系，客观上可能产生淡化他人驰名商标，损害商标注册人的合法权益的，人民法院应当根据当事人的请求对这类行为予以制止。从你院请示报告中所陈述的查明事实看，本案"上海张小泉"刀剪总店成立在先且其字号的知名度较高，上海张小泉刀剪制造有限公司系上海张小泉刀剪总店与他人合资设立，且"张小泉"文字无论作为字号还是商标，其品牌知名度和声誉的产生都是有长期的历史原因。因此，请你院根据本案存在的上述事实以及本案被告是否存在其他不正当竞争行为等全案情况，对上海张小泉刀剪制造有限公司使用"张小泉"文字是否构成侵权或者不正当竞争及赔偿等问题，依法自行裁决。

以上意见供参考。

·指导案例·

最高人民法院指导案例46号
——山东鲁锦实业有限公司诉鄄城县鲁锦工艺品有限责任公司、济宁礼之邦家纺有限公司侵害商标权及不正当竞争纠纷案

（最高人民法院审判委员会讨论通过
2015年4月15日发布）

【关键词】

民事　商标侵权　不正当竞争　商品通用名称

【裁判要点】

判断具有地域性特点的商品通用名称，应当注意从以下方面综合分析：(1)该名称在某一地区或领域约定俗成，长期普遍使用并为相关公众认可；(2)该名称所指代的商品生产工艺经某一地区或领域群众长期共同劳动实践而形成；(3)该名称所指代的商品生产原料在某一地区或领域普遍生产。

【相关法条】

《中华人民共和国商标法》第五十九条

【基本案情】

原告山东鲁锦实业有限公司（以下简称鲁锦公司）诉称：被告鄄城县鲁锦工艺品有限责任公司（以下简称鄄城鲁锦公司）、济宁礼之邦家纺有限公司（以下简称礼之邦公司）大量生产、销售标有"鲁锦"字样的鲁锦产品，侵犯其"鲁锦"注册商标专用权。鄄城鲁锦公司企业名称中含有原告的"鲁锦"注册商标字样，误导消费者，构成不正当竞争。"鲁锦"不是通用名称。请求判令二被告承担侵犯商标专用权和不正当竞争的法律责任。

被告鄄城鲁锦公司辩称：原告鲁锦公司注册成立前及鲁锦商标注册完成前，"鲁锦"已成为通用名称。按照有关规定，其属于"正当使用"，不构成商标侵权，也不构成不正当竞争。

被告礼之邦公司一审未作答辩，二审上诉称："鲁锦"是鲁西南一带民间纯棉手工纺织品的通用名称，不知道"鲁锦"是鲁锦公司的注册商标，接到诉状后已停止相关使用行为，故不应承担赔偿责任。

法院经审理查明：鲁锦公司的前身嘉祥县瑞锦民间工艺品厂于1999年12月21日取得注册号为第1345914号的"鲁锦"文字商标，有效期为1999年12月21日至2009年12月20日，核定使用商品为第25类服装、鞋、帽类。鲁锦公司又于2001年11月14日取得注册号为第1665032号的"Lj + LUJIN"的组合商标，有效期为2001年11月14日至2011年11月13日，核定使用商品为第24类的"纺织物、棉织品、内衣用织物、纱布、纺织品、毛巾布、无纺布、浴巾、床单、纺织品家具罩等"。嘉祥县瑞锦民间工艺品厂于2001年2月9日更名为嘉祥县鲁锦实业有限公司，后于2007年6月11日更名为山东鲁锦实业有限公司。

鲁锦公司在获得"鲁锦"注册商标专用权后，在多家媒体多次宣传其产品及注册商标，并于2006年3月被"中华老字号"工作委员会接纳为会员单位。鲁锦公司经过多年努力及长期大量的广告宣传和市场推广，其"鲁锦"牌系列产品，特别是"鲁锦"牌服装在国内享有一定的知名度。2006年11月16日，"鲁锦"注册商标被审

定为山东省著名商标。

2007年3月,鲁锦公司从礼之邦鲁锦专卖店购买到由鄄城鲁锦公司生产的同鲁锦公司注册商标所核定使用的商品相同或类似的商品,该商品上的标签(吊牌)、包装盒、包装袋及店堂门面上均带有"鲁锦"字样。在该店门面上"鲁锦"已被突出放大使用,其出具的发票上加盖的印章为礼之邦公司公章。

鄄城鲁锦公司于2003年3月3日成立,在产品上使用的商标是"精一坊文字+图形"组合商标,该商标已申请注册,但尚未核准。2007年9月,鄄城鲁锦公司申请撤销鲁锦公司已注册的第1345914号"鲁锦"商标,国家工商总局商标评审委员会已受理但未作出裁定。

一审法院根据鲁锦公司的申请,依法对鄄城鲁锦公司、礼之邦公司进行了证据保全,发现二被告处存有大量同"鲁锦"注册商标核准使用的商品同类或者类似的商品,该商品上的标签(吊牌)、包装盒、包装袋、商品标价签以及被告店堂门面上均带有原告注册商标"鲁锦"字样。被控侵权商品的标签(吊牌)、包装盒、包装袋上已将"鲁锦"文字放大,作为商品的名称或者商品装潢醒目突出使用,且包装袋上未标识生产商及其地址。

另查明:鲁西南民间织锦是一种山东民间纯棉手工纺织品,因其纹彩绚丽、灿烂似锦而得名,在鲁西南地区已有上千年的历史,是历史悠久的齐鲁文化的一部分。从20世纪80年代中期开始,鲁西南织锦开始被开发利用。1986年1月8日,在济南举行了"鲁西南织锦与现代生活展览汇报会"。1986年8月20日,在北京民族文化宫举办了"鲁锦与现代生活展"。1986年前后,《人民日报》《经济参考》《农民日报》等报刊发表"鲁锦"的专题报道,中央电视台、山东电视台也拍摄了多部"鲁锦"的专题片。自此,"鲁锦"作为山东民间手工棉纺织品的通称被广泛使用。此后,鲁锦的研究、开发和生产逐渐普及并不断发展壮大。1987年11月15日,为促进鲁锦文化与现代生活的进一步结合,加拿大国际发展署(CIDA)与中华全国妇女联合会共同在鄄城县杨屯村举行了双边合作项目—鄄城杨屯妇女鲁锦纺织联社培训班。

山东省及济宁、菏泽等地方史志资料在谈及历史、地方特产或传统工艺时,对"鲁锦"也多有记载,均认为"鲁锦"是流行在鲁西南地区广大农村的一种以棉纱为主要原料的传统纺织产品,是山东的主要民间美术品种之一。相关工具书及出版物也对"鲁锦"多有介绍,均认为"鲁锦"是山东民间手工织花棉布,以棉花为主要原料,手工织线、染色、织造,俗称"土布"或"手织布",因此布色彩斑斓,似锦似绣,故称为"鲁锦"。

1995年12月25日,山东省文物局作出《关于建设"中国鲁锦博物馆"的批复》,同意菏泽地区文化局在鄄城县成立"中国鲁锦博物馆"。2006年12月23日,山东省人民政府公布第一批省级非物质文化遗产,其中山东省文化厅、鄄城县、嘉祥县申报的"鲁锦民间手工技艺"被评定为非物质文化遗产。2008年6月7日,国务院国发〔2008〕19号文件确定由山东省鄄城县、嘉祥县申报的"鲁锦织造技艺"被列入第二批国家级非物质文化遗产名录。

【裁判结果】

山东省济宁市中级人民法院于2008年8月25日作出(2007)济民五初字第6号民事判决:一、鄄城鲁锦公司于判决生效之日立即停止在其生产、销售的第25类服装类系列商品上使用"鲁锦"作为其商品名称或者商品装潢,并于判决生效之日起30日内,消除其现存被控侵权产品上标明的"鲁锦"字样;礼之邦公司立即停止销售鄄城鲁锦公司生产的被控侵权商品。二、鄄城鲁锦公司于判决生效之日起15日内赔偿鲁锦公司经济损失25万元;礼之邦公司赔偿鲁锦公司经济损失1万元。三、鄄城鲁锦公司于判决生效之日起30日内变更企业名称,变更后的企业名称中不得包含"鲁锦"文字;礼之邦公司于判决生效之日立即消除店堂门面上的"鲁锦"字样。宣判后,鄄城鲁锦公司与礼之邦公司提出上诉。山东省高级人民法院于2009年8月5日作出(2009)鲁民三终字第34号民事判决:撤销山东省济宁市中级人民法院(2007)济民五初字第6号民事判决;驳回鲁锦公司的诉讼请求。

【裁判理由】

法院生效裁判认为:根据本案事实可以认定,在1999年鲁锦公司将"鲁锦"注册为商标之前,已是山东民间手工棉纺织品的通用名称,"鲁锦"织造技艺为非物质文化遗产。鄄城鲁锦公司、济宁礼之邦公司的行为不构成商标侵权,也非不正当竞争。

首先,"鲁锦"已成为具有地域性特点的棉纺织品的通用名称。商品通用名称是指行业规范或社会公众约定俗成的对某一商品的通常称谓。该通用名称可以是行业规范规定的称谓,也可以是公众约定俗成的简称。鲁锦指鲁西南民间纯棉手工织锦,其纹彩绚丽灿烂似锦,在鲁西南地区已有上千年的历史。"鲁锦"作为具有山东特色的手工纺织品的通用名称,为国家主流媒体、各类专业报纸以及山东省新闻媒体所公认,山东省、济宁、菏泽、嘉祥、鄄城的省市县三级史志资料均将“鲁锦”记载为传统鲁西南民间织锦的“新名”，有关工艺美术和艺术的工具书中也确认“鲁锦”就是产自山东的一种民间纯棉手工纺织品。“鲁锦”织造工艺历史悠久，在提到“鲁锦”时，人们想到的就是传统悠久的山东民间手工棉纺织品及其织造工艺。“鲁锦织造技艺”被确定为国家级非物质文化遗产。“鲁锦”代表的纯棉手工纺织生产工艺并非由某一自然人或企业法人发明而成，而是由山东地区特别是鲁西南地区人民群众长期劳动实践而形成。“鲁锦”代表的纯棉手工纺织品的生产原料亦非某一自然人或企业法人特定种植，而是山东不特定地区广泛种植的棉花。自20世纪80年代中期后，经过媒体的大量宣传，“鲁锦”已成为以棉花为主要原料、手工织线、染色、织造的山东地区民间手工纺织品的通称，且已在山东地区纺织行业领域内通用，并被相关社会公众所接受。综上，可以认定“鲁锦”是山东地区特别是鲁西南地区民间纯棉手工纺织品的通用名称。

关于鲁锦公司主张“鲁锦”这一名称不具有广泛性，在我国其他地方也出产老粗布，但不叫“鲁锦”。对此法院认为，对于具有地域性特点的商品通用名称，判断其广泛性应以特定产区及相关公众为标准，而不应以全国为标准。我国其他省份的手工棉纺织品不叫“鲁锦”，并不影响“鲁锦”专指山东地区特有的民间手工棉纺织品这一事实。关于鲁锦公司主张“鲁锦”不具有科学性，棉织品应称为“棉”而不应称为“锦”。对此法院认为，名称的确定与其是否符合科学没有必然关系，对于已为相关公众接受、指代明确、约定俗成的名称，即使有不科学之处，也不影响其成为通用名称。关于鲁锦公司还主张“鲁锦”不具有普遍性，山东省内有些经营者、消费者将这种民间手工棉纺织品称为“粗布”或“老土布”。对此法院认为，“鲁锦”这一称谓是20世纪80年代中期确定的新名称，经过多年宣传与使用，现已为相关公众所知悉和接受。“粗布”“老土布”等旧有名称的存在，不影响“鲁锦”通用名称的认定。

其次，注册商标中含有的本商品的通用名称，注册商标专用权人无权禁止他人正当使用。《中华人民共和国商标法实施条例》第四十九条规定：“注册商标中含有的本商品的通用名称、图形、型号，或者直接表示商品的质量、主要原料、功能、用途、重量、数量及其他特点，或者含有地名，注册商标专用权人无权禁止他人正当使用。”商标的作用主要为识别性，即消费者能够依不同的商标而区别相应的商品及服务的提供者。保护商标权的目的，就是防止对商品及服务的来源产生混淆。由于鲁锦公司“鲁锦”文字商标和“Lj + LUJIN”组合商标，与作为山东民间手工棉纺织品通用名称的“鲁锦”一致，其应具备的显著性区别特征因此趋于弱化。“鲁锦”虽不是鲁锦服装的通用名称，但却是山东民间手工棉纺织品的通用名称。商标注册人对商标中通用名称部分不享有专用权，不影响他人将“鲁锦”作为通用名称正当使用。鲁西南地区有不少以鲁锦为面料生产床上用品、工艺品、服饰的厂家，这些厂家均可以正当使用“鲁锦”名称，在其产品上叙述性标明其面料采用鲁锦。

本案中，鄄城鲁锦公司在其生产的涉案产品的包装盒、包装袋上使用“鲁锦”两字，虽然在商品上使用了鲁锦公司商标中含有的商品通用名称，但仅是为了表明其产品采用鲁锦面料，其生产技艺具备鲁锦特点，并不具有侵犯鲁锦公司“鲁锦”注册商标专用权的主观恶意，也并非作为商业标识使用，属于正当使用，故不应认定为侵犯“鲁锦”注册商标专用权的行为。基于同样的理由，鄄城鲁锦公司在其企业名称中使用“鲁锦”字样，也系正当使用，不构成不正当竞争。礼之邦公司作为鲁锦制品的专卖店，同样有权使用“鲁锦”字样，亦不构成对“鲁锦”注册商标专用权的侵犯。

此外，鲁锦公司的“鲁锦”文字商标和“Lj + LUJIN”的组合商标已经国家商标局核准注册并核定使用于第25类、第24类商品上，该注册商标专用权应依法受法律保护。虽然鄄城鲁锦公司对此商标提出撤销申请，但在国家商标局商标评审委员会未撤销前，仍应依法保护上述有效注册商标。鉴于“鲁锦”是注册商标，为规范市场秩序，保护公平竞争，鄄城鲁锦公司在今后使用“鲁锦”字样以标明其产品面料性质的同时，应合理避让鲁锦公司的注册商标专用权，应在其产品包装上突出使用自己的“精一坊”商标，以显著区别产品来源，方便消费者识别。

最高人民法院指导案例58号
——成都同德福合川桃片有限公司诉重庆市合川区同德福桃片有限公司、余晓华侵害商标权及不正当竞争纠纷案

（最高人民法院审判委员会讨论通过
2016年5月20日发布）

【关键词】

民事　侵害商标权　不正当竞争　老字号　虚假宣传

【裁判要点】

1. 与“老字号”无历史渊源的个人或企业将“老字号”或与其近似的字号注册为商标后,以“老字号”的历史进行宣传的,应认定为虚假宣传,构成不正当竞争。

2. 与“老字号”具有历史渊源的个人或企业在未违反诚实信用原则的前提下,将“老字号”注册为个体工商户字号或企业名称,未引人误认且未突出使用该字号的,不构成不正当竞争或侵犯注册商标专用权。

【相关法条】

《中华人民共和国商标法》第57条第7项

《中华人民共和国反不正当竞争法》第2条、第9条

【基本案情】

原告(反诉被告)成都同德福合川桃片食品有限公司(以下简称成都同德福公司)诉称,成都同德福公司为“同德福TONGDEFU及图”商标权人,余晓华先后成立的个体工商户和重庆市合川区同德福桃片有限公司(以下简称重庆同德福公司),在其字号及生产的桃片外包装上突出使用了“同德福”,侵害了原告享有的“同德福TONGDEFU及图”注册商标专用权并构成不正当竞争。请求法院判令重庆同德福公司、余晓华停止使用并注销含有“同德福”字号的企业名称;停止侵犯原告商标专用权的行为,登报赔礼道歉、消除影响,赔偿原告经济、商誉损失50万元及合理开支5066.4元。

被告(反诉原告)重庆同德福公司、余晓华共同答辩并反诉称,重庆同德福公司的前身为始创于1898年的同德福斋铺,虽然同德福斋铺因公私合营而停止生产,但未中断独特技艺的代代相传。“同德福”第四代传人余晓华继承祖业先后注册了个体工商户和公司,规范使用其企业名称及字号,重庆同德福公司、余晓华的注册行为是善意的,不构成侵权。成都同德福公司与老字号“同德福”并没有直接的历史渊源,但其将“同德福”商标与老字号“同德福”进行关联的宣传,属于虚假宣传。而且,成都同德福公司擅自使用“同德福”知名商品名称,构成不正当竞争。请求法院判令成都同德福公司停止虚假宣传,在全国性报纸上登报消除影响;停止对“同德福”知名商品特有名称的侵权行为。

法院经审理查明:开业于1898年的同德福斋铺,在1916年至1956年期间,先后由余鸿春、余复光、余永祚三代人经营。在20世纪20年代至50年代期间,“同德福”商号享有较高知名度。1956年,由于公私合营,同德福斋铺停止经营。1998年,合川市桃片厂温江分厂获准注册了第1215206号“同德福TONGDEFU及图”商标,核定使用范围为第30类,即糕点、桃片(糕点)、可可产品、人造咖啡。2000年11月7日,前述商标的注册人名义经核准变更为成都同德福公司。成都同德福公司的多种产品外包装使用了“老字号”“百年老牌”字样、“‘同德福牌’桃片简介:‘同德福牌’桃片创制于清乾隆年间(或1840年),有着悠久的历史文化”等字样。成都同德福公司网站中“公司简介”页面将《合川文史资料选辑(第二辑)》中关于同德福斋铺的历史用于其“同德福”牌合川桃片的宣传。

2002年1月4日,余永祚之子余晓华注册个体工商户,字号名称为合川市老字号同德福桃片厂,经营范围为桃片、小食品自产自销。2007年,其字号名称变更为重庆市合川区同德福桃片厂,后注销。2011年5月6日,重庆同德福公司成立,法定代表人为余晓华,经营范围为糕点(烘烤类糕点、熟粉类糕点)生产,该公司是第6626473号“余复光1898”图文商标、第7587928号“余晓华”图文商标的注册商标专用权人。重庆同德福公司的多种产品外包装使用了“老字号【同德福】商号,始创于清光绪23年(1898年)历史悠久”等介绍同德福斋铺历史及获奖情况的内容,部分产品在该段文字后注明“以上文字内容摘自《合川县志》”;“【同德福】颂:同德福,在合川,驰名远,开百年,做桃片,四代传,品质高,价亦廉,讲诚信,无欺言,买卖公,热情谈”;“合川桃片”“重庆市合川区同德福桃片有限公司”等字样。

【裁判结果】

重庆市第一中级人民法院于2013年7月3日作出(2013)渝一中法民初字第00273号民事判决:一、成都同德福公司立即停止涉案的虚假宣传行为。二、成都同德福公司就其虚假宣传行为于本判决生效之日起连续五日在其网站刊登声明消除影响。三、驳回成都同德福公司的全部诉讼请求。四、驳回重庆同德福公司、余晓华的其他反诉请求。一审宣判后,成都同德福公司不服,提起上诉。重庆市高级人民法院于2013年12月17日作出(2013)渝高法民终字00292号民事判决:驳回上诉,维持原判。

【裁判理由】

法院生效裁判认为:个体工商户余晓华及重庆同德福公司与成都同德福公司经营范围相似,存在竞争关系;其字号中包含“同德福”三个字与成都同德福公司的“同德福TONGDEFU及图”注册商标的文字部分相同,与该

商标构成近似。其登记字号的行为是否构成不正当竞争关键在于该行为是否违反诚实信用原则。成都同德福公司的证据不足以证明“同德福 TONGDEFU 及图”商标已经具有相当知名度，即便他人将“同德福”登记为字号并规范使用，不会引起相关公众误认，因而不能说明余晓华将个体工商户字号注册为“同德福”具有“搭便车”的恶意。而且，在二十世纪二十年代至五十年代期间，“同德福”商号享有较高商誉。同德福斋铺先后由余鸿春、余复光、余永祚三代人经营，尤其是在余复光经营期间，同德福斋铺生产的桃片获得了较多荣誉。余晓华系余复光之孙、余永祚之子，基于同德福斋铺的商号曾经获得的知名度及其与同德福斋铺经营者之间的直系亲属关系，将个体工商户字号登记为“同德福”具有合理性。余晓华登记个体工商户字号的行为是善意的，并未违反诚实信用原则，不构成不正当竞争。基于经营的延续性，其变更个体工商户字号的行为以及重庆同德福公司登记公司名称的行为亦不构成不正当竞争。

从重庆同德福公司产品的外包装来看，重庆同德福公司使用的是企业全称，标注于外包装正面底部，“同德福”三字位于企业全称之中，与整体保持一致，没有以简称等形式单独突出使用，也没有为突出显示而采取任何变化，且整体文字大小、字形、颜色与其他部分相比不突出。因此，重庆同德福公司在产品外包装上标注企业名称的行为系规范使用，不构成突出使用字号，也不构成侵犯商标权。就重庆同德福公司标注“同德福颂”的行为而言，“同德福颂”四字相对于其具体内容（三十六字打油诗）字体略大，但视觉上形成一个整体。其具体内容系根据史料记载的同德福斋铺曾经在商品外包装上使用过的一段类似文字改编，意在表明“同德福”商号的历史和经营理念，并非为突出“同德福”三个字。且重庆同德福公司的产品外包装使用了多项商业标识，其中“合川桃片”集体商标特别突出，其自有商标也比较明显，并同时标注了“合川桃片”地理标志及重庆市非物质文化遗产，相对于这些标识来看，“同德福颂”及其具体内容仅属于普通描述性文字，明显不具有商业标识的形式，也不够突出醒目，客观上不容易使消费者对商品来源产生误认，亦不具备替代商标的功能。因此，重庆同德福公司标注“同德福颂”的行为不属于侵犯商标权意义上的“突出使用”，不构成侵犯商标权。

成都同德福公司的网站上登载的部分“同德福牌”桃片的历史及荣誉，与史料记载的同德福斋铺的历史及荣誉一致，且在其网站上标注了史料来源，但并未举证证明其与同德福斋铺存在何种联系。此外，成都同德福公司还在其产品外包装标明其为“百年老牌”“老字号”“始创于清朝乾隆年间”等字样，而其“同德福 TONGDEFU 及图”商标核准注册的时间是 1998 年，就其采取前述标注行为的依据，成都同德福公司亦未举证证明。成都同德福公司的前述行为与事实不符，容易使消费者对于其品牌的起源、历史及其与同德福斋铺的关系产生误解，进而取得竞争上的优势，构成虚假宣传，应承担相应的停止侵权、消除影响的民事责任。

最高人民法院指导案例 82 号
——王碎永诉深圳歌力思服饰股份有限公司、杭州银泰世纪百货有限公司侵害商标权纠纷案

（最高人民法院审判委员会讨论通过
2017 年 3 月 6 日发布）

【关键词】

民事　侵害商标权　诚实信用　权利滥用

【裁判要点】

当事人违反诚实信用原则，损害他人合法权益，扰乱市场正当竞争秩序，恶意取得、行使商标权并主张他人侵权的，人民法院应当以构成权利滥用为由，判决对其诉讼请求不予支持。

【相关法条】

《中华人民共和国民事诉讼法》第 13 条

《中华人民共和国商标法》第 52 条

【基本案情】

深圳歌力思服装实业有限公司成立于 1999 年 6 月 8 日。2008 年 12 月 18 日，该公司通过受让方式取得第 1348583 号“歌力思”商标，该商标核定使用于第 25 类的服装等商品之上，核准注册于 1999 年 12 月。2009 年 11 月 19 日，该商标经核准续展注册，有效期自 2009 年 12 月 28 日至 2019 年 12 月 27 日。深圳歌力思服装实业有限公司还是第 4225104 号“ELLASSAY”的商标注册人。该商标核定使用商品为第 18 类的（动物）皮；钱包；旅行包；文件夹（皮革制）；皮制带子；裘皮；伞；手杖；手提包；购物袋。注册有效期限自 2008 年 4 月 14 日至 2018 年 4 月 13 日。2011 年 11 月 4 日，深圳歌力思服装实业有限

公司更名为深圳歌力思服饰股份有限公司(以下简称歌力思公司,即本案一审被告人)。2012 年 3 月 1 日,上述“歌力思”商标的注册人相应变更为歌力思公司。

一审原告人王碎永于 2011 年 6 月申请注册了第 7925873 号“歌力思”商标,该商标核定使用商品为第 18 类的钱包、手提包等。王碎永还曾于 2004 年 7 月 7 日申请注册第 4157840 号“歌力思及图”商标。后因北京市高级人民法院于 2014 年 4 月 2 日作出的二审判决认定,该商标损害了歌力思公司的关联企业歌力思投资管理有限公司的在先字号权,因此不应予以核准注册。

自 2011 年 9 月起,王碎永先后在杭州、南京、上海、福州等地的“ELLASSAY”专柜,通过公证程序购买了带有“品牌中文名:歌力思,品牌英文名:ELLASSAY”字样吊牌的皮包。2012 年 3 月 7 日,王碎永以歌力思公司及杭州银泰世纪百货有限公司(以下简称杭州银泰公司)生产、销售上述皮包的行为构成对王碎永拥有的“歌力思”商标、“歌力思及图”商标权的侵害为由,提起诉讼。

【裁判结果】

杭州市中级人民法院于 2013 年 2 月 1 日作出(2012)浙杭知初字第 362 号民事判决,认为歌力思公司及杭州银泰公司生产、销售被诉侵权商品的行为侵害了王碎永的注册商标专用权,判决歌力思公司、杭州银泰公司承担停止侵权行为、赔偿王碎永经济损失及合理费用共计 10 万元及消除影响。歌力思公司不服,提起上诉。浙江省高级人民法院于 2013 年 6 月 7 日作出(2013)浙知终字第 222 号民事判决,驳回上诉、维持原判。歌力思公司及王碎永均不服,向最高人民法院申请再审。最高人民法院裁定提审本案,并于 2014 年 8 月 14 日作出(2014)民提字第 24 号判决,撤销一审、二审判决,驳回王碎永的全部诉讼请求。

【裁判理由】

法院生效裁判认为,诚实信用原则是一切市场活动参与者所应遵循的基本准则。一方面,它鼓励和支持人们通过诚实劳动积累社会财富和创造社会价值,并保护在此基础上形成的财产性权益,以及基于合法、正当的目的支配该财产性权益的自由和权利;另一方面,它又要求人们在市场活动中讲究信用、诚实不欺,在不损害他人合法利益、社会公共利益和市场秩序的前提下追求自己的利益。民事诉讼活动同样应当遵循诚实信用原则。一方面,它保障当事人有权在法律规定的范围内行使和处分自己的民事权利和诉讼权利;另一方面,它又要求当事人在不损害他人和社会公共利益的前提下,善意、审慎地行使自己的权利。任何违背法律目的和精神,以损害他人正当权益为目的,恶意取得并行使权利、扰乱市场正当竞争秩序的行为均属于权利滥用,其相关权利主张不应得到法律的保护和支持。

第 4157840 号“歌力思及图”商标迄今为止尚未被核准注册,王碎永无权据此对他人提起侵害商标权之诉。对于歌力思公司、杭州银泰公司的行为是否侵害王碎永的第 7925873 号“歌力思”商标权的问题,首先,歌力思公司拥有合法的在先权利基础。歌力思公司及其关联企业最早将“歌力思”作为企业字号使用的时间为 1996 年,最早在服装等商品上取得“歌力思”注册商标专用权的时间为 1999 年。经长期使用和广泛宣传,作为企业字号和注册商标的“歌力思”已经具有了较高的市场知名度,歌力思公司对前述商业标识享有合法的在先权利。其次,歌力思公司在本案中的使用行为系基于合法的权利基础,使用方式和行为性质均具有正当性。从销售场所来看,歌力思公司对被诉侵权商品的展示和销售行为均完成于杭州银泰公司的歌力思专柜,专柜通过标注歌力思公司的“ELLASSAY”商标等方式,明确表明了被诉侵权商品的提供者。在歌力思公司的字号、商标等商业标识已经具有较高的市场知名度,而王碎永未能举证证明其“歌力思”商标同样具有知名度的情况下,歌力思公司在其专柜中销售被诉侵权商品的行为,不会使普通消费者误认该商品来自于王碎永。从歌力思公司的具体使用方式来看,被诉侵权商品的外包装、商品内的显著部位均明确标注了“ELLASSAY”商标,而仅在商品吊牌之上使用了“品牌中文名:歌力思”的字样。由于“歌力思”本身就是歌力思公司的企业字号,且与其“ELLASSAY”商标具有互为指代关系,故歌力思公司在被诉侵权商品的吊牌上使用“歌力思”文字来指代商品生产者的做法并无明显不妥,不具有攀附王碎永“歌力思”商标知名度的主观意图,亦不会为普通消费者正确识别被诉侵权商品的来源制造障碍。在此基础上,杭州银泰公司销售被诉侵权商品的行为亦不为法律所禁止。最后,王碎永取得和行使“歌力思”商标权的行为难谓正当。“歌力思”商标由中文文字“歌力思”构成,与歌力思公司在先使用的企业字号及在先注册的“歌力思”商标的文字构成完全相同。“歌力思”本身为无固有含义的臆造词,具有较强的固有显著性,依常理判断,在完全没有接触或知悉的情况下,因巧合而出现雷同注册的可能性较低。作为地域接近、经营范围关联程度较高的商品经营者，王碎永对“歌力思”字号及商标完全不了解的可能性较低。在上述情形之下，王碎永仍在手提包、钱包等商品上申请注册“歌力思”商标，其行为难谓正当。王碎永以非善意取得的商标权对歌力思公司的正当使用行为提起的侵权之诉，构成权利滥用。

最高人民法院指导案例87号
——郭明升、郭明锋、孙淑标假冒注册商标案

（最高人民法院审判委员会讨论通过
2017年3月6日发布）

【关键词】

刑事　假冒注册商标罪　非法经营数额　网络销售　刷信誉

【裁判要点】

假冒注册商标犯罪的非法经营数额、违法所得数额，应当综合被告人供述、证人证言、被害人陈述、网络销售电子数据、被告人银行账户往来记录、送货单、快递公司电脑系统记录、被告人等所作记账等证据认定。被告人辩解称网络销售记录存在刷信誉的不真实交易，但无证据证实的，对其辩解不予采纳。

【相关法条】

《中华人民共和国刑法》第213条

【基本案情】

公诉机关指控：2013年11月底至2014年6月期间，被告人郭明升为谋取非法利益，伙同被告人孙淑标、郭明锋在未经三星（中国）投资有限公司授权许可的情况下，从他人处批发假冒三星手机裸机及配件进行组装，利用其在淘宝网上开设的“三星数码专柜”网店进行“正品行货”宣传，并以明显低于市场价格公开对外销售，共计销售假冒的三星手机20 000余部，销售金额2000余万元，非法获利200余万元，应当以假冒注册商标罪追究其刑事责任。被告人郭明升在共同犯罪中起主要作用，系主犯。被告人郭明锋、孙淑标在共同犯罪中起辅助作用，系从犯，应当从轻处罚。

被告人郭明升、孙淑标、郭明锋及其辩护人对其未经“SAMSUNG”商标注册人授权许可，组装假冒的三星手机，并通过淘宝网店进行销售的犯罪事实无异议，但对非法经营额、非法获利提出异议，辩解称其淘宝网店存在请人刷信誉的行为，真实交易量只有10000多部。

法院经审理查明：“SAMSUNG”是三星电子株式会社在中国注册的商标，该商标有效期至2021年7月27日；三星（中国）投资有限公司是三星电子株式会社在中国投资设立，并经三星电子株式会社特别授权负责三星电子株式会社名下商标、专利、著作权等知识产权管理和法律事务的公司。2013年11月，被告人郭明升通过网络中介购买店主为“汪亮”、账号为play2011－1985的淘宝店铺，并改名为“三星数码专柜”，在未经三星（中国）投资公司授权许可的情况下，从深圳市华强北远望数码城、深圳福田区通天地手机市场批发假冒的三星I8552手机裸机及配件进行组装，并通过“三星数码专柜”在淘宝网上以“正品行货”进行宣传、销售。被告人郭明锋负责该网店的客服工作及客服人员的管理，被告人孙淑标负责假冒的三星I8552手机裸机及配件的进货、包装及联系快递公司发货。至2014年6月，该网店共计组装、销售假冒三星I8552手机20000余部，非法经营额2000余万元，非法获利200余万元。

【裁判结果】

江苏省宿迁市中级人民法院于2015年9月8日作出（2015）宿中知刑初字第0004号刑事判决，以被告人郭明升犯假冒注册商标罪，判处有期徒刑五年，并处罚金人民币160万元；被告人孙淑标犯假冒注册商标罪，判处有期徒刑三年，缓刑五年，并处罚金人民币20万元。被告人郭明锋犯假冒注册商标罪，判处有期徒刑三年，缓刑四年，并处罚金人民币20万元。宣判后，三被告人均没有提出上诉，该判决已经生效。

【裁判理由】

法院生效裁判认为，被告人郭明升、郭明锋、孙淑标在未经“SAMSUNG”商标注册人授权许可的情况下，购进假冒“SAMSUNG”注册商标的手机机头及配件，组装假冒“SAMSUNG”注册商标的手机，并通过网店对外以“正品行货”销售，属于未经注册商标所有人许可在同一种商品上使用与其相同的商标的行为，非法经营数额达2000余万元，非法获利200余万元，属情节特别严重，其行为构成假冒注册商标罪。被告人郭明升、郭明锋、孙淑标虽然辩解称其网店售销记录存在刷信誉的情况，对公诉机关指控的非法经营数额、非法获利提出异议，但三被告人在公安机关的多次供述，以及公安机关查获的送货单、支付宝向被告人郭明锋银行账户付款记录、郭明锋银行账户对外付款记录、“三星数码专柜”淘宝记录、快递公司电脑系统记录、公安机关现场扣押的笔记等证据之

间能够互相印证，综合公诉机关提供的证据，可以认定公诉机关关于三被告人共计销售假冒的三星I8552手机20000余部，销售金额2000余万元，非法获利200余万元的指控能够成立，三被告人关于销售记录存在刷信誉行为的辩解无证据予以证实，不予采信。被告人郭明升、郭明锋、孙淑标，系共同犯罪，被告人郭明升起主要作用，是主犯；被告人郭明锋、孙淑标在共同犯罪中起辅助作用，是从犯，依法可以从轻处罚。故依法作出上述判决。

五、其他知识产权

资料补充栏

1. 植物新品种权

中华人民共和国植物新品种保护条例

1. 1997年3月20日国务院令第213号公布
2. 根据2013年1月31日国务院令第635号《关于修改〈中华人民共和国植物新品种保护条例〉的决定》第一次修订
3. 根据2014年7月29日国务院令第653号《关于修改部分行政法规的决定》第二次修订

第一章 总　　则

第一条 为了保护植物新品种权,鼓励培育和使用植物新品种,促进农业、林业的发展,制定本条例。

第二条 本条例所称植物新品种,是指经过人工培育的或者对发现的野生植物加以开发,具备新颖性、特异性、一致性和稳定性并有适当命名的植物品种。

第三条 国务院农业、林业行政部门(以下统称审批机关)按照职责分工共同负责植物新品种权申请的受理和审查并对符合本条例规定的植物新品种授予植物新品种权(以下称品种权)。

第四条 完成关系国家利益或者公共利益并有重大应用价值的植物新品种育种的单位或者个人,由县级以上人民政府或者有关部门给予奖励。

第五条 生产、销售和推广被授予品种权的植物新品种(以下称授权品种),应当按照国家有关种子的法律、法规的规定审定。

第二章 品种权的内容和归属

第六条 完成育种的单位或者个人对其授权品种,享有排他的独占权。任何单位或者个人未经品种权所有人(以下称品种权人)许可,不得为商业目的生产或者销售该授权品种的繁殖材料,不得为商业目的将该授权品种的繁殖材料重复使用于生产另一品种的繁殖材料;但是,本条例另有规定的除外。

第七条 执行本单位的任务或者主要是利用本单位的物质条件所完成的职务育种,植物新品种的申请权属于该单位;非职务育种,植物新品种的申请权属于完成育种的个人。申请被批准后,品种权属于申请人。

委托育种或者合作育种,品种权的归属由当事人在合同中约定;没有合同约定的,品种权属于受委托完成或者共同完成育种的单位或者个人。

第八条 一个植物新品种只能授予一项品种权。两个以上的申请人分别就同一个植物新品种申请品种权的,品种权授予最先申请的人;同时申请的,品种权授予最先完成该植物新品种育种的人。

第九条 植物新品种的申请权和品种权可以依法转让。

中国的单位或者个人就其在国内培育的植物新品种向外国人转让申请权或者品种权的,应当经审批机关批准。

国有单位在国内转让申请权或者品种权的,应当按照国家有关规定报经有关行政主管部门批准。

转让申请权或者品种权的,当事人应当订立书面合同,并向审批机关登记,由审批机关予以公告。

第十条 在下列情况下使用授权品种的,可以不经品种权人许可,不向其支付使用费,但是不得侵犯品种权人依照本条例享有的其他权利:

(一)利用授权品种进行育种及其他科研活动;

(二)农民自繁自用授权品种的繁殖材料。

第十一条 为了国家利益或者公共利益,审批机关可以作出实施植物新品种强制许可的决定,并予以登记和公告。

取得实施强制许可的单位或者个人应当付给品种权人合理的使用费,其数额由双方商定;双方不能达成协议的,由审批机关裁决。

品种权人对强制许可决定或者强制许可使用费的裁决不服的,可以自收到通知之日起3个月内向人民法院提起诉讼。

第十二条 不论授权品种的保护期是否届满,销售该授权品种应当使用其注册登记的名称。

第三章 授予品种权的条件

第十三条 申请品种权的植物新品种应当属于国家植物品种保护名录中列举的植物的属或者种。植物品种保护名录由审批机关确定和公布。

第十四条 授予品种权的植物新品种应当具备新颖性。新颖性,是指申请品种权的植物新品种在申请日前该品种繁殖材料未被销售,或者经育种者许可,在中国境内销售该品种繁殖材料未超过1年;在中国境外销售藤本植物、林木、果树和观赏树木品种繁殖材料未超过6年,销售其他植物品种繁殖材料未超过4年。

第十五条 授予品种权的植物新品种应当具备特异性。特异性,是指申请品种权的植物新品种应当明显区别于在递交申请以前已知的植物品种。

第十六条 授予品种权的植物新品种应当具备一致性。一致性,是指申请品种权的植物新品种经过繁殖,除可以预见的变异外,其相关的特征或者特性一致。

第十七条 授予品种权的植物新品种应当具备稳定性。稳定性,是指申请品种权的植物新品种经过反复繁殖后或者在特定繁殖周期结束时,其相关的特征或者特性保持不变。

第十八条 授予品种权的植物新品种应当具备适当的名称,并与相同或者相近的植物属或者种中已知品种的名称相区别。该名称经注册登记后即为该植物新品种的通用名称。

下列名称不得用于品种命名:

(一)仅以数字组成的;

(二)违反社会公德的;

(三)对植物新品种的特征、特性或者育种者的身份等容易引起误解的。

第四章 品种权的申请和受理

第十九条 中国的单位和个人申请品种权的,可以直接或者委托代理机构向审批机关提出申请。

中国的单位和个人申请品种权的植物新品种涉及国家安全或者重大利益需要保密的,应当按照国家有关规定办理。

第二十条 外国人、外国企业或者外国其他组织在中国申请品种权的,应当按其所属国和中华人民共和国签订的协议或者共同参加的国际条约办理,或者根据互惠原则,依照本条例办理。

第二十一条 申请品种权的,应当向审批机关提交符合规定格式要求的请求书、说明书和该品种的照片。

申请文件应当使用中文书写。

第二十二条 审批机关收到品种权申请文件之日为申请日;申请文件是邮寄的,以寄出的邮戳日为申请日。

第二十三条 申请人自在外国第一次提出品种权申请之日起12个月内,又在中国就该植物新品种提出品种权申请的,依照该外国同中华人民共和国签订的协议或者共同参加的国际条约,或者根据相互承认优先权的原则,可以享有优先权。

申请人要求优先权的,应当在申请时提出书面说明,并在3个月内提交经原受理机关确认的第一次提出的品种权申请文件的副本;未依照本条例规定提出书面说明或者提交申请文件副本的,视为未要求优先权。

第二十四条 对符合本条例第二十一条规定的品种权申请,审批机关应当予以受理,明确申请日、给予申请号,并自收到申请之日起1个月内通知申请人缴纳申请费。

对不符合或者经修改仍不符合本条例第二十一条规定的品种权申请,审批机关不予受理,并通知申请人。

第二十五条 申请人可以在品种权授予前修改或者撤回品种权申请。

第二十六条 中国的单位或者个人将国内培育的植物新品种向国外申请品种权的,应当按照职责分工向省级人民政府农业、林业行政部门登记。

第五章 品种权的审查与批准

第二十七条 申请人缴纳申请费后,审批机关对品种权申请的下列内容进行初步审查:

(一)是否属于植物品种保护名录列举的植物属或者种的范围;

(二)是否符合本条例第二十条的规定;

(三)是否符合新颖性的规定;

(四)植物新品种的命名是否适当。

第二十八条 审批机关应当自受理品种权申请之日起6个月内完成初步审查。对经初步审查合格的品种权申请,审批机关予以公告,并通知申请人在3个月内缴纳审查费。

对经初步审查不合格的品种权申请,审批机关应当通知申请人在3个月内陈述意见或者予以修正;逾期未答复或者修正后仍然不合格的,驳回申请。

第二十九条 申请人按照规定缴纳审查费后,审批机关对品种权申请的特异性、一致性和稳定性进行实质审查。

申请人未按照规定缴纳审查费的,品种权申请视为撤回。

第三十条 审批机关主要依据申请文件和其他有关书面材料进行实质审查。审批机关认为必要时,可以委托指定的测试机构进行测试或者考察业已完成的种植或者其他试验的结果。

因审查需要,申请人应当根据审批机关的要求提供必要的资料和该植物新品种的繁殖材料。

第三十一条 对经实质审查符合本条例规定的品种权申请,审批机关应当作出授予品种权的决定,颁发品种权证书,并予以登记和公告。

对经实质审查不符合本条例规定的品种权申请,审批机关予以驳回,并通知申请人。

第三十二条 审批机关设立植物新品种复审委员会。

对审批机关驳回品种权申请的决定不服的,申请人可以自收到通知之日起3个月内,向植物新品种复审委员会请求复审。植物新品种复审委员会应当自收到复审请求书之日起6个月内作出决定,并通知申请人。

申请人对植物新品种复审委员会的决定不服的,可以自接到通知之日起15日内向人民法院提起诉讼。

第三十三条 品种权被授予后,在自初步审查合格公告之日起至被授予品种权之日止的期间,对未经申请人许可,为商业目的生产或者销售该授权品种的繁殖材料的单位和个人,品种权人享有追偿的权利。

第六章 期限、终止和无效

第三十四条 品种权的保护期限,自授权之日起,藤本植物、林木、果树和观赏树木为20年,其他植物为15年。

第三十五条 品种权人应当自被授予品种权的当年开始缴纳年费,并且按照审批机关的要求提供用于检测的该授权品种的繁殖材料。

第三十六条 有下列情形之一的,品种权在其保护期限届满前终止:

(一)品种权人以书面声明放弃品种权的;

(二)品种权人未按照规定缴纳年费的;

(三)品种权人未按照审批机关的要求提供检测所需的该授权品种的繁殖材料的;

(四)经检测该授权品种不再符合被授予品种权时的特征和特性的。

品种权的终止,由审批机关登记和公告。

第三十七条 自审批机关公告授予品种权之日起,植物新品种复审委员会可以依据职权或者依据任何单位或者个人的书面请求,对不符合本条例第十四条、第十五条、第十六条和第十七条规定的,宣告品种权无效;对不符合本条例第十八条规定的,予以更名。宣告品种权无效或者更名的决定,由审批机关登记和公告,并通知当事人。

对植物新品种复审委员会的决定不服的,可以自收到通知之日起3个月内向人民法院提起诉讼。

第三十八条 被宣告无效的品种权视为自始不存在。

宣告品种权无效的决定,对在宣告前人民法院作出并已执行的植物新品种侵权的判决、裁定,省级以上人民政府农业、林业行政部门作出并已执行的植物新品种侵权处理决定,以及已经履行的植物新品种实施许可合同和植物新品种权转让合同,不具有追溯力;但是,因品种权人的恶意给他人造成损失的,应当给予合理赔偿。

依照前款规定,品种权人或者品种权转让人不向被许可实施人或者受让人返还使用费或者转让费,明显违反公平原则的,品种权人或者品种权转让人应当向被许可实施人或者受让人返还全部或者部分使用费或者转让费。

第七章 罚 则

第三十九条 未经品种权人许可,以商业目的生产或者销售授权品种的繁殖材料的,品种权人或者利害关系人可以请求省级以上人民政府农业、林业行政部门依据各自的职权进行处理,也可以直接向人民法院提起诉讼。

省级以上人民政府农业、林业行政部门依据各自的职权,根据当事人自愿的原则,对侵权所造成的损害赔偿可以进行调解。调解达成协议的,当事人应当履行;调解未达成协议的,品种权人或者利害关系人可以依照民事诉讼程序向人民法院提起诉讼。

省级以上人民政府农业、林业行政部门依据各自的职权处理品种权侵权案件时,为维护社会公共利益,可以责令侵权人停止侵权行为,没收违法所得和植物品种繁殖材料;货值金额5万元以上的,可处货值金额1倍以上5倍以下的罚款;没有货值金额或者货值金额5万元以下的,根据情节轻重,可处25万元以下的罚款。

第四十条 假冒授权品种的,由县级以上人民政府农业、林业行政部门依据各自的职权责令停止假冒行为,没收违法所得和植物品种繁殖材料;货值金额5万元以上的,处货值金额1倍以上5倍以下的罚款;没有货值金额或者货值金额5万元以下的,根据情节轻重,处25万元以下的罚款;情节严重,构成犯罪的,依法追究刑事责任。

第四十一条 省级以上人民政府农业、林业行政部门依据各自的职权在查处品种权侵权案件和县级以上人民政府农业、林业行政部门依据各自的职权在查处假冒授权品种案件时,根据需要,可以封存或者扣押与案件有关的植物品种的繁殖材料,查阅、复制或者封存与案件有关的合同、帐册及有关文件。

第四十二条　销售授权品种未使用其注册登记的名称的，由县级以上人民政府农业、林业行政部门依据各自的职权责令限期改正，可以处1000元以下的罚款。

第四十三条　当事人就植物新品种的申请权和品种权的权属发生争议的，可以向人民法院提起诉讼。

第四十四条　县级以上人民政府农业、林业行政部门的及有关部门的工作人员滥用职权、玩忽职守、徇私舞弊、索贿受贿，构成犯罪的，依法追究刑事责任；尚不构成犯罪的，依法给予行政处分。

第八章　附　　则

第四十五条　审批机关可以对本条例施行前首批列入植物品种保护名录的和本条例施行后新列入植物品种保护名录的植物属或者种的新颖性要求作出变通性规定。

第四十六条　本条例自1997年10月1日起施行。

中华人民共和国植物新品种保护条例实施细则（林业部分）

1. 1999年8月10日国家林业局令第3号发布

2. 根据2011年1月25日国家林业局令第26号《关于废止和修改部分部门规章的决定》修正

第一章　总　　则

第一条　根据《中华人民共和国植物新品种保护条例》（以下简称《条例》），制定本细则。

第二条　本细则所称植物新品种，是指符合《条例》第二条规定的林木、竹、木质藤本、木本观赏植物（包括木本花卉）、果树（干果部分）及木本油料、饮料、调料、木本药材等植物品种。植物品种保护名录，由国家林业局确定和公布。

第三条　国家林业局依照《条例》和本细则规定受理、审查植物新品种权的申请并授予植物新品种权（以下简称品种权）。

国家林业局植物新品种保护办公室（以下简称植物新品种保护办公室），负责受理和审查本细则第二条规定的植物新品种的品种权申请，组织与植物新品种保护有关的测试、保藏等业务，按国家有关规定承办与植物新品种保护有关的国际事务等具体工作。

第二章　品种权的内容和归属

第四条　《条例》所称的繁殖材料，是指整株植物（包括苗木）、种子（包括根、茎、叶、花、果实等）以及构成植物体的任何部分（包括组织、细胞）。

第五条　《条例》第七条所称的职务育种是指：

（一）在本职工作中完成的育种；

（二）履行本单位分配的本职工作之外的任务所完成的育种。

离开原单位后3年内完成的与其在原单位承担的本职工作或者分配的任务有关的育种；利用本单位的资金、仪器设备、试验场地、育种资源和其他繁殖材料及不对外公开的技术资料等。除前款规定情形之外的，为非职务育种。

第六条　《条例》所称完成植物新品种育种的人、品种权申请人、品种权人，均包括单位或者个人。

第七条　两个以上申请人就同一个植物新品种在同一日分别提出品种权申请的，植物新品种保护办公室可以要求申请人自行协商确定申请权的归属；协商达不成一致意见的，植物新品种保护办公室可以要求申请人在规定的期限内提供证明自己是最先完成该植物新品种育种的证据；逾期不提供证据的，视为放弃申请。

第八条　中国的单位或者个人就其在国内培育的植物新品种向外国人转让申请权或者品种权的，应当报国家林业局批准。

转让申请权或者品种权的，当事人应当订立书面合同，向国家林业局登记，并由国家林业局予以公告。

转让申请权或者品种权的，自登记之日起生效。

第九条　依照《条例》第十一条规定，有下列情形之一的，国家林业局可以作出或者依当事人的请求作出实施植物新品种强制许可的决定：

（一）为满足国家利益或者公共利益等特殊需要；

（二）品种权人无正当理由自己不实施或者实施不完全，又不许可他人以合理条件实施的。

请求植物新品种强制许可的单位或者个人，应当向国家林业局提出强制许可请求书，说明理由并附具有关证明材料各一式两份。

第十条　依照《条例》第十一条第二款规定，请求国家林业局裁决植物新品种强制许可使用费数额的，当事人应当提交裁决请求书，并附具不能达成协议的有关材料。国家林业局自收到裁决请求书之日起3个月内作出裁决并通知有关当事人。

第三章　授予品种权的条件

第十一条　授予品种权的，应当符合《条例》第十三条、第十四条、第十五条、第十六条、第十七条、第十八条和本细则第二条的规定。

第十二条　依照《条例》第四十五条的规定，对《条例》施行前首批列入植物品种保护名录的和《条例》施行后新列入植物品种保护名录的属或者种的植物品种，自名录公布之日起一年内提出的品种权申请，经育种人许可，在中国境内销售该品种的繁殖材料不超过4年的，视为具有新颖性。

第十三条　除《条例》第十八条规定的以外，有下列情形之一的，不得用于植物新品种命名：

（一）违反国家法律、行政法规规定或者带有民族歧视性的；

（二）以国家名称命名的；

（三）以县级以上行政区划的地名或者公众知晓的外国地名命名的；

（四）同政府间国际组织或者其他国际知名组织的标识名称相同或者近似的；

（五）属于相同或者相近植物属或者种的已知名称的。

第四章　品种权的申请和受理

第十四条　中国的单位和个人申请品种权的，可以直接或者委托代理机构向国家林业局提出申请。

第十五条　中国的单位和个人申请品种权的植物品种，如涉及国家安全或者重大利益需要保密的，申请人应当在请求书中注明，植物新品种保护办公室应当按国家有关保密的规定办理，并通知申请人；植物新品种保护办公室认为需要保密而申请人未注明的，按保密申请办理，并通知有关当事人。

第十六条　外国人、外国企业或者其他外国组织向国家林业局提出品种权申请和办理其他品种权事务的，应当委托代理机构办理。

第十七条　申请人委托代理机构向国家林业局申请品种权或者办理其他有关事务的，应当提交委托书，写明委托权限。

申请人为两个以上而未委托代理机构代理的，应当书面确定一方为代表人。

第十八条　申请人申请品种权时，应当向植物新品种保护办公室提交国家林业局规定格式的请求书、说明书以及符合本细则第十九条规定的照片各一式两份。

第十九条　《条例》第二十一条所称的照片，应当符合以下要求：

（一）有利于说明申请品种权的植物品种的特异性；

（二）一种性状的对比应在同一张照片上；

（三）照片应为彩色；照片规格为8.5厘米×12.5厘米或者10厘米×15厘米。

照片应当附有简要文字说明；必要时，植物新品种保护办公室可以要求申请人提供黑白照片。

第二十条　品种权的申请文件有下列情形之一的，植物新品种保护办公室不予受理：

（一）内容不全或者不符合规定格式的；

（二）字迹不清或者有严重涂改的；

（三）未使用中文的。

第二十一条　植物新品种保护办公室可以要求申请人送交申请品种权的植物品种和对照品种的繁殖材料，用于审查和检测。

第二十二条　申请人应当自收到植物新品种保护办公室通知之日起3个月内送交繁殖材料；送交种子的，申请人应当送至植物新品种保护办公室指定的保藏机构；送交无性繁殖材料的，申请人应当送至植物新品种办公室指定的测试机构。

申请人逾期不送交繁殖材料的，视为放弃申请。

第二十三条　申请人送交的繁殖材料应当依照国家有关规定进行检疫；应检疫而未检疫或者检疫不合格的，保藏机构或者测试机构不予接收。

第二十四条　申请人送交的繁殖材料不能满足测试或者检测需要以及不符合要求的，植物新品种保护办公室可以要求申请人补交。

申请人三次补交繁殖材料仍不符合规定的，视为放弃申请。

第二十五条　申请人送交的繁殖材料应当符合下列要求：

与品种权申请文件中所描述的该植物品种的繁殖材料相一致；最新收获或者采集的；无病虫害；未进行药物处理。申请人送交的繁殖材料已经进行了药物处理，应当附有使用药物的名称、使用的方法和目的。

第二十六条　保藏机构或者测试机构收到申请人送交的繁殖材料的，应当向申请人出具收据。

保藏机构或者测试机构对申请人送交的繁殖材料经检测合格的,应当出具检验合格证明,并报告植物新品种保护办公室;经检测不合格的,应当报告植物新品种保护办公室,由其按照有关规定处理。

第二十七条 保藏机构或者测试机构对申请人送交的繁殖材料,在品种权申请的审查期间和品种权的有效期限内,应当保密和妥善保管。

第二十八条 在中国没有经常居所或者营业所的外国人、外国企业或者其他外国组织申请品种权或者要求优先权的,植物新品种保护办公室可以要求其提供下列文件:

(一)国籍证明;

(二)申请人是企业或者其他组织的,其营业所或者总部所在地的证明文件;

(三)外国人、外国企业、外国其他组织的所属国承认中国的单位和个人可以按照该国国民的同等条件,在该国享有植物新品种的申请权、优先权和其他与品种权有关的证明文件。

第二十九条 申请人向国家林业局提出品种权申请之后,又向外国申请品种权的,可以请求植物新品种保护办公室出具优先权证明文件;符合条件的,植物新品种保护办公室应当出具优先权证明文件。

第三十条 申请人撤回品种权申请的,应当向国家林业局提出撤回申请,写明植物品种名称、申请号和申请日。

第三十一条 中国的单位和个人将在国内培育的植物新品种向国外申请品种权的,应当向国家林业局登记。

第五章 品种权的审查批准

第三十二条 国家林业局对品种权申请进行初步审查时,可以要求申请人就有关问题在规定的期限内提出陈述意见或者予以修正。

第三十三条 一件品种权申请包括二个以上品种权申请的,在实质审查前,植物新品种保护办公室应当要求申请人在规定的期限内提出分案申请;申请人在规定的期限内对其申请未进行分案修正或者期满未答复的,该申请视为放弃。

第三十四条 依照本细则第三十三条规定提出的分案申请,可以保留原申请日;享有优先权的,可保留优先权日,但不得超出原申请的范围。

分案申请应当依照《条例》及本细则的有关规定办理各种手续。

分案申请的请求书中应当写明原申请的申请号和申请日。原申请享有优先权的,应当提交原申请的优先权文件副本。

第三十五条 经初步审查符合《条例》和本细则规定条件的品种权申请,由国家林业局予以公告。

自品种权申请公告之日起至授予品种权之日前,任何人均可以对不符合《条例》和本细则规定的品种权申请向国家林业局提出异议,并说明理由。

第三十六条 品种权申请文件的修改部分,除个别文字修改或者增删外,应当按照规定格式提交替换页。

第三十七条 经实质审查后,符合《条例》规定的品种权申请,由国家林业局作出授予品种权的决定,向品种权申请人颁发品种权证书,予以登记和公告。

品种权人应当自收到领取品种权证书通知之日起3个月内领取品种权证书,并按照国家有关规定缴纳第一年年费。逾期未领取品种权证书并未缴纳年费的,视为放弃品种权,有正当理由的除外。品种权自作出授予品种权的决定之日起生效。

第三十八条 国家林业局植物新品种复审委员会(以下简称复审委员会)由植物育种专家、栽培专家、法律专家和有关行政管理人员组成。

复审委员会主任委员由国家林业局主要负责人指定。

植物新品种保护办公室根据复审委员会的决定办理复审的有关事宜。

第三十九条 依照《条例》第三十二条第二款的规定向复审委员会请求复审的,应当提交符合国家林业局规定格式的复审请求书,并附具有关的证明材料。复审请求书和证明材料应当各一式两份。

申请人请求复审时,可以修改被驳回的品种权申请文件,但修改仅限于驳回申请的决定所涉及的部分。

第四十条 复审请求不符合规定要求的,复审请求人可以在复审委员会指定的期限内补正;期满未补正或者补正后仍不符合规定要求的,该复审请求视为放弃。

第四十一条 复审请求人在复审委员会作出决定前,可以撤回其复审请求。

第六章 品种权的终止和无效

第四十二条 依照《条例》第三十六条规定,品种权在其保护期限届满前终止的,其终止日期为:

(一)品种权人以书面声明放弃品种权的,自声明之日起终止;

（二）品种权人未按照有关规定缴纳年费的，自补缴年费期限届满之日起终止；

（三）品种权人未按照要求提供检测所需的该授权品种的繁殖材料或者送交的繁殖材料不符合要求的，国家林业局予以登记，其品种权自登记之日起终止；

（四）经检测该授权品种不再符合被授予品种权时的特征和特性的，自国家林业局登记之日起终止。

第四十三条 依照《条例》第三十七条第一款的规定，任何单位或者个人请求宣告品种权无效的，应当向复审委员会提交国家林业局规定格式的品种权无效宣告请求书和有关材料各一式两份，并说明所依据的事实和理由。

第四十四条 已授予的品种权不符合《条例》第十四条、第十五条、第十六条和第十七条规定的，由复审委员会依据职权或者任何单位或者个人的书面请求宣告品种权无效。

宣告品种权无效，由国家林业局登记和公告，并由植物新品种保护办公室通知当事人。

第四十五条 品种权无效宣告请求书中未说明所依据的事实和理由，或者复审委员会就一项品种权无效宣告请求已审理并决定仍维持品种权的，请求人又以同一事实和理由请求无效宣告的，复审委员会不予受理。

第四十六条 复审委员会应当自收到无效宣告请求书之日起15日内将品种权无效宣告请求书副本和有关材料送达品种权人。品种权人应当在收到后3个月内提出陈述意见；逾期未提出的，不影响复审委员会审理。

第四十七条 复审委员会对授权品种作出更名决定的，由国家林业局登记和公告，并由植物新品种保护办公室通知品种权人，更换品种权证书。

授权品种更名后，不得再使用原授权品种名称。

第四十八条 复审委员会对无效宣告的请求作出决定前，无效宣告请求人可以撤回其请求。

第七章 文件的递交、送达和期限

第四十九条 《条例》和本细则规定的各种事项，应当以书面形式办理。

第五十条 依照《条例》和本细则规定提交的各种文件应当使用中文，并采用国家统一规定的科技术语。

外国人名、地名和没有统一中文译文的科技术语，应当注明原文。

依照《条例》和本细则规定提交的证明文件是外文的，应当附送中文译文；未附送的，视为未提交证明文件。

第五十一条 当事人提交的各种文件可以打印，也可以使用钢笔或者毛笔书写，但要整齐清晰，纸张只限单面使用。

第五十二条 依照《条例》和本细则规定，提交各种文件和有关材料的，当事人可以直接提交，也可以邮寄。邮寄时，以寄出的邮戳日为提交日。寄出的邮戳日不清晰的，除当事人能够提供证明外，以收到日为提交日。

依照《条例》和本细则规定，向当事人送达的各种文件和有关材料的，可以直接送交、邮寄或者以公告的方式送达。当事人委托代理机构的，送达代理机构；未委托代理机构的，送达当事人。

依本条第二款规定直接送达的，以交付日为送达日；邮寄送达的，自寄出之日起满15日，视为送达；公告送达的，自公告之日起满2个月，视为送达。

第五十三条 《条例》和本细则规定的各种期限，以年或者月计算的，以其最后一月的相应日为期限届满日；该月无相应日的，以该月最后一日为期限届满日；期限届满日是法定节假日的，以节假日后的第一个工作日为期限届满日。

第五十四条 当事人因不可抗力或者特殊情况耽误《条例》和本细则规定的期限，造成其权利丧失的，自障碍消除之日起2个月内，但是最多不得超过自期限届满之日起2年，可以向国家林业局说明理由并附具有关证明材料，请求恢复其权利。

第五十五条 《条例》和本细则所称申请日，有优先权的，指优先权日。

第八章 费用和公报

第五十六条 申请品种权的，应当按照规定缴纳申请费、审查费；需要测试的，应当缴纳测试费。授予品种权的，应当缴纳年费。

第五十七条 当事人缴纳本细则第五十六条规定费用的，可以向植物新品种保护办公室直接缴纳，也可以通过邮局或者银行汇付，但不得使用电汇。

通过邮局或者银行汇付的，应当注明申请号或者品种权证书号、申请人或者品种权人的姓名或者名称、费用名称以及授权品种名称。

通过邮局或者银行汇付时，以汇出日为缴费日。

第五十八条 依照《条例》第二十四条的规定，申请人可以在提交品种权申请的同时缴纳申请费，也可以在收到缴费通知之日起1个月内缴纳；期满未缴纳或者未缴足的，其申请视为撤回。

按照规定应当缴纳测试费的，自收到缴费通知之日起1个月内缴纳；期满未缴纳或者未缴足的，其申请视为放弃。

第五十九条　第一次年费应当于领取品种权证书时缴纳，以后的年费应当在前一年度期满前1个月内预缴。

第六十条　品种权人未按时缴纳第一年以后的年费或者缴纳数额不足的，植物新品种保护办公室应当通知品种权人自应当缴纳年费期满之日起6个月内补缴，同时缴纳金额为年费的25%的滞纳金。

第六十一条　自本细则施行之日起3年内，当事人缴纳本细则第五十六条规定的费用确有困难的，经申请并由国家林业局批准，可以减缴或者缓缴。

第六十二条　国家林业局定期出版植物新品种保护公报，公告品种权申请、授予、转让、继承、终止等有关事项。

植物新品种保护办公室设置品种权登记簿，登记品种权申请、授予、转让、继承、终止等有关事项。

第九章　附　　则

第六十三条　县级以上林业主管部门查处《条例》规定的行政处罚案件时，适用林业行政处罚程序的规定。

第六十四条　《条例》所称的假冒授权品种，是指：

（一）使用伪造的品种权证书、品种权号的；

（二）使用已经被终止或者被宣告无效品种权的品种权证书、品种权号的；

（三）以非授权品种冒充授权品种的；

（四）以此种授权品种冒充他种授权品种的；

（五）其他足以使他人将非授权品种误认为授权品种的。

第六十五条　当事人因植物新品种的申请权或者品种权发生纠纷，已向人民法院提起诉讼并受理的，应当向国家林业局报告并附具人民法院已受理的证明材料。国家林业局按照有关规定作出中止或者终止的决定。

第六十六条　在初步审查、实质审查、复审和无效宣告程序中进行审查和复审的人员，有下列情形之一的，应当申请回避；当事人或者其他有利害关系人也可以要求其回避：

（一）是当事人或者其代理人近亲属的；

（二）与品种权申请或者品种权有直接利害关系的；

（三）与当事人或者其他代理人有其他可能影响公正审查和审理关系的。

审查人员的回避，由植物新品种保护办公室决定；复审委员会人员的回避，由国家林业局决定。在回避申请未被批准前，审查和复审人员不得终止履行职责。

第六十七条　任何人经植物新品种保护办公室同意，可以查阅或者复制已经公告的品种权申请的案卷和品种权登记簿。

依照《条例》和本细则的规定，已被驳回、撤回或者视为放弃品种权申请的材料和已被放弃、无效宣告或者终止品种权的材料，由植物新品种保护办公室予以销毁。

第六十八条　请求变更品种权申请人和品种权人的，应当向植物新品种保护办公室办理著录事项变更手续，并提出变更理由和证明材料。

第六十九条　本细则由国家林业局负责解释。

第七十条　本细则自发布之日起施行。

中华人民共和国植物新品种保护条例实施细则（农业部分）

1. 2007年9月19日农业部令第5号公布

2. 根据2011年12月31日农业部令2011年第4号《关于修订部分规章和规范性文件的决定》第一次修正

3. 根据2014年4月25日农业部令2014年第3号《关于修订部分规章的决定》第二次修正

第一章　总　　则

第一条　根据《中华人民共和国植物新品种保护条例》（以下简称《条例》），制定本细则。

第二条　农业植物新品种包括粮食、棉花、油料、麻类、糖料、蔬菜（含西甜瓜）、烟草、桑树、茶树、果树（干果除外）、观赏植物（木本除外）、草类、绿肥、草本药材、食用菌、藻类和橡胶树等植物的新品种。

第三条　依据《条例》第三条的规定，农业部为农业植物新品种权的审批机关，依照《条例》规定授予农业植物新品种权（以下简称品种权）。

农业部植物新品种保护办公室（以下简称品种保护办公室），承担品种权申请的受理、审查等事务，负责植物新品种测试和繁殖材料保藏的组织工作。

第四条　对危害公共利益、生态环境的植物新品种不授予品种权。

第二章 品种权的内容和归属

第五条 《条例》所称繁殖材料是指可繁殖植物的种植材料或植物体的其他部分，包括籽粒、果实和根、茎、苗、芽、叶等。

第六条 申请品种权的单位或者个人统称为品种权申请人；获得品种权的单位或者个人统称为品种权人。

第七条 《条例》第七条所称执行本单位任务所完成的职务育种是指下列情形之一：

（一）在本职工作中完成的育种；

（二）履行本单位交付的本职工作之外的任务所完成的育种；

（三）退职、退休或者调动工作后，3 年内完成的与其在原单位承担的工作或者原单位分配的任务有关的育种。

《条例》第七条所称本单位的物质条件是指本单位的资金、仪器设备、试验场地以及单位所有的尚未允许公开的育种材料和技术资料等。

第八条 《条例》第八条所称完成新品种育种的人是指完成新品种育种的单位或者个人（以下简称育种者）。

第九条 完成新品种培育的人员（以下简称培育人）是指对新品种培育作出创造性贡献的人。仅负责组织管理工作、为物质条件的利用提供方便或者从事其他辅助工作的人不能被视为培育人。

第十条 一个植物新品种只能被授予一项品种权。

一个植物新品种由两个以上申请人分别于同一日内提出品种权申请的，由申请人自行协商确定申请权的归属；协商不能达成一致意见的，品种保护办公室可以要求申请人在指定期限内提供证据，证明自己是最先完成该新品种育种的人。逾期未提供证据的，视为撤回申请；所提供证据不足以作为判定依据的，品种保护办公室驳回申请。

第十一条 中国的单位或者个人就其在国内培育的新品种向外国人转让申请权或者品种权的，应当向农业部申请审批。

转让申请权或者品种权的，当事人应当订立书面合同，向农业部登记，由农业部予以公告，并自公告之日起生效。

第十二条 有下列情形之一的，农业部可以作出实施品种权的强制许可决定：

（一）为了国家利益或者公共利益的需要；

（二）品种权人无正当理由自己不实施，又不许可他人以合理条件实施的；

（三）对重要农作物品种，品种权人虽已实施，但明显不能满足国内市场需求，又不许可他人以合理条件实施的。

申请强制许可的，应当向农业部提交强制许可请求书，说明理由并附具有关证明文件各一式两份。

农业部自收到请求书之日起 20 个工作日内作出决定。需要组织专家调查论证的，调查论证时间不得超过 3 个月。同意强制许可请求的，由农业部通知品种权人和强制许可请求人，并予以公告；不同意强制许可请求的，通知请求人并说明理由。

第十三条 依照《条例》第十一条第二款规定，申请农业部裁决使用费数额的，当事人应当提交裁决申请书，并附具未能达成协议的证明文件。农业部自收到申请书之日起 3 个月内作出裁决并通知当事人。

第三章 授予品种权的条件

第十四条 依照《条例》第四十五条的规定，列入植物新品种保护名录的植物属或者种，从名录公布之日起 1 年内提出的品种权申请，凡经过育种者许可，申请日前在中国境内销售该品种的繁殖材料未超过 4 年，符合《条例》规定的特异性、一致性和稳定性及命名要求的，农业部可以授予品种权。

第十五条 具有下列情形之一的，属于《条例》第十四条规定的销售：

（一）以买卖方式将申请品种的繁殖材料转移他人；

（二）以易货方式将申请品种的繁殖材料转移他人；

（三）以入股方式将申请品种的繁殖材料转移他人；

（四）以申请品种的繁殖材料签订生产协议；

（五）以其他方式销售的情形。

具有下列情形之一的，视为《条例》第十四条规定的育种者许可销售：

（一）育种者自己销售；

（二）育种者内部机构销售；

（三）育种者的全资或者参股企业销售；

（四）农业部规定的其他情形。

第十六条 《条例》第十五条所称“已知的植物品种”，包括品种权申请初审合格公告、通过品种审定或者已推广应用的品种。

第十七条　《条例》第十六条、第十七条所称"相关的特征或者特性"是指至少包括用于特异性、一致性和稳定性测试的性状或者授权时进行品种描述的性状。

第十八条　有下列情形之一的，不得用于新品种命名：

（一）仅以数字组成的；

（二）违反国家法律或者社会公德或者带有民族歧视性的；

（三）以国家名称命名的；

（四）以县级以上行政区划的地名或者公众知晓的外国地名命名的；

（五）同政府间国际组织或者其他国际国内知名组织及标识名称相同或者近似的；

（六）对植物新品种的特征、特性或者育种者的身份等容易引起误解的；

（七）属于相同或相近植物属或者种的已知名称的；

（八）夸大宣传的。

已通过品种审定的品种，或获得《农业转基因生物安全证书（生产应用）》的转基因植物品种，如品种名称符合植物新品种命名规定，申请品种权的品种名称应当与品种审定或农业转基因生物安全审批的品种名称一致。

第四章　品种权的申请和受理

第十九条　中国的单位和个人申请品种权的，可以直接或者委托代理机构向品种保护办公室提出申请。

在中国没有经常居所的外国人、外国企业或其他外国组织，向品种保护办公室提出品种权申请的，应当委托代理机构办理。

申请人委托代理机构办理品种权申请等相关事务时，应当与代理机构签订委托书，明确委托办理事项与权责。代理机构在向品种保护办公室提交申请时，应当同时提交申请人委托书。品种保护办公室在上述申请的受理与审查程序中，直接与代理机构联系。

第二十条　申请品种权的，申请人应当向品种保护办公室提交请求书、说明书和品种照片各一式两份，同时提交相应的请求书和说明书的电子文档。

请求书、说明书按照品种保护办公室规定的统一格式填写。

第二十一条　申请人提交的说明书应当包括下列内容：

（一）申请品种的暂定名称，该名称应当与请求书的名称一致；

（二）申请品种所属的属或者种的中文名称和拉丁文名称；

（三）育种过程和育种方法，包括系谱、培育过程和所使用的亲本或者其他繁殖材料来源与名称的详细说明；

（四）有关销售情况的说明；

（五）选择的近似品种及理由；

（六）申请品种特异性、一致性和稳定性的详细说明；

（七）适于生长的区域或者环境以及栽培技术的说明；

（八）申请品种与近似品种的性状对比表。

前款第（五）、（八）项所称近似品种是指在所有已知植物品种中，相关特征或者特性与申请品种最为相似的品种。

第二十二条　申请人提交的照片应当符合以下要求：

（一）照片有利于说明申请品种的特异性；

（二）申请品种与近似品种的同一种性状对比应在同一张照片上；

（三）照片应为彩色，必要时，品种保护办公室可以要求申请人提供黑白照片；

（四）照片规格为 8.5 厘米 ×12.5 厘米或者 10 厘米 ×15 厘米；

（五）关于照片的简要文字说明。

第二十三条　品种权申请文件有下列情形之一的，品种保护办公室不予受理：

（一）未使用中文的；

（二）缺少请求书、说明书或者照片之一的；

（三）请求书、说明书和照片不符合本细则规定格式的；

（四）文件未打印的；

（五）字迹不清或者有涂改的；

（六）缺少申请人和联系人姓名（名称）、地址、邮政编码的或者不详的；

（七）委托代理但缺少代理委托书的。

第二十四条　中国的单位或者个人将国内培育的植物新品种向国外申请品种权的，应当向所在地省级人民政府农业行政主管部门申请登记。

第二十五条　申请人依照《条例》第二十三条的规定要求优先权的，应当在申请中写明第一次提出品种权申请的申请日、申请号和受理该申请的国家或组织；未写明的，视为未要求优先权。申请人提交的第一次品种权申请文件副本应当经原受理机关确认。

第二十六条 在中国没有经常居所或者营业所的外国人、外国企业和外国其他组织，申请品种权或者要求优先权的，品种保护办公室认为必要时，可以要求其提供下列文件：

（一）申请人是个人的，其国籍证明；

（二）申请人是企业或者其他组织的，其营业所或者总部所在地的证明；

（三）外国人、外国企业、外国其他组织的所属国，承认中国单位和个人可以按照该国国民的同等条件，在该国享有品种申请权、优先权和其他与品种权有关的权利的证明文件。

第二十七条 申请人在向品种保护办公室提出品种权申请12个月内，又向国外申请品种权的，依照该国或组织同中华人民共和国签订的协议或者共同参加的国际条约，或者根据相互承认优先权的原则，可以请求品种保护办公室出具优先权证明文件。

第二十八条 依照《条例》第十九条第二款规定，中国的单位和个人申请品种权的植物新品种涉及国家安全或者重大利益需要保密的，申请人应当在申请文件中说明，品种保护办公室经过审查后作出是否按保密申请处理的决定，并通知申请人；品种保护办公室认为需要保密而申请人未注明的，仍按保密申请处理，并通知申请人。

第二十九条 申请人送交的申请品种繁殖材料应当与品种权申请文件中所描述的繁殖材料相一致，并符合下列要求：

（一）未遭受意外损害；

（二）未经过药物处理；

（三）无检疫性的有害生物；

（四）送交的繁殖材料为籽粒或果实的，籽粒或果实应当是最近收获的。

第三十条 品种保护办公室认为必要的，申请人应当送交申请品种和近似品种的繁殖材料，用于申请品种的审查和检测。申请品种属于转基因品种的，应当附具生产性试验阶段的《农业转基因生物安全审批书》或《农业转基因生物安全证书（生产应用）》复印件。

申请人应当自收到品种保护办公室通知之日起3个月内送交繁殖材料。送交繁殖材料为籽粒或果实的，应当送至品种保护办公室植物新品种保藏中心（以下简称保藏中心）；送交种苗、种球、块茎、块根等无性繁殖材料的，应当送至品种保护办公室指定的测试机构。

申请人送交的繁殖材料数量少于品种保护办公室规定的，保藏中心或者测试机构应当通知申请人，申请人应自收到通知之日起1个月内补足。特殊情况下，申请人送交了规定数量的繁殖材料后仍不能满足测试或者检测需要时，品种保护办公室有权要求申请人补交。

第三十一条 繁殖材料应当依照有关规定实施植物检疫。检疫不合格或者未经检疫的，保藏中心或者测试机构不予接收。

保藏中心或者测试机构收到申请人送交的繁殖材料后应当出具书面证明，并在收到繁殖材料之日起20个工作日内（有休眠期的植物除外）完成生活力等内容的检测。检测合格的，应当向申请人出具书面检测合格证明；检测不合格的，应当通知申请人自收到通知之日起1个月内重新送交繁殖材料并取回检测不合格的繁殖材料，申请人到期不取回的，保藏中心或者测试机构应当销毁。

申请人未按规定送交繁殖材料的，视为撤回申请。

第三十二条 保藏中心和测试机构对申请品种的繁殖材料负有保密的责任，应当防止繁殖材料丢失、被盗等事故的发生，任何人不得更换检验合格的繁殖材料。发生繁殖材料丢失、被盗、更换的，依法追究有关人员的责任。

第五章 品种权的审查与批准

第三十三条 在初步审查、实质审查、复审和无效宣告程序中进行审查和复审人员有下列情形之一的，应当自行回避，当事人或者其他利害关系人可以要求其回避：

（一）是当事人或者其代理人近亲属的；

（二）与品种权申请或者品种权有直接利害关系的；

（三）与当事人或者其代理人有其他关系，可能影响公正审查和审理的。

审查人员的回避由品种保护办公室决定，复审人员的回避由植物新品种复审委员会主任决定。

第三十四条 一件植物品种权申请包括两个以上新品种的，品种保护办公室应当要求申请人提出分案申请。申请人在指定期限内对其申请未进行分案修正或者期满未答复的，视为撤回申请。

申请人按照品种保护办公室要求提出的分案申请，可以保留原申请日；享有优先权的，可保留优先权日。但不得超出原申请文件已有内容的范围。

分案申请应当依照《条例》及本细则的规定办理相关手续。

分案申请的请求书中应当写明原申请的申请号和申请日。原申请享有优先权的，应当提交原申请的优先权文件副本。

第三十五条　品种保护办公室对品种权申请的下列内容进行初步审查：

（一）是否符合《条例》第二十七条规定；

（二）选择的近似品种是否适当；申请品种的亲本或其他繁殖材料来源是否公开。

品种保护办公室应当将审查意见通知申请人。品种保护办公室有疑问的，可要求申请人在指定期限内陈述意见或者补正；申请人期满未答复的，视为撤回申请。申请人陈述意见或者补正后，品种保护办公室认为仍然不符合规定的，应当驳回其申请。

第三十六条　除品种权申请文件外，任何人向品种保护办公室提交的与品种权申请有关的材料，有下列情形之一的，视为未提出：

（一）未使用规定的格式或者填写不符合要求的；

（二）未按照规定提交证明材料的。

当事人当面提交材料的，受理人员应当当面说明材料存在的缺陷后直接退回；通过邮局提交的，品种保护办公室应当将视为未提出的审查意见和原材料一起退回；邮寄地址不清的，采用公告方式退回。

第三十七条　自品种权申请之日起至授予品种权之日前，任何人均可以对不符合《条例》第八条、第十三至第十八条以及本细则第四条规定的品种权申请，向品种保护办公室提出异议，并提供相关证据和说明理由。未提供相关证据的，品种保护办公室不予受理。

第三十八条　未经品种保护办公室批准，申请人在品种权授予前不得修改申请文件的下列内容：

（一）申请品种的名称、申请品种的亲本或其他繁殖材料名称、来源以及申请品种的育种方法；

（二）申请品种的最早销售时间；

（三）申请品种的特异性、一致性和稳定性内容。

品种权申请文件的修改部分，除个别文字修改或者增删外，应当按照规定格式提交替换页。

第三十九条　品种保护办公室负责对品种权申请进行实质审查，并将审查意见通知申请人。品种保护办公室可以根据审查的需要，要求申请人在指定期限内陈述意见或者补正。申请人期满未答复的，视为撤回申请。

第四十条　依照《条例》和本细则的规定，品种权申请经实质审查应当予以驳回的情形是指：

（一）不符合《条例》第八条、第十三条至第十七条规定之一的；

（二）属于本细则第四条规定的；

（三）不符合命名规定，申请人又不按照品种保护办公室要求修改的；

（四）申请人陈述意见或者补正后，品种保护办公室认为仍不符合规定的。

第四十一条　品种保护办公室发出办理授予品种权手续的通知后，申请人应当自收到通知之日起 2 个月内办理相关手续和缴纳第 1 年年费。对按期办理的，农业部授予品种权，颁发品种权证书，并予以公告。品种权自授权公告之日起生效。

期满未办理的，视为放弃取得品种权的权利。

第四十二条　农业部植物新品种复审委员会，负责审理驳回品种权申请的复审案件、品种权无效宣告案件和授权品种更名案件。具体规定由农业部另行制定。

第六章　文件的提交、送达和期限

第四十三条　依照《条例》和本细则规定提交的各种文件应当使用中文，并采用国家统一规定的科学技术术语和规范词。外国人名、地名和科学技术术语没有统一中文译文的，应当注明原文。

依照《条例》和本细则规定提交的各种证件和证明文件是外文的，应当附送中文译文；未附送的，视为未提交该证明文件。

第四十四条　当事人向品种保护办公室提交的各种文件应当打印或者印刷，字迹呈黑色，并整齐清晰。申请文件的文字部分应当横向书写，纸张只限单面使用。

第四十五条　当事人提交的各种文件和办理的其他手续，应当由申请人、品种权人、其他利害关系人或者其代表人签字或者盖章；委托代理机构的，由代理机构盖章。请求变更培育人姓名、品种权申请人和品种权人的姓名或者名称、国籍、地址、代理机构的名称和代理人姓名的，应当向品种保护办公室办理著录事项变更手续，并附具变更理由的证明材料。

第四十六条 当事人提交各种材料时，可以直接提交，也可以邮寄。邮寄时，应当使用挂号信函，不得使用包裹，一件信函中应当只包含同一申请的相关材料。邮寄的，以寄出的邮戳日为提交日。信封上寄出的邮戳日不清晰的，除当事人能够提供证明外，以品种保护办公室的收到日期为提交日。

品种保护办公室的各种文件，可以通过邮寄、直接送交或者以公告的方式送达当事人。当事人委托代理机构的，文件送交代理机构；未委托代理机构的，文件送交请求书中收件人地址及收件人或者第一署名人或者代表人。当事人拒绝接收文件的，该文件视为已经送达。

品种保护办公室邮寄的各种文件，自文件发出之日起满15日，视为当事人收到文件之日。

根据规定应当直接送交的文件，以交付日为送达日。文件送达地址不清，无法邮寄的，可以通过公告的方式送达当事人。自公告之日起满2个月，该文件视为已经送达。

第四十七条 《条例》和本细则规定的各种期限的第一日不计算在期限内。期限以年或者月计算的，以其最后一月的相应日为期限届满日；该月无相应日的，以该月最后一日为期限届满日。期限届满日是法定节假日的，以节假日后的第一个工作日为期限届满日。

第四十八条 当事人因不可抗力而耽误《条例》或者本细则规定的期限或者品种保护办公室指定的期限，导致其权利丧失的，自障碍消除之日起2个月内，最迟自期限届满之日起2年内，可以向品种保护办公室说明理由并附具有关证明文件，请求恢复其权利。

当事人因正当理由而耽误《条例》或者本细则规定的期限或者品种保护办公室指定的期限，造成其权利丧失的，可以自收到通知之日起2个月内向品种保护办公室说明理由，请求恢复其权利。

当事人请求延长品种保护办公室指定期限的，应当在期限届满前，向品种保护办公室说明理由并办理有关手续。

本条第一款和第二款的规定不适用《条例》第十四条、第二十三条、第三十二条第二、三款、第三十四条、第三十七条第二款规定的期限。

第四十九条 除《条例》第二十二条的规定外，《条例》所称申请日，有优先权的，指优先权日。

第七章 费用和公报

第五十条 申请品种权和办理其他手续时，应当按照国家有关规定向农业部缴纳申请费、审查费、年费。

第五十一条 《条例》和本细则规定的各种费用，可以直接缴纳，也可以通过邮局或者银行汇付。

通过邮局或者银行汇付的，应当注明品种名称，同时将汇款凭证的复印件传真或者邮寄至品种保护办公室，并说明该费用的申请号或者品种权号、申请人或者品种权人的姓名或名称、费用名称。

通过邮局或者银行汇付的，以汇出日为缴费日。

第五十二条 依照《条例》第二十四条的规定，申请人可以在提交品种权申请的同时缴纳申请费，但最迟自申请之日起1个月内缴纳申请费，期满未缴纳或者未缴足的，视为撤回申请。

第五十三条 经初步审查合格的品种权申请，申请人应当按照品种保护办公室的通知，在规定的期限内缴纳审查费。期满未缴纳或者未缴足的，视为撤回申请。

第五十四条 申请人在领取品种权证书前，应当缴纳授予品种权第1年的年费。以后的年费应当在前1年度期满前1个月内预缴。

第五十五条 品种权人未按时缴纳授予品种权第1年以后的年费，或者缴纳的数额不足的，品种保护办公室应当通知申请人自应当缴纳年费期满之日起6个月内补缴；期满未缴纳的，自应当缴纳年费期满之日起，品种权终止。

第五十六条 品种保护办公室定期发布植物新品种保护公报，公告品种权有关内容。

第八章 附 则

第五十七条 《条例》第四十条、第四十一条所称的假冒授权品种行为是指下列情形之一：

（一）印制或者使用伪造的品种权证书、品种权申请号、品种权号或者其他品种权申请标记、品种权标记；

（二）印制或者使用已经被驳回、视为撤回或者撤回的品种权申请的申请号或者其他品种权申请标记；

（三）印制或者使用已经被终止或者被宣告无效的品种权的品种权证书、品种权号或者其他品种权标记；

（四）生产或者销售本条第（一）项、第（二）项和第（三）项所标记的品种；

（五）生产或销售冒充品种权申请或者授权品种名称的品种；

（六）其他足以使他人将非品种权申请或者非授权品种误认为品种权申请或者授权品种的行为。

第五十八条 农业行政部门根据《条例》第四十一条的规定对封存或者扣押的植物品种繁殖材料，应当在三十日内做出处理；情况复杂的，经农业行政部门负责人批准可以延长，延长期限不超过三十日。

第五十九条 当事人因品种申请权或者品种权发生纠纷，向人民法院提起诉讼并且人民法院已受理的，可以向品种保护办公室请求中止有关程序。

依照前款规定申请中止有关程序的，应当向品种保护办公室提交申请书，并附具人民法院的有关受理文件副本。

在人民法院作出的判决生效后，当事人应当向品种保护办公室请求恢复有关程序。自请求中止之日起1年内，有关品种申请权或者品种权归属的纠纷未能结案，需要继续中止有关程序的，请求人应当在该期限内请求延长中止。期满未请求延长的，品种保护办公室可以自行恢复有关程序。

第六十条 已被视为撤回、驳回和主动撤回的品种权申请的案卷，自该品种权申请失效之日起满2年后不予保存。

已被宣告无效的品种权案卷自该品种权无效宣告之日起，终止的品种权案卷自该品种权失效之日起满3年后不予保存。

第六十一条 本细则自2008年1月1日起施行。1999年6月16日农业部发布的《中华人民共和国植物新品种保护条例实施细则（农业部分）》同时废止。

农业植物新品种权侵权案件处理规定

1. 2002年12月30日农业部令第24号发布
2. 自2003年2月1日起施行

第一条 为有效处理农业植物新品种权（以下简称品种权）侵权案件，根据《中华人民共和国植物新品种保护条例》（以下简称《条例》），制定本规定。

第二条 本规定所称的品种权侵权案件是指未经品种权人许可，以商业目的生产或销售授权品种的繁殖材料以及将该授权品种的繁殖材料重复使用于生产另一品种的繁殖材料的行为。

第三条 省级以上人民政府农业行政部门负责处理本行政辖区内品种权侵权案件。

第四条 请求省级以上人民政府农业行政部门处理品种权侵权案件的，应当符合下列条件：

（一）请求人是品种权人或者利害关系人；

（二）有明确的被请求人；

（三）有明确的请求事项和具体事实、理由；

（四）属于受案农业行政部门的受案范围和管辖；

（五）在诉讼时效范围内；

（六）当事人没有就该品种权侵权案件向人民法院起诉。

第一项所称利害关系人包括品种权实施许可合同的被许可人、品种权的合法继承人。品种权实施许可合同的被许可人中，独占实施许可合同的被许可人可以单独提出请求；排他实施许可合同的被许可人在品种权人不请求的情况下，可以单独提出请求；除合同另有约定外，普通实施许可合同的被许可人不能单独提出请求。

第五条 请求处理品种权侵权案件的诉讼时效为2年，自品种权人或利害关系人得知或应当得知侵权行为之日起计算。

第六条 请求省级以上人民政府农业行政部门处理品种权侵权案件的，应当提交请求书以及所涉及品种权的品种权证书，并且按照被请求人的数量提供请求书副本。

请求书应当记载以下内容：

（一）请求人的姓名或者名称、地址，法定代表人姓名、职务。委托代理的，代理人的姓名和代理机构的名称、地址；

（二）被请求人的姓名或者名称、地址；

（三）请求处理的事项、事实和理由。

请求书应当由请求人签名或盖章。

第七条 请求符合本办法第六条规定条件的，省级以上人民政府农业行政部门应当在收到请求书之日起7日内立案并书面通知请求人，同时指定3名以上单数承办人员处理该品种权侵权案件；请求不符合本办法第六条规定条件的，省级以上人民政府农业行政部门应当在收到请求书之日起7日内书面通知请求人不予受理，并说明理由。

第八条 省级以上人民政府农业行政部门应当在立案之

日起7日内将请求书及其附件的副本通过邮寄、直接送交或者其他方式送被请求人,要求其在收到之日起15日内提交答辩书,并且按照请求人的数量提供答辩书副本。被请求人逾期不提交答辩书的,不影响省级以上人民政府农业行政部门进行处理。被请求人提交答辩书的,省级以上人民政府农业行政部门应当在收到之日起7日内将答辩书副本通过邮寄、直接送交或者其他方式送请求人。

第九条 省级以上人民政府农业行政部门处理品种权侵权案件一般以书面审理为主。必要时,可以举行口头审理,并在口头审理7日前通知当事人口头审理的时间和地点。当事人无正当理由拒不参加的,或者未经允许中途退出的,对请求人按撤回请求处理,对被请求人按缺席处理。

省级以上人民政府农业行政部门举行口头审理的,应当记录参加人和审理情况,经核对无误后,由案件承办人员和参加人签名或盖章。

第十条 除当事人达成调解、和解协议,请求人撤回请求之外,省级以上人民政府农业行政部门对侵权案件应作出处理决定,并制作处理决定书,写明以下内容:

(一)请求人、被请求人的姓名或者名称、地址,法定代表人或者主要负责人的姓名、职务,代理人的姓名和代理机构的名称;

(二)当事人陈述的事实和理由;

(三)认定侵权行为是否成立的理由和依据;

(四)处理决定:认定侵权行为成立的,应当责令被请求人立即停止侵权行为,写明处罚内容;认定侵权行为不成立的,应当驳回请求人的请求;

(五)不服处理决定申请行政复议或者提起行政诉讼的途径和期限。

处理决定书应当由案件承办人员署名,并加盖省级以上人民政府农业行政部门的公章。

第十一条 省级以上人民政府农业行政部门认定侵权行为成立并作出处理决定的,可以采取下列措施,制止侵权行为:

(一)侵权人生产授权品种繁殖材料或者直接使用授权品种的繁殖材料生产另一品种繁殖材料的,责令其立即停止生产,并销毁生产中的植物材料;已获得繁殖材料的,责令其不得销售;

(二)侵权人销售授权品种繁殖材料或者销售直接使用授权品种繁殖材料生产另一品种繁殖材料的,责令其立即停止销售行为,并且不得销售尚未售出的侵权品种繁殖材料;

(三)没收违法所得;

(四)处以违法所得5倍以下的罚款;

(五)停止侵权行为的其他必要措施。

第十二条 当事人对省级以上人民政府农业行政部门作出的处理决定不服的,可以依法申请行政复议或者向人民法院提起行政诉讼。期满不申请行政复议或者不起诉又不停止侵权行为的,省级以上人民政府农业行政部门可以申请人民法院强制执行。

第十三条 省级以上人民政府农业行政部门认定侵权行为成立的,可以根据当事人自愿的原则,对侵权所造成的损害赔偿进行调解。必要时,可以邀请有关单位和个人协助调解。

调解达成协议的,省级以上人民政府农业行政部门应当制作调解协议书,写明如下内容:

(一)请求人、被请求人的姓名或者名称、地址,法定代表人的姓名、职务。委托代理人的,代理人的姓名和代理机构的名称、地址;

(二)案件的主要事实和各方应承担的责任;

(三)协议内容以及有关费用的分担。调解协议书由各方当事人签名或盖章、案件承办人员签名并加盖省级以上人民政府农业行政部门的公章。调解书送达后,当事人应当履行协议。

调解未达成协议的,当事人可以依法向人民法院起诉。

第十四条 侵犯品种权的赔偿数额,按照权利人因被侵权所受到的损失或者侵权人因侵权所获得的利益确定。权利人的损失或者侵权人获得的利益难以确定的,按照品种权许可使用费的1倍以上5倍以下酌情确定。

第十五条 省级以上人民政府农业行政部门或者人民法院作出认定侵权行为成立的处理决定或者判决之后,被请求人就同一品种权再次作出相同类型的侵权行为,品种权人或者利害关系人请求处理的,省级以上人民政府农业行政部门可以直接作出责令立即停止侵权行为的处理决定并采取相应处罚措施。

第十六条 农业行政部门可以按照以下方式确定品种权案件行为人的违法所得:

(一)销售侵权或者假冒他人品种权的繁殖材料的,以该品种繁殖材料销售价格乘以销售数量作为其违法所得；

（二）订立侵权或者假冒他人品种权合同的，以收取的费用作为其违法所得。

第十七条　省级以上人民政府农业行政部门查处品种权侵权案件和县级以上人民政府农业行政部门查处假冒授权品种案件的程序，适用《农业行政处罚程序规定》。

第十八条　本办法由农业部负责解释。

第十九条　本办法自2003年2月1日起施行。

植物新品种保护项目管理暂行办法

1. 2009年11月18日农业部办公厅发布

2. 农办科〔2009〕73号

第一章　总　　则

第一条　为加强植物新品种保护项目管理，规范项目资金使用，提高资金使用效益，根据国家财政项目支出管理有关规定及相关法律法规，制定本办法。

第二条　项目资金主要用于植物新品种保护法规规章制定和修订、国家知识产权战略贯彻实施、品种权申请受理、审查、测试、授权、复审、技术支撑体系建设、行政执法、宣传培训、政策研究、履约和国际交流等工作。

第三条　项目由农业部组织实施。农业部负责制定发布项目申报指南、组织项目评审、审批立项、实施的监督检查、组织验收等。

第二章　项目申报与立项

第四条　农业部根据农业植物新品种保护工作总体部署，印发项目申报指南。

第五条　各有关地方农业行政主管部门及科研、教学和其他事业单位根据项目申报指南编制项目申报书，主要包括项目必要性、可行性、年度目标、预期效益、项目内容及金额、时间进度、人员分工、资金测算、单位情况等内容，并上报农业部。

第六条　农业部对项目申报书进行审查，择优审批立项，并与项目承担单位签订《植物新品种保护项目合同》。项目合同主要包括项目来由、年度目标、预期效益、项目内容及金额、时间进度、人员分工、资金测算、单位情况等内容。

第三章　项目执行及资金管理

第七条　项目实施时间原则上为一年，特殊项目可滚动实施。凡纳入计划的项目，要按期完成并达到规定的项目目标。

第八条　对已立项的项目，项目资金由农业部下达到项目承担单位，项目承担单位必须按照批复的项目预算和项目合同组织实施，不得随意调整项目内容、进度安排、资金使用方向等。如确需调整，必须报农业部批准。

第九条　项目承担单位要对植物新品种保护项目资金设立专账管理，专款专用。

第十条　项目承担单位要建立信息反馈制度，根据农业部的要求及时报送资金使用、工作进度等相关资料。项目承担单位于每年年底前将项目执行情况、资金使用情况总结报农业部。

第十一条　涉及保密的有关内容，按照国家有关保密工作法律法规执行。

第十二条　对骗取、挪用、截留、挤占项目资金的行为，依照《财政违法行为处罚处分条例》及相关法律法规追究有关单位及其责任人的法律责任。

第四章　检 查 验 收

第十三条　农业部按照批复的项目合同对项目承担单位的项目执行和资金使用情况进行检查，实行项目执行和资金使用情况与下年度项目资金安排挂钩。未完成项目内容和经费支出不合理的，下年度酌情减少项目资金或不予考虑资金支持，情节严重的将终止项目并视情况予以相应处罚。

第十四条　农业部对部分技术复杂且重大的项目实行验收，并在项目合同中予以明确。验收在项目完成后三个月内组织进行，项目承担单位应在验收前一个月向农业部提出验收申请，农业部视具体情况直接或委托有关单位进行验收。未能通过验收的项目须进行整改，整改完成后重新申请验收。无法进行验收的项目，除不可抗拒的因素外，项目承担单位及第一承担人要承担相应的责任。

第五章　附　　则

第十五条　本办法自发布之日起执行。

关于台湾地区申请人在大陆申请植物新品种权的暂行规定

2010年11月22日农业部、国家林业局公告第1487号发布施行

第一条 为保护台湾地区育种者的合法权益,促进植物新品种的培育和使用,制定本规定。

第二条 台湾地区的自然人、法人向大陆植物新品种权审批机关(以下简称审批机关)申请植物新品种权(以下简称品种权)及相关事务,适用本规定。

第三条 台湾地区的品种权申请人(以下简称申请人)向审批机关提出品种权及相关事务申请的,应当委托在大陆依法设立的代理机构办理。

第四条 申请人向审批机关提交的文件应当使用简体中文,日期应当使用公历,但证明文件除外。

第五条 在2010年9月12日(含当日)后,申请人自第一次提出品种权申请之日起12个月内,又在大陆就该植物新品种提出品种权申请,申请人要求将第一次申请日视为在大陆的申请日的,应当在申请时提出书面说明,并在3个月内提交经原审批机关确认的第一次提出的品种权申请文件的副本作为证明文件。未依照本规定提出书面说明或者提交证明文件的,视为未要求此项权利。

申请人在向审批机关提出第一次品种权申请之日起12个月内,又在大陆以外提出品种权申请的,可以请求审批机关出具第一次申请日的证明文件。

第六条 经育种者许可,在大陆销售品种繁殖材料未超过1年的;或者在大陆以外销售藤本植物、林木、果树和观赏树木品种繁殖材料未超过6年,销售其他植物品种繁殖材料未超过4年的,视为申请品种未丧失新颖性。

第七条 申请文件不得含有与现行法律、法规、规章相抵触的词句。

第八条 对不符合本规定第三条、第四条的,审批机关不予受理。

对不符合本规定第七条的,审批机关应当通知申请人在指定期限内予以修改;逾期未答复或者修改后仍不符合前款规定的,驳回其申请。

第九条 品种权申请的其他事宜,依据《中华人民共和国植物新品种保护条例》、《中华人民共和国植物新品种保护条例实施细则(农业部分)》和《中华人民共和国植物新品种保护条例实施细则(林业部分)》办理。

第十条 本规定自发布之日起施行。

最高人民法院关于审理侵害植物新品种权纠纷案件具体应用法律问题的若干规定

1. 2006年12月25日最高人民法院审判委员会第1411次会议通过、2007年1月12日公布、自2007年2月1日起施行(法释〔2007〕1号)

2. 根据2020年12月23日最高人民法院审判委员会第1823次会议通过、2020年12月29日公布、自2021年1月1日起施行的《最高人民法院关于修改〈最高人民法院关于审理侵犯专利权纠纷案件应用法律若干问题的解释(二)〉等十八件知识产权类司法解释的决定》(法释〔2020〕19号)修正

为正确处理侵害植物新品种权纠纷案件,根据《中华人民共和国民法典》《中华人民共和国种子法》《中华人民共和国民事诉讼法》《全国人民代表大会常务委员会关于在北京、上海、广州设立知识产权法院的决定》和《全国人民代表大会常务委员会关于专利等知识产权案件诉讼程序若干问题的决定》等有关规定,结合侵害植物新品种权纠纷案件的审判经验和实际情况,就具体应用法律的若干问题规定如下:

第一条 植物新品种权所有人(以下称品种权人)或者利害关系人认为植物新品种权受到侵害的,可以依法向人民法院提起诉讼。

前款所称利害关系人,包括植物新品种实施许可合同的被许可人、品种权财产权利的合法继承人等。

独占实施许可合同的被许可人可以单独向人民法院提起诉讼;排他实施许可合同的被许可人可以和品种权人共同起诉,也可以在品种权人不起诉时,自行提起诉讼;普通实施许可合同的被许可人经品种权人明确授权,可以提起诉讼。

第二条 未经品种权人许可,生产、繁殖或者销售授权品种的繁殖材料,或者为商业目的将授权品种的繁殖材料重复使用于生产另一品种的繁殖材料的,人民法院应当认定为侵害植物新品种权。

被诉侵权物的特征、特性与授权品种的特征、特性相同,或者特征、特性的不同是因非遗传变异所致的,人民法院一般应当认定被诉侵权物属于生产、繁殖或者销售授权品种的繁殖材料。

被诉侵权人重复以授权品种的繁殖材料为亲本与其他亲本另行繁殖的，人民法院一般应当认定属于为商业目的将授权品种的繁殖材料重复使用于生产另一品种的繁殖材料。

第三条 侵害植物新品种权纠纷案件涉及的专门性问题需要鉴定的，由双方当事人协商确定的有鉴定资格的鉴定机构、鉴定人鉴定；协商不成的，由人民法院指定的有鉴定资格的鉴定机构、鉴定人鉴定。

没有前款规定的鉴定机构、鉴定人的，由具有相应品种检测技术水平的专业机构、专业人员鉴定。

第四条 对于侵害植物新品种权纠纷案件涉及的专门性问题可以采取田间观察检测、基因指纹图谱检测等方法鉴定。

对采取前款规定方法作出的鉴定意见，人民法院应当依法质证，认定其证明力。

第五条 品种权人或者利害关系人向人民法院提起侵害植物新品种权诉讼前，可以提出行为保全或者证据保全请求，人民法院经审查作出裁定。

人民法院采取证据保全措施时，可以根据案件具体情况，邀请有关专业技术人员按照相应的技术规程协助取证。

第六条 人民法院审理侵害植物新品种权纠纷案件，应当依照民法典第一百七十九条、第一千一百八十五条、种子法第七十三条的规定，结合案件具体情况，判决侵权人承担停止侵害、赔偿损失等民事责任。

人民法院可以根据权利人的请求，按照权利人因被侵权所受实际损失或者侵权人因侵权所得利益确定赔偿数额。权利人的损失或者侵权人获得的利益难以确定的，可以参照该植物新品种权许可使用费的倍数合理确定。权利人为制止侵权行为所支付的合理开支应当另行计算。

依照前款规定难以确定赔偿数额的，人民法院可以综合考虑侵权的性质、期间、后果，植物新品种权许可使用费的数额，植物新品种实施许可的种类、时间、范围及权利人调查、制止侵权所支付的合理费用等因素，在300万元以下确定赔偿数额。

故意侵害他人植物新品种权，情节严重的，可以按照第二款确定数额的一倍以上三倍以下确定赔偿数额。

第七条 权利人和侵权人均同意将侵权物折价抵扣权利人所受损失的，人民法院应当准许。权利人或者侵权人不同意折价抵扣的，人民法院依照当事人的请求，责令侵权人对侵权物作消灭活性等使其不能再被用作繁殖材料的处理。

侵权物正处于生长期或者销毁侵权物将导致重大不利后果的，人民法院可以不采取责令销毁侵权物的方法，而判令其支付相应的合理费用。但法律、行政法规另有规定的除外。

第八条 以农业或者林业种植为业的个人、农村承包经营户接受他人委托代为繁殖侵害品种权的繁殖材料，不知道代繁物是侵害品种权的繁殖材料并说明委托人的，不承担赔偿责任。

最高人民法院关于审理侵害植物新品种权纠纷案件具体应用法律问题的若干规定（二）

1. *2021年6月29日最高人民法院审判委员会第1843次会议通过*
2. *2021年7月5日公布*
3. *法释〔2021〕14号*
4. *自2021年7月7日起施行*

为正确审理侵害植物新品种权纠纷案件，根据《中华人民共和国民法典》《中华人民共和国种子法》《中华人民共和国民事诉讼法》等法律规定，结合审判实践，制定本规定。

第一条 植物新品种权（以下简称品种权）或者植物新品种申请权的共有人对权利行使有约定的，人民法院按照其约定处理。没有约定或者约定不明的，共有人主张其可以单独实施或者以普通许可方式许可他人实施的，人民法院应予支持。

共有人单独实施该品种权，其他共有人主张该实施收益在共有人之间分配的，人民法院不予支持，但是其他共有人有证据证明其不具备实施能力或者实施条件的除外。

共有人之一许可他人实施该品种权，其他共有人主张收取的许可费在共有人之间分配的，人民法院应予支持。

第二条 品种权转让未经国务院农业、林业主管部门登记、公告，受让人以品种权人名义提起侵害品种权诉讼的，人民法院不予受理。

第三条 受品种权保护的繁殖材料应当具有繁殖能力，且繁殖出的新个体与该授权品种的特征、特性相同。

前款所称的繁殖材料不限于以品种权申请文件所描述的繁殖方式获得的繁殖材料。

第四条 以广告、展陈等方式作出销售授权品种的繁殖材料的意思表示的，人民法院可以以销售行为认定处理。

第五条 种植授权品种的繁殖材料的，人民法院可以根据案件具体情况，以生产、繁殖行为认定处理。

第六条 品种权人或者利害关系人（以下合称权利人）举证证明被诉侵权品种繁殖材料使用的名称与授权品种相同的，人民法院可以推定该被诉侵权品种繁殖材料属于授权品种的繁殖材料；有证据证明不属于该授权品种的繁殖材料的，人民法院可以认定被诉侵权人构成假冒品种行为，并参照假冒注册商标行为的有关规定确定民事责任。

第七条 受托人、被许可人超出与品种权人约定的规模或者区域生产、繁殖授权品种的繁殖材料，或者超出与品种权人约定的规模销售授权品种的繁殖材料，品种权人请求判令受托人、被许可人承担侵权责任的，人民法院依法予以支持。

第八条 被诉侵权人知道或者应当知道他人实施侵害品种权的行为，仍然提供收购、存储、运输、以繁殖为目的的加工处理等服务或者提供相关证明材料等条件的，人民法院可以依据民法典第一千一百六十九条的规定认定为帮助他人实施侵权行为。

第九条 被诉侵权物既可以作为繁殖材料又可以作为收获材料，被诉侵权人主张被诉侵权物系作为收获材料用于消费而非用于生产、繁殖的，应当承担相应的举证责任。

第十条 授权品种的繁殖材料经品种权人或者经其许可的单位、个人售出后，权利人主张他人生产、繁殖、销售该繁殖材料构成侵权的，人民法院一般不予支持，但是下列情形除外：

（一）对该繁殖材料生产、繁殖后获得的繁殖材料进行生产、繁殖、销售；

（二）为生产、繁殖目的将该繁殖材料出口到不保护该品种所属植物属或者种的国家或者地区。

第十一条 被诉侵权人主张对授权品种进行的下列生产、繁殖行为属于科研活动的，人民法院应予支持：

（一）利用授权品种培育新品种；

（二）利用授权品种培育形成新品种后，为品种权申请、品种审定、品种登记需要而重复利用授权品种的繁殖材料。

第十二条 农民在其家庭农村土地承包经营合同约定的土地范围内自繁自用授权品种的繁殖材料，权利人对此主张构成侵权的，人民法院不予支持。

对前款规定以外的行为，被诉侵权人主张其行为属于种子法规定的农民自繁自用授权品种的繁殖材料的，人民法院应当综合考虑被诉侵权行为的目的、规模、是否营利等因素予以认定。

第十三条 销售不知道也不应当知道是未经品种权人许可而售出的被诉侵权品种繁殖材料，且举证证明具有合法来源的，人民法院可以不判令销售者承担赔偿责任，但应当判令其停止销售并承担权利人为制止侵权行为所支付的合理开支。

对于前款所称合法来源，销售者一般应当举证证明购货渠道合法、价格合理、存在实际的具体供货方、销售行为符合相关生产经营许可制度等。

第十四条 人民法院根据已经查明侵害品种权的事实，认定侵权行为成立的，可以先行判决停止侵害，并可以依据当事人的请求和具体案情，责令采取消灭活性等阻止被诉侵权物扩散、繁殖的措施。

第十五条 人民法院为确定赔偿数额，在权利人已经尽力举证，而与侵权行为相关的账簿、资料主要由被诉侵权人掌握的情况下，可以责令被诉侵权人提供与侵权行为相关的账簿、资料；被诉侵权人不提供或者提供虚假账簿、资料的，人民法院可以参考权利人的主张和提供的证据判定赔偿数额。

第十六条 被诉侵权人有抗拒保全或者擅自拆封、转移、毁损被保全物等举证妨碍行为，致使案件相关事实无法查明的，人民法院可以推定权利人就该证据所涉证明事项的主张成立。构成民事诉讼法第一百一十一条规定情形的，依法追究法律责任。

第十七条 除有关法律和司法解释规定的情形以外，以下情形也可以认定为侵权行为情节严重：

（一）因侵权被行政处罚或者法院裁判承担责任后，再次实施相同或者类似侵权行为；

（二）以侵害品种权为业；

（三）伪造品种权证书；

（四）以无标识、标签的包装销售授权品种；

（五）违反种子法第七十七条第一款第一项、第二项、第四项的规定；

（六）拒不提供被诉侵权物的生产、繁殖、销售和储存地点。

存在前款第一项至第五项情形的，在依法适用惩罚性赔偿时可以按照计算基数的二倍以上确定惩罚性赔偿数额。

第十八条 品种权终止后依法恢复权利，权利人要求实施品种权的单位或者个人支付终止期间实施品种权的费用的，人民法院可以参照有关品种权实施许可费，结合品种类型、种植时间、经营规模、当时的市场价值等因素合理确定。

第十九条 他人未经许可，自品种权初步审查合格公告之日起至被授予品种权之日止，生产、繁殖或者销售该授权品种的繁殖材料，或者为商业目的将该授权品种的繁殖材料重复使用于生产另一品种的繁殖材料，权利人对此主张追偿利益损失的，人民法院可以按照临时保护期使用费纠纷处理，并参照有关品种权实施许可费，结合品种类型、种植时间、经营规模、当时的市场价值等因素合理确定该使用费数额。

前款规定的被诉行为延续到品种授权之后，权利人对品种权临时保护期使用费和侵权损害赔偿均主张权利的，人民法院可以合并审理，但应当分别计算处理。

第二十条 侵害品种权纠纷案件涉及的专门性问题需要鉴定的，由当事人在相关领域鉴定人名录或者国务院农业、林业主管部门向人民法院推荐的鉴定人中协商确定；协商不成的，由人民法院从中指定。

第二十一条 对于没有基因指纹图谱等分子标记检测方法进行鉴定的品种，可以采用行业通用方法对授权品种与被诉侵权物的特征、特性进行同一性判断。

第二十二条 对鉴定意见有异议的一方当事人向人民法院申请复检、补充鉴定或者重新鉴定，但未提出合理理由和证据的，人民法院不予准许。

第二十三条 通过基因指纹图谱等分子标记检测方法进行鉴定，待测样品与对照样品的差异位点小于但接近临界值，被诉侵权人主张二者特征、特性不同的，应当承担举证责任；人民法院也可以根据当事人的申请，采取扩大检测位点进行加测或者提取授权品种标准样品进行测定等方法，并结合其他相关因素作出认定。

第二十四条 田间观察检测与基因指纹图谱等分子标记检测的结论不同的，人民法院应当以田间观察检测结论为准。

第二十五条 本规定自2021年7月7日起施行。本院以前发布的相关司法解释与本规定不一致的，按照本规定执行。

最高人民法院关于审理植物新品种纠纷案件若干问题的解释

1. 2000年12月25日最高人民法院审判委员会第1154次会议通过、2001年2月5日公布、自2001年2月14日起施行（法释〔2001〕5号）

2. 根据2020年12月23日最高人民法院审判委员会第1823次会议通过、2020年12月29日公布、自2021年1月1日起施行的《最高人民法院关于修改〈最高人民法院关于审理侵犯专利权纠纷案件应用法律若干问题的解释（二）〉等十八件知识产权类司法解释的决定》（法释〔2020〕19号）修正

为依法受理和审判植物新品种纠纷案件，根据《中华人民共和国民法典》《中华人民共和国种子法》《中华人民共和国民事诉讼法》《中华人民共和国行政诉讼法》《全国人民代表大会常务委员会关于在北京、上海、广州设立知识产权法院的决定》和《全国人民代表大会常务委员会关于专利等知识产权案件诉讼程序若干问题的决定》的有关规定，现就有关问题解释如下：

第一条 人民法院受理的植物新品种纠纷案件主要包括以下几类：

（一）植物新品种申请驳回复审行政纠纷案件；

（二）植物新品种权无效行政纠纷案件；

（三）植物新品种权更名行政纠纷案件；

（四）植物新品种权强制许可纠纷案件；

（五）植物新品种权实施强制许可使用费纠纷案件；

（六）植物新品种申请权权属纠纷案件；

（七）植物新品种权权属纠纷案件；

（八）植物新品种申请权转让合同纠纷案件；

（九）植物新品种权转让合同纠纷案件；

（十）侵害植物新品种权纠纷案件；

（十一）假冒他人植物新品种权纠纷案件；

（十二）植物新品种培育人署名权纠纷案件；

（十三）植物新品种临时保护期使用费纠纷案件；

（十四）植物新品种行政处罚纠纷案件；

（十五）植物新品种行政复议纠纷案件；

（十六）植物新品种行政赔偿纠纷案件；

（十七）植物新品种行政奖励纠纷案件；

（十八）其他植物新品种权纠纷案件。

第二条 人民法院在依法审查当事人涉及植物新品种权的起诉时，只要符合《中华人民共和国民事诉讼法》第一百一十九条、《中华人民共和国行政诉讼法》第四十九条规定的民事案件或者行政案件的起诉条件，均应当依法予以受理。

第三条 本解释第一条所列第一至五类案件，由北京知识产权法院作为第一审人民法院审理；第六至十八类案件，由知识产权法院，各省、自治区、直辖市人民政府所在地和最高人民法院指定的中级人民法院作为第一审人民法院审理。

当事人对植物新品种纠纷民事、行政案件第一审判决、裁定不服，提起上诉的，由最高人民法院审理。

第四条 以侵权行为地确定人民法院管辖的侵害植物新品种权的民事案件，其所称的侵权行为地，是指未经品种权所有人许可，生产、繁殖或者销售该授权植物新品种的繁殖材料的所在地，或者为商业目的将该授权品种的繁殖材料重复使用于生产另一品种的繁殖材料的所在地。

第五条 关于植物新品种申请驳回复审行政纠纷案件、植物新品种权无效或者更名行政纠纷案件，应当以植物新品种审批机关为被告；关于植物新品种强制许可纠纷案件，应当以植物新品种审批机关为被告；关于实施强制许可使用费纠纷案件，应当根据原告所请求的事项和所起诉的当事人确定被告。

第六条 人民法院审理侵害植物新品种权纠纷案件，被告在答辩期间内向植物新品种审批机关请求宣告该植物新品种权无效的，人民法院一般不中止诉讼。

2. 集成电路布图设计权

集成电路布图设计保护条例

1. 2001年4月2日国务院令第300号公布
2. 自2001年10月1日起施行

第一章　总　　则

第一条　为了保护集成电路布图设计专有权，鼓励集成电路技术的创新，促进科学技术的发展，制定本条例。

第二条　本条例下列用语的含义：

（一）集成电路，是指半导体集成电路，即以半导体材料为基片，将至少有一个是有源元件的两个以上元件和部分或者全部互连线路集成在基片之中或者基片之上，以执行某种电子功能的中间产品或者最终产品；

（二）集成电路布图设计（以下简称布图设计），是指集成电路中至少有一个是有源元件的两个以上元件和部分或者全部互连线路的三维配置，或者为制造集成电路而准备的上述三维配置；

（三）布图设计权利人，是指依照本条例的规定，对布图设计享有专有权的自然人、法人或者其他组织；

（四）复制，是指重复制作布图设计或者含有该布图设计的集成电路的行为；

（五）商业利用，是指为商业目的进口、销售或者以其他方式提供受保护的布图设计、含有该布图设计的集成电路或者含有该集成电路的物品的行为。

第三条　中国自然人、法人或者其他组织创作的布图设计，依照本条例享有布图设计专有权。

外国人创作的布图设计首先在中国境内投入商业利用的，依照本条例享有布图设计专有权。

外国人创作的布图设计，其创作者所属国同中国签订有关布图设计保护协议或者与中国共同参加有关布图设计保护国际条约的，依照本条例享有布图设计专有权。

第四条　受保护的布图设计应当具有独创性，即该布图设计是创作者自己的智力劳动成果，并且在其创作时该布图设计在布图设计创作者和集成电路制造者中不是公认的常规设计。

受保护的由常规设计组成的布图设计，其组合作为整体应当符合前款规定的条件。

第五条　本条例对布图设计的保护，不延及思想、处理过程、操作方法或者数学概念等。

第六条　国务院知识产权行政部门依照本条例的规定，负责布图设计专有权的有关管理工作。

第二章　布图设计专有权

第七条　布图设计权利人享有下列专有权：

（一）对受保护的布图设计的全部或者其中任何具有独创性的部分进行复制；

（二）将受保护的布图设计、含有该布图设计的集成电路或者含有该集成电路的物品投入商业利用。

第八条　布图设计专有权经国务院知识产权行政部门登记产生。

未经登记的布图设计不受本条例保护。

第九条　布图设计专有权属于布图设计创作者，本条例另有规定的除外。

由法人或者其他组织主持，依据法人或者其他组织的意志而创作，并由法人或者其他组织承担责任的布图设计，该法人或者其他组织是创作者。

由自然人创作的布图设计，该自然人是创作者。

第十条　两个以上自然人、法人或者其他组织合作创作的布图设计，其专有权的归属由合作者约定；未作约定或者约定不明的，其专有权由合作者共同享有。

第十一条　受委托创作的布图设计，其专有权的归属由委托人和受托人双方约定；未作约定或者约定不明的，其专有权由受托人享有。

第十二条　布图设计专有权的保护期为10年，自布图设计登记申请之日或者在世界任何地方首次投入商业利用之日起计算，以较前日期为准。但是，无论是否登记或者投入商业利用，布图设计自创作完成之日起15年后，不再受本条例保护。

第十三条　布图设计专有权属于自然人的，该自然人死亡后，其专有权在本条例规定的保护期内依照继承法的规定转移。

布图设计专有权属于法人或者其他组织的，法人或者其他组织变更、终止后，其专有权在本条例规定的保护期内由承继其权利、义务的法人或者其他组织享有；没有承继其权利、义务的法人或者其他组织的，该布图设计进入公有领域。

第三章　布图设计的登记

第十四条　国务院知识产权行政部门负责布图设计登记工作,受理布图设计登记申请。

第十五条　申请登记的布图设计涉及国家安全或者重大利益,需要保密的,按照国家有关规定办理。

第十六条　申请布图设计登记,应当提交:

（一）布图设计登记申请表;

（二）布图设计的复制件或者图样;

（三）布图设计已投入商业利用的,提交含有该布图设计的集成电路样品;

（四）国务院知识产权行政部门规定的其他材料。

第十七条　布图设计自其在世界任何地方首次商业利用之日起 2 年内,未向国务院知识产权行政部门提出登记申请的,国务院知识产权行政部门不再予以登记。

第十八条　布图设计登记申请经初步审查,未发现驳回理由的,由国务院知识产权行政部门予以登记,发给登记证明文件,并予以公告。

第十九条　布图设计登记申请人对国务院知识产权行政部门驳回其登记申请的决定不服的,可以自收到通知之日起 3 个月内,向国务院知识产权行政部门请求复审。国务院知识产权行政部门复审后,作出决定,并通知布图设计登记申请人。布图设计登记申请人对国务院知识产权行政部门的复审决定仍不服的,可以自收到通知之日起 3 个月内向人民法院起诉。

第二十条　布图设计获准登记后,国务院知识产权行政部门发现该登记不符合本条例规定的,应当予以撤销,通知布图设计权利人,并予以公告。布图设计权利人对国务院知识产权行政部门撤销布图设计登记的决定不服的,可以自收到通知之日起 3 个月内向人民法院起诉。

第二十一条　在布图设计登记公告前,国务院知识产权行政部门的工作人员对其内容负有保密义务。

第四章　布图设计专有权的行使

第二十二条　布图设计权利人可以将其专有权转让或者许可他人使用其布图设计。

转让布图设计专有权的,当事人应当订立书面合同,并向国务院知识产权行政部门登记,由国务院知识产权行政部门予以公告。布图设计专有权的转让自登记之日起生效。

许可他人使用其布图设计的,当事人应当订立书面合同。

第二十三条　下列行为可以不经布图设计权利人许可,不向其支付报酬:

（一）为个人目的或者单纯为评价、分析、研究、教学等目的而复制受保护的布图设计的;

（二）在依据前项评价、分析受保护的布图设计的基础上,创作出具有独创性的布图设计的;

（三）对自己独立创作的与他人相同的布图设计进行复制或者将其投入商业利用的。

第二十四条　受保护的布图设计、含有该布图设计的集成电路或者含有该集成电路的物品,由布图设计权利人或者经其许可投放市场后,他人再次商业利用的,可以不经布图设计权利人许可,并不向其支付报酬。

第二十五条　在国家出现紧急状态或者非常情况时,或者为了公共利益的目的,或者经人民法院、不正当竞争行为监督检查部门依法认定布图设计权利人有不正当竞争行为而需要给予补救时,国务院知识产权行政部门可以给予使用其布图设计的非自愿许可。

第二十六条　国务院知识产权行政部门作出给予使用布图设计非自愿许可的决定,应当及时通知布图设计权利人。

给予使用布图设计非自愿许可的决定,应当根据非自愿许可的理由,规定使用的范围和时间,其范围应当限于为公共目的非商业性使用,或者限于经人民法院、不正当竞争行为监督检查部门依法认定布图设计权利人有不正当竞争行为而需要给予的补救。

非自愿许可的理由消除并不再发生时,国务院知识产权行政部门应当根据布图设计权利人的请求,经审查后作出终止使用布图设计非自愿许可的决定。

第二十七条　取得使用布图设计非自愿许可的自然人、法人或者其他组织不享有独占的使用权,并且无权允许他人使用。

第二十八条　取得使用布图设计非自愿许可的自然人、法人或者其他组织应当向布图设计权利人支付合理的报酬,其数额由双方协商;双方不能达成协议的,由国务院知识产权行政部门裁决。

第二十九条　布图设计权利人对国务院知识产权行政部门关于使用布图设计非自愿许可的决定不服的,布图设计权利人和取得非自愿许可的自然人、法人或者其他组织对国务院知识产权行政部门关于使用布图设计非自愿许可的报酬的裁决不服的,可以自收到通知之日起 3 个月内向人民法院起诉。

第五章 法律责任

第三十条 除本条例另有规定的外,未经布图设计权利人许可,有下列行为之一的,行为人必须立即停止侵权行为,并承担赔偿责任:

(一)复制受保护的布图设计的全部或者其中任何具有独创性的部分的;

(二)为商业目的进口、销售或者以其他方式提供受保护的布图设计、含有该布图设计的集成电路或者含有该集成电路的物品的。

侵犯布图设计专有权的赔偿数额,为侵权人所获得的利益或者被侵权人所受到的损失,包括被侵权人为制止侵权行为所支付的合理开支。

第三十一条 未经布图设计权利人许可,使用其布图设计,即侵犯其布图设计专有权,引起纠纷的,由当事人协商解决;不愿协商或者协商不成的,布图设计权利人或者利害关系人可以向人民法院起诉,也可以请求国务院知识产权行政部门处理。国务院知识产权行政部门处理时,认定侵权行为成立的,可以责令侵权人立即停止侵权行为,没收、销毁侵权产品或者物品。当事人不服的,可以自收到处理通知之日起15日内依照《中华人民共和国行政诉讼法》向人民法院起诉;侵权人期满不起诉又不停止侵权行为的,国务院知识产权行政部门可以请求人民法院强制执行。应当事人的请求,国务院知识产权行政部门可以就侵犯布图设计专有权的赔偿数额进行调解;调解不成的,当事人可以依照《中华人民共和国民事诉讼法》向人民法院起诉。

第三十二条 布图设计权利人或者利害关系人有证据证明他人正在实施或者即将实施侵犯其专有权的行为,如不及时制止将会使其合法权益受到难以弥补的损害的,可以在起诉前依法向人民法院申请采取责令停止有关行为和财产保全的措施。

第三十三条 在获得含有受保护的布图设计的集成电路或者含有该集成电路的物品时,不知道也没有合理理由应当知道其中含有非法复制的布图设计,而将其投入商业利用的,不视为侵权。

前款行为人得到其中含有非法复制的布图设计的明确通知后,可以继续将现有的存货或者此前的订货投入商业利用,但应当向布图设计权利人支付合理的报酬。

第三十四条 国务院知识产权行政部门的工作人员在布图设计管理工作中玩忽职守、滥用职权、徇私舞弊,构成犯罪的,依法追究刑事责任;尚不构成犯罪的,依法给予行政处分。

第六章 附 则

第三十五条 申请布图设计登记和办理其他手续,应当按照规定缴纳费用。缴费标准由国务院物价主管部门、国务院知识产权行政部门制定,并由国务院知识产权行政部门公告。

第三十六条 本条例自2001年10月1日起施行。

集成电路布图设计保护条例实施细则

1. 2001年9月18日国家知识产权局令第11号公布
2. 自2001年10月1日起施行

第一章 总 则

第一条 宗旨

为了保护集成电路布图设计(以下简称布图设计)专有权,促进我国集成电路技术的进步与创新,根据《集成电路布图设计保护条例》(以下简称条例),制定本实施细则(以下简称本细则)。

第二条 登记机构

条例所称的国务院知识产权行政部门是指国家知识产权局。

第三条 办理手续需用的形式

条例和本细则规定的各种文件,应当以书面形式或者以国家知识产权局规定的其他形式办理。

第四条 代理机构

中国单位或者个人在国内申请布图设计登记和办理其他与布图设计有关的事务的,可以委托专利代理机构办理。

在中国没有经常居所或者营业所的外国人、外国企业或者外国其他组织在中国申请布图设计登记和办理其他与布图设计有关的事务的,应当委托国家知识产权局指定的专利代理机构办理。

第五条 申请文件和申请日的确定

向国家知识产权局申请布图设计登记的,应当提交布图设计登记申请表和该布图设计的复制件或者图样;布图设计在申请日以前已投入商业利用的,还应当提交含有该布图设计的集成电路样品。

国家知识产权局收到前款所述布图设计申请文件之日为申请日。如果申请文件是邮寄的,以寄出的邮戳日为申请日。

第六条 文件的语言

依照条例和本细则规定提交的各种文件应当使用中文。国家有统一规定的科技术语的,应当采用规范词;外国人名、地名和科技术语没有统一中文译文的,应当注明原文。

依照条例和本细则规定提交的各种证件和证明文件是外文的,国家知识产权局认为必要时,可以要求当事人在指定期限内附送中文译文;期满未附送的,视为未提交该证件和证明文件。

第七条 文件的递交和送达

向国家知识产权局邮寄的各种文件,以寄出的邮戳日为递交日。邮戳日不清晰的,除当事人能够提出证明外,以国家知识产权局收到文件之日为递交日。

国家知识产权局的各种文件,可以通过邮寄、直接送交或者其他方式送达当事人。当事人委托专利代理机构的,文件送交专利代理机构;未委托专利代理机构的,文件送交申请表中指明的联系人。

国家知识产权局邮寄的各种文件,自文件发出之日起满 15 日,推定为当事人收到文件之日。

根据国家知识产权局规定应当直接送交的文件,以交付日为送达日。

文件送交地址不清,无法邮寄的,可以通过公告的方式送达当事人。自公告之日起满 1 个月,该文件视为已经送达。

第八条 期限的计算

条例和本细则规定的各种期限的第一日不计算在期限内。期限以年或者月计算的,以其最后一月的相应日为期限届满日;该月无相应日的,以该月最后一日为期限届满日。

期限届满日是法定节假日的,以节假日后的第一个工作日为期限届满日。

第九条 权利的恢复和期限的延长

当事人因不可抗拒的事由而耽误本细则规定的期限或者国家知识产权局指定的期限,造成其权利丧失的,自障碍消除之日起 2 个月内,但是最迟自期限届满之日起 2 年内,可以向国家知识产权局说明理由并附具有关证明文件,请求恢复其权利。

当事人因正当理由而耽误本细则规定的期限或者国家知识产权局指定的期限,造成其权利丧失的,可以自收到国家知识产权局的通知之日起 2 个月内向国家知识产权局说明理由,请求恢复其权利。

当事人请求延长国家知识产权局指定的期限的,应当在期限届满前,向国家知识产权局说明理由并办理有关手续。

条例规定的期限不得请求延长。

第十条 共有

布图设计是 2 个以上单位或者个人合作创作的,创作者应当共同申请布图设计登记;有合同约定的,从其约定。

涉及共有的布图设计专有权的,每一个共同布图设计权利人在没有征得其他共同布图设计权利人同意的情况下,不得将其所持有的那一部分权利进行转让、出质或者与他人订立独占许可合同或者排他许可合同。

第十一条 向外国人转让专有权

中国单位或者个人向外国人转让布图设计专有权的,在向国家知识产权局办理转让登记时应当提交国务院有关主管部门允许其转让的证明文件。

布图设计专有权发生转移的,当事人应当凭有关证明文件或者法律文书向国家知识产权局办理著录项目变更手续。

第二章 布图设计登记的申请和审查

第十二条 申请文件

以书面形式申请布图设计登记的,应当向国家知识产权局提交布图设计登记申请表一式两份以及一份布图设计的复制件或者图样。

以国家知识产权局规定的其他形式申请布图设计登记的,应当符合规定的要求。

申请人委托专利代理机构向国家知识产权局申请布图设计登记和办理其他手续的,应当同时提交委托书,写明委托权限。

申请人有 2 个以上且未委托专利代理机构的,除申请表中另有声明外,以申请表中指明的第一申请人为代表人。

第十三条 申请表

布图设计登记申请表应当写明下列各项:

(一)申请人的姓名或者名称、地址或者居住地;

(二)申请人的国籍;

(三)布图设计的名称;

(四)布图设计创作者的姓名或者名称;

(五)布图设计的创作完成日期;

（六）该布图设计所用于的集成电路的分类；

（七）申请人委托专利代理机构的，应当注明的有关事项；申请人未委托专利代理机构的，其联系人的姓名、地址、邮政编码及联系电话；

（八）布图设计有条例第十七条所述商业利用行为的，该行为的发生日；

（九）布图设计登记申请有保密信息的，含有该保密信息的图层的复制件或者图样页码编号及总页数；

（十）申请人或者专利代理机构的签字或者盖章；

（十一）申请文件清单；

（十二）附加文件及样品清单；

（十三）其他需要注明的事项。

第十四条 复制件或者图样

按照条例第十六条规定提交的布图设计的复制件或者图样应当符合下列要求：

（一）复制件或者图样的纸件应当至少放大到用该布图设计生产的集成电路的20倍以上；申请人可以同时提供该复制件或者图样的电子版本；提交电子版本的复制件或者图样的，应当包含该布图设计的全部信息，并注明文件的数据格式；

（二）复制件或者图样有多张纸件的，应当顺序编号并附具目录；

（三）复制件或者图样的纸件应当使用A4纸格式；如果大于A4纸的，应当折叠成A4纸格式；

（四）复制件或者图样可以附具简单的文字说明，说明该集成电路布图设计的结构、技术、功能和其他需要说明的事项。

第十五条 涉及保密信息的申请

布图设计在申请日之前没有投入商业利用的，该布图设计登记申请可以有保密信息，其比例最多不得超过该集成电路布图设计总面积的50%。含有保密信息的图层的复制件或者图样页码编号及总页数应当与布图设计登记申请表中所填写的一致。

布图设计登记申请有保密信息的，含有该保密信息的图层的复制件或者图样纸件应当置于在另一个保密文档袋中提交。除侵权诉讼或者行政处理程序需要外，任何人不得查阅或者复制该保密信息。

第十六条 集成电路样品

布图设计在申请日之前已投入商业利用的，申请登记时应当提交4件含有该布图设计的集成电路样品，并应当符合下列要求：

（一）所提交的4件集成电路样品应当置于能保证其不受损坏的专用器具中，并附具填写好的国家知识产权局统一编制的表格；

（二）器具表面应当写明申请人的姓名、申请号和集成电路名称；

（三）器具中的集成电路样品应当采用适当的方式固定，不得有损坏，并能够在干燥器中至少存放十年。

第十七条 不予受理

布图设计登记申请有下列情形的，国家知识产权局不予受理，并通知申请人：

（一）未提交布图设计登记申请表或者布图设计的复制件或者图样的，已投入商业利用而未提交集成电路样品的，或者提交的上述各项不一致的；

（二）外国申请人的所属国未与中国签订有关布图设计保护协议或者与中国共同参加有关国际条约；

（三）所涉及的布图设计属于条例第十二条规定不予保护的；

（四）所涉及的布图设计属于条例第十七条规定不予登记的；

（五）申请文件未使用中文的；

（六）申请类别不明确或者难以确定其属于布图设计的；

（七）未按规定委托代理机构的；

（八）布图设计登记申请表填写不完整的。

第十八条 文件的补正和修改

除本细则第十七条规定不予受理的外，申请文件不符合条例和本细则规定的条件的，申请人应当在收到国家知识产权局的审查意见通知之日起2个月内进行补正。补正应当按照审查意见通知书的要求进行。逾期未答复的，该申请视为撤回。

申请人按照国家知识产权局的审查意见补正后，申请文件仍不符合条例和本细则的规定的，国家知识产权局应当作出驳回决定。

国家知识产权局可以自行修改布图设计申请文件中文字和符号的明显错误。国家知识产权局自行修改的，应当通知申请人。

第十九条 申请的驳回

除本细则第十八条第二款另有规定的外，申请登记的布图设计有下列各项之一的，国家知识产权局应当作出驳回决定，写明所依据的理由：

（一）明显不符合条例第二条第（一）、（二）项规定的；

（二）明显不符合条例第五条规定的。

第二十条　布图设计专有权的生效

布图设计登记申请经初步审查没有发现驳回理由的，国家知识产权局应当颁发布图设计登记证书，并在国家知识产权局互联网站和中国知识产权报上予以公告。布图设计专有权自申请日起生效。

第二十一条　登记证书

国家知识产权局颁发的布图设计登记证书应当包括下列各项：

（一）布图设计权利人的姓名或者名称和地址；

（二）布图设计的名称；

（三）布图设计在申请日之前已经投入商业利用的，其首次商业利用的时间；

（四）布图设计的申请日及创作完成日；

（五）布图设计的颁证日期；

（六）布图设计的登记号；

（七）国家知识产权局的印章及负责人签字。

第二十二条　更正

国家知识产权局对布图设计公告中出现的错误，一经发现，应当及时更正，并对所作更正予以公告。

第三章　布图设计登记申请的复审、复议和专有权的撤销

第二十三条　复审和撤销机构

国家知识产权局专利复审委员会（以下简称专利复审委员会）负责对国家知识产权局驳回布图设计登记申请决定不服而提出的复审请求的审查，以及负责对布图设计专有权撤销案件的审查。

第二十四条　复审的请求

向专利复审委员会请求复审的，应当提交复审请求书，说明理由，必要时还应当附具有关证据。复审请求书不符合条例第十九条有关规定的，专利复审委员会不予受理。

复审请求不符合规定格式的，复审请求人应当在专利复审委员会指定的期限内补正；期满未补正的，该复审请求视为未提出。

第二十五条　复审程序中文件的修改

复审请求人在提出复审请求或者在对专利复审委员会的复审通知书作出答复时，可以修改布图设计申请文件；但是修改应当仅限于消除驳回决定或者复审通知书指出的缺陷。

修改的申请文件应当提交一式两份。

第二十六条　复审决定

专利复审委员会进行审查后，认为布图设计登记申请的复审请求不符合条例或者本细则有关规定的，应当通知复审请求人，要求其在指定期限内陈述意见。期满未答复的，该复审请求视为撤回；经陈述意见或者进行修改后，专利复审委员会认为该申请仍不符合条例和本细则有关规定的，应当作出维持原驳回决定的复审决定。

专利复审委员会进行复审后，认为原驳回决定不符合条例和本细则有关规定的，或者认为经过修改的申请文件消除了原驳回决定指出的缺陷的，应当撤销原驳回决定，通知原审查部门对该申请予以登记和公告。

专利复审委员会的复审决定，应当写明复审决定的理由，并通知布图设计登记申请人。

第二十七条　复审请求的撤回

复审请求人在专利复审委员会作出决定前，可以撤回其复审请求。

复审请求人在专利复审委员会作出决定前撤回其复审请求的，复审程序终止。

第二十八条　复议请求

当事人对国家知识产权局作出的下列具体行政行为不服或者有争议的，可以向国家知识产权局行政复议部门申请复议：

（一）不予受理布图设计申请的；

（二）将布图设计申请视为撤回的；

（三）不允许恢复有关权利的请求的；

（四）其他侵犯当事人合法权益的具体行政行为。

第二十九条　撤销程序

布图设计登记公告后，发现登记的布图设计专有权不符合集成电路布图设计保护条例第二条第（一）、（二）项、第三条、第四条、第五条、第十二条或者第十七条规定的，由专利复审委员会撤销该布图设计专有权。

撤销布图设计专有权的，应当首先通知该布图设计权利人，要求其在指定期限内陈述意见。期满未答复的，不影响专利复审委员会作出撤销布图设计专有权的决定。

专利复审委员会撤销布图设计专有权的决定应当

写明所依据的理由，并通知该布图设计权利人。

第三十条 撤销决定的公告

对专利复审委员会撤销布图设计专有权的决定未在规定期限内向人民法院起诉，或者在人民法院维持专利复审委员会撤销布图设计专有权决定的判决生效后，国家知识产权局应当将撤销该布图设计专有权的决定在国家知识产权局互联网站和中国知识产权报上公告。

被撤销的布图设计专有权视为自始即不存在。

第四章 布图设计专有权的保护

第三十一条 布图设计专有权的放弃

布图设计权利人在其布图设计专有权保护期届满之前，可以向国家知识产权局提交书面声明放弃该专有权。

布图设计专有权已许可他人实施或者已经出质的，该布图设计专有权的放弃应当征得被许可人或质权人的同意。

布图设计专有权的放弃应当由国家知识产权局登记和公告。

第三十二条 国家知识产权局受理侵权纠纷案件的条件

根据条例第三十一条的规定请求国家知识产权局处理布图设计专有权侵权纠纷的，应当符合下列条件：

（一）该布图设计已登记、公告；

（二）请求人是布图设计权利人或者与该侵权纠纷有直接利害关系的单位或者个人；

（三）有明确的被请求人；

（四）有明确的请求事项和具体的事实、理由；

（五）当事人任何一方均未就该侵权纠纷向人民法院起诉。

第三十三条 有关程序的中止和恢复

当事人因布图设计申请权或者布图设计专有权的归属发生纠纷，已经向人民法院起诉的，可以请求国家知识产权局中止有关程序。

依照前款规定请求中止有关程序的，应当向国家知识产权局提交请求书，并附具人民法院的有关受理文件副本。

在人民法院作出的判决生效后，当事人应当向国家知识产权局办理恢复有关程序的手续。自请求中止之日起一年内，有关布图设计申请权或者布图设计专有权归属的纠纷未能结案，需要继续中止有关程序的，请求人应当在该期限内请求延长中止。期满未请求延长的，国家知识产权局自行恢复有关程序。

人民法院在审理民事案件中裁定对布图设计专有权采取保全措施的，国家知识产权局在协助执行时中止被保全的布图设计专有权的有关程序。保全期限届满，人民法院没有裁定继续采取保全措施的，国家知识产权局自行恢复有关程序。

第五章 费 用

第三十四条 应缴纳的费用

向国家知识产权局申请布图设计登记和办理其他手续时，应当缴纳下列费用：

（一）布图设计登记费；

（二）著录事项变更手续费、延长期限请求费、恢复权利请求费；

（三）复审请求费；

（四）非自愿许可许可请求费、非自愿许可使用费的裁决请求费。

前款所列各种费用的数额，由国务院价格管理部门会同国家知识产权局另行规定。

第三十五条 缴费手续

条例和本细则规定的各种费用，可以直接向国家知识产权局缴纳，也可以通过邮局或者银行汇付，或者以国家知识产权局规定的其他方式缴纳。

通过邮局或者银行汇付的，应当在送交国家知识产权局的汇单上至少写明正确的申请号以及缴纳的费用名称。不符合本款规定的，视为未办理缴费手续。

直接向国家知识产权局缴纳费用的，以缴纳当日为缴费日；以邮局汇付方式缴纳费用的，以邮局汇出的邮戳日为缴费日；以银行汇付方式缴纳费用的，以银行实际汇出日为缴费日。但是自汇出日至国家知识产权局收到日超过 15 日的，除邮局或者银行出具证明外，以国家知识产权局收到日为缴费日。

多缴、重缴、错缴布图设计登记费用的，当事人可以向国家知识产权局提出退款请求，但是该请求应当自缴费日起一年内提出。

第三十六条 缴费期限

申请人应当在收到受理通知书后 2 个月内缴纳布图设计登记费；期满未缴纳或者未缴足的，其申请视为撤回。

当事人请求恢复权利或者复审的，应当在条例及本细则规定的相关期限内缴纳费用；期满未缴纳或者未缴足的，视为未提出请求。

著录事项变更手续费、非自愿许可请求费、非自愿许可使用费的裁决请求费应当自提出请求之日起1个月内缴纳；延长期限请求费应当在相应期限届满前缴纳；期满未缴纳或者未缴足的，视为未提出请求。

第六章 附 则

第三十七条 布图设计登记簿

国家知识产权局设置布图设计登记簿，登记下列事项：

（一）布图设计权利人的姓名或者名称、国籍和地址及其变更；

（二）布图设计的登记；

（三）布图设计专有权的转移和继承；

（四）布图设计专有权的放弃；

（五）布图设计专有权的质押、保全及其解除；

（六）布图设计专有权的撤销；

（七）布图设计专有权的终止；

（八）布图设计专有权的恢复；

（九）布图设计专有权实施的非自愿许可。

第三十八条 布图设计公告

国家知识产权局定期在国家知识产权局互联网站和中国知识产权报上登载布图设计登记公报，公布或者公告下列内容：

（一）布图设计登记簿记载的著录事项；

（二）对地址不明的当事人的通知；

（三）国家知识产权局作出的更正；

（四）其他有关事项。

第三十九条 公众查阅和复制

布图设计登记公告后，公众可以请求查阅该布图设计登记簿或者请求国家知识产权局提供该登记簿的副本。公众也可以请求查阅该布图设计的复制件或者图样的纸件。

本细则第十四条所述的电子版本的复制件或者图样，除侵权诉讼或者行政处理程序需要外，任何人不得查阅或者复制。

第四十条 失效案卷的处理

布图设计登记申请被撤回、视为撤回或者驳回的，以及布图设计专有权被声明放弃、撤销或者终止的，与该布图设计申请或者布图设计专有权有关的案卷，自该申请失效或者该专有权失效之日起满3年后不予保存。

第四十一条 文件的邮寄

向国家知识产权局邮寄有关申请或者布图设计专有权的文件，应当使用挂号信函，一件信函应当只包含同一申请文件。电子版本的复制件或者图样和集成电路样品的邮寄方式应当保证其在邮寄过程中不受损坏。

第四十二条 本细则的解释

本细则由国家知识产权局负责解释。

第四十三条 本细则的实施日期

本细则自2001年10月1日起施行。

集成电路布图设计行政执法办法

2001年11月28日国家知识产权局令第17号公布施行

第一章 总 则

第一条 为了保护集成电路布图设计（以下简称布图设计）专有权，维护社会主义市场经济秩序，根据《集成电路布图设计保护条例》（以下简称条例）以及有关法律法规制定本办法。

第二条 条例第三十一条所称国务院知识产权行政部门是指国家知识产权局。

国家知识产权局设立集成电路布图设计行政执法委员会（以下简称行政执法委员会），负责处理侵犯布图设计专有权的纠纷，调解侵犯布图设计专有权的赔偿数额。

各省、自治区、直辖市的知识产权局应当协助、配合国家知识产权局开展集成电路布图设计行政执法工作。

第三条 行政执法委员会处理侵犯布图设计专有权的纠纷应当以事实为依据、以法律为准绳，遵循公正、及时的原则。

行政执法委员会调解侵犯布图设计专有权的赔偿数额应当按照法律规定，在查明事实、分清是非的基础上，促使当事人相互谅解，达成协议。

第二章 处理和调解程序

第四条 请求行政执法委员会处理布图设计专有权侵权纠纷的，应当符合下列条件：

（一）该布图设计已登记、公告；

（二）请求人是布图设计专有权的权利人或者与该侵权纠纷有直接利害关系的单位或者个人；

（三）有明确的被请求人；

（四）有明确的请求事项和具体事实、理由；

（五）当事人任何一方均未就该侵权纠纷向人民法院起诉。

第五条　请求人提出请求，应当向行政执法委员会提交请求书以及所涉及的布图设计登记证书副本。请求人应当按照被请求人的数量提供相应数量的请求书副本。

第六条　请求书应当记载以下内容：

（一）请求人的姓名或者名称、地址，法定代表人或者主要负责人的姓名、职务，委托代理人的，代理人的姓名和代理机构的名称、地址；

（二）被请求人的姓名或者名称、地址；

（三）请求处理的事项和具体事实、理由。

有关证据和证明材料可以请求书附件的形式提交。

请求书应当由请求人签名或盖章。

第七条　请求人应当提供证据，证明被请求人采用的布图设计与受保护的布图设计全部相同或者与受保护的布图设计中任何具有独创性的部分相同。

受保护的布图设计尚未投入商业利用的，请求人应当提供证据，证明被请求人有获知该布图设计的实际可能性。

第八条　请求不符合本办法第五条规定的，行政执法委员会应当在收到请求之日起的7日内通知请求人不予受理。

请求不符合本办法第六条、第七条、第八条规定的，行政执法委员会应当在收到请求之日起的7日内通知请求人在指定期限内予以补正。逾期未补正或者经补正仍不符合规定的，请求被视为未提出。

请求符合本办法第五条、第六条、第七条、第八条规定的，行政执法委员会应当及时立案并通知请求人，同时，应指定3名或3名以上单数承办人员组成合议组处理该侵权纠纷。

第九条　立案后，行政执法委员会应当及时将请求书及其附件的副本以寄交、直接送交或者其他方式送达被请求人，要求其在收到请求书副本之日起15日内提交答辩书一式2份。被请求人逾期不提交答辩书的，不影响行政执法委员会进行处理。

被请求人提交答辩书的，行政执法委员会应当在收到答辩书之日起的7日内将答辩书副本以寄交、直接送交或者其他方式送达请求人。

第十条　侵犯布图设计专有权纠纷涉及复杂技术问题，需要进行鉴定的，行政执法委员会可以委托有关单位进行专业技术鉴定。鉴定意见或者结论需经当事人质证方能作为定案的依据。

鉴定费用由当事人承担。

第十一条　在侵犯布图设计专有权纠纷的处理过程中，专利复审委员会对该布图设计专用权启动撤销程序的，行政执法委员会可以根据情况需要决定是否中止处理程序。

第十二条　行政执法委员会处理侵犯布图设计设计专有权的纠纷，可以根据案情需要决定是否进行口头审理。行政执法委员会决定进行口头审理的，应当至少在口头审理3日前让当事人得知进行口头审理的时间和地点。无正当理由拒不参加或者未经允许中途退出口头审理的，对请求人按撤回请求处理，对被请求人按缺席处理。

第十三条　行政执法委员会举行口头审理的，应当将口头审理的参加人和审理要点记入笔录，经核对无误后，由案件承办人员和参加人签名或盖章。

第十四条　除当事人达成调解、和解协议，或者请求人撤回请求之外，行政执法委员会处理侵犯布图设计专有权的纠纷应当作出处理决定书，写明以下内容：

（一）当事人的名称或姓名、地址；

（二）当事人陈述的事实和理由；

（三）认定侵权行为是否成立的理由和依据；

（四）处理决定，认定侵权行为成立的，应当明确写明责令被请求人立即停止的侵权行为的类型、对象和范围；认定侵权行为不成立的，应当驳回请求人的请求；

（五）不服处理决定向人民法院提起行政诉讼的途径和期限。

处理决定书应当由案件承办人员署名，加盖行政执法委员会的业务专用章。

第十五条　对行政执法委员会作出的处理决定不服，向人民法院提起行政诉讼的，由行政执法委员会主任委托合议组出庭应诉。

第十六条　在行政执法委员会或者人民法院作出认定侵权成立的处理决定或者判决之后，被请求人就同一布图设计专用权再次作出相同类型的侵权行为，布图设计专有权的权利人或者利害关系人请求处理的，行政执法委员会可以直接作出责令立即停止侵权行为的处理决定。

第十七条 当事人请求行政执法委员会就侵犯布图设计专有权的赔偿数额进行调解的，应当提交请求书。

请求书应当记载以下内容：

（一）请求人的姓名或者名称、地址、法定代表人或主要负责人的姓名、职务；

（二）被请求人的姓名或名称、地址；

（三）请求调解的具体事项和理由。

第十八条 行政执法委员会收到请求书后，应当及时将请求书副本通过寄交、直接送交或者其他方式送达被请求人，要求其在收到请求书副本之日起的15日内提交意见陈述书。

第十九条 被请求人提交意见陈述书并同意进行调解的，行政执法委员会应当及时立案，并通知请求人和被请求人进行调解的时间和地点。

被请求人逾期未提交意见陈述书，或者在意见陈述书中表示不接受调解的，行政执法委员会不予立案，并通知请求人。

第二十条 当事人经调解达成协议的，应当制作调解协议书，由双方当事人签名或者盖章，并交行政执法委员会备案；未达成协议的，行政执法委员会以撤销案件的方式结案，并通知双方当事人。

第三章 调查取证

第二十一条 行政执法委员会处理侵犯布图设计专用权的纠纷，可以根据案情需要，在处理过程中依职权调查收集有关证据。

第二十二条 行政执法委员会调查收集证据可以采用拍照、摄像等方式进行现场勘验；查阅、复制与案件有关的合同、账册等有关文件；询问当事人和证人。

行政执法委员会调查收集证据应当制作笔录。笔录应当由案件承办人员、被调查的单位或者个人签名或者盖章。被调查的单位或者个人拒绝签名或者盖章的，应当在笔录上注明。

第二十三条 行政执法委员会调查收集证据可以采取抽样取证的方式，从涉嫌侵权的产品中抽取一部分作为样品。被抽取样品的数量应当以能够证明事实为限。

行政执法委员会进行抽样取证应当制作笔录，写明被抽取样品的名称、特征、数量。笔录应当由案件承办人员、被调查单位或个人签字或盖章。

第二十四条 在证据可能灭失或者以后难以取得，又无法进行抽样取证的情况下，行政执法委员会可以进行登记保存，并在七日内作出决定。

经登记保存的证据，被调查的单位或个人不得销毁或转移。

行政执法委员会进行登记保存应当制作笔录，写明被登记保存证据的名称、特征、数量以及保存地点。笔录应当由案件承办人员、被调查的单位或个人签名或盖章。

第二十五条 行政执法委员会调查收集证据、核实证据材料的，有关单位或者个人应当如实提供，协助调查。

第二十六条 行政执法委员会调查收集证据、核实证据材料的，有关单位或个人应当如实提供，协助调查。

行政执法委员会委托有关省、自治区、直辖市人民政府的知识产权管理部门协助调查收集证据，应当提出明确的要求。接受委托的部门应当及时、认真地协助调查收集证据，并尽快回复。

第四章 法律责任

第二十七条 行政执法委员会认定侵权行为成立，作出处理决定书的，应当采取下列措施制止侵权行为：

（一）被请求人复制受保护的布图设计的，责令其立即停止复制行为，没收、销毁复制的图样、掩膜、专用设备以及含有该布图设计的集成电路；

（二）被请求人为商业目的进口、销售或者以其他方式提供受保护的布图设计的，责令其立即停止进口、销售或者提供行为，没收、销毁有关图样、掩膜；

（三）被请求人为商业目的进口、销售或者以其他方式提供含有受保护的布图设计的集成电路，并且知道或者有合理理由应当知道其中含有非法复制的布图设计的，责令其立即停止进口、销售或者提供行为，没收、销毁该集成电路；

（四）被请求人为商业目的进口、销售或者以其他方式提供含有侵权集成电路的物品，并且知道或者有合理理由应当知道其中含有非法复制的布图设计的，责令其立即停止进口、销售或者提供行为，从尚未销售、提供的物品中拆除该集成电路，没收、销毁该集成电路；被请求人拒不拆除的，没收、销毁该物品；

（五）停止侵权行为的其他必要措施。

第二十八条 行政执法委员会作出认定侵权行为成立的处理决定后，被请求人向人民法院提起行政诉讼的，在诉讼期间不停止决定的执行。

被请求人对行政执法委员会作出的认定侵权行为成立的处理决定期满不起诉又不停止侵权行为的，国家知识产权局可以请求人民法院强制执行。

第五章 附 则

第二十九条 本办法由国家知识产权局负责解释。

第三十条 本办法自2001年11月28日起施行。

最高人民法院关于开展涉及集成电路布图设计案件审判工作的通知

1. 2001年11月16日

2. 法发〔2001〕24号

各省、自治区、直辖市高级人民法院，解放军军事法院，新疆维吾尔自治区高级人民法院生产建设兵团分院：

国务院《集成电路布图设计保护条例》自2001年10月1日起施行。对集成电路布图设计专有权进行司法保护，是人民法院的一项新的审判任务。做好这项审判工作，将对保护集成电路布图设计权利人的合法权益，鼓励集成电路技术的创新，促进科学技术的发展具有重要意义。

为确保人民法院依法受理和公正审判涉及集成电路布图设计（以下简称布图设计）的案件，根据《中华人民共和国民事诉讼法》、《中华人民共和国行政诉讼法》及《集成电路布图设计保护条例》的有关规定，现就涉及布图设计案件审判工作的有关问题通知如下：

一、关于受理案件的范围

人民法院受理符合《中华人民共和国民事诉讼法》第一百零八条、《中华人民共和国行政诉讼法》第四十一条规定的起诉条件的下列涉及布图设计的案件：

（一）布图设计专有权权属纠纷案件；

（二）布图设计专有权转让合同纠纷案件；

（三）侵犯布图设计专有权纠纷案件；

（四）诉前申请停止侵权、财产保全案件；

（五）不服国务院知识产权行政部门驳回布图设计登记申请的复审决定的案件；

（六）不服国务院知识产权行政部门撤销布图设计登记申请决定的案件；

（七）不服国务院知识产权行政部门关于使用布图设计非自愿许可决定的案件；

（八）不服国务院知识产权行政部门关于使用布图设计非自愿许可的报酬的裁决的案件；

（九）不服国务院知识产权行政部门对侵犯布图设计专有权行为处理决定的案件；

（十）不服国务院知识产权行政部门行政复议决定的案件；

（十一）其他涉及布图设计的案件。

二、关于案件的管辖

本通知第一条所列第（五）至（十）类案件，由北京市第一中级人民法院作为第一审人民法院审理；其余各类案件，由各省、自治区、直辖市人民政府所在地，经济特区所在地和大连、青岛、温州、佛山、烟台市的中级人民法院作为第一审人民法院审理。

三、关于诉前申请采取责令停止有关行为措施的适用

对于申请人民法院采取诉前责令停止侵犯布图设计专有权行为措施的，应当参照《最高人民法院关于对诉前停止侵犯专利权行为适用法律问题的若干规定》执行。

四、关于中止诉讼

人民法院受理的侵犯布图设计专有权纠纷案件，被告以原告的布图设计专有权不具有足够的稳定性为由要求中止诉讼的，人民法院一般不中止诉讼。

各高、中级人民法院要组织有关审判人员认真学习、研究集成电路布图设计条例，熟悉掌握相关的法学理论和专业知识，努力提高审判人员的业务素质和司法水平。要积极开展涉及布图设计案件的调研工作，及时总结审判经验。对涉及布图设计案件终审裁决的法律文书，要及时报送最高人民法院。

3. 技术成果、技术秘密与技术合同

中华人民共和国民法典（节录）

1. 2020年5月28日第十三届全国人民代表大会第三次会议通过
2. 2020年5月28日中华人民共和国主席令第45号公布
3. 自2021年1月1日起施行

第三编　合　　同

第二分编　典 型 合 同

第二十章　技 术 合 同

第一节　一 般 规 定

第八百四十三条　【技术合同定义】技术合同是当事人就技术开发、转让、许可、咨询或者服务订立的确立相互之间权利和义务的合同。

第八百四十四条　【技术合同订立的目的】订立技术合同，应当有利于知识产权的保护和科学技术的进步，促进科学技术成果的研发、转化、应用和推广。

第八百四十五条　【技术合同主要条款】技术合同的内容一般包括项目的名称，标的的内容、范围和要求，履行的计划、地点和方式，技术信息和资料的保密，技术成果的归属和收益的分配办法，验收标准和方法，名词和术语的解释等条款。

与履行合同有关的技术背景资料、可行性论证和技术评价报告、项目任务书和计划书、技术标准、技术规范、原始设计和工艺文件，以及其他技术文档，按照当事人的约定可以作为合同的组成部分。

技术合同涉及专利的，应当注明发明创造的名称、专利申请人和专利权人、申请日期、申请号、专利号以及专利权的有效期限。

第八百四十六条　【技术合同价款、报酬及使用费】技术合同价款、报酬或者使用费的支付方式由当事人约定，可以采取一次总算、一次总付或者一次总算、分期支付，也可以采取提成支付或者提成支付附加预付入门费的方式。

约定提成支付的，可以按照产品价格、实施专利和使用技术秘密后新增的产值、利润或者产品销售额的一定比例提成，也可以按照约定的其他方式计算。提成支付的比例可以采取固定比例、逐年递增比例或者逐年递减比例。

约定提成支付的，当事人可以约定查阅有关会计账目的办法。

第八百四十七条　【职务技术成果的财产权权属】职务技术成果的使用权、转让权属于法人或者非法人组织的，法人或者非法人组织可以就该项职务技术成果订立技术合同。法人或者非法人组织订立技术合同转让职务技术成果时，职务技术成果的完成人享有以同等条件优先受让的权利。

职务技术成果是执行法人或者非法人组织的工作任务，或者主要是利用法人或者非法人组织的物质技术条件所完成的技术成果。

第八百四十八条　【非职务技术成果的财产权权属】非职务技术成果的使用权、转让权属于完成技术成果的个人，完成技术成果的个人可以就该项非职务技术成果订立技术合同。

第八百四十九条　【技术成果的人身权归属】完成技术成果的个人享有在有关技术成果文件上写明自己是技术成果完成者的权利和取得荣誉证书、奖励的权利。

第八百五十条　【技术合同无效】非法垄断技术或者侵害他人技术成果的技术合同无效。

第二节　技术开发合同

第八百五十一条　【技术开发合同定义及合同形式】技术开发合同是当事人之间就新技术、新产品、新工艺、新品种或者新材料及其系统的研究开发所订立的合同。

技术开发合同包括委托开发合同和合作开发合同。

技术开发合同应当采用书面形式。

当事人之间就具有实用价值的科技成果实施转化订立的合同，参照适用技术开发合同的有关规定。

第八百五十二条　【委托开发合同的委托人义务】委托开发合同的委托人应当按照约定支付研究开发经费和报酬，提供技术资料，提出研究开发要求，完成协作事项，接受研究开发成果。

第八百五十三条　【委托开发合同的研究开发人义务】委托开发合同的研究开发人应当按照约定制定和实施研究开发计划，合理使用研究开发经费，按期完成研究开发工作，交付研究开发成果，提供有关的技术资料和必要的技术指导，帮助委托人掌握研究开发成果。

第八百五十四条　【委托开发合同的违约责任】委托开

发合同的当事人违反约定造成研究开发工作停滞、延误或者失败的，应当承担违约责任。

第八百五十五条　【合作开发合同的当事人主要义务】合作开发合同的当事人应当按照约定进行投资，包括以技术进行投资，分工参与研究开发工作，协作配合研究开发工作。

第八百五十六条　【合作开发合同的违约责任】合作开发合同的当事人违反约定造成研究开发工作停滞、延误或者失败的，应当承担违约责任。

第八百五十七条　【技术开发合同解除】作为技术开发合同标的的技术已经由他人公开，致使技术开发合同的履行没有意义的，当事人可以解除合同。

第八百五十八条　【技术开发合同风险负担及通知义务】技术开发合同履行过程中，因出现无法克服的技术困难，致使研究开发失败或者部分失败的，该风险由当事人约定；没有约定或者约定不明确，依据本法第五百一十条的规定仍不能确定的，风险由当事人合理分担。

当事人一方发现前款规定的可能致使研究开发失败或者部分失败的情形时，应当及时通知另一方并采取适当措施减少损失；没有及时通知并采取适当措施，致使损失扩大的，应当就扩大的损失承担责任。

第八百五十九条　【委托开发合同的技术成果归属】委托开发完成的发明创造，除法律另有规定或者当事人另有约定外，申请专利的权利属于研究开发人。研究开发人取得专利权的，委托人可以依法实施该专利。

研究开发人转让专利申请权的，委托人享有以同等条件优先受让的权利。

第八百六十条　【合作开发合同的技术成果归属】合作开发完成的发明创造，申请专利的权利属于合作开发的当事人共有；当事人一方转让其共有的专利申请权的，其他各方享有以同等条件优先受让的权利。但是，当事人另有约定的除外。

合作开发的当事人一方声明放弃其共有的专利申请权的，除当事人另有约定外，可以由另一方单独申请或者由其他各方共同申请。申请人取得专利权的，放弃专利申请权的一方可以免费实施该专利。

合作开发的当事人一方不同意申请专利的，另一方或者其他各方不得申请专利。

第八百六十一条　【技术秘密成果归属与分享】委托开发或者合作开发完成的技术秘密成果的使用权、转让权以及收益的分配办法，由当事人约定；没有约定或者约定不明确，依据本法第五百一十条的规定仍不能确定的，在没有相同技术方案被授予专利权前，当事人均有使用和转让的权利。但是，委托开发的研究开发人不得在向委托人交付研究开发成果之前，将研究开发成果转让给第三人。

第三节　技术转让合同和技术许可合同

第八百六十二条　【技术转让合同和技术许可合同定义】技术转让合同是合法拥有技术的权利人，将现有特定的专利、专利申请、技术秘密的相关权利让与他人所订立的合同。

技术许可合同是合法拥有技术的权利人，将现有特定的专利、技术秘密的相关权利许可他人实施、使用所订立的合同。

技术转让合同和技术许可合同中关于提供实施技术的专用设备、原材料或者提供有关的技术咨询、技术服务的约定，属于合同的组成部分。

第八百六十三条　【技术转让合同和技术许可合同类型和形式】技术转让合同包括专利权转让、专利申请权转让、技术秘密转让等合同。

技术许可合同包括专利实施许可、技术秘密使用许可等合同。

技术转让合同和技术许可合同应当采用书面形式。

第八百六十四条　【技术转让合同和技术许可合同的限制性条款】技术转让合同和技术许可合同可以约定实施专利或者使用技术秘密的范围，但是不得限制技术竞争和技术发展。

第八百六十五条　【专利实施许可合同限制】专利实施许可合同仅在该专利权的存续期限内有效。专利权有效期限届满或者专利权被宣告无效的，专利权人不得就该专利与他人订立专利实施许可合同。

第八百六十六条　【专利实施许可合同许可人主要义务】专利实施许可合同的许可人应当按照约定许可被许可人实施专利，交付实施专利有关的技术资料，提供必要的技术指导。

第八百六十七条　【专利实施许可合同被许可人主要义务】专利实施许可合同的被许可人应当按照约定实施专利，不得许可约定以外的第三人实施该专利，并按照约定支付使用费。

第八百六十八条　【技术秘密让与人和许可人主要义务】技术秘密转让合同的让与人和技术秘密使用许可合同的许可人应当按照约定提供技术资料，进行技术指导，保证技术的实用性、可靠性，承担保密义务。

前款规定的保密义务，不限制许可人申请专利，但是当事人另有约定的除外。

第八百六十九条　【技术秘密受让人和被许可人主要义务】技术秘密转让合同的受让人和技术秘密使用许可合同的被许可人应当按照约定使用技术，支付转让费、使用费，承担保密义务。

第八百七十条　【技术转让合同让与人和技术许可合同许可人保证义务】技术转让合同的让与人和技术许可合同的许可人应当保证自己是所提供的技术的合法拥有者，并保证所提供的技术完整、无误、有效，能够达到约定的目标。

第八百七十一条　【技术转让合同受让人和技术许可合同被许可人保密义务】技术转让合同的受让人和技术许可合同的被许可人应当按照约定的范围和期限，对让与人、许可人提供的技术中尚未公开的秘密部分，承担保密义务。

第八百七十二条　【许可人和让与人违约责任】许可人未按照约定许可技术的，应当返还部分或者全部使用费，并应当承担违约责任；实施专利或者使用技术秘密超越约定的范围的，违反约定擅自许可第三人实施该项专利或者使用该项技术秘密的，应当停止违约行为，承担违约责任；违反约定的保密义务的，应当承担违约责任。

让与人承担违约责任，参照适用前款规定。

第八百七十三条　【被许可人和受让人违约责任】被许可人未按照约定支付使用费的，应当补交使用费并按照约定支付违约金；不补交使用费或者支付违约金的，应当停止实施专利或者使用技术秘密，交还技术资料，承担违约责任；实施专利或者使用技术秘密超越约定的范围的，未经许可人同意擅自许可第三人实施该专利或者使用该技术秘密的，应当停止违约行为，承担违约责任；违反约定的保密义务的，应当承担违约责任。

受让人承担违约责任，参照适用前款规定。

第八百七十四条　【受让人和被许可人侵权责任】受让人或者被许可人按照约定实施专利、使用技术秘密侵害他人合法权益的，由让与人或者许可人承担责任，但是当事人另有约定的除外。

第八百七十五条　【后续技术成果的归属与分享】当事人可以按照互利的原则，在合同中约定实施专利、使用技术秘密后续改进的技术成果的分享办法；没有约定或者约定不明确，依据本法第五百一十条的规定仍不能确定的，一方后续改进的技术成果，其他各方无权分享。

第八百七十六条　【其他知识产权的转让和许可】集成电路布图设计专有权、植物新品种权、计算机软件著作权等其他知识产权的转让和许可，参照适用本节的有关规定。

第八百七十七条　【技术进出口合同或者专利、专利申请合同法律适用】法律、行政法规对技术进出口合同或者专利、专利申请合同另有规定的，依照其规定。

第四节　技术咨询合同和技术服务合同

第八百七十八条　【技术咨询合同和技术服务合同定义】技术咨询合同是当事人一方以技术知识为对方就特定技术项目提供可行性论证、技术预测、专题技术调查、分析评价报告等所订立的合同。

技术服务合同是当事人一方以技术知识为对方解决特定技术问题所订立的合同，不包括承揽合同和建设工程合同。

第八百七十九条　【技术咨询合同委托人义务】技术咨询合同的委托人应当按照约定阐明咨询的问题，提供技术背景材料及有关技术资料，接受受托人的工作成果，支付报酬。

第八百八十条　【技术咨询合同受托人义务】技术咨询合同的受托人应当按照约定的期限完成咨询报告或者解答问题，提出的咨询报告应当达到约定的要求。

第八百八十一条　【技术咨询合同的违约责任】技术咨询合同的委托人未按照约定提供必要的资料，影响工作进度和质量，不接受或者逾期接受工作成果的，支付的报酬不得追回，未支付的报酬应当支付。

技术咨询合同的受托人未按期提出咨询报告或者提出的咨询报告不符合约定的，应当承担减收或者免收报酬等违约责任。

技术咨询合同的委托人按照受托人符合约定要求的咨询报告和意见作出决策所造成的损失，由委托人承担，但是当事人另有约定的除外。

第八百八十二条　【技术服务合同委托人义务】技术服务合同的委托人应当按照约定提供工作条件，完成配合事项，接受工作成果并支付报酬。

第八百八十三条 【技术服务合同受托人义务】技术服务合同的受托人应当按照约定完成服务项目，解决技术问题，保证工作质量，并传授解决技术问题的知识。

第八百八十四条 【技术服务合同的违约责任】技术服务合同的委托人不履行合同义务或者履行合同义务不符合约定，影响工作进度和质量，不接受或者逾期接受工作成果的，支付的报酬不得追回，未支付的报酬应当支付。

技术服务合同的受托人未按照约定完成服务工作的，应当承担免收报酬等违约责任。

第八百八十五条 【创新技术成果归属】技术咨询合同、技术服务合同履行过程中，受托人利用委托人提供的技术资料和工作条件完成的新的技术成果，属于受托人。委托人利用受托人的工作成果完成的新的技术成果，属于委托人。当事人另有约定的，按照其约定。

第八百八十六条 【工作费用的负担】技术咨询合同和技术服务合同对受托人正常开展工作所需费用的负担没有约定或者约定不明确的，由受托人负担。

第八百八十七条 【技术中介合同和技术培训合同法律适用】法律、行政法规对技术中介合同、技术培训合同另有规定的，依照其规定。

中华人民共和国
促进科技成果转化法(节录)

1. 1996年5月15日第八届全国人民代表大会常务委员会第十九次会议通过

2. 根据2015年8月29日第十二届全国人民代表大会常务委员会第十六次会议《关于修改〈中华人民共和国促进科技成果转化法〉的决定》修正

第四章 技 术 权 益

第四十条 【权益界定】科技成果完成单位与其他单位合作进行科技成果转化的，应当依法由合同约定该科技成果有关权益的归属。合同未作约定的，按照下列原则办理：

（一）在合作转化中无新的发明创造的，该科技成果的权益，归该科技成果完成单位；

（二）在合作转化中产生新的发明创造的，该新发明创造的权益归合作各方共有；

（三）对合作转化中产生的科技成果，各方都有实施该项科技成果的权利，转让该科技成果应经合作各方同意。

第四十一条 【技术保密】科技成果完成单位与其他单位合作进行科技成果转化的，合作各方应当就保守技术秘密达成协议；当事人不得违反协议或者违反权利人有关保守技术秘密的要求，披露、允许他人使用该技术。

第四十二条 【保密制度】企业、事业单位应当建立健全技术秘密保护制度，保护本单位的技术秘密。职工应当遵守本单位的技术秘密保护制度。

企业、事业单位可以与参加科技成果转化的有关人员签订在职期间或者离职、离休、退休后一定期限内保守本单位技术秘密的协议；有关人员不得违反协议约定，泄露本单位的技术秘密和从事与原单位相同的科技成果转化活动。

职工不得将职务科技成果擅自转让或者变相转让。

第四十三条 【收入分配】国家设立的研究开发机构、高等院校转化科技成果所获得的收入全部留归本单位，在对完成、转化职务科技成果做出重要贡献的人员给予奖励和报酬后，主要用于科学技术研究开发与成果转化等相关工作。

第四十四条 【奖励和报酬】职务科技成果转化后，由科技成果完成单位对完成、转化该项科技成果做出重要贡献的人员给予奖励和报酬。

科技成果完成单位可以规定或者与科技人员约定奖励和报酬的方式、数额和时限。单位制定相关规定，应当充分听取本单位科技人员的意见，并在本单位公开相关规定。

第四十五条 【奖励和报酬的标准】科技成果完成单位未规定、也未与科技人员约定奖励和报酬的方式和数额的，按照下列标准对完成、转化职务科技成果做出重要贡献的人员给予奖励和报酬：

（一）将该项职务科技成果转让、许可给他人实施的，从该项科技成果转让净收入或者许可净收入中提取不低于百分之五十的比例；

（二）利用该项职务科技成果作价投资的，从该项科技成果形成的股份或者出资比例中提取不低于百分之五十的比例；

（三）将该项职务科技成果自行实施或者与他人

合作实施的，应当在实施转化成功投产后连续三至五年，每年从实施该项科技成果的营业利润中提取不低于百分之五的比例。

国家设立的研究开发机构、高等院校规定或者与科技人员约定奖励和报酬的方式和数额应当符合前款第一项至第三项规定的标准。

国有企业、事业单位依照本法规定对完成、转化职务科技成果做出重要贡献的人员给予奖励和报酬的支出计入当年本单位工资总额，但不受当年本单位工资总额限制、不纳入本单位工资总额基数。

科学技术保密规定

2015年11月16日科学技术部、国家保密局令第16号公布施行

第一章 总 则

第一条 为保障国家科学技术秘密安全，促进科学技术事业发展，根据《中华人民共和国保守国家秘密法》《中华人民共和国科学技术进步法》和《中华人民共和国保守国家秘密法实施条例》，制定本规定。

第二条 本规定所称国家科学技术秘密，是指科学技术规划、计划、项目及成果中，关系国家安全和利益，依照法定程序确定，在一定时间内只限一定范围的人员知悉的事项。

第三条 涉及国家科学技术秘密的国家机关、单位（以下简称机关、单位）以及个人开展保守国家科学技术秘密的工作（以下简称科学技术保密工作），适用本规定。

第四条 科学技术保密工作坚持积极防范、突出重点、依法管理的方针，既保障国家科学技术秘密安全，又促进科学技术发展。

第五条 科学技术保密工作应当与科学技术管理工作相结合，同步规划、部署、落实、检查、总结和考核，实行全程管理。

第六条 国家科学技术行政管理部门管理全国的科学技术保密工作。省、自治区、直辖市科学技术行政管理部门管理本行政区域的科学技术保密工作。

中央国家机关在其职责范围内，管理或者指导本行业、本系统的科学技术保密工作。

第七条 国家保密行政管理部门依法对全国的科学技术保密工作进行指导、监督和检查。县级以上地方各级保密行政管理部门依法对本行政区域的科学技术保密工作进行指导、监督和检查。

第八条 机关、单位应当实行科学技术保密工作责任制，健全科学技术保密管理制度，完善科学技术保密防护措施，开展科学技术保密宣传教育，加强科学技术保密检查。

第二章 国家科学技术秘密的范围和密级

第九条 关系国家安全和利益，泄露后可能造成下列后果之一的科学技术事项，应当确定为国家科学技术秘密：

（一）削弱国家防御和治安能力；

（二）降低国家科学技术国际竞争力；

（三）制约国民经济和社会长远发展；

（四）损害国家声誉、权益和对外关系。

国家科学技术秘密及其密级的具体范围（以下简称国家科学技术保密事项范围），由国家保密行政管理部门会同国家科学技术行政管理部门另行制定。

第十条 国家科学技术秘密的密级分为绝密、机密和秘密三级。国家科学技术秘密密级应当根据泄露后可能对国家安全和利益造成的损害程度确定。

除泄露后会给国家安全和利益带来特别严重损害的外，科学技术原则上不确定为绝密级国家科学技术秘密。

第十一条 有下列情形之一的科学技术事项，不得确定为国家科学技术秘密：

（一）国内外已经公开；

（二）难以采取有效措施控制知悉范围；

（三）无国际竞争力且不涉及国家防御和治安能力；

（四）已经流传或者受自然条件制约的传统工艺。

第三章 国家科学技术秘密的确定、变更和解除

第十二条 中央国家机关、省级机关及其授权的机关、单位可以确定绝密级、机密级和秘密级国家科学技术秘密；设区的市、自治州一级的机关及其授权的机关、单位可以确定机密级、秘密级国家科学技术秘密。

第十三条 国家科学技术秘密定密授权应当符合国家秘密定密管理的有关规定。中央国家机关作出的国家科学技术秘密定密授权，应当向国家科学技术行政管理

部门和国家保密行政管理部门备案。省级机关,设区的市、自治州一级的机关作出的国家科学技术秘密定密授权,应当向省、自治区、直辖市科学技术行政管理部门和保密行政管理部门备案。

第十四条 机关、单位负责人及其指定的人员为国家科学技术秘密的定密责任人,负责本机关、本单位的国家科学技术秘密确定、变更和解除工作。

第十五条 机关、单位和个人产生需要确定为国家科学技术秘密的科学技术事项时,应当先行采取保密措施,并依照下列途径进行定密:

(一)属于本规定第十二条规定的机关、单位,根据定密权限自行定密;

(二)不属于本规定第十二条规定的机关、单位,向有相应定密权限的上级机关、单位提请定密;没有上级机关、单位的,向有相应定密权限的业务主管部门提请定密;没有业务主管部门的,向所在省、自治区、直辖市科学技术行政管理部门提请定密;

(三)个人完成的符合本规定第九条规定的科学技术成果,应当经过评价、检测并确定成熟、可靠后,向所在省、自治区、直辖市科学技术行政管理部门提请定密。

第十六条 实行市场准入管理的技术或者实行市场准入管理的产品涉及的科学技术事项需要确定为国家科学技术秘密的,向批准准入的国务院有关主管部门提请定密。

第十七条 机关、单位在科学技术管理的以下环节,应当及时做好定密工作:

(一)编制科学技术规划;

(二)制定科学技术计划;

(三)科学技术项目立项;

(四)科学技术成果评价与鉴定;

(五)科学技术项目验收。

第十八条 确定国家科学技术秘密,应当同时确定其名称、密级、保密期限、保密要点和知悉范围。

第十九条 国家科学技术秘密保密要点是指必须确保安全的核心事项或者信息,主要涉及以下内容:

(一)不宜公开的国家科学技术发展战略、方针、政策、专项计划;

(二)涉密项目研制目标、路线和过程;

(三)敏感领域资源、物种、物品、数据和信息;

(四)关键技术诀窍、参数和工艺;

(五)科学技术成果涉密应用方向;

(六)其他泄露后会损害国家安全和利益的核心信息。

第二十条 国家科学技术秘密有下列情形之一的,应当及时变更密级、保密期限或者知悉范围:

(一)定密时所依据的法律法规或者国家科学技术保密事项范围已经发生变化的;

(二)泄露后对国家安全和利益的损害程度会发生明显变化的。

国家科学技术秘密的变更,由原定密机关、单位决定,也可由其上级机关、单位决定。

第二十一条 国家科学技术秘密的具体保密期限届满、解密时间已到或者符合解密条件的,自行解密。出现下列情形之一时,应当提前解密:

(一)已经扩散且无法采取补救措施的;

(二)法律法规或者国家科学技术保密事项范围调整后,不再属于国家科学技术秘密的;

(三)公开后不会损害国家安全和利益的。

提前解密由原定密机关、单位决定,也可由其上级机关、单位决定。

第二十二条 国家科学技术秘密需要延长保密期限的,应当在原保密期限届满前作出决定并书面通知原知悉范围内的机关、单位或者人员。延长保密期限由原定密机关、单位决定,也可由其上级机关、单位决定。

第二十三条 国家科学技术秘密确定、变更和解除应当进行备案:

(一)省、自治区、直辖市科学技术行政管理部门和中央国家机关有关部门每年12月31日前将本行政区域或者本部门当年确定、变更和解除的国家科学技术秘密情况报国家科学技术行政管理部门备案;

(二)其他机关、单位确定、变更和解除的国家科学技术秘密,应当在确定、变更、解除后20个工作日内报同级政府科学技术行政管理部门备案。

第二十四条 科学技术行政管理部门发现机关、单位国家科学技术秘密确定、变更和解除不当的,应当及时通知其纠正。

第二十五条 机关、单位对已定密事项是否属于国家科学技术秘密或者属于何种密级有不同意见的,按照国家有关保密规定解决。

第四章 国家科学技术秘密保密管理

第二十六条 国家科学技术行政管理部门管理全国的科学技术保密工作。主要职责如下：

（一）制定或者会同有关部门制定科学技术保密规章制度；

（二）指导和管理国家科学技术秘密定密工作；

（三）按规定审查涉外国家科学技术秘密事项；

（四）检查全国科学技术保密工作，协助国家保密行政管理部门查处泄露国家科学技术秘密案件；

（五）组织开展科学技术保密宣传教育和培训；

（六）表彰全国科学技术保密工作先进集体和个人。

国家科学技术行政管理部门设立国家科技保密办公室，负责国家科学技术保密管理的日常工作。

第二十七条 省、自治区、直辖市科学技术行政管理部门和中央国家机关有关部门，应当设立或者指定专门机构管理科学技术保密工作。主要职责如下：

（一）贯彻执行国家科学技术保密工作方针、政策，制定本行政区域、本部门或者本系统的科学技术保密规章制度；

（二）指导和管理本行政区域、本部门或者本系统的国家科学技术秘密定密工作；

（三）按规定审查涉外国家科学技术秘密事项；

（四）监督检查本行政区域、本部门或者本系统的科学技术保密工作，协助保密行政管理部门查处泄露国家科学技术秘密案件；

（五）组织开展本行政区域、本部门或者本系统科学技术保密宣传教育和培训；

（六）表彰本行政区域、本部门或者本系统的科学技术保密工作先进集体和个人。

第二十八条 机关、单位管理本机关、本单位的科学技术保密工作。主要职责如下：

（一）建立健全科学技术保密管理制度；

（二）设立或者指定专门机构管理科学技术保密工作；

（三）依法开展国家科学技术秘密定密工作，管理涉密科学技术活动、项目及成果；

（四）确定涉及国家科学技术秘密的人员（以下简称涉密人员），并加强对涉密人员的保密宣传、教育培训和监督管理；

（五）加强计算机及信息系统、涉密载体和涉密会议活动保密管理，严格对外科学技术交流合作和信息公开保密审查；

（六）发生资产重组、单位变更等影响国家科学技术秘密管理的事项时，及时向上级机关或者业务主管部门报告。

第二十九条 涉密人员应当遵守以下保密要求：

（一）严格执行国家科学技术保密法律法规和规章以及本机关、本单位科学技术保密制度；

（二）接受科学技术保密教育培训和监督检查；

（三）产生涉密科学技术事项时，先行采取保密措施，按规定提请定密，并及时向本机关、本单位科学技术保密管理机构报告；

（四）参加对外科学技术交流合作与涉外商务活动前向本机关、本单位科学技术保密管理机构报告；

（五）发表论文、申请专利、参加学术交流等公开行为前按规定履行保密审查手续；

（六）发现国家科学技术秘密正在泄露或者可能泄露时，立即采取补救措施，并向本机关、本单位科学技术保密管理机构报告；

（七）离岗离职时，与机关、单位签订保密协议，接受脱密期保密管理，严格保守国家科学技术秘密。

第三十条 机关、单位和个人在下列科学技术合作与交流活动中，不得涉及国家科学技术秘密：

（一）进行公开的科学技术讲学、进修、考察、合作研究等活动；

（二）利用互联网及其他公共信息网络、广播、电影、电视以及公开发行的报刊、书籍、图文资料和声像制品进行宣传、报道或者发表论文；

（三）进行公开的科学技术展览和展示等活动。

第三十一条 机关、单位和个人应当加强国家科学技术秘密信息保密管理，存储、处理国家科学技术秘密信息应当符合国家保密规定。任何机关、单位和个人不得有下列行为：

（一）非法获取、持有、复制、记录、存储国家科学技术秘密信息；

（二）使用非涉密计算机、非涉密存储设备存储、处理国家科学技术秘密；

（三）在互联网及其他公共信息网络或者未采取保密措施的有线和无线通信中传递国家科学技术秘密信息；

（四）通过普通邮政、快递等无保密措施的渠道传递国家科学技术秘密信息；

（五）在私人交往和通信中涉及国家科学技术秘密信息；

（六）其他违反国家保密规定的行为。

第三十二条　对外科学技术交流与合作中需要提供国家科学技术秘密的，应当经过批准，并与对方签订保密协议。绝密级国家科学技术秘密原则上不得对外提供，确需提供的，应当经中央国家机关有关主管部门同意后，报国家科学技术行政管理部门批准；机密级国家科学技术秘密对外提供应当报中央国家机关有关主管部门批准；秘密级国家科学技术秘密对外提供应当报中央国家机关有关主管部门或者省、自治区、直辖市人民政府有关主管部门批准。

有关主管部门批准对外提供国家科学技术秘密的，应当在10个工作日内向同级政府科学技术行政管理部门备案。

第三十三条　机关、单位开展涉密科学技术活动的，应当指定专人负责保密工作、明确保密纪律和要求，并加强以下方面保密管理：

（一）研究、制定涉密科学技术规划应当制定保密工作方案，签订保密责任书；

（二）组织实施涉密科学技术计划应当制定保密制度；

（三）举办涉密科学技术会议或者组织开展涉密科学技术展览、展示应当采取必要的保密管理措施，在符合保密要求的场所进行；

（四）涉密科学技术活动进行公开宣传报道前应当进行保密审查。

第三十四条　涉密科学技术项目应当按照以下要求加强保密管理：

（一）涉密科学技术项目在指南发布、项目申报、专家评审、立项批复、项目实施、结题验收、成果评价、转化应用及科学技术奖励各个环节应当建立保密制度；

（二）涉密科学技术项目下达单位与承担单位、承担单位与项目负责人、项目负责人与参研人员之间应当签订保密责任书；

（三）涉密科学技术项目的文件、资料及其他载体应当指定专人负责管理并建立台账；

（四）涉密科学技术项目进行对外科学技术交流与合作、宣传展示、发表论文、申请专利等，承担单位应当提前进行保密审查；

（五）涉密科学技术项目原则上不得聘用境外人员，确需聘用境外人员的，承担单位应当按规定报批。

第三十五条　涉密科学技术成果应当按以下要求加强保密管理：

（一）涉密科学技术成果在境内转让或者推广应用，应当报原定密机关、单位批准，并与受让方签订保密协议；

（二）涉密科学技术成果向境外出口，利用涉密科学技术成果在境外开办企业，在境内与外资、外企合作，应当按照本规定第三十二条规定报有关主管部门批准。

第三十六条　机关、单位应当按照国家规定，做好国家科学技术秘密档案归档和保密管理工作。

第三十七条　机关、单位应当为科学技术保密工作提供经费、人员和其他必要的保障条件。国家科学技术行政管理部门，省、自治区、直辖市科学技术行政管理部门应当将科学技术保密工作经费纳入部门预算。

第三十八条　机关、单位应当保障涉密人员正当合法权益。对参与国家科学技术秘密研制的科技人员，有关机关、单位不得因其成果不宜公开发表、交流、推广而影响其评奖、表彰和职称评定。

对确因保密原因不能在公开刊物上发表的论文，有关机关、单位应当对论文的实际水平给予客观、公正评价。

第三十九条　国家科学技术秘密申请知识产权保护应当遵守以下规定：

（一）绝密级国家科学技术秘密不得申请普通专利或者保密专利；

（二）机密级、秘密级国家科学技术秘密经原定密机关、单位批准可申请保密专利；

（三）机密级、秘密级国家科学技术秘密申请普通专利或者由保密专利转为普通专利的，应当先行办理解密手续。

第四十条　机关、单位对在科学技术保密工作方面作出贡献、成绩突出的集体和个人，应当给予表彰；对于违反科学技术保密规定的，给予批评教育；对于情节严重，给国家安全和利益造成损害的，应当依照有关法律、法规给予有关责任人员处分，构成犯罪的，依法追究刑事责任。

第五章 附 则

第四十一条 涉及国防科学技术的保密管理，按有关部门规定执行。

第四十二条 本规定由科学技术部和国家保密局负责解释。

第四十三条 本规定自公布之日起施行，1995 年颁布的《科学技术保密规定》（国家科学技术委员会、国家保密局令第 20 号）同时废止。

技术合同认定登记管理办法

1. 2000 年 2 月 16 日科学技术部、财政部、国家税务总局发布
2. 国科发政字〔2000〕063 号

第一条 为了规范技术合同认定登记工作，加强技术市场管理，保障国家有关促进科技成果转化政策的贯彻落实，制定本办法。

第二条 本办法适用于法人、个人和其他组织依法订立的技术开发合同、技术转让合同、技术咨询合同和技术服务合同的认定登记工作。

法人、个人和其他组织依法订立的技术培训合同、技术中介合同，可以参照本办法规定申请认定登记。

第三条 科学技术部管理全国技术合同认定登记工作。

省、自治区、直辖市和计划单列市科学技术行政部门管理本行政区划的技术合同认定登记工作。地、市、区、县科学技术行政部门设技术合同登记机构，具体负责办理技术合同的认定登记工作。

第四条 省、自治区、直辖市和计划单列市科学技术行政部门及技术合同登记机构，应当通过技术合同的认定登记，加强对技术市场和科技成果转化工作的指导、管理和服务，并进行相关的技术市场统计和分析工作。

第五条 法人和其他组织按照国家有关规定，根据所订立的技术合同，从技术开发、技术转让、技术咨询和技术服务的净收入中提取一定比例作为奖励和报酬，给予职务技术成果完成人和为成果转化做出重要贡献人员的，应当申请对相关的技术合同进行认定登记，并依照有关规定提取奖金和报酬。

第六条 未申请认定登记和未予登记的技术合同，不得享受国家对有关促进科技成果转化规定的税收、信贷和奖励等方面的优惠政策。

第七条 经认定登记的技术合同，当事人可以持认定登记证明，向主管税务机关提出申请，经审核批准后，享受国家规定的税收优惠政策。

第八条 技术合同认定登记实行按地域一次登记制度。技术开发合同的研究开发人、技术转让合同的让与人、技术咨询和技术服务合同的受托人，以及技术培训合同的培训人、技术中介合同的中介人，应当在合同成立后向所在地区的技术合同登记机构提出认定登记申请。

第九条 当事人申请技术合同认定登记，应当向技术合同登记机构提交完整的书面合同文本和相关附件。合同文本可以采用由科学技术部监制的技术合同示范文本；采用其他书面合同文本的，应当符合《中华人民共和国合同法》的有关规定。

采用口头形式订立技术合同的，技术合同登记机构不予受理。

第十条 技术合同登记机构应当对当事人提交申请认定登记的合同文本及相关附件进行审查，认为合同内容不完整或者有关附件不齐全的，应当以书面形式要求当事人在规定的时间内补正。

第十一条 申请认定登记的合同应当根据《中华人民共和国合同法》的规定，使用技术开发、技术转让、技术咨询、技术服务等规范名称，完整准确地表达合同内容。使用其他名称或者所表述内容在认定合同性质上引起混乱的，技术合同登记机构应当退回当事人补正。

第十二条 技术合同的认定登记，以当事人提交的合同文本和有关材料为依据，以国家有关法律、法规和政策为准绳。当事人应当在合同中明确相互权利与义务关系，如实反映技术交易的实际情况。当事人在合同文本中作虚假表示，骗取技术合同登记证明的，应当对其后果承担责任。

第十三条 技术合同登记机构对当事人所提交的合同文本和有关材料进行审查和认定。其主要事项是：

（一）是否属于技术合同；

（二）分类登记；

（三）核定技术性收入。

第十四条 技术合同登记机构应当自受理认定登记申请之日起 30 日内完成认定登记事项。技术合同登记机构对认定符合登记条件的合同，应当分类登记和存档，向当事人发给技术合同登记证明，并载明经核定的技术性收入额。对认定为非技术合同或者不符合登记条件的合同，应当不予登记，并在合同文本上注明“未予登记”字样，退还当事人。

第十五条　申请认定登记的合同，涉及国家安全或者重大利益需要保密的，技术合同登记机构应当采取措施保守国家秘密。

当事人在合同中约定了保密义务的，技术合同登记机构应当保守有关技术秘密，维护当事人的合法权益。

第十六条　当事人对技术合同登记机构的认定结论有异议的，可以按照《中华人民共和国行政复议法》的规定申请行政复议。

第十七条　财政、税务等机关在审核享受有关优惠政策的申请时，认为技术合同登记机构的认定有误的，可以要求原技术合同登记机构重新认定。财政、税务等机关对重新认定的技术合同仍认为认定有误的，可以按国家有关规定对当事人享受相关优惠政策的申请不予审批。

第十八条　经技术合同登记机构认定登记的合同，当事人协商一致变更、转让或者解除，以及被有关机关撤销、宣布无效时，应当向原技术合同登记机构办理变更登记或者注销登记手续。变更登记的，应当重新核定技术性收入；注销登记的，应当及时通知有关财政、税务机关。

第十九条　省、自治区、直辖市和计划单列市科学技术行政部门应当加强对技术合同登记机构和登记人员的管理，建立健全技术合同登记岗位责任制，加强对技术合同登记人员的业务培训和考核，保证技术合同登记人员的工作质量和效率。

技术合同登记机构进行技术合同认定登记工作所需经费，按国家有关规定执行。

第二十条　对于订立假技术合同或者以弄虚作假、采取欺骗手段取得技术合同登记证明的，由省、自治区、直辖市和计划单列市科学技术行政部门会同有关部门予以查处。涉及偷税的，由税务机关依法处理；违反国家财务制度的，由财政部门依法处理。

第二十一条　技术合同登记机构在认定登记工作中，发现当事人有利用合同危害国家利益、社会公共利益的违法行为的，应当及时通知省、自治区、直辖市和计划单列市科学技术行政部门进行监督处理。

第二十二条　省、自治区、直辖市和计划单列市科学技术行政部门发现技术合同登记机构管理混乱、统计失实、违规登记的，应当通报批评、责令限期整顿，并可给予直接责任人员行政处分。

第二十三条　技术合同登记机构违反本办法第十五条规定，泄露国家秘密的，按照国家有关规定追究其负责人和直接责任人员的法律责任；泄露技术合同约定的技术秘密，给当事人造成损失的，应当承担相应的法律责任。

第二十四条　本办法自发布之日起施行。1990年7月6日原国家科学技术委员会发布的《技术合同认定登记管理办法》同时废止。

技术合同认定规则

1. 2001年7月18日科学技术部发布

2. 国科发政字〔2001〕253号

第一章　一般规定

第一条　为推动技术创新，加速科技成果转化，保障国家有关促进科技成果转化法律法规和政策的实施，加强技术市场管理，根据《中华人民共和国合同法》及科技部、财政部、国家税务总局《技术合同认定登记管理办法》的规定，制定本规则。

第二条　技术合同认定是指根据《技术合同认定登记管理办法》设立的技术合同登记机构对技术合同当事人申请认定登记的合同文本从技术上进行核查，确认其是否符合技术合同要求的专项管理工作。

技术合同登记机构应当对申请认定登记的合同是否属于技术合同及属于何种技术合同作出结论，并核定其技术交易额（技术性收入）。

第三条　技术合同认定登记应当贯彻依法认定、客观准确、高效服务、严格管理的工作原则，提高认定质量，切实保障国家有关促进科技成果转化财税优惠政策的落实。

第四条　本规则适用于自然人（个人）、法人、其他组织之间依据《中华人民共和国合同法》第十八章的规定，就下列技术开发、技术转让、技术咨询和技术服务活动所订立的确立民事权利与义务关系的技术合同：

（一）技术开发合同

1. 委托开发技术合同

2. 合作开发技术合同

（二）技术转让合同

1. 专利权转让合同

2. 专利申请权转让合同
3. 专利实施许可合同
4. 技术秘密转让合同
(三)技术咨询合同
(四)技术服务合同
1. 技术服务合同
2. 技术培训合同
3. 技术中介合同

第五条 《中华人民共和国合同法》分则部分所列的其他合同,不得按技术合同登记。但其合同标的中明显含有技术开发、转让、咨询或服务内容,其技术交易部分能独立成立并且合同当事人单独订立合同的,可以就其单独订立的合同申请认定登记。

第六条 以技术入股方式订立的合同,可按技术转让合同认定登记。

以技术开发、转让、咨询或服务为内容的技术承包合同,可根据承包项目的性质和具体技术内容确定合同的类型,并予以认定登记。

第七条 当事人申请认定登记技术合同,应当向技术合同登记机构提交合同的书面文本。技术合同登记机构可以要求当事人一并出具与该合同有关的证明文件。

当事人拒绝出具或者所出具的证明文件不符合要求的,不予登记。

各技术合同登记机构应当向当事人推荐和介绍由科学技术部印制的《技术合同示范文本》供当事人在签订技术合同时参照使用。

第八条 申请认定登记的技术合同应当是依法已经生效的合同。当事人以合同书形式订立的合同,自双方当事人签字或者盖章时成立。依法成立的合同,自成立时生效。法律、行政法规规定应当办理批准、登记等手续生效的,依照其规定,在批准、登记后生效,如专利申请权转让合同、专利权转让合同等。

当事人为法人的技术合同,应当有其法定代表人或者其授权的人员在合同上签名或者盖章,并加盖法人的公章或者合同专用章;当事人为自然人的技术合同,应当有其本人在合同上签名或者盖章;当事人为其他组织的合同,应当有该组织负责人在合同上签名或者盖章,并加盖组织的印章。

印章不齐备或者印章与书写名称不一致的,不予登记。

第九条 法人、其他组织的内部职能机构或课题组订立的技术合同申请认定登记的,应当在申请认定登记时提交其法定代表人或组织负责人的书面授权证明。

第十条 当事人就承担国家科技计划项目而与有关计划主管部门或者项目执行部门订立的技术合同申请认定登记,符合《中华人民共和国合同法》的规定并附有有关计划主管部门或者项目执行部门的批准文件的,技术合同登记机构应予受理,并进行认定登记。

第十一条 申请认定登记的技术合同,其标的范围不受行业、专业和科技领域限制。

第十二条 申请认定登记的技术合同,其技术标的或内容不得违反国家有关法律法规的强制性规定和限制性要求。

第十三条 技术合同标的涉及法律法规规定投产前需经有关部门审批或领取生产许可证的产品技术,当事人应当在办理有关审批手续或生产许可证后,持合同文本及有关批准文件申请认定登记。

第十四条 申请认定登记的合同涉及当事人商业秘密(包括经营信息和技术信息)的,当事人应当以书面方式向技术合同登记机构提出保密要求。

当事人未提出保密要求,而所申请认定登记的合同中约定了当事人保密义务的,技术合同登记机构应当主动保守当事人有关的技术秘密,维护其合法权益。

第十五条 申请认定登记的技术合同下列主要条款不明确的,不予登记:

(一)合同主体不明确的;

(二)合同标的不明确,不能使登记人员了解其技术内容的;

(三)合同价款、报酬、使用费等约定不明确的。

第十六条 约定担保条款(定金、抵押、保证等)并以此为合同成立条件的技术合同,申请认定登记时当事人担保义务尚未履行的,不予登记。

第十七条 申请认定登记的技术合同,合同名称与合同中的权利义务关系不一致的,技术合同登记机构应当要求当事人补正后重新申请认定登记;拒不补正的,不予登记。

第十八条 申请认定登记的技术合同,其合同条款含有下列非法垄断技术、妨碍技术进步等不合理限制条款的,不予登记:

(一)一方限制另一方在合同标的技术的基础上进行新的研究开发的;

(二)一方强制性要求另一方在合同标的基础上研

究开发所取得的科技成果及其知识产权独占回授的；

（三）一方限制另一方从其他渠道吸收竞争技术的；

（四）一方限制另一方根据市场需求实施专利和使用技术秘密的。

第十九条　申请认定登记的技术合同，当事人约定提交有关技术成果的载体，不得超出合理的数量范围。

技术成果载体数量的合理范围，按以下原则认定：

（一）技术文件（包括技术方案、产品和工艺设计、工程设计图纸、试验报告及其他文字性技术资料），以通常掌握该技术和必要存档所需份数为限；

（二）磁盘、光盘等软件性技术载体、动植物（包括转基因动植物）新品种、微生物菌种，以及样品、样机等产品技术和硬件性技术载体，以当事人进行必要试验和掌握、使用该技术所需数量为限；

（三）成套技术设备和试验装置一般限于1—2套。

第二章　技术开发合同

第二十条　技术开发合同是当事人之间就新技术、新产品、新工艺、新材料、新品种及其系统的研究开发所订立的合同。

技术开发合同包括委托开发合同和合作开发合同。委托开发合同是一方当事人委托另一方当事人进行研究开发工作并提供相应研究开发经费和报酬所订立的技术开发合同。合作开发合同是当事人各方就共同进行研究开发工作所订立的技术开发合同。

第二十一条　技术开发合同的认定条件是：

（一）有明确、具体的科学研究和技术开发目标；

（二）合同标的为当事人在订立合同时尚未掌握的技术方案；

（三）研究开发工作及其预期成果有相应的技术创新内容。

第二十二条　单纯以揭示自然现象、规律和特征为目标的基础性研究项目所订立的合同，以及软科学研究项目所订立的合同，不予登记。

第二十三条　下列各项符合本规则第二十一条规定的，属于技术开发合同：

（一）小试、中试技术成果的产业化开发项目；

（二）技术改造项目；

（三）成套技术设备和试验装置的技术改进项目；

（四）引进技术和设备消化。吸收基础上的创新开发项目；

（五）信息技术的研究开发项目，包括语言系统、过程控制、管理工程、特定专家系统、计算机辅助设计、计算机集成制造系统等，但软件复制和无原创性的程序编制的除外；

（六）自然资源的开发利用项目；

（七）治理污染、保护环境和生态项目；

（八）其他科技成果转化项目。

前款各项中属一般设备维修、改装、常规的设计变更及其已有技术直接应用于产品生产，不属于技术开发合同。

第二十四条　下列合同不属于技术开发合同：

（一）合同标的为当事人已经掌握的技术方案，包括已完成产业化开发的产品、工艺、材料及其系统；

（二）合同标的为通过简单改变尺寸、参数、排列，或者通过类似技术手段的变换实现的产品改型、工艺变更以及材料配方调整；

（三）合同标的为一般检验、测试、鉴定、仿制和应用。

第三章　技术转让合同

第二十五条　技术转让合同是当事人之间就专利权转让、专利申请权转让、专利实施许可、技术秘密转让所订立的下列合同：

（一）专利权转让合同，是指一方当事人（让与方）将其发明创造专利权转让受让方，受让方支付相应价款而订立的合同。

（二）专利申请权转让合同，是指一方当事人（让与方）将其就特定的发明创造申请专利的权利转让受让方，受让方支付相应价款而订立的合同。

（三）专利实施许可合同，是指一方当事人（让与方、专利权人或者其授权的人）许可受让方在约定的范围内实施专利，受让方支付相应的使用费而订立的合同。

（四）技术秘密转让合同，是指一方当事人（让与方）将其拥有的技术秘密提供给受让方，明确相互之间技术秘密使用权、转让权，受让方支付相应使用费而订立的合同。

第二十六条　技术转让合同的认定条件是：

（一）合同标的为当事人订立合同时已经掌握的技术成果，包括发明创造专利、技术秘密及其他知识产权成果；

（二）合同标的具有完整性和实用性，相关技术内容应构成一项产品、工艺、材料、品种及其改进的技术方案；

（三）当事人对合同标的有明确的知识产权权属约定。

第二十七条　当事人就植物新品种权转让和实施许可、集成电路布图设计权转让与许可订立的合同，按技术转让合同认定登记。

第二十八条　当事人就技术进出口项目订立的合同，可参照技术转让合同予以认定登记。

第二十九条　申请认定登记的技术合同，其标的涉及专利申请权、专利权、植物新品种权、集成电路布图设计权的，当事人应当提交相应的知识产权权利证书复印件。无相应证书复印件或者在有关知识产权终止、被宣告无效后申请认定登记的，不予登记。

申请认定登记的技术合同，其标的涉及计算机软件著作权的，可以提示当事人提供计算机软件著作权登记证明的复印件。

第三十条　申请认定登记的技术合同，其标的为技术秘密的，该项技术秘密应同时具备以下条件：

（一）不为公众所知悉；

（二）能为权利人带来经济利益；

（三）具有实用性；

（四）权利人采取了保密措施。

前款技术秘密可以含有公知技术成分或者部分公知技术的组合。但其全部或者实质性部分已经公开，即可以直接从公共信息渠道中直接得到的，不应认定为技术转让合同。

第三十一条　申请认定登记的技术合同，其合同标的为进入公有领域的知识、技术、经验和信息等（如专利权或有关知识产权已经终止的技术成果），或者技术秘密转让未约定使用权、转让权归属的，不应认定为技术转让合同。

前款合同标的符合技术咨询合同、技术服务合同条件的，可由当事人补正后，按技术咨询合同、技术服务合同重新申请认定登记。

第三十二条　申请认定登记的技术合同，其合同标的仅为高新技术产品交易，不包含技术转让成分的，不应认定为技术转让合同。

随高新技术产品提供用户的有关产品性能和使用方法等商业性说明材料，也不属于技术成果文件。

第四章　技术咨询合同

第三十三条　技术咨询合同是一方当事人（受托方）为另一方（委托方）就特定技术项目提供可行性论证、技术预测、专题技术调查、分析评价所订立的合同。

第三十四条　技术咨询合同的认定条件是：

（一）合同标的为特定技术项目的咨询课题；

（二）咨询方式为运用科学知识和技术手段进行的分析、论证、评价和预测；

（三）工作成果是为委托方提供科技咨询报告和意见。

第三十五条　下列各项符合本规则第三十四条规定的，属于技术咨询合同：

（一）科学发展战略和规划的研究；

（二）技术政策和技术路线选择的研究；

（三）重大工程项目、研究开发项目、科技成果转化项目、重要技术改造和科技成果推广项目等的可行性分析；

（四）技术成果、重大工程和特定技术系统的技术评估；

（五）特定技术领域、行业、专业技术发展的技术预测；

（六）就区域、产业科技开发与创新及特定技术项目进行的技术调查、分析与论证；

（七）技术产品、服务、工艺分析和技术方案的比较与选择；

（八）专用设施、设备、仪器、装置及技术系统的技术性能分析；

（九）科技评估和技术查新项目。

前款项目中涉及新的技术成果研究开发或现有技术成果转让的，可根据其技术内容的比重确定合同性质，分别认定为技术开发合同、技术转让合同或者技术咨询合同。

第三十六条　申请认定登记的技术合同，其标的为大、中型建设工程项目前期技术分析论证的，可以认定为技术咨询合同。但属于建设工程承包合同一部分、不能独立成立的情况除外。

第三十七条　就解决特定技术项目提出实施方案，进行技术服务和实施指导所订立的合同，不属于技术咨询合同。符合技术服务合同条件的，可退回当事人补正后，按技术服务合同重新申请认定登记。

第三十八条　下列合同不属于技术咨询合同：

（一）就经济分析、法律咨询、社会发展项目的论证、评价和调查所订立的合同；

（二）就购买设备、仪器、原材料、配套产品等提供商业信息所订立的合同。

第五章 技术服务合同

第三十九条 技术服务合同是一方当事人（受托方）以技术知识为另一方（委托方）解决特定技术问题所订立的合同。

第四十条 技术服务合同的认定条件是：

（一）合同的标的为运用专业技术知识、经验和信息解决特定技术问题的服务性项目；

（二）服务内容为改进产品结构、改良工艺流程、提高产品质量、降低产品成本、节约资源能耗、保护资源环境。实现安全操作、提高经济效益和社会效益等专业技术工作；

（三）工作成果有具体的质量和数量指标；

（四）技术知识的传递不涉及专利、技术秘密成果及其他知识产权的权属。

第四十一条 下列各项符合本规则第四十条规定，且该专业技术项目有明确技术问题和解决难度的，属于技术服务合同：

（一）产品设计服务，包括关键零部件、国产化配套件、专用工模量具及工装设计和具有特殊技术要求的非标准设备的设计，以及其他改进产品结构的设计；

（二）工艺服务，包括有特殊技术要求的工艺编制、新产品试制中的上艺技术指导，以及其他工艺流程的改进设计；

（三）测试分析服务，包括有特殊技术要求的技术成果测试分析，新产品、新材料、植物新品种性能的测试分析，以及其他非标准化的测试分析；

（四）计算机技术应用服务，包括计算机硬件、软件、嵌入式系统、计算机网络技术的应用服务，计算机辅助设计系统（CAD）和计算机集成制造系统（CIMS）的推广、应用和技术指导等；

（五）新型或者复杂生产线的调试及技术指导；

（六）特定技术项目的信息加工、分析和检索；

（七）农业的产前、产中、产后技术服务，包括为技术成果推广，以及为提高农业产量、品质、发展新品种、降低消耗、提高经济效益和社会效益的有关技术服务；

（八）为特殊产品技术标准的制订；

（九）对动植物细胞植入特定基因、进行基因重组；

（十）对重大事故进行定性定量技术分析；

（十一）为重大科技成果进行定性定量技术鉴定或者评价。

前款各项属于当事人一般日常经营业务范围的，不应认定为技术服务合同。

第四十二条 下列合同不属于技术服务合同：

（一）以常规手段或者为生产经营目的进行一般加工、定作、修理、修缮、广告、印刷、测绘、标准化测试等订立的加工承揽合同和建设工程的勘察、设计、安装、施工、监理合同。但以非常规技术手段，解决复杂、特殊技术问题而单独订立的合同除外；

（二）就描晒复印图纸、翻译资料、摄影摄像等所订立的合同；

（三）计量检定单位就强制性计量检定所订立的合同；

（四）理化测试分析单位就仪器设备的购售、租赁及用户服务所订立的合同。

第六章 技术培训合同和技术中介合同

第四十三条 技术培训合同是当事人一方委托另一方对指定的专业技术人员进行特定项目的技术指导和业务训练所订立的合同。

技术培训合同是技术服务合同中的一种，在认定登记时应按技术培训合同单独予以登记。

第四十四条 技术培训合同的认定条件是：

（一）以传授特定技术项目的专业技术知识为合同的主要标的；

（二）培训对象为委托方指定的与特定技术项目有关的专业技术人员；

（三）技术指导和专业训练的内容不涉及有关知识产权权利的转移。

第四十五条 技术开发、技术转让等合同中涉及技术培训内容的，应按技术开发合同或技术转让合同认定，不应就其技术培训内容单独认定登记。

第四十六条 下列培训教育活动，不属于技术培训合同：

（一）当事人就其员工业务素质、文化学习和职业技能等进行的培训活动；

（二）为销售技术产品而就有关该产品性能、功能及使用、操作进行的培训活动。

第四十七条 技术中介合同是当事人一方（中介方）以知

识、技术、经验和信息为另一方与第三方订立技术合同、实现技术创新和科技成果产业化进行联系、介绍、组织工业化开发并对履行合同提供专门服务所订立的合同。

技术中介合同是技术服务合同中的一种，在认定登记时应按技术中介合同单独予以登记。

第四十八条　技术中介合同的认定条件是：

（一）技术中介的目的是促成委托方与第三方进行技术交易，实现科技成果的转化；

（二）技术中介的内容应为特定的技术成果或技术项目；

（三）中介方应符合国家有关技术中介主体的资格要求。

第四十九条　技术中介合同可以以下列两种形式订立：

（一）中介方与委托方单独订立的有关技术中介业务的合同；

（二）在委托方与第三方订立的技术合同中载明中介方权利与义务的有关中介条款。

第五十条　根据当事人申请，技术中介合同可以与其涉及的技术合同一起认定登记，也可以单独认定登记。

第七章　核定技术性收入

第五十一条　技术合同登记机构应当对申请认定登记合同的交易总额和技术交易额进行审查，核定技术性收入。

申请认定登记的合同，应当载明合同交易总额、技术交易额。申请认定登记时不能确定合同交易总额、技术交易额的，或者在履行合同中金额发生变化的，当事人应当在办理减免税或提取奖酬金手续前予以补正。不予补正并违反国家有关法律法规的，应承担相应的法律责任。

第五十二条　本规则第五十一条用语的含义是：

（一）合同交易总额是指技术合同成交项目的总金额；

（二）技术交易额是指从合同交易总额中扣除购置设备、仪器、零部件、原材料等非技术性费用后的剩余金额。但合理数量标的物的直接成本不计入非技术性费用；

（三）技术性收入是指履行合同后所获得的价款、使用费、报酬的金额。

第五十三条　企业、事业单位和其他组织按照国家有关政策减免税、提取奖酬金和其他技术劳务费用，应当以技术合同登记机构核定的技术交易额或技术性收入为基数计算。

第八章　附　　则

第五十四条　本规则自2001年7月18日起施行。1990年7月27日原国家科委发布的《技术合同认定规则（试行）》同时废止。

最高人民法院关于审理技术合同纠纷案件适用法律若干问题的解释

1. 2004年11月30日最高人民法院审判委员会第1335次会议通过、2004年12月16日公布、自2005年1月1日起施行（法释〔2004〕20号）

2. 根据2020年12月23日最高人民法院审判委员会第1823次会议通过、2020年12月29日公布、自2021年1月1日起施行的《最高人民法院关于修改〈最高人民法院关于审理侵犯专利权纠纷案件应用法律若干问题的解释（二）〉等十八件知识产权类司法解释的决定》（法释〔2020〕19号）修正

为了正确审理技术合同纠纷案件，根据《中华人民共和国民法典》《中华人民共和国专利法》和《中华人民共和国民事诉讼法》等法律的有关规定，结合审判实践，现就有关问题作出以下解释。

一、一 般 规 定

第一条　技术成果，是指利用科学技术知识、信息和经验作出的涉及产品、工艺、材料及其改进等的技术方案，包括专利、专利申请、技术秘密、计算机软件、集成电路布图设计、植物新品种等。

技术秘密，是指不为公众所知悉、具有商业价值并经权利人采取相应保密措施的技术信息。

第二条　民法典第八百四十七条第二款所称"执行法人或者非法人组织的工作任务"，包括：

（一）履行法人或者非法人组织的岗位职责或者承担其交付的其他技术开发任务；

（二）离职后一年内继续从事与其原所在法人或者非法人组织的岗位职责或者交付的任务有关的技术开发工作，但法律、行政法规另有规定的除外。

法人或者非法人组织与其职工就职工在职期间或者离职以后所完成的技术成果的权益有约定的，人民法院应当依约定确认。

第三条　民法典第八百四十七条第二款所称"物质技术条件"，包括资金、设备、器材、原材料、未公开的技术信息和资料等。

第四条　民法典第八百四十七条第二款所称“主要是利用法人或者非法人组织的物质技术条件”，包括职工在技术成果的研究开发过程中，全部或者大部分利用了法人或者非法人组织的资金、设备、器材或者原材料等物质条件，并且这些物质条件对形成该技术成果具有实质性的影响；还包括该技术成果实质性内容是在法人或者非法人组织尚未公开的技术成果、阶段性技术成果基础上完成的情形。但下列情况除外：

（一）对利用法人或者非法人组织提供的物质技术条件，约定返还资金或者交纳使用费的；

（二）在技术成果完成后利用法人或者非法人组织的物质技术条件对技术方案进行验证、测试的。

第五条　个人完成的技术成果，属于执行原所在法人或者非法人组织的工作任务，又主要利用了现所在法人或者非法人组织的物质技术条件的，应当按照该自然人原所在和现所在法人或者非法人组织达成的协议确认权益。不能达成协议的，根据对完成该项技术成果的贡献大小由双方合理分享。

第六条　民法典第八百四十七条所称“职务技术成果的完成人”、第八百四十八条所称“完成技术成果的个人”，包括对技术成果单独或者共同作出创造性贡献的人，也即技术成果的发明人或者设计人。人民法院在对创造性贡献进行认定时，应当分解所涉及技术成果的实质性技术构成。提出实质性技术构成并由此实现技术方案的人，是作出创造性贡献的人。

提供资金、设备、材料、试验条件，进行组织管理，协助绘制图纸、整理资料、翻译文献等人员，不属于职务技术成果的完成人、完成技术成果的个人。

第七条　不具有民事主体资格的科研组织订立的技术合同，经法人或者非法人组织授权或者认可的，视为法人或者非法人组织订立的合同，由法人或者非法人组织承担责任；未经法人或者非法人组织授权或者认可的，由该科研组织成员共同承担责任，但法人或者非法人组织因该合同受益的，应当在其受益范围内承担相应责任。

前款所称不具有民事主体资格的科研组织，包括法人或者非法人组织设立的从事技术研究开发、转让等活动的课题组、工作室等。

第八条　生产产品或者提供服务依法须经有关部门审批或者取得行政许可，而未经审批或者许可的，不影响当事人订立的相关技术合同的效力。

当事人对办理前款所称审批或者许可的义务没有约定或者约定不明确的，人民法院应当判令由实施技术的一方负责办理，但法律、行政法规另有规定的除外。

第九条　当事人一方采取欺诈手段，就其现有技术成果作为研究开发标的与他人订立委托开发合同收取研究开发费用，或者就同一研究开发课题先后与两个或者两个以上的委托人分别订立委托开发合同重复收取研究开发费用，使对方在违背真实意思的情况下订立的合同，受损害方依照民法典第一百四十八条规定请求撤销合同的，人民法院应当予以支持。

第十条　下列情形，属于民法典第八百五十条所称的“非法垄断技术”：

（一）限制当事人一方在合同标的技术基础上进行新的研究开发或者限制其使用所改进的技术，或者双方交换改进技术的条件不对等，包括要求一方将其自行改进的技术无偿提供给对方、非互惠性转让给对方、无偿独占或者共享该改进技术的知识产权；

（二）限制当事人一方从其他来源获得与技术提供方类似技术或者与其竞争的技术；

（三）阻碍当事人一方根据市场需求，按照合理方式充分实施合同标的技术，包括明显不合理地限制技术接受方实施合同标的技术生产产品或者提供服务的数量、品种、价格、销售渠道和出口市场；

（四）要求技术接受方接受并非实施技术必不可少的附带条件，包括购买非必需的技术、原材料、产品、设备、服务以及接收非必需的人员等；

（五）不合理地限制技术接受方购买原材料、零部件、产品或者设备等的渠道或者来源；

（六）禁止技术接受方对合同标的技术知识产权的有效性提出异议或者对提出异议附加条件。

第十一条　技术合同无效或者被撤销后，技术开发合同研究开发人、技术转让合同让与人、技术许可合同许可人、技术咨询合同和技术服务合同的受托人已经履行或者部分履行了约定的义务，并且造成合同无效或者被撤销的过错在对方的，对其已履行部分应当收取的研究开发经费、技术使用费、提供咨询服务的报酬，人民法院可以认定为因对方原因导致合同无效或者被撤销给其造成的损失。

技术合同无效或者被撤销后，因履行合同所完成新的技术成果或者在他人技术成果基础上完成后续改进技术成果的权利归属和利益分享，当事人不能重新协议确定的，人民法院可以判决由完成技术成果的一方享有。

第十二条 根据民法典第八百五十条的规定，侵害他人技术秘密的技术合同被确认无效后，除法律、行政法规另有规定的以外，善意取得该技术秘密的一方当事人可以在其取得时的范围内继续使用该技术秘密，但应当向权利人支付合理的使用费并承担保密义务。

当事人双方恶意串通或者一方知道或者应当知道另一方侵权仍与其订立或者履行合同的，属于共同侵权，人民法院应当判令侵权人承担连带赔偿责任和保密义务，因此取得技术秘密的当事人不得继续使用该技术秘密。

第十三条 依照前条第一款规定可以继续使用技术秘密的人与权利人就使用费支付发生纠纷的，当事人任何一方都可以请求人民法院予以处理。继续使用技术秘密但又拒不支付使用费的，人民法院可以根据权利人的请求判令使用人停止使用。

人民法院在确定使用费时，可以根据权利人通常对外许可该技术秘密的使用费或者使用人取得该技术秘密所支付的使用费，并考虑该技术秘密的研究开发成本、成果转化和应用程度以及使用人的使用规模、经济效益等因素合理确定。

不论使用人是否继续使用技术秘密，人民法院均应当判令其向权利人支付已使用期间的使用费。使用人已向无效合同的让与人或者许可人支付的使用费应当由让与人或者许可人负责返还。

第十四条 对技术合同的价款、报酬和使用费，当事人没有约定或者约定不明确的，人民法院可以按照以下原则处理：

（一）对于技术开发合同和技术转让合同、技术许可合同，根据有关技术成果的研究开发成本、先进性、实施转化和应用的程度，当事人享有的权益和承担的责任，以及技术成果的经济效益等合理确定；

（二）对于技术咨询合同和技术服务合同，根据有关咨询服务工作的技术含量、质量和数量，以及已经产生和预期产生的经济效益等合理确定。

技术合同价款、报酬、使用费中包含非技术性款项的，应当分项计算。

第十五条 技术合同当事人一方迟延履行主要债务，经催告后在30日内仍未履行，另一方依据民法典第五百六十三条第一款第（三）项的规定主张解除合同的，人民法院应当予以支持。

当事人在催告通知中附有履行期限且该期限超过30日的，人民法院应当认定该履行期限为民法典第五百六十三条第一款第（三）项规定的合理期限。

第十六条 当事人以技术成果向企业出资但未明确约定权属，接受出资的企业主张该技术成果归其享有的，人民法院一般应当予以支持，但是该技术成果价值与该技术成果所占出资额比例明显不合理损害出资人利益的除外。

当事人对技术成果的权属约定有比例的，视为共同所有，其权利使用和利益分配，按共有技术成果的有关规定处理，但当事人另有约定的，从其约定。

当事人对技术成果的使用权约定有比例的，人民法院可以视为当事人对实施该项技术成果所获收益的分配比例，但当事人另有约定的，从其约定。

二、技术开发合同

第十七条 民法典第八百五十一条第一款所称“新技术、新产品、新工艺、新品种或者新材料及其系统”，包括当事人在订立技术合同时尚未掌握的产品、工艺、材料及其系统等技术方案，但对技术上没有创新的现有产品的改型、工艺变更、材料配方调整以及对技术成果的验证、测试和使用除外。

第十八条 民法典第八百五十一条第四款规定的“当事人之间就具有实用价值的科技成果实施转化订立的”技术转化合同，是指当事人之间就具有实用价值但尚未实现工业化应用的科技成果包括阶段性技术成果，以实现该科技成果工业化应用为目标，约定后续试验、开发和应用等内容的合同。

第十九条 民法典第八百五十五条所称“分工参与研究开发工作”，包括当事人按照约定的计划和分工，共同或者分别承担设计、工艺、试验、试制等工作。

技术开发合同当事人一方仅提供资金、设备、材料等物质条件或者承担辅助协作事项，另一方进行研究开发工作的，属于委托开发合同。

第二十条 民法典第八百六十一条所称“当事人均有使用和转让的权利”，包括当事人均有不经对方同意而自己使用或者以普通使用许可的方式许可他人使用技术秘密，并独占由此所获利益的权利。当事人一方将技术秘密成果的转让权让与他人，或者以独占或者排他使用许可的方式许可他人使用技术秘密，未经对方当事人同意或者追认的，应当认定该让与或者许可行为无效。

第二十一条 技术开发合同当事人依照民法典的规定或者约定自行实施专利或使用技术秘密，但因其不具备独立实施专利或者使用技术秘密的条件，以一个普通许可方式许可他人实施或者使用的，可以准许。

三、技术转让合同和技术许可合同

第二十二条 就尚待研究开发的技术成果或者不涉及专利、专利申请或者技术秘密的知识、技术、经验和信息所订立的合同，不属于民法典第八百六十二条规定的技术转让合同或者技术许可合同。

技术转让合同中关于让与人向受让人提供实施技术的专用设备、原材料或者提供有关的技术咨询、技术服务的约定，属于技术转让合同的组成部分。因此发生的纠纷，按照技术转让合同处理。

当事人以技术入股方式订立联营合同，但技术入股人不参与联营体的经营管理，并且以保底条款形式约定联营体或者联营对方支付其技术价款或者使用费的，视为技术转让合同或者技术许可合同。

第二十三条 专利申请权转让合同当事人以专利申请被驳回或者被视为撤回为由请求解除合同，该事实发生在依照专利法第十条第三款的规定办理专利申请权转让登记之前的，人民法院应当予以支持；发生在转让登记之后的，不予支持，但当事人另有约定的除外。

专利申请因专利申请权转让合同成立时即存在尚未公开的同样发明创造的在先专利申请被驳回，当事人依据民法典第五百六十三条第一款第（四）项的规定请求解除合同的，人民法院应当予以支持。

第二十四条 订立专利权转让合同或者专利申请权转让合同前，让与人自己已经实施发明创造，在合同生效后，受让人要求让与人停止实施的，人民法院应当予以支持，但当事人另有约定的除外。

让与人与受让人订立的专利权、专利申请权转让合同，不影响在合同成立前让与人与他人订立的相关专利实施许可合同或者技术秘密转让合同的效力。

第二十五条 专利实施许可包括以下方式：

（一）独占实施许可，是指许可人在约定许可实施专利的范围内，将该专利仅许可一个被许可人实施，许可人依约定不得实施该专利；

（二）排他实施许可，是指许可人在约定许可实施专利的范围内，将该专利仅许可一个被许可人实施，但许可人依约定可以自行实施该专利；

（三）普通实施许可，是指许可人在约定许可实施专利的范围内许可他人实施该专利，并且可以自行实施该专利。

当事人对专利实施许可方式没有约定或者约定不明确的，认定为普通实施许可。专利实施许可合同约定被许可人可以再许可他人实施专利的，认定该再许可为普通实施许可，但当事人另有约定的除外。

技术秘密的许可使用方式，参照本条第一、二款的规定确定。

第二十六条 专利实施许可合同许可人负有在合同有效期内维持专利权有效的义务，包括依法缴纳专利年费和积极应对他人提出宣告专利权无效的请求，但当事人另有约定的除外。

第二十七条 排他实施许可合同许可人不具备独立实施其专利的条件，以一个普通许可的方式许可他人实施专利的，人民法院可以认定为许可人自己实施专利，但当事人另有约定的除外。

第二十八条 民法典第八百六十四条所称“实施专利或者使用技术秘密的范围”，包括实施专利或者使用技术秘密的期限、地域、方式以及接触技术秘密的人员等。

当事人对实施专利或者使用技术秘密的期限没有约定或者约定不明确的，受让人、被许可人实施专利或者使用技术秘密不受期限限制。

第二十九条 当事人之间就申请专利的技术成果所订立的许可使用合同，专利申请公开以前，适用技术秘密许可合同的有关规定；发明专利申请公开以后、授权以前，参照适用专利实施许可合同的有关规定；授权以后，原合同即为专利实施许可合同，适用专利实施许可合同的有关规定。

人民法院不以当事人就已经申请专利但尚未授权的技术订立专利实施许可合同为由，认定合同无效。

四、技术咨询合同和技术服务合同

第三十条 民法典第八百七十八条第一款所称“特定技术项目”，包括有关科学技术与经济社会协调发展的软科学研究项目，促进科技进步和管理现代化、提高经济效益和社会效益等运用科学知识和技术手段进行调查、分析、论证、评价、预测的专业性技术项目。

第三十一条 当事人对技术咨询合同委托人提供的技术资料和数据或者受托人提出的咨询报告和意见未约定

保密义务，当事人一方引用、发表或者向第三人提供的，不认定为违约行为，但侵害对方当事人对此享有的合法权益的，应当依法承担民事责任。

第三十二条 技术咨询合同受托人发现委托人提供的资料、数据等有明显错误或者缺陷，未在合理期限内通知委托人的，视为其对委托人提供的技术资料、数据等予以认可。委托人在接到受托人的补正通知后未在合理期限内答复并予补正的，发生的损失由委托人承担。

第三十三条 民法典第八百七十八条第二款所称"特定技术问题"，包括需要运用专业技术知识、经验和信息解决的有关改进产品结构、改良工艺流程、提高产品质量、降低产品成本、节约资源能耗、保护资源环境、实现安全操作、提高经济效益和社会效益等专业技术问题。

第三十四条 当事人一方以技术转让或者技术许可的名义提供已进入公有领域的技术，或者在技术转让合同、技术许可合同履行过程中合同标的技术进入公有领域，但是技术提供方进行技术指导、传授技术知识，为对方解决特定技术问题符合约定条件的，按照技术服务合同处理，约定的技术转让费、使用费可以视为提供技术服务的报酬和费用，但是法律、行政法规另有规定的除外。

依照前款规定，技术转让费或者使用费视为提供技术服务的报酬和费用明显不合理的，人民法院可以根据当事人的请求合理确定。

第三十五条 技术服务合同受托人发现委托人提供的资料、数据、样品、材料、场地等工作条件不符合约定，未在合理期限内通知委托人的，视为其对委托人提供的工作条件予以认可。委托人在接到受托人的补正通知后未在合理期限内答复并予补正的，发生的损失由委托人承担。

第三十六条 民法典第八百八十七条规定的"技术培训合同"，是指当事人一方委托另一方对指定的学员进行特定项目的专业技术训练和技术指导所订立的合同，不包括职业培训、文化学习和按照行业、法人或者非法人组织的计划进行的职工业余教育。

第三十七条 当事人对技术培训必需的场地、设施和试验条件等工作条件的提供和管理责任没有约定或者约定不明确的，由委托人负责提供和管理。

技术培训合同委托人派出的学员不符合约定条件，影响培训质量的，由委托人按照约定支付报酬。

受托人配备的教员不符合约定条件，影响培训质量，或者受托人未按照计划和项目进行培训，导致不能实现约定培训目标的，应当减收或者免收报酬。

受托人发现学员不符合约定条件或者委托人发现教员不符合约定条件，未在合理期限内通知对方，或者接到通知的一方未在合理期限内按约定改派的，应当由负有履行义务的当事人承担相应的民事责任。

第三十八条 民法典第八百八十七条规定的"技术中介合同"，是指当事人一方以知识、技术、经验和信息为另一方与第三人订立技术合同进行联系、介绍以及对履行合同提供专门服务所订立的合同。

第三十九条 中介人从事中介活动的费用，是指中介人在委托人和第三人订立技术合同前，进行联系、介绍活动所支出的通信、交通和必要的调查研究等费用。中介人的报酬，是指中介人为委托人与第三人订立技术合同以及对履行该合同提供服务应当得到的收益。

当事人对中介人从事中介活动的费用负担没有约定或者约定不明确的，由中介人承担。当事人约定该费用由委托人承担但未约定具体数额或者计算方法的，由委托人支付中介人从事中介活动支出的必要费用。

当事人对中介人的报酬数额没有约定或者约定不明确的，应当根据中介人所进行的劳务合理确定，并由委托人承担。仅在委托人与第三人订立的技术合同中约定中介条款，但未约定给付中介人报酬或者约定不明确的，应当支付的报酬由委托人和第三人平均承担。

第四十条 中介人未促成委托人与第三人之间的技术合同成立的，其要求支付报酬的请求，人民法院不予支持；其要求委托人支付其从事中介活动必要费用的请求，应当予以支持，但当事人另有约定的除外。

中介人隐瞒与订立技术合同有关的重要事实或者提供虚假情况，侵害委托人利益的，应当根据情况免收报酬并承担赔偿责任。

第四十一条 中介人对造成委托人与第三人之间的技术合同的无效或者被撤销没有过错，并且该技术合同的无效或者被撤销不影响有关中介条款或者技术中介合同继续有效，中介人要求按照约定或者本解释的有关规定给付从事中介活动的费用和报酬的，人民法院应当予以支持。

中介人收取从事中介活动的费用和报酬不应当被视为委托人与第三人之间的技术合同纠纷中一方当事人的损失。

五、与审理技术合同纠纷有关的程序问题

第四十二条　当事人将技术合同和其他合同内容或者将不同类型的技术合同内容订立在一个合同中的，应当根据当事人争议的权利义务内容，确定案件的性质和案由。

技术合同名称与约定的权利义务关系不一致的，应当按照约定的权利义务内容，确定合同的类型和案由。

技术转让合同或者技术许可合同中约定让与人或者许可人负责包销或者回购受让人、被许可人实施合同标的技术制造的产品，仅因让与人或者许可人不履行或者不能全部履行包销或者回购义务引起纠纷，不涉及技术问题的，应当按照包销或者回购条款约定的权利义务内容确定案由。

第四十三条　技术合同纠纷案件一般由中级以上人民法院管辖。

各高级人民法院根据本辖区的实际情况并报经最高人民法院批准，可以指定若干基层人民法院管辖第一审技术合同纠纷案件。

其他司法解释对技术合同纠纷案件管辖另有规定的，从其规定。

合同中既有技术合同内容，又有其他合同内容，当事人就技术合同内容和其他合同内容均发生争议的，由具有技术合同纠纷案件管辖权的人民法院受理。

第四十四条　一方当事人以诉讼争议的技术合同侵害他人技术成果为由请求确认合同无效，或者人民法院在审理技术合同纠纷中发现可能存在该无效事由的，人民法院应当依法通知有关利害关系人，其可以作为有独立请求权的第三人参加诉讼或者依法向有管辖权的人民法院另行起诉。

利害关系人在接到通知后15日内不提起诉讼的，不影响人民法院对案件的审理。

第四十五条　第三人向受理技术合同纠纷案件的人民法院就合同标的技术提出权属或者侵权请求时，受诉人民法院对此也有管辖权的，可以将权属或者侵权纠纷与合同纠纷合并审理；受诉人民法院对此没有管辖权的，应当告知其向有管辖权的人民法院另行起诉或者将已经受理的权属或者侵权纠纷案件移送有管辖权的人民法院。权属或者侵权纠纷另案受理后，合同纠纷应当中止诉讼。

专利实施许可合同诉讼中，被许可人或者第三人向国家知识产权局请求宣告专利权无效的，人民法院可以不中止诉讼。在案件审理过程中专利权被宣告无效的，按照专利法第四十七条第二款和第三款的规定处理。

六、其　　他

第四十六条　计算机软件开发等合同争议，著作权法以及其他法律、行政法规另有规定的，依照其规定；没有规定的，适用民法典第三编第一分编的规定，并可以参照民法典第三编第二分编第二十章和本解释的有关规定处理。

第四十七条　本解释自2005年1月1日起施行。

4. 域　名

互联网域名管理办法

1. 2017年8月24日工业和信息化部令第43号公布
2. 自2017年11月1日起施行

第一章　总　　则

第一条　为了规范互联网域名服务，保护用户合法权益，保障互联网域名系统安全、可靠运行，推动中文域名和国家顶级域名发展和应用，促进中国互联网健康发展，根据《中华人民共和国行政许可法》《国务院对确需保留的行政审批项目设定行政许可的决定》等规定，参照国际上互联网域名管理准则，制定本办法。

第二条　在中华人民共和国境内从事互联网域名服务及其运行维护、监督管理等相关活动，应当遵守本办法。

本办法所称互联网域名服务（以下简称域名服务），是指从事域名根服务器运行和管理、顶级域名运行和管理、域名注册、域名解析等活动。

第三条　工业和信息化部对全国的域名服务实施监督管理，主要职责是：

（一）制定互联网域名管理规章及政策；

（二）制定中国互联网域名体系、域名资源发展规划；

（三）管理境内的域名根服务器运行机构和域名注册管理机构；

（四）负责域名体系的网络与信息安全管理；

（五）依法保护用户个人信息和合法权益；

（六）负责与域名有关的国际协调；

（七）管理境内的域名解析服务；

（八）管理其他与域名服务相关的活动。

第四条　各省、自治区、直辖市通信管理局对本行政区域内的域名服务实施监督管理，主要职责是：

（一）贯彻执行域名管理法律、行政法规、规章和政策；

（二）管理本行政区域内的域名注册服务机构；

（三）协助工业和信息化部对本行政区域内的域名根服务器运行机构和域名注册管理机构进行管理；

（四）负责本行政区域内域名系统的网络与信息安全管理；

（五）依法保护用户个人信息和合法权益；

（六）管理本行政区域内的域名解析服务；

（七）管理本行政区域内其他与域名服务相关的活动。

第五条　中国互联网域名体系由工业和信息化部予以公告。根据域名发展的实际情况，工业和信息化部可以对中国互联网域名体系进行调整。

第六条　“.CN”和“.中国”是中国的国家顶级域名。

中文域名是中国互联网域名体系的重要组成部分。国家鼓励和支持中文域名系统的技术研究和推广应用。

第七条　提供域名服务，应当遵守国家相关法律法规，符合相关技术规范和标准。

第八条　任何组织和个人不得妨碍互联网域名系统的安全和稳定运行。

第二章　域名管理

第九条　在境内设立域名根服务器及域名根服务器运行机构、域名注册管理机构和域名注册服务机构的，应当依据本办法取得工业和信息化部或者省、自治区、直辖市通信管理局（以下统称电信管理机构）的相应许可。

第十条　申请设立域名根服务器及域名根服务器运行机构的，应当具备以下条件：

（一）域名根服务器设置在境内，并且符合互联网发展相关规划及域名系统安全稳定运行要求；

（二）是依法设立的法人，该法人及其主要出资者、主要经营管理人员具有良好的信用记录；

（三）具有保障域名根服务器安全可靠运行的场地、资金、环境、专业人员和技术能力以及符合电信管理机构要求的信息管理系统；

（四）具有健全的网络与信息安全保障措施，包括管理人员、网络与信息安全管理制度、应急处置预案和相关技术、管理措施等；

（五）具有用户个人信息保护能力、提供长期服务的能力及健全的服务退出机制；

（六）法律、行政法规规定的其他条件。

第十一条　申请设立域名注册管理机构的，应当具备以下条件：

（一）域名管理系统设置在境内，并且持有的顶级域名符合相关法律法规及域名系统安全稳定运行要求；

（二）是依法设立的法人，该法人及其主要出资者、主要经营管理人员具有良好的信用记录；

（三）具有完善的业务发展计划和技术方案以及与从事顶级域名运行管理相适应的场地、资金、专业人员以及符合电信管理机构要求的信息管理系统；

（四）具有健全的网络与信息安全保障措施，包括管理人员、网络与信息安全管理制度、应急处置预案和相关技术、管理措施等；

（五）具有进行真实身份信息核验和用户个人信息保护的能力、提供长期服务的能力及健全的服务退出机制；

（六）具有健全的域名注册服务管理制度和对域名注册服务机构的监督机制；

（七）法律、行政法规规定的其他条件。

第十二条　申请设立域名注册服务机构的，应当具备以下条件：

（一）在境内设置域名注册服务系统、注册数据库和相应的域名解析系统；

（二）是依法设立的法人，该法人及其主要出资者、主要经营管理人员具有良好的信用记录；

（三）具有与从事域名注册服务相适应的场地、资金和专业人员以及符合电信管理机构要求的信息管理系统；

（四）具有进行真实身份信息核验和用户个人信息保护的能力、提供长期服务的能力及健全的服务退出机制；

（五）具有健全的域名注册服务管理制度和对域名注册代理机构的监督机制；

（六）具有健全的网络与信息安全保障措施，包括管理人员、网络与信息安全管理制度、应急处置预案和相关技术、管理措施等；

（七）法律、行政法规规定的其他条件。

第十三条　申请设立域名根服务器及域名根服务器运行机构、域名注册管理机构的，应当向工业和信息化部提交申请材料。申请设立域名注册服务机构的，应当向住所地省、自治区、直辖市通信管理局提交申请材料。

申请材料应当包括：

（一）申请单位的基本情况及其法定代表人签署的依法诚信经营承诺书；

（二）对域名服务实施有效管理的证明材料，包括相关系统及场所、服务能力的证明材料、管理制度、与其他机构签订的协议等；

（三）网络与信息安全保障制度及措施；

（四）证明申请单位信誉的材料。

第十四条　申请材料齐全、符合法定形式的，电信管理机构应当向申请单位出具受理申请通知书；申请材料不齐全或者不符合法定形式的，电信管理机构应当场或者在5个工作日内一次性书面告知申请单位需要补正的全部内容；不予受理的，应当出具不予受理通知书并说明理由。

第十五条　电信管理机构应当自受理之日起20个工作日内完成审查，作出予以许可或者不予许可的决定。20个工作日内不能作出决定的，经电信管理机构负责人批准，可以延长10个工作日，并将延长期限的理由告知申请单位。需要组织专家论证的，论证时间不计入审查期限。

予以许可的，应当颁发相应的许可文件；不予许可的，应当书面通知申请单位并说明理由。

第十六条　域名根服务器运行机构、域名注册管理机构和域名注册服务机构的许可有效期为5年。

第十七条　域名根服务器运行机构、域名注册管理机构和域名注册服务机构的名称、住所、法定代表人等信息发生变更的，应当自变更之日起20日内向原发证机关办理变更手续。

第十八条　在许可有效期内，域名根服务器运行机构、域名注册管理机构、域名注册服务机构拟终止相关服务的，应当提前30日书面通知用户，提出可行的善后处理方案，并向原发证机关提交书面申请。

原发证机关收到申请后，应当向社会公示30日。公示期结束60日内，原发证机关应当完成审查并做出决定。

第十九条　许可有效期届满需要继续从事域名服务的，应当提前90日向原发证机关申请延续；不再继续从事域名服务的，应当提前90日向原发证机关报告并做好善后工作。

第二十条　域名注册服务机构委托域名注册代理机构开展市场销售等工作的，应当对域名注册代理机构的工作进行监督和管理。

域名注册代理机构受委托开展市场销售等工作的过程中，应当主动表明代理关系，并在域名注册服务合同中明示相关域名注册服务机构名称及代理关系。

第二十一条　域名注册管理机构、域名注册服务机构应当在境内设立相应的应急备份系统并定期备份域名注册数据。

第二十二条　域名根服务器运行机构、域名注册管理机构、域名注册服务机构应当在其网站首页和经营场所显著位置标明其许可相关信息。域名注册管理机构还应当标明与其合作的域名注册服务机构名单。

域名注册代理机构应当在其网站首页和经营场所显著位置标明其代理的域名注册服务机构名称。

第三章　域名服务

第二十三条　域名根服务器运行机构、域名注册管理机构和域名注册服务机构应当向用户提供安全、方便、稳定的服务。

第二十四条　域名注册管理机构应当根据本办法制定域名注册实施细则并向社会公开。

第二十五条　域名注册管理机构应当通过电信管理机构许可的域名注册服务机构开展域名注册服务。

域名注册服务机构应当按照电信管理机构许可的域名注册服务项目提供服务，不得为未经电信管理机构许可的域名注册管理机构提供域名注册服务。

第二十六条　域名注册服务原则上实行“先申请先注册”，相应域名注册实施细则另有规定的，从其规定。

第二十七条　为维护国家利益和社会公众利益，域名注册管理机构应当建立域名注册保留字制度。

第二十八条　任何组织或者个人注册、使用的域名中，不得含有下列内容：

（一）反对宪法所确定的基本原则的；

（二）危害国家安全，泄露国家秘密，颠覆国家政权，破坏国家统一的；

（三）损害国家荣誉和利益的；

（四）煽动民族仇恨、民族歧视，破坏民族团结的；

（五）破坏国家宗教政策，宣扬邪教和封建迷信的；

（六）散布谣言，扰乱社会秩序，破坏社会稳定的；

（七）散布淫秽、色情、赌博、暴力、凶杀、恐怖或者教唆犯罪的；

（八）侮辱或者诽谤他人，侵害他人合法权益的；

（九）含有法律、行政法规禁止的其他内容的。

域名注册管理机构、域名注册服务机构不得为含有前款所列内容的域名提供服务。

第二十九条　域名注册服务机构不得采用欺诈、胁迫等不正当手段要求他人注册域名。

第三十条　域名注册服务机构提供域名注册服务，应当要求域名注册申请者提供域名持有者真实、准确、完整的身份信息等域名注册信息。

域名注册管理机构和域名注册服务机构应当对域名注册信息的真实性、完整性进行核验。

域名注册申请者提供的域名注册信息不准确、不完整的，域名注册服务机构应当要求其予以补正。申请者不补正或者提供不真实的域名注册信息的，域名注册服务机构不得为其提供域名注册服务。

第三十一条　域名注册服务机构应当公布域名注册服务的内容、时限、费用，保证服务质量，提供域名注册信息的公共查询服务。

第三十二条　域名注册管理机构、域名注册服务机构应当依法存储、保护用户个人信息。未经用户同意不得将用户个人信息提供给他人，但法律、行政法规另有规定的除外。

第三十三条　域名持有者的联系方式等信息发生变更的，应当在变更后30日内向域名注册服务机构办理域名注册信息变更手续。

域名持有者将域名转让给他人的，受让人应当遵守域名注册的相关要求。

第三十四条　域名持有者有权选择、变更域名注册服务机构。变更域名注册服务机构的，原域名注册服务机构应当配合域名持有者转移其域名注册相关信息。

无正当理由的，域名注册服务机构不得阻止域名持有者变更域名注册服务机构。

电信管理机构依法要求停止解析的域名，不得变更域名注册服务机构。

第三十五条　域名注册管理机构和域名注册服务机构应当设立投诉受理机制，并在其网站首页和经营场所显著位置公布投诉受理方式。

域名注册管理机构和域名注册服务机构应当及时处理投诉；不能及时处理的，应当说明理由和处理时限。

第三十六条　提供域名解析服务，应当遵守有关法律、法规、标准，具备相应的技术、服务和网络与信息安全保障能力，落实网络与信息安全保障措施，依法记录并留存域名解析日志、维护日志和变更记录，保障解析服务质量和解析系统安全。涉及经营电信业务的，应当依法取得电信业务经营许可。

第三十七条　提供域名解析服务，不得擅自篡改解析信息。

任何组织或者个人不得恶意将域名解析指向他人的IP地址。

第三十八条 提供域名解析服务，不得为含有本办法第二十八条第一款所列内容的域名提供域名跳转。

第三十九条 从事互联网信息服务的，其使用域名应当符合法律法规和电信管理机构的有关规定，不得将域名用于实施违法行为。

第四十条 域名注册管理机构、域名注册服务机构应当配合国家有关部门依法开展的检查工作，并按照电信管理机构的要求对存在违法行为的域名采取停止解析等处置措施。

域名注册管理机构、域名注册服务机构发现其提供服务的域名发布、传输法律和行政法规禁止发布或者传输的信息的，应当立即采取消除、停止解析等处置措施，防止信息扩散，保存有关记录，并向有关部门报告。

第四十一条 域名根服务器运行机构、域名注册管理机构和域名注册服务机构应当遵守国家相关法律、法规和标准，落实网络与信息安全保障措施，配置必要的网络通信应急设备，建立健全网络与信息安全监测技术手段和应急制度。域名系统出现网络与信息安全事件时，应当在24小时内向电信管理机构报告。

因国家安全和处置紧急事件的需要，域名根服务器运行机构、域名注册管理机构和域名注册服务机构应当服从电信管理机构的统一指挥与协调，遵守电信管理机构的管理要求。

第四十二条 任何组织或者个人认为他人注册或者使用的域名侵害其合法权益的，可以向域名争议解决机构申请裁决或者依法向人民法院提起诉讼。

第四十三条 已注册的域名有下列情形之一的，域名注册服务机构应当予以注销，并通知域名持有者：

（一）域名持有者申请注销域名的；

（二）域名持有者提交虚假域名注册信息的；

（三）依据人民法院的判决、域名争议解决机构的裁决，应当注销的；

（四）法律、行政法规规定予以注销的其他情形。

第四章 监督检查

第四十四条 电信管理机构应当加强对域名服务的监督检查。域名根服务器运行机构、域名注册管理机构、域名注册服务机构应当接受、配合电信管理机构的监督检查。

鼓励域名服务行业自律管理，鼓励公众监督域名服务。

第四十五条 域名根服务器运行机构、域名注册管理机构、域名注册服务机构应当按照电信管理机构的要求，定期报送业务开展情况、安全运行情况、网络与信息安全责任落实情况、投诉和争议处理情况等信息。

第四十六条 电信管理机构实施监督检查时，应当对域名根服务器运行机构、域名注册管理机构和域名注册服务机构报送的材料进行审核，并对其执行法律法规和电信管理机构有关规定的情况进行检查。

电信管理机构可以委托第三方专业机构开展有关监督检查活动。

第四十七条 电信管理机构应当建立域名根服务器运行机构、域名注册管理机构和域名注册服务机构的信用记录制度，将其违反本办法并受到行政处罚的行为记入信用档案。

第四十八条 电信管理机构开展监督检查，不得妨碍域名根服务器运行机构、域名注册管理机构和域名注册服务机构正常的经营和服务活动，不得收取任何费用，不得泄露所知悉的域名注册信息。

第五章 罚　　则

第四十九条 违反本办法第九条规定，未经许可擅自设立域名根服务器及域名根服务器运行机构、域名注册管理机构、域名注册服务机构的，电信管理机构应当根据《中华人民共和国行政许可法》第八十一条的规定，采取措施予以制止，并视情节轻重，予以警告或者处一万元以上三万元以下罚款。

第五十条 违反本办法规定，域名注册管理机构或者域名注册服务机构有下列行为之一的，由电信管理机构依据职权责令限期改正，并视情节轻重，处一万元以上三万元以下罚款，向社会公告：

（一）为未经许可的域名注册管理机构提供域名注册服务，或者通过未经许可的域名注册服务机构开展域名注册服务的；

（二）未按照许可的域名注册服务项目提供服务的；

（三）未对域名注册信息的真实性、完整性进行核验的；

（四）无正当理由阻止域名持有者变更域名注册服务机构的。

第五十一条　违反本办法规定，提供域名解析服务，有下列行为之一的，由电信管理机构责令限期改正，可以视情节轻重处一万元以上三万元以下罚款，向社会公告：

（一）擅自篡改域名解析信息或者恶意将域名解析指向他人 IP 地址的；

（二）为含有本办法第二十八条第一款所列内容的域名提供域名跳转的；

（三）未落实网络与信息安全保障措施的；

（四）未依法记录并留存域名解析日志、维护日志和变更记录的；

（五）未按照要求对存在违法行为的域名进行处置的。

第五十二条　违反本办法第十七条、第十八条第一款、第二十一条、第二十二条、第二十八条第二款、第二十九条、第三十一条、第三十二条、第三十五条第一款、第四十条第二款、第四十一条规定的，由电信管理机构依据职权责令限期改正，可以并处一万元以上三万元以下罚款，向社会公告。

第五十三条　法律、行政法规对有关违法行为的处罚另有规定的，依照有关法律、行政法规的规定执行。

第五十四条　任何组织或者个人违反本办法第二十八条第一款规定注册、使用域名，构成犯罪的，依法追究刑事责任；尚不构成犯罪的，由有关部门依法予以处罚。

第六章　附　　则

第五十五条　本办法下列用语的含义是：

（一）域名：指互联网上识别和定位计算机的层次结构式的字符标识，与该计算机的 IP 地址相对应。

（二）中文域名：指含有中文文字的域名。

（三）顶级域名：指域名体系中根节点下的第一级域的名称。

（四）域名根服务器：指承担域名体系中根节点功能的服务器（含镜像服务器）。

（五）域名根服务器运行机构：指依法获得许可并承担域名根服务器运行、维护和管理工作的机构。

（六）域名注册管理机构：指依法获得许可并承担顶级域名运行和管理工作的机构。

（七）域名注册服务机构：指依法获得许可、受理域名注册申请并完成域名在顶级域名数据库中注册的机构。

（八）域名注册代理机构：指受域名注册服务机构的委托，受理域名注册申请，间接完成域名在顶级域名数据库中注册的机构。

（九）域名管理系统：指域名注册管理机构在境内开展顶级域名运行和管理所需的主要信息系统，包括注册管理系统、注册数据库、域名解析系统、域名信息查询系统、身份信息核验系统等。

（十）域名跳转：指对某一域名的访问跳转至该域名绑定或者指向的其他域名、IP 地址或者网络信息服务等。

第五十六条　本办法中规定的日期，除明确为工作日的以外，均为自然日。

第五十七条　在本办法施行前未取得相应许可开展域名服务的，应当自本办法施行之日起十二个月内，按照本办法规定办理许可手续。

在本办法施行前已取得许可的域名根服务器运行机构、域名注册管理机构和域名注册服务机构，其许可有效期适用本办法第十六条的规定，有效期自本办法施行之日起计算。

第五十八条　本办法自 2017 年 11 月 1 日起施行。2004 年 11 月 5 日公布的《中国互联网络域名管理办法》（原信息产业部令第 30 号）同时废止。本办法施行前公布的有关规定与本办法不一致的，按照本办法执行。

国家顶级域名注册实施细则

2019 年 6 月 18 日中国互联网络信息中心发布施行

第一章　总　　则

第一条　为规范国家顶级域名注册服务和管理，保护用户合法权益，保障国家顶级域名系统安全可靠运行，维护网络安全和国家利益，促进国家顶级域名的发展和应用，根据《中华人民共和国网络安全法》《互联网域名管理办法》等有关规定，制定本细则。

第二条　“. CN”和“. 中国”是中国的国家顶级域名。申请注册“. CN”、“. 中国”国家顶级域名（以下简称“域名”），以及提供域名注册相关服务的，应当遵守本细则。

第三条　中国互联网络信息中心是国家顶级域名注册管理机构，依法承担国家顶级域名运行和管理工作。

第四条　本细则涉及的域名体系遵守工业和信息化部关于中国互联网域名体系的公告。

第二章　域名注册服务机构

第五条　域名注册服务机构在中华人民共和国境内从事“. CN”、“. 中国”域名注册服务，须依法获得相应的许可。

第六条　域名注册服务机构从事“. CN”、“. 中国”域名的注册服务，须符合中国互联网络信息中心的相关要求。

第七条　域名注册服务机构从事“. CN”、“. 中国”域名的注册服务，须与中国互联网络信息中心签订协议。

第八条　域名注册服务机构开展域名注册服务，应当规范管理，加强网络与信息安全保护，依法诚信经营，防控廉洁风险，加强对代理机构的监督。

第九条　域名注册服务机构应当在其网站首页和经营场所显著位置标明其许可信息，公示中国互联网络信息中心及本机构的投诉服务电话等信息。

域名注册代理机构应当在其网站首页和经营场所显著位置标明其代理的域名注册服务机构名称。

第十条　域名注册服务机构在提供域名注册服务时，应当保留与中国互联网络信息中心、域名申请者、域名持有者的来往文件和相关记录。除另有规定外，保留期限不得少于三年。

第十一条　域名注册服务机构在开展域名注册服务时不得采取以下行为：

（一）冒用政府机构、企事业单位及社会团体等其他组织的名义，开展域名注册服务；

（二）使用虚假信息注册域名，变相占用域名资源；

（三）采用欺诈、胁迫等不正当手段要求他人注册域名；

（四）强迫用户延长域名注册期限，捆绑销售其他服务；

（五）不按照用户实际注册期限向中国互联网络信息中心提交注册信息；

（六）无正当理由拒绝域名持有者索取域名转移密码的申请，阻止域名持有者变更域名注册服务机构，或对此转移申请向域名持有者收取费用；

（七）未按用户提交的续费期限进行续费，或违反规定擅自续费；

（八）违规泄露用户注册信息，或利用用户注册信息牟取不正当利益；

（九）其他违反法律法规、中国互联网络信息中心的规定，或侵犯用户合法权益的行为。

域名注册服务机构如违反上述规定，中国互联网络信息中心将依据与其签订的协议追究相关责任，情节严重的，将终止协议。

第十二条　域名注册服务机构出现下列情况之一的，中国互联网络信息中心将终止相关协议：

（一）失去域名注册服务机构行政许可；

（二）出现重大经营问题，不具备提供正常域名注册服务能力；

（三）严重违反《互联网域名管理办法》、本细则、中国互联网络信息中心有关规定及相关协议。

第十三条　注册服务机构被中国互联网络信息中心取消认证后，应在十日内将其负责注册的域名在中国互联网络信息中心认证的其他注册服务机构之间进行分配，否则由中国互联网络信息中心进行分配。

第十四条　域名注册服务机构委托域名注册代理机构申请域名注册，间接完成域名在国家顶级域名数据库中注册，应当符合《互联网域名管理办法》、本细则、中国互联网络信息中心有关规定及相关协议，并对域名注册代理机构工作进行监督和管理。

域名注册代理机构应明示代理关系，按规定开展服务。域名注册代理机构违反相关规定的，域名注册服务机构应按与中国互联网络信息中心签订的协议承担相应责任。

第三章　域名注册的申请与审核

第十五条　域名注册服务原则上实行“先申请先注册”，中国互联网络信息中心另作规定的除外。

第十六条　域名注册有效期最长不得超过十年。域名续费的，自续费日至续费后的到期日最长不得超过十年，因注册服务机构变更自动续费的情况除外。

第十七条　中国互联网络信息中心依据《互联网域名管理办法》规定，建立域名注册保留字制度。

第十八条　自然人、法人和非法人组织均可申请注册国家顶级域名，本细则另有规定的除外。

第十九条　申请注册域名时，申请者应当与注册服务机构签订域名注册协议，并向域名注册服务机构以书面或电子形式提交如下材料：

（一）申请者的身份证明材料；

（二）中国互联网络信息中心要求提交的其他材料。

域名注册服务机构应对上述材料的真实性、准确性、完整性进行核验，核验合格后的一个工作日内将上述材料提交至中国互联网络信息中心。

第二十条　申请注册域名时，申请者应当书面或电子形式向域名注册服务机构提交如下信息：

（一）申请注册的域名；

（二）主、辅域名服务器的主机名以及 IP 地址；

（三）申请者为自然人的，应提交姓名、身份证件号码、证件类型、通信地址、联系电话、电子邮箱等；申请者为法人或非法人组织的，应提交其单位名称、组织证件号码、证件类型、通信地址、电子邮箱、电话号码等；

（四）申请者的注册联系人、管理联系人、技术联系人、缴费联系人、承办人的姓名、通信地址、电子邮件、电话号码；

（五）域名注册期限。

域名注册服务机构应当在收到域名注册申请后一个工作日内向中国互联网络信息中心提交如上域名注册信息。

第二十一条　申请者应当在域名注册协议中保证：

（一）遵守《中华人民共和国网络安全法》等有关互联网络的法律法规；

（二）遵守《互联网域名管理办法》及国家有关主管部门相关管理规定；

（三）遵守本细则、《国家顶级域名争议解决办法》及中国互联网络信息中心的相关规定；

（四）提交的域名注册信息真实、准确、完整。

第二十二条　中国互联网络信息中心收到第一次有效注册申请的日期为申请日。中国互联网络信息中心、域名注册服务机构应当将申请日告知申请者。

第二十三条　域名注册服务机构应加强域名注册审查，确保通过本机构注册的域名遵守《互联网域名管理办法》。中国互联网络信息中心对已注册的域名进行复审。

对含有《互联网域名管理办法》第二十八条所列内容的域名，中国互联网络信息中心和域名注册服务机构不提供域名注册服务。

对注册信息不真实、不准确、不完整的域名，注册服务机构应要求申请者予以补正，申请者不补正或提供不真实的域名注册信息的，域名注册服务机构不得为其提供域名注册服务。

对前述域名，中国互联网络信息中心依据《互联网域名管理办法》，有权要求域名注册服务机构予以注销。

第二十四条　申请在“. GOV. CN”下注册三级域名的，应当符合下列条件：

（一）属于党政机关或依法行使党政机关职能的单位；

（二）向域名注册服务机构提交盖有申请单位公章的域名注册申请表、组织证明资料和本细则规定的其他资料和信息。

域名注册服务机构应同时向中国互联网络信息中心提交上述书面申请材料复印件。域名注册服务机构及中国互联网络信息中心应当在所注册域名的有效期内保留上述书面申请资料。

国家有关主管部门另有规定的，按规定执行。

第四章　域名的变更与注销

第二十五条　域名持有者之外的注册信息发生变更的，域名持有者应当按照申请注册域名时所选择的变更确认方式，在信息变更后的三十日内向域名注册服务机构办理域名注册信息变更手续。

域名注册服务机构应当在接到域名持有者相关变更注册信息申请的三个工作日内，将变更后的注册信息提交给中国互联网络信息中心。

未经域名持有者同意，域名注册服务机构不得对注册信息进行变更。

第二十六条　申请转让域名的，应当向域名注册服务机构办理转让手续。

域名注册服务机构应建立域名转让规则并公示，对域名转让申请、转让双方身份证明材料等进行审核。域名注册服务机构应在收到转让申请资料三个工作日内进行审核，审核合格后，按规则变更域名持有者。

受让人应当遵守本细则规定的域名注册相关要求。

第二十七条　申请注销域名的，域名持有者应当向域名注册服务机构提交合法有效的域名注销申请和身份证明材料。

域名注册服务机构收到资料三个工作日内进行审核，审核合格后应予以注销，并通知域名持有者。

第二十八条　已注册的域名存在《互联网域名管理办法》规定应予注销的情形，或违反中国互联网络信息中心的规定应予注销的，域名注册服务机构应当予以注销，并通知域名持有者。

法院、域名争议解决机构、域名行业主管部门的判决裁定、裁决、决定要求注销域名的，域名注册服务机构应按要求执行。

第二十九条　国家有关主管部门对“.GOV.CN”下注册的三级域名变更和注销另有规定的，按规定执行。

第三十条　在域名处于诉讼程序、仲裁程序或域名争议解决程序期间，域名注册服务机构不得受理域名持有者转让或注销被争议域名的申请，域名受让方以书面形式同意接受人民法院裁判、仲裁裁决或争议解决机构裁决约束的除外。

第五章　变更域名注册服务机构

第三十一条　域名持有者在下列情况下不得申请变更域名注册服务机构：

（一）域名注册后不满六十日；

（二）距域名到期日不满十五日；

（三）域名处于拖欠域名费用状态中；

（四）域名持有者的主体身份不清或者存在争议；

（五）域名处于诉讼程序、仲裁程序或域名争议解决程序期间；

（六）域名被国家有关主管部门依法要求停止解析的；

（七）中国互联网络信息中心规定不得变更的其他情形。

第三十二条　域名注册服务机构应制定变更注册服务机构规则并公示，中国互联网络信息中心有权要求注册服务机构变更不合理的规则。

第三十三条　变更前的域名注册服务机构（以下简称“转出方”）在对申请获取转移密码的域名持有者身份和意愿进行验证后，应当在三个工作日内向域名持有者发送正确的转移密码，且不得就转移申请向域名持有者收取费用。

如果转出方在三个工作日内未能提供转移密码或提供不正确的转移密码的，中国互联网络信息中心可以直接变更注册服务机构。

第三十四条　变更后的域名注册服务机构（以下简称“转入方”）在接到域名持有者变更域名注册服务机构的申请后，应当向中国互联网络信息中心提出变更请求。

第三十五条　中国互联网络信息中心收到转入方的变更请求后，应当以书面或电子形式通知转入方和转出方。如果转出方明确表示同意变更，或者中国互联网络信息中心在发出书面或电子形式通知五个工作日内，没有收到转出方的答复，中国互联网络信息中心将变更注册服务机构。

第三十六条　如转出方拒绝变更请求，转出方应当及时以书面或电子形式通知中国互联网络信息中心和转入方，并说明拒绝的理由。

第三十七条　转出方提供的拒绝变更理由属于第三十一条所列情形的，中国互联网络信息中心终止此次变更。转出方提供的拒绝变更理由不属于第三十一条所列情形的，中国互联网络信息中心可以执行域名注册服务机构的变更。

第三十八条　域名注册服务机构变更后，中国互联网络信息中心以书面或电子形式通知转出方和转入方。

第三十九条　域名注册服务机构变更完成后，转入方应当向中国互联网络信息中心缴纳一年的域名服务费用。该域名的注册期限将在原有注册期限基础上延续一年。

第六章　网络与信息安全

第四十条　域名注册服务机构应至少满足以下网络与信息安全要求：

（一）有明确的网络与信息安全责任人，明确两名应急联系人，负责7×24小时应急联系处置工作，并承诺相关人员信息发生变更后五个工作日内主动向中国互联网络信息中心报备；

（二）有与域名注册服务规模相适应的专职网络与信息安全管理人员；

（三）建立网络与信息安全管理部门，明确网络与信息安全职责，制定并监督执行本机构的网络与信息安全相关规章、要求和预案；

（四）建立健全网络与信息安全保障制度，包括网络与信息安全责任和考核奖惩、应急处置、教育培训和演练制度等；

（五）按照国家有关主管部门的要求和标准建设相关网络与信息安全技术保障措施，具备基础资源管理、违法网站域名实时处置等功能，建立黑名单管理、注册用户真实身份信息认证、利用域名从事违法违规活动防范机制，并接受国家有关主管部门检查；

（六）符合国家有关主管部门其他网络与信息安全要求。

第四十一条　中国互联网络信息中心和域名注册服务机构为开展域名注册管理、域名注册服务和相关业务目的,按照《互联网域名管理办法》等国家有关规定、本细则以及中国互联网络信息中心规定的方式和范围,经用户同意,可以收集、使用、提供、披露和管理用户个人信息。依据有关法律法规、司法机关和主管部门依法要求,不需用户同意的除外。

用户申请注册和持有域名,即表示同意中国互联网络信息中心和域名注册服务机构按本条第一款的规定收集、使用、提供、披露和管理用户信息,包括个人信息。

注册服务机构在域名注册服务中,应明示收集、使用、提供、披露和管理用户个人信息的目的、方式、范围,并征得用户同意。

第四十二条　中国互联网络信息中心和域名注册服务机构应依法存储保护用户信息,保障用户数据信息的存储安全,妥善保存用户数据信息资料,防止信息泄露、毁损、丢失。

第四十三条　域名注册服务机构是用户信息保护的责任主体,在与用户签署的域名注册协议中,应明确规定域名注册服务机构对用户信息安全承担保护责任,明确具体信息保护措施。域名注册服务机构泄露用户信息,应依据与用户签订的协议进行赔偿。

第四十四条　为确保国家顶级域名安全,中国互联网络信息中心可以对注册服务机构的网络和信息安全防护工作进行抽查、检查和评估。发现有违规行为时,可以依据相关规定追究责任。

第四十五条　中国互联网络信息中心和域名注册服务机构应配合国家有关主管部门处置用于从事违法行为的域名。

中国互联网络信息中心依据《互联网域名管理办法》,制定对用于从事违法行为域名的处置措施,并进行处置。

域名注册服务机构应按《互联网域名管理办法》和中国互联网络信息中心规定,对用于从事违法行为的域名采取处置措施。

前述被用于从事违法行为的域名,包括应用域名发布、传输法律和行政法规禁止发布或者传输的信息,应用域名危害互联网安全以及被国家有关主管部门或中国互联网络信息中心认定用于违法或危害互联网安全应用的情形。

第七章　域名争议处理

第四十六条　域名注册服务机构应当积极配合法院、仲裁机构或者域名争议解决机构的域名争议解决工作。在收到域名争议解决机构依据《国家顶级域名争议解决办法》《国家顶级域名争议解决程序规则》及该机构依据上述规定制定的补充规则提出的要求后,域名注册服务机构应当在三个工作日内答复,如未能答复应说明理由。

第四十七条　域名争议解决期间,域名注册服务机构应当采取必要措施保证该域名不被注销、转让。

第四十八条　域名争议解决机构裁决注销域名或者裁决将域名转移给投诉人的,自裁决在争议解决机构网站正式公布之日起满十日的,域名注册服务机构应予以执行。被投诉人自裁决公布之日起十日内,提供有效证据证明有管辖权的法院或者仲裁机构已经受理相关争议的,争议解决机构的裁决暂停执行。

第八章　域名费用

第四十九条　用户注册域名应当向域名注册服务机构按期缴纳域名运行费用。域名注册服务机构收取域名运行费用应遵循合理、公开以及费用与服务水平相匹配的原则。

第五十条　域名注册服务机构应当向中国互联网络信息中心按期缴纳域名服务费用。

第五十一条　域名注册服务机构应当在域名到期前通过电子邮件等有效方式提醒域名持有者进行域名续费。域名持有者不得以未收到续费通知为由,拒绝续费。域名注册服务机构应保留上述通知记录。

域名到期后自动进入续费确认期,域名持有者在到期后三十日内确认是否续费。如书面表示不续费,域名注册服务机构应当注销该域名;如果在三十日内未书面表示不续费,也未续费,域名注册服务机构应当三十日后注销该域名。

续费确认期内,域名注册服务机构不得以未缴费为由改变或停止域名解析,与域名持有者另有约定的除外。

第九章　用户投诉机制

第五十二条　中国互联网络信息中心设立域名注册服务质量监督投诉电话和电子邮箱,并在中国互联网络信息中心网站(http://www.cnnic.cn 和 http://中国互联网络信息中心.中国)和办公场所显著位置进行公布。

中国互联网络信息中心在收到投诉后五个工作日

内予以回复。

第五十三条　域名注册服务机构应建立投诉受理机制，在其网站首页和经营场所显著位置公布投诉受理方式，并及时处理投诉；不能及时处理的，应当说明理由和处理时限；投诉不成立的，应向投诉者说明理由。

对中国互联网络信息中心作出的处理决定，域名注册服务机构应在收到决定通知三个工作日内执行。

第五十四条　中国互联网络信息中心监督域名注册服务机构的注册服务行为。对于违反本细则规定的域名注册服务机构，中国互联网络信息中心将按照与域名注册服务机构签订的协议采取相应的处理措施。

第十章　附　　则

第五十五条　中国互联网络信息中心设立网站（http://whois.cnnic.cn），用于提供域名注册信息查询服务。

第五十六条　域名注册服务机构按照《互联网域名管理办法》和中国互联网络信息中心有关规定，向公众提供域名注册信息公共查询服务。

第五十七条　根据互联网络和域名系统的发展，以及相关法律、法规、政策的变化等情况，中国互联网络信息中心可以修改本细则。

第五十八条　本细则由中国互联网络信息中心负责解释。

第五十九条　本细则自2019年6月18日起施行。2012年5月29日实施的《中国互联网络信息中心域名注册实施细则》同时废止。

关于《中国互联网络信息中心域名争议解决办法》补充规则

2014年11月21日中国国际经济贸易仲裁委员会发布施行

第一条　定义

（一）《程序规则》指中国互联网络信息中心2014年11月21日实施的《中国互联网络信息中心国家顶级域名争议解决程序规则》2012年6月28日生效施行的《中国互联网络信息中心域名争议解决程序规则》。

（二）《解决办法》指中国互联网络信息中心2014年11月21日实施的《中国互联网络信息中心国家顶级域名争议解决办法》2012年6月28日生效施行的《中国互联网络信息中心域名争议解决办法》。

（三）《补充规则》指中国国际经济贸易仲裁委员会为审查域名争议投诉及管理案件程序，根据《程序规则》的规定而制定的补充规则。

（四）域名争议解决中心指中国国际经济贸易仲裁委员会域名争议解决中心。

（五）任何在《解决办法》和《程序规则》中所定义的术语在本《补充规则》中均具有相同含义。

第二条　范围

（一）本《补充规则》应与《解决办法》和《程序规则》一并理解适用。

（二）所有提交至域名争议解决中心的域名投诉均受《解决办法》、《程序规则》和本《补充规则》所约束。

第三条　当事人与中心的联络

（一）除非事先与中心另有约定，根据《解决办法》、《程序规则》及本《补充规则》的规定，任何可以或应要求提交至域名争议解决中心的文件，均应在可保留传送记录的情况下，通过互联网络以电子形式提交。在以电子形式与域名争议解决中心联络时，应当使用中心电子邮件地址 domain@ cietac. org 或者案件经办人所确定的其他电子邮件地址。

（二）如经中心同意，当事人需要以有形书面文件形式提交有关文件时，所有以有形书面文件形式提交至域名争议解决中心的文件，当事人应在注有“原件”字样的正本文件之外另外附加两（2）套（一人专家组）或四（4）套副本（三人专家组）。

（三）域名争议解决中心对根据《程序规则》和本《补充规则》所收到的或当事人应要求而提交的文件，自投诉人最初提出投诉之日起保存一年。此后，所有这些已由域名争议解决中心所收到的文件材料均予以销毁。

第四条　当事人与专家组的联络

（一）当事人一方与专家组之间的联系或应要求向专家组所提交的文件，均应当通过域名争议解决中心所指定的案件经办人进行。当事人均不得单方面与专家组成员自行联络。

（二）当事人可以通过电话、传真、电子邮件或普通邮寄（邮政快递）的方式与域名争议解决中心进行联络。任何邮寄文件，若为国内邮件，则在投邮后四（4）日视为收到，若为国际邮件，则在投邮后七（7）日视为收到。对于以即时联络方式传送的文件，文件传送的当日即为接收日。

第五条　投诉

（一）投诉人向域名争议解决中心提交的投诉书应当采用电子文件形式提交（无法按规定提交电子文本投诉书以及没有电子文件格式的附件除外），并应当使用域名争议解决中心制作并提供的格式文件。

（二）投诉人应当使用域名争议解决中心设定并在中心网站（dndrc. cietac. org 或者 www. odr. org. cn）上公布的“投诉书格式文本”制作投诉书，并按照中心网站“投诉书提交指南”的要求，将投诉书提交至域名争议解决中心秘书处。

第六条　中心对投诉书的审查及书面投诉通知

（一）域名争议解决中心在确认收到投诉书后，可以就争议域名的注册信息请求域名注册服务机构或者域名注册管理机构予以确认。根据域名注册服务机构或者域名注册管理机构对争议域名注册信息的确认，域名争议解决中心就投诉书是否符合《解决办法》、《程序规则》及《补充规则》的规定进行审查。

（二）域名争议解决中心经审查认定投诉书符合要求的，应于收到投诉人按规定缴纳的程序费用后，按《程序规则》所规定的方式将投诉书送达被投诉人。

（三）域名争议解决中心经审查认为投诉书在形式上存有缺陷的，应当及时将所存在的缺陷通知投诉人。投诉人应在域名争议解决中心秘书处所限定的期限内对中心所确认的缺陷进行修改。如投诉人未能在限定期限内对投诉书予以修改或修改后的文件仍不符合要求的，根据《程序规则》第十四条的规定，经域名争议解决中心书面通知，投诉被视为撤回，案件予以撤销。

（四）案件程序自域名争议解决中心向被投诉人送达业经审查合格的投诉书之日视为正式开始。

（五）域名争议解决中心在以电子形式向被投诉人送达投诉书及其附件的同时，可向 Whoise 数据库域名注册资料中显示的注册域名持有人、技术联系人、管理联系人以及注册商向争议解决机构提供的域名注册缴费联系人的所有邮政通讯及传真地址发送书面投诉通知，告知被投诉人被投诉的事实，并说明域名争议解决中心已按《程序规则》及本《补充规则》规定，以电子文件形式向被投诉人传送了投诉书及附件。书面投诉通知本身不包含书面投诉书或任何附件。

第七条　答辩

（一）被投诉人应于案件程序正式开始之日起 20 日内向域名争议解决中心提交答辩。

（二）被投诉人向域名争议解决中心提交的答辩书应当采用电子文件形式提交（无法按规定提交电子文本答辩书以及没有电子文件格式的附件除外），并应当使用域名争议解决中心制作并提供的格式文件。

（三）被投诉人应当使用域名争议解决中心设定并在中心网站（dndrc. cietac. org 或者 www. odr. org. cn）上公布的“答辩书格式文本”制作答辩书，并按照中心网站“答辩书提交指南”的要求，将答辩书提交至域名争议解决中心秘书处。

第八条　专家指定

域名争议解决中心应当制作并公布一份列有各自任职资格的专家名册。当事人可查询域名争议解决中心网站以获取专家详细信息。就个案专家的指定而言，域名争议解决中心应当考虑以下情形：

1. 争议的性质
2. 专家的可获得性
3. 当事人各方的身份
4. 专家的独立性及公正性
5. 相关注册协议中的规定

第九条　公正与独立

（一）专家在案件程序进行期间，应当始终保持独立与公正，不得作为任何一方当事人的代理人。

（二）候选专家在接受指定前和指定专家在争议解决程序进行中应当向双方当事人及中心披露任何可能产生不公正或有碍当事人间争议得以及时解决的情形。除非经当事人双方同意，任何与争议有利害关系而可能使一方当事人对其独立公正产生合理怀疑的专家均不得作为专家组成员。

（三）在被指定后直至裁决做出前，遇有专家死亡、不能履行职能或拒绝履行职能的情形，中心可应一方当事人的请求，指定替代专家。

第十条　专家组裁决

（一）裁决书应当以电子文本形式作成。裁决书应当根据《程序规则》第四十条的规定，说明裁决结果及裁决理由，注明裁决作出日期并由专家确认签署。

（二）专家组应当在其组成之日起十四（14）日内将裁决提交域名争议解决中心秘书处。如遇特殊情形，域名争议解决中心可延长专家组作出裁决的期限。

第十一条 裁决的公布

域名争议解决中心应当在收到专家组裁决之日起三(3)日内将裁决书以电子通讯方式通知双方当事人和有关注册服务机构以及中国互联网络信息中心。除非专家组另有决定,域名争议解决中心应当将裁决书全文在网站上予以公布,并应列明:

1. 案件编号
2. 争议域名
3. 投诉人和被投诉人名称
4. 案件裁决
5. 裁决公布日期

第十二条 裁决之修正

(一)在收到裁决通知之日起七(7)日内,一方当事人可书面通知中心,请求专家组对裁决中的计算、书写及打印错误或其他类似错误进行更正。更正应以电子形式作出并构成原裁决书的一部分。

(二)专家组自裁决做出之日起七(7)日内,可就前款所规定的错误自行作出更正。

第十三条 书面陈述的字数限制

(一)根据《程序规则》第十二条第九款及第十八条第一款的规定,投诉书和答辩书"事实与理由"部分的字数(最多)应为3000字(不含标点符号)。当事人应遵守域名争议解决中心有关字数的规定,专家组有权自行决定对超出字数限制以外的文字不予考虑,当事人应当自行承担因此而产生的后果。

(二)根据《程序规则》第三十九条和第四十条的规定,专家组有权自行决定其裁决书的长度,不受上述字数的限制。

第十四条 案件经办人的指定

(一)投诉人的投诉一经受理,域名争议解决中心即应指定一名工作人员作为经办人负责案件的程序性事项。案件经办人仅向专家组提供行政协助,无权就与域名争议有关的实体问题发表意见。

(二)当事人双方与专家组之间的联络应当通过案件经办人进行。

第十五条 费用(人民币)

(一)案件程序所需费用标准如下:

专家组构成	争议域名数量	收费总额(元)	管理费(元)	专家费(元)
一(1)人独任专家组	1	8,000	4,000	4,000
	2至5	12,000	6,000	6,000
	6至10	16,000	8,000	8,000
	10个以上	由争议解决机构决定	由争议解决机构决定	由争议解决机构决定
三(3)人合议专家组	1	14,000	6,000	8,000(首席:4,000;其他:2000/人)
	2至5	20,000	8,000	12,000(首席:6,000;其他:3,000/人)
	6至10	24,000	9,000	15,000(首席:7,000;其他4,000/人)
	10个以上	由争议解决机构决定	由争议解决机构决定	由争议解决机构决定

(二)在向域名争议解决中心提交投诉书后三(3)日内,投诉人应当依据其自己选择的专家组成员数量及其提出投诉的域名的数量,按照上述收费标准向中心缴纳域名争议解决程序所需的费用。在此期限内未依规定缴纳相应费用并经域名争议解决中心书面通知后仍未在限定时间内缴纳的,经域名争议解决中心书面告知,投诉视为撤回,案件程序予以终止。

(三)依本《补充规则》的规定,应当向域名争议解决中心缴纳的案件程序费用,可以现金、支票、银行汇款或银行汇票等方式向"中国国际经济贸易仲裁委员会"支付。一般情况下,所需支付的费用均以人民币为准。如果当事人以美元缴纳,则美元与人民币之间的汇率应以现行汇率作准。

(四)案件程序费用应当全部由投诉人承担。在投诉人选择一(1)人专家组,而被投诉人选择三(3)人专家组的情况下,案件程序费用由投诉人和被投诉人等额承担。

(五)上述费用不包括当事人一方可能向其代理律师支付的任何费用。

(六)任何因向域名争议解决中心缴纳案件程序

费用而产生的银行手续费、转帐费或其他费用均由缴纳费用的当事人一方自行承担。

第十六条　责任的排除

（一）在不违背任何现行法律的情况下，除欺诈或故意不当行为外，专家不应就与依照《解决办法》、《程序规则》及《补充规则》的规定所进行的案件程序有关的任何行为或疏忽向当事人、相关注册服务机构或中国互联网络信息中心承担责任。

（二）在不违背任何现行法律的情况下，除有欺诈或故意不当行为外，域名争议解决中心、中心负责人员及其工作人员不应就与依照《解决办法》、《程序规则》及《补充规则》的规定所进行的案件程序有关的任何行为或疏忽向当事人、相关注册服务机构或中国互联网络信息中心承担责任。

第十七条　修订

在遵守《解决办法》和《程序规则》的前提下，域名争议解决中心有权适时自行对本《补充规则》予以修订，并在征得中国互联网络信息中心的认可后并公布实施。

第十八条　解释

本《补充规则》由中国国际经济贸易仲裁委员会负责解释。

第十九条　生效

本《补充规则》自 2014 年 11 月 21 日起施行。2012 年 6 月 28 日 2007 年 10 月 8 日施行的原《补充规则》同时废止。

信息产业部关于调整中国互联网络域名体系的公告

1. 2008 年 3 月 19 日

2. 信部电〔2008〕172 号

为适应国际互联网多语种域名发展需要，支持国际互联网组织开展中文顶级域测试等工作，进一步做好公众服务机构中文域名注册管理工作，营造良好的域名发展环境，依据《中国互联网络域名管理办法》，对 2006 年 2 月 6 日公布的中国互联网络域名体系进行局部调整。现将调整后的中国互联网络域名体系予以公告。

中国互联网络域名体系

一、我国互联网络域名体系中各级域名可以由字母（A－Z，a－z，大小写等价）、数字（0－9）、连接符（－）或汉字组成，各级域名之间用实点（.）连接，中文域名的各级域名之间用实点或中文句号（。）连接。

二、我国互联网络域名体系在顶级域名“CN”之外暂设“中国”、“公司”、“网络”、“政务”和“公益”等中文顶级域名。中国—适用于在我国境内的单位；公司—适用于工商企业等营利性单位；网络—适用于拥有或利用网络设施提供服务的单位；政务—适用于党政群机关、政务部门等；公益—适用于非营利性单位。

三、顶级域名 CN 之下，设置“类别域名”和“行政区域名”两类英文二级域名。

设置“类别域名”分别为：AC—适用于科研机构；COM—适用于工、商、金融等企业；EDU—适用于中国的教育机构；GOV—适用于中国的政府机构；MIL—适用于中国的国防机构；NET—适用于提供互联网络服务的机构；ORG—适用于非营利性的组织；政务—适用于党政群机关、政务部门等；公益—适用于非营利性单位。

设置“行政区域名”34 个，适用于我国的各省、自治区、直辖市、特别行政区的组织，分别为：BJ—北京市；SH—上海市；TJ—天津市；CQ—重庆市；HE—河北省；SX—山西省；NM—内蒙古自治区；LN—辽宁省；JL—吉林省；HL—黑龙江省；JS—江苏省；ZJ—浙江省；AH—安徽省；FJ—福建省；JX—江西省；SD—山东省；HA—河南省；HB—湖北省；HN—湖南省；GD—广东省；GX—广西壮族自治区；HI—海南省；SC—四川省；GZ—贵州省；YN—云南省；XZ—西藏自治区；SN—陕西省；GS—甘肃省；QH—青海省；NX—宁夏回族自治区；XJ—新疆维吾尔自治区；TW—台湾省；HK—香港特别行政区；MO—澳门特别行政区。

四、在顶级域名 CN 下可以直接申请注册二级域名。

最高人民法院关于审理涉及计算机网络域名民事纠纷案件适用法律若干问题的解释

1. 2001年6月26日最高人民法院审判委员会第1182次会议通过、2001年7月17日公布、自2001年7月24日起施行(法释〔2001〕24号)

2. 根据2020年12月23日最高人民法院审判委员会第1823次会议通过、2020年12月29日公布、自2021年1月1日起施行的《最高人民法院关于修改〈最高人民法院关于审理侵犯专利权纠纷案件应用法律若干问题的解释(二)〉等十八件知识产权类司法解释的决定》(法释〔2020〕19号)修正

为了正确审理涉及计算机网络域名注册、使用等行为的民事纠纷案件(以下简称域名纠纷案件),根据《中华人民共和国民法典》《中华人民共和国反不正当竞争法》和《中华人民共和国民事诉讼法》(以下简称民事诉讼法)等法律的规定,作如下解释:

第一条 对于涉及计算机网络域名注册、使用等行为的民事纠纷,当事人向人民法院提起诉讼,经审查符合民事诉讼法第一百一十九条规定的,人民法院应当受理。

第二条 涉及域名的侵权纠纷案件,由侵权行为地或者被告住所地的中级人民法院管辖。对难以确定侵权行为地和被告住所地的,原告发现该域名的计算机终端等设备所在地可以视为侵权行为地。

涉外域名纠纷案件包括当事人一方或者双方是外国人、无国籍人、外国企业或组织、国际组织,或者域名注册地在外国的域名纠纷案件。在中华人民共和国领域内发生的涉外域名纠纷案件,依照民事诉讼法第四编的规定确定管辖。

第三条 域名纠纷案件的案由,根据双方当事人争议的法律关系的性质确定,并在其前冠以计算机网络域名;争议的法律关系的性质难以确定的,可以通称为计算机网络域名纠纷案件。

第四条 人民法院审理域名纠纷案件,对符合以下各项条件的,应当认定被告注册、使用域名等行为构成侵权或者不正当竞争:

(一)原告请求保护的民事权益合法有效;

(二)被告域名或其主要部分构成对原告驰名商标的复制、模仿、翻译或音译;或者与原告的注册商标、域名等相同或近似,足以造成相关公众的误认;

(三)被告对该域名或其主要部分不享有权益,也无注册、使用该域名的正当理由;

(四)被告对该域名的注册、使用具有恶意。

第五条 被告的行为被证明具有下列情形之一的,人民法院应当认定其具有恶意:

(一)为商业目的将他人驰名商标注册为域名的;

(二)为商业目的注册、使用与原告的注册商标、域名等相同或近似的域名,故意造成与原告提供的产品、服务或者原告网站的混淆,误导网络用户访问其网站或其他在线站点的;

(三)曾要约高价出售、出租或者以其他方式转让该域名获取不正当利益的;

(四)注册域名后自己并不使用也未准备使用,而有意阻止权利人注册该域名的;

(五)具有其他恶意情形的。

被告举证证明在纠纷发生前其所持有的域名已经获得一定的知名度,且能与原告的注册商标、域名等相区别,或者具有其他情形足以证明其不具有恶意的,人民法院可以不认定被告具有恶意。

第六条 人民法院审理域名纠纷案件,根据当事人的请求以及案件的具体情况,可以对涉及的注册商标是否驰名依法作出认定。

第七条 人民法院认定域名注册、使用等行为构成侵权或者不正当竞争的,可以判令被告停止侵权、注销域名,或者依原告的请求判令由原告注册使用该域名;给权利人造成实际损害的,可以判令被告赔偿损失。

侵权人故意侵权且情节严重,原告有权向人民法院请求惩罚性赔偿。

5. 商业特许经营

商业特许经营管理条例

1. 2007年2月6日国务院令第485号公布
2. 自2007年5月1日起施行

第一章 总 则

第一条 为规范商业特许经营活动,促进商业特许经营健康、有序发展,维护市场秩序,制定本条例。

第二条 在中华人民共和国境内从事商业特许经营活动,应当遵守本条例。

第三条 本条例所称商业特许经营(以下简称特许经营),是指拥有注册商标、企业标志、专利、专有技术等经营资源的企业(以下称特许人),以合同形式将其拥有的经营资源许可其他经营者(以下称被特许人)使用,被特许人按照合同约定在统一的经营模式下开展经营,并向特许人支付特许经营费用的经营活动。

企业以外的其他单位和个人不得作为特许人从事特许经营活动。

第四条 从事特许经营活动,应当遵循自愿、公平、诚实信用的原则。

第五条 国务院商务主管部门依照本条例规定,负责对全国范围内的特许经营活动实施监督管理。省、自治区、直辖市人民政府商务主管部门和设区的市级人民政府商务主管部门依照本条例规定,负责对本行政区域内的特许经营活动实施监督管理。

第六条 任何单位或者个人对违反本条例规定的行为,有权向商务主管部门举报。商务主管部门接到举报后应当依法及时处理。

第二章 特许经营活动

第七条 特许人从事特许经营活动应当拥有成熟的经营模式,并具备为被特许人持续提供经营指导、技术支持和业务培训等服务的能力。

特许人从事特许经营活动应当拥有至少2个直营店,并且经营时间超过1年。

第八条 特许人应当自首次订立特许经营合同之日起15日内,依照本条例的规定向商务主管部门备案。在省、自治区、直辖市范围内从事特许经营活动的,应当向所在地省、自治区、直辖市人民政府商务主管部门备案;跨省、自治区、直辖市范围从事特许经营活动的,应当向国务院商务主管部门备案。

特许人向商务主管部门备案,应当提交下列文件、资料:

(一)营业执照复印件或者企业登记(注册)证书复印件;

(二)特许经营合同样本;

(三)特许经营操作手册;

(四)市场计划书;

(五)表明其符合本条例第七条规定的书面承诺及相关证明材料;

(六)国务院商务主管部门规定的其他文件、资料。

特许经营的产品或者服务,依法应当经批准方可经营的,特许人还应当提交有关批准文件。

第九条 商务主管部门应当自收到特许人提交的符合本条例第八条规定的文件、资料之日起10日内予以备案,并通知特许人。特许人提交的文件、资料不完备的,商务主管部门可以要求其在7日内补充提交文件、资料。

第十条 商务主管部门应当将备案的特许人名单在政府网站上公布,并及时更新。

第十一条 从事特许经营活动,特许人和被特许人应当采用书面形式订立特许经营合同。

特许经营合同应当包括下列主要内容:

(一)特许人、被特许人的基本情况;

(二)特许经营的内容、期限;

(三)特许经营费用的种类、金额及其支付方式;

(四)经营指导、技术支持以及业务培训等服务的具体内容和提供方式;

(五)产品或者服务的质量、标准要求和保证措施;

(六)产品或者服务的促销与广告宣传;

(七)特许经营中的消费者权益保护和赔偿责任的承担;

(八)特许经营合同的变更、解除和终止;

(九)违约责任;

(十)争议的解决方式;

(十一)特许人与被特许人约定的其他事项。

第十二条 特许人和被特许人应当在特许经营合同中约

定，被特许人在特许经营合同订立后一定期限内，可以单方解除合同。

第十三条　特许经营合同约定的特许经营期限应当不少于3年。但是，被特许人同意的除外。

特许人和被特许人续签特许经营合同的，不适用前款规定。

第十四条　特许人应当向被特许人提供特许经营操作手册，并按照约定的内容和方式为被特许人持续提供经营指导、技术支持、业务培训等服务。

第十五条　特许经营的产品或者服务的质量、标准应当符合法律、行政法规和国家有关规定的要求。

第十六条　特许人要求被特许人在订立特许经营合同前支付费用的，应当以书面形式向被特许人说明该部分费用的用途以及退还的条件、方式。

第十七条　特许人向被特许人收取的推广、宣传费用，应当按照合同约定的用途使用。推广、宣传费用的使用情况应当及时向被特许人披露。

特许人在推广、宣传活动中，不得有欺骗、误导的行为，其发布的广告中不得含有宣传被特许人从事特许经营活动收益的内容。

第十八条　未经特许人同意，被特许人不得向他人转让特许经营权。

被特许人不得向他人泄露或者允许他人使用其所掌握的特许人的商业秘密。

第十九条　特许人应当在每年第一季度将其上一年度订立特许经营合同的情况向商务主管部门报告。

第三章　信息披露

第二十条　特许人应当依照国务院商务主管部门的规定，建立并实行完备的信息披露制度。

第二十一条　特许人应当在订立特许经营合同之日前至少30日，以书面形式向被特许人提供本条例第二十二条规定的信息，并提供特许经营合同文本。

第二十二条　特许人应当向被特许人提供以下信息：

（一）特许人的名称、住所、法定代表人、注册资本额、经营范围以及从事特许经营活动的基本情况；

（二）特许人的注册商标、企业标志、专利、专有技术和经营模式的基本情况；

（三）特许经营费用的种类、金额和支付方式（包括是否收取保证金以及保证金的返还条件和返还方式）；

（四）向被特许人提供产品、服务、设备的价格和条件；

（五）为被特许人持续提供经营指导、技术支持、业务培训等服务的具体内容、提供方式和实施计划；

（六）对被特许人的经营活动进行指导、监督的具体办法；

（七）特许经营网点投资预算；

（八）在中国境内现有的被特许人的数量、分布地域以及经营状况评估；

（九）最近2年的经会计师事务所审计的财务会计报告摘要和审计报告摘要；

（十）最近5年内与特许经营相关的诉讼和仲裁情况；

（十一）特许人及其法定代表人是否有重大违法经营记录；

（十二）国务院商务主管部门规定的其他信息。

第二十三条　特许人向被特许人提供的信息应当真实、准确、完整，不得隐瞒有关信息，或者提供虚假信息。

特许人向被特许人提供的信息发生重大变更的，应当及时通知被特许人。

特许人隐瞒有关信息或者提供虚假信息的，被特许人可以解除特许经营合同。

第四章　法律责任

第二十四条　特许人不具备本条例第七条第二款规定的条件，从事特许经营活动的，由商务主管部门责令改正，没收违法所得，处10万元以上50万元以下的罚款，并予以公告。

企业以外的其他单位和个人作为特许人从事特许经营活动的，由商务主管部门责令停止非法经营活动，没收违法所得，并处10万元以上50万元以下的罚款。

第二十五条　特许人未依照本条例第八条的规定向商务主管部门备案的，由商务主管部门责令限期备案，处1万元以上5万元以下的罚款；逾期仍不备案的，处5万元以上10万元以下的罚款，并予以公告。

第二十六条　特许人违反本条例第十六条、第十九条规定的，由商务主管部门责令改正，可以处1万元以下的罚款；情节严重的，处1万元以上5万元以下的罚款，并予以公告。

第二十七条　特许人违反本条例第十七条第二款规定的，由工商行政管理部门责令改正，处3万元以上10万元以下的罚款；情节严重的，处10万元以上30万元以下的罚款，并予以公告；构成犯罪的，依法追究刑事责任。

特许人利用广告实施欺骗、误导行为的，依照广告法的有关规定予以处罚。

第二十八条 特许人违反本条例第二十一条、第二十三条规定，被特许人向商务主管部门举报并经查实的，由商务主管部门责令改正，处1万元以上5万元以下的罚款；情节严重的，处5万元以上10万元以下的罚款，并予以公告。

第二十九条 以特许经营名义骗取他人财物，构成犯罪的，依法追究刑事责任；尚不构成犯罪的，由公安机关依照《中华人民共和国治安管理处罚法》的规定予以处罚。

以特许经营名义从事传销行为的，依照《禁止传销条例》的有关规定予以处罚。

第三十条 商务主管部门的工作人员滥用职权、玩忽职守、徇私舞弊，构成犯罪的，依法追究刑事责任；尚不构成犯罪的，依法给予处分。

第五章 附 则

第三十一条 特许经营活动中涉及商标许可、专利许可的，依照有关商标、专利的法律、行政法规的规定办理。

第三十二条 有关协会组织在国务院商务主管部门指导下，依照本条例的规定制定特许经营活动规范，加强行业自律，为特许经营活动当事人提供相关服务。

第三十三条 本条例施行前已经从事特许经营活动的特许人，应当自本条例施行之日起1年内，依照本条例的规定向商务主管部门备案；逾期不备案的，依照本条例第二十五条的规定处罚。

前款规定的特许人，不适用本条例第七条第二款的规定。

第三十四条 本条例自2007年5月1日起施行。

商业特许经营备案管理办法

1. 2011年12月12日商务部令2011年第5号发布
2. 自2012年2月1日起施行

第一条 为加强对商业特许经营活动的管理，规范特许经营市场秩序，根据《商业特许经营管理条例》(以下简称《条例》)的有关规定，制定本办法。

第二条 在中华人民共和国境内(以下简称中国境内)从事商业特许经营活动，适用本办法。

第三条 商务部及省、自治区、直辖市人民政府商务主管部门是商业特许经营的备案机关。在省、自治区、直辖市范围内从事商业特许经营活动的，向特许人所在地省、自治区、直辖市人民政府商务主管部门备案；跨省、自治区、直辖市范围从事特许经营活动的，向商务部备案。

商业特许经营实行全国联网备案。符合《条例》规定的特许人，依据本办法规定通过商务部设立的商业特许经营信息管理系统进行备案。

第四条 商务部可以根据有关规定，将跨省、自治区、直辖市范围从事商业特许经营的备案工作委托有关省、自治区、直辖市人民政府商务主管部门完成。受委托的省、自治区、直辖市人民政府商务主管部门应当自行完成备案工作，不得再委托其他任何组织和个人备案。

受委托的省、自治区、直辖市人民政府商务主管部门未依法行使备案职责的，商务部可以直接受理特许人的备案申请。

第五条 任何单位或者个人对违反本办法规定的行为，有权向商务主管部门举报，商务主管部门应当依法处理。

第六条 申请备案的特许人应当向备案机关提交以下材料：

(一)商业特许经营基本情况。

(二)中国境内全部被特许人的店铺分布情况。

(三)特许人的市场计划书。

(四)企业法人营业执照或其他主体资格证明。

(五)与特许经营活动相关的商标权、专利权及其他经营资源的注册证书。

(六)符合《条例》第七条第二款规定的证明文件。

在2007年5月1日前已经从事特许经营活动的特许人在提交申请商业特许经营备案材料时不适用于上款的规定。

(七)与中国境内的被特许人订立的第一份特许经营合同。

(八)特许经营合同样本。

(九)特许经营操作手册的目录(须注明每一章节的页数和手册的总页数，对于在特许系统内部网络上提供此类手册的，须提供估计的打印页数)。

(十)国家法律法规规定经批准方可开展特许经营的产品和服务，须提交相关主管部门的批准文件。

外商投资企业应当提交《外商投资企业批准证书》，《外商投资企业批准证书》经营范围中应当包括“以特许经营方式从事商业活动”项目。

（十一）经法定代表人签字盖章的特许人承诺。

（十二）备案机关认为应当提交的其他资料。

以上文件在中华人民共和国境外形成的，需经所在国公证机关公证（附中文译本），并经中华人民共和国驻所在国使领馆认证，或者履行中华人民共和国与所在国订立的有关条约中规定的证明手续。在香港、澳门、台湾地区形成的，应当履行相关的证明手续。

第七条 特许人应当在与中国境内的被特许人首次订立特许经营合同之日起15日内向备案机关申请备案。

第八条 特许人的以下备案信息有变化的，应当自变化之日起30日内向备案机关申请变更：

（一）特许人的工商登记信息。

（二）经营资源信息。

（三）中国境内全部被特许人的店铺分布情况。

第九条 特许人应当在每年3月31日前将其上一年度订立、撤销、终止、续签的特许经营合同情况向备案机关报告。

第十条 特许人应认真填写所有备案事项的信息，并确保所填写内容真实、准确和完整。

第十一条 备案机关应当自收到特许人提交的符合本办法第六条规定的文件、资料之日起10日内予以备案，并在商业特许经营信息管理系统予以公告。

特许人提交的文件、资料不完备的，备案机关可以要求其在7日内补充提交文件、资料。备案机关在特许人材料补充齐全之日起10日内予以备案。

第十二条 已完成备案的特许人有下列行为之一的，备案机关可以撤销备案，并在商业特许经营信息管理系统予以公告：

（一）特许人注销工商登记，或因特许人违法经营，被主管登记机关吊销营业执照的。

（二）备案机关收到司法机关因为特许人违法经营而作出的关于撤销备案的司法建议书。

（三）特许人隐瞒有关信息或者提供虚假信息，造成重大影响的。

（四）特许人申请撤销备案并经备案机关同意的。

（五）其他需要撤销备案的情形。

第十三条 各省、自治区、直辖市人民政府商务主管部门应当将备案及撤销备案的情况在10日内反馈商务部。

第十四条 备案机关应当完整准确地记录和保存特许人的备案信息材料，依法为特许人保守商业秘密。

特许人所在地的（省、自治区、直辖市或设区的市级）人民政府商务主管部门可以向通过备案的特许人出具备案证明。

第十五条 公众可通过商业特许经营信息管理系统查询以下信息：

（一）特许人的企业名称及特许经营业务使用的注册商标、企业标志、专利、专有技术等经营资源。

（二）特许人的备案时间。

（三）特许人的法定经营场所地址与联系方式、法定代表人姓名。

（四）中国境内全部被特许人的店铺分布情况。

第十六条 特许人未按照《条例》和本办法的规定办理备案的，由设区的市级以上商务主管部门责令限期备案，并处1万元以上5万元以下罚款；逾期仍不备案的，处5万元以上10万元以下罚款，并予以公告。

第十七条 特许人违反本办法第九条规定的，由设区的市级以上商务主管部门责令改正，可以处1万元以下的罚款；情节严重的，处1万元以上5万元以下的罚款，并予以公告。

第十八条 国外特许人在中国境内从事特许经营活动，按照本办法执行。香港、澳门特别行政区及台湾地区特许人参照本办法执行。

第十九条 相关协会组织应当依照本办法规定，加强行业自律，指导特许人依法备案。

第二十条 本办法由商务部负责解释。

第二十一条 本办法自2012年2月1日起施行。2007年5月1日施行的《商业特许经营备案管理办法》（商务部2007年第15号令）同时废止。

商业特许经营信息披露管理办法

1. 2012年2月23日商务部令2012年第2号公布

2. 自2012年4月1日起施行

第一条 为维护特许人与被特许人双方的合法权益，根据《商业特许经营管理条例》（以下简称《条例》），制定本办法。

第二条 在中华人民共和国境内开展商业特许经营活动适用本办法。

第三条 本办法所称关联方，是指特许人的母公司或其自然人股东、特许人直接或间接拥有全部或多数股权的子公司、与特许人直接或间接地由同一所有人拥有全部或多数股权的公司。

第四条　特许人应当按照《条例》的规定，在订立商业特许经营合同之日前至少30日，以书面形式向被特许人披露本办法第五条规定的信息，但特许人与被特许人以原特许合同相同条件续约的情形除外。

第五条　特许人进行信息披露应当包括以下内容：

（一）特许人及特许经营活动的基本情况。

1. 特许人名称、通讯地址、联系方式、法定代表人、总经理、注册资本额、经营范围以及现有直营店的数量、地址和联系电话。

2. 特许人从事商业特许经营活动的概况。

3. 特许人备案的基本情况。

4. 由特许人的关联方向被特许人提供产品和服务的，应当披露该关联方的基本情况。

5. 特许人或其关联方过去2年内破产或申请破产的情况。

（二）特许人拥有经营资源的基本情况。

1. 注册商标、企业标志、专利、专有技术、经营模式及其他经营资源的文字说明。

2. 经营资源的所有者是特许人关联方的，应当披露该关联方的基本信息、授权内容，同时应当说明在与该关联方的授权合同中止或提前终止的情况下，如何处理该特许体系。

3. 特许人（或其关联方）的注册商标、企业标志、专利、专有技术等与特许经营相关的经营资源涉及诉讼或仲裁的情况。

（三）特许经营费用的基本情况。

1. 特许人及代第三方收取费用的种类、金额、标准和支付方式，不能披露的，应当说明原因，收费标准不统一的，应当披露最高和最低标准，并说明原因。

2. 保证金的收取、返还条件、返还时间和返还方式。

3. 要求被特许人在订立特许经营合同前支付费用的，该部分费用的用途以及退还的条件、方式。

（四）向被特许人提供产品、服务、设备的价格、条件等情况。

1. 被特许人是否必须从特许人（或其关联方）处购买产品、服务或设备及相关的价格、条件等。

2. 被特许人是否必须从特许人指定（或批准）的供货商处购买产品、服务或设备。

3. 被特许人是否可以选择其他供货商以及供货商应具备的条件。

（五）为被特许人持续提供服务的情况。

1. 业务培训的具体内容、提供方式和实施计划，包括培训地点、方式和期限等。

2. 技术支持的具体内容、提供方式和实施计划，包括经营资源的名称、类别及产品、设施设备的种类等。

（六）对被特许人的经营活动进行指导、监督的方式和内容。

1. 经营指导的具体内容、提供方式和实施计划，包括选址、装修装潢、店面管理、广告促销、产品配置等。

2. 监督的方式和内容，被特许人应履行的义务和不履行义务的责任。

3. 特许人和被特许人对消费者投诉和赔偿的责任划分。

（七）特许经营网点投资预算情况。

1. 投资预算可以包括下列费用：加盟费；培训费；房地产和装修费用；设备、办公用品、家具等购置费；初始库存；水、电、气费；为取得执照和其他政府批准所需的费用；启动周转资金。

2. 上述费用的资料来源和估算依据。

（八）中国境内被特许人的有关情况。

1. 现有和预计被特许人的数量、分布地域、授权范围、有无独家授权区域（如有，应说明预计的具体范围）的情况。

2. 现有被特许人的经营状况，包括被特许人实际的投资额、平均销售量、成本、毛利、纯利等信息，同时应当说明上述信息的来源。

（九）最近2年的经会计师事务所或审计事务所审计的特许人财务会计报告摘要和审计报告摘要。

（十）特许人最近5年内与特许经营相关的诉讼和仲裁情况，包括案由、诉讼（仲裁）请求、管辖及结果。

（十一）特许人及其法定代表人重大违法经营记录情况。

1. 被有关行政执法部门处以30万元以上罚款的。

2. 被追究刑事责任的。

（十二）特许经营合同文本。

1. 特许经营合同样本。

2. 如果特许人要求被特许人与特许人（或其关联方）签订其他有关特许经营的合同，应当同时提供此类合同样本。

第六条　特许人在推广、宣传活动中，不得有欺骗、误导的行为,发布的广告中不得含有宣传单个被特许人从事商业特许经营活动收益的内容。

第七条 特许人向被特许人披露信息前,有权要求被特许人签署保密协议。

被特许人在订立合同过程中知悉的商业秘密,无论特许经营合同是否成立,不得泄露或者不正当使用。

特许经营合同终止后,被特许人因合同关系知悉特许人商业秘密的,即使未订立合同终止后的保密协议,也应当承担保密义务。

被特许人违反本条前两款规定,泄露或者不正当使用商业秘密给特许人或者其他人造成损失的,应当承担相应的损害赔偿责任。

第八条 特许人在向被特许人进行信息披露后,被特许人应当就所获悉的信息内容向特许人出具回执说明(一式两份),由被特许人签字,一份由被特许人留存,另一份由特许人留存。

第九条 特许人隐瞒影响特许经营合同履行致使不能实现合同目的的信息或者披露虚假信息的,被特许人可以解除特许经营合同。

第十条 特许人违反本办法有关规定的,被特许人有权向商务主管部门举报,经查实的,分别依据《条例》第二十六条、第二十七条、第二十八条予以处罚。

第十一条 本办法由中华人民共和国商务部负责解释。

第十二条 本办法自 2012 年 4 月 1 日起施行。原《商业特许经营信息披露管理办法》(商务部令 2007 年第 16 号)同时废止。

6. 其 他

传统工艺美术保护条例

1. 1997年5月20日国务院令第217号发布
2. 根据2013年7月18日国务院令第638号《关于废止和修改部分行政法规的决定》修订

第一条 为了保护传统工艺美术，促进传统工艺美术事业的繁荣与发展，制定本条例。

第二条 本条例所称传统工艺美术，是指百年以上，历史悠久，技艺精湛，世代相传，有完整的工艺流程，采用天然原材料制作，具有鲜明的民族风格和地方特色，在国内外享有声誉的手工艺品种和技艺。

第三条 国家对传统工艺美术品种和技艺实行保护、发展、提高的方针。

地方各级人民政府应当加强对传统工艺美术保护工作的领导，采取有效措施，扶持和促进本地区传统工艺美术事业的繁荣和发展。

第四条 国务院负责传统工艺美术保护工作的部门负责全国传统工艺美术保护工作。

第五条 国家对传统工艺美术品种和技艺实行认定制度。符合本条例第二条规定条件的工艺美术品种和技艺，依照本条例的规定认定为传统工艺美术品种和技艺。

第六条 传统工艺美术品种和技艺，由国务院负责传统工艺美术保护工作的部门聘请专家组成评审委员会进行评审；国务院负责传统工艺美术保护工作的部门根据评审委员会的评审结论，予以认定和公布。

第七条 制作传统工艺美术产品的企业和个人，可以向当地县级人民政府负责传统工艺美术保护工作的部门提出要求保护的品种和技艺的申请，由省、自治区、直辖市人民政府负责传统工艺美术保护工作的部门审核后，向国务院负责传统工艺美术保护工作的部门推荐。

第八条 申请认定传统工艺美术品种和技艺的企业和个人，应当按照国务院负责传统工艺美术保护工作的部门的规定，提交完整、详实的资料。

第九条 国家对认定的传统工艺美术技艺采取下列保护措施：

（一）搜集、整理、建立档案；

（二）征集、收藏优秀代表作品；

（三）对其工艺技术秘密确定密级，依法实施保密；

（四）资助研究，培养人才。

第十条 传统工艺美术品种中的卓越作品，经国务院负责传统工艺美术保护工作的部门聘请专家组成评审委员会进行评审后，由国务院负责传统工艺美术保护工作的部门命名为中国工艺美术珍品（以下简称珍品）。

第十一条 国家对珍品采取下列保护措施：

（一）国家征集、收购的珍品由中国工艺美术馆或者省、自治区、直辖市工艺美术馆、博物馆珍藏。

（二）珍品禁止出口。珍品出国展览必须经国务院负责传统工艺美术保护工作的部门会同国务院有关部门批准。

第十二条 符合下列条件并长期从事传统工艺美术制作的人员，由相关行业协会组织评审，可以授予中国工艺美术大师称号：

（一）成就卓越，在国内外享有声誉的；

（二）技艺精湛，自成流派的。

第十三条 县级以上人民政府有关部门对制作传统工艺美术品种特需的天然原料、材料，应当统筹规划、妥善安排。

第十四条 对制作传统工艺美术品种特需的宝石、玉石等珍稀矿种，国家依法加强保护，严禁乱采滥挖。

第十五条 国家鼓励地方各级人民政府根据本地区实际情况，采取必要措施，发掘和抢救传统工艺美术技艺，征集传统工艺美术精品，培养传统工艺美术技艺人才，资助传统工艺美术科学研究。

第十六条 对于制作经济效益不高、艺术价值很高并且面临失传的工艺美术品种的企业，各级人民政府应当采取必要措施，给予扶持和帮助。

第十七条 制作传统工艺美术产品的企业应当建立、健全传统工艺美术技艺的保护或者保密制度，切实加强对传统工艺美术技艺的管理。

从事传统工艺美术产品制作的人员，应当遵守国家有关法律、法规的规定，不得泄露在制作传统工艺美术产品过程中知悉的技术秘密和其他商业秘密。

第十八条 国家对在继承、保护、发展传统工艺美术事业中做出突出贡献的单位和个人，给予奖励。

第十九条 违反本条例规定，有下列行为之一的，由有关部门依照有关法律、行政法规的规定，给予行政处分或者行政处罚；构成犯罪的，依法追究刑事责任：

（一）窃取或者泄露传统工艺美术技艺秘密的；

（二）非法开采用于制作传统工艺美术的珍稀矿产资源或者盗卖用于制作传统工艺美术的珍稀矿产品的；

（三）私运珍品出境的。

制作、出售假冒中国工艺美术大师署名的传统工艺美术作品的，应当依法承担民事责任；有关部门可以依照有关法律、行政法规的规定给予行政处罚。

第二十条　本条例自发布之日起施行。

中药品种保护条例

1. 1992年10月14日国务院令第106号发布

2. 根据2018年9月18日国务院令第703号《关于修改部分行政法规的决定》修订

第一章　总　　则

第一条　为了提高中药品种的质量，保护中药生产企业的合法权益，促进中药事业的发展，制定本条例。

第二条　本条例适用于中国境内生产制造的中药品种，包括中成药、天然药物的提取物及其制剂和中药人工制成品。

申请专利的中药品种，依照专利法的规定办理，不适用本条例。

第三条　国家鼓励研制开发临床有效的中药品种，对质量稳定、疗效确切的中药品种实行分级保护制度。

第四条　国务院药品监督管理部门负责全国中药品种保护的监督管理工作。

第二章　中药保护品种等级的划分和审批

第五条　依照本条例受保护的中药品种，必须是列入国家药品标准的品种。经国务院药品监督管理部门认定，列为省、自治区、直辖市药品标准的品种，也可以申请保护。

受保护的中药品种分为一、二级。

第六条　符合下列条件之一的中药品种，可以申请一级保护：

（一）对特定疾病有特殊疗效的；

（二）相当于国家一级保护野生药材物种的人工制成品；

（三）用于预防和治疗特殊疾病的。

第七条　符合下列条件之一的中药品种，可以申请二级保护：

（一）符合本条例第六条规定的品种或者已经解除一级保护的品种；

（二）对特定疾病有显著疗效的；

（三）从天然药物中提取的有效物质及特殊制剂。

第八条　国务院药品监督管理部门批准的新药，按照国务院卫生行政部门规定的保护期给予保护；其中，符合本条例第六条、第七条规定的，在国务院卫生行政部门批准的保护期限届满前六个月，可以重新依照本条例的规定申请保护。

第九条　申请办理中药品种保护的程序：

（一）中药生产企业对其生产的符合本条例第五条、第六条、第七条、第八条规定的中药品种，可以向所在地省、自治区、直辖市人民政府药品监督管理部门提出申请，由省、自治区、直辖市人民政府药品监督管理部门初审签署意见后，报国务院药品监督管理部门。特殊情况下，中药生产企业也可以直接向国务院药品监督管理部门提出申请。

（二）国务院药品监督管理部门委托国家中药品种保护审评委员会负责对申请保护的中药品种进行审评。国家中药品种保护审评委员会应当自接到申请报告书之日起六个月内作出审评结论。

（三）根据国家中药品种保护审评委员会的审评结论，由国务院药品监督管理部门决定是否给予保护。批准保护的中药品种，由国务院药品监督管理部门发给《中药保护品种证书》。

国务院药品监督管理部门负责组织国家中药品种保护审评委员会，委员会成员由国务院药品监督管理部门聘请中医药方面的医疗、科研、检验及经营、管理专家担任。

第十条　申请中药品种保护的企业，应当按照国务院药品监督管理部门的规定，向国家中药品种保护审评委员会提交完整的资料。

第十一条　对批准保护的中药品种以及保护期满的中药品种，由国务院药品监督管理部门在指定的专业报刊上予以公告。

第三章　中药保护品种的保护

第十二条　中药保护品种的保护期限：

中药一级保护品种分别为三十年、二十年、十年。

中药二级保护品种为七年。

第十三条 中药一级保护品种的处方组成、工艺制法，在保护期限内由获得《中药保护品种证书》的生产企业和有关的药品监督管理部门及有关单位和个人负责保密，不得公开。

负有保密责任的有关部门、企业和单位应当按照国家有关规定，建立必要的保密制度。

第十四条 向国外转让中药一级保护品种的处方组成、工艺制法的，应当按照国家有关保密的规定办理。

第十五条 中药一级保护品种因特殊情况需要延长保护期限的，由生产企业在该品种保护期满前六个月，依照本条例第九条规定的程序申报。延长的保护期限由国务院药品监督管理部门根据国家中药品种保护审评委员会的审评结果确定；但是，每次延长的保护期限不得超过第一次批准的保护期限。

第十六条 中药二级保护品种在保护期满后可以延长七年。

申请延长保护期的中药二级保护品种，应当在保护期满前六个月，由生产企业依照本条例第九条规定的程序申报。

第十七条 被批准保护的中药品种，在保护期内限于由获得《中药保护品种证书》的企业生产；但是，本条例第十九条另有规定的除外。

第十八条 国务院药品监督管理部门批准保护的中药品种如果在批准前是由多家企业生产的，其中未申请《中药保护品种证书》的企业应当自公告发布之日起六个月内向国务院药品监督管理部门申报，并依照本条例第十条的规定提供有关资料，由国务院药品监督管理部门指定药品检验机构对该申报品种进行同品种的质量检验。国务院药品监督管理部门根据检验结果，可以采取以下措施：

（一）对达到国家药品标准的，补发《中药保护品种证书》。

（二）对未达到国家药品标准的，依照药品管理的法律、行政法规的规定撤销该中药品种的批准文号。

第十九条 对临床用药紧缺的中药保护品种的仿制，须经国务院药品监督管理部门批准并发给批准文号。仿制企业应当付给持有《中药保护品种证书》并转让该中药品种的处方组成、工艺制法的企业合理的使用费，其数额由双方商定；双方不能达成协议的，由国务院药品监督管理部门裁决。

第二十条 生产中药保护品种的企业应当根据省、自治区、直辖市人民政府药品监督管理部门提出的要求，改进生产条件，提高品种质量。

第二十一条 中药保护品种在保护期内向国外申请注册的，须经国务院药品监督管理部门批准。

第四章 罚 则

第二十二条 违反本条例第十三条的规定，造成泄密的责任人员，由其所在单位或者上级机关给予行政处分；构成犯罪的，依法追究刑事责任。

第二十三条 违反本条例第十七条的规定，擅自仿制中药保护品种的，由县级以上人民政府负责药品监督管理的部门以生产假药依法论处。

伪造《中药保护品种证书》及有关证明文件进行生产、销售的，由县级以上卫生行政部门没收其全部有关药品及违法所得，并可以处以有关药品正品价格三倍以下罚款。

上述行为构成犯罪的，由司法机关依法追究刑事责任。

第二十四条 当事人对负责药品监督管理的部门的处罚决定不服的，可以依照有关法律、行政法规的规定，申请行政复议或者提起行政诉讼。

第五章 附 则

第二十五条 有关中药保护品种的申报要求、申报表格等，由国务院药品监督管理部门制定。

第二十六条 本条例自1993年1月1日起施行。

农药管理条例（节录）

1. 1997年5月8日国务院令第216号发布
2. 根据2001年11月29日国务院令第326号《关于修改〈农药管理条例〉的决定》第一次修订
3. 2017年3月16日国务院令第677号修订公布
4. 根据2022年3月29日国务院令第752号《关于修改和废止部分行政法规的决定》第二次修订

第十五条 国家对获得首次登记的、含有新化合物的农药的申请人提交的其自己所取得且未披露的试验数据和其他数据实施保护。

自登记之日起6年内，对其他申请人未经已获得登记的申请人同意，使用前款数据申请农药登记的，登记机关不予登记；但是，其他申请人提交其自己所取得的数据的除外。

除下列情况外，登记机关不得披露第一款规定的数据：

（一）公共利益需要；

（二）已采取措施确保该类信息不会被不正当地进行商业使用。

饲料和饲料添加剂管理条例（节录）

1. 1999年5月29日国务院令第266号公布

2. 根据2001年11月29日国务院令第327号《关于修改〈饲料和饲料添加剂管理条例〉的决定》第一次修订

3. 根据2013年12月7日国务院令第645号《关于修改部分行政法规的决定》第二次修订

4. 根据2016年2月6日国务院令第666号《关于修改部分行政法规的决定》第三次修订

5. 根据2017年3月1日国务院令第676号《关于修改和废止部分行政法规的决定》第四次修订

第七条　国家鼓励研制新饲料、新饲料添加剂。

研制新饲料、新饲料添加剂，应当遵循科学、安全、有效、环保的原则，保证新饲料、新饲料添加剂的质量安全。

第八条　研制的新饲料、新饲料添加剂投入生产前，研制者或者生产企业应当向国务院农业行政主管部门提出审定申请，并提供该新饲料、新饲料添加剂的样品和下列资料：

（一）名称、主要成分、理化性质、研制方法、生产工艺、质量标准、检测方法、检验报告、稳定性试验报告、环境影响报告和污染防治措施；

（二）国务院农业行政主管部门指定的试验机构出具的该新饲料、新饲料添加剂的饲喂效果、残留消解动态以及毒理学安全性评价报告。

申请新饲料添加剂审定的，还应当说明该新饲料添加剂的添加目的、使用方法，并提供该饲料添加剂残留可能对人体健康造成影响的分析评价报告。

第九条　国务院农业行政主管部门应当自受理申请之日起5个工作日内，将新饲料、新饲料添加剂的样品和申请资料交全国饲料评审委员会，对该新饲料、新饲料添加剂的安全性、有效性及其对环境的影响进行评审。

全国饲料评审委员会由养殖、饲料加工、动物营养、毒理、药理、代谢、卫生、化工合成、生物技术、质量标准、环境保护、食品安全风险评估等方面的专家组成。全国饲料评审委员会对新饲料、新饲料添加剂的评审采取评审会议的形式，评审会议应当有9名以上全国饲料评审委员会专家参加，根据需要也可以邀请1至2名全国饲料评审委员会专家以外的专家参加，参加评审的专家对评审事项具有表决权。评审会议应当形成评审意见和会议纪要，并由参加评审的专家审核签字；有不同意见的，应当注明。参加评审的专家应当依法公平、公正履行职责，对评审资料保密，存在回避事由的，应当主动回避。

全国饲料评审委员会应当自收到新饲料、新饲料添加剂的样品和申请资料之日起9个月内出具评审结果并提交国务院农业行政主管部门；但是，全国饲料评审委员会决定由申请人进行相关试验的，经国务院农业行政主管部门同意，评审时间可以延长3个月。

国务院农业行政主管部门应当自收到评审结果之日起10个工作日内作出是否核发新饲料、新饲料添加剂证书的决定；决定不予核发的，应当书面通知申请人并说明理由。

第十条　国务院农业行政主管部门核发新饲料、新饲料添加剂证书，应当同时按照职责权限公布该新饲料、新饲料添加剂的产品质量标准。

第十三条　国家对已经取得新饲料、新饲料添加剂证书或者饲料、饲料添加剂进口登记证的、含有新化合物的饲料、饲料添加剂的申请人提交的其自己所取得且未披露的试验数据和其他数据实施保护。

自核发证书之日起6年内，对其他申请人未经已取得新饲料、新饲料添加剂证书或者饲料、饲料添加剂进口登记证的申请人同意，使用前款规定的数据申请新饲料、新饲料添加剂审定或者饲料、饲料添加剂进口登记的，国务院农业行政主管部门不予审定或者登记；但是，其他申请人提交其自己所取得的数据的除外。

除下列情形外，国务院农业行政主管部门不得披露本条第一款规定的数据：

（一）公共利益需要；

（二）已采取措施确保该类信息不会被不正当地进行商业使用。

兽药管理条例（节录）

1. 2004年4月9日国务院令第404号公布
2. 根据2014年7月29日国务院令第653号《关于修改部分行政法规的决定》第一次修订
3. 根据2016年2月6日国务院令第666号《关于修改部分行政法规的决定》第二次修订
4. 根据2020年3月27日国务院令第726号《关于修改和废止部分行政法规的决定》第三次修订

第六条 国家鼓励研制新兽药，依法保护研制者的合法权益。

第七条 研制新兽药，应当具有与研制相适应的场所、仪器设备、专业技术人员、安全管理规范和措施。

研制新兽药，应当进行安全性评价。从事兽药安全性评价的单位应当遵守国务院兽医行政管理部门制定的兽药非临床研究质量管理规范和兽药临床试验质量管理规范。

省级以上人民政府兽医行政管理部门应当对兽药安全性评价单位是否符合兽药非临床研究质量管理规范和兽药临床试验质量管理规范的要求进行监督检查，并公布监督检查结果。

第九条 临床试验完成后，新兽药研制者向国务院兽医行政管理部门提出新兽药注册申请时，应当提交该新兽药的样品和下列资料：

（一）名称、主要成分、理化性质；

（二）研制方法、生产工艺、质量标准和检测方法；

（三）药理和毒理试验结果、临床试验报告和稳定性试验报告；

（四）环境影响报告和污染防治措施。

研制的新兽药属于生物制品的，还应当提供菌（毒、虫）种、细胞等有关材料和资料。菌（毒、虫）种、细胞由国务院兽医行政管理部门指定的机构保藏。

研制用于食用动物的新兽药，还应当按照国务院兽医行政管理部门的规定进行兽药残留试验并提供休药期、最高残留限量标准、残留检测方法及其制定依据等资料。

国务院兽医行政管理部门应当自收到申请之日起10个工作日内，将决定受理的新兽药资料送其设立的兽药评审机构进行评审，将新兽药样品送其指定的检验机构复核检验，并自收到评审和复核检验结论之日起60个工作日内完成审查。审查合格的，发给新兽药注册证书，并发布该兽药的质量标准；不合格的，应当书面通知申请人。

第十条 国家对依法获得注册的、含有新化合物的兽药的申请人提交的其自己所取得且未披露的试验数据和其他数据实施保护。

自注册之日起6年内，对其他申请人未经已获得注册兽药的申请人同意，使用前款规定的数据申请兽药注册的，兽药注册机关不予注册；但是，其他申请人提交其自己所取得的数据的除外。

除下列情况外，兽药注册机关不得披露本条第一款规定的数据：

（一）公共利益需要；

（二）已采取措施确保该类信息不会被不正当地进行商业使用。

· 指导案例 ·

最高人民法院指导案例100号
——山东登海先锋种业有限公司诉陕西农丰种业有限责任公司、山西大丰种业有限公司侵害植物新品种权纠纷案

（最高人民法院审判委员会讨论通过
2018年12月19日发布）

【关键词】

民事　侵害植物新品种权　特征特性　DNA指纹鉴定　DUS测试报告　特异性

【裁判要点】

判断被诉侵权繁殖材料的特征特性与授权品种的特征特性相同是认定构成侵害植物新品种权的前提。当DNA指纹鉴定意见为两者相同或相近似时，被诉侵权方提交DUS测试报告证明通过田间种植，被控侵权品种与授权品种对比具有特异性，应当认定不构成侵害植物新品种权。

【相关法条】

《中华人民共和国植物新品种保护条例》第2条、第6条

【基本案情】

先锋国际良种公司是“先玉335”植物新品种权的权利人,其授权山东登海先锋种业有限公司(以下简称“登海公司”)作为被许可人对侵害该植物新品种权提起民事诉讼。登海公司于2014年3月16日向陕西省西安市中级人民法院起诉称,2013年山西大丰种业有限公司(以下简称“大丰公司”)生产、陕西农丰种业有限责任公司(以下简称“农丰种业”)销售的外包装为“大丰30”的玉米种子侵害“先玉335”的植物新品种权。北京玉米种子检测中心于2013年6月9日对送检的被控侵权种子依据NY/T 1432-2007玉米品种DNA指纹鉴定方法,使用3730XL型遗传分析仪,384孔PCR仪进行检测,结论为,待测样品编号YA2196与对照样品编号BGG253“先玉335”比较位点数40,差异位点数0,结论为相同或极近似。

山西省农业种子总站于2014年4月25日出具的《“大丰30”玉米品种试验审定情况说明》记载:“大丰30”作为大丰公司2011年申请审定的品种,由于北京市农林科学院玉米研究中心所作的DNA指纹鉴定认为“大丰30”与“先玉335”的40个比较位点均无差异,判定结论为两个品种无明显差异,2011年未通过审定。大丰公司提出异议,该站于2011年委托农业部植物新品种测试中心对“大丰30”进行DUS测试,即特异性(Distinctness)、一致性(Uniformity)和稳定性(Stability)测试,结论为“大丰30”具有特异性、一致性、稳定性,与“先玉335”为不同品种。“大丰30”玉米种作为审定推广品种,于2012年2月通过山西省、陕西省农作物品种审定委员会的审定。

大丰公司在一审中提交了农业部植物新品种测试中心2011年12月出具的《农业植物新品种测试报告》原件,测试地点为农业部植物新品种测试(杨凌)分中心测试基地,依据的测试标准为《植物新品种DUS测试指南-玉米》,测试材料为农业部植物新品种测试中心提供,测试时期为一个生长周期。测试报告特异性一栏记载,近似品种名称:鉴2011-001B先玉335,有差异性状:41*果穗:穗轴颖片青甙显色强度,申请品种描述:8强到极强,近似品种描述:5中。所附数据结果表记载,鉴2011-001A(大丰30)与鉴2011-001B的测试结果除“41*果穗”外,差别还在“9雄穗:花药花青甙显色强度”,分别为“6中到强、7强”“24.2*植株:高度”,分别为“5中”“7高”“27.2*果穗:长度”分别为“5中”“3短”。结论为,“大丰30”具有特异性、一致性、稳定性。

二审法院审理中,大丰公司提交了于2014年4月28日测试审核的《农业植物新品种DUS测试报告》,加盖有农业部植物新品种测试(杨凌)分中心和农业部植物新品种保护办公室的印鉴。该报告依据的测试标准为《植物新品种特异性、一致性和稳定性测试指南 玉米》。测试时期为两个生长周期“2012年4月-8月、2013年4月-8月”,近似品种为“先玉335”。所记载的差异性状为:“11. 雄穗:花药花青甙显色强度,申请品种为7.强,近似品种为6.中到强”“41.籽粒:形状,申请品种为5.楔形,近似品种为4.近楔形”“42.果穗:穗轴颖片花青甙显色强度,申请品种为9.极强,近似品种为6.中到强”。测试结论为“大丰30”具有特异性、一致性、稳定性。

【裁判结果】

陕西省西安市中级人民法院于2014年9月29日作出(2014)西中民四初字第132号判决,判令驳回登海公司的诉讼请求。登海公司不服,提出上诉。陕西省高级人民法院于2015年3月20日作出(2015)陕民三终字第1号判决,驳回上诉,维持原判。登海公司不服,向最高人民法院申请再审。最高人民法院于2015年12月11日作出(2015)民申字第2633号裁定,驳回登海公司的再审申请。

【裁判理由】

最高人民法院审查认为,本案主要涉及以下两个问题:

一、关于判断“大丰30”具有特异性的问题

我国对主要农作物进行品种审定时,要求申请审定品种必须与已审定通过或本级品种审定委员会已受理的其他品种具有明显区别。“大丰30”在2011年的品种审定中,经DNA指纹鉴定,被认定与“先玉335”无差异,视为同一品种而未能通过当年的品种审定。大丰公司对结论提出异议,主张两个品种在性状上有明显的差异,为不同品种,申请进行田间种植测试。根据《主要农作物品种审定办法》的规定,申请者对审定结果有异议的,可以向原审定委员会申请复审。品种审定委员会办公室认为有必要的,可以在复审前安排一个生产周期的品种试验。大丰公司在一审中提交的DUS测试报告正是大丰公司提出异议后,山西省农业种子总站委托农业部植物新品

种测试中心完成的测试。该测试报告由农业部植物新品种测试中心按照《主要农作物品种审定办法》的规定，指定相应的DUS测试机构进行田间种植，依据相关测试指南整理测试数据，进行性状描述，编制测试报告。该测试报告真实、合法，与争议的待证事实具有关联性。涉案DUS测试报告记载，“大丰30”与近似品种“先玉335”存在明显且可重现的差异，符合NY/T 2232－2012《植物新品种特异性、一致性和稳定性测试指南 玉米》关于“当申请品种至少在一个性状与近似品种具有明显且可重现的差异时，即可判定申请品种具备特异性”的规定。因此，可以依据涉案测试报告认定“大丰30”具有特异性。

二、关于是否应当以DNA指纹鉴定意见认定存在侵权行为的问题

DNA指纹鉴定技术作为在室内进行基因型身份鉴定的方法，经济便捷，不受环境影响，测试周期短，有利于及时保护权利人的利益，同时能够提高筛选近似品种提高特异性评价效率，实践中多用来检测品种的真实性、一致性，并基于分子标记技术构建了相关品种的指纹库。DNA指纹鉴定所采取的核心引物（位点）与DUS测试的性状特征之间并不一定具有对应性，而植物新品种权的审批机关对申请品种的特异性、一致性和稳定性进行实质审查所依据的是田间种植DUS测试。在主要农作物品种审定时，也是以申请审定品种的选育报告、比较试验报告等为基础，进行品种试验，针对品种在田间种植表现出的性状进行测试并作出分析和评价。因此，作为繁殖材料，其特征特性应当依据田间种植进行DUS测试所确定的性状特征为准。因此，DNA鉴定意见为相同或高度近似时，可直接进行田间成对DUS测试比较，通过田间表型确定身份。当被诉侵权一方主张以田间种植DUS测试确定的特异性结论推翻DNA指纹鉴定意见时，应当由其提交证据予以证明。由于大丰公司提交的涉案DUS测试报告证明，通过田间种植，“大丰30”与“先玉335”相比，具有特异性。根据认定侵害植物新品种权行为，以“被控侵权物的特征特性与授权品种的特征特性相同，或者特征特性不同是因为非遗传变异所导致”的判定规则，“大丰30”与“先玉335”的特征特性并不相同，并不存在“大丰30”侵害“先玉335”植物新品种权的行为。大丰公司生产、农丰种业销售的“大丰30”并未侵害“先玉335”的植物新品种权。综上，驳回登海公司的再审申请。

最高人民法院指导案例218号
——苏州赛某电子科技有限公司诉深圳裕某科技有限公司等侵害集成电路布图设计专有权纠纷案

（最高人民法院审判委员会讨论通过
2023年12月15日发布）

【关键词】

民事　侵害集成电路布图设计专有权　登记　保护对象　保护范围　独创性

【裁判要点】

1. 集成电路布图设计登记的目的在于确定保护对象，而非公开设计内容。公开布图设计内容并非取得集成电路布图设计专有权的条件。

2. 集成电路布图设计专有权的保护范围，一般可以根据申请登记时提交的布图设计复制件或者图样确定。对于无法从复制件或者图样识别的布图设计内容，可以依据与复制件或者图样具有一致性的样品确定。

3. 取得集成电路布图设计登记，并不当然意味着登记的布图设计内容具有独创性，权利人仍应当对其主张权利的布图设计的独创性作出合理解释或者说明。被诉侵权人不能提供充分反证推翻该解释或者说明的，可以认定有关布图设计具备独创性。

【基本案情】

苏州赛某电子科技有限公司（以下简称赛某公司）于2012年4月22日申请登记了名称为“集成控制器与开关管的单芯片负极保护的锂电池保护芯片”的集成电路布图设计，并于2012年6月8日公告，该集成电路布图设计专有权至今处于有效状态。深圳准某电子有限公司（以下简称准某公司，已注销）未经许可，复制、销售的芯片与涉案集成电路布图设计实质相同。深圳裕某科技有限公司（以下简称裕某公司）为准某公司的销售行为代开发票。被诉侵权行为发生时，户某欢为准某公司的唯一股东，持有裕某公司51%的股权，并同时担任两公司的法定代表人。户某欢后将准某公司股权转让给黄某东、黄某亮。在一审诉讼期间，黄某东、黄某亮注销了准某公司。

赛某公司认为，准某公司、裕某公司共同侵害了涉案集成电路布图设计专有权，户某欢、黄某东、黄某亮应对

准某公司承担连带责任。故诉至法院请求判令停止侵权,裕某公司、户某欢、黄某东、黄某亮连带赔偿经济损失。

【裁判结果】

广东省深圳市中级人民法院于2019年6月19日作出(2015)深中法知民初字第1106号民事判决:一、裕某公司在判决生效之日起十日内赔偿赛某公司经济损失50万元;二、户某欢、黄某东、黄某亮对上述赔偿金额承担连带责任;三、驳回赛某公司其余诉讼请求。宣判后,裕某公司、户某欢、黄某东、黄某亮向最高人民法院提起上诉。最高人民法院于2020年10月16日作出(2019)最高法知民终490号民事判决:驳回上诉,维持原判。

【裁判理由】

最高人民法院认为:

一、关于能否以样品剖片确定涉案布图设计的保护范围

1. 复制件或图样的纸件、样品能否用以确定布图设计的保护范围。在布图设计登记时,向登记部门提交的材料中包含布图设计内容的有:复制件或者图样的纸件、复制件或者图样的电子版本、样品。其中,复制件或者图样的纸件是必须提交的;样品在布图设计已经投入商业利用的情况下提交;复制件或者图样的电子版本是基于自愿提交的,还特别要求电子文档应当包含该布图设计的全部信息,并注明文件的数据格式。可见,复制件或图样的纸件是获得登记必须提交的文件。在确定布图设计的保护范围时,一般应根据复制件或图样的纸件进行。随着半导体行业的发展,布图设计能在更小的半导体基片上完成更为复杂的布图设计,其集成度大幅提高。即使按照《集成电路布图设计保护条例实施细则》第十四条规定"复制件或者图样的纸件至少放大到该布图设计生产的集成电路的20倍以上",仍然存在复制件或者图样的纸件放大倍数尚不足以完整、清晰地反映布图设计内容的情况。此时,在样品与复制件或图样的纸件具有一致性的前提下,可以采用样品剖片,通过技术手段精确还原出芯片样品包含的布图设计的详细信息,提取其中的三维配置信息,确定纸件中无法识别的布图设计细节,用以确定布图设计的内容。

2. 是否只能以登记时已经公开的内容确定保护范围。不同于专利法对发明创造采取公开换保护的制度设计,《集成电路布图设计保护条例》对布图设计的保护并不以权利人公开布图设计为条件。国家知识产权局在布图设计的登记审查时,对纸件的要求是至少放大到20倍以上,对电子版本的要求是包含布图设计的全部信息。登记公告后,公众可以请求查阅的是纸件,对于已经投入商业利用的布图设计纸件中涉及的保密信息,除侵权诉讼或行政处理程序的需要,不得查阅或复制;对于电子版本,同样除侵权诉讼或行政处理程序需要外,任何人不得查阅或复制。从上述规定内容可以看出,无论在登记过程中还是登记公告后,对含有布图设计全部信息的电子版本和已投入商业利用的布图设计纸件中的保密信息均没有对公众无条件全部公开的要求。

《集成电路布图设计保护条例》在布图设计的保护上采取的是专门法模式。布图设计的保护没有采用类似对发明创造的专利保护规则,即并非通过登记公开布图设计内容以换取专用权。同时,条例对布图设计的保护也与著作权法对作品的保护不完全相同。布图设计的登记是确定保护对象的过程,是获得布图设计专有权的条件,而不是公开布图设计内容的过程,也不是以公开布图设计为对价而获得专有权保护。

二、关于涉案布图设计是否具有独创性

关于布图设计的独创性。首先,集成电路布图设计专有权保护的是集成电路中元件和三维配置,不延及思想等。在体现布图设计的功能层次上由于不含有元件和线路的三维配置,不给予保护。在这个层次之下,独创性的体现逐步增强,对元件分配、布置,各元部件间的互联,信息流向关系,组合效果等可以给予保护。其次,受保护的独创性部分应能够相对独立地执行某种电子功能。受保护的布图设计的独创性,可以体现在布图设计任何具有独创性的部分中,也可以体现在布图设计整体中。布图设计中任何具有独创性的部分均受法律保护,而不论其在整体设计中是否占据主要部分,是否能够实现整体设计的核心性能。如果一项布图设计是由公认的常规设计组合而成,则其组合作为整体应具有独创性。同时,如果权利人提出的是具有独创性的部分,则该部分应当能够相对独立地执行某种电子功能。再次,独创性是布图设计受保护的前提条件。布图设计的独创性包含两层含义:自己设计完成;不属于创作时公认的常规设计。在侵权诉讼中,当被诉侵权人对布图设计的独创性提出异议时,人民法院应当根据双方的主张、提交的证据对布图设计的独创性进行认定。对于专有权人选择布图设计中具有独创性的部分,围绕权利人提出的部分进行独创性判断时,应从两个层面逐次进行:一是受保护的布图设计属

于为执行某种电子功能而对元件、线路所作的三维配置，否则不能受布图设计专有权保护。二是上述部分含有的三维配置在其创作时不是公认的常规设计。

权利人在提出独创性部分的同时，可以对独创性部分进行说明，权利人的独创性说明可能是从不同角度对独创性部分的概括或者抽象，而不一定包括对三维配置内容的描述，但在对上述权利人指明的部分进行独创性判断时，应根据权利人的独创性说明，将权利人指明部分中含有的元件和线路的具体三维配置作为判断对象。

对权利人提出的独创性部分进行证明的过程中，不能以经过登记备案而当然认为布图设计的整体或任何部分具有独创性。但对于独创性的证明，不能过分加重权利人的举证责任，要求其穷尽一切手段证明布图设计的独创性。相对而言，被诉侵权人只要能够提供一份已经公开的常规布图设计就能推翻权利人主张的独创性部分。因此，对独创性的举证责任分配应充分考虑集成电路布图设计的特点、目前我国集成电路布图设计的登记现状、双方的举证能力等因素，以权利人提出的独创性部分为依据，首先要求权利人对其主张的独创性部分进行充分说明或初步证明，然后由被诉侵权人就不具有独创性提出相反证据，在综合考虑上述事实、证据的基础上进行判断。

【相关法条】

《集成电路布图设计保护条例》第 4 条第 1 款、第 8 条

最高人民法院指导案例 220 号
——嘉兴市中某化工有限责任公司、上海欣某新技术有限公司诉王某集团有限公司、宁波王某科技股份有限公司等侵害技术秘密纠纷案

（最高人民法院审判委员会讨论通过
2023 年 12 月 15 日发布）

【关键词】

民事　侵害技术秘密　使用全部技术秘密　故意侵害技术秘密　损害赔偿数额

【裁判要点】

1. 权利人举证证明被诉侵权人非法获取了完整的产品工艺流程、成套生产设备资料等技术秘密且已实际生产出相同产品的，人民法院可以认定被诉侵权人使用了全部技术秘密，但被诉侵权人提供相反证据足以推翻的除外。

2. 被诉侵权人构成故意侵害技术秘密的，人民法院可以被诉侵权人相关产品销售利润为基础，计算损害赔偿数额；销售利润难以确定的，可以依据权利人相关产品销售价格及销售利润率乘以被诉侵权人相关产品销售数量为基础，计算损害赔偿数额。

【基本案情】

嘉兴市中某化工有限责任公司（以下简称嘉兴中某化工公司）系全球主要的香兰素制造商，具有较强的技术优势。上海欣某新技术有限公司（以下简称上海欣某公司）成立于 1999 年 11 月 5 日，经营范围为生物、化工专业领域内的技术服务、技术咨询、技术开发、技术转让及新产品的研制。2002 年开始嘉兴中某化工公司与上海欣某公司共同研发了乙醛酸法制备香兰素的新工艺，包括缩合、中和、氧化、脱羧等反应过程，还包括愈创木酚、甲苯、氧化铜和乙醇的循环利用过程。嘉兴中某化工公司与上海欣某公司主张的技术秘密包括六个秘密点，上述技术秘密载体为涉及 58 个非标设备的设备图 287 张（包括主图及部件图）、工艺管道及仪表流程图（第三版）25 张。嘉兴中某化工公司与上海欣某公司之间签订的《技术开发合同》《技术转让合同》《关于企业长期合作的特别合同》均有保密条款的约定。

傅某根自 1991 年进入嘉兴中某化工公司工作，2008 年起担任香兰素车间副主任，主要负责香兰素生产设备维修维护工作。自 2003 年起，嘉兴中某化工公司先后制定了文件控制程序、记录控制程序、食品安全、质量和环境管理手册、设备/设施管理程序等文件。嘉兴中某化工公司就其内部管理规定对员工进行了培训，傅某根于 2007 年参加了管理体系培训、环境管理体系培训、宣传教育培训、贯标培训。2010 年 3 月 25 日，嘉兴中某化工公司制定《档案与信息化管理安全保密制度》。2010 年 4 月起，嘉兴中某化工公司与员工陆续签订保密协议，对商业秘密的范围和员工的保密义务作了约定，傅某根以打算辞职为由拒绝签订保密协议。

王某集团有限公司（以下简称王某集团公司）成立于 1995 年 6 月 8 日，经营范围为食品添加剂山梨酸钾的研发、生产，化工产品（除危险化学品）的制造、销售等，王某军任监事。宁波王某科技股份有限公司（以下简称王某科技公司）成立于 2009 年 10 月 21 日，由王某军与

王某集团公司共同出资成立，王某军任法定代表人。宁波王某香精香料有限公司成立于2015年11月20日，由王某科技公司以实物方式出资8000万元成立，经营范围为实用香精香料（食品添加剂）的研发、生产等，主要产品为香兰素，王某军任法定代表人。2017年宁波王某香精香料有限公司企业名称变更为某孚狮王某香料（宁波）有限公司（以下简称某孚狮王某公司）。

2010年春节前后，冯某义与傅某根、费某良开始商议并寻求香兰素生产技术的交易机会。同年4月12日，三人前往王某集团公司与王某军洽谈香兰素生产技术合作事宜，以嘉兴市智某工程技术咨询有限公司（以下简称嘉兴智某公司）作为甲方，王某集团公司香兰素分厂作为乙方，签订《香兰素技术合作协议》。同日，王某集团公司向嘉兴智某公司开具100万元银行汇票，冯某义通过背书转让后支取100万元现金支票，从中支付给傅某根40万元、费某良24万元。随后，傅某根交给冯某义一个U盘，其中存有香兰素生产设备图200张、工艺管道及仪表流程图14张、主要设备清单等技术资料，冯某义转交给了王某军。同年4月15日，傅某根向嘉兴中某化工公司提交辞职报告，同年5月傅某根从嘉兴中某化工公司离职，随即与冯某义、费某良进入王某科技公司香兰素车间工作。2011年3月15日，浙江省宁波市环境保护局批复同意王某科技公司生产香兰素等建设项目环境影响报告书，批准香兰素年产量为5000吨。同年6月，王某科技公司开始生产香兰素。某孚狮王某公司自成立时起持续使用王某科技公司作为股权出资的香兰素生产设备生产香兰素。

2018年嘉兴中某化工公司、上海欣某公司向浙江省高级人民法院起诉，认为王某集团公司、王某科技公司、某孚狮王某公司、傅某根、王某军侵害其享有的香兰素技术秘密。

【裁判结果】

浙江省高级人民法院于2020年4月24日作出（2018）浙民初25号民事判决：一、王某集团公司、王某科技公司、某孚狮王某公司、傅某根立即停止侵害涉案技术秘密的行为，即停止以不正当手段获取、披露、使用、允许他人使用涉案设备图和工艺管道及仪表流程图记载的技术秘密；该停止侵害的时间持续到涉案技术秘密已为公众所知悉时止。二、王某集团公司、王某科技公司、傅某根自本判决生效之日起十日内连带赔偿嘉兴中某化工公司、上海欣某公司经济损失300万元、合理维权费用50万元，共计350万元；某孚狮王某公司对其中7%即24.5万元承担连带赔偿责任。三、驳回嘉兴中某化工公司、上海欣某公司的其他诉讼请求。除王某军外，本案各方当事人均不服一审判决，向最高人民法院提出上诉。

最高人民法院于2021年2月19日作出（2020）最高法知民终1667号民事判决：一、撤销浙江省高级人民法院（2018）浙民初25号民事判决。二、王某集团公司、王某科技公司、某孚狮王某公司、傅某根、王某军立即停止侵害嘉兴中某化工公司、上海欣某公司技术秘密的行为，即停止以不正当手段获取、披露、使用、允许他人使用涉案设备图和工艺管道及仪表流程图记载的技术秘密，该停止侵害的时间持续到涉案技术秘密为公众所知悉时止。三、王某集团公司、王某科技公司、傅某根、王某军自本判决生效之日起十日内连带赔偿嘉兴中某化工公司、上海欣某公司经济损失155829455.20元，合理维权费用3492216元，共计159321671.20元，某孚狮王某公司对其中7%即11152516.98元承担连带赔偿责任。四、驳回嘉兴中某化工公司、上海欣某公司的其他诉讼请求。五、驳回王某集团公司、王某科技公司、某孚狮王某公司、傅某根的上诉请求。二审宣判后，王某集团公司、王某科技公司、某孚狮王某公司、傅某根、王某军不服，向最高人民法院申请再审。

最高人民法院于2021年10月19日作出（2021）最高法民申3890号民事裁定：驳回王某集团公司、王某科技公司、某孚狮王某公司、傅某根、王某军的再审申请。

【裁判理由】

最高人民法院认为：王某集团公司等被诉侵权人已经实际制造了香兰素产品，故其必然具备制造香兰素产品的完整工艺流程和相应装置设备。嘉兴中某化工公司与上海欣某公司主张的技术秘密包括六个秘密点，涉及58个非标设备的设备图287张和工艺管道及仪表流程图25张。被诉侵权技术信息载体为王某集团公司等被诉侵权人获取的200张设备图和14张工艺流程图，经比对其中有184张设备图与涉案技术秘密中设备图的结构型式、大小尺寸、设计参数、制造要求均相同，设备名称和编号、图纸编号、制图单位等也相同，共涉及40个非标设备；有14张工艺流程图与嘉兴中某化工公司的工艺管道及仪表流程图的设备位置和连接关系、物料和介质连接关系、控制内容和参数等均相同，其中部分图纸标注的图纸名称、项目名称、设计单位也相同。同时，王某科技公司提供给浙江杭某容器有限公司（以下简称杭某公司）

的脱甲苯冷凝器设备图、王某科技公司环境影响报告书附15氧化单元氧化工艺流程图虽然未包含在冯某义提交的图纸之内，但均属于涉案技术秘密的范围。鉴于王某科技公司已在设备加工和环评申报中加以使用，可以确定王某科技公司获取了该两份图纸。本案中，涉案技术秘密的载体为287张设备图和25张工艺管道及仪表流程图，王某集团公司等被诉侵权人非法获取了其中的185张设备图和15张工艺流程图。考虑到王某集团公司等被诉侵权人获取涉案技术秘密图纸后完全可以做一些针对性的修改，故虽有4项与涉案技术秘密中的对应技术信息存在些许差异，但根据本案具体侵权情况，完全可以认定这些差异是因王某集团公司等被诉侵权人在获取涉案技术秘密后进行规避性或者适应性修改所导致，故可以认定这4项依然使用了涉案技术秘密。在此基础上，可以进一步认定王某集团公司等被诉侵权人实际使用了其已经获取的全部185张设备图和15张工艺流程图。具体理由是：第一，香兰素生产设备和工艺流程通常具有配套性，其生产工艺及相关装置相对明确固定，王某集团公司等被诉侵权人已经实际建成香兰素项目生产线并进行规模化生产，故其必然具备制造香兰素产品的完整工艺流程和相应装置设备。第二，王某集团公司等被诉侵权人拒不提供有效证据证明其对香兰素产品的完整工艺流程和相应装置设备进行了研发和试验，且其在极短时间内上马香兰素项目生产线并实际投产，王某科技公司的香兰素生产线从启动到量产仅用了一年左右的时间。与之相比，嘉兴中某化工公司涉案技术秘密从研发到建成生产线至少用了长达四年多的时间。第三，王某集团公司等被诉侵权人未提交有效证据证明其对被诉技术方案及相关设备进行过小试和中试，且其又非法获取了涉案技术图纸，同时王某科技公司的环境影响报告书及其在向杭某公司购买设备的过程中均已使用了其非法获取的设备图和工艺流程图。综合考虑技术秘密案件的特点及本案实际情况，同时结合王某集团公司等被诉侵权人未提交有效相反证据的情况，可以认定王某集团公司等被诉侵权人使用了其非法获取的全部技术秘密。第四，虽然王某集团公司、王某科技公司的香兰素生产工艺流程和相应装置设备与涉案技术秘密在个别地方略有不同，但其未提交证据证明这种不同是基于其自身的技术研发或通过其他正当途径获得的技术成果所致。同时现有证据表明，王某集团公司等被诉侵权人是在获取了涉案技术秘密后才开始组建工厂生产香兰素产品，即其完全可能在获得涉案技术秘密后对照该技术秘密对某些生产工艺或个别配件装置做规避性或者适应性修改。这种修改本身也是实际使用涉案技术秘密的方式之一。综上，认定王某集团公司等被诉侵权人从嘉兴中某化工公司处非法获取的涉案技术秘密，即185张设备图和15张工艺流程图均已被实际使用。

傅某根长期在嘉兴中某化工公司工作，负责香兰素车间设备维修，能够接触到涉案技术秘密。2010年4月12日，冯某义、傅某根等三人前往王某集团公司与王某军洽谈香兰素生产技术合作事宜，迅速达成《香兰素技术合作协议》，约定由冯某义、傅某根等人以香兰素新工艺技术入股王某集团公司香兰素分厂。傅某根根据该协议获得40万元的对价，随后将含有涉案技术秘密的U盘经冯某义转交给王某军。傅某根从嘉兴中某化工公司辞职后即加入王某科技公司，负责香兰素生产线建设，王某科技公司在很短时间内完成香兰素生产线建设并进行工业化生产，全面使用了嘉兴中某化工公司和上海欣某公司的设备图和工艺流程图。以上事实足以证明傅某根实施了获取及披露涉案技术秘密给王某集团公司、王某科技公司并允许其使用涉案技术秘密的行为。王某集团公司、王某科技公司均系从事香兰素生产销售的企业，与嘉兴中某化工公司具有直接竞争关系，应当知悉傅某根作为嘉兴中某化工公司员工对该公司香兰素生产设备图和工艺流程图并不享有合法权利。但是，王某集团公司仍然通过签订《香兰素技术合作协议》，向傅某根、冯某义等支付报酬的方式，直接获取嘉兴中某化工公司的涉案技术秘密，并披露给王某科技公司使用。王某科技公司雇佣傅某根并使用其非法获取的技术秘密进行生产，之后又通过设备出资方式将涉案技术秘密披露并允许某孚狮王某公司继续使用，以上行为均侵害了嘉兴中某化工公司与上海欣某公司的技术秘密。某孚狮王某公司自成立起持续使用王某科技公司作为技术出资的香兰素生产线，构成侵害涉案技术秘密。

王某集团公司等被诉侵权人非法获取并持续、大量使用商业价值较高的涉案技术秘密，手段恶劣，具有侵权恶意，其行为冲击香兰素全球市场，且王某集团公司等被诉侵权人存在举证妨碍、不诚信诉讼等情节，王某集团公司、王某科技公司、某孚狮王某公司、傅某根拒不执行原审法院的生效行为保全裁定，法院根据上述事实依法决定按照销售利润计算本案侵权损害赔偿数额。由于王某集团公司、王某科技公司及某孚狮王某公司在本案中拒不提交与侵权行为有关的账簿和资料，法院无法直接依据其实际销售数据计算销售利润。考虑到嘉兴中某化工公司香兰素产品的销售价格及销售利润率可以作为确定王某集团公司、王某科技公司及某孚狮王某公司相关销售价格和销售利润率的参考，为严厉惩处恶意侵害技术秘密的行为，充分保护技术秘密权利人的合法利益，人民法院决定以嘉兴中某化工公司香兰素产品2011年至2017年期间的销售利润率来计算本案损害赔偿数额，即以2011年至2017年期间王某集团公司、王某科技公司及某孚狮王某公司生产和销售的香兰素产量乘以嘉兴中某化工公司香兰素产品的销售价格及销售利润率计算赔偿数额。

【相关法条】

1.《中华人民共和国民法典》第1168条（本案适用的是自2010年7月1日起施行的《中华人民共和国侵权责任法》第8条）

2.《中华人民共和国反不正当竞争法》（2019年修正）第9条、第17条（本案适用2017年修订的《中华人民共和国反不正当竞争法》第9条、第17条）

六、反不正当竞争

资料补充栏

中华人民共和国反不正当竞争法

1. 1993年9月2日第八届全国人民代表大会常务委员会第三次会议通过

2. 2017年11月4日第十二届全国人民代表大会常务委员会第三十次会议修订

3. 根据2019年4月23日第十三届全国人民代表大会常务委员会第十次会议《关于修改〈中华人民共和国建筑法〉等八部法律的决定》修正

目 录

第一章 总 则

第一条 【立法目的】为了促进社会主义市场经济健康发展，鼓励和保护公平竞争，制止不正当竞争行为，保护经营者和消费者的合法权益，制定本法。

第二条 【原则与概念】经营者在生产经营活动中，应当遵循自愿、平等、公平、诚信的原则，遵守法律和商业道德。

本法所称的不正当竞争行为，是指经营者在生产经营活动中，违反本法规定，扰乱市场竞争秩序，损害其他经营者或者消费者的合法权益的行为。

本法所称的经营者，是指从事商品生产、经营或者提供服务（以下所称商品包括服务）的自然人、法人和非法人组织。

第三条 【各级政府职责】各级人民政府应当采取措施，制止不正当竞争行为，为公平竞争创造良好的环境和条件。

国务院建立反不正当竞争工作协调机制，研究决定反不正当竞争重大政策，协调处理维护市场竞争秩序的重大问题。

第四条 【政府部门职责】县级以上人民政府履行工商行政管理职责的部门对不正当竞争行为进行查处；法律、行政法规规定由其他部门查处的，依照其规定。

第五条 【监督、自律】国家鼓励、支持和保护一切组织和个人对不正当竞争行为进行社会监督。

国家机关及其工作人员不得支持、包庇不正当竞争行为。

行业组织应当加强行业自律，引导、规范会员依法竞争，维护市场竞争秩序。

第二章 不正当竞争行为

第六条 【禁止实施混淆行为】经营者不得实施下列混淆行为，引人误认为是他人商品或者与他人存在特定联系：

（一）擅自使用与他人有一定影响的商品名称、包装、装潢等相同或者近似的标识；

（二）擅自使用他人有一定影响的企业名称（包括简称、字号等）、社会组织名称（包括简称等）、姓名（包括笔名、艺名、译名等）；

（三）擅自使用他人有一定影响的域名主体部分、网站名称、网页等；

（四）其他足以引人误认为是他人商品或者与他人存在特定联系的混淆行为。

第七条 【禁止贿赂方式经营】经营者不得采用财物或者其他手段贿赂下列单位或者个人，以谋取交易机会或者竞争优势：

（一）交易相对方的工作人员；

（二）受交易相对方委托办理相关事务的单位或者个人；

（三）利用职权或者影响力影响交易的单位或者个人。

经营者在交易活动中，可以以明示方式向交易相对方支付折扣，或者向中间人支付佣金。经营者向交易相对方支付折扣、向中间人支付佣金的，应当如实入账。接受折扣、佣金的经营者也应当如实入账。

经营者的工作人员进行贿赂的，应当认定为经营者的行为；但是，经营者有证据证明该工作人员的行为与为经营者谋取交易机会或者竞争优势无关的除外。

第八条 【禁止虚假或引人误解的商业宣传】经营者不得对其商品的性能、功能、质量、销售状况、用户评价、曾获荣誉等作虚假或者引人误解的商业宣传，欺骗、误导消费者。

经营者不得通过组织虚假交易等方式，帮助其他经营者进行虚假或者引人误解的商业宣传。

第九条 【禁止实施侵犯商业秘密的行为】经营者不得实施下列侵犯商业秘密的行为：

（一）以盗窃、贿赂、欺诈、胁迫、电子侵入或者其他不正当手段获取权利人的商业秘密；

（二）披露、使用或者允许他人使用以前项手段获取的权利人的商业秘密；

（三）违反保密义务或者违反权利人有关保守商业秘密的要求，披露、使用或者允许他人使用其所掌握的商业秘密；

（四）教唆、引诱、帮助他人违反保密义务或者违反权利人有关保守商业秘密的要求，获取、披露、使用或者允许他人使用权利人的商业秘密。

经营者以外的其他自然人、法人和非法人组织实施前款所列违法行为的，视为侵犯商业秘密。

第三人明知或者应知商业秘密权利人的员工、前员工或者其他单位、个人实施本条第一款所列违法行为，仍获取、披露、使用或者允许他人使用该商业秘密的，视为侵犯商业秘密。

本法所称的商业秘密，是指不为公众所知悉、具有商业价值并经权利人采取相应保密措施的技术信息、经营信息等商业信息。

第十条　【有奖销售的禁止情形】经营者进行有奖销售不得存在下列情形：

（一）所设奖的种类、兑奖条件、奖金金额或者奖品等有奖销售信息不明确，影响兑奖；

（二）采用谎称有奖或者故意让内定人员中奖的欺骗方式进行有奖销售；

（三）抽奖式的有奖销售，最高奖的金额超过五万元。

第十一条　【禁止损害商誉】经营者不得编造、传播虚假信息或者误导性信息，损害竞争对手的商业信誉、商品声誉。

第十二条　【网络生产经营规范】经营者利用网络从事生产经营活动，应当遵守本法的各项规定。

经营者不得利用技术手段，通过影响用户选择或者其他方式，实施下列妨碍、破坏其他经营者合法提供的网络产品或者服务正常运行的行为：

（一）未经其他经营者同意，在其合法提供的网络产品或者服务中，插入链接、强制进行目标跳转；

（二）误导、欺骗、强迫用户修改、关闭、卸载其他经营者合法提供的网络产品或者服务；

（三）恶意对其他经营者合法提供的网络产品或者服务实施不兼容；

（四）其他妨碍、破坏其他经营者合法提供的网络产品或者服务正常运行的行为。

第三章　对涉嫌不正当竞争行为的调查

第十三条　【监督机关职权】监督检查部门调查涉嫌不正当竞争行为，可以采取下列措施：

（一）进入涉嫌不正当竞争行为的经营场所进行检查；

（二）询问被调查的经营者、利害关系人及其他有关单位、个人，要求其说明有关情况或者提供与被调查行为有关的其他资料；

（三）查询、复制与涉嫌不正当竞争行为有关的协议、账簿、单据、文件、记录、业务函电和其他资料；

（四）查封、扣押与涉嫌不正当竞争行为有关的财物；

（五）查询涉嫌不正当竞争行为的经营者的银行账户。

采取前款规定的措施，应当向监督检查部门主要负责人书面报告，并经批准。采取前款第四项、第五项规定的措施，应当向设区的市级以上人民政府监督检查部门主要负责人书面报告，并经批准。

监督检查部门调查涉嫌不正当竞争行为，应当遵守《中华人民共和国行政强制法》和其他有关法律、行政法规的规定，并应当将查处结果及时向社会公开。

第十四条　【被调查者的协作义务】监督检查部门调查涉嫌不正当竞争行为，被调查的经营者、利害关系人及其他有关单位、个人应当如实提供有关资料或者情况。

第十五条　【保密义务】监督检查部门及其工作人员对调查过程中知悉的商业秘密负有保密义务。

第十六条　【举报】对涉嫌不正当竞争行为，任何单位和个人有权向监督检查部门举报，监督检查部门接到举报后应当依法及时处理。

监督检查部门应当向社会公开受理举报的电话、信箱或者电子邮件地址，并为举报人保密。对实名举报并提供相关事实和证据的，监督检查部门应当将处理结果告知举报人。

第四章　法律责任

第十七条　【民事责任及赔偿范围】经营者违反本法规定，给他人造成损害的，应当依法承担民事责任。

经营者的合法权益受到不正当竞争行为损害的，可以向人民法院提起诉讼。

因不正当竞争行为受到损害的经营者的赔偿数额，按照其因被侵权所受到的实际损失确定；实际损失难以计算的，按照侵权人因侵权所获得的利益确定。经营者恶意实施侵犯商业秘密行为，情节严重的，可以在按照上述方法确定数额的一倍以上五倍以下确定赔偿数额。赔偿数额还应当包括经营者为制止侵权行为所支付的合理开支。

经营者违反本法第六条、第九条规定，权利人因被侵权所受到的实际损失、侵权人因侵权所获得的利益难以确定的，由人民法院根据侵权行为的情节判决给予权利人五百万元以下的赔偿。

第十八条　【实施混淆行为的责任】经营者违反本法第六条规定实施混淆行为的，由监督检查部门责令停止违法行为，没收违法商品。违法经营额五万元以上的，可以并处违法经营额五倍以下的罚款；没有违法经营额或者违法经营额不足五万元的，可以并处二十五万元以下的罚款。情节严重的，吊销营业执照。

经营者登记的企业名称违反本法第六条规定的，应当及时办理名称变更登记；名称变更前，由原企业登记机关以统一社会信用代码代替其名称。

第十九条　【贿赂责任】经营者违反本法第七条规定贿赂他人的，由监督检查部门没收违法所得，处十万元以上三百万元以下的罚款。情节严重的，吊销营业执照。

第二十条　【涉虚假或引人误解宣传的责任】经营者违反本法第八条规定对其商品作虚假或者引人误解的商业宣传，或者通过组织虚假交易等方式帮助其他经营者进行虚假或者引人误解的商业宣传的，由监督检查部门责令停止违法行为，处二十万元以上一百万元以下的罚款；情节严重的，处一百万元以上二百万元以下的罚款，可以吊销营业执照。

经营者违反本法第八条规定，属于发布虚假广告的，依照《中华人民共和国广告法》的规定处罚。

第二十一条　【侵犯商业秘密的责任】经营者以及其他自然人、法人和非法人组织违反本法第九条规定侵犯商业秘密的，由监督检查部门责令停止违法行为，没收违法所得，处十万元以上一百万元以下的罚款；情节严重的，处五十万元以上五百万元以下的罚款。

第二十二条　【违法有奖销售的责任】经营者违反本法第十条规定进行有奖销售的，由监督检查部门责令停止违法行为，处五万元以上五十万元以下的罚款。

第二十三条　【违法损害竞争对手商誉的责任】经营者违反本法第十一条规定损害竞争对手商业信誉、商品声誉的，由监督检查部门责令停止违法行为、消除影响，处十万元以上五十万元以下的罚款；情节严重的，处五十万元以上三百万元以下的罚款。

第二十四条　【妨碍、破坏网络产品或服务正常运行的责任】经营者违反本法第十二条规定妨碍、破坏其他经营者合法提供的网络产品或者服务正常运行的，由监督检查部门责令停止违法行为，处十万元以上五十万元以下的罚款；情节严重的，处五十万元以上三百万元以下的罚款。

第二十五条　【从轻或减轻、免予处罚】经营者违反本法规定从事不正当竞争，有主动消除或者减轻违法行为危害后果等法定情形的，依法从轻或者减轻行政处罚；违法行为轻微并及时纠正，没有造成危害后果的，不予行政处罚。

第二十六条　【信用记录公示】经营者违反本法规定从事不正当竞争，受到行政处罚的，由监督检查部门记入信用记录，并依照有关法律、行政法规的规定予以公示。

第二十七条　【民事责任优先承担】经营者违反本法规定，应当承担民事责任、行政责任和刑事责任，其财产不足以支付的，优先用于承担民事责任。

第二十八条　【拒绝、阻碍调查的责任】妨害监督检查部门依照本法履行职责，拒绝、阻碍调查的，由监督检查部门责令改正，对个人可以处五千元以下的罚款，对单位可以处五万元以下的罚款，并可以由公安机关依法给予治安管理处罚。

第二十九条　【行政复议或诉讼】当事人对监督检查部门作出的决定不服的，可以依法申请行政复议或者提起行政诉讼。

第三十条　【渎职处分】监督检查部门的工作人员滥用职权、玩忽职守、徇私舞弊或者泄露调查过程中知悉的商业秘密的，依法给予处分。

第三十一条　【刑事责任】违反本法规定，构成犯罪的，依法追究刑事责任。

第三十二条　【不存在侵犯商业秘密的证据提供】在侵犯商业秘密的民事审判程序中，商业秘密权利人提供初步证据，证明其已经对所主张的商业秘密采取保密措施，且合理表明商业秘密被侵犯，涉嫌侵权人应当证明权利人所主张的商业秘密不属于本法规定的商业秘密。

商业秘密权利人提供初步证据合理表明商业秘密

被侵犯，且提供以下证据之一的，涉嫌侵权人应当证明其不存在侵犯商业秘密的行为：

（一）有证据表明涉嫌侵权人有渠道或者机会获取商业秘密，且其使用的信息与该商业秘密实质上相同；

（二）有证据表明商业秘密已经被涉嫌侵权人披露、使用或者有被披露、使用的风险；

（三）有其他证据表明商业秘密被涉嫌侵权人侵犯。

第五章　附　　则

第三十三条　**【施行日期】**本法自2018年1月1日起施行。

最高人民法院关于适用《中华人民共和国反不正当竞争法》若干问题的解释

1. 2022年1月29日最高人民法院审判委员会第1862次会议通过

2. 2022年3月16日公布

3. 法释〔2022〕9号

4. 自2022年3月20日起施行

为正确审理因不正当竞争行为引发的民事案件，根据《中华人民共和国民法典》《中华人民共和国反不正当竞争法》《中华人民共和国民事诉讼法》等有关法律规定，结合审判实践，制定本解释。

第一条　经营者扰乱市场竞争秩序，损害其他经营者或者消费者合法权益，且属于违反反不正当竞争法第二章及专利法、商标法、著作权法等规定之外情形的，人民法院可以适用反不正当竞争法第二条予以认定。

第二条　与经营者在生产经营活动中存在可能的争夺交易机会、损害竞争优势等关系的市场主体，人民法院可以认定为反不正当竞争法第二条规定的“其他经营者”。

第三条　特定商业领域普遍遵循和认可的行为规范，人民法院可以认定为反不正当竞争法第二条规定的“商业道德”。

人民法院应当结合案件具体情况，综合考虑行业规则或者商业惯例、经营者的主观状态、交易相对人的选择意愿、对消费者权益、市场竞争秩序、社会公共利益的影响等因素，依法判断经营者是否违反商业道德。

人民法院认定经营者是否违反商业道德时，可以参考行业主管部门、行业协会或者自律组织制定的从业规范、技术规范、自律公约等。

第四条　具有一定的市场知名度并具有区别商品来源的显著特征的标识，人民法院可以认定为反不正当竞争法第六条规定的“有一定影响的”标识。

人民法院认定反不正当竞争法第六条规定的标识是否具有一定的市场知名度，应当综合考虑中国境内相关公众的知悉程度，商品销售的时间、区域、数额和对象，宣传的持续时间、程度和地域范围，标识受保护的情况等因素。

第五条　反不正当竞争法第六条规定的标识有下列情形之一的，人民法院应当认定其不具有区别商品来源的显著特征：

（一）商品的通用名称、图形、型号；

（二）仅直接表示商品的质量、主要原料、功能、用途、重量、数量及其他特点的标识；

（三）仅由商品自身的性质产生的形状，为获得技术效果而需有的商品形状以及使商品具有实质性价值的形状；

（四）其他缺乏显著特征的标识。

前款第一项、第二项、第四项规定的标识经过使用取得显著特征，并具有一定的市场知名度，当事人请求依据反不正当竞争法第六条规定予以保护的，人民法院应予支持。

第六条　因客观描述、说明商品而正当使用下列标识，当事人主张属于反不正当竞争法第六条规定的情形的，人民法院不予支持：

（一）含有本商品的通用名称、图形、型号；

（二）直接表示商品的质量、主要原料、功能、用途、重量、数量以及其他特点；

（三）含有地名。

第七条　反不正当竞争法第六条规定的标识或者其显著识别部分属于商标法第十条第一款规定的不得作为商标使用的标志，当事人请求依据反不正当竞争法第六条规定予以保护的，人民法院不予支持。

第八条　由经营者营业场所的装饰、营业用具的式样、营业人员的服饰等构成的具有独特风格的整体营业形象，人民法院可以认定为反不正当竞争法第六条第一项规定的“装潢”。

第九条　市场主体登记管理部门依法登记的企业名称，

以及在中国境内进行商业使用的境外企业名称，人民法院可以认定为反不正当竞争法第六条第二项规定的“企业名称”。

有一定影响的个体工商户、农民专业合作社（联合社）以及法律、行政法规规定的其他市场主体的名称（包括简称、字号等），人民法院可以依照反不正当竞争法第六条第二项予以认定。

第十条 在中国境内将有一定影响的标识用于商品、商品包装或者容器以及商品交易文书上，或者广告宣传、展览以及其他商业活动中，用于识别商品来源的行为，人民法院可以认定为反不正当竞争法第六条规定的“使用”。

第十一条 经营者擅自使用与他人有一定影响的企业名称（包括简称、字号等）、社会组织名称（包括简称等）、姓名（包括笔名、艺名、译名等）、域名主体部分、网站名称、网页等近似的标识，引人误认为是他人商品或者与他人存在特定联系，当事人主张属于反不正当竞争法第六条第二项、第三项规定的情形的，人民法院应予支持。

第十二条 人民法院认定与反不正当竞争法第六条规定的“有一定影响的”标识相同或者近似，可以参照商标相同或者近似的判断原则和方法。

反不正当竞争法第六条规定的“引人误认为是他人商品或者与他人存在特定联系”，包括误认为与他人具有商业联合、许可使用、商业冠名、广告代言等特定联系。

在相同商品上使用相同或者视觉上基本无差别的商品名称、包装、装潢等标识，应当视为足以造成与他人有一定影响的标识相混淆。

第十三条 经营者实施下列混淆行为之一，足以引人误认为是他人商品或者与他人存在特定联系的，人民法院可以依照反不正当竞争法第六条第四项予以认定：

（一）擅自使用反不正当竞争法第六条第一项、第二项、第三项规定以外“有一定影响的”标识；

（二）将他人注册商标、未注册的驰名商标作为企业名称中的字号使用，误导公众。

第十四条 经营者销售带有违反反不正当竞争法第六条规定的标识的商品，引人误认为是他人商品或者与他人存在特定联系，当事人主张构成反不正当竞争法第六条规定的情形的，人民法院应予支持。

销售不知道是前款规定的侵权商品，能证明该商品是自己合法取得并说明提供者，经营者主张不承担赔偿责任的，人民法院应予支持。

第十五条 故意为他人实施混淆行为提供仓储、运输、邮寄、印制、隐匿、经营场所等便利条件，当事人请求依据民法典第一千一百六十九条第一款予以认定的，人民法院应予支持。

第十六条 经营者在商业宣传过程中，提供不真实的商品相关信息，欺骗、误导相关公众的，人民法院应当认定为反不正当竞争法第八条第一款规定的虚假的商业宣传。

第十七条 经营者具有下列行为之一，欺骗、误导相关公众的，人民法院可以认定为反不正当竞争法第八条第一款规定的“引人误解的商业宣传”：

（一）对商品作片面的宣传或者对比；

（二）将科学上未定论的观点、现象等当作定论的事实用于商品宣传；

（三）使用歧义性语言进行商业宣传；

（四）其他足以引人误解的商业宣传行为。

人民法院应当根据日常生活经验、相关公众一般注意力、发生误解的事实和被宣传对象的实际情况等因素，对引人误解的商业宣传行为进行认定。

第十八条 当事人主张经营者违反反不正当竞争法第八条第一款的规定并请求赔偿损失的，应当举证证明其因虚假或者引人误解的商业宣传行为受到损失。

第十九条 当事人主张经营者实施了反不正当竞争法第十一条规定的商业诋毁行为的，应当举证证明其为该商业诋毁行为的特定损害对象。

第二十条 经营者传播他人编造的虚假信息或者误导性信息，损害竞争对手的商业信誉、商品声誉的，人民法院应当依照反不正当竞争法第十一条予以认定。

第二十一条 未经其他经营者和用户同意而直接发生的目标跳转，人民法院应当认定为反不正当竞争法第十二条第二款第一项规定的“强制进行目标跳转”。

仅插入链接，目标跳转由用户触发的，人民法院应当综合考虑插入链接的具体方式、是否具有合理理由以及对用户利益和其他经营者利益的影响等因素，认定该行为是否违反反不正当竞争法第十二条第二款第一项的规定。

第二十二条 经营者事前未明确提示并经用户同意，以误导、欺骗、强迫用户修改、关闭、卸载等方式，恶意干扰或者破坏其他经营者合法提供的网络产品或者服务，人民法院应当依照反不正当竞争法第十二条第二款第二项予以认定。

第二十三条　对于反不正当竞争法第二条、第八条、第十一条、第十二条规定的不正当竞争行为，权利人因被侵权所受到的实际损失、侵权人因侵权所获得的利益难以确定，当事人主张依据反不正当竞争法第十七条第四款确定赔偿数额的，人民法院应予支持。

第二十四条　对于同一侵权人针对同一主体在同一时间和地域范围实施的侵权行为，人民法院已经认定侵害著作权、专利权或者注册商标专用权等并判令承担民事责任，当事人又以该行为构成不正当竞争为由请求同一侵权人承担民事责任的，人民法院不予支持。

第二十五条　依据反不正当竞争法第六条的规定，当事人主张判令被告停止使用或者变更其企业名称的诉讼请求依法应予支持的，人民法院应当判令停止使用该企业名称。

第二十六条　因不正当竞争行为提起的民事诉讼，由侵权行为地或者被告住所地人民法院管辖。

当事人主张仅以网络购买者可以任意选择的收货地作为侵权行为地的，人民法院不予支持。

第二十七条　被诉不正当竞争行为发生在中华人民共和国领域外，但侵权结果发生在中华人民共和国领域内，当事人主张由该侵权结果发生地人民法院管辖的，人民法院应予支持。

第二十八条　反不正当竞争法修改决定施行以后人民法院受理的不正当竞争民事案件，涉及该决定施行前发生的行为的，适用修改前的反不正当竞争法；涉及该决定施行前发生、持续到该决定施行以后的行为的，适用修改后的反不正当竞争法。

第二十九条　本解释自2022年3月20日起施行。《最高人民法院关于审理不正当竞争民事案件应用法律若干问题的解释》（法释〔2007〕2号）同时废止。

本解释施行以后尚未终审的案件，适用本解释；施行以前已经终审的案件，不适用本解释再审。

关于禁止仿冒知名商品特有的名称、包装、装潢的不正当竞争行为的若干规定

1995年7月6日国家工商行政管理局令第33号发布施行

第一条　为了制止仿冒知名商品特有的名称、包装、装潢的不正当竞争行为，根据《中华人民共和国反不正当竞争法》（以下简称《反不正当竞争法》）的有关规定，制定本规定。

第二条　仿冒知名商品特有的名称、包装、装潢的不正当竞争行为，是指违反《反不正当竞争法》第五条第（二）项规定，擅自将他人知名商品特有的商品名称、包装、装潢作相同或者近似使用，造成与他人的知名商品相混淆，使购买者误认为是该知名商品的行为。

前款所称使购买者误认为是该知名商品，包括足以使购买者误认为是该知名商品。

第三条　本规定所称知名商品，是指在市场上具有一定知名度，为相关公众所知悉的商品。

本规定所称特有，是指商品名称、包装、装潢非为相关商品所通用，并具有显著的区别性特征。

本规定所称知名商品特有的名称，是指知名商品独有的与通用名称有显著区别的商品名称。但该名称已经作为商标注册的除外。

本规定所称包装，是指为识别商品以及方便携带、储运而使用在商品上的辅助物和容器。

本规定所称装潢，是指为识别与美化商品而在商品或者其包装上附加的文字、图案、色彩及其排列组合。

第四条　商品的名称、包装、装潢被他人擅自作相同或者近似使用，足以造成购买者误认的，该商品即可认定为知名商品。

特有的商品名称、包装、装潢应当依照使用在先的原则予以认定。

第五条　对使用与知名商品近似的名称、包装、装潢，可以根据主要部分和整体印象相近，一般购买者施以普通注意力会发生误认等综合分析认定。

一般购买者已经发生误认或者混淆的，可以认定为近似。

第六条　县级以上工商行政管理机关在监督检查仿冒知名商品特有的名称、包装、装潢的不正当竞争行为时，对知名商品和特有的名称、包装、装潢一并予以认定。

第七条　经营者有本规定第二条所列行为的，县级以上工商行政管理机关可以依照《反不正当竞争法》第二十一条第二款的规定对其进行处罚。

第八条　经营者有本规定第二条所列行为的，工商行政管理机关除依前条规定予以处罚外，对侵权物品可作如下处理：

（一）收缴并销毁或者责令并监督侵权人销毁尚未使用的侵权的包装和装潢；

（二）责令并监督侵权人消除现存商品上侵权的商品名称、包装和装潢；

（三）收缴直接专门用于印制侵权的商品包装和装潢的模具、印板和其他作案工具；

（四）采取前三项措施不足以制止侵权行为的，或者侵权的商品名称、包装和装潢与商品难以分离的，责令并监督侵权人销毁侵权物品。

第九条 销售明知或者应知是仿冒知名商品特有的名称、包装、装潢的商品的，比照本规定第七条、第八条的规定予以处罚。

第十条 知名商品经营者已经取得专利的知名商品特有的包装、装潢被仿冒的，工商行政管理机关可以依据《反不正当竞争法》及本规定对侵权人予以处罚。

第十一条 本规定自发布之日起施行。

关于禁止侵犯商业秘密行为的若干规定

1. 1995年11月23日国家工商行政管理局令第41号公布

2. 根据1998年12月3日国家工商行政管理局令第86号《修改〈经济合同示范文本管理办法〉等33件规章超越〈行政处罚法〉规定处罚权限的内容》修正

第一条 为了制止侵犯商业秘密的行为，保护商业秘密权利人的合法权益，维护社会主义市场经济秩序，根据《中华人民共和国反不正当竞争法》（以下简称《反不正当竞争法》）的有关规定，制定本规定。

第二条 本规定所称商业秘密，是指不为公众所知悉、能为权利人带来经济利益、具有实用性并经权利人采取保密措施的技术信息和经营信息。

本规定所称不为公众所知悉，是指该信息是不能从公开渠道直接获取的。

本规定所称能为权利人带来经济利益、具有实用性，是指该信息具有确定的可应用性，能为权利人带来现实的或者潜在的经济利益或者竞争优势。

本规定所称权利人采取保密措施，包括订立保密协议，建立保密制度及采取其他合理的保密措施。

本规定所称技术信息和经营信息，包括设计、程序、产品配方、制作工艺、制作方法、管理诀窍、客户名单、货源情报、产销策略、招投标中的标底及标书内容等信息。

本规定所称权利人，是指依法对商业秘密享有所有权或者使用权的公民、法人或者其他组织。

第三条 禁止下列侵犯商业秘密的行为：

（一）以盗窃、利诱、胁迫或者其他不正当手段获取权利人的商业秘密；

（二）披露、使用或者允许他人使用以前项手段获取的权利人的商业秘密；

（三）与权利人有业务关系的单位和个人违反合同约定或者违反权利人保守商业秘密的要求，披露、使用或者允许他人使用其所掌握的权利人的商业秘密；

（四）权利人的职工违反合同约定或者违反权利人保守商业秘密的要求，披露、使用或者允许他人使用其所掌握的权利人的商业秘密。

第三人明知或者应知前款所列违法行为，获取、使用或者披露他人的商业秘密，视为侵犯商业秘密。

第四条 侵犯商业秘密行为由县级以上工商行政管理机关认定处理。

第五条 权利人（申请人）认为其商业秘密受到侵害，向工商行政管理机关申请查处侵权行为时，应当提供商业秘密及侵权行为存在的有关证据。

被检查的单位和个人（被申请人）及利害关系人、证明人，应当如实向工商行政管理机关提供有关证据。

权利人能证明被申请人所使用的信息与自己的商业秘密具有一致性或者相同性，同时能证明被申请人有获取其商业秘密的条件，而被申请人不能提供或者拒不提供其所使用的信息是合法获得或者使用的证据的，工商行政管理机关可以根据有关证据，认定被申请人有侵权行为。

第六条 对被申请人违法披露、使用、允许他人使用商业秘密将给权利人造成不可挽回的损失的，应权利人请求并由权利人出具自愿对强制措施后果承担责任的书面保证，工商行政管理机关可以责令被申请人停止销售使用权利人商业秘密生产的产品。

第七条 违反本规定第三条的，由工商行政管理机关依照《反不正当竞争法》第二十五条的规定，责令停止违法行为，并可以根据情节处以1万元以上20万元以下的罚款。

工商行政管理机关在依照前款规定予以处罚时，

对侵权物品可以作如下处理：

（一）责令并监督侵权人将载有商业秘密的图纸、软件及其他有关资料返还权利人。

（二）监督侵权人销毁使用权利人商业秘密生产的、流入市场将会造成商业秘密公开的产品。但权利人同意收购、销售等其他处理方式的除外。

第八条　对侵权人拒不执行处罚决定，继续实施本规定第三条所列行为的，视为新的违法行为，从重予以处罚。

第九条　权利人因损害赔偿问题向工商行政管理机关提出调解要求的，工商行政管理机关可以进行调解。

权利人也可以直接向人民法院起诉，请求损害赔偿。

第十条　国家机关及其公务人员在履行公务时，不得披露或者允许他人使用权利人的商业秘密。

工商行政管理机关的办案人员在监督检查侵犯商业秘密的不正当竞争行为时，应当对权利人的商业秘密予以保密。

第十一条　本规定由国家工商行政管理局负责解释。

第十二条　本规定自公布之日起施行。

禁止滥用知识产权排除、限制竞争行为规定

1. 2023年6月15日市场监管总局第11次局务会议通过
2. 2023年6月25日国家市场监督管理总局令第79号公布
3. 自2023年8月1日起施行

第一条　为了预防和制止滥用知识产权排除、限制竞争行为，根据《中华人民共和国反垄断法》（以下简称反垄断法），制定本规定。

第二条　反垄断与保护知识产权具有共同的目标，即促进竞争和创新，提高经济运行效率，维护消费者利益和社会公共利益。

经营者依照有关知识产权的法律、行政法规规定行使知识产权，但不得滥用知识产权，排除、限制竞争。

第三条　本规定所称滥用知识产权排除、限制竞争行为，是指经营者违反反垄断法的规定行使知识产权，达成垄断协议，滥用市场支配地位，实施具有或者可能具有排除、限制竞争效果的经营者集中等垄断行为。

第四条　国家市场监督管理总局（以下简称市场监管总局）根据反垄断法第十三条第一款规定，负责滥用知识产权排除、限制竞争行为的反垄断统一执法工作。

市场监管总局根据反垄断法第十三条第二款规定，授权各省、自治区、直辖市市场监督管理部门（以下称省级市场监管部门）负责本行政区域内垄断协议、滥用市场支配地位等滥用知识产权排除、限制竞争行为的反垄断执法工作。

本规定所称反垄断执法机构包括市场监管总局和省级市场监管部门。

第五条　本规定所称相关市场，包括相关商品市场和相关地域市场，根据反垄断法和《国务院反垄断委员会关于相关市场界定的指南》进行界定，并考虑知识产权、创新等因素的影响。在涉及知识产权许可等反垄断执法工作中，相关商品市场可以是技术市场，也可以是含有特定知识产权的产品市场。相关技术市场是指由行使知识产权所涉及的技术和可以相互替代的同类技术之间相互竞争所构成的市场。

第六条　经营者之间不得利用行使知识产权的方式，达成反垄断法第十七条、第十八条第一款所禁止的垄断协议。

经营者不得利用行使知识产权的方式，组织其他经营者达成垄断协议或者为其他经营者达成垄断协议提供实质性帮助。

经营者能够证明所达成的协议属于反垄断法第二十条规定情形的，不适用第一款和第二款的规定。

第七条　经营者利用行使知识产权的方式，与交易相对人达成反垄断法第十八条第一款第一项、第二项规定的协议，经营者能够证明其不具有排除、限制竞争效果的，不予禁止。

经营者利用行使知识产权的方式，与交易相对人达成协议，经营者能够证明参与协议的经营者在相关市场的市场份额低于市场监管总局规定的标准，并符合市场监管总局规定的其他条件的，不予禁止。具体标准可以参照《国务院反垄断委员会关于知识产权领域的反垄断指南》相关规定。

第八条　具有市场支配地位的经营者不得在行使知识产权的过程中滥用市场支配地位，排除、限制竞争。

市场支配地位根据反垄断法和《禁止滥用市场支配地位行为规定》的规定进行认定和推定。经营者拥有知识产权可以构成认定其具有市场支配地位的因素之一，但不能仅根据经营者拥有知识产权推定其在相

关市场具有市场支配地位。

认定拥有知识产权的经营者在相关市场是否具有支配地位，还可以考虑在相关市场交易相对人转向具有替代关系的技术或者产品的可能性及转移成本、下游市场对利用知识产权所提供商品的依赖程度、交易相对人对经营者的制衡能力等因素。

第九条 具有市场支配地位的经营者不得在行使知识产权的过程中，以不公平的高价许可知识产权或者销售包含知识产权的产品，排除、限制竞争。

认定前款行为可以考虑以下因素：

（一）该项知识产权的研发成本和回收周期；

（二）该项知识产权的许可费计算方法和许可条件；

（三）该项知识产权可以比照的历史许可费或者许可费标准；

（四）经营者就该项知识产权许可所作的承诺；

（五）需要考虑的其他相关因素。

第十条 具有市场支配地位的经营者没有正当理由，不得在行使知识产权的过程中，拒绝许可其他经营者以合理条件使用该知识产权，排除、限制竞争。

认定前款行为应当同时考虑以下因素：

（一）该项知识产权在相关市场不能被合理替代，为其他经营者参与相关市场的竞争所必需；

（二）拒绝许可该知识产权将会导致相关市场的竞争或者创新受到不利影响，损害消费者利益或者社会公共利益；

（三）许可该知识产权对该经营者不会造成不合理的损害。

第十一条 具有市场支配地位的经营者没有正当理由，不得在行使知识产权的过程中，从事下列限定交易行为，排除、限制竞争：

（一）限定交易相对人只能与其进行交易；

（二）限定交易相对人只能与其指定的经营者进行交易；

（三）限定交易相对人不得与特定经营者进行交易。

第十二条 具有市场支配地位的经营者没有正当理由，不得在行使知识产权的过程中，违背所在行业或者领域交易惯例、消费习惯或者无视商品的功能，从事下列搭售行为，排除、限制竞争：

（一）在许可知识产权时强制或者变相强制被许可人购买其他不必要的产品；

（二）在许可知识产权时强制或者变相强制被许可人接受一揽子许可。

第十三条 具有市场支配地位的经营者没有正当理由，不得在行使知识产权的过程中，附加下列不合理的交易条件，排除、限制竞争：

（一）要求交易相对人将其改进的技术进行排他性或者独占性回授，或者在不提供合理对价时要求交易相对人进行相同技术领域的交叉许可；

（二）禁止交易相对人对其知识产权的有效性提出质疑；

（三）限制交易相对人在许可协议期限届满后，在不侵犯知识产权的情况下利用竞争性的技术或者产品；

（四）对交易相对人附加其他不合理的交易条件。

第十四条 具有市场支配地位的经营者没有正当理由，不得在行使知识产权的过程中，对条件相同的交易相对人实行差别待遇，排除、限制竞争。

第十五条 涉及知识产权的经营者集中达到国务院规定的申报标准的，经营者应当事先向市场监管总局申报，未申报或者申报后获得批准前不得实施集中。

第十六条 涉及知识产权的经营者集中审查应当考虑反垄断法第三十三条规定的因素和知识产权的特点。

根据涉及知识产权的经营者集中交易具体情况，附加的限制性条件可以包括以下情形：

（一）剥离知识产权或者知识产权所涉业务；

（二）保持知识产权相关业务的独立运营；

（三）以合理条件许可知识产权；

（四）其他限制性条件。

第十七条 经营者不得在行使知识产权的过程中，利用专利联营从事排除、限制竞争的行为。

专利联营的成员不得交换价格、产量、市场划分等有关竞争的敏感信息，达成反垄断法第十七条、第十八条第一款所禁止的垄断协议。但是，经营者能够证明所达成的协议符合反垄断法第十八条第二款、第三款和第二十条规定的除外。

具有市场支配地位的专利联营实体或者专利联营的成员不得利用专利联营从事下列滥用市场支配地位的行为：

（一）以不公平的高价许可联营专利；

（二）没有正当理由，限制联营成员或者被许可人的专利使用范围；

（三）没有正当理由，限制联营成员在联营之外作为独立许可人许可专利；

（四）没有正当理由，限制联营成员或者被许可人独立或者与第三方联合研发与联营专利相竞争的技术；

（五）没有正当理由，强制要求被许可人将其改进或者研发的技术排他性或者独占性地回授给专利联营实体或者专利联营的成员；

（六）没有正当理由，禁止被许可人质疑联营专利的有效性；

（七）没有正当理由，将竞争性专利强制组合许可，或者将非必要专利、已终止的专利与其他专利强制组合许可；

（八）没有正当理由，对条件相同的联营成员或者同一相关市场的被许可人在交易条件上实行差别待遇；

（九）市场监管总局认定的其他滥用市场支配地位的行为。

本规定所称专利联营，是指两个或者两个以上经营者将各自的专利共同许可给联营成员或者第三方。专利联营各方通常委托联营成员或者独立第三方对联营进行管理。联营具体方式包括达成协议、设立公司或者其他实体等。

第十八条 经营者没有正当理由，不得在行使知识产权的过程中，利用标准的制定和实施达成下列垄断协议：

（一）与具有竞争关系的经营者联合排斥特定经营者参与标准制定，或者排斥特定经营者的相关标准技术方案；

（二）与具有竞争关系的经营者联合排斥其他特定经营者实施相关标准；

（三）与具有竞争关系的经营者约定不实施其他竞争性标准；

（四）市场监管总局认定的其他垄断协议。

第十九条 具有市场支配地位的经营者不得在标准的制定和实施过程中从事下列行为，排除、限制竞争：

（一）在参与标准制定过程中，未按照标准制定组织规定及时充分披露其权利信息，或者明确放弃其权利，但是在标准涉及该专利后却向标准实施者主张该专利权；

（二）在其专利成为标准必要专利后，违反公平、合理、无歧视原则，以不公平的高价许可，没有正当理由拒绝许可、搭售商品或者附加其他不合理的交易条件、实行差别待遇等；

（三）在标准必要专利许可过程中，违反公平、合理、无歧视原则，未经善意谈判，请求法院或者其他相关部门作出禁止使用相关知识产权的判决、裁定或者决定等，迫使被许可方接受不公平的高价或者其他不合理的交易条件；

（四）市场监管总局认定的其他滥用市场支配地位的行为。

本规定所称标准必要专利，是指实施该项标准所必不可少的专利。

第二十条 认定本规定第十条至第十四条、第十七条至第十九条所称的“正当理由”，可以考虑以下因素：

（一）有利于鼓励创新和促进市场公平竞争；

（二）为行使或者保护知识产权所必需；

（三）为满足产品安全、技术效果、产品性能等所必需；

（四）为交易相对人实际需求且符合正当的行业惯例和交易习惯；

（五）其他能够证明行为具有正当性的因素。

第二十一条 经营者在行使著作权以及与著作权有关的权利时，不得从事反垄断法和本规定禁止的垄断行为。

第二十二条 分析认定经营者涉嫌滥用知识产权排除、限制竞争行为，可以采取以下步骤：

（一）确定经营者行使知识产权行为的性质和表现形式；

（二）确定行使知识产权的经营者之间相互关系的性质；

（三）界定行使知识产权所涉及的相关市场；

（四）认定行使知识产权的经营者的市场地位；

（五）分析经营者行使知识产权的行为对相关市场竞争的影响。

确定经营者之间相互关系的性质需要考虑行使知识产权行为本身的特点。在涉及知识产权许可的情况下，原本具有竞争关系的经营者之间在许可协议中是交易关系，而在许可人和被许可人都利用该知识产权生产产品的市场上则又是竞争关系。但是，如果经营者之间在订立许可协议时不存在竞争关系，在协议订立之后才产生竞争关系的，则仍然不视为竞争者之间的协议，除非原协议发生实质性的变更。

第二十三条 分析认定经营者行使知识产权的行为对相关市场竞争的影响，应当考虑下列因素：

（一）经营者与交易相对人的市场地位；

（二）相关市场的市场集中度；

（三）进入相关市场的难易程度；

（四）产业惯例与产业的发展阶段；

（五）在产量、区域、消费者等方面进行限制的时间和效力范围；

（六）对促进创新和技术推广的影响；

（七）经营者的创新能力和技术变化的速度；

（八）与认定行使知识产权的行为对相关市场竞争影响有关的其他因素。

第二十四条 反垄断执法机构对滥用知识产权排除、限制竞争行为进行调查、处罚时，依照反垄断法和《禁止垄断协议规定》、《禁止滥用市场支配地位行为规定》、《经营者集中审查规定》规定的程序执行。

第二十五条 经营者违反反垄断法和本规定，达成并实施垄断协议的，由反垄断执法机构责令停止违法行为，没收违法所得，并处上一年度销售额百分之一以上百分之十以下的罚款，上一年度没有销售额的，处五百万元以下的罚款；尚未实施所达成的垄断协议的，可以处三百万元以下的罚款。经营者的法定代表人、主要负责人和直接责任人员对达成垄断协议负有个人责任的，可以处 百万元以下的罚款。

经营者组织其他经营者达成垄断协议或者为其他经营者达成垄断协议提供实质性帮助的，适用前款规定。

第二十六条 经营者违反反垄断法和本规定，滥用市场支配地位的，由反垄断执法机构责令停止违法行为，没收违法所得，并处上一年度销售额百分之一以上百分之十以下的罚款。

第二十七条 经营者违法实施涉及知识产权的集中，且具有或者可能具有排除、限制竞争效果的，由市场监管总局责令停止实施集中、限期处分股份或者资产、限期转让营业以及采取其他必要措施恢复到集中前的状态，处上一年度销售额百分之十以下的罚款；不具有排除、限制竞争效果的，处五百万元以下的罚款。

第二十八条 对本规定第二十五条、第二十六条、第二十七条规定的罚款，反垄断执法机构确定具体罚款数额时，应当考虑违法行为的性质、程度、持续时间和消除违法行为后果的情况等因素。

第二十九条 违反反垄断法规定，情节特别严重、影响特别恶劣、造成特别严重后果的，市场监管总局可以在反垄断法第五十六条、第五十七条、第五十八条、第六十二条规定的罚款数额的二倍以上五倍以下确定具体罚款数额。

第三十条 反垄断执法机构工作人员滥用职权、玩忽职守、徇私舞弊或者泄露执法过程中知悉的商业秘密、个人隐私和个人信息的，依照有关规定处理。

第三十一条 反垄断执法机构在调查期间发现的公职人员涉嫌职务违法、职务犯罪问题线索，应当及时移交纪检监察机关。

第三十二条 本规定对滥用知识产权排除、限制竞争行为未作规定的，依照反垄断法和《禁止垄断协议规定》、《禁止滥用市场支配地位行为规定》、《经营者集中审查规定》处理。

第三十三条 本规定自2023年8月1日起施行。2015年4月7日原国家工商行政管理总局令第74号公布的《关于禁止滥用知识产权排除、限制竞争行为的规定》同时废止。

国家工商行政管理局关于擅自制造、销售知名商品特有包装、装潢的行为如何定性处罚问题的答复

1. *1997年5月7日*
2. *工商公字〔1997〕第128号*

湖南省工商行政管理局：

你局《关于制造、销售知名商品特有包装的行为应如何定性处罚的请示》（湘工商法字〔1996〕188号）收悉。现答复如下：

擅自制造、销售他人知名商品特有的包装、装潢的行为，其后果足以导致市场混淆，属于《反不正当竞争法》第五条第（二）项规定的擅自使用知名商品特有的包装、装潢的不正当竞争行为，应依据《反不正当竞争法》和《关于禁止仿冒知名商品特有的名称、包装、装潢的不正当竞争行为的若干规定》予以处罚。

国家工商行政管理局关于在非相同非类似商品上擅自将他人知名商品特有的名称、包装、装潢作相同或者近似使用的定性处理问题的答复

1. 1998年11月20日
2. 工商公字〔1998〕第267号

天津市工商行政管理局：

你局《关于对天津市丽雅日用化工厂生产的水果精华果王洗发露是否可按〈反不正当竞争法〉第五条第（二）项之规定进行认定的请示》（津工商检字〔1998〕第12号）收悉。经研究，答复如下：

仿冒知名商品特有的名称、包装、装潢的不正当竞争行为一般发生在相同或类似商品上，但经营者在非相同、非类似商品上，擅自将他人知名商品特有的名称、包装、装潢作相同或者近似的使用，造成或者足以造成混淆或者误认的，亦违反《反不正当竞争法》第二条规定的市场竞争原则，可以按照《反不正当竞争法》第五条第（二）项的规定认定为不正当竞争行为，并按《反不正当竞争法》及国家工商行政管理局《关于禁止仿冒知名商品特有的名称、包装、装潢的不正当竞争行为的若干规定》的有关规定查处。

国家工商行政管理局关于擅自使用知名商品特有包装行为定性处理问题的答复

1. 1999年10月20日
2. 工商公字〔1999〕第274号

北京市工商行政管理局：

你局《关于"SAUQUICK（鲜迪）"等果汁饮料的包装是否构成对"SANQUICK（鲜的）"果汁饮料包装不正当竞争的请示》（京工商文字〔1999〕103号）收悉。经研究，答复如下：

知名商品特有的名称、包装、装潢均是《反不正当竞争法》第五条第（二）项保护的对象，其他经营者擅自将知名商品特有的名称、包装、装潢三者同时作相同或者近似使用，或者将其中之一作相同或者近似使用，造成或者足以造成消费者误认的，均构成《反不正当竞争法》第五条第（二）项所规范的不正当竞争行为，应当按照《反不正当竞争法》和国家工商行政管理局《关于禁止仿冒知名商品特有的名称、包装、装潢的不正当竞争行为的若干规定》予以查处。

国家工商行政管理总局关于擅自将他人知名商品特有的包装、装潢作相同或者近似使用并取得外观专利的行为定性处理问题的答复

1. 2003年3月27日
2. 工商公字〔2003〕第39号

四川省工商行政管理局：

你局《关于对擅自将他人知名商品特有的包装、装潢作相同或者近似使用并取得外观设计专利的行为能否按〈反不正当竞争法〉予以查处的请示》（川工商办〔2003〕26号）收悉。经研究，答复如下：

知名商品特有的包装、装潢是《反不正当竞争法》保护的一项重要权利，对其应当按照使用在先的原则予以认定和保护。经营者擅自将他人知名商品特有的包装、装潢作相同或者近似使用，并取得外观设计专利的行为，侵害他人知名商品特有的包装、装潢的在先使用权，造成或者足以造成购买者误认或者混淆的，违反了《反不正当竞争法》第五条第（二）项的规定，构成不正当竞争行为，应当按照《反不正当竞争法》和国家工商行政管理总局《关于禁止仿冒知名商品特有的名称、包装、装潢的不正当竞争行为的若干规定》予以查处。

国家工商行政管理总局关于擅自将他人知名餐饮服务特有的装饰、装修风格作相同或近似使用的行为定性处理问题的答复

1. 2003年6月25日
2. 工商公字〔2003〕第85号

海南省工商行政管理局：

你局《关于擅自将他人知名餐饮服务特有的装

饰、装修风格作相同或近似使用的行为定性处理问题的请示》(琼工商公消字〔2003〕33 号)收悉。经研究,答复如下:

一、《反不正当竞争法》第二条第三款明确规定,该法所称"商品"包括"服务",因此,服务业的竞争行为应受《反不正当竞争法》规制,工商行政管理机关有权查处服务业中的不正当竞争行为。

二、在餐饮服务中,对服务起到美化和识别作用的装饰设计、装修风格,属于餐饮服务的装潢。经营者擅自将他人知名餐饮服务特有的装饰、装修风格作相同或近似使用,造成或足以造成市场混淆或者误认的行为,构成《反不正当竞争法》第五条第(二)项禁止的不正当竞争行为,可以按照《反不正当竞争法》以及国家工商行政管理总局《关于禁止仿冒知名商品特有的名称、包装、装潢的不正当竞争行为的若干规定》予以处罚。

·指导案例·

最高人民法院指导案例 45 号——北京百度网讯科技有限公司诉青岛奥商网络技术有限公司等不正当竞争纠纷案

(最高人民法院审判委员会讨论通过 2015 年 4 月 15 日发布)

【关键词】

民事 不正当竞争 网络服务 诚信原则

【裁判要点】

从事互联网服务的经营者,在其他经营者网站的搜索结果页面强行弹出广告的行为,违反诚实信用原则和公认商业道德,妨碍其他经营者正当经营并损害其合法权益,可以依照《中华人民共和国反不正当竞争法》第二条的原则性规定认定为不正当竞争。

【相关法条】

《中华人民共和国反不正当竞争法》第二条

【基本案情】

原告北京百度网讯科技有限公司(以下简称百度公司)诉称:其拥有的 www. baidu. com 网站(以下简称百度网站)是中文搜索引擎网站。三被告青岛奥商网络技术有限公司(以下简称奥商网络公司)、中国联合网络通信有限公司青岛市分公司(以下简称联通青岛公司)、中国联合网络通信有限公司山东省分公司(以下简称联通山东公司)在山东省青岛地区,利用网通的互联网接入网络服务,在百度公司网站的搜索结果页面强行增加广告的行为,损害了百度公司的商誉和经济效益,违背了诚实信用原则,构成不正当竞争。请求判令:1. 奥商网络公司、联通青岛公司的行为构成对原告的不正当竞争行为,并停止该不正当竞争行为;第三人承担连带责任;2. 三被告在报上刊登声明以消除影响;3. 三被告共同赔偿原告经济损失 480 万元和因本案的合理支出 10 万元。

被告奥商网络公司辩称:其不存在不正当竞争行为,不应赔礼道歉和赔偿 480 万元。

被告联通青岛公司辩称:原告没有证据证明其实施了被指控行为,没有提交证据证明遭受的实际损失,原告与其不存在竞争关系,应当驳回原告全部诉讼请求。

被告联通山东公司辩称:原告没有证据证明其实施了被指控的不正当竞争或侵权行为,承担连带责任没有法律依据。

第三人青岛鹏飞国际航空旅游服务有限公司(以下简称鹏飞航空公司)述称:本案与第三人无关。

法院经审理查明:百度公司经营范围为互联网信息服务业务,核准经营网址为 www. baidu. com 的百度网站,主要向网络用户提供互联网信息搜索服务。奥商网络公司经营范围包括网络工程建设、网络技术应用服务、计算机软件设计开发等,其网站为 www. og. com. cn。该公司在上述网站"企业概况"中称其拥有 4 个网站:中国奥商网(www. og. com. cn)、讴歌网络营销伴侣(www. og. net. cn)、青岛电话实名网(www. 0532114. org)、半岛人才网(www. job17. com)。该公司在其网站介绍其"网络直通车"业务时称:无需安装任何插件,广告网页强制出现。介绍"搜索通"产品表现形式时,以图文方式列举了下列步骤:第一步在搜索引擎对话框中输入关键词;第二步优先出现网络直通车广告位(5 秒钟展现);第三步同时点击上面广告位直接进入宣传网站新窗口;第四步 5 秒后原窗口自动展示第一步请求的搜索结果。该网站还以其他形式介绍了上述服务。联通青岛公司的经营范围包括因特网接入服务和信息服务等,青岛信息港(域名为 qd. sd. cn)为其所有的网站。"电话实名"系联通青岛公司与奥商公司共同合作的一项语音搜索业务,网址为 www. 0532114. org 的"114 电话实名语音搜索"网站表明该网站版权所有人为联通青岛公司，独家注册中心为奥商网络公司。联通山东公司经营范围包括因特网接入服务和信息服务业务。其网站(www. sdcnc. cn)显示，联通青岛公司是其下属分公司。鹏飞航空公司经营范围包括航空机票销售代理等。

2009年4月14日，百度公司发现通过山东省青岛市网通接入互联网，登录百度网站(www. baidu. com)，在该网站显示对话框中：输入“鹏飞航空”，点击“百度一下”，弹出显示有“打折机票抢先拿就打114”的页面，迅速点击该页面，打开了显示地址为http://air. qd. sd. cn/的页面；输入“青岛人才网”，点击“百度一下”，弹出显示有“找好工作到半岛人才网 www. job17. com”的页面，迅速点击该页面中显示的“马上点击”，打开了显示地址为http://www. job17. com/的页面；输入“电话实名”，点击“百度一下”，弹出显示有“查信息打114，语音搜索更好用”的页面，随后该页面转至相应的“电话实名”搜索结果页面。百度公司委托代理人利用公证处的计算机对登录百度搜索等网站操作过程予以公证，公证书记载了前述内容。经专家论证，所链接的网站(http://air. qd. sd. cn/)与联通山东公司的下属网站青岛信息港(www. qd. sd. cn)具有相同域(qd. sd. cn)，网站air. qd. sd. cn是联通山东公司下属网站青岛站点所属。

【裁判结果】

山东省青岛市中级人民法院于2009年9月2日作出(2009)青民三初字第110号民事判决：一、奥商网络公司、联通青岛公司于本判决生效之日起立即停止针对百度公司的不正当竞争行为，即不得利用技术手段，使通过联通青岛公司提供互联网接入服务的网络用户，在登录百度网站进行关键词搜索时，弹出奥商网络公司、联通青岛公司的广告页面；二、奥商网络公司、联通青岛公司于本判决生效之日起十日内赔偿百度公司经济损失二十万元；三、奥商网络公司、联通青岛公司于本判决生效之日起十日内在各自网站首页位置上刊登声明以消除影响，声明刊登时间应为连续的十五天；四、驳回百度公司的其他诉讼请求。宣判后，联通青岛公司、奥商网络公司提起上诉。山东省高级人民法院于2010年3月20日作出(2010)鲁民三终字第5-2号民事判决，驳回上诉，维持原判。

【裁判理由】

法院生效裁判认为：本案百度公司起诉奥商网络公司、联通青岛公司、联通山东公司，要求其停止不正当竞争行为并承担相应的民事责任。据此，判断原告的主张能否成立应按以下步骤进行：一、本案被告是否实施了被指控的行为；二、如果实施了被指控行为，该行为是否构成不正当竞争；三、如果构成不正当竞争，如何承担民事责任。

一、关于被告是否实施了被指控的行为

域名是互联网络上识别和定位计算机的层次结构式的字符标识。根据查明的事实，www. job17. com系奥商网络公司所属的半岛人才网站，“电话实名语音搜索”系联通青岛公司与奥商网络公司合作经营的业务。域名qd. sd. cn属于联通青岛公司所有，并将其作为“青岛信息港”的域名实际使用。air. qd. sd. cn作为qd. sd. cn的子域，是其上级域名qd. sd. cn分配与管理的。联通青岛公司作为域名qd. sd. cn的持有人否认域名air. qd. sd. cn为其所有，但没有提供证据予以证明，应认定在公证保全时该子域名的使用人为联通青岛公司。

在互联网上登录搜索引擎网站进行关键词搜索时，正常出现的应该是搜索引擎网站搜索结果页面，不应弹出与搜索引擎网站无关的其他页面，但是在联通青岛公司所提供的网络接入服务网络区域内，却出现了与搜索结果无关的广告页面强行弹出的现象。这种广告页面的弹出并非接入互联网的公证处计算机本身安装程序所导致，联通青岛公司既没有证据证明在其他网络接入服务商网络区域内会出现同样情况，又没有对在其网络接入服务区域内出现的上述情况给予合理解释，可以认定在联通青岛公司提供互联网接入服务的区域内，对于网络服务对象针对百度网站所发出的搜索请求进行了人为干预，使干预者想要发布的广告页面在正常搜索结果页面出现前强行弹出。

关于上述干预行为的实施主体问题，从查明的事实来看，奥商网络公司在其主页中对其“网络直通车”业务的介绍表明，其中关于广告强行弹出的介绍与公证保全的形式完全一致，且公证保全中所出现的弹出广告页面“半岛人才网”“114电话语音搜索”均是其正在经营的网站或业务。因此，奥商网络公司是该干预行为的受益者，在其没有提供证据证明存在其他主体为其实施上述广告行为的情况下，可以认定奥商网络公司是上述干预行为的实施主体。

关于联通青岛公司是否被控侵权行为的实施主体问题，奥商网络公司这种干预行为不是通过在客户端计算机安装插件、程序等方式实现，而是在特定网络接入服务区域内均可实现，因此这种行为如果没有网络接入服务商的配合则无法实现。联通青岛公司没有证据证明奥商网络公司是通过非法手段干预其互联网接入服务而实施上述行为。同时,联通青岛公司是域名 air. qd. sd. cn 的所有人,因持有或使用域名而侵害他人合法权益的责任,由域名持有者承担。联通青岛公司与奥商网络公司合作经营电话实名业务,即联通青岛公司也是上述行为的受益人。因此,可以认定联通青岛公司也是上述干预行为的实施主体。

关于联通山东公司是否实施了干预行为,因联通山东公司、联通青岛公司同属于中国联合网络通信有限公司分支机构,无证据证明两公司具有开办和被开办的关系,也无证据证明联通山东公司参与实施了干预行为,联通青岛公司作为民事主体有承担民事责任的资格,故对联通山东公司的诉讼请求,不予支持。百度公司将鹏飞航空公司作为本案第三人,但是在诉状及庭审过程中并未指出第三人有不正当竞争行为,也未要求第三人承担民事责任,故将鹏飞航空公司作为第三人属于列举当事人不当,不予支持。

二、关于被控侵权行为是否构成不正当竞争

《中华人民共和国反不正当竞争法》(简称《反不正当竞争法》)第二章第五条至第十五条,对不正当竞争行为进行了列举式规定,对于没有在具体条文中列举的行为,只有按照公认的商业道德和普遍认识能够认定违反该法第二条原则性规定时,才可以认定为不正当竞争行为。判断经营者的行为构成不正当竞争,应当考虑以下方面:一是行为实施者是反不正当竞争法意义上的经营者;二是经营者从事商业活动时,没有遵循自愿、平等、公平、诚实信用原则,违反了反不正当竞争法律规定和公认的商业道德;三是经营者的不正当竞争行为损害正当经营者的合法权益。

首先,根据《反不正当竞争法》第二条有关经营者的规定,经营者的确定并不要求原、被告属同一行业或服务类别,只要是从事商品经营或者营利性服务的市场主体,就可成为经营者。联通青岛公司、奥商网络公司与百度公司均属于从事互联网业务的市场主体,属于反不正当竞争法意义上的经营者。虽然联通青岛公司是互联网接入服务经营者,百度公司是搜索服务经营者,服务类别上不完全相同,但是联通青岛公司实施的在百度搜索结果出现之前弹出广告的商业行为,与百度公司的付费搜索模式存在竞争关系。

其次,在市场竞争中存在商业联系的经营者,违反诚信原则和公认商业道德,不正当地妨碍了其他经营者正当经营,并损害其他经营者合法权益的,可以依照《反不正当竞争法》第二条的原则性规定,认定为不正当竞争。尽管在互联网上发布广告、进行商业活动与传统商业模式有较大差异,但是从事互联网业务的经营者仍应当通过诚信经营、公平竞争来获得竞争优势,不能未经他人许可,利用他人的服务行为或市场份额来进行商业运作并从中获利。联通青岛公司与奥商网络公司实施的行为,是利用了百度网站搜索引擎在我国互联网用户中被广泛使用优势,利用技术手段,让使用联通青岛公司提供互联网接入服务的网络用户,在登录百度网站进行关键词搜索时,在正常搜索结果显示前强行弹出奥商公司发布的与搜索的关键词及内容有紧密关系的广告页面。这种行为诱使本可能通过百度公司搜索结果检索相应信息的网络用户点击该广告页面,影响了百度公司向网络用户提供付费搜索服务与推广服务,属于利用百度公司提供的搜索服务来为自己牟利。该行为既没有征得百度公司同意,又违背了使用其互联网接入服务用户的意志,容易导致上网用户误以为弹出的广告页面系百度公司所为,会使上网用户对百度公司提供服务的评价降低,对百度公司的商业信誉产生不利影响,损害了百度公司的合法权益,同时也违背了诚实信用和公认的商业道德,已构成不正当竞争。

三、关于民事责任的承担

由于联通青岛公司与奥商网络公司共同实施了不正当竞争行为,依照《中华人民共和国民法通则》第一百三十条的规定应当承担连带责任。依照《中华人民共和国民法通则》第一百三十四条、《反不正当竞争法》第二十条的规定,应当承担停止侵权、赔偿损失、消除影响的民事责任。首先,奥商网络公司、联通青岛公司应当立即停止不正当竞争行为,即不得利用技术手段使通过联通青岛公司提供互联网接入服务的网络用户,在登录百度网站进行关键词搜索时,弹出两被告的广告页面。其次,根据原告为本案支出的合理费用、被告不正当竞争行为的情节、持续时间等,酌定两被告共同赔偿经济损失 20 万元。最后,互联网用户在登录百度进行搜索时,面对弹出的广告页面,通常会认为该行为系百度公司所为。因此两被告的行为给百度公司造成了一定负面影响,应当承担消除影响的民事责任。由于该行为发生在互联网上,且发生在联通青岛公司提供互联网接入服务的区域内,故确定两被告应在其各自网站的首页上刊登消除影响的声明。

最高人民法院指导案例47号
——意大利费列罗公司诉蒙特莎（张家港）食品有限公司、天津经济技术开发区正元行销有限公司不正当竞争纠纷案

（最高人民法院审判委员会讨论通过
2015年4月15日发布）

【关键词】

民事　不正当竞争　知名商品　特有包装、装潢

【裁判要点】

1. 反不正当竞争法所称的知名商品，是指在中国境内具有一定的市场知名度，为相关公众所知悉的商品。在国际上已知名的商品，我国对其特有的名称、包装、装潢的保护，仍应以其在中国境内为相关公众所知悉为必要。故认定该知名商品，应当结合该商品在中国境内的销售时间、销售区域、销售额和销售对象，进行宣传的持续时间、程度和地域范围，作为知名商品受保护的情况等因素，并适当考虑该商品在国外已知名的情况，进行综合判断。

2. 反不正当竞争法所保护的知名商品特有的包装、装潢，是指能够区别商品来源的盛装或者保护商品的容器等包装，以及在商品或者其包装上附加的文字、图案、色彩及其排列组合所构成的装潢。

3. 对他人能够区别商品来源的知名商品特有的包装、装潢，进行足以引起市场混淆、误认的全面模仿，属于不正当竞争行为。

【相关法条】

《中华人民共和国反不正当竞争法》第五条第二项

【基本案情】

原告意大利费列罗公司（以下简称费列罗公司）诉称：被告蒙特莎（张家港）食品有限公司（以下简称蒙特莎公司）仿冒原告产品，擅自使用与原告知名商品特有的包装、装潢相同或近似的包装、装潢，使消费者产生混淆。被告蒙特莎公司的上述行为及被告天津经济技术开发区正元行销有限公司（以下简称正元公司）销售仿冒产品的行为已给原告造成重大经济损失。请求判令蒙特莎公司不得生产、销售，正元公司不得销售符合前述费列罗公司巧克力产品特有的任意一项或者几项组合的包装、装潢的产品或者任何与费列罗公司的上述包装、装潢相似的足以引起消费者误认的巧克力产品，并赔礼道歉、消除影响、承担诉讼费用，蒙特莎公司赔偿损失300万元。

被告蒙特莎公司辩称：原告涉案产品在中国境内市场并没有被相关公众所知悉，而蒙特莎公司生产的金莎巧克力产品在中国境内消费者中享有很高的知名度，属于知名商品。原告诉请中要求保护的包装、装潢是国内外同类巧克力产品的通用包装、装潢，不具有独创性和特异性。蒙特莎公司生产的金莎巧克力使用的包装、装潢是其和专业设计人员合作开发的，并非仿冒他人已有的包装、装潢。普通消费者只需施加一般的注意，就不会混淆原、被告各自生产的巧克力产品。原告认为自己产品的包装涵盖了商标、外观设计、著作权等多项知识产权，但未明确指出被控侵权产品的包装、装潢具体侵犯了其何种权利，其起诉要求保护的客体模糊不清。故原告起诉无事实和法律依据，请求驳回原告的诉讼请求。

法院经审理查明：费列罗公司于1946年在意大利成立，1982年其生产的费列罗巧克力投放市场，曾在亚洲多个国家和地区的电视、报纸、杂志发布广告。在我国台湾和香港地区，费列罗巧克力取名“金莎”巧克力，并分别于1990年6月和1993年在我国台湾和香港地区注册“金莎”商标。1984年2月，费列罗巧克力通过中国粮油食品进出口总公司采取寄售方式进入了国内市场，主要在免税店和机场商店等当时政策所允许的场所销售，并延续到1993年前。1986年10月，费列罗公司在中国注册了“FERRERO ROCHER”和图形（椭圆花边图案）以及其组合的系列商标，并在中国境内销售的巧克力商品上使用。费列罗巧克力使用的包装、装潢的主要特征是：1. 每一粒球状巧克力用金色纸质包装；2. 在金色球状包装上配以印有“FERRERO ROCHER”商标的椭圆形金边标签作为装潢；3. 每一粒金球状巧克力均有咖啡色纸质底托作为装潢；4. 若干形状的塑料透明包装，以呈现金球状内包装；5. 塑料透明包装上使用椭圆形金边图案作为装潢，椭圆形内配有产品图案和商标，并由商标处延伸出红金颜色的绶带状图案。费列罗巧克力产品的8粒装、16粒装、24粒装以及30粒装立体包装于1984年在世界知识产权组织申请为立体商标。费列罗公司自1993年开始，以广东、上海、北京地区为核心逐步加大费列罗巧克力在国内的报纸、期刊和室外广告的宣传力度，相继在一些大中城市设立专柜进行销售，并通过赞助一些商业和体育活动，提高其产品的知名度。2000年6月，其“FERRERO

ROCHER”商标被国家工商行政管理部门列入全国重点商标保护名录。我国广东、河北等地工商行政管理部门曾多次查处仿冒费列罗巧克力包装、装潢的行为。

蒙特莎公司是1991年12月张家港市乳品一厂与比利时费塔代尔有限公司合资成立的生产、销售各种花色巧克力的中外合资企业。张家港市乳品一厂自1990年开始生产金莎巧克力，并于1990年4月23日申请注册“金莎”文字商标，1991年4月经国家工商行政管理局商标局核准注册。2002年，张家港市乳品一厂向蒙特莎公司转让“金莎”商标，于2002年11月25日提出申请，并于2004年4月21日经国家工商管理总局商标局核准转让。由此蒙特莎公司开始生产、销售金莎巧克力。蒙特莎公司生产、销售金莎巧克力产品，其除将“金莎”更换为“金莎 TRESOR DORE”组合商标外，仍延续使用张家港市乳品一厂金莎巧克力产品使用的包装、装潢。被控侵权的金莎 TRESOR DORE 巧克力包装、装潢为：每粒金莎 TRESOR DORE 巧克力呈球状并均由金色锡纸包装；在每粒金球状包装顶部均配以印有“金莎 TRESOR DORE”商标的椭圆形金边标签；每粒金球状巧克力均配有底面平滑无褶皱、侧面带波浪褶皱的呈碗状的咖啡色纸质底托；外包装为透明塑料纸或塑料盒；外包装正中处使用椭圆金边图案，内配产品图案及金莎 TRESOR DORE 商标，并由此延伸出红金色绶带。以上特征与费列罗公司起诉中请求保护的包装、装潢在整体印象和主要部分上相近似。正元公司为蒙特莎公司生产的金莎 TRESOR DORE 巧克力在天津市的经销商。2003年1月，费列罗公司经天津市公证处公证，在天津市河东区正元公司处购买了被控侵权产品。

【裁判结果】

天津市第二中级人民法院于2005年2月7日作出(2003)二中民三初字第63号民事判决：判令驳回费列罗公司对蒙特莎公司、正元公司的诉讼请求。费列罗公司提起上诉，天津市高级人民法院于2006年1月9日作出(2005)津高民三终字第36号判决：1. 撤销一审判决；2. 蒙特莎公司立即停止使用金莎 TRESOR DORE 系列巧克力侵权包装、装潢；3. 蒙特莎公司赔偿费列罗公司人民币700 000元，于本判决生效后十五日内给付；4. 责令正元公司立即停止销售使用侵权包装、装潢的金莎 TRESOR DORE 系列巧克力；5. 驳回费列罗公司其他诉讼请求。蒙特莎公司不服二审判决，向最高人民法院提出再审申请。最高人民法院于2008年3月24日作出(2006)民三提字第3号民事判决：1. 维持天津市高级人民法院(2005)津高民三终字第36号民事判决第一项、第五项；2. 变更天津市高级人民法院(2005)津高民三终字第36号民事判决第二项为：蒙特莎公司立即停止在本案金莎 TRESOR DORE 系列巧克力商品上使用与费列罗系列巧克力商品特有的包装、装潢相近似的包装、装潢的不正当竞争行为；3. 变更天津市高级人民法院(2005)津高民三终字第36号民事判决第三项为：蒙特莎公司自本判决送达后十五日内，赔偿费列罗公司人民币500 000元；4. 变更天津市高级人民法院(2005)津高民三终字第36号民事判决第四项为：责令正元公司立即停止销售上述金莎 TREDOR DORE 系列巧克力商品。

【裁判理由】

最高人民法院认为：本案主要涉及费列罗巧克力是否为在先知名商品，费列罗巧克力使用的包装、装潢是否为特有的包装、装潢，以及蒙特莎公司生产的金莎 TRESOR DORE 巧克力使用包装、装潢是否构成不正当竞争行为等争议焦点问题。

一、关于费列罗巧克力是否为在先知名商品

根据中国粮油食品进出口总公司与费列罗公司签订的寄售合同、寄售合同确认书等证据，二审法院认定费列罗巧克力自1984年开始在中国境内销售无误。反不正当竞争法所指的知名商品，是在中国境内具有一定的市场知名度，为相关公众所知悉的商品。在国际已知名的商品，我国法律对其特有名称、包装、装潢的保护，仍应以在中国境内为相关公众所知悉为必要。其所主张的商品或者服务具有知名度，通常系由在中国境内生产、销售或者从事其他经营活动而产生。认定知名商品，应当考虑该商品的销售时间、销售区域、销售额和销售对象，进行宣传的持续时间、程度和地域范围，作为知名商品受保护的情况等因素，进行综合判断；也不排除适当考虑国外已知名的因素。本案二审判决中关于“对商品知名状况的评价应根据其在国内外特定市场的知名度综合判定，不能理解为仅指在中国境内知名的商品”的表述欠当，但根据费列罗巧克力进入中国市场的时间、销售情况以及费列罗公司进行的多种宣传活动，认定其属于在中国境内的相关市场中具有较高知名度的知名商品正确。蒙特莎公司关于费列罗巧克力在中国境内市场知名的时间晚于金莎 TRESOR DORE 巧克力的主张不能成立。此外，费列罗公司费列罗巧克力的包装、装潢使用在先，蒙特莎公司主张其使用的涉案包装、装潢为自主开发设计缺乏充分证据支持，二审判决认定蒙特莎公司擅自使用费列罗巧克力特有包装、装潢正确。

二、关于费列罗巧克力使用的包装、装潢是否具有特有性

盛装或者保护商品的容器等包装，以及在商品或者其包装上附加的文字、图案、色彩及其排列组合所构成的装潢，在其能够区别商品来源时，即属于反不正当竞争法保护的特有包装、装潢。费列罗公司请求保护的费列罗巧克力使用的包装、装潢系由一系列要素构成。如果仅仅以锡箔纸包裹球状巧克力，采用透明塑料外包装，呈现巧克力内包装等方式进行简单的组合，所形成的包装、装潢因无区别商品来源的显著特征而不具有特有性；而且这种组合中的各个要素也属于食品包装行业中通用的包装、装潢元素，不能被独占使用。但是，锡纸、纸托、塑料盒等包装材质与形状、颜色的排列组合有很大的选择空间；将商标标签附加在包装上，该标签的尺寸、图案、构图方法等亦有很大的设计自由度。在可以自由设计的范围内，将包装、装潢各要素独特排列组合，使其具有区别商品来源的显著特征，可以构成商品特有的包装、装潢。费列罗巧克力所使用的包装、装潢因其构成要素在文字、图形、色彩、形状、大小等方面的排列组合具有独特性，形成了显著的整体形象，且与商品的功能性无关，经过长时间使用和大量宣传，已足以使相关公众将上述包装、装潢的整体形象与费列罗公司的费列罗巧克力商品联系起来，具有识别其商品来源的作用，应当属于反不正当竞争法第五条第二项所保护的特有的包装、装潢。蒙特莎公司关于判定涉案包装、装潢为特有，会使巧克力行业的通用包装、装潢被费列罗公司排他性独占使用，垄断国内球形巧克力市场等理由，不能成立。

三、关于相关公众是否容易对费列罗巧克力与金莎TRESOR DORE巧克力引起混淆、误认

对商品包装、装潢的设计，不同经营者之间可以相互学习、借鉴，并在此基础上进行创新设计，形成有明显区别各自商品的包装、装潢。这种做法是市场经营和竞争的必然要求。就本案而言，蒙特莎公司可以充分利用巧克力包装、装潢设计中的通用要素，自由设计与他人在先使用的特有包装、装潢具有明显区别的包装、装潢。但是，对他人具有识别商品来源意义的特有包装、装潢，则不能作足以引起市场混淆、误认的全面模仿，否则就会构成不正当的市场竞争。我国反不正当竞争法中规定的混淆、误认，是指足以使相关公众对商品的来源产生误认，包括误认为与知名商品的经营者具有许可使用、关联企业关系等特定联系。本案中，由于费列罗巧克力使用的包装、装潢的整体形象具有区别商品来源的显著特征，蒙特莎公司在其巧克力商品上使用的包装、装潢与费列罗巧克力特有包装、装潢，又达到在视觉上非常近似的程度。即使双方商品存在价格、质量、口味、消费层次等方面的差异和厂商名称、商标不同等因素，也未免使相关公众易于误认金莎TRESOR DORE巧克力与费列罗巧克力存在某种经济上的联系。据此，再审申请人关于本案相似包装、装潢不会构成消费者混淆、误认的理由不能成立。

综上，蒙特莎公司在其生产的金莎TRESOR DORE巧克力商品上，擅自使用与费列罗公司的费列罗巧克力特有的包装、装潢相近似的包装、装潢，足以引起相关公众对商品来源的混淆、误认，构成不正当竞争。

最高人民法院指导案例219号
——广州天某高新材料股份有限公司、九江天某高新材料有限公司诉安徽纽某精细化工有限公司等侵害技术秘密纠纷案

（最高人民法院审判委员会讨论通过
2023年12月15日发布）

【关键词】

民事　侵害技术秘密　以侵害知识产权为业　惩罚性赔偿　损害赔偿数额

【裁判要点】

1. 判断侵害知识产权行为是否构成情节严重并适用惩罚性赔偿时，可以综合考量被诉侵权人是否以侵害知识产权为业、是否受到刑事或者行政处罚、是否构成重复侵权、诉讼中是否存在举证妨碍行为，以及侵权行为造成的损失或者侵权获利数额、侵权规模、侵权持续时间等因素。

2. 行为人明知其行为构成侵权，已实际实施侵权行为且构成其主营业务的，可以认定为以侵害知识产权为业。对于以侵害知识产权为业，长期、大规模实施侵权行为的，可以依法从高乃至顶格适用惩罚性赔偿倍数确定损害赔偿数额。

【基本案情】

2000年6月6日，广州天某高新材料股份有限公司

(以下简称广州天某公司)登记成立。2007 年 10 月 30 日,九江天某高新材料有限公司(以下简称九江天某公司)登记成立,独资股东是广州天某公司。两天某公司为证明两者之间存在卡波技术的许可使用关系,提交了两份授权书。第一份授权书于 2008 年 9 月 30 日出具,记载:现将广州天某公司自主研发的卡波姆产品生产技术及知识产权授予九江天某公司无偿使用,授权期限为十年,从 2008 年 10 月 1 日至 2018 年 9 月 30 日止。在授权期间内,九江天某公司拥有该项技术的使用权,其权利包括但不限于:利用该技术生产、制造、销售产品,利用该技术改善其目前的产业流程,对该技术成果进行后续改进形成新的技术成果等。未经双方书面同意与确认,广州天某公司和九江天某公司不得将该项技术授予其他任何单位或个人使用。授权期满后,授予的使用权将归还广州天某公司所有。第二份授权书于 2018 年 9 月 15 日出具,授权期限自 2018 年 10 月 1 日至 2028 年 9 月 30 日,授权内容同第一份授权书。本案案涉产品即为卡波,也称卡波姆(Carbomer),中文别名聚丙烯酸、羧基乙烯共聚物,中和后的卡波是优秀的凝胶基质,广泛应用于乳液、膏霜、凝胶中。

2011 年 8 月 29 日,安徽纽某精细化工有限公司(以下简称安徽纽某公司)登记成立,成立时法定代表人是刘某,刘某出资比例为 70%,后法定代表人变更为吴某成。

华某于 2004 年 3 月 30 日入职广州天某公司,2013 年 11 月 8 日离职。2007 年 12 月 30 日至离职,华某先后与广州天某公司签订《劳动合同》及《商业保密、竞业限制协议》《员工手册》《专项培训协议》等文件,就商业秘密的保密义务、竞业限制等方面进行了约定。朱某良、胡某春曾就职于广州天某公司,在职期间均与广州天某公司签订了《劳动合同》《商业保密、竞业限制协议》《商业技术保密协议》等。2012 年至 2013 年期间,华某利用其卡波产品研发负责人的身份,以撰写论文为由向九江天某公司的生产车间主任李某某索取了卡波生产工艺技术的反应釜和干燥机设备图纸,还违反广州天某公司管理制度,多次从其在广州天某公司的办公电脑里将卡波生产项目工艺设备的资料拷贝到外部存储介质中。华某非法获取两天某公司卡波生产技术中的生产工艺资料后,先后通过 U 盘拷贝或电子邮件发送的方式将两天某公司的卡波生产工艺原版图纸、文件发送给刘某、朱某良、胡某春等人,并且华某、刘某、朱某良、胡某春对两天某公司卡波生产工艺技术的原版图纸进行了使用探讨。在此过程中,胡某春与朱某良均提出是否会侵犯九江天某公司的相关权利,华某则要求胡某春根据两天某公司卡波生产工艺技术的原版图设计安徽纽某公司的生产工艺,并交代胡某春设计时不要与两天某公司做得一模一样等。于是胡某春按照华某的要求对广州天某公司卡波工艺设计图进行修改,最后将修改后的图纸委托山东某工程设计有限公司合肥分院作出设计,委托江苏某机械有限公司制造反应釜,并向与两天某公司有合作关系的上海某粉体机械制造公司订购与两天某公司一样的粉碎机械设备,再委托江苏无锡某搅拌设备有限公司根据江苏某机械有限公司的技术方案设计总装图,进而按照总装图生产搅拌器。

至迟自 2014 年起,安徽纽某公司利用华某从两天某公司非法获取的卡波生产工艺、设备技术生产卡波产品,并向国内外公司销售,销售范围多达二十余个国家和地区。生产卡波产品为安徽纽某公司的主要经营业务,无证据证明其还生产其他产品。2018 年 1 月,安徽纽某公司原法定代表人刘某等因侵犯商业秘密罪被追究刑事责任,在相关刑事判决已经认定华某、刘某等实施了侵犯权利人技术秘密行为的情况下,安徽纽某公司仍未停止侵权。依据相关证据,安徽纽某公司自 2014 年起,直至 2019 年 8 月,始终持续销售卡波产品。

广州天某公司、九江天某公司于 2017 年以安徽纽某公司、华某、刘某、胡某春、朱某良等侵害其卡波技术秘密为由诉至法院,请求判令各被告停止侵权、赔偿损失、赔礼道歉。

【裁判结果】

广州知识产权法院于 2019 年 7 月 19 日作出(2017)粤 73 民初 2163 号民事判决:一、华某、刘某、胡某春、朱某良、安徽纽某公司于本判决生效之日起立即停止侵害广州天某公司、九江天某公司涉案技术秘密,并销毁记载涉案技术秘密的工艺资料。二、安徽纽某公司于本判决生效之日起十日内赔偿广州天某公司、九江天某公司经济损失 3000 万元及合理开支 40 万元,华某、刘某、胡某春、朱某良对前述赔偿数额分别在 500 万元、500 万元、100 万元、100 万元范围内承担连带责任。三、驳回广州天某公司、九江天某公司其他诉讼请求。一审宣判后,广州天某公司、九江天某公司、安徽纽某公司、华某、刘某向最高人民法院提起上诉。

最高人民法院于 2020 年 11 月 24 日作出(2019)最

高法知民终562号民事判决：一、维持广州知识产权法院(2017)粤73民初2163号民事判决第一项、第三项。二、变更广州知识产权法院(2017)粤73民初2163号民事判决第二项为：安徽纽某公司于本判决生效之日起十日内赔偿广州天某公司、九江天某公司经济损失3000万元及合理开支40万元，华某、刘某、胡某春、朱某良对前述赔偿数额分别在500万元、3000万元、100万元、100万元范围内承担连带责任。三、驳回广州天某公司、九江天某公司的其他上诉请求。四、驳回华某、刘某、安徽纽某公司的上诉请求。二审宣判后，安徽纽某公司、华某、刘某向最高人民法院提起再审申请。

最高人民法院于2021年10月12日作出(2021)最高法民申4025号民事裁定：驳回华某、刘某、安徽纽某公司的再审申请。

【裁判理由】

最高人民法院认为：《中华人民共和国反不正当竞争法》(以下简称反不正当竞争法)第十七条第三款规定，因不正当竞争行为受到损害的经营者的赔偿数额，按照其因被侵权所受到的实际损失确定；实际损失难以计算的，按照侵权人因侵权所获得的利益确定。经营者恶意实施侵犯商业秘密行为，情节严重的，可以按照上述方法确定数额的一倍以上五倍以下确定赔偿数额。赔偿数额还应当包括经营者为制止侵权行为所支付的合理开支。

本案中，两天某公司的实际损失无法查清，故根据已查明的安徽纽某公司的部分销售情况进行计算得出其侵权获利。安徽纽某公司生产的卡波产品，其工艺、流程和部分设备侵害了两天某公司的涉案技术秘密，但其卡波配方并未被认定侵害两天某公司的技术秘密。原审法院在确定侵权获利时未考虑涉案技术秘密在卡波生产中的作用，同时也未充分考虑除涉案技术秘密信息之外的其他生产要素在卡波产品生产过程中的作用，以安徽纽某公司自认的3700余万元销售额乘以精细化工行业毛利率32.26%，得到安徽纽某公司可以查实的部分侵权获利近1200万元。现综合考虑涉案被侵害技术秘密在卡波产品生产过程中所起的作用，酌情确定涉案技术秘密的贡献程度为50%，因此对于安徽纽某公司的侵权获利相应酌减取整数确定为600万元。关于利润率的选择，由于安徽纽某公司未根据法院要求提供原始会计凭证、账册、利润表，也未举证证明其卡波产品的利润率，应承担举证不利的法律后果，故按照广州天某公司年报公布的精细化工行业毛利率确定其产品利润率。

安徽纽某公司虽在二审阶段向法院提交营业执照等证据佐证其经营范围不止卡波产品的生产。但营业执照记载的经营范围系安徽纽某公司申请注册成立时的选择，其实际经营范围既可能大于也可能小于营业执照记载的经营范围。且根据已查明的事实，安徽纽某公司除卡波产品外，并没有生产其他产品，安徽纽某公司也未进一步举证证明其除卡波产品以外生产其他产品的事实。本案中，华某被诉披露技术秘密的侵权行为发生于2012年至2013年期间，安徽纽某公司利用华某从两天某公司非法获取的卡波生产工艺、设备技术生产卡波产品，并向国内外销售。此外，安徽纽某公司明确陈述其所生产的卡波产品均为相同设备所产。界定行为人是否以侵权为业，可从主客观两方面进行判断。就客观方面而言，行为人已实际实施侵害行为，并且系其公司的主营业务、构成主要利润来源；从主观方面看，行为人包括公司实际控制人及管理层等，明知其行为构成侵权而仍予以实施。本案中安徽纽某公司以及刘某等人的行为，即属此类情形。

反不正当竞争法第十七条第三款规定了判处惩罚性赔偿的条件以及惩罚性赔偿的倍数范围。可见，若经营者存在恶意侵害他人商业秘密的行为且情节严重的，权利人可请求侵权人承担赔偿金额相应倍数的惩罚性赔偿。因此，本案应在判断安徽纽某公司是否存在恶意侵权、情节是否严重的基础上确定是否适用惩罚性赔偿。根据本案业已查明的事实，安徽纽某公司自成立以来，便以生产卡波产品为经营业务，其虽辩称也生产其他产品，但并未提交证据加以佐证，且其所生产的卡波产品名称虽有差别，但均由同一套设备加工完成。此外，当其前法定代表人刘某因侵犯商业秘密罪被追究刑事责任，被认定实施了侵犯权利人技术秘密行为后，安徽纽某公司仍未停止生产，销售范围多至二十余个国家和地区，同时在本案原审阶段无正当理由拒不提供相关会计账册和原始凭证，构成举证妨碍，足见其侵权主观故意之深重、侵权情节之严重。鉴于本案被诉侵权行为跨越反不正当竞争法修改施行的2019年4月23日前后，安徽纽某公司拒绝提供财务账册等资料构成举证妨碍，所认定的侵权获利系基于安徽纽某公司自认的销售额确定，仅系其部分侵权获利；侵权人在本案中并未提交证据证明其法律修改前后的具体获利情况，导致无法以2019年4月23日为界进行分段计算；现有证据显示安徽纽某公司在一审判决之后并未停止侵权行为，其行为具有连续性，其侵权规模巨大、持续时间长。鉴于此，导致依据在案证据客观上难以分段计算赔偿数额。反不正当竞争法设立惩罚性赔偿制度的初衷在于强化法律威慑力，打击恶意严重侵权行为，威慑、阻吓未来或潜在侵权人，有效保护创新活动，对长期恶意从事侵权活动应从重处理，故本案可以依据所认定的安徽纽某公司侵权获利从高确定本案损害赔偿数额。

【相关法条】

《中华人民共和国反不正当竞争法》(2019 年 4 月 23 日修正)第 17 条第 3 款

七、侵犯知识产权的刑事责任

资料补充栏

中华人民共和国刑法(节录)

1. 1979年7月1日第五届全国人民代表大会第二次会议通过

2. 1997年3月14日第八届全国人民代表大会第五次会议修订

3. 根据1998年12月29日第九届全国人民代表大会常务委员会第六次会议通过的《关于惩治骗购外汇、逃汇和非法买卖外汇犯罪的决定》、1999年12月25日第九届全国人民代表大会常务委员会第十三次会议通过的《中华人民共和国刑法修正案》、2001年8月31日第九届全国人民代表大会常务委员会第二十三次会议通过的《中华人民共和国刑法修正案(二)》、2001年12月29日第九届全国人民代表大会常务委员会第二十五次会议通过的《中华人民共和国刑法修正案(三)》、2002年12月28日第九届全国人民代表大会常务委员会第三十一次会议通过的《中华人民共和国刑法修正案(四)》、2005年2月28日第十届全国人民代表大会常务委员会第十四次会议通过的《中华人民共和国刑法修正案(五)》、2006年6月29日第十届全国人民代表大会常务委员会第二十二次会议通过的《中华人民共和国刑法修正案(六)》、2009年2月28日第十一届全国人民代表大会常务委员会第七次会议通过的《中华人民共和国刑法修正案(七)》、2009年8月27日第十一届全国人民代表大会常务委员会第十次会议通过的《关于修改部分法律的决定》、2011年2月25日第十一届全国人民代表大会常务委员会第十九次会议通过的《中华人民共和国刑法修正案(八)》、2015年8月29日第十二届全国人民代表大会常务委员会第十六次会议通过的《中华人民共和国刑法修正案(九)》、2017年11月4日第十二届全国人民代表大会常务委员会第三十次会议通过的《中华人民共和国刑法修正案(十)》、2020年12月26日第十三届全国人民代表大会常务委员会第二十四次会议通过的《中华人民共和国刑法修正案(十一)》和2023年12月29日第十四届全国人民代表大会常务委员会第七次会议通过的《中华人民共和国刑法修正案(十二)》修正

第二编　分　　则

第三章　破坏社会主义市场经济秩序罪

第七节　侵犯知识产权罪

第二百一十三条　【假冒注册商标罪】未经注册商标所有人许可,在同一种商品、服务上使用与其注册商标相同的商标,情节严重的,处三年以下有期徒刑,并处或者单处罚金;情节特别严重的,处三年以上十年以下有期徒刑,并处罚金。

第二百一十四条　【销售假冒注册商标的商品罪】销售明知是假冒注册商标的商品,违法所得数额较大或者有其他严重情节的,处三年以下有期徒刑,并处或者单处罚金;违法所得数额巨大或者有其他特别严重情节的,处三年以上十年以下有期徒刑,并处罚金。

第二百一十五条　【非法制造、销售非法制造的注册商标标识罪】伪造、擅自制造他人注册商标标识或者销售伪造、擅自制造的注册商标标识,情节严重的,处三年以下有期徒刑,并处或者单处罚金;情节特别严重的,处三年以上十年以下有期徒刑,并处罚金。

第二百一十六条　【假冒专利罪】假冒他人专利,情节严重的,处三年以下有期徒刑或者拘役,并处或者单处罚金。

第二百一十七条　【侵犯著作权罪】以营利为目的,有下列侵犯著作权或者与著作权有关的权利的情形之一,违法所得数额较大或者有其他严重情节的,处三年以下有期徒刑,并处或者单处罚金;违法所得数额巨大或者有其他特别严重情节的,处三年以上十年以下有期徒刑,并处罚金:

(一)未经著作权人许可,复制发行、通过信息网络向公众传播其文字作品、音乐、美术、视听作品、计算机软件及法律、行政法规规定的其他作品的;

(二)出版他人享有专有出版权的图书的;

(三)未经录音录像制作者许可,复制发行、通过信息网络向公众传播其制作的录音录像的;

(四)未经表演者许可,复制发行录有其表演的录音录像制品,或者通过信息网络向公众传播其表演的;

(五)制作、出售假冒他人署名的美术作品的;

(六)未经著作权人或者与著作权有关的权利人许可,故意避开或者破坏权利人为其作品、录音录像制品等采取的保护著作权或者与著作权有关的权利的技术措施的。

第二百一十八条　【销售侵权复制品罪】以营利为目的,销售明知是本法第二百一十七条规定的侵权复制品,违法所得数额巨大或者有其他严重情节的,处五年以下有期徒刑,并处或者单处罚金。

第二百一十九条　【侵犯商业秘密罪】有下列侵犯商业秘密行为之一,情节严重的,处三年以下有期徒刑,并处或者单处罚金;情节特别严重的,处三年以上十年以下有期徒刑,并处罚金:

(一)以盗窃、贿赂、欺诈、胁迫、电子侵入或者其他不正当手段获取权利人的商业秘密的；

（二）披露、使用或者允许他人使用以前项手段获取的权利人的商业秘密的；

（三）违反保密义务或者违反权利人有关保守商业秘密的要求，披露、使用或者允许他人使用其所掌握的商业秘密的。

明知前款所列行为，获取、披露、使用或者允许他人使用该商业秘密的，以侵犯商业秘密论。

本条所称权利人，是指商业秘密的所有人和经商业秘密所有人许可的商业秘密使用人。

第二百一十九条之一　【为境外窃取、刺探、收买、非法提供商业秘密罪】为境外的机构、组织、人员窃取、刺探、收买、非法提供商业秘密的，处五年以下有期徒刑，并处或者单处罚金；情节严重的，处五年以上有期徒刑，并处罚金。

第二百二十条　【单位犯侵犯知识产权罪的处罚规定】单位犯本节第二百一十三条至第二百一十九条之一规定之罪的，对单位判处罚金，并对其直接负责的主管人员和其他直接责任人员，依照本节各该条的规定处罚。

最高人民检察院、公安部关于公安机关管辖的刑事案件立案追诉标准的规定（一）（节录）

1. *2008年6月25日*
2. *公通字〔2008〕36号*

第二十六条　［侵犯著作权案（刑法第二百一十七条）］以营利为目的，未经著作权人许可，复制发行其文字作品、音乐、电影、电视、录像作品、计算机软件及其他作品，或者出版他人享有专有出版权的图书，或者未经录音录像制作者许可，复制发行其制作的录音录像，或者制作、出售假冒他人署名的美术作品，涉嫌下列情形之一的，应予立案追诉：

（一）违法所得数额三万元以上的；

（二）非法经营数额五万元以上的；

（三）未经著作权人许可，复制发行其文字作品、音乐、电影、电视、录像作品、计算机软件及其他作品，复制品数量合计五百张（份）以上的；

（四）未经录音录像制作者许可，复制发行其制作的录音录像制品，复制品数量合计五百张（份）以上的；

（五）其他情节严重的情形。

以刊登收费广告等方式直接或者间接收取费用的情形，属于本条规定的“以营利为目的”。

本条规定的“未经著作权人许可”，是指没有得到著作权人授权或者伪造、涂改著作权人授权许可文件或者超出授权许可范围的情形。

本条规定的“复制发行”，包括复制、发行或者既复制又发行的行为。

通过信息网络向公众传播他人文字作品、音乐、电影、电视、录像作品、计算机软件及其他作品，或者通过信息网络传播他人制作的录音录像制品的行为，应当视为本条规定的“复制发行”。

侵权产品的持有人通过广告、征订等方式推销侵权产品的，属于本条规定的“发行”。

本条规定的“非法经营数额”，是指行为人在实施侵犯知识产权行为过程中，制造、储存、运输、销售侵权产品的价值。已销售的侵权产品的价值，按照实际销售的价格计算。制造、储存、运输和未销售的侵权产品的价值，按照标价或者已经查清的侵权产品的实际销售平均价格计算。侵权产品没有标价或者无法查清其实际销售价格的，按照被侵权产品的市场中间价格计算。

第二十七条　［销售侵权复制品案（刑法第二百一十八条）］以营利为目的，销售明知是刑法第二百一十七条规定的侵权复制品，涉嫌下列情形之一的，应予立案追诉：

（一）违法所得数额十万元以上的；

（二）违法所得数额虽未达到上述数额标准，但尚未销售的侵权复制品货值金额达到三十万元以上的。

最高人民法院关于审理非法出版物刑事案件具体应用法律若干问题的解释

1. *1998年12月11日最高人民法院审判委员会第1032次会议通过*
2. *1998年12月17日公布*
3. *法释〔1998〕30号*
4. *自1998年12月23日起施行*

为依法惩治非法出版物犯罪活动，根据刑法的有关规定，现对审理非法出版物刑事案件具体应用法律的若干问题解释如下：

第一条 明知出版物中载有煽动分裂国家、破坏国家统一或者煽动颠覆国家政权、推翻社会主义制度的内容，而予以出版、印刷、复制、发行、传播的，依照刑法第一百零三条第二款或者第一百零五条第二款的规定，以煽动分裂国家罪或者煽动颠覆国家政权罪定罪处罚。

第二条 以营利为目的，实施刑法第二百一十七条所列侵犯著作权行为之一，个人违法所得数额在五万元以上，单位违法所得数额在二十万元以上的，属于"违法所得数额较大"；具有下列情形之一的，属于"有其他严重情节"：

（一）因侵犯著作权曾经两次以上被追究行政责任或者民事责任，两年内又实施刑法第二百一十七条所列侵犯著作权行为之一的；

（二）个人非法经营数额在二十万元以上，单位非法经营数额在一百万元以上的；

（三）造成其他严重后果的。

以营利为目的，实施刑法第二百一十七条所列侵犯著作权行为之一，个人违法所得数额在二十万元以上，单位违法所得数额在一百万元以上的，属于"违法所得数额巨大"；具有下列情形之一的，属于"有其他特别严重情节"：

（一）个人非法经营数额在一百万元以上，单位非法经营数额在五百万元以上的；

（二）造成其他特别严重后果的。

第三条 刑法第二百一十七条第（一）项中规定的"复制发行"，是指行为人以营利为目的，未经著作权人许可而实施的复制、发行或者既复制又发行其文字作品、音乐、电影、电视、录像作品、计算机软件及其他作品的行为。

第四条 以营利为目的，实施刑法第二百一十八条规定的行为，个人违法所得数额在十万元以上，单位违法所得数额在五十万元以上的，依照刑法第二百一十八条的规定，以销售侵权复制品罪定罪处罚。

第五条 实施刑法第二百一十七条规定的侵犯著作权行为，又销售该侵权复制品，违法所得数额巨大的，只定侵犯著作权罪，不实行数罪并罚。

实施刑法第二百一十七条规定的侵犯著作权的犯罪行为，又明知是他人的侵权复制品而予以销售，构成犯罪的，应当实行数罪并罚。

第六条 在出版物中公然侮辱他人或者捏造事实诽谤他人，情节严重的，依照刑法第二百四十六条的规定，分别以侮辱罪或者诽谤罪定罪处罚。

第七条 出版刊载歧视、侮辱少数民族内容的作品，情节恶劣，造成严重后果的，依照刑法第二百五十条的规定，以出版歧视、侮辱少数民族作品罪定罪处罚。

第八条 以牟利为目的，实施刑法第三百六十三条第一款规定的行为，具有下列情形之一的，以制作、复制、出版、贩卖、传播淫秽物品牟利罪定罪处罚：

（一）制作、复制、出版淫秽影碟、软件、录像带五十至一百张（盒）以上，淫秽音碟、录音带一百至二百张（盒）以上，淫秽扑克、书刊、画册一百至二百副（册）以上，淫秽照片、画片五百至一千张以上的；

（二）贩卖淫秽影碟、软件、录像带一百至二百张（盒）以上，淫秽音碟、录音带二百至四百张（盒）以上，淫秽扑克、书刊、画册二百至四百副（册）以上，淫秽照片、画片一千至二千张以上的；

（三）向他人传播淫秽物品达二百至五百人次以上，或者组织播放淫秽影、像达十至二十场次以上的；

（四）制作、复制、出版、贩卖、传播淫秽物品，获利五千至一万元以上的。

以牟利为目的，实施刑法第三百六十三条第一款规定的行为，具有下列情形之一的，应当认定为制作、复制、出版、贩卖、传播淫秽物品牟利罪"情节严重"：

（一）制作、复制、出版淫秽影碟、软件、录像带二百五十至五百张（盒）以上，淫秽音碟、录音带五百至一千张（盒）以上，淫秽扑克、书刊、画册五百至一千副（册）以上，淫秽照片、画片二千五百至五千张以上的；

（二）贩卖淫秽影碟、软件、录像带五百至一千张（盒）以上，淫秽音碟、录音带一千至二千张（盒）以上，淫秽扑克、书刊、画册一千至二千副（册）以上，淫秽照片、画片五千至一万张以上的；

（三）向他人传播淫秽物品达一千至二千人次以上，或者组织播放淫秽影、像达五十至一百场次以上的；

（四）制作、复制、出版、贩卖、传播淫秽物品，获利三万至五万元以上的。

以牟利为目的，实施刑法第三百六十三条第一款规定的行为，其数量（数额）达到前款规定的数量（数额）五倍以上的，应当认定为制作、复制、出版、贩卖、传播淫秽物品牟利罪“情节特别严重”。

第九条　为他人提供书号、刊号，出版淫秽书刊的，依照刑法第三百六十三条第二款的规定，以为他人提供书号出版淫秽书刊罪定罪处罚。

为他人提供版号，出版淫秽音像制品的，依照前款规定定罪处罚。

明知他人用于出版淫秽书刊而提供书号、刊号的，依照刑法第三百六十三条第一款的规定，以出版淫秽物品牟利罪定罪处罚。

第十条　向他人传播淫秽的书刊、影片、音像、图片等出版物达三百至六百人次以上或者造成恶劣社会影响的，属于“情节严重”，依照刑法第三百六十四条第一款的规定，以传播淫秽物品罪定罪处罚。

组织播放淫秽的电影、录像等音像制品达十五至三十场次以上或者造成恶劣社会影响的，依照刑法第三百六十四条第二款的规定，以组织播放淫秽音像制品罪定罪处罚。

第十一条　违反国家规定，出版、印刷、复制、发行本解释第一条至第十条规定以外的其他严重危害社会秩序和扰乱市场秩序的非法出版物，情节严重的，依照刑法第二百二十五条第（三）项的规定，以非法经营罪定罪处罚。

第十二条　个人实施本解释第十一条规定的行为，具有下列情形之一的，属于非法经营行为“情节严重”：

（一）经营数额在五万元至十万元以上的；

（二）违法所得数额在二万元至三万元以上的；

（三）经营报纸五千份或者期刊五千本或者图书二千册或者音像制品、电子出版物五百张（盒）以上的。

具有下列情形之一的，属于非法经营行为“情节特别严重”：

（一）经营数额在十五万元至三十万元以上的；

（二）违法所得数额在五万元至十万元以上的；

（三）经营报纸一万五千份或者期刊一万五千本或者图书五千册或者音像制品、电子出版物一千五百张（盒）以上的。

第十三条　单位实施本解释第十一条规定的行为，具有下列情形之一的，属于非法经营行为“情节严重”：

（一）经营数额在十五万元至三十万元以上的；

（二）违法所得数额在五万元至十万元以上的；

（三）经营报纸一万五千份或者期刊一万五千本或者图书五千册或者音像制品、电子出版物一千五百张（盒）以上的。

具有下列情形之一的，属于非法经营行为“情节特别严重”：

（一）经营数额在五十万元至一百万元以上的；

（二）违法所得数额在十五万元至三十万元以上的；

（三）经营报纸五万份或者期刊五万本或者图书一万五千册或者音像制品、电子出版物五千张（盒）以上的。

第十四条　实施本解释第十一条规定的行为，经营数额、违法所得数额或者经营数量接近非法经营行为“情节严重”、“情节特别严重”的数额、数量起点标准，并具有下列情形之一的，可以认定为非法经营行为“情节严重”、“情节特别严重”：

（一）两年内因出版、印刷、复制、发行非法出版物受过行政处罚两次以上的；

（二）因出版、印刷、复制、发行非法出版物造成恶劣社会影响或者其他严重后果的。

第十五条　非法从事出版物的出版、印刷、复制、发行业务，严重扰乱市场秩序，情节特别严重，构成犯罪的，可以依照刑法第二百二十五条第（三）项的规定，以非法经营罪定罪处罚。

第十六条　出版单位与他人事前通谋，向其出售、出租或者以其他形式转让该出版单位的名称、书号、刊号、版号，他人实施本解释第二条、第四条、第八条、第九条、第十条、第十一条规定的行为，构成犯罪的，对该出版单位应当以共犯论处。

第十七条　本解释所称“经营数额”，是指以非法出版物的定价数额乘以行为人经营的非法出版物数量所得的数额。

本解释所称“违法所得数额”，是指获利数额。

非法出版物没有定价或者以境外货币定价的，其单价数额应当按照行为人实际出售的价格认定。

第十八条　各省、自治区、直辖市高级人民法院可以根据本地的情况和社会治安状况，在本解释第八条、第十条、第十二条、第十三条规定的有关数额、数量标准的幅度内，确定本地执行的具体标准，并报最高人民法院备案。

最高人民法院、最高人民检察院关于办理侵犯知识产权刑事案件具体应用法律若干问题的解释

1. 2004年11月2日最高人民法院审判委员会第1331次会议、2004年11月11日最高人民检察院第十届检察委员会第28次会议通过
2. 2004年12月8日公布
3. 法释〔2004〕19号
4. 自2004年12月22日起施行

为依法惩治侵犯知识产权犯罪活动，维护社会主义市场经济秩序，根据刑法有关规定，现就办理侵犯知识产权刑事案件具体应用法律的若干问题解释如下：

第一条 未经注册商标所有人许可，在同一种商品上使用与其注册商标相同的商标，具有下列情形之一的，属于刑法第二百一十三条规定的“情节严重”，应当以假冒注册商标罪判处三年以下有期徒刑或者拘役，并处或者单处罚金：

（一）非法经营数额在五万元以上或者违法所得数额在三万元以上的；

（二）假冒两种以上注册商标，非法经营数额在三万元以上或者违法所得数额在二万元以上的；

（三）其他情节严重的情形。

具有下列情形之一的，属于刑法第二百一十三条规定的“情节特别严重”，应当以假冒注册商标罪判处三年以上七年以下有期徒刑，并处罚金：

（一）非法经营数额在二十五万元以上或者违法所得数额在十五万元以上的；

（二）假冒两种以上注册商标，非法经营数额在十五万元以上或者违法所得数额在十万元以上的；

（三）其他情节特别严重的情形。

第二条 销售明知是假冒注册商标的商品，销售金额在五万元以上的，属于刑法第二百一十四条规定的“数额较大”，应当以销售假冒注册商标的商品罪判处三年以下有期徒刑或者拘役，并处或者单处罚金。

销售金额在二十五万元以上的，属于刑法第二百一十四条规定的“数额巨大”，应当以销售假冒注册商标的商品罪判处三年以上七年以下有期徒刑，并处罚金。

第三条 伪造、擅自制造他人注册商标标识或者销售伪造、擅自制造的注册商标标识，具有下列情形之一的，属于刑法第二百一十五条规定的“情节严重”，应当以非法制造、销售非法制造的注册商标标识罪判处三年以下有期徒刑、拘役或者管制，并处或者单处罚金：

（一）伪造、擅自制造或者销售伪造、擅自制造的注册商标标识数量在二万件以上，或者非法经营数额在五万元以上，或者违法所得数额在三万元以上的；

（二）伪造、擅自制造或者销售伪造、擅自制造两种以上注册商标标识数量在一万件以上，或者非法经营数额在三万元以上，或者违法所得数额在二万元以上的；

（三）其他情节严重的情形。

具有下列情形之一的，属于刑法第二百一十五条规定的“情节特别严重”，应当以非法制造、销售非法制造的注册商标标识罪判处三年以上七年以下有期徒刑，并处罚金：

（一）伪造、擅自制造或者销售伪造、擅自制造的注册商标标识数量在十万件以上，或者非法经营数额在二十五万元以上，或者违法所得数额在十五万元以上的；

（二）伪造、擅自制造或者销售伪造、擅自制造两种以上注册商标标识数量在五万件以上，或者非法经营数额在十五万元以上，或者违法所得数额在十万元以上的；

（三）其他情节特别严重的情形。

第四条 假冒他人专利，具有下列情形之一的，属于刑法第二百一十六条规定的“情节严重”，应当以假冒专利罪判处三年以下有期徒刑或者拘役，并处或者单处罚金：

（一）非法经营数额在二十万元以上或者违法所得数额在十万元以上的；

（二）给专利权人造成直接经济损失五十万元以上的；

（三）假冒两项以上他人专利，非法经营数额在十万元以上或者违法所得数额在五万元以上的；

（四）其他情节严重的情形。

第五条 以营利为目的，实施刑法第二百一十七条所列侵犯著作权行为之一，违法所得数额在三万元以上的，

属于“违法所得数额较大”;具有下列情形之一的,属于“有其他严重情节”,应当以侵犯著作权罪判处三年以下有期徒刑或者拘役,并处或者单处罚金:

(一)非法经营数额在五万元以上的;

(二)未经著作权人许可,复制发行其文字作品、音乐、电影、电视、录像作品、计算机软件及其他作品,复制品数量合计在一千张(份)以上的;

(三)其他严重情节的情形。

以营利为目的,实施刑法第二百一十七条所列侵犯著作权行为之一,违法所得数额在十五万元以上的,属于“违法所得数额巨大”;具有下列情形之一的,属于“有其他特别严重情节”,应当以侵犯著作权罪判处三年以上七年以下有期徒刑,并处罚金:

(一)非法经营数额在二十五万元以上的;

(二)未经著作权人许可,复制发行其文字作品、音乐、电影、电视、录像作品、计算机软件及其他作品,复制品数量合计在五千张(份)以上的;

(三)其他特别严重情节的情形。

第六条 以营利为目的,实施刑法第二百一十八条规定的行为,违法所得数额在十万元以上的,属于“违法所得数额巨大”,应当以销售侵权复制品罪判处三年以下有期徒刑或者拘役,并处或者单处罚金。

第七条 实施刑法第二百一十九条规定的行为之一,给商业秘密的权利人造成损失数额在五十万元以上的,属于“给商业秘密的权利人造成重大损失”,应当以侵犯商业秘密罪判处三年以下有期徒刑或者拘役,并处或者单处罚金。

给商业秘密的权利人造成损失数额在二百五十万元以上的,属于刑法第二百一十九条规定的“造成特别严重后果”,应当以侵犯商业秘密罪判处三年以上七年以下有期徒刑,并处罚金。

第八条 刑法第二百一十三条规定的“相同的商标”,是指与被假冒的注册商标完全相同,或者与被假冒的注册商标在视觉上基本无差别、足以对公众产生误导的商标。

刑法第二百一十三条规定的“使用”,是指将注册商标或者假冒的注册商标用于商品、商品包装或者容器以及产品说明书、商品交易文书,或者将注册商标或者假冒的注册商标用于广告宣传、展览以及其他商业活动等行为。

第九条 刑法第二百一十四条规定的“销售金额”,是指销售假冒注册商标的商品后所得和应得的全部违法收入。

具有下列情形之一的,应当认定为属于刑法第二百一十四条规定的“明知”:

(一)知道自己销售的商品上的注册商标被涂改、调换或者覆盖的;

(二)因销售假冒注册商标的商品受到过行政处罚或者承担过民事责任、又销售同一种假冒注册商标的商品的;

(三)伪造、涂改商标注册人授权文件或者知道该文件被伪造、涂改的;

(四)其他知道或者应当知道是假冒注册商标的商品的情形。

第十条 实施下列行为之一的,属于刑法第二百一十六条规定的“假冒他人专利”的行为:

(一)未经许可,在其制造或者销售的产品、产品的包装上标注他人专利号的;

(二)未经许可,在广告或者其他宣传材料中使用他人的专利号,使人将所涉及的技术误认为是他人专利技术的;

(三)未经许可,在合同中使用他人的专利号,使人将合同涉及的技术误认为是他人专利技术的;

(四)伪造或者变造他人的专利证书、专利文件或者专利申请文件的。

第十一条 以刊登收费广告等方式直接或者间接收取费用的情形,属于刑法第二百一十七条规定的“以营利为目的”。

刑法第二百一十七条规定的“未经著作权人许可”,是指没有得到著作权人授权或者伪造、涂改著作权人授权许可文件或者超出授权许可范围的情形。

通过信息网络向公众传播他人文字作品、音乐、电影、电视、录像作品、计算机软件及其他作品的行为,应当视为刑法第二百一十七条规定的“复制发行”。

第十二条 本解释所称“非法经营数额”,是指行为人在实施侵犯知识产权行为过程中,制造、储存、运输、销售侵权产品的价值。已销售的侵权产品的价值,按照实际销售的价格计算。制造、储存、运输和未销售的侵权产品的价值,按照标价或者已经查清的侵权产品的实际销售平均价格计算。侵权产品没有标价或者无法查清其实际销售价格的,按照被侵权产品的市场中间价格计算。

多次实施侵犯知识产权行为,未经行政处理或者刑事处罚的,非法经营数额、违法所得数额或者销售金额累计计算。

本解释第三条所规定的"件",是指标有完整商标图样的一份标识。

第十三条 实施刑法第二百一十三条规定的假冒注册商标犯罪,又销售该假冒注册商标的商品,构成犯罪的,应当依照刑法第二百一十三条的规定,以假冒注册商标罪定罪处罚。

实施刑法第二百一十三条规定的假冒注册商标犯罪,又销售明知是他人的假冒注册商标的商品,构成犯罪的,应当实行数罪并罚。

第十四条 实施刑法第二百一十七条规定的侵犯著作权犯罪,又销售该侵权复制品,构成犯罪的,应当依照刑法第二百一十七条的规定,以侵犯著作权罪定罪处罚。

实施刑法第二百一十七条规定的侵犯著作权犯罪,又销售明知是他人的侵权复制品,构成犯罪的,应当实行数罪并罚。

第十五条 单位实施刑法第二百一十三条至第二百一十九条规定的行为,按照本解释规定的相应个人犯罪的定罪量刑标准的三倍定罪量刑。

第十六条 明知他人实施侵犯知识产权犯罪,而为其提供贷款、资金、账号、发票、证明、许可证件,或者提供生产、经营场所或运输、储存、代理进出口等便利条件、帮助的,以侵犯知识产权犯罪的共犯论处。

第十七条 以前发布的有关侵犯知识产权犯罪的司法解释,与本解释相抵触的,自本解释施行后不再适用。

最高人民法院、最高人民检察院关于办理侵犯知识产权刑事案件具体应用法律若干问题的解释(二)

1. *2007年4月4日最高人民法院审判委员会第1422次会议、最高人民检察院第十届检察委员会第75次会议通过*
2. *2007年4月5日公布*
3. *法释[2007]6号*
4. *自2007年4月5日起施行*

为维护社会主义市场经济秩序,依法惩治侵犯知识产权犯罪活动,根据刑法、刑事诉讼法有关规定,现就办理侵犯知识产权刑事案件具体应用法律的若干问题解释如下:

第一条 以营利为目的,未经著作权人许可,复制发行其文字作品、音乐、电影、电视、录像作品、计算机软件及其他作品,复制品数量合计在五百张(份)以上的,属于刑法第二百一十七条规定的"有其他严重情节";复制品数量在二千五百张(份)以上的,属于刑法第二百一十七条规定的"有其他特别严重情节"。

第二条 刑法第二百一十七条侵犯著作权罪中的"复制发行",包括复制、发行或者既复制又发行的行为。

侵权产品的持有人通过广告、征订等方式推销侵权产品的,属于刑法第二百一十七条规定的"发行"。

非法出版、复制、发行他人作品,侵犯著作权构成犯罪的,按照侵犯著作权罪定罪处罚。

第三条 侵犯知识产权犯罪,符合刑法规定的缓刑条件的,依法适用缓刑。有下列情形之一的,一般不适用缓刑:

(一)因侵犯知识产权被刑事处罚或者行政处罚后,再次侵犯知识产权构成犯罪的;

(二)不具有悔罪表现的;

(三)拒不交出违法所得的;

(四)其他不宜适用缓刑的情形。

第四条 对于侵犯知识产权犯罪的,人民法院应当综合考虑犯罪的违法所得、非法经营数额、给权利人造成的损失、社会危害性等情节,依法判处罚金。罚金数额一般在违法所得的一倍以上五倍以下,或者按照非法经营数额的50%以上一倍以下确定。

第五条 被害人有证据证明的侵犯知识产权刑事案件,直接向人民法院起诉的,人民法院应当依法受理;严重危害社会秩序和国家利益的侵犯知识产权刑事案件,由人民检察院依法提起公诉。

第六条 单位实施刑法第二百一十三条至第二百一十九条规定的行为,按照《最高人民法院、最高人民检察院关于办理侵犯知识产权刑事案件具体应用法律若干问题的解释》和本解释规定的相应个人犯罪的定罪量刑标准定罪处罚。

第七条 以前发布的司法解释与本解释不一致的,以本解释为准。

最高人民法院、最高人民检察院关于办理侵犯知识产权刑事案件具体应用法律若干问题的解释(三)

1. 2020年8月31日最高人民法院审判委员会第1811次会议、2020年8月21日最高人民检察院第十三届检察委员会第四十八次会议通过
2. 2020年9月12日公布
3. 法释〔2020〕10号
4. 自2020年9月14日起施行

为依法惩治侵犯知识产权犯罪,维护社会主义市场经济秩序,根据《中华人民共和国刑法》《中华人民共和国刑事诉讼法》等有关规定,现就办理侵犯知识产权刑事案件具体应用法律的若干问题解释如下:

第一条　具有下列情形之一的,可以认定为刑法第二百一十三条规定的"与其注册商标相同的商标":

(一)改变注册商标的字体、字母大小写或者文字横竖排列,与注册商标之间基本无差别的;

(二)改变注册商标的文字、字母、数字等之间的间距,与注册商标之间基本无差别的;

(三)改变注册商标颜色,不影响体现注册商标显著特征的;

(四)在注册商标上仅增加商品通用名称、型号等缺乏显著特征要素,不影响体现注册商标显著特征的;

(五)与立体注册商标的三维标志及平面要素基本无差别的;

(六)其他与注册商标基本无差别、足以对公众产生误导的商标。

第二条　在刑法第二百一十七条规定的作品、录音制品上以通常方式署名的自然人、法人或者非法人组织,应当推定为著作权人或者录音制作者,且该作品、录音制品上存在着相应权利,但有相反证明的除外。

在涉案作品、录音制品种类众多且权利人分散的案件中,有证据证明涉案复制品系非法出版、复制发行,且出版者、复制发行者不能提供获得著作权人、录音制作者许可的相关证据材料的,可以认定为刑法第二百一十七条规定的"未经著作权人许可""未经录音制作者许可"。但是,有证据证明权利人放弃权利、涉案作品的著作权或者录音制品的有关权利不受我国著作权法保护、权利保护期限已经届满的除外。

第三条　采取非法复制、未经授权或者超越授权使用计算机信息系统等方式窃取商业秘密的,应当认定为刑法第二百一十九条第一款第一项规定的"盗窃"。

以贿赂、欺诈、电子侵入等方式获取权利人的商业秘密的,应当认定为刑法第二百一十九条第一款第一项规定的"其他不正当手段"。

第四条　实施刑法第二百一十九条规定的行为,具有下列情形之一的,应当认定为"给商业秘密的权利人造成重大损失":

(一)给商业秘密的权利人造成损失数额或者因侵犯商业秘密违法所得数额在三十万元以上的;

(二)直接导致商业秘密的权利人因重大经营困难而破产、倒闭的;

(三)造成商业秘密的权利人其他重大损失的。

给商业秘密的权利人造成损失数额或者因侵犯商业秘密违法所得数额在二百五十万元以上的,应当认定为刑法第二百一十九条规定的"造成特别严重后果"。

第五条　实施刑法第二百一十九条规定的行为造成的损失数额或者违法所得数额,可以按照下列方式认定:

(一)以不正当手段获取权利人的商业秘密,尚未披露、使用或者允许他人使用的,损失数额可以根据该项商业秘密的合理许可使用费确定;

(二)以不正当手段获取权利人的商业秘密后,披露、使用或者允许他人使用的,损失数额可以根据权利人因被侵权造成销售利润的损失确定,但该损失数额低于商业秘密合理许可使用费的,根据合理许可使用费确定;

(三)违反约定、权利人有关保守商业秘密的要求,披露、使用或者允许他人使用其所掌握的商业秘密的,损失数额可以根据权利人因被侵权造成销售利润的损失确定;

(四)明知商业秘密是不正当手段获取或者是违反约定、权利人有关保守商业秘密的要求披露、使用、允许使用,仍获取、使用或者披露的,损失数额可以根据权利人因被侵权造成销售利润的损失确定;

(五)因侵犯商业秘密行为导致商业秘密已为公众所知悉或者灭失的,损失数额可以根据该项商业秘密的商业价值确定。商业秘密的商业价值,可以根据该项商业秘密的研究开发成本、实施该项商业秘密的收益综合确定；

（六）因披露或者允许他人使用商业秘密而获得的财物或者其他财产性利益，应当认定为违法所得。

前款第二项、第三项、第四项规定的权利人因被侵权造成销售利润的损失，可以根据权利人因被侵权造成销售量减少的总数乘以权利人每件产品的合理利润确定；销售量减少的总数无法确定的，可以根据侵权产品销售量乘以权利人每件产品的合理利润确定；权利人因被侵权造成销售量减少的总数和每件产品的合理利润均无法确定的，可以根据侵权产品销售量乘以每件侵权产品的合理利润确定。商业秘密系用于服务等其他经营活动的，损失数额可以根据权利人因被侵权而减少的合理利润确定。

商业秘密的权利人为减轻对商业运营、商业计划的损失或者重新恢复计算机信息系统安全、其他系统安全而支出的补救费用，应当计入给商业秘密的权利人造成的损失。

第六条 在刑事诉讼程序中，当事人、辩护人、诉讼代理人或者案外人书面申请对有关商业秘密或者其他需要保密的商业信息的证据、材料采取保密措施的，应当根据案件情况采取组织诉讼参与人签署保密承诺书等必要的保密措施。

违反前款有关保密措施的要求或者法律法规规定的保密义务的，依法承担相应责任。擅自披露、使用或者允许他人使用在刑事诉讼程序中接触、获取的商业秘密，符合刑法第二百一十九条规定的，依法追究刑事责任。

第七条 除特殊情况外，假冒注册商标的商品、非法制造的注册商标标识、侵犯著作权的复制品、主要用于制造假冒注册商标的商品、注册商标标识或者侵权复制品的材料和工具，应当依法予以没收和销毁。

上述物品需要作为民事、行政案件的证据使用的，经权利人申请，可以在民事、行政案件终结后或者采取取样、拍照等方式对证据固定后予以销毁。

第八条 具有下列情形之一的，可以酌情从重处罚，一般不适用缓刑：

（一）主要以侵犯知识产权为业的；

（二）因侵犯知识产权被行政处罚后再次侵犯知识产权构成犯罪的；

（三）在重大自然灾害、事故灾难、公共卫生事件期间，假冒抢险救灾、防疫物资等商品的注册商标的；

（四）拒不交出违法所得的。

第九条 具有下列情形之一的，可以酌情从轻处罚：

（一）认罪认罚的；

（二）取得权利人谅解的；

（三）具有悔罪表现的；

（四）以不正当手段获取权利人的商业秘密后尚未披露、使用或者允许他人使用的。

第十条 对于侵犯知识产权犯罪的，应当综合考虑犯罪违法所得数额、非法经营数额、给权利人造成的损失数额、侵权假冒物品数量及社会危害性等情节，依法判处罚金。

罚金数额一般在违法所得数额的一倍以上五倍以下确定。违法所得数额无法查清的，罚金数额一般按照非法经营数额的百分之五十以上一倍以下确定。违法所得数额和非法经营数额均无法查清，判处三年以下有期徒刑、拘役、管制或者单处罚金的，一般在三万元以上一百万元以下确定罚金数额；判处三年以上有期徒刑的，一般在十五万元以上五百万元以下确定罚金数额。

第十一条 本解释发布施行后，之前发布的司法解释和规范性文件与本解释不一致的，以本解释为准。

第十二条 本解释自2020年9月14日起施行。

最高人民法院、最高人民检察院关于办理侵犯著作权刑事案件中涉及录音录像制品有关问题的批复

1. *2005年9月26日最高人民法院审判委员会第1365次会议、2005年9月23日最高人民检察院第十届检察委员会第39次会议通过*
2. *2005年10月13日公布*
3. *法释〔2005〕12号*
4. *自2005年10月18日起施行*

各省、自治区、直辖市高级人民法院、人民检察院，解放军军事法院、军事检察院，新疆维吾尔自治区高级人民法院生产建设兵团分院、新疆生产建设兵团人民检察院：

《最高人民法院、最高人民检察院关于办理侵犯知识产权刑事案件具体应用法律若干问题的解释》发布以后，部分高级人民法院、省级人民检察院就关于办理侵犯

著作权刑事案件中涉及录音录像制品的有关问题提出请示。经研究,批复如下:

以营利为目的,未经录音录像制作者许可,复制发行其制作的录音录像制品的行为,复制品的数量标准分别适用《最高人民法院、最高人民检察院关于办理侵犯知识产权刑事案件具体应用法律若干问题的解释》第五条第一款第(二)项、第二款第(二)项的规定。

未经录音录像制作者许可,通过信息网络传播其制作的录音录像制品的行为,应当视为刑法第二百一十七条第(三)项规定的"复制发行"。

此复

最高人民法院、最高人民检察院、公安部关于办理侵犯知识产权刑事案件适用法律若干问题的意见

1. 2011年1月10日

2. 法发〔2011〕3号

为解决近年来公安机关、人民检察院、人民法院在办理侵犯知识产权刑事案件中遇到的新情况、新问题,依法惩治侵犯知识产权犯罪活动,维护社会主义市场经济秩序,根据刑法、刑事诉讼法及有关司法解释的规定,结合侦查、起诉、审判实践,制定本意见。

一、关于侵犯知识产权犯罪案件的管辖问题

侵犯知识产权犯罪案件由犯罪地公安机关立案侦查。必要时,可以由犯罪嫌疑人居住地公安机关立案侦查。侵犯知识产权犯罪案件的犯罪地,包括侵权产品制造地、储存地、运输地、销售地,传播侵权作品、销售侵权产品的网站服务器所在地、网络接入地、网站建立者或者管理者所在地,侵权作品上传者所在地,权利人受到实际侵害的犯罪结果发生地。对有多个侵犯知识产权犯罪地的,由最初受理的公安机关或者主要犯罪地公安机关管辖。多个侵犯知识产权犯罪地的公安机关对管辖有争议的,由共同的上级公安机关指定管辖,需要提请批准逮捕、移送审查起诉、提起公诉的,由该公安机关所在地的同级人民检察院、人民法院受理。

对于不同犯罪嫌疑人、犯罪团伙跨地区实施的涉及同一批侵权产品的制造、储存、运输、销售等侵犯知识产权犯罪行为,符合并案处理要求的,有关公安机关可以一并立案侦查,需要提请批准逮捕、移送审查起诉、提起公诉的,由该公安机关所在地的同级人民检察院、人民法院受理。

二、关于办理侵犯知识产权刑事案件中行政执法部门收集、调取证据的效力问题

行政执法部门依法收集、调取、制作的物证、书证、视听资料、检验报告、鉴定结论、勘验笔录、现场笔录,经公安机关、人民检察院审查,人民法院庭审质证确认,可以作为刑事证据使用。

行政执法部门制作的证人证言、当事人陈述等调查笔录,公安机关认为有必要作为刑事证据使用的,应当依法重新收集、制作。

三、关于办理侵犯知识产权刑事案件的抽样取证问题和委托鉴定问题

公安机关在办理侵犯知识产权刑事案件时,可以根据工作需要抽样取证,或者商请同级行政执法部门、有关检验机构协助抽样取证。法律、法规对抽样机构或者抽样方法有规定的,应当委托规定的机构并按照规定方法抽取样品。

公安机关、人民检察院、人民法院在办理侵犯知识产权刑事案件时,对于需要鉴定的事项,应当委托国家认可的有鉴定资质的鉴定机构进行鉴定。

公安机关、人民检察院、人民法院应当对鉴定结论进行审查,听取权利人、犯罪嫌疑人、被告人对鉴定结论的意见,可以要求鉴定机构作出相应说明。

四、关于侵犯知识产权犯罪自诉案件的证据收集问题

人民法院依法受理侵犯知识产权刑事自诉案件,对于当事人因客观原因不能取得的证据,在提起自诉时能够提供有关线索,申请人民法院调取的,人民法院应当依法调取。

五、关于刑法第二百一十三条规定的"同一种商品"的认定问题

名称相同的商品以及名称不同但指同一事物的商品,可以认定为"同一种商品"。"名称"是指国家工商行政管理总局商标局在商标注册工作中对商品使用的名称,通常即《商标注册用商品和服务国际分类》中规定的商品名称。"名称不同但指同一事物的商品"是指在功能、用途、主要原料、消费对象、销售渠道等方面相同或者基本相同,相关公众一般认为是同一种事物的商品。

认定"同一种商品",应当在权利人注册商标核定

使用的商品和行为人实际生产销售的商品之间进行比较。

六、关于刑法第二百一十三条规定的"与其注册商标相同的商标"的认定问题

具有下列情形之一，可以认定为"与其注册商标相同的商标"：

（一）改变注册商标的字体、字母大小写或者文字横竖排列，与注册商标之间仅有细微差别的；

（二）改变注册商标的文字、字母、数字等之间的间距，不影响体现注册商标显著特征的；

（三）改变注册商标颜色的；

（四）其他与注册商标在视觉上基本无差别、足以对公众产生误导的商标。

七、关于尚未附着或者尚未全部附着假冒注册商标标识的侵权产品价值是否计入非法经营数额的问题

在计算制造、储存、运输和未销售的假冒注册商标侵权产品价值时，对于已经制作完成但尚未附着（含加贴）或者尚未全部附着（含加贴）假冒注册商标标识的产品，如果有确实、充分证据证明该产品将假冒他人注册商标，其价值计入非法经营数额。

八、关于销售假冒注册商标的商品犯罪案件中尚未销售或者部分销售情形的定罪量刑问题

销售明知是假冒注册商标的商品，具有下列情形之一的，依照刑法第二百一十四条的规定，以销售假冒注册商标的商品罪（未遂）定罪处罚：

（一）假冒注册商标的商品尚未销售，货值金额在十五万元以上的；

（二）假冒注册商标的商品部分销售，已销售金额不满五万元，但与尚未销售的假冒注册商标的商品的货值金额合计在十五万元以上的。

假冒注册商标的商品尚未销售，货值金额分别达到十五万元以上不满二十五万元、二十五万元以上的，分别依照刑法第二百一十四条规定的各法定刑幅度定罪处罚。

销售金额和未销售货值金额分别达到不同的法定刑幅度或者均达到同一法定刑幅度的，在处罚较重的法定刑或者同一法定刑幅度内酌情从重处罚。

九、关于销售他人非法制造的注册商标标识犯罪案件中尚未销售或者部分销售情形的定罪问题

销售他人伪造、擅自制造的注册商标标识，具有下列情形之一的，依照刑法第二百一十五条的规定，以销售非法制造的注册商标标识罪（未遂）定罪处罚：

（一）尚未销售他人伪造、擅自制造的注册商标标识数量在六万件以上的；

（二）尚未销售他人伪造、擅自制造的两种以上注册商标标识数量在三万件以上的；

（三）部分销售他人伪造、擅自制造的注册商标标识，已销售标识数量不满二万件，但与尚未销售标识数量合计在六万件以上的；

（四）部分销售他人伪造、擅自制造的两种以上注册商标标识，已销售标识数量不满一万件，但与尚未销售标识数量合计在三万件以上的。

十、关于侵犯著作权犯罪案件"以营利为目的"的认定问题

除销售外，具有下列情形之一的，可以认定为"以营利为目的"：

（一）以在他人作品中刊登收费广告、捆绑第三方作品等方式直接或者间接收取费用的；

（二）通过信息网络传播他人作品，或者利用他人上传的侵权作品，在网站或者网页上提供刊登收费广告服务，直接或者间接收取费用的；

（三）以会员制方式通过信息网络传播他人作品，收取会员注册费或者其他费用的；

（四）其他利用他人作品牟利的情形。

十一、关于侵犯著作权犯罪案件"未经著作权人许可"的认定问题

"未经著作权人许可"一般应当依据著作权人或者其授权的代理人、著作权集体管理组织、国家著作权行政管理部门指定的著作权认证机构出具的涉案作品版权认证文书，或者证明出版者、复制发行者伪造、涂改授权许可文件或者超出授权许可范围的证据，结合其他证据综合予以认定。

在涉案作品种类众多且权利人分散的案件中，上述证据确实难以一一取得，但有证据证明涉案复制品系非法出版、复制发行的，且出版者、复制发行者不能提供获得著作权人许可的相关证明材料的，可以认定为"未经著作权人许可"。但是，有证据证明权利人放弃权利、涉案作品的著作权不受我国著作权法保护，或者著作权保护期限已经届满的除外。

十二、关于刑法第二百一十七条规定的"发行"的认定及相关问题

"发行"，包括总发行、批发、零售、通过信息网络传播以及出租、展销等活动。

非法出版、复制、发行他人作品，侵犯著作权构成犯罪的，按照侵犯著作权罪定罪处罚，不认定为非法经营罪等其他犯罪。

十三、关于通过信息网络传播侵权作品行为的定罪处罚标准问题

以营利为目的，未经著作权人许可，通过信息网络向公众传播他人文字作品、音乐、电影、电视、美术、摄影、录像作品、录音录像制品、计算机软件及其他作品，具有下列情形之一的，属于刑法第二百一十七条规定的“其他严重情节”：

（一）非法经营数额在五万元以上的；

（二）传播他人作品的数量合计在五百件（部）以上的；

（三）传播他人作品的实际被点击数达到五万次以上的；

（四）以会员制方式传播他人作品，注册会员达到一千人以上的；

（五）数额或者数量虽未达到第（一）项至第（四）项规定标准，但分别达到其中两项以上标准一半以上的；

（六）其他严重情节的情形。

实施前款规定的行为，数额或者数量达到前款第（一）项至第（五）项规定标准五倍以上的，属于刑法第二百一十七条规定的“其他特别严重情节”。

十四、关于多次实施侵犯知识产权行为累计计算数额问题

依照《最高人民法院、最高人民检察院关于办理侵犯知识产权刑事案件具体应用法律若干问题的解释》第十二条第二款的规定，多次实施侵犯知识产权行为，未经行政处理或者刑事处罚的，非法经营数额、违法所得数额或者销售金额累计计算。

二年内多次实施侵犯知识产权违法行为，未经行政处理，累计数额构成犯罪的，应当依法定罪处罚。实施侵犯知识产权犯罪行为的追诉期限，适用刑法的有关规定，不受前述二年的限制。

十五、关于为他人实施侵犯知识产权犯罪提供原材料、机械设备等行为的定性问题

明知他人实施侵犯知识产权犯罪，而为其提供生产、制造侵权产品的主要原材料、辅助材料、半成品、包装材料、机械设备、标签标识、生产技术、配方等帮助，或者提供互联网接入、服务器托管、网络存储空间、通讯传输通道、代收费、费用结算等服务的，以侵犯知识产权犯罪的共犯论处。

十六、关于侵犯知识产权犯罪竞合的处理问题

行为人实施侵犯知识产权犯罪，同时构成生产、销售伪劣商品犯罪的，依照侵犯知识产权犯罪与生产、销售伪劣商品犯罪中处罚较重的规定定罪处罚。

八、重要国际公约

资料补充栏

与贸易有关的知识产权协定(TRIPs)

1. 1994年4月15日于马拉喀什签订
2. 自2001年12月11日起对中国生效

目 录

各成员,

期望减少对国际贸易的扭曲和阻碍,并考虑到需要促进对知识产权的有效和充分保护,并保证实施知识产权的措施和程序本身不成为合法贸易的障碍;

认识到,为此目的,需要制定有关下列问题的新的规则和纪律:

(a)GATT 1994 的基本原则和有关国际知识产权协定或公约的适用性;

(b)就与贸易有关的知识产权的效力、范围和使用,规定适当的标准和原则;

(c)就实施与贸易有关的知识产权规定有效和适当的手段,同时考虑各国法律制度的差异;

(d)就在多边一级防止和解决政府间争端规定有效和迅速的程序;

(e)旨在最充分地分享谈判结果的过渡安排;

认识到需要一个有关原则、规则和纪律的多边框架,以处理冒牌货的国际贸易问题;

认识到知识产权属私权;

认识到各国知识产权保护制度的基本公共政策目标,包括发展目标和技术目标;

还认识到最不发达国家成员在国内实施法律和法规方面特别需要最大的灵活性,以便它们能够创造一个良好和可行的技术基础;

强调通过多边程序达成加强的承诺以解决与贸易有关的知识产权争端从而减少紧张的重要性;

期望在 WTO 与世界知识产权组织(本协定中称“WIPO”)以及其他有关国际组织之间建立一种相互支持的关系;

特此协议如下:

第一部分 总则和基本原则

第1条 义务的性质和范围

1. 各成员应实施本协定的规定。各成员可以,但并无义务,在其法律中实施比本协定要求更广泛的保护,只要此种保护不违反本协定的规定。各成员有权在其各自的法律制度和实践中确定实施本协定规定的适当方法。

2. 就本协定而言,“知识产权”一词指作为第二部分第1节至第7节主题的所有类别的知识产权。

3. 各成员应对其他成员的国民给予本协定规定的待遇。就有关的知识产权而言,其他成员的国民应理解为符合《巴黎公约》(1967)、《伯尔尼公约》(1971)、《罗马公约》和《关于集成电路的知识产权条约》规定的保护资格标准的自然人或法人,假设所有 WTO 成员均为这些公约的成员。任何利用《罗马公约》第5条第3款或第6条第2款中规定的可能性的成员,均应按这些条款中所预想的那样,向与贸易有关的知识产权理事会(“TRIPS 理事会”)作出通知。

第2条 知识产权公约

1. 就本协定的第二部分、第三部分和第四部分而言,各成员应遵守《巴黎公约》(1967)第1条至第12条和第19条。

2. 本协定第一部分至第四部分的任何规定不得

背离各成员可能在《巴黎公约》、《伯尔尼公约》、《罗马公约》和《关于集成电路的知识产权条约》项下相互承担的现有义务。

第3条 国民待遇

1. 在知识产权保护方面，在遵守《巴黎公约》(1967)、《伯尔尼公约》(1971)、《罗马公约》或《关于集成电路的知识产权条约》中各自规定的例外的前提下，每一成员给予其他成员国民的待遇不得低于给予本国国民的待遇。就表演者、录音制品制作者和广播组织而言，此义务仅适用于本协定规定的权利。任何利用《伯尔尼公约》第6条或《罗马公约》第16条第1款(b)项规定的可能性的成员，均应按这些条款中所预想的那样，向TRIPS理事会作出通知。

2. 各成员可利用第1款下允许的在司法和行政程序方面的例外，包括在一成员管辖范围内指定送达地址或委派代理人，但是这些例外应为保证遵守与本协定规定发生不相抵触的法律和法规所必需，且这种做法的实施不会对贸易构成变相限制。

第4条 最惠国待遇

对于知识产权保护，一成员对任何其他国家国民给予的任何利益、优惠、特权或豁免，应立即无条件地给予所有其他成员的国民。一成员给予的属下列情况的任何利益、优惠、特权或豁免，免除此义务：

(a)自一般性的、并非专门限于知识产权保护的关于司法协助或法律实施的国际协定所派生；

(b)依照《伯尔尼公约》(1971)或《罗马公约》的规定所给予，此类规定允许所给予的待遇不属国民待遇性质而属在另一国中给予待遇的性质；

(c)关于本协定项下未作规定的有关表演者、录音制品制作者以及广播组织的权利；

(d)自《WTO协定》生效之前已生效的有关知识产权保护的国际协定所派生，只要此类协定向TRIPS理事会作出通知，并对其他成员的国民不构成任意的或不合理的歧视。

第5条 关于取得或维持保护的多边协定

第3条和第4条的义务不适用于在WIPO主持下订立的有关取得或维持知识产权的多边协定中规定的程序。

第6条 权利用尽

就本协定项下的争端解决而言，在遵守第2条和第4条规定的前提下，本协定的任何规定不得用于处理知识产权的权利用尽问题。

第7条 目标

知识产权的保护和实施应有助于促进技术革新及技术转让和传播，有助于技术知识的创造者和使用者的相互利益，并有助于社会和经济福利及权利与义务的平衡。

第8条 原则

1. 在制定或修改其法律和法规时，各成员可采用对保护公共健康和营养，促进对其社会经济和技术发展至关重要部门的公共利益所必需的措施，只要此类措施与本协定的规定相一致。

2. 只要与本协定的规定相一致，可能需要采取适当措施以防止知识产权权利持有人滥用知识产权或采取不合理地限制贸易或对国际技术转让造成不利影响的做法。

第二部分 关于知识产权效力、范围和使用的标准

第1节 版权和相关权利

第9条 与《伯尔尼公约》的关系

1. 各成员应遵守《伯尔尼公约》(1971)第1条至第21条及其附录的规定。但是，对于该公约第6条之二授予或派生的权利，各成员在本协定项下不享有权利或义务。

2. 版权的保护仅延伸至表达方式，而不延伸至思想、程序、操作方法或数学概念本身。

第10条 计算机程序和数据汇编

1. 计算机程序，无论是源代码还是目标代码，应作为《伯尔尼公约》(1971)项下的文字作品加以保护。

2. 数据汇编或其他资料，无论机器可读还是其他形式，只要由于对其内容的选取或编排而构成智力创作，即应作为智力创作加以保护。该保护不得延伸至数据或资料本身，并不得损害存在于数据或资料本身的任何版权。

第11条 出租权

至少就计算机程序和电影作品而言，一成员应给予作者及其合法继承人准许或禁止向公众商业性出租其有版权作品的原件或复制品的权利。一成员对电影作品可不承担此义务，除非此种出租已导致对该作品的广泛复制，从而实质性减损该成员授予作者及其合法继承人的专有复制权。就计算机程序而言，如该程序本身不是出租的主要标的，则此义务不适用于出租。

第 12 条　保护期限

除摄影作品或实用艺术作品外，只要一作品的保护期限不以自然人的生命为基础计算，则该期限自作品经授权出版的日历年年底计算即不得少于 50 年，或如果该作品在创作后 50 年内未经授权出版，则为自作品完成的日历年年底起计算的 50 年。

第 13 条　限制和例外

各成员对专有权作出的任何限制或例外规定仅限于某些特殊情况，且与作品的正常利用不相冲突，也不得无理损害权利持有人的合法权益。

第 14 条　对表演者、录音制品（唱片）制作者和广播组织的保护

1. 就将其表演固定在录音制品上而言，表演者应有可能防止下列未经其授权的行为：固定其未曾固定的表演和复制该录制品。表演者还应有可能阻止下列未经其授权的行为：以无线广播方式播出和向大众传播其现场表演。

2. 录音制品制作者应享有准许或禁止直接或间接复制其录音制品的权利。

3. 广播组织有权禁止下列未经其授权的行为：录制、复制录制品、以无线广播方式转播以及将其电视广播向公众传播。如各成员未授予广播组织此类权利，则在遵守《伯尔尼公约》（1971）规定的前提下，应给予广播的客体的版权所有权人阻止上述行为的可能性。

4. 第 11 条关于计算机程序的规定在细节上作必要修改后应适用于录音制品制作者和按一成员法律确定的录音制品的任何其他权利持有人。如在 1994 年 4 月 15 日，一成员在录音制品的出租方面已实施向权利持有人公平付酬的制度，则可维持该制度，只要录音制品的商业性出租不对权利持有人的专有复制权造成实质性减损。

5. 本协定项下表演者和录音制品制作者可获得的保护期限，自该固定或表演完成的日历年年底计算，应至少持续至 50 年年末。按照第 3 款给予的保护期限，自广播播出的日历年年底计算，应至少持续 20 年。

6. 任何成员可就第 1 款、第 2 款和第 3 款授予的权利，在《罗马公约》允许的限度内，规定条件、限制、例外和保留。但是，《伯尔尼公约》（1971）第 18 条的规定在细节上作必要修改后也应适用于表演者和录音制品制作者对录音制品享有的权利。

第 2 节　商　　标

第 15 条　可保护客体

1. 任何标记或标记的组合，只要能够将一企业的货物和服务区别于其他企业的货物或服务，即能够构成商标。此类标记，特别是单词，包括人名、字母、数字、图案的成分和颜色的组合以及任何此类标记的组合，均应符合注册为商标的条件。如标记无固有的区别有关货物或服务的特征，则各成员可以由通过使用而获得的显著性作为注册的条件。各成员可要求，作为注册的条件，这些标记应为视觉上可感知的。

2. 第 1 款不得理解为阻止一成员以其他理由拒绝商标的注册，只要这些理由不背离《巴黎公约》（1967）的规定。

3. 各成员可以将使用作为注册条件。但是，一商标的实际使用不得作为接受申请的一项条件。不得仅以自申请日起 3 年期满后商标未按原意使用为由拒绝该申请。

4. 商标所适用的货物或服务的性质在任何情况下不得形成对商标注册的障碍。

5. 各成员应在商标注册前或在注册后迅速公布每一商标，并应对注销注册的请求给予合理的机会。此外，各成员可提供机会以便对商标的注册提出异议。

第 16 条　授予的权利

1. 注册商标的所有权人享有专有权，以阻止所有第三方未经该所有权人同意在贸易过程中对与已注册商标的货物或服务的相同或类似货物或服务使用相同或类似标记，如此类使用会导致混淆的可能性。在对相同货物或服务使用相同标记的情况下，应推定存在混淆的可能性。上述权利不得损害任何现有的优先权，也不得影响各成员以使用为基础提供权利的可能性。

2. 《巴黎公约》（1967）第 6 条之二在细节上作必要修改后应适用于服务。在确定一商标是否驰名时，各成员应考虑相关部门公众对该商标的了解程度，包括在该成员中因促销该商标而获得的了解程度。

3. 《巴黎公约》（1967）第 6 条之二在细节上作必要修改后应适用于与已注册商标的货物或服务不相类似的货物或服务，只要该商标在对那些货物或服务的使用方面可表明这些货物或服务与该注册商标所有权人之间存在联系，且此类使用有可能损害该注册商标所有权人的利益。

第 17 条 例外

各成员可对商标所授予的权利规定有限的例外,如合理使用描述性词语,只要此类例外考虑到商标所有权人和第三方的合法权益。

第 18 条 保护期限

商标的首次注册及每次续展的期限均不得少于 7 年。商标的注册应可以无限续展。

第 19 条 关于使用的要求

1. 如维持注册需要使用商标,则只有在至少连续 3 年不使用后方可注销注册,除非商标所有权人根据对商标使用存在的障碍说明正当理由。出现商标人意志以外的情况而构成对商标使用的障碍,例如对受商标保护的货物或服务实施进口限制或其他政府要求,此类情况应被视为不使用商标的正当理由。

2. 在受所有权人控制的前提下,另一人使用一商标应被视为为维持注册而使用该商标。

第 20 条 其他要求

在贸易过程中使用商标不得受特殊要求的无理妨碍,例如要求与另一商标一起使用,以特殊形式使用或要求以损害其将一企业的货物或服务区别于另一企业的货物或服务能力的方式使用。此点不排除要求将识别生产该货物或服务的企业的商标与区别该企业的所涉具体货物或服务的商标一起使用,但不将两者联系起来。

第 21 条 许可和转让

各成员可对商标的许可和转让确定条件,与此相关的理解是,不允许商标的强制许可,且注册商标的所有权人有权将商标与该商标所属业务同时或不同时转让。

第 3 节 地 理 标 识

第 22 条 地理标识的保护

1. 就本协定而言,"地理标识"指识别一货物来源于一成员领土或该领土内一地区或地方的标识,该货物的特定质量、声誉或其他特性主要归因于其地理来源。

2. 就地理标识而言,各成员应向利害关系方提供法律手段以防止:

(a)在一货物的标志或说明中使用任何手段标明或暗示所涉货物来源于真实原产地之外的一地理区域,从而在该货物的地理来源方面使公众产生误解;

(b)构成属《巴黎公约》(1967)第 10 条之二范围内的不公平竞争行为的任何使用。

3. 如一商标包含的或构成该商标的地理标识中所标明的领土并非货物的来源地,且如果在该成员中在此类货物的商标中使用该标识会使公众对其真实原产地产生误解,则该成员在其立法允许的情况下可依职权或在一利害关系方请求下,拒绝该商标注册或宣布注册无效。

4. 根据第 1 款、第 2 款和第 3 款给予的保护可适用于虽在文字上表明货物来源的真实领土、地区或地方,但却虚假地向公众表明该货物来源于另一领土的地理标识。

第 23 条 对葡萄酒和烈酒地理标识的附加保护

1. 每一成员应为利害关系方提供法律手段,以防止将识别葡萄酒的地理标识用于并非来源于所涉地理标识所标明地方的葡萄酒,或防止将识别烈酒的地理标识用于并非来源于所涉地理标识所标明地方的烈酒,即使对货物的真实原产地已标明,或该地理标识用于翻译中,或附有"种类"、"类型"、"特色"、"仿制"或类似表达方式。

2. 对于一葡萄酒商标包含识别葡萄酒的地理标识或由此种标识构成,或如果一烈酒商标包含识别烈酒的地理标识或由此种标识构成,一成员应在其立法允许的情况下依职权或在一利害关系方请求下,对不具备此来源的此类葡萄酒或烈酒,拒绝该商标注册或宣布注册无效。

3. 在葡萄酒的地理标识同名的情况下,在遵守第 22 条第 4 款规定的前提下,应对每一种标识予以保护。每一成员应确定相互区分所涉同名标识的可行条件,同时考虑保证公平对待有关生产者且使消费者不致产生误解的需要。

4. 为便利葡萄酒地理标识的保护,应在 TRIPS 理事会内谈判建立关于葡萄酒地理标识通知和注册的多边制度,使之能在参加该多边制度的成员中获得保护。

第 24 条 国际谈判;例外

1. 各成员同意进行谈判,以加强根据第 23 条对单个地理标识的保护。一成员不得使用以下第 4 款至第 8 款的规定,以拒绝进行谈判或订立双边或多边协定。在此类谈判中,各成员应自愿考虑这些规定继续适用于其使用曾为此类谈判主题的单个地理标识。

2. TRIPS 理事会应继续对本节规定的适用情况进行审议;第一次审议应在《WTO 协定》生效后 2 年

之内进行。任何影响遵守这些规定下的义务的事项均可提请理事会注意,在一成员请求下,理事会应就有关成员之间未能通过双边或诸边磋商找到满意解决办法的事项与任何一成员或多个成员进行磋商。理事会应采取各方同意的行动,以便利本节的运用,并促进本节目标的实现。

3. 在实施本节时,一成员不得降低《WTO 协定》生效之日前已在该成员中存在的对地理标识的保护。

4. 本节的任何规定均不得要求一成员阻止其任何国民或居民在货物或服务方面继续以类似方式使用另一成员识别葡萄酒或烈酒的一特定地理标识,如其国民或居民在相同或有关的货物或服务上在该成员领土内已连续使用该地理标识(a)在 1994 年 4 月 15 日前已至少有 10 年,或(b)在该日期之前的使用是善意的。

5. 如一商标的申请或注册是善意的,或如果一商标的权利是在以下日期之前通过善意的使用取得的:

(a)按第六部分确定的这些规定在该成员中适用之日前;或

(b)该地理标识在其起源国获得保护之前。

为实施本节规定而采取的措施不得因一商标与一地理标识相同或类似而损害该商标注册的资格或注册的有效性或商标的使用权。

6. 如任何其他成员关于货物或服务的地理标识与一成员以通用语文的惯用术语作为其领土内此类货物或服务的普通名称相同,则本节的任何规定不得要求该成员对其他成员的相关标识适用本节的规定。如任何其他成员用于葡萄酒产品的地理标识与在《WTO 协定》生效之日一成员领土内已存在的葡萄品种的惯用名称相同,则本节的任何规定不得要求该成员对其他成员的相关标识适用本节的规定。

7. 一成员可规定,根据本节提出的关于一商标的使用或注册的任何请求必须在对该受保护标识的非法使用已在该成员中广为人知后 5 年内提出,或如果商标在一成员中的注册日期早于上述非法使用在该成员中广为人知的日期,只要该商标在其注册之日前已公布,则该请求必须在该商标在该成员中注册之日起 5 年内提出,只要该地理标识未被恶意使用或注册。

8. 本节的规定决不能损害任何人在贸易过程中使用其姓名或其业务前任的姓名的权利,除非该姓名使用的方式会使公众产生误解。

9. 各成员在本协定项下无义务保护在起源国不受保护或已停止保护,或在该国中已废止的地理标识。

第 4 节　工业设计

第 25 条　保护的要求

1. 各成员应对新的或原创性的独立创造的工业设计提供保护。各成员可规定,如工业设计不能显著区别于已知的设计或已知设计特征的组合,则不属新的或原创性设计。各成员可规定该保护不应延伸至主要出于技术或功能上的考虑而进行的设计。

2. 每一成员应保证为获得对纺织品设计的保护而规定的要求,特别是有关任何费用、审查或公布的要求,不得无理损害寻求和获得此种保护的机会。各成员有权通过工业设计法或版权法履行该项义务。

第 26 条　保护

1. 受保护的工业设计的所有权人有权阻止第三方未经所有权人同意而生产、销售或进口所载或所含设计是一受保护设计的复制品或实质上是复制品的物品,如此类行为为商业目的而采取。

2. 各成员可对工业设计的保护规定有限的例外,只要此类例外不会与受保护的工业设计的正常利用发生无理抵触,也不会无理损害受保护工业设计所有权人的合法权益,同时考虑第三方的合法权益。

3. 可获得的保护期限应至少达到 10 年。

第 5 节　专　　利

第 27 条　可授予专利的客体

1. 在遵守第 2 款和第 3 款规定的前提下,专利可授予所有技术领域的任何发明,无论是产品还是方法,只要它们具有新颖性、包含发明性步骤,并可供工业应用。在遵守第 65 条第 4 款、第 70 条第 8 款和本条第 3 款规定的前提下,对于专利的获得和专利权的享受不因发明地点、技术领域、产品是进口的还是当地生产的而受到歧视。

2. 各成员可拒绝对某些发明授予专利权,如在其领土内阻止对这些发明的商业利用是维护公共秩序或道德,包括保护人类、动物或植物的生命或健康或避免对环境造成严重损害所必需的,只要此种拒绝授予并非仅因为此种利用为其法律所禁止。

3. 各成员可拒绝对下列内容授予专利权:

(a)人类或动物的诊断、治疗和外科手术方法;

(b)除微生物外的植物和动物,以及除非生物和微生物外的生产植物和动物的主要生物方法。但是，各成员应规定通过专利或一种有效的特殊制度或通过这两者的组合来保护植物品种。本项的规定应在《WTO 协定》生效之日起 4 年后进行审议。

第 28 条 授予的权利

1. 一专利授予其所有权人下列专有权利：

(a)如一专利的客体是产品，则防止第三方未经所有权人同意而进行制造、使用、标价出售、销售或为这些目的而进口该产品的行为；

(b)如一专利的客体是方法，则防止第三方未经所有权人同意而使用该方法的行为，并防止使用、标价出售、销售或为这些目的而进口至少是以该方法直接获得产品的行为。

2. 专利所有权人还有权转让或以继承方式转移其专利并订立许可合同。

第 29 条 专利申请人的条件

1. 各成员应要求专利申请人以足够清晰和完整的方式披露其发明，使该专业的技术人员能够实施该发明，并可要求申请人在申请之日，或在要求优先权的情况下在申请的优先权日，指明发明人所知的实施该发明的最佳方式。

2. 各成员可要求专利申请人提供关于申请人相应的国外申请和授予情况的信息。

第 30 条 授予权利的例外

各成员可对专利授予的专有权规定有限的例外，只要此类例外不会对专利的正常利用发生无理抵触，也不会无理损害专利所有权人的合法权益，同时考虑第三方的合法权益。

第 31 条 未经权利持有人授权的其他使用

如一成员的法律允许未经权利持有人授权即可对一专利的客体作其他使用，包括政府或经政府授权的第三方的使用，则应遵守下列规定：

(a)授权此种使用应一事一议；

(b)只有在拟使用者在此种使用之前已经按合理商业条款和条件努力从权利持有人处获得授权，但此类努力在合理时间内未获得成功，方可允许此类使用。在全国处于紧急状态或在其他极端紧急的情况下，或在公共非商业性使用的情况下，一成员可豁免此要求。尽管如此，在全国处于紧急状态或在其他极端紧急的情况下，应尽快通知权利持有人。在公共非商业性使用的情况下，如政府或合同方未作专利检索即知道或有显而易见的理由知道一有效专利正在或将要被政府使用或为政府而使用，则应迅速告知权利持有人；

(c)此类使用的范围和期限应仅限于被授权的目的，如果是半导体技术，则仅能用于公共非商业性使用，或用于补救经司法或行政程序确定为限制竞争行为；

(d)此种使用应是非专有的；

(e)此种使用应是不可转让的，除非与享有此种使用的那部分企业或商誉一同转让；

(f)任何此种使用的授权应主要为供应授权此种使用的成员的国内市场；

(g)在充分保护被授权人合法权益的前提下，如导致此类使用的情况已不复存在且不可能再次出现，则有关此类使用的授权应终止。在收到有根据的请求的情况下，主管机关有权审议这些情况是否继续存在；

(h)在每一种情况下应向权利持有人支付适当报酬，同时考虑授权的经济价值；

(i)与此种使用有关的任何决定的法律效力应经过司法审查或经过该成员中上一级主管机关的独立审查；

(j)任何与就此种使用提供的报酬有关的决定应经过司法审查或该成员中上一级主管机关的独立审查；

(k)如允许此类使用以补救经司法或行政程序确定的限制竞争的行为，则各成员无义务适用(b)项和(f)项所列条件。在确定此类情况下的报酬数额时，可考虑纠正限制竞争行为的需要。如导致授权的条件可能再次出现，则主管机关有权拒绝终止授权；

(l)如授权此项使用以允许利用一专利("第二专利")，而该专利在不侵害另一专利("第一专利")的情况下不能被利用，则应适用下列附加条件：

(i)与第一专利中要求的发明相比，第二专利中要求的发明应包含重要的、具有巨大经济意义的技术进步；

(ii)第一专利的所有权人有权以合理的条件通过交叉许可使用第二专利具有的发明；以及

(iii)就第一专利授权的使用不得转让，除非与第二专利一同转让。

第 32 条 撤销/无效

对任何有关撤销或宣布一专利无效的决定应可进

行司法审查。

第 33 条 保护期限

可获得的保护期限不得在自申请之日起计算的 20 年期满前结束。

第 34 条 方法专利：举证责任

1. 就第 28 条第 1 款(b)项所指的侵害所有权人权利的民事诉讼而言，如一专利的客体是获得一产品的方法，则司法机关有权责令被告方证明其获得相同产品的方法不同于已获专利的方法。因此，各成员应规定至少在下列一种情况下，任何未经专利所有权人同意而生产的相同产品，如无相反的证明，则应被视为是通过该已获专利方法所获得的：

(a)如通过该已获专利方法获得的产品是新的；

(b)如存在实质性的可能性表明该相同产品是由该方法生产的，而专利所有权人经过合理努力不能确定事实上使用了该方法。

2. 只有满足(a)项所指条件或只有满足(b)项所指条件，任何成员方有权规定第 1 款所指的举证责任在于被指控的侵权人。

3. 在引述相反证据时，应考虑被告方在保护其制造和商业秘密方面的合法权益。

第 6 节 集成电路布图设计(拓扑图)

第 35 条 与《IPIC 条约》的关系

各成员同意依照《IPIC 条约》第 2 条至第 7 条(第 6 条第 3 款除外)及第 12 条和第 16 条第 3 款，对集成电路的布图设计(拓扑图)(本协定中称"布图设计")提供保护，此外还同意遵守下列规定。

第 36 条 保护范围

在遵守第 37 条第 1 款规定的前提下，如从事下列行为未经权利持有人授权，则应视为非法：为商业目的进口、销售或分销受保护的布图设计、含有受保护的布图设计的集成电路、或含有此种集成电路的物品，只要该集成电路仍然包含非法复制的布图设计。

第 37 条 无须权利持有人授权的行为

1. 尽管有第 36 条的规定，但是如从事或命令从事该条所指的与含有非法复制的布图设计的集成电路或包含此种集成电路的物品有关的行为的人，在获得该集成电路或包含该集成电路的物品时，不知道且无合理的根据知道其中包含此种非法复制的布图设计，则任何成员不得将从事该条所指的任何行为视为非法。各成员应规定，在该人收到关于该布图设计被非法复制的充分通知后，可对现有的存货和此前的订货从事此类行为，但有责任向权利持有人支付费用，数额相当于根据就此种布图设计自愿达成的许可协议应付的合理使用费。

2. 第 31 条(a)项至(k)项所列条件在细节上作必要修改后应适用于任何有关布图设计的非自愿许可情况或任何未经权利持有人授权而被政府或为政府而使用的情况。

第 38 条 保护期限

1. 在要求将注册作为保护条件的成员中，布图设计的保护期限不得在自提交注册申请之日起或自世界任何地方首次进行商业利用之日起计算 10 年期限期满前终止。

2. 在不要求将注册作为保护条件的成员中，布图设计的保护期限不得少于自世界任何地方首次进行商业利用之日起计算的 10 年。

3. 尽管有第 1 款和第 2 款的规定，任何一成员仍可规定保护应在布图设计创作 15 年后终止。

第 7 节 对未披露信息的保护

第 39 条

1. 在保证针对《巴黎公约》(1967)第 10 条之二规定的不公平竞争而采取有效保护的过程中，各成员应依照第 2 款对未披露信息和依照第 3 款提交政府或政府机构的数据进行保护。

2. 自然人和法人应有可能防止其合法控制的信息在未经其同意的情况下以违反诚实商业行为的方式向他人披露，或被他人取得或使用，只要此类信息：

(a)属秘密，即作为一个整体或就其各部分的精确排列和组合而言，该信息尚不为通常处理所涉信息范围内的人所普遍知道，或不易被他们获得；

(b)因属秘密而具有商业价值；并且

(c)由该信息的合法控制人，在此种情况下采取合理的步骤以保持其秘密性质。

3. 各成员如要求，作为批准销售使用新型化学个体制造的药品或农业化学物质产品的条件，需提交通过巨大努力取得的、未披露的试验数据或其他数据，则应保护该数据，以防止不正当的商业使用。此外，各成员应保护这些数据不被披露，除非属为保护公众所必需，或除非采取措施以保证该数据不被用在不正当的商业使用中。

第8节 对协议许可中限制竞争行为的控制

第40条

1. 各成员同意,一些限制竞争的有关知识产权的许可活动或条件可对贸易产生不利影响,并会妨碍技术的转让和传播。

2. 本协定的任何规定均不得阻止各成员在其立法中明确规定在特定情况下可构成对知识产权的滥用并对相关市场中的竞争产生不利影响的许可活动或条件。如以上所规定的,一成员在与本协定其他规定相一致的条件下,可按照该成员的有关法律法规,采取适当的措施以防止或控制此类活动,包括诸如排他性返授条件、阻止对许可效力提出质疑的条件和强制性一揽子许可等。

3. 应请求,每一成员应与任一其他成员进行磋商,只要该成员有理由认为被请求进行磋商成员的国民或居民的知识产权所有权人正在采取的做法违反请求进行磋商成员关于本节主题的法律法规,并希望在不妨害根据法律采取任何行动及不损害两成员中任一成员作出最终决定的充分自由的情况下,使该立法得到遵守。被请求的成员应对与提出请求成员的磋商给予充分和积极的考虑,并提供充分的机会,并在受国内法约束和就提出请求的成员保障其机密性达成相互满意的协议的前提下,通过提供与所涉事项有关的、可公开获得的非机密信息和该成员可获得的其他信息进行合作。

4. 如一成员的国民或居民在另一成员领土内因被指控违反该另一成员有关本节主题的法律法规而被起诉,则该另一成员应按与第3款预想的条件相同的条件给予该成员磋商的机会。

第三部分 知识产权的实施

第1节 一般义务

第41条

1. 各成员应保证其国内法中包括关于本部分规定的实施程序,以便对任何侵犯本协定所涵盖知识产权的行为采取有效行动,包括防止侵权的迅速救济措施和制止进一步侵权的救济措施。这些程序的实施应避免对合法贸易造成障碍并为防止这些程序被滥用提供保障。

2. 有关知识产权的实施程序应公平和公正。这些程序不应不必要的复杂和费用高昂,也不应限定不合理的时限或造成无理的迟延。

3. 对一案件是非曲直的裁决,最好采取书面形式并说明理由。至少应使诉讼当事方可获得,而不造成不正当的迟延。对一案件是非曲直的裁决只能根据已向各方提供听证机会的证据作出。

4. 诉讼当事方应有机会要求司法机关对最终行政裁定进行审查,并在遵守一成员法律中有关案件重要性的司法管辖权规定的前提下,至少对案件是非的初步司法裁决的法律方面进行审查。但是,对刑事案件中的无罪判决无义务提供审查机会。

5. 各方理解,本部分并不产生任何建立与一般法律实施制度不同的知识产权实施制度的义务,也不影响各成员实施一般法律的能力。本部分的任何规定在实施知识产权与实施一般法律的资源分配方面,也不产生任何义务。

第2节 民事和行政程序及救济

第42条 公平和公正的程序

各成员应使权利持有人可获得有关实施本协定涵盖的任何知识产权的民事司法程序。被告有权获得及时的和包含足够细节的书面通知,包括权利请求的依据。应允许当事方由独立的法律顾问代表出庭,且程序不应制定强制本人出庭的过重要求。此类程序的所有当事方均有权证明其权利请求并提供所有相关证据。该程序应规定一种确认和保护机密信息的方法,除非此点会违背现有的宪法规定的必要条件。

第43条 证据

1. 如一当事方已出示可合理获得的足以证明其权利请求的证据,并指明在对方控制之下的与证实其权利请求有关的证据,则司法机关在遵守在适当的情况下可保证保护机密信息条件的前提下,有权命令对方提供此证据。

2. 如一诉讼方在合理期限内自行且无正当理由拒绝提供或不提供必要的信息,或严重阻碍与一实施行动有关的程序,则一成员可授权司法机关在向其提供信息的基础上,包括由于被拒绝提供信息而受到不利影响的当事方提出的申诉或指控,作出肯定或否定的初步或最终裁决,但应向各当事方提供就指控或证据进行听证的机会。

第44条 禁令

1. 司法机关有权责令一当事方停止侵权,特别是有权在结关后立即阻止涉及知识产权侵权行为的进口货物进入其管辖范围内的商业渠道。如受保护的客体是在一人知道或有合理的根据知道从事该客体的交易会构成知识产权侵权之前取得或订购的，则各成员无义务给予此种授权。

2. 尽管有本部分其他条款的规定，但是只要符合第二部分专门处理未经权利持有人授权的政府使用或政府授权的第三方使用而作出的规定，各成员可将针对可使用的救济限于依照第 31 条(h)项支付的报酬。在其他情况下，应适用本部分下的救济，或如果这些救济与一成员的法律不一致，则应采取宣告式判决，并应可获得适当的补偿。

第 45 条 赔偿费

1. 对于故意或有充分理由应知道自己从事侵权活动的侵权人，司法机关有权责令侵权人向权利持有人支付足以补偿其因知识产权侵权所受损害的赔偿。

2. 司法机关还有权责令侵权人向权利持有人支付有关费用，其中可包括有关的律师费用。在适当的情况下，各成员可授权司法机关责令其退还利润和/或支付法定的赔偿，即使侵权人故意或有充分理由知道自己从事侵权活动。

第 46 条 其他补救

为有效制止侵权，司法机关有权在不给予任何补偿的情况下，责令将已被发现侵权的货物清除出商业渠道，以避免对权利持有人造成任何损害，或下令将其销毁，除非此点会违背现有的宪法规定的必要条件。司法机关还有权在不给予任何补偿的情况下，责令将主要用于制造侵权货物的材料和工具清除出商业渠道，以便将产生进一步侵权的风险减少到最低限度。在考虑此类请求时，应考虑侵权的严重程度与给予的救济以及第三方利益之间的均衡性。对于冒牌货，除例外情况外，仅除去非法加贴的商标并不足以允许该货物放行进入商业渠道。

第 47 条 获得信息的权利

各成员可规定，司法机关有权责令侵权人将生产和分销侵权货物或服务过程中涉及的第三方的身份及其分销渠道告知权利持有人，除非此点与侵权的严重程度不相称。

第 48 条 对被告的赔偿

1. 如应一当事方的请求而采取措施且该当事方滥用实施程序，则司法机关有权责令该当事方向受到错误禁止或限制的当事方就因此种滥用而受到的损害提供足够的补偿。司法机关还有权责令该申请当事方支付辩方费用，其中可包括适当的律师费。

2. 就实施任何有关知识产权的保护或实施的法律而言，只有在管理该法过程中采取或拟采取的行动是出于善意的情况下，各成员方可免除公共机构和官员采取适当救济措施的责任。

第 49 条 行政程序

如由于行政程序对案件是非曲直的裁决而导致责令进行任何民事救济，则此类程序应符合与本节所列原则实质相当的原则。

第 3 节 临 时 措 施

第 50 条

1. 司法机关有权责令采取迅速和有效的临时措施以便：

(a)防止侵犯任何知识产权，特别是防止货物进入其管辖范围内的商业渠道，包括结关后立即进入的进口货物；

(b)保存关于被指控侵权的有关证据。

2. 在适当时，特别是在任何迟延可能对权利持有人造成不可补救的损害时，或存在证据被销毁的显而易见的风险时，司法机关有权采取不作预先通知的临时措施。

3. 司法机关有权要求申请人提供任何可合理获得的证据，以使司法机关有足够程度的确定性确信该申请人为权利持有人，且该申请人的权利正在受到侵犯或此种侵权已迫近，并有权责令申请人提供足以保护被告和防止滥用的保证金或相当的担保。

4. 如已经采取不作预先通知的临时措施，则至迟应在执行该措施后立刻通知受影响的各方。应被告请求，应对这些措施进行审查，包括进行听证，以期在作出关于有关措施的通知后一段合理期限内，决定这些措施是否应进行修改、撤销或确认。

5. 执行临时措施的主管机关可要求申请人提供确认有关货物的其他必要信息。

6. 在不损害第 4 款规定的情况下，如导致根据案件是非曲直作出裁决的程序未在一合理期限内启动，则应被告请求，根据第 1 款和第 2 款采取的临时措施应予撤销或终止生效，该合理期限在一成员法律允许的情况下由责令采取该措施的司法机关确定，如未作出此种确定，则不超过 20 个工作日或 31 天，以时间长者为准。

7. 如临时措施被撤销或由于申请人的任何作为

或不作为而失效，或如果随后认为不存在知识产权侵权或侵权威胁，则应被告请求，司法机关有权责令申请人就这些措施造成的任何损害向被告提供适当补偿。

8. 在作为行政程序的结果可责令采取任何临时措施的限度内，此类程序应符合与本节所列原则实质相当的原则。

第 4 节　与边境措施相关的特殊要求

第 51 条　海关中止放行

各成员应在符合以下规定的情况下，采取程序使在有正当理由怀疑假冒商标或盗版货物的进口有可能发生的权利持有人，能够向行政或司法主管机关提出书面申请，要求海关中止放行此类货物进入自由流通。各成员可针对涉及其他知识产权侵权行为的货物提出此种申请，只要符合本节的要求。各成员还可制定关于海关中止放行自其领土出口的侵权货物的相应程序。

第 52 条　申请

任何启动第 51 条下程序的权利持有人需要提供充分的证据，以使主管机关相信，根据进口国法律，可初步推定权利持有人的知识产权受到侵犯，并提供货物的足够详细的说明以便海关易于辨认。主管机关应在一合理期限内告知申请人是否已受理其申请，如主管机关已确定海关采取行动的时限，则应将该时限通知申请人。

第 53 条　保证金或同等的担保

1. 主管机关有权要求申请人提供足以保护被告和主管机关并防止滥用的保证金或同等的担保。此类保证金或同等的担保不得无理阻止对这些程序的援用。

2. 如按照根据本节提出的申请，海关根据非司法机关或其他独立机关的裁决对涉及工业设计、专利、集成电路布图设计或未披露信息的货物中止放行进入自由流通，而第 55 条规定的期限在获得适当授权的机关未给予临时救济的情况下已期满，只要符合所有其他进口条件，则此类货物的所有人、进口商或收货人有权在对任何侵权交纳一笔足以保护权利持有人的保证金后有权要求予以放行。该保证金的支付不得损害对权利持有人的任何其他可获得的补救，如权利持有人未能在一合理期限内行使诉讼权，则该保证金应予解除。

第 54 条　中止放行的通知

根据第 51 条作出的对货物的中止放行应迅速通知进口商和申请人。

第 55 条　中止放行的时限

如在向申请人送达关于中止放行的通知后不超过 10 个工作日的期限内，海关未被告知一非被告的当事方已就关于案件是非曲直的裁决提出诉讼，或未被告知获得适当授权的机关已采取临时措施延长货物中止放行的期限，则此类货物应予放行，只要符合所有其他进口或出口条件：在适当的情况下，此时限可再延长 10 个工作日。如已启动就案件是非曲直作出裁决的诉讼，则应被告请求，应进行审查，包括进行听证，以期在一合理期限内决定这些措施是否应予修正、撤销或确认。尽管有上述规定，但是如依照临时司法措施中止或继续中止货物的放行，则应适用第 50 条第 6 款的规定。

第 56 条　对进口商和货物所有权人的赔偿

有关主管机关有权责令申请人向进口商、收货人和货物所有权人对因货物被错误扣押或因扣押按照第 55 条放行的货物而造成的损失支付适当的补偿。

第 57 条　检验和获得信息的权利

在不损害保护机密信息的情况下，各成员应授权主管机关给予权利持有人充分的机会要求海关对扣押的货物进行检查，以证实权利持有人的权利请求。主管机关还有权给予进口商同等的机会对此类货物进行检查。如对案件的是非曲直作出肯定确定，则各成员可授权主管机关将发货人、进口商和收货人的姓名和地址及所涉货物的数量告知权利持有人。

第 58 条　依职权的行动

如各成员要求主管机关自行采取行动，并对其已取得初步证据证明一知识产权正在被侵犯的货物中止放行，则：

(a)主管机关可随时向权利持有人寻求可帮助其行使这些权力的任何信息；

(b)进口商和权利持有人应被迅速告知中止放行的行动。如进口商向主管机关就中止放行提出上诉，则中止放行应遵守在细节上作必要修改的第 55 条所列条件；

(c)只有在采取或拟采取的行动是出于善意的情况下，各成员方可免除公共机构和官员采取适当救济措施的责任。

第 59 条　救济

在不损害权利持有人可采取的其他诉讼权并在遵

守被告寻求司法机关进行审查权利的前提下，主管机关有权依照第46条所列原则责令销毁或处理侵权货物。对于假冒商标货物，主管机关不得允许侵权货物在未作改变的状态下再出口或对其适用不同的海关程序，但例外情况下除外。

第60条 微量进口

各成员可将旅客个人行李中夹带的或在小件托运中运送的非商业性少量货物排除在述规定的适用范围之外。

第5节 刑事程序

第61条

各成员应规定至少将适用于具有商业规模的蓄意假冒商标或盗版案件的刑事程序和处罚。可使用的救济应包括足以起到威慑作用的监禁和/或罚金，并应与适用于同等严重性的犯罪所受到的处罚水平一致。在适当的情况下，可使用的救济还应包括扣押、没收和销毁侵权货物和主要用于侵权活动的任何材料和工具。各成员可规定适用于其他知识产权侵权案件的刑事程序和处罚，特别是蓄意并具有商业规模的侵权案件。

第四部分 知识产权的取得和维持及当事方之间的相关程序

第62条

1. 各成员可要求作为取得或维持第二部分第2节至第6节下规定的知识产权的一项条件，应符合合理的程序和手续。此类程序和手续应与本协定的规定相一致。

2. 如知识产权的取得取决于该权利的给予或注册，则各成员应保证，给予或注册的程序在遵守取得该权利的实质性条件的前提下，允许在一合理期限内给予或注册该权利，以避免无根据地缩短保护期限。

3.《巴黎公约》(1967)第4条在细节上作必要修改后应适用于服务标记。

4. 有关取得或维持知识产权的程序，及在一成员法律对此类程序作出规定的情况下，行政撤销和诸如异议、撤销和注销等当事方之间的程序，应适用于第41条第2款和第3款所列一般原则。

5. 第4款下所指的任何程序中的行政终局裁决均应由司法或准司法机关进行审议。但是，在异议或行政撤销不成立的情况下，无义务提供机会对裁决进行此种审查，只要此类程序的根据可成为无效程序的理由。

第五部分 争端的防止和解决

第63条 透明度

1. 一成员有效实施的、有关本协定主题（知识产权的效力、范围、取得、实施和防止滥用）的法律和法规及普遍适用的司法终局裁决和行政裁定应以本国语文公布，或如果此种公布不可行，则应使之可公开获得，以使政府和权利持有人知晓。一成员政府或政府机构与另一成员政府或政府机构之间实施的有关本协定主题的协定也应予以公布。

2. 各成员应将第1款所指的法律和法规通知TRIPS理事会，以便在理事会审议本协定运用情况时提供帮助。理事会应努力尝试将各成员履行此义务的负担减少到最小程度，且如果与WIPO就建立法律和法规的共同登记处的磋商获得成功，则可决定豁免直接向理事会通知此类法律和法规的义务。理事会还应考虑在这方面就源自《巴黎公约》(1967)第6条之三的规定、在本协定项下产生的通知义务需要采取的任何行动。

3. 每一成员应准备就另一成员的书面请求提供第1款所指类型的信息。一成员如有理由认为属知识产权领域的一特定司法裁决、行政裁定或双边协定影响其在本协定项下的权利，也可书面请求为其提供或向其告知此类具体司法裁决、行政裁定或双边协定的足够细节。

4. 第1款、第2款和第3款中的任何规定均不得要求各成员披露会妨碍执法或违背公共利益或损害特定公私企业合法商业利益的机密信息。

第64条 争端解决

1. 由《争端解决谅解》详述和实施的GATT 1994第22条和第23条的规定适用于本协定项下产生的磋商和争端解决，除非本协定中另有具体规定。

2. 自《WTO协定》生效之日起5年内，GATT 1994第23条第1款(b)项和(c)项不得适用于本协定项下的争端解决。

3. 在第2款所指的时限内，TRIPS理事会应审查根据本协定提出的、属GATT 1994第23条第1款(b)项和(c)项规定类型的起诉的范围和模式，并将其建议提交部长级会议供批准。部长级会议关于批准此类建议或延长第2款中时限的任何决定只能经协商一致作出，且经批准的建议应对所有成员生效，无须进一步的正式接受程序。

第六部分　过渡性安排

第 65 条　过渡性安排

1. 在遵守第 2 款、第 3 款和第 4 款的前提下，任何成员在《WTO 协定》生效之日起 1 年的一般期限期满前无义务适用本协定的规定。

2. 一发展中国家成员有权将按第 1 款规定的实施日期再推迟 4 年实施本协定的规定，但第 3 条、第 4 条和第 5 条除外。

3. 正处在从中央计划经济向市场和自由企业经济转型过程中的任何其他成员，及正在进行知识产权制度结构改革并在制订和实施知识产权法律和法规方面面临特殊困难的成员，也可受益于第 2 款设想的延迟期。

4. 如一发展中国家成员按照本协定有义务将产品专利保护扩大至在按第 2 款规定的、对其适用本协定的一般日期其领土内尚未接受保护的技术领域，则该成员可再推迟 5 年对此类技术领域适用本协定第二部分第 5 节关于产品专利的规定。

5. 利用第 1 款、第 2 款、第 3 款或第 4 款下的过渡期的一成员应保证，在过渡期内其法律、法规和做法的任何变更不会导致降低其与本协定规定一致性的程度。

第 66 条　最不发达国家成员

1. 鉴于最不发达国家成员的特殊需要和要求，其经济、财政和管理的局限性，以及其为创立可行的技术基础所需的灵活性，不得要求此类成员在按第 65 条第 1 款定义的适用日期起 10 年内适用本协定的规定，但第 3 条、第 4 条和第 5 条除外。TRIPS 理事会应最不发达国家成员提出的有根据的请求，应延长该期限。

2. 发达国家成员应鼓励其领土内的企业和组织，促进和鼓励向最不发达国家成员转让技术，以使这些成员创立一个良好和可行的技术基础。

第 67 条　技术合作

为促进本协定的实施，发达国家成员应发展中国家成员和最不发达国家成员的请求，并按双方同意的条款和条件，应提供有利于发展中国家成员和最不发达国家成员的技术和资金合作。此种合作应包括帮助制定有关知识产权保护和实施以及防止其被滥用的法律和法规，还应包括支持设立或加强与这些事项有关的国内机关和机构，包括人员培训。

第七部分　机构安排；最后条款

第 68 条　与贸易有关的知识产权理事会

TRIPS 理事会应监督本协定的运用，特别是各成员遵守本协定项下义务的情况，并为各成员提供机会就与贸易有关的知识产权事项进行磋商。理事会应履行各成员所指定的其他职责，特别是在争端解决程序方面提供各成员要求的任何帮助。在履行其职能时，TRIPS 理事会可向其认为适当的任何来源进行咨询和寻求信息。经与 WIPO 磋商，理事会应寻求在其第一次会议后 1 年内达成与该组织各机构进行合作的适当安排。

第 69 条　国际合作

各成员同意相互进行合作，以消除侵犯知识产权的国际货物贸易。为此，它们应在其政府内设立联络点并就此作出通知，并准备就侵权货物的贸易交流信息。它们特别应就假冒商标货物和盗版货物的贸易而促进海关之间的信息交流和合作。

第 70 条　对现有客体的保护

1. 对于在本协定对所涉成员适用之日前发生的行为，本协定不产生义务。

2. 除非本协定另有规定，否则本协定对于在本协定对所涉成员适用之日已存在的、在上述日期在该成员中受到保护、或符合或随后符合根据本协定条款规定的保护标准的所有客体产生义务。就本款及第 3 款和第 4 款而言，关于现有作品的版权义务应仅根据《伯尔尼公约》(1971)第 18 条确定，关于录音制品制作者和表演者对现有录音制品享有权利的义务应仅按照根据本协定第 14 条第 6 款适用的《伯尔尼公约》(1971)第 18 条确定。

3. 对于在本协定对所涉成员适用之日已进入公共领域的客体，该成员无义务恢复保护。

4. 对于有关包含受保护客体的特定对象的任何行为，如在与本协定相符的立法条款下构成侵权，且如果该行为在该成员接受本协定之日前已经开始，或已经为此进行大量投资，则任何成员可就在该成员适用本协定之日起继续实施此类行为规定权利持有人可获补偿的限度。但是，在此类情况下，该成员至少应规定支付公平的补偿。

5. 一成员无义务对于在其适用本协定之日前购买的原版或复制品适用第 11 条和第 14 条第 4 款的规定。

6. 如在本协定生效日期公布之前政府已授权使用,对于无权利持有人授权的此类使用,则各成员不需适用第 31 条的规定或第 27 条第 1 款关于专利权享有不应因技术领域的不同而有所歧视的要求。

7. 在知识产权的保护是以注册为条件的情况下,应允许对在本协定对所涉成员适用之日前未决的保护申请进行修改,以便申请人要求本协定项下规定的任何加强的保护。此类修改不应包括新的事项。

8. 如截至《WTO 协定》生效之日一成员仍未按照其在第 27 条下的义务对药品和农药获得专利保护,则该成员应:

(a)尽管有第六部分的规定,自《WTO 协定》生效之日起提供据以提出此类发明的专利申请的方法;

(b)自本协定适用之日起,对这些申请适用本协定规定的授予专利的标准,如同这些标准在申请之日已在该成员中适用,或如果存在并请求优先权,则适用优先的申请日期;以及

(c)自给予专利时起和在依照本协定第 33 条自提出申请之日起计算的剩余专利期限内,依照本协定对这些申请中符合(b)项所指的保护标准的申请提供专利保护。

9. 如依照第 8 款(a)项一产品在一成员中属专利申请的客体,则尽管有第六部分的规定,仍应给予专有销售权,期限或为在该成员中获得销售许可后 5 年,或为至一产品专利在该成员中被授予或被拒绝时为止,以时间短者为准,只要在《WTO 协定》生效之后,已在另一成员中提出专利申请、一产品已获得专利以及已在该另一成员中获得销售许可。

第 71 条 审议和修正

1. TRIPS 理事会应在第 65 条第 2 款所指的过渡期期满后,审议本协定的实施情况。理事会应在考虑实施过程中所获经验的同时,在该日期后 2 年内、并在此后以同样间隔进行审议。理事会还可按照有理由修改或修正本协定的任何新的发展情况进行审议。

2. 仅适于提高在其他多边协定中达成和实施的、并由 WTO 所有成员在这些协定项下接受的知识产权保护水平的修正,在 TRIPS 理事会经协商一致所提建议的基础上,可依照《WTO 协定》第 10 条第 6 款提交部长级会议采取行动。

第 72 条 保留

未经其他成员同意,不得对本协定的任何规定提出保留。

第 73 条 安全例外

本协定的任何规定不得解释为:

(a)要求一成员提供其认为如披露则会违背其根本安全利益的任何信息;或

(b)阻止一成员采取其认为对保护其根本安全利益所必需的任何行动:

(i)与裂变和聚变物质或衍生这些物质的物质有关的行动;

(ii)与武器、弹药和作战物资的贸易有关的行动,及与此类贸易所运输的直接或间接供应军事机关的其他货物或物资有关的行动;

(iii)在战时或国际关系中的其他紧急情况下采取的行动;或

(c)阻止一成员为履行《联合国宪章》项下的维持国际和平与安全的义务而采取的任何行动。

修改《与贸易有关的知识产权协定》议定书

1. 2005 年 12 月 6 日世界贸易组织总理事会通过

2. 2007 年 10 月 28 日第十届全国人民代表大会常务委员会第三十次会议批准

世界贸易组织各成员,

注意到总理事会依照《马拉喀什建立世界贸易组织协定》(以下称《WTO 协定》)第 10 条第 1 段在文件 WT/L/641 中的决定,

特此协议如下:

一、《与贸易有关的知识产权协定》(以下称《TRIPS 协定》),在本议定书根据第 4 段生效之时,应按照本议定书附件规定修改,在《TRIPS 协定》第 31 条后插入第 31 条之二,并在第 73 条后插入《TRIPS 协定》附件。

二、在未获得其他成员同意的情况下,不得就本议定书的任何条款作出保留。

三、本议定书应开放供各成员接受,直至 2007 年 12 月 1 日或者部长级会议可能决定的更晚的日期。

四、本议定书应按照《WTO 协定》第 10 条第 3 段生效。

五、本议定书应交存世界贸易组织总干事,总干事须及时向每一成员提供一份经核正无误的副本,以及每一

根据第3段作出接受的通报。

六、本议定书须根据《联合国宪章》第102条的规定进行登记。

二〇〇五年十二月六日订于日内瓦。正本一份,用英文、法文和西班牙文写成,三种文本同等作准。

附件:1. 第31条之二

2.《与贸易有关的知识产权协定》附件

附件1:

第31条之二

一、一出口成员在第31条(f)项下的义务不适用于,在为生产并出口药品至一有资格进口的成员之目的的必要范围内,并在符合本协定附件第2段所列的条件下,授予之强制许可。

二、若一出口成员根据本条及本协定附件确立的体制,授予一项强制许可,则该成员须依据第31条(h)项支付适当报酬,同时考虑该出口成员授权之使用对于有关进口成员的经济价值。若该有资格进口的成员对同一产品授予一项强制许可,因其报酬根据本段第一句已在有关出口成员支付,该进口成员在第31条(h)项下之义务不适用于这些产品。

三、为了利用规模经济以增强药品的购买力,并促进药品的本地生产:若一个发展中或者最不发达的WTO成员是GATT1994第24条以及1979年11月28日《关于发展中成员差别和更优惠待遇、互惠和更充分参与的决定》(L/4903)意义下的区域贸易协定的成员,且该区域贸易协定至少一半以上的现有成员属于联合国最不发达国家名单上的国家,则在确保该成员的一项强制许可项下生产或者进口的一种药品能够出口到有关区域贸易协定下其他遭受共同公共健康问题的发展中或者最不发达成员市场的必要限度内,该成员在第31条(f)项下的义务不再适用。各方理解此规定将不影响有关专利权的地域属性。

四、各成员不得根据GATT1994第23条第1款(b)项及(c)项,对任何与本条及本协定附件的规定相一致的措施提出质疑。

五、本条及本协定附件不影响成员在本协定下享有的在第31条(f)项和(h)项之外的,包括经《关于〈TRIPS协定〉与公共健康的宣言》(WT/MIN(01)/DEC/2)重申的权利、义务和灵活性,以及对其的解释。本条及本协定附件也并不影响依照第31条(f)项规定在强制许可下所生产的药品能够出口的限度。

附件2:

《与贸易有关的知识产权协定》附件

一、在第31条之二和本附件中:

(一)"药品"是指,为了解决《关于〈TRIPS协定〉与公共健康的宣言》(WT/MIN(01)/DEC/2)第1段中确认的公共健康问题所需的医药行业的专利产品或通过专利方法生产的产品。各方理解该产品生产所必需的活性成分及其使用所需的配套诊断器具亦包括在内[①];

(二)"有资格进口的成员"是指,任何最不发达成员及任何已向TRIPS理事会通报[②]意图作为进口成员利用依第31条之二及本附件建立的体制(以下称体制)的其他成员。各方理解成员可以在任何时间通报其将完全或者在一定限度内利用这一体制,例如仅在国家紧急状态下或者其他极端紧迫情形或者非商业性的公共使用的情况下。各方注意到,部分成员将不作为进口成员[③]使用本体制,同时另外部分成员声明使用该体制的情况将不超出国家紧急状态或者其他极端紧迫的情形;

(三)"出口成员"是指,利用本体制,为有资格进口的成员生产及向其出口药品的成员。

二、第31条之二第1款中所提及的条件包括:

(一)有资格进口的成员[④]已向TRIPS理事会通报[⑤]:

1. 列明所需产品的名称和预计数量[⑥];

---

① 本款不影响本段第2款的内容。

② 各方理解,为了使用这一体制,此项通报不必获得某个WTO机构的批准。

③ 澳大利亚、加拿大、欧共体及(就第31条之二及本附件而言)其成员、冰岛、日本、新西兰、挪威、瑞士和美国。

④ 第31条之二第3款规定的区域组织,可以代表其成员中使用本体制的有资格进口成员,在其同意的情况下,作出联合通报,以提供本款所要求信息。

⑤ 各方理解,为了使用这一体制,此项通报不必获得某个WTO机构的批准。

⑥ 此通报将由WTO秘书处通过WTO网站上专为本体制设立的网页予以公开。

2. 确认该有资格进口的成员，除最不发达成员以外，已通过一种本附件附录所列方法证明其医药行业没有或者没有足够的有关产品的生产能力；并且

3. 确认，若一药品在其地域内被授予专利，其已经或者计划根据本协定第 31 条、第 31 条之二及本附件的规定授予一项强制许可。[①]

（二）出口成员在本体制下授予的强制许可须包括以下条件：

1. 在该许可下可生产的数量仅以满足有资格进口成员的需求为限，且此项生产的全部必须出口至业已将其需求通报 TRIPS 理事会的成员；

2. 在该许可下生产的产品必须通过特定标签或标记明确注明该产品是在本体制下生产的。供应商应通过特殊包装和（或）通过产品本身的特殊颜色和（或）形状对此类产品加以区别，只要这一区别是可行的且不对价格产生显著影响；并且

3. 装运前，被许可人须在网站[②]发布如下信息：

运往上述第 1 项所列每一目的地的数量；及

上述第 2 项所指的该产品的区别特征。

（三）出口成员须将有关强制许可的授予，包括其所附条件，向 TRIPS 理事会通报[③④]。所提供的信息必须包括：被许可人的名称和地址，被授予许可的产品，许可的生产数量，产品供应的目的国，及许可期限。通报还须指明上述第 2 款第 3 项中的网址。

三、为了确保根据本体制进口的有关产品在其进口后被用于公共健康目的，有资格进口的成员在其措施范围内，必须采取与其行政能力和贸易转移风险相适应的合理措施，以防止本体制下其实际进口入境产品的再出口。当有资格进口的成员是发展中成员或者最不发达成员，且在实施本条时遇到困难时，发达成员必须，应请求且在双方同意的条件下，提供技术和资金合作，以促进本条的实施。

四、各成员必须运用本协定下业已要求具备的法律手段，确保适用有效的法律措施以防止在本体制下生产的产品以不符合本体制规定的方式进口、在其境内销售或向其市场转移。若任何成员认为此种措施被证明不足以实现此目标，则该成员可以就该事项提请 TRIPS 理事会审议。

五、为了利用规模经济以增强药品的购买力，并促进药品的本地生产，各方确认应促进适用于第 31 条之二第 3 款所述成员的授予区域专利体制的发展。为此，发达成员承诺根据本协定第 67 条，包括与其他相关政府间组织联合，提供技术合作。

六、为了解决没有或者缺乏医药行业生产能力的成员所面临的问题，各成员确认在医药行业推动技术转让和能力建设必要性。为此，鼓励有资格进口的成员和出口成员以促进上述目标实现的方式使用本体制。各成员承诺在开展本协定第 66 条第 2 款、《关于〈TRIPS 协定〉与公共健康的宣言》第 7 段及 TRIPS 理事会的任何其他相关工作时，在给予医药行业技术转让和能力建设特别关注方面，进行合作。

七、为了确保本体制的有效运行，TRIPS 理事会须对其运行状况进行年度审议，并每年将其运行情况报告总理事会。

《〈与贸易有关的知识产权协定〉附件》的附录

医药行业生产能力的评估

最不发达成员被认为在医药行业没有或者缺乏足够生产能力。

对于其他有资格进口的成员，可以通过下列方式之一确定其没有或者缺乏有关药品的生产能力：

（一）该有关成员已经证明其在医药行业没有生产能力；

或者

（二）在该成员在此行业具有部分生产能力的情况下，该成员已调查了该能力并发现，除专利所有者拥有或控制的生产能力之外，其目前不足以满足自身需要。当证明此种生产能力已经充分可以满足该成员需要时，本体制不得再适用于该成员。

---

① 本项不影响本协定第 66 条第 1 款。

② 被许可人为此目的可以使用自己的网站，也可以在 WTO 秘书处的帮助下，使用 WTO 网站专为本体制设立的网页。

③ 各方理解，为了使用这一体制，此项通报不必获得某个 WTO 机构的批准。

④ 此通报将由 WTO 秘书处通过 WTO 网站上专为本体制设立的网页予以公开。

伯尔尼保护文学和艺术作品公约
（1971年巴黎文本）

1. 1886年9月9日于伯尔尼签订

2. 1896年5月4日于巴黎补充完备，1908年11月13日于柏林修订，1914年3月20日于伯尔尼补充完备，1928年6月2日于罗马、1948年6月26日于布鲁塞尔、1967年7月14日于斯德哥尔摩、1971年7月24日于巴黎先后修订，1979年10月2日更改

3. 1992年7月1日第七届全国人民代表大会常务委员会第二十六次会议决定中华人民共和国加入，同时声明根据公约附件第一条的规定，享有附件第二条和第三条规定的权利

本同盟各成员国，共同受到尽可能有效、尽可能一致地保护作者对其文学艺术作品所享权利的愿望的鼓舞。

承认1967年在斯德哥尔摩举行的修订会议工作的重要性。

决定修订斯德哥尔摩会议通过的公约文本但不更动该公约文本第一至二十条和第二十二至二十六条。

下列签字的全权代表经交验全权证书认为妥善后，兹协议如下：

第一条 适用本公约的国家为保护作者对其文学艺术作品所享权利结成一个同盟。

第二条 1.“文学艺术作品”一词包括文学、科学和艺术领域内的一切作品，不论其表现形式或方式如何，诸如书籍、小册子和其他著作；讲课、演讲、讲道和其他同类性质作品；戏剧或音乐戏剧作品；舞蹈艺术作品和哑剧作品；配词或未配词的乐曲；电影作品以及使用电影摄影术类似的方法表现的作品；图画、油画、建筑、雕塑、雕刻和版画；摄影作品以及使用与摄影术类似的方法表现的作品；实用美术作品；与地理、地形、建筑或科学有关的示意图、地图、设计图、草图和立体作品。

2. 本同盟各成员国得通过国内立法规定文学艺术作品或其中之一类或数类作品如果未以某种物质形式固定下来即不受保护。

3. 翻译、改编、乐曲整理以及对某文学或艺术作品的其他改造应得到与原作同等的，但不损害原作版权的保护。

4. 本同盟各成员国对立法、行政或司法性质的官方文件以及这些文件的正式译本的保护由其国内立法确定。

5. 文学或艺术作品的汇编，诸如百科全书和选集，凡由于对内容的选择和编排而成为智力创作的，应得到相应的、但不损害汇编内每一作品的版权的保护。

6. 本条所提到的作品在本同盟所有成员国内享受保护。此种保护系为作者及其权利继承人的利益而行使。

7. 依照本公约第七条第4款之规定，关于实用美术作品以及工业设计和模型的法律的适用范围，以及此类作品、设计和模型得到保护的条件，由本同盟各成员国国内立法予以规定。在起源国仅仅作为设计和模型受到保护的作品，在本同盟其他成员国只享受各该国给予设计和模型的那种专门保护；但如在该国并不给予这种专门保护，则这些作品将作为艺术作品得到保护。

8. 本公约的保护不适用于日常新闻或纯属报刊消息性质的社会新闻。

第二条之二 1. 政治演讲和诉讼过程中发表的言论是否全部或部分地排除于上条提供的保护之外，属于本同盟各成员国国内立法的范围。

2. 公开发表的演讲、讲话或其他同类性质的作品，如为新闻报道的目的有此需要，在什么条件下可由报刊转载，进行无线或有线广播，以及以第十一条之二第1款的方式向公众传送，也属于本同盟各成员国国内立法的范围。

3. 然而，作者享有将上两款提到的作品汇编起来的专有权利。

第三条 1. 根据本公约，

(a)作者为本同盟任何成员国的国民者，其作品无论已否出版，都受到保护；

(b)作者非本同盟任何成员国的国民者，其作品首次在本同盟一个成员国出版，或在一个非本同盟成员国和一个同盟成员国同时出版的都受到保护。

2. 非本同盟任何成员国的国民但定居于一个成员国国内的作者，为实施本公约享有该成员国国民的待遇。

3.“已出版作品”一词指得到作者同意后出版的作品，而不论其复制件的制作方式如何，只要从这部著作的性质来看，复制件的发行方式能满足公众的合理需要。戏剧、音乐戏剧或电影作品的上演，音乐作品的演奏，文学作品的当众朗诵，文学或艺术作品的有线或无线传播，美术作品的展出和建筑作品的建造不算作出版。

4. 一个作品在首次出版后三十天内在两个或两个以上国家内出版，则该作品应视为同时在几个国家内出版。

第四条 下列作者，即使不具备第三条规定的条件，仍然适用本公约的保护：

(a)制片人的办事处或定居地在本同盟某一成员国内的电影作品的作者。

(b)建造在本同盟某一成员国内的建造物或构成本同盟某一成员国内建筑物一部分的绘画和造型艺术作品的作者。

第五条 1. 就享受本公约保护的作品而论，作者在作品起源国以外的本同盟成员国中享受各该国法律现在给予和今后可能给予其国民的权利，以及本公约特别授予的权利。

2. 享受和行使这些权利不需要履行任何手续，也不论作品起源国是否存在保护。因此，除本公约条款外，只要被要求给以保护的国家的法律才能决定保护范围以及为保护作者的权利而向其提供的补救方法。

3. 起源国的保护由该国法律规定。但如作者不是得到本公约保护的作品起源国的国民，他在该国仍享有同本国作者相同的权利。

4. 起源国指的是：

(a)对于首次在本同盟某一成员国出版的作品，以该国家为起源国；对于在分别给予不同保护期的几个本同盟成员国同时出版的作品，以立法给予最短保护期的国家为起源国；

(b)对于同时在非本同盟成员国和本同盟成员国出版的作品，以后者为起源国；

(c)对于未出版的作品或首次在非本同盟成员国出版而未同时在本同盟成员国出版的作品，以作者为其国民的本同盟成员国为起源国，然而

(1)对于制片人主要办事处或定居地在本同盟某一成员国内的电影作品，以该国为起源国。

(2)对于建造在本同盟某一成员国内的建筑物或构成本同盟某一成员国建筑物一部分的绘画和造型艺术作品，以该国为起源国。

第六条 1. 任何非本同盟成员国如未能充分保护本同盟某一成员国国民所作的作品，后一国可对其作品首次出版时系该其他国家国民而又不在任何本同盟成员国内定居的作者作品的保护加以限制。如首次出版国利用这种权利，则本同盟其他成员国对由此而受到特殊待遇的作品也无须给予比首次出版国所给予的更广泛的保护。

2. 前款所规定的任何限制均不影响在此种限制实施之前作者在本同盟任一成员国出版的作品已经获得的权利。

3. 根据本条对版权之保护施加限制的本同盟成员国应以书面声明通知世界知识产权组织总干事（以下称总干事），详细说明保护受到限制的国家以及这些国家国民的作者的权利所受的各种限制。总干事应立即向本同盟所有成员国通报该项声明。

第六条之二 1. 不受作者经济权利的影响，甚至在上述经济权利转让之后，作者仍保有要求其作品作者身份的权利，并享有反对对上述作品进行任何歪曲、割裂或其他更改，或有损于其声誉的其他一切损害的权利。

2. 根据以上第1款给予作者的权利，在其死后应至少保留到作者经济权利期满为止，并由被要求给予保护的国家本国法所授权的人或机构行使之。但在批准或加入本公约文本时其法律中所未包括有保证在作者死后保护以上第1款承认的全部权利的各国，有权规定对这些权利中某些权利在作者死后不予保留。

3. 为保障本条所承认的权利而采取的补救方法应依照被要求给予保护的国家的法律规定。

第七条 1. 本公约给予的保护期应为作者有生之年及其死后五十年内。

2. 但就电影作品而言，本同盟成员国有权规定保护期在作者同意下自作品公映后五十年满期，如自作品摄制完成五十年内尚未公映，则自作品摄制完成后五十年满期。

3. 至于不具名作品和笔名作品，本公约给予的保护期自其合法向公众发表之日起五十年内有效。但根据作者采用的笔名可以毫无疑问地确定作者身份时，该保护期则为第1款所规定的期限。如不具名作品或笔名作品的作者在上述期间内公开其身份，所适用的保护期应为第1款所规定的保护期限。本同盟成员国没有义务保护有充分理由假定其作者已死去五十年的不具名作品或笔名作品。

4. 作为艺术作品而加以保护的摄影作品及实用美术作品的保护期限由本同盟各成员国的法律规定；

但这一期限不应少于自该作品完成之后算起的二十五年。

5. 作者死后的保护期和以上第2、3、4款所规定的期限从其死亡或上述各款提及事件发生之时开始，但这种期限应从死亡或所述事件发生之后次年的1月1日开始计算。

6. 本同盟成员国有权给予比前述各款规定更长的保护期。

7. 受本公约罗马文本约束并在此公约文本签署时有效的本国法律中规定了短于前述各款期限的保护期的本同盟成员国，有权在加入或批准此公约文本时维持这种期限。

8. 无论如何，期限将由被要求给予保护的国家的法律加以规定；但是，除该国家的法律另有规定者外，这种期限不得超过作品起源国规定的期限。

第七条之二 前条的规定同样适用于合作作品的版权，但作者死后的保护期应从最后死亡的作者死亡时算起。

第八条 受本公约保护的文学艺术作品的作者，在对原作享有权利的整个保护期内，享有翻译和授权翻译其作品的专有权利。

第九条 1. 受本公约保护的文学艺术作品的作者，享有授权以任何方式和采取任何形式复制这些作品的专有权利。

2. 本同盟成员国法律得允许在某些特殊情况下复制上述作品，只要这种复制不损害作品的正常使用也不致无故侵害作者的合法利益。

3. 所有录音或录像均应视为本公约所指的复制。

第十条 1. 从一部合法向公众发表的作品中摘出引文，包括以报刊摘要形式摘引报纸期刊的文章，只要符合合理使用，在为达到目的的正当需要范围内，就属合法。

2. 本同盟成员国法律以及成员国之间现有或将要签订的特别协议得规定，可以合法地通过出版物、无线电广播或录音录像使用文学艺术作品作为教学的解说的权利，只要是在为达到目的的正当需要范围内使用，并符合合理使用。

3. 前面各款提到的摘引和使用应说明出处，如原出处有作者姓名，也应同时说明。

第十条之二 1. 本同盟各成员国的法律得允许通过报刊、无线电广播或对公众有线广播，转载发表在报纸、期刊上的讨论经济、政治或宗教的时事性文章，或具有同样性质的广播作品，但以对这种转载、广播或转播并未明确予以保留的情况为限。然而，均应明确说明材料出处；对违反这一义务的制裁由被要求给予保护的国家的法律确定。

2. 在用摄影或电影手段，或通过无线电广播或对公众有线广播报道时事新闻时，在事件过程中看到或听到的文学艺术作品在为报道目的的正当需要范围内予以复制和向公众发表的条件，也由本同盟各成员国的法律规定。

第十一条 1. 戏剧作品、音乐戏剧作品或音乐作品的作者享有下列专有权利：(1)授权公开演出和演奏其作品，包括用各种手段和方式公开演出和演奏；(2)授权用各种手段公开播送其作品的表演和演奏。

2. 戏剧作品或音乐戏剧作品的作者，在享有对其原作的权利的整个期间应享有对其作品的译作的同等权利。

第十一条之二 1. 文学艺术作品的作者享有下列专有权利：

(1)授权以无线电广播其作品或以任何其他无线传送符号、声音或图像的方法向公众传播其作品；(2)授权由原广播机构以外的另一机构通过有线广播或无线广播向公众传播其作品；(3)授权通过扩音器或其他任何传送符号、声音或图像的类似工具向公众传送广播作品。

2. 行使以上第1款所指的权利的条件由本同盟成员国的法律规定，但这些条件的效力严格限于对此作出规定的国家。在任何情况下，这些条件均不应有损于作者的精神权利，也不应有损于作者获得公正报酬的权利，该报酬在没有协议情况下应由主管当局规定之。

3. 除另有规定外，根据本条第1款的授权，不应意味着授权利用录音或录像工具录制广播作品。但本同盟成员国法律得确定某一广播机构使用其自身设备并为其自身播送之用而进行临时录制的规章。本同盟成员国法律也可以批准由于这些录制品具有的特殊文献性质而由国家档案馆保存。

第十一条之三 1. 文学作品的作者享有下列专有权利：(1)授权公开朗诵其作品，包括用各种手段或方式公开朗诵。(2)授权用各种手段公开播送其作品的朗诵。

2. 文学作品作者在对其原作享有权利的整个期间,应享有对其作品的译作的同等权利。

第十二条 文学艺术作品的作者享有授权对其作品进行改编、整理和其他改造的专有权利。

第十三条 1. 本同盟每一成员国可就其本国情况对乐曲作者及允许其歌词与乐曲一道录音的歌词作者授权对上述乐曲以及乐曲连同歌词进行录音的专有权利规定保留及条件;但这类保留及条件之效力严格限于对此作出规定的国家,而且在任何情况下均不得损害作者获得在没有协议情况下由主管当局规定的公正报酬的权利。

2. 根据1928年6月2日在罗马和1948年6月26日在布鲁塞尔签订的公约第十三条第3款在本同盟成员国内录制的乐曲录音,自该国受本文本约束之日起的两年期限以内,可以不经乐曲作者同意在该国进行复制。

3. 根据本条第1、2款制作的录音品,如未经有关方面批准输入,视此种录音为侵权录制品的国家,可予没收。

第十四条 1. 文学艺术作品的作者享有下列专有权利:(1)授权将这类作品改编或复制成电影以及发行经过如此改编或复制的作品;(2)授权公开演出演奏以及向公众有线广播经过如此改编或复制的作品。

2. 根据文学或艺术作品制作的电影作品以任何其他艺术形式改编,在不损害电影作品作者授权的情况下,仍须经原作作者授权。

3. 第十三条第1款的规定应不适用(于电影)。

第十四条之二 1. 在不损害已被改编或复制的所有作品的版权的情况下,电影作品应作为原作受到保护。电影作品版权所有者享有原作的同等权利,包括前一条提到的权利。

2. (a)确定电影作品版权的所有者,属于被要求给予保护的国家法律规定的范围。

(b)然而,在其法律承认参加电影作品制作的作者应属于版权所有者的本同盟成员国内,这些作者,如果应允参加此项工作,除非有相反或特别的规定,不能反对对电影作品的复制、发行、公开演出演奏、向公众有线广播、无线电广播、向公众发表、配制解说和配音。

(c)为适用本款b项,上面提到的应允形式是否应是一项书面合同或一项相当的文书,这一问题应由电影制片人主要办事处或定居地的本同盟成员国的法律加以规定。然而被要求给予保护的本同盟成员国的法律得规定这一应允应是一项书面合同或一项相当的文书。运用这一权利的国家应以书面声明通知总干事,并由后者将这一声明立即通知本同盟所有其他成员国。

(d)"相反或特别的规定"指的是上述应允附有的限制性条件。

3. 除非本国法律另有规定,本条第2款b项之规定不适用于为电影作品创作的剧本、台词和乐曲的作者,也不适用于电影作品的主要导演。但本同盟成员国中其法律并未规定对电影导演适用本条第2款b项者,应以书面声明通知总干事,总干事应将此声明立即转达本同盟所有其他成员国。

第十四条之三 1. 对于作家和作曲家的艺术原作和原稿,作者或作者死后由国家法律所授权的人或机构享有不可剥夺的权利,在作者第一次转让作品之后对作品进行的任何转售中分享利益。

2. 只有在作者本国法律承认这种保护的情况下,才可在本同盟的成员国内要求上款所规定的保护;而且保护的程度应限于被要求给予保护的国家的法律所允许的程度。

3. 分享利益之方式和比例由各国法律确定。

第十五条 1. 受本公约保护的文学艺术作品的作者,只要其名字以通常方式出现在该作品上,在没有相反证据的情况下,即视为该作品的作者并有权在本同盟成员国中对侵犯其权利的人提起诉讼。即使作者采用的是笔名,只要根据作者的笔名可以毫无疑问地确定作者的身份,本款也同样适用。

2. 以通常方式在电影作品上署名的自然人或法人,除非有相反的证据,即假定为该作品的制片人。

3. 对于不具名作品和以上第1款所述情况以外的笔名作品,如果出版者的名字出现在作品上,在没有相反证据的情况下,该出版者即视为作者的代表,并以此资格有权维护和行使作者的权利。当作者公开其身份并证实其为作者时,本款的规定即停止适用。

4. (a)对作者的身份不明但有充分理由假定该作者是本同盟某一成员国国民的未出版的作品,该国法律得指定主管当局代表该作者并有权维护和行使作者在本同盟成员国内之权利。

(b)根据本规定而指定主管当局的本同盟成员国应以书面声明将此事通知总干事,声明中写明被指定的当局全部有关情况。总干事应将此声明立即通知本同盟所有其他成员国。

第十六条　1. 对于侵犯作品版权的所有复制品，在原作有权得到法律保护的本同盟成员国，都可以予以没收。

2. 上款规定同样适用于来自对某作品不予保护或停止保护的国家的复制品。

3. 没收应按各国法律实行。

第十七条　如果本同盟任何成员国的主管当局认为有必要对于任何作品或复制品的发行、演出、展出，通过法律或治安条例行使许可、监督或禁止权利，本公约的条款绝不应妨碍本同盟各成员国政府的这种权利。

第十八条　1. 本公约适用于所有在本公约开始生效时尚未因保护期满而在其起源国失去版权的作品。

2. 但是，如果作品因原来规定保护期已满而在被要求给予保护的国家已失去版权，则该作品不再重新受保护。

3. 本原则应按照本同盟成员国之间现有的或将要缔结的有关特别公约所规定的条款实行。在没有这种条款的情况下，各国分别规定实行上述原则的方式。

4. 新加入本同盟时以及因实行第七条或放弃保留而扩大保护范围时，以上规定也同样适用。

第十九条　如果本同盟成员国的本国法律提供更广泛的保护，本公约条款不妨碍要求适用这种规定。

第二十条　本同盟各成员国政府保留在它们之间签订给予作者比本公约所规定的更多的权利，或者包括不违反本公约的其他条款的特别协议的权利。凡符合上述条件的现有协议的条款仍然适用。

第二十一条　1. 有关发展中国家的特别条款载于附件。

2. 在遵守第二十八条第 1 款 b 项规定的情况下，附件构成本文本的组成部分。

第二十二条　1. (a)本同盟设一大会，由受第二十二至二十六条约束的本同盟成员国组成。

(b)每一国家的政府由一名代表作为其代表，并可由若干名副代表、顾问及专家协助之。

(c)每个代表团的费用由指派它的政府负担。

2. (a)大会：

(1)处理有关维持及发展本同盟以及实施本公约的一切问题；

(2)在适当考虑到不受第二十二至二十六条约束的本同盟成员国的意见的情况下，向成立世界知识产权组织（以下称“产权组织”）的公约中提到的国际知识产权局（以下称“国际局”）发出有关筹备修订会议的指示；

(3)审查和批准产权组织总干事有关本同盟的报告及活动，向其发出有关本同盟主管问题的必要指示；

(4)选举大会执行委员会成员；

(5)审查和批准执行委员会的报告及活动，并向它发出指示；

(6)制订计划，通过本同盟三年期预算和批准其决算；

(7)通过本同盟财务条例；

(8)设立为实现同盟目标而需要的专家委员会和工作组；

(9)决定哪些非本同盟成员国和政府间组织及非政府间国际性组织以观察员身份参加它的会议；

(10)通过对第二十二至二十六条的修改；

(11)为实现本同盟目标而采取其他适宜行动；

(12)履行本公约所包含的其他所有任务；

(13)行使成立产权组织的公约所赋予它的并为它所接受的权利。

(b)对于还涉及产权组织管理的其他同盟的问题，大会在了解到产权组织协调委员会的意见后作出决定。

3. (a)大会每一成员国有一票。

(b)大会成员国的半数构成法定人数。

(c)尽管有 b 项的规定，如开会时出席国家不足半数，但相当或多于大会成员国 1/3，则可作出决定；除有关大会程序之决定外，大会的决定须具备下列条件方可执行；国际局将上述决定通知未出席大会的成员国，请它们在上述通知之时起三个月内用书面投票或弃权。如果在期满时，用这样方式投票或弃权的国家的数目达到开会时法定人数的欠缺数目，同时已获得必要的多数，上述决定即可执行。

(d)除第二十六条第 2 款规定的情况外，大会的决定以投票数 2/3 的多数通过。

(e)弃权不视为投票。

(f)一个代表只能代表一个国家，也只能以该国名义投票。

(g)非大会成员国的本同盟成员国以观察员身份参加会议。

4. (a)大会每三年举行一届常会，由总干事召集，除特殊情况外，与产权组织的全体大会在同时同地举行。

(b)大会在执行委员会的要求下或大会成员国1/4的国家要求下，由总干事召集应举行特别会议。

5. 大会通过其议事规则。

第二十三条 1. 大会设执行委员会。

2. (a)执委会由大会在其成员国中选出的国家组成。此外，产权组织所在地的国家除第二十五条第7款b项的情况外，在执委会中有一当然席位。

(b)执委会每一成员国政府有一名代表作为其代表，可由若干名副代表、顾问及专家协助之。

(c)每个代表团的费用由指派它的政府负担。

3. 执委会成员国数目为大会成员国数目的1/4。在计算席位时，以四相除剩下的余数不计算。

4. 在选举执委会成员国时，大会要适当考虑按地区公平分配和保证使可能签订有关本同盟的特别协议的国家参加执委会的必要性。

5. (a)执委会成员国的任期自它们当选的该届大会闭会时起至大会下届常会闭会时止。

(b)执委会的成员国重新当选的数目最多不得超过2/3。

(c)大会制定执委会成员国选举和可能重新当选的程序。

6. (a)执行委员会：

(1)拟定大会议程草案；

(2)向大会提交有关总干事草拟的本同盟的计划草案和三年期预算草案的建议；

(3)在计划和三年期预算的范围内，对总干事草拟的年度计划和预算提出意见；

(4)向大会提交总干事的定期报告和财务年度决算报告，并附以必要的评论意见；

(5)根据大会决定并考虑到大会两届常会之间出现的情况，采取有利于总干事执行本同盟计划的一切措施；

(6)履行在本公约范围内赋予它的其他一切任务。

(b)对于还涉及产权组织管理的其他同盟的问题，执行委员会在了解到产权组织协调委员会的意见后作出决定。

7. (a)执委会在总干事的召集下，每年举行一届常会，尽可能与产权组织协调委员会同时同地举行。

(b)执委会在总干事倡议下，或是应执委会主席或1/4成员国的要求，由总干事召集举行特别会议。

8. (a)执委会每一成员国有一票。

(b)执委会成员国的半数构成法定人数。

(c)决议投票数中简单多数票作出。

(d)弃权不视为投票。

(e)一个代表只能代表一个国家，也只能以该国名义投票。

9. 非执委会成员国的本同盟成员国以观察员身份参加其会议。

10. 执行委员会通过其议事规则。

第二十四条 1. (a)本同盟的行政工作由国际局负责，该局接替与保护工业产权国际公约设立的同盟局合并的本同盟局的工作。

(b)国际局负担本同盟各机构的秘书处的工作。

(c)产权组织总干事是本同盟最高官员并代表本同盟。

2. 国际局汇集并出版有关保护版权的资料，本同盟每一成员国应尽快将有关保护版权的所有新法律及官方文件通知国际局。

3. 国际局出版一种月刊。

4. 国际局应本同盟各成员国之请求，向它们提供有关保护版权问题的资料。

5. 国际局从事各项研究并提供有利于保护版权的服务。

6. 总干事及由他指派的任何工作人员均可出席大会、执委会、其他各种专家委员会或工作组的会议，但无表决权。总干事或由他指派的一名工作人员为这些机构的当然秘书。

7. (a)国际局根据大会指示和与执委会合作，筹备修订除第二十二至二十六条外的公约条款的会议。

(b)国际局可就筹备修订会议征询政府间组织和非政府间国际性组织的意见。

(c)总干事和由他指派的人员可参加这些会议的审议，但无表决权。

8. 国际局执行交付给它的所有其他工作。

第二十五条 1. (a)本同盟有自己的预算。

(b)本同盟的预算包括本同盟本身的收入及支出，它对各同盟共同开支预算的缴款，以及在情况需要时，交给产权组织会议预算支配的款项。

(c)不专属本同盟而同样属于产权组织管理的其他一个或几个同盟在开支，视为各同盟在共同开支。

本同盟在共同开支中所占份额视这些开支与它的关系而定。

2. 本同盟预算的确定须考虑到与其他由产权组织管理的同盟的预算相协调的要求。

3. 本同盟预算的经费来源如下：

(1)本同盟成员国的会费；

(2)国际局代表本同盟提供服务的收入；

(3)销售国际局有关本同盟的出版物的所得以及这些出版物的版税；

(4)捐款、遗赠及补助金；

(5)租金、利息及其他杂项收入。

4. (a)为确定成员国在预算中缴纳的份额，本同盟的每个成员国分别归入各级并根据下列所定数量单位缴纳每年的会费：

第一级………………25 个单位

第二级………………20 个单位

第三级………………15 个单位

第四级………………10 个单位

第五级……………… 5 个单位

第六级……………… 3 个单位

第七级……………… 1 个单位

(b)除以前已经指明者外，每个国家在交存其批准书或加入书时，须说明它希望被列入哪一级。也可以改变级别。如果某一成员国希望降低其级别，它应在某一届常会期间将此事通知大会。这一变动自该届会议后的那一日历年开始时生效。

(c)每个国家每年会费数额在所有国家每年向本同盟交付的会费总数中所占比例，同它所在的那一级的单位数在全部国家的单位总数中所占比例相同。

(d)会费应于每年1月1日支付。

(e)逾期未缴纳会费的国家，如拖欠总数达到或超过过去整整两年内它应缴纳的会费数，则不得行使它在本同盟任何机构中的表决权。但如该机构认为这种拖欠系由于非常及不可避免之情况，则可允许该国保留行使其表决权。

(f)如在新的会计年度开始前还未通过预算，则可按照财务条例规定的手续将前一年的预算延期实行。

5. 国际局代表本同盟提供的服务应得收入的数额由总干事确定，总干事向大会和执委会就此提出报告。

6. (a)本同盟拥有一笔由每一成员国一次付款组成的周转基金。如基金不足，由大会决定增加。

(b)每个国家对上述基金的首次付款数以及追加数应按基金成立或决定增加当年该国缴纳会费数的比例。

(c)付款的比例及方式由大会根据总干事的提议并征求产权组织协调委员会意见后决定。

7. (a)与产权组织所在地的国家签订的会址协定规定，如周转基金不足，可由该国垫款。垫款数和垫款条件由该国和产权组织每次分别签订协定。在该国承诺垫付款项期间，该国在执委会中占有一席当然席位。

(b)a 项所指国家和产权组织均有权以书面通知方式废止提供垫款的保证。这种废止自通知提出那一年底起三年后生效。

8. 根据财务条例规定的方式，账目审计由大会同意指派的一个或几个本同盟成员国或外聘审计员担任。

第二十六条　1. 所有大会成员国，执委会或总干事均可提出修改第二十二、二十三、二十四、二十五及本条的建议。这些建议由总干事在提交大会审查前至少六个月通知大会成员国。

2. 第1款所指的各条的修改应由大会通过，通过需要投票数的四分之三；但对第二十二条及本款的任何修改需经投票数的五分之四通过。

3. 第1款所提各条的任何修改，至少要在总干事收到在修改通过时为大会成员国的四分之三国家根据它们各自的宪法批准修改的书面通知一个月后才能生效。以这种方式接受的这些条款的修改对修改生效时为大会成员国的所有国家或其后成为成员国的国家具有约束力；但任何增加本同盟成员国财务义务的修改只对那些已通知这类修改表示接受的国家有约束力。

第二十七条　1. 本公约可进行修订，以便使之得到改善，从而使本同盟体制臻于完善。

2. 为此目的，可相继在本同盟一个成员国内举行同盟成员国代表的会议。

3. 除第二十六条有关修改第二十二至二十六条的规定外，所有对本文本的修订，包括附件的修订，均需投票数全体一致通过。

第二十八条　1. (a)凡签署此公约文本的任何本同盟成员国均可批准此公约文本，如尚未签署，则可加入本公约。批准或加入书交存总干事处。

(b)本同盟任何成员国在其批准书或加入书中均

可声明其批准或加入不适用第一至二十一条及附件；但如该国已根据附件第六条第1款作出声明，则它在上述文件中可只声明其批准或加入不适用于第一至二十一条。

(c)凡根据b项已声明其批准或加入对该项所提到的条款不发生效力的本同盟任何成员国可在其后任何时候声明将其批准或加入的效力扩大到这些条款。这一声明交存总干事处。

2.(a)第一至二十一条及附件在实现下述两个条件后3个月生效：

(1)至少有5个本同盟成员国批准或加入此公约文本而未按照第1款b项作过声明；

(2)法国、西班牙、大不列颠及北爱尔兰联合王国、美利坚合众国已受到1971年7月24日在巴黎修订过的世界版权公约的约束。

(b)a项提到的生效，对于至少在生效前三个月交存批准书或加入书但未按第1款b项作过声明的本同盟成员国具有效力。

(c)就b项对之不适用的已批准或加入此公约文本而未按照第1款b项作过声明的所有本同盟成员国而言，第一至二十一条及附件在总干事通知该批准书或加入书交存之日后三个月生效，除非交存文件中注明有更晚的日期。在后一情况下，第一至二十一条及附件则在注明的日期对该国生效。

(d)a至c项的规定不影响附件第六条的适用。

3. 对不管是否按照第1款b项作过声明而批准或加入此公约文本的任何本同盟成员国，第二十二至三十八条在总干事通知已交存批准书或加入书之日后三个月生效，除非交存文件中注明有更晚的日期。在后一情况下，第二十二至三十八条则在注明的日期对该国生效。

第二十九条 1. 非本同盟成员国可加入本公约成为本公约的缔约国和本同盟成员国。加入书交存总干事处。

2.(a)除b项规定的情况外，对所有非本同盟成员国，本公约在总干事通知其加入书交存之日后三个月生效，除非交存文件中注明有更晚的日期。在后一情况下，本公约则在注明的日期对该国生效。

(b)如适用a项的生效先于适用第二十八条第2款a项的第一至二十一条及附件的生效，则在此间隔期间，上述国家将受本公约布鲁塞尔文本第一至二十条的约束，以代替第一至二十一条及附件的约束。

第二十九条之二 不受本公约斯德哥尔摩文本第二十二至三十八条约束的任何国家，为适用建立产权组织公约第十四条第2款的唯一目的，其批准或加入此公约文本即等于批准或加入斯德哥尔摩文本，但受该文本第二十八条第1款b项第1目的限制。

第三十条 1. 除本条第2款、第二十八条第1款b项、第三十三条第2款以及附件所允许的例外以外，批准或加入当然意味着接受本公约的一切条款并享有本公约规定的一切利益。

2.(a)凡标准或加入此公约文本的本同盟成员国，除附件第五条第2款规定的情况外，可保有它原来作出的保留的利益，条件是在交存其批准书或加入书时作出这项声明。

(b)所有非本同盟成员国在加入本公约并在不违反附件第五条第2款的情况下，可以声明它准备以1986年在巴黎补充完备的本同盟1886年公约第五条的规定至少临时代替此公约文本有关翻译权的第八条，条件是这些规定仅指译成该国通用语文的翻译。在不违反附件第一条第6款b项的情况下，任何国家对于使用持此保留条件的国家为其起源国的作品的翻译权，有权实行与后一国提供的相同的保护。

(c)任何国家可在随时通知总干事，撤回这类保留。

第三十一条 1. 任何国家可在其批准书或加入书中声明，或在以后随时书面通知总干事，本公约适用于在声明或通知中指明的其对外关系由该国负责的全部或部分领土。

2. 任何已作出这种声明或通知的国家可随时通知总干事本公约不再适用于这些领土的全部或一部分。

3.(a)按照第1款作出的任何声明和载有该声明的文件中的批准或加入同时生效，按照该款作出的任何通知在总干事发出通知三个月后生效。

(b)按照第2款作出的通知在总干事收到该通知十二个月后生效。

4. 本条不得解释为意指本同盟任何成员国承认或默许本同盟另一成员国根据适用第1款作出的声明而使本公约对之适用的任何领土的事实状态。

第三十二条 1. 此公约文本在本同盟各成员国之间的关系方面和在它适用的限度内，代替1886年9月9日的伯尼尔公约及其以后的修订文本。在与未批准或未加入此公约文本的本同盟成员国的关系方面，以前生效的文本全部保持其适用性，或在此公约文本不能根据前句规定代替以前文本的限度内保持其适用性。

2. 成为此公约文本缔约国的非本同盟成员国，在除第3款规定的情况外，对于不受此公约文本约束或虽受其约束但已作过第二十八条第1款b项规定的声明的本同盟任何成员国，适用此公约文本。上述国家承认，本同盟该成员国，在同它们的关系上：

(1)适用它受其约束的最近文本的规定，并且

(2)在不违反附件第一条第6款规定的情况下，有权使保护与此公约文本规定的水平相适应。

3. 援用附件规定的任何权利的任何国家在同不受此公约文本约束的本同盟其他任何成员国的关系上，可以适用附件中有关它援用的一种或多种权利的规定，但以该其他成员国已接受适用上述规定为条件。

第三十三条 1. 两个或两个以上本同盟成员国在解释或适用本公约方面发生的争端，经谈判不能解决时，如果有关国家不能就其他解决办法达成协议，则其中任何一方均可按国际法院规约的方式通过起诉将争端提交国际法院。将争端提交国际法院的起诉国应通知国际局，国际局应将此事告知本同盟其他成员国。

2. 任何国家在签署此公约文本或交存其批准书或加入书时，可声明它不受第1款规定的约束。在有关该国和本同盟其他任何成员国间的任何争端方面，不适用第1款的规定。

3. 任何按照第2款规定作出声明的国家，可随时通知总干事撤回其声明。

第三十四条 1. 在遵守第二十九条之二规定的情况下，任何国家在第一至二十一条及附件生效后，不得批准或加入本公约以前的各次文本。

2. 在第一至二十一条及附件生效后，任何国家不得根据附在斯德哥尔摩文本后的有关发展中国家的议定书第五条发表声明。

第三十五条 1. 本公约无限期生效。

2. 任何国家可通知总干事废止此公约文本。这一废止也连带废止以前的所有文本，并只对废止的该国有效，而对本同盟其他成员国，本公约继续有效和继续执行。

3. 废止自总干事收到通知之日起一年后生效。

4. 任何国家自成为本同盟成员国之日算起未满五年者，不得行使本条规定之废止权。

第三十六条 1. 本公约的所有缔约国家承诺根据其宪法采取必要措施保证本公约的实施。

2. 不言而喻，本国在受到本公约约束时，应按照其本国法律使本公约的规定付诸实施。

第三十七条 1. (a)此公约文本在以英法两种语文写成的单一文本上签署，除第2款规定的情况下，此公约文本由总干事处保存。

(b)总干事在与有关政府协商后，制订德文、阿拉伯文、西班牙文、意大利文和葡萄牙文以及大会指定的其他语文的正式文本。

(c)在对不同语文文本的解释发生争议时，以法文本为准。

2. 此公约文本开放供签署到1972年1月31日为止。在此日期以前，第1款a项提到的文本交由法兰西共和国政府保存。

3. 总干事应将签字的此公约文本的两份副本核正无误后转送本同盟所有成员国政府，并可根据请求，转送任何其他国家的政府。

4. 本文由总干事送请联合国秘书处登记。

5. 总干事将下列情况通知本同盟所有成员国政府：签署情况，批准书或加入书的交存，包括在这些文件中的或适用第二十八条第1款c项、第三十条第2款a、b项和第三十三条第2款而作出的声明的交存，此公约文本全部规定的生效情况，废止的通知和适用第三十条第2款c项、第三十一条第1、2款、第三十三条第3款和第三十八条第1款的通知以及附件中提到的通知。

第三十八条 1. 凡未批准或加入此公约文本以及不受斯德哥尔摩文本第二十二至二十六条约束的本同盟成员国，如果愿意，均可在1975年4月26日前，行使上述各条规定的权利，就像受它们约束的那样。任何愿意行使上述权利的国家均可为此目的向总干事交存一份书面通知，该通知自收到之日起生效。直到上述日期为止，这些国家应视为大会成员国。

2. 在本同盟成员国尚未全部成为产权组织成员国之前，产权组织国际局同时作为本同盟的局进行工作，总干事即该局局长。

3. 在本同盟所有成员国均成为产权组织成员国时，本同盟局的权利、义务和财产即归属产权组织国际局。

附件：

第一条 1. 根据联合国大会惯例被视为发展中国家的任何国家、凡已批准或已加入由本附件作为其组成部分的此公约文本，但由于其经济情况及社会或文化需要而又不能在当前作出安排以确保对此公约文本规定的全部权利进行保护者，可在其交存批准书或加入书的同时，或在不违反附件第五条第1款c项的条件下，在以后任何日期，在向总干事提交的通知中声明，它将援用附件第二条所规定的权利或第三条所规定的权利，或这两项所规定的权利。它可以按照附件第五条第1款a项规定作出声明，以代替援用附件第二条所规定的权利。

2. (a)任何按照第1款规定作出并在第一至二十一条及本附件依第二十八条第2款规定生效之日算起十年期限期满以前通知的声明，直到这一期限期满前都有效。通过在现行十年期限期满前最多十五个月最少三个月内向总干事提交通知，该声明可以全部或部分地每十年顺延一次。

(b)按照第1款规定作出并在第一至二十一条及本附件依第二十八条第2款规定生效之日算起十年期满以后作出的任何声明，直到现行十年期满前都有效。该声明可以按照a项第二句的规定延期。

3. 任何不再被认为是第1款所指的发展中国家的本同盟成员国，不再有资格像第2款所规定的那样延长其声明，不论它是正式撤回其声明，该国在现行十年期限期满时，或在停止被视为发展中国家三年后即失去援用第1款所指的权利的可能性，两项时限以较晚到期的时限为准。

4. 在按照第1款或第2款规定作出的声明停止生效时，如果根据本附件规定发给的许可证制作的复制品尚有存货时，这些复制品可以继续发行直到售完为止。

5. 受此公约文本规定约束并根据第三十一条第1款就使此公约文本适用于其情况可能类似第1款所指国家的情况的特定领土而提交声明或通知的任何国家，可就此领土作出第1款所指的声明或第2款所指的延期通知。在这种声明或通知有效期间本附件的规定应适用于它所指的领土。

6. (a)一国援用第1款所指的任何一种权利这一事实，不应使另一国给予起源国为前一国家的作品低于根据第一至二十条所应给予的保护。

(b)第三十条第2款b项第二句规定的对等权利，在根据附件第一条第3款的适用期限期满前，不得用于其起源国为根据附件第五条第1款a项作出声明国家的作品。

第二条 1. 任何声明援用本条规定的权利的国家，就以印刷形式或其他任何类似的复制形式出版的作品而言，均有权以由主管当局根据附件第四条在下述条件下发给非专有和不可转让的许可证来代替第八条规定的专有翻译权。

2. (a)除第3款的情况外，如果一部作品自首次出版算起三年或根据该国本国法律规定更长的时间期满而翻译权所有者或在其授权下尚未以该国通用语文出版译本，该国任何国民都可得到用该国通用语文翻译该作品并以印刷形式或其他任何类似的复制形式出版该译本的许可证。

(b)如果以有关语文出版的译文的所有版本均已售完，也可根据本条发给许可证。

3. (a)如果译文不是本同盟一个或数个发达国家中通用的语文，则用一年期限来代替第2款a项规定的三年期限。

(b)在通用同一种语文的本同盟发达国家的一致协议下，如果要译成这种语文，第一款所提到的所有国家都可以根据该协议规定的更短期限来代替第2款a项规定的三年期限，但不得少于一年。尽管如此，如涉及的语文为英文、法文或西班牙文，上一句的规定仍不适用。所有这方面的协议应由缔约国政府通知总干事。

4. (a)根据本条规定需要经过三年期限才能取得的许可证，需要经过六个月的补充期限才能颁发；而需经过一年期限才能取得的许可证，则需经过九个月的补充期限，此期限

(1)自申请人履行附件第四条第1款规定的手续之日算起；

(2)如翻译权所有者的身份或地址不详，则自申请人根据附件第四条第2款的规定将其向发给许可证的主管当局提交的申请书副本寄出之日算起。

(b)如果在上述六个月或九个月的期限未满期间，由翻译权所有者或经其授权用申请使用的语文将译本出版，则不得根据本条发给许可证。

5. 本条所指任何许可证之颁发只限于教学、学习

或研究之用。

6. 如果翻译权所有者或经其授权出版的一个译本的价格同在有关国家内同类作品通行的价格相似，这个译本的语文和基本内容又同根据许可证出版的译本的语文和内容相同，则应撤销根据本条发给的许可证。在撤销许可证前业已出版的本册可一直发行到售完为止。

7. 对主要由图画组成的作品，其文字的翻译出版与图画的复制出版的许可证只有在附件第三条规定的条件也得到履行的情况下才能发给。

8. 在作者停止其作品的全部版本的发行时，则不得根据本条发给任何许可证。

9. (a)对翻译一部已以印刷形式或其他任何类似的复制形式出版的作品发给的许可证，也可根据广播机构向第1款所指国家主管当局提出的要求，发给总部设在该国的广播机构，但必须符合下列全部条件：

(1)译文是根据依该国法律制作并获得的版本翻译的；

(2)译文只能用于教学广播或向特定专业的专家传播专门技术或科学研究成果的广播；

(3)译文专门为第2目所指目的使用，并通过对该国境内听众的合法广播进行，其中包括专为此项广播目的而通过录音或录像手段合法录制的广播；

(4)所有对译文的使用均无任何营利性质。

(b)广播机构根据本款发给的许可证制作的译文其录音或录像也可以为a项规定的目的和条件，并经上述广播机构同意，为设在发给许可证的主管当局所在国内的任何其他广播机构使用。

(c)只要符合a项列举的所有准则和条件，也可对广播机构颁发许可证以翻译专为学校和大学使用而制作与出版的视听教材中的所有课文。

(d)在不违犯a到c项的情况下，前面几款的规定适用于本款规定的所有许可证的颁发与使用。

第三条 1. 任何声明援用本条规定的权利的国家，均有权以由主管当局依下述条件并根据附件第四条发给非专有和不可转让的许可证来代替第九条规定的专有复制权。

2. (a)关于根据第7款而适用本条的作品，当

(1)自该作品特定版本首次出版之日算起的第3款规定的期限期满时，或

(2)由第1款所指的国家法律规定的并自同一日期算起的更长的期限期满时，若该版的版本尚无复制权所有者或在其授权下，以与同类作品在该国通行的价格相似的价格在该国出售，以满足广大公众或学校及大学教学之需要，则该国任何国民都可得到许可证，以此种价格或更低价格复制和出版该版本的供系统教学之用。

(b)根据本条规定的条件，也可对复制及出版a项所述已发行的版本发给许可证，如果在适用的期限期满后，该版经授权的版本在有关国家已脱销六个月，而无法以同该国内对同类作品要求的价格供应广大公众供系统教学之用。

3. 第2款a项第1目所指的期限为五年。但

(1)对有关数学和自然科学以及技术的作品，则为三年；

(2)小说、诗歌、戏剧和乐曲以及美术书籍，则为七年。

4. (a)根据本条规定在三年后可取得的许可证，需等六个月期限期满后才能颁发，此期限

(1)自申请人履行附件第四条第1款规定的手续之日算起；

(2)如复制权所有者的身份或地址不详，则自申请人根据附件第四条第2款的规定将其向发给许可证的主管当局提交的申请书副本寄出之日算起。

(b)在其他情况下及适用附件第四条第2款时，许可证不得在寄出申请书副本后三个月期满以前发给。

(c)如果在a项和b项规定的六个月或三个月期间，出现第2款a项提到的出售情况，则不得根据本条发给任何许可证。

(d)在作者已停止为进行复制及出版而申请许可证的该版的全部版本的发行时，不得发给任何许可证。

5. 在下列情况下不得根据本条发给复制和出版一本作品的译本许可证。

(1)所涉及的译本并非由翻译权所有者或在其授权下出版；

(2)译本所用的不是申请许可证所在国的通用语文。

6. 如果某一作品某版的复制品是由复制权所有者或经其授权以同该国同类作品相似的价格，为供应广大公众或为系统教学之用而在第1款所指的国内出售，而该版的语文和基本内容又同根据许可证出版的

版本语文和内容相同，则应撤销根据本条发给的所有许可证，在撤销许可证前业已出版的本册可一直发行到售完为止。

7. (a)除b项规定的情况外，本条适用的作品只限于以印刷的形式或任何其他类似的复制形式出版的作品。

(b)本条同样适用经合法制作以录音录像形式复制用的受保护作品的视听资料，以及用许可证申请国通用语文翻译的和该视听资料中的文字部分的译本，条件是所涉及的视听资料的制作和出版限系统教学使用的唯一目的。

第四条 1. 附件第二条或第三条所指的任何许可证的发给，须经申请人按照有关国家现行规定，证明他根据不同情况已向权利所有者提出翻译出版译本，或复制和出版版本的要求，而又未能得到授权，或经过相当努力仍未能找到权利所有者。在向权利所有者提出这一要求的同时，申请人还必须将这一申请通知第2款提到的任何国内或国际情报中心。

2. 如申请人无法找到权利所有者，即应通知挂号航邮将向发给许可证的主管当局提交的申请书的副本，寄给该作品上列有名称的出版者和据信为出版者主要业务中心所在国的政府为此目的向总干事递交的通知中所指定的任何国内或国际情报中心。

3. 在根据附件第二条和第三条发给的许可证出版的译本或复制本的所有印制件上都应列出作者姓名。在所有印制件应有作品名称。如系译本，原作名称在任何情况下应列于所有印制件上。

4. (a)任何根据附件第二条或第三条发给的许可证不得扩大到印制件的出口，许可证只适用于在申请许可证的该国领土内根据情况出版译本或复制本。

(b)为适用a项规定，凡从任何领土向根据第一条第5款规定代表该领土作过声明的国家运寄印制件应视为出口。

(c)当根据附件第二条就译成英文、西班牙文或法文以外语文的译本发给许可证的一国政府机构或任何其他公共机构将根据该许可证出版的译本的印制件运寄到另一国时，为了a项的目的，这一寄送不作为出口看待，但需符合以下所有条件：

(1)收件人需为发给许可证的主管当局所属国的国民个人或由这些国民组成的组织；

(2)印制件只供教学、学习或研究使用；

(3)印制件寄给收件人及其进一步分发均无任何营利性质；

(4)印制件寄往的国家与其主管当局发给许可证的国家订有协议，批准这种印制件的接收或分发或两者同时批准，后一国家政府已将该协议通知总干事。

5. 所有根据附件第二条或第三条发给许可证出版的印制件均需载有有关语文的通知，说明该印制件只能在该许可证适用的国家或领土内发行。

6. (a)在国家范围内做出适当的规定，以保证

(1)许可证之发给应根据不同情况给翻译权或复制权所有者一笔公平合理的报酬，此种报酬应符合有关两国个人之间自由谈判的许可证通常支付版税的标准；而且

(2)保证这笔报酬的支付和转递；如果存在着国家对外汇的管制，则主管当局应通过国际机构，尽一切努力保证使这笔报酬以国际上可兑换的货币或其等值货币转递。

(b)应通过国家法律采取适当措施，以保证在不同情况下作品的正确翻译或精确复制。

第五条 1. (a)任何有权声明援用附件第二条规定的权利的国家，在批准或加入此公约文本时，可不作这一声明，而代之以下述声明：

(1)如果它是第三十条第2款a项适用的国家，则代之以按照该条款有关翻译权的规定作一声明；

(2)如果它是第三十条第2款a项所不适用的国家，即使是本同盟成员国，则代之以按照第三十条第2款b项第一句的规定作一声明。

(b)在一国已不再被认为是附件第一条第1款所指的发展中国家的情况下，根据本款所作的声明继续有效。直到按照附件第一条第3款规定的适用期限期满之日为止。

(c)所有按照本款作出声明的国家以后不得援用附件第二条规定的权利，即使撤回该声明后也不得援用。

2. 除第3款的情况外，所有已援用附件第二条规定的权利的国家以后均不得根据第1款作出声明。

3. 不再被视为附件第一条第1款所指的发展中国家的任何国家，最迟可以在附件第一条第3款的适用期限期满前两年，可以按照第三十条第2款b项第一句作出声明，即使它是同盟成员国。这一声明将在根据附件第一条第3款的适用期限期满之日生效。

第六条　1. 本同盟任何成员国，自此公约文本日期起和在受到第一至二十一条及本附件的约束以前的任何时候都可以作以下声明：

(1)对于一旦受第一至二十一条和本附件约束，即有权援用附件第一条第1款提到的权利的国家，它将对其起源国为如下国家的作品适用附件第二条或第三条或同时适用两条的规定，这一国家在适用以下第2目时，同意将上述两条适用于这类作品，或者这一国家受第一至二十一条及本附件的约束；这一声明可以提到附件第五条而不是第二条；

(2)它同意根据以上第1目作过声明或根据附件第一条发出过通知的国家对它作为起源国的作品适用本附件。

2. 所有按第1款作出声明均以书面形式作出并交存总干事。声明自交存之日起生效。

世界版权公约
(1971年巴黎修订本)

1. 1952年9月6日于日内瓦签订
2. 1971年7月24日于巴黎修订
3. 1992年7月1日第七届全国人民代表大会常务委员会第二十六次会议决定中华人民共和国加入，同时声明根据公约第五条之二的规定，享有公约第五条之三、之四规定的权利
4. 自1992年10月30日起对中国生效

缔约各国，

出于保证在所有国家给文学、科学和艺术作品以版权保护的愿望；

确信适用于世界各国并以世界公约确定下来的、补充而无损于现行各种国际制度的版权保护制度，将保证对个人权利的尊重，并鼓励文学、科学和艺术的发展；

相信这种世界版权保护制度将会促进人类精神产品更加广泛的传播和增进国际了解；

决定修订1952年9月6日于日内瓦签订的《世界版权公约》(下称“1952年公约”)，

为此特协议如下：

第一条　缔约各国承允对文学、科学、艺术作品——包括文字、音乐、戏剧和电影作品，以及绘画、雕刻和雕塑——的作者及其他版权所有者的权利，提供充分有效的保护。

第二条　(一)任何缔约国国民出版的作品及在该国首先出版的作品，在其他各缔约国中，均享有其他缔约国给予其本国国民在本国首先出版之作品的同等保护，以及本公约特许的保护。

(二)任何缔约国国民未出版的作品，在其他各缔约国中，享有该其他缔约国给予其国民未出版之作品的同等保护，以及本公约特许的保护。

(三)为实施本公约，任何缔约国可依本国法律将定居该国的任何人视为本国国民。

第三条　(一)任何缔约国依其国内法要求履行手续——如缴送样本、注册登记、刊登启事、办理公证文件、偿付费用或在该国国内制作出版等——作为版权保护的条件者，对于根据本公约加以保护并在该国领土以外首次出版而其作者又非本国国民的一切作品，应视为符合上述要求，只要经作者或版权所有者授权出版的作品的所有各册，自首次出版之日起，标有©的符号，并注明版权所有者之姓名、首次出版年份等，其标注的方式和位置应使人注意到版权的要求。

(二)本条第(一)款的规定，不得妨碍任何缔约国在本国初版的作品或其国民于任何地方出版的作品为取得和享有版权而提出的履行手续或其他条件的要求。

(三)本条第(一)款的规定，不得妨碍任何缔约国做出如下的规定：凡要求司法救助者，必须在起诉时履行程序性要求，诸如起诉人须通过本国辩护人出庭，或由起诉人将争讼的作品送交法院或行政当局，或兼送两处；但未能履行上述程序性要求，不应影响版权的效力，而且如对要求给予版权保护的所在地国家的国民不作这种要求，也不应将这种要求强加于另一缔约国的国民。

(四)缔约各国应有法律措施保护其他各缔约国国民尚未出版的作品，而无须履行手续。

(五)如果某缔约国准许有一个以上的版权保护期限，而第一个期限比第四条中规定的最短期限之一更长，则对于第二个或其后的版权期限，不应要求该国执行本条第(一)款的规定。

第四条　(一)根据第二条和本条规定，某作品的版权保护期限，应由该作品要求给予版权保护所在地的缔约国的法律来规定。

(二)甲、受本公约保护的作品，其保护期限不得少于作者有生之年及其死后的二十五年。但是，如果任何缔约国在本公约对该国生效之日，已将某些种类作品的保护期限规定为自该作品首次出版以后的某一段时间，则该缔约国有权保持其规定，并可将这些规定扩大应用于其他种类的作品。对所有这些种类的作品，其版权保护期限自首次出版之日起，不得少于二十五年。

乙、任何缔约国如在本公约对该国生效之日尚未根据作者有生之年确定保护期限，则有权根据情况，从作品首次出版之日或从出版前的登记之日起计算版权保护期，只要根据情况从作品首次出版之日或出版前的登记之日算起，版权保护期限不少于二十五年。

丙、如果某缔约国的法律准许有两个或两个以上的连续保护期限，则第一个保护期限不得短于本款甲、乙两项所规定的最短期限之一。

（三）本条第（二）款的规定不适用于摄影作品或实用美术作品；但这些缔约国对摄影作品或实用美术作品作为艺术品给予保护时，对上述每一类作品规定期限不得少于十年。

（四）甲、任何缔约国对某一作品给予的保护期限，均不长于有关缔约国（如果是未出版的作品，则指作家所属的缔约国；如果是已出版的作品，则指首先出版作品的缔约国）的法律对该作品所属的同类作品规定的保护期限。

乙、为实施本款甲项，如果某缔约国的法律准予有两个或两个以上的连续保护期限，该国的保护期限应视为是这些期限的总和。但是，如果上述国家对某一特定作品在第二或任何后续的期限内，因某种原因不给予版权保护，则其他各缔约国无义务在第二或任何后续的期限内给予保护。

（五）为实施本条第（四）款，某缔约国国民在非缔约国首次出版的作品应按照在该作者所属的缔约国首先出版来处理。

（六）为实施本条第（四）款，如果某作品在两个或两个以上缔约国内同时出版，该作品应视为在保护期限最短的缔约国内首先出版。任何作品如在首次出版三十日内在两个或两个以上缔约国内出版，则应视为在上述缔约国内同时出版。

第四条之二 （一）本公约第一条所述的权利，应包括保证作者经济利益的各种基本权利，其中有准许以任何方式复制、公开表演及广播等专有权利。本条的规定可扩大适用于受本公约保护的各类作品，无论它们是原著形式还是从原著演绎而来的任何形式。

（二）但是，任何缔约国根据其国内法可以对本条第（一）款所述的权利做出符合本公约精神和内容的例外规定。凡法律允许做出例外规定的任何缔约国，必须对已做出例外规定的各项权利给予合理而有效的保护。

第五条 （一）第一条所述各项权利，应包括作者翻译和授权他人翻译受本公约保护的作品，以及出版和授权他人出版上述作品译本的专有权利。

（二）然而，任何缔约国根据其国内法可以对文字作品的翻译权利加以限制；但必须遵照如下规定：

甲、如果一部文字作品自首次出版算起七年期满而翻译权所有者或在其授权下尚未以该缔约国通用语文出版译本，该缔约国任何国民都可从主管当局得到用该国通用语文翻译该作品并出版译本的非专有许可证。

乙、该国民须按照有关国家的现行规定，证明他根据不同情况已向翻译权所有者提出翻译和出版译本的要求，而又未能得到授权，或经过相当努力仍未能找到权利所有者。如果以缔约国通用语文翻译的以前所有版本均已售完，也可根据同样条件发给许可证。

丙、如申请人无法找到翻译权所有者，即应将申请书的副本寄给该作品上列有名称的出版者，如果翻译权所有者国籍业已弄清，则应将申请书的副本送交翻译权所有者所属国家的外交或领事代表，或送交该国政府指定的机构。许可证不得在寄出申请书副本后两个月期满以前发给。

丁、国内法律应做出相应规定，以保证翻译权所有者得到公平而符合国际标准的补偿，保证这种补偿的支付和传递，并保证准确地翻译该作品。

戊、凡经出版的译本复制品，均应刊印原著名称及作者姓名。许可证只适用于在申请许可证的该缔约国领土内出版译本。此种出版的复制品可以输入到另一缔约国并在其境内出售，只要该国通用语文和作品的译文是同一种语文，并且该国的法律对此种许可做出了规定，而且对进口和出售不予禁止。如无上述条件，在某缔约国进口和销售上述译本应受该国法律和协定的管制，许可证不得由被许可人转让。

己、在作者已停止全部作品复制品的发行时，不得发给任何许可证。

第五条之二 (一)根据联合国大会惯例被视为发展中国家的任何缔约国,可在批准、接受或参加本公约时,或在以后任何日期向联合国教育科学文化组织总干事(下称总干事)提交的通知中声明,将援用第五条之三或之四中任何一条或全部例外规定。

(二)任何这种通知书自公约生效之日起十年内有效,或在提交该通知书时十年期限的所余时间内有效;如果在现行期限期满前最多十五个月最少三个月向总干事提交通知,该通知可以全部或部分地每十年顺延一次。根据本条规定,首次通知书也可在延续的十年期间提出。

(三)尽管有本条第(二)款的规定,任何不再被认为是第(一)款所指的发展中国家的缔约国,不再有资格像第(一)款或第(二)款所规定的那样延长其通知,不论它是否正式撤回其通知,该国在现行十年期限期满时,或在停止被视为发展中国家三年后即失去援用第五条之三和之四的例外规定的可能性。

(四)根据第五条之三和之四的例外规定而制作的作品复制品,在根据本条规定交存的通知书有效期满后,可以继续发行直到售完为止。

(五)依照第十三条就使公约适用于其情况可能类似第(一)款所指国家的情况的特定国家或领地而提交通知的缔约国,或依照本条就此国家或领地提交或延长通知。在这种通知有效期间本公约第五条之三和之四的规定应适用于它所指的国家或领地。由上述国家或领地向缔约国运寄作品复制品应视为第五条之三和之四所称的出口。

第五条之三 (一)甲、凡适用第五条之二第(一)款的任何缔约国,均可以该国法律规定的三年或三年以上的期限取代第五条第(二)款规定的七年期限;然而,某一作品译成的文字如在一个或若干个发达国家内并非通用,而上述国家又是本公约或仅是1952年公约的缔约国,则上述期限应是一年而不是三年。

乙、在通用同一种语文的本公约或仅参加1952年公约的发达国家的一致协议下,如果要译成这种语文,第五条之二第(一)款所提到的所有国家都可以根据该协议规定的另一期限来代替本款甲项规定的三年期限,但不得少于一年。尽管如此,如涉及的语文为英文、法文或西班牙文,此项规定仍不适用。所有这方面的协议应通知总干事。

丙、许可证的发给,须经申请人按照有关国家现行规定,证明他已向翻译权所有者提出授权要求,而又未能得到,或经过相当努力仍未能找到权利所有者。在向权利所有者提出这一要求的同时,申请人还必须将这一申请通知联合国教育科学文化组织设立的国际版权情报中心,或出版者主要营业地点所在的缔约国政府交存总干事的通知书中所指定的任何国家或地区的情报中心。

丁、如果申请人无法找到翻译权所有者,即应通过挂号航邮将申请书的副本寄给该作品上列有名称的出版者,并同时寄给本款丙项所述的任何国家或地区的情报中心。如无上述中心可通知,他应将申请书的抄件送交联合国教育科学文化组织设立的国际版权情报中心。

(二)甲、根据本条规定三年后可获得的许可证须再过六个月后才能颁发,一年后可获得的许可证须再过九个月后才能颁发。上述六或九个月的期限应按第(一)款丙项的规定,从申请许可证之日算起,如翻译权所有者的身份、地址不详,则按第(一)款丁项的规定从申请书的副本发出之日算起。

乙、翻译权所有者本人或授权他人在上述六个月或九个月内已将译著出版,则不得再颁发许可证。

(三)本条所指任何许可证之颁发只限于教学、学习或研究之用。

(四)甲、任何根据本条发给的许可证不得扩大到作品复制品的出口,许可证只适用于在申请许可证的该国领土内出版。

乙、所有根据本条发给许可证出版的作品复制品均需载有有关语文的通知,说明作品复制品只能在发给许可证的缔约国内发行。如果该作品刊有第三条第(一)款规定的启事,其译本各册均应刊印相同的启事。

丙、某缔约国政府机构或其他公众团体根据本条规定已颁发许可证将某作品译成除英、法、西班牙语之外的另一种文字,而当该政府机构或公众团体向另一国递送根据上述许可证而准备好的译本复制品,则不适用本款甲项有关禁止出口的规定,如果

(1)收件人为发给许可证的缔约国国民个人,或由这些国民组成的组织;

(2)作品复制品只供教学、学习或研究使用;

(3)作品复制品寄给收件人及其进一步分发均无任何营利性质,并且

(4)作品复制品寄往的国家与缔约国订有协议，批准这种作品复制品的接收或分发或两者同时批准，任何一方政府已将该协议通知总干事。

(五)在国家范围内作出适当的规定,以保证

甲、许可证之发给应给予一笔合理的报酬,此种报酬应符合有关两国个人之间自由谈判的许可证通常支付版税的标准;而且

乙、保证这笔报酬的支付和转递;如果存在着国家对外汇的管制,则主管当局应通过国际机构,尽一切努力保证使这笔报酬以国际上可兑换的货币或某等值货币转递。

(六)如果某作品的译本一旦由翻译权所有者本人或授权他人在某缔约国内出版发行,其文字与该国已特许的版本一样,其内容又大体相同,其价格与该国同类作品的一般索价相当,则根据本条规定由上述缔约国颁发之许可证应停止生效。在撤销许可证前业已出版的作品复制品可一直发行到售完为止。

(七)对主要由图画组成的作品,其文字的翻译与图画的复制的许可证只有在第五条之四规定的条件也得到履行的情况下才能发给。

(八)甲、对翻译一部已以印刷形式或其他类似的复制形式出版的受本公约保护的作品发给的许可证,也可根据总部设在适用第五条之二的缔约国的广播机构在该国提出的要求,发给该广播机构,但必须符合下列条件:

(1)译文是根据该缔约国法律制作并获得的作品复制品翻译的;

(2)译文只能用于教学广播或向特定专业的专家传播专门技术或科学研究成果的广播;

(3)译文专门为第二目所指目的使用,并通过对缔约国境内听众的合法广播进行,其中包括专为此项广播目的而通过录音或录像手段合法录制的广播;

(4)译文的录音或录像只能在其总部设在颁发许可证的缔约国的广播组织之间交换;

(5)所有译文的使用均无任何营利性质。

乙、只要符合甲项列举的所有准则和条件,也可对广播机构颁发许可证以翻译专为大、中、小学使用而制作与出版的视听教材中的所有课文。

丙、在遵守本款甲、乙两项规定的条件下,本条其他规定均适用于许可证的颁发和使用。

(九)在遵守本条规定的条件下,依本条颁发的任何许可证应受第五条各项规定的约束。即使在第五条第(二)款规定的七年期限届满后,上述许可证也应继续受到第五条和本条规定的约束;但上述期限到期后,许可证持有者有权请求以仅受第五条约束的新许可证来代替上述许可证。

第五条之四 (一)凡适用第五条之二第(一)款规定的任何缔约国均可采纳下述规定:

甲、(1)自本条第(三)款所述的文学、科学或艺术作品特定版本首次出版之日算起在丙项规定的期限期满时,或

(2)由缔约国国家法律规定的日期算起的更长的期限期满时,若该版的作品复制品尚无复制权所有者或在其授权下,以与同类作品在该国通行的价格相似的价格在该国出售,以满足广大公众或大、中、小学教学之需要,则该国任何国民均可向主管当局申请得到非专有许可证,以此种价格或更低价格复制和出版该版本供大、中、小学教学之用。许可证的发给,须经国民按照该国现行规定,证明他已向权利所有者提出出版作品的要求,而又未能得到授权,或经过相当努力仍未能找到权利所有者。在向权利所有者提出这一要求的同时,申请人还必须将这一申请通知联合国教育科学文化组织设立的国际版权情报中心,或丁项所述的任何国家或地区的情报中心。

乙、根据同样的条件,也可发给许可证,如果经权利所有者授权制作的该版作品复制品在该国已脱销六个月,而无法以同该国内对同类作品要求的价格相似的价格供应广大公众或供大、中、小学教学之用。

丙、本款甲项所指的期限为五年。但

(1)对有关数学和自然科学以及技术的作品,则为三年;

(2)小说、诗歌、戏剧和音乐作品以及美术书籍,则为七年。

丁、如果申请人无法找到复制权所有者,即应通知挂号航邮将申请书的副本,寄给该作品上列有名称的出版者和据信为出版者主要业务中心所在国的政府为此目的向总干事递交的通知中所指定的任何国内或国际情报中心。如无上述通知书,他应将申请书的抄件递交联合国教育科学文化组织设立的国际情报中心。在发出申请书抄件之日起三个月内不得颁发许可证。

戊、在下述情况下,不得按本条规定颁发三年后可获得的许可证:

(1)从本款甲项所述的申请许可证之日算起未满六个月者,或如果复制权所有者的身份或地址不明,则从本款丁项所述的申请书的副本发出之日起未满六个月者;

(2)如果在此期间本款甲项所述的版本的作品复制品已开始发行。

己、作者姓名及其作品原版的标题应刊印在复制出版的所有作品复制品上。许可证持有者不得转让其许可证。

庚、应通过国家法律采取适当措施,以保证作品原版的准确复制。

辛、在下列情况下不得根据本条发给复制和出版一部作品的译本许可证。

(1)所涉及的译本并非由翻译权所有者或在其授权下出版;

(2)译本所用的不是有权颁发许可证的国家的通用语文。

(二)第(一)款的例外规定应受下述补充规定的约束:

甲、所有根据本条发给许可证出版的作品复制品均需载有有关语文的通知,说明该作品复制品只能在该许可证适用的缔约国内发行。如果该版本载有第三条第(一)款规定的启事,则该版本的所有各册均应刊印相同的启事。

乙、在国家范围内做出适当的规定,以保证

(1)许可证之发给应给一笔合理的报酬,此种报酬应符合有关两国个人之间自由谈判的许可证通常支付版税的标准;而且

(2)保证这笔报酬的支付和转递;如果存在着国家对外汇的管制,则主管当局应通过国际机构,尽一切努力保证使这笔报酬以国际上可兑换的货币或其等值货币传递。

丙、如果某一作品某版的复制品是由复制权所有者或经其授权以同该国同类作品相似的价格,为供应广大公众或为大、中、小学教学之用而在该缔约国内出售,而该版的语文和基本内容又同根据许可证出版的版本语文和内容相同,则应撤销本条发给的许可证。在撤销许可证前业已制作的作品复制品可一直发行到售完为止。

丁、在作者已停止该版的全部作品复制品的发行时,不得发给任何许可证。

(三)甲、除乙项规定的情况外,本条适用的文学、科学或艺术作品只限于以印刷形式或任何其他类似的复制形式出版的作品。

乙、本条同样适用于以视听形式合法复制的受保护作品或包含受保护作品的视听资料,以及用有权颁发许可证的缔约国通用语文翻译的该视听资料中的文字部分的译本,条件是所涉及的视听资料的制作和出版限大、中、小学教学使用的唯一目的。

第六条 本公约所用"出版"一词,系指以有形形式复制,并向公众发行的能够阅读或可看到的作品复制品。

第七条 本公约不适用于公约在被要求给予保护的缔约国生效之日已完全丧失保护或从未受过保护的作品或作品的权利。

第八条 (一)本公约的修订日期为1971年7月24日,它应交由总干事保存,并应在上述日期起的一百二十天内向1952年公约的所有参加国开放签字。本公约须经各签字国批准或接受。

(二)未在本公约上签字的国家均可加入。

(三)批准、接受或加入本公约须向总干事交存有关文件方为有效。

第九条 (一)本公约将于交存十二份批准、接受或加入证书之后三个月生效。

(二)其后,本公约将对每个国家在其交存批准、接受或加入证书三个月后生效。

(三)加入本公约的任何国家,如未加入1952年公约,也应被视为加入了该公约。但是,如果交存其加入证书是在本公约生效之前,则该国加入1952年公约须以本公约生效为条件。在本公约生效后,任何国家均不得只加入1952年公约。

(四)本公约参加国与只参加1952年公约的国家之间的关系,应服从1952年公约的规定。但是,只参加1952年公约的任何国家,可向总干事交存通知书,宣布承认1971年公约适用于该国国民的作品和在该国首次出版的本公约签字国的作品。

第十条 (一)所有缔约国承诺根据其宪法采取必要措施保证本公约的实施。

(二)不言而喻,本公约在任何缔约国生效时,应按照其本国法律使本公约的规定付诸实施。

第十一条 (一)设立一"政府间委员会",其职责如下:

甲、研究世界版权公约的适用和实施事宜;

乙、做好定期修订本公约的准备工作;

丙、与“联合国教育科学文化组织”、“国际保护文学艺术作品联盟”、“美洲国家组织”等各有关国际组织合作，研究有关国际保护版权的任何问题；

丁、将“政府间委员会”的各项活动通知世界版权公约的参加国。

（二）该委员会将由参加本公约或只参加 1952 年公约的十八个国家的代表组成。

（三）该委员会成员的选择应根据各国的地理位置、人口、语文和发展水平，适当考虑到各国利益的均衡。

（四）联合国教育科学文化组织总干事、世界知识产权组织总干事和美洲国家组织秘书长的代表可以顾问身份参加该委员会的会议。

第十二条 政府间委员会认为必要时，或经本公约至少十个缔约国的要求，得召集会议对本公约进行修改。

第十三条 （一）任何缔约国，在交存其批准、接受或加入证书时，或在其后的任何时间内，可在致总干事的通知书中，宣布本公约适用于由它对其国际关系负责的所有国家或领地，或其中任何一个国家或领地；因此，本公约于第九条规定的三个月期限期满后，将适用于通知书中提到的国家或领地。倘无此类通知书，本公约将不适用于此类国家或领地。

（二）但是，本条款不得理解为某一缔约国承认或默认另一缔约国根据本条规定使本公约对之适用的国家或领地的事实状况。

第十四条 （一）任何缔约国可以自己的名义或代表，根据第十三条规定发出的通知书所涉及的所有或其中一个国家或领地，废除本公约。废除本公约应以通知书方式寄交总干事。此种废除也构成对 1952 年公约的废除。

（二）此种废除只对有关的缔约国或其所代表的国家或领地有效，并应于收到通知书之日起十二个月后生效。

第十五条 两个或两个以上缔约国在解释或适用本公约方面发生的争端，经谈判不能解决时，如果有关国家不能就其他解决办法达成协议，应将争议提交国际法院裁决。

第十六条 （一）本公约用英文、法文和西班牙文三种文字制定，三种文本应予签署并具有同等效力。

（二）总干事在和有关政府协商后，将制定阿拉伯文、德文、意大利文和葡萄牙文的正式文本。

（三）某个或数个缔约国有权与总干事协商后由总干事制定它们选择的语文的其他文本。

（四）所有这些文本均附在本公约签字文本之后。

第十七条 （一）本公约绝不影响伯尔尼保护文学艺术作品公约的条款或由该公约设立的联盟的会员资格。

（二）为实施前款规定，本条附有一项声明。对于在 1951 年 1 月 1 日受伯尔尼公约约束的各国或已受或在以后某一日期可能受该公约约束的国家，此声明是本公约的组成部分。这些国家在本公约上签字也应视为在该声明上签字，而这些国家的批准、接受或加入本公约应包括该声明。

第十八条 本公约将不废除美洲各共和国中仅限两国或数国之间现在有效或可能生效的多边或双边版权公约或协定。无论在现有的此类公约或协定生效的条款与本公约的条款之间，或在本公约的条款与本公约生效之后美洲两个或数个共和国可能制定的新公约或协定的条款之间出现分歧时，应以最近制定的公约或协定为准。任何缔约国在本公约生效前，对该国依据现有公约或协定所获得的版权不应受到影响。

第十九条 本公约将不废除在两个或数个缔约国之间有效的多边或双边公约或协定。一旦此类现有公约或协定的条款与本公约的条款出现分歧时，将以本公约的条款为准。任何缔约国于本公约在该国生效前，依据现有公约或协定所获得的版权将不受影响，本条规定将不影响第十七条、第十八条各款的实行。

第二十条 对本公约不得有任何保留。

第二十一条 （一）总干事应将本公约的核证无误的副本送交各有关国家并送交联合国秘书长登记。

（二）总干事还应将已交存的批准、接受和加入证书，本公约的生效日期，根据本公约发出的通知书及根据第十四条做出的废除，通知所有有关国家。

关于第十七条的附加声明

国际保护文学艺术作品联盟（以下称“伯尔尼联盟”）的会员国和本公约的签字国，

为了在该联盟基础上加强其相互关系，并避免在伯尔尼公约和世界版权公约并存的情况下可能出现的任何冲突，认识到某些国家按照其文化、社会和经济发展阶段而调整其版权保护水平的暂时需要，经共同商定，接受以下声明的各项规定：

甲、除本声明乙项规定外，某作品起源国为伯尔尼公约成员国的国家，已于1951年1月1日之后退出伯尔尼联盟者，将不得在伯尔尼联盟的国家境内受到世界版权公约的保护。

乙、如某一缔约国按联合国大会确定的惯例被视为发展中的国家，并在该国退出伯尔尼联盟时，将一份它认为自己是发展中国家的通知书交存联合国教育科学文化组织总干事，只要该国可以援用本公约第五条之二的例外规定，则本声明甲项的规定不应适用。

丙、只要涉及到所保护的某些作品，按伯尔尼公约规定，其原出版国家是伯尔尼联盟的一个成员国，世界版权公约即不应适用于伯尔尼联盟各国的关系上。

有关第十一条的决议

修订世界版权公约会议，

考虑了本公约第十一条规定的政府间委员会的问题，对此附加了本决议，

特决议如下：

（一）委员会创始时应包括依1952年公约第十一条及其所附的决议而设立的政府间委员会的十二个成员国的代表；此外，还包括以下国家的代表：阿尔及利亚、澳大利亚、日本、墨西哥、塞内加尔和南斯拉夫。

（二）任何未参加1952年公约并在本公约生效后召开的本委员会第一次例会之前未加入本公约的国家，应由委员会根据第十一条第（二）款和第（三）款的规定在其第一次例会上选择的其他国家来取代。

（三）本公约一经生效，依本决议第（一）款成立的本委员会应被认为按本公约第十一条规定组成。

（四）本公约生效后一年内，委员会应举行一次会议。此后委员会应至少每两年举行一次例会。

（五）委员会应选举主席一人、副主席两人，并应按照下列原则确立自己的程序规则：

甲、委员会的成员国任期通常应为六年，每两年有三分之一成员国离任，但经理解：首批三分之一成员国的任期，应在本公约生效后召开的第二次例会结束时终止，下一批三分之一成员国的任期应在第三次例会结束时终止，最后一批三分之一成员国的任期应在第四次例会结束时终止。

乙、委员会递补空缺职位的程序、成员资格期满的次序连任资格和选举程序的规则，应以平衡成员国连任的需要和成员国代表轮换的需要，以及本公约第十一条第（三）款的各点考虑为基础。

希望由联合国教育科学文化组织提供委员会秘书处的人员。

下列签署人交存各自的全权证书后，在本公约上签字，以昭信守。

1971年7月24日订于巴黎，正本一份。

保护工业产权巴黎公约
（1967年斯德哥尔摩文本）

1. 1883年3月20日于巴黎签订

2. 1900年12月14日于布鲁塞尔、1911年6月2日于华盛顿、1925年11月6日于海牙、1934年6月2日于伦敦、1958年10月31日于里斯本、1967年7月14日于斯德哥尔摩先后修订

3. 1984年11月14日第六届全国人民代表大会常务委员会第八次会议决定中华人民共和国加入，同时声明对公约第二十八条第一款予以保留，不受该款约束

4. 自1985年3月19日起对中国生效

目　录

第一条　本联盟的建立;工业产权的范围

(1)适用本公约的国家组成联盟,以保护工业产权。

(2)工业产权的保护对象有专利、实用新型、外观设计、商标、服务标记、厂商名称、货源标记或原产地名称,和制止不正当竞争。

(3)对工业产权应作最广义的理解,不仅应适用于工业和商业本身,而且也应同样适用于农业和采掘业,适用于一切制成品或天然产品,例如:酒类、谷物、烟叶、水果、牲畜、矿产品、矿泉水、啤酒、花卉和谷类的粉。

(4)专利应包括本联盟各国的法律所承认的各种工业专利,如输入专利、改进专利、增补专利和增补证书等。

第二条　本联盟各国国民的国民待遇

(1)本联盟任何国家的国民,在保护工业产权方面,应在本联盟所有其他国家内享有各该国法律现在或今后授予各该国国民的各种利益;一切都不应损害本公约特别规定的权利。因此,他们应和各该国国民享有同样的保护,对侵犯他们的权利享有同样的法律上的救济手段,但是以他们遵守对各该国国民规定的条件和手续为限。

(2)但是,对于本联盟国家的国民不得规定在其要求保护的国家需有住所或营业所才能享有工业产权。

(3)本联盟各国法律中关于司法和行政程序、管辖权以及指定送达地址或委派代理人的规定,工业产权法中可能有所要求的,均可明确地予以保留。

第三条　某类人与本联盟国家的国民同样待遇

本联盟以外各国的国民,在本联盟一个国家的领土内设有住所或有真实、有效的工商业营业所的,应享有与本联盟各国国民同样的待遇。

第四条　A. 至I. 专利、实用新型、外观设计、商标、发明人证书:优先权。G. 专利:申请的分案

A. —(1)已经在本联盟的一个国家正式提出专利、实用新型、外观设计或商标注册的申请的任何人,

或其权利继受人，为了在其他国家提出申请，在下列规定的期间内应享有优先权。

(2)依照本联盟任何国家的国内法或依照本联盟各国之间缔结的双边或多边条约，与正规的国家申请相当的任何申请，应认为产生优先权。

(3)正规的国家申请是指足以确定在有关国家中提出申请日期的任何申请，而不问该申请以后的结局如何。

B. —因此，在上述期间届满前，在本联盟的任何其他国家后来提出的任何申请，不应由于在这期间完成的任何行为，特别是另一项申请的提出、发明的公布或利用、外观设计复制品的出售、或商标的使用而成为无效，而且这些行为不能产生任何第三人的权利或个人占有的任何权利。第三人在作为优先权基础的第一次申请的日期以前所取得的权利，按照本联盟每一国家的国内法予以保留。

C. —(1)上述优先权的期间，对于专利和实用新型应为十二个月，对于外观设计和商标应为六个月。

(2)这些期间应自第一次申请提出之日起算；提出申请的当日不应计入期间之内。

(3)如果期间的最后一日是请求保护地国家的法定假日或者是主管局不接受申请的日子，期间应延至其后的第一个工作日。

(4)在本联盟同一国家内就第(2)项所称的以前第一次申请同样的主题所提出的后一申请，如果在提出该申请时前一申请已被撤回、放弃或驳回，没有提供公众阅览，也没有遗留任何权利，而且如果前一申请没有成为要求优先权的基础，应认为是第一次申请，其申请日应为优先权期间的起算日。在这以后，前一申请不得作为要求优先权的基础。

D. —(1)任何人希望利用以前提出的一项申请的优先权的，需要作出声明，说明提出该申请的日期和受理该申请的国家。每一国家应确定必须作出该项声明的最后日期。

(2)这些事项应在主管机关的出版物中，特别是在专利证书和专利说明书中予以载明。

(3)本联盟国家可以要求作出优先权声明的任何人提交以前提出的申请(说明书、附图等)的副本。该副本经原受理申请的机关证实无误后，不需要任何认证，并且无论如何都可以在后一申请提出后三个月内随时提交，不需缴纳费用。本联盟国家可以要求该副本附有上述机关出具的载明申请日期的证明书和译本。

(4)对提出申请时要求优先权的声明不得规定其他的手续。本联盟每一国家应确定不遵守本条规定的手续的后果，但这种后果不能超过优先权的丧失。

(5)以后，可以要求提供进一步的证明。

任何人利用以前提出的一项申请的优先权的，需写明该申请的号码；此号码应按上述第(2)项的规定予以公布。

E. —(1)在根据实用新型申请的优先权而在一人国家提出外观设计申请的情况，优先权的期间应与对外观设计规定的优先权期间一样。

(2)此外，可以准许根据专利申请的优先权而在一个国家提出实用新型的申请，反之亦一样。

F. —本联盟的任何国家不得由于申请人要求多项优先权（即使这些优先权产生于不同的国家)，或者由于要求一项或多项优先权的申请中含有作为优先权基础的申请中所没有包括的一个或几个因素，而拒绝给予优先权或驳回专利申请，但以在上述两种情况都有该国法律所规定的发明单一性为限。

关于作为优先权基础的申请中所没有包括的因素，以后提出的申请应按照通常条件产生优先权。

G. —(1)如果审查发现一项专利申请包括一个以上的发明，申请人可以将该申请分成若干分案申请，保留第一次申请的日期为各该分案申请的日期，如果有优先权，并保有优先权的利益。

(2)申请人也可以主动将一项专利申请分案，保留第一次申请的日期为各该分案申请的日期，如果有优先权，并保有优先权的权益。本联盟各国有权决定允许这种分案的条件。

H. —不得以作为优先权基础的发明中的某些因素没有包含在原属国申请列举的请求权中为理由，而拒绝给予优先权，但以申请文件从全体看来已经明确地写明这些因素为限。

I. —(1)在申请人有权自行选择申请专利证书或发明人证书的国家提出发明人证书的申请应产生本条规定的优先权，其条件和效力与专利证书的申请一样。

(2)在申请人有权自行选择申请专利证书或发明人证书的国家，发明人证书的申请人，根据本条关于申请专利证书的规定，应享有以专利、实用新型或发明人证书的申请为基础的优先权。

第四条之二　专利:就同一发明在不同国家取得的专利是相互独立的

(1)本联盟国家的国民向本联盟各国申请的专利,与在本联盟其他国家或非本联盟国家就同一发明所取得的专利各不相关。

(2)上述规定,应从不受限制的意义来理解,特别是指在优先权期限内申请的各项专利,就其无效和丧失权利的理由以及其正常的期间而言,是相互独立的。

(3)这项规定应适用于本规定开始生效时已存在的一切专利。

(4)在有新国家加入的情形,这项规定同样适用于加入时新加入国和其他国家已经存在的专利。

(5)在本联盟各国,因享有优先权的利益而取得的专利的有效期间,与假设没有优先权的利益而申请或授予的专利的有效期间相同。

第四条之三　专利:在专利证书上记载发明人

发明人有权要求在专利证书上记载自己是发明人。

第四条之四　专利:在法律限制销售的情况下取得专利的条件

不得以专利产品的销售或依专利方法制造的产品的销售受到国内法的限制为理由,而拒绝授予专利或使专利无效。

第五条　A. 专利;物品的进口;不实施或不充分实施;强制许可。B. 外观设计:不实施;物品的进口。C. 商标:不使用;不同的形式;共有人的使用。D. 专利、实用新型、商标、外观设计:标记

A. (1)专利权人将在本联盟任何国家内制造的物品输入到对该物品授予专利的国家,不应导致该项专利的丧失。

(2)本联盟各国都有权采取立法措施规定授予强制许可,以防止由于行使专利所赋予的专有权而可能产生的滥用,例如:不实施。

(3)除强制许可的授予不足以防止上述滥用外,不应规定专利的丧失。自授予第一个强制许可之日起两年届满前不得提起剥夺或撤销专利的诉讼。

(4)自专利申请提出之日起四年届满以前,或自授予专利之日起三年届满以前,以后满期的期间为准,不得以不实施或不充分实施为理由申请强制许可;如果专利权人的不作为是有正当理由的,应拒绝强制许可。这种强制许可不是独占性的,而且除与利用该许可的部分企业或牌号一起转让外,不得转让,包括授予分许可证的形式在内。

(5)上述各项规定准用于实用新型。

B. —对外观设计的保护,在任何情况下,都不得以不实施或以进口物品与受保护的外观设计相同为理由而使其丧失。

C. —(1)如果在任何国家,注册商标的使用是强制的,只有经过适当的期间,而且只有有关人员没有证明其不使用有正当理由,才可以取消注册。

(2)商标所有人使用的商标,在形式上与其在本联盟国家之一所注册的商标的形式只有细节的不同,而并未改变其显著性的,不应导致注册无效。也不应减少对该商标所给予的保护。

(3)根据请求保护地国家的国内法认为商标共同所有人的几个工商企业,在相同或类似商品上共同使用同一商标不应妨碍在本联盟任何国家内注册,也不应以任何方式减少对该商标所给予的保护,但以这种使用并未导致公众产生误解,而且不违反公共利益为限。

D. —不应要求在商品上表示或载明专利、实用新型、商标注册或外观设计保存,作为承认取得保护权利的一个条件。

第五条之二　一切工业产权:缴纳权利维持费的宽限期;专利;恢复

(1)缴纳规定的工业产权维持费,应给予不少于六个月的宽限期,但是如果本国法律有规定,必须缴纳附加费。

(2)本联盟各国对因未缴费而终止的专利有权规定予以恢复。

第五条之三　专利:构成船舶、飞机或陆上车辆一部分的专利器件

在本联盟任何国家内,下列情况不应认为是侵犯专利权人的权利。

(1)本联盟其他国家的船舶暂时或偶然地进入上述国家的领水时,在该船的船身、机器、船具、索具及其他附件上使用构成发明专利的器件,但以专为该船的需要而使用这些器件为限;

(2)本联盟其他国家的飞机或陆上车辆暂时或偶然地进入上述国家时,在该飞机或陆上车辆的构造或操纵中或者在该飞机或陆上车辆的附件上使用构成专利的器件。

第五条之四　专利:利用进口国的专利方法制造产品的进口

一种产品输入到对该产品的制造方法有专利保护的本联盟国家时,专利权人对该进口产品应享有进口国法律对在该国制造的产品根据方法专利所给予的一切权利。

第五条之五　外观设计

外观设计在本联盟所有国家均应受到保护。

第六条　商标:注册条件;同一商标在不同国家所受保护的独立性

(1)商标的申请和注册条件,由本联盟各国的本国法律决定。

(2)但本联盟任何国家,对本联盟国家的国民提出的商标注册申请,不得以未在原属国申请、注册或续展为理由而予以拒绝或使注册无效。

(3)在本联盟一个国家正式注册的商标,与在本联盟其他国家注册的商标,包括在原属国注册的商标在内,各不相关。

第六条之二　商标:驰名商标

(1)本联盟各国承诺,如本国法律允许,应依职权,或依利害关系人请求,对构成商标注册国或使用国主管机关认为在该国已经驰名、属于有权享受本公约利益的人所有的、用于相同或相似商品商标的复制、仿制或翻译,而易于产生混淆的商标,拒绝或取消注册,并禁止使用。这些规定,在商标的主要部分构成上述驰名商标的复制或假冒,易于产生混淆时,也应适用。

(2)自注册之日起至少五年的期间内,应允许提出取消这种商标的请求。本联盟各国可以规定一个期间,在这期间内允许提出禁止使用这种商标的请求。

(3)对于以欺诈手段取得注册或使用的商标提出取消注册或禁止使用的请求的,不应规定时间限制。

第六条之三　商标:关于国徽、官方标志和政府间组织标志的禁例

(1)(a)本联盟各国同意,对未经主管机关许可,而将本联盟国家的国徽、国旗和国家的其他标志、各该国用以表明监督和证明的官方符号和检验印章以及从徽章学的观点看来的任何仿制用作商标或商标的组成部分,拒绝注册或使其注册无效,并采取适当措施禁止使用。

(b)上述(a)项规定应同样适用于本联盟一个或一个以上国家参加的政府间国际组织的徽章、旗帜、其他标志、缩写和名称,但已成为现行国际协定规定予以保护的徽章、旗帜、其他标志、缩写和名称除外。

(c)不应要求本联盟任何国家适用上述(b)项规定,损害本公约在该国生效前善意取得权利的商标所有人。在上述(a)项所指的商标使用或注册不会使公众理解为有关组织与这种徽章、旗帜、标志、缩写和名称有联系时,或者如果这种使用或注册大概不会使公众误解为使用人与该组织有联系时,即不应要求本联盟国家适用该项规定。

(2)关于禁止使用表明监督和证明的官方符号和检验印章的规定,应只适用于企图将带有这种标记的商标用于同类或类似商品的情况。

(3)(a)为了实施这些规定,本联盟国家同意将它们希望或今后可能希望完全或在一定限度内受本条保护的国家标志与表明监督和证明的官方符号和检验印章的清单,以及以后对这项清单的一切修改,经由国际局相互通知。本联盟各国应在适当的时候使公众可以获悉通知的清单。

但是,就国旗而言,这种相互通知并不是强制性的。

(b)本条第(1)款(b)项的规定仅适用于政府间国际组织经由国际局通知本联盟国家的徽章、旗帜、其他标志、缩写和名称。

(4)本联盟任何国家如有异议,可以在收到通知后十二个月内经由国际局向有关国家或政府间国际组织提出。

(5)至于国旗,上述第(1)款规定的措施仅适用于1925年11月6日以后注册的商标。

(6)至于本联盟国家国旗以外的国家标志、官方符号和检验印章,以及政府间国际组织的徽章、旗帜、其他标志、缩写和名称,上述各项规定仅适用于接到第(3)款规定的通知超过两个月后所注册的商标。

(7)在有欺诈的情况下,各国有权取消即使是在1925年11月6日以前注册的标有国家标志、符号和检验印章的商标。

(8)任何国家的国民经许可使用其本国国家标志、符号和检验印章者,即使与其他国家的国家标志、符号和检验印章相类似,仍可加以使用。

(9)本联盟各国承诺,如未经许可而在商业中使用本联盟其他国家的国徽,具有使人对商品的原产地产生误解的性质时,应禁止其使用。

（10）上述各项规定不应妨碍各国行使第六条之五 B 款第（3）项所规定的权利，即对未经许可而带有本联盟国家的国徽、国旗、国家的其他标志，或官方符号和检验印章的商标，以及带有上述第（1）款所述的政府间国际组织特有标记的商标，拒绝予以注册或使其注册无效。

第六条之四 商标：商标的转让

（1）根据本联盟国家的法律，商标只有在与其所属企业或商誉同时转让才有效时，如该企业或商誉在该国的部分连同在该国制造或销售标有被转让商标的商品的专有权一起转让予受让人，即足以承认其转让为有效。

（2）如果受让人使用受让的商标事实上会引起公众对标有该商标的商品的原产地、性质或重要品质发生误解，上述规定并不使本联盟国家负有承认该项商标转让为有效的义务。

第六条之五 商标：在本联盟一个国家注册的商标在本联盟其他国家所受的保护

A. —（1）在原属国正式注册的每一商标，除应受本条规定的保留条件的约束外，本联盟其他国家也应和在原属国注册那样接受申请和给予保护。各该国家在正式注册前可以要求提供原属国主管机关发给的注册证书。该项注册证书不需认证。

（2）原属国系指申请人设有真实、有效的工商业营业所的本联盟国家；或者如果申请人在本联盟内没有这样的营业所，则指他设有住所的本联盟国家；或者如果申请人在本联盟内没有住所，但是本联盟国家的国民，则指他有国籍的国家。

B. —除下列情况下，对本条所指的商标既不得拒绝注册也不得使注册无效。

（1）商标具有侵犯第三人在被请求给予保护的国家既得权利的性质的；

（2）商标缺乏显著性，或者完全是由商业中用以表示商品的种类、质量、数量、用途、价值、原产地或生产时间的记号、标记所组成，或者在被请求给予保护的国家的现代语言或善意和公认的商务实践中已经成为惯用的；

（3）商标违反道德或公共秩序，尤其是具有欺骗公众的性质。这一点应理解为不得仅仅因为商标不符合商标立法的规定即认为该商标违反公共秩序，除非该规定本身同公共秩序有关。

但本规定应受第十条之二的适用范围的约束。

C. —（1）决定一个商标是否适合于受保护，必须考虑到一切实际情况，特别是商标已使用期间的长短。

（2）商标中有的构成部分与在原属国受保护的商标有所不同，但并未改变其显著性，亦不影响其与原属国注册的商标形式上的同一性的，本联盟其他国家不得仅仅以此为理由而拒绝予以注册。

D. —如果任何人要求保护的商标未在原属国注册的，不得享受本条各规定的利益。

E. —但商标注册在原属国续展，在任何情况下决不包含在该商标已经注册的本联盟其他国家续展注册的义务。

F. —在第四条规定的期间内提出商标注册的申请，即使原属国在该期间届满后才核准注册，其优先权利益也不受影响。

第六条之六 商标：服务标记

本联盟各国承诺保护服务标记。不应要求本联盟各国对该项标记的注册作出规定。

第六条之七 商标：未经所有人授权而以代理人或代表人名义注册

（1）如本联盟一个国家的商标所有人的代理人或代表人未经该所有人授权而以自己名义向本联盟一个或一个以上的国家申请商标注册，该所有人有权反对所申请的注册或要求取消注册，如该国法律允许，该所有人可以要求将该项注册转让给自己，除非该代理人或代表人能证明其行为是正当的。

（2）商标所有人如未授权使用，以适用上述第（1）款的规定为条件，有权反对其代理人或代表人使用其商标。

（3）国内立法可以规定商标所有人行使本条规定的权利的合理期限。

第七条 商标：使用商标的商品的性质

使用商标的商品的性质在任何情况下不应妨碍该商标的注册。

第七条之二 商标：集体商标

（1）如果社团的存在不违反其原属国的法律，即使该社团没有工商业营业所，本联盟各国承诺受理申请，并保护属于社团的集体商标。

（2）各国应自行审定关于保护集体商标的特别条件，如果商标违反公共利益，可以拒绝保护。

（3）如果社团的存在不违反原属国的法律，不得以该社团未在被请求给予保护国家设有营业所，或不是根据该国的法律所组成为理由，拒绝对该社团的这些商标给予保护。

第八条 厂商名称

厂商名称应在本联盟一切国家内受到保护，无须申请或注册，也不论其是否为商标的一部分。

第九条 商标：厂商名称：对非法标有商标或厂商名称的商品在进口时予以扣押

（1）一切非法标有商标或厂商名称的商品在输入到该项商标或厂商名称有权受到法律保护的本联盟国家时，应予以扣押。

（2）在实施非法附加商标或厂商名称的国家或在该商品已输入进去的国家，同样应执行扣押。

（3）扣押应遵照各国国内法的规定，依检察官或其他主管机关或利害关系人（无论为自然人或法人）的请求执行。

（4）主管机关对于过境商品没有执行扣押的义务。

（5）如国家法律不准在输入时扣押，应代之以禁止输入或在国内扣押。

（6）如一国法律不准在输入时扣押，也不允许禁止输入或在国内扣押，在法律作出相应修改以前，应代之以该国国民按该国法律在此种情况下可以采取的诉讼和救济手段。

第十条 虚假标记：对标有虚假的原产地或生产者标记的商品在进口时予以扣押

（1）上条各项规定应适用于直接或间接使用虚假的原产地、生产者、制造者或商人标记的商品的情况。

（2）凡从事此项商品的生产、制造或销售的生产者、制造者或商人，无论为自然人或法人，其营业所设在被虚伪标为原产地的地方、该地所在的地区、被虚伪标为原产国的国家、或者在使用该虚假标记的国家者，在任何情况下均应视为利害关系人。

第十条之二 不正当竞争

（1）本联盟各国必须对各该国国民保证给予取缔不正当竞争的有效保护。

（2）凡在工商业活动中违反诚实的惯例的竞争行为即构成不正当竞争的行为。

（3）特别禁止下列各项：

1. 不论依什么方法，性质上对竞争者的营业所、商品或工商业活动造成混乱的一切行为；

2. 在经营商业中，性质上损害竞争者的营业所、商品或工商业活动的信誉的虚伪说法；

3. 在经营商业中使用会使公众对商品的性质、制造方法、特点、用途或数量易于产生误解的表示或说法。

第十条之三 商标、厂商名称、虚假标记、不正当竞争：救济手段、起诉权

（1）本联盟各国承诺，对本联盟其他国家的国民保证采取有效地制止第九条、第十条和第十条之二所述的一切行为的适当的法律上救济手段。

（2）本联盟各国并承诺采取措施，准许不违反其本国法律而存在的联合会和社团，代表有利害关系的工业家、生产者和商人，在被请求给予保护的国家法律允许该国的联合会和社团提出控诉的范围内，为了制止第九条、第十条和第十条之二所述的行为，向法院或行政机关提出控诉。

第十一条 发明、实用新型、外观设计、商标：在某些国际展览会中的临时保护

（1）本联盟国家应按其本国法律对在本联盟任何国家领土内举办的官方的或经官方承认的国际展览会展出的商品中可以取得专利的发明、实用新型、外观设计和商标，给予临时保护。

（2）该项临时保护不应延展第四条规定的期间。如以后要求优先权，任何国家的主管机关可以规定其期间应自该商品参加展览会之日起算。

（3）每一个国家认为必要时可以要求提供证明文件，证实展出的物品及其参加展览会的日期。

第十二条 国家工业产权专门机构

（1）本联盟各国承诺设立工业产权专门机构和向公众传递专利、实用新型、外观设计和商标的中央机构。

（2）该专门机构应定期出版公报，按时公布：

（a）专利权人的姓名和取得专利的发明的概要；

（b）注册商标的复制。

第十三条 本联盟大会

（1）（a）本联盟设大会，由本联盟中受第十三条至第十七条约束的国家组成。

（b）每一国政府应有一名代表，可辅以若干副代表、顾问和专家。

（c）各代表团的费用由委派该代表团的政府负担。

(2)(a)大会的职权如下：

(i)处理有关维持和发展本联盟及执行本公约的一切事项；

(ii)对建立世界知识产权组织(以下简称“本组织”)公约中所述的知识产权国际局(以下简称“国际局”)作关于筹备修订会议的指示,但应适当考虑本联盟国家中不受第十三条至第十七条约束的国家所提的意见；

(iii)审查和批准本组织总干事有关本联盟的报告和活动,并就本联盟权限内的事项对总干事作一切必要的指示；

(iv)选举大会执行委员会的委员；

(v)审查和批准执行委员会的报告和活动,并对该委员会作指示；

(vi)决定本联盟计划和通过三年预算,并批准决算；

(vii)通过本联盟的财务规则；

(viii)为实现本联盟的目的,成立必要的专家委员会和工作组；

(ix)决定接受哪些非本联盟成员国的国家以及哪些政府间组织和非政府间国际组织以观察员身份参加本联盟会议；

(x)通过第十三条至第十七条的修改；

(xi)采取旨在促进实现本联盟目标的任何其他行动；

(xii)履行按照本公约是适当的其他职责；

(xiii)行使本组织公约中授予并经本联盟接受的权利。

(b)关于与本组织管理的其他联盟共同有关的事项,大会应在听取本组织协调委员会的意见后作出决议。

(3)(a)除(b)项另有规定应适用该规定外,一名代表仅能代表一个国家。

(b)本联盟一些国家根据一项专门协定的条款组成一个共同机构,对各该国家具有第十二条所述的国家工业产权专门机构性质者,在讨论时,可以由这些国家中的一国作为共同代表。

(4)(a)大会每一成员国应有一票表决权。

(b)大会成员国的半数构成开会的法定人数。

(c)尽管有(b)项的规定,如任何一次会议出席的国家不足大会成员国的半数但达到三分之一或三分之一以上时,大会可以作出决议,但是,除有关其本身的议事程序的决议外,所有其他决议只有符合下述条件才能生效。国际局应将这些决议通知未出席的大会成员国,请其在通知之日起三个月的期间内以书面表示是否赞成或弃权。如该期间届满时,这些表示是否赞成或弃权的国家数目达到会议本身开会的法定人数所缺少的国家数目,只要同时也取得了规定的多数票,这些决议即可生效。

(d)除第十七条第(2)款另有规定应适用该规定外,大会决议需有所投票数的三分之二票。

(e)弃权不应认为是投票。

(5)(a)除(b)项另有规定应适用该规定外,一名代表只能以一国名义投票。

(b)第(3)款(b)项所指的本联盟成员国,一般应尽量派遣本国的代表团出席大会。然而,如其中任何国家由于特殊原因不能派出本国代表团时,可以授权上述国家中其他国家代表团以其名义投票,但每一代表团只能为一个国家代理投票。代理投票的权限应由国家元首或主管部长签署的文件授予。

(6)非大会成员国的本联盟国家可以派观察员出席大会的会议。

(7)(a)大会通常会议每三历年召开一次,由总干事召集,在无特殊情况下,和本组织的大会同时间同地点召开。

(b)大会临时会议由总干事应执行委员会或占四分之一的大会成员国的要求召开。

(8)大会应通过其本身的议事规程。

第十四条　执行委员会

(1)大会设执行委员会。

(2)(a)执行委员会由大会从大会成员国中选出的国家组成。此外,本组织总部所在地国家,除第十六条第(7)款(b)项另有规定应适用该规定外,在该委员会中有当然的席位。

(b)执行委员会各成员国政府应各有一名代表,可辅以若干副代表、顾问和专家。

(c)各代表团的费用应由委派该代表团的政府负担。

(3)执行委员会成员国的数目应相当于大会成员国的四分之一。在确定席位数目时,用四除后余数不计。

(4)选举执行委员会委员时,大会应适当注意公平的地区分配,以及组成执行委员会的国家中有与本联盟有关系的专门协定的缔约国的必要性。

(5)(a)执行委员会委员的任期应自选出委员的大会会议闭幕开始直到下届通常会议闭幕为止。

(b)执行委员会委员可以连选连任,但其数目最多不得超过委员的三分之二。

(c)大会应制定有关执行委员会委员选举和可能连选的详细规则。

(6)(a)执行委员会的职权如下:

(i)拟订大会议事日程草案;

(ii)就总干事拟订的本联盟计划草案和三年预算向大会提出建议;

(iii)在计划和三年预算范围内,批准总干事拟订的年度预算和计划;

(iv)将总干事的定期报告和年度财务决算报告,附具适当的意见,提交大会;

(v)根据大会决议,并考虑到大会两届通常会议中间发生的情况,采取一切必要措施保证总干事执行本联盟的计划;

(vi)执行本公约所规定的其他职责。

(b)关于与本组织管理的其他联盟共同有关的事项,执行委员会应在听取本组织协调委员会的意见后作出决议。

(7)(a)执行委员会每年举行一次通常会议,由总干事召集,最好和本组织协调委员会同时间同地点召开。

(b)执行委员会临时会议应由总干事依其本人倡议或应委员会主席或四分之一委员的要求而召开。

(8)(a)执行委员会每一成员国应有一票表决权。

(b)执行委员会委员的半数构成开会的法定人数。

(c)决议需有所投票数的简单多数。

(d)弃权不应认为是投票。

(e)一名代表仅能代表一个国家,并以一个国家名义投票。

(9)非执行委员会委员的本联盟国家可以派观察员出席执行委员会的会议。

(10)执行委员会应通过其本身的议事规程。

第十五条　国际局

(1)(a)有关本联盟的行政工作应由国际局执行。国际局是由本联盟事务局和保护文学艺术作品国际公约所建立的联盟事务局合并而成。

(b)国际局特别应设置本联盟各机构的秘书处。

(c)本组织总干事为本联盟最高行政官员,并代表本联盟。

(2)国际局汇集有关工业产权的情报并予公布。本联盟各成员国应迅速将一切有关保护工业产权的新法律和正式文本送交国际局;此外,还应向国际局提供其工业产权机构发表的和保护工业产权直接有关并对国际局工作有用的出版物。

(3)国际局应出版月刊。

(4)国际局应依请求向本联盟任何国家提供有关保护工业产权问题的情报。

(5)国际局应进行研究,并提供服务,以促进对工业产权的保护。

(6)总干事及其指定的职员应参加大会、执行委员会及任何其他专家委员会和工作组的一切会议,但无表决权。总干事或其指定的职员为这些机构的当然秘书。

(7)(a)国际局应按照大会的指示,与执行委员会合作,筹备对本公约第十三条至第十七条以外的其他条款的修订会议。

(b)国际局可以就修订会议的筹备工作同政府间组织和非政府间国际组织协商。

(c)总干事及其指定的人员应参加这些会议的讨论,但无表决权。

(8)国际局应执行指定的任何其他任务。

第十六条　财务

(1)(a)本联盟应制定预算。

(b)本联盟的预算应包括本联盟本身的收入和支出,对各联盟共同开支预算的摊款,以及需要时对本组织成员国会议预算提供的款项。

(c)并不单是本联盟的、而且也是与本组织所管理的其他一个或一个以上的联盟有关的支出,应认为各联盟的共同支出。本联盟在该项共同支出中的摊款应与本联盟在其中所享的利益成比例。

(2)本联盟预算的制定应适当考虑到与本组织管理的其他联盟预算相协调的需要。

(3)本联盟预算的财政来源如下:

(i)本联盟国家的会费;

(ii)国际局提供有关本联盟的服务应收取的费用;

(iii)国际局有关本联盟出版物的售款或版税;

(iv)赠款、遗赠和补助金;

(v)租金、利息和其他杂项收入。

(4)(a)为了确定对预算的应缴会费,本联盟每一国家应属于下列的一个等级,并以所属等级的单位数为基础缴纳年度会费:

等级Ⅰ………25

等级Ⅱ………20

等级Ⅲ………15

等级Ⅳ………10

等级Ⅴ………5

等级Ⅵ………3

等级Ⅶ………1

(b)除已经指定等级外,每一国家应在交存批准书或加入书的同时,表明自己愿属哪一等级。任何国家都可以改变其等级。如果选择较低的等级,必须在大会的一届通常会议上声明。这种改变应在该届会议后的下一历年开始时生效。

(c)每一国家的年度会费的数额在所有国家向本联盟预算缴纳的会费单位数额在所有缴纳会费总额中所占的比例,应与该国的单位数额在所有缴纳会费国家的单位总数中所占的比例相同。

(d)会费应于每年一月一日缴纳。

(e)一个国家欠缴的会费数额等于或超过其前两个整年的会费数额的,不得在该国是其中成员的本联盟任何机构内行使表决权。但是如果本联盟任何机构,证实该国延迟缴费系由于特殊的和不可避免的情况的,则在这期间内可以允许该国在该机构继续行使其表决权。

(f)如预算在新的财政年度开始前尚未通过,按财务规则的规定,预算应与上一年度预算的水平相同。

(5)国际局提供有关本联盟的服务应收取的费用的数额由总干事确定,并报告大会和执行委员会。

(6)(a)本联盟应设工作基金,由本联盟每一国家一次缴纳的款项组成。如基金不足,大会应决定予以增加。

(b)每一国家向上述基金初次缴纳的数额或在基金增加时缴纳的数额,应和建立基金或决定增加基金的一年该国缴纳的会费成比例。

(c)缴款的比例和条件应由大会根据总干事的建议,并听取本组织协调委员会的意见后规定。

(7)(a)在本组织与其总部所在地国家缔结的总部协定中应规定,工作基金不足时该国应予贷款。每次贷款的数额和条件应由本组织和该国签订单独的协定。该国在承担贷款义务期间,应在执行委员会中有当然席位。

(b)(a)项所指的国家和本组织都各自有权以书面通知废除贷款的义务。废除应于发出通知当年年底起三年后生效。

(8)账目审查工作应按财务规则的规定,由本联盟一个或一个以上国家或外界审计师进行。审计师应由大会在征得同意后指定。

第十七条 对第十三条至第十七条的修正

(1)修正第十三、十四、十五、十六条和本条的提案,可以由大会成员国、执行委员会或总干事提出。这类提案应由总干事至少在大会审议六个月前通知大会成员国。

(2)对第(1)款所述的各条的修正案须由大会通过。通过需有所投票数的四分之三票,但第十三条和本款的修正案需有所投票数的五分之四票。

(3)第(1)款所述的各条的修正案,总干事在收到大会通过修正案时四分之三的大会成员国依照各该国宪法程序表示接受修正案的书面通知一个月后发生效力。各该条的修正案在经接受后对修正案生效时大会成员国以及以后成为大会成员国的所有国家都有约束力,但有关增加本联盟国家的财政义务的修正案,仅对通知接受该修正案的国家有约束力。

第十八条 对第一条至第十二条和第十八条至第三十条的修订

(1)本公约将交付修订,以便采用一些旨在改善本联盟制度的修正案。

(2)为此目的,将陆续在本联盟国家之一举行本联盟成员国代表会议。

(3)对第十三条至第十七条的修正应按照第十七条的规定办理。

第十九条 专门协定

本联盟国家同意,在与本公约的规定下相抵触的范围内,保留有相互间分别签订关于保护工业产权的专门协定的权利。

第二十条 本联盟国家的批准或加入;生效

(1)(a)本联盟国家已在本议定书上签字者,可以批准本议定书,未签字者可以加入本议定书。批准书和加入书应递交总干事保存。

(b)本联盟国家可以在其批准书或加入书中声明其批准或加入不适用于:

(i)第一条至第十二条,或

(ii)第十三条至第十七条。

(c)本联盟国家根据(b)项的规定使其批准或加入的效力不适用于该项所述的两组条文之一者,可以随时声明将其批准或加入的效力扩大到该组条文。该项声明书应递交总干事保存。

(2)(a)第一条至第十二条,对于最早递交批准书或加入书而未作上述第(1)款(b)项第(i)目所允许的声明的本联盟十个国家,在递交第十份批准书或加入书三个月后,发生效力。

(b)第十三条至第十七条,对于最早递交批准书或加入书而未作上述第(1)款(b)项第(ii)目所允许的声明的本联盟十个国家,在递交第十份批准书或加入书三个月后,发生效力。

(c)以第(1)款(b)项第(i)目和第(ii)目所述的两组条文按照(a)项和(b)项的规定每一组开始生效为条件,除第(1)款(b)项另有规定应适用该规定外,第一条至第十七条,对于(a)项和(b)项所述的递交批准书或加入书的国家以外的、或按第(1)款(c)项递交声明的任何国家以外的本联盟任何国家,在总干事就该项递交发出通知之日起三个月后,发生效力,除非所递交的批准书、加入书或声明已经指定以后的日期。在后一情况下,本议定书对该国应在其指定的日期发生效力。

(3)第十八条至第三十条,对递交批准书或加入书的本联盟任何国家,应在第(1)款(b)项所述的两组条文中任何一组条文按照第(2)款(a)、(b)或(c)项对该国生效的日期中比较早的那一日发生效力。

第二十一条　本联盟以外国家的加入;生效

(1)本联盟以外任何国家都可加入本议定书,成为本联盟的成员。加入书应递交总干事保存。

(2)(a)本联盟以外的任何国家在本议定书的任何规定生效前一个月或一个月以上递交加入书的,本议定书应在其规定按照第二十条第(2)款(a)或(b)项最先发生效力之日对该国发生效力,除非该加入书中已经指定以后的日期;但应遵守下列条件:

(i)如第一条至第十二条在上述日期尚未发生效力,在这些规定发生效力以前该国应暂时代之以受里斯本议定书第一条至第十二条的约束;

(ii)如第十三条至第十七条在上述日期尚未发生效力,在这些规定发生效力以前该国应暂时代之以受里斯本议定书第十三条、第十四条第(3)款、第(4)款和第(5)款的约束。如果该国在其加入书中指定了以后的日期,本议定书应在其指定的日期对该国发生效力。

(b)本联盟以外的任何国家在本议定书的一组条文发生效力或发生效力前一个月内递交加入书的,除应受(a)项但书的约束外,本议定书应在总干事发出其加入的通知之日起三个月后对该国发生效力,除非该加入书已经指定以后的日期。在后一情况下,本议定书应在其指定的日期对该国发生效力。

(3)本联盟以外的任何国家在本议定书全部发生效力后或发生效力前一个月内递交加入书的,本议定书应在总干事发出其加入的通知之日起三个月后对该国发生效力,除非该加入书已经指定以后的日期。在后一情况下,本议定书应在其指定的日期对该国发生效力。

第二十二条　批准或加入的后果

除适用第二十条第(1)款(b)项和第二十八条第(2)款的规定可能有例外外,批准或加入应自动导致接受本议定书的全部条款并享受本议定书的全部利益。

第二十三条　加入以前的议定书

在本议定书全部发生效力以后,各国不得加入本公约以前的议定书。

第二十四条　领地

(1)任何国家可以在其批准书或加入书中声明,或在以后任何时候以书面通知总干事,本公约适用于该国声明或通知中所指定的由该国负责其对外关系的全部或部分领地。

(2)任何国家已经作出上述声明或提出上述通知的,可以在任何时候通知总干事,本公约停止适用于该项领地的全部或部分。

(3)(a)根据第(1)款提出的声明,应与包括该项声明的批准书或加入书同时发生效力;根据该款提出的通知应在总干事通知此事后三个月发生效力。

(b)根据第(2)款提出的通知,应在总干事收到此项通知十二个月后生效。

第二十五条　在国内执行本公约

(1)本公约的缔约国承诺,根据其宪法,采取保证本公约施行的必要措施。

(2)各国同意在递交批准书或加入书时应有能力根据其本国法律实施本公约的规定。

第二十六条 退出

(1)本公约无限期地有效。

(2)任何国家可以通知总干事退出本议定书。该项退出也构成退出本公约以前的一切议定书。退出仅对提出退出的国家发生效力,本公约对本联盟其他国家仍完全有效。

(3)自总干事收到退出通知之日起一年后,退出发生效力。

(4)任何国家在成为本联盟成员之日起五年届满以前不得行使本条所规定的退出权利。

第二十七条 以前议定书的适用

(1)关于适用本议定书的国家之间的关系及其适用的范围,本议定书取代 1883 年 3 月 20 日的巴黎公约和以后的修订议定书。

(2)(a)关于不适用或不全部适用本议定书但适用 1958 年 10 月 31 日的里斯本议定书的国家,里斯本议定书仍全部有效,或在按第(1)款的规定本议定书尚未取代该议定书的范围内有效。

(b)同样,关于既不适用本议定书或其一部分,也不适用里斯本议定书的国家,1934 年 6 月 2 日的伦敦议定书仍全部有效,或在按第(1)款的规定本议定书尚未取代该议定书的范围内有效。

(c)同样,关于既不适用本议定书或其一部分,也不适用里斯本议定书,也不适用伦敦议定书的国家,1925 年 11 月 6 日的海牙议定书仍全部有效,或在按第(1)款的规定本议定书尚未取代该议定书的范围内有效。

(3)本联盟以外的国家成为本议定书的缔约国的,对非本议定书的缔约国或者虽然是本议定书的缔约国但按照第二十条第(1)款(b)项第(i)目提出声明的本联盟任何国家,应适用本议定书。前项国家承认在其与上述本联盟国家的关系上,可以适用后者所参加的最近议定书的规定。

第二十八条 争议

(1)本联盟两个或两个以上国家之间对本公约的解释或适用有争议不能谈判解决时,有关国家之一可以按照国际法院规约将争议提交国际法院,除非有关国家同意通过其他办法解决。将争议提交法院的国家应通知国际局;国际局应将此事提请本联盟其他国家注意。

(2)每一国家在签署本议定书或递交批准书或加入书时,可以声明自己认为不受第(1)款规定的约束。关于该国与本联盟任何其他国家之间的任何争议,上述第(1)款的规定概不适用。

(3)根据上述第(2)款提出声明的任何国家可以在任何时候通知总干事撤回其声明。

第二十九条 签字、语言、保存职责

(1)(a)本议定书的签字本为一份,用法语写成,由瑞典政府保存。

(b)总干事在与有关政府协商后,应制定英语、德语、意大利语、葡萄牙语、俄罗斯语、西班牙语以及大会指定的其他语言的正式文本。

(c)如对各种文本的解释有不同意见,应以法语文本为准。

(2)本议定书在 1968 年 1 月 13 日以前在斯德哥尔摩开放签字。

(3)总干事应将经瑞典政府证明的本议定书签字文本二份分送本联盟所有国家政府,并根据请求,送给任何其他国家政府。

(4)总干事应将本议定书交联合国秘书处登记。

(5)总干事应将签字、交存批准书或加入书和各该文件中包括的或按第二十条第(1)款(c)项提出的声明、本议定书任何规定的生效、退出的通知以及按照第二十四条提出的通知等,通知本联盟所有国家政府。

第三十条 过渡条款

(1)在第一任总干事就职前,本议定书所指本组织国际局或总干事应分别视为指本联盟事务局或其局长。

(2)凡不受第十三条至第十七条约束的本联盟国家在建立本组织公约生效后五年内,可以随其自愿行使本议定书第十三条至第十七条规定的权利,如同各国受这些条文的约束一样。希望行使该项权利的国家应以书面通知总干事;该通知自收到之日起发生效力。在该项期间届满前,这些国家应视为大会的成员国。

(3)在本联盟所有国家未完全成为本组织的成员国以前,本组织国际局也行使本联盟事务局的职责,而总干事也行使该事务局局长的职责。

(4)一俟本联盟所有国家都成为本组织成员国以后,本联盟事务局的权利、义务和财产均移交给本组织国际局。

商标国际注册马德里协定

1. 1891年4月14日于马德里签订

2. 1900年11月14日于布鲁塞尔、1911年6月2日于华盛顿、1925年11月6日于海牙、1934年6月2日于伦敦、1957年6月15日于尼斯、1967年7月14日于斯德哥尔摩、1979年10月2日于斯德哥尔摩先后修订

3. 自1989年10月4日起对中国生效

目　录

第一条　成立特别同盟;向国际局申请商标注册;所属国的定义

(一)本协定所适用的国家组成商标国际注册特别同盟。

(二)任何缔约国的国民,可以通过原属国的注册当局,向成立世界知识产权组织(以下称"本组织")公约中的知识产权国际局(以下称"国际局")提出商标注册申请,以在一切其他本协定参加国取得其已在所属国注册的用于商品或服务项目的标记的保护。

(三)称为原属国的国家是:申请人置有真实有效的工商业营业所的特别同盟国家;如果他在特别同盟国家中没有这种营业所,则为其有住所的特别同盟国家;如果他在特别同盟境内没有住所,但系特别同盟国家的国民,则为他作为其国民的国家。

第二条　关于巴黎公约第三条(对某些种类的人给予同盟国国民的同样待遇)

未参加本协定的国家的国民,在依本协定组成的特别同盟领土内,符合保护工业产权巴黎公约第三条所规定的条件者,得与缔约国国民同样对待。

第三条　申请国际注册的内容

(一)每一个国际注册申请必须用细则所规定的格式提出;商标原属国的注册当局应证明这种申请中的具体项目与本国注册簿中的具体项目相符合,并说明商标在原属国的申请和注册的日期和号码及申请国际注册的日期。

(二)申请人应指明使用要求保护的商标的商品或服务项目,如果可能,也应指明其根据商标注册商品和服务项目国际分类尼斯协定所分的相应类别。如果申请人未指明,国际局应将商品或服务项目分入该分类的适当类别。申请人所作的类别说明须经国际局检查，此项检查由国际局会同本国注册当局进行。如果本国注册当局和国际局意见不一致时，以后者的意见为准。

（三）如果申请人要求将颜色作为其商标的一个显著特点，他必须：

（1）说明实际情况，并随同申请书提出说明所要求的颜色或颜色组合的通知书；

（2）随同申请书加交所述商标的彩色图样，附于国际局的通知书后。这种图样的份数由细则规定。

（四）国际局应对根据第一条规定提出申请的商标立即予以注册。如果国际局在向所属国申请国际注册后两个月内收到申请时，注册时应注明在原属国申请国际注册的日期，如果在该期限内未收到申请，国际局则按其收到申请的日期进行登记。国际局应不迟延地将这种注册通知有关注册当局。根据注册申请所包括的具体项目，注册商标应在国际局所出的定期刊物上公布。如商标含有图形部分或特殊字体，细则可以决定是否须由申请人提供印版。

（五）考虑到要在各缔约国公告注册商标，每一个注册当局得依据保护工业产权巴黎公约第十六条第（四）款第（1）项所规定的单位数的比例和细则所规定的条件，从国际局那里免费收到一些上述刊物和一些减价本。在所有缔约国，只需要此种公告，不必再要求申请人作其他公告。

第三条之二　“领土限制”

（一）任何缔约国可在任何时候书面通知本组织总干事（以下称“总干事”），通过国际注册所得到的保护，只有在商标所有人明确要求时，才得以延伸至该国。

（二）这种通知，在总干事通知其他缔约国后六个月发生效力。

第三条之三　要求“领土延伸”

（一）要求将通过国际注册所得到的保护延伸至一个利用第三条之二所规定的权利的国家时，必须在第三条（一）所谈到的申请中特别提明。

（二）在国际注册以后所提出的关于领土延伸的任何要求，必须用细则所规定的格式，通过原属国的注册当局提出。国际局应立即将这种要求注册，不迟延地通知有关注册当局，并在国际局所出的定期刊物上公布。这种领土延伸自在国际注册簿上已经登记的日期开始生效，在有关的商标国际注册的有效期届满时停止效力。

第四条　国际注册的效力

（一）从根据第三条之三在国际局生效的注册日期开始，商标在每个有关缔约国的保护，应如同该商标直接在该国提出注册的一样。第三条所规定的商品和服务项目类别的说明，不得在决定商标保护范围方面约束缔约国。

（二）办理国际注册的每个商标，享有保护工业产权巴黎公约第四条所规定的优先权，而不必再履行该条（四）款所规定的各项手续。

第四条之二　以国际注册代替原先的国家注册

（一）如某一商标已在一个或更多的缔约国提出注册，后来又以同一所有人或其权利继承者的名义经国际局注册，该国际注册应视为已代替原先的国家注册，但不损及基于这种原先注册的既得权利。

（二）国家注册当局应依请求将国际注册在其注册簿上予以登记。

第五条　各国注册当局的批驳

（一）某一商标注册或根据第三条所作的延伸保护的请求经国际局通知各国注册当局后，经国家法律授权的注册当局有权声明在其领土上不能给予这种商标以保护。根据保护工业产权巴黎公约，这种拒绝只能以对申请本国注册的商标同样适用的理由为根据。但是，不得仅仅以除非用在一些限定的类别或限定的商品或服务项目上，否则本国法律不允许注册为理由而拒绝给予保护，即使是部分拒绝也不行。

（二）想行使这种权利的各国注册当局，应在其本国法律规定的时间内，并最迟不晚于商标国际注册后或根据第三条之三所作的保护延伸的请求后一年之内，向国际局发出批驳通知，并随附所有理由的说明。

（三）国际局将不迟延地将此通知的批驳声明的抄件一份转给原属国的注册当局和商标所有人，如该注册当局已向国际局指明商标所有人的代理人，则转给其代理人。有关当事人得有同样的补救办法，犹如该商标曾由他向拒绝给予保护的国家直接申请注册一样。

（四）经任何有关当事人请示，批驳商标的理由应由国际局通知他们。

（五）如在上述至多一年的时间内，国家注册当局未将关于批驳商标注册或保护延伸请求的任何临时或最终的决定通知国际局，则就有关商标而言，它即失去本条第(一)款所规定的权利。

(六)若未及时给予商标所有人机会辩护其权利，主管当局不得声明撤销国际商标。撤销应通知国际局。

第五条之二 关于商标某些部分使用的合法性的证明文件

各缔约国注册当局可能规定需要就商标某些组成部分例如纹章、附有纹章的盾、肖像、名誉称号、头衔、商号或非属申请人的姓名或其他类似标记等的使用的合法性提供证明文件。这些证明文件除经所属国认证或证明外，其他一概免除。

第五条之三 国际注册簿登记事项的副本、预先查询、国际注册簿摘录

(一)国际局得对任何提出要求的人发给某具体商标在注册簿登记事项的副本，但应征收细则所规定的费用。

(二)国际局亦可收费办理国际商标的预先查询。

(三)为了向缔约国之一提供而请求发给的国际注册簿摘录，免除一切认证。

第六条 国际注册的有效期。国际注册的独立性。在原属国的保护的终止

(一)在国际局的商标注册的有效期为二十年，并可根据第七条规定的条件予以续展。

(二)自国际注册的日期开始满五年时，这种注册即与在原属国原先注册的国家商标无关系，但受下列规定的限制。

(三)自国际注册的日期开始五年之内，如根据第一条而在原属国原先注册的国家商标已全部或部分不复享受法律保护时，那么，国际注册所得到的保护，不论其是否已经转让，也全部或部分不再产生权利。当五年期限届满前因引起诉讼而致停止法律保护时，本规定亦同样适用。

(四)如自动撤销或依据职权被撤销，原属国的注册当局应要求撤销在国际局的商标，国际局应予以撤销。当引起法律诉讼时，上述注册当局应依据职权或经原告请求，将诉讼已经开始的申诉文件或其他证明文件的抄件，以及法院的最终判决，寄给国际局，国际局应在国际注册簿上予以登记。

第七条 国际注册的续展

(一)任何注册均可续展，期限自上一次期限届满时算起为二十年，续展仅需付基本费用，需要时，则按第八条第(二)款的规定付补加费。

(二)续展不包括对以前注册的最后式样的任何变更。

(三)根据1957年6月15日尼斯议定书或本议定书的规定所办的第一次续展得包括对注册的有关国际分类的类别说明。

(四)保护期满前六个月，国际局应发送非正式通知，提醒商标所有人或其代理人确切的届满日期。

(五)对国际注册的续展可给予六个月的宽展期，但要收根据细则规定的罚款。

第八条 国家收费、国际收费、多余收入的分配，附加费及补加费

(一)原属国的注册当局，可自行规定为其自身利益向申请国际注册或续展的商标所有人收取国家费用。

(二)在国际局的商标注册预收国际费用，包括：

(1)基本费；

(2)对超过国际分类三类以上的所申请的商标的商品或服务项目，每超过一类收一笔附加费；

(3)对根据第三条之三的保护延伸要求，收补加费。

(三)然而，如若商品或服务项目的类数已由国际局确定或有争议，在不损及注册日期的情况下，第(二)款第(2)项所规定的附加费可于细则所规定的期限内交付。如在上述期限到期时，申请人还未交附加费，或者商品或服务项目单还未减缩到需要的程度，则国际注册申请被视作已经放弃。

(四)国际注册各种收入每年所得，除第二款第(2)、(3)项所规定的以外，经扣除为执行本议定书所需要的用款，由国际局在本议定书参加国之间平分。如在本议定书生效时，某国尚未批准或加入，要到它批准或加入时，它才有权分得按对它适用的原先议定书计算的一份多余收入。

(五)第(二)款第(2)项所规定的附加费所得的款额，按每年在每国申请保护的商标数的比例在每年年终分给本议定书参加国或1957年6月15日尼斯议定书参加国；对于预先审查的国家，此数要乘以细则所决定的系数。如在本议定书生效时，某国尚未批准或加入，要到它批准或加入时，它才有权分得按尼斯议定书计算的一份金额。

(六)来自第(二)款第(3)项所规定的补加费的金

额，应根据第（五）款的条件，在行使第三条之二所规定的权利的国家间进行分配。如在本议定书生效以前，某国尚未批准或加入，要到它批准或加入时，它才有权分得按尼斯议定书计算的一份金额。

第八条之二 在一国或更多的国家放弃权利

以自己名义取得国际注册的人，可在任何时候放弃在一个或更多的缔约国的保护，办法是向其本国注册当局提出一项声明，要求通知国际局；国际局据以通知保护已被放弃的国家。对放弃不收任何费用。

第九条 本国注册簿的变更亦影响到国际注册。在国际注册中言及减缩商品和服务项目单。该单项目的增加。该单项目的替代

（一）以其自己名义取得国际注册的人的本国注册当局应同样将在本国注册簿中所作一切关于商标的取消、撤销、放弃、转让和其他变更通知国际局，如果这种变更也影响到国际注册的话。

（二）国际局应将这些变更在国际注册簿上登记，通知各缔约国注册当局，并在其刊物上公布。

（三）当以其自己名义取得国际注册的人要求减缩该项注册适用的商品或服务项目单时，应履行类似的手续。

（四）办理这些事宜应交费，费用由细则规定。

（五）以后对上述商品或服务项目单增加新的商品或服务项目，须按第三条规定提出新的申请才能取得。

（六）以一项商品或服务替代另一项，视同增加一项。

第九条之二 所有人国家变更引起的国际商标的转让

（一）当在国际注册簿上注册的一个商标转让给一个缔约国的人，而该缔约国不是此人以其自己名义取得国际注册的国家时，后一国家的注册当局得将该转让通知国际局。国际局应登记该转让，通知其他注册当局，并在刊物上予以公布。如果转让是在国际注册后未满五年时间内办的，国际局应征得新所有人所属国家的注册当局的同意，如可能，并应将该商标在新所有人所属国家的注册日期和注册号码公布。

（二）凡将国际注册簿上注册的商标转让给一个无权申请国际商标的人，均不予登记。

（三）在因新所有人的国家拒绝同意，或因已转让给一个无权申请国际注册的人，因而不能在国际注册簿上登记转让时，原所有人国家的注册当局有权要求国际局在其注册簿上撤销该商标。

第九条之三 仅就部分注册商品或服务项目转让国际商标，或仅转让给某些缔约国。关于巴黎公约第六条之四（商标转让）

（一）如果已通知国际局仅就部分注册商品或服务项目转让国际商标，国际局应在注册簿上登记。如果所转让的那部分商品或服务项目与转让人所保留注册的那部分商品或服务项目类似，每个缔约国均有权拒绝承认转让的有效性。

（二）国际商标只在一个与几个缔约国转让，国际局应同样予以登记。

（三）在上述情况下，如果在所有人的国家发生了变更，且如果在从国际注册之时开始不满五年的时间里，国际商标已经转让，新所有人所属国家的注册当局应按第九条之二的规定予以承认。

（四）上述各款规定的执行，受保护工业产权巴黎公约第六条之四的约束。

第九条之四 几个缔约国的统一注册当局。几个缔约国要求按一单个国家对待

（一）如果本特别同盟的几个国家同意统一其国内商标立法，它们可以通知总干事：

（1）以一个统一注册当局代替其中每个国家的注册当局；

（2）本条以前所有规定的全部或一部，在它们各自的全部领土适用视为在一单个国家适用。

（二）此项通知在总干事通知其他缔约国六个月后开始生效。

第十条 本特别同盟的大会

（一）（1）本特别同盟设立由批准或加入本议定书的国家所组成的大会。

（2）每国政府可有一名代表，并可由若干副代表、顾问及专家协助其工作。

（3）代表团的费用，除每个成员国一位代表的旅费及生活津贴外，均由派遣它的政府负担。

（二）（1）大会的职责是：

1. 处理关于维持和发展同盟以及实施本协定的所有事宜；

2. 就修订会议的准备工作向国际局发指示，在这方面要对尚未批准或加入本议定书的本特别同盟成员国的意见予以适当考虑；

3. 修改细则，包括确定第八条第二款所提到的费

用以及关于国际注册的其他费用；

4. 审查和批准总干事有关本特别同盟的报告和活动，就本同盟主管范围内的事宜向他作必要的指示；

5. 决定本特别同盟的计划，通过三年一次的预算，以及批准其最后账目；

6. 通过本特别同盟的财务规则；

7. 视需要成立专家和工作小组委员会，以实现本特别同盟的宗旨；

8. 决定允许哪些非本特别同盟成员国以及哪些政府间和非政府间国际组织作为观察员参加会议；

9. 通过对第十条至第十三条的修改；

10. 采取其他适当的行动以进一步实现本特别同盟的宗旨；

11. 行使根据本协定认为合适的其他职责。

(2)关于与本组织所管理的其他同盟有关的事宜，大会在听取本组织协调委员会的建议后，作出决定。

(三)(1)大会的每个成员国均有表决权。

(2)大会的成员国的半数构成法定人数。

(3)不管第(2)项的规定如何，在任何一次会议上，如果出席会议国家的数目不到大会成员国的一半，但达到或超过三分之一时，大会可以作出决议，但所有这种决议除有关其自身的程序的决定外只有履行下列条件，才能生效。国际局应将上述决议通知未出席的大会成员国，请它们在通知之日起三个月内以书面投票或弃权。如果在此期限满后，以这种方式投票或弃权的国家的数目达到了会议本身所缺法定人数的数目，只要同时仍取得了所规定的多数，这种决议就生效。

(4)除第十三条第(二)款规定的以外，大会决议需要三分之二的投票数。

(5)弃权不得视为投票。

(6)一位代表只能代表一个国家并以一个国家的名义投票。

(7)本特别同盟成员国中的非大会成员国得允许作为大会会议的观察员。

(四)(1)如没有特殊情况，大会例会在每第三个历年举行一次，由总干事召集。时间与地点与开本组织大会的时间、地点一致。

(2)经大会四分之一成员国的要求，应由总干事召集特别会议。

(3)每次会议的日程由总干事准备。

(五)大会制定自己的议事规则。

第十一条　国际局

(一)(1)国际局办理国际注册和履行有关职责以及处理同本特别同盟有关的其他行政工作。

(2)尤其是，国际局应为大会会议进行准备，并为大会以及可能已由大会成立的专家和工作小组委员会提供秘书处。

(3)总干事是特别同盟的行政负责人，并代表本特别同盟。

(二)总干事及由他所指定的任何职员应参加大会及大会所设立的专家或工作小组委员会的所有会议，但没有表决权。总干事或由他所指定的一名职员是那些机构的当然秘书。

(三)(1)国际局得根据大会的指示，为修订本协定中第十至十三条以外的规定所开的会议作准备。

(2)国际局可以就修订会议要做的准备与政府间组织和非政府间的国际组织进行协商。

(3)总干事及由他所指定的人得参加那些会议的讨论，但没有表决权。

(四)国际局应执行分配给它的其他任务。

第十二条　财务

(一)(1)本特别同盟应有预算。

(2)本特别同盟的预算包括本特别同盟本身的收入和开支，对各同盟共同开支预算的摊款，以及在适当时用作本组织成员国会议预算的款项。

(3)不是专为本特别同盟，而是同时为本组织所管理的一个或更多的其他同盟所开支的款项，视为各同盟共同开支。本特别同盟在这种共同开支中负担的部分，按本特别同盟在其中的权益的比例计算。

(二)制定本特别同盟的预算时，应适当考虑与本组织所管理的其他同盟的预算相协调。

(三)特别同盟的预算从下述来源供给资金：

(1)国际注册费以及国际局所提供的与本特别同盟有关的其他服务的其他收费；

(2)与本特别同盟有关的国际局的出版物的售价或其版税；

(3)捐款、遗赠和补助金；

(4)租金、利息及其他杂项收入。

(四)(1)第八条第(二)款谈到的收费金额及其他有关国际注册的收费经总干事提议，由大会确定。

(2)这些收费金额的规定,除第八条第(二)款第(2)、(3)项所谈到的附加费和补加费外,应能使本特别同盟的各种收费及其他来源的总收入至少足敷国际局有关本特别同盟的开支。

(3)如果预算未能在新的财政年度开始前通过,则应按财务规则的规定保持上一年的预算水平。

(五)国际局提供的有关本特别同盟其他服务的收费额,除第(四)款第(1)项的规定的以外,由总干事确定开报告大会。

(六)(1)本特别同盟设有工作基金,由本特别同盟的每个国家一次付款组成。如果基金不足时,大会得决定增加基金。

(2)每个国家对上述基金的第一次支付额或其在基金增加时的份额,按该国作为保护工业产权巴黎同盟成员国在其建立基金或决定增加基金那年为巴黎同盟预算分摊的比例计算。

(3)付款的比例和条件由大会根据总干事的提议并听取本组织协调委员会的意见后确定。

(4)只要大会授权使用本特别同盟的储备金作为工作基金,大会可以暂缓执行第(1)、(2)、(3)项的规定。

(七)(1)在与本组织总部所在国家所达成的总部协定中,应规定当工作基金不足时,该国应给予垫款。垫款的金额及条件由该国和本组织间根据具体情况另订协定。

(2)前项(1)所提到的国家以及本组织均有权以书面通知废止给予垫款的约定。废止通知从通知之年年底起三年后生效。

(八)账目稽核按财务规则的规定由本特别同盟的一国或数国或由外面的查账员进行。查账员由大会得其同意后指定之。

第十三条 对第十条至第十三条的修改

(一)提议对第十、十一、十二及本条进行修改,可由大会的任何成员国或总干事首先提出。这种提议至少应在大会审议前六个月由总干事通知大会成员国。

(二)对第(一)款谈到的条文所作的修改,由大会通过。通过时需要四分之三投票数,如若对第十条或本款进行修改,则需五分之四的投票数。

(三)第(一)款规定的对条文的任何修改,当大会已通过,且总干事已从四分之三的成员国那里收到了根据各自宪法程序予以接受的书面通知后一个月起开始生效。对上述条文所作的修改,对其开始生效时的大会成员或以后成为大会成员的所有国家都有约束力。

第十四条 批准和加入、生效。参加早先的议定书;关于巴黎公约第二十四条(领土)

(一)任何本特别同盟成员国已经就本议定书签字的,可予以批准;如果尚未签字,可以加入。

(二)(1)本特别同盟以外的任何国家但系保护工业产权巴黎公约成员者,可以加入本议定书,由此成为本特别同盟的成员。

(2)一旦国际局被通知这样的一个国家已加入本议定书,它应根据第三条向该国的注册当局发出当时享受国际保护的商标的汇总通知。

(3)这种通知本身应保证这些商标在所述国家的领土内享受上述规定的利益,并注明一年期限的开始日期,在这一年中,有关注册当局可以提出第五条所规定的声明。

(4)但在加入本议定书时,任何这种国家可以声明,除对以前已在该国有了相同且仍有效的国家注册一经有关当事人请求即应予承认的那些国际商标外,本议定书仅适用于自该国的加入生效以后所注册的商标。

(5)国际局接到这种声明即不必作出上述的汇总通知。国际局仅就自新国家加入之日起一年之内它收到了关于要利用第(4)项所规定的例外的详细请求的那些商标发出通知。

(6)国际局对在加入本议定书时声明要利用第三条之二所规定的权利的国家不发汇总通知。所述国家亦可同时声明,本议定书仅使用于自其加入生效之日起所注册的商标;但这种限制不得影响已经在这些国家有了相同的本国注册的,并可能引起根据第三条之三和第八条第(二)款第(3)项作出和通知了领土延伸要求的国际商标。

(7)属于本款规定的一项通知中的商标注册,视为代替了在新缔约国的加入生效前直接向该国所办的注册。

(三)批准书和加入书应交给总干事存档。

(四)(1)对于已经将其批准书和加入书交存的头五个国家,本议定书自第五个文件交存后三个月起开始生效。

(2)对于其他任何国家,本议定书在总干事将该国的批准书或加入书发出通知之日后三个月起开始生效,但在批准书或加入书中规定有一个较迟的日期时除外。在后者情况下,本议定书对该国自其规定的日期开始生效。

(五)批准或加入本议定书,即当然接受本议定书的所有条款并享受本议定书的所有利益。

(六)本议定书生效后,一个国家只有同时批准或加入本议定书,才可以参加1957年6月15日的尼斯议定书。加入尼斯议定书以前的议定书,即使是同时批准或参加本议定书,也是不允许的。

(七)保护工业产权巴黎公约第二十四条的规定适用于本协定。

第十五条 退约

(一)本协定无时间限制地保持有效。

(二)任何国家可以通知总干事声明退出本议定书。这种退约亦构成退出原先的所有议定书,但只影响到作此通知的国家,协定对本特别同盟的其他国家继续全部有效。

(三)退约自总干事接到通知之日后一年生效。

(四)成为本特别同盟成员尚不满五年的国家,不得行使本条所规定的退约权。

(五)截止退约生效之日为止所注册的国际商标,如在第五条所规定的一年期限内未被拒绝,应在国际保护期内继续享有同在该退约国直接提出者一样的保护。

第十六条 先前议定书的适用

(一)(1)在已经批准或加入本议定书的本特别同盟成员国家间,自本议定书对它们生效之日起,本议定书即代替1891年马德里协定在本议定书以前的其他文本。

(2)但是,已经批准或加入本议定书的本特别同盟的任何成员国,如先前没有根据1957年6月15日尼斯议定书第十二条第(四)款的规定退出先前文本,在它与未批准或加入本议定书的国家的关系中,应继续受先前文本的约束。

(二)已参加本议定书的非本特别同盟成员国,应对通过未参加本议定书的任一本特别同盟成员国的国家主管机关向国际局办理的国际注册,适用本议定书,只就这些国家说这种注册符合本议定书的要求。对于通过已参加本议定书的非本特别同盟成员国的国家主管机关向国际局办理的国际注册,这些国家承认,上述本特别同盟成员国可以要求遵守它所参加的那个最新议定书的规定。

第十七条 签字、语言、保存职责

(一)(1)本议定书在一个法文原本上签字,存于瑞士政府。

(2)大会所指定其他国语言的正本,由总干事经与有关政府磋商后确定。

(二)本议定书在斯德哥尔摩开放签字至1968年1月13日止。

(三)总干事应将经过瑞士政府证明的本议定书签字原本的副本两份送给本特别同盟所有国家的政府,并送给提出请求的任何其他国家的政府。

(四)总干事应将本议定书在联合国秘书处登记。

(五)总干事应将下述情况通知本特别同盟的所有国家:签字、批准书或加入书及这些文件所包括的任何声明的交存,本议定书任何规定的生效,退约通知,按照第三条之二、第九条之四、第十四条第(七)款以及第十五条第(二)款所发的通知。

第十八条 过渡规定

(一)在第一任总干事就职以前,本议定书所指的本组织国际局或总干事应分别理解为保护工业产权巴黎公约所成立的同盟局或其干事。

(二)在成立本组织的公约生效后五年内,未批准或加入本议定书的本特别同盟成员国如果希望的话,可以行使第十至十三条所规定的权利,犹如这些国家受这些条文的约束一样。任何希望行使这种权利的国家得就此书面通知总干事。这种通知从接到之日起有效。这种国家被视为是大会成员直到所述期限届满时为止。